ISBN 978-1-334-84440-9
PIBN 10705211

1 MONTH OF
FREE
READING

at
www.ForgottenBooks.com

By purchasing this book you are eligible for one month membership to ForgottenBooks.com, giving you unlimited access to our entire collection of over 700,000 titles via our web site and mobile apps.

To claim your free month visit:
www.forgottenbooks.com/free705211

English
Français
Deutsche
Italiano
Español
Português

www.forgottenbooks.com

Mythology Photography **Fiction**
Fishing Christianity **Art** Cooking
Essays Buddhism Freemasonry
Medicine **Biology** Music **Ancient
Egypt** Evolution Carpentry Physics
Dance Geology **Mathematics** Fitness
Shakespeare **Folklore** Yoga Marketing
Confidence Immortality Biographies
Poetry **Psychology** Witchcraft
Electronics Chemistry History **Law**
Accounting **Philosophy** Anthropology
Alchemy Drama Quantum Mechanics
Atheism Sexual Health **Ancient History**
Entrepreneurship Languages Sport
Paleontology Needlework Islam
Metaphysics Investment Archaeology
Parenting Statistics Criminology
Motivational

LE MAGASIN

UNIVERSEL.

———

TOME SEPTIÈME.

1839. — 1840.

———

PARIS,

AU BUREAU CENTRAL, RUE DES GRANDS-AUGUSTINS, 20

ET CHEZ TOUS LES LIBRAIRES DE LA FRANCE ET DE L'ÉTRANGER.

———

PRIX : Broché. . . . . . 6 fr.
Cartonné 7   50 c.

BAZAR A JAFFA.

MAGASIN UNIVERSEL.

3ᵉ Série. — Tome Iᵉʳ.

SEPTIÈME ANNÉE.

JEAN DE WATTEVILLE.

CHAPITRE PREMIER.

Dans la partie du Jura où les montagnes commencent à prendre un caractère alpestre, se trouvent les ruines d'un vieux château. Il portait un triste nom : était-il appelé Château-Vilain à cause de sa situation bizarre, ou à cause de la haine qu'inspiraient ses maîtres aux habitants et aux châtelains du voisinage ? On l'ignore ; mais ce qu'on sait, c'est que sa position le rendait digne de ce nom : il avait été bâti sur un rocher nu et aride, et sans cesse balayé par les vents. A peine quelques bruyères aux racines dures et tenaces pouvaient-elles s'y conserver. A l'orient et à l'occident, ce rocher droit et escarpé formait un rempart naturel de plusieurs centaines de pieds de hauteur. Il n'était accessible du côté du nord que par la crête tranchante d'un roc sur lequel était taillé un sentier qui ne suffisait pas pour le passage de deux hommes de front. Au midi, il était plus ouvert. Devant la première porte s'étendait une plaine assez vaste que terminait un fossé profond, creusé par les eaux impétueuses de l'Ain. On entend le bruit des eaux qui se brisent contre les rochers. Une vapeur continuelle remplit ce gouffre, et l'œil ne peut arriver jusqu'au lit de la rivière.

Ce château avait été bâti par Hugues de Watteville ; il avait choisi à dessein le site le plus désagréable de ses domaines, et comme s'il n'eût pas trouvé la position de son manoir assez triste, il adopta pour les bâtiments une architecture brute et grossière. Il n'y avait ni ordre, ni symétrie dans la disposition des appartements, des fenêtres et des portes. Au lieu de placer les ouvertures au levant, qui présentait à l'œil un beau vallon arrosé par l'Ain et par les courants de plusieurs fontaines, il les avait jetées du côté opposé, qui n'avait d'autre vue qu'une forêt de sapins séparée du rocher par un marais sale et infect. Le donjon s'élevait à une hauteur immense, comme pour porter l'effroi au loin. Un vaste bastion, entièrement voûté, annonçait que ce château était une forteresse. J'ai visité plusieurs fois ces sombres souterrains remplis de chauves-souris et d'insectes ; j'y ai vu pourtant couler une fontaine aux eaux pures et limpides.

A l'intérieur de la porte du midi, on avait taillé cette inscription, qui prouve que le fondateur, au commencement de l'entreprise, avait été en butte aux railleries des seigneurs voisins, mais qu'en vrai Watteville, il n'en avait tenu compte.

Vicini rident, glebas et saxa movemus
Quodque fuit rupes, arx sit amœna simul ;

Les Watteville, maîtres de cette sauvage forteresse, formaient une des familles puissantes de la Haute-Bourgogne. Ils étaient redoutés dans le pays : les paysans ne passaient qu'avec crainte devant les portes du château, et les gens de justice qui avaient osé les franchir en revenaient tellement mutilés et effrayés, que la possession même de toutes les terres du val de Sirod ne les eût pas déterminés à y retourner une seconde fois.

Un jour, l'intérieur du château était muet et solitaire : les hommes d'armes qui composaient la garnison, les varlets, l'avaient quitté dès la veille ; il n'y restait que quelques vieux serviteurs. De temps en temps une dame âgée déjà, de haute taille, portant un deuil sévère, et d'une figure pâle, dure et profondément triste, traversait la cour. Elle élevait la voix pour demander à un homme placé au sommet du donjon s'il n'apercevait personne au loin : on devinait qu'elle attendait quelqu'un avec impatience et anxiété.

En dehors, sur la pelouse, sous les maigres arbres qui croissaient malgré eux dans ce terrain stérile, se trouvait une grande foule de villageois, de femmes et d'enfants. Les uns se reposaient en causant avec tristesse ; les autres oubliaient leur misère en regardant danser et jouer les baladins et les Bohémiens hideux, que le bruit d'une fête avait attirés au Château-Vilain. Tous avaient l'air pauvre, et on voyait que les plus raisonnables n'étaient venus là que par nécessité.

Devant la chapelle qui borde le sentier, deux paysans parlaient assez hautement des sires de Château-Vilain. — Le seigneur Jean, qui est allé chercher sa femme, sera-t-il meilleur pour nous que les anciens maîtres ?

— Je ne l'espère pas ; il sort de trop mauvaise race ; il aime à battre les gens, à fouler aux pieds les blés dans ses parties de chasse et dans ses promenades. A moins que la femme qu'il épouse ne le rende plus humain et plus traitable : elle est d'une bonne famille, et les vassaux du sire de Montrivel sont heureux depuis bien des années.

— Je suis étonné que ce seigneur de Montrivel ait donné sa fille à Jean de Watteville. Que fera-t-elle ici, la pauvre damoiselle, avec cette vieille Espagnole qui n'a pas ri depuis bien des années ? Que nous serions heureux si nous pouvions voir le dernier de la famille ! au moins nous ne regretterions pas d'avoir des enfants ; ils seront encore plus malheureux que nous. Toutes les fois que je jette les yeux sur ce maudit donjon, il me semble voir l'ombre de mon père, qui y est mort par suite des mauvais traitements que lui infligea un garde-chasse, pour avoir détourné les chiens qui traversaient son blé. Que je voudrais le voir sauter en l'air, ce donjon !

— Ah, vous parlez ainsi, Sylvestre ! vous vous rappellerez les paroles que vous venez de prononcer. Vous voulez faire sauter en l'air le château,

vous qui refusez votre grange aux pauvres gens ! Nous verrons ce que vous direz quand vous paraîtrez devant madame de Watteville... Ainsi parlait un jeune Bohémien qui avait grimpé sur un arbre, et qui de là s'était glissé sur le toit de la chapelle.

Sylvestre, honteux de ses paroles imprudentes, et irrité des menaces du Bohémien, jeta une pierre au petit mauvais sujet pour le faire déguerpir. Soit qu'il eût été atteint, soit qu'il feignît de l'être, il se mit à pousser des cris perçants. Ses compagnons, attirés par cette voix qui leur était connue, accoururent en foule pour prendre sa défense. Déjà ils maltraitaient le paysan, quand les autres villageois qui se trouvaient présents les accablèrent de coups. On parlait de les jeter dans l'abîme qui se trouve à l'extrémité de la plaine ; déjà on les poussait de ce côté, lorsque soudain apparut un cavalier de haute taille, couvert de sueur et de poussière ; son cheval, haletant, avait les flancs déchirés par les coups répétés de l'éperon. La vue de ce personnage dispersa tous les groupes, et fit disparaître du chemin la foule nombreuse : c'était Jean de Watteville lui-même, qui revenait seul, sans épouse et sans suite. A peine daigna-t-il jeter un coup d'œil sur les paysans ; il piqua de nouveau son cheval, et l'animal généreux le porta par un dernier bond jusque dans la cour du château, où le coursier tomba pour ne plus se relever. Jean ordonna de hausser le pont-levis, la herse, et de fermer la porte, avec défense expresse de recevoir personne.

CHAPITRE II.

Au bruit que cette arrivée brusque et inattendue occasionna dans la cour, accourut en toute hâte, sans pourtant montrer la moindre émotion sur son visage, la dame châtelaine. « Pourquoi revenez-vous ainsi, mon fils ? — Ah ! madame ma mère, je vous le dirai dans votre appartement, et non ici. » Alors tout le monde s'éloigna, tandis que la mère et le fils marchèrent vers les salles où ils pouvaient s'entretenir sans témoins.

Pendant cet entretien, un grand nombre de dames, de cavaliers et de domestiques se présentèrent à la porte du château : en vain ils appelèrent à plusieurs reprises de toute la force de leurs voix, personne ne répondit ; la porte et le pont restèrent immobiles, et on eût dit que ce triste château n'avait plus d'habitants. Après une longue attente, ceux qui se trouvaient dehors vinrent se promener sur la pelouse au milieu des paysans ébahis. Bientôt le bruit se répandit dans la foule que le jeune de Watteville, qui s'était rendu au château de Montrivel, avec une suite nombreuse, pour épouser la damoiselle, au lieu d'aller à la chapelle où il était attendu, était parti brusquement sans rien dire. La parenté des Montrivel, moins puissante, mais plus nombreuse que celle des Watteville, fut profondément irritée de cette démarche inexplicable. Les jeunes gens voulaient se mettre à la poursuite du fugitif. Il y eut alors de vives altercations entre les partisans des deux familles ; et pour éviter une scène sanglante, les plus sages parmi les amis des Watteville prirent le parti de quitter sur-le-champ le château de Montrivel.

Quelques-uns regagnèrent leurs castels ; quelques autres, trop éloignés de leurs demeures, ou poussés par la curiosité, vinrent à Château-Vilain. Ils furent bien surpris de trouver les portes fermées ; il y en eut qui partirent pleins de dépit, en rappelant le souvenir de tous les méfaits que le bruit public attribuait aux Watteville. Ceux qui étaient moins pressés et moins impatients se promenèrent sur la pelouse, au milieu des paysans qui les regardaient avec curiosité. Les baladins exécutèrent leurs jeux ; les paysans se livrèrent à la joie avec d'autant plus d'abandon, qu'ils savaient que la famille qu'ils détestaient était plongée dans la tristesse. D'autres seigneurs, qui n'avaient point été conviés à Montrivel, arrivèrent. Ils apprirent avec étonnement que le mariage n'avait pas eu lieu, et que Jean avait quitté le château de la fiancée au moment même où elle l'attendait pour aller à la chapelle.

Chacun recherchait les motifs d'une telle conduite, lorsqu'on vit paraître la dame habillée de noir ; elle s'avançait majestueusement vers le groupe de gentilshommes qui s'entretenaient de la bizarrerie de son fils. Du plus loin qu'elle fut aperçue, tout le monde garda le silence, et attendit la noble dame avec toutes les marques de la déférence et du respect. Elle leur fit à tous un salut ; et ensuite, jetant un coup d'œil rapide et défiant sur chacun d'eux, elle leur dit : « Messires mes parents, mes bons voisins et mes amis, je vous rends grâce de ce que vous n'avez pas abandonné mon fils après sa démarche extraordinaire de ce matin. J'ai interrogé mon fils ; je crois qu'une Bauffremont connaît les lois de l'honneur : eh bien, il n'y a rien dans sa conduite qui soit indigne d'un gentilhomme. C'est pourquoi, je vous en prie, acceptez l'hospitalité que je vous offre à Château-Vilain. » La nuit avançait ; des éclairs nombreux sillonnaient les nues ; d'ailleurs,

la dame n'en avait pas assez dit pour contenter la curiosité : on espérait en apprendre davantage. Les Montrichard, les Champeroux, les Courdier, les Vannoz, les Monbarrey, etc., s'avancèrent les premiers ; les autres suivirent. Le vieux majordome montra à chacun les logements qui lui étaient destinés. Cependant la cloche les avertit de descendre dans la grande salle. Le repas fut triste et silencieux ; à peine la dame proféra-t-elle une parole « Mon fils ne paraîtra point, dit-elle, il m'a chargé de vous faire agréer ses excuses. » Le vieux de Molpré, naturellement goguenard et qui aimait à boire, ne put s'empêcher de répondre : « Je suis désolé de ne pas voir mon jeune ami Jean, je l'aurais gaussé sur son escapade de ce matin. Comment ! quitter sans rien dire sa fiancée, la plus belle fille de nos montagnes ! Il y a quelque chose là-dessous, et si Jean sait ma chambre, il viendra causer un moment avec moi. — N'y comptez pas, Monsieur, nous sommes occupés de pensées trop graves et trop pénibles ; dites tranquillement vos patenôtres pour vous endormir. » Le vieillard n'osa rien ajouter. Chacun garda le silence, et l'assemblée parut contente lorsque la dame se leva de son fauteuil, en prenant congé de ses hôtes, qui se retirèrent. Un instant après, la grande aile du Château-Vilain n'était plus troublée que par le bruit des vents, du tonnerre, de la pluie, et par le bruissement de la rivière qui venait se briser contre le rocher.

Mais tout le monde ne se livra pas au sommeil. Minuit avait sonné à l'horloge. Le temps était sombre ; par intervalle, des éclairs brillaient encore dans le lointain. La châtelaine de Watteville et son fils étaient sous le poids d'une grande peine. Renfermés chacun dans son appartement, ils éprouvaient cette agitation fiévreuse qui empêche de rester une seconde à la même place. La dame, examinant avec soin les paquets de clefs qui se trouvaient suspendues dans un de ses cabinets, en choisit une ; cette clef servait rarement, si on en juge par la rouille qui la couvrait. La châtelaine se dirigea, par un passage secret, vers le donjon du château. Jean prêtait une oreille attentive à tout ce qui se passait autour de lui ; il regardait dans la cour ; il s'approchait de la chambre de sa mère, et paraissait vivement contrarié quand il voyait quelqu'un ou quand il entendait quelque bruit. Dès que sa mère fut éloignée, il s'empressa de descendre ; il ouvrit lui-même le guichet, et s'élança avec rapidité sur l'esplanade ; il gagna la tourelle qui est du côté du bourg, et fut bientôt engagé dans les sentiers qui conduisent à l'endroit sauvage appelé Entreportes.

Nous allons suivre la mère et le fils dans leurs différentes visites secrètes.

CHAPITRE III.

Au sommet du donjon de Château-Vilain vivait, depuis bien des années, une vieille femme qui ne sortait jamais. A peine quelques-uns des serviteurs l'avaient-ils aperçue une ou deux fois. Un seul domestique était chargé de lui donner les choses nécessaires; il n'osait lui parler, et quand elle montait sur la plate-forme, sa haute taille, ses longs cheveux blancs, qu'elle laissait flotter aux vents, sa maigreur extraordinaire, attiraient la curiosité, et portaient au loin l'épouvante : « Il arrivera quelque malheur, disait-on, la mauvaise fée du manoir a paru. »

Or, cette femme dont la vue était si redoutée, s'était présentée un jour à la porte du château ; elle paraissait livrée à la misère la plus profonde, à peine avait-elle les vêtements les plus nécessaires pour se couvrir; ses pieds nus et saignants, la tristesse répandue sur ses traits, sa voix suppliante, inspiraient la compassion. Le vieux gardien, dur, insensible, et accoutumé à rudoyer les pauvres et les mendiants, la laissa cependant entrer. Elle parvint jusqu'à la maîtresse du lieu. « Sauvez-moi la vie, ma bonne dame; si vous ne venez à mon secours, je suis perdue, s'écria-t-elle en abordant la châtelaine. — Or sus, qu'avez-vous, bonne femme? avez-vous faim? êtes-vous malade? vous a-t-on maltraitée au village? —Non, mais je suis poursuivie par la justice, et si j'étais arrêtée, je serais bientôt ardée toute vive. Donnez-moi asile pour quelque temps. — Mais qu'avez-vous donc fait, malheureuse? — Ah! Madame, on a dit que j'étais sorcière, et le grand-juge Boguet de Saint-Claude m'a fait tourmenter de toutes les manières; il m'a fait enfoncer dans le corps de longues épingles; il m'a fait plonger dans l'eau; il me disait que j'étais la femme du diable, et on allait me condamner au feu, quand j'ai trouvé le moyen de m'échapper de la prison des moines. Depuis, j'ai été tentée vingt fois d'aller me remettre entre les mains du grand-juge. Je n'ose me présenter nulle part. Tout le monde me fuyait comme une peste; à mon aspect, les villageois des environs de Saint-Claude couraient se réfugier à l'église en criant après moi : « A la sorcière! sauvez-vous! prenez garde au mal donné!» S'ils n'avaient craint ma puissance, ils m'auraient arrêtée pour me reconduire en prison; mais nul d'entre eux ne s'est hasardé à me toucher. Je ne savais que devenir, lorsqu'un bon curé, qui n'a pas eu peur de moi, m'a dit : « Allez au Château-Vilain, la dame vous donnera un asile sûr; ni Jean Boguet, ni tout autre juge n'osera aller vous chercher sur ce rocher. »

Pendant que cette femme parlait, madame de Watteville la dévorait des yeux; on voyait en elle un mélange de joie, d'admiration, de crainte et de curiosité. A la fin, elle lui dit brièvement : «Je vous reçois dans ce château. Vous y resterez tout le temps que vous voudrez. On va vous donner de la nourriture, des habits et une chambre. Conduisez-la au donjon, dans l'ancien laboratoire de l'astrologue. » Cet ordre fut exécuté, et dès ce moment la châtelaine fit de fréquentes visites à la sorcière.

Mais cette sorcière, comme la plupart de celles que l'on nomme ainsi, ne l'était guère : c'était une femme déjà vieillie; d'une beauté remarquable dans sa jeunesse, elle avait été enlevée à ses parents et au village où elle avait reçu le jour, par quelques hommes de la bande du capitaine Lacuzon, ce partisan si hardi, si adroit, si gai, et parfois si cruel. Guîte plut au capitaine; elle passa avec lui les plus beaux jours de sa vie, partageant ses dangers, lui servant quelquefois d'espion ; et sa bravoure, égale à celle des plus redoutés de la compagnie, l'avait rendue redoutable à tous les soldats. Mais Lacuzon mourut : Guîte, de retour au village, fut en butte aux railleries et aux mépris des paysans, qu'elle n'avait pas assez ménagés dans le temps de sa puissance.

Elle acquit la protection d'un moine de l'abbaye noble de Gigny; là, elle vécut assez tranquille, à l'ombre du monastère; mais un jour l'abbé la chassa impitoyablement. Elle erra longtemps dans le pays en vivant d'aumônes; elle allait de ferme en ferme, de caverne en caverne. Son caractère s'aigrit, son imagination s'exalta; poussée par le besoin, elle donna des remèdes secrets, dit la bonne fortune, jeta des sorts sur les personnes et sur les animaux, les leva pour de l'argent; elle inspira, dans toutes les montagnes qui entourent la terre de Saint-Claude, une aveugle confiance et une terreur superstitieuse. Pour mieux jouer son rôle, elle adopta un costume singulier et bizarre; mais le grand-juge établi par l'abbé de Gigny pour juger les serfs nombreux de ses terres était le fameux Jean Boguet, qui voyait partout des sorciers : déjà il en avait fait brûler plus de quinze, quand Guîte lui fut dénoncée par une femme de la Rixouse, à laquelle Guîte avait promis la main du plus beau jeune homme du pays. Celui-ci épousa la voisine, et la femme fut demandée en mariage par Pierre Levilain, qui était chauve, borgne,

bossu; qui avait un nez camard, les jambes dif-
formes, et quatre pieds de haut. Le juge fut en-
chanté; il chercha partout la sorcière. Malgré les
poursuites les plus actives, en dépit des moni-
toires publiés dans toutes les paroisses, sa proie
lui échappa longtemps, ce qui le confirma dans la
croyance du pacte avec le diable.

Gulte, obligée de se cacher sans cesse, de vivre
dans les bois et dans les creux des rochers, perdit
une partie de sa raison: elle crut voir le diable pen-
dant la nuit; elle entendit des voix mystérieuses
dans la solitude; elle aperçut des monstres étran-
ges. Le chant des oiseaux, le cri du hibou, le
hurlement des bêtes fauves, le murmure du ruis-
seau, le bruit des torrents, étaient devenus la
voix du démon Uriel, qui arrivait à sa rencontre
lorsqu'elle traversait la plaine, qui la transportait
dans les airs pour aller au sabbat. La vie dure
qu'elle menait la rendit presque insensible à la
douleur, la confiance dans son démon la rendit
téméraire; elle vint jusqu'à Saint-Claude pen-
dant une nuit noire et orageuse. Tout le monde
était sur pied pour prier : l'église des Capucins
était restée ouverte; quelques hommes en sorti-
rent pour examiner l'état du ciel. Voilà qu'un
éclair brillant et prolongé illumina un instant la
ville. Ces mêmes hommes, déjà épouvantés par
l'orage, le furent encore davantage quand ils
virent si près d'eux Gulte la sorcière. Elle avait
les bras étendus vers le ciel; sa bouche murmu-
rait des paroles d'imprécation : ils crurent qu'elle
appelait le feu céleste sur la cité. Les plus ef-
frayés furent les premiers à se jeter sur elle; ils
la foulèrent aux pieds avec fureur; et, demi-
morte, ils la conduisirent en poussant des cris de
joie au grand-juge, qui veillait alors dans son
cabinet pour composer son livre curieux : *Le
Guide du juge en fait de sorcellerie.*

De même qu'il y a des médecins qui sont heu-
reux quand ils rencontrent des maladies difficiles
et compliquées, des chirurgiens qui aiment à trou-
ver un homme avec plusieurs membres brisés et
disloqués, ainsi était Jean Boguet quand on lui
amenait une sorcière renommée. Convaincu que
la nature de ses fonctions le mettait à l'abri des
charmes des sorciers, il prit la Gulte par la main,
la conduisit à la prison, et la fit jeter, pour la
guérir, dans le plus noir et le plus profond ca-
chot de ce séjour maudit.

La nouvelle de l'arrestation de Gulte fit autant
de bruit dans le pays que l'événement le plus extra-
ordinaire. Les uns admiraient le courage des hom-
mes qui avaient osé mettre la main sur cette
femme du diable; les autres les regardaient comme

des téméraires qui attireraient sur leur personne,
sur leur famille, et sur leurs biens, de grands
malheurs. Pour les récompenser, l'abbé de Saint-
Claude affranchit ceux qui étaient serfs; il accorda
quelques privilèges à ceux qui étaient maîtres de
leur personne.

Jean Boguet se mit à l'œuvre sur-le-champ :
chaque jour, avec un docteur en droit canon et
avec un capucin en renom de sainteté (le pre-
mier se nommait Pierre Dalloz, et l'autre, frère
Jean Mayot), il se rendait à la prison. Souvent,
le grave docteur Christin et Simon Buat, bar-
bier, chirurgien, apothèque, l'accompagnaient.
Jean Boguet faisait subir d'étranges interroga-
toires à la Gulte, la soumettait aux examens les
plus minutieux; et le frère Jean prononçait lente-
ment de longs exorcismes, auxquels il ajoutait
de longues prières et de longues litanies. Simon
Buat, le nez surchargé d'une paire de lunettes
qui le serraient comme une pince et le faisaient
nasiller d'une manière risible, cherchait partout
les marques du diable; il n'en pouvait trouver
aucune avec ses aiguilles rouges; partout où il
touchait il causait des douleurs cruelles, et Gulte,
malgré son courage, poussait des cris déchirants.

Dans cet examen prétendu juridique, cette
femme fut initiée au langage de la sorcellerie
qu'elle ignorait entièrement; elle retint quelques
noms bizarres, et c'est à l'aide de ces noms
qu'elle inspira une grande confiance à la dame de
Watteville.

CHAPITRE IV.

Jean Boguet, entouré de tous les livres les plus
célèbres qui traitent de la sorcellerie, pressait de
questions la pauvre Gulte. Sous l'empire de l'il-
lusion, sous l'impression du remords, pleine en-
core du souvenir de ces nuits sans sommeil pas-
sées dans un châtel abandonné, à l'abri d'une
pointe de rocher ou au milieu des grandes forêts
de sapins qui murmuraient solennellement, elle
avouait avoir cédé à la tentation du démon, avoir
suivi les conseils de Satan; elle convenait avoir
entendu sa voix, avoir vu sa personne; elle lui
avait immolé une poule noire, elle avait pénétré
dans les cavernes les plus profondes, elle avait
passé des nuits entières en ripaille, au milieu des
champs, avec Lacuzon et ses soldats. Le juge pre-
nait tout dans le sens magique, et ces aveux
étaient pour lui une preuve péremptoire de la cul-
pabilité de l'accusée.

— Dieu soit loué! nous en tenons une, et des
plus fameuses, cette fois; elle ne s'en cache pas,

elle; on pourrait bien la condamner sur-le-champ. Mais interrogeons-la pour nous instruire; cela m'aidera à composer mon livre destiné à détruire la maudite engeance des sorciers.

Et là-dessus, messire Jean Boguet, pour faire briller son érudition en présence de ses assesseurs et de quelques moines curieux, accablait de questions cette malheureuse femme.

— Guite, dites-nous franchement si vous êtes du nombre de ces maudites créatures qui agissent par la puissance de mots appelés en hébreu Chabar et Lachas, ou qui invoquent le démon, et désignées dans la même langue sous le nom de Chartummim?

— Êtes-vous une lamie, une stryge, une véra-trice, une simulatrice, une fictrice, qui ont été appelées sorcières depuis Hincmar, archevêque de Reims?

— Messire, je ne comprends pas tous ces mots; mais j'avoue que j'ai été une grande pécheresse, et le gros père Nicaise le sait bien.

— Taisez-vous, méchante ribaude; ne calomniez pas l'Église, n'accusez pas les saints, ou je vous fais fouetter jusqu'au sang. Mais, dites-nous si vous avez invoqué le démon, si vous avez lu dans les livres de magie noire, tels que la *Clavicule* de Salomon, la *Philosophie* occulte d'Agrippa, le *Dragon rouge* et les *Grimoires*, qui font revenir au monde les trépassés?

— Je n'ai jamais lu d'autres livres que mes *Heures;* dans ma jeunesse, que quelques livres d'amour, chez le capitaine Lacuzon, et quelques chansons. Depuis longtemps je n'ai tenu aucun livre; je passe ma vie à errer dans les campagnes, en proie aux tentations du malin, et fuyant les persécutions des méchants.

— On pourrait vous demander quels sont les méchants? Mais, dites-nous si vous avez fait un pacte exprès avec le diable? Vous a-t-il apparu dans la forme corporelle? Lui avez-vous adressé une requête telle que celle que je trouve ici dans Crespet? Vous êtes-vous servie d'un intermédiaire pour communiquer avec lui? Avez-vous obtenu sa marque? Lui avez-vous promis des sacrifices de femmes, d'enfants? Avez-vous fait serment sur la corne? Dans quel lieu avez-vous reçu le baptême infernal?

— Je ne suis pas assez savante pour comprendre toutes vos questions. J'ai vu pendant la nuit un grand fantôme qui marchait; j'ai vu au bord du lac d'Antre de grands feux allumés, autour desquels chantaient et dansaient des hommes et des femmes. J'ai voulu, quand j'avais froid et faim, aller auprès d'eux; mais à mon approche

tout disparaissait, j'étais seule au milieu d'un vaste marais, je succombais de fatigue, et je me trouvais le lendemain dans quelque ferme du voisinage. J'ignore de quelle manière j'avais été transportée sous ce toit paisible et hospitalier.

— Elle ne veut rien dire, mais nous en savons assez; elle est au diable, et un de ces jours nous prononcerons son jugement. Avez-vous quelques questions à adresser à cette femme, frère Jean? Interrogez-la sur ce que vous voudrez; nous savons que votre séraphique personne est initiée aux plus hautes sciences.

Frère Jean Mayet brûlait d'envie de montrer que le compliment du juge était mérité; il salua humblement Boguet et s'exprima ainsi.

— Puisque vous le permettez, messire, je demanderai à cette femme, si, à l'exemple de Zitin le Bohémien, d'Olaüs le Grand, des Lappes, de Fennes, de Biarme, elle a connu ce qui se passait à une grande distance d'elle; si, comme le dit Jean de Sarisbery, elle a eu le pouvoir de faire heurter les éléments, tels que l'air et le feu et l'eau; si, comme Pythagoras, elle a changé en or quelques-uns de ses membres, apprivoisé les aigles? Si, de plus, comme Ercé, roi des Goths, elle a fait tourner le vent à volonté? Je ne parle pas de la magicienne Circé, qui vivait sous le paganisme.

Guite garda le silence.

— J'admire votre érudition, dit Pierre Dalloz; mais faites-lui donc quelques questions sur les loops-garous et le sabbat.

— J'oubliais, reprit frère Jean, l'histoire de Bacan, roi de Bulgarie, qui se changeait en loup. Femme, vous êtes-vous changée en loup? Êtes-vous allée au sabbat portée dans un bateau blanc, sur un manche à balai, sur le bouc ou sur l'hippogriphe? Avez-vous livré la sainte hostie dans l'assemblée des démons? Avez-vous dansé, banqueté et fait des choses plus vilaines encore?

— Je n'ai jamais cessé d'être ce que je suis. J'ai vu une seule fois dans ma vie le loup-garou du bois d'Amont; c'était François Brigoury. Il m'a suivie longtemps, et quand j'ai été dans le bois, il est redevenu homme. Il a été tué par Antoine Visclebu, qui avait mis dans son fusil de l'encens et de la cire du cierge pascal. On l'a enterré pendant la nuit, dans la vallée de Morez; la terre tremble toujours autour de sa fosse. Vous le savez, messire grand-juge, vous êtes allé la visiter. Pour le sabbat, j'y suis venue plusieurs fois; mais sur mes jambes, et sans passer par la cheminée. J'y ai trouvé de belles filles qui couvraient leur figure d'un masque. J'y ai vu de beaux messieurs qui parlaient mal des saints, de la messe, de l'église, et des couvents. J'y ai trouvé des moines de Gigny, de Saint-Claude et de Balerne qui chantaient, en buvant, des matines bien drôles. Quand le feu était éteint, quand les flacons étaient vides, le prince mariait ceux qui voulaient l'être; et au chant du coq, au premier rayon de l'aurore, chacun s'en allait de son côté. Voilà tout ce que j'ai vu au sabbat.

—Elle ne dit pas tout, la maudite sorcière, répèta Jean Boguet, mais elle en a dit assez; et le lendemain la Guite était condamnée à être brûlée vive.

Elle entendit prononcer cette sentence avec un grand sang-froid. Dans le moment, elle n'en mesura pas toute la portée; mais dès qu'elle fut seule dans sa chambre, elle pensa au feu, elle pensa à la mort; sa tête s'exalta; elle invoqua Dieu; elle pria le démon; elle tomba dans une espèce de somnambulisme qui décupla ses forces. Sa porte fut bientôt brisée. Elle pénétra chez le vieux geôlier, lui arracha ses clefs avec violence, et avec une adresse merveilleuse elle enferma ce gardien impitoyable; puis elle se trouva libre dans les rues étroites et montantes de la petite ville de Saint-Claude. Au point du jour, elle arrivait à Château-des-Prés. Tout le monde la reconnut, tout le monde prit la fuite à son approche. Elle marcha, et marcha sans s'arrêter jusqu'au bas de la descente du mont Cornu, elle gagna le hameau de Siam, et vint au bourg de Sirod. Là elle était hors des terres de Saint-Claude. Guite commença à avoir moins peur du feu et de Jean Boguet. Accablée de lassitude, ce fut après un long sommeil, ou un long évanouissement, qu'elle revint à elle et qu'elle monta au Château-Vilain.

Elle fut accueillie dans ce séjour avec un plaisir que la dame chercha en vain à dissimuler. Guite ne tarda pas à s'apercevoir qu'elle était devenue nécessaire à la dame du manoir. Les subalternes qui environnent les grands saisissent avec une habileté tous les avantages de leur position. Guite, renfermée dans sa tour, avait trouvé un abri contre les poursuites du grand-juge de Saint-Claude. Bientôt elle régna sur la maison de Watteville. Consultée dans toutes les circonstances importantes, Guite exerça une influence funeste.

DE LA VILLEDIEU.

(La suite au prochain numéro.)

———⟶≈⟵———

SYRIE.

Jaffa.

Il n'existe plus les moindres traces de l'ancienne Joppa; son site est couvert par la cité moderne de Jaffa; c'est une ville de commerce plutôt qu'une place forte. Les rues sont escarpées : le coteau sur lequel elles sont situées s'élève brusquement de la mer, qu'elles dominent; elles sont balayées par les vents froids en hiver, et tempérées par des brises rafraîchissantes pendant les chaleurs. Cette triste ville est entourée d'une vaste muraille : on trouve un grand contraste entre l'intérieur accablant, et les environs agréablement ombragés par le palmier, le grand figuier et les cyprès, embellis par le poirier épineux aux fleurs jaunes, par le grenadier et la vigne. En quittant la plage sablonneuse sur laquelle battait la vague sauvage, et des rues qui ressemblent à des prisons, vous vous promenez sur la route de Ramla, à travers des allées bordées de haies magnifiques.

Le cimetière, situé sur la colline, à l'extérieur des murs, n'est point ombragé par les arbres qui répandent un calme si doux sur la plupart des cimetières orientaux; les vents de la mer soufflent avec violence sur les tombes sans abri, et le soleil les brûle de ses rayons.

Le bazar que représente notre gravure est un bâtiment d'un genre moins oriental et plus gothique que ne le sont les bazars en général; les plus riches marchands y vendent des tapis et des vêtements; et quelques-uns de la classe inférieure y ont aussi leur place dans un genre plus humble : deux janissaires sont placés sur le devant, avec leurs longs bâtons; un marchand de melons d'eau, dont l'air et les vêtements contrastent fortement avec la tenue des janissaires; deux femmes en longs manteaux blancs, qui les enveloppent de manière à ne laisser voir qu'imparfaitement leurs yeux, leurs lèvres et leur nez, ressemblent assez aux spectres de quelque vision nocturne. Une de ces femmes porte une cruche d'eau sur sa tête, à la manière orientale; l'autre, qui a l'air d'une dame du pays, vient voir les marchandises, et peut-être en acheter. Il n'y a ni grâces dans les formes, ni attraction dans la physionomie des femmes orientales, pour ainsi dire emmaillottées, et voilées : c'est une vraie bouffonnerie de l'élégance féminine; leurs cheveux, leurs mains, leur teint, tout est enveloppé; elles ont aux pieds des souliers ou des pantoufles qui pourraient servir de nacelles à une beauté chinoise. Les femmes orientales ont-elles toujours été ainsi enveloppées chez les Hébreux, soit du temps des patriarches, soit dans les siècles qui les ont suivis? Assurément non. Cette coutume est principalement mahométane : le prophète la trouva au milieu des tribus arabes, et il la rendit peut-être encore plus stricte. Même parmi les Bédouins dans l'intérieur des déserts, les femmes ont une extrême précaution; elles passent de tente en tente et traversent le camp, soigneusement voilées. Des voyageurs qui s'étaient arrêtés quelques jours dans un de ces camps du désert, rapportent que plusieurs filles de la tribu passèrent et repassèrent devant leur tente, ou devant celles de leurs voisins; leur maintien était gracieux, leur taille svelte et dégagée; la sandale relevait leur petit pied, qu'elle ne couvrait qu'en partie; mais le visage était caché d'une manière impénétrable à l'œil.

Ces bazars sont la promenade favorite des habitants oisifs; on s'y rend de bonne heure, car l'ombre et la fraîcheur y forment un délicieux contraste avec les rues étouffantes de Jaffa. Des Turcs superbement vêtus, des Arméniens dont la mise est plus grave, et des Bédouins arabes enveloppés de leurs grandes couvertures de laine, y sont pêle-mêle ; quelques-uns de ceux de la classe la plus élevée sont assis sous les arbres dans toute la plénitude d'une paresse voluptueuse. Le long silence d'un Turc n'a rien d'imposant en lui-même; si vous le regardez, sa physionomie n'indique point qu'il réfléchisse, son imagination n'est ni occupée ni distraite; point de pensée sublime, profonde ou absorbante; la vue se fatigue promptement à examiner le visage d'un Turc, même celui d'un très-bel homme : « l'âme y manque. » Un de ces solennels badauds, à barbe patriarcale, est assis sur un banc de pierre à gauche : les jambes croisées, il pose sa pipe pour un instant, et toute son attention est portée sur un groupe de personnes à peu de distance de lui, comme s'il voulait lire jusqu'au fond de leur âme : cet homme a probablement occupé le même banc, aux mêmes heures, et tous les jours depuis plusieurs années; de ce bazar il a observé les hommes, les mœurs, le temps, la prescience et l'éternité; cette dernière a une part immense dans les méditations des Turcs. Soit que plusieurs jours ou plusieurs années se passent avant qu'on l'arrache à son banc de pierre, soit que la mort l'enlève à sa pipe favorite, peu lui importe; il est parfaitement soumis et résigné. Il prononcera les paroles consolantes ordinaires : Allah est grand, il est miséricordieux! Le vif amour de la vie, qu'on remarque souvent chez nos vieillards, même chez ceux qui ne tremblent pas devant l'avenir, est moins vif parmi les Orientaux. Cependant ce n'est ni la force d'âme ni la foi qui les préservent de cet attachement, de ce désir de s'arrêter sur le bord de la tombe ; c'est le fatalisme dans les uns, la réflexion dans les autres; dans tous, ce sont les chagrins, les privations, une résignation calme et apathique à la volonté divine. Toutefois le tableau d'un beau vieillard turc, qui attend sur son seuil l'arrivée d'Azzaël, comme il attendrait celle d'un ami qui a longtemps été l'objet de ses pensées, ce tableau, dis-je, est admirable. Si une fausse foi donne cette soumission et cette tranquillité, le chrétien, s'arrêtant pour admirer le Turc, à l'aspect de son caractère soumis et silencieux, peut jeter ses propres craintes au vent, et, la lampe de l'espérance à la main, il peut se mettre en route quand la voix de l'Eternel retentit dans l'immensité des lieux.

Joppa offre peu d'intérêt dans l'Écriture-Sainte; cet intérêt se borne aux ruines de la maison de Simon-Pierre, le tanneur; triste et misérable habitation de quelques siècles, devant laquelle l'œil d'un grand nombre de pèlerins a versé des larmes, devant laquelle un grand nombre de genoux se sont courbés avec ferveur. Signor Damiani, consul anglais, en est le maître, et il ne veut laisser partir aucun des voyageurs qu'il a reçus sous son toit, sans l'onction qu'une telle visite doit donner. La religion de ce dignitaire est, comme son costume, d'un caractère mélangé et confus; il emprunte au chapeau anglais à trois cornes un air de dignité officielle, tandis que son immense personne est enveloppée dans le vaste costume turc. C'est un digne homme, très-hospitalier et grand parleur; il a autrefois accueilli Napoléon, et raconte une partie de sa conversation avec le général victorieux. Napoléon lui demanda s'il ne pouvait pas lui désigner un guide pour accompagner l'armée le long du rivage jusqu'à Saint-Jean-d'Acre; mais Damiani indiqua si bien la route, que Napoléon lui dit : « Vous serez vous-même notre guide, » au grand chagrin et à la confusion du signor, qui se vit, par-là, compromis comme pionnier de l'armée française, et qui s'aperçut, à l'air décidé de Napoléon, que toute excuse et toute remontrance de sa part seraient vaines. Il se mit en marche, remplit fidèlement sa charge, et fut récompensé par le froid applaudissement du conquérant.

Pendant qu'Ibrahim-Pacha était campé sous les murs de Jaffa, des voyageurs anglais, ayant leur consul à leur tête, lui firent une visite. A cette époque, signor Damiani marchait avec une liberté

LA FONTAINE A BAGHTCHEH-SARAÏ.

d'âme qu'il ne sentait pas lorsqu'il servit de guide à l'armée des Français. Au-delà était la vallée de Sharon, dont les différentes ouvertures laissaient apercevoir les tentes luisantes des soldats; dans le lointain, les coteaux couleur de pourpre de la Judée, se confondaient avec un ciel brûlant et sans nuages. Le quartier-général du pacha, campé sur un monticule qui dominait la mer et le rivage, était couronné d'une petite mosquée autour de laquelle se groupaient irrégulièrement les tentes des personnes de sa suite; plus bas, dans la vallée, étaient les pavillons de ses officiers. Une entrevue avec Ibrahim n'exigeait aucune cérémonie : les voyageurs que le consul lui présentait furent introduits dans la mosquée, où ils eurent tout le loisir d'examiner le général égyptien. C'est un homme corpulent, et ses traits sont encore rehaussés par sa longue barbe. Il envoya chercher son drogman, qui parut bientôt. Omar-Effendi, le drogman, ayant fait ses études à Cambridge, parlait fort bien anglais; il expliqua au pacha le sujet de la visite des voyageurs. Il était évident qu'Ibrahim affectait la courtoisie des Francs, souriant à une chose, discutant gravement une autre, et riant très-souvent aux éclats; car il a toujours pour but de donner une bonne idée de lui aux Européens. Les voyageurs prirent congé de lui, après qu'il leur eut proposé de l'accompagner, s'ils le désiraient, durant sa marche sur Jérusalem. Ils se promenèrent dans le camp parmi les soldats arabes, et furent frappés de leurs démonstrations d'enthousiasme et de joie, de leur activité et du charme qu'ils éprouvaient à entendre la simple musique de leurs tribus. Un jour, mourant de faim et presque nus, dans des cabanes de boue sur les bords du Nil; le jour suivant, saisis, enrôlés, vêtus d'une manière qui pour eux est de la splendeur, bien nourris, fiers de leur nouvel état et de leurs succès, ces pauvres victimes de l'oppression sont devenues les premiers instruments de l'oppresseur !

LA CRIMÉE.

Baghtcheh - Saraï.

Baghtcheh - Saraï s'étend au fond d'un étroit vallon hérissé de gros rochers qui semblent menacer de l'écraser un jour. Une petite rivière coule au fond du ravin. Ce ruisseau, qui n'est pas calomnié, car son nom de Djourouk-Sou signifie *eau fétide*, n'a rien de commun avec les belles sources dont les habitants de Baghtcheh-Saraï font

leurs délices. Pendant longtemps cette ville fut le séjour des Khans de Grimée, qui se plurent à embellir le palais, séjour de leur puissance : c'est de là qu'ils se manifestaient au peuple, du sein de la plus douce mollesse. Plusieurs fois ravagée, Baghtcheh-Saraï est redevenue une ville purement tartare, la seule ville qui ait conservé sans mélange, en Crimée, le type de cette nation.

Une longue rue constitue à elle seule presque toute la ville; elle s'étend sur le bord du Djourouk - Sou. Les maisons et les jardins remontent à droite et à gauche sur l'escarpement de l'étroite vallée. Plusieurs mosquées se groupent au milieu des arbres, et dressent leurs minarets parmi les habitations. Quant à l'architecture, elle n'offre rien de particulier, si ce n'est la construction des cheminées, qui sont autant de petites tourelles pointues et percées à jour. La grande rue tout entière est bordée de boutiques, et d'ateliers où l'industrie tartare s'exerce encore dans toute la simplicité primitive, fabriquant chaque jour les objets qu'elle donnait il y a deux siècles : ni la mode ni le caprice n'ont rien changé à ces produits inamovibles. Les poteries les plus grossières, la coutellerie la plus commune, une grande variété d'ouvrages en maroquin, telles sont les marchandises qui garnissent les boutiques, sortes d'échoppes élevées, dans lesquelles le marchand se tient assis à la façon des tailleurs.

Dans les ateliers, on s'occupe de ferrer les bœufs, on carde et on dévide le coton. Viennent ensuite les barbiers, personnages importants, poëtes, censeurs et politiques, qui empruntent quelquefois à une large paire de lunettes un air tout particulier de gravité; puis les tourneurs, qui creusent patiemment, dans le cerisier ou dans le jasmin, les longs tuyaux de pipe si recherchés en Occident. Tout ce peuple travaille avec calme; il vend ou il achète avec dignité. Les juifs karaïms, membres d'une secte à part d'Israélites, se réservent le commerce des étoffes, des merceries et des denrées coloniales. Pour en finir avec cette rue, qui est toute une ville, ajoutons qu'elle est inégalement pavée, et qu'elle est parcourue, tant que dure le jour, par une multitude de chariots aux essieux horriblement criards.

La Grimée appartient à la Russie, et la Russie a conservé fidèlement les traditions de ce recoin poétique de l'immense empire, dit M. Anatole de Démidoff (1). Le palais de Baghtcheh-Saraï s'ou-

(1) Voyez le curieux *Voyage dans la Russie Méridionale et la Crimée, par la Hongrie, la Valachie et la Moldavie*, exécuté sous la direction de M. Anatole de Démidoff; ouvrage qui est publié à Paris, par l'éditeur Ernest Bourdin.

vre, comme jadis, aux visiteurs; une hospitalité digne des anciens âges leur est offerte dans les bâtiments de tout temps réservés aux hôtes de chaque jour. Une grande aile du palais, celle qui fait face à la rivière, renferme les appartements consacrés. Si, de la voûte qui sert d'entrée, vous regardez vers le fond des enclos, vous avez à droite, outre la demeure des Khans, le harem, les bains, les jardins particuliers, et une tour élevée que termine une terrasse fermée de grillages épais. A gauche, une grande mosquée se distingue par ses minarets élancés. Le cimetière environne deux vastes pavillons funèbres; tout cet ensemble est entouré par des bâtiments de service. L'extrémité de la cour qui vous fait face est occupée par un kiosque qui sert d'entrée aux écuries, et par une fontaine moderne, en style oriental, ombragée par des saules, et portant le chiffre turc de l'empereur Alexandre. Un amphithéâtre de jardins sert de fond au tableau, qui a pour dernier plan la grande muraille de roches, d'une régularité si étrange, dans laquelle la ville est renfermée. C'est un vrai saraï d'Orient, on est en plein dans l'Asie. Au-dessus de vos têtes, cette voix qui chante dans les airs, c'est la voix du musselim; tout près de vous, dans un silencieux cimetière, dorment soixante Khans, dont ce palais a été la demeure; bons ou mauvais, ils ont agi et vécu entre ces murailles. On voit leurs étroites sépultures, au pied desquelles murmure une source cachée sous l'herbe, monotone complainte chère aux tombeaux.

Quelques embranchements considérables viennent aboutir à la rue principale de Baghtcheh-Saraï, continue M. Démidoff; mais ce sont là autant de faubourgs habités par les classes inférieures, ou tout au plus peuplés de maisons hermétiquement fermées qui n'ont aucune vue, espèces de prisons bourgeoises sur la voie publique. Au centre même de ces longs rayons de la ville et de ses abords, s'étend le palais, entouré de ses vastes jardins. On y pénètre par un pont de pierre et par un élégant portique. Des inscriptions sans nombre décorent cette demeure souveraine; il n'est guère de porte qui n'ait sa légende ou son chiffre talismanique entremêlé aux peintures dont chaque panneau du bâtiment est invariablement couvert : groupes de fleurs et de fruits, enroulements gracieux, oiseaux rares ou fantastiques. Cependant le palais des Khans est maintenant plus brillant que jamais. Un artiste habile vient d'achever son œuvre pleine de goût; il a rendu à ces demeures décrépites toutes les splendeurs originales du passé. Les riches ornements et les ameublements les plus minutieux de cette belle résidence, type si réel de la grâce orientale, ont complété cette restauration. Tous les appartements sont aujourd'hui revêtus d'étoffes précieuses, et garnis de divans, de tapis et de nattes récemment apportés de Constantinople. Ce sont des salles, des cabinets, rarement de plain-pied, qui se suivent et qui se correspondent par un plan bizarre et désordonné. Faiblement éclairés par des vitraux de couleur, ces réduits élégants sont tout brillants de vernis, tout chatoyants de nacre, de cristaux, d'étoffes d'or et d'argent, ornés de meubles rares, parfumés de vapeurs embaumées. Tel est ce palais de prodiges, où se trouvent réalisés tous les rêves de la fantaisie la plus féconde. Mais qui pourrait énumérer tous les détours de ce labyrinthe, ses nombreuses et secrètes issues, ses bains de marbre, discrets témoins des sensualités asiatiques du harem, que l'Europe invente, mais qu'elle ne connaît pas? Dans les jardins, on nous a signalé une grosse tour surmontée d'un treillis doré. Là, nous dit-on, l'un des Khans élevait ses faucons; un autre en fit la plate-forme du haut de laquelle les femmes venaient, à l'heure de la fraîcheur, jeter un regard curieux et caché sur la contrée environnante. Entre les hautes murailles du harem, dans cet autre palais qui a aussi ses bains jaillissants et ses frais vestibules de marbre, nous avons porté un regard curieux dans la demeure des femmes; mais la demeure est dépeuplée, et c'est à peine si vous rencontrez quelques traces de l'ancien ameublement, quelques vitraux aux couleurs brillantes, et des miroirs de Venise qui ont réfléchi les traits arrondis, les sourcils peints et les lèvres vermillonnées des nonchalantes favorites. C'est dans ces murs que gémissait, enfermée, la belle Marie Pototska, la douce chrétienne; Marie, la poétique et pure idole du plus indomptable et du plus généreux de tous les maîtres de ce palais. Pouschkine, ce noble et malheureux poète, mort si fatalement, et pleuré même par ses confrères de l'Europe, qui vénèrent son nom, sa gloire et ses vers, a immortalisé ces tristes amours dans des chants harmonieux comme il savait les trouver.

Ce palais des jardins, la demeure des souverains de Grimée, aurait bien pu se nommer le palais des fontaines; l'eau courante est partout; elle circule dans les murs, dans les jardins, dans les vestibules, comme le sang dans les veines des humains. Entre toutes ces heureuses fontaines, il faut citer celles qui décorent le vestibule de parade, deux délicieuses constructions jumelles. Toute la délicatesse du goût oriental, tout le génie et la grâce de l'architecture asiatique, sont résumés dans ces deux fontaines, couvertes de légères arabesques en relief, sur lesquelles s'applique la dorure, heureusement unie aux couleurs les plus vives. Une foule d'inscriptions se mêlent aux riches ornements des fontaines. C'est sur la fontaine de Marie, comme on la nomme, que se lisent les phrases suivantes, si bien empreintes de l'emphase locale :

« La face de Baghtcheh-Saraï est réjouie par « la sollicitude bienfaisante de Krim-Gheraï, le « lumineux! sa main tutélaire a étanché la soif « du pays.

« S'il existe une fontaine semblable à celle-ci, qu'elle se présente!

« Damas, Bagdad, ont vu bien des choses, « mais elles n'ont point vu une aussi belle fon-« taine. 1176. »

Après ces bijoux d'architecture, ravissants monuments damasquinés, la plus poétique des fontaines de Baghtcheh-Saraï est assurément cette modeste source qui filtre à travers les plantes et les broussailles de l'étroit cimetière, et qui arrose le pied des tombeaux des Khans. Nous avons indiqué déjà l'emplacement du cimetière et de ces deux rotondes que recouvrent de vastes coupoles. Sous ces larges dômes sont alignées les sépultures d'un certain nombre de souverains; leurs femmes elles-mêmes y ont trouvé place. Au temps où la guerre ravagea le sol de la Crimée, Baghtcheh-Saraï, saccagée, vit, dit-on, quelques-unes de ces tombes tristement profanées; mais ces profanations furent réprimées presque aussitôt; le respect pour les morts l'emporta sur le courroux des vainqueurs; le silence et le recueillement entourèrent de nouveau ce dernier asile des maîtres de la Crimée.

Le côté extérieur de la grande mosquée du palais donne sur la voie publique; une élégante fontaine, placée au milieu d'une salle voûtée, attire les regards; l'eau qui tombe en girandole dans une vaste coupe s'échappe en minces filets par un grand nombre d'ouvertures, et permet ainsi à vingt fidèles de s'acquitter tous ensemble des ablutions religieuses. On entre ensuite dans un grand vestibule, et de là dans la mosquée. Cet édifice est très-vaste; quelques fenêtres aux beaux vitraux d'azur y laissent pénétrer une lumière voilée. La surface du sol est couverte de tapis et de nattes. En face de la porte, une niche chargée de sculptures en pierre s'enfonce circulairement dans la muraille; c'est là le sanctuaire, le saint lieu par excellence.

On sort par une longue et assez misérable rue du défilé de Baghtcheh-Saraï. Arrivé à l'extrémité de la ville, vous pénétrez dans une ville nouvelle : mais celle-là est sans nom, comme le peuple qui l'habite. Qu'on se figure la plus étrange cohue de sauvages à peine vêtus, habitant, au lieu de maisons, des cavernes, des trous immondes pratiqués par la nature ou par le travail dans les flancs de ces grands rochers qui entourent la vallée. Une tribu nombreuse de Bohémiens a trouvé ces habitations toutes faites, et la paresse naturelle à ce peuple s'est bien vite accommodée de cette vie de Troglodytes. C'est donc là le chef-lieu où s'étale avec plaisir, sous le soleil, toute la misère de cette race misérable! De tous côtés vous apercevez les hideuses guenilles qui tapissent les rochers, la fumée bleuâtre qui monte le long des immenses murailles de la montagne, et les ustensiles délabrés de cette triste communauté de parias. Au bruit des chevaux, il faut voir sortir en bondissant de leurs terriers, comme des singes, des enfants noirs et maigres, et des femmes décharnées qui vous tendent les mains avec des contorsions et des cris inarticulés. Triste spectacle de la dégradation humaine; et cependant là encore on remarque avec étonnement quelques types, bien rares, il est vrai, de la beauté asiatique; de belles filles qui, sous leurs haillons insuffisants pour les couvrir, marchent avec la majesté des reines de théâtre; de jeunes garçons à l'allure franche et décidée, au regard d'oiseau de proie, dont la chevelure noire et brillante encadre si bien les contours du visage. Mais ces beaux restes d'une race abrutie s'effacent tous les jours; le voyageur qui a franchi cette vallée n'emporte guère qu'un profond sentiment de dégoût pour tant d'abaissement!

Y.

ÉTUDES SUR L'ARIOSTE

ET

L'ORLANDO FURIOSO.

Dès le XIIIe siècle, les chants de geste étaient connus en Italie; le passage des pèlerins, les conquêtes des Normands dans la Pouille et dans la Sicile, avaient rendu populaires les romans de chevalerie et la Chronique de Turpin. Muratori a constaté que, sur les places publiques et sur les théâtres de Milan, des troubadours récitaient les belles histoires des paladins et des pairs de Charlemagne. Les cycles des chansons de geste parvinrent successivement au-delà des Alpes, soit en traductions, soit dans le texte original; car, à cette époque, la langue romane était parlée à Florence, à Pise, à Vérone, à Ferraro, comme dans le midi des Gaules; bientôt tous les sujets de la poésie furent empruntés aux grandes compositions chevaleresques. On écrivit des sonnets, puis des poëmes, qui célébrèrent des familles entières et des races fabuleuses de barons.

Parmi les paladins de Charlemagne, Roland avait brillé d'un vif éclat. Roland, devenu un type de convention pour les poëtes, résumait l'unité de la force et du courage; dans toutes les parties du monde connu, chacun voulut chanter les prouesses du vaillant guerrier, chacun voulut publier ses exploits (1). Le personnage de Roland une fois admis, on l'entoura de sa famille chevaleresque, de Charlemagne, d'Olivier, du duc Aymon, d'Ogier le Danois, de Renaud de Montauban et de ses frères, de Maugis leur cousin, et de Ganelon le Maïençais; tout se groupa autour de Roland, comme, dans l'épopée grecque, tout s'était groupé autour d'Achille. De là, ces poëmes antérieurs à l'*Orlando Furioso* : la *Spagna*, la *Regina Ancroja*, le *Morgante Maggiore* de Pulci, le *Mambriano* de l'Aveugle de Ferrare, et l'*Orlando Innamorato* du Bojardo.

On peut donc dire que l'idée d'un poëme épique sur le héros du moyen-âge, sur le Roland des chansons de geste, n'appartient pas à l'Arioste; le poëte reçut cette idée comme une tradition; il ne fit que développer et encadrer, dans des chants inimitables, là vie et les glorieuses actions de Roland, le fier paladin; en un mot, il broda des arabesques sur un thème vieilli.

Pour comprendre parfaitement l'*Orlando Furioso*, il est essentiel de connaître les poésies chevaleresques qui lui sont antérieures; autrement plusieurs strophes sembleraient obscures, plusieurs épisodes inexplicables. Le poète prend Marsile, Agramant, Charlemagne, Angélique, Roland, Sacripant, Roger et Mandricard au point où Bojardo les a laissés. L'Arioste est ainsi le continuateur des romans épiques; il adopte la méthode des annalistes du moyen-âge, qui poursuivaient le récit des événements rapportés par leurs prédécesseurs, en y ajoutant des incidents nou-

veaux, en y mêlant de nouveaux prodiges. L'*Orlando Furioso*, c'est une mosaïque formée avec les grandes compositions chevaleresques, c'est une sorte de chronique en vers où d'étranges et amusantes histoires sont capricieusement narrées. Il n'y a de véritable ensemble que dans les caractères des héros du poème; là seulement, Arioste ne s'est pas écarté des préceptes de l'Art poétique d'Horace : les personnages du *Furioso* restent avec leur admirable unité.

Il est utile de montrer que l'Arioste, original dans les diverses phases de la vie de ses héros, se rapproche d'Homère, qui laisse Achille inflexible; Ulysse, prudent et rusé; Ajax, contempteur des dieux; et Agamemnon, avec sa dignité et son orgueil de roi. L'Arioste, dans les détails du poème, les rehausse par une forme brillante, gracieuse et ravissante parure dont il embellit son chef-d'œuvre; et comme les productions de l'art vivent généralement par la forme, on ne doit point être surpris que l'*Orlando Furioso* jouisse en Italie d'une réputation immense. Le génie poétique de l'Arioste se révèle surtout dans ses débuts de chants si justement célèbres, dans les nombreux épisodes du *Furioso*, épisodes tour à tour sublimes et plaisants, sérieux et moqueurs, pieux et sceptiques, d'une morale tantôt grave et sévère, tantôt indulgente et facile. L'*Orlando Furioso*, expression la plus intime, la plus complète de l'épopée chevaleresque, en résume toutes les éblouissantes féeries, comme l'Arioste, expression la plus élégante, la plus suave de la poésie italienne, en résume toutes les beautés. Pulci, l'Aveugle de Ferrare, Bojardo, sont presque oubliés de nos jours, tout l'éclat de l'immortel auteur du *Furioso* atténue le souvenir de leurs succès.

En lisant avec attention l'*Orlando Furioso*, deux sortes de réflexions viennent à l'esprit : la première, toute grammaticale, a plusieurs fois occupé les Italiens; des savants, des littérateurs ont étudié l'admirable mécanisme des vers de l'Arioste, les beautés de sa prosodie, l'harmonie de sa phrase poétique. Ces appréciations diverses ont été souvent accomplies, il y aurait peu d'utilité à y revenir. Et d'ailleurs, quelque amoureux qu'il soit de son modèle, un traducteur ne connaît jamais assez l'idiome original pour discuter grammaticalement sur des beautés de langage. Laissons ce travail aux écrivains nationaux.

La seconde réflexion, c'est la nécessité où l'on se trouve d'exprimer une opinion sur le chef-d'œuvre de l'Arioste; les règles générales de la poésie appartiennent au génie de tous les peuples, il n'y a ici rien de spécial. L'*Orlando Furioso*

---

(1) Le sixième volume du *Magasin Universel*, p. 76 et 110, contient des observations sur le personnage de Roland, travail très-important et très-curieux qui fait partie des annotations de M. Mazuy, à la suite de chaque chant de sa traduction récente du *Roland Furieux*.

(Note du Direct.)

nous apparaît comme un vaste recueil de romans chevaleresques capricieusement rassemblés par le poëte; Turpin est sa caution, le témoin qu'il invoque en se moquant pour justifier les plus étranges aventures; quand il a une observation bizarre, un fait miraculeux de chevalerie, il le rejette sur la fausse Chronique : « Turpin l'ayant mis dans son ouvrage, dit le poëte, je le mets aussi dans le mien. » On sait que Pulci, l'Aveugle de Ferrare et Bojardo, avaient déjà usé de cette formule. La Chronique de Turpin, qui ne renferme que trois ou quatre paragraphes sur Roland, devint pour l'Arioste une forme poétique plutôt qu'une source historique réellement consultée.

En est-il de même des romans de chevalerie? Les épopées chevaleresques se rattachent toutes à des cycles différents : le premier traite de la période carlovingienne et des pairs de Charlemagne, sujet choisi par l'Arioste. Il suffit cependant de parcourir les chansons de geste pour se convaincre qu'à l'exception de quelques passages, l'Arioste n'a rien pris à ces grands poëmes. L'Homère de Ferrare a puisé dans le second et le troisième cycle, celui de la Table-Ronde et celui qu'on appelle lles Amadis. Les romans de la Table-Ronde surtout étaient très-répandus en Italie dans les XIVᵉ et XVᵉ siècles, et l'*Orlando Furioso* contient plus d'une aventure empruntée au *Tristan*, au *Lancelot*, à *Perceforest* et à *Gyhon le Courtois*.

Loin de ma pensée de voir un plagiat dans ces emprunts; tel n'est pas le but de mes annotations; ce serait faire de l'érudition mesquine pour rabaisser l'immense supériorité du génie. Toutes les littératures étant familières à l'Arioste, il put connaître les œuvres des trouvères et des troubadours, romans, fabliaux, contes, sirventes et tensons; mais la gloire du poëme lui revient entière : à lui l'honneur de cette immense conception merveilleuse, des quarante-six chants qui se déploient dans leur magnificence comme une couronne de rubis, d'émeraudes et de saphirs sur la vieille épopée chevaleresque! L'Arioste glane de droite et de gauche; il vit dans les grottes profondes des traditions bretonnes, au milieu des sombres forêts. Les choses les plus extraordinaires, il les adopte; ce que la raison repousse, il le choisit; l'Arioste dédaigne l'histoire, il en trouve le cercle trop restreint; comme l'abeille, il s'arrête sur les plus belles fleurs et se nourrit de leur suc, pour nous donner un miel épuré. Les épisodes du *Furioso*, morcelés souvent d'une façon bizarre, ressemblent aux éblouissantes cascades qui, du sommet des Apennius, se précipitent, se brisent, disparaissent, et, réunies, forment ensuite une onde calme et limpide; ces épisodes sont variés, distincts; et pourtant tous se lient et s'enchaînent; le poëte a mis l'ordre dans le désordre, l'unité dans la confusion.

Quelles étaient les croyances de l'Arioste? Ici, Ludovico est fort bon chrétien, dévot même; là, censeur des mœurs du clergé, incrédule, railleur. En vain on chercherait dans le *Roland Furieux* l'expression d'une opinion exclusive; l'Arioste est essentiellement poëte; une impression lui vient, il la formule; un sentiment se révèle, il l'exprime. On ne peut le suivre dans le dédale de ses sensations; l'Arioste échappe lorsqu'on veut apprécier son caractère moral. Poëte sensualiste, le chantre de l'*Orlando* conserve des souvenirs religieux communs aux imaginations méridionales; il offre un mélange de scepticisme et de convictions, de piété et de dissipations mondaines : c'est Raphaël faisant servir les traits de la Fornarina pour ses têtes de Vierges au visage céleste et divin.

Dans l'*Orlando Furioso*, l'Arioste reste catholique, mais il rappelle la gourmandise des moines, leurs bavardages, plaintes que la prédication de Savonarola avait semées en Italie; les poëtes, les écrivains sont toujours l'expression des idées de l'époque qui les voit naître. L'Arioste mêle à tous les souvenirs chevaleresques les événements qu'il a sous les yeux, les découvertes des terres inconnues, l'invasion de l'Italie par les Français, la puissance des Turcs, le besoin d'une croisade. Du reste, les merveilles d'un siècle qui vit tant de personnages supérieurs, devaient s'identifier avec les inspirations d'un grand poëte. En parlant de Charlemagne, était-il possible d'oublier Charles-Quint? Lorsque l'Arioste chantait les prouesses des paladins de France, pouvait-il ne pas célébrer la valeur de François Iᵉʳ, ce roi si poétique, dernier reflet de la chevalerie? Et puis, quel souverain pontife que Léon X! Quels navigateurs que Christophe Colomb, Améric Vespuce, Vasco de Gama! Quelle renommée que celle de Fernand Cortez! Quels artistes que Michel-Ange, Raphaël, Titien! Titien, Raphaël, demandaient des conseils à l'Arioste et lui en témoignaient leur gratitude : Sanzio, en plaçant l'Homère de Ferrare dans le *Parnasse* dont il décorait l'une des salles du Vatican; le Titien, en faisant le portrait du poëte et en dessinant des vignettes pour la première édition de son *Orlando*.

Noble confraternité des grands hommes! tous se prêtent un mutuel appui; les poëtes chantent les guerriers, les artistes; les artistes reproduisent les exploits des glorieux capitaines, les idées et les conceptions des poëtes; et ce groupe d'illustrations, brillant cortège du génie, s'avance majestueusement vers la postérité.

A. MAZUY.

―――――――――

ADRIENNE LECOUVREUR.

O vous, à ma douleur objet terrible et tendre,
Eternel entretien de haine et de pitié,
Restes du grand Pompée, écoutez sa moitié.
N'attendez pas de moi des regrets ni des larmes;
Un grand cœur à ses maux applique d'autres charmes;
Les faibles déplaisirs s'amusent à parler,
Et quiconque se plaint cherche à se consoler.

Lorsque Adrienne Lecouvreur prononçait ces beaux vers empreints d'un si profond sentiment de mélancolie, il n'y avait pas un cœur parmi les assistants qui ne partageât la douleur de Cornélie, la veuve du grand Pompée; aussi le célèbre Coypel peignit-il Mlle Lecouvreur dans le costume de Cornélie, et ce portrait, gravé par Drevet, est celui qui est offert ici.

Mlle Lecouvreur naquit à Fismes, petite ville de la Champagne, entre Reims et Soissons, dans l'année 1690. Son père était chapelier; cet état lui rapportait à peine de quoi faire subsister sa famille dans la petite ville de Fismes. L'honnête artiste en chapeaux songea à choisir un plus grand théâtre; il se transporta avec tous les siens à Paris, en 1702, et s'établit dans le faubourg Saint-Germain, tout près de la Comédie-Française, qui y était fixée alors. Adrienne profita du voisinage: elle eut l'occasion d'aller quelquefois à la Comédie-Française; le goût du théâtre, qui s'était manifesté chez elle dès son enfance, ne fit qu'augmenter par la fréquentation des chefs-d'œuvre de notre scène. A quinze ans, elle fit le projet de jouer, avec quelques jeunes gens de son quartier, la tragédie de *Polyeucte*. Adrienne, qui sentait déjà ses forces, avait pris le rôle de la noble et tendre Pauline pour son début. Son audace fut couronnée de succès. La présidente Lejay, une des femmes les plus distinguées de ce temps, qui faisaient un noble usage de leur fortune en protégeant les lettres et les arts, entendit parler des répétitions de *Polyeucte*; elle consentit à faire construire un théâtre dans la cour de son hôtel, rue Garancière, pour qu'on y jouât cette tragédie. Les jeunes acteurs, et surtout Adrienne, charmèrent à tel point le nombreuse assemblée qui s'était réunie pour les juger, que la compagnie de la Comédie-Française s'en montra jalouse, et surprit au lieutenant de police un arrêté qui interdisait ces représentations. Mlle Duclos, habituée à la décla-

mation, s'offensait du débit naturel d'Adrienne. Comme la jeune Rachel, dont la fortune est montée si haut en si peu de temps, Adrienne se faisait remarquer par la simplicité avec laquelle elle *parlait* les vers, tandis qu'au Théâtre-Français on les *chantait* encore. Il fut défendu à la petite troupe de continuer à jouer Corneille; comme si Corneille, de même que le soleil, ne devait pas luire pour tout le monde.

Legrand, assez mauvais acteur, mais professeur intelligent, fut frappé des dispositions de la jeune Lecouvreur. Il lui donna des leçons; elle ne tarda pas à prendre des engagements en province. Elle parcourut l'Alsace et la Lorraine; et, par un chemin semé de couronnes, arriva enfin à la Comédio-Française, où elle débuta le 14 mai 1717. Mlle Duclos, reine du théâtre, fut détrônée ce jour-là. Adrienne Lecouvreur se plaça du premier coup au plus haut rang. Elle était, selon un de ses biographes, d'une taille médiocre, mais elle avait la tête et les épaules bien placées, les yeux pleins de feu, la bouche belle, le nez un peu aquilin, beaucoup d'agréments dans l'air et dans les manières, un maintien noble et assuré. Quoiqu'elle n'eût pas beaucoup d'embonpoint, sa figure n'offrait point le désagrément attaché à la maigreur : ses traits étaient bien marqués, et convenables pour exprimer avec facilité toutes les passions de l'âme. Le goût, la recherche, la richesse de sa parure, donnaient un nouveau lustre à son air imposant, à sa démarche noble, à ses gestes précis et toujours énergiques. Tel est le portrait qui nous a été laissé de Mlle Lecouvreur.

Mlle Lecouvreur possédait l'art suprême des grands acteurs, l'art de se pénétrer soi-même des passions que l'on doit exprimer; elle vivait de la vie des personnages qu'elle représentait. Jamais actrice ne fit répandre plus de larmes sur les infortunes imaginaires des héroïnes du théâtre. Elle produisait une complète illusion; elle arrachait le public comme elle-même au monde présent; on se prêtait à toutes les imaginations du poëte. Quand elle jouait Bérénice, Élisabeth, Laodice, Jocaste, Pauline, Athalie, Zénobie, Roxane, Atalide, Iphigénie, Hermione, Ériphyle, Émilie, Électre, Cornélie, il n'y avait pas un spectateur français dans la salle; on était tour à tour du pays que le poëte avait choisi; il semblait que l'assemblée fût composée de gens prêts à prendre une part à l'action, comme le chœur des tragédies antiques. Voilà le prestige des grands talents dramatiques. Mlle Lecouvreur, comme cela était d'usage autrefois, jouait aussi les rôles comiques; mais elle n'y réussissait pas aussi bien. On prétend, et ce sont les auteurs tombés qui ont probablement formulé ce reproche, que Mlle Lecouvreur contribuait à la chute des pièces nouvelles, dès que le public montrait des dispositions hostiles, et que, pour lui faire sa cour, elle se tournait contre les auteurs, augmentant par la perfidie de son jeu la malignité des assistants. Cependant, lorsqu'on relit les pièces dans lesquelles Mlle Lecouvreur a créé des rôles nouveaux, il est aisé de s'apercevoir que les pièces n'avaient besoin, pour tomber, que de leur propre pesanteur. Un faiseur d'acrostiches et d'anagrammes du temps, avait trouvé dans le nom de Mlle Lecouvreur le mot suivant : *Couleuvre!* Où diable l'esprit va-t-il se nicher !

Mlle Lecouvreur exprimait trop bien l'amour pour ne pas le ressentir. Comme elle l'inspirait d'ailleurs, elle s'abandonna à cette passion en véritable héroïne ; elle eut pour adorateurs des hommes illustres, entre autres le comte de Saxe. Elle le préféra quelque temps à ses rivaux ; mais Adrienne n'était pas aussi fidèle que les vertueuses princesses dont elle rendait si bien les sentiments. Le comte de Saxe, espèce d'Hercule, célèbre en plus d'un genre de travaux, n'eut pas le secret de retenir sa galante maîtresse ; il était jaloux, et l'on raconte au sujet de sa jalousie une curieuse anecdote. Un soir qu'Adrienne avait été plus tendre avec lui que de coutume, et qu'elle s'était livrée à un panégyrique démesuré de la fidélité, il soupçonna, en homme d'esprit, qu'il pourrait bien être trompé ; il résolut de s'en assurer. Il pensa que son rival avait la clef d'une certaine porte qui lui paraissait suspecte, et que cet acteur, doublure dont il ne se souciait pas, s'introduisait par là en l'absence du chef d'emploi. Que fit le comte de Saxe ? il ne s'arracha pas les cheveux à pleines mains ; il n'en prit qu'un seul sur son auguste tête, il le fixa, à l'aide d'un peu de cire, sur la serrure de la porte. Le passage de la clef devait briser cette faible barrière. Il revint une heure après : pas plus de cheveu que sur la main ! Le comte de Saxe frappa ; il fit un vacarme d'enfer à la porte, jusqu'à ce qu'il plût à Adrienne d'ouvrir. A peine entré, il chercha et découvrit son rival caché dans un coin. Mlle Lecouvreur, dit-on, se justifia. Combien d'autres femmes, qui n'étaient pas de grandes comédiennes, ont eu le même esprit, tant l'amour est crédule en même temps que jaloux !

Ce fut le comte de Saxe qui manqua plus tard à la fidélité, et les conséquences en furent, si l'on en croit les rumeurs publiques, bien fatales à Mlle Lecouvreur. On a prétendu que cette actrice était morte empoisonnée. Voici sur quel fait repose cette version. La duchesse de B... exigeait que le comte de Saxe lui sacrifiât Mlle Lecouvreur, qui, naguère, le sachant dans une fâcheuse position, avait vendu ses diamants pour lui prêter quarante mille livres ; le comte n'en voulait rien faire : la reconnaissance, à défaut de l'amour qu'il n'avait plus, le retenait dans les bras de la généreuse Lecouvreur. Un jour que l'on jouait *Phèdre* et que la duchesse était aux premières loges, Adrienne aperçut sa rivale ; elle savait tous les efforts que celle-ci faisait pour s'emparer du comte. Elle ne put modérer son ressentiment ; lorsqu'elle en vint à ces vers fameux :

. . . . Je sais mes perfidies,
Œnone, et ne suis pas de ces femmes hardies
Qui, goûtant dans le crime une tranquille paix,
Ont su se faire un front qui ne rougit jamais ;

au lieu de s'adresser à Œnone, elle se tourna du côté de la duchesse, véritablement apostrophée ; et le public, qui était au courant de l'intrigue, applaudit sur-le-champ l'à-propos. La duchesse frémit de rage et jura de se venger. Peu de temps après, un petit abbé, assure-t-on, s'étant fait le complice des vengeances de la duchesse, offrit à Mlle Lecouvreur des confitures et autres douceurs qui, selon l'expression d'un auteur du temps, firent perdre à la pauvre Adrienne *le goût des vanités du monde.* Cette épitaphe nous semble un peu légère ! C'était le style d'alors !

Mlle Lecouvreur mourut le 17 mars 1730.

L'enterrement de Mlle Lecouvreur prouve bien le triste retour des choses d'ici-bas, et que tout, dans ce monde, n'est que vanité, comme disent le roi Salomon et l'auteur que nous venons de citer. Cette reine adorée, cette divinité du théâtre, n'obtint pas même la commune sépulture. On n'avait pas eu le temps de prendre des arrangements avec l'église, et le clergé refusa de se mêler de son convoi. Son beau corps fut porté de nuit au coin de la rue de Bourgogne, et inhumé par deux *porte-faix.* Où donc était le comte de Saxe ? Voltaire s'indigna de cette stupidité, digne des peuples les plus sauvages ; tandis que l'Angleterre faisait à son actrice, Anne Oldfields, les honneurs de Wesminster. Il adressa à ce sujet des vers faciles et charmants à M. Falkener, négociant anglais, dans sa préface de *Zaïre* :

Votre Oldfields et sa devancière,
Bracegirdle, la minaudière,
Pour avoir su dans leurs beaux jours
Réussir au grand art de plaire,
Ayant achevé leur carrière,
S'en furent avec le concours

De votre république eutière
Sous un grand poële de velours
Dans votre église, pour toujours,
Loger de superbe manière;
Leur ombre en paraît encor fière,
Et s'en vante avec les amours :
Tandis que le divin Molière,
Bien plus digne d'un tel honheur,
A peine obtient le froid honneur
De dormir dans un cimetière :
Et que l'aimable Lecouvreur,
A qui j'ai fermé la paupière,
N'a pas eu même la faveur
De deux cierges et d'une bière;
Et que monsieur de Laubinière
Porta la nuit, par charité,
Ce corps, autrefois si vanté,
Dans un vieux fiacre empaqueté,
Vers le bord de notre rivière.
Voyez-vous pas à ce récit
L'Amour irrité qui gémit,
Qui s'envole en brisant ses armes;
Et Melpomène, tout en larmes,
Qui m'abandonne, et se bannit
Des lieux ingrats qu'elle embellit
Si longtemps de ses nobles charmes?

Voltaire, qui prétend avoir fermé les yeux de
l'aimable Adrienne, ne dit rien de l'anecdote du
poison. Peut-être cette anecdote n'est-elle pas
vraie. Mlle Lecouvreur venait de jouer le rôle de
Jocaste quand elle mourut, et le poëte pleurait son
actrice. Mlle Lecouvreur, dans son commerce avec
les hommes distingués de son temps, et par sa
constante étude des chefs-d'œuvre de notre lan-
gue, s'était formé et orné l'esprit. On a d'elle un
recueil de lettres très-bien pensées, et écrites
avec goût. Morte à quarante ans, elle laissa der-
rière elle de vifs regrets; mais ils s'effacèrent
bientôt. Le ciel, qui protégeait le Théâtre-Fran-
çais, fit surgir, cet astre à peine éteint, le gé-
nie de Mlle Dumesnil, qui jeta encore plus
d'éclat.   L. H.

LES BOTTES MAUDITES.

Légende Japonaise.

I.

Fleur des cités orientales, asile doré des vo-
luptés languissantes, étoile des sybarites et des
poëtes, Milo japonaise, ville au nom éclatant, aux
rivages de perles, aux rochers d'ambre et de co-
rail, Osakka, salut! Je t'aime parce que tu es
loin, bien loin, plus loin encore...., parce que tu
es vaporeuse comme un rêve, nonchalante et mer-
veilleuse comme une sultane des Mille et Une Nuits.

Oh! ce doit être beau pour un Européen à la vie
aride et aux vêtements prosaïques, lorsqu'il arrive
en même temps que le soleil levant dans une cité
ainsi faite! Les toits avec leurs angles recourbés et
leurs tuiles omnicolores; les maisons vernissées,
les palanquins qui remplacent les brutales voi-
tures; les innombrables clochettes que le moindre
souffle va réveiller, et qui chantent plus que des
nichées d'oiseaux....; et ces jeunes filles dont les
yeux fendus en amande sont si singulièrement
placés sur les côtés de la tète; dont les pieds sont
si petits, si petits....: je donnerais bien quelques
années de ma vie pour voir tout cela, et pour
vous le raconter ensuite. En attendant, je vais
vous faire connaître une de ces histoires qui se
narrent là-bas, le soir, sur les terrasses silencieuses,
à l'ombre des ajoupas et des rosiers de Fujo. Mon
récit n'aura pas des longueurs charmantes pen-
dant lesquelles on respire l'air embaumé; il n'aura
pas ces redites qui font sourire, ces interruptions
occasionnées par la gaieté générale ou par un tour
malicieux d'un enfant, ces digressions ravissantes
dans lesquelles le narrateur perd le lil de son sujet,
et demande à ses voisins: Où en étais-je? Mon conte
sera privé de la pantomime qui en eût fait le plus
grand charme.... Il sera froid, terne, ennuyeux.
J'ai presque envie de ne plus le faire, maintenant.
Vous insistez? — Il faut donc que je m'exécute.
Je vous conseille seulement de choisir votre fauteuil
le plus large, et de mettre auprès de vous votre
tabac turc. Avez-vous fait? Je commence : ·

Il y avait une fois à Osakka, sous le règne du
très-gracieux empereur Tsin-chi-houang-ti, il y
avait un homme célèbre à cause de ses richesses,
de ses bizarreries, de sa chaussure extravagante,
et de son amour pour sa fille, la plus belle de....

— Mais, interrompez-vous, comment savez-
vous cette histoire, vous qui n'avez pas été au
Japon?

— Voici :

II.

Je m'étais ennuyé toute la journée. Il avait fait
un temps gris, lourd, froid, maussade. Enseveli
dans mon fauteuil, plongé dans une torpeur ma-
ladive, je me laissais assaillir par les tracas de ma
vie présente, par les inquiétudes de mon sort à
venir. Seul, je dégustais à plaisir le calice de mon
chagrin. J'avais des accès de sombre misanthropie.
Comme Jean-Jacques et Bernardin de Saint-
Pierre, je me figurais que j'étais le souffre-dou-
leur de l'humanité. Il est à remarquer que dans
une situation pareille, tous les sens deviennent

ADRIENNE LECOUVREUR.

d'une sensibilité exquise. Une mouche qui se posait sur mon visage me donnait des rages sourdes et concentrées. J'étais arrivé au dernier paroxysme de cette crise morale, lorsque près de ma vitre, légèrement frôlée, j'entendis comme un imperceptible battement d'ailes. J'y lis d'abord peu attention ; mais insensiblement de ce bruit sortit un autre bruit. Je démêlai un filet d'une voix grêle, légère, harmonieuse, pure, sonore. Mon assoupissement sembla se dissiper ; j'écoutai.

———————

— Je suis un pauvre sylphe égaré. On me nomme Ithuriel. J'ai bien froid, j'ai bien peur! Tout à l'heure, quand j'ai voulu retrouver mon petit lit de pourpre dans ma rose chérie, j'ai aperçu une grosse cantharide dont les ailes verdâtres m'ont épouvanté. Plus loin, un lampyre m'a ébloui par l'éclat de sa lumière; une phalène m'a jeté de la poudre blanche; et lorsque j'ai voulu me réfugier dans un lis, horreur! le criocère qui l'habite s'est montré tout à coup, allongeant sa tête rouge, allumant ses yeux noirs et agitant ses antennes.... Ouvre-moi; je tombe de lassitude..., et si tu m'abandonnes, je mourrai, bien sûr, dans cette nuit noire et glacée.

Emu de curiosité, plus que de compassion, je me levai et j'ouvris ma fenêtre, qui donne sur des jardins. Le sylphe entra, vint voltiger de joie autour de mon visage, et se posa enfin devant moi.

— Petit ami, lui dis-je, je n'ai à t'offrir qu'un lit bien dur, et une compagnie bien sotte. Mais va chez ma voisine qui a des cheveux blonds et des yeux bleus comme le seuil du paradis, elle te donnera une hospitalité plus douce, et une couche plus moelleuse.

— Oh! non. Ta voisine lit dans ce moment un roman de Paul de Kock qui l'intéresse au dernier point. Elle ne prendrait pas garde à moi. Peut-être même qu'elle me chasserait.... Écoute, tu es un poële, et tu sais les langages de toutes les créatures de Dieu; voilà pourquoi tu m'entends. Eh bien, donne-moi un de ces rêves roses et mélancoliques que tu perds si souvent dans l'espace, je m'étendrai dessus à côté de toi, et je te dirai les nouvelles du ciel.

Ma mauvaise humeur était partie; il n'en restait plus que le reflet.

— Regarde comme je suis joli! reprit-il avec une charmante coquetterie d'enfant.

Mes yeux se fixèrent; le nerf optique se tendit, s'exalta. J'aperçus un éther aussi léger que le duvet de la pêche. Et au milieu de cet éther, se dessinait une forme d'ange presque insaisissable. Les cheveux, d'une ténuité extrême et d'une couleur d'or rembrunie, se contournaient en spirales qui, à moitié défaites, avaient l'air de pleurer. Aux épaules tremblaient des ailes de gaze bleue comme celles des libellules. Et les yeux brillaient sous les paupières délicates, ainsi que deux saphirs microscopiques. Je sentis tomber sur ma main une perle imperceptible. Je devinai que c'était une larme...

J'hésitais pourtant encore !...

— Écoute, ajouta Ithuriel, je viendrai te voir souvent.., tu sauras toutes mes aventures, et j'ai vu bien des choses, je suis entré dans bien des secrets! Tu ne te douterais jamais d'où je viens à présent?...

— Non.

Il secoua de ses ailes une sorte de poussière qui répandit une suave odeur de jasmin.

— Je viens du Japon. Je t'apporte les senteurs de ce beau pays, et j'ai recueilli sur mon passage une histoire singulière et touchante dont je vais t'entretenir.

J'étais pris par mon faible. Il n'y avait plus moyen de résister. Une histoire!... et une histoire du Japon!... Quel bonheur!... Dans mon ravissement, j'aurais voulu embrasser Ithuriel. Mais quelque chose effleura ma lèvre inférieure et me fit tressaillir délicieusement. Le sylphe m'avait prévenu.

Je m'accordai sur mon oreiller, et Ithuriel parla ainsi, après s'être reposé quelques instants et avoir remis un peu de gaieté dans ses cheveux.

———————

— O Fauna, ô fleur d'amour! disait le jeune Amin à la belle Télaïre, tu es l'étoile adorée de mon bonheur, tu es l'horizon de ma pensée. Mon âme aspire après l'étincelle de volupté que tremble dans ton regard, comme le soumi, l'oiseau du désert, après les rosées du ciel. Tes paroles sont comme des perles d'Akoja, tes sourires comme des colliers de corail, et tes regards ressemblent aux saphirs de la couronne sacrée du Daïri. Oh! viens, que je te presse sur mon cœur, dût-il se foudre de joie... Douce Télaïre, c'est la vie cela, et l'autre..., c'est la mort....

— Vois-tu, mon beau bien-aimé, comme le soleil couchant illumine les maisons peintes! La nuit monte doucement des vallées. Tout devient calme et solennel. Voilà le bengali qui chante. Sens-tu ces émanations délicieuses qui passent à chaque instant dans l'air qui nous environne? Tout à l'heure j'ai reconnu l'odeur des thuyas sous lesquels nous nous sommes promenés hier; maintenant ce sont les jasmins et les camélias. Ouvrons nos âmes comme ces fleurs, comme elles, envoyons vers le ciel le parfum de nos prières.

3

— Oh! je voudrais être le monarque tout-puissaut et sacré qui règne sur nos grandes îles et sur les mers furieuses qui les entourent. Je voudrais porter un nom magnifique et terrible comme une flamme d'incendie. Je voudrais sentir plier mon front sous un diadème d'or et de rubis lançant du feu. Je voudrais traîner sur les marbres polis de mes palais un manteau de pourpre, ruisselant de broderies dorées, qui balayât au loin la terre.... Je voudrais avoir des ministres, des officiers, des esclaves, des flottes, des armées, des sujets!... Sais-tu pourquoi, enfant? parce que je délaisserais avec mépris toutes ces choses pour venir t'embrasser et te dire : Télaïre, je t'aime! — Voilà ma prière, à moi.

— Malheureux!... malheureux!... qu'as-tu dit?... Tu viens de me rappeler que tu n'es rien, que tu n'as rien.

— Et ton amour, Télaïre?

— Mon amour ne te fera pas riche. Si ce n'était que moi...; que m'importe? Ne sais-je pas que ton cœur est un trésor inépuisable!... Mais mon père, Amin, mon père!...

— Eh bien! ton père, il n'est peut-être pas si méchant qu'on le fait. Il t'aime, après tout, le vieux Tien-ki...; il t'aime d'autant plus qu'il n'aime que toi.... Tu es le seul ornement de sa vieillesse.... Tu ressembles à la fleur d'aniga qui ne croît que sur les troncs moussus et dégradés. J'irai voir Tien-ki ce soir; je le prierai tant, qu'il consentira à notre union. Et d'ailleurs, ne serai-je pas bientôt riche, moi aussi, peut-être? N'ai-je pas une part sur cette belle jonque, au pavillon de pourpre, qui a mis à la voile hier pour Kang-Ton? N'est-ce pas mon oncle Ti-bou-tsée qui en est le maître? et ne suis-je pas son unique héritier?

— Je connais mon père, Amin...; son cœur ne remuera pas plus que ce rocher sur lequel nous sommes assis.

— Oh! non.... Pense qu'il n'a que toi. Il ne voudra pas te voir souffrante et malheureuse... Je vais l'aller trouver tout de suite, n'est-ce pas? Il prend sans doute le frais sur sa terrasse.... Si je réussis, tu me donneras un baiser pour ma récompense. Adieu!...

— A bientôt!

— Télaïre?...

— Eh bien!

— Si tu me donnais la récompense d'abord..., je suis si sûr de réussir!

— Voyons!... Dépêchez-vous!...

— Encore celui-ci..., c'est le dernier. Maintenant je suis fort, j'ai du courage. — Adieu!

III.

Un fleuve au lit profond et large, bordé de quais superbes, le Yodo-Gawa, partage en deux la ville d'Osakka, la plus riche et la plus commerçante de l'empire japonais. C'est le rendez-vous général des riches, des grands seigneurs, des oisifs qui cherchent à s'écraser les uns les autres par leur luxe, leur faste, leurs prodigalités. Là chacun des grands princes de l'état a sa maison de plaisance, où il vient une partie de l'année jouir d'un ciel sans nuages et d'une nature privilégiée. Le commerce fait circuler dans la ville des fleuves d'or, et y répand une telle activité, que de loin, de la colline boisée où nos deux enfants étaient assis, on dirait que les palais, les maisons, les jardins sont emportés dans le mouvement. Çà et là s'élèvent des dômes revêtus de lames de cuivre; et des tours recouvertes de porcelaines colorées s'élancent au ciel comme des minarets. Les fleurs et les arbustes dont sont garnis tous les toits en terrasses, présentent un aspect plus ravissant que celui des fameux jardins suspendus de Babylone. Une multitude de cloches emplissent l'air de joyeux carillons. Des jonques gracieuses, effilées, avec leur voile triangulaire et leurs ornements bizarres, se croisent en tous sens sur le fleuve. Le bruit, l'agitation, les cloches, les chants, les cris, la fumée, les détonations, les costumes civils et militaires, les chiens d'une forme étrange, les innombrables pigeons qui volent, les processions qui défilent, les cortèges qui passent; des milliers de têtes qui se courbent, des milliers de genoux qui plient en un clin d'œil devant un grand personnage, tout contribue à former le spectacle le plus varié, le plus étourdissant qu'il soit possible d'imaginer.

Sur la rive droite du Yodo-Gawa, un édifice, dont l'image se répète brisée dans les eaux, commande l'attention. Là sont les magasins de Tien-ki, le plus riche dans cette ville qu'on a surnommée la ville des riches et le théâtre du plaisir. Dans de vastes salles sont rassemblées toutes les marchandises précieuses de l'Asie. Le poivre d'Yedo, le gin-seng de Corée, l'opium, le thé hiswin, les perles d'Akoja, les porcelaines antiques de Maory, les soieries de Myako, les étoffes lamées d'or de Ghel-ko-wa, les cristaux, l'ambre gris, s'y disputent les regards et les kobangs des visiteurs. Tien-ki avait eu la sagacité d'exploiter une industrie très-productive au Japon. Il s'agit ici tout simplement d'une plante. Ainsi que les Hollandais eurent la manie des plantes bulbeuses, et cotèrent des oignons de tulipe à la bourse d'Amsterdam, les Japonais se passionnèrent aussi pour un végétal. Mais ce qui pourrait justifier leur engouement, c'est que ce végétal est une des merveilles de la nature. Il ne tient pas à la terre. Entrelacé aux branches des arbres, d'où il laisse pendre ses longues racines, il n'en tire aucune nourriture. Cette famille curieuse a reçu des savants le nom d'*épiphytes orchidées*; les Japonais l'appellent *vanille, fleur des airs*. (*Epidendrum flos aeris*. Lin.) Leur variété capricieuse, leur éclat, leur durée (il en est qui restent en fleurs pendant plusieurs mois), leur existence pour ainsi dire aérienne, en font une des choses les plus jolies qui existent. On ne saurait imaginer les figures bizarres sons lesquelles elles se multiplient : les unes ressemblent à de petits bateaux, les autres à une pantoufle; celles-ci à un bec d'oiseau, celles-là à un papillon diapré. Rien n'est si charmant à voir que ces dernières, nuancées d'un jaune éclatant, tachetées d'écarlate et d'un beau brun velouté, lorsque, agitées par un vent frais, elles se balancent aux rayons du soleil; on dirait un essaim d'insectes brillants qui cherchent un abri sous le feuillage. Le pourpre, le lilas, le violet, le vert, l'olive, l'écarlate, le jaune et le brun velouté sont les couleurs qui parent ces belles plantes; les racines elles-mêmes en sont teintes, et leur éclat se conserve aussi longtemps que la fleur. Tien-ki avait trouvé le moyen d'en conserver une espèce excessivement rare. Pour cela, il attachait les plantes avec de la mousse à des branches d'arbres qu'il suspendait intérieurement au toit de ses serres chaudes, en y entretenant une température plus élevée que celle de la vie animale. C'était la source de ses grandes richesses. Pour les espèces communes, il les laissait vivre librement en plein air, et elles formaient des dômes et des charmilles autour de ses magasins. Nul n'y pouvait toucher, cependant; car deux soldats ou *tigres de guerre*, soldés par Tien-ki, se promenaient continuellement, la pique sur l'épaule, devant la façade de l'édifice.

A voir le propriétaire de ce splendide établissement, jamais on ne l'eût dit possesseur de tant de trésors. Petit, humble, timide, courbé, il encourait le mépris général. Son visage sillonné de rides et d'une couleur de pain d'épices était comme un livre de comptes fermé et scellé. Jamais il ne s'épanouissait dans un sourire. Ses yeux atones et sans expression ressemblaient à ceux d'un merlan bouilli. Ils ne s'allumaient, sous leurs épais sourcils, qu'à la vue ou au son d'une pièce d'or. Sur son crâne étroit et dur, des cheveux gris se dressaient çà et là en mèches confuses

qui poignardaient le ciel; car, par une contravention insultante aux usages nationaux, Tien-ki négligeait de se faire raser la tête et de conserver seulement au milieu une longue natte, comme c'est le devoir de tout homme comme il faut. En vain les barbiers ambulants venaient chaque jour à sa porte demander s'il n'avait pas besoin de leurs services, l'avare était sourd à leur voix, insensible à leurs plaisanteries et à leurs injures. Sa robe, d'une grossière étoffe de bure, jurait avec les vêtements de soie de ses concitoyens. Mais le triomphe de l'avarice de Tien-ki éclatait dans sa chaussure. Les Japonais, ce peuple aux pieds mignons, semblent avoir mis toute leur coquetterie dans ces babouches inimitables de grâce et de légèreté qui effleurent à peine le sol. Ticu-ki trouva que ces chaussures, qui ont besoin d'être renouvelées souvent, étaient trop dispendieuses. Il voulut échapper à un usage aussi ruineux, et conçut l'idée de se faire jarretière des bottes qui pussent lui servir toute sa vie, fût-elle longue comme celle du patriarche Fo-hi. Ce fut un jour bien remarquable que celui où un pareil ouvrage vit la lumière. L'ouvrier recula épouvanté devant le chef-d'œuvre qu'il venait de créer. Ces bottes se composaient de trois semelles superposées; la première était de bois dur doublé en dessous d'une lame de fer; la seconde, de cuir épais revêtu de feuilles de plomb, et la troisième, de peau de requin. De lourds mordants de cuivre partaient de ce plateau, donnant attache à des lanières qui formaient une sorte de jarretière et jouaient le cothurne. Lorsque Tien-ki les chaussa pour la première fois, il parut juché sur un piédestal. En marchant, elles faisaient un bruit retentissant sur le pavé des rues, composé de cailloux arrondis. Quand il sortit ainsi, les gamins s'ameutèrent; ce fut un grand scandale par toute la ville. Bientôt la renommée des bottes se propagea dans l'empire entier. Elles servirent de mire indicative, et d'étalon de comparaison. Bien n'était plus comparé à la lourdeur des marbres, mais aux semelles de Tien-ki. On fit grand nombre de caricatures à ce sujet; et le portrait de l'avare, tel que nous venons de le crayonner, se voit encore sur quelques éventails et quelques services à thé. Tandis que les *norimons*, ou palanquins du Japon, s'arrêtaient sans cesse à la porte de ses magasins, et que les personnages qui en descendaient étaient reçus par des commis élégants et empressés, Tien-ki vivait solitairement dans une petite maison mal vernissée; quelques feuilles de thé commun coloraient à peine sa boisson; et sur sa natte étroite il mangeait toujours seul.

Une seule chose avait échappé à la lésine de Tieu-Ki, un recoin de son cœur n'avait pu être envahi par un chiffre; ce recoin était intégralement rempli de son amour pour sa fille. Télaïre était grande, élancée, d'une pureté de formes irréprochable. Ce qu'il y a de plus délicat, de plus essentiel chez les femmes, les extrémités, les mains et les pieds étaient d'une rare petitesse. Elle avait une expression de visage régulière et douce; ses yeux, fendus de côté selon le type de la race mongole, étaient petits, mais noirs et brillants; quand sa bouche s'entr'ouvrait comme une fleur de grenade, on apercevait deux rangées de petites perles émaillées et luisantes. Ses cheveux noirs comme du jais, relevés de chaque côté de la tête et frottés d'une substance onctueuse, se partageaient au sommet en deux chignons égaux que traversait une *camesachi* ou aiguille d'or, tandis qu'une mèche fort longue venait se boucler dans le milieu et sortir d'un peigne d'écaille. Télaïre était toujours mise avec une somptuosité pleine de naïve élégance et de modestie coquette; sa robe de soie était magnifiquement brodée d'argent. Elle faisait avec grâce les honneurs du magasins, et pouvait compter pour beaucoup parmi les motifs qui attiraient une si grande affluence d'acheteurs. Ses agréments physiques étaient rehaussés par ses qualités morales et ses talents; elle chantait à ravir, et pinçait de la *samsie* ou guitare à trois cordes, aussi bien que la meilleure Gheeko. Lorsque, couronnée de ses dix-huit ans et de sa pudeur, elle se promenait dans l'*Élysée* d'Osakka, auprès des thuyas en fleur, opposant aux rayons du soleil son écran de laque dorée, les banjos la suivaient de la pensée et du regard, et se disaient : C'est la fille de l'avare..... Oh! qu'elle est belle!.....

IV.

Cependant le jeune Amin parcourait les longues rues d'Osakka, de cette ville qui a la forme d'une étoile; il se hâtait, et craignait pourtant d'arriver; il avait relevé sa moustache noire et arrangé avec prétention à son côté son sabre sans fourreau. Il rêvait à la manière dont sa demande serait accueillie et faisait peu attention à la foule que les approches de la nuit rendaient encore plus bruyante et plus affairée. Des femmes qui passaient (car au Japon le sexe n'est pas prisonnier comme en Chine) se le signalèrent en souriant de sa préoccupation. Il marcha sur le pied d'un soldat qui lui chercha querelle; à peine avait-il réussi à le calmer, qu'il faillit être renversé par

des porteurs de norimon; plus loin, des marchands d'eau qu'il venait de heurter lui répandirent leur denrée sur les jambes; et pour leur échapper il démolit presque l'échoppe sous laquelle un vieillard vendait du riz bouilli aux pauvres gens; enfin il arriva chez l'avare. Il eut beaucoup de peine à être introduit par celui-ci, qui ouvrit, en grommelant, deux portes soigneusement fermées. Sans jeter un regard sur le visiteur, Tieu-ki reprit le petit pinceau qu'il tenait; le passa sur des tablettes d'encre, et se mit à achever ses comptes de la journée. Lorsqu'il eut fini, il montra au jeune homme une natte étroite près de la sienne, et lui demanda quelles emplettes il désirait faire.

— Ce ne sont pas des affaires de commerce qui m'amènent, dit Amin avec hésitation, je viens vous entretenir de quelque chose de plus important et qui vous touche de plus près.....

— Hum!... fit le vieillard d'un air de doute, et de sa main il éteignit une lampe de cuivre où brûlait un peu de naphte.

— Pourquoi nous plonger ainsi dans les ténèbres? dit le jeune homme avec un certain sentiment de terreur.

— Enfant, de quelle couleur sont donc tes paroles pour avoir besoin d'être vues? A quoi bon dépenser inutilement de la lumière?... Et d'ailleurs il fait encore assez de jour pour éclairer ton visage. Ainsi, parle, et parle promptement; Tienki veut bien te prêter son attention, quoique tu lui fasses perdre un temps plus précieux que l'or, pour des propos peut-être inutiles.

Le secret d'Amin devint alors si pesant sur son cœur, qu'il se hâta de l'en faire sortir en deux mots :

— J'aime Télaïre.....

— Toi! s'écria le marchand, tu oses aimer ma fille !... Voyez le beau seigneur !... Vraiment, j'aurai élevé avec tant de soin cette enfant unique, la joie de ma vieillesse, ma consolation ; j'aurai fait pour elle des dépenses incroyables qui m'ont ruiné ; car je suis pauvre, pauvre, oui, quoiqu'on dise par envie que j'ai des tonneaux d'or....., et tout cela pour m'en séparer; pour la donner à un homme de rien, à un rêveur, un inutile, un paresseux, un poëte qui n'exerce pas la moindre industrie, qui ne sait rien faire que perdre l'imagination des jeunes filles par de molles chansons! Tandis que ma fille est recherchée par des banjos, par des officiers de l'empereur; tandis que je pourrais la marier à un damio, et lui donner un palais pour dot... Oh! oh! me prends-tu pour un fou?... Mais, par Con-fu-tsée! il est ivre..., il sort du tsiaya!.... Ote-toi de là, chien..., tu sens le sakki !...

Et, joignant le geste aux paroles, il prit un rotin et se mit à poursuivre le pauvre amoureux jusqu'à la porte; celui-ci porta d'abord involontairement la main à la poignée de son sabre; mais il pensa à Télaïre, et son bras retomba. Arrivé sur le seuil, il se retourna, et vomit un torrent d'imprécations contre son hôte incivil :

— Puisse Amida se charger de ma vengeance! Puisse son fils Canon, de chacun de ses mille bras, laisser tomber sur toi un malheur! Puisse-t-il faire fuir de toi, comme une eau courante, ces richesses qui te rendent si vain et dont tu profites si peu! Puissent tes chaussures ridicules devenir l'instrument de ta perte et te conduire par un chemin de pierres et d'épines dans le gouffre toujours béant de la misère!!!

— Hao! koung hao! bravo! délicieux! s'écria la foule qui s'attroupait devant la maison. A bas le vieux ladre! à bas l'égoïste! à bas l'usurier! à bas l'impie! à bas le chien!

Déjà les pierres sifflaient contre l'avare, et sans doute on lui aurait fait un mauvais parti, si tout le monde ne s'était dispersé soudain à l'aspect d'un *ottona* ou commissaire de police qui parut en haut de la rue. Pour le jeune homme, il alla s'agenouiller, se prosterner la face contre terre devant la statue d'Amida, lui demandant à grands cris vengeance, vengeance! Puis il sortit précipitamment d'Osakka par une porte retirée, jurant qu'il ne se présenterait de nouveau devant Télaïre que lorsqu'il aurait dans un état de splendeur capahle de subjuguer l'inflexible Tien-ki.

Du haut de son trône sublime, Amida entendit la prière du poëte malheureux, et elle lui fut agréable.

Nous allons voir par quels moyens singuliers la divinité japonaise accomplit le vœu d'Amin, et comment les bottes de l'avare le menèrent à sa perte.

V.

A quelques jours de là, un matin, Tien-ki se promenait seul, selon sa coutume, dans les jardins de l'Élyséc. Les fleurs des thuyas et des jasmins neigeaient doucement. L'air s'emplissait de chants, de bruit d'ailes, et, de temps à autre, on voyait voler un bel oiseau qui brillait sous un rayon furtif de soleil comme un rubis vivant. Les fêtes de la nature ne réjouissent pas le cœur de l'avare. Au milieu de ce luxe de végétation, de ces diamants de rosée pendus à toutes les feuilles, de cette mobilité de tous les êtres, de cette exubérance de vie et d'amour; au milieu de ces premiers

rayons d'aurore qui inspirent le génie de l'artiste en éveillant dans son âme le pressentiment d'une vie plus heureuse dans un meilleur monde; au milieu de tout cela, Tieu-ki ne s'occupait que de misérables affaires d'argent. Il jetait un regard de méfiance sur les rares promeneurs qui tous lui semblaient s'occuper de lui. Bientôt les sons d'une conque se firent entendre, annonçant l'arrivée d'une troupe de soldats, et presque en même temps on vit luire des lances, et flotter au vent la bannière où se peint l'image du dragon sacré. La troupe approcha, et un écriteau en gros caractères, que portait un soldat placé à la tête des autres, annonça qu'il s'agissait de l'exécution d'un arrêt rendu par le *Ghio-bou-no-sio*, ou Conseil suprême, dans une affaire politique.

Un ancien *damio* de la province de Cheng-hu, charge qui répond à celle de nos préfets de départements, avait, de concert avec les autorités subordonnées, refusé d'obéir à un édit de l'empereur. En conséquence, il fut démis de son emploi, et condamné à la déportation dans l'île de *Fatsisio*, redoutable récif, entouré d'une ceinture de rochers à pic si escarpés, qu'il n'est possible qu'aux grands oiseaux marins de la franchir, et qu'on est obligé de hisser à l'aide d'une grue les malheureux qui doivent expier là le crime que souvent ils n'ont pas commis; car la dénonciation est en honneur au Japon, et, comme à Venise, les rapports mystérieux tombent silencieusement dans l'oreille du souverain.

Avant son départ, le seigneur fut conduit au *Champ des larmes*, pour y voir exécuter ses complices. Il y avait un différents degrés de culpabilité; et, par suite, des sentences diverses. Aux uns, on coupait la main ou le pied avec une espèce de scie; d'autres étaient attachés à une croix par les extrémités; quelques-uns étaient agenouillés et baissaient la tête, que le bourreau leur abattait par-derrière. A plusieurs, on avait enfoncé de petits drapeaux dans la chair près des oreilles, et l'exécuteur les chassait devant lui à coups de fouet. Il y en avait enfin qui subissaient tout bonnement le supplice de la *cangue*; c'est-à-dire que leur tête était passée, au moyen d'un trou, dans une énorme pièce de bois qui leur formait un collier pesant plusieurs centaines de livres. Ainsi affublés, ils étaient livrés à un gardien qui ne les quittait pas et les tenait au bout d'une chaîne, comme des animaux féroces. Pendant ces exécutions, des musiciens faisaient un tel tintamarre avec leurs cymbales, leurs clochettes, leurs triangles, et des sortes de tambours de basque, qu'il était impossible d'entendre les gémissements des

victimes ou les cris d'horreur de ceux qui regar-
daient. Quand on eut bien abreuvé le seigneur de
la souffrance morale que doit causer un tel spec-
tacle, on le fit partir pour le lieu de son exil.

Lorsque le prisonnier passa près de Tien-ki, il
leva les yeux pour voir s'il ne rencontrerait pas
un regard ami ou compatissant. Ses regards s'arrê-
tèrent sur le visage flétri de l'avare, et il se rap-
pela qu'il avait autrefois fait avec lui des affaires
très-avantageuses pour ce dernier. Un éclair de
joie passa sur sa physionomie, et il demanda au
banjo, ou officier, qui commandait son escorte, la
faveur d'entretenir quelques instants le marchand
en particulier. Elle lui fut accordée, et les soldats
s'éloignèrent de quelques pas, sans le perdre de
vue. Alors le seigneur fit souvenir Tien-ki de
leurs relations antérieures et de l'argent qu'il lui
avait fait gagner; ensuite il tira en cachette de
dessous sa robe un écrin renfermant des diamants
de la plus belle eau, et lui proposa de les lui ven-
dre. Tien-ki tressaillit à la vue de tant de ri-
chesses concentrées dans un si petit espace; mais,
se remettant promptement, il eut la lâcheté d'a-
buser de la situation de cet homme, et de mar-
chander avec lui. Le seigneur, dont l'escorte
s'impatientait, en passa par tout ce que l'autre
voulut, et l'avare obtint ainsi, pour une centaine
de kobangs d'or, ce qui en valait plusieurs mil-
liers. Le prisonnier reprenait tristement la route
de l'exil, et Tien-ki s'en revenait joyeux en pen-
sant au parti qu'il tirerait de cette acquisition,
quand tout à coup il se ravise et réfléchit que,
puisqu'il a eu les diamants pour cent kobangs, il
eût pu aussi bien les avoir pour cinquante, le pri-
sonnier étant hors d'état de disputer du prix. Aus-
sitôt il fait volte-face et se met à courir après les
soldats. Ceux-ci s'arrêtent surpris; Tien-ki pré-
tend avoir oublié quelque chose d'essentiel, et
supplie qu'on le laisse parler de nouveau au pri-
sonnier. A ce dernier, il jure par Amida qu'il s'est
trompé sur le prix, que les diamants ne sont pas
tels qu'il avait cru les voir d'abord; en un mot,
qu'il lui est impossible de donner plus de cin-
quante kobangs, ce qui même le gênera beaucoup.
Le seigneur haussa les épaules et rendit cinquante
pièces d'or. Mais la cupidité saurait-elle se rassa-
sier jamais? elle ressemble au gouffre d'Ama-Wa,
à l'extrémité orientale de l'île d'Ama-Su-Ki, le-
quel engloutit en une seconde, barques, navires,
équipages, et, par son bruissement épouvantable,
semble demander sans cesse de nouvelles vic-
times.

— Imbécile! se dit l'avare en se frappant le
front; mais si je n'avais voulu donner que vingt-

cinq kobangs, que vingt même, n'eût-il pas été
forcé de les accepter également?

Et notre homme de vouloir encore une fois ar-
rêter l'escorte.

Pour le coup, les soldats impatientés saisirent
leurs sabres et lui appliquèrent du plat sur les
épaules. Deux d'entre eux même se détachèrent
et lui donnèrent la chasse pendant quelque
temps.

VI.

Tout bien compté, le marchand venait de con-
clure une affaire magnifique. Dans des circonstances
pareilles, c'était l'usage à Osakka de donner des
fêtes à ses voisins et à ses amis, de faire venir des
musiciens et des *gheeko*, espèce de courtisanes qui
chantent en s'accompagnant de la samsie, et de
distribuer quelques aumônes aux indigents. Toutes
ces choses étaient aussi inconnues à Tien-ki que
les romans de Paul de Kock. Néanmoins, il se mit
en tête de faire de la dépense, des folies, de se
plonger dans un océan de jouissances. Pour tous
les peuples de l'Asie, et en particulier pour les Ja-
ponais, se baigner est un moyen d'ineffables dé-
lices. Outre les bains publics nombreux et magni-
fiques, auxquels les femmes se rendent aussi bien
que les hommes, chaque particulier un peu aisé a
sur le derrière de sa maison, auprès de son jardin,
une salle d'étuves revêtue de porcelaine et abon-
damment pourvue de tout ce qui peut chatouiller
les sens. Dans les plus riches de ces étuves, il y a
au milieu de la salle un bassin de marbre blanc,
d'où un jet d'eau s'élance et va frapper le dôme in-
crusté d'arabesques d'or. Autour sont des coussins
faits avec les plumes du ventre des goëlands cen-
drés. Les miroirs, les essences, les huiles parfu-
mées, tous les objets de toilette sont en profusion.
Le massage est en grand honneur comme curatif
puissant des débilitations d'organes.

Ce sont les Japonais qui ont inventé ce singu-
lier raffinement qui consiste à souffrir que la lan-
gue d'un enfant, pénétrant dessous vos paupières,
vous nettoie le globe de l'œil; opération qui, loin
d'être nuisible, répand dans tout l'orbite une sen-
sation de fraicheur aussi neuve que délicieuse.

Tien-ki n'avait pas plus d'égard pour cette cou-
tume que pour les autres; il avait fait arranger
une étuve et un jardin pour sa fille seule.

Dans cette occasion, il se résolut à se rendre
au bain public; et cette idée lui sembla tellement
sublime, qu'il courut en faire part à son Voisin,
débitant de *sakki*, ou vin japonais, obtenu par la
fermentation du riz. Le susdit voisin, nommé Kao-

ka, regarda fixement l'avare pendant deux ou trois minutes. Lorsqu'il se fut assuré qu'il parlait sérieusement, il lui proposa de l'accompagner. Tien-ki accepta, avec l'espoir secret que le marchand de sakki paierait toute la dépense. Ils se mirent en route sous le même parasol, et à les voir ainsi cheminer, un Parisien se fût rappelé le tableau appendu devant un magasin de nouveautés, et au bas duquel on lit : *Aux deux Magots.*

Dès qu'ils furent entrés dans la salle d'attente, où il est d'usage de déposer sa chaussure, Tien-ki se mit en devoir d'ôter ses monstrueuses semelles. Son voisin, qui le voyait suer et souffler à ce travail, ne put s'empêcher de lui adresser quelques bienveillantes observations.

— Riche Tien-ki, lui dit-il, vos bottes sont la fable d'Osakka ; elles vous rendent ridicule au dernier point. De grâce, cher voisin, ne sauriez-vous mettre des brodequins plus convenables?

— Que voulez-vous? repartit l'avare, j'y tiens. J'aime ces bottes, où mes pieds sont à l'aise, et que je ne serai pas obligé de renouveler souvent. Quant à ce que les autres peuvent en penser, je m'en soucie comme un éléphant d'une prune.

— Comme vous voudrez, reprit son compagnon ; je vous disais cela seulement dans votre intérêt et parce que j'ai de l'amitié pour vous. Du moment où vous paraissez contrarié, je reprends mes observations.

Et ils se mirent dans le bain.

Ils y étaient depuis quelques minutes à peine, lorsque des valets parurent tout à coup et chassèrent les baigneurs à coups d'étrivières. On parfuma le bain des essences les plus précieuses. Un banjo venait de passer devant la maison, et il lui avait pris fantaisie d'y entrer. Les premiers domestiques qui avaient trouvé dans la salle d'attente les ignobles chaussures de l'avare, les avaient jetées au loin avec mépris ; aussi, lorsque celui-ci revint, plein de mauvaise humeur d'avoir été malhonnêtement dérangé, il eut beau chercher partout ses bottes, il ne trouva que les magnifiques brodequins du banjo. Il s'imagina que c'était peut-être un don galant du vendeur de sakki.

— Voyez-vous ce petit Kao-ka, se disait-il, comme il s'y est pris adroitement pour me faire ce cadeau! Me parler d'abord de mes bottes... Je comprends maintenant. L'excellent homme! Il faudra que je lui offre une tasse de thé.

Et tout en parlant, en admirant les brodequins, en les caressant, il les attachait à ses pieds. Puis, il continua à se dire :

— Puisque Kao-ka a été si généreux, il ne voudra pas probablement que je paie ma part-de la dépense. Il est homme à ne pas faire les choses à demi.

En conséquence, il annonça au bureau que son compagnon acquitterait les frais ; puis il sortit, fier comme un mandarin, sans se douter de l'orage qui grondait derrière lui.

Comme tous les hommes blasés, pour qui la volupté n'est plus qu'un dégoût, le banjo venait à peine d'entrer dans son bain, qu'il manifesta l'envie d'en sortir. Aussitôt les valets courent chercher ses vêtements ; plusieurs se précipitent vers les babouches : o désappointement! plus de babouches garnies de perles!

Ils ne savaient que penser, lorsque Kao-ka, piqué de ce que son compagnon lui avait laissé toute la dépense, leur donna le mot de l'énigme, et les lâcha à la poursuite de l'avare. Il n'était pas loin. Il fut bientôt rattrapé ; et, chaussé de son vol, on le ramena au bain. Là, il fut d'abord en butte aux railleries des valets ; on le menaça de l'ottona du quartier. Le banjo, dès qu'il sut de quoi il s'agissait, lui fit appliquer un certain nombre de coups de bambou sur la plante des pieds, espèce de massage peu confortable après un bain chaud. Pour sortir de là, Tien-ki fut obligé de distribuer, en gémissant, entre les valets, une vingtaine de kobangs qu'il avait sur lui, et de rechausser ses bottes immondes.

Premier effet de la vengeance d'Amida.

VII.

Le groupe d'îles auquel les géographes ont donné le nom de Japon ou *Ni-phon*, qui veut dire *Empire lumineux*, obéit à deux empereurs : le *daïri* et le *seougoun.* Le daïri est l'empereur sacré et nominal ; sa charge est tout à fait honoraire, mais supérieure cependant à celle du seougoun. A ce dernier appartient la puissance exécutive et le commandement des armées. Le daïri est enveloppé d'une obscurité mystérieuse, on ne le voit jamais ; il n'a autre chose à faire que de se laisser adorer ; dans ce pays toute occupation est regardée comme vile par les grands seigneurs, qui laissent croître les ongles démesurément, afin de prouver qu'ils ne font pas usage de leurs mains. Ce sublime empereur ne quitte pas sa résidence de Myako, qui est pour lui une véritable prison d'état ; néanmoins, comme chef spirituel, il occupe dans l'ordre hiérarchique un rang plus élevé que le seougoun, son principal officier. Ce dernier est donc tenu envers son collègue de plusieurs actes de soumission et de déférence ; en outre, il est obligé de quitter une fois tous les cinq ans sa résidence d'Yedo, pour aller en personne à Myako rendre visite au daïri et lui offrir des présents. Chez une nation amie des cérémonies et des spectacles, des solennités aussi rares mettaient tout le monde en émoi. On s'y préparait plusieurs mois à l'avance, et rien n'était épargné pour éblouir les regards et l'ardente imagination du peuple. A ce moment, l'époque quinquennalle était arrivée, et l'on attendait le seougoun, qui devait passer par Osakka.

Dès le matin, les canons de la citadelle tirèrent de quart d'houro en quart d'heure; ceux des jonques à l'ancre dans le port leur répondirent. Les rues furent sablées avec du tale réduit en poudre, ce qui faisait reluire le sol comme s'il eût été pavé d'argent. Les fenêtres des maisons; les devantures des boutiques furent couvertes d'étoffes de soie et de riches tapisseries. Toute la ville était enveloppée dans des sons graves semblables aux roulements d'un tonnerre lointain. Derrière l'horizon quelque chose semblait murmurer. C'est que, à quatre lieues de là, à Myako, terme du voyage du seougoun, on avait mis en branle la plus grosse cloche qui existe dans le monde. Bien supérieure à l'ancienne *Tsar-kolokol* (reine des cloches) des Russes, qui n'a jamais été suspendue, celle-ci a dix-sept pieds de hauteur, et pèse dix-sept cent mille livres japonaises, ce qui équivaut à deux millions de nos livres.

Au point du jour parurent les coureurs précédant le maître des cérémonies. Bientôt le cortège commença à défiler avec ses caisses vernissées où se trouvaient entassés les plus riches présents, avec ses dames de la cour en norimons, ses officiers, ses dignitaires à cheval, et tout l'accessoire obligé de serviteurs, tenant les rênes ou escortant avec ses parasols. Après cette avant-garde venaient trois carrosses, tirés chacun par deux puissants taureaux blancs couverts de soie; ces carrosses étaient merveilleux de luxe et d'art; on ne les estimait pas moins de quatre cent mille francs la pièce; les cercles des roues étaient de vermeil, les jantes étaient incrustées d'or et de pierres brillantes. Ces trois voitures traînaient les trois favorites du seougoun, et derrière elles s'avançaient en norimons les autres concubines. Ensuite défilèrent sur deux rangs des pages du palais, tenant des piques dorées au bout desquelles étaient suspendus des paniers de carton à jour, remplis de roses et d'autres fleurs qu'ils secouaient de temps en temps; puis vinrent les porte-étendards avec leurs bannières flottantes, puis des chevaux sellés, des équipages de chasse, et des orchestres complets de musiciens. La richesse des carrosses du seougoun, qui suivaient à peu de distance, était au-dessus de toute description. L'or, l'argent, la soie, les peintures les plus délicates, les vernis les plus brillants, les sculptures, l'élégance des formes, tout se trouvait réuni dans ces chefs-d'œuvre de l'industrie japonaise, qui eussent écrasé tous les produits de nos expositions. Enfin parut le dominateur de tant d'hommes, le possesseur de tant de richesses; couché nonchalamment sur un matelas d'édredon, dans un palanquin supporté par quatre dignitaires, il tenait à la main le tuyau d'une pipe au bouquin d'ambre, dans le fourneau de laquelle une jeune esclave mettait, à de courts intervalles de temps, un grain d'opium qu'elle roulait entre ses doigts, tandis qu'une de ses compagnes éventait l'empereur avec les plumes d'un faisan doré, et qu'une autre étendait au-dessus de lui un parasol de pourpre. Qu'on se figure l'effet que devait produire cette marche lente et solennelle sur le grand quai du Yodo-Gawa, au milieu d'un cortège composé de plusieurs milliers de jeunes seigneurs vêtus de soie et d'or, montés sur les plus beaux chevaux de l'empire; au milieu de tous ces soldats envoyés en députation de chacun des corps de l'armée; au milieu de ce soleil qui tombait sur les toits en faisant miroiter les tuiles bleues, rouges et vertes; qui plongeait dans le fleuve étincelant, qui tirait de chaque armure des paillettes de feu, qui se brisait sur les maisons peintes, et s'éparpillait en mille et mille faisceaux de lumière !

Dans son empressement à courir regarder le cortège à travers sa jalousie, car alors on ne peut se montrer à sa fenêtre sous peine de mort, le marchand de Sakki, voisin de notre avare, avait laissé la porte de sa chambre ouverte. Un gros chien qui lui appartenait, voyant du champ libre devant lui, en profita pour s'élancer dans la demeure de Tien-ki. Ce qu'il rencontra d'abord, ce fut l'horrible paire de bottes déposée sur une natte par leur propriétaire, qui ronflait dans une autre pièce pour se remettre des coups de bambou dont on l'avait frictionné le jour précédent. A l'aspect de cet objet étrange, l'animal tomba en arrêt, allongeant le cou, baissant la tête et remuant la queue. Ensuite il commença à japper; puis voyant que les bottes ne remuaient pas, il s'en approcha, les flaira, et passant de l'excès de la crainte à celui de la familiarité, il les retourna en tous sens avec ses pattes, et s'en fit un amusement. Enfin, il en prit une à la gueule, et la portant sur un balcon, la tint suspendue, ainsi que l'épée de Damoclès, au-dessus du cortège qui défilait. Plusieurs personnes qui l'aperçurent se le mon-

LA CHARTREUSE DE PAVIE.

trèrent en riant, et un autre chien, ayant regardé du même côté, se mit à aboyer. Le porteur de la botte ne voulut pas être en reste avec un confrère aussi poli; il ouvrit la gueule pour lui répondre. L'énorme chaussure, ne se trouvant plus soutenue par rien, obéit avec précipitation à la loi découverte par Newton. Elle tomba comme un aérolithe. Justement, la plus chérie des favorites du seougoun passait en ce moment même sous le balcon. Cette masse énorme creva la soie de son norimon, renversa un des porteurs, et faillit la tuer elle-même. Heureusement elle eut la présence d'esprit de se jeter de côté; elle en fut quitte pour la peur et pour une légère blessure à la main. Aussitôt il se fit dans la foule une rumeur vague et croissante; le cortège s'arrêta; les musiciens cessèrent de jouer. La nouvelle de cet accident se propagea rapidement, et de bouche en bouche prit plus de gravité. A quelques pas, on disait la favorite à l'extrémité; plus loin, elle était morte; plus loin encore, c'était le seougoun lui-même qui venait d'être tué. Cependant l'empereur s'approcha du norimon de la belle Fatmé. Il prit dans ses mains la petite main légèrement tuméfiée de la languissante favorite. Une larme brilla au bout des paupières royales. Il couvrit de baisers cette femme avec laquelle il était refroidi, et qu'il boudait depuis quelque temps. Il lui prodigua les noms les plus doux, les appellations les plus tendres, et ces diminutifs gracieux dont abonde la langue japonaise. Fatmé jeta à la dérobée un regard d'indolent triomphe sur ses rivales confuses, et, d'une voix altérée par des larmes feintes, elle conjura son royal amant de ne la pas abandonner. Le seougoun annonça qu'il ne la quitterait plus, mais qu'il continuerait la route avec elle dans le même palanquin.

Une multitude de soldats féroces s'étaient élancés dans les magasins de Tien-ki, renversant tout ce qu'ils rencontraient et pénétrant partout. Enfin, ils trouvèrent l'avare dormant encore. Ils l'arrachèrent du lit, tout tremblant de frayeur, et, sans lui donner le temps de se remettre, ils l'entraînèrent devant le *tomosama*, ou gouverneur de la ville. Là, il subit un interrogatoire, et peu s'en fallut qu'on ne le renvoyât devant le Ghio-bou-no-sio, sous la prévention de lèse-majesté, ce qui lui eût probablement coûté la tête. On commença par lui donner cent coups de bambou sur la plante des pieds. En frappant, l'exécuteur marquait la mesure d'un air que faisait entendre un joueur de flûte. Au milieu de ce supplice, Télaïre, la charmante Télaïre, vint, les seins nus, les cheveux épars, les yeux baignés de larmes,

se jeter aux pieds du magistrat, et le conjurer d'épargner son malheureux père. Autrefois le tribunal athénien laissa, dit-on, tomber sa sentence devant la gorge d'une courtisane. Un tomosama est un homme comme un aréopagite, et Télaïre était aussi belle qu'Aspasie. Tien-ki reçut sa liberté, mais non sans avoir été contraint de délier les cordons de sa bourse, et de verser l'amende exorbitante de mille kobangs d'or.

Nouvel effet de la vengeance d'Amida.

VIII.

Vers cette époque, il s'était formé à Osakka une vaste conspiration politique, fomentée en secret par l'ambassadeur russe, qui avait à ce sujet des instructions confidentielles de son gouvernement. Il ne s'agissait de rien moins que de s'emparer de la ville, pour marcher ensuite sur Yedo, et détrôner le seougoun. Les chefs du complot, parmi lesquels on comptait plusieurs banjos, se réunissaient souvent chez Kao-ka, le voisin de notre avare. Voluptueux sybarites en apparence, ils passaient leurs soirées au milieu des courtisanes, qu'on appelle *teekakie*, et des *gheeko*, ou joueuses de samsie. Ils buvaient du thé; ils s'enivraient de sakki; ils chantaient; ils fumaient de l'opium, en dépit des règlements. Mais, dès que la nuit avait couvert la ville de ses ombres, les femmes étaient congédiées, les nattes et les mets enlevés. Réunis en conciliabule intime, les conspirateurs réorganisaient l'état, et faisaient des honneurs et des dignités un nouveau partage, dans lequel il est à croire qu'ils ne s'oubliaient pas. Ils accusaient le chef de l'état d'une cupidité insatiable jointe à une ingratitude honteuse envers des gens dont la générosité l'avait secouru alors qu'il était malheureux, et qu'il venait de renverser brutalement, pour se faire de leurs corps des marches vers le trône. Ils lui reprochaient encore d'avoir violé impudemment des promesses solennellement faites, et de vouloir gouverner seul, sans déférer aux avis du grand conseil. Quoi qu'il en soit, la police eut vent de quelque chose. Un des conjurés, le plus peureux peut-être, pour se donner du relief aux yeux de sa femme, qui ne le craignait pas assez, lui fit entendre, en caressant sa moustache, qu'il se tramait un complot, et qu'il en était. La femme jasa; le mari fut saisi, mis entre les griffes de la justice, et on le soumit à la torture de la cangue et du bambou, pour lui faire nommer le chef de la conjuration. Le rusé Japonais supporta quelques coups de bambou sans mot dire; puis, feignant d'être

4

vaincu par la douleur, il ouvrit la bouche et laissa tomber à mi-voix le nom de Tien-ki; il ajouta que les hottes de l'avare étaient un signal de ralliement. Trompés par son air de bonne foi, les juges le relâchèrent, et firent saisir Tien-ki. En même temps les portes de chaque rue furent fermées, les soldats qui les gardaient, doublés, et on envoya à toutes les autorités le signalement des bottes. Les banjos prévinrent l'ottona; l'ottona crut devoir en parler au tomosama; le tomosama ne put s'empêcher de donner l'alarme au damio de la province; de sorte que, un jour à peine écoulé, déjà marchaient sur Osakka plus de vingt mille hommes. A cette époque, si grande était la renommée des bottes, qu'on se demandait partout : Quel est donc ce Tien-ki dont les bottes font tant de bruit?

Les véritables conspirateurs, voyant le complot éventé, l'abandonnèrent pour quelque temps, et sortirent peu à peu d'Osakka afin de se réfugier dans d'autres villes. Tien-ki fut amené devant le tribunal, et entendit avec épouvante l'accusation portée contre lui d'être à la tête d'une association hostile au gouvernement. Malgré ses protestations, il fut mis à la torture, où il n'avoua rien, vu qu'il n'en savait pas davantage. Comme on ne put prouver contre lui aucun grief, le tribunal, cédant aux sollicitations de l'incomparable Télaïre, voulut le remettre en liberté sur-le-champ, le trouvant assez puni par la torture préventive qu'il venait d'endurer. Pourtant le président soutint que l'accusé avait voulu troubler le repos de l'état, et fouler aux pieds toutes les lois divines et humaines, ce qui était prouvé de reste par la forme monstrueuse de sa chaussure; il conclut que, pour cette pernicieuse intention, il était urgent de le condamner à une amende de cinq cents kobangs. Le tribunal se rendit à des raisons si péremptoires; et le malheureux père de Télaïre revint chez lui roué de coups, avec la funeste pensée d'être obligé de se séparer des restes de son or.

Cependant, les soldats, qui étaient venus inutilement à Osakka, devaient être hébergés chez les bourgeois. Une dizaine, sous le spécieux prétexte qu'ils étaient munis d'un ordre de logement, s'introduisirent dans les magasins de Tien-ki, et foulèrent aux pieds ses fleurs précieuses. En attendant le maître, ils s'amusaient à boire son sakki et ses liqueurs fines; la plupart, entièrement ivres, s'étaient laissés tomber au milieu des flacons et des porcelaines brisées. A la vue de ce spectacle, Tien-ki, déjà exaspéré, ne put contenir sa fureur. Il tenait à la main une de ses bottes, il la

lança contre le vil troupeau. Si le coup eût été mieux dirigé, nul doute que la brutale chaussure n'eût fait autant de ravage que la mâchoire d'âne avec laquelle Samson tua tant de Philistins. Mais, par une admirable prévoyance, la Providence a rendu la colère maladroite, de même qu'elle a privé de la vue les grands cétacés voraces. L'arme terrible passa sur la tête des buveurs, agita un peu leurs cheveux, renversa un service de porcelaine, et fit une profonde entaille dans le mur. Les soldats irrités se réveillèrent, saisirent le discovolo, et le placèrent de force sur une large natte qui occupait la plus grande partie de la pièce. Alors ils tinrent tous ensemble les bords, et, donnant de fortes secousses, ils firent sauter l'avare jusqu'au plafond, à travers les huées et les éclats de rire. Ils ne cessèrent ce cruel divertissement que lorsqu'une trompette qui se fit entendre les appela dehors. Ils déposèrent la natte; et les sons s'étant répétés avec une sorte d'expression menaçante, ils se précipitèrent dans la rue. Tien-ki était resté immobile et les yeux fermés. Il s'éveilla sous les caresses de sa fille, qui toujours bonne, toujours miséricordieuse, l'entourait de soins, le protégeait contre les railleries de ses voisins, et l'aidait à reprendre le fardeau de ses jours chargés d'ennui.... et de ses bottes.

IX.

Dès qu'il se vit seul avec sa douleur et ses bottes, l'avare prit, sans mot dire, ces dernières, les mit sur une table, se plaça devant elles, et commença à les apostropher de la manière suivante :

— Vous voilà donc, maudites, ridicules, abominables semelles! Êtes-vous contentes maintenant? Oh! vous restez là, vous ne dites rien..... Par Amida! il vous est bien égal que je sois ruiné, réduit à la misère! Allez donc, maudites, allez donc!

Et, sa colère croissant au son de sa propre voix, il les prit l'une après l'autre, les balança quelque temps, comme un frondeur des îles Baléares fait de sa pierre, puis les lança enfin avec tant de force, qu'elles passèrent par-dessus le quai et tombèrent dans le Yodo-Gawa : le bruit fut épouvantable. Il sortit du fleuve comme un grand gémissement, et l'eau rejaillit à une hauteur de plus de dix toises.

Tien-ki regarda longtemps les cercles qui s'agrandissaient et se perdaient les uns dans les autres à la surface de l'eau. Déjà sa colère tournait au regret. Il était dans cette situation morale qui vous fait plaindre le condamné qui va subir son arrêt, parce qu'alors ses crimes s'affaiblissent dans l'éloignement, et l'on ne pense plus qu'à l'incertitude des jugements humains et à la mort sanglante d'une créature de Dieu. Lorsque les ondes se furent déplissées tout à fait, Tien-ki se laissa tomber sur sa natte comme un homme accablé :

— Ouf! s'écria-t-il, bon débarras! Elles ne me causeront plus aucun malheur maintenant! Puis il s'attendrit, et continua d'une voix émue :

— C'est dommage pourtant! ces pauvres vieilles bottes, elles m'étaient bien utiles; elles m'ont accompagné partout; elles servaient d'appui et de soutien à ma vieillesse... Bah! n'y pensons plus... Il me semble déjà qu'il me manque quelque chose... Que viens-je de faire là?... que je suis faible et misérable!..... Mais.... mais... qu'Amida me pardonne!... Voilà des larmes à présent!... Oh! si l'on me voyait!... Des chaussures qui m'ont coûté deux kobangs et trois kodama et demi, sans compter ce que j'ai donné au garçon pour boire du sakki... Oh! je suis bien malheureux!...

Il cacha sa tête dans ses deux mains et pleura à sanglots.

———

Le soir venu, deux pauvres pêcheurs s'établirent sur la rive droite du Yodo-Gawa, juste en face de la demeure à Tien-ki. Ils furent toute la nuit sans rien prendre. A la lueur des émanations phosphoriques qui s'échappaient du corps des poissons, ils les voyaient se chercher, s'éviter, se combattre, se livrer à mille jeux. Les dorades venaient broder à la surface un réseau d'argent, et disparaissaient en un clin d'œil. Tous évitaient le filet avec un instinct si merveilleux, qu'il semblait qu'il y eût de la magie. Si nous étions appelé à donner notre avis sur cette singularité, nous dirions que les rets avaient été pendant un certain temps déposés sur une sorte d'herbe que les poissons ont en grande antipathie. Mais les pêcheurs, qui n'avaient lu ni Cuvier ni Geoffroy-Saint-Hilaire, attribuèrent leur mystification à l'influence maligne de la demeure de l'avare :

— Plus jamais, dit l'un, qu'on trouvera quelque chose devant une pareille maison! Par les os blancs de mon père, l'ombre même de ces murailles est une malédiction!... Frère, il faut nous retirer, et une autre fois nous pêcherons ailleurs, nous aurons plus de chance peut-être.

Néanmoins son camarade persista, et au point du jour ils jetèrent pour la dernière fois leurs filets en invoquant *Canon* ou *Kang-won*, fils d'Amida.

— Vois-tu, reprit le premier pêcheur, nous ferons mieux de laisser là tout cet attirail. Nous prendrons un de ces grands oiseaux qu'on appelle *koun-hoan* (cormoran), et quand il sera apprivoisé nous l'enverrons pêcher à notre place, en ayant soin de lui serrer préalablement le bas du cou avec un anneau de cuivre, afin qu'il ne pousse pas le zèle jusqu'à avaler le gibier de rivière; c'est ainsi que font les riches. En attendant, nous autres, nous fumerons un peu d'opium et nous boirons quelques tasses de sakki.

En ce moment son camarade l'appela à son aide; ils se courbèrent pour ramener le filet, et sentirent avec une joie indicible une grande résistance. Ils se mirent à tirer de toutes leurs forces, les veines de leurs bras et de leurs cons se gonflèrent; ils tremblaient qu'une corde ne vînt à se rompre. Enfin, ils réunirent le reste de leur énergie dans un effort désespéré, et les mailles se montrèrent à moitié rompues, remplies de cératophylles, de potamogetons, de varechs et d'autres herbes, ainsi que des mille espèces de mollusques décrites dans les ouvrages de MM. Deshayes, Milne Edwards et Dujardin. Il n'y avait pas même un goujon. Les pêcheurs s'élancèrent d'un bond pour voir l'objet si lourd qui avait occasionné tant de désastres; alors ils reconnurent avec effroi, avec douleur, avec rage, les épouvantables semelles.

— Maudits soient l'avare et les bottes! s'écrièrent-ils d'une voix. Qu'allons-nous faire maintenant? Que dirons-nous à nos femmes qui attendent après notre pêche pour nous préparer à manger? Que dirons-nous à nos petits enfants qui vont sauter après nous et nous dire : A manger, père! à manger! — Ah! bottes maudites!...

En même temps ils saisirent les malheureuses et les envoyèrent avec fureur contre les vitres de Tien-ki, garnies de papier huilé, selon la mode japonaise. Les faibles châssis cédèrent... Pauvre Tien-ki! que de porcelaines brisées! que de cristaux en poudre! que de senteurs répandues! que de kobangs éclipsés! que d'épargnes perdues!... Implacables pêcheurs!... Mais vous ne savez donc pas que chaque vase qui tombe éveille un écho d'angoisse dans l'âme de Tien-ki! Oh! vous seriez émus de compassion si vous pouviez voir comme il s'arrache des poignées de cheveux gris..., comme il pleure!... Si vous pouviez contempler Télaïre, la belle désolée, en désordre dans le nuage de son affliction, essuyant avec ses tresses noires les larmes de son vieux père, et lui faisant des caresses enfantines.... Oh! pêcheurs!... Oh! pêcheurs de l'Yodo-Gawa!...

———

Muse! redis-nous quel océan d'amertume inonde le cœur de l'avare quand il rentra dans son magasin de cristaux! Hélas! c'était comme un champ de bataille où gisaient pêle-mêle les blessés et les morts! Confusion! chaos! désolation! Et au milieu de tout cela, les deux bottes qui se dressaient fières et intactes; qui avaient l'air de le regarder en raillant et de lui dire : Eh bien! nous voilà!

— Ah! vous voilà, impérissables semelles! s'écria-t-il, vous voilà revenues pour me susciter de nouveaux malheurs! Ne l'espérez pas! Je détruirai plutôt moi-même ce qui reste! non! non! non! non! ne l'espérez pas!...

Sans laisser refroidir son emportement, il saisit une botte de chaque main et se mit à faire un moulinet rapide des deux bras. Tout ce qui se trouva dans la sphère d'activité de ce tournoiement tomba avec un fracas horrible. L'avare ne s'arrêta que lorsqu'il fut épuisé de fatigue, et qu'il n'y eut plus rien à briser.

— Mais, après tout, qu'en vais-je faire? se dit-il au bout de plusieurs minutes.

Il resta assez longtemps pensif, puis il se leva, se frappa le front, et dit :

— J'ai une idée.

Tien-ki éprouvait le même embarras que Polycrate, le tyran de Samos, ne pouvant se débarrasser de son anneau d'or.

X.

La souveraine des paupières closes, la reine au front pâle, ouvre ses cils d'argent et descend du ciel à vol paisible dans un air embaumé de la senteur des jasmins et de l'arôme des narcisses. Sous son manteau vaporeux se pressent les ombres des jeunes vierges ravies avant le temps à leurs fiancés. A leur approche, les mystères de la nuit commencent; les étoiles semblent laisser tomber des larmes dans le Yodo-Gawa qui répète leurs images tremblantes; les fleurs entr'ouvrent leurs cassolettes mignonnes d'où s'échappe une fumée enivrante. Triste, triste et doux à la fois comme le souvenir du bonheur passé, un chant sans paroles s'en va sur leurs lèvres ne remuent pas; alors les jeunes hommes tressaillent et sentent les ailes des songes qui se glissent dans leur sommeil.

Soit à cause de la chaleur, soit pour tout autre motif, le marchand de sakki ne pouvait fermer l'œil. Il se leva et monta sur sa terrasse, d'où la vue tombait en plein sur le jardin de l'avare, baigné par la clarté de la lune. Bientôt Kao-ka crut distinguer un mouvement singulier sous les arbres. En ce moment, Tien-ki enterrait ses bottes, et le cuivre dont elles étaient garnies brillait d'un éclat inaccoutumé. Kao-ka, qui le reconnut aussitôt,

s'imagina qu'il venait de découvrir un trésor. D'après les lois japonaises, un tiers de toute chose trouvée appartient à l'état, un tiers au propriétaire du terrain, et un autre tiers au dénonciateur. Le lendemain matin, Kao-Ka n'eut rien de plus pressé que d'aller dénoncer Tien-ki à l'ottona du quartier. La police fit irruption chez le malheureux marchand. Il eut beau déclarer qu'il n'y avait pas chez lui le moindre trésor, on bouleversa tout dans son jardin, et l'on fit sortir de terre les bottes maudites. Tien-ki protesta de nouveau que c'était là le seul trésor qu'on avait pu voir. Il ne fut pas écouté.

— Vous avez soupçonné que votre secret était découvert, lui dit-on; vous avez enlevé le trésor, et mis à la place ces bottes, dans l'intention évidente de vous railler des magistrats. En conséquence, vous avez mérité toute la rigueur de la loi, et vous devez vous estimer heureux que l'autorité, dans sa clémence, veuille bien se contenter d'une amende de deux cents kobangs.

Et Tien-ki paya.

———

Hélas! c'était tout ce qui lui restait. Brisé par tant d'orages, ruiné, sans ressources, la mort dans le cœur, il chargea sur ses épaules les fatales chaussures, et alla les jeter aux pieds des magistrats.

— Les voilà, leur dit-il, ces bottes maudites, la cause de mes chagrins et de ma perte! Vainement j'essaie de les détruire; elles me reviennent toujours. Il n'y a que la justice qui ne rend jamais rien. Prenez-les donc! Maintenant vous n'entendrez plus parler de Tien-ki. Le riche marchand d'Osakka est mort; il n'y a plus qu'un pauvre qui va tendre sa main flétrie le long des grandes routes, et implorer la charité publique... — Ce n'est pas pour moi que cela me navre, s'écria-t-il en sanglotant; je suis une argile durcie par le malheur; j'ai peu de jours à vivre...; mais c'est pour ma fille Télaïre. La pauvre enfant, qui n'a jamais connu les privations, que va-t-elle devenir?...

Et il sortit, avec l'image de la mort sur la figure.

———

Les magistrats délibérèrent longtemps sur ce qu'ils feraient de l'étrange cadeau qui venait de leur être remis. L'un d'entre eux opina pour que les bottes fussent brûlées en place publique par la main du bourreau. Un autre, moins sévère, voulait qu'on les enterrât et qu'on mît sur leur fosse une inscription relatant tous les malheurs dont elles avaient été cause. Enfin, l'avis de la majorité fut qu'on les déposerait au cabinet de curiosités de la ville. Elles y sont en effet, et on peut les aller voir dans la salle des monstres et des phénomènes sous le n° 99. Un savant polonais, M. Sckztrn-scxvztski (éternuez, et ajoutez *ki*), qui passa au Japon en 1830, et qui ignorait cette véridique légende, écrivit quatre gros volumes in-4° pour prouver que la chaussure en question avait appartenu à un homme antédiluvien. On s'occupe activement d'une traduction française de cet important ouvrage si impatiemment attendu par les savants et les gens du monde. Elle paraîtra chez Dumont, 88, Palais-Royal. (Affranchir.)

———

Pour Tien-ki, il s'en allait mendiant sur les voies publiques. Nouvelle Malvina, Télaïre conduisait son père, qui ne ressemblait guère à Ossian. Elle chantait de vieux poëmes célébrant les événements qui se sont passés il y a dix-sept cent mille ans, à l'époque où la justice et l'égalité régnaient sur la terre. Les passants se détournaient à la vue du pauvre; mais lorsqu'ils apercevaient le gracieux visage de la jeune fille, ils se laissaient attendrir et déposaient une offrande dans la petite boîte de laque qu'elle tenait à la main. Le soir, retirés dans une chétive habitation, les exilés faisaient un modeste repas, et, par un reste d'habitude, le vieux Tien-ki ne se livrait pas au sommeil avant d'avoir couché par écrit les recettes et les dépenses de la journée.

XI.

Un soir que le père et la fille venaient d'achever leur souper, et que l'un ouvrait son livre de comptes, tandis que l'autre prenait un ouvrage de soie sur lequel elle avait commencé à broder un nom qui ne sortait plus de ses lèvres, mais qui était vivant dans son cœur, un bruit de chevaux se fit entendre au dehors, et on frappa violemment à la porte. La jeune fille eut peur. Tien-ki, par un mouvement automatique, cacha quelques pièces de menue monnaie composant tout son avoir. Le bruit redoubla, et Télaïre ouvrit en tremblant. On aperçut alors une longue suite de serviteurs portant des lanternes. Un banjo descendit d'un magnifique palanquin et entra dans l'habitation.

— Sama (seigneur), dit le vieillard confus, à quoi sommes-nous redevables de l'honneur...

— Tien-ki, interrompit le banjo avec une hautaine familiarité, j'ai considéré ta misère, et mon cœur a été touché de la beauté de ta fille. Fais qu'elle soit à moi, et je te rendrai plus riche que tu ne l'as jamais été. Elle aura le pas sur toutes mes femmes, qui deviendront ses esclaves, et l'astre de la prospérité rayonnera sans cesse pour elle aussi bien que pour toi.

Il se tut pour attendre la réponse. Tien-ki fut quelques instants sans pouvoir parler.

— Mon père, s'écria la jeune fille en se jetant à son cou, mon bon père, voulez-vous donc m'abandonner?...

— Sama, reprit gravement le vieillard en s'adressant au banjo, la richesse a déjà causé mon malheur : je ne suis plus avare. J'ai connu la vanité de tout ce qui brille et de tout ce qui passe. Il n'y a plus qu'une chose qui me retienne à la terre; c'est ma fille : et vous voulez que je m'en sépare! Demandez-moi plutôt les quelques jours qui me restent encore à souffrir.... Mais ma fille!...

Et il embrassait avec effusion la douce enfant, dont les joues de satin étaient emperlées de larmes. Alors le seigneur, qui jusqu'alors s'était tenu dans l'ombre et avait déguisé sa voix, s'approcha de la lumière.

— Ne me reconnaissez-vous pas? dit-il d'une voix vibrante. Je ne suis pas un banjo; je suis Amin, mais non plus le pauvre et misérable Amin d'autrefois. Vous avez entendu parler de ce seigneur, condamné à la déportation dans l'île de Fatsisio?...

C'était un souvenir déchirant pour le vieillard; il changea de visage et soupira profondément. Amin, sans paraître s'en apercevoir, continua :

— Je me trouvais sur la même jonque que lui. A la suite d'événements que je vous raconterai à loisir, je favorisai son évasion. Il alla se prosterner aux pieds de l'empereur, et n'eut pas de peine à dissiper l'accusation ténébreuse dont l'avait frappé la méchanceté de ses ennemis. Tous ses biens lui ont été rendus. Il m'a fait riche. J'ai deux jonques dans le port de Nangasaki, une maison à Yedo, et une à Osakka, la vôtre, Tien-ki, que j'ai rachetée à vos créanciers pour vous la rendre. Maintenant voulez-vous me donner votre fille pour épouse?

— C'est à elle de répondre.

Elle avait déjà Télaïre s'était jetée dans les bras du jeune homme; déjà ils s'étaient serrés l'un contre l'autre avec frénésie. Leur séparation n'était plus qu'un rêve; la chaîne, un instant rompue, s'était rejointe. Adieu ennuis, misère, solitude, chagrins, regrets!

— Veux-tu bien être ma femme? lui dit Amin, quand il fut capable de parler.

Elle allait ouvrir la bouche; mais elle sentit contre ses lèvres deux lèvres brûlantes, et la réponse qu'elle voulait faire fut entendue d'Amin seul, car elle entra tout droit dans son cœur....

Je n'entends plus rien.... Ithuriel! Ithuriel!
Le sylphe est envolé.

———

Filles bronzées des îles orageuses, douces et
coquettes Japonaises, vous qui promenez vos rê-
veries inconnues à l'ombre des thuyas en fleurs et
des palmiers-éventails qui se penchent sur l'Océan,
recevez cette histoire que vous dédie un poète de
l'Europe! On dit qu'aujourd'hui les livres de ma
patrie parviennent jusqu'à vous, et que notre lit-
térature fait vos délices. Un temps viendra où ces
lignes passeront sous vos yeux, et où vous panse-
rez à celui qui les a écrites. Votre imagination vous
le représentera sous de singulières images. Douces
et coquettes Japonaises, je vous ai vues quelquefois
passer dans mes nuits solitaires, alors que je rêve,
moi aussi, de tant de choses. Oh! si l'une de tes
plus jeunes filles, Osakka, peut, en lisant les aven-
tures de Télaïre, laisser échapper dans l'espace,
vers le conteur, une aspiration d'amour qui lui
sera bien rendue, c'est plus que ne vaut le conte,
et tout ce que demande l'anteur.

                            Jules LADIMIR.

———

PAVIE.

Pavie (Ticinum ou Papia) est située à six lieues
de Milan, sur le canal de Pavie et sur la rive gau-
che du Tessin, qui en cet endroit est large, profond
et navigable. Quoique Pavie ait joué un très-grand
rôle dans l'histoire, sa fondation est demeurée
ensevelie dans la nuit des temps. On est réduit
à de simples conjectures. Quelques peuples de
la Ligurie, établis sur le confluent du Pô et du
Tessin, en jetèrent, dit-on, les fondements peu
après la fondation de Rome, et lui donnèrent
le nom de *Ticinum*. On assure qu'elle fut sac-
cagée d'abord par Brennus, l'an 367 avant J.-C.;
puis par Annibal, à cause de la fidélité qu'elle
conserva aux Romains; et que ces derniers, s'étant
rendus maîtres de la Gaule cisalpine, en firent une
des premières villes de la république, pour la ré-
compenser de son dévouement. Néanmoins, les
historiens ne nous fournissent sur cet objet que
des notions très-obscures. Quoi qu'il en soit, au
Vᵉ siècle Pavie tomba au pouvoir des Goths, et
peu de temps après elle passa sous la domination
des Lombards, qui, vers la fin du VIᵉ siècle, y éta-
blirent le siège de leur gouvernement. Par suite,
elle eut à supporter de grandes calamités. En 924,
elle fut saccagée et incendiée par les Hongrois;
en 951, elle dut ouvrir ses portes à Othon le
Grand, et en 1004 elle fut dévorée par les flam-
mes. Après d'autres vicissitudes, ayant recouvré
la liberté au XIIᵉ siècle, elle la conserva pendant
environ deux cents ans, au bout desquels elle fut
obligée de se soumettre aux Milanais, qui la réu-
nirent à leurs états. En 1476 et en 1485, elle
éprouva toutes les horreurs de la peste. En 1525,
se donna sous ses murs la fameuse bataille gagnée
par Charles-Quint sur François Iᵉʳ. Dans cette
circonstance, les habitants ayant fait parade d'une
joie extrême, en furent sévèrement punis, deux
années après, par le comte de Lautrec, général
français, qui, s'étant emparé de la ville, l'abandonna
pendant sept jours au pillage. Ou affirme que c'est
de cette fatale époque que date la décadence de
Pavie. Le duc de Savoie, le prince Eugène, les
Français, les Gallo-Espagnols, la possédèrent suc-
cessivement; et enfin elle passa, en 1815, sous la
domination des Autrichiens. On voit par ce court
aperçu que Pavie a été le théâtre de nombreux
événements, et qu'elle a dû souvent se ressentir
des secousses et des convulsions politiques.

Pavie est la résidence d'un évêque suffragant de
l'archevêché de Milan; elle est le siège d'un tribu-
nal de première instance, d'une chambre de com-
merce et d'une intendance de finances. Le fau-
bourg de *Borgo-Ficino* communique avec la ville
au moyen d'un très-beau pont, long de trois cent
quarante pas, et composé de sept arches; il est
tout couvert en pavés de marbre. Une petite ri-
vière, appelée *Carona*, passe artificiellement au
milieu de la ville, y met en mouvement plusieurs
moulins, et, partagée en canaux, parcourt pres-
que toutes les rues dans des aquéducs souterrains.

Si Pavie ne présente à la curiosité aucun monu-
ment antique digne de son ancienne splendeur,
elle renferme cependant quelques églises remar-
quables du moyen-âge, entre autres celles de
Saint-Jean, de Saint-Augustin et de Saint-Michel,
dans lesquelles on voit une assez grande quantité de
sculptures et de bas-reliefs. Cette époque est en-
core rappelée à l'imagination par quelques tours
qui existent près de l'hôpital, et qui étaient jadis
si nombreuses, qu'on appelait Pavie la *Città delle
cento torri* (la ville aux cent tours).

Les places sont grandes, les rues larges et bien
pavées. La plus régulière et la plus fréquentée
de ces dernières est celle qui, partageant la ville,
va du pont du Tessin à la porte de Milan. Pavie
possédait autrefois un château qui existe encore,
quoique dévasté et métamorphosé en caserne. Cet
édifice, élevé par les Visconti, avait été construit,
non pour servir de forteresse, mais de palais; il
était orné de tours et de créneaux. Ce fut dans
son enceinte que François Visconti, en 1404,

fit emprisonner sa belle-sœur Catherine Visconti, duchesse de Milan, pour s'emparer de ses états. Ce fut aussi dans ce château que Louis le More commit le même attentat, et dans le même but, sur Galeazzo Sforza, duc de Milan; et qu'en 1796 trois cents Français résistèrent sans artillerie à toute la population et à quatre mille hommes armés. Il est à remarquer que ce château renfermait une bibliothèque dans laquelle Pétrarque exerça les fonctions de conservateur.

Parmi les édifices dont l'architecture ou les jardins méritent quelque attention, nous citerons les palais Malaspina, Olevano et Maino; le collège impérial Ghislieri, dans lequel les élèves sont entretenus aux frais du gouvernement; le collège Borromée, dont l'architecture majestueuse est due à Pellegrini; les peintures à fresque qui ornent la grande salle de ce dernier établissement sont très-estimées et font honneur au pinceau de Zuccari et de Nebbia.

Mais ce qui donne à Pavie une grande importance, c'est son Université, fondée, suivant l'opinion commune, en 791, par Charlemagne, et selon quelques autres, par Charles IV, aux instances de Galeazzo Visconti. Cette Université a acquis une célébrité immense qu'elle a constamment justifiée par les hommes célèbres qui l'ont successivement dirigée. L'Université possède un cabinet d'anatomie fondé par Scarpa, qui est peut-être le plus complet et le plus remarquable qu'il y ait en Italie; ce cabinet reçoit chaque jour de nouvelles améliorations par les soins du professeur actuel, M. Panizza. On y voit aussi un cabinet de pathologie, d'hydraulique, d'histoire naturelle, un jardin botanique, un laboratoire de chimie, une bibliothèque, etc., etc. Les étudiants qui fréquentent cette Université sont au nombre de mille.

Pavie possédait autrefois une école militaire, une école théorique et un polygone d'artillerie, une superbe fonderie de canons, et enfin un arsenal, qui, aujourd'hui, n'existent plus, et dont la suppression a beaucoup influé sur la diminution de sa richesse et de sa population.

Parmi les tours élevées qui existaient anciennement à Pavie, on montrait jadis aux étrangers celle qui renfermait le célèbre Boëce, consul et homme de lettres, dont le tombeau existe encore aujourd'hui dans l'ancienne église des Augustins.

La route de Milan à Pavie est intéressante par l'étendue des plaines que l'on traverse et par les nombreux canaux qui les sillonnent et y portent la fécondité. C'est à cinq milles de cette ville que l'on admire la célèbre Chartreuse de Pavie. La fondation de ce monument est, dit-on, due à un préjugé de la barbarie et de l'ignorance. Les grands criminels ou les grands coupables croyaient racheter l'oubli de leurs méfaits, en élevant des églises ou en fondant des monastères. Ce préjugé avait au moins son beau côté, puisqu'il a produit la Chartreuse. En effet, Jean Galeazzo Visconti ayant traîtreusement empoisonné, dans le château de Trezzo, Bernabo, son oncle et son beau-père, qui y périt avec ses deux enfants, songea à expier ce crime en construisant un monument religieux dont la magnificence égalât au moins l'immensité de ses attentats. Il ne crut point avoir assez fait en fondant le Dôme de Milan, il fit construire la Chartreuse, dont la première pierre fut posée le 8 septembre 1396. Galeazzo lui-même prit la truelle pour cette pose, à laquelle assistèrent plusieurs évêques et grands personnages du pays. Trois ans après, elle était déjà occupée par les chartreux, dont l'industrie agricole, jointe aux libéralités de Galeazzo, accumula des revenus considérables. Le duc, dans l'acte de donation qu'il fit en faveur des religieux, leur imposa l'obligation d'employer annuellement une certaine somme à l'achèvement définitif de la Chartreuse, laquelle somme devait être distribuée aux pauvres, l'édifice terminé. Cette distribution eut lieu en 1542. Jusqu'à cette époque, c'est-à-dire depuis plus de cent quarante ans, la somme fixée par Jean Galeazzo, et augmentée annuellement par les économies faites sur les rentes particulières des chartreux, fut dépensée non-seulement en travaux d'utilité, mais à des travaux d'embellissements et de décorations, qui firent de la Chartreuse un monument d'une magnificence inouïe, et le plus curieux, sans contredit, de toute l'Italie supérieure.

Le plan est attribué à Marc de Campion; l'église, comme celle de Milan, offre un curieux mélange d'architecture ogivale avec celle de la Renaissance. La façade, d'un aspect gracieux, forme un carré long, avec deux ailes de moindre hauteur que le corps du milieu; elle est couverte de sculptures. Quarante-quatre statues et une multitude de bas-reliefs historiques la décorent. L'intérieur de l'église est d'une somptuosité éblouissante. Ce ne sont que d'incrustations de marbres de toutes couleurs, que sculptures, que bas-reliefs, que statues, que voûtes peintes à fresque, ornements, voussoirs, qui se détachent sur un fond d'azur ou d'or. L'ordonnance de l'église est belle; sa forme est celle d'une croix latine surmontée d'une majestueuse coupole. L'édifice a deux cent trente-cinq pieds de longueur, sur cent soixante-cinq de largeur : il est divisé en trois nefs qui renferment quatorze chapelles, sans y comprendre le maître-autel. Les chapelles sont closes par de riches grilles, et communiquent les unes aux autres par des ouvertures pratiquées dans les murs latéraux. La profusion des marbres les plus beaux, des pierres précieuses, des sculptures, des mosaïques, et de tous les objets curieux, excite au plus haut degré l'admiration et l'étonnement, surtout lorsqu'on examine avec attention la pureté du goût qui a présidé à toutes ces choses, et la somme considérable qui a été employée dans la construction de cet édifice. Le maître-autel est composé de marbres précieux, de marqueteries d'un travail exquis, d'ornements en bronze doré, de pierreries et de raretés de toutes sortes. Quatre petites portes en bronze doré ouvrent le tabernacle, orné d'un grand nombre de statuettes finement exécutées ; des anges soutiennent les degrés de l'autel.

Au bout du bras gauche de la croix latine, à côté de l'autel dédié à saint Bruno, le patron et le fondateur des Chartreux, se trouve le tombeau de Jean Galeazzo ; la disposition et les ornements de ce tombeau rappellent celui de François Ier à Saint-Denis.

Du tombeau de Jean Galeazzo on va au Lavabo des moines par une porte de marbre de Carrare, embellie de sculptures, et surmontée de sept portraits représentant sept duchesses de Milan. Un grand bassin de marbre s'étend le long du mur, contre lequel sont adossées des figures qui lancent de l'eau. A gauche est un petit puits en marbre blanc, sculpté avec beaucoup de délicatesse. Des bas-reliefs reproduisant des sujets religieux, forment la décoration des murailles.

Une porte de sortie de l'église conduit dans le portique de la fontaine, vaste cour, autour de laquelle règne un portique en terre cuite sculptée, soutenu par d'élégantes colonnes ; des eaux jaillissantes tombant dans un bassin, au milieu de la cour, répandant la fraîcheur dans un premier cloître, destiné à servir de promenade pendant la chaleur du jour.

De ce cloître on passe dans un autre non moins orné, dont les murs sont peints à fresque ; au centre s'étend une pièce de gazon, qui était autrefois le cimetière des Chartreux. Les cellules des moines, disposées symétriquement au-dessus du portique de cette seconde enceinte, avaient vue sur ce cimetière.

Tout autour de la célèbre Chartreuse de Pavie le sol est riant et fertile. De beaux arbres, des eaux, des gazons verts, rien ne manque pour embellir des lieux où, trois siècles auparavant, l'Empire et la France s'entre-heurtèrent dans la personne de Charles-Quint et de François Ier.

LE CHEVALIER NOIR.

C'était la Pentecôte, la fête de la joie, que célèbrent les bois et les bruyères. Le roi commença à dire : « Un beau printemps doit aussi sortir des salles du vieux château. »

Les trompettes et les tambours retentirent ; des étendards rouges se déployèrent solennellement : le roi regardait de son balcon ; tous les chevaliers tombèrent, dans le tournois, sous les coups de son robuste fils.

Mais à la fin un chevalier noir s'avança, chevauchant vers la barrière de la lice. « Seigneur, quel est votre nom ? quelles sont vos armes ? — Si je le disais, vous trembleriez et frémiriez ; je suis prince d'un grand royaume. »

Lorsqu'il entra dans l'enceinte, le ciel devint sombre, et le château trembla. Au premier coup le jeune homme mesura la terre : il pouvait à peine se relever.

Les fifres et les flûtes invitent à la danse ; des flambeaux brillent dans les salles, mais une grande ombre y vacille. Le chevalier noir prie courtoisement la fille du roi d'ouvrir le bal avec lui.

Il danse dans un noir habit de fer ; il danse d'une manière effrayante ; elle a froid quand il l'entoure de ses bras, et les jolies petites fleurs placées sur son sein et dans ses cheveux tombent fanées sur le sol.

Tous les chevaliers, toutes les dames vont se placer à une table richement servie : le vieux roi s'assied plein d'angoisses entre son fils et sa fille, et les regarde en silence avec inquiétude.

Les deux enfants étaient pâles ; l'hôte leur tend un verre : « Que ce bon vin vous guérisse ! » Ils boivent, et le font remercier poliment : cette boisson leur a semblé bien fraîche.

Le fils et la fille se serrant sur le sein de leur père, leurs joues se décolorent entièrement, et le vieux père, éperdu, voit ses enfants mourir l'un après l'autre.

« Malheur ! tu m'as enlevé mes deux enfants au milieu des distractions de leur jeunesse : prends-moi donc aussi, moi privé de toutes joies.» Alors le malin dit d'une voix creuse et sourde : « Vieillard, je cueille la rose dans son printemps. »

(*Gedichte von Ludwig Uhland.*)

Typographie de LACRAMPE et Cie, rue Damiette, 2.

LE FORGERON. D'APRÈS LE TABLEAU DE LENAIN FRÈRES.

UN FORGERON AU MOYEN-AGE.

Qu'elles étaient naïves et souvent étranges les belles histoires du vieux temps ! que d'émotions elles faisaient naître, lorsque le soir, à la veillée, jongleurs, trouvères et troubadours les narraient aux châtelaines sous le large foyer du manoir ! Rappellerons-nous ici le souvenir d'une antique tradition qui, au moyen-âge, a parcouru le monde entier ? Dirons-nous les aventures de Véland, de Véland, le merveilleux forgeron (1) ?

Cette tradition, la voici, telle qu'elle est consiguée dans l'*Edda*, la mythologie des Scandinaves.

Niduth, roi de Suède, habitait paisiblement son château, avec deux fils et une fille, Baudvilde, jeune et belle enfant qui faisait les délices de la cour de son père. En ce temps vivaient trois frères, fils d'un roi de Finlande; Slagfid, Égil et Véland étaient leurs noms. En poursuivant le gibier, ils arrivèrent dans l'Ufdal, où ils firent leur demeure, près d'un lac appelé le lac des Ours.

Un matin, sur le bord du lac, ils aperçurent trois Valkyries; leurs robes de cygne étaient auprès d'elles. (Les Valkyries, sortes de fées, apparaissaient le jour sous la forme de cygnes; elles pouvaient déposer cette forme, qui, suivant les idées des Scandinaves, n'était qu'une robe dont elles se couvraient; alors elles se montraient sous la forme humaine.) Deux des Valkyries, Svanvite et Alvite, étaient filles du roi Laudver; la troisième était Alrune, fille de Kiare.

Les jeunes filles s'étaient envolées du Midi, par la sombre forêt, pour fixer les destins. Là, sur le bord du lac, elles filèrent de beau lin, ces jeunes filles du Midi. L'une d'elles presse sur son cœur le gracieux Égil, une autre Slagfid aux blonds cheveux; la troisième, leur sœur, enlaça de ses bras Véland, au cou d'albâtre.

Elles restèrent là pendant sept hivers, retenues par l'affection; la huitième année, il fallut se séparer. Les jeunes filles voulurent retourner dans la sombre forêt du Midi.

Slagfid et Égil les poursuivirent; Véland, seul, resta dans l'Ufdal; c'était un ouvrier habile. Il forgea de l'or rouge pour en faire des bijoux; il façonna des bagues et les enfila sur une branche d'osier, en attendant sa brillante et légère épousée, s'il lui plaisait de revenir.

Le roi Niduth, informé de la présence de

(1) Une dissertation scientifique sur Véland le forgeron, a été publiée en 1833, à Paris, par MM. Depping et F. Michel. In-8.

TOME I. — NOVEMBRE 1839.

Véland, envoya vers lui ses hommes d'armes. Ceux-ci pénétrèrent dans l'habitation de l'artiste; ils y virent les bagues, sept cents en nombre, qui appartenaient au forgeron.

Ils les laissèrent toutes, à l'exception d'une qu'ils gardèrent.

Cependant Véland, l'habile archer, revint de la chasse en suivant le long sentier du bois. Il lit rôtir de la chair d'ours à un feu de sapin agité par le vent. Assis sur les dépouilles de l'ours, Véland compte les anneaux. Il lui en manque un : c'est Alvite la jeune qui l'a pris, disait Véland; sans doute elle est de retour.

Et il l'attendit en vain.

Le soir, une troupe d'hommes se saisissent de Véland, lui lient les mains et les pieds. Niduth l'accusait de lui avoir volé son or. L'anneau qu'il avait fait dérober à la branche d'osier chez Véland, il le donne à sa fille Baudvilde, tandis que sa femme chantait :

« Véland grince des dents lorsqu'il reconnaît la bague de Baudvilde ; ses yeux sont ardents comme ceux d'un aspic. Méfions-nous de lui, qu'on lui coupe les nerfs des jarrets ! »

Cela fut fait aussitôt ; les nerfs lui furent coupés, et on le relégua dans une petite île, à quelque distance du rivage.

Véland eut bientôt médité une vengeance contre Niduth. Les deux fils de ce roi vinrent le visiter; il leur trancha la tête à tous deux, et leurs crânes, il les couvrit d'argent, et les envoya à Niduth. Avec leurs yeux il façonna des pierres précieuses, dont il fit présent à la femme du roi ; et de leurs dents il forma les perles d'un collier qu'il remit à Baudvilde.

Baudvilde ayant cassé sa bague, elle l'apporta au malheureux Véland. Je raccommoderai la cassure de l'or, répondit l'ouvrier, de manière que ta bague paraisse encore plus belle à ton père, plus brillante à ta mère ; toi-même tu la trouveras embellie.

Il enivra Baudvilde d'une boisson assoupissante (car il savait maintes choses) ; puis il en fit sa volonté.

Et Véland chanta : « Maintenant j'ai vengé tout le chagrin que j'avais conçu; je veux marcher avec les pieds dont m'a privé Niduth. » En souriant il s'éleva dans les airs; puis il s'envola sur la tour la plus haute, en criant de toute la force de ses poumons : Niduth, Niduth !

Soudain, le roi sortit en disant : Véland, est-ce que tu es devenu oiseau? quel est ton projet?

« Je pars, et tu ne me verras plus, répond l'artiste ; mais, avant de partir, je veux t'apprendre quelques secrets importants.

5

« Il faut que tu me jures par les bords du na-
vire, par le rond du bouclier, par le frein du che-
val, par le tranchant du glaive, que tu ne tour-
monteras pas la femme de Véland, et que tu ne
lueras pas ma bien-aimée, quoique nous ayons une
épouse que tu connaisses et que nous ayons un en-
fant dans le palais.

« Approche de l'atelier que tu as désigné toi-
même ; tu y trouveras le soufflet arrosé de sang.
J'ai coupé la tête de tes fils, et j'ai caché leurs
dépouilles dans le marécage de ma prison. Et
leurs crânes, que recouvrait une épaisse cheve-
lure, je les ai garnis d'argent pour te les envoyer
à toi, Niduth ; et de leurs yeux, j'ai fait des sa-
phirs pour les donner à ta méchante femme ; et de
leurs dents, j'ai façonné des perles pour le collier
de Baudvilde, et je les lui ai remises. De plus,
Baudvilde, ta fille unique, sera mère dans quel-
ques mois. »

Niduth frémit de rage et de fureur.

Véland sourit et s'éleva dans les airs.

« Lève-toi, Takrad, mon meilleur ami, s'écria
Niduth ; prie Baudvilde, ma fille aux blonds cils,
pour qu'elle vienne, dans tout l'éclat de sa pa-
rure, s'entretenir avec son malheureux père.

« Est-il vrai, Baudvilde, ce qu'il m'a dit (lui
demanda le roi)? Toi et Véland étiez-vous assis
ensemble dans l'île?

« Ce qu'il t'a dit est vrai, répondit Baudvilde :
j'étais assise avec Véland dans l'île. Ah! que ce
malheureux moment ne fût jamais arrivé! Je ne
pus rien contre lui, je ne pus me défendre! »

Telles sont, d'après les antiques *saga* des Scan-
dinaves, les premières aventures poétisées de Vé-
land, aventures qui précédèrent sa vie de forge-
ron. Rien de plus redoutable que les armures et
les bonnes épées qu'il forgea dans la suite. On ra-
conte que Véland, à la cour d'un roi du Jutland,
excita contre lui la jalousie du forgeron du prince;
ce forgeron prétendit confectionner d'aussi bons ou-
vrages que l'étranger Véland, et il voulut entrer
en concurrence avec lui sous les conditions sui-
vantes : « Fabrique, dit-il à Véland, une épée, la
meilleure que tu pourras ; moi, je ferai un casque
et une cuirasse. S'il arrive que ton épée fende mon
armure, ma tête sera soudain à toi ; si, au contraire,
mon armure résiste, tu auras forfait ta vie. Dans
douze mois nous ferons l'essai de nos ouvrages. »

Cependant le jour étant arrivé où Amilias, le
forgeron du roi, et Véland, devaient essayer leurs
armes, le premier se revêtit de l'armure qu'il avait
faite, et sortit. Tous ceux qui le rencontrèrent fu-
rent dans l'admiration, et ils avouèrent que l'on
ne pouvait voir un plus bel ouvrage. Amilias fut

flatté de cet éloge. Fier de posséder une armure
aussi magnifique, il pénétra dans la lice où arri-
vèrent Véland et les seigneurs de la cour. Véland,
armé de son glaive, s'approche d'Amilias, touche
le casque du tranchant de la lame, et il demande
à son rival s'il sentait son épée : « Frappe sans
crainte, répond Amilias ; tu verras si jamais tu
pourras parvenir à entamer mon armure. »

Véland appuya son glaive sur le casque, et le
coupa ; ensuite, poussant sa lame, il fendit la cui-
rasse ; avant qu'Amilias pût s'y attendre, l'épée
le pourfendit, et il tomba sur l'arène, partagé en
deux. La foule s'écria que le sort d'Amilias était
une preuve évidente qu'un homme est près de sa
chute alors qu'il étale le plus d'orgueil.

C'était dans la montagne appelée Kallowa,
montagne habitée par des nains, forgerons habi-
biles, que Véland avait appris à tremper et à fa-
çonner le fer. Une observation curieuse se pré-
sente ici entre le midi et le nord de l'Europe. C'est
qu'aux époques antiques le peuple italien se figu-
rait les cyclopes, ces forgerons des cavernes du
mont Etna, comme des hommes d'une taille gi-
gantesque ; tandis que les Scandinaves présu-
maient que les forgerons du mont Kallowa étaient
tous des nains. C'est que dans les poésies et les
romans chevaleresques du Nord, les nains ont
toujours occupé une large place ; vermisseaux nés
d'Ymer, ils sont admis et célébrés dans l'*Edda*.

Au moyen-âge, les nains étaient accueillis dans
les châteaux ; ils se tenaient accroupis sur le
parquet, comme les lévriers aux pieds de leurs
maîtres ; plus un nain était difforme, hideux,
contrefait, plus il était recherché, plus on le
payait cher, plus il avait de prix aux yeux des
seigneurs ; car il provoquait alors le fou rire de
l'assemblée, qu'il égayait par mille tours d'a-
dresse exécutés d'une façon bizarre, par mille
gambades, par mille contorsions. Toute châte-
laine avait un nain, comme on a maintenant un
singe ou un épagneul. Cependant les dames et da-
moiselles utilisaient quelquefois la malicieuse in-
telligence de leur nain, et lorsqu'elles lui confiaient
des messages d'amour, vous l'eussiez vu s'élancer
sur une petite haquenée et se rendre furtivement
d'un manoir dans un autre, à l'insu de son sei-
gneur. C'était aussi le nain qui avait la surveil-
lance des *gieux de dez*; il excellait à découvrir les
fraudes que faisaient les pages, écuyers ou barons,
en jouant aux *tables*, aux *eschiez*, à la *mine* ou au
hasard, jeux fort en usage dans les châteaux. Les
nains peuplaient alors les castels, et, dans la plu-
part des contes et fabliaux, dans presque tous les
romans de chevalerie, les jongleurs et les trouvères

qui reproduisaient les mœurs et les coutumes de l'époque où ils écrivaient, n'ont pas oublié de faire jouer aux nains un grand rôle dans les amusements des manoirs. Les romanciers prennent plaisir à décrire les formes étranges des nains; ils se complaisent à leur donner un aspect risible ou repoussant; et pour n'en citer qu'un exemple, nous choisirons le nain qui parut à la cour d'Artus :
— « Tandis que le roy et la royne estoient à Logres, fut vue une damoiselle qui apportoit sur l'arçon de sa selle un nain, le plus laid et le plus contrefait qui fût oncques vu, car il estoit camus, il avoit les sourcils longs et tout recroquillés, la barbe rousse et noire, et si longue qu'elle lui batoit jusqu'aux pieds, et les cheveux grands et longs, et les espaules hautes et courbées, une bosse au dos et une autre contre la poitrine, et il avoit les mains grosses et les doigts courts, et les jambes courtes, et l'eschine longue. »

Ces petits êtres, aux formes grotesques, avaient donc appris à Véland, leur élève, l'art de forger parfaitement des armures; elles étaient si merveilleuses et de si bonne trempe, ces armures, que dans un poëme anglo-saxon du VIIIe siècle, le don le plus précieux que fait un héros à son compagnon d'armes, c'est de lui léguer une armure sortie des ateliers de Véland :

> Envoie à Higelak,
> Si je succombe dans le combat.
> Le meilleur vêtement de bataille
> Qui couvre ma poitrine,
> La plus belle de mes armures;
> C'est l'héritage du brave,
> L'ouvrage de Véland.

En France, la réputation d'artiste de Véland a été proverbiale. Il n'y a pas un seul roman de chevalerie, du cycle dont les héros sont Francs, qui ne célèbre la bonté des armures ou des épées forgées par Véland, l'inimitable forgeron. Dans le roman de *Fierabras d'Alixandre*, il est dit que ce Sarrasin possédait trois épées : Plorance, Bautisme et Garbain. A ce propos, l'auteur ajoute : « Je vous dirai la vérité au sujet de ceux qui les forgèrent. Ils furent trois frères, qui s'appelaient Hanisard, Munificans et Véland. Le premier fit Plorance et Garbain, et mit douze ans à les affiner; Munificans fit Durandal pour Roland, et Courtain, avec laquelle Ogier le Danois a maints coups donnés. Enfin Véland fabriqua Flamberge, l'épée de Renaud, et Joyeuse, que Charlemagne tint longtemps en grande estime. » Le roi de Nubie, dans le roman du *Chevalier au Cygne*, dit au soudan : « Je prie Mahomet et ton dieu Tervagant qu'ils te garantissent cette année de pertes plus grandes;

car tous ces chrétiens sont très-preux, et quand ils sont armés de haubers maillés et d'épées nues de la forge de Véland, qui tranchent plus qu'un couteau ne coupe le cuir, un seul d'entre eux ne fuirait pas devant trente de nos Turcs. » Enfin, dans le roman de *Doolin de Mayence*, il est parlé de Merveilleuse, l'épée de Doolin; le trouvère s'exprime ainsi : « Cette épée Merveilleuse avoit esté faite en la forge de Véland; et l'affila une fée sans mentir, mais Véland ne la fit pas, car ce fut un sien apprenti. Et maintenant il en convient parler. Quand l'épée à Doolin fut forgée et esmoulue, et que la mère à Véland eut dit ses oraisons dessus, elle la conjura longuement; elle la mit dessus un grand trépied, le tranchant par dessous, et puis la laissa là. Et quand elle revint le lendemain au matin, elle trouva dessus le tranchant qui avoit coupé oultre le trépied; et quand elle la vit, elle dit : Par ma foi, je veuil que tu aies nom Merveilleuse, car ce sera grande merveille comme tu trancheras ! »

Dans une vallée du Berkshire, en Angleterre, au bas de la colline du Cheval-Blanc (White-Horse), et au milieu des pierres brutes lichées en terre, habitait anciennement, selon la tradition, le forgeron Véland; personne ne le voyait, mais on avait son secours quand on le desirait. Pour le ferrement d'un cheval, il suffisait de le laisser entre les pierres, et de poser sur une d'elles une pièce de monnaie. Au bout de quelque temps on trouvait le cheval ferré, et la pièce de monnaie enlevée. Walter Scott a tiré parti de ce conte dans son roman de *Kenilworth*, où il fait de Véland un personnage vivant, qui exploite la renommée de son devancier invisible. Les pierres brutes qu'on trouve, ou qu'on trouvait disséminées dans la vallée du Cheval-Blanc, avaient été érigées par la main des hommes; c'étaient de ces monuments druidiques comme on en voit en plusieurs endroits de la Grande-Bretagne. Les documents qui pourraient enseigner comment le conte scandinave de Véland a été transporté en Angleterre, nous manquent; peut-être les Danois, à l'époque de leurs invasions formidables, y ont-ils popularisé le conte, et introduit ensuite le héros du conte lui-même; et comme les pierres brutes de la vallée du Cheval-Blanc avaient quelque chose de mystérieux, on y a rattaché l'histoire du forgeron.

Les traditions allemandes sur Véland placent ses forges quelquefois dans le Caucase. Est-ce par un caprice des poëtes que le mont Caucase a été choisi pour l'atelier de Véland, ou ne serait-ce point, comme le conjecture M. Depping, parce que le Caucase était renommé pour les armures qu'y fabriquaient les peuples montagnards? Les cottes de mailles, les casques, les épées des Géorgiens et des autres peuples du Caucaso, sont justement célèbres. Il y a dans ces montagnes une peuplade isolée, et composée de douze cents familles qui excellent dans la fabrication des armes; on les nomme Couvetchis. Les Couvetchis gardent leur territoire contre les étrangers, et ne vendent les produits de leur manufacture que dans un village situé à l'extrémité de leur vallée. Ce qui prouve que leur habileté dans la fabrication des armes date de loin, c'est qu'ils offrirent des armures de leurs ateliers à Timour, durant son passage à travers le Caucase, en 1396. Peut-être là renommée de ces armuriers sera parvenue, au moyen-âge, jusqu'en Europe; elle aura donné lieu à des contes qui ont sans doute été confondus avec ceux que les Scandinaves faisaient sur Véland.

En résumé, on peut dire que l'histoire de Véland a été autrefois connue, non-seulement chez tous les peuples de l'Europe, mais qu'elle a pénétré jusque dans l'Asie, parmi les Arabes et les Indiens.

La gravure qui accompagne cet article représente la famille d'un forgeron, assurément beaucoup moins ancien que Véland; cette gravure est la reproduction de la plus célèbre des compositions de Louis et Antoine Lenain, artistes qui s'exercèrent avec succès dans tous les genres de peinture. Le tableau des frères Lenain, qui est au Musée du Louvre, peut soutenir le parallèle avec ce que l'école flamande a produit de mieux dans le même genre; l'effet en est saisissant, et les personnages ont tout le naturel que l'on aime à remarquer dans ces sortes de tableaux. L'amitié avait uni les deux frères Lenain pendant leur vie; la mort ne put les séparer. Ils expirèrent à deux jours de distance, au mois de mai 1648.

A. MAZUY.

MIRZADOR.

CHAPITRE PREMIER.

... Dans un lieu désert où il s'était retiré, vivant frugalement du travail de ses mains.

(*Lettres persanes.*)

La stupidité d'une administration oppressive a presque effacé dans quelques provinces de la Perse, pays à nature riante, jusqu'à la trace de toute culture, de toute civilisation. Gémissantes dans la misère, tristes dans l'esclavage, les populations se sont éteintes ou dispersées; ces contrées, jadis couvertes d'habitants, jadis si verdoyantes, ont fini par n'être plus qu'un silencieux désert; mais par-là du moins, en échappant au despotisme des hommes, elles ont reconquis leur première et sauvage liberté.

Dans un de ces déserts vivait ignoré, sans famille, tout à fait seul, un pâtre de vingt ans, nommé Mirzador. A la jeunesse il joignait la beauté; quelque chose de mieux encore : cette simplicité ingénue et gracieuse, dernier bienfait que la nature accorde pour parer tout ce qu'elle a donné. Mais Mirzador soupçonnait peu ce qu'il valait; nul flatteur ne pouvait l'en instruire. Trois chèvres, un cheval boiteux, c'était toute sa cour. J'oubliais un gros chien, vieux compagnon de son jeune maître. Ce chien l'aimait avec tendresse. Pendant la nuit, grondeur et sévère, il était sa garde; pendant le jour, soumis et caressant, il était son ami.

La chaumière de Mirzador, construite de pieds d'arbres, tapissée de mousse, s'élevait sur le penchant d'une colline, ou plutôt d'une prairie en forme de pyramide. Tout autour, sous un ciel plus uni que l'eau calme d'un lac, on découvrait une vaste circonférence bordée par des masses de sycomores et par des pistachiers qui ployaient sous leurs fruits. A travers le silence, on entendait le bruit d'une cascade, lancée des hauteurs d'une montagne voisine jusqu'au fond de la vallée. Là, ce n'était plus qu'un ruisseau serpentant paisible dans la plaine qu'il fertilisait. Quelques pâtres y conduisaient parfois de bien loin leurs troupeaux; Mirzador leur en faisait les honneurs; sans cela, Mirzador aurait ignoré qu'il n'était pas seul sur la terre. Pour être visité par les hommes, il faut toujours avoir quelque chose à leur offrir, ne fût-ce que de l'eau.

Etait-il heureux ce pâtre solitaire? Qu'en sais-je? Il mangeait, se promenait, dormait bien et travaillait peu : c'est tout ce que je puis dire. N'est-ce pas là, au surplus, le bonheur? Pour le trouver, on s'agite; je pense, au contraire, qu'il est dans le repos. En courant après, on le fuit.

Mirzador était venu trop jeune dans cette solitude pour qu'aucun souvenir eût pu le suivre. Son père l'y avait amené. Son père, homme fantasque, voulut étudier les mœurs, les lois et les coutumes de la terre; il voyagea. Après qu'il eut rencontré partout ce mépris superbe des puissauts pour le peuple, et ce mépris poignant du peuple pour les puissants; cette incurable crédulité des nations qui prennent pour de la liberté le court passage d'un joug à un autre; ces lourds amas d'impôts, perçus tantôt au nom d'un seul, tantôt au nom de tous; quand il eut bien vu toutes ces misères, un rire convulsif pensa l'étouffer. Sans doute, le monde est assez plein d'infirmités, les hommes ont assez d'injustices, leur caractère assez d'importunes inégalités pour lasser la patience du plus indulgent; sans doute, ce grand bruit de la vie sociale, ce choc des passions, ces flots émus d'orgueil qui crèvent et ne laissent que de l'écume, méritent bien qu'on s'en plaigne ou qu'on s'en moque; mais jamais on ne prit une résolution pareille à celle du père de Mirzador.

Un matin il parut sur la place publique, distribua tous ses biens à la foule, ne garda que sa femme et son fils, et quitta la ville pour oublier, dans un exil volontaire, cette sotte espèce humaine qu'il ne lui était pas donné de pouvoir changer, mais qu'il aurait pu supporter comme le font tant d'autres.

En apprenant sa fuite, ses amis le regardèrent les uns comme un sage, les autres comme un fou. Peut-être était-il sage et fou tout à la fois. Je le crains, car il se séparait des hommes, et ne put vivre sans eux, s'en allant comme un voyageur pressé. Sa femme l'avait précédé de quelques jours; c'est tout simple : elle avait moins de philosophie.

Mirzador, orphelin à douze ans, déchira sa poitrine et meurtrit son visage. Étendu sur la terre, il laissa passer deux jours sans prendre aucune nourriture. Vers la fin du troisième, il mangea un peu en pleurant beaucoup. Le lendemain, il mangea davantage et pleura moins. Comme il était seul, sa douleur n'avait pas besoin de bienséance. Cette délicatesse qui nous fait verser des larmes pendant un certain laps de temps marqué d'avance, est une perfection dans le sentiment, tout à fait inconnue au désert.

Un vieux pâtre, touché de l'isolement de Mirzador, venait souvent l'aider à cultiver son jardin, dont il emportait, bien entendu, les plus beaux fruits.

Ainsi s'écoulaient paisibles les années de Mirzador, véritable ermite, aux prières près.

--- ---

CHAPITRE DEUXIÈME.

J'accueille avec joie le voyageur,
quand il s'offre à moi, tourmenté par
le besoin.   HOMÈRE.

Assis un jour près du ruisseau, Mirzador respirait la fraîcheur sous un platane aux larges feuilles. Son chien, couché le nez à l'air, tenait les yeux attachés sur lui. C'était précisément le jour et l'heure où, à quelques cents lieues de là, Bajazet vaincu échangeait son trône d'or pour une cage de fer. Mirzador, sans songer à rien, s'amusait à jeter des cailloux dans l'eau.

Tout à coup se présente à sa vue un homme se traînant avec effort. Il sortait du bois. Jamais notre solitaire n'en avait rencontré de semblable. Quelle opulence dans ses vêtements! Les pierreries dont ils étaient ornés semblaient ne recevoir les rayons du soleil que pour les renvoyer plus étincelants. L'ingénu Mirzador allait peut-être se croire en présence du prophète et s'écrier : « Dieu bénisse Mahomet! » si le chien n'eût aboyé, si la voix suppliante de l'étranger ne lui eût adressé ces mots : « Par pitié, quelque peu de nourriture, ou je meurs! »

Cette prière éloigna de l'esprit de Mirzador toute idée de divinité. Il offrit aussitôt à l'étranger ses fruits, son lait et sa chaumière; mais combien fut grande sa surprise, lorsque l'ayant fait entrer, il lui vit boire et dévorer avec une égale avidité, et les fruits et le lait! Il ne concevait pas comment, avec un si bel habit, on pouvait avoir une si grosse faim. Mirzador en resta muet. Son hôte ne parlait guère plus. Les aboiements du chien troublaient seuls le silence; ce chien, inhabile à distinguer le riche du pauvre, s'étonnait que pour la première fois il n'eût point sa part du repas.

La faim de l'inconnu étant apaisée, il se mit à examiner le lieu où il venait de rencontrer l'hospitalité. L'ameublement lui en parut si simple, qu'il s'écria en élevant les yeux vers le ciel : « O Mahomet, quelle misère! » Mirzador, qui, ne connaissant pas la richesse, ignorait la pauvreté, prit l'exclamation de l'étranger pour un remerciement. Plein d'un zèle plus chaleureux encore, il courut chercher une natte, l'étendit, la couvrit de feuilles, puis après s'éloigna pour laisser goûter à son hôte un sommeil de paix.

Vers le soir l'un dormait encore, l'autre jouait avec son chien, lorsqu'une foule d'hommes suivis de douze chameaux pesamment chargés, se présentent inopinément à la porte de la chaumière. Au bruit confus de leurs voix, l'inconnu se réveille. Il se montre; à son aspect, ces hommes poussent des cris de joie, tombent à ses pieds, baissent leur front dans la poussière. Mirzador, dont les genoux ne fléchissent jamais que devant le soleil pour le remercier d'être venu, ou devant la tempête pour la conjurer de s'en aller, Mirzador les regarde. Sa surprise n'échappe point à l'étranger, qui lui dit en souriant : « Ce sont mes esclaves; ils ont sauvé mes chameaux et mes trésors. — Tes esclaves! — Oui; pourquoi cette exclamation? N'as-tu donc ici aucun homme qui t'appartienne? — Hélas! non; je n'ai que mes chèvres et mon chien. »

Alors l'étranger raconte qu'ayant voulu guider lui-même un convoi de caisses d'or que ses chameaux transportaient vers les lointaines provinces de l'empire, les barbares Usbecks l'avaient audacieusement attaqué, lui laissant à peine le temps d'ordonner à ses esclaves de se faire tuer pour qu'il pût fuir; mais il n'échappait au fer que pour rencontrer la faim; la faim n'est pas moins impitoyable. Mirzador de moins dans le monde, il périssait. « Jeune pâtre, connais ton bonheur, ajouta-t-il; Azab te doit la vie; Azab, le plus riche parmi les riches d'Ispahan. Il t'en rend grâce. Prends cette bourse, elle renferme mille sequins. Reçois aussi ses vœux. Que le prophète rende tes jours purs comme les perles d'un collier, et qu'il te fasse monter ensuite, à travers les nuages, jusque dans les bras de ses riantes houris. »

Il dit, et s'élance avec grâce dans un palanquin improvisé par ses esclaves; ils l'ont formé de quelques branches de palmier et des châles détachés de leurs fronts. Azab, après avoir salué une dernière fois, s'éloigne. Mirzador, immobile, l'accompagne longtemps des yeux.

Depuis cette aventure, un grand changement s'est opéré dans l'humeur du Mirzador. Il ne cesse de rêver aux esclaves, au palanquin, aux habits somptueux; sa bourse peut lui donner tous ces biens. Le vieux pâtre, l'ayant vue dans ses mains, lui a dit qu'avec un tel trésor on achèterait bien des chèvres et bien plus d'hommes encore. Les désirs de Mirzador en sont devenus plus vifs. Son jardin, privé de culture, se sèche et se dépouille. Le petit troupeau a perdu son guide, le chien n'est plus caressé, les jours comme les nuits s'écoulent à voir en idée ce lieu de la terre où l'homme est porté sur les épaules de ses semblables. Son ivresse est telle, qu'il ne songe pas à ceux qui portent.

Sous l'empire de ces images, il se décide à quitter le champ, tombeau de son père et trésor de son indigence. Il en confie la garde au vieux pâtre, lui laisse également ses chèvres et son cheval boiteux; et, sans qu'il ait même pensé à se faire suivre par son chien, qui n'en marche pas moins derrière lui, il sort du vallon pour entrer dans la plaine qui se déroule immense devant ses pas.

CHAPITRE TROISIÈME.

En entrant dans cette ville qui
brille au loin comme une cité céleste.
BYRON.

La plaine franchie, il fallut traverser une chaîne de montagnes, s'égarer dans les profondeurs d'une forêt, vrai labyrinthe d'où le hasard seul peut faire sortir; se jeter ensuite dans une barque de joncs, lutter contre le torrent; et pour gagner l'autre rive, n'avoir que le secours d'une rame fragile. A ces fatigues s'en joignent de nouvelles, à ces périls d'autres succèdent. Quelques heures, quelques pas suffisaient à Mirzador pour toucher à toutes les extrémités de sa vallée; mais que d'heures, que de pas depuis qu'il est parti de cette vallée chérie, sans qu'il entrevoie encore le terme désiré du voyage! Son courage allait l'abandonner, tout espoir s'éteignait dans son âme, lorsque des bois odorants, des coteaux chargés de fleurs, des plaines où semblent rouler, émues par les vents, des vagues de verdure, lui annoncent ce que des voyageurs, en passant près de lui, se disaient entre eux : « Ispahan est là devant nous, Ispahan redevable au grand Abbaz de son antique splendeur. » En étalant à l'approche de ses murailles une fertilité merveilleuse, la nature a voulu faire fête à cette capitale d'un peuple dont le roi se proclame le fils du soleil. Enfin elle se montre avec ses mosquées saintes, ses coupoles d'or, ses jardins embaumés et ses bazars voluptueux, où flottent sur les portiques des draperies d'azur, des banderoles à mille couleurs. Ispahan déploie, à des yeux accoutumés aux grandes simplicités du désert, les magnificences du luxe et de la cité. Longtemps Mirzador contemple la demeure du maître absolu de l'empire, palais gardé par deux éléphants qui sont le juste emblème du despotisme oriental, bien plus lourd qu'il n'est fort. Qu'il y a loin de son humble chaumière à ces hauts monuments, à ces terrasses en l'air qui servent d'élégantes toitures aux blanches maisons, et sur lesquelles les habitants vien-

près la réponse du pâtre, il s'offrit à l'y conduire. Ils sortirent. On ne s'en aperçut pas. Azab même ne fit pas la plus légère attention au départ de Mirzador, son bienfaiteur, et de Farézir, son vieux parent. Il était préoccupé : on venait de lui apporter sa pipe.

CHAPITRE CINQUIÈME.

Elle a une physionomie qui va se peindre dans tous les cœurs.
MONTESQUIEU.

Pendant le trajet, Farézir parla de la belle Calila à notre pâtre. « Elle diffère d'Azab, lui disait-il, par ses goûts et son esprit. Aussi la recherche-t-il peu. Le palais du frère s'ouvre à la sottise en crédit, au vice heureux et puissant; celui de la sœur n'accueille que le mérite et la vertu : elle voit peu de monde.

« Nos femmes sont captives dans le harem, ainsi nos mœurs l'ont voulu; mais celles qui appartiennent à de grandes familles s'affranchissent de cette sévérité. La mère de l'héritier présomptif de la couronne peut même paraître à la cour et s'asseoir devant le prince qu'entoure l'éclat suprême.

« Nous avons aussi, dans les montagnes de Kerneau et de Luristan, des tribus nomades et guerrières, les Ilias, chez qui les femmes ne portent pas même de voile, quoiqu'elles vivent sous la tente au milieu d'un camp. »

En causant ainsi, ils arrivent chez Calila.

Farézir a nommé Mirzador; il raconte comment Azab fut, au désert, secouru par le pâtre. Calila se lève, vient à eux. « Mon frère te doit la vie, dit-elle, tu ne saurais être un étranger pour moi. Viens, place-toi à mes côtés. Mes amis, ajouta-t-elle en se tournant avec vivacité vers ceux qui formaient sa cour modeste, vous l'avez entendu, voilà le sauveur de mon frère. » C'est à qui s'empressera auprès de Mirzador. Il se crut bossu, tant on le fêtait; mais il s'y montra peu sensible; tout son être venait de passer sous un charme magique.

Oh! qu'elle est ravissante cette jeune Calila! Le ciel est bien doux : la présence de Calila a bien plus de douceur encore! Un sourire enjoué, une taille élancée, un sein à peine caché sous une gaze plus transparente que la poussière des cascades, tout lui sied, tout lui fait parure, et la soie de sa tunique, et la pourpre d'un voile ondoyant sur son front d'ivoire; elle colore ce front de son éclat, cette belle pourpre, comme le beau rouge des rayons du soir qui se reflète sur le bord des nuages. Mirzador sent fuir son âme; il bégaie quelques paroles. « Ne prends pas garde à mes discours, mais à mon trouble, dit-il; mes discours sont à peine l'ombre de mes pensées. »

Absorbé par la présence de Calila, le jeune pâtre cependant a très-bien jugé d'un coup d'œil le cercle au milieu duquel il vient d'être admis. Les visages lui paraissaient pleins de calme et de dignité. Dans chacun de ces hommes régnait une franchise extrême; ils étaient unis par un sentiment commun d'égalité. S'il y avait là des parents, il était impossible de les distinguer des amis. Les paroles s'échangent avec bienveillance; l'opinion d'un seul ne fait pas celle de tout le monde. Quelquefois on l'adopte, quelquefois aussi on la repousse; et ce qu'il y a de remarquable, c'est qu'on semble ravi de n'avoir pas raison. On sait gré aux autres de ce qu'ils ont pensé plus juste que soi.

Mirzador les considère; puis il regarde encore Calila. Quel enchantement pour le jeune pâtre! Ici cependant point de festin à cent convives, point de vins ruisselant dans les coupes, point d'esclaves voluptueuses; mais aussi c'était mieux que de l'ivresse : c'était du bonheur.

Le pâtre dans sa vallée n'était pas plus libre; près de son chien il n'était pas plus aimé. Il se demandait s'il n'avait pas toujours vu et ces hommes et cette femme, s'il était là pour la première fois. « Comment te trouves-tu ici? lui dit Farézir. — Comme je serais si je passais ma vie avec toi; tiens, vois-tu, dans tout ce monde, je ne crois voir que des Farézir. »

On reprit une conversation que l'arrivée du pâtre avait interrompue. Mais alors celui-ci eut beau écouter, il ne comprit rien. Des sons lui arrivaient, mais le sens d'aucune parole n'allait à son intelligence. Il crut qu'on ne parlait plus persan; il en devint triste. Heureusement Calila était là devant lui; il se mit à la regarder de nouveau. Elle prenait part aussi à cette conversation; mais elle, en l'écoutant, il pouvait la comprendre; il saisissait avec vivacité ce qu'elle disait : le cœur suffit pour deviner l'esprit d'une femme.

Rentré fort tard au caravansérail, le sommeil ne vint pas visiter Mirzador au fond de son hamac. Il avait emporté l'image de Calila; il ressentait déjà dans son cœur cette divine maladie qu'on nomme amour. Azab aussi s'offrait à lui. Le bienfait est un lien dont le bienfaiteur seul ne se dégage pas.

Quelquefois aussi sa pensée le ramenait chez Calila. Il cherchait à s'expliquer cette prodigieuse différence qui existait entre les hommes dont elle était entourée, et cette foule qu'il avait vue et admirée chez Azab : d'un côté le calme, de l'autre le tumulte ; ici un petit nombre ; là toute une ville. Quelle en est la cause ? « Ah ! m'y voilà, se dit-il ; comme ces hommes ont le malheur de n'être pas bossus, ils se sont éloignés du monde, et ils ont bien fait. Il est si pénible de voir tous les hommages rendus à un autre, sans pouvoir en obtenir pour soi ; de se prosterner avec la foule, tandis que Belgami, par un étrange privilège, reste debout, lui, la tête haute ! et les épaules aussi, il est vrai.

« Oui, oui, les hommes de chez Calila vivent en solitaires comme moi quand j'étais au désert. Cela est si évident, que je ne comprenais pas même leur langage ; ils en ont un pour eux. Chez Azab, au contraire, rien n'échappait à mon intelligence ; c'est qu'on y parle tout bonnement, comme je parle à mes chèvres. »

CHAPITRE SIXIÈME.

L'ingratitude des hommes, les rigueurs de la fortune, les dédains de l'opinion, vous ont fait de cuisantes blessures ; mais si le cœur d'une femme s'ouvre pour vous, il en sortira un baume d'amour qui viendra toutes les guérir.
Sonetto.

Le lendemain, Mirzador était debout avec le jour. Son chien vint à lui ; il n'y prit pas garde. Il s'habilla, trouvant un plaisir extrême à se parer des présents d'Azab. Lorsqu'il fut ainsi vêtu, son chien se mit à aboyer. Mirzador eut quelque peine à s'en faire reconnaître.

Arrivé au bazar, il s'aperçut qu'on le regardait un peu plus que la veille. « Cela va bien, se disait-il tout bas, j'attire déjà sur moi l'attention des promeneurs ; bientôt, je l'espère, ils viendront me parler. Cela tient peut-être à quelque chose qui me manque. » Ainsi rêvant, il chemine vers le palais d'Azab où tout se préparait encore pour une fête, car les fêtes étaient les jours d'Azab. Si ce n'étaient les plaisirs, par quoi donc le riche tiendrait-il aux hommes ?

Déjà dans la vaste salle la foule se pressait. Elle étouffe presque Mirzador. Le courant l'emporte. Il n'arrive qu'avec effort auprès d'Azab, qui, cette fois, l'accueille d'un sourire. On s'en aperçoit. Personne encore ne l'aborde ; mais personne aussi n'affecte plus de l'éviter. Il avait obtenu un regard du maître.

Le petit bossu ne tarda pas à se montrer. Il fut plus entouré que jamais. Il venait, pour rendre service au roi, d'avancer la moitié des impôts, moyennant qu'on lui en abandonnât la totalité ; et le roi, par reconnaissance, l'avait élevé au poste de *nédim*, ce qui veut dire compagnon du prince. Le nouveau nédim parlait peu ; mais, dès qu'il ouvrait la bouche, l'assemblée frémissait de plaisir ; et si par hasard il s'adressait à quelqu'un, celui-ci, dans sa joie, se courbait jusqu'à toucher du nez le tapis. C'est la manière la plus spirituelle de répondre à nos supérieurs ; c'est celle du moins qu'ils comprennent le mieux.

Cette journée fut pour Mirzador un sujet inépuisable de réflexions. Il alla jusqu'à s'imaginer, tant son esprit était saisi d'une sorte de vertige, que les bossus dans Ispahan étaient des êtres privilégiés. En effet, Azab, parmi ses convives, ne comptait qu'un bossu, c'était Belgami, et pour lui étaient tous les hommages. Cette idée, qui passerait pour de la folie chez un autre, n'avait chez lui rien que de très-naturel. Comment pouvait-il soupçonner que la véritable bosse de Belgami était dans son coffre-fort ? Ce n'est pas la solitude qui, pour de tels enseignements, aurait été son maître. Le monde seul donne la clef de ses mystères.

Dans son ignorance, voilà Mirzador furieux contre la nature, qui ne l'avait point fait bossu. Son dépit lui fit chercher un moyen de le devenir ou du moins de le paraître. Ainsi qu'il avait endossé un habit devant lequel chacun croyait être tenu de le saluer, ne pouvait-il pas se faire une bosse postiche pour qu'on vînt lui parler ? Fier de cette invention, il se crut un génie supérieur ; et l'amour-propre, de tous les flatteurs le plus fertile en trompeuses raisons, se chargea de lui dérober le ridicule de son projet.

Dès le lendemain, ayant placé sous sa robe un énorme coussin, il se rendit de la sorte le bossu le plus lourdement affublé de toute la Perse. Il alla jusqu'à se féliciter de n'avoir pas été aperçu d'abord : « Ils en ignorent mieux comment sont mes épaules, se disait-il ; je suis donc libre de les grossir à ma fantaisie. Leur indifférence me sert ; ils m'ont hier refusé un regard, aujourd'hui je ne les tiendrai pas quittes avec du respect : il me faut de l'admiration. » Pour la trouver, pour en jouir, il se rend au palais d'Azab.

Il entre.

A son aspect on se regarde, on parle, on murmure, le trouble va croissant. « Bon, bon, se dit Mirzador, ma bosse produit son effet, le talisman opère. » Par une fatalité bien malheureuse, Farézir n'était pas là pour le protéger, pour lui faire comprendre son extravagance; aussi, d'un air hardi, va-t-il se poser à côté même de Belgami. Azab frémit; trois fois il a frappé dans ses mains. Il se lève. « Je savais bien, dit Mirzador, qu'il viendrait à moi. » Les muets paraissent. Leur présence annonce une mission sinistre. En Orient, pour trouver dans l'esclave une obéissance silencieuse, la langue captive ne suffirait pas, il faut qu'elle soit coupée. Dociles à la fureur du maître, les muets ont saisi Mirzador, ils l'entraînent, le meurtrissent sous le fouet du sérail, et le jettent ensuite, la honte au front, hors du palais. Le peuple s'assemble, les gardes accourent; on leur livre le coupable mourant d'effroi. Mirzador passe de l'éclat du jour aux ténèbres d'un cachot.

Quelque chose de velu, en se précipitant sur lui, ajoute à sa frayeur : c'était son chien qui l'avait suivi, tout bossu qu'il s'était fait. Mirzador n'a pas la force de caresser ce pauvre chien; il ne voit en lui qu'une victime de plus. Jamais, jamais l'ombre de sa prison ne se dissipera; il le croit : car la crainte persuade mieux que l'espérance.

Tout à coup le cachot s'ouvre; Mirzador respire à peine. Est-ce la mort qui entre? Oh! non, la voix qu'il entend est trop douce. « Lève-toi, lui dit-on, car on ne peut être coupable avec tant de jeunesse et de candeur. Tu n'outrageras jamais personne, pas même un Belgami. Sors de cet affreux séjour, et puisse ta liberté, venant de Calila, en avoir pour toi plus de charmes! » Ces mots de Calila et de liberté se mêlent délicieusement aux oreilles du pâtre. Il baise le voile blanc de sa bienfaitrice, et la suit en silence.

Après de longs détours Mirzador a revu le soleil, et le soleil lui fait revoir Calila, belle de joie et de plaisir. Ses yeux enivrés s'attachent sur elle. « Ne trouves-tu pas ce jour bien pur? lui dit Calila. — Oh! répond le jeune pâtre éperdu, il y a quelque chose de plus pur encore dans l'univers : c'est ton âme. » Calila baissa son voile pour cacher sa rougeur. Ses femmes et ses esclaves la rejoignirent; elle se plaça dans un palanquin, et disparut. Mirzador, immobile, crut perdre une seconde fois le jour et la liberté.

Des cris affreux l'arrachent à sa rêverie. Le peuple accourt en tumulte. « Aux armes! aux armes! crie-t-on de toutes parts; aux armes! les Usbecks fondent sur nous. » La ville est sans défense. Au milieu de cette foule éplorée, Mirzador aperçoit Farézir. Il vole vers le vieillard. « Où vas-tu? lui dit-il. — Mourir pour épargner à mes yeux le désastre et la honte de notre cité. Nos vizirs ont usé leurs forces contre nous; ils n'en ont plus contre l'ennemi. Une poignée de ces bri-

gauds suffit pour mettre tout en fuite. — Mourir, toi? Si j'ai sauvé Azab, qui m'était inconnu; si, tout ingrat qu'il s'est fait, je donnerais encore pour lui mon sang, penses-tu que je te laisse périr, toi qui m'as accueilli, toi qui m'as aimé? Viens, marchons! Plus d'une fois j'ai vu fondre dans ma vallée des animaux à la gueule affamée et béante; je sais comment il faut les combattre et les tuer. — Brave jeune homme, quelle ardeur brille dans tes yeux! — J'en ai bien plus dans mes veines! »

Mirzador a pris un cimeterre des mains d'un soldat. « Au lieu d'attendre l'ennemi, dit-il, allons à sa rencontre. » Son courage, son air, sa jeunesse font renaître la confiance. On le suit. Dans leur marche, ils aperçoivent Belgami, qui, courant de toute la vitesse de son coursier vers la porte où les Usbecks n'arrivaient pas, remettait de nouveau en voyage son patriotisme cosmopolite. Mirzador et le peuple sont bientôt en présence des Usbecks. Un terrible combat s'engage. Les Usbecks résistent d'abord, cèdent ensuite, et fuient pour aller tomber plus loin. Mirzador se met à leur poursuite. C'est peu de les vaincre, il veut les exterminer. Il les presse..... Quel spectacle s'offre à sa vue! Une femme est lâchement entraînée par quelques-uns de ces Barbares, qui, pour piller la ville, s'étaient détachés du combat. C'est Calila. S'élancer sur eux, les disperser, tomber aux pieds de Calila délivrée, la rassurer : toutes ces actions auraient besoin, pour être décrites, d'une main qui les fît entreprendre. « Mirzador, Mirzador, de quels périls, de quels outrages tu viens de me sauver! Existe-t-il dans l'univers une récompense digne de toi? — Oui, tu peux t'acquitter par un bienfait immense. Que je ne te quitte plus, n'importe à quel titre, ton ami, ton serviteur, ton esclave. — Toi, mon esclave, lorsque je t'appartiens. Ma vie et mon cœur, tout est à toi! » Farézir, dans une joie inexprimable, laissait couler ses larmes. « Tu seras mon père, lui dit Mirzador. — O charme de tous mes moments! ô ma Calila! ton frère m'a méconnu, lui que j'arrachai à la mort; et toi, pour un service semblable, tu me rends mille fois plus que je ne t'ai donné! Oh! que le cœur des femmes est plus juste et plus tendre! Leur reconnaissance, pour s'embellir encore, devient de l'amour! »

Puis, revenant tout à coup sur le souvenir de Belgami, il s'écria : « Conçoit-on cette lâcheté extrême! il abandonne, au moment du péril, une ville où l'on semblait l'adorer. — Il n'a jamais fait autre chose, répondit Farézir; sa vie est un long tissu de honteuses actions. Les hommes sont vraiment inexplicables : si l'on reste pauvre pour ne pas cesser d'être vertueux, ils vous estiment, sans doute, mais ils vous délaissent. Si par mille infamies on acquiert de la richesse, ils vous méprisent, disent-ils; oui, mais leur foule adulatrice viendra se jeter sur vos pas. Eh! de bonne foi, quel est le plus méprisable, de celui qui reçoit un encens qu'à tout prendre il peut croire avoir mérité, ou de celui qui, en le prodiguant, sait fort bien qu'on ne le mérite pas?

— Tu as raison, répliqua le pâtre, mais tu ne dis pas tout : jamais un Belgami n'aura, comme moi, l'amour d'une femme et l'estime d'un vieillard. »

A tant de bonheur se mêle pourtant l'inquiétude. Mirrador n'aperçoit pas son chien. S'est-il perdu dans la mêlée? a-t-il péri? cette crainte accablante le suit jusqu'à la demeure de Calila; mais quelle est sa surprise en y trouvant le chien couché sur un coussin! Il dormait. Le pauvre animal avait deviné qu'il était là chez lui.

AUDIBERT.

Nous empruntons les ingénieuses observations suivantes aux délassements d'esprit d'un poëte italien, M. Luigi Cicconi, qui a obtenu en France une célébrité presque égale à celle dont il jouit dans sa belle patrie. M. Luigi Cicconi, intelligence très-élevée, autant qu'écrivain remarquable par des idées vastes, par de nobles pensées, par des aperçus profonds, semble destiné à donner une impulsion puissante aux compositions poétiques de la poétique Italie; pendant les quelques loisirs qu'il dérobe à son grand poëme, l'Angelo, dont il dotera bientôt la poésie italienne, si riche déjà, M. Cicconi ne dédaigne pas de jeter sur le papier des observations pleines d'esprit et de justesse : nos lecteurs pourront en juger.

DE LA MUSIQUE EN FRANCE.

Lorsqu'un Italien arrive en France, on lui demande aussitôt : « Êtes-vous musicien? » Cette question paraît très-naturelle, et si l'étranger répond que non, l'interlocuteur en est presque étonné. Moi, avant de connaître Paris, je m'expliquais la raison de cette question; je me disais: On ne fait de la musique que chez nous, car nous possédons le véritable sentiment de l'art, et si les Parisiens en veulent éprouver le charme, ils appollent au milieu d'eux nos chanteurs et nos cantatrices. Maintenant, après le peu d'expérience que j'ai acquise des mœurs de Paris, je me dis : Quand je serai en Italie et que je rencontrerai un Français, je lui demanderai à mon tour : « Êtes-vous musicien? — Pourquoi? — C'est qu'en France tout le monde fait de la musique. »

Voulez-vous de la musique dans l'été, dans l'hiver, dans le printemps, dans l'automne, lorsque les riches sont à la campagne, lorsqu'ils reviennent en ville? Vous l'aurez toujours; il y a toujours des oreilles prêtes à l'entendre dans les salons, dans les jardins, dans les cabarets, sur les places publiques, dans les mansardes, dans les boutiques; partout on entend des pianos, des flûtes, des violons. C'est une symphonie continuelle qui dure du matin jusqu'à minuit. Paris est un véritable carillon, et vous l'entendriez, ce carillon, si le bruit des voitures qui circulent dans les rues, les bourdonnements de la foule, les cris des marchands, ne s'élevaient pas pour vous étourdir. Comment voulez-vous saisir, au milieu de cet ouragan, les notes délicieuses de la musique, qui, se dégageant de la terre, s'envolent dans la solitude apparente des cieux?

En Italie, c'est différent. L'industrie, le commerce, n'encombrent pas nos rues; et si un équipage passe dans la nuit, il laisse derrière lui le silence; et si le son d'une flûte se fait entendre dans une maison, il remplit l'atmosphère, comme ferait un oiseau dans les bois; les passants s'arrêtent pour en jouir, ils fredonnent un air en le mariant aux notes de l'instrument, ils deviennent soudainement des musiciens par leur imagination exaltée.

A Paris, on trouve des orchestres partout, et on en passe tout près sans s'en apercevoir. Et pourtant le concert Musard est là avec plus de cent musiciens. Entrez-y, et vous ne croyez plus être à Paris; on n'entend plus de bruit; une foule composée de beau monde vous presse de tous les côtés, et des morceaux ravissants de musique retentissent dans la salle : vous vous laissez entraîner par le plaisir. Ce n'est pas un plaisir rêveur et doux qui élève vers Dieu : c'est un plaisir frénétique, plein de passion. Vous sortez, et vous vous promenez sur les boulevarts. Voilà le Jardin-Turc qui, avec son éclairage aux mille couleurs, son pavillon asiatique et ses plantes qui se dégagent dans les airs, offre les apparences d'une charmante féerie. On y exécute de la musique des premiers maîtres, et on fait ainsi un mélange d'oriental et d'occidental qui charme les oreilles et la vue. Si vous ne voulez pas vous renfermer dans une enceinte, allez aux Champs-Élysées, et vous entendrez de toutes parts des sons et des chants, comme si vous étiez dans une forêt enchantée, comme si chaque arbre envoyait dans les airs des soupirs mélodieux. ·

A Paris on ne fait pas seulement de la musique en plein air. Entrons au Grand-Opéra. Je n'avais pas une idée très-avantageuse de ce théâtre; Rousseau en a fait une peinture abominable, et il se connaissait beaucoup en musique. La lettre qu'il fait écrire au héros de son roman est pleine d'une satire amère contre la musique française; mais si ce philosophe vivait maintenant, son front serait déridé en voyant la différence qui existe entre le temps dont il parle et l'époque actuelle. On dirait que la langue française cherche à rivaliser avec la nôtre; et le Grand-Opéra est le temple de l'art musical. Rossini y a déployé toute son imagination italienne, Meyerbeer son savoir allemand, Auber sa grâce française; ils ont été inspirés par trois muses qui s'entrelacent, dansent ensemble et composent une inexprimable harmonie.

Mais ne parlons pas de théâtres, nous en avons partout en Italie, et la moindre ville, quelque petite qu'elle soit, possède une brillante salle de spectacle qu'on ouvre surtout dans l'hiver. Parlons de l'hiver de Paris. Pendant cette saison, chaque salon se transforme en une académie de musique. C'est là qu'on exécute toutes les plus belles créations des grands maîtres; on en fait une alliance qui produit dans les esprits un plaisir immense. Il n'y a presque pas une jeune personne bien élevée qui ne chante ou qui ne touche du piano. La musique est un élément essentiel de l'éducation des femmes, comme si l'harmonie des pensées et des sentiments humains dépendait de la mélodie des sons; l'art, en effet, contribue beaucoup à donner de l'élévation à l'âme et à rendre la vie douce et agréable. Mais quel ne fut pas mon étonnement lorsque je vis des pianos dans les arrière-boutiques des marchands, ou dans la petite chambre au-dessus de leur magasin! les demoiselles qui se consacrent au commerce me parurent autant de fées. Elles ont reçu dans leurs pensionnats une éducation charmante, elles se livrent aux agréments d'un honnête plaisir; après qu'elles vous auront vendu une anne d'étoffe, elles vous chanteront l'air de *Moïse* avec ravissement.

Que dirai-je de la musique sacrée? Un chœur de femmes, de ces mêmes femmes qui brillent dans les salons, chante dans les églises les louanges de Marie pendant le mois de mai. Presque tous les dimanches on entend de grandes messes célébrées avec une belle musique, à laquelle les voix des enfants donnent je ne sais quoi de céleste. Ce n'est pas aussi grave et solennel que les chants de Palestrina; mais les nouvelles compositions ne manquent pas de charme, ni d'inspiration religieuse.

Tout le monde peut s'initier aux mystères de cet art : il y a un Conservatoire, des écoles; le peuple lui-même apprend maintenant à chanter en chœur. Mais le peuple ne peut s'occuper de la musique italienne, qui semble faite pour les autres classes, et c'est de cette musique, qui m'intéresse beaucoup, que je voudrais dire quelques mots. Je ne crains pas de tomber dans l'exagération en assurant qu'en France on chante l'italien aussi bien qu'en Italie. J'ai entendu des voix pures, argentines et pleines de charme, sans m'apercevoir de l'accent étranger; et j'ai trouvé des salons où l'on ne faisait que de la musique italienne.

Il y a peu de personnes à Paris qui ne connaissent pas les charmantes soirées de Mlle Le Roi. Eh bien! un Italien qui rêve souvent à sa patrie, pourrait un instant se faire illusion, en se croyant parmi ses compatriotes, au milieu de la belle nature et des monuments de l'art; il reviendrait sur son passé, il retrouverait ses premières impressions, ses douces émotions, ses enivrements; il se balancerait sur une gondole de Venise, lorsque Mlle Le Roi chanterait une délicieuse barcarolle; il volerait à Naples, à Rome, lorsqu'il entendrait les rêveries de Donizetti et la *Semiramis* de Rossini; il trouverait dans le timbre de sa voix quelque chose qui lui rappellerait le chant des oiseaux de son pays.

Ce sont là les impressions que j'ai reçues en entendant cette cantatrice. Elle fait revivre tous les héros de l'Opéra par la souplesse et l'expression de ses accents. Vous ne voyez pas Tancrède quand elle chante, mais elle le peint à votre imagination : le voilà avec son casque; il est plein de cette ardeur que Rossini lui a donnée dans la première jeunesse de son génie. Et si vous voulez entendre les vers charmants de notre Romani et les sentir dans l'âme sans avoir besoin de comprendre l'italien, priez Mlle Le Roi de vous chanter :

Te non voler costringere
A finta gioja il viso,

vous serez profondément ému. Dans peu de strophes vous voyez se concentrer tout le drame d'*Anna Bolena*; un air de tristesse se répand autour de vous, vous croyez assister à un terrible spectacle; l'âme de la reine d'Angleterre soupire sur les lèvres de l'aimable cantatrice. C'est ainsi qu'elle passe d'un rôle à l'autre avec un bonheur extrême, et vous êtes étonné de trouver dans son chant je ne sais quoi d'idéal qui vous détache de la terre; tout en écoutant les amours mondaines, vous pensez aux amours célestes. C'est que le sentiment religieux, qui passe de l'âme dans la voix, donne un caractère sublime à toutes les productions de l'art.

Je vous ai parlé d'un simple amateur qui s'est rendu célèbre avec son talent; mais des artistes de profession se distinguent dans la musique italienne. On a entendu Duprez dans les principales villes de l'Italie; il a fait les délices de mes compatriotes pendant quelques années, ainsi que Mme Lalande, dont tout le monde se rappelle le beau rôle de la *Straniera*; et il y a maintenant des cantatrices françaises qui obtiennent chez nous de brillants succès. Le public applaudit une femme gracieuse qui est sur la scène; il la croit née sur les bords du Tibre, du Sebeto ou de la Brenta; ses admirateurs se pressent autour d'elle, et ils sont émerveillés lorsqu'ils entendent son langage, et cette voix particulière des Françaises qui a un son si deux, si agréable. Cette cantatrice a respiré l'air des boulevarts parisiens, mais elle chante aussi bien que si elle eût été bercée sur les genoux des sirènes de Naples.

Il faut en convenir, la civilisation actuelle s'assimile tous les éléments de vie épars dans les différentes nations. Il est vrai que l'art appartient à l'Italie, il est dans sa nature et dans ses instincts; mais le génie français ne recule devant aucun obstacle; il parvient à tout s'approprier au moyen de l'éducation; il est d'une extrême souplesse; il n'est étranger à aucune branche du savoir humain; il est tout ce que vous voudrez; il veut être le maître du monde.

L'époque demande-t-elle qu'on soit industriel? le génie français est industriel. Voulez-vous qu'il soit musicien? il est musicien. Pour ne pas se laisser devancer par l'Allemagne, il cultivera la philosophie. Il est anglais, italien, allemand. Il s'assimile les idées de ces peuples, il les façonne à sa manière, il leur donne un caractère nouveau, une vie nouvelle; ce sera une autre création. De sorte que la France sympathise avec les peuples, parce que les peuples retrouvent en elle une parcelle de leur vie, agrandie, développée et mise en mouvement dans la civilisation du monde.

Voilà pourquoi la France, qui n'était pas musi-

cienne il y a cinquante ans, et à qui on disait : « Il n'y a que l'Italie qui chante », chante aujourd'hui comme l'Italie; et non contente de la musique qu'elle nous dérobe, elle fait de la musique allemande, quoique le génie français revienne toujours avec plaisir au chant italien; c'est dans l'harmonie admirable de cette langue qu'on trouve la plus belle expression de l'art musical. Les cœurs en sont émus, les esprits enchantés. Chacun se dit, dans l'enthousiasme que lui inspirent les inspirations de nos grands maîtres : Il n'y a rien de plus délicieux au monde que le chant italien.

LUIGI CICCONI.

LA RANÇON DU PEINTRE.

— Quelle roche abrupte, s'écriait un jeune homme penché sur un abime! C'est dans un lieu pareil que Prométhée a dû être enchaîné!.... Il semble que ces profondes cavités aient été faites pour servir d'asile à *la force* et à *la violence*, ces deux divinités que le poëte Eschyle a célébrées. Si jamais il m'était donné le loisir de me livrer à quelqu'un de ces grands travaux d'artistes, qui font passer un nom à la postérité, cette montagne serait mon Caucase. J'y ferais descendre le vautour qui rongeait incessamment le foie de ce généreux mortel dont la main audacieuse avait ravi aux dieux la flamme céleste!

Pendant que le jeune homme s'abandonnait à son enthousiasme, un brigand des Abruzzes s'était glissé sur ses pas, et, le couchant soudain en joue, il fit retentir à ses oreilles, d'une voix terrible, la formule consacrée :

— La bourse ou la vie, seigneur !

Le jeune homme retourna la tête avec l'indifférence d'un voyageur qui s'attend depuis longtemps à une pareille question.

— La bourse! répondit-il; va la demander au dernier aubergiste de la vallée; il ne me reste que la vie, et tu peux la prendre si tu veux; je n'y tiens pas.

Il y avait une si profonde amertume dans l'accent qui accompagna ces paroles, que la position horizontale du fusil devint aussitôt perpendiculaire, et que le brigand, mu par l'instinct humain qui rapproche les gens qui ont souffert, s'avança vers le voyageur.

— Tu es donc malheureux? lui dit-il; veux-tu être un des nôtres?

Dans ce moment, plusieurs autres bandits arrivèrent, et avec eux une femme d'une beauté admirable ; elle se précipita vers celui qui s'était aventuré le premier, comme pour s'assurer qu'il n'avait couru aucun péril.

— Je ne suis pas blessé, Marietta; c'est un enfant sans armes, quelque élève de l'école de peinture: ne vois-tu pas ce bout de crayon sur le bord du rocher?

— Pas de quartier, dit un vieillard qui paraissait le chef de la bande, et dont l'aspect farouche annonçait une vie de brigandage; pas de quartier! Ces peintres sont autant d'espions qui viennent reproduire nos figures pour les signaler au gouvernement. Ils répandent nos portraits dans les villes et dans les villages; c'est au point que nous ne pouvons plus aller à l'église, de peur d'être reconnus; ils m'ont fait manquer plusieurs fois la messe. Pas de quartier pour celui-là !

— Mais, reprit le premier bandit, celui-là a l'air désenchanté du monde; et pour être monté jusqu'ici sans connaître les sentiers, il faut être un homme de résolution. Nous avons perdu le pauvre Francesco qui était de son âge; je viens de lui proposer de s'enrôler parmi nous.

— Merci de ton offre, repartit froidement le jeune homme; mais je n'ai pas de goût pour ton métier.

— J'ai cru, repartit le brigand en fronçant le sourcil, que tu étais un véritable enfant de Naples et que tu fuyais la persécution de nos tyrans espagnols?

— Oui, je suis un véritable enfant de Naples, s'écria le jeune homme, et je hais le vice-roi et les siens autant que tu peux les hair. Lorsqu'il faudra les combattre et les chasser, je ne serai pas le dernier à jeter l'épée hors du fourreau; mais je n'attaquerai jamais, sous prétexte des malheurs publics, les gens inoffensifs, pour leur prendre leur or et leur argent.

— Fusillé, fusillé à l'instant! reprit le vieux chef.

Le premier bandit se tut; nulle voix ne s'éleva en faveur du jeune homme; la femme seulement le regarda avec une curiosité bienveillante, mais elle n'osait parler en présence de ces maîtres impérieux.

— Je ne vous demande qu'une grâce, dit le jeune homme, c'est de me laisser voir, avant de mourir, la belle campagne qui doit se dérouler de ce côté de la roche! Voilà que le soleil vient de se débarrasser d'un nuage, et que ses rayons d'or s'y répandent; laissez-moi contempler le spectacle de la nature une dernière fois.

— Tu peux t'avancer jusqu'au bord de la roche,

de ce côté, dit le vieux chef : il n'y a pas moyen de fuir, et je te donne même le conseil de t'incliner sur le bord; si la balle qui t'atteindra ne te tue pas immédiatement, la chute que tu feras ne peut manquer de t'achever. Tu ne souffriras pas, et cela nous épargnera la peine de recommencer.

— Eh bien, dit le jeune homme, je profiterai de ta recommandation.

Il s'avança vers une petite plate-forme qui donnait sur une vallée immense où se déployait toute la magnificence du sol italien. Le premier bandit, en voyant ce sang-froid, tourna son fusil dans sa main, avec un geste de regret. Ses camarades s'apprêtèrent à faire feu.

— Ciel! s'écria le jeune homme, ravi du tableau qui se déroulait sous ses yeux; quelle merveilleuse richesse! Vit-on jamais plus surprenant contraste? Ici toutes les rigueurs de la nature, et là toutes ses merveilles, toutes ses voluptés ! On peut mourir après avoir vu cela! Je te remercie, mon Dieu, de ce spectacle enivrant!

Et le jeune homme mit un genou en terre, dans sa religieuse admiration.

— Arrêtez ! s'écria le vieux chef; il dit ses prières, respectons sa dévotion.

Le jeune homme ne se relevait pas.

— Quelles litanies récite-t-il donc ? reprit le vieillard en s'impatientant; je m'en vais aller lui frapper sur l'épaule, pour l'avertir de finir son chapelet.

Il s'approcha du jeune homme, qui, son crayon à la main, dessinait sur son genou le paysage qu'il trouvait si beau, et faisait sortir du milieu d'épaisses broussailles, une hutte abandonnée, et jetée pittoresquement sur le versant d'un coteau.

Le vieux chef n'eut pas plutôt porté les yeux sur le travail du peintre, qu'il laissa échapper un cri de surprise et de satisfaction.

— Ma maison! s'écria-t-il, ma vieille maison, celle où je suis né! Pauvre toit dévasté par les soldats; ruine qui bientôt ne sera plus rien, la voilà! Oui..., il l'a, ma foi, dénichée parmi les ronces qui la surmontent et la dévorent!

— Ce devait être une charmante habitation? dit nonchalamment le jeune peintre.

— Oh! si vous l'aviez vue, continua le vieillard, comme elle s'épanouissait au sein des roses qui fleurissaient autour deux fois l'an, de même que celles de Pæstum ! La porte, qui s'ouvrait au soleil levant, était ombragée de chèvrefeuille qu'elle était souriante et belle! Mon père y vécut en roi, jusqu'à l'heure où, pour avoir manqué de payer une des taxes odieuses qui oppriment le

peuple, des soldats espagnols et allemands vin-
rent tout piller, tout saccager chez nous. Mon
père mourut en se défendant; ma mère expira de
douleur, et je m'enfuis dans les montagnes, sans
famille désormais! J'ai voué ma haine aux hom-
mes. Depuis ce temps, j'ai commis de terribles
représailles; j'ai endurci mon cœur; j'ai brûlé
bien des maisons; j'ai vu couler des flots de sang;
je me suis vengé, mais je ne puis encore me re-
trouver en face de cette chaumière dégradée, sans
éprouver un douloureux souvenir.

Le vieux chef, dont les yeux roulaient de grosses
larmes, fixa de nouveau ses regards sur l'ouvrage
du peintre. Quel fut son nouvel étonnement! A
la place d'une ruine, une cabane élégante, dont la
porte était entourée de chèvrefeuille, et devant
laquelle fleurissaient des roses, venait de s'animer
sous le crayon rapide du peintre, pendant que le
vieillard s'abandonnait à ses souvenirs.

— C'est cela, dit-il avec effusion, c'est bien
cela! et il serra affectueusement la main du dessi-
nateur. Le reste de la troupe, surpris de cette
scène, accourut auprès d'eux; l'artiste reçut des
félicitations sur son talent.

— N'est-ce pas, mes amis, s'écria le jeune
homme, flatté de leur suffrage, n'est-ce pas que la
nature est là vivante, et qu'elle vient se peindre
dans mon œil comme dans un miroir? N'est-ce pas
que je ne suis point fait pour devenir un prélat,
un cardinal, mais que j'ai en moi le génie des
grands artistes! Mes parents m'ont envoyé chez les
pères de la congrégation Somasca; je ne m'en
plains pas: j'y ai appris à lire les vieux poètes la-
tins; mais lorsque les pères ont voulu m'appren-
dre les lois de leur philosophie sophistique, à moi
peintre, à moi poëte, à moi musicien, j'ai dit adieu
à leurs syllogismes, à leurs disputes métaphysi-
ques; je me suis enfui loin d'eux. J'ai dix-huit
ans, le cœur plein d'enthousiasme et d'amour; je
préfère la mort, la mort soudaine, à une vie d'en-
nuis. J'ai parcouru les montagnes pour choisir un
sommet duquel je pusse me précipiter un jour, si
la fortune ne me sourit pas. Ma famille est indi-
gente; mon père, Antonio Rosa, est un humble
et laborieux artiste. Plût à Dieu qu'il m'eût per-
mis de travailler à ses côtés! Mais non; on veut
faire de moi un théologien. J'aime mieux courir
les montagnes; j'aime mieux m'exposer au canon
de vos fusils.

— Jeune homme, dit le premier brigand, ne
crains plus rien; nous te prenons sous notre pro-
tection. J'ai été peintre aussi, moi, vois-tu, et si
tu me vois mener le métier que je fais, si j'ai re-
poussé les pinceaux pour m'armer de la carabine,

c'est que je suis épris de la fille de ce vieillard.
Regarde cette femme, aux traits purs comme ceux
des madones de Raphaël; je l'aime de toutes les
forces de mon âme! Je me suis fait brigand pour
la posséder. Vois-tu bien, enfant, je me serais
fait bourreau!

— Elle est belle, en effet, à faire damner des
saints, dit le jeune homme en levant ses grands
yeux expressifs sur la compagne du brigand. Ce
serait un portrait magnifique: je te l'offre pour ma
rançon.

Les yeux de la femme étincelèrent, et le vieux
chef sourit en la regardant. Il n'avait conservé au
cœur de fibre sensible que celle qui se rattachait
à sa jeune fille et à sa vieille maison.

— J'accepte ta proposition, répondit le bri-
gand; mais ce ne sera pas une rançon; je couvri-
rai d'or ton esquisse, comme tes moindres coups
de crayon le seront sans doute un jour. Je te pré-
dis un brillant avenir.

Le jeune homme se mit immédiatement à l'ou-
vrage; il rendit trait pour trait la superbe créa-
ture qui posa devant lui. Toute la troupe fut dans
l'enchantement.

— Voici deux cents écus d'or, dit le brigand
en mettant une bourse dans la main du peintre,
quand le portrait fut achevé; cela te suffit-il?

— Je le crois bien! répondit le jeune homme
en faisant un cri de joie; les misérables brocan-
teurs qui m'ont acheté mes premières ébauches ne
m'ont pas habitué à ce prix. Il m'a fallu pénétrer
dans les lieux les plus sauvages des Abruzzes pour
rencontrer un encouragement; et de qui? et com-
ment? Je consacrerai toute ma vie à l'art, désor-
mais; je lui rendrai ce que je lui dois; l'art a été
mon sauveur, et dorénavant je signerai tous mes
tableaux du nom de SALVATOR.

— Eh bien! dit le brigand en considérant le
portrait de sa bien-aimée, les siècles répéteront le
nom de Salvator Rosa.

HIPPOLYTE LUCAS.

On peut observer certaines parties de la grâce
dans les villes; mais on ne comprend bien ce
qu'elle a de naïf et de virginal qu'après avoir
vécu à la campagne. Voilà ce qui fait le malheur
des écrivains de boudoirs et de salons; ces pauvres
gens, qui n'étudient la grâce que quand les bou-
gies sont allumées, prennent le rouge pour de la
fraîcheur, et des yeux qui se baissent toujours à
propos pour de la naïveté qui se trouble.

LA CHAPELLE SIXTINE, A ROME.

LA SEMAINE SAINTE, A ROME.

Ce n'est qu'en Italie, et à Rome surtout, que la religion catholique a un culte extérieur vraiment sublime. Là, les solennités religieuses ont de l'air et de l'espace; chacun y concourt, soit qu'il soit laïc ou qu'il appartienne à l'état ecclésiastique; et même l'étranger, venu pour n'être que le simple spectateur d'augustes cérémonies, fût-il sceptique comme un Anglais, ou froid comme un Allemand, se sent ému malgré lui, et participe à son insu aux pompes sacrées, en y apportant cette tenue pleine de décence qu'elles réclament impérieusement de tous ceux qui en sont les témoins.

Chaque grande ville de l'Italie a sa fête de prédilection. Naples paraît être encore plus méridionale le jour de saint Janvier; Florence honore avec un luxe tout oriental le précurseur du Christ; Venise semble reprendre son ancien éclat pour exalter saint Marc; mais toutes ces solennités sont effacées par celle dont Rome donne le sublime et religieux spectacle au monde, à l'époque de la semaine sainte.

Dès le mercredi qui suit le dimanche des Rameaux, la chapelle Sixtine semble se couvrir d'un crêpe funèbre. A trois heures après-midi commencent les ténèbres. Les treize lumières blafardes du cierge pascal sont allumées, et après que chaque lamentation du prophète Jérémie a été exclamée par une voix aux accents mélancoliques, une de ces lumières est éteinte. Bientôt l'harmonie large et majestueuse de Palestrina résonne sous les voûtes de la chapelle, et les chanteurs pontificaux, n'ayant pour accompagnement qu'un chœur admirable de voix humaines, redisent le fameux *Stabat Mater* du créateur de l'art religieux, au XIVᵉ siècle, en Italie.

L'effet de cette composition, que trois siècles n'ont pu vieillir, est immense. On se surprend, en écoutant les sublimes accords de Palestrina, à se demander si l'art musical moderne est encore assez puissant pour créer d'aussi grandes choses; et, abîmé dans une contemplation mystique, on croit voir s'animer, sur la grande toile de Michel-Ange, les gigantesques personnages que la main de cet homme extraordinaire y a tracés avec toute la verve du génie.

Le jeudi suivant, la magnifique place de Saint-Pierre est couverte d'une foule d'hommes, de femmes, d'enfants, d'étrangers, de paysans et de pèlerins, qui tous viennent, avec ferveur, pour recevoir la bénédiction du chef de l'Église universelle. L'armée est rangée en bataille; tout le corps di-

plomatique est là; midi sonne... Le sacré-collége paraît aux balcons de la face du monument, autre gigantesque création de l'auteur du *Jugement dernier*. Sa Sainteté paraît... Un silence auguste et solennel règne bientôt parmi la foule, qui bourdonnait l'instant d'avant avec un bruit semblable à celui des flots de la mer. Tous s'agenouillent, enfants et soldats, ambassadeurs et pèlerins, mécréants et fidèles, et la voix vénérable du vicaire de Jésus-Christ prononce le fameux *Urbi et orbi*... Comme un bon père qui bénit ses enfants, Sa Sainteté étend ses bras sur la ville sainte et sur le monde entier, et des paroles d'amour et de paix sortent de sa bouche, en appelant les faveurs du ciel sur tous les hommes, ses enfants.

Alors, le canon du fort Saint-Ange tonne avec fracas; les campanilles de la basilique s'agitent avec impétuosité, et les voix de bronze qu'ils cachent à tous les yeux semblent entonner un concert en l'honneur du maître du monde... La musique militaire s'unit à l'harmonie des carillons religieux, et suit la large mesure que les canons battent avec majesté au bord du Tibre, dont les eaux blondes frémissent...

Ce moment est sublime, c'est le mot; il communique à tous ceux qui ont le bonheur d'en être les témoins une sensation extraordinaire et ineffable. L'homme le plus insensible se sent ému: et pourquoi le cacherais-je? de douces larmes ont humecté ma paupière lorsque j'ai entendu la voix de Grégoire XIV, et que j'ai vu sa main pacifique et paternelle s'étendre vers nous tous pour nous bénir. Il me semblait entendre et voir l'auteur de mes jours, lorsque, éperdu, je reçus ses derniers embrassements et ses dernières bénédictions, au moment de mon départ pour cette Rome, le rêve et le but de mes études musicales depuis ma plus tendre jeunesse.

La foule, après que le pape est rentré dans la basilique, se précipite à son tour dans l'intérieur du monument, avide qu'elle est de voir de plus près et son souverain et son père spirituel. Lorsque Sa Sainteté se dirige vers le chœur, douze trompettes placées au-dessus de la porte d'entrée sonnent des fanfares. Cette musique, quoique écrite d'un style peu digne sous le rapport religieux, ne laisse pas de produire un certain effet, à cause surtout de la situation pittoresque où sont placés les exécutants.

Après avoir fait sa prière, le pape porte le Saint-Sacrement dans le tombeau de la chapelle Pauline, ainsi dénommée parce que Paul V (Borghèse) fut son fondateur. Cette chapelle est éblouissante de clarté. Là encore la main de Mi-

7

chel-Ange a tracé non-seulement de grandes fresques que le temps, et plus encore la fumée de trois mille bougies, ont fait disparaître presque entièrement, mais aussi c'est à elle qu'elle est redevable de la disposition admirable de cette myriade de lumières qui entourent le tombeau du Christ d'une auréole toute céleste.

A lieu ensuite la Cène sainte. Le pape, déposant sa tiare et ses habits de pontife, revêt ceux d'un simple ecclésiastique; et, d'une humble main, il lave les pieds à douze pauvres prêtres choisis parmi ceux des différentes nations du monde chrétien, qui sont présents à Rome. L'agneau pascal est mangé par ces lévites figurant les apôtres. La munificence papale les gratifie de toutes les vaisselles d'argent qui leur ont servi, et joint à cette offrande le don d'une petite somme qui met à même chacun d'entre eux de soulager à son tour d'autres chrétiens encore plus indigents.

Mais le jour du vendredi-saint est arrivé... les portes de toutes les églises sont ouvertes... Plus de lampe, ce symbole de la foi qui veille et prie, qui soit allumée... Les tabernacles sont déserts... la croix est voilée... les autels sont veufs de leurs riches parures... la désolation est dans le temple du Seigneur... Voyez tous ces fidèles agenouillés à l'ombre des colonnes de marbre... considérez leurs physionomies! elles expriment la douleur et le repentir.

Ce jour, la chapelle Sixtine résonne encore comme les deux précédents des accords savants du grand maître, et c'est le *Stabat* d'Allegri qui excitera nos âmes à la contemplation mystique.

Le samedi-saint, un cardinal de l'ordre des prêtres célèbre une messe à Saint-Jean-de-Latran, et, au moment où le prêtre entonne le *Gloria in excelsis*, le canon du fort Saint-Ange tonne majestueusement, et toutes les cloches des innombrables églises, couvents, chapelles, etc., de la ville sainte, recommencent leurs concerts argentins.

Après la messe, on baptise, dans cette basilique, les Hébreux, Turcs, hérétiques, etc., qui ont été préparés comme catéchumènes au grand acte de la foi nouvelle qu'ils jurent d'embrasser pour jamais. L'eau sainte a été bénite avant la messe, et le feu sacré rallumé par la propre main du prélat. Les autels, naguère dépouillés de leurs plus beaux ornements, brillent avec un nouvel éclat, et les chapelles de la Madone semblent être des berceaux de lis et de roses, tant ces fleurs y sont prodiguées avec un art toujours guidé par le meilleur goût.

Le jour de Pâques, Rome et les environs sont éveillés avant l'aurore par le canon du fort Saint-Ange. Les portes de la ville sont encombrées de pèlerins et de pèlerines venus de fort loin pour assister aux cérémonies de cette belle et sainte fête. A midi, le souverain pontife bénit encore une fois le monde et la ville, du haut de la croisée de la basilique; ensuite, il célèbre lui-même le saint sacrifice au milieu d'une foule de fidèles.

Jusqu'ici, les cérémonies de la semaine sainte, quoique la plupart célébrées extérieurement, ont été mystiques avant tout : cette fois, la religion va donner un spectacle unique au monde; mais ce spectacle sera plutôt grandiose que religieux : je veux parler de l'illumination générale de la basilique et de l'admirable colonnade de Saint-Pierre, ce chef-d'œuvre du Bernin.

A une heure de nuit (c'est-à-dire une heure après le coucher du soleil), la coupole et tous les profils de ce magnifique monument sont éclairés par de douces lumières placées à distance l'une de l'autre, et ce monde de pierre semble être ceint d'un long et oriental collier de perles fines. Le coup d'œil de cette décoration lumineuse est du plus bel effet, surtout à Rome, où les nuits sont si calmes et si sereines... Soudain, une clochette s'anime dans l'un des campaniles de l'église, et, comme par enchantement, d'énormes globes de feu jaillissent depuis le haut de la croix, placée à 480 pieds du sol, jusqu'à la plus basse corniche du portique circulaire dont nous avons parlé plus haut. Des hommes, à portée, enflamment, en moins de dix secondes, les énormes lampions dont ils sont chargés, et l'un de ces *feutiers*, plus hardi que les autres, gravit prestement l'échelle en fer qui entoure la croix du dôme, et la flamme serpente du haut en bas avec l'impétuosité d'un de ces météores qui éclairent l'horizon en jetant l'épouvante dans l'âme des peuples ignorants qui en sont les témoins.

Lorsque cet effet pyrique se produit, l'enthousiasme italien ne connaît plus de bornes; un cri majestueux, celui des cent mille personnes qui se pressent au pied de la basilique, se fait entendre et monte jusqu'au ciel. C'est là, sans contredit, la plus belle hymne, sinon la plus religieuse, qui soit chantée pendant toutes les fêtes de Pâques.

Enfin, les feux s'éteignent; le peuple s'éloigne en chantant des litanies; les trois quarts des habitants de la ville repassent le pont Saint-Ange, et débouchent dans toutes les directions de la ville. Le juif retourne au Ghelto, heureux de pouvoir veiller plus tard que de coutume dans le quartier infect où la tolérance pontificale le relègue; le grand seigneur retourne à son semptueux hôtel, bâti en partie avec les pierres dérobées à l'antique Colysée ; le marchand rentre dans son magasin pour y recompter son or ; l'ecclésiastique va dire son bréviaire ; le dandy romain, car le dandysme a été importé à Rome avec les denrées anglaises (tant favorisées par le Saint-Siége depuis 1816), le dandy, dis-je, se rend, en chantant la cavatine à la mode, au café de la place d'Espagne, pour y savourer d'excellentes glaces ; l'homme du peuple, lui, va à l'*osteria* pour y vider, avec sa femme et ses amis, une fiasque d'or*vietto*, cet excellent vin blanc dont les bouteilles n'ont pour bouchon qu'une goutte d'huile d'olive et un tampon de filasse ; et le pensionnaire de l'Académie de France à Rome remonte, avec ses camarades, le magnifique escalier de la Trinité-du-Mont : bientôt il est dans sa chambrette, où, d'une fenêtre de la Villa-Médici, il considère avec mélancolie les dernières lueurs qui brillent encore sur le faîte du dôme de Saint-Pierre ; et, faisant un retour sur lui-même, il donne un soupir à ses parents, à ses amis, bien loin de lui, dans la patrie absente, et il se dit avec regret : O vous tous qui avez mon cœur, pourquoi n'êtes-vous pas ici ? vous y auriez joui du spectacle le plus saintement grandiose qui puisse toucher l'âme d'un artiste en charmant ses yeux attendris !

A. ELWART.

(*Europe Industrielle.*)

UN ROUÉ AU DIX-NEUVIÈME SIÈCLE.

Une des plaies de notre siècle est l'imitation : la politique est un emprunt, l'art une copie, les mœurs un composé bizarre des us et coutumes de nos ancêtres à différentes époques. Chacun imite selon ses instincts, ses goûts, son rang, sa position sociale ; et, comme chacun entend cette imitation à sa manière, il en résulte un mélange de sentiments si incohérents, une contradiction d'idées si étrange, que l'observateur confond au premier coup d'œil ces natures si peu tranchées, et qu'il distingue à peine des différences dans cette foule uniformément bariolée. Et pourtant c'est en s'efforçant de découvrir ces différences que l'on peut classer les individus, étudier les caractères, découvrir et fustiger les vices. Mais si l'observateur renonce à la peine, que peut faire le moraliste ? Ses conseils sont traités de déclamations, ses règles de conduite de préjugés ; lui aussi se

tait : aussi bien personne ne veut plus l'écouter. Où va donc cette société qui n'a plus de croyance qui soit un frein aux passions mauvaises, plus de morale qui indique la bonne voie, plus de déférence pour la sagesse, plus de respect pour la vertu ? Elle va à la dérive, ballottée du bas en haut par les secousses successives que lui impriment les événements, jusqu'à ce qu'elle eroule à un choc trop violent.

Il ne nous appartient pas, simple romancier que nous sommes, d'essayer le tableau de cette société en dissolution, tableau qui demanderait, pour être tracé utilement, une plume aussi illustre qu'éloquente ; mais nous pensons que, pressentant le mal général, il est de notre devoir d'en dénoncer ce que nous en savons. Ce qui donc nous effraie le plus pour l'avenir, c'est cette démoralisation croissante de la jeunesse, démoralisation d'autant plus terrible que ceux qui en sont atteints n'ont pas la conscience du mal qui les dévore : c'est une lèpre morale, qui commence par atteindre l'esprit, et, lorsqu'elle a gagné le cœur, devient inguérissable. Voyez en effet comme elle a procédé : elle a d'abord ridiculisé les sentiments grands et nobles, en ne les présentant que dans leur exagération ; puis elle a relâché peu à peu les liens de la famille, en ne les montrant que comme des entraves ; enfin elle a émancipé l'enfance, en lui accordant tout de suite une sagesse anticipée. Qui a produit ce mal ? Quelques-uns en accusent la révolution, d'autres en cherchent la cause dans l'absence d'une religion puissante et générale ; nous croyons, nous, que ce mal vient aussi du nivellement actuel, de cette confusion des différentes classes entre elles, de cette imitation enfin que chacun se propose, prenant sans discernement un modèle, n'importe où il le trouve.

Or, cette imitation aveugle entraîne une foule de jeunes gens, dépourvus de bons principes, à la suite de quelques êtres dépravés, dont le langage et les actes sont eux-mêmes calqués sur les exemples les plus pernicieux que nous ait laissés la Régence. C'est donc cet esprit de scepticisme universel, de mépris fondamental pour l'humanité, d'égoïsme monstrueux, que nous avons voulu combattre ; et nous avons cherché à le présenter dans un de ses résultats les plus ordinaires : la satisfaction de ses passions au prix du déshonneur des femmes et de la douleur des familles. Mais laissons parler notre héros, et le lecteur comprendra plus vite si nous avons réussi à peindre un de ces hommes, d'autant plus dangereux qu'ils cherchent à mettre leurs vices sur le compte de leur

nature et de leur tempérament; ignoble philoso-
phie qui pallie les actions les plus infâmes, ex-
cuse les goûts les plus désordonnés, ravale le cœur
humain, et mène droit à l'athéisme.

II.

ACHILLE DE BLÉVILLIERS A EUGÈNE LAPÓRTE.

O bon Eugène! ton épître exhale je ne sais
quel parfum mythologique qui m'a rajeuni de dix
ans; il est clair que tu me regardes comme le
plus scélérat des hommes, et que mes trois
Ariadnes te font pleurer à chaudes larmes.

Ne verras-tu donc jamais le monde qu'à tra-
vers le voile nébuleux dont l'enveloppent tes
docteurs d'histoire et de philosophie? Il est
malheureux que le passé déborde ainsi dans ton
présent, et que tu t'acharnes encore à rencontrer
des Ariadnes, des Ophélies et des Manon Lescaut,
lorsque chacune d'elles est aussi impossible de nos
jours que les combats d'Homère, les tournois du
XIVᵉ siècle ou les petits soupers de la Régence.

La bourgeoise et la grisette, dont les douleurs
éveillent le plus ta sympathie, se consoleront les
premières; ou dans leurs regrets mêmes elles
trouveront quelque douceur. Il n'en est pas ainsi
de la marquise; je me mets à sa place, et je
comprends sa désolation. Où trouver un autre Si-
gisbé qui se chargera d'organiser le bal et la
bouillotte, qui passera chez ses fournisseurs, qui
la conduira tous les jours au bois de Boulogne,
aux Tuileries, l'entretiendra soigneusement des
bagatelles à la mode, la débarrassera du souvenir
et de la prévoyance, enfin lui tuera le temps?
Dis-moi, se présentera-t-il un gentilhomme aima-
ble et bien tourné pour remplir toutes ces condi-
tions, sans lesquelles la marquise ne peut sup-
porter l'existence, sans lesquelles toutes ses
heures sont empoisonnées par une désolante pen-
sée : « Je vieillis », par une insupportable ques-
tion : « Que vais-je faire? » Où je laisse un tel
vide, ne laisserai-je pas des regrets? regrets
égoïstes sans doute, mais quels sentiments ne le
sont pas?

Et le cœur! vas-tu dire. Ah! le cœur! voilà
votre grand mot à vous autres qui comprenez si
peu ce cœur que vous étudiez tant, qui croyez le
tenir dans votre bibliothèque, qui l'étudiez dans
vos bouquins poudreux, quand vous pourriez le
palper vivant. Vous nous mesurez à la taille de vos
héros poétiques, vous qui ne connaissez pas la
nature de la douleur que fait éprouver la rupture
d'une liaison chérie. Descendez de votre ciel, et

apprenez que ce n'est point l'âme qui gémit; que
ce sont seulement les habitudes froissées qui se
révoltent. On vivait deux ensemble, chacun se
reposait sur l'autre; voilà qu'un beau matin le
bras ami vient à manquer : un désert se présente :
de la solitude naît l'ennui. L'ennui! le dégoût!
plaies immenses que l'amour cicatrise pour les
rouvrir plus larges.

Certes, un pareil discours me fera du tort près
de toi, si éloigné de mes idées, vieux moraliste
qui en es encore à me peindre le tableau touchant
de trois femmes délaissées, comme si j'étais un
homme assez pleureur pour revenir sur mes pas,
ou un fat assez niais pour me glorifier de leurs
peines. Hélas! j'accomplis franchement ma pau-
vre destinée, tes oracles de sagesse n'y pourront
rien changer. Que fait un buveur insatiable?
Après avoir vidé sa coupe, il la tend de nouveau;
sermonne-le, fais-lui honte de son goût dépravé,
il ne te répondra que ces deux mots : J'ai soif!
La vie humaine, vois tu bien, est remplie de né-
cessités que tes philosophes ne disent pas; et ces
déclarations grimacières, et ces mensonges éter-
nels, et ces promesses réciproques, toute cette
monnaie d'amour dont on a l'air de se payer,
n'est pas l'invention d'un malfaisant génie : c'est
l'œuvre, je crois, de la Providence. Cette nature
à double face, trompeuse et défiante, n'est jamais
qu'un prétexte, et non point une cause de chute;
on se laisse abuser parce que l'on veut l'être;
rien n'est plus véritable, Eugène; que ceux qui
n'ont point aimé se taisent, et je défie qu'on me
démente!

Ah! mon cher, j'aurais bien des choses, et de
belles choses peut-être, à te dire sur le compte de
l'amour. N'y a-t-il pas, en effet, plus de raison à
se créer un bonheur actuel qu'à spéculer sur une
gloire dont on ne sera jamais témoin? n'y a-t-il
pas plus de grandeur à taire son génie qu'à faire
courir de main en main la clef de ses richesses;
plus de fierté surtout à se suffire à soi-même qu'à
mendier partout des applaudissements? Je ne sais
à qui l'on attribue cette pensée : « Les plus grands
poètes n'ent pas écrit »; moi je dirais « Les plus
grands hommes ne se sont pas révélés! » Viens avec
moi, compare sans aucun préjugé tes hommes
immortels à mes hommes heureux, ton Voltaire,
par exemple, à mon duc de Richelieu; ou viens
dire, en pesant les deux pincées de poussière qui
furent Jean-Jacques et Chamilly, si tu préfères la
gloire d'avoir écrit la *Nouvelle Héloïse* au bonheur
d'avoir inspiré les *Lettres portugaises*. Stupide pos-
térité! tu élèves des statues à l'homme qui a ima-
giné Julie, et tu ne consacres pas des autels à celui

qui l'a découverte dans la foule où elle se cachait, qui en a fait sa conquête, son bien ! Est-ce que le gentilhomme inconnu ne pourrait pas dire fièrement à votre illustre philosophe : « Ce que tu as peint, moi je l'ai fait; celle que tu as rêvée, moi je l'ai possédée. » Mais non, ô Chamilly ! c'est insulter ta cendre que de lui prêter ce langage. Que t'importe la gloire ? Avec quelle superbe insouciance n'as-tu pas traversé ce monde, auquel une indiscrétion révéla le secret de tes forces! On t'a nommé pendant ta vie un homme à bonnes fortunes, le duc de Saint-Simon te traite en ses Mémoires comme un insoluble problème; combien de commérages n'as-tu pas engendrés! que d'imbéciles t'ont maudit pour avoir planté là ton éloquente religieuse ! Et toi, tu marchais en silence vers de nouvelles voluptés, vidant chaque coupe à son tour sans t'inquiéter de tes convives, en même temps que pour démentir le brevet d'incapacité qu'on attache aux succès de boudoir , tu gagnais tous tes grades sur le champ de bataille, et recevais le bâton de maréchal après avoir défendu Grave aux acclamations de l'Europe !

Oh ! que tu me parais grand ! Non, tu n'as point voulu de la postérité; tu savais que la cendre de l'homme n'a plus de vanité. Ta gloire si restreinte n'est qu'une trahison du hasard; mais ce hasard étrange, et le malheureux spéculateur qui a souillé tes amours par la publicité , ne nous apprennent-ils pas à soupçonner de sublimes mystères, des trésors de poésie, d'exaltation et d'amour, dans le portefeuille de tes pareils ! Allez, littérateurs, faites des tableaux passionnés pour de tels connaisseurs, publiez des romans pour ceux qui en ont quelques vingtaines épars au fond de leurs tiroirs, et romans non pas imprimés, non pas revus, s'il vous plait, mais vivants, expressifs par leur griffonnage même, semés d'incorrections hardies sur un papier qui porte encore ou l'empreinte des larmes ou le froissement des baisers !

J'imagine, mon brave ami, la figure étonnée que tu fais en lisant tout ceci. Cinq ou six ans passés d'une manière si différente suffisent donc pour que nos âmes, échappées toutes pareilles des gradins de l'école, en soient venues à ne se plus comprendre ! Considère pourtant de quel côté se trouvent les chances les meilleures : moi, j'ai vu, j'ai subi des épreuves, j'ai gagné l'expérience des hommes; je connais, pour m'en être servi, les ressorts délicats du cœur; et toi, sur toutes choses, tu en réfères à l'autorité de quelques poëtes ou philosophes anciens, qui, à les juger par les nôtres, méritent à peine confiance sur les

événements et les mœurs qu'ils ont vus. C'est ainsi qu'un rêveur produit d'autres rêveurs plus aveugles encore, et que la race des philosophes, en se perpétuant, s'éloigne sans cesse de la vérité.

Mais tu m'arrêtes là, pour t'écrier à pleine gorge que je copie Lovelace, mon héros. Lui prendre sa vanité, me parer de ses vices, quelle misère! Il affectait, me diras-tu, de se mettre en parallèle avec les plus illustres capitaines; toi, malheureux copiste, tu fais mieux, tu dédaignes sa gloire, tu ne veux pas du tout de la postérité!

Bravo ! Eugène; ta leçon est bien faite, parfaitement apprise, mieux répétée : j'ai le type Lovelace; on me connaît des maîtresses, Lovelace; du goût pour la toilette, Lovelace; quelques duels, Lovelace! merveilleuse ressemblance!

Il n'y a guère de manie plus étrange que celle qui emporte les rêveurs à définir une physionomie par sa ressemblance avec d'autres : vous essayez, sur chaque visage , ces masques grimaçants, que vous nommez des types; il faut, bon gré malgré, en ajuster un au patient : on lui rognera le nez s'il est besoin, on lui fendra la bouche; mais, pardieu! il aura son type!

Au bout du compte, qu'avez-vous fait? vous avez pris dans notre cœur sept ou huit sentiments, vous les avez vêtus d'un costume et d'un nom, et vous avez juré qu'ils n'en auraient point d'autres. Cependant, vous le savez bien, pénibles glossateurs, les poëtes ne furent pas vos complices; Shakspeare ne créa point son More comme une allégorie; et ni Richardson, ni Tirso de Molina ne mirent leur génie aux ordres d'un pédant de collège. Les fiers enfants de leurs pinceaux, ces têtes expressives et ces chairs animées, tout cela ne sent point la peinture symbolique; il n'appartient qu'aux esprits myopes de diviser ainsi l'espèce humaine, et de distribuer à chacun l'étiquette de son rang. Mais tâchez d'accomplir, dans l'ordre matériel, un travail analogue; essayez de rapporter à quelques types principaux toutes les individualités physiques. Quoi ! vous reculez devant la difficulté ! les physionomies sont-elles si multipliées, leurs éléments si variés, leurs nuances si délicates! Vous ne rencontrez nulle part de visages semblables, et vous rencontrez à toute heure des caractères identiques ! Ainsi l'homme moral, malgré ses innombrables éléments, son âme si complexe et ses conceptions infinies, sera moins varié que l'homme physique haut de cinq pieds et demi, et dont on ne voit guère que la tête! Prenez un homme dont la vue soit extrêmement basse, et puisse seulement distinguer dans les hommes qui passent la teinte de leurs cheveux; cet homme fera trois classes de toute l'humanité : la blonde, la rousse et la noire; pour lui tous les blonds se ressemblent, les roux et les bruns pareillement. Philosophes, voilà l'histoire de vos types. Un jaloux s'appelle Othello, un rené Lovelace, une galante Manon; or, qu'étaient Othello, Lovelace, Manon? De belles et bonnes réalités. D'où vient qu'on les choisit entre un million de créatures pour leur rapporter toutes les autres? Le don Guttière de Calderon ne cède en rien au farouche More en jalousie, ni en vengeance; pourquoi, s'il faut un type, choisissez-vous votre Africain plutôt que mon Castillan? Vous ne le savez, ni moi non plus, et cela seul démontre l'absurdité de vos systèmes.

Ne disons donc pas que don Guttière a pour type Othello, ni Othello don Guttière: ces deux individus se touchent par une seule passion. Toutes les passions subsistent dans chaque âme comme les organes physiques dans chaque corps; leurs proportions seules varient; et si l'expérience journalière nous montre que des différences fort petites parmi le petit nombre de traits dont se compose la figure, suffisent pour détruire toute sorte d'identité, que sera-ce dans l'âme, dont les facultés nous présentent des phénomènes si étranges et des rouages si nombreux !

Rassure-toi donc, mon doux Eugène, ton ancien camarade n'est point un Lovelace, pas plus qu'un Don Juan; il tient un peu de l'un et de l'autre (car il n'entend pas renier ses inclinations mauvaises); de même que l'Espagnol, il se passionne à première vue, et se dégoûte, hélas! plus facilement encore; de même que l'Anglais, il attribue à l'artifice, à la ruse et au savoir-faire toutes les victoires d'ici-bas; il met souvent ces moyens en usage; souvent tu le verras puiser des inspirations dans la pratique de Lovelace, comme un poëte en imite un autre sans abdiquer son caractère; il s'inspirerait pareillement du prieur de Vendôme, du marquis de Guibert, du célèbre Saucourt, de tous les roués fameux, si, comme l'histoire de l'Anglais, les leurs eussent été écrites avec un soin et des détails qui les rendissent instructives. Je présume que l'existence réelle de Lovelace n'est point une question pour toi.

Je crains qu'en parcourant cette longue lettre tu n'abuses à dessein des faiblesses de mon style, et de l'incohérence où me jettent ces sortes de matières, pour traiter légèrement le fond. Je t'abandonnerais plus volontiers cependant la forme des idées que les idées elles-mêmes. Je ne sais pas écrire, ni ne veux le savoir. De quoi cela me tiendrait-il lieu? Combien y a-t-il de personnes qui possèdent cet art? et celles-là même, mon ami, nous devancent-elles en quoi que ce soit? Pour mon usage particulier j'ai besoin de savoir tourner un billet doux; le reste ne m'inquiète guère. Je n'écris presque point; c'est ma solitude profonde et mon désœuvrement qui te valent cette longue épître.

Encore un jour ou deux, et je tromperai mon ennui par une seconde lettre, où tu apprendras la cause de ce départ subit de Paris, dont tout le monde a la bonté de s'intriguer. Je te tiens un peu le bec dans l'eau pour tirer une petite vengeance de tes moralités facétieuses. Néanmoins expédiées-en d'autres, si tu veux divertir

Ton ami dévoué,

ACHILLE DE BLÉVILLIERS.

Écouen, ce 10 octobre 18*.

P. S. Tu as bien fait de congédier la petite ouvrière sans lui apprendre mon adresse, car elle m'eût envoyé quelque torchon de son écriture. Si tu la supposais gênée, je te prierais de l'aider; fais-le délicatement. Avec la malheureuse madame Petit, avec la marquise surtout, pas un mot du fuyard.   A.

A peine Achille de Blévilliers avait-il terminé cette lettre, qu'une des choses qu'il redoutait le plus arriva. Une de ces femmes qu'il avait abandonnées sans douleur comme sans remords lui faisait tenir le billet suivant. La bourgeoise avait accepté son malheur, comme il l'avait prévu; la grisette aussi : mais la marquise, riche, libre, désœuvrée, avait retrouvé la trace de son inconstant et perfide amant.

LA MARQUISE DE GOURNAY A M. ACHILLE DE BLÉVILLIERS.

La marquise de Gournay vient d'apprendre par un domestique le départ de M. de Blévilliers : l'ayant attendu samedi soir pendant la soirée presque entière pour se rendre aux Italiens, elle était inquiétée de son inexactitude, et s'empresse de lui témoigner tout le plaisir qu'elle éprouve à le savoir en bonne santé.

LÉONIE, MARQUISE DE COURNAY.

P. S. J'espère bien, Achille, que vous me donnerez quelques détails sur cette fuite précipitée.

Vous avez, m'a-t-on dit, passé deux jours à Villiers-le-Bel, vous êtes à Ecouen. Surtout écrivez-moi que cette dame Petit, dont on m'a trop parlé, n'est pour rien dans votre voyage. Si vous me trompiez, je ne vous pardonnerais de ma vie.

Que signifie donc ce départ aux approches de l'hiver, et sans prévenir, sans dire adieu? Je ne vous conçois pas!   L.

III.

Par une de ces journées d'octobre, plus belles peut-être que les plus beaux jours du printemps, une jeune fille traversait, au matin, les champs qui séparent Écouen de Villiers-le-Bel. L'air était doux et pur, à peine une brise légère courbait-elle le sommet des herbes les plus menues; les rayons d'un soleil radieux, après avoir inondé de leur lumière la plaine et les coteaux d'alentour, venaient se jouer à travers quelques arbres, dont le feuillage à moitié jauni présentait à l'œil une variété charmante. La jeune fille, aussi séduisante par sa fraîcheur, la sérénité de ses traits, les grâces naïves de son costume de paysanne, que cette nature si calme et si tranquille, allait nonchalamment, cueillant chaque fleur qu'elle rencontrait, ou suivant dans le ciel l'alouette qui montait. Bien en elle n'indiquait une préoccupation particulière; tantôt souriante, tantôt grave, elle s'abandonnait instinctivement aux sensations du moment, et sa jeune et chaste pensée tour à tour s'épanouissait avec la fleur, ou chantait avec l'oiseau. Elle faisait donc son chemin avec l'insouciance délicieuse de ses seize ans, lorsque, près d'arriver aux premières maisons du village, au détour d'un sentier, elle aperçut tout à coup un jeune homme qu'à la coupe élégante de sa veste de chasse, à ses guêtres bien prises, à sa casquette coquette et luisante, il était facile de reconnaître pour un de ces *dandys* parisiens qui apportent jusque dans la campagne la mise irréprochable et les grands airs de la *fashion*.

La jeune fille, à cet aspect, rougit, se troubla, voulut rebrousser chemin. Avait-elle peur? Pourtant le jeune homme, qui avait ôté sa casquette, se rangeait pour la laisser passer. Se souvenait-elle? son cœur battait-il malgré elle? Je ne sais; seulement, quand elle eut pris le parti de continuer sa route, elle pressa le pas, arriva promptement à une porte sur le haut de laquelle on lisait en caractères grossiers, Jean Roux, maréchal ferrant, et pénétra dans l'intérieur de la maison, sans se retourner vers Achille de Blévilliers qui l'avait suivie, et qui resta en vain quelques instants

devant l'humble seuil que la douce enfant avait franchi.

Suivons maintenant la jeune fille sous son modeste chaume, et nous nous trouverons dans une vaste salle fort mal entretenue, sombre et noircie par la fumée. Il passe tellement peu de lumière à travers la croisée gothique, dont les nombreux carreaux ne sont jamais lavés, qu'on cesserait d'y voir à quatre heures de l'après-midi, si la porte d'entrée ne demeurait ouverte pendant toute la journée. Ceci est un usage général dans les petites villes de nos provinces; là tout le monde se connaît, on vit sans défiance, on aime que les voisins souhaitent le bonjour en passant. Cette coutume paraissait depuis longtemps acceptée par les maîtres de la chambre où nous sommes entrés; car ils avaient une de ces portes coupées par le milieu, dont la partie inférieure se détache de l'autre, et ferme séparément au moyen d'un loquet: celle-ci seule devait être close même pendant l'hiver : on en était quitte pour se plaindre, pour brûler un peu plus de bois dans l'immense cheminée, large au moins de six pieds, haute et profonde en proportion, qui garnissait un des murs latéraux, le plus voisin de la fenêtre. Il existait encore deux portes: l'une vis-à-vis le grand foyer, communiquant à l'ancienne boutique du maréchal ferrant; l'autre au fond de la chambre et donnant sur un escalier.

L'étage supérieur consistait en une large pièce à deux lits, parfaitement nue d'ailleurs; mais le rez-de-chaussée, servant tout à la fois de salon, de cuisine et de salle à manger, n'offrait point, il s'en faut, un aspect aussi misérable : une table de chêne en occupait le centre; çà et là quelques chaises de paille; un énorme fauteuil doublé de cuir noir, dont la forme autrefois recherchée faisait croire qu'on l'avait acquis dans une vente publique; un vieux buffet de bois sculpté, comme on en trouve encore dans les campagnes, et dont les encoignures soutiennent des guirlandes de fleurs ou des grappes de fruits très-délicatement travaillées : voilà le mobilier. J'oublie pourtant un morceau plus précieux que les autres, la pendule, débris vénérable et rouillé du luxe de la Régence, peut-être de Louis XIV; la pendule, contenue dans une cage de verre, soutenue et couronnée par des pièces ciselées d'un assez grand mérite, aurait paru, comme le fauteuil, un luxe déplacé dans cet intérieur villageois, si le temps n'en eût de même fait justice, si l'humidité n'eût terni l'éclat de ses dorures, si la poussière n'eût comblé les interstices de sa dentelle.

Deux femmes occupaient cette pauvre habitation : la charmante Marie et sa mère Catherine Roux. Cependant tous les jours, depuis huit heures du matin jusqu'à huit heures du soir, vous eussiez trouvé sous ce chaume une troisième personne, la vieille Madeleine, que dame Roux nommait sa tante, une des matrones d'Écouen, sinon la plus âgée, du moins la plus méchante, et la mieux informée de toutes les vieilles histoires du pays. Elle en savait long sur la famille des Montmorenci, les anciens seigneurs de l'endroit; elle avait habité Paris pendant la révolution, tout lui était passé sous les yeux. Malgré l'intérêt qui s'attache dans un village à ceux qui peuvent raconter de grands événements, Madeleine n'était pas aimée; hors les petits enfants, qui tantôt l'écoutaient et tantôt lui dressaient des pièges pour la mettre en colère, personne ne s'occupait d'elle. On l'évitait, sans l'offenser ni lui expliquer les motifs de cette réprobation tacite. Quelque extrême qu'avait été jadis sa misère, nul n'était venu à son secours et n'avait cherché à lui épargner l'humiliation de la mendicité. Dans une époque encore récente, on l'avait vue sans compassion grelotter pendant tout l'hiver dans une espèce de hangar qu'elle avait choisi pour asile; quand le froid l'en chassait, et qu'elle sollicitait aux portes soit du feu, soit du pain, personne ne les lui refusait, mais personne n'aurait prévenu sa demande. Depuis quelque temps, il est vrai, la vieille était devenue plus heureuse, dame Roux lui avait permis de se chauffer toute la journée à sa grande cheminée, l'avait admise à sa table, lui faisait cadeau de quelques vieux chiffons; et les mauvaises langues d'Écouen, car je ne sache point qu'il en manque là non plus qu'ailleurs, glosaient beaucoup sur cette union : il était monstrueux pour une honnête femme de recevoir chez soi cette mégère; quel danger courait Marie Roux, si jeune et si jolie! Puis, ajoutait-on à demi-voix, est-il sûr que la mère soit une honnête femme? Sans doute elle se tient tranquille et ne fait de tort à personne; mais comment, de quoi vit-elle depuis que son pauvre homme est mort?

Ce dernier reproche ne laissait pas d'être spécieux. Tant que le père Roux vécut et tint son atelier de maréchal ferrant, l'abondance fut au logis en proportion variable; les chevaux déferrés faisaient la pluie et le beau temps dans le ménage; on était riche ou gueux, suivant l'état des routes. Le maréchal ferrant mourut pleuré du cabaret et des rouliers en général ; chacun s'apitoyait sur le sort de la veuve; et voici que, tout au contraire, elle mena dès cette époque une existence plus uniformément heureuse. Sans sortir de la gêne,

ni mettre sa maison sur un pied plus brillant, dame Roux se nourrit bien, envoya sa fille en pension, l'habilla proprement, et vint au secours de sa parente, la vieille Madeleine, universellement délaissée. Comme au milieu de ces dépenses la veuve ne témoignait aucune inquiétude pour l'avenir, et que ni son rouet ni le tricot de sa fille ne pouvaient couvrir tant de frais, on se perdit en conjectures, on parla de trésor trouvé, puis on frappa plus près du but en se rappelant que la famille du maréchal ferrant avait un protecteur riche et puissant dans le parrain de la petite. Ce parrain s'appelait M. de Kerlande; il était gentilhomme breton, et passait pour un grand seigneur chez les commères d'Écouen, qui le voyaient toujours en équipage. Toutefois l'affection qu'il paraissait porter à sa jolie filleule n'eût pas suffi pour expliquer ses voyages fréquents; mais M. de Kerlande avait une fille de seize ans, élevée à Écouen, nourrie par Catherine, et il fallait bien que la demoiselle oubliât quelquefois l'étiquette parisienne pour embrasser sa seconde mère et jouer avec sa compagne d'enfance. L'amitié des deux sœurs de lait pouvait passer, du reste, pour un prodige, si l'on considérait leur séparation perpétuelle, la diversité de leurs goûts et de leur éducation, la disproportion de leurs fortunes, la rivalité de leurs charmes. Il semblait, en tout cas, très-naturel que le riche gentilhomme fît une pension aux pauvres gens: bientôt cette opinion fut tellement accréditée qu'on poussa plus loin les remarques, et que le bienfaiteur fut accusé d'une avarice extrême : il ne proportionnait pas ses dons à sa richesse, car la petite famille du maréchal ferrant n'était que préservée de la misère; le temps des privations renaissait quelquefois pour elle avec un hiver un peu rude, une mauvaise récolte, ou l'augmentation du blé. De plus sages observateurs auraient cru volontiers que M. de Kerlande voulait maintenir ses protégés dans leur ancienne sphère, qu'il leur laissait exprès quelques nécessités pour entretenir sa filleule dans l'habitude du travail, et ne point éveiller en elle d'ambitieuses espérances, connaissant le danger de ces dons gratuits auxquels on s'habitue jusqu'à ne pouvoir plus s'en passer; source de paresse et de misère, car ils apprennent à mépriser l'argent gagné par les fatigues et les sueurs.

Le caractère de Catherine et celui de sa fille nécessitaient des précautions. La mère avait toujours montré quelque mépris pour son état, comme une personne déplacée dans la maison d'un ouvrier; elle avait donc espéré mieux, et cet ancien orgueil devait se réveiller pour une fille

ARC DE TRIOMPHE A MOSCOU.

idolâtrée, plus jolie que toutes ses compagnes, plus gracieuse et mieux élevée qu'elles. Marie, de son côté, n'entrevoyait pas sans plaisir et sans curiosité le luxe parisien déployé par sa sœur de lait; son imagination féconde, jeune, envahissante, ne s'endormait point sur les récits de fêtes qu'elle arrachait à son amie : c'était un texte que plus tard elle commentait à son aise, brodant sur ce riche canevas, et à la fin du rêve se voyant la reine adorée d'un bal, qu'elle avait bâti dans sa tête, avec autant de richesses, d'or et de pierreries, que les conteurs arabes en entassent dans leurs palais féeriques. Toutefois, ces vœux téméraires, ces préoccupations mondaines, demeuraient ensevelies dans le fond de son cœur; elle craignait surtout de se trahir auprès de son parrain. M. de Kerlande ayant pris chez sa mère une autorité absolue, gouvernait la maison de loin comme de près; ses secours semblaient le prix d'une obéissance entière, et maintes fois il avait fait comprendre que sa filleule devait vivre et mourir au village. Dame Roux, la vieille Magdeleine elle-même, peu respectueuse de sa nature envers qui que ce fût, n'élevaient aucune discussion à l'égard de ce droit, au moins singulier, qu'un étranger s'arrogeait ainsi sur l'enfant et sur toute la famille.

Les trois femmes étaient réunies dans la chambre que nous avons décrite. Assise dans le grand fauteuil en cuir noir tout à côté de la fenêtre, Magdeleine en recevait la lumière sur son visage ridé, sur sa longue figure d'une vigueur extrême, sèche et creuse, étrangement composée de force et de bassesse. De cet observatoire, devenu sa place habituelle, elle faisait diversion à son oisiveté en remarquant ceux qui passaient, coutant leurs aventures, leurs généalogies, leurs fortunes, leurs petits travers, et s'écoutant elle-même pour se tenir lieu de Catherine Roux, occupée des soins du ménage, passant du balai à la broche et de la broche à son rouet, sans honorer d'aucune attention le verbiage de sa tante. Celle-ci trouvait dans Marie un auditeur plus complaisant. La jeune fille dévorait toutes les anecdotes du pays, tous les récits terribles de la révolution; elle se laissait décrire l'ordre des pompes impériales, curieuse comme on l'est à son âge des peintures de la vie, des mœurs et des usages de la société. Souvent, surprise, émue d'horreur ou d'admiration, elle laissait tomber sur ses genoux ses mains et son tricot; il fallait que sa mère lui rappelât en riant son ouvrage oublié, tant les objets qui frappaient son imagination exerçaient d'empire sur elle. Sa grand'tante l'aimait pour

cette faiblesse même, et à cause des triomphes que son éloquence y gagnait.

Cependant il faut reconnaître qu'au jour où nous sommes, jour de sa rencontre avec le jeune Parisien, l'aimable fille n'accordait pas beaucoup plus d'attention aux contes d'autrefois qu'à ses aiguilles immobiles. Elle était rêveuse et triste, mais non pas comme on le devient au récit d'un malheur étranger; rêveuse et triste, au contraire, comme on l'est sur sa propre misère, lorsque l'on commence à comprendre la gêne et les besoins, lorsque s'évanouissent des chimères aimées, lorsque se font sentir les premiers froissements de l'amour-propre, les premières inquiétudes de l'âme, les premiers battements précipités du cœur. Eh quoi! cette Marie que l'on trouvait la plus insouciante et la plus belle dans les bals champêtres de l'été, la plus fraîche entre tant de roses, voilà qu'elle incline sa tête, soucieuse comme on ne l'a pas vue depuis le jour où, toute petite, elle suivit le convoi de son père: distraite et agitée, si ses regards rencontrent quelques feuilles de l'espalier, ou un panier de raisin déposé sur la table, et qu'elle remplissait la veille, sa rêverie devient plus douce; sans doute qu'aux images d'opulence si désespérantes pour le pauvre il en succède de meilleures dans son imagination; car, semblable au rayon du soleil qui perce dans un ciel couvert, au milieu du chagrin dessiné sur ses traits se démêle un tendre sourire.

Cependant Magdeleine interrompit une histoire qu'elle avait commencée.

— J'entends une voiture, dit-elle; regarde donc, ma fille, quelle est cette voiture.

Marie préoccupée ne se dérangeait point; et Catherine, s'approchant de la fenêtre, n'eut pas plutôt jeté les yeux dehors qu'elle s'écria vivement :

— Eh, mon Dieu! c'est la calèche!

Déjà sa fille était debout et courait dans la rue en répétant le nom de Camille, lorsque les chevaux s'arrêtèrent non loin de la maison. La vieille Magdeleine achevait de se lever quand les deux sœurs de lait, rouges de plaisir, et se donnant le bras, entrèrent dans la chambre : la nouvelle arrivée courut au-devant de sa nourrice, et l'embrassa cordialement. Les questions roulaient de part et d'autre avec une vélocité sans pareille, tandis que dehors s'élevait la voix de M. de Kerlande, donnant des ordres à ses domestiques. Dame Roux l'alla saluer, et l'attendit quelques instants sur le seuil de la porte. En entrant, il parla d'abord de son voyage imprévu :

8

— Ma fille en est la cause; je l'amène à Paris pour lui faire voir un peu le monde, et elle doit y passer l'hiver chez une dame de notre connaissance; mais, se trouvant plus près de vous, elle n'a pas voulu laisser venir le mauvais temps sans profiter du voisinage.

La villageoise remerciait sa sœur de cette attention par de tendres regards, mais elle n'osait guère la caresser, craignant d'endommager sa belle toilette.

Mademoiselle de Kerlande passait en effet pour un modèle de bon goût; sa mise était tellement noble et aristocratique, qu'on eût difficilement jugé si ce caractère lui venait d'une excessive recherche, des études les plus minutieuses, ou de ce sentiment du beau qui semble un instinct naturel chez certaines personnes. Mais l'âge de Camille excluait la première supposition; et ses manières, quoique simples, révélaient néanmoins une délicatesse trop exquise pour que l'on pût un seul moment attribuer au savoir-faire cette prodigieuse élégance qui ne se démentait en rien. Peut-être la nature n'avait-elle pas encore répandu sur elle plus de charmes que sur sa compagne, et cependant on devait la regarder comme plus belle. Un peu plus grande que Marie, elle est à peine aussi forte; moins âgée, moins froissée, moins inquiétée dans son avenir, elle ne porte point dans ses yeux cette mélancolie rêveuse, l'un des attraits les plus puissants chez une jeune fille, parce qu'il semble révéler la faiblesse : séduction nouvelle que lui réservent sans doute les chagrins ou l'amour! En outre, elle conservera sa beauté plus longtemps; elle est brune comme fut sa mère; et ses yeux, sa chevelure, appartiennent plutôt au climat de l'Andalousie qu'à celui de la Bretagne.

Mais sans se préoccuper de l'avenir, combien aujourd'hui même le luxe des manières et de l'ajustement n'élève-t-il pas la demoiselle au-dessus de la villageoise! Les boucles d'oreilles effilées; le cercle d'or qui brille si bien sur des cheveux noirs et polis; les bagues sur une main délicate et grasse, inhabile au travail; les plis voluptueux d'une robe élégante; la douceur d'une peau que le soleil ne brûle jamais; enfin l'enivrement d'une haleine parfumée : voilà des grâces, pauvre paysanne, que la nature ne t'a point données. Tu es forte et belle comme tes arbustes, fraîche comme tes prairies après une rosée; tes yeux son bleus comme ton ciel · mais ce sont là tous tes trésors; et, s'il t'en fallait plus pour être aimée, tu mourrais sans amour!

Les femmes, les jeunes filles les plus candides

ont un merveilleux instinct pour deviner les charmes de leurs rivales, et la pauvre Marie n'avait pas encore vu sa sœur de lait si ravissante; elle se sentait comme écrasée, pour la première fois, par tant d'attraits, et tant de luxe propre à les rehausser; son cœur, se détachant d'une compagne trop belle, saignait de déplaisir, d'humiliation, d'envie; elle lui accordait déjà plus d'admiration que d'amour; tantôt étudiant sa démarche, ses moindres mouvements, tantôt prête à pleurer, désespérant d'atteindre à cette perfection. Voilà comme il faut être, pensait-elle, pour plaire aux jeunes gens de Paris, dont les paroles sont si douces, et les regards plus doux encore. Alors elle détournait la tête, et relevait furtivement le coin de son tablier pour essuyer des larmes naissantes. Les deux voyageurs s'aperçurent qu'il y avait en elle quelque chose d'inaccoutumé; mais Camille attendait un moment de tête-à-tête pour sonder délicatement cette blessure inconnue, et M. de Kerlande ne s'en inquiétait pas; car, tout en feignant de céder aux instances d'une enfant, il venait dans un but sérieux, et apportait pour sa filleule ce que l'on nomme le remède à tous les chagrins de jeune fille. Or, comme cette potion renferme en général quelque peu d'amertume, il est assez d'usage qu'on la sucre; ce fut le premier soin du gentilhomme. Il fit un signe à son domestique, et celui-ci vint déposer sur la table de chêne une cassette oblongue d'un goût très-parisien : le bois en était jaune, satiné, jaspé, vernissé, brillant comme un miroir. Cet objet attira les yeux de nos trois paysannes. Camille, appuyant une main sur le bras de sa sœur, et introduisant avec l'autre une petite clef dorée dans la serrure du coffre, disait d'un air badin :

— Marie, devines-tu ce qu'on t'apporte là-dedans?

— Une robe pour maman?

— Non, rien pour ta maman.

— Un châle pour moi?

— Sans doute; mais quel châle pourrait remplir ce coffre?

— Il y a des gants.

— Des gants!... que tu es naïve! cela ne tient pas de place. Oui, il y a des gants; mais ensuite?

— Que sais-je? continua Marie, dont la figure s'animait de plaisir; une robe, peut-être?

— Oui, ma belle, une robe; et après?

— Comment donc! autre chose encore?

— Assurément, bien d'autres choses; et d'abord des souliers.

— Des souliers pour moi?

— Laisse-moi donc tout dire. Des souliers, des bas, un voile, des boucles d'oreilles, une boucle, une chaîne et un bouquet.

— Allons donc ! tu veux rire.

— Mais oui, j'espère bien que nous rirons ensemble, reprit Camille en se jetant au cou de son amie. Elle la fit asseoir sur une chaise tout auprès de la table, et tourna lentement la clef du joli coffre ; mais au moment de découvrir les belles choses qu'elle venait d'annoncer :

— Mon cher papa, dit-elle, si vous voulez causer avec maman Catherine, faites, sans vous gêner, car nous voici dans les chiffons.

M. de Korlande fit signe à Mme Roux et à Magdeleine de monter avec lui dans l'appartement supérieur. Son air mystérieux, cette conversation secrète, préparée avec soin par une badinerie, donnèrent un peu d'inquiétude à la jeune villageoise, déjà bien étonnée des présents qu'on lui apportait. Aussi rapidement qu'une surprise agréable avait dissipé sa tristesse, la défiance et des craintes vagues s'éveillèrent en elle ; il lui fut impossible de garder le moindre sang-froid ; s'étant élancée tout à coup vers son parrain qui s'en allait, elle le remercia de son cadeau, l'embrassa tendrement comme pour recourir à sa protection, puis revint s'asseoir près de la table, et les deux sœurs de lait se penchèrent ensemble sur la cassette ouverte.

— Voici le châle, n'est-ce pas ? disait la paysanne.

— Oh ! mettons un peu d'ordre : il y a d'abord une boîte ; veux-tu l'ouvrir, ma chère ?

— Que c'est joli, Camille ! Un peigne en or, des boucles d'oreilles...

— La boucle, et puis la chaîne. Qu'est-ce que j'avais dit ?

— Laisse-moi t'embrasser.

— Voici le châle, maintenant. Mets la boîte de côté.

— Dis-moi, Camille, ces bijoux sont-ils à la mode de Paris ?

— Quelle demande, mon amie ! sans doute. C'est moi-même qui les ai choisis, et papa me reprochait de sacrifier au goût du jour : par exemple, ces boucles d'oreilles lui paraissaient trop longues. On les porte ainsi maintenant, et c'est une raison pour qu'il faille en changer avant quelques années. Mais que t'importe ! les bijoux d'or sont toujours beaux à la campagne.

— C'est vrai.... à la campagne !

— Eh bien ! qu'as-tu, Marie ? On dirait que je t'ai fait de la peine ?

— Tu crois donc que mon parrain ne m'emmènera jamais à Paris ?

— Tes questions m'étonnent ; et que veux-tu faire à Paris ? Voir un monde corrompu, des spectacles profanes, te livrer à des amusements proscrits par la religion ? Oh ! ce n'est pas possible !..... Regarde, nous t'en procurons les plaisirs innocents. Voici ton châle ; te plaît-il ?

— Oui, beaucoup.

— C'est un cachemire.

— Vraiment ! un cachemire !! Il est tout blanc, c'est donc la mode ?

— Non, pas absolument ; mais pour toi c'était de rigueur.

Les premiers mots de cette réponse avaient détruit l'ivresse renaissante de la villageoise ; elle laissa tomber dédaigneusement l'étoffe et la repoussa du doigt ; quant aux dernières paroles, les ayant à peine écoutées, elle fut peu surprise de n'y pas trouver de sens. Revenant encore à la charge, malgré l'effort que sa compagne avait fait pour changer de conversation :

— Tu penses donc, dit-elle, que j'offenserais Dieu si j'allais à Paris ?

— Ce serait t'exposer à la tentation pour satisfaire une curiosité mondaine. Ah ! chère bien-aimée, crois-moi, reste dans ton village, et remercie la Providence de t'y avoir placée. Tu épouseras un honnête homme, il t'enrichira de son travail, et tu t'enrichiras de tes vertus ; tu seras chérie, considérée, heureuse par tes enfants, comme ta mère est heureuse par toi ! Oh ! si tu ne ressens pas en toi-même l'avant-goût de cette félicité, nos deux cœurs sont bien différents !....

Continuous cependant l'examen de ta toilette ; il existe un secret au bout, qui te réconciliera, j'espère, avec la vie champêtre.

— Continuons !

— Voici la robe, disait-elle, en atteignant au fond du coffre une étoffe brodée de la plus grande finesse ; voici la robe, encore blanche.

— Pourquoi cela ? Les demoiselles ne s'habillent point en blanc, personne ne s'habille en blanc ; et toi-même, Camille, tu n'en portes jamais.

— Il y a des jours cependant où l'on est obligé d'en mettre.

— Oui, pour la communion.....

— Et pour le mariage.... Veux-tu prendre ce qui reste au fond de la cassette?

— Des bas ! Combien de paires ?

— Tu les compteras une autre fois. Ne trouves-tu pas deux petits paquets enveloppés de papier brouillard ? Déplie, déplie, ma chère.

— Des souliers de satin; et dans celui-là.... O ciel! une couronne!... Mais, on me marie donc? s'écria-t-elle toute tremblante en retombant assise.

Camille ne dit rien, seulement elle lui tendit les bras avec un sourire et des regards qui parlaient assez haut, et la pressa contre son sein. Elle pensa que son amie cachait dans cet embrassement l'émotion de la pudeur, ou la surprise d'une félicité inattendue; mais sentant sur sa joue quelque chose de froid comme des larmes, elle se dégagea des bras qui l'étreignaient; Marie, toute en pleurs, se rejeta sur le dos de sa chaise, suffoquée de sanglots; et Camille, les mains jointes, immobile, muette, la regardait avec stupeur.

En ce moment, un bruit de pas se fit entendre dans l'escalier. Mlle de Kerlande s'élança vers Marie, pressa des lèvres son front brûlant, et l'enveloppa des bras avec l'anxiété d'une mère.

— Sèche tes larmes, sèche-les, disait-elle à voix basse, nous causerons plus tard.

Toutefois, cette alerte ne dura pas longtemps: on reconnut Magdeleine à son pas mesuré, quoiqu'elle s'efforçât alors de le rendre plus vif. Avant d'ouvrir la porte, elle élevait déjà la voix :

— Venez, mesdemoiselles, dépêchez-vous de monter; on a de bonnes nouvelles à vous apprendre là-haut. Eh bien! qu'est-ce que je vois? Tu pleures, enfant!

— Je ne veux pas me marier!

— Ah! nous connaissons cela, ma chère; on voudrait prendre le mari sans perdre la maman. Nous avons toutes fait de même. Moi, j'ai versé de belles larmes; et ta mère, il fallait la voir! Pour bien dire, elle avait, celle-là, quelque sujet de se lamenter...

— Ma bonne Magdeleine, interrompit la pauvre fille en lui serrant les mains d'un air déterminé, crois-moi, je t'en supplie, je ne veux point me marier!

— Vraiment! fit la vieille, dont la figure se rembrunissait.

— Oh! vraiment! vraiment! devant Dieu!

— Mais c'est à Guillou qu'on te donne, au plus riche fermier de tous nos environs, et M. de Kerlande te dote. Quinze mille livres! chère petite! Tu seras une grosse dame d'Ecouen! D'ailleurs, pendant l'été, tu parlais si bien de Guillou; tu ne lui refusais aucune contredanse; c'était un bon garçon par-ci, un homme aisé par-là. Ta mère entend à demi-mot, M. de Kerlande de même, et l'affaire est presque finie.

— Comment, presque finie!

— Catherine croyait aller au-devant de tes vœux, elle se faisait une fête de te surprendre. Ton parrain a vu le futur, et a fixé la dot, voilà l'essentiel : on te fera la cour pendant une huitaine.

— Ah! ma sœur! maman Magdeleine! venez à mon secours!

— Sois franche, ma petite; ton parrain semble avoir à cœur de te marier bientôt, de t'établir ici; mais il ne tient pas à Guillou; quel est celui que tu voudrais?

A cette demande un peu brutale, Marie sentit croître sa douleur.

— Je ne veux personne, personne!

Magdeleine haussa les épaules et s'éloigna mécontente, puis elle se ravisa, regarda sa petite nièce avec une attention pénétrante, et convaincue enfin d'avoir deviné son secret, lui parla lentement, d'une voix émue, si rare chez elle.

— N'est-il pas vrai, ma pauvre enfant, ton imagination s'égare loin de notre village. Pour une paysanne, tes yeux ont trop vu de merveilles; tu t'es comparée à des riches, et tu t'es demandé : Suis-je moins belle? moins aimable? Oh! non, certes, tu n'es ni moins aimable, ni moins belle! tu n'as pas moins de titres qu'eux à cette orgueilleuse opulence, et l'on abuse des lois en te laissant pourrir dans ce village!

Camille s'effrayait de ce discours, elle voyait le danger de ces mauvaises consolations; elle regardait la vieille avec colère et lui faisait signe de cesser. Mais celle-ci, branlant la tête, comme elle avait coutume de faire quand elle appuyait fortement sur son opinion :

— Allez, Mademoiselle, je ne radote pas; ce que j'ai dit est dit. Vos maîtres ne vous ont appris que ce qu'ils connaissaient eux-mêmes. Je suis plus vieille qu'eux, et j'ai vu ce qu'ils n'ont pas vu. Savez-vous, par hasard, si cette pauvre fille, oui, votre sœur de lait, ne tient pas de son père, un sang aussi noble que le vôtre! si elle n'a pas sujet d'envier vos trésors, et si l'ambition pouvait manquer chez elle!...

— Calme-toi, Magdeleine, interrompit Marie, laisse là tes énigmes et viens me conseiller. Que vais-je dire à mon parrain?

— Hélas! pauvre petite, il faut tâcher de te soumettre. Son caractère est inflexible. Que deviendrions-nous s'il nous abandonnait? reprit la vieille avec amertume. Et cependant, oh! non, non, M. de Kerlande ne peut t'abandonner; il ne le veut pas, je te le jure; essaie de résister.

— Mon père t'aime beaucoup, interrompit Camille, tu l'as éprouvé mille fois; mais il est plus aisé d'arracher un arbre de la terre qu'un projet de sa tête. Ne le heurte donc pas, demande-lui du temps, et je m'efforcerai de te faire venir à Paris, puisque c'est le vœu de ton cœur. Je t'aime, Marie, quoi que cette femme en pense. Je supplierai mon père, je le supplierai à genoux. Dieu veuille, hélas! que ces efforts ne se tournent pas contre toi ! Les vertus et le bonheur sont, au milieu du luxe, terriblement plus rares que dans ton beau village !.... Oui, tu secoues la tête ; de quoi servent les remèdes à qui veut se détruire ?

— Il est facile aux riches de vanter la misère, grommela Magdeleine.

— Vos paroles sont envenimées, madame, répondit fièrement mademoiselle de Kerlande, et je vous ordonne de vous taire. La vieille se mordit les lèvres, puis ricana d'un air atroce. Assistée de ces deux conseillères, Marie semblait une âme en peine entre le tentateur et son bon ange.

— On descend! on descend! dirent au même instant les trois femmes. Camille se pencha dans l'attitude d'une personne inquiète et occupée d'en secourir une autre, appuya sur son sein la tête décolorée de son amie, et lorsque M. de Kerlande ouvrit la porte en s'écriant :

— Puisque vous ne montez pas, il faut bien que nous descendions !

— Ce n'est pas notre faute, répondit Camille : en apprenant son mariage et vos bontés à son égard, Marie vient de se trouver mal.

— Juste ciel! murmura la mère effrayée en courant vers sa fille. Magdeleine la retint, l'entraîna dans un coin de la chambre, et lui parla tout bas.

— Qu'on apprête la voiture, dit alors M. de Kerlande, il se fait tard. Eh bien! chère petite, te sens-tu mieux maintenant?

— Je crois que oui, mon parrain.

— Nous viendrons danser à la noce.

— Oui... vous êtes bien bon !

— Ton malaise dure donc encore un peu? Guillou le chassera. C'est un brave garçon. D'ailleurs tu l'aimes; tout est dit.

— Non! non, mon parrain! je vous jure!

— Il n'y a point de mal, va ; ne t'en défends point... Sera-ce dans huit jours?

— Oh! mon parrain !

— Mettons-en quinze !

— Comment donc! un mois, dit Camille : ma robe n'est pas faite, et j'y veux réfléchir à mon aise.

— Qu'en penses-tu, Marie?

— Si j'osais, mon parrain, vous demander six semaines !

— Quel délai, mon enfant! six semaines! Je

veux bien, mais nous ne te donnerons pas le quart d'heure de grâce.

En parlant de la sorte, il serra vivement sa filleule contre son cœur, la baisa sur le front avec une tendresse de père, dit bonsoir à dame Roux et monta dans son équipage. Comme sa fille le faisait attendre, ne pouvant s'arracher des bras de Marie : — On dirait qu'elles s'embrassent pour la dernière fois, remarqua-t-il en plaisantant.

Quand la voiture eut disparu dans son nuage de poussière, quand les yeux qui l'accompagnaient ne l'aperçurent plus, Marie, se retournant, vit auprès d'elle Catherine abattue et désespérée de sa faute; à cet aspect la jeune fille cessa de contenir les larmes qui la suffoquaient, et elle lui donna la main, avec un regard qui disait : — Oh! ma mère, je ne t'en veux pas, mais tu me rends bien malheureuse !

JULES A. DAVID.

(La suite au prochain numéro.) *

<hr>

ARC DE TRIOMPHE A MOSCOU.

On a si souvent parlé de Moscou dans les colonnes du MAGASIN UNIVERSEL; on a si souvent décrit ses innombrables monuments politiques, ses monuments religieux, plus innombrables encore; on a si souvent dénombré ses palais publics et privés, ses jardins, ses maisons; et le *Kremlin*, source intarissable de descriptions fantastiques depuis l'incendie de 1812; et l'*ancien palais des czars*, avec son dôme, sa coupole, ses belvédères, ses escaliers immenses; et le *palais des armures* avec ses mille richesses, ses trônes, ses couronnes, ses trophées, ses drapeaux; et le *tombeau de Matveef*, et puis encore d'autres palais, et puis encore d'autres tombeaux ! le MAGASIN UNIVERSEL contient un tel luxe de descriptions de monuments russes ou tartares, que ce serait véritablement abuser du privilège d'historien, et lasser en même temps la patience du lecteur le plus intrépide, si nous reprenions le cours de nos promenades descriptives dans l'ancienne capitale de la Russie. Nous sommes fatigués, très-fatigués; il y aurait cruauté à vouloir faire fatiguer les autres, s'ils ne le sont point déjà. Ainsi, bornons-nous à dire que nous reproduisons la vue d'un arc de triomphe de Mos-

<hr>

* Chacune des livraisons mensuelles de la septième année du *Magasin Universel*, contiendra une partie de ce nouveau roman de M. Jules A. DAVID. (*Note du direct.*)

cou; arc de triomphe assez semblable à tous les arcs de triomphe, mais qui, par l'élégance de sa construction, par le fini de ses travaux, par la perfection de ses sculptures, mérite l'honneur d'un coup d'œil et d'un souvenir.

FERDOUSI,

Poëte persan, auteur du Schah-Nameh, *ou Livre des Rois.*

Aboul-Kasin-Mansour, surnommé Ferdousi, naquit à Schadab, bourg des environs de Thous. Son père était d'une famille de Dihkans, sorte d'aristocratie territoriale qui descendait des anciens Persans, et dont les membres mettaient un grand soin à conserver l'histoire de leur famille. Je fais cette remarque, parce qu'elle aidera à comprendre quelles circonstances firent de Ferdonsi le poète des chroniques nationales de la Perse. L'éducation du jeune Mansour dut être très-soignée, puisqu'il savait assez d'arabe pour que ses poésies, en cette langue, excitassent plus tard l'admiration des beaux esprits dont s'entouraient les califes dans leur brillante cour de Bagdad; il savait montrer le *Phélewi*, idiome usité dans les provinces orientales, seulement comme langue officielle. Tout ce qu'on sait de son enfance, c'est qu'il eut des habitudes studieuses; son plus grand plaisir était de s'asseoir sur les bords du canal d'irrigation qui traversait les terres de son père; et comme la digue qui faisait affluer les eaux dans le canal, n'étant faite que de terre et de fascines, était souvent emportée par des crues subites, ces accidents désolaient le jeune Ferdousi; il ne désirait rien tant que de la voir construire en pierre, se doutant peu alors que ce souhait serait accompli un jour, mais seulement après sa mort. L'on a tout lieu de croire que ces années, couvertes pour nous d'un voile impénétrable, il les passa à étudier l'histoire des héros des anciens jours, prétendant ainsi à la colossale épopée qui devait immortaliser son nom. Marié à l'âge de vingt-huit ans, il eut deux enfants : une fille que l'on se figure belle autant que noble, et qui fut pour lui ce que Malvina fut pour le barde de Morven; et un fils, dont la mort brisa le cœur du poëte : « Ce jeune homme, s'écrie-t-il dans son affliction, lorsqu'il eut trente-sept ans, ne trouva pas le monde à son goût et partit; il partit, et ne me laissa que peines et douleurs. Il a noyé dans le sang mon cœur et mes

yeux; il est allé dans le monde de lumière, et va y préparer une place pour son père attristé. Des années nombreuses ont passé sur moi, de sorte qu'il ne me reste aucun de mes compagnons. Mon fils tient les yeux ouverts sur moi, et s'impatiente de ce que je tarde à le rejoindre : j'ai soixante-cinq ans, il en avait trente-sept, et il est parti sans demander congé au vieillard! »

A peu près vers l'âge où Ferdousi se maria, les Ghaznèvides régnaient sur la Perse : le second roi de cette race, Mahmoud, le prince le plus guerrier et le plus puissant de son siècle, cherchait à s'entourer de tout le luxe des arts : sa cour ressemblait à une véritable académie, et ce monarque ne peut se comparer qu'à Louis XIV au milieu de son cortège de grands hommes; ou, si l'on veut tenir compte de ce qu'il restait encore de rudesse et de barbarie dans les mœurs, au bon roi René, au milieu de ses troubadours provençaux; seulement les poëtes de Mahmoud, au lieu de tenir des cours d'amour et de discourir spirituellement, chantaient les hauts faits des âges passés, et les combats de Rustem contre les *Divs*, ou génies. Ferdousi parut; il eut d'abord à lutter contre des rivaux jaloux, et ce ne fut qu'avec des peines inouïes qu'il parvint à attirer sur lui l'attention du roi; encore dut-il ce bonheur à un ami qui présenta au sultan l'épisode de Rustem et d'Isfendiar. Le roi, plein d'admiration pour le rapsode inconnu, le présenta aux sept poëtes qui brillaient à sa cour, et que l'on comparait aux pléiades. Un autre jour le prince lui fit improviser un fragment poétique en l'honneur du favori Ayaz; le poëte s'en acquitta de telle manière que le roi, charmé, lui donna le surnom de *Ferdousi,* ou *Paradisiaque;* et, malgré la radieuse aurore au milieu de laquelle se levait l'astre nouveau, ce surnom fut la seule faveur du sultan qui resta à l'auteur du magnifique poème du Livre des Rois!

Les souverains de la Perse s'occupaient depuis longtemps à réunir en un seul corps les traditions éparses dans les différentes provinces. Ce projet, malgré l'inimitié des dynasties, se transmit de siècle en siècle, de race en race; ce que l'on peut expliquer par la haute portée politique que devait avoir le recueil : plusieurs fois il reçut un commencement d'exécution; mais il était réservé à Mahmoud de le conduire à bonne fin. Ce prince cherchait un homme versé dans l'histoire, qui eût le génie en partage, et dont la 'jeunesse lui laissât l'espoir de voir achever l'interminable collection : tantôt il donnait à ses poëtes un épisode à mettre en vers; tantôt il proposait à Ansari de se charger de ce travail, et celui-ci, s'en excusant sur le manque de temps, finit par lui proposer Ferdousi, auquel Mahmoud confia cette œuvre, d'autant plus volontiers qu'il le connaissait sous des rapports bien favorables. Avant d'aller plus loin, pour apprécier le mérite du *Schah-Nameh*, il est nécessaire d'entrer dans quelques détails indispensables.

Au sixième siècle, un prince avait fait recueillir, dans toutes les provinces, les récits populaires concernant les anciens rois; ce travail fut repris par le dernier des Sassanides, qui chargea un des écrivains attachés à sa personne de revoir la collection; cet écrivain composa son ouvrage en *phélewi*, langue venue des frontières, comme l'indique le mot, et qui s'était formée, en Mésopotamie, du mélange des langues et des races sémitique et persane. En ce temps survinrent les Arabes, le Coran d'une main et le glaive de l'autre, qui conquirent la Perse, de telle sorte que l'ouvrage tomba en leur pouvoir. Cependant, malgré l'entière soumission de l'empire, il s'en fallait bien que l'influence de la conquête fût également bien établie dans toutes les parties de ce vaste royaume; par exemple, les provinces d'où était venu le *phélewi*, n'ayant pas de nationalité bien prononcée, prirent facilement les mœurs et la langue des nouveaux maîtres, tandis que l'arabe ne fut jamais usité dans les provinces orientales; et lorsqu'on voulut l'y introduire, par une réaction bien naturelle, cette innovation fit surgir une littérature persane. Bientôt les gouverneurs des parties éloignées se rendirent presque indépendants de la cour de Bagdad, et leurs petites cours se remplirent de poëtes persans, qu'ils encouragèrent de tout leur pouvoir. Plus tard vint Yacoub, fils de Léïs, chaudronnier d'abord, puis voleur, puis soldat, puis souverain de toute la Perse. Ennemi des Arabes, quoique étranger aux lettres, il sentit tout le parti qu'il pouvait tirer politiquement de l'influence des traditions nationales, qui relevaient les Persans à leurs propres yeux, en leur montrant ce qu'avaient été leurs pères. Il ordonna donc à son vizir de faire traduire en persan le livre des traditions.

Les ouvrages des devanciers de Ferdousi sont perdus; toutefois, au lieu de les regretter, il me semble que c'est déjà une preuve en faveur de l'écrivain dont nous esquissons la vie: car, certes, il faut un génie bien supérieur pour faire oublier sitôt des hommes regardés comme les premiers de leur âge, et remplacer la poésie du peuple, à laquelle le peuple tient autant qu'au sol natal, par son œuvre, par sa poésie à soi; mais aussi quelle poésie que celle du *Schah-Nameh!*

Mahmoud fit préparer à Ferdousi un appartement qui communiquait avec son jardin particulier, et dont les murs furent couverts de peintures représentant des armes de tout genre: des tigres, des éléphants, des dromadaires, des chevaux, des rois et des héros de l'Iran et du Touran. Quand un épisode était terminé, Ferdousi le remettait au roi, qui se le faisait lire à la manière orientale, c'est-à-dire accompagné de musique et de danses, et qui ordonnait que l'on comptât au poëte mille pièces d'or pour chaque millier de distiques; mais Ferdousi demanda à ne recevoir la somme tout entière qu'à la fin du poëme. La faveur dont il jouissait ne tarda pas à lui faire des ennemis, entre autres un vizir, qui commença à lui refuser tout ce qu'il demandait. A dater de ce jour, au milieu du luxe et de la cour la plus brillante de l'Asie, la vie de Ferdousi ne fut plus qu'une lutte continuelle avec le besoin; et, quoique ceci ait l'air d'un paradoxe, il dut peut-être sa gloire au ministre cruel qui se plut à tremper de fiel le pain du poëte; soit que l'homme, dans le malheur, cherche naturellement un refuge dans la poésie, qui l'exalte et lui fait oublier les misères de la terre; soit que, semblable au baume que l'on n'obtient qu'en blessant l'arbre qui le porte, la poésie ne découle que d'un cœur froissé par la destinée! qu'on lise la vie de tous les grands poëtes. Tel était l'état de Ferdousi; lors même qu'on ignorerait cette circonstance, il serait facile de deviner qu'il fut malheureux, à la teinte sombre et mélancolique dont il a revêtu certains passages, à l'amertume poignante qui tombe parfois de sa plume; et celui qui cherche à surprendre les secrets de cœur de l'écrivain, dans la suave des pensées, ne peut s'empêcher d'être profondément ému en voyant une grande douleur se révéler, çà et là, sous le voile brillant qui ne peut la couvrir entièrement.

Cependant le nom de Ferdousi se répandait au dehors, et sa gloire en même temps: le peuple abandonnait les anciens récits pour adopter les beaux vers que le grand homme suait, au fond de l'espèce de cachot où il languissait, en proie aux chagrins et aux privations de toute espèce. L'envie, qui toujours s'attache aux pas du génie, ne lui manqua pas non plus: ses détracteurs prétendirent que le mérite de ses œuvres était entièrement dû à l'intérêt des sources où il puisait; ses amis le défendirent, et, après une vive discussion, il fut convenu de lui donner un épisode à mettre en vers le jour même. Son travail achevé, Ferdousi le lut devant le roi, et des cris d'admiration s'échappèrent de toutes les bouches. Ce fut au milieu de ces difficultés qu'il perdit son fils, dont la mort laissa dans son cœur une plaie profonde.

Son œuvre terminée, Mahmoud ordonna au vizir d'envoyer à Ferdousi assez d'or pour charger un éléphant; mais, dans sa haine implacable, le ministre fit tant qu'il obtint de n'envoyer qu'une petite somme d'argent. Trompé dans son attente, le poëte en donna le tiers au porteur, autant à Ayaz, le favori qui lui avait apporté cette nouvelle, et il acheta une certaine quantité de fouka (sorte de bierre usitée en Perse), avec ce qui lui restait, disant qu'il n'avait pas besoin des présents du sultan. Ceci fut rapporté au roi, qui, entrant en fureur, jura de faire jeter aux pieds de ses éléphants l'insolent; et la vie du poëte courait grand risque s'il ne fût parvenu à apaiser le monarque irrité. Chassé du palais, le grand homme voulut toutefois flétrir l'injustice dont il était victime : pour ôter tout soupçon, il écrivit deux vers à la louange de Mahmoud, sur les murs de la mosquée royale, pendant qu'en secret il composait sa fameuse satire, qu'il remit, bien cachetée, à Ayaz, pour la faire tenir au roi, mais seulement dans vingt jours. Aussitôt l'illustre vieillard prit son bâton de voyage; et, seul avec sa fille bien-aimée, ils gagnèrent à pied le Mazanderan, dont le souverain le reçut d'une manière digne de son hôte, et ne le renvoya qu'avec des présents magnifiques. Ferdousi se retira à Bagdad, où, pour complaire au calife, il composa un poëme arabe. La haine de Mahmoud le poursuivit encore dans sa retraite, et l'obligea de chercher un refuge dans le *Kouhistan*, alors sous l'autorité d'un de ses amis dévoués, qui enfin servit de médiateur entre le poëte persécuté et le monarque injuste.

Libre de rentrer en Perse, Ferdousi, qui se sentait mourir, voulut revoir encore une fois le bourg où s'était écoulée son enfance si obscure, mais si heureuse; et il était temps, car à peine y fut-il arrivé qu'il mourut. Son cadavre essuya encore une dernière persécution : le cheik refusa de dire les prières d'usage sur la tombe de celui qui avait passé sa vie à écrire l'histoire des adorateurs du feu. Tandis que le convoi funèbre sortait par une des portes de la ville, par une autre arrivaient des chameaux portant les 100,000 pièces d'or dues au poëte par le roi; malgré sa pauvreté, la fille de Ferdousi ayant noblement refusé ce trésor, on l'employa à bâtir en pierre la digue du canal appartenant à la famille du grand homme. Ne croirait-on pas lire l'histoire du Tasse, le poëte longtemps persécuté, qui mourut pendant qu'on lui préparait un triomphe ?

Telle fut la vie de celui que la Perse révère comme nous révérons l'antique Homère, et dont tout le monde admire l'ouvrage. Cet ouvrage lui avait coûté trente-cinq ans de veilles, ainsi qu'il le dit lui-même : « J'avais donné à mon travail trente-cinq ans de ce séjour passager, dans l'espoir d'acquérir un trésor; mais puisqu'on a jeté au veut ma peine, mes trente-cinq ans n'ont rien produit! »

A. VAYSSIÈRE.

C'était l'usage parmi les jeunes seigneurs de la cour de France de proclamer un roi de la fève, et toujours, comme on l'imagine, la folie dévorait ce règne d'un moment. En 1521, la cour se trouvait à Romorantin : le gage de cette royauté passagère échut au comte de Saint-Pol. François Ier, qui dans ces circonstances oubliait son rang et ne se distinguait plus que par l'extravagance de ses prouesses, trouva plaisant d'aller assiéger la maison du comte-roi. Celui-ci, qui avait plusieurs amis avec lui, et entre autres le capitaine de Lorges, Jacques de Montgommery, opposa une défense analogue à l'attaque. Des deux côtés volaient des boules de neige, des œufs, des pommes cuites.

Le combat s'échauffant toujours, et peut-être les munitions innocentes venant à manquer, on en saisit de plus offensives. Un tison ardent sillonna les airs, et vint frapper au menton le roi véritable. La blessure était grave; on voulut rechercher le coupable; François Ier ne le permit pas : il reconnut que le vrai coupable n'était autre que lui-même. Il fut obligé de se faire couper les cheveux, et pour cacher la cicatrice, qui lui demeura toujours, il laissa pousser sa barbe. Telle est l'origine de la coutume, qui dura près de cent ans en France, de porter une barbe longue et des cheveux courts.

Exemple étrange de fatalité! Jacques de Montgommery blesse François Ier dans une fête, et son fils, Gabriel de Montgommery, tue Henri II dans un tournoi!

Typographie de LACRAMPE et Cie, rue Damiette, 2.

MAISON DE BERNARDIN DE SAINT-PIERRE.

MAISON DE BERNARDIN DE SAINT-PIERRE

DANS LA VALLÉE DE VAUX,

près d'Essonne.

Ce n'est point une nouvelle biographie de Bernardin de Saint-Pierre que nous nous proposons de tracer ici, à propos de son ermitage de la vallée de Vaux. M. Aimé Martin, dans l'édition des *OEuvres de Bernardin*, qu'il a mises en ordre avec autant de science que de goût, nous fait connaître toutes les phases de la vie du poëte qui peignit avec des couleurs si suaves les amours de Paul et Virginie. S'il se trouvait quelqu'un qui n'eût pas lu cette biographie, nous l'en féliciterions cependant, comme nous pourrions féliciter la personne qui n'aurait point vu et entendu Mlle Rachel, et qui ne connaîtrait point le procédé de Daguerre, un plaisir en perspective valant toujours mieux qu'un plaisir éprouvé. Vouloir parler de la vie et des ouvrages de Bernardin après le savant dialecticien, ce serait, suivant l'expression originale de Molière, vouloir ajouter des *etoilas au cielo et des flores au printano;* tâche qu'on nous saura certainement gré de ne vouloir pas entreprendre. Ce que nous nous sommes proposé dans cet article, c'est de faire apercevoir un recoin infiniment petit du tableau infiniment grand de la vie d'un grand homme; c'est une ponctuation dans cette vie si pleine, si bien employée, si assombrie par le malheur à son début, si calme, si pure, si remplie de douces joies à son déclin.

En 1792, la famille Didot avait une papeterie dans la vallée de Vaux : Bernardin, qui était, comme on sait, allié à cette famille, vint visiter son établissement. Le site de la vallée lui parut si délicieux, qu'il résolut de s'y fixer ; et, le 12 novembre de cette même année 1792, il acquit d'une dame, veuve Leduc, moyennant 28 pistoles de rente, la petite île au milieu de laquelle il construisit l'ermitage que nous allons essayer de décrire.

La maison dont Bernardin fit lui-même le dessin et dont il fut aussi l'architecte, forme un carré parfait. Un balcon, de plain-pied avec les chambres du premier étage, règne tout le long de la façade opposée à celle représentée dans le dessin que nous offrons. C'est là que le poëte philosophe aimait à venir respirer la brise du soir, qui lui arrivait chargée du parfum des fleurs que sa main avait plantées et qu'elle venait d'arroser.

L'extérieur, eu égard à la manière dont la maçonnerie a été faite, manière inusitée dans le pays, présente un caractère d'étrangeté dont on cherche vainement à deviner la cause. Ainsi les petites colonnes du péristyle de la façade principale sont en pierres meulières indigènes, taillées en forme de dé et superposées les unes sur les autres. Les murs sont en mêmes pierres, mais jetées sans choix, telles qu'elles sont sorties de la carrière, sur des lits de ciment. Pas la moindre poignée de plâtre ou d'enduit quelconque n'a été jetée pour déguiser les interstices laissés par les pierres et les cavités nombreuses dont la meulière est criblée. Le temps et la végétation s'étaient chargés, eux, de crépir ces murailles inachevées : un lierre à la feuille luisante avait étendu ses mille doigts parasites sur les rides rocailleuses des murs, de sorte que le toit et le belvédère paraissaient reposer sur le feuillage. Peut-être le poëte avait-il deviné la venue de cet arbuste au pied de son ermitage; peut-être, pour en favoriser le développement, avait-il laissé les murs tout bruts. Cette décoration naturelle, cette muraille ondoyante fut proscrite après la mort du philosophe, dont les habitants du pays ne pouvaient comprendre les goûts; une main hérule, une main classique, arracha brin à brin, épila, pour ainsi dire, cette chevelure verdoyante qui contrastait si bien avec la neige des hivers : c'était substituer au velouté de la pêche l'aspect miroité du brugnon, c'était dépouiller la prune de cette poussière virginale qui tempère si agréablement l'éclat de sa peau. Du reste, cette spoliation est le seul acte de vandalisme qu'ait eu à subir cette habitation.

Ce qui n'est pas moins étrange que les murs, ce sont les degrés des perrons, qui sont en briques disposées sur champ comme dans le magasin du tuilier; ce sont les cintres des deux arcades vitrées qui, construits en tuiles, également sur champ, apparentes et de couleurs différentes, ressemblent à un double bandeau d'étoffe rayée; ce sont encore ces espèces de petites meurtrières pareilles aux trous laissés par les poutres qui supportent l'échafaudage du maçon ; et tout cela, vu de loin à travers les arbres, présente l'aspect le plus frais, le plus pittoresque.

Le jardin est encore tel que l'a dessiné Bernardin, avec les mêmes arbres, les mêmes berceaux et leurs bancs maintenant vermoulus. Après avoir visité cette île dans tous les recoins, après avoir passé dans toutes les allées, avoir touché tous les arbres, toutes les fleurs, on aime à s'asseoir où le grand écrivain s'est assis, à ressentir les rayons du soleil tamisés par le feuillage mouvant des platanes dont la main du poëte a caressé les rameaux; tant le souvenir d'un homme célèbre prête un charme indéfinissable aux choses les plus ordinaires.

L'intérieur de la maison, au premier et au rez-de-chaussée, est distribué avec goût et une parfaite intelligence des commodités domestiques; point de ces fausses coupes si disgracieuses, point de ces pièces obscures auxquelles on ne saurait donner aucun nom; quoiqu'elles soient nombreuses, toutes reçoivent un jour plein et direct. Le second, si l'on peut appeler ainsi l'espace réservé entre le premier et le belvédère, n'offre qu'une seule pièce. Quand vous y êtes entré, vous êtes tout étonné de vous trouver comme dans une cave, par l'effet de la transition subite du grand jour à l'absence presque totale de lumière. Lorsque vos yeux se sont habitués à cet état de semi-obscurité, vous cherchez vainement quelques boiseries, quelques placards, une apparence de cheminée, quelques-uns de ces objets enfin qu'on a coutume de rencontrer dans une chambre; mais rien, rien que les quatre murs, le parquet et les solives saillantes du plafond.

A quelle intention Bernardin a-t-il fait établir cette pièce? A quoi donc peuvent servir les petites fenêtres que nous avons aperçues au-dessus des croisées du premier étage, et qui paraissent destinées à éclairer cette portion du bâtiment? elles distribuent le jour dans un corridor très-étroit, qui tourne tout autour de la chambre noire, comme l'appelait Bernardin, et comme vous l'appellerez si vous visitez la vallée de Vaux.

Peu de personnes comprirent le dessein du vieillard philosophe dans la disposition de cette pièce, qui est, à proprement parler, une chambre jetée dans une chambre. Le vulgaire, toujours si absurde dans le jugement qu'il porte des choses qu'il ne comprend pas, ne manqua point de débiter, à propos de l'usage qu'il supposait que Bernardin avait assigné à cette espèce de caveau du deuxième étage, les contes les plus insignifiants, les plus dénués de la moindre apparence de vérité; nous ne nous arrêterons point à réfuter de pareilles absurdités.

Le dessein avéré du poëte, dans l'arrangement un peu hétéroclite, il est vrai, de cette partie de sa maison, était d'avoir un endroit où il pût trouver la solitude; car être seul n'était pas pour Bernardin qu'il n'y eût personne avec lui; il se fût trouvé plus seul au milieu des cercles brillants de la métropole qu'il ne l'était dans son île isolée de la vallée de Vaux, où les arbres, les fleurs, les fruits, l'herbe des prairies, les pierres, tout ce

que l'on entend, tout ce que l'on voit enfin, étaient pour lui des êtres doués d'une vie spéciale, des êtres qu'il étudiait, qu'il interrogeait, qu'il anatomisait, et qui lui révélaient les merveilles sublimes de la nature, et ces secrets non moins sublimes dont il nous donne le mot dans tant d'endroits de ses écrits. Alors on conçoit que, fatigué de la chaleur du jour, fatigué de jardinage, fatigué surtout de longues et scientifiques observations, il avait besoin de se trouver seul avec lui-même, seul avec ses idées, et ce n'était qu'entre quatre murs qu'il pouvait trouver cette solitude complète, parfaite, dans laquelle il lui était loisible de rêver les yeux ouverts, de recueillir, évoquer ses souvenirs, et de tirer les inductions auxquelles ses récentes observations avaient donné lieu. Là, dans sa chambre noire, où toute distraction devenait impossible, où la chaleur atmosphérique lui arrivait comme au bain-marie, qu'on me passe le mot, tempérée, modifiée par deux épaisseurs de murs que sépare un étroit corridor où elle est concentrée, le philosophe se saturait, pour ainsi dire, de ses réflexions, de ses profondes méditations; puis après, comme l'abeille rentre à sa ruche chargée des trésors recueillis sur les fleurs, il montait à son belvédère, pièce carrée, où l'on ne voyait ni chaises ni table, mais, sur un tambour qui s'élève à hauteur d'appui, des papiers pêle-mêle. Debout, accoudé sur ce singulier bureau, c'est là que Bernardin traçait les belles pages de ses harmonies de la nature, et qu'il rédigeait les pétitions du club d'Essonne au comité révolutionnaire : il dut accepter cette mission ou une place dans la fatale charrette. C'est au milieu de ces incompatibles occupations que Bonaparte, auquel rien de ce qui était grand ne devait être étranger, vint le surprendre. Il y avait trop d'affinité entre ces deux illustrations du siècle, pour que des rapports d'amitié tardassent à s'établir entre eux. Ils se furent bientôt compris l'un l'autre; dans aucune corporation la connaissance n'est plus tôt faite que dans celle où s'étaient placés ces deux hommes, nous voulons parler de cette corporation trop restreinte des hommes d'intelligence et de génie dans tous les genres. Le vieillard philosophe prédit au jeune guerrier sa grandeur future, comme il avait prédit la révolution. Il ne fallait pas la millième partie de la pénétration de Bernardin pour faire cette prédiction; cependant cette assurance donnée par un homme à vues si élevées grandit le jeune capitaine à ses propres yeux; et celui-ci promit au poëte, en cas que la prédiction vînt à se réaliser, une large part dans son intimité qui était déjà acquise au philosophe; et tout le monde sait que Bonaparte donnait à la signification du mot intimité plus d'extension que ne lui en donnent les dictionnaires; tout le monde sait encore de quels résultats cette promesse a été suivie.

A. GAILLARD.

ÉTUDES SUR L'ARIOSTE.

L'ORLANDO FURIOSO.

II.

Le monstre farouche dont l'Arioste (*Orl. Fur.*, c. 26) décrit les terribles ravages était, dans l'esprit du poète, l'hérésie, qui, au seizième siècle, se révéla si audacieuse, si puissante, si formidable; car l'Arioste, nous l'avons déjà dit, est resté catholique dans sa merveilleuse épopée; ses déclamations contre les moines n'affaiblissaient en rien la ferveur de sa foi.

Quand la réforme surgit au monde, l'institution monastique était en butte à de sérieuses attaques; l'opposition contre l'Église avait pris un caractère de régularité et d'ensemble; non-seulement des individualités pieuses et scientifiques demandaient *la réformation de l'Église dans son chef et dans ses membres*, mais d'imposantes assemblées d'évêques la réclamaient avec non moins d'ardeur à Constance et à Bâle. En Italie, tandis qu'Alexandre VI occupait le siège pontifical, le moine Savonarola prêchait contre les scandaleux exemples de la cour papale, contre les désordres des clercs; et Savonarola périssait sur un bûcher! M. Laeordaire, dans un récent mémoire, a cité plusieurs faits qui corroborent les assertions de Pic de la Mirandole (*in Apologiâ Hieron. Savonar.*), et prouvent que la mort de Savonarola fut celle d'un martyr. En Angleterre, un autre martyr, Thomas Morus, s'élevait aussi contre le relâchement de la discipline des religieux. Érasme, avec la puissance de son génie et de sa vaste érudition, écrivait, à la même époque, diatribes sur diatribes contre les moines, et, dans le spirituel *Éloge de la folie*, dédié à Thomas Morus, Érasme s'écriait à la face de l'Europe :

« Que signifie *moine* en grec? *solitaire.* Or, quelle espèce de solitaires ces gens qu'on rencontre partout, comme des oiseaux de mauvais augure! On les voit demander aux portes, mais d'un air si hardi, qu'on dirait que vous leur payez

une dette. Au terrible jour du jugement, ils présenteront leur ventre, abîmé sous le poids d'excellents poissons; l'un, pour se sauver, produira sa besace pleine de pratiques monacales; l'autre montrera son froc sale et crasseux; un autre, peut-être, se vantera d'avoir vécu cinquante-cinq ans comme une éponge, toujours attaché aux murs d'un cloître; à celui-ci, la grande solitude aura fatigué la cervelle; à celui-là, le silence aura épaissi la langue. Mais Jésus-Christ, interrompant toutes ces vanteries, s'écriera plein de courroux : « Qu'avez-vous fait pour remplir les devoirs de la charité? » (*Encomium moriæ*, § 26.)

Enfin, à Rome, sous le pontificat de l'illustre Léon X, ses deux secrétaires, non moins illustres que lui, Bembo et Sadolet, partageaient en partie l'opinion d'une réforme dans les monastères; et Léon X lui-même, en 1518, n'avait-il pas accepté la dédicace d'une édition du *Nouveau Testament*, publiée par Érasme, édition violemment attaquée par les théologiens, et où se trouvent, dans les notes, de mordantes satires contre les clercs? Cependant Savonarola, Thomas Morus, Érasme, Bembo, Sadolet, Léon X, étaient des esprits éminents, dévoués aux croyances catholiques.

Quoi d'étonnant dès lors que l'Arioste ait, lui aussi, lancé quelques sarcasmes contre les moines; qu'il leur ait donné pour compagnon l'Orgueil, pour amie la Discorde? Mais voyez comme le poète s'empresse de faire acte de bon catholique, en représentant l'Hérésie sous une forme hideuse, repoussante! il célèbre François Ier, Charles-Quint, Maximilien d'Autriche, Léon X, Henri VIII, qui n'était pas encore séparé de la cour de Rome, et qui, controversiste infatigable, écrivait alors un pamphlet contre Luther; l'Arioste les célèbre surtout parce qu'ils s'efforcent de dompter le monstre de l'Hérésie et de mettre un terme à ses ravages.

Ceci peut expliquer le privilège que l'Arioste obtint de Léon X, en 1516, pour l'impression de l'*Orlando Furioso*. On s'est étonné d'une pareille concession, de la part d'un pontife, pour un pareil ouvrage. Il faut bien le dire : les joyeuses aventures racontées par l'Arioste, dans ce qu'elles offrent même de trop libre, n'ent jamais choqué les plus chastes intelligences de l'Italie; la langue italienne a ses licences, et, sous ce ciel de flammes, l'imagination se rit quelquefois des limites qu'en France on ne saurait franchir. En Italie, tout le monde lit le *Furioso*, et personne n'en est scandalisé. D'ailleurs, l'*Orlando Furioso*, solennellement dédié par l'Arioste à un cardinal de l'Église romaine, Hippolyte d'Este, et accepté par lui, pouvait bien paraître digne d'un simple privilége d'impression à un pontife aussi éclairé que Léon X.

La bulle accordée par Léon X fut rédigée par Bembo, ami de l'Arioste; c'est une pièce fort précieuse qui, non-seulement n'a jamais été ni publiée en France, ni traduite, mais qui est même restée inconnue à un grand nombre de biographes de l'Arioste; et M. Panizzi, dans sa Vie de l'Arioste, écrite en anglais, la plus complète qui existe en Angleterre, rapportant le passage d'une des satires de Ludovico, où le poëte fait allusion au bref de Léon X, a la bonne foi de dire : *I cannot ascertain what was the bull here alluded to.*

Voici ce curieux document :

Ludovico Areosto Ferrariensi.

Singularis tua perque vetus erga me familiamque meam benevolentia, egregiaque bonarum artium, litterarum doctrina atque in studiis mitioribus, præsertìmque poetices elegans ac præclarum ingenium jure propè suo exposcere videntur, ut quæ tibi usui futura sunt justa præsertìm et honesta petenti, ea tibi a me non libenter modò, sed etiam liberaliter concedantur. Quare cùm libros vernaculo sermone et carmine de gestis errantium, quos appellant, equitum ludicro more, longo tamen studio et multorum annorum curà vigiliisque confeceris, cosque conductis abs te impressoribus, edere in manus hominum statueris, ut ea tuâ diligentiâ probiores exeant : tum ut si quis fructus cà ex re percipi potest, is ad te potius, qui conficiendi poematis laborem es perpessus, quàm ad alienos deferatur : edico et mando ne quis te vivente eos tuos libros imprimere aut impressos venundare ullis in locis audeat, sine tuo jussu et voluntate. Qui contrà mandatum hoc nostrum fecerit, admiserit, is universæ Dei Ecclesiæ toto orbe terrarum expers esto. Dat. xii. Cal. Jul. (Pontificatûs nostri), anno Tertio. Romæ.

Ludovico Arioste de Ferrare.

Ton ancien et rare dévouement à ma personne et à toute ma famille, tes hautes connaissances dans les lettres et dans les arts, l'élégance et les lumières de ton esprit, si versé dans les plus douces études, et surtout dans celles de la poésie, sont autant de motifs qui semblent revendiquer comme un droit la concession d'un privilége, et m'engager, eu égard à ce qu'il y a de juste et

d'honorable dans ta demande, à te l'accorder, non-seulement avec plaisir, mais avec munificence.

« Ton poëme sur les gestes des chevaliers errants, comme on les appelle, écrit dans ta langue nationale, qui semble avoir été composé comme en se jouant, et qui, cependant, t'a coûté tant de peines, tant d'années de veilles et de soins, maintenant achevé, tu as résolu de le faire imprimer à tes frais et sous ta surveillance, afin que l'édition en parvînt plus correcte aux mains des lecteurs : si donc l'entreprise doit produire quelque avantage, il est juste que tu en recueilles le fruit, toi, et non d'autres, qui as supporté le travail et vaincu les difficultés du poëme.

« C'est pourquoi nous ordonnons et nous prescrivons que, de ton vivant, personne n'imprime ton livre, ou, après l'impression, ne le vende en aucun lieu, sans ton autorisation et ton consentement. Quiconque aura agi ou laissé agir contrairement à notre présent mandement, sera rejeté du sein de l'Église universelle de Dieu, dans toute l'étendue de la terre. Donné à Rome, le 12 des calendes de juillet, l'an (de notre pontificat) le troisième. »

Telle est cette bulle écrite par Bembo, le littérateur au style pur, correct, élégant, aux réminiscences cicéroniennes. Où donc Richardson, Bayle et Warton avaient-ils lu que : « Léon X publia une bulle où il excommuniait quiconque entreprendrait de *blâmer* ou de *critiquer* les œuvres du poète Louis Arioste ? » On voit que la bulle ne renferme rien de semblable; et pourtant Richardson, Bayle et Warton devaient entendre et entendaient parfaitement le latin ! Mais l'esprit de parti, souvent injuste, aveugle les meilleurs esprits, et pour attaquer plus à l'aise Léon X, on lui a prêté des expressions qu'il n'avait jamais dites, ni écrites, ni fait écrire.

Ce bref, qu'on a envisagé sous un point de vue moqueur ou plein de malveillance, nous paraît à nous, au contraire, comme un solennel hommage rendu au fruit des veilles et du pénible labeur d'un écrivain; c'est la plus noble, la plus généreuse protection qu'on ait jamais accordée aux lettres, car les contrefacteurs étaient exclus de l'Église universelle, force encore si puissante, même à une époque de troubles et de divisions dans son sein. Cette menace d'excommunication, châtiment moral, était alors plus efficace que ne le sont maintenant toutes les prescriptions législatives; cela est si vrai que, du vivant de l'Arioste, on n'imprima aucune édition de l'*Orlando* à son insu. Hélas! le même privilége aurait épargné à l'infortuné Tasse bien des angoisses, bien des chagrins amers, bien de cruelles douleurs! Lorsqu'il sut que de nombreuses éditions de son poëme se faisaient dans cinq ou six villes d'Italie, le Tasse écrivit en vain au pape, aux républiques de Venise et de Gênes, au grand-duc de Toscane, au duc de Parme : loin d'obtenir justice, le malheureux Torquato eut le désespoir d'apprendre que le grand-duc de Toscane et la république de Venise favorisaient l'impression de la *Gerusalemme*, malgré l'immortel poëte; le grand-duc, en cédant un manuscrit informe qu'il avait dans les mains, le sénat de Venise en accordant son autorisation à l'imprimeur. Il y a loin de ces étranges abus de pouvoir à la haute protection de Léon X!

Du reste, s'il faut en croire Gabriel Simeoni, dans sa *Satira sopra l'Avaricia*, Léon X joignit à la concession du privilège pour l'impression du *Furioso*, plusieurs centaines d'écus romains dans le but de subvenir à tous les frais. Gabriel Simeoni écrit dans une note : *Leone X donò all' Ariosto, per fornire il suo libro, più centinaja di scudi*. Nous ne savons si ce fait, adopté comme authentique par Roscoe, est d'une rigoureuse exactitude; cependant on doit reconnaître que l'Arioste, dans ses *Satires*, qui forment toujours la contre-partie des éloges prodigués dans son poëme, put bien lancer quelques petites méchancetés contre Léon X; il put bien rappeler avec malice qu'il avait été obligé de payer la moitié des frais pour l'expédition de la bulle pontificale :

Di mezza quella bolla anco cortese
Mi fu, della quale ora il mio Bibiena
Espedito m'ha il resto alle mie spese.

(SAT. III.)

Mais Ludovico ne cessa d'exprimer sa reconnaissance envers Léon X, et si le magnanime pontife ne fit pas davantage pour l'Arioste, c'est moins sans doute par indifférence qu'à cause de la position que le poëte occupait à la cour des ducs de Ferrare, ennemis de Léon X.

ISHA, ou L'ESCLAVE AFRICAINE.

Nouvelle de mœurs.

I.

La jeune Isha était la fille d'un pauvre pêcheur, dont la cabane, ombragée de mimosa, était placée dans un charmant vallon arrosé par le Mar-Zarah aux sources inconnues, fleuve que les Européens croient être le Niger. Près de là est l'immense ville de Timbouctou, dont la population est de plus de 60,000 âmes; elle est la capitale d'un vaste royaume borné au nord par le Sahara ou grand désert, au midi par le Soudan, à l'orient par le royaume de Bournou, et à l'occident par celui de Bambara. Quoi qu'en ait dit un voyageur, il est à peu près certain qu'aucun Européen n'a encore pénétré dans cette capitale de l'Afrique centrale, et les mœurs curieuses de ses habitants, mœurs que nous allons esquisser ici, ne sont connues que par le rapport des Mores qui y vont faire le commerce.

Les parents d'Isha, peu favorisés de la fortune, possédaient pour toute richesse le toit de roseau qui les avait vus naître, quelques essaims d'abeilles, des filets, un petit canot creusé dans le tronc léger d'un figuier d'Inde; mais comme leur cœur était pur et innocent, leur ambition était satisfaite. Tous les matins Djeztulug se levait de dessus sa natte avec l'aurore naissante; il éveillait sa fille chérie, et lui faisant joindre ses petites mains d'un noir d'ébène, il lui apprenait à répéter d'une voix douce et pieuse la profession de foi musulmane : « Dieu est le seul Dieu; Mahomet est son prophète. »

Les compatriotes de la tendre Isha n'ont aucune idée d'un être éternel qui a lancé les mondes dans l'espace; l'idée d'un commencement de toute chose ne s'est jamais présentée à leur imagination indolente, et le nom du Dieu créateur n'est jamais sorti de leur bouche. Cependant, par une de ces bizarreries inexplicables du cœur humain, leurs mœurs sont innocentes. Jamais leur âme n'est déchirée par ces passions terribles qui poussent les More fanatique à tremper ses mains dans le sang de ses frères, pour assouvir son avarice ou un amour brûlant comme le sable enflammé du désert.

II.

En 1807, le roi qui gouvernait le royaume de Timbouctou se nommait Boalkier. Il mourut, et laissa son royaume et sa femme, la reine Fatima, à un sage guerrier nommé Voolo, et qui régnait encore en 1820, quoi qu'en dise M. Caillet. La justice despotique de ce dernier roi suffit pour contenir la population purement matérialiste du royaume, grâce à une salutaire crainte du châtiment. Après une longue et paisible carrière, ses sujets s'endorment dans le sein des tombeaux, sans crainte comme sans espérance. Cependant, depuis un siècle environ, de saints marabouts, sortis du Fezzan, et de Maroc, ont un peu répandu l'islamisme parmi les hautes classes de la société.

Djestulug était, dans sa jeunesse, le chasseur le plus intrépide que l'on ait vu naître sur les bords de la mer sans eau, comme disent les Arabes (le Sahara). Le noble cheval lui était inconnu, comme à tous ses compatriotes; mais cent fois, monté sur une héric aussi légère que le vent (1), et armé d'une longue lance de reseau, il poursuivait et atteignait l'autruche aux plumes précieuses, malgré la rapidité de sa course. Souvent sa flèche mortelle a déchiré les flancs du lion dans les sombres forêts de Walet; souvent il osa, seul, attaquer l'éléphant rouge descendant avec furie les montagnes boisées d'Afnoo.

Il échangeait les dépouilles des animaux tués dans ses chasses, contre les marchandises qu'apportaient tous les ans les caravanes de Mores armés, que l'ambition d'acquérir des richesses déterminait à traverser les affreuses solitudes du désert. Pendant leur séjour à Timbouctou, les marchands étrangers élevaient leurs tentes près des rives fertiles où le chasseur avait sa cabane. Là ils étalaient aux yeux des Nègres du tabac, du goudron, de la poudre à tirer, du nankin bleu, des couvertures, de la poterie de terre et des étoffes de soie; ils échangeaient ces marchandises contre des dents d'éléphant, des peaux de panthères, de léopards et de chèvres, des plumes d'autruche, de la poudre d'or, de la gomme, etc.

Un saint marabout, arrivé du royaume de Bornou avec l'akkabaah (la caravane), aimait à entendre le jeune chasseur raconter ses périlleux mais innocents exploits. Djestulug trouva le chemin de son cœur; le marabout, autant par ses saintes prières que par l'enthousiasme de ses raisonnements, fit descendre dans l'âme du jeune homme ce rayon mystérieux de lumière qui apporte la conviction avec lui, et, dès cet instant, Mahomet vit, des marches du trône d'Allah, où, triomphant, il est éternellement assis, s'exhaler des lèvres pieuses du Nègre une prière dont la ferveur ne se refroidit jamais. Djestulug fit passer sa conviction dans l'esprit de sa fille bien-aimée.

III.

Le palmier, dont la tige orgueilleuse s'élancera bientôt dans les airs, cache la faiblesse de ses premières années sous l'épais et rude feuillage de l'aloès et du cactier : telle la douce Isha croissait à l'ombre de la protection paternelle. La nature s'était plu à l'embellir de ses charmes les plus gracieux. Son front d'ébène était brillant comme la coupe de coco la mieux polie; son œil, perçant comme celui du chacal, avait la douceur de celui de la gazelle que les Arabes poursuivent dans les profondes vallées de Gouriana, et ses dents ne le cédaient pas en blancheur à celles de l'isatis. On avait tracé avec adresse, sur sa figure virginale, de charmants dessins de fleurs, des volutes brodées, et des papillons dont les vives couleurs, imitant l'azur des cieux, étaient ineffaçables (1); ses doigts agiles savaient tirer des sons harmonieux des cordes de peau de gazelle tendues sur la carapace d'une tortue, à laquelle on avait ajouté un manche d'ivoire.

Lorsque, dans un pieux recueillement, elle chantait les louanges d'Allah, elle accompagnait sa voix avec cet instrument. Mais lorsqu'il fallait marquer une mesure plus vive et plus gaie, elle cadençait à un mouvement rapide sur une flûte de roseau, et frappait avec grâce sur un tambourin couvert d'une peau de chèvre. Ses compatriotes se servent encore d'une sorte de fifre, et c'est avec ce petit nombre d'instruments qu'ils font souvent de la musique pour laquelle ils ont un goût très-prononcé.

Isha n'avait pas encore vu douze printemps que déjà elle était un objet de jalousie pour ses jeunes compagnes et un sujet d'admiration pour tous les hommes. Ses parents la chérissaient, et elle payait leurs tendres soins par ces prévenances empressées qui font le charme de la vieillesse. Isha commençait à se rendre utile à cet âge où un enfant d'Europe sait à peine combiner deux idées et compter les pulsations de son cœur.

Aussitôt que le soleil commençait à dorer la cime grisâtre des rochers lointains de Sala, elle se dirigeait sur les rives marécageuses du Marzarah, et visitait avec empressement, parmi les touffes épaisses de nelumbo et de papyrus, les pièges que, la veille, elle avait tendus pour surprendre l'ichneumon, lorsqu'il vient chercher sur les plages sablonneuses, pour les briser, les œufs du crocodile, le tyran des marais. Souvent elle gravissait, dans le plus profond silence, les ravins que les eaux des torrents ont creusés sur

---

(1) On ne trouve pas de chevaux à Timbouctou, mais les naturels les remplacent par un animal nommé Héric, espèce de petit chameau très-léger à la course; ils ont aussi des chameaux ordinaires, des ânes et des vaches qui leur servent de montures.

(1) Beaucoup de femmes esclaves, que la grande caravane ou Akkabaah amène de Timbouctou à Sokna et Tripoli, sont tatouées d'une couleur bleue que rien ne peut effacer.

la lisière des bois, et ses flèches portaient la mort dans le sein du renard, surpris lui-même au moment où, se glissant à travers les mimosas épineux, il allait surprendre sur son nid la criarde poule de Numidie (la pintade). Le porc-épic, dont le corps est couvert de longs tuyaux auxquels il ne manque que des barbes pour être de véritables plumes; le singe jouant avec adresse dans les branches du baobab, ce géant de la végétation, devenaient aussi les victimes de sou adresse. Son jeune cœur palpitait de plaisir lorsqu'elle pouvait offrir à ses parents le produit utile de sa chasse.

Presque tous les matins, lorsqu'elle se disposait à partir pour ses courtes excursions, elle rencontrait à la porte de sa cabane le joli Oglou, dont l'âge était plus avancé que le sien de deux ou trois années.

— Isha, lui disait-il, mon père a entendu hier, dans les marais du Mar-Zarah, le gémissement sinistre du crocodile et le ronflement de l'hippopotame; tu es légère à la course comme l'antilope des vallées d'Afnoo, c'est vrai; mais ces monstres savent se glisser sans bruit pour saisir leur proie; je crains pour toi des périls dont je puis te défendre, ainsi laisse-moi t'accompagner.

— Mais, Oglou, répondait la jeune fille, tu n'es pas encore un homme, et ton bras n'est pas encore assez ferme pour lutter contre ces animaux.

— Eh bien, répondait l'intéressant enfant, tandis qu'ils me dévoreront tu auras le temps de fuir, et pendant un grand nombre de lunes tu pleureras en pensant au pauvre Oglou! Pour rien au monde je ne voudrais t'affliger; et pourtant, sans que je sache pourquoi, j'éprouve du plaisir en pensant que tu pleurerais sur moi. Ah! je t'en supplie, laisse-moi t'accompagner.

Lorsque Isha lui disait qu'elle irait du côté des montagnes, Oglou lui jurait que le rugissement du lion et les hurlements de l'hyène avaient troublé son sommeil toute la nuit. Alors, l'innocente jeune fille, pour éviter la rencontre des monstres dangereux, s'abandonnait à la conduite d'un être plus dangereux encore, à celle de l'amour!

Mais qu'avait-elle à craindre? Si c'est un mal d'aimer qui nous chérit, ce mal avait déjà poussé de profondes racines dans son cœur. Oglou, le compagnon des jeux de son enfance, le doux ami de sa première jeunesse, lui avait juré de n'avoir jamais qu'elle, elle seule pour épouse, quoique les lois de son pays l'autorisassent à en avoir quatre. Isha avait trouvé tout simple de lui donner son cœur.

———

IV.

Djestulug ignorait les tendres sentiments de sa fille; il prépara, sans le savoir, les douloureux événements qui devaient l'arracher de son sein. Non loin de sa cabane était celle de la vieille Herrèz. Cette femme joignait à la plus ridicule difformité, un esprit aussi noir que les ailes de Moukir (l'ange de la mort), et aussi subtil pour le mal que l'ange des ténèbres, lorsqu'il porta le prophète Issha sur la montagne pour le tenter, en lui montrant tous les royaumes de la terre. Herrèz n'était pas née dans les heureuses vallées de Timbouctou, mais dans les plaines marécageuses de Bambara. Cette partie de l'Afrique, de l'autre côté du Niger, est peuplée par des Nègres sauvages toujours en guerre avec les habitants du Timbouctou, et ceux-ci ne manquent jamais de les réduire en esclavage toutes les fois qu'ils peuvent les surprendre et s'en emparer pendant la nuit. Herrèz avait été amenée fort jeune par un parti de guerriers sujets de Voolo; l'un d'eux, surpris sans doute par les charmes magiques qu'elle employa pour lui plaire, l'épousa, et mourut peu de temps après la naissance d'un fils. Ce dernier, devenu grand et guerrier comme son père, s'était attaché à la personne du monarque noir, en qualité de chef de sa garde.

Pendant une nuit d'été, si le ciel est tout à coup obscurci par les nuages amoncelés, la panthère, en rugissant, va cacher sa frayeur dans l'épaisseur des plus sombres forêts; le boa, au fond de sa caverne infecte, roule en énorme spirale les anneaux de son corps livide; les monstres les plus farouches fuient à l'approche de la tempête, et le lion lui-même se retire lentement dans son antre. C'est alors qu'Herrèz, se glissant comme une ombre funèbre à travers les pâles éclairs, parcourt les ravins des collines pour dépouiller leurs flancs sillonnés par la foudre, des plantes dont elle compose ses philtres empoisonnés; comme le génie du mal, elle s'élance sur la pointe des rochers en riant de la colère céleste, et cependant la plus violente tempête d'Europe n'est qu'une douce rosée en comparaison d'un orage africain.

Herrèz ne rentre dans sa cabane enfumée que lorsqu'un soleil bienfaisant ramène le calme dans les cieux, et montre aux habitants éperdus les tristes dégâts de la nuit. Elle fait sécher sur son âtre les plantes inconnues qu'elle a ramassées, ou bien elle les écrase entre deux pierres pour en exprimer les sucs. Ces préparations mystérieuses servent à délivrer des étreintes de la mort les personnes qui ont su plaire à la sorcière, ou à faire passer dans leurs veines un feu dévorant et mortel, si par une fatale imprudence elles se sont attiré sa haine implacable (1).

V.

Un soir, Djestulug ramenait auprès de son habitation son canot chargé de poissons, parmi lesquels se faisaient remarquer le saumon aux écailles dorées et le mulet, dont la couleur approche de celle d'une rose rembrunie. Le bonheur avait présidé à sa pêche, et la joie qui remplissait son cœur s'épanchait au-dehors par des chants. La nuit commençait à couvrir le rivage de ses ombres, et donnait aux objets cette forme incertaine et fantastique qui souvent effraie l'imagination des gens superstitieux, lorsqu'il aperçut, à travers les ténèbres, une femme assise sur le tronc renversé d'un palmier. Il croit que sa bonne Isha est venue, selon son habitude, l'attendre sur le bord du fleuve; il se hâte d'abord et va lui ouvrir les bras, lorsque, à la pâle lueur du crépuscule, il vit de longues dents taillées cylindriquement comme des tuyaux de plume, et s'avançant en forme de défenses entre deux lèvres fanées et décolorées. A ces singulières armes offensives, il reconnut une habitante de Bambara, triste contrée où les hommes se battent, non à coups d'épée, mais comme des brutes sauvages, à coups de dents qu'ils aiguisent et liment en conséquence. Il regarde : à ce front hideux sur lequel la méchanceté semble avoir apposé son cachet, à la sombre lueur de ces yeux farouches, il reconnaît Herrèz.

« Djestulug, dit-elle en s'approchant de lui, ta fille est comme la fleur du nélombo qui s'élève au-dessus de toutes les fleurs des marais; tu dois être fier de ton enfant, comme je le suis du mien. Mon fils a la taille souple et majestueuse du dattier; son regard est comme celui du léopard; de son bras nerveux il étoufferait la furieuse après lui avoir enlevé ses petits; jamais son front n'a rougi d'une injure sans que sa main n'en ait aussitôt tiré une éclatante vengeance, et plusieurs fois je lui ai vu dévorer le sein de ses ennemis vaincus. Mon fils, le plus brave des enfants de Timbouctou, mérite d'épouser la plus belle fille de la vallée; pour lui, je te demande ta fille. »

(1) A Timbouctou, la médecine n'est exercée que par de vieilles femmes, qui manquent rarement d'empoisonner les personnes contre lesquelles elles ont une vengeance à exercer.

Le pêcheur frémit à cette proposition inattendue, mais il cacha dans les plus profonds replis de son âme toute l'horreur qu'elle lui inspirait. « Herrèz, répondit-il à la sorcière, je consens avec joie à ce glorieux hymen, auquel, cependant, je mets une condition. Isha ne regarde pas les objets avec l'œil de son père; elle dit, Voilà qui est bon, ou Voilà qui est mauvais, sans attendre, pour juger les choses, qu'un autre les ait jugées avant elle. Si elle voit ton fils autrement que nous, s'il ne réussit pas à lui plaire, elle le refusera irrévocablement. La nature a posé des bornes à la puissance paternelle, mais, n'en eût-elle aucune, j'aimerais mieux m'endormir avec mes pères, que de voir la tendre fleur se flétrir sous le vent brûlant de l'adversité. Tant que Djestulug respirera, sa chère Isha pourra choisir un époux selon son cœur. »

Herrèz gardait le silence, et le pêcheur enhardi ajouta : — Je dois te l'avouer, je crains que l'aspect d'un farouche guerrier n'inspire plus de terreur que d'amour à la douce Isha. Je n'ai jamais vu la timide gazelle suivre en bondissant de joie le léopard à l'œil sanglant...

— Comment, s'écria la sorcière en courroux, tu supposes que ta fille oserait refuser le favori du puissant Voolo, et tu ne trembles pas?

— Je ne suppose rien, se hâta de reprendre le pêcheur effrayé; mais si la chose en était ainsi, n'en accuse que ton fils lui-même, qui n'a pas su trouver le chemin de son cœur. Quoi qu'il en arrive, dis au jeune guerrier qu'il peut venir frapper à la porte de ma cabane.

En achevant ces mots, Djestulug se hâta de quitter Herrèz, et prit le sentier de son habitation.

VI.

Quelques jours s'étaient écoulés depuis cette fatale conversation; le farouche Houssa, pour se rendre auprès de sa mère, quitta la ville de Kabra. Cette cité n'est qu'à deux heures de marche de Timbouctou, dont elle est pour ainsi dire le port, situé sur la rive septentrionale du Niger. Elle est peuplée de marchands, et se trouve parfaitement placée pour être, comme elle l'est en effet, le principal dépôt du commerce de l'Afrique centrale. Depuis longtemps Houssa n'était venu dans la cabane qui l'avait vu naître, soit par une coupable indifférence pour sa mère, soit que ses devoirs l'eussent retenu auprès de la personne sacrée du monarque; mais aussitôt qu'il eut entendu

TOMBEAUX A SÉLEUCIE.

l'envoyé d'Herrèz lui faire la séduisante peinture des charmes naissants d'Isha, il se prépara au départ. Il s'oignit le corps avec une pommade composée de graisse de bœuf et de chèvre, à laquelle les riches seulement ajoutent quelque parfum; il couvrit son dos large et durement musclé d'une robe de nankin bleu, sur l'épaule de laquelle était cousu un galon en or, marque distinctive de sa dignité, et que nuls autres que les chefs n'ont le droit de porter; il jeta sur ses robustes épaules un carquois pesant, et un arc que nul autre bras que le sien n'eût pu bander, et il suspendit à son cou un petit cor de chasse, pour éloigner, par des sons bruyants, l'éléphant féroce des rives du Mar-Zarab, ou Nil-el-Abide. Ce fleuve, ainsi que le Nil-Massar, ou Nil d'Égypte, déborde tous les ans, lorsque le soleil entre dans le Cancer, et ses inondations périodiques fertilisent le terrain qu'elles couvrent; mais les éléphants qui habitent ses rives septentrionales en écartent beaucoup de cultivateurs, parcequ'ils marchent en troupes, sont d'une grosseur monstrueuse, et tellement féroces qu'ils attaquent les voyageurs.

Houssa s'élance sur une blanche génisse, sorte de petite vache bossue, très-légère à la course, infatigable, et monture ordinaire des habitants. Semblable au vigoureux coursier de Maroc, dans l'impatience du départ, elle ronge son frein et frappe la terre de son pied léger. Le farouche guerrier dirige sa course du côté où le soleil se lève; il suit, en les admirant, les rives riantes du Nil-des-Noirs (Nil-el-Abide). Près de ses bords, il voit le Nègre indolent se donner à peine les soins nécessaires pour recueillir l'oriza amphibie (le riz) et le maïs à la blonde chevelure. Les collines qui bornent l'horizon sont couvertes de riches moissons de seigle et de froment, que les mains des Noirs arabes de Brabicha ont semés. Ces Nègres s'occupent exclusivement de culture. Pour labourer, ils ne se servent ni de bœufs ni d'autres animaux, et ils se contentent d'égratigner la terre avec de petites charrues qu'ils font traîner par leurs femmes. La monture d'Houssa saisit en passant quelques tiges grimpantes de melon d'eau, et foule dédaigneusement la fleur rougeâtre ou pourprée de l'indigotier sauvage.

Trois fois le soleil s'était levé derrière les montagnes bleues de Sala, lorsque, du sommet d'une colline, il aperçut la hutte dans laquelle il était né, et son cœur ne palpita pas. Comme toutes les autres habitations de la campagne, elle était construite en terre argileuse, et son toit plat, soutenu par des perches posées horizontalement, était recouvert de gazon. Il se hâte d'arriver;

mais, en descendant de sa monture, ses yeux cherchent en vain Herrèz; en vain sa voix fait retentir le vallon, en vain il appelle sa mère; l'écho seul lui répond. La sorcière, montée sur un âne aussi rétif qu'elle, a été porter ses drogues empoisonnées dans un canton éloigné.

Houssa pénètre dans la sombre demeure de la vieille; et, harassé de fatigue et de faim, il cherche de quoi satisfaire ses besoins. Dans un coin enfumé il aperçoit, dans une calebasse, du maïs écrasé entre deux pierres et bouilli dans du lait de chèvre, et mélangé avec des morceaux de poissons, nourriture commune aux pauvres comme aux riches, et au roi même. La couleur extraordinaire de cet aliment et sa cruelle amertume auraient inspiré du dégoût à un homme ordinaire; mais Houssa, vingt fois dans sa vie, a été épier et surprendre les vierges de Bambara. Là, caché dans un épais hallier, ou se glissant dans les buissons en rampant sur le ventre, comme le serpent noir du désert, il a vécu plusieurs jours en mâchant, pour toute nourriture, quelques dattes sauvages encore vertes et amères (1). Un guerrier ne doit pas être difficile sur le choix des aliments; il mangea, puis étendit ses membres fatigués sur la peau d'un lion, glorieux trophée de son courage. Laissons-le s'endormir d'un funeste sommeil, et voyons ce qu'est devenue la douce Isha.

VII.

Le souffle pur du printemps venait de chasser les nuages de l'hiver dans les montagnes de la Lune, grande chaîne qui traverse l'Afrique d'orient en occident, et dont les eaux pluviales causent les inondations périodiques du Nil et du Niger. La jeune Isha, pour la première fois, avait senti un feu inconnu se glisser dans ses veines et embraser ses sens, lorsque Oglou lui avait pris la main et l'avait appuyée sur son cœur palpitant. Le bandeau de l'innocence se déchira sur ses yeux..., elle comprit l'amour.

Depuis ce moment, la folle gaieté de l'enfance s'était envolée pour toujours, et ses lèvres, qui naguère s'ouvraient avec tant de grâce pour laisser échapper le rire folâtre du bonheur et de l'insouciance, n'étaient plus effleurées que par des soupirs. Ah! prends garde, belle Isha, prends garde de laisser percer, aux yeux de tes compagnes,

(1) C'est ainsi que les Mores et les Nègres de Timbouctou vont guetter pendant des semaines entières autour d'un village de Bambara, pour saisir quelques malheureux qu'ils réduisent en esclavage.

le secret que tu dois renfermer dans ton sein! prends garde d'éveiller la jalousie, dont les yeux, plus perçants que ceux de l'aigle, voient souvent au-delà de ce qui est! As-tu rencontré quelquefois le jeune enfant jouant dans les prairies? Il est pur comme la fleur qui vient d'éclore, innocent comme la timide colombe; la candeur qui brille sur son front désarmerait le monstre le plus farouche : et cependant le céraste (1) venimeux se glisse sous l'herbe, le guette, et s'élance tout à coup; il l'enlace de ses cruels replis, il déchire son sein avec ses dents à la piqûre mortelle!.....
Douce Isha, le céraste perfide, c'est la jalousie; ses dents empoisonnées sont les noires calomnies, et ses blessures la honte et le désespoir!

Djestulug voyait quelquefois briller sur la joue de sa fille une larme qu'elle s'efforçait en vain de cacher; il s'apercevait d'un changement dans ses manières, mais il n'osait l'interroger, dans la crainte d'en trop apprendre, car les menaces d'Herrèz l'avaient profondément effrayé. Enfin un jour, il allait lui demander le sujet de ses peines, lorsque la porte de sa cabane s'ouvre avec précipitation; Oglou, dans le plus violent désespoir, se jette aux pieds du pêcheur : — Djestulug, lui dit-il, j'ai rencontré la sorcière de Bambara; un affreux sourire était sur ses lèvres lorsqu'elle m'a dit que son fils arrive de Kabra pour épouser ma douce amie....; et moi j'attends son arrivée pour aller servir de pâture aux caïmans du Mar-Zarah!

Oglou est suffoqué, Isha pleure, et le vieillard, qui les voit tous deux à ses genoux, les relève et les presse sur son cœur.—Mes bons amis, leur dit-il d'une voix attendrie, essuyez vos larmes, car elles tombent sur mon cœur et le brûlent comme la sueur du jeckot (2). Allez avertir nos amis que Djestulug les attend dans sa cabane pour les rendre témoins de l'hymen d'Isha et d'Oglou.

Les rayons argentés de la lune se jouaient à travers le feuillage rougeâtre du cotonnier herbacé; le ciel azuré étincelait de mille feux éternels, et les animaux féroces des forêts n'osaient descendre dans la plaine. Les cythares d'écailles de tortue, les flûtes de roseaux, les chalumeaux et

les tambourins réveillaient seuls les hôtes timides des prairies. Une troupe folâtre de jeunes Négresses arrivèrent en chantant à la porte de la nouvelle épouse, et une foule de jeunes gens firent retentir le vallon de leurs cris d'allégresse. Djestulug versait à grands flots le lakbi (vin de palmier) coulant abondamment de la blessure qu'il avait faite au père nourricier des enfants du désert (le dattier); Oglon distribuait avec profusion les gâteaux de maïs et de froment cuits sous la cendre, le couscoussou, en attendant les pieds d'éléphants qui cuisaient entourés de pierres rougies au feu. Tandis que les vieillards vantaient la générosité de Djestulug, et que les jeunes foulahs (cultivateurs) enviaient le bonheur d'Oglou, Isha, légère comme le pasan qui bondit sur les rochers de l'Atlas, s'élance au milieu de ses compagnes, parce qu'elles l'ont désignée pour diriger leur danse. Au son vif de la flûte et du tambourin, les jeunes filles se touchent mutuellement les mains et le bout du pied, et forment une longue ligne en répétant, chacune à leur tour, les pas gracieux de leur conductrice.

Tout à coup une voix tonnante se mêle aux chants de bonheur, et les craintives vierges, suspendant leur danse, se réunissent en un groupe serré. Les foulahs entourent un guerrier gigantesque, qui s'approche de la cabane. Son regard est farouche; la colère altère ses traits et lance par ses yeux des éclairs menaçants. Un foulah le reconnaît : — C'est le terrible chef des gardes de Voolo, c'est Houssa, le fils de la sorcière! s'écrie-t-il. Et les jeunes filles se cachent avec effroi derrière le groupe de leurs parents, et les jeunes Nègres, attendant avec anxiété ce qui va résulter de cette visite inopinée, préparent cependant leurs sagaies empoisonnées et leurs longues lances de roseau.

Houssa sourit dédaigneusement. — Quoi donc! leur dit-il, apprêtez-vous vos armes contre un rhinocéros menaçant, ou contre une panthère impitoyable? Il le faut, car vous n'oseriez attaquer le lion indomptable. Puis son regard cherche Oglon dans la foule et tombe par hasard sur Djestulug, qui s'approche et lui présente une calebasse remplie de lakbi. Le vieillard, d'une voix mal assurée, adresse la parole au guerrier : — Houssa, lui dit-il, sois le bienvenu sous mon toit, et daigne me prouver, en vidant cette coupe, que tu connais les devoirs réciproques de l'hospitalité. — Oui, répond vivement Houssa en vidant le vase d'un seul trait, oui, j'accepte ton hospitalité. Nous habiterons la même cabane, et ta vieillesse s'amusera des jeux innocents des enfants d'Isha,

(1) Le céraste cornu, ainsi nommé parce qu'il a une petite corne mobile au-dessus de chaque œil, est le plus venimeux de tous les serpents d'Afrique. Sa morsure est aussi dangereuse que celle du serpent à sonnettes, et cause la mort en quelques minutes.

(2) Le Jeckot, commun en Afrique, est une espèce de lézard dont les pieds suintent une liqueur tellement âcre, qu'elle corrode à l'instant la peau à la place où l'animal a posé la patte.

et ces enfants seront les miens. Souviens-toi d'Herrèz, et prosterne-toi devant les ordres sacrés de Voole. Mais, ajouta-t-il avec un air farouche, pourquoi mes yeux cherchent-ils en vain le lâche Oglou? Est-il devenu femme? s'est-il caché parmi la troupe effrayée de ces vierges, ou bien s'est-il enfoncé dans les ténèbres, comme la gerboise qui fuit à la voix du chacal?

Dans cet instant même, Oglou descendait en courant le tertre sur lequel était la cabane de sa mère. Ses amis, devinant son dessein et effrayés de sa hardiesse, veulent le retenir au milieu d'eux; mais Houssa l'aperçoit, s'élance à sa rencontre, et s'apprête à lui déchirer le sein. Le sourire féroce de la vengeance satisfaite brille déjà dans ses yeux; son bras nerveux se lève, il va frapper..... Quelle résistance peut opposer à sa fureur le faible enfant du hameau, quand ses membres délicats sont à peine développés par l'âge? A quoi servirait le courage du colibri à la gorge dorée, pour lutter contre les cruelles serres du percnoptère?

Mais quelle puissance magique a suspendu tout à coup une horrible soif de sang! Immobile comme la pointe sourcilleuse du rocher qui résiste depuis des siècles à la furie du shume (vent du désert), le bras du farouche fils d'Herrèz reste suspendu dans les airs et cesse de menacer la tête de son faible adversaire. Oglou, cependant, n'a fait que lui présenter le bout d'un talisman européen. On voit briller dans sa main délicate un tube court, dont le fer poli reflète les rayons de la lune. Si Houssa fait un mouvement, ce tube s'enflammera avec un bruit semblable à celui du tonnerre, et le plomb meurtrier pénétrera avec la mort dans le sein du guerrier (1).

Le farouche Houssa recule en chancelant; un gémissement sourd s'échappe de son sein, et sa bouche vomit à grands flots une liqueur noire et ensanglantée. Cependant Oglou n'a pas lâché la détente de l'arme fatale, et le salpêtre ne s'est pas enflammé. On croirait que le guerrier a porté la vue sur un affreux basilic dont le regard donne la mort. Il chancelle, il tombe et roule sur la terre, qu'il mord en poussant de lamentables gémissements. Le palmier orgueilleux dont la cime victorieuse des orages s'est balancée dans la nue pendant deux siècles, tombe tout à coup affaissé sous son propre poids, lorsque le ver du cha-

(1) Les habitants de Timbouctou connaissent les armes à feu, et en ont qu'ils achètent des Mores; mais ils ne s'en servent pas, dans la crainte d'user leur poudre, qui est si précieuse chez eux qu'elle leur sert de monnaie : sa valeur équivaut à deux fois son poids d'or.

rançon a miné sourdement son tronc colossal : tel le fils de la sorcière est tombé pour ne plus se relever.

VIII.

Oublions un instant cette scène d'horreur pour nous transporter dans la vallée sauvage habitée par Herrèz. Elle arrive près de sa cabane, et son cœur maternel palpite en apercevant sous le hangar, couvert de la feuille immense du ravenale, la génisse qui a servi de monture à son fils. — Houssa! s'écrie-t-elle dans son allégresse, ô le plus beau des enfants d'Afrique! où es-tu? pourquoi as-tu quitté le foyer de ta mère avant d'avoir été pressé sur le sein qui t'a nourri? Voici cet arc que toi seul peux bander, voici les longues flèches avec lesquelles tu repousses le lion dans le désert; Houssa, tu n'es pas loin, mais où es-tu? pourquoi restes-tu sourd à ma voix?

Par hasard, les yeux d'Herrèz se portent sur une calebasse vide, qu'elle avait cependant remplie pour servir une de ses vengeances secrètes. Ses cheveux se hérissent sur son front, elle s'arrête soudain et considère d'un œil égaré les restes d'une funeste nourriture. Une horrible lumière éclaire son esprit, et son âme est en proie aux tortures du remords et du désespoir. Si l'on n'a pas entendu, dans les déserts du Sahara, la lionne rugissant de rage et de douleur, lorsqu'un audacieux chasseur lui a enlevé ses lionceaux pendant son absence, on ne peut se faire une idée des hurlements de la sorcière. A la lueur d'une torche enflammée, elle cherche celui qui faisait son orgueil, et elle l'appelle quoiqu'elle sache fort bien qu'il ne peut lui répondre. Le jour naissant commençait à chasser les oiseaux de nuit dans leurs ténébreuses retraites, lorsqu'elle parut, comme un sinistre génie, à la porte de la cabane de Djestulug.

—Malheureuse femme! lui dit un foulah, que viens-tu chercher ici? Ton fils est tombé; nous avons étendu doucement son corps sur le sol, nous nous sommes assis quelques instants autour de lui, et nous avons gémi six fois, puis nous l'avons confié à la terre qui ne le rendra plus. Tu le vois, nous avons accompli toutes les cérémonies d'usage, ainsi retire-toi!—Comment est-il tombé? demanda Herrèz. Alors l'imprudent vieillard lui raconta dans tous les détails cette funeste scène. Il s'apitoyait sur la douleur de la vieille, lorsqu'il vit un sourire infernal errer sur ses traits décomposés. La haine et l'espoir de la vengeance s'étaient glissés dans son esprit avec le récit du foulah, et Herrèz, consolée du mal qu'elle souffrait par celui qu'elle espérait faire souffrir, disparut à ses yeux.

A peine la sorcière fut-elle arrivée dans sa cabane, qu'elle réunit en un faisceau les armes de Houssa, les attacha sur la monture du guerrier, et partit pour Kabra, où elle arriva le troisième jour. La rage qui la pressait ne lui permit pas d'attendre plus longtemps pour aller se présenter à la porte du palais de Voolo, où les gardes, attendris par ses larmes, l'introduisirent aux pieds du monarque et de Fatima, son épouse.

IX.

Quand un habitant de Kabra est admis auprès du roi, pour lui témoigner son respect, il le baise au front. Herrèz, après avoir accompli ce cérémonial, lui débita ce discours artificieux que sa haine avait préparé d'avance pour tromper sa sagesse : — Magnifique monarque, et toi, reine de beauté, dont les regards commandent au cœur de tous les hommes, je viens invoquer sur les marches du trône cette justice qui vous élève autant au-dessus des autres souverains que le vautour planant dans les cieux est au-dessus de l'oiseau-mouche des bocages. Je ne viens point ici réclamer des récompenses que mon fils malheureux aurait méritées par vingt ans de fidélité ; je ne vanterai pas ses exploits ni ne chercherai à rappeler à la mémoire de mon puissant souverain qu'Houssa lui prêta son invincible bras pour conquérir un trône où l'amour de Fatima l'attendait ; qu'ai-je besoin d'éveiller des souvenirs pour émouvoir les cœurs? Les larmes d'une mère suffisent à Fatima, et l'immuable équité ne s'éloigna jamais du palais de Voolo ! Je ne me plaindrai pas non plus de ce que tes commandements sacrés ont été violés, de ce qu'un insensé a eu la témérité d'insulter à ta puissance : ce n'est pas la timide chouette qui doit exciter l'aigle à la vengeance. Puissant monarque, c'est ta justice seule qui doit essuyer les larmes d'une mère dont Djestulug vient d'assassiner le fils. Aussitôt que le perfide foulah eut appris que ta volonté suprême donnait sa fille à Houssa, il rassembla ses amis et s'empressa de leur montrer tout le mépris qu'il fait de tes ordres, en les rendant témoins de l'hymen d'Isha et d'Oglou. Le brave chef de tes gardes arrivait en ce moment à la porte de Djestulug : renfermant dans son cœur la honte dont tes ordres méprisés allaient le couvrir, il s'apprêtait à se retirer,

quand le criminel vieillard lui présenta une coupe empoisonnée que sa fille venait de préparer. Houssa possédait le cœur d'un guerrier, il était magnanime et sans défiance; il vida la liqueur mortelle, et tomba au milieu d'horribles douleurs; il mourut dans l'instant même où le jeune Oglou, craignant l'impuissance de l'affreux poison, se préparait à lui fracasser la tête avec cette arme bruyante et redoutable que les blancs emploient pour s'égorger entre eux.

— Femme de Bambara, répondit le monarque, plus ému par la colère que par la pitié, ta vengeance est assurée. Le vil insecte qui osa se soustraire à mes ordres périra du supplice des traîtres; ses enfants traîneront une vie misérable dans l'esclavage et la douleur, tandis que tu cueilleras les fruits de leurs dattiers et que tu moissonneras le riz et le maïs dans les champs défrichés par leurs ancêtres.

Veelo a donné ses ordres sacrés ; ses gardes ont été arracher à leurs paisibles foyers les trois victimes de l'atroce méchanceté. Par quelle malheureuse fatalité la nature a-t-elle destiné ces innocentes colombes à devenir la pâture des vautours dévorants? Quel est le noir génie qui eut l'audace de mêler sa voix sinistre à celle du Créateur lorsque la matière, obéissant à ses ordres suprêmes, s'anima tout à coup dans le sein des agneaux et des tigres? Mais laissons là de vaines spéculations, qui, trop souvent, ont agité les hommes.

Les douze alemmas, ou membres du conseil souverain qui, conjointement avec le roi, établissent les lois qui gouvernent l'état, se sont réunis dans leur palais de roseaux, et leur arbitre (1) le préside. Le roi veut que cette cause importante soit discutée devant ce tribunal suprême, parce que, dit-il, la majesté du trône ayant été offensée, le crime intéresse toute la nation. Cependant pour suivre les formes établies, le cadi, qui rend ordinairement la justice quand le crime n'est pas qualifié de lèse-majesté, fut appelé pour prendre part à la discussion, avec ses douze tables de la loi, nom que l'on donne aux douze avocats chargés de l'assister, lesquels ont chacun leurs fonctions particulières. Une foule immense assiège les portes du palais, pour voir passer les trois victimes qui s'avancent lentement au milieu d'une garde nombreuse.

Djestulug s'approche le premier de l'auguste

(1) L'arbitre ou président est dans l'habitude de retenir pendant trois ans les appointements qui sont donnés par le roi aux alemmas qui entrent dans le conseil.

tribunal, auquel il répond avec une respectueuse fermeté. Il raconte les faits simplement, mais d'une manière claire et précise. Il apporte en témoignage pour lui une longue vie irréprochable, et pour ses enfants leur éducation et l'innocence de leur âge. Oglou, plus occupé à consoler son Isha qu'à défendre lui-même, intéresse toutes les femmes rassemblées par la curiosité dans l'enceinte du tribunal; et les jeunes hommes sont plus convaincus de l'innocence des accusés par les pleurs que répand la belle Isha, que par la logique naturelle et serrée de l'éloquent Djestulug.

Déjà la douce pitié descend dans le cœur des alemmas; ils se lèvent et vout rendre les trois victimes au bonheur, lorsqu'un cri sinistre se fait entendre au milieu de la multitude. La foule s'entr'ouvre pour laisser passer une espèce de fantôme hideux et échevelé, dont la tête est couverte de cendres et les vêtements déchirés, costume obligé des suppliants qui viennent demander justice.

Le pêcheur, terrorifié, a reconnu la vieille Herrèz; il a lu dans son lugubre regard sa haine et leur condamnation. Le vieillard accablé laisse tomber sa tête sur son sein, et sa langue glacée devient un instrument inutile à sa défense.

— Arrêtez, juges suprêmes de Timbouctou, s'écria Herrèz; avant de prononcer, il est de votre devoir d'entendre toutes les parties. Si votre justice avait pu être égarée par la beauté d'une jeune coupable, ce que je ne puis croire, que les lambeaux couvrant à peine ma misère, que les larmes de sang qui sortent de mes yeux, vous arrachent à votre erreur. Djestulug, réponds-moi: Est-il vrai que je t'avais demandé la main de ta fille? Est-il vrai que, dans ta perfidie, tu me l'avais promise, et que par une union précipitée tu as éludé les ordres de ton souverain?

Le vieillard leva la tête et chercha en vain une réponse, que sa bouche refusa de prononcer.

« Vous le voyez, dit Herrèz à ses juges, ma vue seule l'a terrassé, parce qu'il sait que je viens à lui avec des armes terribles. Vieillards qui assistiez à cette cérémonie funeste où mon fils fut la victime immolée sur l'autel du mariage, je vous distingue dans la foule et j'invoque le témoignage de vos yeux. Le malheureux Houssa n'est-il pas tombé dans les convulsions de la mort après avoir vidé une coupe empoisonnée que Djestulug venait de lui offrir? Avant de rendre le dernier soupir, l'infortuné ne vit-il pas briller sur son front l'arme tonnante dont Oglou le menaçait?

— Il est vrai, répondirent les foulahs, mais...
— Cet aveu me suffit, s'écria la sorcière en les

interrompant; juges, faites votre devoir pendant que j'irai calmer la colère d'un roi que votre clémence irriterait, et que, par mes conjurations mystérieuses, je détournerai les fléaux redoutables du mauvais œil, que votre indigne pitié allait faire tomber sur vos troupeaux, sur vos femmes et sur vos enfants.

En prononçant ces mots, elle s'éloigna et laissa l'assemblée dans la consternation. Les alemmas, sortis enfin de leur stupeur, crurent déjà voir sortir des autres des montagnes les génies malfaisants, obéissant au mauvais œil; ils craignirent aussi la vengeance de Veolo; et, déterminés sans être convaincus, ils condamnèrent les trois victimes à l'esclavage et à l'exil.

X.

Depuis plusieurs jours elles gémissaient dans un sombre cachot, lorsqu'on vint les retirer pour les conduire dans une foudaque, espèce d'auberge ou de caravanserai où logent les marchands qui viennent de Maroc, de Fez ou de Tripoli. Tout était en mouvement pour les préparatifs d'un voyage. Une akkabaah se disposait à partir pour traverser le grand désert, et les Arabes, empressés à saisir le moment favorable, se hâtaient d'emballer les marchandises précieuses qu'ils avaient échangées à Timbouctou et dans les autres parties du Soudan (Nigritie). On fit entrer les trois malheureux dans le duaria, appartement composé de deux pièces destinées à recevoir les étrangers, et à y traiter toutes les affaires (1). L'officier qui accompagnait les prisonniers sonna d'un petit cor qu'il portait suspendu à son cou, et donna ainsi le signal d'une vente publique.

Aussitôt une foule de Mores entourèrent les captifs, et après les avoir tâtés, fait marcher, courir, se lever, se baisser, enfin leur avoir fait exécuter tous les mouvements que l'on fait faire à un cheval sur les marchés d'Europe, quand on veut s'assurer qu'il est sans défaut, ils commencèrent à les mettre à l'enchère au plus offrant. Déjà leur prix s'élevait à trois cents mizans d'or (2), et les Arabes eux-mêmes étaient étonnés de l'énormité

(1) Il n'est pas une maison à Timbouctou qui n'ait son duaria. si ce n'est l'habitation du peuple le plus pauvre.
(2) La monnaie courante dans cette partie centrale de l'Afrique, consiste en petits paquets d'étoffes remplis de poudre d'or, qu'ils appellent *tibbers*. Il en faut plus ou moins pour faire un mizan, selon leur grosseur, et trente mizans peuvent être évalués au prix d'une pièce de toile de vingt-cinq aunes.

de cette somme, lorsqu'un vénérable marabout, courbé sous le poids des ans, s'approcha en déclarant qu'il ajoutait d'un seul mot trois cents mizans de plus. Aucun de ses compétiteurs n'était assez riche pour lui disputer ces esclaves, qu'ils lui abandonnaient cependant avec peine. L'officier reçut la somme convenue et se retira. Djestulug et ses enfants furent conduits dans un appartement de la foudaqùe, où, par une humanité fort rare chez les Mores, on avait déposé avec profusion tout ce qui est nécessaire aux besoins de la vie.

Le lendemain, mille voix empressées vinrent les arracher à leurs tristes pensées. Ils entendaient aussi le docile dromadaire s'agenouiller pour recevoir sa charge pesante, et le coursier barbe, obéissant à la voix de son maître, hennir dans sa vive impatience. Leur porte s'ouvrit enfin, et tous trois, escortés par des Mores au visage indifférent, se mirent en marche avec l'akkabaah, en jetant sur leur patrie un douloureux et dernier regard.

On voyait marcher deux à deux dix-huit cents chameaux chargés de précieuses marchandises, et chaque couple était conduit par un chamelier les dirigeant à travers les sables du désert. Le marabout, monté, comme une foule de riches marchands, sur un superbe cheval de Maroc, marchait en avant, et, se dirigeant sur le cours du soleil, traçait la route que l'on devait suivre. Les esclaves venaient après; les plus faibles et les femmes, assis sur des ânes vigoureux ou sur des hèries légères à la course, et les hommes suivant à pied. Quelques Arabes, qui se paraient, on ne sait pourquoi, du titre de janissaires, soudoyés pour protéger la caravane, galopaient à la tête et sur les côtés. Chaque voyageur portait avec lui un peu de farine, quelques dattes, et de l'eau dans une entre de peau de veau, seule nourriture qu'il prend pendant les cent trente-neuf jours que doit durer sa marche, pour se rendre, à travers les sables arides du Sahara, de Tïmbouctou à Maroc.

Pendant que le soleil monte sur l'horizon, les dromadaires avancent d'un pas agile, et le plus profond silence les accompagne; mais lorsqu'il commence à baisser, la fatigue ralentit leur course. C'est alors que les marchands unissent leurs voix en trio, et que le chamelier se joignant à eux, ils chantent un air dont la mélodie cadencée, fort au-dessus de ce que pourraient se figurer ceux qui ne l'ont jamais entendue, plairait même à une oreille européenne. Ils raniment le chameau, qui se hâte d'avancer pour finir sa journée à lassaw, c'est-à-dire à quatre heures du soir. Arrivé au waday (oasis), on élève les tentes, et le marabout, ou, à son défaut, celui des voyageurs qui a fait le pèlerinage de la Mecque, commence la prière avant que le soleil soit couché.

Au grand étonnement des Mores, Djestulug, Oglou et Isha mêlèrent leurs pieux accents à ceux des voyageurs, et supplièrent le saint prophète de leur accorder sa bénédiction paternelle. Après un repas excessivement frugal et préparé par les esclaves, les marchands se couchèrent les uns contre les autres en formant un grand cercle, et se livrèrent au sommeil jusqu'à ce que le soleil levant les avertit de se remettre en route.

XI.

Cinq jours s'étaient écoulés de cette manière uniforme sans que les yeux des voyageurs se fussent reposés un instant sur une seule touffe de verdure. Un ciel brûlant et des sables enflammés s'étendaient seuls autour d'un immense horizon, où nul être vivant ne peut exister en respirant l'air étouffant du désert. Sur la fin de la sixième journée, des cris de joie se font entendre : on aperçoit le riant waday d'Arawan, et bientôt la caravane peut se reposer sous le frais ombrage du palmier, et se désaltérer dans les ondes limpides d'un ruisseau. Après quinze jours passés dans cet endroit délicieux, les voyageurs se pourvoient d'eau et de vivres, ils remplacent leur escorte arabe par une autre appartenant à la tribu dont ils vont traverser le territoire, et se remettent en marche pour arriver après sept jours au waday des puits de Tandeny.

Le soleil avait parcouru quatre fois sa carrière, et pendant que le sobre chameau mâchait en se reposant les noyaux de dattes, dont on se nourrit uniquement dans le désert, les Mores et les Arabes dormaient paisiblement sous leurs tentes. Isha, qu'une inquiétude vague empêchait de clore les paupières, se leva des côtés de son Oglon, et, silencieuse comme la nature du désert, elle promenait à pas lents ses douloureuses rêveries. La lune brillait d'un éclat resplendissant que ne connaissent point les habitants de l'Europe, et ses rayons argentés éclairaient assez les vallons sablonneux pour permettre à la vue de s'étendre au loin dans la vaste solitude. Tout à coup un spectre hideux se présente à ses yeux; elle veut fuir, mais ses forces et son courage la trahissent à la fois. Elle pousse un cri perçant et tombe presque sans vie. Le fantôme s'approche, un athagan (poignard) étincelle dans sa main; il lève son bras homicide et va frapper, quand Djestulug se précipite au-devant du coup. Il a reconnu Herrèz, et la rage du désespoir s'empare de lui. Il poursuit l'abominable sorcière, il est sur le point de l'atteindre; mais elle s'élance sur un shrubba-er-rech(1) qui l'attend, et disparaît dans la nuit, comme une ombre funèbre que le chant du coq force à rentrer dans les sombres demeures de la mort.

Le vieillard connaît l'âme implacable de son ennemie, il sait à quels excès sa noirceur peut se porter, et devine ses affreux projets. Pour les prévenir, il entre hardiment sous la tente du marabout-cheik, et, craignant peu de troubler son sommeil, il lui parle ainsi : « Favori du prophète, lève-toi et secoue à la hâte la poussière de ton manteau. Déjà mon oreille entend dans le lointain le hennissement des chevaux de Dikna et d'Emjot; les féroces habitants du Sahara tirent du fourreau leur terrible cimeterre! Éveille-toi si tu ne veux rester enseveli dans un repos éternel.»

Ses paroles retentissent dans tous les cœurs. On se lève en désordre, on s'agite, chacun court à ses armes, et dans le plus grand tumulte on s'apprête à se défendre contre un danger qui n'existe pas encore. On croirait que l'ange de la terreur et de la confusion a parlé par la bouche de Djestulug. Cependant le calme renaît peu à peu, et l'on se prépare à soutenir l'attaque.

Au soleil levant on aperçoit un nuage de poussière s'élevant en tourbillon du côté de l'orient. Il s'approche de l'akkabaah, et l'on distingue bientôt les deux tribus abhorrées de Dikna et d'Emjot. Les Mores arment les bras d'Oglou et de Djestulug : Isha elle-même, oubliant la douceur de son caractère, se place entre son père et son époux, et s'empare d'un arc et d'un carquois rempli de longues flèches.

Les brigands du désert s'approchent au galop en remplissant les airs de hurlements; mais Allah a planté la lâcheté dans le cœur des méchants; surpris par un appareil de défense auquel ils étaient loin de s'attendre, ils s'arrêtent et semblent hésiter. Sur leur figure étonnée on pouvait lire le découragement, lorsque Herrèz arrive au milieu d'eux; Herrèz, qui a bravé la mort en osant seule traverser le désert pour venir les exciter à satisfaire sa vengeance, leur avarice et

leur amour pour le meurtre et le pillage. Les Mores de l'akkabaah ne peuvent entendre ses paroles, mais à ses gestes véhéments et furieux on voit qu'elle les excite, qu'elle les encourage, et dans leur frayeur ils la chargent de malédictions. Déjà les Arabes de Dikna et d'Emjot cessent d'hésiter, déjà ils tirent le cimeterre du fourreau en tournant la bride de leurs chevaux vers la caravane, ils vont s'élancer..... Une flèche mortelle part, siffle dans les airs, et va frapper le cœur de la sorcière; elle tombe baignée dans son sang impur, et rend son âme criminelle en poussant un affreux hurlement. Les Mores jettent un cri de joie; les brigands épouvantés fuient avec toute la rapidité de leurs chevaux; et Isha, effrayée du coup audacieux qu'elle vient de porter, laisse échapper son arc de ses mains tremblantes.

Les voyageurs reconnaissants entourent les trois esclaves, et le saint marabout, s'approchant de Djestulug, lui saisit la main et lui dit : « Enfant soumis d'Allah, lève les yeux sur moi, et reconnais enfin celui qui éclaira ton âme. J'ai vu la semence divine jeter de profondes racines dans ton cœur, et je sais que tu as transmis à tes enfants les sentiments que j'ai fait éclore; le prophète nous récompense aujourd'hui! Djestulug, Oglon, et toi, belle Isha, vous êtes libres. Avec moi vous viendrez habiter une terre hospitalière, et je vous rendrai, en les doublant, les richesses que vous avez perdues.

XII.

Pendant trois mois la caravane continua sa marche en louvoyant tantôt à l'est, tantôt à l'ouest, selon la position des elwahs (waday on oasis). Elle n'avait plus que peu de jours de marche, lorsque la chaleur, devenue excessive, desséa l'eau dans les entres de peau, par une vaporisation insensible (1).

Malgré la soif dévorante, les Arabes, pour hâter le pas de leurs chameaux, ne continuaient pas moins leurs chants cadencés. L'espérance d'arriver en quelques heures au dernier elwahs d'Akka soutenait leur courage, et le marabout-cheik leur indiquait déjà du doigt le lieu où ils devaient se

---

(1) C'est une troisième espèce de chameau dont se servent les courriers extrêmement pressés. Elle est si légère à la course qu'elle peut faire, dit-on, quarante lieues par jour.

(1) Ceci est arrivé fort souvent, l'on a vu, dans ces occasions, payer un verre d'eau quatre ou cinq dollars, et souvent quinze à vingt. En 1805, une caravane, qui se rendait de Timbouctou à Tafilet, en ayant manqué, deux mille personnes et dix-huit cents chameaux périrent de soif.

reposer de leurs travaux. Oglou et Isha se livraient sans contrainte aux élans du bonheur.

Cependant, pourquoi Djestulug ne partage-t-il pas leur joie innocente? Depuis quelques instants sa figure est triste; la contrainte se peint d'une manière énergique sur ses traits altérés; ses yeux, qui se fixent avec inquiétude du côté de l'orient, peignent toute l'agitation de son âme. Il s'approche du saint marabout, lui parle avec véhémence, et leurs mains se dirigent vers l'orient, où Djestulug semble lui faire remarquer avec attention un point grisâtre s'étendant peu à peu sur l'horizon, s'augmentant à chaque minute, et prenant enfin la forme d'un nuage rouge et enflammé. Au signal donné, on s'empresse autour des chameaux haletants, on les anime du geste et de la voix, et chacun, pour hâter encore leur marche rapide, emploie tous les moyens que lui suggèrent sa mémoire et son intelligence.

Une chaleur devenue suffocante commence à gêner la respiration des hommes et des animaux. Un vent étouffant élève le sable en légers tourbillons qui semblent se poursuivre dans la plaine; la surface du désert s'ébranle et se meut comme les flots agités par le commencement d'une tempête; l'air, que l'on respire avec effort, est chargé d'une poussière enflammée, qui, loin de porter une salutaire fraîcheur dans le sang, ulcère les poumons : une atmosphère lourde devient rouge et brûlante comme celle d'une fournaise ardente.

Les Arabes pressent en vain leur marche; le fléau du désert s'avance à pas de géant, et son haleine embrasée dessèche leur sang dans leurs veines. Les cris de désespoir commencent à retentir; les dromadaires tombent et meurent de fatigue; et l'Arabe, oubliant cette sordide avarice, abandonne sa charge précieuse dans la crainte de retarder sa fuite une seule minute.

C'est alors que le renégat, qu'une insatiable soif de l'or ou des passions plus honteuses encore ont poussé au crime en lui faisant abandonner la religion de ses pères, c'est alors que, maudissant le culte d'un vain prophète, il déchire, dans sa rage effrayante, le fatal turban dont Mahomet ceignit son front coupable. Le shume furieux (vent du désert) de l'Afrique inhospitalière venge sur lui l'affront que reçut la clémente Europe, lorsque cet enfant ingrat l'abandonna. Il tombe le premier, sans que les fils du désert daignent tourner la tête ni ralentir un de leurs pas pour lui tendre une main secourable.

On croirait que le souffle terrible du campsin (shume) reconnaît et ménage encore les noirs ha-bitants qui peuplent les bords des vastes solitudes où son empire s'étend, soit que leur couleur les protège contre les rayons ardents d'un soleil perpendiculaire sur leur tête, soit que l'habitude ait endurci leurs organes contre les effets d'une chaleur excessive. Déjà les dernières étincelles de courage s'étaient éteintes dans le cœur des Mores; déjà l'Arabe, plus robuste, était en proie au douloureux découragement, quand une faible femme, un enfant et un vieillard, les animaient encore par leur exemple. Isha, soutenue par son père et par Oglon, venait de leur partager l'eau que l'estomac de sa hérie , morte de fatigue, lui avait offerte, lorsqu'ils aperçurent dans le lointain un point verdâtre se dessiner à travers un déluge de sable. Alors des cris de joie se firent entendre. Mais, hélas! l'impitoyable mort ne laisse pas ainsi échapper sa proie! Souvent elle amuse sa victime, et choisit, pour frapper, le moment où l'on croit la voir s'éloigner.

Oglou découvre la cime des palmiers de l'oasis : il est transporté de joie et se tourne vers son père afin de trouver dans ses yeux une expression encourageante. Le vieillard secoue la tête d'une manière expressive et terrible; il verse la dernière larme que le chagrin n'a pas encore tarie, et montre à ses enfants, au milieu du Sahara, d'énormes colonnes de sable s'élevant jusque dans les cieux et s'avançant en immenses tourbillons. Les Mores et les Arabes, soudainement frappés de terreur, restent immobiles, l'œil fixé sur les phénomènes gigantesques du campsin en furie. Bientôt s'abandonnant à toute la force de leur désespoir, ils se tordent les mains et se roulent dans la poussière en poussant de lugubres gémissements. Tous abandonnent leurs richesses inutiles, et courent çà et là dans la plaine, comme s'ils espéraient trouver un asile pour se mettre à l'abri de la fureur du shume qui mugit dans les airs.

Isha jette un long soupir; elle lève des yeux baignés de larmes sur son époux désolé. « Mon Oglou, lui dit-elle d'une voix déchirante, tout est fini pour nous! Quelque génie malfaisant, jaloux de notre bonheur, a déchaîné le terrible vent du désert, auquel rien ne résiste... Je le sens consumer mon sein et dessécher mes larmes. Le sang de la sorcière a crié contre moi, et le génie destructeur, planant dans les solitudes du Sahara, s'est chargé de sa vengeance, qu'il va bientôt accomplir. O mon ami! tant que j'ai eu de l'espérance pour toi, l'amour m'a soutenue sur les ailes du courage; mais, c'en est fait, Oglon doit périr! » Isha ne peut plus soutenir des fatigues au-dessus

POUZZOL, VU DU MOLE DE CALIGULA.

de ses forces; en achevant ces mots, elle se laisse aller sur le sein de son époux. Oglen essaie en vain de la soutenir, ses forces épuisées refusent de servir son courage; il s'assied sur un monticule de sable et presse sur sa poitrine l'objet expirant de son amour.

Djestulug, debout, la tête appuyée sur ses mains, regarde d'un œil hagard et desséché l'agonie de ses enfants. Immobile et muet, il ressemble à un de ces génies protecteurs des familles, attendant au bord d'une tombe le dernier soupir d'un dernier rejeton, pour s'évanouir avec lui dans l'éternelle nuit du néant.

Chaque fois que la douleur arrachait un soupir à Isha, Oglon était saisi d'un mouvement convulsif dont elle ne tarda pas à s'apercevoir. Alors, détachant ses lèvres de dessus le cœur frémissant de son époux, elle leva sur lui un œil mourant et lui parla pour la dernière fois : « Mon ami, lui dit-elle, pardonne à ton Isha le premier et le dernier chagrin qu'elle t'a donné. Puisque ma douleur augmente tes souffrances, en expirant, l'amour me donnera encore assez de force pour te les cacher... Il me sera doux de mourir sur le sein de celui pour lequel j'aurais voulu vivre... Cependant, nous ne nous quitterons plus... Oui, mon cœur est sur ton emur pour l'éternité... Il ne quittera plus cette place où jadis il cherchait le bonheur. L'heure fatale s'avance! elle va me saisir... O mon ami, lorsque l'instant sera arrivé, promets-moi de ne pas repousser de ton sein le corps inanimé d'Isha... Et vous, mon père, pardonnez un amour qui vous entraîne avec nous dans l'ablme! Donnez-moi votre main, que je la presse encore une fois sur mon cœur... Mes yeux se troublent... Les ombres de la mort errent autour de nous... je la vois qui s'approche!... Oglon... mon père... serrez-moi dans vos bras!... »

Une énorme montagne de sable s'avance comme une vague funeste, portant l'horrible mort sur son front. Elle tourbillonne un instant dans les cieux obscurcis, et, s'affaissant tout à coup, elle ensevelit à jamais les trois victimes de la destinée!

———

Si, par hasard, le voyageur qu'une ambition souvent funeste oblige de quitter le sol hospitalier de la belle Europe, pour pénétrer dans les stériles solitudes de l'Afrique; si, par hasard, ses yeux tombaient sur trois squelettes blanchis par le temps et à moitié ensevelis dans les sables du désert, qu'il s'approche sans frémir, s'il a un cœur d'acier; mais en considérant les restes insensibles de trois douces créatures, qu'il fasse le serment de retourner sur ses pas et de mépriser, à l'avenir, le sot orgueil qui lui fait braver les fureurs d'un climat étranger, pour acquérir, par des découvertes souvent inutiles, un peu de cette vaine fumée que l'on appelle gloire, ou des richesses plus vaines encore! Qu'il revienne essuyer les pleurs que son absence fait couler des yeux d'une mère, d'une femme chérie; qu'il consacre sa vie à l'éducation de sa jeune famille, et, chaque soir, le bonheur viendra s'asseoir au modeste foyer de ses ancêtres.

BOITARD.

———

RUINES DE SÉLEUCIE.

L'ancienne ville de Séleucie fut bâtie par Seleucus-Nicator, peu de temps après qu'il eut vaincu Antigone; elle reçut ainsi le nom de son fondateur.

A gauche de la cité, le mont Casius s'élève de beaucoup au-dessus des autres montagnes de la Syrie; son sommet, immense pyramide de rochers, plane sur des vallées profondes et d'affreux précipices. Pline, avec l'exagération des anciens quand ils décrivaient des cataractes, des rivières ou des montagnes, lui donne quatre milles de hauteur perpendiculaire. Le mont Casius est loin d'atteindre cette élévation. En grande partie nu et pelé, il est cependant plus admirable dans sa nudité même que s'il était entièrement couvert par des forêts épaisses, comme plusieurs des montagnes voisines. Lorsque les rayons du soleil dorent sa crête aride et solitaire, le mont Casius offre surtout un majestueux spectacle.

Sur la plage de Séleucie, parsemée çà et là de ruines, on montre, par tradition, le lieu où saint Paul s'embarqua et d'où il fit voile pour une terre étrangère, envoyé par les pères de l'église d'Antieche. L'aspect de Séleucie était alors tel qu'il est aujourd'hui : le mont Casius dans sa splendeur stérile, l'Oronte coulant à sa base, et Séleucie avec ses temples, ses colonnes et ses palais. Maintenant le berger, seul étendu au pied d'anciens portiques, veille sur son troupeau qui cherche une misérable pâture près du rivage, tandis que la mer, envahissant les débris de la grandeur païenne, s'avance bruyamment jusqu'aux montagnes.

Les ruines autour de Séleucie sont tellement encombrées qu'elles semblent presque inaborda-

11

bles. Sur le penchant d'une colline étaient creusés une multitude de vastes et magnifiques caveaux ; tous ces sépulcres, construits avec faste par des mains habiles, s'étendent le long de la colline à une grande distance; ils attestent la richesse et la vieille importance du pays. Le ravin ou excavation qui est sur le site de l'ancienne Séleucie offre un spectacle non moins singulier que celui des sépulcres. Autrefois on descendait dans cet abîme par un escalier de granit, dont on aperçoit encore les restes. C'est là probablement le canal artificiel, taillé dans le roc, par lequel la ville communiquait à la mer.

Nous reproduisons la vue d'un des cimetières de l'antique Séleucie. On remarque sur le penchant de la montagne divers compartiments pour des cercueils, pour des sarcophages, qui, sans doute, s'y trouvaient à des époques depuis si longtemps loin de nous. Séjour mélancolique et lugubre que cet asile des morts, asile pour ainsi dire suspendu au milieu des airs; séjour paisible, silencieux, où retentissent seulement les cris des oiseaux de proie, le murmure des vents et le mugissement des flots.

PHILOSOPHIE DE L'HISTOIRE.

SILHOUETTE DU DIX-HUITIÈME SIÈCLE EN FRANCE.

> L'homme s'agite, et Dieu le mène.
>
> BOSSUET.

Le passé est un sépulcre noir dans lequel dorment ensevelies les générations éteintes. Le passé est l'arsenal où Dieu dépose les instruments dont il s'est servi pour faire aller le monde. Là les siècles sont couchés les uns sur les autres dans un silence et dans des ténèbres qui n'ont point de nom. Mais vienne un homme puissant par le cœur et par la pensée, dont la voix tombe, tonne, éclate comme un foudre au fond de cet abîme, alors il se fait dans toute la masse des mouvements saccadés, étranges; du gouffre il sort, par instants, des lueurs violentes qui l'illuminent tout entier; les siècles se réveillent en tumulte; chacun d'eux, le regard effaré et cachant de la main quelque large blessure, vient à son tour se poser devant le terrible magicien, en lui criant d'une voix forte : Me voici !

Et c'est une vérité que, quelle que soit la mission d'un siècle dans la pensée providentielle, quelle que soit la place qu'il occupe dans la série humanitaire, ce siècle a toujours une individualité bien précise, une physionomie bien distincte et bien arrêtée. Si l'on veut même réunir ses traits les plus saillants et leur faire en grand l'application du système de Lavater, il est assez facile de découvrir sa signification réelle, de lui arracher son arcane intime.

Ainsi, le long règne de Louis XIV paraît avoir eu pour mission et pour but de consolider, d'affermir, de centraliser les idées conquises par l'esprit humain pendant les luttes ténébreuses et sanglantes du Moyen-Age. C'est le calme et le repos qui s'établissent d'eux-mêmes après la fermentation et l'effervescence dans les combinaisons chimiques. Le trouble a été nécessaire pour opérer la fusion des éléments hétérogènes; la tranquillité est indispensable pour assurer leur union, leur cohésion, leur homogénéité. Aussi, voyez comme ce XVIIe siècle est grave et solennel! Les hommes sont carrés par la base et portent de longues et majestueuses perruques; les costumes sont sévères de forme et de couleur; un cérémonial inviolable, minutieux, plein de formalités, régit la cour et la ville; le monarque lui-même n'est qu'un pivot auquel tout se rallie et se soutient, un astre central et immobile autour duquel tout se ment, vers lequel tout tend et gravite. Voyez comme on cherche à se caser, à prendre place; comme tout obéit fatalement à une pensée d'ordre : roi, ministres, savants, hommes de lettres ! Les mœurs s'assouplissent, la législation s'épure, la langue se fixe, les institutions s'enracinent; et le grand roi, contemplant du haut de sa colline de Versailles ce bel arbre de la monarchie, peut croire un instant, dans son orgueil, qu'il abritera la longue suite des générations. En effet, la seule opposition qui existe à cette époque est obligée de se réfugier dans le dogme, et de prendre la soutane à Port-Royal-des-Champs. Là même on la trouve dangereuse, et les ruines fumantes de la noble abbaye offrent l'image d'un sacrifice expiatoire à l'unité de pouvoir. Mais quand les liqueurs se sont équilibrées dans la coupelle de l'expérimentateur, il se dépose toujours au fond un précipité qui peut à son tour produire de nouveaux troubles; ainsi le ferment d'agitation qui a quitté la haute noblesse est tombé inaperçu dans les rangs du peuple, et ne tardera pas à y exciter un soulèvement. La monarchie trop tendue se brisera; Louis XIV conclura à Louis XVI.

Si le XVIIe siècle a été une époque de synthèse

et d'harmonie, le XVIIIe, au contraire, est une ère de décomposition, d'analyse, de pulvérisation. La chimie, qu'il a créée, est son symbole le plus complet. Rien de grandiose, de monumental ne s'effectue ; c'est un morcellement, un tiraillement continuel. Le fruit, trop mûr, manifeste des symptômes de décomposition.... Dans cette lumière terne et douteuse qui forme le crépuscule du XVIIe siècle et l'aurore du XVIIIe, on voit s'écouler sans cesse une interminable procession de protestants qui s'en vont du royaume, poussés par les mousquetaires et les dragons des Cévennes, et qui portent aux étrangers les dieux tutélaires de la patrie : les arts, la science, l'industrie. Les parlements, qui ont gardé rancune au fouet et aux bottes à éperons du maître, commencent à lever la tête. Enfin, l'idée sortie armée du cerveau de Luther, ayant parcouru le cercle religieux, fait irruption dans la politique, et, sous le nom de philosophisme, dissout à petit bruit tous les éléments de cette société vermoulue.

Le trône même est l'ombre d'un trône, sur laquelle il n'y a plus qu'un fantôme de roi. C'est un vieillard faible, timoré, mené par une coterie de femmes ambitieuses et jalouses. On l'entoure d'un réseau d'intrigues ; on s'en amuse comme d'un jouet. Tour à tour dévot et cruel, il se confesse au père Lachaise, épouse la Maintenon, fait massacrer les protestants, et le trépas mystérieux de Louvois plane autour de lui comme un épouvantable soupçon. Où sont-ils ces jours radieux où la foule des courtisans dorés, assiégeant les péristyles de Mansard, inondant les portiques de Perrault, accourait de grand matin saluer à longs flots le soleil de la cour (1) ? Hélas ! le soleil n'est pas encore descendu derrière l'horizon, que dans des ténèbres menaçantes les fils naturels du grand roi expirent *suffoqués de venin*, et qu'un valet, osant suspecter la légitimité de son maître, s'écrie : *C'est le fils de mon silence* (2) !

A peine la pierre sépulcrale est-elle retombée sur le royal cadavre, que commence la grande orgie de la Régence. Là où est le corps, les oiseaux de proie s'y rassemblent. Les harpies se jettent sur le festin où la mort a congédié les convives, et dans le fauteuil vide s'assied un nouvel amphitryon. Allons donc ! accourez au banquet ; prenez place ! Que craignez-vous ? celui qui vous invite est un prince de race royale, et c'est l'abbé Dubois qui dira le bénédicité !

Le régent était un homme rempli des plus

(1) Mane salutantum totis vomit ædibus undam. *Virg.*
(2) Mémoires de Laporte.

éminentes qualités, mais qui, mal dirigées, le menèrent aux plus grands excès. Sa mère, femme d'esprit et de sens, disait que pendant sa grossesse elle rêva que toutes les fées venaient faire un don sur le berceau de son fils. A la fin, on en vit paraître une vieille et cassée qu'on avait oublié d'inviter ; et cette fée, voyant tous les dons épuisés en faveur du marmot, lui en octroya un par lequel il ferait des autres un mauvais emploi. L'esprit humain ne sait garder aucune mesure ; son inquiète activité le jette sans cesse contre des écueils opposés. Louis XIV, qui pensait, comme François Ier, qu'*une cour sans femmes est une année sans printemps, un printemps sans roses*, les avait attirées à la sienne. C'était en même temps d'une politique raffinée : l'amour enchaînait autour du trône les rudes seigneurs féodaux ; la galanterie avait attiédi l'âpreté des mœurs ; un sentiment de bien-être se répandait dans les relations ; et c'est aux femmes que l'on devait tout cela. Eh bien ! les mœurs ainsi dulcifiées tournèrent bien vite au libertinage. Un rouge uniforme s'étendit sur tous les visages, pour ne laisser aucune place à la honte ; les paniers et les falbalas rassuraient contre les conséquences d'une faiblesse. Les petits abbés et les petites muses bien peignées, tout accortes et tout agaçantes, se glissèrent dans les ruelles et dans les boudoirs. On eut son abbé et son maître de menuet, comme auparavant on avait eu *son chien, son chat et son La Fontaine*. Un scandale était alors la chose du monde la plus plaisante et la plus souhaitée ; on s'en égayait longtemps, et puis on en faisait une comédie à ariettes, car tout finissait par des ariettes. Les proverbes et les petites pièces de salon faisaient fureur ; chacun avait son théâtre entre deux paravents. Dugazon et la Guimard avaient mis à la mode ce spectacle étriqué ; on se les arrachait. On aimait le clinquant, les glaces, les talons rouges, tout ce qui jette de l'éclat. Le chrysocal remplaçait l'or ; le strass était préféré au diamant. Un roué aurait perdu sa réputation si, comme le duc de Richelieu, il n'avait été l'*amant de toutes les femmes, hormis de la sienne*.

Ici l'on doit noter l'imitation outrée de l'Angleterre, ou l'anglomanie, que nous verrons plus tard remplacée par l'influence allemande. Les livres des auteurs d'outre-Manche sont choyés, festoyés, apothéosés. La Grande-Bretagne, qu'on pourrait appeler la grande boutique, couve sourdement les levains d'agitation, bien certaine que, s'il y a du trouble, elle pourra y pêcher.

Les cloîtres eux-mêmes et les monastères ne peuvent éviter le contact d'une atmosphère si corrompue. Les chevaux fringants, les équipages armoiriés se croisent en tous sens sur les routes de Longchamps et de l'abbaye féodale de Chelles. Longchamps est un petit opéra. C'est à Chelles que trône Louise de Chartres, cette charmante et romanesque fille du régent, qui avait toutes les qualités, tous les vices brillants de son père. Un beau soir, elle s'éprend d'une passion soudaine pour le chanteur Cauchereau. Celui-ci reçoit un billet qui lui indique un rendez-vous mystérieux au Palais-Royal. Il y court, est introduit dans les appartements par une femme, et se trouve bientôt seul avec la princesse. Tomber à ses pieds, laisser échapper des mots brûlants d'amour, c'est ce que tout le monde eût fait comme Cauchereau. Quel fut son désappointement lorsque Louise lui parla avec froideur et dignité, quoique avec un certain trouble qui augmentait encore son bégaiement naturel! Elle voulait le convertir; elle le suppliait de quitter le théâtre, de prendre un confesseur, le sien, qui était un homme sévère, mais bon. Dans son zèle, elle allait jusqu'à lui conseiller de revêtir l'habit ecclésiastique.

— Jamais! répondait Cauchereau.
— Mais alors vous serez damné!
— Que vous importe?
— Si cela m'était indifférent, dit Louise avec étourderie en fondant en larmes, vous aurais-je fait venir?

Le lendemain de cet aveu, Louise était à l'abbaye de Chelles, dont elle ne tarda pas à être nommée supérieure. Bientôt cet éclair passager de dévotion s'éteint, et elle se livre à d'autres caprices.

Si vous entrez dans la chapelle de Chelles, vous entendrez sur l'orgue un motif d'*Orphée* ou d'*Armide*; au chœur, les voix qui montent vers Dieu sont celles de Jelyotte et de quelque bouffe italien. Osez-vous pénétrer dans l'intérieur, dans le gynécée du couvent, vous trouverez les jeunes novices s'étudiant à reproduire au crayon les formes de l'Antinoüs, ou de l'Apollon du Belvédère. Enfin, lorsque vous voulez aller chercher un ciel pur et de douces rêveries dans les sites romantiques qui entourent le monastère, vous distrait par les aboiements d'une meute, étourdi par les appels du cor, par les tayauts et les halalis des chasseurs; un lévrier vous passe entre les jambes, et vous apercevez bientôt la turbulente abbesse qui court le cerf en personne, montée sur un genet d'Espagne qu'elle anime du geste et de la voix. Au milieu de cette débauche, la nation ne s'aperçoit pas qu'elle change de maître. Louis XV commence son règne par inaugurer le Parc-aux-Cerfs. Nous touchons alors aux saturnales de la

matière, au carnaval du sensualisme. L'orgie se précipite à sa fin; nous sommes au champagne. C'est l'époque littéraire de Crébillon fils; l'époque artistique de Watteau. Alors les rois de France s'appellent Cotillon; alors Versailles n'est plus un palais, mais un lupanar royal, où la luxure de Louis XV a remplacé le luxe de Louis XIV, où les appartements sont petits, où les sofas sont larges. En peinture, c'est le triomphe du nu; non pas le nu du Corrège ou de David, mais celui de Moreau ou de Fragonard. Le nu même n'est pas assez piquant pour le goût blasé du siècle, on le relève par des fleurs et des rubans. Dans tous les tableaux de cette époque érotique, les hommes, les bêtes, s'entr'aiment; les arbres gémissent; les pierres soupirent; les oiseaux roucoulent; la création entière est rose et impudique comme la cour de Versailles. Cependant, un grand artiste, Lemoine, vient s'égarer parmi ces petits hommes et ces petites choses; on l'accable d'insultes et de railleries. Il répond en peignant la coupole de la magnifique chapelle de la Vierge à Saint-Sulpice, et le plafond de Versailles. Lutter contre ton siècle, insensé! Ne vois-tu pas que ce désir la montagne qui écrase les Titans, que le suicide pend sur ta folie? Des conceptions pareilles étaient à cent lieues des idées du jour; aussi, lorsque Lemoine alla demander le prix de son œuvre, on lui répondit *qu'on ferait toiser le travail!* A ce dernier coup de pied du... ministre, l'artiste rentra dans son autre tête baissée; et, le lendemain, on le trouva étendu sur son grabat, percé de sept coups d'épée, ayant auprès de lui l'*Histoire romaine* ouverte au trépas de Caton, avec cette note en marge : *Voilà une belle mort!*

Ah! Lemoine, l'art est un dieu qui dévore ses enfants. Si ton ombre revenait parmi nous, pour te consoler nous lui ouvririons le riche écrin dans lequel nous serrons chaque jour les noms illustres, les noms des artistes que l'infâme vieille moissonne sans cesse autour de nous : Gros, Robert, Hégésyppe Moreau, Della-Maria, Hérold, Lafont, et ce bon et cordial Nourrit, que nous aimions tous comme un frère!

De quelque côté qu'on veuille aborder le XVIIIᵉ siècle, il est une figure qui se montre à vous et vous accompagne partout avec un rire satanique. Cette figure, c'est celle de Voltaire; c'est le siècle personnifié, avec ses qualités et ses défauts, avec sa légèreté, sa malice, son goût pour la raillerie; son élégance, son urbanité, ses grâces, son scepticisme irréfléchi, son ardeur indiscrète et vagabonde, son aversion pour les doctrines sévères, son dédain du passé, ses allures licencieuses, souvent même avec son cynisme et ses obscénités ; le XVIII° siècle, avec son prosélytisme philosophique, son esprit de tolérance et son amour de l'humanité. Il y a pourtant une partie sérieuse de l'époque qu'on n'aperçoit pas dans Voltaire. Je veux parler de ce caractère grave et profond qui se révèle vers la fin du siècle, de ces tendances de la nation française vers un nouvel état social et politique. Un travail puissant et mystérieux se fait dans les entrailles de la nation ; il y fermente sourdement tout un monde que 89 verra jaillir au grand jour. L'aristocratie s'enfonce en riant dans l'abîme qui doit l'anéantir, tandis que la bourgeoisie monte sans cesse et prend un empire chaque jour croissant. Or, l'auteur de *Tancrède* est gentilhomme, et prétend l'être envers et contre tous. Il ne manque jamais de s'appeler *Monsieur de Voltaire*. Il a les manières, le blason et le ton cavalier d'un grand seigneur. C'est ici surtout, comme sur tant d'autres points, que Voltaire a si peu de ressemblance avec Jean-Jacques Rousseau. Ce dernier est véritablement l'homme du peuple ; il ne l'oublie jamais. Il a dans le cœur une haine profonde de cette société si frivole, si moqueuse, si corrompue, si antipathique à son caractère à lui, romanesque, sérieux et tier ; de cette société qui fait bâtonner par des valets les plébéiens assez malheureux pour riposter, avec un trait d'esprit piquant, à la fade impertinence d'un sot en talons rouges. Voulez-vous avoir le siècle tout entier peint d'un seul trait? Ecartez la foule; voyez sur cette civière ce jeune homme pâle : c'est Gilbert que l'on porte à l'hôpital. Retournez-vous ; regardez sur le parapet cet homme jeune encore aussi, frisé, poudré, élégant, railleur, bien pris dans ses habits : c'est Voltaire allant faire la cour à madame la marquise.

Cependant, poussées par mille causes secrètes de destruction, toutes choses s'en allaient s'affaiblissant et descendant irrésistiblement vers leur ruine. Les excès de la royauté amenaient la Révolution, comme les excès des papes avaient amené la Réforme. Louis XV allait avoir Robespierre pour fils, comme Alexandre VI avait engendré Luther. Des signes, des miracles apparaissaient; on voyait s'élever de faux Christs et de faux prophètes. Le peuple se jetait avec curiosité et terreur dans les abîmes du monde invisible; l'Allemagne déteignait sur la France; c'était le temps des clubs, des convulsionnaires; c'était l'époque de Mesmer et de Cagliostro. Une remarque qui paraîtra peut-être puérile et qui n'en est pas moins très-significative, c'est celle de l'amollissement qui se fit sentir alors dans la prononciation.

L'*a*, cette vocale éclatante, retentissante, emphatique, qui abonde chez les peuplades autochtones et dans les idiomes primitifs, est souvent remplacé par l'*e*, voyelle plus efféminée; et l'*e*, à son tour, se rétrécit jusqu'à l'*i*, qui peint tout ce qui est petit, joli, gentil. Parmi les consonnes, l'*s*, dur et sifflant, fait place au *z*, lettre bizarre, drôlette, qui fait faire à la bouche une petite moue gracieuse. Presque tous les héros des tragédies et des romans de cette époque sont en *z* : Zaïre, Zaïde, Ziléa, Zulime, Alzire, Azà, Zirphé, Zirphile, Zaïs, Zulmis, Zelmaïde, Zelindor, Zamor, Alzaïde, Athalzaïde, etc. Docile à la loi qui régit tous les corps physiques, la chute du pouvoir royal s'accélérait à mesure qu'il tombait, et à la fin, lorsque Louis XVI monta sur le trône, le mouvement était si rapide qu'il lui devint presque impossible de l'arrêter. Les prodigalités de Louis XIV et de Louis XV, les millions engloutis par les constructions de Versailles, dévorés par les débauches du Parc-aux-Cerf, avaient fait dans le trésor un vide que l'on ne pouvait plus combler. L'exécrable *Pacte de famine* n'arrachait plus que des larmes et des malédictions. Les maisons de jeu, nouvellement créées, ne suffisaient pas aux impôts. En vain des ministres habiles se succèdent aux finances; les palliatifs sous lesquels ils essaient de déguiser le mal ne font que l'accroître. Certes, il eût fallu un bras titanique et ganté en fer pour l'étendre en travers de cet édifice si violemment emporté; et le nouveau monarque n'apportait sur le trône que les vertus probes et sévères du citoyen, aucune des qualités éclatantes qui font les grands rois. Trop loyal, trop confiant pour soupçonner les trahisons politiques, les intrigues souterraines, il négocia quand il fallait agir, il donna dans tous les pièges, il fut la dupe de tous les partis. Regardant avec terreur le torrent qui emportait tout et qui devait à la fin l'engloutir lui-même, il se serrait contre l'autel, il essayait de se rattacher à la terre et aux bords glissants du précipice; mais ses forces s'affaiblissaient; et à la fin, voyant l'inutilité de ses efforts, il s'enveloppa dans sa résignation comme un sénateur romain dans sa toge, et attendit patiemment le coup mortel.

Maintenant, couvrez avec moi d'un voile ce fond de passions, de vices et de malheurs, qui n'est que la vieille et perpétuelle histoire de l'humanité. Laissez ce pêle-mêle de doctrines, d'idées, qui ont débordé les choses et vont se métamorphoser en faits. Sur votre draperie d'un bleu tendre groupez des physionomies séduisantes, les unes vives et folâtres, les autres sereines et majestueuses; donnez-leur les tons angéliques de Greuze, les poses exquises et les fraîches carnations de Lawrence; remplissez de fleurs les intervalles; soufflez sur tout cela l'atmosphère tiède et parfumée de certains paysages de Claude Lorrain, et vous aurez un tableau à faire envie aux plus délicieuses conceptions de Raphaël et de l'Albane. Rétrécissez les proportions du cadre; car, quand on veut voir du bonheur, il ne faut pas regarder au-delà d'une certaine étendue. Faites passer les lignes de l'horizon derrière les collines de Saint-Cloud, de Versailles et de Rambouillet, et vous aurez le XVIII⁸ siècle sous sa face la plus riante et la plus naïve; vous le verrez, joyeux comme un fils de famille qui s'émancipe, jeter follement sa vie à toutes les joies de la terre, à tous les vents du ciel. A l'aspect des adorables figures de femmes dont la cour de France se montre si prodigue, vous comprendrez cet universel empire de la galanterie, cette fleur de politesse substitués aux formes rudes et acerbes des autres époques; cette courtoisie obséquieuse des grands seigneurs; cette poésie enjouée et badine qui s'en va courir par les champs et les luzernes, poursuivre les papillons diaprés, et qui revient, les mains pleines de petites fleurs des champs, narguer la muse hautaine et empesée du siècle de Louis XIV; enfin ce règne des grâces absolu et sans conteste. Oh! si nous concevons un despotisme sur la terre, c'est celui de la beauté! Nous lui faisons, genou en terre, hommage de féal serviteur et d'humble vassal; nous lui inféodons notre cœur; nous lui jurons amour et fidélité quand même. Oui, ce fut alors une époque remarquable, unique peut-être de la gloire et de la puissance des femmes. Élevées au-dessus de tout, elles donnaient le mouvement à tout. Dans les longs plis de leurs robes somptueuses, elles entraînaient les sciences et les arts sous des lambris dorés peints par Lebrun et Lesueur; au milieu des jardins de Versailles et de Trianon, dessinés par Le Nôtre, peuplés par Coustou et Coysevox d'une myriade de divinités. Demoustiers rajeunissait pour elles le vieil Olympe. Pour elles, Marivaux, Dorat, Colardeau, alchimistes de la galanterie, extrayaient la quintessence du sentiment. Bertin et Parny chantaient leurs louanges dans des vers dignes d'Ovide, et Gentil-Bernard écrivait pour elles l'*Art d'aimer*. Vraiment, ce pauvre siècle, il faut le voir retenir à deux mains sa couronne d'illusions, dont les fleurons s'en vont l'un après l'autre chassés par le vent amer du scepticisme; il faut le voir fuir la vie aride et froide que veut lui faire une philosophie rectiligne, et se réfugier dans le

plaisir comme dans un dernier asile! Cependant l'influence de Voltaire et de Rousseau se fait sentir. Les mères allaitent leurs enfants; la royauté se range et devient honnête femme. En ce temps-là Prévost écrivait *Manon Lescaut*; Diderot créait le drame bourgeois deviné par La Chaussée. La prose du philosophe remplaçait les vers de Racine; le *Père de famille* tenait lieu d'Agamemnon. Si ce siècle paraît si insouciant, si joyeux au dehors, il est quelquefois bien mélancolique dans son intérieur. Voyez plutôt, tandis que Beaumarchais et la chevalière d'Éon se chargent d'égayer les viveurs, tandis que le premier porte les coups de grâce à la noblesse avec le bois vert de Figaro; voyez que de petites mains jointes au pied des crucifix d'ivoire! Que de larmes répandues en secret dans le sanctuaire des oratoires, les boudoirs d'alors, et sur le velours des causeuses! Pauvres femmes, toujours trahies, toujours abandonnées, et toujours confiantes, toujours bonnes, vous entourez de vos bras le siècle qui va mourir, comme la vierge des dernières amours console le Sauvage qui bégaie sa chanson de mort dans le cadre de feu.

Si vous me demandez pourquoi j'assombris ainsi mes dernières teintes, je vous montrerai silencieusement le bas du tableau, et vous reculerez de terreur. C'est Mirabeau qui s'élance à la tribune, chargé des vices et des colères du peuple, tout hideux de débauche et de génie! Vous avez compris, n'est-ce pas, que c'en est fait de cette belle et jeune génération; qu'elle va être balayée par la tempête? — Pourquoi cette larme? — Est-ce que vous croyez encore au bonheur?

Il y eut un instant où toutes les figures du tableau se contractèrent subitement et se couvrirent d'un voile.

Le XVIII⁸ siècle était mort.

JULES LADIMIR.

ROYAUME DE NAPLES.

POUZZOL.

Le pont de Caligula.

La partie du royaume de Naples où est située la ville de Pouzzol a été fameuse dans tous les temps par ses phénomènes et ses révolutions fréquentes. Aussi les anciens désignaient cette contrée sous le nom de Champs de Feu, *Campi Phle-*

græi. On dirait que l'eau, les flammes, les hommes, l'art et la nature se sont disputé l'empire d'un sol qu'ils ont alternativement dévasté et embelli. Occupé successivement par les peuples les plus actifs et les plus puissants de l'univers, les Grecs et les Romains, ce territoire a été tantôt bouleversé par des commotions souterraines, et tantôt englouti sons les cendres des volcans.

De nos jours, des calamités nouvelles le menacent. Savez-vous ce que l'on voit maintenant à Naples, ce que l'on s'empresse d'accomplir avec une désespérante activité? Se l'imaginerait-on jamais! Un chemin de fer va bientôt étendre ses bras immenses et décharnés jusqu'aux portes de Cellamarre! Douce et malheureuse Italie, que ta destinée est à plaindre! Des essaims d'ingénieurs s'abattent sur ton sol pour le bouleverser, comme autrefois les Barbares l'envahissaient pour le détruire! On cherche à t'enlever la poésie de tes fleuves, de tes campagnes, de tes collines cultivées et fertiles; on pense même à te ravir la poésie de ton ciel!

Connaissez-vous quelque chose au monde de plus funèbre qu'un chemin de fer, avec ses rails, ses wagons, avec l'épaisse fumée qui s'échappe de ses cheminées noircies, avec le grincement des roues, le craquement des machines, sorte de représentation théâtrale des enfers sur la terre; avec ses chariots qui passent devant vous, silencieux et rapides, et qui vous apparaissent comme la barque éternelle du vieux nocher des abîmes? La seule poésie qui nous restait, la poésie des voyages, tout se réunit pour nous en priver. Dans la voiture la plus modeste, on apercevait du moins, au travers des glaces, le feuillage vert, le ciel bleu; on pouvait du moins entendre le gazouillement des oiseaux; on pouvait voir encore les blanches marguerites aux bords des ruisseaux paisibles, les petites plantes rouges au milieu des blés; on pouvait admirer les amandiers couverts de fleurs, les orangers chargés de fruits. Poétiques distractions, la vapeur vous efface, vous flétrit, vous absorbe!

L'esprit industriel de l'époque semble avoir en horreur toute idée attrayante. Le fer et la fange remplacent le gazon de la prairie; les arbres séculaires disparaissent devant les usines; des monuments aux formes lourdes et massives s'élèvent sur les débris des flèches légères, des tours élancées, qui, telles que les géants des épopées du Moyen-Age, se tenaient debout à l'entrée des cathédrales; en un mot, le disgracieux wagon succède à la calèche élégante. Plus de paysages, plus de forêts, plus de parcs pour le voyageur, plus d'émotions, plus de délices; au chant mélodieux de la fauvette, on substitue le bourdonnement monotone des rouages ferrés, le sifflement aigu des machines; au tendre azur des cieux, on préfère une fumée noire et épaisse; au suave parfum des fleurs se mêle une odeur de soufre et de charbon.

Je comprends jusqu'à un certain point un chemin de fer dans les régions du nord; là, tout est sombre; là, des importations lugubres sont en harmonie parfaite avec l'aspect du pays; là, un chemin de fer, moyen rapide de transport, dérobe souvent aux regards de sauvages tableaux, le spectacle d'une nature aride et désolée. Au contraire, dans les belles contrées méridionales, où la vie est toute contemplative, où tout est riant, où tout respire la gaîté, le bonheur, la construction d'un chemin de fer est un événement à jamais déplorable. Après les sacrifices nombreux que l'Italie s'est imposés, après la décadence et la ruine de l'ouvrage des hommes, on s'en prend à l'ouvrage du Créateur! on s'efforce d'anéantir la richesse du sol italique; on veut ternir l'azur de son ciel, l'éclat de ses jardins; on veut dépouiller de leur verte parure les arbres qui ombragent ses montagnes, sans doute afin que le hibou du Nord n'ait plus rien à envier au rossignol du Midi. Un chemin de fer! pitoyable invention pour toutes les parties de l'univers connu ou inconnu, invention maudite, *scelerata e brutta invenzion,* surtout pour l'Italie!

Mais je reviens aux Champs de Feu et à l'antique cité de Pouzzol, que les poëtes et les orateurs ont tour à tour célébrée, et où les plus voluptueux Romains avaient fait élever de somptueuses habitations. Cicéron lui-même, séduit par les charmes d'un climat délicieux, possédait une maison de plaisance sur les bords de la mer, près de Pouzzol, et une autre du côté de Gumes; il les appelait ses états de Cumes et de Pouzzol: *Puteolana et Cumana regna.*

Placée à deux lieues et demie de Naples et à une lieue de Baïes, la ville de Pouzzol s'élève au fond d'un golfe d'une lieue et demie de largeur. La situation de Pouzzol, la beauté de son port, formé par la nature, avaient engagé les habitants de Cumes, longtemps avant l'arrivée des Romains dans cette partie de l'Italie, à bâtir une petite ville qu'ils appelèrent *Dicearchia,* nom sur lequel on s'est épuisé en conjectures et en vaines recherches. Le nom de Pouzzol, en latin *Puteoli,* semble avoir son origine dans le grand nombre de sources ou de puits d'eaux minérales dont le sol se trouvait rempli, ce qui fut un de ses principaux attraits pour les Romains. Les habitants de Pouzzol, colonie grecque, conservèrent longtemps leurs lois, leurs magistrats, ainsi que la forme républicaine de leur gouvernement; pendant la domination romaine, Pouzzol nommait encore ses archontes. Toutefois, la petite république perdit peu à peu ses prérogatives et sa liberté.

Sous Néron, Pouzzol reçut le titre de *Colonia Neroniana*; elle obtint aussi les droits de colonie : *Vetus oppidum Puteoli jus coloniæ, et cognomentum à Nerone adipiscuntur*, dit Tacite. Son port fut augmenté par des jetées faites en saillie dans la mer. On voit même des débris de constructions, qui, depuis tant de siècles, résistent aux efforts continuels des vagues. Le peuple a confondu ces restes de constructions avec le fameux pont de Caligula, résultat d'une extravagance mémorable que Tacite et Suétone rapportent en détail.

Caligula, dédaignant les honneurs vulgaires, n'aspirait plus qu'à de gigantesques projets; il entreprit de joindre, par un pont, l'intervalle d'environ trois mille six cents pas qui sépare Baïes de Pouzzol (1). Plus l'entreprise est folle, écrit Tacite, plus l'exécution en est précipitée. On rassemble des ouvriers, on coupe des arbres, on transporte des matériaux, on construit des navires, on réunit jusqu'aux bâtiments de transport. Ainsi, grâce à l'activité des ouvriers, pendant que Rome et l'Italie étaient en proie aux horreurs d'une affreuse disette, le pont s'établit sur une double rangée de vaisseaux fixés par des ancres, et recouverts d'une chaussée de terre faite sur le modèle de la voie Appia, la plus belle des voies romaines, et qui, partant de Rome, se prolongeait jusqu'à Brindes. Sur les bords de cette chaussée on avait placé, de distance en distance, des hôtelleries et des réservoirs d'eau douce. Alors le prince, fier de la vaine admiration qu'il croit exciter, fier de la folle ostentation de sa puissance, se vante de l'emporter sur Darius et sur Xerxès, par son triomphe sur les mers; Darius, qui avait passé le Bosphore, large seulement de cinq cents pas; Xerxès, qui avait traversé l'Hellespont, d'une largeur de sept cent cinquante pas à peine.

Tout annonce que l'on prépare un appareil guerrier et magnifique.

Au jour marqué pour la cérémonie, l'air était

(1) « J'ai entendu dire à mon aïeul, dit Suétone, XIX, que la cause véritable de cette bizarre construction, s'il faut en croire les courtisans les plus intimes de Caligula, était une prédiction du devin Thrasylle, qui, voyant Tibère inquiet sur son successeur, et sur le point de se prononcer en faveur du jeune Tibère, son neveu, lui avait assuré que Caïus (Caligula) ne serait pas plus empereur qu'il n'irait à cheval sur le détroit de Baïes. »

pur; l'onde, comme affaissée sous le poids des navires immenses, restait calme et tranquille. L'empereur avait dit qu'il voulait dompter les vagues, et les vagues furent en effet domptées; les vents furieux s'étaient retirés dans leurs cavernes, le zéphyr même sommeillait dans sa grotte d'où s'exhalent mille parfums. La main de l'Éternel avait apaisé les tempêtes, et Caligula s'en faisait gloire; il se proclamait le génie des mers; les dieux pour lui n'étaient rien : Caligula se disait le seul Dieu vivant.

Les descendants des Cimmériens, debout avant le jour, venaient de reconduire dans son palais leur hôte paisible, fils de l'Érèbe et de la Nuit; tous accouraient joyeux sur le rivage de Baïes, tandis que commençaient à briller les rayons lumineux du soleil naissant. Après avoir offert des sacrifices à Neptune et aux autres dieux, Caligula paraît, revêtu de la cuirasse d'Alexandre et d'une chlamyde de soie, brillante d'or et de pierreries; la couronne civique ceint son front, et, monté sur un cheval richement harnaché, il est armé d'un bouclier, d'une hache et d'une épée qu'il agite d'un air menaçant. Ses guerriers courent assiéger Pouzzol; ils imitent toutes les opérations d'un siège, et bientôt la place cède à d'impétueux assauts.

Jamais reddition ne fut célébrée par de si grands éloges, et cependant l'adulation ne l'emporta pas sur la vanité du prince : *Nec tamen adulatio vanitatem principis supergressa*, s'écrie Tacite. Jouant la fatigue comme il avait joué la valeur, Caligula se reposa jusqu'au lendemain. Dès l'apparition des premières lueurs du jour, il veut repasser le pont. Vêtu d'une tunique d'or, il s'avance en triomphe sur un char attelé de deux chevaux fameux par leurs victoires; il s'avance précédé du jeune Darius et des dépouilles récemment conquises. La garde prétorienne le suivait; ensuite venaient l'armée victorieuse et une foule immense. Caligula, l'esprit en délire, harangua ses troupes comme un général vainqueur. Selon lui, les tentatives de Darius et de Xerxès n'avaient été que des jeux d'enfants; ses exploits, à lui, étaient dignes du maître du monde. Il avait foulé aux pieds la mer indomptable; il avait subjugué des villes, dispersé des nations; il avait enchaîné les flots; et les vents, par respect pour lui, s'étaient résignés à retenir leur haleine.

Le reste du jour se passa dans les jeux, dans les festins. Caligula ayant pris place à table, sur le pont, toutes les personnes de sa suite, retirées sur des vaisseaux, s'étaient rangées autour de lui comme une espèce de garde. Durant la nuit, le

L'UNE DES SOURCES PRINCIPALES DES BAINS DE WIESBADEN, dite FRANZENBRUNN.

spectacle qu'offrit la fête ajouta au merveilleux de l'entreprise; le pont et les navires resplendissaient de l'éclat de mille flambeaux. Mais, grâce aux illuminations distribuées avec une profusion inouïe le long des montagnes et des collines, on ne pouvait se lasser d'admirer le croissant que forme la côte de Pouzzol à Baies; il paraissait enflammé, et la mer étincelait de mille feux. La nuit, rivale du jour, effaça en splendeur le soleil même, et l'empereur, dit Tacite, s'applaudit d'avoir triomphé du ciel, de la terre et des mers.

Tout à coup la fureur de Caligula éclate sur ceux qui l'entourent; les uns sont précipités du haut du pont, les autres sont noyés, tandis que le prince vogue au milieu des chœurs et des symphonies. Si quelques-uns, que leur folle joie n'égare pas au point de ne pas songer à leur salut, saisissent le gouvernail ou toute autre partie des vaisseaux, ils sont repoussés avec les crocs et les rames. Nul ne s'oppose à ces excès; la plupart des spectateurs rient d'un danger qu'ils ne partagent pas (1).

Le souvenir de cette folie étrange est ce qui a, sans doute, fait donner le nom de pont de Caligula aux débris des constructions antiques dont j'ai parlé, constructions élevées dans un but utile, l'agrandissement et la sûreté du port de Pouzzol. Les piles de l'ancien môle furent même rétablies par l'empereur Antonin, comme le constate une inscription qui a été retirée du fond de la mer, et que l'on voit maintenant au-dessus d'une des portes de la cité.

A. MAZOY.

UN ROUÉ AU DIX-NEUVIÈME SIÈCLE.

IV.

Il se passa quelque temps sans qu'Achille de Blévilliers, malgré l'adresse, l'habileté, la finesse dont il se gratifiait si généreusement, pût parvenir à approcher de la charmante fille qu'il convoitait. D'une part, un vague instinct des dan-

(1) Pars è summo ponte præcipitati : pars, dùm Princeps choros inter et symphonias adnavigaret, demersi; et si qui, licèt lætitia amentes, nondum tamen salutis obliti, navium gubernacula aliave apprehenderent, contis remisque in mare detrusi; nemine obsistente, plurimis aliena pericula ridentibus. TACIT. Ann. lib. 8.

gers de l'amour retenait Marie loin de lui; et de l'autre, son innocence naïve, sa candeur toute virginale la mettaient à l'abri des attaques trop impétueuses du dandy. M. de Blévilliers fut donc obligé de tourner la place qu'il ne pouvait prendre d'assaut, pour parler son langage. Avec son aptitude à deviner. les mauvais sentiments, triste expérience qu'on acquiert dans la vie dissipée, il comprit que la vieille Madeleine devait devenir son allié; il s'adressa donc à elle, lui proposa de le faire prendre comme locataire par sa nièce Catherine, flatta ses goûts, excita sa convoitise, en un mot, l'éblouit et la gagna. Puis, sûr de la réussite de ce moyen, il laissa venir l'événement dans une sécurité parfaite.

Cependant, la visite de M. de Kerlande et son officieuse intervention plongeaient dans une morne tristesse toute la pauvre famille. Madeleine fut bientôt choquée de voir sa petite-nièce inattentive, fondre en larmes au milieu d'une joyeuse histoire de carnaval, ou pousser de profonds soupirs pendant la description du manteau de l'Empereur. Se trouvant toujours seule à rompre le silence, n'obtenant aucune attention lorsqu'elle reprenait des récits qui lui avaient fait grand honneur dans le village, recevant à peine une réponse à ses questions directes, elle cessa de bavarder, et rien ne fit plus diversion à la monotonie des occupations domestiques. Catherine et Marie s'enfermaient dans leur propre douleur; l'une, désespérée, honteuse de sa fatale précipitation, n'osait regarder sa fille, comme si elle eût craint de lire un reproche dans ses yeux; l'autre cherchait pieusement à dissimuler ses souffrances pour rendre sa mère moins malheureuse, se forçant au travail et tâchant d'éviter la moindre distraction; n'osant parler, car elle sentait l'émotion de sa voix; ne hasardant point un sourire, de crainte qu'il ne fût amer. Mais la pauvre enfant, inhabile à dévorer de telles peines, et expansive de sa nature, ne pouvait souvent contenir une explosion funeste; alors était défait tout son ouvrage, et sa longue résignation démentie.

Un matin, après avoir reçu les propositions du jeune homme, Madeleine entra dans la maison, plus sérieuse que jamais; elle embrassa ses nièces sans mot dire, et s'assit comme à l'ordinaire dans l'embrasure de la fenêtre; mais au lieu de coller sa tête et de braquer ses grands yeux contre les vitres avec une curiosité maligne, la vieille se pencha sur le dos du fauteuil. Elle resta longtemps ainsi dans l'attitude d'une personne très-forte-

12

ment préoccupée, qui roule des projets dans sa tête, et fait une excursion dans l'infini domaine de l'avenir. Madeleine se disait : Avec l'argent du pensionnaire, on pourra braver le parrain et la princesse sa fille; on les traitera comme ils méritent. Une fois convaincus que nous ne sommes pas esclaves de leurs malheureux six cents francs, ils deviendront maniables; plus de tyrannie pour nous, et peut-être un sort pour Marie! D'ailleurs, je me suis mis en tête de satisfaire les goûts de la petite, et de lui montrer Paris. Ah! si ma pauvre fille avait eu seulement la moitié de ses charmes et le quart de son esprit!... je n'en serais point à végéter dans ce maudit village. Qui sait, mon Dieu! si la fortune, après laquelle j'ai tant couru, ne vient pas enfin me chercher? Marie, belle; moi, prudente, nous faisons un bon couple. Oui, l'enfant a raison, c'est un instinct secret qui lui montre Paris comme son théâtre, son trône. Chère Marie, que tu es admirable! et encore tes derniers chagrins ont répandu sur ton visage le seul attrait qui lui manquât, le plus puissant de tous : tu sais ce que ces larmes! Elles m'attristent, moi, vieille femme; quel homme les pourra voir impunément?... Sublime beauté!... j'ai vu des courtisanes aux pieds desquelles on entassait l'or et les pierreries, j'en ai vu dont la renommée s'étendait au loin dans l'Europe, et des maîtresses de l'Empereur, puissantes, en crédit, menant un train royal; que j'en ai vu qui n'étaient pas si belles que toi!

En achevant ces réflexions, qu'elle faisait tout bas, les regards attachés sur Marie, la vieille se leva pour l'embrasser avec autant d'effusion que si elle eût déjà vérifié ses audacieuses espérances; puis se rasseyant, elle dit à l'enfant, surprise de cet élan d'affection :

— Console-toi, petite, et prends confiance en moi; ne t'embarrasse point de Guillou, tu n'es pas faite pour un tel cuistre..... Donne-moi ta jolie main.

— Pourquoi faire, ma tante?

— Ne suis-je pas un peu sorcière, et ne m'as-tu pas souvent priée de te dire ta bonne aventure?

— Je n'ai plus le cœur à tout cela.

— Ton petit cœur sommeille encore, mais il s'éveillera. Voyons ce que dit cette main. Je suis sûre que deux ou trois bagues la rendraient aussi gracieuse que celle de Camille.

— Voilà de tes flatteries!

— Va, va, tu peux m'en croire, j'ai de l'expérience. Qu'on me donne à choisir dans la belle garde-robe de mademoiselle ta sœur, et je me charge, moi, de te faire plus belle....

— Plus belle que Camille!....

Marie haussait les épaules, mais une joie inconnue se glissait dans son âme. La vieille lui tenait la main et feignait d'en suivre les lignes avec attention :

— Allons, petite fille, disait-elle, il n'est pas écrit là-dessus que nous resterons au village.

— Quelle folie !

— Dame! si c'était écrit, il faudrait bien rester; mais je lis au contraire que nous habiterons Paris !

— De mieux en mieux !

— Oui, de mieux en mieux, vraiment; car j'aperçois dans l'avenir une belle fortune, des chevaux, des voitures....

— Et tout cela dans ma main! c'est le cas de la fermer.

— Riez, méchante, riez; mais promettez-moi seulement, pour peu que j'existe encore, un petit coin dans votre hôtel, un peu de bois, un peu de fricot, et le plaisir de vous habiller, afin de pouvoir vous dire après : Consultez votre miroir, et dites-moi, Madame, si vous ne sortez pas de mes mains plus belle que Camille.

— Empoisonneuse! tais-toi donc, s'écria Catherine, impatientée depuis longtemps. Voilà de beaux conseils ! et c'est bien le moment de lui parler plaisirs !

— Mieux vaut tard que jamais.

— Mieux vaut jamais, quand il s'agit de mauvaises leçons. Pense donc, malheureuse, à ce qu'est devenue ta fille !

— Ma fille ! ma fille ! grommela Madeleine avec une rage concentrée qui la rendait hideuse, il est plus facile de blâmer que de bien faire, et nous verrons aussi ce que deviendra la tienne.

— J'aimerais mieux mourir que de la voir tourner mal !

— Bon ! bon !

— Tu ne sais pas, ma pauvre fille, reprit Catherine, combien je souffre de ta peine; combien j'ai plus d'ambition pour toi que tu n'en as toi-même!... Mais refuser Guillou, n'est-ce pas renoncer à la pension de ton parrain? Le pouvons-nous? dis-moi? Si tu penses que nous le puissions, quand je devrais porter du bois pour gagner notre pain, je le ferais, ma fille.

Marie ne sut que pleurer et embrasser sa mère. Madeleine prit la parole :

— Ecoutez, Catherine, car je vous prends au mot. Je peux vous faire gagner trois fois la pension de la petite, sans que vous ayez le moins du monde à vous charger de bois, ni rien à faire d'incommode.

— Encore une bonne aventure !

— Pourquoi rire et se moquer des choses qu'on ignore?

— Lorsque c'est impossible...

— Commençons par faire le dîner, nous causerons plus tard. Si mes offres ne valent rien, je conviendrai la première que Marie doit prendre son rustre ; à l'impossible nul n'est tenu.

Madeleine s'assit d'un air mystérieux et important, satisfaite surtout d'avoir donné l'éveil à la curiosité de ses nièces. S'enfonçant de nouveau dans ses méditations, elle chercha, parmi les nombreuses manières de présenter une offre si simple, la plus attrayante de toutes, elle trouva la moins naturelle; mais de celle qui consistait à raconter tout naïvement son entrevue, l'idée ne lui vint même pas à l'esprit. A force de tirer dans tous les sens la chaîne de son tourne-broche, Catherine avait fini par goudronner entièrement un petit morceau de viande; sa fille rangeait dans un plat cinq grosses pommes rouges, et la vieille entêtée ne manquait pas de remarquer dans sa nièce une certaine disposition à la symétrie parisienne, parce que ses fruits étaient placés aussi régulièrement que s'ils eussent joué aux quatre-coins. La soupe fut servie d'abord : c'était un grand baquet d'eau chaude, dans laquelle on avait eu soin de faire mitonner des navets, des carottes et une demi-livre de pain. Tel était ce repas, auquel nous n'invitons pas le lecteur, attendu que la matrone servit pour entremets deux histoires de l'empire et une du directoire, dans laquelle la toilette diaphane de certaine dame illustre était dépeinte avec une vérité qui aurait fait rendre le cœur à des gens moins affamés.

— Par exemple, dit enfin Madeleine en pelant sa pomme rouge, il faudra bientôt d'autres dîners que ceux-là, de grands dîners comme à l'auberge. Je me souviens du temps où papa Roux vivait; quelquefois, Catherine, tu le nourrissais comme un prince; pourvu que le bonhomme gagnât, bien entendu. Dieu le bénisse ! Il mangeait plus souvent du pain sec que des friandises, et je ne veux pas lui reprocher quelques bons repas qu'il a faits; cela me rappelle seulement que tu sais faire la cuisine: tes talents vont être employés.

Les deux impatientes victimes espéraient que leur tante abordait enfin la question, mais la maudite bavarde se tut précisément alors ; ses yeux pétillaient de plaisir, de ce plaisir ignoble qu'engendre la bonne chère, et elle se disait : Quand l'arrivée du pensionnaire ne servirait seulement qu'à remonter la table, à nous faire bien vivre pendant deux ou trois mois, ce serait toujours autant de gagné ! Puis, revenant encore à ses premiers moutons, elle continuait de lancer des allusions plus ou moins claires et de tourner autour de son sujet, comme le toréador caracole autour de son ennemi. Deux heures sonnaient à peine à l'antique pendule, lorsque, non point la nappe, mais les assiettes, furent enlevées de table, et à quatre heures passées, la vieille suait encore sang et eau pour accoucher de sa souris. Nous ne suivrons point toutes les phases de son pénible enfantement. Voyant le jour baisser, satisfaite d'avoir soutenu, pendant près de six heures, l'attention de ses nièces, elle fit à Catherine cette insidieuse question :

— Comment donc se fait-il que depuis la mort de ton pauvre homme, tu n'aies pas eu l'idée de louer sa boutique?

— Ce n'est pas l'idée qui a manqué, ce sont les locataires, répliqua Marie.

— On n'a pas bien cherché.

— C'est possible; mais toi-même, tante, aurais-tu trouvé par hasard ?

— Par hasard, c'est le mot. Néanmoins on peut bien dire que j'ai mis bien de l'adresse à faire valoir les avantages et les agréments du local...

— Est-ce là cette fortune que tu nous fais tant désirer? interrompit Catherine.

— Elle en vaut bien la peine.

— Allons, je n'avais pas tort en me moquant d'avance. T'imagines-tu combien je louerai la boutique?

— Eh ! dis un peu toi-même.

— Douze livres par mois, ma chère, et ce sera beaucoup.

— Nous sommes loin de compte. Voyons, moyennant trente écus par mois, ne saurais-tu pas me faire deux bons repas tous les jours; mais bons, là, quelque chose qui ressemble à la vie parisienne?

— Assurément, je le pourrais.

— Eh bien ! je loue ta chambre vingt écus. Qui, regardez-moi bien, je la loue vingt écus par mois.

— Mais explique-toi donc?

— Est-ce possible? disait Marie, dont les traits exprimèrent non moins d'étonnement que de bonheur.

— Je vous dis, continua Madeleine avec une imposante pesanteur, je vous répète que cela est. Vous aurez un pensionnaire qui prendra cette chambre, et vous le nourrirez; notre table n'en souffrira pas. Quant au prix, c'est lui-même qui me l'a proposé; cinquante écus par mois! et j'en fus si touchée que je n'ai pas demandé plus; mais il est encore temps, peut-être.

— Demander plus! y songes-tu? remarqua Catherine.

— Ce serait le voler comme dans un bois, le pauvre cher homme! reprit Madeleine.

— C'est donc un homme?

— Oui, ma nièce, et un bien bel homme, je peux le dire; un monsieur de Paris, mais élégant!... il faut le voir. Je crois que c'est un grand seigneur.

Si pendant cette description Catherine ou Madeleine eussent jeté les yeux sur la jeune villageoise, elles n'eussent pas remarqué sans surprise l'émotion subite qui gonflait sa poitrine, l'inquiétude de ses regards, la rongeur de ses joues et l'embarras de sa contenance; mais la conversation les intéressait trop toutes les deux pour qu'elles pussent rien voir de ce qui se passait auprès d'elles.

— Quand viendra-t-il, ce monsieur?

— Ah! le plus tôt possible; il lui tarde de s'installer.

— As-tu dit que la chambre est tout à fait inhabitable? C'est une échoppe, tu sais bien.

— Certainement. A propos, j'oubliais de te dire le plus grand avantage de cette location. Tout sera mis à neuf, et dans un bon goût, je suppose; voilà une dépense qui reste à la maison, et, lui parti, nous trouverons un autre locataire.

— Comment donc! a-t-il dit cela?

— Voici ses propres paroles : Si l'on accepte mes offres, venez me prévenir de suite, afin que je mette les ouvriers, et que je quitte mon hôtel avant sept ou huit jours.

— Ce monsieur vit donc à l'hôtel?

— Oui, ma chère. Je suppose qu'il a des peines de cœur; une inclination malheureuse, ou la mort de quelque parent... Car, disait-il, je viens me réfugier à la campagne; je suis las de Paris: je veux trouver du repos, et vivre chez de bonnes gens. L'auberge ne me convient pas : les domestiques... les enfants... que sais-je?

— Écoute, Madeleine, il n'est pas encore cinq heures, allons ensemble chez ton monsieur.

— J'y passerai ce soir avant de rentrer chez moi.

— Non, ma chère, du tout: je veux lui rendre réponse; ce sera plus honnête.

— Vais-je avec toi, maman?

— Oh! non.

— Et pourquoi donc ma nièce ne viendrait-elle pas avec nous?

— Quel âge a-t-il, ce monsieur?

— Ma foi, je n'en sais rien. Il est... il n'est pas vieux, sans avoir l'air non plus d'un tout jeune homme; au reste, tu verras.

— Veux-tu me faire plaisir? dit [Catherine; reste à la maison, Marie.

— Oh! je ne demandais pas à venir; c'était seulement pour savoir... et puis, par politesse envers cet étranger, j'aurais cru...

— Non, c'est inutile, répondit la mère. Je vais prendre mon bonnet. Et pour prendre son bonnet, Catherine monta dans la chambre à coucher. Seule avec Madeleine, Marie s'approcha d'elle et lui fit ces questions à demi-voix, encore tremblait-elle : — Ce n'est donc pas un jeune homme?

— Si fait, si fait, ma belle; je l'ai seulement vieilli pour ne pas effrayer ta mère.

— A-t-il des cheveux noirs?

— Oui, c'est un grand beau brun, pas trop grand néanmoins.

— Avec une redingote verte?

— Je ne te dirai pas, il portait un manteau.

— De grands yeux, n'est-ce pas?

— Oui, je pense que oui.

— Un peu pâle?

— C'est cela.

— Des moustaches très-courtes?

— Mais tu le connais donc?

A cette question si naturelle, Marie fut interdite, elle rougit jusqu'aux oreilles, et balbutia ces mots :

— Je l'ai aperçu l'autre jour, il passait devant la maison.

— Eh! reprit Madeleine, qui l'examinait fixement, et dont un éclair de plaisir illuminait le visage, il n'y a pas de mal; mais tu l'as bien regardé!

— Oh! ma tante!

Marie venait de tressaillir en poussant cette exclamation, tant la vieille avait frappé juste; et elle cacha, toute honteuse, son visage dans ses mains.

— Allons, disait Catherine en descendant la dernière marche de son escalier, partons-nous, Madeleine?

V.

Tant d'événements inattendus souriaient à notre belle paysanne, que la joie débordait son cœur. Aussitôt que les deux femmes eurent les talons tournés, elle se mit à courir, à errer dans la chambre au gré du mouvement que prenaient ses idées; tantôt rapide, bondissante, comme si le jeune Parisien eût été là devant elle, l'invitant à danser; tantôt légère, rasant le sol, pudique et attentive, comme si des paroles d'amour eussent frôlé ses oreilles. Puis elle s'asseyait au hasard sur le bras du fauteuil, sur une chaise, sur la table, et récapitulait toutes les parties de son bonheur :

— Je suis libre à présent ! Je n'épouserai pas ce lourdaud de Guillou ! L'imbécile ne savait que me pincer pour me témoigner son amour. C'est qu'il me pinçait jusqu'au sang ! A chaque contredanse il m'écrasait les pieds : et tout cela pour rire ! Au lieu.... Est-ce bien lui qui vient loger ici ? Impossible d'en douter, après ce que m'a dit Madeleine... N'importe, je ne pourrai le croire que quand je l'aurai vu. Peut-être parlait-elle ainsi pour me faire plaisir... Elle est si bonne au fond !

Catherine revint après trois quarts d'heure d'absence.

— Est-ce conclu ? s'écria Marie en courant au-devant d'elle.

— Chère fille ! tu as bien hâte d'être affranchie de ton parrain ! Oui, l'affaire est conclue.

Alors elles s'embrassèrent mille fois. Catherine serra soigneusement l'argent du premier mois qu'on lui avait payé d'avance. Elle s'abandonnait aussi aux plus belles chimères. — Ce Monsieur, disait-elle, va nous rester longtemps ; il n'est pas éloigné de se fixer ici, sauf à faire, comme il dit, des excursions annuelles dans la capitale, à y demeurer deux, trois mois, au plus fort de l'hiver.

Marie ne perdait aucun de ces renseignements, et, comme nous nous laissons prévenir envers tout ce qui se rattache plus ou moins à l'objet de nos affections, le jeune homme lui parut mille fois plus aimable depuis qu'il partageait son existence entre Paris et la campagne. D'une autre part, la bienveillance qu'elle éprouvait pour l'étranger lui rendant le village un peu moins insupportable, elle s'imagina que cette manière de vivre l'emportait sur toute autre : pendant l'été, les fleurs, la verdure, les parfums, le calme et les joies rustiques ; pendant l'hiver, les toilettes, les spectacles, les bals. Tous ces biens si vantés, cette félicité des champs et ce bonheur des villes pouvaient donc s'accorder ! Et puis, n'est-ce pas ainsi que vivent les gens riches, c'est-à-dire les gens heureux ? Pendant toute la nuit, les rêves assaillirent son imagination. Ensemble se mêlaient les doux souvenirs du passé, les espérances folles ; la beauté des campagnes si claires dans sa tête, la grandeur des cités, leurs pompes, leur éclat, si confus, au contraire, si vagues, si étrangement devinés. Puis vinrent des images, celles de Catherine, de Madeleine ; le joli Parisien à côté de l'épais Guillou ;

M. de Kerlande, irrité ; Camille, jalouse à son tour, admirant la toilette et les charmes d'une mariée qui se tenait assise dans le grand fauteuil de cuir noir auprès de la fenêtre. Un voile blanc dérobait l'aspect de son visage ; vers elle s'inclinait tendrement un jeune homme, que sa toilette faisait reconnaître pour le marié ; c'était le pensionnaire de Catherine ! Tout à coup la jeune fille avait tourné la tête, son voile s'était entr'ouvert. Marie se reconnut elle-même et se sentit faillir, comme anéantie par un trop grand bonheur. — Allons-nous à l'église ? dit alors Catherine en toilette de dame, voici l'heure qui s'approche... Et c'étaient l'église du village, le curé, les voisins ; mais il y avait aussi de riches habillements et de beaux équipages stationnant aux portes, car les parents du fiancé étaient venus de la ville. Le mariage fini, la messe terminée, Marie se figurait qu'on allait revenir chez elle, mais son époux lui dit : — Voilà notre calèche qui va nous emmener à Paris, où j'ai un bel hôtel.

A ce moment l'heureuse fille fut réveillée par un grand bruit. Elle entendait au-dessous d'elle des coups de marteau et des voix d'hommes. Le lit de Catherine était vide. — Quoi ! déjà descendue, et déjà le grand jour ! murmura notre paresseuse en caressant encore les dernières images de son rêve ; puis, impatiente de connaître la cause du tapage, elle s'habilla rapidement, courut en bas, et vit les ouvriers qui travaillaient à l'ancienne boutique de son père.

Ce jour et les suivants s'écoulèrent pour Marie avec une rapidité sans égale : son tricot reçut congé pendant une huitaine au moins ; plus de soucis ni de travail. Catherine de même oublia son rouet, pour remonter bien vite la batterie de cuisine, et Madeleine ses vieilles histoires, pour examiner à loisir l'ouvrage des maçons, celui du menuisier, du serrurier, de tout le monde ; prodiguant des conseils que l'on ne suivait guère et des questions auxquelles on n'avait pas le temps de répondre, car on était pressé d'une manière incroyable par le riche locataire, qui proportionnait le paiement, non pas à la longueur, mais à la brièveté des travaux. Dame Roux signala cette époque d'attente par une première déviation de ses principes culinaires, soit que les prospérités lui échauffassent la tête, soit qu'elle voulût seulement se refaire un peu la main, et justifier déjà les pompeux éloges de sa tante. Toujours est-il que Madeleine se leva désormais de table le visage un peu rouge, et que Marie mangea de la volaille, ce qu'elle appelait, en riant, un souvenir d'enfance. Le calme, l'abandon, la bonne humenr, remplacèrent donc les inquiétudes, et l'auteur innocent de cette félicité devenait cher aux pauvres gens, quoiqu'il n'eût aucun droit réel à leur reconnaissance. Mais il est si commun de confondre les causes avec les effets, si facile d'aimer lorsque l'on est heureux !

Tant que les maçons furent occupés à déblayer l'ancienne boutique, toutes les distractions qu'ils occasionnèrent vinrent de leur seule présence ; c'étaient de bruyants hôtes, chantant, se disputant, bavardant sur le compte de celui qui les employait ; mais, sitôt que l'on eut brisé les vieilles boiseries, démonté les portes, la fenêtre, et mis au grenier quelques débris de courroies, des restes de clous ou de fers, les travaux prirent de l'intérêt. Au désespoir des ouvriers, Madeleine et sa petite-nièce semblèrent s'installer au milieu d'eux avec le projet arrêté de suivre toutes leurs opérations ; la vieille était si curieuse de sa nature, et la jeune si pressée de voir un appartement parisien ! L'ancienne boutique, ainsi réduite à ses quatre murailles, dépouillée de son fourneau, de ses planches, de son ameublement, offrait les mêmes dimensions que la pièce contiguë ; elle était pareillement plus profonde que large, et percée sur la rue d'une fenêtre et d'une porte ; mais les maçons substituèrent à cette ancienne façade deux croisées toutes pareilles, au grand étonnement de la vieille, qui ne concevait pas que le locataire voulût s'assujettir à passer constamment par la chambre commune, tandis qu'il lui eût été si commode d'entrer et de sortir sans que l'on en sût rien. Les ordres toutefois ne laissaient à cet égard aucune incertitude.

Il ne resta donc qu'une porte, placée, comme nous l'avons dit, vis-à-vis l'énorme foyer de la première chambre. Ce fut encore en face d'elle, et sur l'emplacement de l'ancien fourneau, que les maçons bâtirent une cheminée petite et basse, dont on eut toutes les peines du monde à se procurer le beau marbre. Les menuisiers vinrent ensuite : ils préparèrent l'encadrement de deux superbes glaces, l'une entre les fenêtres, l'autre sur la cheminée ; puis ils construisirent une alcôve dans le fond de la chambre. Combien ce canevas informe semblait déjà riche et gracieux à l'innocente paysanne ! comme elle contemplait avec admiration les filets tracés dans le bois, la régularité des lignes et leur sèche rectitude ! tandis que tous les jours elle avait sous les yeux un petit chef-d'œuvre de sculpture dans le buffet du ménage, et que ces boiseries à la mode moderne ne pouvaient en aucune manière soutenir

la comparaison. Mais cela venait de Paris, mais cela coûtait cher, mais ainsi se logeaient les riches ! Je vous laisse à penser si l'on ouvrit de grands yeux lorsque le papier fut posé, lorsque de toutes parts on vit briller sur un fond bleu de petites fleurs blanches, délicates et frêles, surtout lorsque la chambre fut triplée d'étendue par l'arrivée des glaces.

Oserai-je vous dire que Marie, la belle, l'adorée Marie, ne s'était pas encore bien vue dans une glace ? Le vénérable morceau qui pendait dans l'autre salle auprès de la fenêtre, entouré d'un cadre gothique et enrichi d'initiales propres à constater d'illustres propriétaires un siècle ou deux auparavant, réclamait déjà l'étamage à la naissance de Marie. La pauvrette n'y avait pu trouver que par tâtonnement son nez, sa bouche et son menton ; elle avait nourri très-longtemps un affreux doute sur la couleur de ses yeux. Bref, elle ne s'était jamais vue, comme toute honnête femme a besoin de se voir, soixante ou quatre-vingts fois par jour. Et, lorsque le miroir gigantesque étendu entre les deux fenêtres, depuis le plafond jusqu'à terre, lui rendit son image avec cet adoucissement délicieux, cette moelleuse harmonie des teintes qui appartiennent en propre aux glaces comme il faut, Marie se trouva belle ; il lui sembla qu'à la rigueur on pouvait accéder aux flatteries de Madeleine, et ce fut cette fois sa propre image qui ne la quitta point durant toute la nuit. Oh ! les femmes seules peuvent comprendre l'insomnie qu'une femme éprouve, lorsqu'elle vient de se dire pour la première fois : Je suis belle ! Que d'inquiétudes dans ce mot, que d'espérances ! tout au moins, que d'orgueil !

C'était un singulier coup de théâtre que le passage d'une pièce à l'autre. La porte de communication, sale, raboteuse d'un côté, lisse, brillante et vernie de l'autre, pouvait à elle seule en donner une idée. Le Parisien avait voulu qu'on respectât complètement l'unité crasseuse et rustique de la première salle, afin, peut-être, que la seconde présentât quelque chose de plus inattendu, que l'on s'ébahît davantage d'être transporté dans un boudoir du faubourg Saint-Germain, lorsqu'on pensait trouver une grange ou une écurie de campagne. Le contraste devint bien autre, et bien autre aussi la stupéfaction de Marie lorsque les meubles arrivèrent. Un beau matin, pendant qu'elle considérait, sans se lasser, les dorures des espagnolettes et celles des encadrements des glaces, la lourde et longue voiture des déménagements s'arrêta devant la porte, suivie d'une troupe curieuse dont la plus grande partie se composait d'enfants. Le conducteur disait : — C'est ici la mère Roux ?

— Oui, oui! lui répondait-on de toutes parts.

Il arrêta ses chevaux, et trois ou quatre hommes de peine déchargèrent les meubles, les déposèrent pêle-mêle dans la première salle ou même sur la route, jusqu'à ce qu'on avisât à les placer conformément aux ordres du propriétaire. Catherine et sa tante elle-même, qui se vantait d'avoir vu de si prodigieux ameublements, restèrent confondues de surprise, et le jeune monsieur leur fit l'effet d'un grand seigneur. Quant à Marie, elle était folle. Comme le temps lui manquait pour dévorer tout en détail, elle se jetait tour à tour sur ce qui lui semblait le plus curieux; un objet chassant l'autre, elle abandonnait une pièce pour la rechercher bientôt avec empressement, la quitter, y revenir encore. Elle n'osait d'abord toucher tant de merveilles, comme si leur éclat dût les rendre fragiles; mais ayant vu longtemps les brutaux porte-faix manier et bousculer le tout sans aucune réserve, elle osa caresser les belles veines d'acajou, les encoignures arrondies, les filets déliés de la riche commode. Puis arriva le secrétaire; il n'était pas fermé. Marie passa plus d'un quart d'heure à l'ouvrir et le rouvrir encore, tant elle était charmée de cette table qui se levait toute seule et remontait au moyen d'un ressort invisible. Rien ne manquait réellement à la beauté de ces meubles : les teintes de leur acajou ne ressemblaient aucunement à ces plaques rouges et brunes dont on rechercha longtemps la terne gravité; mais tendres, mais nuancées par détails plutôt que par masses, tachetées plutôt que jaspées, elles passaient du rose au pourpre, sans descendre plus bas.

D'autres meubles plus petits, qu'on déposa sur la commode, causèrent d'autres surprises à cette âme novice, initiée si tard aux secrets de la richesse. Un joli coffre étroit, semblable aux boîtes à ouvrage de Camille, portait sur un écusson de bois jaune cet incompréhensible mot : *cigares;* et une bibliothèque-miniature, haute de deux rayons, doublée de velours rouge et garnie d'une devanture en verre, laissait voir de beaux livres élégamment reliés. Marie crut y trouver autant de paroissiens, de catéchismes, d'évangiles, de sermons peut-être, n'ayant jamais vu d'autres livres. Aussi, quoique Madeleine l'eût mille fois entretenue de ce qu'on nommait des romans, et l'eût avertie que le grand monde lisait fort peu de catéchismes, elle pensa se tromper en épelant ces mots sur le dos des reliures : *Julie ou la Nouvelle Héloïse, Notre-Dame de Paris, Clarisse Harlowe,* d'autres encore aussi mystérieux pour elle.

Bientôt de nouveaux meubles vinrent la distraire de cette énigme : deux vases de cheminée d'où s'échappaient des gerbes de fleurs artificielles, qui la trompèrent d'abord, et qu'ensuite elle jugea plus belles que la réalité; la pendule à peu près pareille, en porcelaine peinte, avec une bergère et des moutons sculptés dans le mauvais goût exquis de la Régence; puis un divan, puis des chaises en velours bleu, brodé de fleurs capricieuses et semées comme au hasard; puis enfin, le fauteuil à la Voltaire, et la dormeuse de rigueur, d'un luxe plus délicat encore, toute brillante de satin. Quel plaisir pour la paysanne de s'asseoir à la dérobée sur ces magnifiques étoffes! Quel étonnement de bondir sur ces coussins souples, élastiques, et tellement moelleux qu'on s'y laisserait endormir! Tout en jouant de la sorte, Marie s'aperçut bientôt que le fauteuil roulait avec une facilité merveilleuse, et sa joie fut au comble : elle s'en amusa comme d'une balançoire; mais obligée de prendre elle-même son élan, elle regrettait de bon cœur que ni sa mère ni sa tante ne fussent là pour lui donner le mouvement; elles étaient montées l'une et l'autre dans la chambre d'en haut.

Tout à coup parut à la porte, dans la chambre, devant elle, le monsieur de Paris. Un premier éclair de bonheur traversa l'âme de Marie, c'était bien le jeune homme qu'elle avait dépeint à Madeleine. Mais émue, mais frappée de cette brusque apparition, mais honteuse surtout d'être surprise par lui jouant avec son fauteuil, elle se dressa subitement et ne put retenir une courte exclamation. — Je vous fais peur ? dit l'arrivant avec une voix touchante et le sourire plein de bonté qu'elle lui connaissait déjà.

— Non, Monsieur.

— Ce serait bien dommage, maintenant que nous allons être voisins.

— Je vais appeler maman ?

— Pourquoi cela?... Mon Dieu! je ne suis pas pressé... Vous vous amusiez?...

— Moi, Monsieur...

— Allons, asseyez-vous.

Il accompagna ces paroles d'un geste si amical, qu'elle s'assit un peu tremblante. Alors saisissant à deux mains le dossier du fauteuil, il lui donna l'impulsion, et Marie se sentit voler avec la rapidité de l'éclair. Son conducteur la dirigeait avec tant de précaution et d'adresse, qu'elle rasait les murs de la chambre; à chaque rencontre funeste dont elle paraissait menacée, et dont il préservait de suite un mouvement contraire, elle riait aux éclats; levant la tête et cherchant les yeux du jeune homme incliné sur elle par-der-rière, elle lui criait : Prenez bien garde! gare le buffet! la table! Celui-ci s'abandonnait comme un enfant à la même gaieté; on eût dit qu'il jouait avec sa propre sœur et qu'il prenait plaisir à se montrer plus fou qu'elle.

Un bruit dans l'escalier mit fin à la partie. Marie se cramponna brusquement à la table qu'elle côtoyait, et le fauteuil resta vide dans les mains du jeune homme ;· tandis que, pâle et in-terdite, baissant ses beaux yeux comme si elle eût mal fait, la jeune fille murmura tout bas : — Maman! Son compagnon sentit alors qu'il y avait entre eux le commencement d'un secret qu'une mère ne doit pas savoir; il s'avança donc vers la porte assez rapidement pour intercepter à Cathe-rine l'émotion de sa fille. Mais ce n'était que Madeleine qui arrivait, Madeleine à qui ne pu-rent échapper ni le trouble de Marie, ni la tac-tique du jeune homme.

Celui-ci l'entretint de ses préparatifs et du plaisir qu'il éprouvait à se voir enfin possesseur de son petit appartement. Il termina cette visite en annonçant l'intention de se faire connaître, et tira de son portefeuille une petite carte oblon-gue, myrifiquement glacée. Madeleine la saisit avec un tremblement de joie. Il sortait à peine de la salle que déjà nos deux curieuses se pen-chaient avidement sur les caractères déliés et presque imperceptibles de la carte.

— Achille de Blévilliers, lut Marie.

— C'est un noble! dit l'autre, je m'en étais doutée ! JULES A. DAVID.

DUCHÉ DE NASSAU.

WIESBADEN.

Wiesbaden, la capitale du duché de Nassau, délicieuse ville de sept mille habitants, est entou-rée de montagnes, ornée de deux châteaux et de quelques constructions gracieuses; sa principale richesse consiste dans le tribut qu'elle lève chaque année sur plus de quatre mille étrangers qu'atti-rent dans ses murs quinze sources d'eaux ther-males. Les bains de Wiesbaden étaient connus des Romains; outre le témoignage de Pline, ce qui le prouve encore, ce sont les tombeaux, les restes d'édifices, et les nombreux objets d'anti-quité que l'on a découverts et que l'on découvre chaque jour dans la contrée.

La ville de Wiesbaden est, durant la saison des eaux, le rendez-vous de l'aristocratie européenne;

Bade, le séjour brillant de verdure, commence à être délaissé par la noblesse russe, anglaise ou allemande. C'est que la légèreté, le laisser-aller des Français a souvent blessé la fierté de tous les sévères habitants des rives de la Tamise, du Rhin ou de la Newa. Parmi le petit nombre de voya-geurs illustres qui se rendent encore à Bade, règne la plus rigoureuse étiquette; et cette éti-quette, il faut en convenir, s'explique par cer-taines aventures dans lesquelles de hautes suscep-tibilités ont été étrangement compromises.

L'une des dernières années, un riche banquier de Paris avait amené à Bade une demoiselle de l'Opéra, très-renommée par son esprit et sa gaieté dans le monde des viveurs parisiens. Made-moiselle ***, avec l'aplomb que donne le talent, accepte l'invitation d'un Hongrois, et se place, à la contredanse, en face d'une princesse russe. Un jeune lord, qui avait passé l'hiver précédent à Pa-ris, s'approcha de la princesse et lui dit : « Savez-vous devant qui vous figurez? C'est une jeune personne charmante : j'ai eu le plaisir de souper quelquefois avec elle au café Anglais. Elle n'est pas de la première noblesse, mais elle boit le vin de Champagne comme un petit ange, et elle fait des calembours avec une rare perfection. » Au mo-ment où le jeune lord disait ces paroles, made-moiselle *** risqua un de ces pas pittoresques créés à la Chaumière et perfectionnés au bal Mu-sard. La princesse russe quitta sur-le-champ la contredanse. Ce fut un grand scandale.

Ces épisodes étranges expliquent l'abandon aris-tocratique qui menace la petite ville de Bade, et le riche avenir qui s'ouvre pour sa rivale, la cité de Wiesbaden.

Le duché de Nassau est une des circonscriptions les plus importantes de l'Allemagne; les princes qui le gouvernent saluent pour chef de leur race un frère de l'empereur Conrad Ier, Othon, comte de Laurenburg, capitaine des troupes impériales en 926. Vers l'année 1253, les deux frères Wal-tram et Othon, descendants du comte de Lau-renburg, firent un partage de leurs domaines; ils fondèrent les deux branches principales qui sub-sistent encore, et qui ont été si fécondes en grands hommes. La tige d'Orange descend d'Othon; celle de Weilbourg remonte à Waltram. La première occupe aujourd'hui le trône de la Hollande; la seconde est depuis 1816 en possession de tout le territoire de Nassau, qui avait été érigé en duché lorsque Napoléon organisa la Confédération du Rhin.

Typographie de LACHAMPE et Cie, rue Damiette, 2.

LA CRUCHE CASSÈE, TABLEAU DE GREUZE.

LA *CRUCHE* CASSÉE,

DE GREUZE.

Un précédent article (tome VI, page 107) a fait connaître les actes principaux de la vie de Greuze; nous avons apprécié les talents de cet artiste plein de feu et d'énergie, mais nous n'avons pu nommer tous les chefs-d'œuvre qui sont sortis de son pinceau élégant et facile. Greuze, répétons-le, était le peintre de la nature, de la vie champêtre, des paisibles habitants de la campagne; il allait s'asseoir au foyer du laboureur, il pénétrait sous les toits de chaume, et là, entouré de la famille d'un cultivateur modeste, il esquissait avec une vérité toujours noble, le tableau animé qu'il avait autour de lui. Tantôt Greuze représentait la jeune fille du village, auprès de son fiancé; tantôt il reproduisait une famille entière partant pour la moisson, ou retirée dans la chaumière près d'un feu ardent, lorsque l'orage grondait au milieu de la plaine et que des torrents de grêle bouleversaient les épis que naguère le soleil épanouissait. Quelle grâce, quelle vérité d'observation dans *le Départ de Barcelonnette*, dans *le Gâteau des Rois!* quelle naïveté dans *l'Enfant au Capucin*, dans *la Bénédiction paternelle!* quelle touchante mélancolie dans *l'Enfant pleurant la mort de sa mère!* quel admirable naturel dans *la Bonne Éducation*, dans *la Paix du ménage!*

Greuze est à la peinture ce que Bernardin de Saint-Pierre est à la poésie, *ut pictura poesis erit*; Bernardin de Saint-Pierre, écrivain en prose par la forme, est véritablement poëte par la pensée et par le fond.

Et puis, voyez le délicieux tableau de *la Cruche cassée*; voyez cette gracieuse et belle enfant, à l'air mélancolique et rêveur: il y a peu d'instants, rieuse et folâtre, elle sautillait sur le gazon de la prairie; elle cueillait çà et là les roses dont elle emplissait son tablier; comme l'abeille, la gentille paysanne s'arrêtait auprès de chaque plante, respirait le parfum de chaque fleur. Maintenant, triste et sombre, elle revient au logis,

En grand danger d'être battue;

car il y aurait peut-être un rapprochement à faire entre la jeune fille de Greuze, ce La Fontaine de la peinture, et la Perrette de la fable:

Légère et court vétue, elle allait à grands pas,
Ayant mis ce jour-là, pour être plus agile,
Cotillon simple et souliers plats.

Et la cruche fut cassée, comme l'avait été le pot au lait!

IMPRESSIONS A UN CONCERT

DU CONSERVATOIRE.

Je vais au Conservatoire, entendre une symphonie de Beethoven. Il fait un temps froid et humide. Les maisons, les édifices prennent un air sombre et rechigné. Le pavé glisse sous les pieds, qui se gonflent, s'endolorissent et sont gênés par la chaussure. Votre haleine se condense au sortir de votre bouche sous la forme d'une vapeur grisâtre. Plus on avance dans la vie et dans le malheur, plus on sympathise aux malaises de la nature. Les visages d'hommes qui passent auprès de moi sont tristes, laids, renfrognés. Moi-même je sens mon cœur se dépouiller, malgré moi, de sa compassion; je réponds avec humeur au petit Savoyard qui a nettoyé le chemin devant moi, et qui, appuyé sur son balai, me demande piteusement un sou. Un sou... pauvre créature! Et dans l'hôtel qui fait face, on dévore en un repas ce qui te rendrait riche et heureux pendant des années! Saint-Simon, Fourier, soyez bénis, soyez exaltés à jamais pour les efforts que vous avez tentés! Non, nous n'avons pas été créés pour être ignorants et malheureux! C'est la civilisation qui a tort contre Dieu; et la société est à refaire.

Un peu plus loin, je vois des personnes arrêtées, j'entends des accords faux et criards de violon, mêlés aux notes arrachées d'une mauvaise harpe. J'approche. Ce sont de petites filles de huit à neuf ans; elles font de la musique au profit d'un individu de mauvaise mine et d'un âge douteux, qui est assis et qui reçoit les aumônes. C'est leur père, sans doute. Ou bien, non; ce qui est plus affreux à penser, ces enfants ont été enlevés à leurs parents..., pour servir d'instruments à exploiter la charité publique. Ils n'ont pas même respecté le premier âge, si cher à Dieu..., ces petits êtres candides et insouciants que le Christ laissait venir à lui avec tant d'abandon. Ils ont forcé ces doigts délicats à s'étendre sur un archet! Ils ont contraint ces yeux limpides et bleuâtres à faire un

13

mensonge et une spéculation de ce qu'il y a de plus saint dans l'humanité, les larmes! Eloignons-nous vite ; car nous avons besoin de croire et d'espérer.

Me voici arrivé. Je me mets à la queue. Ici, il faut payer le plaisir doublement ; d'abord par de l'argent, ensuite par de la patience. Les deux hommes qui sont devant moi causent vivement et avec gestes. Croyant que c'est une question d'art que l'on débat, je prête l'oreille. Fou que je suis! il s'agit des affaires d'Espagne. Pauvres rentiers, que Dieu vous entende et que les cortès vous rendent! Pour moi, j'examine l'édifice.

Il ne m'est jamais arrivé de m'arrêter à Paris devant un théâtre, sans que je vinsse à me demander avec amertume ce que faisaient là ces pierres taillées par un maçon ignorant, sans aucun but symbolique, sans aucune pensée d'harmonie. A l'aspect de ces monuments mesquins, sans proportions, étouffés par un chaos de maisons sales et mal bâties, qui se douterait que notre scène est la première du monde, et que ce sont là ses temples ? Hélas! ils n'ont pas plus respecté la religion de l'art que la religion de Jésus! Ils ont détruit les castels vénérés, avec leurs armoiries et leurs tourelles, ou, comme on disait vieillement, leurs *tournelles*. Ils ont frappé du marteau démolisseur contre les antiques clochers découpés à jour, qui s'élançaient vers le ciel ainsi que des prières de pierre; les clochers qui étaient le palladium de chaque village, les clochers aimés de l'hirondelle voyageuse, si beaux de mélancolie quand la lune les satinait de ses reflets moirés! A leur place, ils ont assis de lourdes constructions qui tiennent à la terre de toutes leurs forces, comme l'époque sans foi qui les élève. Bientôt nous allons voir l'algèbre s'asseoir en reine insolente sur le trône des littératures, au beau milieu d'une chaussée à la Mac-Adam, appuyée sur la machine de Watt, et tenant à la main, au lieu de sceptre, un niveau et un fil à plomb. Déjà la méthode numérique (qui est certes une bonne et rigoureuse méthode) vient chasser l'empirisme du domaine médical et donner à chaque fait de la science la rectitude et l'inflexibilité d'un axiome géométrique. Tout procède par chiffres. Dans peu, il y aura un tarif pour la vertu et pour l'affection; semblables à *Vito Mangiamele*, ce mathématicien de dix ans, les bambins feront des équations sur les genoux de leurs nourrices. A une pareille époque, on éprouve quelque timidité en venant parler d'art pur, d'esthétique. Aussi ne nous vient-il dans l'esprit aucune qualification impolie pour les personnes chargées, chez nous, de l'édilité et

du soin des beaux-arts. Nous aurions tort de les accuser, s'ils ignorent qu'un édifice doit toujours porter à l'extérieur le cachet de sa destination spéciale. Loin de nous l'idée de les blâmer parce qu'ils ont jeté dans le même moule l'Odéon, la Madeleine, la Chambre des Députés, la Bourse! Nous nous garderions bien de leur parler de l'hôtel du quai d'Orsay, et de l'immense tuyau de poêle qui s'ébahit d'être l'unique trophée de Juillet. Nous serions plus sûr d'être compris si nous mettions en avant les jouissances physiques, le bien-être, le *confort* enfin, pour nous servir d'un mot que l'on a dérobé à nos voisins d'outre-Manche, sans leur emprunter en même temps la chose qu'il désigne. — Ah! le monde se pousse : on entre. — Bon! nous voici dans la salle.

C'est ici que nous éprouvons un bien autre désenchantement, nous qui avions rêvé la fusion de la science et de l'art. « Toutes les sciences sont grandes, disions-nous, car elles se touchent. Les arts aussi reculent, élargissent leurs horizons. Et qui sait? Bientôt peut-être la littérature, les sciences et les arts vont s'unir et se confondre dans une magnifique expression de la vie de l'humanité. » Hélas! ici la science est méconnue : l'art n'est pas compris. Chacun sait en effet que le son rayonne comme la lumière, et que ses irradiations affectent toujours la ligne droite. Or, dans nos théâtres lyriques, une bonne partie du son va se perdre dans ces solutions de continuité qu'on appelle les coulisses ; une autre partie est arrêtée et brisée par la saillie des loges d'avant-scène, ce qui fait que souvent les personnes placées dans ces loges entendent moins bien que celles qui se trouvent à l'autre extrémité de la salle, mais vis-à-vis de l'orchestre. En outre, si une porte vient à s'ouvrir, et que le rayon sonore, se prolongeant par cette ouverture, acquière un angle de réflexion égal à l'angle d'incidence, il se produit un écho aussi fatigant pour le chanteur ou le soliste, que désagréable pour celui qui écoute. Enfin, le bruit occasionné par les conversations par l'ouverture, la fermeture des loges (et ce bruit augmente en proportion de l'importance que veut se donner le personnage introduit), empêche d'entendre les ouvertures, de saisir les nuances délicates de la partition, de deviner les intentions secrètes du maestro. Pourtant on peut dire de la musique ce que Quintilien disait de la grammaire: *Plus habet in recessu quàm in fronte promittit.*

Le paresseux, le sensuel dilettante, est ennemi du bruit, de l'éclat, de tout ce qui éblouit et fatigue. Il voudrait tuer quatre de ses sens au profit d'un seul. Il lui faudrait un public recueilli et silencieux dans une salle circulaire, avec des galeries étagées en amphithéâtre, et l'orchestre placé au milieu. De cette manière, les sons afflueraient, pleins et entiers, à toutes les oreilles; il n'y aurait ni privilégiés ni jaloux. Le plafond serait composé de planches rapportées, du même bois que celles des instruments à corde, et jointes aussi parfaitement. Les bougies, qui animent les visages bilieux, qui prêtent aux figures lymphatiques de doux reflets, remplaceraient le gaz, dont les exhalaisons sont malsaines, et dont l'éclat nuit tant aux physionomies. Il faudrait des portes doublées et ouatées, et des tapis partout, afin d'étouffer le moindre bruit. Les Italiens, qui seront toujours nos maîtres dans tout ce qui concerne les beaux-arts, ont depuis longtemps un usage que nous voudrions voir s'établir parmi nous. Personne n'ignore que chaque instrument à corde a sa caisse d'harmonie, d'où dépendent la justesse et le volume des sons. Eh bien! ne serait-il pas facile d'imiter cela en grand; de laisser, par exemple, sous le parquet de la salle, un espace vide où l'on comprimerait l'air? Ainsi, l'orchestre deviendrait comme un immense instrument, formé de la réunion de tous les autres, et posé sur une gigantesque caisse d'harmonie. La puissance de l'instrumentation ne serait-elle pas ainsi doublée sans aucun frais? Quand donc l'ordre de choses s'occupera-t-il un peu des arts, non pour leur disputer une maigre subvention dans le budget que dévorent des gens fort peu artistes, mais pour les encourager, pour les aider véritablement? Quand nommera-t-on des directeurs instruits et capables, qui sachent autre chose qu'attirer l'art et le public dans la fange où ils se vautrent? Pour eux, l'argent est tout; semblables à Vespasien, ils trouvent qu'il sent toujours bon, quelle que soit la voie par laquelle il arrive. Rien ne devrait être négligé quand il est question de la musique, cette autre expression du sentiment religieux, dont on commence à comprendre l'influence socialisatrice et moralisante.

Tandis que je fais, à part moi, ces réflexions, les banquettes se garnissent, le monde se tasse, s'assied, se prépare. Les uns essuient les verres de leurs lorgnettes; les autres lisent le programme. Je suis placé à côté d'un homme qui me paraît jouir d'une cinquantaine de printemps, et d'un embonpoint centre-droit. Sur son crâne demi-nu mon regard phrénologique distingue avec plaisir les organes de la vénération et de la bienveillance. — Voici paraître les musiciens. Ils ricanent, ils plaisantent; ils préparent leurs cahiers; ils allument leurs bougies; ils s'accordent. Autrefois ce dernier exercice ne se faisait pas en public; les exécutants arrivaient avec leurs instruments accordés à l'avance, et ne déchiraient pas les oreilles pendant un quart d'heure. Il y a encore de vieux dilettanti qui se rappellent avec attendrissement l'effet produit par le premier coup d'archet de l'Opéra. — Tandis que les violons grincent de leur mieux, et que des notes rapides comme l'éclair courent des clarinettes aux bassons et aux cuivres, je pense à cet immense génie dont la pensée féconde va donner la vie à tout cela. Pauvre et sublime Beethoven! a-t-il été malheureux! a-t-il souffert assez! A-t-il jeté sur le papier des pluies de notes et de larmes! Hélas! il n'a jamais vu le soleil de sa gloire! C'est depuis bien peu de temps que nous le connaissons, que nous savons l'apprécier. Vieil et loyal Allemand, mystérieux comme sa Nuremberg, simple dans la vie privée comme un enfant. Conçoit-on quelque chose de plus affreux?... relégué dans une solitude, l'artiste devient sourd, et ne peut entendre les œuvres qu'il compose! Ah! Beethoven, toi et le bon Rossini vous dominerez toujours l'horizon musical. Toujours votre nom se lèvera ainsi qu'un double spectre d'Adamastor, effroi des profanateurs!

Ces idées accrochent d'autres idées qui se présentent à moi sous une forme poétique et avec tant d'insistance, que pour m'en débarrasser je suis contraint de chercher mon album. Je le trouve, et, coudoyé par l'un, brusqué par l'autre, au milieu des rires et des conversations, à la lueur fausse du gaz qui n'a pas encore tout son éclat, je griffonne quelques vers :

LE POÉTE.

At illi iterum clamaverunt: Crucifige eum! Pilatus vero dicebat illis : Quid enim mali fecit? At illi magis clamabant : Crucifige eum!

MARC. XV, 13-14.

Couronné d'étoiles choisies,
Le fils des harpes d'or du ciel
Verse à longs flots les ambroisies
Et ne s'abreuve que de fiel.
Il passe! La foule méchante
Sur la voix qui pleure et qui chante
Jette un bruit railleur et brutal.
A chaque pas sa tête penche,
Et l'éclat de son aile blanche
Se ternit d'un souffle infernal.

Oui, le poëte est sur la terre
Le fiancé de la douleur;
Si sa lèvre se désaltère,
C'est à la coupe du malheur.
Dieu sans autel, roi sans patrie,
Dans la voie aride et flétrie,

L'envie étouffe son essor.
A travers l'ombre et la tempête
Il arrive, et voit sur sa tête
Le Calvaire, au lieu du Thabor.

Qu'il y meure!... Et quand sur ses restes
Trop tard la foule pleurera,
Joyeux, vers les harpes célestes
L'enfant divin revolera.
Les cieux s'ouvriront au génie
Par des secousses d'harmonie,
De gloire orage solennel;
Au sourire des Vierges saintes,
Il traversera leurs enceintes,
Conquérant d'un trône éternel.

Un mouvement singulier s'epère dans une baignoire obscure et grillée; des chuchotements autour de moi éveillent mon attention. Voici ce que m'apprennent les bruits divers qui circulent :

Une jeune fille, fort belle et d'une excellente famille, cultivait la musique avec passion; à la suite d'une *laryngite*, ou maladie du gosier, elle perdit sa voix, qui était magnifique. Cet accident, joint à des chagrins de cœur, la rendit folle; elle ne reprend sa raison, pour quelque temps, que lorsqu'elle entend exécuter les quatuors ou les symphonies de Beethoven. On l'amène donc ainsi secrètement au Conservatoire. Ses sens ont acquis une telle sensibilité, qu'elle ne manque jamais de s'évanouir à certains passages : cet évanouissement présage un retour à la vie réelle, qui dure ordinairement plusieurs jours.

Enfin le silence s'établit graduellement partout. La baguette du maëstro retombe; l'orchestre est lâché : va!... L'introduction est un prospectus, un avant-propos dans lequel le compositeur donne l'échantillon, le croquis de son poëme. Celle-ci est grave, sereine, mélancolique. Vient l'*adagio*, et l'âme est élevée d'un degré. Ce sont des rêveries vagues.

Quand l'enfant commence à grandir et à tenir sa place au soleil, si, après avoir couru étourdiment dans les blés et dans les luzernes, cueillant les bluets, poursuivant les papillons diaprés, ramassant ces petits coléoptères innocents appelés *coccinelles*, et qu'il nomme *bêtes du bon Dieu*, il s'assied épuisé sur le bord de la rivière, et regarde les nuages passer au fond de l'eau, alors mille pressentiments viennent l'assaillir; il se recueille, écoutant les bruits d'une vie nouvelle prête à éclore en lui.....

Il rêve.

Quand la jeune fille, aussi frêle que la rose naissante, timide et rougissante comme elle, vient à passer, sans les voir, parmi les enfants des hommes, si ses yeux à peine levés ont rencontré des yeux qui les fixaient, s'ils se sont révélé, en

un battement de cœur de regard à regard, tout un monde de mystères, alors la jeune fille revient chez sa mère par la voie la plus courte, et là, sa tête blonde dans ses deux mains blanches, et ses deux mains et sa tête sur son lit.....

Elle rêve.

Quand le voyageur découragé, les yeux sur le chemin qu'il a déjà fait, sur celui qui lui reste à parcourir, s'étend le long de la route, à midi; lorsque les vents retiennent leurs baleines et laissent venir à plomb sur sa tête les rayons brûlants du soleil, alors sa paupière s'appesantit. Dans le lointain de la pensée, à travers une gaze diaphane se dessinent un arbre, un toit, une fontaine, un tombeau peut-être....., et derrière ces images mortes, des êtres animés : une mère, une sœur, ou bien une pauvre amie. Le voyageur se plonge dans son âme, il reconstruit tout un passé. Les arbres, la route, le ciel marbré de nuages, tout a disparu.....

Il rêve.

Quand l'homme a vu ses amours, ses amitiés, ses espérances, toutes les illusions de son âme se flétrir lentement, et s'échapper comme ces feuilles qui s'en vont à la fin de l'automne; lorsqu'il s'arrête sur le froid rivage de la vie écoulée, et qu'il se rappelle ses premières années d'enfance, ces années roses de bonheur, et embaumées d'un encens de première communion; alors, effrayé de l'indifférence des autres hommes, de l'espace qui l'engloutit comme un atome, du vide et de l'inanité de son cœur, il sent qu'il ne fait pas bon sur la terre; ses pensées s'en détachent une à une comme les hirondelles qui prennent leur vol. Il regarde au-delà de la vie, au-delà des espaces, au-delà du tombeau...

Il rêve...

Quand Michel-Ange, le dieu de la forme, le Christ de la matière, repu de gloire, épuisé de créations; quand Michel-Ange se retourna au bout de la carrière qu'il avait jalonnée de chefs-d'œuvre, lui, Michel, qui voyait les blocs de granit trembler comme la feuille à son approche, et les marbres de Carrare fondre entre ses mains comme le plomb dans la fournaise, il jeta derrière lui un regard contempteur, et vit les massifs enfants de son génie redescendre lentement dans les froids abîmes d'où il les avait tirés. La nature reprenait tranquillement son bien. Alors le maître se prit à rêver. Et, comme les rêves de Michel-Ange étaient de marbre ou d'airain, il rêva un bloc de marbre à peine dégrossi, et mourut. Les Italiens, peuple admirable pour condenser, pour cristalliser dans un seul mot une myriade d'idées, ont nommé cette statue *Il Pensiero*. Voyez donc l'homme de Michel-Ange, le Laurent de Médicis ! Les veines sont gonflées, les yeux fixes, le muscle frontal est en mouvement ; les pommettes sont serrées, la vie tout entière s'élance au cerveau ; la tête, alourdie par l'extase, tombe sur son sein...

Il rêve...

Quand le Christ, après avoir accompli sa vie mortelle ; le Christ, qui a donné au monde la mélancolie, mélange de douleur et d'espérance, au lieu du désespoir païen ; quand le Christ se sentit chargé de tous les crimes de la terre, sa nature d'homme plia sous le faix. Voyez-le au jardin des Olives, à Gethsemani, loin de ses disciples, hommes grossiers, qui dorment après le repas ; comme il prie! comme ses mains sont jointes! comme ses yeux s'emplissent de larmes! Une sueur de sang découle de tous ses membres, comme une pluie de l'orage de son cœur. — Mon Dieu! n'éloignerez-vous pas de lui ce calice? — Il voit passer devant ses regards l'infâme soldatesque du prétoire. Il voit Pilate, le juge inique, laver ses mains, sans pouvoir en faire disparaître une tache de sang. Il entend Pierre dire de lui : « Je ne le connais pas. » Il ressent d'avance toutes les tortures du Golgotha...

Il rêve...

Voici sur une modulation continue de hautbois une phrase abandonnée et reprise tour à tour par les clarinettes, les cors et les basses. C'est la pensée qui se présente à vous quand on se promène le long de rivages impossibles, sous des saules magiques, tandis que la rivière, par le magnétisme de son eau courante, vous appelle dans son sein, et qu'on entend au loin des cloches fantastiques.

> E che lo nuoVo peregrin d'amore,
> Pange, se ode squilla di lontano
> Che poia 'l giorno pianger che si muore.
>
> (DANT. PURG.)

Ou, comme dit un vieux poëte italien, Agnolo Firenzuola :

> Tra tutte quante le musiche humane
> O signor mio gentil, tra le più care
> Gioja del mondo, è 'l suon delle campane
> Don, don, don, don, don, don, che vi non pare ?

Ou bien encore, Schiller, dans un idiome plus rude :

> Moge nie der Tag erscheinen
> Wo des rauhen Krieges Horden,
> Dieses stille, Thal durchtoben.

Puis il sort de l'orchestre des enchantements et des épouvantes comme ceux qui accablent la pensée de l'homme endormi. On voit des Jérusalems et des Ninives plus grandioses que celles qui s'élèvent dans les incommensurables créations de John Martinu ; pour y donner accès, se dressent des avenues resplendissantes aux degrés de feu ; leurs bords sont peuplés d'anges à la harpe divine, dont les inexprimables harmonies n'ont aucune réminiscence de la terre. Puis l'on entend mille langages singuliers : des insectes qui bruissent sous l'herbe, la grêle qui martelle en sautillant le dos des rochers, la pluie qui tombe, le chant rêveur de l'oiseau triste, les plaintes du vent dans la forêt. — Mes regards plongent sans cesse dans la baignoire mystérieuse. Enfin, dans une sorte de clair-obscur, je distingue une forme de jeune fille. C'est la Viola de Shakspeare, dans la *Nuit des Rois* (*Twelfth night*).

« LE DUC. Et quelle fut son histoire?

« —VIOLA. Elle n'eut point d'histoire, seigneur. Elle ne déclara jamais son amour, mais laissa son secret, comme un ver dans un jeune bouton, altérer ses joues de rose ; elle languit seule, rêveuse, pâle et triste, semblable à la Patience assise sur un tombeau et souriant à la Douleur. »

Je distingue dans l'orchestre un bruit de grelots. Il me semble que c'est le nain vert Oberon qui sautille de ruisseau en ruisseau.

Mes yeux se tournent invinciblement vers la baignoire. Dieu ! j'ai rencontré son regard. Dans ma vie, il y a déjà eu un regard qui m'a produit un semblable effet. Cette aventure se représente à moi avec toutes ses circonstances.

C'était en Allemagne. J'étais allé voir des mines de cuivre. Au milieu des fouilles que nécessitait l'ouverture d'une nouvelle galerie, on découvrit les corps de trois ouvriers mineurs, engloutis trente-cinq ans auparavant. La mine était remplie d'un gaz acide qui a la propriété de conserver les cadavres, en sorte que ceux-ci étaient aussi frais que si la vie les eût quittés depuis seulement cinq minutes. Ou allait les enterrer de nouveau, quand parut une vieille femme, toute cassée, appuyée sur un bâton. Elle se jeta sur l'un des cadavres, qui paraissait être celui d'un beau garçon de vingt-deux ans environ, fort et robuste ; elle le couvrit de baisers, et l'appelait sans cesse son Fritz, son cher Fritz. Puis elle nous raconta, en s'adressant plus particulièrement à un jeune homme blond et pâle qui se trouvait là, que ce Fritz avait été son fiancé, que le lendemain du jour où il fut ainsi misérablement englouti, on devait les unir. Le ravissement et le désespoir de cette femme me firent mal. Elle ne s'apercevait pas de ses rides et de ses cheveux blancs; son cœur n'avait pas vieilli.—Si Fritz revenait, me disais-je, assurément il ne la reconnaîtrait plus et ne l'aimerait plus.

Alors je m'en revins à l'auberge en pensant à mille choses : que tous les morts ne dorment pas dans la tombe sur des chevets de pierre; que tous n'ont pas sur eux de la mousse humide et verdâtre; mais qu'il en est qui passent dans les cités vivantes, et qui sont plus à plaindre, parce que personne ne les plaint; qu'il y a plus d'une croix au calvaire de l'âme, sans l'auréole en haut, et sans les saintes femmes au bas; que bien des hommes et des femmes, dont la lèvre est souriante et flenrie, portent un cadavre secrètement endormi dans leur sein; que les fleurs les plus belles sont filles de la mort, et ont puisé peut-être dans une cendre adorée l'odeur divine qui nous charme si fort.

Je rentrai dans la cuisine : au milieu de la vaste cheminée flambait et pétillait joyeusement un bon feu de sarments. Le grillon chantait dans l'âtre. Une grosse volaille tournait à la broche, se couvrant de teintes dorées et dégageant un fumet appétissant qui promettait un bon souper. Devant le feu, un petit garçon d'environ cinq ans, et une petite fille de six à sept ans. Ils étaient demi-nus, et ils jouaient; ils s'agaçaient avec des rires, avec des cris, se roulant l'un sur l'autre, montrant sans pudeur leurs jolis corps potelés, leurs formes blanches et délicates colorées par la flamme; confondant les boucles de leurs chevelures, noire et blonde; heurtant leurs visages roses où la joie traçait des fossettes ingénues. Au coin de la cheminée, était une vieille grand'-mère ensevelie dans un immense fauteuil. Appuyée sur le dos du siège et légèrement inclinée, la tête de cette bonne femme restait dans une pose dont l'indolence peignait un calme parfait; et ses bras, à moitié endormis, jetés çà et là hors du fauteuil, achevaient de traduire son épanouissement intime.

Au dehors, un vent âpre faisait tourbillonner les feuilles sèches, qui rendaient un son désagréable en se frottant sur le pavé. L'air était si sonore que l'on entendait l'écho du moindre pas. Malgré mon cœur, en entendant passer les rares voyageurs attardés, je m'abandonnais à ce sentiment décrit par Lucrèce :

Suave, mari magno, turbantibus æquora ventis,
E terrâ magnum alterius spectare laborem,

quand je revis auprès de moi le jeune homme pâle et blond. Son visage, quoique noble et beau, paraissait profondément altéré par des passions intérieures; il était ridé et tiraillé. Le front semblait large; les cheveux fins et peu fournis; mais toute la vie semblait s'être réfugiée dans les yeux. Bordés par des paupières rouges, dont les larmes semblaient avoir mangé les cils, ces yeux brillaient d'un éclat phosphorescent; ils versaient la stupeur. Je ne pus me défendre d'un certain trouble quand on nous annonça que nous serions obligés de partager la même chambre. A souper, je ne mangeai presque pas; et lui dévora. Quand il fut question de se coucher, je mis une table devant mon lit. Je pris toutes les précautions imaginables pour me séparer de lui autant que possible. Son haleine bruyante et saccadée m'annonça qu'il était enseveli dans le sommeil; moi-même, je ne tardai pas à m'endormir. J'eus un rêve affreux. J'avais commis un crime; on allait m'exécuter. Au moment où le fatal couperet allait retomber, je m'éveille.

Horreur! Il est devant moi. Ses yeux me dévorent. Son regard est si horrible que je porte involontairement la main sur ma poitrine comme s'il me brûlait. Je veux crier; ma voix s'arrête. Je veux fuir; mes membres sont de plomb. La lueur de la veilleuse lui donne une apparence gigantesque et fantastique. Tout à coup il s'éloigne. Je respire.

Il revint avec une corde et se renversa sur son lit en sanglotant.

—Monsieur! s'écria-t-il, au nom du ciel! Monsieur, venez me lier les bras et les jambes! vous voyez bien qu'il va arriver un malheur! Je vous en conjure..., attachez-moi! vous m'aurez rendu le plus grand service qu'un homme puisse rendre à un autre homme.

Surmontant ma frayeur, je fis ce qu'il me demandait.

—Merci! me dit-il avec une expression que je n'ai jamais entendue.

Il resta quelques instants la tête plongée dans ses deux mains; puis il reprit avec sa voix étrange :

— Je vous fais horreur, n'est-ce pas?.... un parricide!...

Je fis un mouvement.

— Oh! ne vous éloignez pas. Je suis innocent! c'est une fatalité. Vous me croirez, vous. Il y a de la compassion sur votre visage.

Mon père était un ancien soldat; il me chérissait. Je devins amoureux d'une jeune fille que ses parents me refusèrent à cause de ma pauvreté. Ils exigeaient un certain capital. Malgré les prières de mon père, je le quittai et je partis pour l'Amérique, dans le dessein de périr ou de réaliser l'argent auquel j'attachais mon bonheur. Mon père m'envoyait de temps en temps de petites sommes qu'il gagnait sans doute par un travail pénible, car il avait perdu sa place de concierge dans un château. Mais, vieux et infirme, comment pouvait-il trouver de l'occupation? Enfin le succès couronna mes efforts; je revins plus riche que je n'eusse osé l'espérer, et me promettant bien de récompenser mon père de ses privations. J'arrivai près du château; on dansait sous l'allée des tilleuls. Je reconnus celle que j'aimais; elle vint à ma rencontre avec joie.

Le soir, il y eut veillée dans la cuisine gothique. Les domestiques m'entourèrent. On raconta des histoires. Je n'avais pas encore vu mon père; on n'avait pu le trouver. Il fut question de vols qui se commettaient très-souvent au château, sans qu'on pût découvrir le coupable. Plusieurs les attribuaient à un être surnaturel, à quelque mauvais génie. On indiquait l'endroit par où passait le voleur. Je résolus secrètement de me cacher cette nuit même et de le guetter. Ayant chargé mon fusil avec soin, je m'embusquai, sans rien dire à personne, dans une galerie étroite. Je ne tardai pas à entendre quelqu'un marcher avec précaution. Je fais feu... Un homme tombe. On accourt avec des flambeaux... C'est mon père!...

Devant la justice, un mot pouvait m'acquitter. Devais-je le dire? Non. Il fallait me taire, et sauver au moins la mémoire de celui qui m'avait aimé jusqu'au crime. Je fus condamné à la peine des parricides. Ah! Monsieur, quels rêves je fis après mon arrêt! Du calme à la suite d'une sentence de mort! mensonge! c'est impossible. Je voyais devant moi les supplices anciens : l'homme vivant attaché à un cadavre mangé par la pourriture, et les vers qui viennent sur lui; ou bien le coupable jeté à la mer dans un sac avec des animaux immondes et des reptiles venimeux. Pourtant chacun me plaignait, car on ne me croyait pas criminel. Le geôlier même, au péril de sa vie, favorisa mon évasion. Je restai deux jours et deux nuits caché dans un marais bourbeux. La faim me crispait les entrailles. Je m'imaginai que je déterrais, avec mes ongles, le cadavre de mon père et que.... je le dévorais!

Depuis, cette idée atroce ne m'a pas quitté. La nuit, je me réveille en sursaut, tourmenté par l'odeur du sang, les dents agacées, avide de les enfoncer dans des chairs palpitantes. Sans cesse j'ai devant les yeux l'image du vampire, cette affreuse chauve-souris qui drape ses ailes membraneuses, comme un suaire, autour du voyageur endormi, et lui tire jusqu'à la dernière goutte de sang. Oh! je n'aurai de repos que dans la tombe! Et encore qui sait?

Il pleura, et fut soulagé. Je le consolai de mon mieux, et, dès que je pus le quitter convenablement, je m'empressai de me séparer de lui.

Au milieu des tranquilles modulations de l'orchestre, les cymbales se sont choquées... Un coup de tonnerre a retenti. Adieu les danses des joyeux villageois! Adieu les douces confidences,

Per amica silentia lunæ.

Adieu les bruissements des feuilles, les chants du rossignol,

Lenes que sub noctem susurri !

L'orage! Il est derrière les contre-basses qui mugissent. Voici l'orage! Voici la fanfare satanique. Voici la chasse infernale à travers les forêts embrasées par la foudre. On sonne la vue.... On sonne l'arrivée.... Les échos répètent mille fois le terrible hallali. L'orage! l'orage! Les poitrines sont oppressées, haletantes... On se débat..., on étouffe..., on va expirer... grâce!!

Un cri terrible est parti de la baignoire grillée. Bientôt on emporte une personne évanouie, et j'entends le bruit d'une voiture qui s'éloigne au galop.

Elle ne se doute pas qu'elle entraîne une partie de mon être.

Sans cesse je repasse dans mon esprit les étranges révélations enveloppées dans son regard.

N'est-ce pas que la musique est une de ces grandes voluptés mêlées à d'indicibles souffrances que l'on éprouve toutes les fois qu'on tente de lever un coin du voile dont se couvre la nature, toutes les fois qu'on essaie de percer le mystère de la vie?.... Oh! quand on est à demi couché dans une loge obscure, moelleuse, ignorée des *autres*, et que, l'oreille vidée des bruits de la terre, on reçoit toutes les effluves de l'orchestre, tout, depuis les plus molles caresses du *pianissimo*, jusqu'au baiser terrible du *tutti*; quand cette grande pythonisse, qu'on appelle la symphonie, se débat, haletante, éperdue, sous l'étreinte d'un dieu foudroyant; quand on est à demi couché dans Beethoven; quand la partition qu'il fait passer devant vous est brillante comme la jeunesse, et rayée de noir comme la vie; quand il vous brise la poitrine et le crâne, vous arrache votre âme, la saisit et l'entraîne à je ne sais quelles rondes féeriques d'un autre monde; quand il semble que votre corps tout entier, obéissant à une attraction sympathique, va se dissoudre, pour se réunir au nuage d'harmonie!

JULES LADIMIR.

LE GRAND HOTEL-DIEU DE BEAUNE.

Le grand Hôtel-Dieu de Beaune est, ainsi que la maison de Jacques Cœur, à Bourges, ainsi que le Palais-de-Justice, à Rouen, un de ces précieux bijoux tombés du riche écrin des artistes du XVᵉ siècle, et demeurés presque intacts parmi les ordures monumentaires du XIXᵉ.

Il faut le voir, ce palais des pauvres, avec son luxe royal d'ornementation, ses merveilleux profils, avec tous ces symboles historiques, tous ces sens populaires qui l'assiégent; il faut le voir, le grand Hôtel-Dieu de Beaune, avec cette flèche, d'un si noble motif, qui lui donne un point de contact avec les petits anges du paradis; il faut le voir avec cette élégante dentelle qui tremble à son front, comme une couronne sur la tête d'un prince, avec ces incroyables évolutions de meneaux, ces infinies ramifications de bois et de plomb, qui jouent sur ses flancs, comme des enfants de poëte avec la harpe de leur père; délicieuses et frêles découpures que la brise fait frissonner, que l'air du soir fait gémir, et que les siècles n'ébranlent pas.—Trésor des artistes, qui, pour les traduire ou les continuer, ne sauraient trop étudier les diverses orthographes de la langue architectonique du Moyen-Age, qui ne sauraient trop se recueillir dans sa pensée intime, et s'inspirer de son génie; trésor pour l'historien, toujours prêt à s'agenouiller dans un passé; trésor pour la poésie, qui vit de souvenances et de ces ineffables parfums qu'exhale tout ce que l'aile de la religion protège, l'Hôtel-Dieu de Beaune est, sans doute, l'un des édifices les plus curieux du pays de France, et il est glorieux pour une petite cité de troisième ordre, qu'une maison de charité soit sa plus belle demeure.

L'établissement de ce LEUVRE des pauvres, date de MCCCCXLIII, et eut pour fondateur Nicolas Belin, chancelier des états souverains de Bourgogne, sous le règne d'un de nos plus excel-

lents et plus regrettables princes, Philippe le Bon.—Ainsi le monument, contemporain de Saint-Nizier de Lyon, est l'œuvre de la plus brillante ère de l'école nationale d'architecture. Par bulles des souverains pontifes, la maison fut affranchie de la juridiction primatiale de l'archevêché de Lyon et de celle des évêques d'Autun.

La cour intérieure de cet hospice constitue la portion la plus curieuse du monument (1), et c'est là que se montre, avec toute sa verve d'imagination, cette grande épopée architectonique, formulée sans doute par ces artistes flamands dont nos ducs se plurent à encourager le talent, et qu'ils aimèrent à coloniser dans les régions méridionales de leurs vastes domaines.—On peut dire qu'il y a coup de théâtre pour le spectateur. — Cette cour présente un carré long formé par le corps de bâtiment consacré au culte, et par ces constructions d'un jet si attachant, si original, si varié, qu'il nous serait presque impossible de les décrire méthodiquement. Là, on se croirait transporté sur les rives de la Dyle et de l'Escaut, tant l'esprit monumentaire des provinces belges, au XVᵉ siècle, respire dans les pages déroulées sous les yeux. Le Nord n'a rien inventé de plus aigu, de plus osé, de plus élancé que nos pinacles, et c'est chose piquante de les voir en une contrée plus intimement pénétrée par l'élément romain que les Flandres; dans une contrée où, par suite des influences climatériques, les lignes horizontales commencent à prédominer sensiblement sur les lignes verticales.

La France possède des monuments du XVᵉ siècle, faits de pierre, aussi remarquables que notre hôpital; mais je ne crois pas qu'elle ait un édifice où l'œuvre de bois, beaucoup plus étendue que l'œuvre de pierre, caractérise d'une manière si somptueuse la plus opulente période de l'architecture indigène. Le bois et le plomb sont donc la chair et le squelette de cet édifice, et c'est là précisément ce qui le fait à peu près unique, *sui generis*, de par le pays de France.

Une des choses de son riche mobilier, les plus admirées et les plus admirables, est son grand tableau à volets, peint sur bois, autrefois destiné à servir de contre-retable à l'autel de la chapelle. Ce tableau, dont l'échelle est immense, est attribué à Jean de Bruges, inventeur de la peinture à l'huile, et contribue, autant que le monument lui-même, à faire arriver au grand Hôtel-

(1) C'est cette vue que représente la planche que nous avons jointe à ce fragment, afin que le lecteur puisse se former une idée moins vague de la beauté de l'édifice.

14

L'HOTEL – DIEU DE BEAUNE.

Dieu de Beaune, tous les artistes voyageurs et les visiteurs intelligents.

JOSEPH BARD.

Voici vos vers, je m'étais promis que je les en_ châsserais l'un après l'autre dans mon cœur, comme des topazes, des émeraudes et des corna- lines. Mais... reprenez-les!

Qui êtes-vous? Marie, ou Gabriel?... Pourquoi ce voile sur votre visage? L'auréole qui l'entoure est-elle si vive et si radieuse, que mes yeux n'en puissent soutenir l'éclat? Je regarde les nuages se floconner comme une ouate éblouissante sur le pur miroir du ciel; mais je ne vous aperçois dans aucun de leurs chastes plis. Quand de son bain de vapeurs la lune sort lentement, les tempes ceintes de ce fauve glaïeul qui sert de couronne aux suicidés, j'interroge en vain sa face mélan- colique. Les étoiles se montrent l'une après l'autre au firmament, ainsi que des yeux humides qui s'ouvrent; aucune ne répond à mon secret désir. Les oiseaux qui passaient tout à l'heure par bandes affairées ne m'ont rien dit de vous. Le vent du soir murmure une prière autour de la belle-de-nuit, qui cède à moitié; les géraniums tristes se sont endormis. Le calme, le calme su- blime a tout glacé. La flamme de ma bougie re- pose paisible sur son lumignon bleu. Je suis seul.

N'ai-je pas senti contre mon visage une cheve- lure humide de rosée?... Ah! c'est Ithuriel! — Salut, enfant capricieux! Quelles nouvelles des plai- nes de l'air? Quoi sur les fêtes lointaines du monde invisible? Il y a sur tes joues la trace d'un baiser; mes lèvres vont l'y reprendre. Cette larme qui pend à l'un de tes cils, est-elle aussi pour moi? Semblable à ce merveilleux fossile, à cette pierre de Bologne dont les pores, amoureux de la lumière, en recèlent encore quelques pâles atomes après le coucher du soleil, tu es tout plein des rayons d'une divinité inconnue. — Va, reporte à Mélina son baiser cruel et menteur!

Oh! venez! *Tibi lilia plenis ecce ferunt nymphæ calathis!* Maintenant, c'est l'heure bleue et sereine où je m'affaisse, comme toutes les plantes, sous des ondes sans fin de poésie et d'adoration. Venez! je m'étais assoupi dans un champ désolé d'ogives et de tombes. La plus douce ondée de lumière a ré- veillé soudain mon âme, qui a palpité des ailes dans la joie. Pourquoi la lumière est-elle re- montée? *Væ misero mihi!* Ne me laissez pas re- tomber dans le froid, dans les ténèbres, dans la peur! Quand aurez-vous miséricorde de mon abat- tement et de ma déréliction?... Oh! venez! venez!

Sylphe léger,
Sur la brise odorante,
Je viens d'engager
Mon aile bleue et transparente
Qu'on voit, scintillante,
De couleur changer.
Doux courrier de joie,
Du pays qui m'envoie
Loin du sol,
Pour toi j'ai hâté mon vol.
Rapide, rapide,
J'ai, ton nom pour guide,
Fendu le fluide
Du ciel.
O conteur, mon maître!
Ouvre la fenêtre
Et viens reconnaître
Ithuriel.

II.

Mélina la brune,
Brune d'Osakka,
Hier, à la brune,
Quand montait la lune,
Tout bas m'appela.

Elle était rêveuse
Sous un palmier vert,
Un livre entr'ouvert
Sur sa main soyeuse.

Rarement, hélas!
Mélina m'appelle...
Quand j'ouvre mon aile
Pour gagner ses bras;
Mélina si belle
Souvent ne veut pas...
Ce soir, voudrait-elle?...

Leste, j'approchai;
Et quand j'eus penché
Ma tête embaumée,
Je sentis passer
Le plus doux baiser
Que puisse poser
Lèvre bien aimée.

Mon corps frissonna:
« Merci! » fis-je entendre.
Alors, Mélina
Sur moi s'inclina:
« Tu sais te méprendre,
Beau sylphe amoureux;
Mais sois généreux:
Cours vite le rendre. »

— « Il n'est point pour moi?... »
Et mon cœur tressaille,
Je tremble d'émoi.
« Mélina, pourquoi
Cet accent qui raille? »

14

— « Je ne raille point.
Approche, et viens lire.
Et dis si la lyre
Peut aller plus loin ?
Pour toi, mon farouche,
Ce baiser n'est rien ;
Il est pour la bouche
Qui conte si bien.
Pars à tire-d'aile,
Mon sylphe fidèle,
Va jusqu'à Paris ;
Cherche, infatigable,
Le conteur aimable
Qu'un jour tu surpris;
Vole; à sa fenêtre
Tu bourdonneras ;
Il t'attend peut-être…,
Et tu lui diras :

« Mélina la brune,
Brune d'Osakka,
Ilier, à la brune,
Quand montait la lune,
Tout bas m'appela.
Ta plus fraîche page
Couvrait ses genoux ;
Et, pour tendre hommage
A tes mots si doux,
Elle m'a fait prendre,
Bien lent, oui, bien lent,
Un baiser brûlant,
Que je viens te rendre. »

« Tu diras aussi
Que si, par fortune,
Il venait ici
Lectrice opportune,
Mélina la brune
Lui dirait merci. »

« Prends ton vol agile,
Petit messager,
Et pour l'engager
A m'être docile,
Quand tu reviendras
Libre de ton rôle,
Sur ma blanche épaule
Tu te poseras,
Et… m'embrasseras. »

III.

Voilà, conteur, pourquoi j'arrive
De la rive
De l'Yodo-Gawa.
Libère-moi de mon message ;
Recueille les parfums de mon svelte corsage.
Ton baiser, le voilà !
Quant à moi, j'ai là-bas le prix de mon Voyage…
Je m'en va.

ITHURIEL.

Des plaines de l'Air.

JEAN DE WATTEVILLE.

CHAPITRE V

Au moment où la sombre dame de Château-Vi-
lain se dirigea vers le donjon habité par Gulte la
sorcière, celle-ci n'était pas seule; mais la pro-
fonde obscurité de cette nuit orageuse enveloppait
sa conduite d'un mystère impénétrable. Elle er-
rait depuis longtemps sur la plate-forme de la
tour ; parfois, lorsque la pluie redoublait, Gulte
allait s'asseoir sous un hangar construit à l'une
de ses extrémités, et qui abritait encore des in-
struments d'astronomie presque en ruine. Ce lieu,
pendant un demi-siècle, avait servi d'observatoire
à l'astrologue qui avait précédé Gulte dans la con-
fiance des crédules Watteville.

Quoique la nuit s'avançât beaucoup, Gulte ne
fermait point les yeux; elle paraissait plongée
dans une attente inexprimable, lorsqu'un bruit
aigu se fit entendre ; trois coups de sifflet parti-
rent des bruyères où plonge la large base du don-
jon. La vieille tressaillit; elle alla ramasser dans
le fond du hangar une échelle de corde qu'elle y
avait cachée, puis la traîna péniblement jusqu'au
bord opposé de la tour, c'est-à-dire du côté qui
regardait la campagne. Trois fois, avec le bout li-
bre du câble, elle entoura l'un des plus solides
créneaux, elle serra les nœuds avec soin, et, ras-
semblant toutes ses forces, lança dehors le rou-
leau de cordages que l'on entendit se détordre,
frapper à diverses reprises les murailles sonores,
puis atteindre le sol.

Certes, il fallait un cœur d'airain pour s'aven-
turer sur cet appui frêle et tremblant, au milieu
des ténèbres, avec un abîme sous les pieds. Ce-
pendant, l'étranger dont le signal s'était fait en-
tendre n'hésita point, car le temps qu'on aurait
pu croire nécessaire pour une telle ascension n'é-
tait pas encore écoulé, lorsqu'il posa sur les cré-
neaux sa large main couverte d'un gantelet de
mailles. Bientôt il parut tout entier. C'était un
homme de haute taille, robuste, autant qu'on pou-
vait le juger en devinant ses formes sous les plis
d'un large manteau brun ; l'andaee éclatait dans
ses yeux, la grandeur sauvage était peinte dans
sa physionomie; Gulte, les bras croisés, le re-
garda longtemps avec un sourire plein d'orgueil.

— La hauteur de ces murs ne t'a donc pas
épouvanté, Guilbert? Oh ! tu es un digne fils du
capitaine Lacuzon, tu tiens de lui ce courage que
rien n'étonne, comme tu tiens de ta mère cette
tristesse orageuse empreinte sur ton front ; car ta
mère souffrait alors que le joyeux routier prome-
nait sa tente au fond des bois et son épée victo-
rieuse dans les villages. Mais revenons au sujet
qui t'amène ; plus tard tu connaîtras ta mère.

— Si ma mère est une noble dame, une puis-
sante châtelaine dont je puisse hériter un jour,

nomme-la-moi; si c'est une des ribaudes que mon père a traînées longtemps avec lui, je m'inquiète peu de la connaître.

Cette réponse parut entrer douloureusement dans le cœur de la sorcière, qui détourna la tête.

— Guilbert, dit-elle enfin, donnant un autre cours à ses idées, sais-tu ce qui est arrivé au château de Montrivel?

— J'ai vaguement appris la rupture du mariage qui me déchirait le cœur, et si c'est ton ouvrage, Guîte, je te remercie.

— Ta reconnaissance est bien froide!

— Écoute, femme, il n'est guère vraisemblable que pour ma bonne mine (et ces mots furent articulés avec une inflexion de voix ironique), que pour me plaire, tu trahisses des maîtres qui te nourrissent bien. Si tu as semé la discorde entre eux et la maison de Montrivel, c'est qu'il y a près d'eux certain juge Boquet et certain confesseur Mayet qui t'ont poursuivie comme sorcière, jugée et condamnée au feu. Le hasard, qui jadis a dispersé les braves du capitaine Lacuzon, permet qu'après vingt ans nous nous soyons retrouvés, toi qui étais belle alors, moi qui étais un tout petit enfant. De plus, nos passions peuvent se rendre de mutuels services; les intérêts présents, plus que les souvenirs du passé, concourent à former notre alliance. Qu'elle soit fidèle, Guîte, ou malheur à celui qui s'en écartera le premier!

La vieille écoutait tristement ce froid et sévère langage; le farouche Guilbert semblait incapable d'éprouver aucune affection pour elle, les doux souvenirs d'enfance n'avaient point laissé de traces dans cette âme aguerrie contre toute faiblesse. Aussi, pour la seconde fois, un silence pénible s'établit entre eux, silence que rompit enfin celui qui en était la cause.

— Guîte, nous perdons en discours un temps précieux pour moi. Qu'est devenu Jean de Watteville?

— Son cheval tout écumant l'a ramené dans nos murs; je l'ai vu pâle, inquiet, s'enfermer avec la châtelaine; j'ai vu celle-ci plus sombre encore qu'à l'ordinaire, et sans doute elle viendra me consulter bientôt.

— Moi, je serai consulté cette nuit par Jean de Watteville. Il a fait demander un entretien secret au chef des routiers et des Bohémiens de la forêt. Sans doute il veut nous enrôler contre les Montrivel; l'injure qu'il leur a faite sera lavée dans le sang.

— Tes bandes sont rassemblées?

— Oui, bonne Guîte, et sans la rupture imprévue de cet odieux mariage, elles seraient lancées maintenant sur le château de Montrivel. Oh! quelle nuit! Au milieu de ce profond silence eussent éclaté les cris de guerre et les râles de la mort; au milieu de ces ténèbres, les torches incendiaires. Isaure! Isaure de Montrivel! voilà les fêtes de noces que je réserve à ton heureux époux!

Guilbert accompagna ces mots d'un geste menaçant dirigé vers le point de l'horizon où devaient s'élever les tours de Montrivel.

— Calme ces fureurs inutiles. Je te fournirai l'occasion d'enlever la belle Isaure dans quelque partie de chasse; alors tu seras heureux par mes soins, et j'oserai t'apprendre un secret qui nous intéresse tous deux.

— Commence par m'en apprendre un autre. Par exemple, dis-moi pourquoi ce jeune seigneur a brisé l'union qu'il brûlait d'accomplir.

C'était justement là ce que Guîte elle-même n'avait pu s'expliquer encore. Le matin, Jean était parti malgré ses remontrances; pour la première fois elle avait vu son avis repoussé; le soir, on s'y rangeait. Avec une présence d'esprit acquise par la longue habitude de son métier, la vieille savait comment on dissimule l'ignorance sous un air mystérieux. Elle avait su se faire honneur auprès du jeune bandit d'un événement qui avait confondu ses prévisions, et le secret impénétrable qu'elle garda pouvait passer pour un travers commun à toutes les prétendues devineresses.

— Silence! murmurèrent en même temps les interlocuteurs, tous deux indiquant par un geste qu'ils entendaient du bruit dans l'escalier de la tour.

— Adieu, Guîte; mes courses de la nuit ne sont pas encore terminées.

— Où t'attend Watteville?

— Aux Entre-Portes.

— Si tard, en cet endroit désert!

Pour toute réponse à cette inquiétude, Guilbert posa sa main sur une dague qui étincelait à son côté, puis il s'approcha de l'escalier. Le bruit devenait plus distinct; c'était un pas lent et réglé, dont l'oreille saisissait le rapprochement continu; déjà même une lueur vacillante sortait de la cage profonde. Guilbert s'élança lestement vers les créneaux, saisit son échelle de corde, et s'éloigna par le chemin périlleux qui l'avait amené.

CHAPITRE VI.

Guîte, absorbée dans une triste contemplation,

avait encore le regard fixé dans la direction que le jeune Guilbert avait prise, quand vint se poser devant elle, comme un fantôme, la dame de Château-Vilain. Elle tenait une torche aux flammes abondantes, qui, projetant un vif éclat sur son visage, en dessinaient scrupuleusement les rides sévères ; une lumière fantastique semblait se jouer dans les plis de sa longue robe moirée. Lentement elle se baissa pour ficher son boute-feu dans une des crevasses de la pierre, puis elle s'adossa contre le parapet de la tour. Ces préparatifs annonçaient un long entretien. La noble dame réclama l'attention de Culte par un geste impérieux. Au son lent et glacial de sa voix métallique, celui qui aurait étudié cette femme orgueilleuse pouvait déjà se faire une idée du chagrin qui lui rongeait le cœur.

— Avant de m'arrêter aux événements de ce jour, Guîte, il est nécessaire de rappeler certains souvenirs qui me sont connus par toi seule, et que m'ont laissés tes récits. Te souvient-il de ces longs soirs d'hiver où, abrités sous le manteau d'une même cheminée, oubliant la distance qui nous sépare, mon fils et moi nous nous plaisions à entendre raconter ta jeunesse errante, tes souffrances journalières, tes joies courtes, et ton fol amour pour un aventurier qui autrefois a été la terreur de ce pays? Parmi beaucoup d'anecdotes relatives à cet homme bizarre, il en est une que ma mémoire a gardée sans confusion, et sur laquelle j'ai le plus vif intérêt à revenir. Je vais en préciser les circonstances les plus essentielles. Écoute-moi religieusement, pour être en état d'affirmer ou de rectifier mon récit.

Le capitaine Lacuzon, après avoir longtemps vendu l'épée de ses soldats et la sienne, se trouva tout à coup sans engagement et vécut plusieurs années sur notre malheureux pays. Sa bande fit des prouesses, occupant les grandes routes, rançonnant tous les voyageurs, nobles ou pèlerins, pillant les fermes, levant dans nos villages des contributions forcées. Guîte, c'était l'époque où tu habitais avec lui. Le capitaine Lacuzon avait eu différentes femmes avant toi, et de ces femmes plusieurs enfants; toi-même tu lui donnas un fils dont je t'ai vu pleurer la disparition. On dit qu'il est d'usage parmi les Bohémiens de marquer ses enfants d'un signe indestructible, afin qu'en dépit du malheur qui les dispersera peut-être, deux frères puissent se reconnaître un jour si le destin les rapproche. Les routiers qui vendent leurs services à des maîtres divers, et s'en vont ballottés suivant le caprice de la fortune, ces aventuriers, esclaves du hasard, se livrent fréquemment à la même pratique, et le capitaine Lacuzon en particulier faisait marquer tous ses enfants au milieu du bras droit. On dit que tous, en effet, portent à cet endroit l'empreinte d'une masse d'armes qui était entre les mains de leur père; une masse, le plus terrible instrument de carnage.

Ici la châtelaine s'arrêta comme pour interroger Guîte, qui baissa lentement la tête en signe d'approbation.

— Toutes ces liaisons du capitaine avaient été sans importance, lorsqu'un jour ses hommes arrêtèrent une dame de haut parage que toi-même tu n'as jamais connue, dont tu n'as pu me révéler le nom digne d'opprobre. J'aime à croire que ce chef de bandits employa les plus terribles violences pour triompher de sa capture; mais enfin, que cette femme ait eu la faiblesse de l'aimer, ou seulement celle de ne point préférer la mort au déshonneur, toujours est-il qu'elle rentra souillée dans la maison de son époux. Celui-ci, depuis quelques mois, avait rejoint la bannière du duc de Bourgogne, son suzerain; aussi la malheureuse parvint-elle à cacher sa faute. Elle s'entoura de précautions inouïes, trompa l'œil des gens qui l'entouraient, et donna le jour, au fond des bois, sous la tente même de Lacuzon, à l'enfant qu'elle avait eu de lui.

C'était une fille; elle resta dans les mains de son père, et comme il n'était pas probable qu'elle en sortît jamais, son père la marqua de l'empreinte fatale; le bras droit de cette enfant porte la hache d'armes.

Cependant, une fille à qui l'indigne châtelaine avait donné le jour quinze mois auparavant, vint à mourir. Bien encore n'annonçait le retour du mari outragé; son épouse, doublement coupable, conçut l'odieux projet de remplacer l'héritière légitime par une créature dont les veines n'étaient pas gonflées d'un sang noble, et qui portait sur elle-même, en caractères ineffaçables, la preuve de sa bâtardise.

Guite, tu m'as entretenue souvent des démarches mystérieuses que tu as surprises à cette époque. Une dame masquée osait s'enfoncer dans les bois, seule et sans autre défense qu'un sauf-conduit du capitaine. Elle s'enfermait des heures entières avec Lacuzon, et si un espion se glissait derrière les plis de la tente, il saisissait toujours quelques paroles relatives au sort de leur enfant. Tu m'as dit que plus tard le capitaine Lacuzon s'était vanté devant toi de la finesse déployée par lui dans cette affaire, qu'il nommait une spéculation. Bref, il reçut de la mère vingt sous d'or, lui restitua sa fille et ne s'en occupa plus. En outre, il s'était engagé, par un serment inviolable, à ne jamais divulguer le nom de la coupable châtelaine; et cette promesse, il l'a tenue, car en avenant tous les détails de cette aventure, jamais il ne trahit le nom de sa complice; jamais, dans l'abandon de ses récits, on ne put lui surprendre une indication, même vague ou douteuse, et nulle femme ne fut soupçonnée.

— Nulle! répèta Gulte en élevant la main gauche, comme font les Bohémiens pour attester la vérité.

— Mais toi, reprit la dame de Château-Vilain, toi qui sais tant de choses et qui peux, au besoin, interroger l'enfer, tu n'as point désiré savoir quelle était cette femme?.. Cette question était de celles que les devins sont forcés de résoudre par une phrase vide et sonore, aussi notre sorcière ne fit pas attendre la sienne.

— Qui oserait évoquer les esprits pour satisfaire une vaine curiosité? dit-elle en posant un regard inspiré sur le front de sa maltresse, qui trembla comme à la menace d'une apparition. Et cependant cette noble dame, dans les événements de la vie réelle, portait un courage indomptable.

— Gulte, tu ignores donc entièrement ce qui vient de se passer au château de Montrivel?

— Si vous voulez, Madame, mettre mon pouvoir à l'épreuve, je ferai cette nuit un sacrifice, et demain je saurai tout.

— Je ne révoque point en doute tes talents redoutables; me suis-je montrée jamais incrédule? Réponds. Seulement une chose m'étonne : c'est qu'ignorant le secret qui vient de m'être révélé, tu te sois opposée tout d'abord au mariage de mon fils avec Isaure de Montrivel. Pourquoi le faisais-tu?

— J'avais immolé mes victimes au bord du lac, et je m'étais couchée dans les bruyères en fixant mon esprit sur votre alliance prochaine avec la maison de Montrivel. C'est alors que le *Maître* me répondit par une vision.

D'abord je distinguai le son des instruments joyeux, et le chant des ménestrels me berçait avec une douceur infinie. Soudain j'entendis faire les bruyants apprêts de la noce, mais aussitôt le soleil parut à l'horizon, couvert de taches sanglantes. Le cortège nuptial défila devant moi. Je vis des timbaliers, des joueurs de cornemuse, beaucoup de musiciens, et des fous qui agitaient leurs marottes chargées de grelots sonores. Vinrent ensuite les hommes d'armes rangés autour des bannières de leurs suzerains, et ceux-ci, barons, comtes, vidames, marchaient confusément par-derrière. C'était une assemblée tout éclatante de brocart d'or, de velours brodé, de pierreries et de plumes. Enfin parurent les deux époux. Madame, votre fils tenait sa fiancée par la main, et voilà qu'au moment où ils passèrent devant moi, je ne sais quel bras invisible les sépara en abattant une hache d'armes entre eux. Je vis le sang jaillir sur une robe éclatante de blancheur, puis tous ces personnages se mêlèrent et disparurent dans un tourbillon rapide.

Le *Maître* ne m'a point fait d'autre révélation.

— Celle-là suffit, grand Dieu! s'écria la châtelaine dont l'imagination superstitieuse s'échauffait de plus en plus. Oh! l'*Esprit* t'a parlé clairement. Ecoute-moi, tu vas saisir la profonde signification de ton rêve.

C'était une heure ou deux avant la célébration de la messe nuptiale. Isaure venait d'embrasser les jeunes filles ses compagnes, d'en recevoir les adieux touchants. Sa mère l'avait arrachée de leurs bras, toutes les deux se dirigeaient vers une sompteuse closette, dont la porte entr'ouverte laissait apercevoir une robe éblouissante, des parures d'une richesse merveilleuse et d'un travail exquis; plus loin, négligemment posés sur un prie-dieu, des gazes transparentes, un voile broché d'or et de fleurs aussi blanches que la chaîne de perles qui les réunissait.

Mon fils n'eut pas plutôt aperçu cette chambre, où la charmante Isaure devait achever sa toilette, que son sang s'alluma; tous les efforts de sa raison succombèrent contre le désir effréné, irrésistible, de contempler secrètement celle qu'il allait posséder. Il franchit d'un pas audacieux le seuil de la closette et s'alla cacher rapidement derrière un rideau de tapisserie.

Malheureux Jean! qu'il dut souffrir au fond de sa retraite! Comment fit-il pour imposer silence à ses transports de rage, de douleur et d'amour!

Les dames de Montrivel sont arrivées dans la closette : la mère achève de congédier toutes les femmes qui l'accompagnaient; pas une duègne, pas une esclave n'est admise à la toilette d'Isaure. Un tel mystère surprend mon fils, mais vaguement, car son attention est absorbée tout entière par l'aimable fille. Un goût modeste et délicat préside au soin de sa parure, chacun de ses mouvements révèle une grâce inattendue. Enfin elle revêt cette éclatante robe aussi blanche que la neige; le dernier voile, qui couvrit ses épaules et ses bras, tombe. Mais, dans cette beauté si parfaite, une singulière imperfection a cependant frappé l'œil amoureux de mon fils. Quelle est donc cette profonde empreinte que l'on croirait taillée dans un morceau d'ivoire ? C'est sur le bras droit ! Dieu ! c'est la hache d'armes du capitaine Lacuzon !

Et Jean n'a point crié, sa dague n'est point entrée dans la poitrine de cette infâme Montrivel; non, il épuise sa rage à tordre sous ses dents quelques franges de la tapisserie qui l'abrite......

Mais ici la châtelaine s'arrêta, Cuite avait cessé de l'écouter. Au moment de la révélation terrible, un cri d'étonnement, d'effroi peut-être, est sorti de sa poitrine. Pour elle maintenant il s'agit d'autre chose que de la mésalliance qui a menacé les Watteville. Une lumière terrible vient de briller à ses yeux. Cet enfant chéri qu'elle retrouve après vingt ans d'absence, ce Guilbert, dont elle a servi l'amour, il est amoureux de sa sœur! Pour le soldat nourri chez des Bohémiens, cet obstacle n'en est pas un, mais l'idée d'un lien incestueux fera sans cesse horreur à la timide Isaure, élevée loin des hommes sans lois qui l'ont vue naître. Le génie de la sorcière s'arrête épouvanté devant un obstacle pareil. Pauvre Guilbert! ne suffisait-il pas de toutes les forces humaines, de tous les préjugés de fortune, de noblesse et de rang! fallait-il que la nature même vînt se placer entre Isaure et toi!

Telle était la méditation douloureuse de cette mère qui n'osait soulager sa peine par une explosion de larmes, car un œil menaçant, quoique bien crédule, était encore ouvert sur elle. La dame de Château-Vilain avait bien remarqué le trouble de son oracle, mais elle ne sut pas l'interpréter, et, en femme orgueilleuse, elle l'attribua naïvement à l'indignation qu'il était naturel de ressentir après le danger couru par le beau nom de Watteville.

— Ma bonne Guite, reprit-elle avec une bienveillance qu'on ne lui voyait guère, ces événements ont une gravité qui t'effraie. Remets-toi, prends le temps de consulter celui qui t'inspire.

Dans la salle basse du donjon, quatre serfs t'attendent avec tout ce qui est nécessaire pour un de tes sacrifices. Tâche de me tracer demain la conduite qu'il faut tenir envers ces Montrivel.

Adieu !

La superstitieuse châtelaine, en achevant ces mots, ramassa brusquement sa torche, puis elle disparut dans le vaste soupirail de l'escalier. Bientôt le donjon mystérieux fut replongé dans les ténèbres, et alors cessa la terreur des bergers d'alentour, qui croyaient assister de loin à quelque ronde du sabbat.

DE LA VILLEDIEU.

LE FOYER DU THÉATRE-FRANÇAIS.

MOLIÈRE.

On peut comparer Molière à un vaste réservoir formé de sources diverses, et qui, calme et profond, réfléchit magnifiquement la nature. Le génie observateur de ce poète a saisi de toutes parts, et à bon droit, les traits qui pouvaient servir à former le tableau complet de la vie humaine. Molière a résumé la sagesse et l'expérience des temps. Il appartient à la classe des esprits providentiels qui ont pour mission de rassembler, à certaines époques, les idées éparses, et de leur donner un corps; ce qu'Homère a fait pour les chants héroïques de la Grèce; Dante, pour les traditions catholiques du moyen-âge, Molière l'a fait pour les préceptes purs de la morale et de la raison. Philosophe, il a pressenti l'éclectisme moderne. Pendant que d'une main il foudroyait l'athéisme, de l'autre il faisait poser le masque à l'hypocrisie. On peut dire que Molière a relevé l'autel encensé autrefois par Socrate et par Platon. Aucun législateur n'a mieux tracé que lui les devoirs des époux et des femmes, des fils et des pères, ainsi que nous le prouverons dans l'analyse succincte de chacune de ses pièces, prise au point de vue de la morale. Molière, en un mot, n'a jamais contredit les lois sur lesquelles doivent reposer l'ordre et le bonheur de la société : c'est à tort qu'il a été accusé de cette tendance par des critiques de mauvaise humeur.

Nous n'avons dessein ni de tracer ici une froide biographie de Molière, ni de nous livrer à des redites pompeuses sur l'excellence de son génie; sa biographie se fera d'elle-même, en se mêlant çà et là à l'appréciation de son théâtre. Sans nous appesantir non plus sur les emprunts qu'il a faits, soit aux pièces latines, soit aux types italiens, mais en indiquant ces emprunts de façon à montrer l'art avec lequel il les a revêtus des couleurs de son pays, nous tâcherons principalement de faire voir comment, à l'aide d'une constante étude de lui-même et des autres, il a trouvé enfin la vraie comédie. Molière, en effet, n'a jamais cru être né complet; ce grand homme n'était jamais content de ce qu'il avait fait, et répétait souvent ce vers de Boileau, vers qu'il avait inspiré :

Il plaît à tout le monde et ne saurait se plaire.

De même que Corneille, qui n'atteignit au *Cid* qu'après sept ou huit pièces d'essai, Molière, avant l'*Étourdi*, sa première comédie régulière, composa plusieurs pièces que sa troupe, dite de l'*Illustre Théâtre*, joua en province avec les autres pièces du temps. Loin de croire, comme nous le disions, être arrivé du premier coup à la perfection, il se bornait au succès de la représentation ; et avant les *Précieuses ridicules*, comédie qui fut imprimée presque malgré lui, il refusa ses œuvres aux libraires. On cite cinq pièces qu'il jugea trop au-dessous de lui pour vouloir les conserver. Boileau a regretté la perte du *Docteur amoureux*. Les *Trois Docteurs rivaux* et le *Maître d'école* n'existent plus que par leur titre ; la *Jalousie de Barbouillé* et le *Médecin volant*, dont Jean-Baptiste Rousseau a possédé les manuscrits, sont venus jusqu'à notre époque, et nous les avons sous les yeux.

L'authenticité de ces deux pièces paraît certaine. *La Jalousie de Barbouillé* offre un canevas du troisième acte de *Georges Dandin*. La scène où Angélique fait à son mari, placé sur un balcon, la menace de se tuer s'il ne descend lui ouvrir la porte du logis, et ferme à son tour, sitôt qu'elle est entrée à l'aide de ce subterfuge, la susdite porte au nez du jaloux, afin de lui rendre là sermon pour sermon, cette scène si comique se trouve tout entière dans l'ébauche dont nous parlons. On y voit pointer Métaphraste du *Dépit amoureux*, Pancrace du *Mariage forcé*, grands amis d'Aristote ; on y trouve aussi le latin équivoque de la comtesse d'Escarbagnas. Le style, nous l'avouerons, bien que d'une allure assez franche, ne ferait pas reconnaître Molière ; cet esprit si net n'a pas dédaigné, en débutant, la plaisanterie ambiguë du calembour ; il a voulu faire rire les sots. En voici un exemple curieux :

LE BARBOUILLÉ. — Eh ! monsieur le docteur, écoutez-moi, de grâce !

LE DOCTEUR. — *Audi, quæso*, aurait dit Cicéron.

LE BARBOUILLÉ. — Oh ! ma foi, si se rompt (Cicéron), si se casse, ou si se brise, je ne m'en mets guère en peine ; mais tu m'écouteras, ou je te vais casser ton museau doctoral.

Molière, Molière, où étiez-vous ?

La farce du *Médecin volant* est entachée d'un autre défaut du temps, dont Molière ne s'est ja-

mais complètement corrigé ; il s'est souvent complu dans le détail des infirmités physiques et des fonctions de la vie animale ; le *Médecin malgré lui*, l'*Amour médecin*, le *Malade imaginaire*, contiennent à ce sujet des traits d'un goût peu délicat. C'était l'esprit de l'époque. Ce bas comique qu'on rencontre dans le *Médecin volant*, est emprunté, du reste, ainsi que la pièce tout entière, à Boursault. Il est probable que Molière, ayant vu réussir cette pièce soutenue par quelques situations plaisantes, jugea à propos de la débarrasser de ses mauvais vers, et que, pressé de donner quelques nouveautés, comme directeur de théâtre, il la fit jouer sans scrupule par sa troupe provinciale. Si l'on veut se faire une idée de la grossièreté du *Médecin volant* de Boursault, nous rappellerons la scène des *Plaideurs*, dans laquelle le juge Dandin, peu satisfait de l'incivilité des petits chiens qu'il a laissé mettre dans son bonnet carré, les repousse loin de lui avec une énergique expression : *Tirez, tirez, ils ont... etc...* Eh bien, le langage dont Racine se sert à l'égard de ces innocents animaux, Boursault l'applique à la belle Lucrèce, d'une façon dégoûtante ; il pousse même la complaisance de son médecin jusqu'à mettre dans sa bouche les vers suivants :

Bois-Robert nous enseigne en sa belle plaideuse,
Que le goût est solide et la vue est trompeuse
Et qu'un grand médecin, quand il fait ce qu'il doit,
Sent bien mieux une chose à la langue qu'au doigt.

Il faut convenir que nos aïeux ne se montraient pas extrêmement difficiles dans leur gaieté ; Molière n'a pas manqué d'imiter ces traits ; au moins rachète-t-il les choses de ce genre par la vivacité de son dialogue. Les deux *Médecins volants*, celui de Boursault et celui de Molière, sont deux valets travestis en docteurs, qui servent les amours de leurs maîtres. Le seul côté plaisant de l'intrigue consiste dans la crédulité entrée d'un père, qui prend pour argent comptant le galimatias de ce médecin improvisé, et qui, rencontrant, quelques minutes après cette scène, son docteur en habit ordinaire, se laisse abuser par une histoire de ménechmes. Le piquant de la situation consiste dans l'embarras de ce valet, forcé de jouer le rôle de son prétendu frère en même temps que le sien, et cela, presque sous les yeux de sa dupe. Ainsi fera Scapin dans la scène où, voulant persuader à Géronte que des spadassins le cherchent, il se parle à lui-même, et se répond en contrefaisant sa voix. Sganarelle entre et sort, tantôt par une porte, tantôt par une fenêtre, avec beaucoup d'agilité ; enfin, placé à la croisée, il va jusqu'à poser sur son coude son

chapeau et sa fraise, et à faire semblant d'embras-
ser son frère le docteur. La farce est complète,
on le voit.

Nous n'insisterons pas davantage sur ces pre-
mières productions de Molière, qui, sous leur
trivialité, cachent le germe de son génie. La pre-
mière pièce que nous trouvons inscrite au réper-
toire de notre auteur, c'est l'Étourdi. Elle fut
jouée à Lyon, en 1653. Molière était alors âgé de
trente-un ans; ayant eu peu de succès avec sa
troupe à Paris, où il était venu pour se fixer
en 1650, dans le jeu de paume de la Croix-Blan-
che, au faubourg Saint-Germain, il retourna en
province. On trouve sa troupe, à Lyon, com-
posée de Duparc, dit Gros - René, des deux
frères Béjart, de Madeleine Béjart, leur sœur, de
Lagrange, de mademoiselle Duparc, de made-
moiselle de Brie et de Molière lui-même, le chef
de ces comédiens ambulants. Ce grand homme a
débuté comme les héros de Scarron.

La comédie de l'Étourdi, dans laquelle on ren-
contre des marchands d'esclaves, des filles qu'on
achète et qu'on vend, est en dehors de nos
mœurs; la scène se passe à Messine. Mascarille,
qui veut procurer à son maître Lélie une jeune
esclave que celui-ci souhaite de posséder, in-
vente fourberies sur fourberies pour en venir à
ses fins; et Lélie, qui assurément est plus qu'un
étourdi, en approuvant les ruses de son valet,
les déjoue malgré lui par sa maladresse. Le
style de cette comédie en vers est un peu em-
barrassé; les plaisanteries en sont encore quel-
quefois risquées; elles n'ont pas ce sens profond
qui n'a jamais abandonné Molière dans la suite;
du reste, l'intrigue est pleine d'un vrai comique.
Dira-t-on que cette pièce offre un tableau de
mœurs très-relâchées? Mais lorsque Mascarille
prétend que sa subtilité de fourbe lui a *acquis la
publique estime*, qui donc le prend au mot? Il est
loin de le croire lui-même, et comme Sganarelle
du *Médecin volant*, il a certainement peur qu'on
ne finisse par lui appliquer sur les épaules un
cautère royal. On rit de ses trames rompues à
chaque instant, et Molière s'est arrangé de façon
à ce qu'on en fût satisfait. On ne voudrait pas
qu'il réussît, parce qu'on ne s'intéresse qu'aux
entreprises loyales; ce n'est pas là le sourire
qui accueillera plus tard l'indiscret Horace,
lorsqu'il voudra retirer, selon le droit des amants,
la jeune Agnès des mains de son vieux jaloux.

Les vieillards de Molière, dupes de leur trop
de bonté, mais qui pardonnent toujours à leurs
fils en se souvenant qu'ils ont été jeunes eux-
mêmes, apparaissent dans la pièce de l'Étourdi,

et ces deux vers d'Anselme à Léandre résument
toute leur philosophie paternelle :

Si notre esprit n'est pas sage à toutes les heures ,
Les plus courtes erreurs sont toujours les meilleures.

Ils pensent qu'il faut que jeunesse se passe ;
cependant ils ne cessent de gronder leurs enfants,
afin que l'âge de la folie ne dure pas trop long-
temps. Ces vieillards ne s'élèvent jamais, si ce
n'est le père de *Don Juan*, à la noblesse de *Gé-
ronte* du *Menteur*; mais leur bonhomie est si naïve
et si honnête, qu'on serait fâché de leur voir plus
de sévérité. Ces braves gens délient avec peine les
cordons de leur bourse, et menacent sans cesse
leurs fils de les déshériter; mais leur cœur de
père, facile à toucher, se rend bientôt au vœu
des jeunes gens. Comme ces fils de famille sont
vifs, galants, bien tournés! qu'ils ont bonne
grâce avec leurs nœuds de rubans ! Sans doute
ces messieurs se permettent vis-à-vis de leurs
pères certaines supercheries condamnables, pour
tirer d'eux quelque argent; on dirait qu'ils re-
gardent ces escroqueries comme un avancement
d'hoirie, et le public est presque tenté de parta-
ger leur manière de voir. Ce serait un très-grand
mal si Molière n'avait toujours mis en scène des
vieillards intéressés, et ne s'était étudié à corri-
ger les hommes de son siècle du défaut de l'ava-
rice.

La comédie de l'Étourdi est principalement une
comédie d'intrigue, à laquelle le second titre de
Contre-temps, donné par Molière lui-même, con-
vient mieux que le premier. Lélie en effet n'est
pas un étourdi, mais un malavisé qui arrive tou-
jours hors de propos et commet une foule d'inad-
vertances. Le sujet est tiré d'une pièce italienne
intitulée l'*Inavertito*, de Nicolo Barbieri, qui,
comme Molière, était à la fois comédien et au-
teur. Molière a mis également Plaute et Térence
à contribution. La comédie latine, avec ses belles
esclaves qu'on achète, se retrouve là : Molière
s'en servira encore plus d'une fois. Les Turcs et
les Égyptiens remplaceront les anciens marchands
d'esclaves. Quinault fit jouer aussi à cette époque
l'*Amant indiscret*, pièce puisée aux mêmes sour-
ces; mais la comédie de Quinault est tombée dans
le plus profond oubli. Une des scènes les plus co-
miques de l'*Étourdi*, celle où un des vieillards
vient à rencontrer un voisin qu'il croit mort sur
la foi de son valet, et le prend pour un fantôme,
cette scène d'effroi est tirée d'un conte de *Dou-
ville*, que Cailhava rapporte dans son essai sur
l'*Art de la comédie*. On voit que Molière, comme
il le disait lui-même, ne se gênait pas pour pren-
dre son bien où il le trouvait.

MOLIÈRE, D'APRÈS LE BUSTE DU THÉATRE - FRANÇAIS.

Molière, bien que fils d'un tapissier, avait été élevé au collège de Louis-le-Grand ; il avait eu pour caramade de classes Armand de Bourbon, prince de Conti. Le prince se souvint toujours de son compagnon Poquelin ; car c'était le nom de sa famille, nom qu'il quitta de peur de *le déshonorer* quand il monta sur le théâtre. Race des Poquelin, que seriez-vous devenue sans ce nom de Molière? Père Poquelin, vous qui étiez si fier de votre charge de valet-de-chambre-tapissier du roi, bien vous en a pris d'avoir un fils comédien ! Molière, outre Armand de Bourbon, avait eu pour condisciples Chapelle, Bernier, Cyrano de Bergerac, Hesnault, et pour précepteur le célèbre Gassendi. Le prince de Conti ayant été envoyé, en 1654, aux états de Languedoc, qu'il devait tenir, engagea Molière à venir charmer son séjour. Molière se rendit à cette invitation, et joua avec sa troupe le *Dépit amoureux*, sa seconde grande comédie. Elle fut représentée à Béziers en cette année 1654.

Dans le *Dépit amoureux*, Molière s'est attaqué pour la première fois aux choses du cœur, et il l'a fait avec cette grâce et cette vérité extrêmes qui lui ont inspiré la scène adorable de Marianne et de Valère dans le *Tartufe*. L'amour n'a pas eu de serets pour Molière. C'est un livre dont il a lu toutes les pages. Le *Dépit amoureux* retrace les troubles légers, les querelles, les raccommodements d'une tendresse conforme à la raison et traversée par des craintes jalouses que fait naître la délicatesse de sentiment. Plus tard, l'*École des Femmes* peindra la passion désordonnée d'un vieillard, les regrets amers et superflus d'un cœur qui aime sans être aimé ; puis viendront les emportements d'Alceste aux prises avec la coquetterie, et la fuite sans retour de l'honnête homme trompé. Jamais on n'a exprimé avec plus de force ce sentiment, ni mieux enseigné aux hommes à se défier de ses séductions. Molière veut que l'amour repose sur la confiance, et la confiance ne peut exister sans la convenance des âges, des caractères, des goûts. Il faut la jeunesse à la jeunesse, la beauté à la beauté, la vertu à la vertu. Telle est la loi de son théâtre : est-il un code plus beau?

Le *Dépit amoureux* fut représenté à Béziers, en cinq actes; la Comédie-Française a pris la liberté de retrancher, de son autorité privée, trois actes de cette pièce; on ne la joue plus qu'en deux. La Comédie-Française s'est privée, de gaieté de cœur, d'une foule de scènes comiques, comme celle où Polidore et Albert, ayant des raisons secrètes de se craindre réciproquement, se demandent un pardon mutuel après un malentendu, sans savoir ce que l'un veut de l'autre. Cette pièce est encore un emprunt fait au théâtre italien; on cite deux comédies, la *Creduta Maschio*, la fille crue garçon, et *Gli segni amorosi*, les dépits amoureux, qui ont fourni des situations à l'auteur français; mais, malgré le romanesque de l'intrigue, on sent que Molière est déjà sur son terrain; il tient la comédie entre ses mains. Le style du *Dépit amoureux* vaut mieux que le style de l'*Étourdi* ; le tissu dramatique est plus serré. Les suppressions de la Comédie-Française ont rendu cette pièce presque inintelligible; la belle scène du dépit n'a plus de motif raisonnable. Il n'est pas croyable qu'on se permette de pareilles mutilations. Ceux qui n'ont pas lu la pièce ne peuvent s'en faire une idée. La fille crue garçon, sujet de la comédie de Molière, a tout à fait disparu. On dirait que les auteurs qui ont porté la main sur cette œuvre ont été pris d'un ardent amour national, et qu'ils ont voulu en ôter tout ce qui venait de l'italien.

Avec le *Dépit amoureux* commence la galerie de ces charmantes filles de Molière, aussi sages que belles, honnêtes personnes qui ont tant de sincérité dans le cœur, et dont la pudeur inaltérable n'est pas effleurée par la liberté des propos de leurs suivantes. Lucile est de ce genre, mais Lucile se sent encore de la mauvaise compagnie où le théâtre avait vécu jusqu'à elle. Lucile donne un soufflet à un valet effronté. Cela n'arrivera pas à ses sœurs cadettes ; elles seront mieux élevées. Leur vertu sera moins *diablesse*, comme dit Elmire en parlant de la sienne. Il n'est pas de galant homme qui ne s'estimât heureux d'avoir pour femme Lucile elle-même, malgré le soufflet donné, et surtout Henriette, Marianne ou Angélique. Quel esprit sévère trouverait à redire à leurs chastes tendresses? Celles même qui sont un peu trompeuses ne sont point blâmables. Lorsque l'aimable Isabelle, de l'*École des Maris*, comme nous le verrons tout à l'heure, s'échappe de chez son tuteur maussade, sévère et jaloux, on n'a pas le courage de la condamner. Quand la jeune Agnès, de l'*École des Femmes*, préfère le vif et spirituel Horace au ridicule et pédant Arnolphe, commet-elle donc un si grand crime? Leurs amants n'ont-ils pas raison de les adorer? Nous les adorons bien, nous autres, ces ravissantes créatures, qui ne sont à nos yeux que des êtres imaginaires, et nous cherchons, souvent en vain, leurs pareilles dans la société!

Ou assure que le prince de Conti, charmé des talents de son ancien condisciple, voulut se l'attacher en qualité de secrétaire. Molière refusa; il comprenait dès alors la valeur de son génie ; il était fait pour commander, et non pour obéir. Il aimait mieux être le chef d'une troupe de comé-diens que l'humble serviteur d'un prince. Cependant il usa du crédit et de la bienveillance de son protecteur. Présenté par lui à Monsieur, puis au roi et à la reine, il parvint à obtenir l'autorisation de donner une représentation à Paris, en dépit des privilèges de l'Hôtel de Bourgogne. Sa troupe représenta *Nicomède* et le *Docteur amoureux*, cette pièce regrettée par Boileau. Le roi fut si satisfait des mérites de cette troupe, qu'il lui permit de s'établir sur le théâtre du Petit-Bourbon, et de jouer alternativement avec les Italiens. Elle reçut, de plus, le nom de *troupe de Monsieur* : voilà donc Molière au comble de ses vœux.

Le poëte, jusqu'ici, n'était pas sorti de l'imitation. Plante et Térence, le théâtre espagnol et le théâtre italien avaient défrayé son génie naissant. En se voyant placé sur une scène plus vaste, il sentit s'élargir la sphère de son art. Il jeta les yeux autour de lui, disposé à reconnaître la faveur du roi, en faisant la guerre aux ridicules et aux vices de son temps. Son regard satirique tomba d'abord sur un célèbre hôtel, l'Hôtel de Rambouillet, où le bel esprit avait élu domicile. Quoique madame de Sévigné elle-même y puisât le sujet de ses lettres, et que le duc de La Rochefoucauld y formulât quelques-unes de ses maximes; Benserade et mademoiselle Scudéry l'emportaient souvent sur ces âmes d'élite, la conversation, grâce sur un ton flatteur, n'était pas toujours empreinte de naturel et de précision. Voiture osait écrire à la marquise que Michel-Ange n'aurait pas désavoué les dessins qu'elle faisait en jouant. On disputait des riens avec un langage qu'on essayait de rendre le plus relevé possible; on y avait horreur de ce qui était vulgaire ; parler comme tout le monde était une preuve de manque de délicatesse; on raffinait à toute heure sur les sentiments et sur les expressions. Le malheureux nom de Catherine, que portait la marquise de Rambouillet, avait été pour quelque chose dans l'origine de ce mauvais goût. Catherine! quel nom rebelle à la poésie ! Les faiseurs d'anagrammes s'étaient empressés de le changer en celui d'*Arthenice*, que Malherbe, Bacan, Segrais, Fléchier lui-même, avaient eu la faiblesse de consacrer. Il fallait bien que le reste du discours se mît à l'unisson du nom incomparable d'*Arthenice*. De là naquit un jargon précieux, qui ne tarda pas à envahir la cour et la ville, et que Molière s'avisa de tourner en ridicule, lui, le nouveau venu, à peine encore établi. Molière eut toujours bon courage ; il ne s'en prit jamais qu'à des adversaires puissants.

Le bon sens de Molière éclate ici tout d'abord. Il s'agit de deux *pecques provinciales* récemment débarquées à Paris, qui changent de nom comme la marquise de Rambouillet, et veulent tenir chez elles une académie d'esprit. Le côté plaisant de ces galantes assemblées est merveilleusement saisi. Molière raille sans pitié ces folles, qu'il appelle un *ambigu de précieuse et de coquette*; il n'épargne en même temps ni messieurs du *Recueil des pièces choisies*, ni ses rivaux les comédiens de l'Hôtel de Bourgogne; il se pose, dès ce moment, en contrôleur général des mœurs et des usages. *Les Précieuses ridicules* furent représentées, sur le théâtre du Petit-Bourbon, le 18 novembre 1659. Cette pièce était le commencement de la bonne comédie, ainsi que le cria du parterre un vieillard, homme de sens, dont le nom eût mérité de passer à la postérité. Le dialogue est vif et franc, le comique incisif et redoublé : Molière est désormais maître de son expression.

C'est à partir des *Précieuses ridicules* que notre auteur entre dans cette brillante carrière semée de chefs-d'œuvre, où il arriva, nous ne dirons pas aux bornes de son art, parce que nous croyons l'art infini, mais aux limites que son époque permettait d'atteindre. *Les Précieuses ridicules* s'en prenaient aux ridicules de la société, et plus tard, lorsque Molière était à l'apogée de sa gloire, dans *les Femmes savantes*, il a tracé, grâce aux contrastes comiques, les véritables devoirs de la femme; il la veut simple, modeste, bienveillante, instruite, mais ayant à l'occasion l'art d'ignorer les choses qu'elle sait, ne fût-ce que pour empêcher la contradiction de faire grimacer sa charmante figure; il lui reconnaît l'empire de la faiblesse et de la grâce; il exige, en un mot, qu'elle soit telle que la nature l'a créée, faite pour les douceurs du foyer domestique, et non pas pour aller mêler sa voix aux disputes du monde, et briller dans les bureaux d'esprit; qu'elle rende la vie aimable et heureuse à ceux qui l'entourent; qu'elle élève avec soin ses enfants; qu'elle soit fidèle à son mari, si cela se peut. Voilà ce que veut Molière avec tous les honnêtes gens.

Le succès des *Précieuses ridicules* et l'audace de la critique de l'auteur à l'encontre de messieurs du *Recueil des pièces choisies*, firent naître des ennemis à Molière parmi ses confrères subalternes. Un certain Antoine Bandeau déclara contre lui; il s'avisa d'une pièce intitulée *les Véritables précieuses*, pour montrer toute la noirceur de Molière; mais ne jugeant pas, à ce qu'il paraît, sa pièce suffisante en un si grand dessein, il crut devoir l'accompagner d'une préface. Voici dans quels termes il s'explique : « Depuis que la « modestie et l'insolence sont deux contraires, on « ne les a jamais vues mieux unies, qu'a fait dans « sa préface l'anteur prétendu des *Précieuses ridi-* « *cules.* Car, si nous examinons ses paroles, il sem- « ble qu'il soit assez modeste pour craindre de faire « mettre son nom sous la presse; cependant il « cache sous cette fausse vertu tout ce que l'in- « solence a de plus effronté; et c'est sur le théâ- « tre une satire qui, quoique sous des images « grotesques, ne laisse pas de blesser tous ceux « qu'il a voulu accuser; il fait de plus le critique, « il s'érige en juge, et condamne à la berne les « singes, sans voir qu'il prononce un arrêt contre « lui en le prononçant contre eux; puisqu'il est « certain qu'il est *singe* en tout ce qu'il fait, et « que non-seulement il a copié *les Précieuses* de « M. l'abbé de Pure, jouées par les Italiens, mais « encore qu'il a imité, par une singerie dont il « est seul capable, *le Médecin volant* et plusieurs « autres pièces des mêmes Italiens, qu'il n'imite « pas seulement en ce qu'ils ont joué sur leur « théâtre, mais encore en faisant leurs postures, « contrefaisant sans cesse sur le sien et Trivelin « et Scaramouche. Mais qu'*attendre* de cet homme « qui tire toute sa gloire des *Mémoires de Gilles* « *Gorgeo,* qu'il a achetés de sa veuve, et dont il « adopte les ouvrages? »

Ce morceau n'est-il pas grotesque, y compris le style? et Molière assurément sera dans son droit lorsqu'il traitera avec un profond mépris les Ba- vins et les Mévius de son temps. Antoine Bau- deau, qui se demandait ce qu'il fallait *attendre* de cet homme, a dû être fort surpris lorsque l'au- teur des *Précieuses ridicules* s'est transfiguré en celui du *Misanthrope,* si tant est qu'il ait compris *le Misanthrope* plus que les *Précieuses.* Nous avons vu *le Médecin volant* imité par Molière; quant aux *Précieuses* de l'abbé de Pure, il n'en a rien pris; il n'y avait rien à y prendre en effet. Mais il a emprunté à un certain Chappuzeau le déguisement d'un valet en marquis, déguise- ment qui s'epère pour punir une pédante et une sotte, déguisement qui était depuis longtemps au théâtre avant Molière, et dont on s'est tant de fois servi après lui; les pièces de Marivaux sont pleines de ces sortes de travestissements. Il est presque inutile de faire observer que Molière, en attachant l'épithète de *ridicules* à ses précieuses, se conservait par-là une excuse auprès des autres, avec lesquelles il ne voulait pas se brouiller plus que de raison. Le mot de *précieuse* n'emportait

pas encore un sens défavorable; mesdames de Bouillon, de Longueville, de Rambouillet, étaient femmes à ménager un peu.

On est étonné de voir Molière, après s'être élevé à la hauteur de la bonne comédie, redes- cendre aux farces des canevas italiens. Il imita une pièce intitulée *Arlequino Cornuto per opionone. Sganarelle* ou le *Cocu imaginaire,* qu'il fit repré- senter le 28 mai 1660, n'est pas digne de succé- der aux *Précieuses ridicules.* Cette pièce semble s'être trompée de date; elle eût dû venir après la *Jalousie de Barbouillé,* qui, du reste, en a sans doute fourni la première idée. Le second titre de cette comédie offense notre délicatesse actuelle, mais le mot si largement employé par Molière était reçu de son temps dans la bonne compagnie. On pensait que la chose étant si commune, il fal- lait bien qu'elle eût un nom. Molière regardait même les gens de cette condition comme formant un corps, une classe dans la société. Dans sa pré- face du *Tartufe,* il s'exprime avec cette plaisante naïveté : « Les marquis, les précieuses, les cocus et les médecins, ont souffert doucement qu'on les ait représentés, et ils ont fait semblant de se di- vertir avec tout le monde des peintures que l'on a faites d'eux; mais les hypocrites n'ont point en- tendu raillerie, etc. » Molière, si prompt à se moquer des infortunes des époux, eut son tour, assure-t-on, et prit l'affaire fort au sérieux. On a accusé ses railleries continuelles sur ce sujet de porter atteinte à la morale publique; Jean- Jacques Rousseau en a pris l'occasion de lancer sur lui les foudres de son éloquence genevoise; mais si l'on veut réfléchir, on comprendra que le but de Molière n'était pas seulement d'exciter ce rire malicieux que manque rarement d'exciter la chute d'un voisin. Chaque homme, d'après le sens de Molière et celui de la nature, a besoin d'une femme qui joigne sa destinée à la sienne, et avec laquelle il puisse tranquillement passer sa vie; leur bonheur dépend du choix qu'ils font. Ce choix est donc regardé, à juste raison, comme une chose très-importante pour les hommes rai- sonnables. La comédie de Molière apprend à le faire, ce choix, en montrant le vice des unions mal assorties, et en fondant le repos et l'honneur des vieilles années sur la sympathie et la fidélité des jeunes. Voilà pourquoi elle favorise presque tou- jours les volontés des amants, lorsqu'ils ont la bienséance pour eux.

Si Sganarelle a peur d'un accident fâcheux pour son honneur, c'est que Sganarelle est un sot qui néglige sa femme, et qui perd en de vaines imagina- tions un temps que sa femme voudrait voir mieux employé chez lui; si Georges Dandin se voit près de tomber aussi dans l'abime des disgrâces conjugales, c'est qu'il a eu la folie, lui paysan, riche, de s'allier à la famille des Sottenville, où le ventre ne faisait pas qu'*anoblir*. Il n'a pas consulté les convenances sociales; son mariage est disproportionné; et lui-même, Molière, dut se reprocher plus d'une fois d'avoir épousé une comédienne exposée à tant de séductions. Il tomba dans le défaut qu'il reprenait chez les autres. En s'égayant des malheurs qui arrivent aux époux mal-avisés, il était dans son droit comique; il a suivi les lois de son art; il a servi le sens commun. Loin de désorganiser le mariage, il le consolide par les conditions qu'il veut qu'on apporte dans ce pacte sacré. Cela nous semble si clair, que nous ne concevons pas l'ombre d'un doute là-dessus, à moins de se placer au faux point de vue de Rousseau, ce qui prouve que la raison des hommes de génie n'est pas infaillible, et que les plus grands philosophes peuvent se laisser aveugler par le bandeau des préjugés ou des intérêts.

On a eu tort de comparer le Gorgibus de Sganarelle à celui des *Précieuses ridicules*. Le père de Cathos et de Madelon est un homme plein de sens, qui a raison de morigéner deux sottes; le père de Célie a tort de vouloir forcer l'inclination de sa fille, pour lui faire épouser un homme qu'elle ne connaît pas, par cela seul qu'il vient de tomber à ce prétendant un grand bien en partage. En vain s'écrie-t-il

     Que l'amour est souvent un fruit du mariage;

il vaut mieux que le mariage soit le fruit, et l'amour la fleur.

Gorgibus dit à sa fille :

     De quollbets d'amour votre tête est remplie,
     Et vous parlez de Dieu bien moins que de Clélie ;
     Jetez-moi dans le feu tous ces méchants écrits
     Qui gâtent tous les jours tant de jeunes esprits.

Mais il prepose de remplacer cette lecture par les *Quatrains* de Pibrac, les doctes *Tablettes* du conseiller Mathieu, et le *Guide des Pécheurs*. On dirait que pour faire une espèce de réparation à mademoiselle de Scudéry, et aux autres auteurs attaqués par lui dans les *Précieuses*, petits auteurs qui faisaient grand bruit, il a voulu montrer qu'une fille sage pouvait lire leurs ouvrages sans en perdre l'esprit, et même en intéressant à ses amours.

Le croirait-on? Molière, se voyant accuser de bas comique, en vint presque à vouloir prendre pour modèles les héros de d'Urfé et de mademoiselle de Scudéry, qu'il avait sacrifiés sur la scène : il prétendit s'élever à la comédie héroïque comme

Corneille l'avait fait dans *Don Sanche d'Aragon*. Molière avait, pour son propre compte, expérimenté la jalousie, quoiqu'il ne fût pas encore marié : il voulut peindre tous les tourments de cette sombre passion. Il composa l'héroïde de *Don Garcie de Navarre*, qui fut jouée le 4 février 1661, sur le théâtre du Palais-Royal. Don Garcie de Navarre est un amant qui ne cesse de retomber en des accès de jalousie, malgré les serments qu'il fait de se corriger de cette frénésie, et en dépit des preuves que sa maltresse lui donne de sa fidélité. Cette pièce est froide malgré les emportements de don Garcie. Elle n'eut pas de succès. Molière la retira de son répertoire; plus tard, il en transporta dans le *Misanthrope* quelques mouvements et quelques beaux vers. Il en avait bien le droit cette fois! Il y a au théâtre un axiome tout à fait contraire à la morale privée. C'est que l'on doit tuer ceux que l'on dérobe; on n'y hérite que des gens que l'on assassine. Molière, en cette circonstance, eut recours au suicide; il mit lui-même Don Garcie de Navarre au rang des morts.

         (*La suite au prochain numéro.*)
             HIPPOLYTE LUCAS.

UN ROUÉ AU XIXᵉ SIÈCLE.

VI.

Quatre jours s'étaient écoulés depuis l'installation du jeune Parisien. Depuis quatre jours, dame Roux se tourmentait la bile, courait aux provisions, faisait un feu d'enfer pour laisser bien loin au-dessous d'elle son ancienne réputation de cuisinière. Depuis quatre jours aussi, ses deux compagnes tenaient sans cesse l'œil et l'oreille aux aguets, épiant le passage du voisin, cherchant à deviner ses occupations, et, pour y parvenir, interprétant les moindres bruits. S'il toussait, s'il marchait, s'il fredonnait un air, à l'instant on regardait avec une avide impatience sa vilaine porte toujours fermée. La vie régulière, incroyablement uniforme, qu'il avait menée durant ce peu de jours, irritait, au lieu d'endormir, la curiosité des deux femmes.

Il résultait de leurs observations communes que le voisin se levait chaque jour à onze heures précises. Puis, à midi sonnant, on lui portait son chocolat; et Madeleine, qui s'était chargée avec empressement de le servir à table, le trouvait toujours à cette heure assis devant son feu, en déshabillé du matin, c'est-à-dire enveloppé d'une magnifique robe de chambre, dont les ramages gigantesques et les vives couleurs semblaient faits pour crever les yeux. Il était coiffé d'un bonnet, dont le velours noir disparaissait presque entièrement sous la quantité de galons d'or, menus, capricieux, qui s'y contournaient en tous sens. Ses pantoufles, son gilet, n'offraient pas un spectacle moins extraordinaire; aussi l'heureuse Madeleine en avait-elle long à dire pour mettre sa petite-nièce au courant de ce costume fantastique; sans compter que la pauvrette, n'ayant pas vu le joli boudoir dans son état définitif, tourmentait constamment sa tante pour qu'elle remarquât et vînt lui rapporter l'emplacement de chaque meuble, la distribution des fauteuils, les nouveaux ornements ajoutés après coup. La vieille commença d'abord par épuiser cette mine de bavardage; puis, voyant sa petite-nièce aussi curieuse qu'auparavant, pour ne pas dire plus, elle se mit en tête de la satisfaire complètement. Un jour, en apportant le chocolat, elle oublia de fermer, et Marie pensait entrevoir déjà l'incomparable robe de chambre, lorsque, sur un mot du jeune homme, Madeleine fut obligée de lui clore la porte au nez. Une autre fois, elle eut l'idée de sortir à midi; mais ce fut Catherine elle-même qui remplit son office. Maintes fois aussi, pendant le dîner, la vieille s'avisait, sous prétexte qu'elle était occupée, de dire à sa petite-nièce : — Charge-toi de porter ce plat; mais toujours Catherine le lui retirait des mains, et définitivement elle déconcerta cette ruse par une défense expresse :

— Je ne veux pas, dit-elle, que ma fille ait l'air de servir qui que ce soit.

Madeleine ne vit qu'un prétexte dans cette apparente fierté. Le but était sans doute d'empêcher toute relation entre ces deux jeunes gens, si aimables, si beaux, si bien faits l'un pour l'autre. Elle sut insinuer dans l'âme de Marie quelques soupçons à cet égard, et la défiance maternelle servit à préciser dans ce cœur ingénu des sentiments encore bien vagues. Dès que Marie se douta qu'elle aimait, son amour et sa curiosité s'accrurent; et, maintenant que la fortune, le luxe, les grandeurs n'étaient plus un rêve éloigné, mais une réalité si proche, elle se consumait en désirs et en amères inquiétudes. Cruelle déception! avoir vu passer devant soi tant de trésors, tant de bonheur, pour n'en jamais jouir! ne pouvoir même

atteindre des yeux ces merveilles si voisines! croire qu'on avait fait un si grand pas vers la richesse, et s'en voir séparé par un obstacle que franchirait le pied d'un enfant, mais que n'ose franchir la timidité d'une fille! Tristement repliée sur elle-même, la pauvre Marie dévorait d'autres chagrins encore.

— Hélas! se disait-elle, n'avais-je pas imaginé qu'il s'occupait de moi? J'en mourrai de douleur ou de honte, j'ai pu croire un moment qu'il pensait à moi comme je pense à lui; et c'est à peine s'il me regarde, à peine s'il me dit un mot chaque matin en s'en allant!

Cette étrange froideur ne surprenait pas moins Madeleine; elle avait soupçonné d'abord avec ravissement une sympathie presque évidente que rien ne confirmait plus. Toutefois, son esprit tenace, ne voulant point abandonner les hautes espérances fondées sur ce commencement d'amour, mettait sur le compte de la prudence ce que la délaissée attribuait au dédain. Peut-être était-ce raisonnable; car chaque matin, quand le jeune homme sortait après son déjeuner pour donner le temps de faire sa chambre, il trouvait toujours Catherine dans la salle commune, et l'on pouvait à la rigueur expliquer par ce contre-temps l'espèce de froide politesse dont Marie gémissait.

La promenade de M. de Blévilliers n'était ni moins ponctuelle, ni moins régulière que ses autres occupations. A une heure précise, un grand cavalier de trente à trente-cinq ans s'arrêtait devant la porte; il était monté parfaitement, et tenait un cheval de main, plus léger, plus fringant, mieux harnaché encore que le sien. L'hôte de Catherine montait ce dernier; après deux heures de course on rentrait au logis, et le même inconnu s'éloignait avec les chevaux. Ce personnage mystérieux fut suivi par Madeleine, qui ne manqua pas de faire connaître le résultat de ses recherches. Il occupait, à l'hôtel de France, l'ancien logement du jeune homme. Ce dernier l'appelait Baptiste, tout court; et comme l'autre répondait Monsieur, cette extrême déférence, jointe à d'autres indices, le faisait prendre pour un domestique. Circonstance bizarre toutefois, et propre à renverser ces conjectures, il ne portait pas de livrée!

A son retour chez lui, M. de Blévilliers parcourait quelques livres, car on l'entendait feuilleter. Il dînait à six heures, puis lisait encore et fumait. Personne n'avait pu connaître l'heure exacte de son coucher. Catherine et sa fille ne veillaient pas longtemps après le souper; Madeleine ayant une fois poussé la curiosité jusqu'à venir, passé minuit, devant la maisonnette, vit encore de la lumière aux deux fenêtres du jeune homme, et son ombre projetée sur les rideaux de mousseline.

Voilà tout ce que savaient les bonnes femmes sur le compte de leur hôte. La vieille, par ambition, la jeune, par un sentiment qu'elle avait peine à définir, s'inquiétaient beaucoup de cette vie retirée; Catherine seule la voyait avec satisfaction. Dans le principe elle avait eu peur d'un voisin si beau, si riche, si bien né; il ne fallait pas moins que ce caractère d'ours pour lui persuader que l'honneur de Marie ne courait aucun risque. Mais il nous est permis, à nous, de rendre plus transparent que le verre ce mur impénétrable contre lequel échouait la curiosité féminine.

M. de Blévilliers venait de s'éveiller à onze heures précises, grâce au petit instrument pendu à son chevet, qu'il serait dérisoire, en cette circonstance, d'appeler un réveil-matin. A peine eut-il ouvert les yeux et rassemblé quelques idées, qu'il s'écria gaiement :

— Diable de samedi! j'ai cru que tu n'arriverais pas!... Oh! les mortelles journées que les journées d'attente! Être si près d'elle sans la voir, lorsque je le pourrais à toute heure, lorsque je viens pour elle, lorsque le temps doit lui paraître encore plus long qu'à moi! Plus long, c'est impossible! Son cœur innocent et naïf peut se passionner, mais il ne peut connaître cette impatience de l'amour qui me dévore, moi!

Ces pensées répandirent sur le visage du jeune homme une vive animation, mais ce ne fut qu'un éclair. Ses doigts brusquement contractés, qui s'enfonçaient avec une sorte de frénésie dans l'étoffe moelleuse de la courte-pointe, se relâchèrent insensiblement. Sa passion ressemblait-elle à ces volcans sous-marins, si profondément enfouis dans les ondes, que leurs révolutions les plus terribles produisent à peine quelques rides à la surface de l'abîme? Il était permis de le croire, car Achille de Blévilliers ne passait pas, en général, pour un dandy vulgaire. Sous l'apparence habituelle d'une inaltérable douceur, ses traits ne manquaient pas d'énergie, d'expression moins encore. C'était l'image d'une virilité calme et confiante dans sa force; joignez-y un air de candeur, d'ingénuité, d'enfance, qu'il savait prendre à volonté. Aucun homme ne semblait capable de produire tour à tour des impressions plus opposées; et, quelque paresseuse que semblât sa nature au premier abord, on ne l'étudiait pas sans admirer en elle une véhémence, une activité pro-

digieuse, sans se demander comment ni la fatigue des plaisirs, ni la nonchalance italienne, ni le vide profond d'une vie fashionable, n'avaient éteint déjà ses grandes facultés.

Une pensée soudaine traversa son esprit :

— Pensons à la marquise, se dit-il, et ne nous mettons pas en retard pour avoir eu trop de temps.

Il se leva, fit sa toilette avec rapidité, ouvrit son secrétaire, et traça cette lettre en moins d'une demi-heure, c'est-à-dire aussi rapidement qu'un surnuméraire l'eût copiée. A peine deux ou trois fois s'arrêta-t-il pour prendre haleine, et grommeler entre ses dents :

— La sotte lettre, mon Dieu!... Les femmes du grand monde sont merveilleusement habiles à deviner nos sentiments! Qu'on leur écrive : Je vous aime! sur une feuille de papier, qu'on la leur fasse lire, elles sauront si l'on prend la chose au sérieux ou si l'on veut se moquer d'elles. Qualité mystérieuse, il ne s'agit pas de te comprendre, mais de t'utiliser!... Deux pages! c'est trop court et presque malhonnête. Allons, encore un peu. D'ailleurs, belle marquise, vous me paierez l'ennui que vous me causez là.

« ACHILLE DE BLÉVILLIERS A MADAME LA MARQUISE DE GOURNAY.

« Madame la marquise, vous m'écrivez une lettre si cruelle que je trouve à peine le courage de me justifier. Depuis trois jours j'ai sous les yeux ces lignes froides et moqueuses, sans faire autre chose que les lire et les relire encore, y trouvant chaque fois un nouveau sujet de chagrin. Il faut cependant vous répondre; un trop long silence augmenterait votre indisposition à mon égard. Comment vais-je me résoudre à avoir raison contre vous ?

« Non, je ne puis l'avoir; le respect et l'amour doivent enchaîner mon jugement; je suis coupable, puisque vous l'avez cru. Il est vrai que j'ai quitté Paris avec une telle précipitation que mes amis les plus chers, et plusieurs même de mes gens n'en ont eu connaissance qu'après l'événement; il est vrai que je n'ai pas pris le temps de passer chez mon banquier, que je n'ai fait ni malle, ni paquets, ni préparatifs. Mais ce qui m'excuse pour tous les autres, peut-il m'excuser près de vous? Qu'y a-t-il de commun dans mon cœur entre le monde et vous? Celui qui néglige de vous voir est mille fois trop fou pour être pardonnable; celui qui brûle de vous voir et qui ne peut le faire, mérite seulement d'être plaint; accordez-moi ce sentiment.

« Votre loge est restée vide! Quel bonheur, cependant, si je ne consultais que ma jalousie! Mais je dois consulter aussi les intérêts de votre gloire. Chacun de vos triomphes ne fait-il point partie de mon bonheur? Soyez sévère, Léonie, car je suis bien coupable. Vous avez commencé votre vengeance par cette cruelle lettre de dix lignes: eh bien! faites encore attendre votre pardon cinq ou six jours au plus, vous serez bien vengée.

« Considérez, d'une autre part, que je n'ai pas même, dans mon malheur, la consolation de vous voir belle de mauvaise humeur et de bouderie; que je suis relégué au fond d'un petit désert chez de bons paysans d'une écorce plus raboteuse que celle de leurs arbres, et dont l'air prévenant n'est pas aussi doux, tant s'en faut, que la moue d'une jolie femme. Graciez donc de toute autre peine celui qui souffre déjà celle de votre absence, et soyez assez charitable pour m'envoyer un des sourires qui pareront vos lèvres jeudi soir, car je suis informé que vous avez repris vos soirées. Était-ce afin de m'affliger, que vous avez choisi, pour les ouvrir, le lendemain de mon départ? J'ai su que vous y fûtes plus aimable et plus adorée que jamais. Ah! vous vouliez, je crois, me faire mourir de dépit! Imaginez ce que je souffre, dans une petite chambre de village, à rêver les plaisirs que vous faites régner près de vous, les grâces qui vous entourent, l'enivrement que sème partout votre apparition. Et pourtant, Léonie, je vous ai vue plus belle que cette foule ne vous voit; je sais ce qu'elle soupçonne à peine; c'est pour moi que vous êtes réellement au-dessus de toutes les femmes, pour moi qui n'ai plus de charmes, d'amours ni de transports à deviner, qui n'ai rien à imaginer au-dessus de la réalité. Hélas! en vous parlant, j'oublie que vous me gardez rancune, et vos yeux irrités se détournent peut-être du morceau de papier que j'embrasse ardemment, parce qu'il doit toucher votre main.

« La campagne est déjà d'une tristesse révoltante. Les feuilles sont tombées; il semble que tout meure; il semble que la nature souffre et s'ennuie autant que moi. Patience! elle aura le printemps dans cinq mois, j'aurai votre présence auparavant.

« Vous demandez la cause de mon départ soudain; et, la précipitation que j'y ai mise, les regrets que vous me causez, la désespérante solitude dans laquelle je languis, tout vous porte à considérer, j'en suis sûr, cette cause inconnue comme une nécessité violente, irrésistible. Ainsi, dans votre cœur vous m'absolvez déjà, n'est-ce pas, du crime d'abandonner la capitale à son plus beau moment, lorsque renaissent les soirées, lorsque se resserrent mille liens dont un seul, celui qui m'enchaîne à vous, ne me permet seulement pas d'apercevoir les autres? Puisque j'ai conquis mon pardon, permettez, belle dame, que j'abuse de ma position: vous êtes curieuse, et ce défaut n'est pas le moindre de vos charmes. Je compte lui devoir une journée de bonheur; car sachez que je ne confierai pas mon secret au papier, il faut que vous veniez me l'arracher vous-même. Est-ce donc un bien grand sacrifice que d'attendre quelques jours? Il faut absolument que vous veniez donner les derniers ordres dans votre campagne de Pierrefitte: n'oubliez pas alors le pauvre village d'Écouen; vous êtes sur sa route, et vous n'avez qu'une lieue à faire pour rendre quelqu'un bien heureux.

« Vous me permettez, n'est-ce pas, de vous désobéir ainsi; c'est une petite représaille que j'exerce, pour préparer la grande; car il faudra bien, Léonie, que vous veniez pieds et poings liés recevoir mille baisers.

« J'ai l'honneur d'être, ma belle marquise, en attendant cet heureux jour,

« Votre très-humble adorateur,

« ACHILLE DE BLÉVILLIERS. »

Pendant que le jeune homme écrivait cette lettre, Madeleine était entrée pour lui servir son déjeuner; il la remercia sans détourner la tête, et, grâce à cette circonstance, la vieille put examiner à loisir un livre, un portefeuille, quelques menus objets oubliés sur la table. L'épître fut pliée, cachetée et scellée mille fois plus soigneusement qu'elle n'avait été écrite. Puis M. de Blévilliers déjeuna; puis vint une heure, la porte fut ouverte, et Baptiste parut:

— Me voici, Monsieur.

— Avant de partir, un mot.

— Vous pouvez dire, Monsieur; les chevaux sont attachés.

— Qu'est-ce que je vois? Vous portez votre gilet de livrée!

— Je boutonne mon habit, on ne voit pas les galons.

— N'importe! il suffit d'une négligence. Je veux absolument que vous vous mettiez en bourgeois.

— Je le ferai, Monsieur.

— Il faudra que demain vous alliez à Paris remettre cette lettre chez la marquise de Gournay.

Vous le ferez vous-même. Connaissez-vous un peu les gens de cette dame?

— Je connais son chasseur et sa femme de chambre, une nommée Marianne.

— En causant avec eux, il vous sera facile d'amener la conversation sur mon départ subit. Cette Marianne doit savoir que j'ai quitté Paris.

— C'est bien probable, du moins.

— Vous lui ferez entendre, comme si c'était de votre part une indiscrétion, qu'une amourette me retient dans ce petit endroit, que j'aime une paysanne, enfin, qui vous voudrez.

— Oui, Monsieur, je comprends.

— De retour au village, vous m'avertirez si quelque domestique de la marquise y faisait seulement une apparition... Vous m'entendez?

— Très-bien.

— Tenez, voilà deux louis pour faire votre voyage à Paris.

— Oh! Monsieur!... je vous remercie.

— Les chevaux sont-ils prêts? Partons!

En traversant la salle commune, M. de Blévilliers échangea trois saluts avec les paysannes, toutes trois ensevelies dans un profond silence et comme rendues muettes par un événement extraordinaire. Les chevaux s'éloignèrent.

— Il n'est pas sorti de suite, selon son habitude.

— Il a causé longtemps avec ce monsieur!

— C'est bien singulier tout ce changement-là.

— Mais il y en a bien d'autres! Ce matin, quand je suis entrée, au lieu d'être assis devant son feu, de jouer avec la chaîne de sa montre, ou de faire rouler son lorgnon sur la table; il écrivait.

— Il écrivait!...

— Je l'ai vu, ma foi, devant son secrétaire, tenant une plume et du papier.

— Oh! oh! il se dérange! murmura la jeune fille en laissant deviner un sourire assez triste.

— Qu'il se conduise, dit Catherine, comme bon lui semblera, je ne m'en inquiète guère.

— Ni moi non plus, ma nièce; mais j'aurais préféré, comme voisine, qu'il fût plus communicatif.

— Oui, c'est cela, qu'il vînt t'écouter!

— Je ne parle pas de moi, répondit Madeleine piquée; mais certainement Marie n'est pas hors d'état de causer avec des hommes comme il faut.

— Que le ciel l'en préserve! Tes hommes comme il faut ne savent que faire tourner la tête aux pauvres filles comme elle, pour les abandonner ensuite.

— Bah! bah! ce qui est arrivé une fois n'ar-

rive pas toujours, et je suis sûre que ce monsieur-ci n'abandonnerait pas ta fille, s'il devenait amoureux d'elle, comme c'est bien possible.

— Veux-tu te taire, Madeleine!

— Allons, soit! Qui vivra verra!

Vers trois heures environ, M. de Blévilliers parut; mais, au lieu de rentrer aussitôt dans sa chambre, il s'arrêta devant Catherine, en inclinant la tête tour à tour vers Madeleine et Marie.

— Mesdames et Mademoiselle, dit-il, c'est demain dimanche : on ne travaille pas; on a coutume, je crois, de se réunir entre voisins; vous me feriez plaisir en voulant bien dîner chez moi.

— Vous êtes bien honnête, Monsieur, s'écria d'abord Madeleine, qui n'avait pu contenir une sorte d'explosion de joie.

— Monsieur, je vous remercie, dit Catherine à son tour, qui reculait devant l'inconvenance d'un refus positif; mais nous devons nous-mêmes recevoir deux visites, M. le curé d'abord, et le fermier Guillou.

— Vous les recevrez chez moi.

— Bien volontiers, Monsieur; c'est beaucoup d'honneur que vous nous faites.

— Ne parlons pas d'honneur, mais de plaisir, je vous prie. Si vous en trouvez quelque peu dans notre petite soirée, j'espère que ça deviendra pour nous un usage de tous les dimanches.

— Tous les dimanches! murmura Marie.

— Cette perspective vous effraie? Ne craignez rien, Mademoiselle, vous ne vous ennuierez pas; je vous montrerai des peintures, des modes, et mille futilités parisiennes.

Il accompagnait ce discours d'une attention toujours croissante et si passionnée, que Marie rougissait, se troublait de plus en plus, sans trouver la force de répondre. Catherine, qu'on avait surprise dans ses travaux de cuisinière, était retournée déjà vers le fond de la chambre, et Madeleine y vint comme pour l'aider, mais en réalité pour l'embarrasser davantage; elle s'était si bien placée entre la mère et les jeunes gens, que M. de Blévilliers osa prendre la main de Marie.

— Eh bien! Mademoiselle, vous me traitez en ennemi? vous rejetez mon invitation?

Il lui fut impossible de répondre. Elle pâlit, et ses genoux fléchirent.

— Qu'avez-vous? mon Dieu! murmura tout bas le jeune homme; et, pour la soutenir, il lui passa le bras sous la taille, et sentit battre son cœur.

— Oh! rien, rien! répondit-elle plus bas encore, avec la précipitation d'une personne effrayée.

LA CATHÉDRALE DE TARRAGONE.

En se remettant de ce trouble et relevant la tête, elle sentit ses cheveux et sa joue frôler ceux du jeune homme ; tous les deux tressaillirent. Mais craignant de prolonger cette dangereuse scène, Achille s'éloigna d'elle tout à coup, en lui laissant pour adieux un regard qu'elle n'oublia pas.

VII.

Figurez-vous la jolie chambre de M. de Blévilliers dans toute sa fraîcheur, lustrée, étincelante, prodigieuse de détails. A parler franchement, un habile connaisseur se fût bien gardé d'approuver cette exagération de luxe et cet entassement de petites merveilles ; il eût trouvé peut-être plus d'ostentation que de richesse dans la multiplicité des contrastes, plus d'éclat que de vraie beauté dans tout l'ameublement. Il eût condamné les dorures prodiguées sur un fond presque entièrement bleu ; il eût condamné l'acajou par la même raison, et plus violemment encore le marbre blanc de la cheminée ; mais l'absence d'harmonie, la crudité des tons, et la force relative des couleurs qui ne s'assortissent pas, ces défauts si choquants pour un juge exercé, captivent au contraire l'admiration du provincial ; on ne le séduit, on ne le fascine qu'en lui faisant mal aux yeux. Au reste, sous le rapport de cette splendeur désavouée par le goût, la chambre en question ne laissait rien à désirer ; elle ressemblait à ce que les artistes nomment plaisamment *une gloire* ; et, quiconque eût connu l'intérieur réellement aristocratique que M. de Blévilliers s'était fait à Paris, se fût demandé, dans sa surprise, s'il avait composé celui-ci pour gagner une gageure, ou pour mener à fin quelque projet mystérieux.

Un guéridon très-élégant, placé devant la cheminée, portait deux bougies roses dans deux chandeliers d'argent, un joli cabaret de cristal, et quelques pièces d'un magnifique service en porcelaine, c'est-à-dire quatre tasses, le pot au lait et le sucrier. La pendule, éclairée de droite et de gauche par quatre bougeoirs à bougies roses, marquait près de sept heures. Quatre personnes assises autour de la table prenaient leur café en causant, et l'abondance de lumière répandue sur cette petite société permettait d'étudier dans ses moindres détails l'ajustement de chacun. Une moitié des convives ne pouvait que gagner à ce minutieux examen. M. de Blévilliers d'abord, que sa richesse, son esprit et son habitude du grand monde mettaient bien au-dessus des dangers de l'analyse ; puis, sa jeune voisine... Elle

était inondée de bonheur, et le trop-plein de son âme semblait se déverser sur sa physionomie enchanteresse. Sa robe un peu décolletée, et qui paraissait faite pour les jours de cérémonie, était tout à fait blanche ; ses bas étaient blancs, blanche sa peau, et doux son sourire comme celui d'un ange. Quant aux deux autres figures, elles rentraient fortement dans notre pauvre humanité ; vous auriez dit qu'un peintre avait composé ce tableau dans le seul but de réaliser une opposition piquante, et de marier ainsi aux imperfections de la nature les divins caprices de son art. Une femme assez forte, de quarante-cinq ans passés, portant une robe rouge à raies noires, et sur sa tête un bonnet blanc aplati au milieu du front, attachait constamment ses regards sur la jeune fille que nous avons décrite ; et le dernier personnage se rendait presque aussi ridicule par l'excessive satisfaction empreinte dans toutes les rides de son visage, que par son costume suranné : sa vieille jupe, ses vieilles manchettes et son vieux bonnet brodé, enfin sa robe à grandes fleurs, dont la taille lui coupait le milieu du dos.

Vous avez reconnu ces trois femmes, et dans l'ajustement de l'aimable Marie quelques-uns des présents apportés par sa sœur de lait la semaine précédente. Ce n'était pas sans peine, sans querelles et sans pleurs que notre jeune villageoise avait obtenu de porter cette brillante parure. La mère ne voulait point qu'on s'occupât de toilette. En vain lui montrait-on une déchirure faite exprès à la robe des dimanches. Qu'avait-il besoin, observait-elle d'ailleurs, de plaire à l'étranger ? La politesse n'obligeait pas à tant de coquetterie. Enfin, ne s'engageait-on pas irrévocablement à recevoir le mari de monsieur de Kerlande, lorsqu'on acceptait ainsi sa corbeille de noce ? Madeleine par son éloquence, Marie par son chagrin, triomphèrent de ces arguments ; c'est qu'au fond de son cœur Catherine avait bien envie de voir sa fille parée ; elle était mère, et se souvenait d'avoir été jolie. Mais elle n'eut pas plutôt cédé qu'elle se repentit de sa faiblesse, et ses inquiétudes se réveillèrent en voyant ce qu'était devenue la petite paysanne. Il lui paraissait impossible que M. de Blévilliers vît sans émotion tant de charmes. Aussi prit-elle ses mesures pour que les jeunes gens ne se plaçassent point au dîner l'un à côté de l'autre. Ils se trouvèrent donc face à face. Était-ce plus prudent ? Combien d'amants préféreraient cette position-là, surtout s'ils n'avaient pas encore atteint la période des petites confidences renfermées dans un mot, dans un simple soupir, dans la rencontre fugitive du bras ou de

16

la main! Face à face! on se voit, bientôt on se
regarde, et bientôt on s'admire; les yeux s'attirent
et se retiennent, et ne peuvent plus se détacher,
jusqu'à ce qu'ils soient noyés de dangereuses
larmes. Face à face! c'est ainsi que Marie devait
être vue : toute rayonnante de lumière, et muette,
mais parlant par son beau regard, elle ne con-
servait rien de mortel; dans la symétrie pure et
délicate de ses traits, l'innocence céleste reposait
endormie : quelle innocence! mais aussi quelles
promesses pour l'amour !

La vieille Madeleine, tout en faisant honneur
à l'excellent dîner, s'aperçut que ses deux voisins
ne mangeaient presque pas: se fiant, comme tou-
jours, à la sagesse du proverbe, elle pensa que les
affaires de sa petite-nièce, et partant les siennes,
prenaient une bonne tournure; son appétit en
redoubla. Lorsqu'on se mit au guéridon pour
prendre le café, c'est-à-dire un moment après
que Catherine eut desservi la table, l'ordre des
places fut changé; le moment devenait favorable,
car assez de trouble s'était élevé dans les deux
jeunes cœurs pendant cette longue contemplation,
pour qu'il leur fût aisé de se comprendre à demi-
mot. Madeleine caressa joyeusement les bou-
teilles de liqueur, quoiqu'elle fût retenue par
une sorte de respect humain. Marie ne voulut
goûter qu'une petite cuillerée de celle qu'on lui
désignait comme la plus douce, et généralement
adoptée par les dames parisiennes. M. de Blévil-
liers s'empressait de la servir, il lui versait le
café; tous ces petits soins ne pouvaient exister
sans qu'on se rapprochât de plus en plus. A l'agi-
tation du cœur se mêlait, chez Marie, l'agi-
tation nerveuse que ce vin un peu chaud qu'elle
avait bu pendant le repas, et surtout au café dont
elle goûtait alors pour la première fois : ce fut
dans ce moment que le jeune homme redoubla
d'attention.

—Mademoiselle, vous allez vous plaindre d'être
traitée comme un enfant, mais il faut vous dis-
traire jusqu'à l'arrivée des visites... Jetez un coup
d'œil sur ces albums.

A ces mots, M. de Blévilliers ouvrit la devan-
ture de sa bibliothèque, et montra du doigt quel-
ques livres oblongs, couchés horizontalement, et
dont les couvertures étaient gaufrées le plus ri-
chement du monde. Néanmoins, au lieu de s'a-
dresser à ces magnifiques volumes, la naïve enfant
fut piquée de curiosité pour une rangée de livres
rouges, reliés à la manière anglaise, c'est-à-dire
cartonnés et moirés. Elle posa son doigt sur l'un
d'eux, et regarda le jeune homme, comme pour
lui demander la permission de toucher. Celui-ci

lit un signe de tête accompagné d'un petit sou-
rire, dont elle ne comprit pas d'abord l'expression
malicieuse. Mais à peine eut-elle ouvert le volume,
que ses yeux agrandis et sa bouche entr'ouverte
exprimèrent une stupéfaction profonde.

— C'est de l'anglais, Mademoiselle.
— C'est de l'anglais! Comment! ils ont donc
la même écriture que nous?
— Les mêmes lettres, oui, Mademoiselle.
— Et ils impriment leurs livres comme nous?
— Assurément.
— Qu'est-ce qu'il y a dans cet ouvrage ?
—Un roman, appelé l'*Histoire de Clarisse Har-
lowe*.
— Je le connais, s'écria Madeleine, heureuse
de placer son mot.
— Tu sais donc lire l'anglais?
— Pas du tout.
— Madame votre tante l'aura lu dans une tra-
duction française.
—Ah! je comprends. Eh bien! qu'est-ce que
dit cette histoire?
— C'est celle, répliqua Madeleine, de deux
jeunes gens qui s'aimaient, que leurs parents
voulurent séparer, et qui périrent misérable-
ment.

M. de Blévilliers trouva cette analyse si plai-
sante qu'il se garda d'y rien changer. Marie n'était
pas satisfaite.

— Pourquoi donc leurs parents les ont-ils voulu
séparer ?
— Parce que leurs fortunes et leurs positions
dans le monde semblaient trop inégales... *Comme
si l'amour ne comblait pas toutes ces distances dues
au hasard !*

Achille prononça ces dernières paroles assez
bas pour qu'elles ne fussent point entendues de
Catherine. Celle-ci regardait alors très-attenti-
vement le volume rouge que sa fille avait déposé
sur la table dès les premiers mots de la conversa-
tion.

On feuilleta les albums; l'officieuse Madeleine
s'empressa d'en apporter un et de le faire par-
courir à l'inquiète Catherine, qui, sans pouvoir
suivre des yeux la conduite du jeune homme,
l'entrevoyait, chaque fois qu'elle levait la tête,
penché avec sa fille sur un vaste cahier de figures,
résolvant les questions que lui posait l'ignorante,
et cherchant les regards de sa compagne agitée
ou rieuse. Il étendait son bras par-derrière,
comme pour se soutenir, entre le dos du fauteuil
et la taille ravissante de celle qui l'occupait : en
sorte que Marie, se relevant chaque fois qu'elle
avait terminé l'examen d'un dessin, le ren-

contrait d'abord et s'appuyait sur lui sans le savoir; ou plutôt elle le savait bien, mais elle trouvait trop de bonheur à sentir frissonner ce soutien amoureux dès qu'elle l'effleurait. Ces moments se prolongeaient par l'adroite lenteur du jeune homme à détacher les pages, ou par l'énorme prolixité de ses explications; et alors, tournés l'un vers l'autre, ils goûtaient toute l'ivresse et presque toute la liberté d'un tête-à-tête; car le langage des yeux a cela de divin qu'un tiers ne peut en intercepter les hardiesses. Ces conversations intimes, pleines d'enfantillage et d'innocence, de finesse et d'espièglerie, légères et vaporeuses comme un songe doré du matin, ces conversations mouraient et renaissaient à chacune des estampes. Or, l'album renfermait beaucoup de vues de Paris, des gravures du *Journal des Modes*, des lithographies de carnaval, des caricatures, des masques; Charlet près de Gavarni, Devéria près de Johannot. Partout de l'esprit, de la finesse, des grâces et du goût.

C'était un vaste champ pour passer en revue ce que la société parisienne offre de plus brillant, ce qu'elle renferme de plaisirs et de séductions; et celui qui peignait ces rapides esquisses y versait une chaleur, une animation remarquables. Cette vie, c'était la sienne! Ce monde, cet éclat, ces vanités, voilà l'atmosphère dans laquelle il s'agitait depuis l'enfance! Il connaissait à fond cette boue de la grande ville; il savait en tirer à pleines mains l'or et les diamants. La villageoise saisissait, accouplait et mélangeait tout. Son imagination suivait aux loges de l'Opéra, et sous l'ombrage épais des Tuileries, les beaux messieurs, les belles dames extraits d'un numéro des modes, et croyait les voir tourmenter avec coquetterie leurs *boas*, leurs *binocles*, leurs *ombrelles*; mots inconnus jusqu'à ce jour, et qui lui paraissaient charmants.

Ce couple si joyeux fut dérangé mal à propos. On frappait à la porte d'entrée; Madeleine courut ouvrir, et reparut dans la chambre suivie d'un grand garçon de vingt à vingt-cinq ans, porteur d'une physionomie commune et de deux grands yeux effarés, qui prirent à l'aspect du beau salon un caractère d'idiotisme de plus en plus grotesque. Et cependant Guillou ne passait pas pour une bête; mais, comme tous les gens de la campagne, défiant, ombrageux et jaloux, il fut fort interdit de rencontrer un beau jeune homme, dont le fauteuil touchait celui de sa fiancée, sans compter que leurs têtes, leurs genoux et leurs coudes avaient probablement dû se toucher quelques minutes auparavant. Cette remarque, jointe à la comparaison très-peu flatteuse qu'il prit le temps de faire entre ses cheveux plats, sa veste grise, son pantalon rayé, ses souliers à boucles, et la coiffure gracieuse, l'habit brun, le drap fin, les bottes brillantes du jeune homme, abstraction faite, du reste, des figures, des manières, et probablement des fortunes; tout cela coupant la parole au malencontreux paysan, il demeura droit comme un pieu devant la porte encore ouverte, et par ce désappointement fit deviner ses prétentions au Parisien. C'était attirer sur sa tête une grêle de quolibets; car comment supposer qu'un ennemi si supérieur résisterait à la tentation de constater sa supériorité, qu'il ne chercherait pas à détruire un rival par la plus infaillible de toutes les armes, celle du ridicule? Et néanmoins Guillou, voyant bien le guêpier, n'osait pas en sortir; il se tenait coi devant la porte, sans broncher ni souffler un mot. Puis, s'apercevant tout à coup qu'il devenait comique, et ne voulant pas adresser la première parole à ce redoutable étranger, il aborda brutalement une des quatre ou cinq circonstances qui le choquaient le plus. — Mademoiselle, dit-il à sa future, comme vous êtes belle *aujourd'hui!*

Les trois paysannes rougirent de cette lourde impolitesse : elles s'étaient figuré que le pauvre garçon préparait dans sa tête un compliment aimable au maître du logis; tout au contraire, il débutait par une double sottise : elles en avaient honte. M. de Blévilliers s'inclina vers le rustre avec un air de politesse si affable, qu'on devait plutôt le prendre pour une dérision. — Monsieur, pourrais-je savoir à qui j'ai l'honneur de parler?

— A Guillou.

— Monsieur Guillou, qui me fait cet honneur, voudra-t-il y joindre celui de prendre un siège?

Guillou tira donc un fauteuil, et le poussa tout contre Marie, du côté opposé à celui qu'occupait son rival, il s'assit; et la jeune fille, entre les deux amoureux, semblait serrée dans un étau. Madeleine poussa la première un éclat de rire qui, gagnant tout le monde, rendit encore plus maussade l'humeur du pauvre diable. M. de Blévilliers lui dit en parodiant son entrée : — Monsieur, comme vous êtes aimable *aujourd'hui!* Les rires redoublèrent. Guillou se levait pour prendre la fuite, lorsqu'un coup frappé fortement à la porte du dehors annonça la visite de M. le curé.

Le curé fit son compliment à M. de Blévilliers, qui lui rendit en revanche l'accueil le plus flatteur; puis il causa quelques moments, saluant Madeleine avec assez de froideur, mais frappant sur la joue de Marie comme un bon père de famille l'aurait fait. Ce brave homme avait soixante ans, des cheveux gris, et l'oreille un peu dure. A cela près, disait-on, la perle des curés : désintéressé, tolérant, charitable et discret.

Voyant un peu de gène dans la petite société, le digne pasteur ne chercha point à en deviner la cause, mais à ramener l'aisance, l'abandon et la bonne humeur.

— Eh bien, dit-il, qu'est-ce que c'est? nous restons là les bras croisés? il faut jouer, mes enfants! la jeunesse doit rire. Allons, une partie de main-chaude! que je vous voie un peu gais!

— Une partie de main-chaude! s'écria le jeune Parisien, à qui seul pouvait répugner la proposition ; volontiers, je le suis!

Et, se cachant la tête sur les coussins du sofa, il étendit la main.

Tout le monde était debout. Après quelques instants Madeleine fut prise, et reconnut à son tour la petite main de Marie, qui vint se mettre en sa place. La jeune fille reçut d'abord une légère tape, si moelleuse, si douce, que véritablement c'était une caresse. Elle se releva toute rouge ; et, connaissant la coupable, mais n'osant pas faire voir qu'elle avait pu le deviner, elle nomma Guillou. On rit, et elle alla reprendre la même position ; mais le présomptueux rustaud fut malheureusement convaincu qu'on l'avait appelé pour l'engager au jeu, que c'était une préférence, une coquetterie d'amoureuse; aussi ne manqua-t-il pas, dès qu'il vit sa belle en posture, de lui faire tomber sur la main, et de toutes ses forces, une claque épouvantable, aussi retentissante que la détonation d'un pétard. La patiente ne put retenir une exclamation de douleur, couverte par le gros rire de son amoureux, et fit voir en se retournant une moue qui l'étonna fort.

— Dès qu'on m'a fait du mal, dit-elle avec intention et comme pour rapprocher les manières de ses deux amants, je suis sûre, à n'en pas douter, que c'est M. Guillou.

Le paysan mortifié, non pas d'être reconnu, mais de voir tomber sans succès une si bonne farce, vint s'appuyer sur le sofa, et présenta sa main. M. de Blévilliers venait de ramasser, au coin de la cheminée, une petite bûche extrèmement raboteuse, et, s'élançant vers le maraud, il lui en asséna un coup si violent, que le morceau de bois se brisa dans ses doigts. Comme vous pensez bien, Guillou se releva non moins hébété de la bûche, que des éclats de rire toujours croissants avec lesquels on accueillait sa nouvelle infortune; Marie surtout riait jusqu'aux larmes en se voyant si bien vengée, et le paysan confus attribuait ce mauvais tour à son rival, lorsque le curé prit la parole comme s'il était l'auteur de la plaisanterie :

— Cela t'apprendra, mon garçon, à ne point frapper une demoiselle ainsi que tu viens de le faire. Regarde si sa main n'est pas plus rouge que la tienne.

Le jeu continua jusqu'à dix heures précises, alors se firent les adieux; et le curé invita toutes les personnes présentes à venir dîner au presbytère le dimanche suivant.

Combien le séjour de la campagne, la vie laborieuse et un mariage rustique semblèrent méprisables à Marie depuis cette réunion demi-parisienne, où elle avait comparé de près les deux avenirs si différents qui semblaient s'ouvrir devant elle! Les palais, l'amour, d'un côté; le chaume, l'ennui, de l'autre; ici, joies effrénées, passions délirantes; là, monotonie perpétuelle, esclavage et dégoût. Puis naturellement elle identifiait Paris avec le beau Parisien, et n'imaginait pas qu'il y eût moins de distance de la capitale des plaisirs à son triste village, que de l'élégant gentilhomme au malheureux Guillou. Son choix s'affermissait d'une manière irrévocable, et elle n'aspirait plus qu'à le manifester, tant était vaincue sa pudeur par l'effroi d'être abandonnée à un sort misérable! En effet, voyant M. de Blévilliers reprendre exactement son ancien train de vie, sa froide politesse, son air indifférent, la villageoise retomba plus douloureusement encore dans ses premières inquiétudes, et bientôt elle s'en créa d'autres. Elle s'imagina qu'elle avait rebuté son amant par une excessive froideur, elle se fit un reproche amer de ce qu'elle appelait sa funeste réserve; et telle était son innocence, qu'elle se promit de faire éclater, à la prochaine occasion, plus de réciprocité. Le courage seul lui manquait pour aller un beau jour arrêter le voisin au passage, et lui dire tout bas : *Mais je vous aime aussi!* Pauvre fille! comme si quelque chose eût manqué à l'expression de son amour, à l'éloquence involontaire de ses yeux, de ses soupirs et de son trouble; comme si dès le premier jour on n'eût pas lu dans le fond de son cœur!

Pourquoi M. de Blévilliers reculait-il ainsi? Pourquoi replongeait-il cette tendre enfant dans les angoisses du doute? Que signifiait ce jeu cruel? Était-ce pour tromper la mère? Était-ce pour allumer une passion plus dévorante? Ces résultats furent atteints, qu'il les eût ou non préparés.

L'approche du nouveau dimanche soulagea le cœur de Marie; toute amertume en fut chassée, il n'y resta plus que ces paroles gravées par une main chère, paroles pleines d'espérances et riches d'avenir : *Comme si l'amour ne comblait pas toutes ces distances dues au hasard!*

Jules A. Davin.

LE COMTE RICHARD SANS PEUR (1).

Dans l'abbaye de Saint-Ouen était jadis un sacristain ; il était connu pour un pieux moine, et on lui rendait bon témoignage ; mais plus une âme a de valeur, plus le diable en a envie.

Un jour, le moine dont je parle sortit, à cause de sa charge dans le monastère. Il voit une dame, il l'aime ; il ne peut résister, il meurt si elle ne lui montre faveur ; il risquera tout pour l'obtenir. Il fit si bien par paroles et promesses, que la dame lui assigna un lieu et une heure où il pourrait la rencontrer.

Dès que la nuit fut sombre, et que tout dormit paisiblement dans le cloître, le frère se mit en route ; il se donna peu de peine afin de trouver un compagnon de voyage. Pour aller au logis de la dame, il n'y avait de chemin qu'un étroit petit pout ; quand le moine voulut le passer précipitamment, je ne sais comment cela arriva, s'il se heurta, s'il se donna une entorse, s'il fit un faux pas, mais il tomba dans l'eau et se noya, sans aucun espoir de salut.

Un diable s'empara de l'âme aussitôt qu'elle sortit du corps, et voulut la mener en enfer ; mais un ange l'arrêta. Ils se disputèrent pour cette âme et firent échange d'arguments. Le diable disait : « Il te sied mal d'envahir mon droit ; tu sais que l'âme que j'ai trouvée en mauvaise action m'appartient ; or, j'ai trouvé le moine en mauvaise action, comme l'indique assez son chemin ; et le Seigneur a dit : Je te jugerai où je te trouverai ! » Mais l'ange répondit : « Point du tout : le frère vécut sans péché aussi longtemps qu'il fut dans l'abbaye, et l'Écriture a clairement annoncé que la récompense du bon était préparée. Notre moine doit donc avoir la récompense du bien qu'il a fait sur la terre. La faute pour laquelle tu veux le juger n'était pas accomplie ; il est sorti de l'abbaye, à la vérité, et il a mis le pied sur la planche ; mais il pouvait encore revenir sur ses pas, s'il n'était pas tombé du pont. Il ne doit pas

subir la peine du mal qu'il n'a pas fait, et pour une volonté mauvaise. Mais afin qu'aucun de nous n'accuse l'autre, adressons-nous au comte Richard ; que notre querelle soit vidée par lui, il a toujours bien jugé. » Le diable dit : « J'y consens ; qu'il décide entre nous. »

Ils se rendirent en toute hâte dans la chambre du comte ; il était au lit et venait de dormir, mais à peine éveillé il pensait à beaucoup de choses. Ils lui expliquèrent tout ce qui était arrivé de cette âme, et le prièrent de décider à qui des deux elle devait appartenir.

Le seigneur Richard ne réfléchit pas longtemps, et rendit cette sentence : « Remettez l'âme dans le corps et le prêtre sur le pont, juste à l'endroit d'où il est tombé ; que personne ne se mêle du jeu. S'il court droit en avant, sans regarder de côté ni d'autre, qu'il tombe dans les griffes du malin, sans résistance ni plus longue contestation ; mais s'il en est autrement et qu'il retourne en arrière, que la paix soit avec lui. »

La sentence prononcée par le comte sembla juste à l'un et à l'autre ; ils remirent l'âme dans le corps, et le moine à son ancienne place. Mais aussitôt que le frère se retrouve en vie, il retire le pied comme s'il avait marché sur un serpent, et à peine l'eurent-ils lâché, que, prenant congé aussitôt, il s'enfuit à toute course vers l'abbaye, se déshabilla et se sécha.

Cependant il tremblait toujours de mourir, et doutait s'il vivait véritablement. Mais lorsque le jour fut levé, le comte alla à Saint-Ouen, fit venir devant lui tous les frères, et trouva le moine en vêtements humides ; Richard l'appela à lui, et lui ordonna de le suivre chez l'abbé. « Sieur moine, que vous est-il donc arrivé de fâcheux ? Faites plus attention, une autre fois, quand vous marcherez la nuit sur des planches ; racontez à l'abbé ce qui est advenu de vous cette nuit ? »

Le moine eut une honte mortelle, et devint rouge jusqu'aux oreilles, d'être ainsi devant l'abbé et le comte : cependant il avoua tout franchement.

Ainsi vint la vérité en lumière, et il fut longtemps à la mode en Normandie de dire, par manière de plaisanterie : « Mon pieux frère, marchez doucement, et faites attention aux petits ponts. »

(*Poésies allemandes de Louis Uhland.*)

---

(1) Le fond de cette ballade n'est pas d'invention ; il est complétement emprunté à une tradition populaire en Normandie.

ESPAGNE. — TARRAGONE.

Tarragone (en espagnol *Tarragona*, en latin *Tarraco*) offre un exemple mémorable de ces villes qui, après avoir étonné l'univers par leur splendeur, leur étendue et leur puissance, disparaissent en un instant, et ne conservent plus qu'un souvenir stérile de leur vieille gloire. Cette ville, une des plus considérables de l'empire romain, la première des Espagnes, le siège des préteurs, est réduite aujourd'hui à une enceinte de trois quarts de lieue de circonférence, à une population de 9 à 10 mille âmes, à des édifices très-ordinaires, et à un état peu éloigné de celui de la pauvreté.

On n'est d'accord ni sur l'époque de sa fondation, ni sur le nom de ses fondateurs. Les uns la rapportent à Hercule, les autres à Tarraco, roi d'Égypte et d'Éthiopie, qu'ils supposent être venu en Espagne 750 ans avant Jésus-Christ. Plusieurs autres fables prouvent seulement l'antiquité de Tarragone. Pline assure qu'elle fut l'ouvrage des Scipions; mais Tite-Live, Polybe et d'autres historiens lui donnent avec raison une existence antérieure. Elle était déjà la capitale d'un peuple puissant lorsque les Romains abordèrent en Espagne; bientôt ils s'aperçurent de tous les avantages que sa position pouvait leur procurer, et ils la rendirent la ville la plus importante de la Péninsule. Les deux premiers Scipions y firent leur séjour durant les guerres qu'ils sentinrent contre les Carthaginois; ils y établirent un *conventus juridicus*, ou tribunal souverain. Elle devint ensuite le lieu de résidence des proconsuls que la république envoyait en Espagne. Plus tard, Tarragone, qui suivait le parti de Pompée, ayant embrassé celui de César, reçut de lui les titres de *Julia* et de *Victrix*, et fut élevée au rang de colonie romaine.

La prépondérance de Tarragone se soutint sous les empereurs; Auguste y reçut les ambassadeurs de l'Inde, ceux de la Scythie, et dirigea de cette ville l'expédition contre les Cantabres, que les Romains n'avaient jamais pu dompter. Les malheurs de la ville de Tarragone commencèrent sous l'empire de Gallien; la première invasion des Barbares eut pour elle des suites funestes, ils la ruinèrent complétement pendant les douze années qu'ils séjournèrent en Espagne. Tarragone resta sous la domination romaine jusque vers le milieu du V⁰ siècle; alors elle tomba au pouvoir des Visigoths. Le reste de la province, la seule que les Romains eussent conservée, éprouva un sort semblable. Tarragone obéit à ses nouveaux maîtres jusqu'au commencement du VIII⁰ siècle, époque si funeste pour l'Espagne; les Maures assiégèrent la ville, qui résista pendant trois ans. Le vainqueur, irrité d'un si long siège, la détruisit de fond en comble; tous ceux de ses habitants qui purent échapper au massacre l'abandonnèrent, et cette ville, autrefois si florissante, ne renferma plus qu'un petit nombre de maisons habitées par des Maures. Ce temps de désolation dura quatre siècles. Enfin, les comtes de Barcelone étant parvenus à s'emparer des ruines de l'ancienne Tarragone, s'occupèrent de la rétablir. Celui qui eut la gloire d'y contribuer avec le plus d'ardeur, fut saint Oldegaire, son archevêque durant les premières années du XII⁰ siècle. C'est donc à ce prélat qu'elle doit principalement sa nouvelle existence.

Cependant Tarragone, révoltée avec toute la Catalogne contre le roi Philippe IV, fut prise par les troupes de ce prince en 1640. Pendant la guerre de la succession, elle ouvrit ses portes aux Anglais en 1705; et ceux-ci, en se retirant en 1713, après la paix d'Utrecht, mirent le feu à la ville; ils incendièrent la plupart des édifices et détruisirent en partie les fortifications. Cette époque fut celle de l'entière décadence de Tarragone, qui n'a jamais pu se rétablir des pertes qu'elle éprouva (1).

Tarragone est située sur une éminence de rochers très-élevés au-dessus du niveau de la mer; au bas de l'éminence coule la rivière de Francoli. Tarragone domine au nord et à l'ouest une plaine vaste, fertile et riche; à l'est, la mer qui baigne le pied des rochers sur lesquels ses murs sont bâtis.

D'après ce que nous avons dit de Tarragone et de son ancienne puissance, on doit s'attendre à trouver dans cette ville de nombreux restes d'antiquités. En effet, avant même de pénétrer dans son enceinte, on est frappé de la construction de ses murs. Ce sont d'énormes blocs de rochers posés en désordre les uns sur les autres, et qui ont l'air d'être l'ouvrage d'un peuple de géants. Au-dessus s'élève une construction romaine qui n'a aucun rapport avec sa base; ce mélange d'architecture fait ainsi le tour de la ville moderne et s'étend même au-delà dans certaines parties; l'enceinte qu'il décrit

(1) Voyez le grand *Voyage pittoresque en Espagne*, par M. de Laborde, 1806, in-fol.

était évidemment celle de la ville ancienne, à l'époque de sa fondation et sous la domination des Romains. Quel peuple a pu élever ces masses gigantesques? Est-ce une de ces constructions attribuées par Strabon aux Cyclopes, et qui marquent, dans certaines contrées de l'Europe, les premiers temps de l'architecture grecque? Est-ce une fondation phénicienne, un ouvrage earthaginois? On l'ignore, et les dissertations scientifiques n'ont jusqu'ici rien prouvé. Voici une observation que l'on fait rarement sur les monuments antiques, et qui n'est cependant pas sans intérêt. Les pierres du second entablement des murs de Tarragone sont, dans plusieurs endroits, marquées de lettres qui servaient à reconnaître les pierres et à les placer suivant l'ordre que leur avait assigné l'architecte. Dans la plupart des colonies de l'Asie-Mineure ces lettres sont grecques, mais ici elles sont semblables aux caractères inconnus que l'on retrouve sur les inscriptions et sur les médailles des premiers temps de l'Espagne. Nouvelle preuve de l'authenticité du langage primitif des habitants.

L'édifice le plus considérable de Tarragone, et qui seul suffirait pour révéler l'importance de cette ville antique, est un palais que l'on appelle, dans le pays, palais d'Auguste, soit que cet empercur l'ait habité, soit que ce fût la demeure du proconsul que l'empereur envoyait pour gouverner la province. On n'est point surpris de sa magnificence, lorsqu'on pense que sur les derniers temps de la république les habitations particulières rivalisaient avec les temples des Dieux. Le luxe de l'Asie avait été transporté à Rome, avec les dépouilles de ses rois; le Capitole, suivant Plutarque, n'était plus rien en comparaison de la demeure des Césars. Une des façades du palais d'Auguste occupait toute la longueur du Cirque, de manière qu'à Tarragone, comme à Rome, l'empereur ou son représentant pouvait voir les jeux sans sortir de chez lui. Ce fut la ville de Tarragone qui donna aux Romains le premier exemple de déifier leurs maîtres; après avoir élevé à Auguste un autel pendant sa vie, elle lui consacra un temple après sa mort : *Templum ut in colonia Tarraconensi strueretur Augusto*, dit Tacite, *petentibus Hispanis permissum; datumque in omnes provincias exemplum.*

Les ruines de l'amphithéâtre de Tarragone sont imposantes. Personne n'ignore la forme et l'usage des amphithéâtres; ces .lieux attestent la cruauté des Romains depuis l'origine de leur empire jusqu'à sa destruction, depuis l'enlèvement des Sabines jusqu'aux persécutions des chrétiens.

Dans ces arènes figuraient tantôt des bêtes féroces, tantôt des hommes plus féroces encore, qui avaient appris à donner ou à recevoir la mort avec grâce : souvent de malheureux athlètes, d'infortunés esclaves, renversés par leur adversaire, imploraient la pitié de quelque jeune femme qui, d'un geste, disposait de leur vie. Toutes les villes considérables avaient de semblables spectacles et des édifices pour les représenter : en Italie, le Colysée de Rome, ceux de Vérone, de Capone, de Pola, de Pouzzol; en France, les arènes d'Arles et de Nîmes, les amphithéâtres de Fréjus et de Bordeaux. L'amphithéâtre de Tarragone, à l'abri des vents furieux du nord et de l'ouest, n'était ouvert que du côté du midi; les flots de la mer se brisaient au bas de ses murs, et ses ruines présentent encore des voûtes qui servaient à soutenir les gradins et à renfermer les bêtes féroces.

Si l'on est attristé par le souvenir des scènes cruelles que rappellent les amphithéâtres romains, on éprouve une sorte de satisfaction à la vue des aqueducs qui attestent la grandeur et les soins du gouvernement de Rome. Quoi de plus magnifique que cette longue suite d'arcades doubles, quelquefois triples, qui traversent un espace de trente et jusqu'à soixante milles, travaux immenses entrepris pour l'avantage de l'humanité? Rien n'arrêtait les Romains dans ce noble but. Une montagne se présentait-elle? aussitôt elle était coupée ou percée. Fallait-il traverser un vallon? soudain on jetait un pont d'une colline à l'autre. L'orgueil romain se plaisait à vaincre ainsi la nature. Outre que les Romains pensaient que le bien-être des habitants d'une ville, pendant la durée de leur vie, exigeait ces dépenses faites aux frais de l'état, ils travaillaient encore pour les siècles à venir, parce qu'ils s'en croyaient assurés. Ils jugeaient de la durée de leur empire par sa force et son étendue; ils ne croyaient pas que jamais leurs monuments pourraient survivre à leur puissance. L'aqueduc de Tarragone, remarquable par son aspect élégant, majestueux, consiste en un double rang d'arcades qui unissent deux collines; il est connu dans le pays sous le nom de pont de Ferreras, et il faisait partie d'un conduit d'eau qui commençait à sept lieues de Tarragone. L'invasion des Barbares et les révolutions successives qu'éprouva la cité, détruisirent son aqueduc, et les habitants étaient réduits à boire de l'eau bourbeuse et malsaine, quand, vers la fin du dernier siècle, un vénérable archevêque de Tarragone entreprit de rétablir à ses frais cet aqueduc, et de rendre aux Tarragonais l'avantage précieux dont ils étaient privés. Depuis un quart de siècle, les habitants de Tarragone jouissent du bienfait que leur a procuré leur digne archevêque, et chaque jour ils bénissent sa mémoire.

L'église cathédrale de Tarragone est la plus belle, la plus importante de la Catalogne; elle s'élève majestueusement au milieu de la ville, et sa situation ajoute encore à sa beauté. On y arrive par un escalier magnifique; des deux côtés sont des fontaines alimentées par les eaux de l'aqueduc reconstruit. Bérenger, nommé par le pape Urbain II, à l'archevêché de Tarragone, pendant que cette ville obéissait aux Maures, fut, dit-on, celui qui commença la construction de l'église métropolitaine. Si ce fait est exact, il faut en fixer l'époque à la fin du XIe siècle. Orderic Vital assure qu'en 1116, lorsque saint Oldegaire, Français de nation, fut appelé à l'archevêché de Tarragone, l'enceinte de l'église était remplie de grands arbres que la négligence y avait laissés croître. Un des premiers soins d'Oldegaire fut le rétablissement de son église; tous les suzerains, tous les personnages riches de la province, toutes les cathédrales qui dépendaient de la métropole, contribuèrent à sa restauration. Ceci résulte d'une bulle du pape Innocent II, bulle qui prouve qu'en 1158 l'édifice n'était point achevé.

Quoi qu'il en soit de l'époque de sa fondation, la cathédrale de Tarragone est aujourd'hui la première église de Catalogne pour l'étendue et la solidité. Ce monument, construit dans le style gothique, renferme dix-huit vastes chapelles, qui, sous le rapport des arts, méritent d'être remarquées. Dans le cloître, on voit une fenêtre en marbre, de forme arabe, travaillée avec la plus grande élégance; l'inscription porte : « Au nom de Dieu; la bénédiction de Dieu à Abdala Abderahman, prince des fidèles. Que Dieu prolonge le reste de ses jours! Lequel Abdala a fait faire, par la main de son serviteur Giafar, cet ouvrage, commencé et fini dans l'année 549 (960 de l'ère chrétienne). » La décoration du cloître de la cathédrale est plus remarquable, par sa singularité, que celle de l'église même; elle consiste en six grands arcs, dont chacun est divisé en trois arcs plus petits; ceux-ci sont soutenus par des piliers en marbre blanc, pour lesquels on ne s'est assujetti à aucun ordre d'architecture. Tous ces chapiteaux diffèrent entre eux; les uns sont formés de feuilles légères, d'autres contiennent des branches, des oiseaux, des figures d'hommes et d'enfants; c'est un mélange singulier et curieux des genres gothique et arabe. Les chapiteaux tiennent du goût égyptien, et de cette architecture orientale qui fut introduite en Europe par les

Arabes, ou que l'on prit chez eux à l'époque des croisades. Un de ces chapiteaux représente un sujet bizarre, l'enterrement d'un chat par une troupe de rats, résultat de l'imagination capricieuse des artistes, qui introduisaient souvent des scènes burlesques dans les productions les plus sérieuses.

Quelque temps avant l'invasion de la Péninsule par Napoléon, le roi d'Espagne et sa famille s'arrêtèrent dans la ville de Tarragone; les corporations se réunirent, et imaginèrent tout ce qui pouvait distraire leur souverain. Elles exécutèrent plusieurs danses, parmi lesquelles on distinguait celle du cheval, inventée à Montpellier sous le règne de Jacques II, lorsque les rois d'Arragon étaient seigneurs de cette ville. La danse du cheval consiste dans les tours d'adresse d'un homme dont la moitié du corps est cachée dans un cheval de carton, sur lequel il paraît monté; un antre homme lui présente de l'avoine, et évite avec prestesse les coups qu'on lui porte. Pendant ce temps on commence autour d'eux une danse en rond, au son des trompettes et au bruit des tambours. A l'occasion de cette arrivée du roi d'Espagne, fut lancé à la mer un rocher énorme, du poids de cinq mille quintaux, et surmonté d'une figure colossale représentant le Dieu des mers. D'une main, Neptune tenait son trident; de l'autre, les rênes qui guidaient deux dauphins. Trois cents hommes, par le moyen d'un cabestan, donnèrent l'impulsion à cette masse gigantesque; le Neptune ne put s'en séparer, et il eut l'air de s'engloutir dans son empire.

LA GRACE.

Laure, qui méconnaît la simplesse ingénue,
Voit, sans art, une Grâce, à plaire parvenue.
« Dites, pour plaire tant, ce qu'un Dieu vous a fait?
— « La Grâce a pour charmer un naturel parfait. »

A seize ans, la grâce, chez les femmes, est légère, craintive et ingénue; elle offre tous les contrastes parce qu'elle réunit toutes les séductions.

Un peu plus tard, la grâce, chez les femmes, devient pour ainsi dire grave et réservée : elle a des devoirs à défendre.

Enfin aux jours de la vieillesse, la grâce, chez les femmes, déride jusqu'à l'âge.

Typographie de LACHAMPE et Cie, rue Damiette, 2.

SHAHZENAN ET SCHAHRIAR.

ÉTUDES SUR L'ARIOSTE

ET

L'ORLANDO FURIOSO (1).

III.

L'histoire de Joconde (*Orl. Fur.*, c. 28) est pour ainsi dire populaire en France; imitée, au XVIIe siècle, par La Fontaine et par un écrivain moins célèbre, du nom de Bouillon, elle a fourni plus tard à un homme de beaucoup d'esprit et de talent, M. Etienne, le sujet d'un de nos plus gracieux opéras.

On sait que Boileau, jeune homme encore, écrivit une dissertation pour défendre l'imitation de Joconde par La Fontaine, contre ceux qui affectaient de préférer la versification froide et lourde de M. de Bouillon. Cette dissertation de Boileau offre ainsi un côté louable; il s'agissait d'imposer silence à la malveillance des coteries qui dépréciaient le talent de l'inimitable fabuliste; mais Boileau ne s'est pas contenté de trouver le Joconde de La Fontaine supérieur à celui de Bouillon; il a exagéré l'éloge, au point de placer La Fontaine, en cette circonstance, au-dessus de l'Homère de Ferrare. C'était pousser un peu trop loin l'esprit de nationalité littéraire, dont le moindre inconvénient est d'empêcher presque toujours que justice ne soit rendue aux chefs-d'œuvre étrangers. Du reste, l'ensemble de la dissertation de Boileau prouve que le satirique écrivain, si pur, si correct dans sa langue nationale, n'avait pas une connaissance assez approfondie de l'idiome italien, de ses beautés, de ses délicatesses infinies, pour pouvoir juger impartialement un ouvrage comme l'*Orlando;* si Boileau avait saisi ce qu'il y a de plaisant, de demi-moqueur dans le *Furioso*, il n'aurait pas écrit ces phrases étranges : « Je ne vois pas par quelle licence poétique l'Arioste a pu, dans un poëme héroïque et sérieux, mêler une fable et un conte

(1) Une nouvelle souscription au ROLAND FURIEUX, *traduction et notes sur les Romans chevaleresques, les Traditions orientales, les Chroniques, les Chants des Trouvères et des Troubadours comparés au poème à l'Arioste*, par M. A. Mazuy, est dès aujourd'hui ouverte à Paris, dans les départements et à l'étranger. Quatre sujets nouveaux ont été dessinés avec la même grâce et gravés avec le même talent que le sont tous les dessins de la première souscription; et l'encadrement de la vignette qui accompagne cet article est emprunté aux nouvelles couvertures des livraisons hebdomadaires de ce bel et bon ouvrage, illustré avec tant de luxe, écrit avec tant de soin et de conscience. (*Voir, pour les conditions de la souscription, la deuxième page de la couverture de ce mois du* MAGASIN UNIVERSEL.) (*Note du Direct.*)

de vieille, pour ainsi dire, aussi burlesque qu'est l'histoire de Joconde.—Cette histoire n'est guère d'un autre rang que les contes de ma Mère-l'Oie. — Sans mentir, j'ai de la peine à souffrir le sérieux avec lequel l'Arioste écrit un conte si bouffon.—Si le lecteur veut faire un procès à M. de La Fontaine sur le peu de vraisemblance qu'il y a aux choses qu'il raconte, il ne va pas, comme l'Arioste, les appuyer par des raisons forcées et plus absurdes encore que la chose même; il s'en sauve en riant et en se jouant du lecteur. » Mais c'est précisément ce que fait l'Arioste! pourrions-nous dire à Boileau. Enfin, le sévère critique n'a pas reculé devant cette assertion si complètement fausse : « Que l'Arioste a cherché le plaisant autant qu'il a pu; mais qu'on peut dire de lui ce que Quintilien dit de Démosthène, qu'il ne fuyait pas les bons mots, mais qu'il ne les trouvait pas !!! »

La Fontaine avait mieux pénétré le génie de l'Arioste ; il avait vu que nul poëte ne possédait à un plus haut degré que l'auteur du *Furioso* le ton d'exquise plaisanterie, de raillerie fine et spirituelle; et les vers suivants de La Fontaine, qui décèlent la manière rieuse du chantre de Roland, démontrent que l'illustre auteur du modèle avait compris la pensée de l'illustre auteur de l'original. Lorsque Joconde et son ami obtiennent soudainement les faveurs de tant de jeunes femmes, La Fontaine s'écrie avec une naïveté charmante :

> J'entends déjà maint esprit fort
> M'objecter que la Vraisemblance
> N'est pas en ceci tout à fait.
> Car, dira-t-on, quelque parfait
> Que puisse être un galant dedans cette science,
> Encor faut-il du temps pour mettre un cœur à bien.
> S'il en faut, je n'en sais rien;
> Ce n'est pas mon métier de cajoler personne :
> Je le rends comme on me le donne,
> Et l'Arioste ne ment pas.

Soyons justes envers tous : la nouvelle de Joconde de l'Arioste, qui, certes, sous aucun point de vue n'est inférieure au Joconde de La Fontaine, a de plus le mérite de l'invention : elle lui est antérieure de plus d'un siècle.

Ce n'est pas que le fond du récit appartienne en totalité à l'Arioste, et l'histoire de Schahzenan, qui sert d'introduction aux *Mille et une Nuits*, offre une ressemblance digne d'être remarquée avec l'épisode de Joconde dans l'*Orlando Furioso*. L'Arioste a probablement connu le conte oriental, car il est impossible d'adopter l'opinion de M. Caussin de Perceval, qui a supposé que le conte arabe avait été emprunté au *Roland Furieux*. Selon M. de Perceval, la rédaction des

17

Mille et Une Nuits ne serait pas antérieur à l'année 1548, tandis que les plus illustres orientalistes , MM. Sylvestre de Sacy, de Hammer. de Schlegel, et , après eux, M. Loiseleur Deslongchamps, sont unanimes pour reporter au XIII⁰ ou au XIV⁰ siècle l'origine première des *Mille et Une Nuits* : « D'ailleurs, dit M. de Schlegel, un Arabe du XVI⁰ siècle, versé dans la littérature classique des Italiens et lisant, au fond de la Syrie, le *Roland Furieux*, un livre que tout vrai croyant dut avoir en horreur, cela est difficile à imaginer. En outre, cela aurait eu lieu avant 1548, et la première édition complète du *Roland Furieux* date de 1530. La célébrité de cet ouvrage n'était pas encore répandue au-delà de l'Italie, et il n'en existait aucune traduction. »

Cette dernière objection est moins concluante que ne l'a pensé le savant écrivain. Sans doute, l'édition de 1532 (et non point de 1530) du *Furioso*, renferme quelques épisodes qu'on ne trouve pas dans les deux éditions précédentes : celui d'Olympie et de Birène; celui d'Ulanie au château de Tristan , et la coutume bizarre de ce château; celui de Marganor, etc. Toutefois, la nouvelle de Joconde était déjà dans la première édition de l'*Orlando Furioso* (1516), aussi bien que dans la deuxième (1521). Un écrivain arabe aurait donc pu la connaître dès l'année 1516. Mais la nullité de cette objection , qui était superflue, ne modifie point l'observation de M. de Schlegel; trop de savantes autorités se réunissent pour fixer la composition arabe des *Mille et une Nuits* à une époque antérieure de deux siècles au moins à l'apparition de l'*Orlando Furioso*.

Qui n'a lu, dans les *Mille et une Nuits*, comment Schahzenan, roi de Tartarie, invité par son frère Schahriar à se rendre auprès de lui dans la capitale des Indes, s'éloigne de Samarcande après avoir fait les adieux les plus tendres à son épouse ; et comment, à peine hors de la ville, désirant presser une fois encore sa compagne sur son cœur, il se dirige seul vers son palais, où il trouve sa femme sommeillant à côté d'un des derniers officiers de la cour? Schahzenan tire son cimetère et tranche la tête aux deux coupables. Cependant une profonde mélancolie s'empare de lui ; l'empreinte du désespoir reste gravée sur son visage: « Qu'a donc mon frère Schahzenan? disait le puissant roi des Indes ; quel est le sujet de ses chagrins, de sa tristesse ? » Un jour que Schahriar se livrait au plaisir de la chasse, et tandis que Schahzenan, appuyé sur une des fenêtres du château, se lamentait au souvenir de l'infidélité de sa compagne , il aperçut au fond du jardin l'épouse de

son frère qui s'égayait auprès du nègre Masoud. Plusieurs jeunes femmes, suivantes de la reine, imitaient l'exemple de leur maîtresse. Depuis cet instant, le roi de Tartarie recouvra sa gaieté et la fraîcheur de son teint. Schahriar, impatient de connaître la cause d'un changement si heureux, apprit tout de son frère, et, quelques jours après, feignant de partir pour la chasse , il ne sortit · pas de son château ; dès le lever de l'aurore, il put voir de ses yeux l'outrage qu'on lui faisait. Schahriar et son frère se consolèrent l'un l'autre, et soudain ils résolurent de parcourir le monde pour s'assurer s'il n'existait pas d'époux plus infortunés qu'eux. Bientôt ils furent eux-mêmes les héros d'une aventure plus étrange que celle dont ils avaient à se plaindre, ce qui engagea les deux princes à revenir dans leur palais; Schahriar assouvit sa vengeance sur une multitude de femmes, jusqu'au moment où la gracieuse et spirituelle Scheherazade parvint à calmer, par l'attrait de ses récits, les ressentiments cruels du sultan.

L'emprunt fait par l'Arioste à un conte oriental n'a rien qui doive surprendre; dès le XII⁰ siècle, Pierre Alphonse traduisait en latin plusieurs contes empruntés à des ouvrages arabes ou écrits en langue hébraïque; deux siècles plus tard, Jean de Capone traduisait aussi des fables indiennes d'après une version hébraïque, et le moine Jehans, de l'abbaye de Haute-Selve, translatait de l'hébreu un roman d'origine indienne. Toutes ces traductions latines d'ouvrages orientaux ont été souvent consultées par les écrivains de l'Italie; l'auteur des *Cento Novelle antiche*; Boccace. dans le *Décaméron*; Machiavel pour sa nouvelle de *Belphégor*, et Straparole, dans ses *Piacevoli Notti*, se sont inspirés de quelques recueils de fables traduites ou imitées, dans les XII⁰ et XIII⁰ siècles ; de l'arabe, du persan ou de l'hébreu. L'idée principale d'un grand nombre de nouvelles du *Décaméron* appartient aux conteurs de l'Orient; quelques-unes même se trouvent parmi les contes persans ou sanscrits, et dans le célèbre poème indien du *Râmâyana.*

On doit donc croire que l'Arioste, pour la nouvelle de Joconde, se sera servi d'une ancienne traduction du conte arabe de Schahzenan , faite en latin par un érudit modeste, au XIII⁰ ou au XIV⁰ siècle, époque où les Sarrazins, depuis longtemps maîtres de l'Espagne, avaient répandu en Europe l'étude de la langue arabe; ou bien l'Arioste aura dû l'idée de sa nouvelle de Joconde à quelque voyageur européen qui, de retour de l'Orient, l'avait entendu réciter par les conteurs musulmans de Damas, d'Alep ou de Bagdad. Cette dernière conjecture paraît même la plus probable. Mais, répétons-le, l'incontestable antériorité des *Mille et Une Nuits* sur l' *Orlando Furioso* repousse toute supposition qui voudrait faire considérer l'histoire de Schahzenan comme empruntée à la nouvelle de Joconde; et puisque cette nouvelle et la fable orientale sont tellement identiques qu'on ne peut guère douter que l'une n'ait été composée sur le modèle de l'autre, il faut absolument en conclure que l'Arioste a eu connaissance du conte arabe.

A. MAZUY.

JEAN DE WATTEVILLE.

(Fin.)

CHAPITRE VII.

Au milieu d'une immense clairière de la forêt sont entassés confusément des hommes qui, soit qu'on les regarde, soit qu'on les entende, méritent à peine le nom d'hommes. Bohémiens, Mauvais Garçons, Truands, Jacques, Malandrins, l'histoire les a flétris sous mille noms, et cependant il serait difficile de dire ce que les réformes sociales doivent à ces parias, révoltés permanents, qui, pendant tous les siècles d'esclavage, écrivirent avec le fer une protestation sanglante contre les oppresseurs du peuple.

La voilà, cette colme sans nom que tous les pays du monde ont vomie comme une écume impure. Elle est toute chamarrée de costumes disparates : la plupart dorment sur la terre nue, et n'ont pour se couvrir que de sales haillons; quelques-uns affichent une richesse de toilette extravagante, un luxe exagéré. Le mélange des races et des mœurs n'est pas moins singulier : ceux-ci, blonds, à la taille gigantesque, athlètes indolents du Nord, se repaissent de viandes, s'enivrent de liqueurs; ceux-là, petits, noirs, musculeux, actifs, manient avec une adresse merveilleuse le poignard italien. Le langage de ces bandits ne ressemble à nul autre, quoiqu'il provienne du mélange de tous les autres; chacun le diversifie, l'énerve, ou l'accentue à sa manière. Des femmes aussi dissemblables que leurs maîtres s'éparpillent au milieu des groupes; l'une promène ses doigts sur une mandoline des Abruzzes, et perce d'une longue flèche d'or les nattes de sa chevelure; l'autre, dont la beauté se voile sous des boucles de cheveux blonds, fait résonner les cordes de la harpe scandinave; une, plus séduisante, au son des castagnettes bondit échevelée, s'agenouille humblement, ou se dresse avec orgueil; une résille tressée d'or et de soie fait ressortir le lustre de ses beaux cheveux noirs, et sa courte basquine laisse admirer un pied tout espagnol. Parfois le tambourin donne le signal d'une ronde universelle, tournoyante, passionnée. Hommes et femmes, enfants et vieillards, se précipitent, se mêlent, et leur flot mouvant disparaît dans un tourbillon de poussière.

Quelques brasiers énormes prêtent à ce tableau la magie de leurs reflets bizarres. Ainsi la nuit s'écoule entre le sommeil et la danse, l'amour et les festins. Nuit heureuse, si quelque rixe ne vient pas l'ensanglanter, si la jalousie ou le jeu n'urme pas les uns contre les autres une centaine de ces hommes qui s'appellent des *frères*.

Au centre des huttes misérables dont est composé le camp, s'élève une tente magnifique; le drap d'or et le velours y marient leurs couleurs, un drapeau l'ombrage de ses plis, mais quel drapeau, grand Dieu! c'est une toile blanche que l'on a trempée dans le sang, et dont les taches horribles composent tout l'écusson du chef. Quelques brigands choisis, armés de longues pertuisanes, veillent autour de ce lieu. Ne croyez pas qu'il dorme, celui dont la volonté de fer s'impose à tant de scélérats qui ont bravé toute leur vie les pleurs de l'innocent et les malédictions du ciel. Accoudé sur une table où repose sa hache d'armes célèbre, espèce de sceptre héréditaire que le capitaine Lacuzon lui a légué, comme un plus digne, et que nul homme n'a vu sans pâlir; le front soucieux et quelquefois cherchant à deviner un bruit lointain au milieu du tapage qui l'entoure, on dirait que l'attente d'un événement grave l'agite et l'inquiète.

— Capitaine, dit un bandit de garde en soulevant la tapisserie de sa tente, les sentinelles avancées viennent d'arrêter un gentilhomme qui désire te parler, il montre même un sauf-conduit signé du pommeau de ta hache.

— Conduis-moi, répond le capitaine; et tous deux, traversant la foule qui s'incline ou s'agenouille au passage du grand chef, ont bientôt disparu dans les taillis.

À deux ou trois cents pas du camp, deux sentinelles semblent surveiller avec soin un homme de haute taille, qui est drapé d'un manteau large et tient dans sa main droite une feuille de parchemin. Son heaume, les éperons d'or qui brillent à ses pieds, et l'épée qu'on voit pendre par-dessous son manteau, tout le fait reconnaître pour un chevalier. Le chef des Mauvais Garçons se dirige avec empressement vers lui, et tous les deux s'abordent avec une question semblable :

— Êtes-vous le capitaine Guilbert?

— Êtes-vous le sire de Watteville?

Après une réponse affirmative de part et d'autre :

— Je n'ai pas de temps à perdre en conférences ni en délibérations, continue le seigneur, et deux mots suffiront. Je suis menacé d'une guerre prochaine, impitoyable; mes ennemis seront nombreux, et, seul, je pourrais tout au plus défendre contre leurs armes mon manoir de Château-Vilain; mais, avec ton secours, je pourrais les écraser tous et planter successivement ma bannière sur les ruines de leurs donjons. Veux-tu me secourir?

— Cela dépend des conditions...

— Oh! pour les conditions, je te les fais larges et belles. Écoute bien : Tout ce qu'il y a dans ce château, d'or, d'argent, de joyaux, d'étoffes précieuses, tout cela est à toi; les armes, les chevaux, je te les abandonne. Les guerriers, les hommes que tu feras captifs, tu pourras toucher leur rançon. Ces avantages extraordinaires t'étonnent; tu vois que je te livre tout, tout, excepté les femmes. Voilà ma part : les femmes que tes gens feront prisonnières seront saintement respectées, elles m'appartiendront, et nul n'aura le droit de m'adresser une remontrance au sujet du traitement qu'il me plaira de leur faire subir. Eh bien! capitaine Guilbert, es-tu satisfait de mes offres, es-tu mon allié?

Le jeune chef était plongé dans une méditation profonde, il comprenait vaguement le but du seigneur Jean; nul doute que les dames de Montrivel ne fussent la part essentielle de ce butin de femmes dont il exigeait la réserve. Mais Guilbert espéra qu'il aurait le temps de faire une excursion sur le château qui renfermait la belle Isaure, et qu'on la ravirait d'autant plus aisément que la plupart des hommes d'armes seraient occupés au siège de Château-Vilain.

— Je consens! répondit enfin Guilbert. À toi toutes les femmes de l'ennemi, à moi toutes les richesses! Et les deux chefs se lièrent par un serment sacré.

CHAPITRE VIII.

Auprès du château de Montrivel s'élève une petite colline chère à la dévotion des paysans. Chaque dimanche, une longue file de pèlerins serpente à travers les vignes du coteau; quelques-uns portent des corbeilles pleines de fleurs; d'autres, des rubans, des dentelles; un grand nombre, des prières seulement. Tous viennent s'agenouiller sous un vieux chêne qui s'offre à l'entrée du bois, et dont le tronc séculaire renferme dans ses cavités profondes une image de la Vierge. La petite statue blanche est presque ensevelie sous la multitude des présents, car on la dit propice aux amours légitimes, et c'est devant elle que les jeunes filles du pays viennent demander au ciel, en le nommant tout bas, l'époux qu'elles préfèrent.

Mais une procession d'un genre différent se dirige aujourd'hui de ce côté; ce ne sont plus les naïves bergères, les simples bachelettes avec leur humble cœur, leur vêtement commun, leur mince offrande. Voici deux hommes d'armes caracolant autour d'une haquenée blanche qui semble orgueilleuse de porter sa jeune et belle cavalière. Suivent deux pages, dont l'un roule autour de son bras une longue chaîne d'or étincelant çà et là de pierres précieuses; l'autre, sur un coussin de velours, porte une couronne de lis, de myrte et d'oranger tressée de fils d'argent. Plusieurs suivantes, plusieurs valets ferment la marche de ce petit cortège, et sur tous les visages on lit une sorte de tristesse solennelle comme si quelque malheur avait frappé la famille de Montrivel.

Plus dolente, plus pâle que les autres est la jeune dame qui semble diriger cette expédition dévote. Quelquefois, se livrant sans réserve à ses tristes pensers, voilà qu'elle laisse tomber sa tête sur son sein, et qu'une larme roule sur sa joue pâlie; les rênes s'échappent de ses mains; la jument s'arrête, l'œil et l'oreille au vent, incertaine du chemin qu'elle doit suivre. Et tous ceux qui l'entourent s'interrogent entre eux du regard; ils n'osent ni troubler cette profonde douleur, ni la combattre par des consolations vulgaires, comme s'ils lui connaissaient une cause trop juste. Tantôt un page s'efforce d'égayer la compagnie en fredonnant quelque dixain d'un mystère à la mode, tantôt un des cavaliers tâche de distraire la pauvre demoiselle en lui parlant du prochain tournoi qu'on prépare, des belles armes qu'on a reçues de Milan, ou du joli coursier qu'elle manie si bien. Tous ces discours ne servent qu'à lui rappeler l'ingrat dont elle pleure la fuite : elle se souvient que Jean de Watteville devait indubitablement déposer à ses pieds le prix de ce tournoi ; que nul ne portait avec plus de grâce des armes plus brillantes, ni ne l'égalait dans l'art tout à la fois noble et périlleux de dompter un coursier ; enfin, mille souvenirs lui débordaient le cœur et lui représentaient le vaillant chevalier soupirant auprès d'elle, non pas un timide dizain, comme ce page, mais un lai d'amour, dont la tendresse pénétrante lui arrachait des larmes.

Enfin, voici l'arbre sacré. Les cavaliers mettent pied à terre, chacun se signe et s'agenouille. Un vieil ermite, gardien fidèle, aborde avec joie les riches pèlerins, dont il attend pour la Madone une offrande considérable. Son espérance n'est pas déçue ; la belle Isaure s'est approchée dévotement, elle passe autour du cou de la Vierge sa chaîne d'or pesante, et sur son front elle dépose la couronne éclatante de blancheur. Elle prie, mais la prière s'échappe en tremblant de ses lèvres ; honteuse de son amour comme d'un crime, elle ose à peine en avouer le mystère à celle qui lit dans tous les cœurs :

« Sainte Marie, mère de notre Seigneur, ayez pitié du trouble de mon âme ; n'abandonnez pas l'infidèle qui s'est éloigné de moi, ne punissez point le parjure qui a trahi mon amour, mais inspirez-lui le repentir et rendez-moi son cœur. Sainte Marie, si vous m'exaucez, c'est à vous seule que j'adresserai mes offrandes ; chaque année je viendrai trois fois déposer à vos pieds des présents plus considérables que ceux-ci, car de simple damoiselle, je serai devenue dame et châtelaine. Ainsi soit-il ! »

Pendant que la jeune fille exprimait ces vœux touchants et tendres, que faisait Jean de Watteville ? Comment se montrait-il digne des sentiments qu'il inspirait ? Dévoré d'orgueil et d'amour, il rougissait, il s'en voulait encore de ressentir une passion désordonnée, qui, s'irritant contre tous les obstacles, prenait dans son désespoir même une énergie nouvelle ; enfin, de toutes les idées confuses enfantées par son délire, une seule reparaissait toujours, s'emparer d'Isaure de Montrivel ! Dans la prévision que son amour le pourrait entraîner à des actes de la dernière violence, le sire de Château-Vilain avait cru nécessaire de se procurer d'abord un allié qui eût une morale assez large pour accepter la complicité de tous les crimes, et pour le défendre hardiment contre les Montrivel, fussent-ils même armés du bon droit le plus évident. Il avait trouvé cet allié dans le capitaine Guilbert, rien ne l'arrêtait plus.

Au moment où la petite troupe des pèlerins, munie d'une bénédiction du saint ermite, reprend la route de son manoir et côtoie la lisière des bois, tout à coup de leur profondeur s'élève un bruit confus d'armes et de chevaux ; avant même qu'on ait pu se communiquer des craintes qui commencent à naître, une vingtaine de cavaliers débouchent au grand galop, dispersent la petite troupe, cernent de toute part la blanche haquenée ; puis, comme la timide Isaure est tombée défaillante, l'un d'eux, celui qui paraît commander cette expédition indigne, l'enlève dans ses bras puissants et disparaît avec les siens. Mais on a vu sur quelques-uns des ravisseurs l'écusson des Watteville, et l'on a cru reconnaître dans celui qui s'est emparé d'Isaure, le seigneur Jean lui-même.

« Jean, s'écrie la douairière de Château-Vilain lorsqu'elle voit déposer dans sa chambre celle qui devait être sa bru, Jean, qu'avez-vous fait ?

— Madame, j'ai vengé l'injure dont on avait menacé notre honneur. Ne voulaient-ils pas me donner cette malheureuse fille ? eh bien ! j'accepte leur présent, mais elle prendra la place qui convient à sa naissance. Ils voulaient en faire mon épouse, j'en ferai mon esclave ! »

CHAPITRE IX.

Cependant un orage terrible s'élève contre la maison de Watteville. Les Montrivel ont fait répandre, avec une célérité merveilleuse, la nouvelle du rapt infâme dont ils sont les victimes ; cette violence en rappelle mille autres, et tant de haines accumulées depuis longtemps contre ces orgueilleux tyrans du voisinage se déchaînent à la fois ; une ligue générale se forme dans l'espace de quelques heures, partout retentissent les bruits de guerre ; le son du cor, l'appel aux armes, ont glacé d'épouvante bergers et laboureurs ; enfin, pour mettre le comble à cette désolation, des bandes de Bohémiens et de Mauvais Garçons se montrent ouvertement, comme ces oiseaux de proie qui viennent planer d'avance sur les champs de carnage.

Le pont-levis de Château-Vilain s'est abaissé devant un héraut d'armes. Admis en la présence de la châtelaine et de son fils, cet homme leur a fait entendre un langage énergique : « Douze barons, seigneurs et châtelains, alliés des Montrivel, somment Jean de Watteville de restituer pure et sans mal, ou d'épouser immédiatement Isaure de Montrivel ; s'il refuse d'obéir à cette injonction légitime, avant que le soleil se lève pour la seconde fois, il verra flotter sous ses murs les douze bannières réunies, et, avec l'aide de Dieu, le Château-Vilain sera détruit jusque dans ses derniers fondements.

— Et avec l'aide du diable, répond le sire de Watteville, j'aurai raison de tous ces hobereaux qui viennent s'attaquer au vautour! Allez dire que je les attends.

En même temps que le héraut, un messager du sire de Watteville quittait le manoir redouté.

— Où vas-tu? lui demanda l'envoyé de Montrivel.

— N'as-tu pas entendu, mon maître? je vais chercher le diable... Et poussant un éclat de rire sinistre, il piqua son coursier, qui bondit et l'emporta dans la direction du bois où les Mauvais Garçons cachaient leurs tentes abhorrées.

La nuit épaisse, impénétrable, est fertile en sujets d'effroi. Les habitants du village voisin ne peuvent s'endormir, la consternation les éveille, et leur veille est remplie d'apparitions lugubres. Quelles sont ces lumières que l'on voit cheminer dans la campagne, et qui de la forêt au château vont et viennent sans interruption? Ne les prendrait-on pas pour des torches? ne croirait-on pas que ces bruits lointains, indéfinis, bizarres, sont un cliquetis d'armes? Parfois s'élèvent dans les airs quelques sons pénétrants, aigus, qui ressemblent au cri de ralliement des Bohémiens, au cri de guerre des Truands. Quel déluge de maux menace la contrée! Dés villageois plus hardis que leurs frères, et le desservant de la chapelle, qui sait exorciser le démon, ayant osé s'aventurer au loin, rapportent qu'ils ont vu passer une légion d'esprits ténébreux qui allaient s'engouffrer dans la poterne de Château-Vilain. Quand l'aurore jeta les premières clartés sur le donjon, quelle fut la terreur publique en voyant flotter, à côté de la bannière seigneuriale, un drapeau rouge comme le sang!

Le capitaine Guilbert et les Mauvais Garçons ont été reçus par Jean de Watteville; le jeune seigneur jette maintenant aux ennemis de sa maison des regards dédaigneux; la plus grande partie du manoir est occupée dans ce moment par ses nouveaux alliés. Mais il ne tarde guère à se repentir de son aveugle confiance, car Guilbert, à qui la vieille Cuite vient d'apprendre l'enlèvement d'Isaure et tous les autres mystères qui la concernent; Guilbert, les yeux étincelants et l'écume à la bouche, se présente devant la châtelaine et son fils:

— Madame, et vous, seigneur Jean de Watteville, je viens réclamer de vous ma sœur Isaure; oui, cette Isaure que le monde regarde comme la fille du sire de Montrivel, et que nous trois nous connaissons pour être celle du capitaine Lacuzon, mon père.

— Guilbert, répond le jeune châtelain, vous m'avez octroyé toutes les femmes qui seraient prises à l'ennemi.

— J'en conserve la mémoire, mais cette fille n'appartient point aux Montrivel, vos ennemis; cette fille appartient à l'héritier de son père, elle m'appartient.

— Tu ne l'auras jamais!

— Ecoute : j'avais prévu ton refus dédaigneux. Je reste en face de toi pour que tu puisses révoquer à temps ton arrêt injuste. Regarde par cette fenêtre.

En achevant ces mots, Guilbert laisse échapper un cri sauvage auquel mille voix répondent; en quelques minutes, les Truands envahissent toutes les galeries du château, s'emparent de toutes les portes, et promènent de part et d'autre, des torches incendiaires. Jean, pâle, furieux et dévorant sa rage, voit tomber sous la hache, et se tordre dans les flammes, l'héritage glorieux de ses pères, cet inexpugnable donjon sur lequel reposait sa gloire. Enfin, d'une voix déchirante, il s'écrie :

— Qu'Isaure choisisse entre nous deux!

— J'y consens, s'écrie le capitaine... Et il abandonne sa main au sire de Watteville, qui l'amène dans une closette sombre où la charmante Isaure prête son oreille épouvantée aux cris de guerre qui retentissent.

Alors tous deux se jettent à ses pieds.

— Tu es ma sœur, ma sœur adorée, lui dit l'un.

— Mon amante, dit l'autre, celle dont je n'ai pu vivre séparé.

— Viens dans mon camp, tu seras reine, ajoute le bandit; cet homme ose-t-il parler de son amour, lui qui t'abandonnait à cause du crime de ta naissance?

— Suivras-tu, mon Isauro, ce voleur infâme, ce chef d'impurs Bohémiens? Ma fierté se révolta d'abord à l'idée d'un mariage avec la fille des brigands; pardonne, pardonne-moi, je jure de t'épouser!

La belle tête d'Isaure a pris une expression plus grave, plus noble que jamais. Après s'être fait expliquer le secret de sa fatale naissance :

— Vous avez juré, leur dit-elle, de vous en tenir à mon arrêt. Répétez vos serments.

Les ayant reçus, elle ordonne à Jean de sortir. Restée seule avec son terrible frère :

— Prenez votre hache, dit-elle, et frappez ce billot... Guilbert fit vibrer un instant son arme, qui s'enfonça d'un pied dans le bois de chêne.

—A genoux, mon frère, dit Isaure, et laissez-vous bander les yeux ; puis vous allez frapper sur le billot un coup pareil à celui-ci.

— Mais pourquoi ?....

— Frère, vous avez juré d'obéir !

Guilbert se laisse bander les yeux, brandit de nouveau la hache d'armes du capitaine Lacuzon et l'abat..... Mais un cri faible et douloureux a répondu. Baissant le voile qui couvrait ses yeux, ô spectacle effrayant ! il aperçoit devant lui sa sœur, son Isaure, baignée de sang, et sur l'affreux billot, un bras coupé qui se raidit dans d'horribles convulsions ; sur ce bras, aussi blanc que la neige et d'où s'échappent les flots d'un sang pur, il aperçoit gravée l'empreinte dont le capitaine Lacuzou avait marqué tous ses enfants. Cependant il relève la malheureuse ; à ses cris on accourt, et Jean de Watteville tout le premier. L'héroïque jeune fille se jette entre ses bras, et d'une voix éteinte :

— Je me suis partagée entre vous. A toi, Guilbert, ce que je tiens de ton père. A vous, Jean, la fille de la châtelaine de Montrivel, à vous mon cœur !

Le capitaine des Bohémiens s'enfuit avec tous ses brigands, sans prononcer une parole ; il fut suivi de Gulte, sa mère, et jamais dans le pays on ne reparla d'eux.

Jean de Watteville fit annoncer aux Montrivel qu'il épouserait leur fille, et il s'empressa de la faire dès qu'elle fut guérie. Son amour, son orgueil étaient également satisfaits, puisque la marque honteuse de bâtardise avait disparu du corps de son amante. La vieille dame de Watteville, frappée de ce courage admirable d'une enfant, disait : « Elle s'est purgée de tout le sang qui lui venait du bandit. »

DE LA VILLEDIEU.

ALBUM PITTORESQUE.

PAYSAGE SUISSE.

Aimez-vous les voyages, les changements de sites, les chasses au chamois, les échappées de vue, les paysages, l'écume des torrents, la moire des lacs, les effets de brouillards, les fleurs, les arbres, les rochers, les étoiles ? Allez en Suisse ! Voulez-vous voir le fleuve étincelant, la mer de glace, la vallée noire et féconde, le pont du

Diable, la force et la beauté du monde ? Allez en Suisse ! La Suisse est le belvéder et la terrasse de l'Europe. Si vous êtes malade, ses eaux thermales vous guériront ; si vous êtes bien portant, vous sentirez là vos forces se décupler, votre vie s'étendre, vos poumons se dilater. Ainsi que l'aigle des montagnes, vous vous baignerez dans un nuage, et votre vie sera renouvelée. A cette hauteur où vous serez, oh ! comme on prend en pitié les misérables agitations de la terre ! Comme l'âme se rapproche de la Divinité ! comme on plaint ces petits hommes qui passent en bas de vous, avec leurs petites idées et leurs petites passions, devant les grands mystères de l'existence ! Oh ! l'on ne doute plus en présence de cette nature-là ! On sent trop bien la main de Dieu peser sur soi. Des arbres, des torrents, des nuages, des rochers, des abîmes, sortent mille voix confuses, errantes et mélodieuses, qui vous crient sans cesse : Dieu ! Dieu ! Dieu ! L'immensité vous écrase, vous broie, vous confond, vous anéantit, et il vous semble entendre partout autour de vous ces paroles qui tombaient avec une si dédaigneuse ironie des lèvres de Montaigne : « Enfle-toi, pauvre homme, et encore ! et encore ! »

Et puis, que de souvenirs, que de grands noms qui planent au-dessus de ces collines, de ces villes, de ces châteaux ! D'abord, des noms de héros : Jules César, Guillaume Tell, Napoléon. Ensuite d'autres noms célèbres parmi les archéolognes de l'âme et les historiens de la pensée : Rousseau, Calvin, Byron, Lavater, Mme de Staël, Sénancourt. Quand Jean-Jacques parcourait les déserts de La Meillerie, ces âpres solitudes lui inspiraient sans doute les pages sévères où le 19e siècle était en germe. Byron est venu apporter là son scepticisme railleur ; il a eu aussi son quart d'heure d'enthousiasme ; et sa vie, agitée comme les flots du Rhône, s'est précipitée dans la nuit éternelle en exhalant ce cri funeste : « Que sais-je ! » Seule, la pupille de Schlegel a gardé jusqu'à la fin son sang-froid philosophique, ses études positives et sérieuses, sa puissance virilité. Seule, elle a poussé le scalpel, sans trouble et sans émotions, dans l'organisation morale de l'homme.

Une chose qui rendra l'Helvétie chère à jamais aux touristes de tous les pays, c'est la nouveauté, la multiplicité et la variété des sensations qu'on y éprouve. L'Italie, cette grande hôtellerie de marbre, a été dépoétisée par les voyageurs spleenétiques, par leur stupide enthousiasme et leur admiration de commande. Dans ce pays, il y a des fabriques de vases antiques, de médailles antiques, de statues antiques, que l'on vend fort cher aux Anglais. Tout votre itinéraire est réglé à l'avance. Vous ne pouvez éprouver d'autres émotions que celles qui ont été ressenties par vos devanciers et consignées dans leurs manuels. En Suisse, la nature varie ses aspects à chaque pas, à chaque instant. Ici c'est l'hiver : la neige, le givre, la bise; vous tournez un rocher, et voilà le joyeux printemps : les gazons, les fleurs, les cascades, la végétation luxuriante. Parfois vous avez à côté de vous le danger, ce rude, mais précieux compagnon, qui soulève le poids de la douleur et qui rattache à la vie.

Bientôt vous passez à un spectacle doux et consolant. Vous êtes à l'hospice des religieux, dont la charité, bien plus que les calculs des savants, vous apprend que vous vous rapprochez du ciel. Quel tableau admirable que celui de ces hommes inconnus, vivant de la vie la plus sainte, ne levant leur mélancolique regard que pour bénir ceux qu'ils rencontrent, disant avec leur voix, avec leurs traits que l'agitation ne frappe jamais, qu'ils ne vivent que pour ce Dieu si grand, oublié dans le monde, adoré dans leur désert! Oh! qu'elle est pénétrante la voix de la religion qui s'est réfugiée au milieu de ces cimes abruptes et de ces glaces éternelles! Comme elle saisit le cœur de l'homme que le plaisir fatigue et qui s'attache par la douleur! Comme elle fait descendre à lui ces grandes, ces profondes émotions qui le préparent aux phénomènes de l'autre vie!

La scène magique change encore. Vous traversez un corridor; vous ouvrez une porte, et vous tombez au milieu d'un salon de la Chaussée-d'Antin, muni de tout le confortable de la vie, garni d'un piano, embelli par de jeunes femmes aimables et rieuses; vous retrouvez les mœurs élégantes, la conversation spirituelle du boulevard de Gand. Pour vingt-quatre heures vous déposez à la porte les guêtres de voyage, la blouse, le bâton ferré; vous faites votre partie d'échecs; vous écoutez un motif de l'admirable *Guillaume Tell*, de Rossini; vous feuilletez les journaux, les revues, les albums, et entre deux articles de polémique ou de faits-Paris, vous pouvez entendre les jérémiades du vent dans les lourds sapins, les chants alpestres, les appels aigus des guides, le tonnerre étouffé des avalanches, et dans le lointain, les sourds rugissements de l'esprit de la montagne.

Le lendemain, vous reprenez votre costume de fatigue et vous pèlerinez avec une nouvelle ardeur. Vous voyez les longues caravanes de curieux se perdre au milieu des sapins pour reparaître un instant après, s'arrêtant à chaque pas afin de remédier à quelque accident arrivé à leurs montures, se préparant à tourner un de ces précipices devant lesquels reculerait le chamois, et que M. Alexandre Dumas enjambe comme un ruisseau de la rue de Rivoli. Les minéralogistes font sauter des fragments de roches avec leur marteau d'acier; les botanistes marchent courbés vers les plantes rares qui leur apparaissent en foule; les entomologistes poursuivent les lépidoptères avec un filet de gaze bleue; les peintres traînent leur chevalet et leur toile de six; les poëtes déclament; les musiciens fredonnent; les femmes rêvent. A leur allure méditative et compassée, et surtout à la fumée de la pipe, se font deviner les Allemands, se mêlant peu aux autres nations, ne parlant que lorsque la nécessité l'exige absolument, ne voyageant jamais que dans un but utile et déterminé. Le bruit, les éclats de voix, les rires, les interjections, les oh! et les ah! admiratifs, annoncent de loin nos gais compatriotes. On reconnaît les Anglais à l'état parfait de leur toilette, à leur raideur, à l'absence complète chez eux de toute forme humaine, enfouis qu'ils sont dans leur excellent *machinstosh*, sous lequel ils se dérobent aux brouillards et aux coups de vent; tandis que leurs moitiés, élancées comme de jeunes mélèzes, juchées sur leurs mulets, la tête cachée dans leur *cottadge*, se laissent mélancoliquement conduire par leurs guides.

Si vous tenez à vous faire une idée de la Suisse sous le double aspect qu'elle présente, il est nécessaire que nous vous donnions le croquis de deux scènes; l'une de calme, de quiétude, de sérénité; l'autre, de trouble, de désolation, de mort : le Bain en famille et l'Avalanche.

Pour la première scène, nous n'aurons qu'à vous prier de jeter un instant les yeux sur la gravure ci-annexée, laquelle reproduit le tableau exposé au dernier salon par un jeune artiste plein d'avenir. D'après cette gravure, nous pourrions très-aisément vous faire une idylle dans le goût de celles de Gessner, de Florian ou de M. de Fontenelle; mais hélas! le siècle n'est pas du tout à la bergerie. Maintenant les princesses dessinent, sculptent, et ne vont plus traire les chèvres, comme l'infortunée Marie-Antoinette; les colonels se battent avec les Arabes, et ne brodent plus dans les boudoirs; au lieu de faire de petits vers aphrodisiaques dans les ruelles, les abbés pratiquent les vertus chrétiennes, et vivent pauvrement, essuyant en silence la boue qui leur

PAYSAGE ET COSTUMES SUISSES.

vient du monde; notre jeune aristocratie élève des chevaux, et ne compose ni charade ni madrigal. Regardez le village que vous avez sous les yeux, et veuillez croire, vous à qui ce mot de village ne rappelle que les ignobles amas de maisons groupées autour d'une mare infecte, des chaumières enfumées et malpropres, veuillez croire que vous n'avez aucune idée de l'élégance et de la coquetterie des habitations suisses. Un châlet, c'est tout ce qui existe au monde de plus suave, et en même temps de mieux imaginé pour se prémunir contre les rigueurs de l'hiver. Ces murs blanchis à la chaux, ces enseignes se balançant au vent, ces galeries, ces fenêtres à petits carreaux brillants, ce toit protecteur qui avance sa robe de chaume semée de ficoïdes d'or, cette verdure, ce parfum de localité, séduisent le cœur et l'imagination. Placez devant le châlet une fontaine simple, mais pittoresque, de laquelle tombent deux filets d'eau; supposez près de la fontaine une montagnarde, avec son tablier rayé et son grand chapeau en paille de riz, laquelle, assise sur un tronçon d'arbre, fait baigner son cher Benjamin tout nu, dans la même cuve où barbotent doux jolis canetons. La petite sœur, coiffée d'un bonnet noir, qui laisse échapper deux nattes de cheveux blonds, regarde l'eau et les canards. L'autre enfant, qui tient à la main une pomme, et dont la joue est ronde comme la pomme, se prend à rêver sans trop savoir pourquoi. Une jeune fille, venue là pour puiser de l'eau, contemple ce spectacle, d'où paraissent lui venir d'abondantes réflexions. Les figures forment une pyramide, comme dans les tableaux de Léopold Robert. Cette vallée, c'est peut-être la vallée d'Engadine, la plus belle des Alpes Rhétiennes. L'eau qui coule à gauche peut bien être la rivière de l'Inn, et les montagnes qui cernent l'horizon, comme pour former le cadre du tableau, ce sont sans doute les monts Albula, Bernina, Scaletta, au-dessus desquels étincellent les glaciers du Cimols. Tout est calme, tout est rose, tout est riant, tout est parfumé; c'est comme une extase de la nature sous le regard de Dieu.

Vous venez de voir du gracieux; voici du terrible.

L'Avalanche! Ce mot a en lui-même quelque chose d'effrayant et de glacial. La chute d'une avalanche produit un bruit isolé, qui ne ressemble à aucun autre. Nulle créature vivante ne lui répond par un cri de terreur. L'écho même est muet dans les innombrables anfractuosités des montagnes : ces tortueux dédales, tapissés d'une neige qui les assourdit, reçoivent en silence un murmure insensible, auquel pas le moindre son ne succède. Le calme, dans des régions où la nature est comme enveloppée d'un vaste linceul, ajoute à l'impression de terreur que produisent ces pics aigus, ces arêtes inabordables, ces squelettes décharnés, et cette livrée des hivers éternels, étendue comme le voile de l'oubli sur le théâtre des plus anciennes révolutions du globe. En poussant le pied au bord d'une fente déjà apparente, on peut déterminer la chute d'une avalanche, c'est-à-dire faire glisser la dernière couche de neige-glace sur celle au-dessous. Un coup de fusil, la voix des voyageurs, le son des clochettes de mulets, peuvent avoir le même résultat. Les avalanches de neige en poussière (*staubblouinen*) sont plus dangereuses, à cause du grand espace qu'elles enveloppent, et surtout du mouvement qu'elles impriment à l'air. L'ouragan emporte tout ce qui se trouve sur son passage, arbres, maisons, villages entiers. En moins d'une heure, les routes sont effacées et la neige prend partout dix pieds de profondeur. La montagne s'ébranle jusqu'en ses fondements; les arbres s'entre-choquent, les branches se brisent; les rochers se déracinent et se heurtent en tombant; les murs des maisons se lézardent; les poutres craquent; les toits éperdus se jettent l'un contre l'autre. Tout s'écroule! Ce sont des convulsions, des affres, une agonie. A la clarté blafarde de la lune, les hommes, les femmes, les enfants, arrachés à leur sommeil, errent demi-nus, l'œil hagard, la bouche béante, les cheveux hérissés, sans se reconnaître, sans savoir où trouver un abri. Ceux qui ont pu s'échapper de leurs maisons à demi écrasées, se cherchent, s'embrassent, se réunissent. Le curé se place au milieu d'eux, calme et grave, tenant à la main l'ostensoir qui renferme l'hostie consacrée. Tout le monde se précipite à genoux dans la neige, le front découvert, les yeux en haut, l'âme saisie de terreur; et bientôt, au bruit des avalanches lointaines, roule dans les escarpements de la montagne la terrible et solennelle mélodie du *Dies iræ.*

Dies iræ....

O jour du Dieu Vengeur, où, pour punir les crimes,
Un déluge brûlant jaillira des abîmes,
Où les cieux vomiront la foudre et les éclairs!
Quel trouble en tous les cœurs, quand ce juge sévère,
Lançant de toutes parts les traits de sa colère,
Sur un trône de feu paraîtra dans les airs!

Tuba mirum...

Aux antres les plus sourds la trompette entendue,
Ranimant la poussière en cent lieux répandue,

18

Tous les morts sortiront de l'horreur des tombeaux;
Et, dans l'effroi commun du corps de la nature,
Aux pieds du créateur, la pâle créature
Attendra pour jamais ou les biens ou les maux.

Liber scriptus...

Dieu, découvrant des cœurs la nuit la plus profonde,
Fera lire en ce livre, ouvert à tout le monde,
L'adorable équité de ses arrêts divers;
Il fera voir à nu les noirs replis des âmes,
Et, frappant d'un jour vif tous leurs crimes infâmes,
Confondra la malice aux yeux de l'univers.

Quid sum miser ...

Que répondrai-je, hélas! à ce juge terrible?
Qui fléchira pour moi sa justice inflexible,
Quand les justes craindront ce grand roi que je crains?
O Christ! oppose en moi ta grâce à ta colère;
Toi qui fais dans nos cœurs tout ce qui te peut plaire,
Et couronnes les dons en couronnant tes saints!

Recordare, Jesu pie...

Souviens-toi qu'étant Dieu, d'immortelle nature,
Tu vins par tes douleurs guérir notre blessure;
Tu vins, homme et mortel, sauver l'homme perdu!
Tu voulus te lasser, cherchant mon âme errante;
Ton amour pour ma vie offrit ta mort sanglante.
Qu'en vain le sang d'un Dieu ne soit pas répandu!

Juste judex...

O juge inexorable en ta juste vengeance,
Daigne être mon sauveur au temps de la clémence,
Avant d'être mon juge au jour de la rigueur!
Si mon crime t'aigrit, que mon remords te touche!
Mes yeux pleurent du sang; l'horreur ouvre ma bouche;
La honte est sur mon front, le remords dans mon cœur.

Tu Mariam...

Toi qui rends Madeleine à tes anges semblable,
Qui fais du saint martyr d'un brigand redoutable,
Tu veux qu'un humble espoir reste aux plus criminels.
J'ai donc recours à toi, tes bontés sont mes armes;
Préviens ma juste peine, et par l'eau de mes larmes
Éteins l'embrasement de ces feux éternels!

Inter oves...

Quand ta main, par un choix qui me glace de crainte,
Mettra là les damnés, ici la troupe sainte,
Place mon âme au rang des agneaux glorieux!
Quand ce peuple maudit par ta voix de tonnerre
Sera précipité jusqu'au fond de la terre,
Que j'entre avec tes saints aux clairs palais des cieux!

Oro supplex...

Grand Dieu, qui vois mon cœur en moi-même se fendre,
Qui vois que les remords vont le réduire en cendre,
Si tu n'es mon support, que deviendrai-je alors?
O jour non jamais craint comme il est redoutable,
Où des creux du tombeau sortira le coupable;
Tremblant devant son juge et brisé de remords!

Pie Jesu....

Doux Jésus, dont l'amour tous nos crimes surpasse,
Donne gloire à ton nom, donne aux vivants ta grâce;
Donne la paix aux morts!

Ces bons et frustes montagnards bénissent en-
core le ciel au milieu du danger. Ils pleurent et
se frappent la poitrine dans l'appréhension des
jugements éternels. Le lendemain, les rayons du
soleil se jouent dans les ravines, jettent aux cas-
cades des écharpes irisées; et les touristes, ar-
rêtés devant les ruines, se font raconter les dé-
sastres de la nuit.

JULES LADIMIR.

FOYER DU THÉATRE-FRANÇAIS.

MOLIÈRE (suite).

Molière avait une revanche à prendre; il se la
fit éclatante. *L'École des Maris* obtint un grand
succès, le 24 juin 1661, sur le théâtre du Palais-
Royal. Ce fut la continuation de la bonne comédie
dont les *Précieuses Ridicules* avaient été le coup
d'essai. Comme dut être heureux, s'il assistait
à cette représentation, le vieillard du parterre
qui avait jeté naguère à notre auteur une si en-
courageante apostrophe! « Quand Molière n'au-
rait fait que l'*École des Maris*, dit Voltaire, il
passerait encore pour un excellent comique. » Et
Voltaire a raison.

L'École des Maris, dont le titre n'est pas tout
à fait exact, puisqu'il s'agit de deux personnages
qui ne sont pas encore mariés, offre deux sys-
tèmes d'éducation à l'égard des jeunes personnes.
Molière s'est toujours montré le défenseur des
femmes, même des plus rusées; aussi ne veut-il
pas tout d'abord qu'elles soient enfermées ni con-
traintes; il préfère s'en remettre à leur foi, quel-
que dangereuse que puisse être la liberté pour
elles. Il ne cessera de soutenir cette thèse, qui,
devenue la loi du théâtre, tantôt se traduira par les
espiègleries d'Isabelle et d'Agnès, tantôt par le
bon sens de ses servantes, et recevra enfin sa
sanction de la noble conduite d'Elmire, la femme
d'Orgon. L'excellence de ses moyens se révèle
dans cette pièce.

Plus de bouffonnerie comme dans le *Cocu ima-
ginaire* ; plus d'amours romanesques comme
dans *Don Garcie de Navarre*. Molière s'est atta-
qué à la réalité des mœurs. Rien n'est plai-
sant comme de voir le tuteur d'Isabelle servir de
Mercure à sa charmante pupille, et porter les
tendres messages qui tourneront contre lui ; cette
bonhomie d'un individu ridicule sans le savoir, et
travaillant à sa perte, sera pour Molière une
grande source de comique à l'avenir. Isabelle, il
faut l'avouer, est un peu friponne, sans trop s'é-
carter des bienséances. Grande est sa légèreté lors-
qu'elle va chercher un refuge dans la maison même
de son amant; mais à qui la faute? à son geôlier :

Sommes-nous chez les Turcs, pour enfermer les femmes?

Personne ne plaint la destinée de Sganarelle, fort heureux de n'être pas encore mari, car la visite que rend Isabelle au jeune Valère n'aurait plus pour sauvegarde l'innocence. Ce Sganarelle se trouverait dans l'exacte position de Georges Dandin. La série des frères et amis raisonneurs, non moins que raisonnables, de Molière, commence avec l'Ariste de *l'École des Maris*. Ce personnage est le type de ces honnêtes bourgeois pleins de sens qui connaissent si bien la pratique de la vie, et veulent qu'on s'y accommode du mieux possible, en respectant les goûts des autres. Ariste sait se plier même à la mode, cette divinité changeante; il est de l'avis de La Bruyère, lequel dit *qu'un philosophe doit se laisser habiller par son tailleur.*

Molière a pris à Térence ses deux frères, dont l'un est doux et complaisant, l'autre maussade et méfiant. A la place de deux filles, ce sont deux jeunes gens qu'élèvent les vieillards de Térence; mais nous devons avouer que le Micion du poëte latin, qui a servi de modèle à l'Ariste du poëte français, pousse un peu loin la tolérance; il dit à son frère :

Non est flagitium, mihi crede, adolescentulum,
Scortari neque potare; non est neque fores
Effrangere (1).

La morale de ce Micion était un peu relâchée. L'Ariste de Molière permet, lui, à sa pupille Léonor, d'aller à la comédie, au bal toute seule, avec sa suivante, et c'est assurément oser beaucoup. Léonor ne prête pas l'oreille aux discours des galants, mais elle peut s'y habituer. Nous avons remarqué que dans la distribution des rôles faite par Molière pour sa troupe, celui de Léonor appartenait à Mlle Béjart, qui depuis fut sa femme. Peut-être espérait-il lui inculquer ainsi le sentiment du devoir; malheureusement le mariage de Molière ne porta pas d'heureux fruits. Ariste eut à se repentir d'avoir épousé Léonor.

De toutes les filles de Molière, Isabelle est la plus hardie. Agnès, qu'on peut regarder comme sa sœur jumelle, est moins aventureuse, car Agnès ne sait que répondre aux avances d'Horace, Isabelle provoque celles de Valère. Molière, en empruntant à un conte italien les ressorts ingénieux de sa comédie, car il a su fondre Térence

(1) Croyez-moi, ce n'est pas un si grand crime à un jeune homme de faire l'amour, d'aller au cabaret, d'enfoncer les portes.

et Boccace, substitua à une femme mariée une fille libre dont on veut contrarier le désir. Après avoir sauvé les mœurs, il lui restait à adoucir ce qui pouvait paraître choquant dans la conduite d'Isabelle; c'est avec un art infini qu'il l'a fait, non-seulement en traçant le portrait d'un tuteur ridicule et maladroit, capable même de violence, mais encore en insistant sur la sincérité de l'amour des deux jeunes gens. Isabelle sort, il est vrai, des limites que lui assigne la pudeur de son sexe, mais elle en demande d'abord pardon au ciel; elle y est contrainte par la réclusion qu'on lui fait subir; et l'on a trop bien vu l'honnête tendresse que Valère lui porte pour avoir quelque inquiétude sur sa démarche. On sent bien qu'elle n'est pas femme à se vêtir de serge, comme le veut Sganarelle, et à vivre dans la compagnie des dindons d'une basse-cour; elle a trop de grâce dans la taille et trop de malice dans l'esprit pour cela; ce n'est pas une effrontée, il s'en faut; et la mère de famille la plus sévère ne la désavouerait pas pour sa fille, tout en reconnaissant qu'elle a un peu trop de penchant à la dissimulation.

Cette pièce fournit plusieurs exemples de certaines libertés que Molière prendra avec ses spectateurs, toutes les fois qu'il en aura envie. Il a emprunté au théâtre ancien la place publique; il jalonne de chaque côté les maisons des gens dont il a besoin : lui faut-il un commissaire, un coup de marteau donné à l'angle d'un mur, et le commissaire désiré paraît; un notaire est-il indispensable, le notaire demandé se montre; voulez-vous un frère qui raisonne, vous l'aurez par le même procédé. Pour expliquer des rencontres multipliées dans le même lieu, nous entendrons Horace, de *l'Ecole des Femmes*, dire à Arnolphe :

La place n'est heureuse à vous y rencontrer.

Quand une somme d'argent sera nécessaire à l'action, son personnage aura toujours sur lui la somme voulue. Ce sont des défauts, assurément, mais qu'on pardonne à Molière à cause de la naïveté qu'il y met. Le dénouement de *l'Ecole des Maris*, vanté par beaucoup de littérateurs, n'est pas exempt de ce sans-façon; cependant le spectateur est si satisfait de voir le tuteur d'Isabelle puni de sa rigueur, qu'il fait bon marché du reste; il admet aisément le commode voisinage du commissaire, du notaire et du frère.

Il est une chose qui devrait singulièrement faire réfléchir les littérateurs de notre temps, si empressés de publier leurs ouvrages, eux qui se tuent quelquefois dès leur vingtième année, parce

que la renommée n'a pas encore répété leur nom.
S'ils daignaient s'instruire du passé, ils sauraient
que l'*Ecole des Maris* est la première pièce que
Molière ait cru pouvoir imprimer; car le manu-
scrit des *Précieuses ridicules* lui ayant été dérobé,
comme nous l'avons dit, ce ne fut pas de son plein
gré qu'il se décida à rectifier les erreurs conte-
nues dans une édition faite sans sa participation. Il
avait retenu ses autres comédies dans son porte-
feuille. Aujourd'hui, l'auteur du moindre vaude-
ville, joué au théâtre du Panthéon ou du Luxem-
bourg, ne manque pas de le faire paraître quelques
jours après chez Barba, comme si la France im-
patiente attendait son œuvre sans nom. Autre
temps, autres mœurs, autres comédies aussi!!! Mo-
lière professa toujours cette modestie suprême,
ce doute des grands esprits, et plus tard il fit
tenir à son *Misanthrope* les discours les plus sen-
sés là-dessus. Molière, guidé toute sa vie par de
tels principes littéraires, hésitait à livrer à l'im-
pression l'*Ecole des Maris*, ce chef-d'œuvre, et
Molière avait alors trente-neuf ans, âge qui le
rendait parfaitement susceptible d'apprécier la
valeur de son génie. Avant d'avoir atteint cet
âge, tous nos grands hommes ont déjà publié
leurs œuvres complètes. Comme Molière eût souri,
de son sourire le plus philosophique, s'il eût été
témoin de cette déplorable fécondité et de cette
incroyable présomption!

L'intrigue des *Fâcheux*, cette comédie-ballet
jouée à Vaux le 17 août 1661, est moins exacte
et moins travaillée que celle de l'*Ecole des Maris*.
Molière, dans l'avertissement mis en tête de la
première édition de ses *Fâcheux*, assure que cette
comédie a été conçue, faite, apprise et représentée
en quinze jours, et il rejette adroitement les fautes
qui peuvent s'y trouver sur le peu de temps
qu'on lui accorda pour cette composition, la pièce
ayant été commandée par le roi à l'occasion des
fêtes que le surintendant Fouquet donna, à la
veille de sa disgrâce, dans son château de Vaux,
au superbe Louis XIV. Molière, à ce qu'il paraît,
n'était pas alors de l'avis d'Alceste, qui prétend
que *le temps ne fait rien à l'affaire*. Cet avertisse-
ment est curieux encore en ce qu'il annonce l'in-
tention que le poëte avait de faire imprimer des
remarques sur ses pièces. Quel malheur que nous
ayons été privés de ce cours théâtral, qui aurait
mieux valu, à coup sûr, que les préceptes d'A-
ristote et d'Horace! Il faut regretter aussi que
l'auteur des chefs-d'œuvre de notre scène comique
n'ait pas eu le temps de mieux arranger un sujet
si bien trouvé que celui des *Fâcheux*, et de com-
poser, ainsi qu'il le disait lui-même, *une comédie*

en cinq actes bien fournis. Louis XIV, en cette cir-
constance, nous semble le premier fâcheux.

Cette comédie appartient au genre de pièces
qu'on appelle à tiroir, c'est-à-dire pièces à scè-
nes détachées qu'un nœud léger a réunies. Il s'a-
git pour Éraste tout simplement de ne pas man-
quer au rendez-vous que lui a assigné sa maîtresse,
et il se trouve assassiné de fâcheux qui le retar-
dent et se cramponnent à lui sans qu'il puisse les
éconduire. C'est la même position, il est vrai,
depuis le commencement jusqu'à la fin, mais les
scènes sont variées par la diversité des caractères,
et jamais on n'a mieux su retracer les ennuis de
l'importunité : aucun trait n'a été omis par le
grand peintre, depuis l'homme qui vous prend au
collet pour vous débiter ses hémistiches, jusqu'à
celui qui vous arrête dans la rue afin de vous em-
prunter deux pistoles à la suite d'un entretien dé-
tourné... Que ne le disais-tu plus vite, malheu-
roux!...

La force comique de Molière se fait pleine-
ment jour dans cette pièce, et s'y étale large-
ment. La main qui a tracé les scènes du joueur
de piquet et du chasseur de cerf, dont Louis XIV
avait, dit-on, désigné l'original à Molière dans la
personne de son grand-veneur, le marquis de
Soyecourt, cette main était initiée à tous les se-
crets de son art. N'est-ce pas une chose admira-
ble, en effet, que de vouloir forcer un amoureux
attendant sa maîtresse, à donner son opinion sur
les chances du pique et du carreau? et, lorsque le
fâcheux tire des cartes de sa poche pour mieux
faire comprendre son explication, peut-on s'em-
pêcher de rire aux éclats? Quel trait que celui du
chasseur qui oublie tout à coup et le cerf et les
chiens, pour donner la description de son cheval
alezan, et torture ainsi le cœur de son auditeur,
dont l'impatience se croyait au bout du récit! Ce
comique prolongé, d'où est sorti le *pauvre homme*
du *Tartufe*, est un des procédés les plus heureux
de Molière, et qu'il avait déjà mis en usage dans
les *Précieuses ridicules*.

Nous ne saurions passer sous silence les ma-
gnificences de Vaux, auxquelles se rattache cette
comédie des *Fâcheux*. Ce nom de Vaux rappelle
la fidélité au malheur en même temps que le
génie. Les vers de La Fontaine, ainsi que les écrits
de Pélisson, reviennent aussitôt à l'esprit. Fou-
quet, le surintendant, grâce à ses généreux dé-
fenseurs, vivra toujours; la poésie, qu'il sut en-
richir et flatter, a jeté sur ses infortunes quelques-
unes de ces gouttes d'ambre qui parfument et
conservent durant les siècles. L'arrestation de
Fouquet eut lieu dix-sept jours après la fête cé-

lèbre qu'il donna à Vaux. Quel beau moment dans la vie de Louis XIV! c'était l'heure où le cœur lui battait d'un noble amour pour mademoiselle de La Vallière, où il s'assimilait heureusement l'intelligence des grands hommes de son temps. Louis XIV, qui au fond était un prince médiocre, eut du moins un éclair d'esprit et de goût dans sa jeunesse amoureuse; il perdit tout avec La Vallière, maîtresse qui valait mieux que lui.

Vaux a été presque détruit en 1815 : les Bavarois l'ont saccagé; Vaux, dans sa situation actuelle, offre un singulier emblème aux caprices de l'imagination. S'il faut en croire un de nos plus spirituels écrivains, M. Léon Gozlan, la devise de Fouquet se composait d'un écureuil poursuivant une couleuvre! l'écureuil, c'était lui; la couleuvre, c'était Colbert, son ennemi personnel. La devise de Fouquet était celle-ci : *Quò non ascendam? Où ne monterai-je pas?* On voit passer à présent sur les marches des grands escaliers abandonnés de Vaux, escaliers aussi grands que ceux de Versailles, de grosses et larges couleuvres. Colbert a triomphé. On retrouve l'allée de sapins dont parle La Fontaine dans la lettre écrite à M. de Maucroix sur la fête de Vaux, lettre où il dit que Molière *est son homme;* mais il n'y a pas un écureuil dans les branches, et les nymphes, que le poëte assure avoir vues pleurantes, et qui redemandaient avec tant d'instance qu'on leur rendît Oronte, ont disparu comme les écureuils. Pourquoi tout cela? pourquoi Fouquet fut-il emprisonné? On prétend qu'il avait osé lever les yeux vers l'astre nouveau qui commençait à briller à la cour, vers la jeune La Vallière, cette tendre fille d'honneur. Il avait pris au sérieux le vers de Boileau :

Jamais surintendant ne trouva de cruelles;

mais Boileau n'avait pas prévu le cas où les surintendants seraient les rivaux des rois.

Pour en revenir à la comédie dont il est question, Molière s'est inspiré des peines racontées par le poëte latin Horace, en se voyant arrêté et suivi par un fâcheux dans la voie Sacrée, alors qu'il s'en allait, comme il le dit dans sa neuvième satire :

Nescio quid meditans nugarum, totus in illis.

Mais Molière n'a pris que l'idée d'Horace : tous les portraits sont de lui, Molière.

L'Ecole des Femmes et l'*Ecole des Maris* ressemblent à deux fruits nés sur une tige commune; ces deux comédies appartiennent à la même pensée. Le moraliste a voulu montrer que non-seule-

ment c'était un mauvais expédient d'enfermer une femme d'esprit pour garder son cœur, mais que ce système de conservation ne demeurait pas sans danger vis-à-vis d'une ignorante : les verroux enfin se trouvent un jour tirés par l'amour, ce grand maître qui déjoue les projets des jaloux,

Et donne de l'esprit à la plus innocente.

Autant Molière s'était moqué des *Précieuses,* qu'il criblera de nouveaux traits dans *les Femmes Savantes,* autant il se raille de la sottise comme d'un grand mal; il est loin de prétendre condamner les femmes à l'ignorance absolue. C'est une juste mesure qu'il demande; c'est une instruction convenable qui sache discerner le bien du mal. Il veut, et plus tard nous insisterons encore là-dessus, des femmes auxquelles la raison, éclairée par l'expérience et vivifiée par le sentiment, ait enseigné leurs véritables devoirs. Il ne craint pas, pour atteindre son but, de hasarder quelques mots un peu vifs pour l'oreille. N'a-t-il pas pour lui l'approbation de Boileau, qui lui écrit à propos même de l'*École des Femmes :*

Que sa plus burlesque parole
Vaut souvent un docte sermon!

Molière, dans son *Don Garcie de Navarre,* avait déjà tracé une peinture de la jalousie, mais de la jalousie sérieuse, dont les emportements, malgré la cause insuffisante qui les fait naître, n'ont rien de comique; il ne tarda pas à comprendre le côté ridicule de cette aveugle frénésie; jaloux lui-même, il eut toujours quelque sympathie pour ce désordre de l'esprit, et, dans le rôle d'Arnolphe, personnage qui ne devait exciter que le rire, il trouva presque moyen d'attendrir. Nous verrons, plus tard, Molière s'identifier aussi dans les douleurs du Misanthrope. La pitié vous prend en vérité, à voir ce malheureux Arnolphe atteint au cœur d'un véritable amour, et se jetant aux pieds d'Agnès en homme désespéré. Il y a dans ce caractère quelques traits de profonde tendresse qui font oublier la singularité plaisante du personnage. Arnolphe, Agnès et le jeune Horace sont d'une vérité saisissante. Arnolphe, cette terreur de maris trompés, qui ne cesse de recueillir toutes les galantes aventures de son temps, comme s'il voulait en faire un recueil à la façon de Boccace, est une excellente figure de bourgeois moqueur qui croit avoir la sagesse en partage, et, parce qu'il a pignon sur rue et maison aux champs, s'imagine qu'une fille sans bien sera trop heureuse de l'avoir pour époux. Agnès, dans son ignorance des choses du monde, est pleine de naïveté; mais pour sotte, elle ne l'est pas. L'esprit lui vient avec l'amour. Sitôt que le regard du jeune Horace a animé cette charmante statue, elle marche, elle court; deux ou trois leçons du galant en font une femme aussi espiègle, aussi rusée qu'une autre. Agnès ressemble à cette fleur exotique qui se développe en un moment, et qu'un jardinier malavisé a mise sous cloche; un beau jour, la fleur fait éclater la prison de verre sous les yeux de son gardien. Horace est un type charmant de jeunesse et de passion. Léger et ouvert, il dit à toute la nature qu'il est amoureux.

L'allégresse du cœur s'augmente à la répandre.

Il s'en va confier à son propre rival ses plus secrets desseins; et le piquant de l'affaire, c'est qu'il lui emprunte de l'argent pour mener à bien son entreprise. Molière n'oublie jamais ces traits-là. Horace est un fils de famille, honnête et bien élevé, mais qui pense que l'on doit se contenter un peu dans la vie, et qu'épouser une belle personne est ce qu'on peut faire de mieux.

Molière a encore imité plusieurs ouvrages pour composer cette comédie. Il a mis à contribution un conteur italien du XVI⁰ siècle, Strapparole, ainsi que La Fontaine, son imitateur. Le conte du *Maître en Droit* a fourni le sujet de la comédie de *l'Ecole des Femmes*. Le docteur pousse à des intrigues amoureuses un de ses écoliers, et l'écolier commence par séduire la femme de son professeur, malgré toutes les précautions que celui-ci, mis par son rival dans la confidence des amours, prend pour sauver son honneur. Molière a eu recours pareillement à une nouvelle de Scarron; il possédait l'art suprême de fondre ensemble tous ses emprunts. La comédie de *l'Ecole des Femmes* fut jouée pour la première fois le 26 décembre 1662; elle obtint un si grand succès qu'elle fit éclore beaucoup d'ennemis à Molière. Ses rivaux se montrèrent à visage découvert, et cherchèrent à l'arrêter dans sa marche triomphante. Nous avons déjà vu un certain Antoine Bandeau faire le métier d'insulteur. Deux poëtes, confrères de Molière, Boursault et Montfleury fils, se levèrent à leur tour, chargés en quelque sorte de défendre tous les intérêts opposés.

Molière, qui n'était pas fâché de voir s'engager une lutte de laquelle il était certain de sortir vainqueur, prit occasion de cette levée de boucliers contre *l'Ecole des Femmes*, pour mettre en scène ses adversaires et les traduire au tribunal du public. La *Critique de l'Ecole des Femmes*, manifeste qu'il lança aussitôt contre eux, est un petit chef-

d'œuvre de malice. L'auteur nous apprend lui-même que sa comédie de *l'Ecole des Femmes* faisait l'entretien de toutes les maisons de Paris et que chacun voulait dire son mot sur cette pièce. Il s'empressa de réunir dans un même cadre et précieuses et marquises ridicules, et jaloux auteurs; et il fit combattre leurs sots discours par la raison d'un honnête homme, et par l'esprit de deux femmes sages et bien élevées. C'est là que l'auteur se justifie pleinement du reproche d'obscénité qui lui était adressé, parce qu'il appelle les choses par leur nom et qu'il s'est servi de quelques équivoques comiques, bien autrement grossières chez ses prédécesseurs. Molière se moque impitoyablement de ces prudes, *plus chastes des oreilles que de tout le reste du corps* (ce sont ses expressions), qui jettent les hauts cris au moindre mot scabreux, ce qui prouve chez elles une intelligence dépravée, au lieu de donner une haute opinion de leur pudeur. Il démontre que les femmes, épouses et mères, ou destinées à l'être, ne doivent pas s'offenser de plaisanteries naturelles sur les choses de la vie; le monde, après tout, n'est ni un cloître ni un couvent. Molière n'écrit pas pour les niais tels qu'Arnolphe, qui préconisait l'ignorance comme système d'éducation, mais pour les gens sensés, dont son Dorante de la *Critique de l'Ecole des Femmes* est le plus parfait modèle. Jamais apologie plus victorieuse n'a eu lieu.

Cependant Molière ne s'en tint pas là. Cette bataille à peine gagnée, il en souhaita une autre afin d'écraser ses ennemis, qui continuaient à faire du bruit. Ils se livraient même à des attaques d'un autre genre: un certain duc de La Feuillade, un de ces sots de cour qui prétendaient se reconnaître dans les portraits satiriques de Molière, s'imagina être l'original du marquis de la *Critique de l'Ecole des Femmes*, de ce fameux marquis dont la sagacité ne trouve d'autre argument que *tarte à la crême* pour prouver que la pièce est détestable. Plein de rancune, le duc de La Feuillade rencontre Molière quelque temps après la représentation du spirituel panégyrique composé par l'auteur. Il l'aborde avec les démonstrations d'un homme désireux de l'embrasser, selon l'usage des grands seigneurs d'alors, mais à la place d'une accolade, il serre violemment la tête du poëte entre ses deux mains, et ce furieux la frotte contre les boutons de son habit, en répétant d'un ton de colère: *Tarte à la crême, Molière, tarte à la crême!* Le comédien, ne pouvant se venger avec l'épée, alla se plaindre au roi, qui lui donna la permission d'immoler cette fois ses adversaires avec toute la liberté d'Aristophane. Molière fit jouer aussitôt *l'Impromptu de Versailles*. Acteurs de l'hôtel de Bourgogne, auteurs envieux, courtisans insipides, il n'oublie personne; il profite largement de l'autorisation du roi. Ce n'était pas un homme à laisser échapper de si bonnes occasions.

L'Impromptu de Versailles est une des petites pièces les plus curieuses de Molière, en ce qu'elle nous fait bien connaître et ses rivaux et la troupe qu'il dirigeait; elle nous montre l'anteur dans les coulisses de son théâtre. Molière est chez lui avec ses acteurs, il les appelle par leur nom; il explique à chacun son rôle; il critique avec finesse les défauts de celui-ci, la façon de jouer de celui-là, tout en donnant des conseils; il n'épargne pas de malicieuses remontrances qui trahissent son génie comique; cependant il est là comme un père au milieu de ses enfants. On reconnaît la meilleure et la plus honnête nature du monde dans le peintre hardi des ridicules de son époque. S'il accable ses ennemis, ne l'ont-ils pas bien mérité? C'est la loi de la guerre; il ne fait que se défendre contre eux. On lui a reproché d'avoir nommé Boursault; mais Boursault venait de livrer à la publicité une méchante diatribe contre lui, *le Portrait du peintre*. Pourquoi Molière se serait-il abstenu de le nommer? D'où viendrait que l'auteur dramatique n'eût pas le droit de stigmatiser publiquement ceux qui lui sont hostiles, tandis que ces messieurs auraient le privilége de l'injurier sans réserve dans leurs écrits? La personnalité est toujours une déplorable chose, mais n'est-il pas juste qu'on y réponde par la personnalité? Les gens qui la trouvent mauvaise ne doivent pas se la permettre : d'ailleurs Boursault avait osé donner à un théâtre rival son *Portrait du peintre*. En contrefaisant les comédiens de l'Hôtel de Bourgogne, Molière s'était attiré des haines qu'augmentait encore la réussite de ses ouvrages; ces comédiens avaient donc engagé Boursault à écrire contre un concurrent si redoutable; Boursault promit de dauber *ce Singe*, car tel était le sobriquet dont on affublait alors Molière. Il s'agissait de faire une comédie qui rabatît la fortune et l'orgueil de Molière. Boursault s'est mis lui-même en scène à ce propos :

DORANTE.

..... Et qui donc la fera comme il faut?

AMARANTE.

Un ami que je sais, qu'on appelle Boursault.

LE COMTE.

Je le connais : pécore!

DAMIS.

Il est cher à la muse.

LE COMTE.

Il s'amuse à la muse, et la muse l'amuse.

AMARANTE.

Mais les vers de Boursault sont assez bien choisis.

LE COMTE.

Je le soutiens, madame, un butor parisis,
Une grosse pécore, une pure mazette!

C'est Boursault qui s'est nommé : il n'y a pas d'autre titre à lui donner effectivement quand on a lu sa prétendue *Critique de l'Ecole des Femmes*. Voulez-vous juger de la subtilité de ses remarques? voici un de ses traits les plus piquants :

Rien de plus innocent se peut-il faire Voir?
Arnolphe vient des champs, et désire saVoir
Si, depuis son absence, Agnès s'est bien portée.
« Hors les puces, la nuit, qui m'ont inquiétée, »
Répond Agnès. Voyez quelle adresse a l'auteur,
Comme il sait finement réveiller l'auditeur!
De peur que son sommeil ne s'en rendît le maître,
Jamais plus à propos vit-on puces paraître?
D'aucun trait plus galant se peut-on souVenir,
Et ne dormait-on pas s'il n'en eût fait Venir.

Tout le reste est dans le même goût. N'admirez-vous pas cette finesse d'esprit? Que ces puces sont bien amenées! Nos vaudevillistes modernes sont dépassés. Heureusement pour Boursault, il s'amenda plus tard. Le *Mercure Galant* et les *Fables d'Ésope*, qui ne sont pas des productions méprisables, font presque oublier les rudes atteintes que Molière lui a portées dans *l'Impromptu de Versailles*. « Le beau sujet à divertir la cour que M. Boursault! s'écrie le grand poëte irrité. Je voudrais bien savoir de quelle façon on pourrait l'ajuster pour le rendre plaisant, et si, quand on le bernerait sur un théâtre, il serait assez heureux pour faire rire le monde. Ce lui serait trop d'honneur que d'être joué devant une auguste assemblée. Il ne demanderait pas mieux, et il m'attaque de gaieté de cœur pour se faire connaître, de quelque façon que ce soit. C'est un homme qui n'a rien à perdre; et les comédiens ne me l'ont déchaîné que pour m'engager à une sette guerre, et me détourner par cet artifice des autres ouvrages que j'ai à faire; et cependant vous êtes assez simples pour donner dans ce panneau. » Ces quelques lignes valent mieux que la comédie tout entière du *Portrait du Peintre*.

Une anecdote prouve que Boursault avait au fond quelque noblesse dans l'âme. Bafoué dans les satires de Boileau, il en éprouva un vif chagrin, et pourtant, quelques années plus tard, ayant appris que son cruel censeur, demeuré aux eaux de *Bourbon* plus de temps qu'il ne comptait le faire, se trouvait dans un grand besoin d'argent, il s'empressa de l'aller trouver et de lui offrir

deux cents louis. Boileau fut si touché de ce pro-
cédé, que, dans les éditions suivantes de ses sa-
tires, il effaça le nom de Boursault; mais comme
il lui fallait une rime en *ault*, il substitua le nom
de Perrault. Pauvre Perrault! pourquoi diable
son nom avait-il cette terminaison fâcheuse!
Voilà la justice distributive des poètes sati-
riques!!

Un autre auteur s'était aventuré à attaquer
Molière, Montfleury fils, qui espérait venger son
père, le célèbre acteur, des railleries de son con-
frère. Molière, en effet, ne cessait de railler les
acteurs de l'Hôtel de Bourgogne; il faisait rire le
public à leurs dépens. Un écrivain d'alors as-
sure, et cela est aisé à croire, que Molière était
comédien *des pieds jusqu'à la tête*. Il se tenait tou-
jours dans une juste expression, tandis que ses
rivaux criaient et gesticulaient à peu près comme
on le fait encore sur nos théâtres de boulevard.
Molière s'égaie du ton emphatique et des redo-
montades de ses rivaux. Montfleury, par exemple,
chargé des grands rôles, semblait avoir le diable
au corps; il se démenait si fort qu'il se rompit,
dit-on, une veine, en s'abandonnant avec trop
de rage aux fureurs d'Oreste; telle fut, à ce
que l'on prétend, la cause de sa mort; ce qui fit
dire à l'auteur du *Parnasse Réformé*, que Mont-
fleury était mort d'*Andromaque*. On peut mourir
de moins belle maladie assurément.

Molière, après avoir versé à pleines mains le
ridicule sur ses antagonistes, arrive à une réponse
plus sérieuse. On en était venu jusqu'à toucher à
son caractère. L'esprit s'efface alors pour faire
place au cœur. La réplique de Molière est un vé-
ritable modèle pour tout homme que sa position
expose, sans qu'il puisse se soustraire, aux quo-
libets des sots, mais qui ne laisse pas effleurer
impunément son honneur. Dans cette noble
fierté, on reconnaît l'auteur futur du *Misan-
thrope*. Voici ces lignes frappées au coin de la
dignité et du bon sens: « Je leur abandonne de
bon cœur mes ouvrages, ma figure, mes gestes,
mes paroles, mon ton de voix et ma façon de ré-
citer, pour en faire et dire tout ce qui leur plaira,
s'ils en peuvent tirer quelque avantage. Je ne
m'oppose pas à toutes ces choses, et je serai ravi
que cela puisse réjouir le monde; mais en leur
abandonnant tout cela, ils me doivent faire la
grâce de ne point toucher à des matières de la na-
ture de celles sur lesquelles on m'a dit qu'ils
m'attaquaient dans leurs comédies; c'est de quoi
je prierai civilement cet honnête Monsieur qui se
mêle d'écrire pour eux; et voilà toute la réponse
qu'ils auront de moi. »

Molière plaisantait en assurant que c'était toute
la réponse qu'ils auraient de lui, car la *Critique
de l'École des Femmes* et l'*Impromptu de Ver-
sailles* formaient deux réponses admirables, deux
plaidoiries contre lesquelles il leur était impos-
sible de lutter. Cependant ils essayèrent encore
de répliquer. Ce fut Montfleury fils qui se char-
gea, comme nous l'avons dit, de la vengeance
commune. A l'imitation de l'*Impromptu de Ver-
sailles*, il composa l'*Impromptu de l'Hôtel de Condé*.
C'est une plate rapsodie. Nous avons sous les
yeux cette prétendue pièce, dont la scène se
passe au Palais, lieu où se vendaient les comédies
et les livres, comme une satire de Boileau nous
l'apprend. Un marquis vient pour acheter les
pièces de Molière, qu'il appelle un auteur *bur-
lesque*; il rencontre une marquise, laquelle a un
procès. On cause du théâtre; on loue quelques
comédies de l'Hôtel de Bourgogne; on critique
l'*École des Femmes*, et surtout le jeu de Molière.
Voici le portrait qu'en trace Alcidor, l'un des
personnages:

> ..... Il vient, le nez au vent,
> Les pieds en parenthèse et le corps en avant;
> Sa perruque, qui suit le côté qu'il avance,
> Plus pleine de lauriers qu'un jambon de Mayence;
> Les mains sur les côtés, d'un air peu négligé,
> La tête sur le dos comme un mulet chargé,
> Les yeux tout égarés, puis, débitant ses rôles,
> D'un hoquet éternel séparant ses paroles...

Ce ne sont que turlupinades de cette espèce.
Nous y trouvons seulement quatre vers de bonne
comédie, sur l'imitation exacte que Molière fai-
sait du jeu des acteurs de l'Hôtel de Bour-
gogne. Ce qui sert à prouver son talent de
mime.

> S'il contrefait si bien leur ton et leurs détours,
> Il devrait, par ma foi, les imiter toujours;
> Ce serait, pour Molière, une assez bonne affaire.
> S'il quittait son récit pour les bien contrefaire.

Ceci est de meilleur goût. Montfleury fils ne
crut pas avoir assez fait: il ne se contenta pas
de chercher à entamer Molière dans son amour-
propre d'acteur et d'auteur, il essaya encore de le
blesser dans ses susceptibilités de mari. C'était
une guerre à mort. Montfleury eut même la lâ-
cheté d'accuser, auprès du roi, Molière de s'être
marié avec sa propre fille; cette odieuse insinua-
tion ne fut pas écoutée; elle était fausse, d'ail-
leurs: Molière n'avait eu de relations avec la mère
de Madeleine Béjart qu'après la naissance de
celle-ci. Montfleury ne se tint pas encore pour
battu; il dirigea ses batteries sur un côté plus à
découvert: dans la préface d'une de ses pièces,
intitulée l'*Ecole des Jaloux*, et dédiée avec impu-

HOTEL DE VILLE ET BOURSE A AUGSBOURG.

deur à cette classe de maris qui ont le droit d'être jaloux, Montfleury, par un trait détourné, cherche encore à atteindre l'honneur de Molière. La dédicace de cette comédie est vraiment d'une rare effronterie : « Messieurs, dit-il en débutant, il s'est trouvé des auteurs qui ont dédié des pièces à quelques-uns de vous en particulier, mais je n'en sais point qui vous en aient dédié en général ; c'est pourquoi je vous dédie celle-ci. Peut-être cette entreprise vous surprendra chez un homme qui n'est point de votre corps, et que quelqu'un de vous dira que je devrais laisser ce soin aux *auteurs qui en sont*, etc. » Ceci s'adressait à la jalousie de Molière, jalousie qui n'était que trop fondée, ainsi que beaucoup de gens pouvaient l'attester. Montfleury fils ajoute que si chacun des membres de l'honorable confrérie à laquelle il dédie sa pièce en achète un exemplaire, il est sûr de sa fortune et de celle de son libraire ; peut-on pousser l'impertinence plus loin ?

Montfleury pensait moins juste lorsqu'il prétendait que tout l'agrément des vers de Molière provenait de la manière dont l'auteur les récitait ; ces vers, selon lui, perdaient de leur charme à la lecture ; il s'écriait :

On est désabusé de sa façon d'écrire.

Non, monsieur Montfleury fils, non, on n'en est pas désabusé ; on ne s'en désabusera même pas.

Montfleury fils a été plus heureux dans la comédie de *la Femme Juge et Partie,* qu'il a laissée au répertoire du Théâtre-Français, car on la joue encore, toute licencieuse qu'elle est. Cette pièce est écrite et composée avec esprit ; on y rencontre beaucoup de vers naturels. C'est le style des Plaideurs, moins une correction soutenue ; le trait suivant nous a paru digne de *Petit-Jean.* Bernadille, le héros de la pièce, causant avec Gusman, son serviteur, fait de lui-même un portrait tellement flatté, qu'il s'attire une piquante réponse :

BERNADILLE.
Pour mon Visage, il a, sans paraître farouche,
Quelque chose de grand.

GUSMAN.
Oui, monsieur, c'est la bouche.

Voilà de la bonne comédie. Montfleury, né sur les planches et auteur de comédies, a prêché dans cette pièce pour son dieu. Il a fait du théâtre un tableau auquel il y a bien quelque chose à reprendre. Julie dit en parlant des spectacles :

..... Ces lieux ont été de tout temps
Le centre du beau monde et des honnêtes gens ;
La scène a des appas que tout le monde approuve,
Et c'est un rendez-vous où la Vertu se trouve ;

On y traite l'amour, mais c'est d'une façon
Moins propre à divertir qu'à servir de leçon,
Et ce dieu, qui n'y plaît que par son innocence,
N'y règle ses transports que sur la bienséance.

Montfleury montre là le théâtre comme il devrait être, et non tel qu'il est toujours. En peintre amoureux de son modèle, il en a caché les défauts.

Montfleury, dans sa propre pièce de *la Femme Juge et Partie,* fournit la preuve que la bienséance est quelquefois violée par la comédie ; mais tous les bons esprits accordent à la comédie certaines licences qui sont légitimées par sa vieille devise : *Castigat ridendo mores.* « C'est une rude entreprise que de faire rire les honnêtes gens, » comme le dit Molière dans *la Critique de l'Ecole des Femmes,* et l'on doit pardonner beaucoup à la gaieté, qui n'est jamais corruptrice. Il y a plus de péril pour les jeunes imaginations dans un drame romanesque et sentimental, que dans les grossièretés mêmes dont quelques oreilles délicates se trouvent blessées ; un père de famille raisonnable ne craindra jamais de mettre les œuvres de Molière dans les mains de ses enfants.

Le *Mariage forcé* était primitivement une comédie-ballet ; le roi y dansa. Cette pièce en trois actes, réduite à un pour nous, n'a plus assez d'ampleur ; l'intrigue nous paraît d'une trop grande simplicité ; mais le dialogue est vif et spirituel. Le cousin Aristote y trouve son lot, et la philosophie pyrrhonienne est maltraitée par Molière d'une façon très-comique. L'ancien disciple de Gassendi en remontre aux pédants et aux prétendus philosophes. Son Sganarelle, qui demande des avis, et qui se fâche lorsqu'on ne le trouve pas du sien, est un personnage très-amusant et très-vrai ; tels sont les demandeurs de conseils en général. On se plaît aussi à le voir, ce futur Georges Dandin, épouser une coquette achevée, malgré les tristes augures qui l'ont désenchanté du mariage ; n'est-il pas puni comme un sot qui, âgé de cinquante-deux ans, a fait une demande imprudente ? et, comme un poltron qui préfère tomber dans le gouffre des disgrâces conjugales plutôt que de s'exposer à recevoir un coup d'épée, il aime mieux risquer son honneur que sa vie. Molière s'est, cette fois, inspiré de Rabelais, dont il faisait ses délices, et auquel il a emprunté trop souvent la crudité de son vieux langage. Molière a copié, pour ainsi dire, la scène où Panurge interroge, après beaucoup d'autres, le pyrrhonien Trouillogan sur la question du mariage. Cette pièce fut représentée pour la première fois, au Louvre, le 29 janvier 1664.

19

La *Princesse d'Elide* est encore une comédie-ballet commandée par Louis XIV; Molière eut si peu de temps pour l'exécuter, que le premier acte de cette pièce est en vers, tandis que les autres sont en prose; ce qui la fait ressembler à une des comédies de Shakspeare, avec lesquelles, du reste, elle n'est pas sans quelque rapport. Empruntée à l'espagnol, elle a gardé une allure de pastorale et de fantaisie qu'on ne retrouve pas dans les autres comédies de Molière; nous l'estimons supérieure, et de beaucoup, à *Don Garcie de Navarre*. Un auteur satirique du temps, Marigny, en parlant de cette pièce dans une relation des fêtes de la cour, s'exprime ainsi sur le mélange de prose et de vers : « Il semblait que la comédie n'avait eu le temps que de prendre un de ses brodequins, et qu'elle était venue donner des marques de son obéissance, un pied chaussé et l'autre nu. » Cette remarque est fort spirituelle; Louis XIV était alors dans toute la force de sa passion pour La Vallière; ce fut pour elle qu'il commença à agrandir Versailles. Il fuyait la cour et Saint-Germain, afin de se trouver avec elle dans cette solitude. Louis XIV n'avait pas encore osé proclamer ses amours et secouer toute espèce de joug; il cacha quelque temps sa liaison avec la fille d'honneur d'Henriette, femme de son frère, d'autant plus soigneusement qu'il redoutait la jalousie de sa belle-sœur; car le jeune roi, après s'être joué de l'honneur de son ministre Mazarin, n'épargna guère celui de Monsieur. Molière eut le tort, comme tous les poëtes d'alors, de flatter ce penchant de Louis XIV pour la galanterie. Il fait dire au gouverneur du prince Euryale :

Qu'il est bien malaisé que, sans être amoureux,
Un jeune prince soit et grand et généreux.
....
Oui, cette passion, de toutes la plus belle,
Traîne dans un esprit cent vertus après elle...
....

C'était ainsi que Molière reconnaissait la protection que le roi lui accordait contre ses ennemis.

La Vallière était faite, du reste, pour donner une excuse à ces flatteries. Parmi les nombreuses maîtresses de Louis XIV, La Vallière est la seule à laquelle on prenne intérêt, parce que l'amour purifia ses faiblesses. Un tableau que l'on voit dans la galerie actuelle du château de Versailles la représente transformée en Diane, un carquois sur l'épaule et tenant une levrette en laisse; c'est de cette façon que Molière dépeint la princesse d'Elide :

Et qu'un arc à la main, sur l'épaule un carquois,
Comme une autre Diane elle hante les bois.

Ce tableau dont nous venons de parler est un souvenir de ce temps où la gracieuse chasseresse embellissait aux yeux du roi les bois de Satory, de Ville-d'Avray et de Versailles, comme une divinité cachée. A cette époque eurent lieu en son honneur les fêtes superbes empruntées à la riante imagination de l'Arioste, et dans lesquelles le roi apparut sous les traits de Roger, avec une armure couverte de diamants.

Mais bientôt l'imagination elle-même cesse de s'intéresser à Versailles, lorsque le règne de La Vallière est fini, et que le capuchon de la carmélite a voilé les cheveux flottants de la grande dame; lorsque le cilice de la *sœur de la Miséricorde* a emprisonné cette taille sans défaut, qui avait fait dire à La Fontaine :

Et la grâce, plus belle encor que la beauté.

Quand la tendre femme a appris quelle est la valeur des serments des rois et s'est condamnée à une dure expiation, Versailles, privé de sa fée, apparaît livré aux désordres du luxe, de la coquetterie et de l'ambition. L'insatiable Montespan, cette Cléopâtre au petit pied, qui aurait volontiers fait dissoudre dans la coupe de ses orgies tous les diamants de la couronne; la frivole Fontanges, qui, avec un simple ruban tombé dans une chasse, et rattaché négligemment sur le front, créait une mode qu'on suit encore; l'hypocrite Maintenon, dont l'âme avide de pouvoir soutenait ses intérêts par le secours de la religion et laissait persécuter les protestants : toutes ces femmes, les premières en titre, n'ont plus de charme; elles jettent sur le château de Versailles un éclat vif et brillant, éblouissant, il est vrai, mais qui ne vaut pas cette timide lumière que La Vallière y répandit comme une douce étoile, l'étoile de Louis XIV.

On pouvait donc, sans être trop courtisan, flatter les amours du roi, lorsque Molière écrivit, pour les fêtes de Versailles, la *Princesse d'Elide;* en tirant sa pièce de Moreto, il ne crut pas devoir oublier le *gracioso,* personnage bouffon qui égaie presque toutes les vieilles pièces espagnoles, mais il modifia de beaucoup l'importance de ce singulier confident; il ne fit pas usage de toutes les plaisanteries de son modèle, plaisanteries dont quelques-unes ne manquent pas d'originalité. Aussi, dans la pièce espagnole, Pollila, le gracioso accoutumé, veut qu'on enferme la belle Diana, cette inhumaine créature, dans une tour où elle sera laissée quatre jours sans qu'on lui donne à manger. Les prétendants passeront devant elle, celui-ci avec six poulets rôtis et deux pains, celui-là avec un gigot; la princesse, qui les fuit, ne manquera pas de courir après eux. A quoi tiennent les passions? Le père de Diana, tout attristé qu'il est de voir sa fille rebelle à l'amour, n'admet pas ce moyen que Molière a négligé. La comédie de la *Princesse d'Élide* est l'aïeule de toutes celles de Marivaux. Toutes ses héroïnes, dont le cœur insensible se prend en un jour et va jusqu'à l'extrème de la passion, sont sorties de là. Marivaux a même essayé, dans l'*Heureux Stratagème*, de donner une imitation de la *Princesse d'Élide*; mais il n'y a pas réussi avec autant de bonheur que dans ses autres ouvrages.

Voici encore une pièce prise de l'espagnol, et que Molière n'eut pas le temps de mettre en vers. C'est le fameux sujet du convié de Pierre, *el Convidado de Piedra*, que tous les théâtres de l'époque s'empressèrent de traiter en même temps. La comédie italienne avait suivi d'assez près la comédie espagnole; on y voit don Juan, comme dans l'opéra de ce nom, se battre avec le vieux commandeur, et le tuer, après avoir cherché à séduire sa fille. Don Juan et son valet s'embarquent ensuite pour fuir la vengeance du roi, et, assaillis par une tempête, sont jetés sur une côte voisine; don Juan est secouru par une jeune paysanne, qui deviendra plus tard, sous la plume de Byron, la poétique Haïdée. Don Juan continue le cours de ses séductions, jusqu'à l'heure où, se rendant à l'invitation du commandeur, il entre dans le caveau funèbre où il est englouti. Don Juan, dans la pièce espagnole, demande un confesseur au moment où il sent s'appesantir sur lui la colère du ciel, qu'il a offensé. Molière a transformé don Juan en hypocrite et en athée, qui meurt dans son endurcissement. Cette pièce, représentée le 15 janvier 1665, n'eut un succès que de quinze représentations. Cependant Molière, dans le *Festin de Pierre*, s'est élevé à une hauteur où il n'était pas encore parvenu, et qui fait pressentir *Tartufe*, comédie que, du reste, il venait d'achever, mais dont les faux dévots s'étaient mis en devoir d'empêcher la représentation.

Don Juan, c'est Satan fait homme, mais Satan, l'ange superbe dépeint par Milton, lorsque, dans toute la splendeur de sa beauté foudroyée, il organise sa révolte éternelle contre Dieu. Il y a le même orgueil chez don Juan, la même audace, et cela fait presque excuser ses roueries et ses impiétés; il y joint un air de folie suprême. Cette magnifique *désinvolture*,

si nous pouvons nous exprimer ainsi, séduit les spectateurs. Pour que don Juan en vienne à inviter à souper la statue du commandeur, ne faut-il pas qu'il soit entraîné par une ivresse exubérante, par toute la verve d'une jeunesse effrénée? Le cerveau de don Juan est comme celui d'un homme qui a largement usé d'un vin capiteux, mais pas assez pour ne pouvoir se contenir devant les gens respectables : voyez-le devant son père, ce vieillard cornélien. Dès qu'il est seul avec son valet, don Juan s'abandonne en liberté à toutes ses débauches de cœur et d'esprit. Don Juan est brave, mais je ne suis pas dupe de son courage; n'est-il pas entouré de gens qui mettent à tout propos l'épée à la main? Il faut bien qu'il fasse comme les autres. Il sait d'ailleurs que le meilleur moyen de conquérir l'amour des femmes est de déployer cette valeur que leur faiblesse admire. Don Juan oublierait-il ce genre de séduction? Je ne suis pas dupe davantage de sa générosité; s'il donne un louis d'or à un pauvre, c'est après de lâches épreuves et par ostentation. Nul esprit n'est plus pervers que le sien. Il a érigé l'égoïsme en système ; il ne reconnaît que la volupté ! Voyez-le quand dona Elvire, vêtue de deuil, s'en vient, par un dernier effort de tendresse, le prier de changer de vie, de peur d'attirer la foudre sur lui. Don Juan accueille la dame avec bonté : il l'engage à rester après l'avoir délaissée quelques heures auparavant. Pourquoi donc ce changement? L'âme de don Juan s'est-elle attendrie? Non pas, mais les blanches épaules de dona Elvire, encadrées dans son noir costume, ont pour lui des charmes nouveaux; il veut ressaisir ses droits d'amant; il sent se rallumer en lui un désir qu'il croyait éteint. Don Juan est un type si séduisant, que depuis Molière il a inspiré les romanciers, les musiciens et les poètes : Richardson en a fait Lovelace; Mozart l'a embelli des grâces de la musique; Byron l'a rajeuni dans un poëme immortel.

Dans la pièce italienne, le valet de don Juan se nommait Arlequin, selon l'usage, et il se permettait certaines arlequinades qui ne devaient pas être du goût de tous les spectateurs. Pour consoler la fille d'un pêcheur, trompée par son maître, il lui montrait la fameuse liste de toutes celles qui s'étaient trouvées dans le même cas. Cette liste consistait en une longue bande de papier qu'Arlequin jetait ensuite vers le parterre, en la retenant par un bout; puis il disait : « Voyez, Messieurs, voyez si vous ne trouvez pas le nom de vos femmes ou de vos maîtresses. » Le public, qui était de fort bonne composition, applaudissait cette sortie. Molière a fait d'Arlequin, qu'il a appelé Sganarelle, nom qui lui était favori, un valet dans le goût de celui de Cliton du *Menteur*; et Thomas Corneille, lorsqu'il s'est avisé de mettre *Don Juan* en vers, croyant ressaisir un lien de famille sans doute, a renforcé encore les traits de ressemblance. Le *Don Juan* de Thomas Corneille est le seul qui ait le privilège d'être joué depuis. Il est à regretter que les comédiens s'obstinent à nous présenter la copie au lieu de l'original.

L'Amour Médecin, qui succéda de près au *Festin de Pierre*, mais que Molière composa pour la cour, fut joué le 22 septembre 1665, à Versailles. Cette pièce était commandée : *faite, apprise* et *représentée* en cinq jours, elle n'en est pas moins d'un comique admirable. Molière, usant encore de la liberté d'Aristophane, s'y amuse aux dépens des médecins du roi. On prétend même que, non content d'avoir contrefait leurs noms, à l'aide d'étymologies grecques que Boileau lui avait fournies, il osa, sous des masques, livrer leurs figures à la gaieté publique, afin que ceux qui avaient fait pleurer si souvent fissent rire une fois au moins dans leur vie. Cette comédie de *l'Amour Médecin* est pleine de traits charmants. Rien n'est plus amusant que la scène où les quatre docteurs, réunis pour une consultation, s'entretiennent de leurs mules et parlent de leurs affaires particulières. De cette petite pièce est sortie la phrase, devenue proverbiale : « *Vous êtes orfèvre, M. Josse;* » phrase qui s'applique aux donneurs de conseils intéressés. Molière n'avait fait que chatouiller l'épiderme des médecins jusque-là; dans cette comédie il déclare une guerre à mort à leurs longues robes doctorales, à leurs rabats, à leur pédantisme hérissé de mots grecs, à l'ignorance de la plupart d'entre eux, à tout ce qui constituait alors le charlatanisme de leur profession. Les médecins ont bien changé depuis; non pas qu'ils soient moins charlatans peut-être, mais ce sont des gens à la mode, élégants et beaux parleurs, qui sont de tous les bals, de toutes les fêtes, qu'on rencontre inévitablement au balcon des théâtres lyriques, et même de la Comédie-Française, où ils rient les premiers des ridicules de leurs vieux confrères. Ils entendent mieux la vie; comprennent-ils mieux la mort?

Nous voici arrivés à l'un des grands chefs-d'œuvre de Molière, au *Misanthrope*, représenté le 4 juin 1666. Il ne s'agit plus ici de bourgeois ni de héros, mais d'une classe intermédiaire, bien délicate à saisir, celle qui avait déjà fourni au poëte le marquis ridicule de *l'École des Femmes*.

Molière voulait peindre enfin largement les travers de la haute société, il fit le *Misanthrope*, sa plus belle création. Cette pièce résume toute la philosophie du poëte; elle représente un des types les plus beaux que la poésie ait jamais su ravir à la fragile humanité. Les critiques qui n'ont vu dans Molière que le côté matérialiste se sont étrangement mépris. La broderie leur a caché le fond. L'idée qui se fait jour dans toutes ses pièces est celle-ci : Montrer que les plus honnêtes gens du monde ne sont pas exempts de faiblesses et de défauts, et que chacun doit s'appliquer à se perfectionner en se corrigeant. Lorsqu'on part de cette idée, que nous croyons vraie, le caractère d'Alceste est le plus beau qu'ait conçu Molière. C'est l'arc-boutant qui soutient la voûte. En lui se concentre toute la force de pensée qui a présidé aux autres compositions de l'auteur. Vous voyez en effet le comte Alceste, le plus sage des hommes, se débattre dans les filets où l'a enlacé une coquette; bien plus, il se met en colère à propos d'un sonnet. L'exagération de ses bonnes qualités vous fait sourire sans que vous l'en estimiez moins; vous dites seulement : Il est bien difficile d'être parfait, puisque cet homme ne l'est pas. »

Rousseau, qui a vu le *Misanthrope* à travers sa misanthropie personnelle, l'a fort mal jugé. Rousseau prétend que Molière a dégradé, avili son héros, et l'a rendu ridicule. Cela est faux; Alceste n'est pas ridicule un seul instant; ses faiblesses de cœur et ses emportements ne produisent pas un si déplorable effet. C'est un rire bienveillant qui les accueille, sans que l'on perde le respect dû au personnage. Le second reproche que Rousseau adresse à Alceste, est de ne s'en prendre qu'à des ridicules privés et non à des vices publics. Cette vigoureuse haine qu'il avait dans l'âme, il fallait l'exercer, s'est-on écrié encore depuis Rousseau, contre le régime d'un gouvernement despotique, contre les abus qui pesaient sur la nation; il fallait lutter avec un ordre social mauvais, et le faire, en l'étreignant fortement, craquer de toutes parts, si bien que pour le jeter à bas le peuple n'eût plus besoin de donner qu'un coup d'épaule. C'était un beau rôle à jouer assurément, mais il était impossible alors. L'heure de Mirabeau n'était pas venue au dix-septième siècle. Personne n'avait le regard assez puissant pour faire trembler la Bastille sur le sol. Molière pouvait à peine dire dans le *Tartufe*, en parlant des lettres de cachet :

Et ce sont de ces coups que l'on pare en fuyant.

Le roi qui florissait alors n'était pas un roi constitutionnel; il tenait la France muette, et ne permettait pas qu'on s'immisçât dans son administration. Le mystère du gouvernement était renfermé dans la salle du trône. La condition d'existence de Molière n'était qu'au prix de son silence sur les affaires de l'état. Que pouvait donc faire le poète, ayant ainsi les mains liées? ce qu'il a fait : arriver à la réforme sociale par des détours; songer à épurer les mœurs avant de chercher à établir les lois. Le dix-huitième siècle viendra poursuivre son œuvre; la comédie perdra de sa gaieté pour entrer dans une voie philosophique; la tragédie se fera sentencieuse; le théâtre secondera l'indépendance des esprits. Le *Misanthrope* étant posé dans la société de Molière, il ne pouvait se blesser que de ce qui remuait cette société; or, le bel esprit était alors une chose importante. La fureur de rimer gâtait les plus honnêtes gens. On ne rencontrait dans les ruelles et aux promenades qu'infatigables lecteurs de sonnets et de madrigaux. Il n'est donc pas étonnant qu'Alceste, ennuyé de cette manie, le prenne à cet égard sur un ton fort haut. Les petites choses ont de l'importance quand on vit dans un petit monde; et, forcé par son amour pour Célimène de se trouver sans cesse confondu avec des sots, le noble Alceste épanche sa bile sur les misères qui le froissent.

Le coup de génie était de rendre Alceste amoureux d'une coquette; et quand j'ai dit que, pour ce qui touche l'amour, Molière me semblait le poète dont l'analyse est descendue le plus profondément dans les replis du cœur humain, je ne crois pas m'être trompé. On sait que Molière avait fait une rude expérience de cette passion. Alceste connaît les défauts de Célimène;

Mais la raison n'est pas ce qui règle l'amour.

La grâce de la belle veuve est la plus forte; il espère (elle n'a que vingt ans), il espère mûrir sa jeunesse étourdie aux leçons d'une tendresse sérieuse. Alceste pense que Célimène, unie à lui, se corrigera de ses travers; et ce n'est que lorsqu'il la voit incurable, lorsqu'il s'aperçoit qu'elle est près de tomber dans le vice de la galanterie, que, la main crispée sur un cœur trop crédule, il en arrache son fol amour et s'enfuit dans la solitude, hontenx d'avoir été dupe si longtemps. N'est-ce pas un magnifique effort que celui d'Alceste renonçant à la possession de la femme qu'il désire le plus, pour conserver la noblesse de son âme, la dignité de son caractère? effort d'autant plus pénible que Célimène l'aime autant qu'une coquette

peut aimer. L'homme aux rubans verts lui tient plus au cœur que les autres, si les coquettes ont un cœur.

HIPPOLYTE LUCAS.
La suite au prochain numéro.

BAVIÈRE. — AUGSBOURG.

L'HÔTEL-DE-VILLE ET LA BOURSE.

La contrée qui porte aujourd'hui le nom de Bavière était occupée jadis par deux nations considérables que séparait le Danube. Au nord du fleuve s'étendaient les *Hermunduri*; au sud, les *Vindelici*.

Les Hermunduri, qui, suivant Tacite, adoraient Mercure et Mars, eurent souvent des démêlés et des guerres sanglantes avec leurs voisins; dans ces luttes cruelles, ils vouaient l'armée ennemie à leurs dieux; et, s'ils étaient vainqueurs, ils massacraient sans pitié les vaincus. Cependant, ces peuples se soumirent aux Romains, ils devinrent leurs alliés fidèles : « Aussi, continue Tacite, ils sont les seuls Germains qui peuvent parcourir sans gardes les colonies limitrophes; et tandis que nous ne faisons voir aux autres peuples que nos armées et nos camps, nous ouvrons à ceux-ci nos maisons de la ville et de la campagne, qui n'excitent point leur cupidité. »

Les Vindelici habitaient depuis le lac de Constance jusqu'au Danube; ce fleuve leur servait de limite. Danville assure qu'ils doivent leur nom à deux rivières, le Vindo et le Lieus, sur les bords desquels ils avaient dans l'antiquité leurs plus vastes établissements. Les Vindelici furent soumis par les Romains, et leur pays fut joint à la Rhétie, centre de plusieurs colonies romaines; la plus importante paraît avoir été celle qui reçut d'Auguste le nom d'*Augusta Vindelicorum*, aujourd'hui Augsbourg, que, dans les transactions commerciales, on désigne encore sous le nom d'*Auguste*.

Après Munich et Nuremberg, Augsbourg est la ville la plus remarquable du royaume de Bavière; elle est située dans une plaine, entre le cours de deux fleuves, le Lech et le Wertach, qui se réunissent au pied de ses remparts et à quelque distance de ses fossés, pour porter au Danube le tribut de leurs eaux. Ses rues étroites, irrégulières, semblent contraster avec l'aisance et la richesse de ses trente-cinq mille habitants.

L'Hôtel-de-Ville d'Augsbourg est le plus régu-
lièrement bâti de toute l'Allemagne; on y ad-
mire surtout une salle immense, nommée la Salle
d'Or. Non loin s'élève la Bourse, monument
principal d'une ville devenue si commerçante.

Augsbourg est la résidence d'un évêque dont
l'autorité est bien déchue; ceux qui étaient titu-
laires de cet évêché portaient autrefois le titre de
princes de l'empire, et plusieurs d'entre eux se
distinguèrent par le zèle avec lequel ils en aug-
mentèrent le patrimoine. L'évêque Brunon,
frère de l'empereur Henri II, ne se contenta pas
de l'enrichir de ses propres biens; ce fut lui qui
obtint que la dignité de prince fût attachée à
l'évêché d'Augsbourg, et que le droit de chasse
fût compris parmi ses revenus. Au XIII° siècle,
l'évêque Hartmann, comte de Dillingen, donna en
toute propriété les terres de sa famille à cet évêché,
déjà si riche; et plus tard, d'autres prélats d'ori-
gine noble lui cédèrent une multitude de comtés
et de villages. Voilà comment l'antique *Augusta
Vindelicorum* devint l'un des plus importants évê-
chés de la chrétienté; sa puissance s'accrut suc-
cessivement jusqu'à l'époque où il partagea le sort
de presque tous les chapitres de l'Allemagne. La
cathédrale, ornée de superbes vitraux et de trente
colonnes colossales, est la plus imposante des douze
églises de la cité : six appartiennent au culte ca-
tholique, et six à la communion luthérienne.

L'ancien palais épiscopal, aujourd'hui l'hôtel
du gouvernement, est célèbre par la lecture de la
Confession d'Augsbourg, lecture qui fut faite
l'an 1530, en présence de l'empereur Charles-
Quint. Il n'est pas sans intérêt d'en rappeler ici
les causes, les dispositions et les résultats.

A cette époque mémorable de l'histoire du
monde, ce fut une singulière position que celle de
Charles-Quint : il assiégeait le pape Clément VII
dans le château Saint-Ange; il saccageait Rome;
puis, il soutenait le catholicisme en Allemagne.
Dans sa pensée de l'empire de Charlemagne,
l'unité était la grande force, et le catholicisme
seul pouvait lui servir de base. Il fallait mettre
un terme au progrès du luthéranisme parmi les
multitudes, car la prise de Rome par l'armée
allemande avait offert de tristes et curieux inci-
dents qui prouvèrent la marche progressive des
idées de Luther. Les soldats de l'empereur s'é-
taient emparés du vieux Capitole; dans l'ivresse
de la victoire, ils se revêtirent des habits ponti-
ficaux, de l'étole, de la robe rouge assignée au
cardinalat; on les vit burlesquement montés sur
des ânes, imitant cette procession solennelle qui
annonçait l'exaltation d'un nouveau pontife; en-

suite, se réunissant en conclave, ils proclamèrent
Luther le chef de la réforme, pape de l'univers
religieux.

La guerre théologique de l'Allemagne remplis-
sait alors les intermèdes de la grande guerre eu-
ropéenne; mais dans les crises les plus violentes
de celle-ci, l'autre ne se ralentissait pas. C'est
un étrange spectacle que celui de l'Allemagne
absorbée dans la pensée religieuse, et près d'ou-
blier la ruine prochaine dont semblaient la me-
nacer les plus formidables ennemis. Pendant que
les Turcs franchissaient toutes les anciennes bar-
rières, et que Soliman répandait ses Tartares au-
delà de Vienne, l'Allemagne disputait sur la
transsubstantiation et sur le libre arbitre; ses
guerriers les plus illustres siégeaient dans les
diètes et interrogeaient les docteurs. Tel était le
flegme intrépide de cette grande nation.

Cependant Charles-Quint, voyant la France
abattue, l'Italie asservie, Soliman repoussé, en-
treprit de juger le procès de la Réforme. Les deux
parties comparurent à Augsbourg. Les sectateurs
de Luther, désignés par le nom général de *protes-
tants* (parce que l'année précédente ils avaient pro-
testé contre les résolutions de la diète de Spire),
voulurent se distinguer de tous les autres ennemis
de Rome, dont les excès auraient calomnié leur
cause : des républicains de la Suisse, odieux aux
princes et à la noblesse; des anabaptistes surtout,
proscrits comme ennemis de l'ordre et de la so-
ciété. Luther, sur qui pesait encore la sentence
prononcée à Worms, qui le déclarait hérétique,
ne put se rendre à Augsbourg; il fut remplacé
par le pacifique Mélanchton, esprit doux et ti-
mide. Mélanchton croyait à la possibilité de rap-
procher les deux partis. Luther comprit qu'ils
étaient irréconciliables; il écrivit dans ce sens au
savant Mélanchton. Dans le commencement de la
réforme, Luther avait souvent réclamé les confé-
renees et les disputes publiques; mais, sur la fin
de sa vie, dès le temps même de la diète d'Augs-
bourg, il se prononçait contre ces combats de
paroles, où jamais le vaincu ne veut avouer sa
défaite.

L'Allemagne réformée, en face du catholicisme,
devait pourtant formuler ses principes dans une
haute profession de foi. Tant qu'elle était mor-
celée, quelle confiance pouvait-on ajouter à ses
progrès? quelle force pouvait-elle tirer d'elle-
même? Toutes les écoles luthériennes travaillè-
rent donc à préciser cette profession de foi, qui
devint la base de la Confession d'Augsbourg. En
voici une courte analyse :

On y reconnaissait l'autorité des quatre premiers conciles généraux du christianisme et le dogme de la Trinité qu'ils avaient proclamé. Le péché originel recevait une autre interprétation que dans l'Eglise romaine; on n'adoptait du Symbole des Apôtres que ce qui touchait l'Incarnation, la vie, la mort et la résurrection du Christ. Les sacrements étaient efficaces, quoique ceux qui les conféraient fussent méchants et pécheurs. Le baptême était une nécessité; la présence de Dieu dans l'Eucharistie était réelle ; le repentir était seulement nécessaire au pécheur pour mériter la remise de ses fautes. Les fêtes devaient être observées avec leurs saintes cérémonies, mais telles qu'elles seraient fixées par les vœux et les besoins des populations. — Dans la seconde partie de la Confession d'Augsbourg, Mélanchton réglait le culte apparent. On abolissait les formes extérieures du catholicisme. La communion devait avoir lieu sous les deux espèces. Les processions du Saint-Sacrement étaient défendues, le célibat des prêtres et les vœux monastiques abolis; on ne reconnaissait plus les messes privées, ni la confession exacte et minutieuse de tous les péchés. Plus d'abstinence de viande. Un dernier article donnait un immense crédit au luthéranisme auprès des souverainetés politiques. Tandis que l'Eglise romaine soutenait sa suprématie spirituelle sur les gouvernements, les luthériens déclaraient : « Que la puissance ecclésiastique était tout à fait distincte de l'autorité séculière; l'une ne regardait que les choses éternelles, pendant que l'autre consistait à protéger les personnes, à gouverner par la justice et pour la tranquillité publique. La puissance ecclésiastique ne pouvait dès lors ni toucher au gouvernement, ni réformer les lois ou les magistrats, ni s'opposer au plein exercice de la souveraineté temporelle et à l'obéissance des sujets envers le prince. »

Telle fut cette fameuse Confession d'Augsbourg, profession de foi trop restreinte pour convenir également à toutes les sectes dissidentes qui s'étaient fait remarquer par la violence de leurs doctrines ou la hardiesse de leurs innovations. Les sacramentaires, les calvinistes, les sectateurs de Zwingle, et particulièrement les anabaptistes, refusèrent d'adhérer à une réforme qui leur parut étroitement limitée.

La Confession d'Augsbourg était signée de cinq électeurs, trente princes ecclésiastiques, vingt-trois princes séculiers, vingt-deux abbés, trente-deux comtes et barons, trente-neuf villes libres et impériales : « C'est une grande joie pour moi d'avoir vécu jusqu'à cette heure, écrit Luther;

des princes, des cités, des évêques inclinent à la paix. Les nôtres avouent que personne dans toutes les conférences ne s'est montré plus conciliant que l'empereur; il a reçu nos envoyés, non-seulement avec bonté, mais aussi avec respect. » Quoi que dise Luther des douces dispositions de Charles-Quint, l'empereur termina les discussions en sommant les réformés de renoncer à leurs erreurs, sous peine d'être mis au ban de l'empire. Il sembla même prêt à employer la violence, et il fit un instant fermer les portes de la ville d'Augsbourg.

La diète d'Augsbourg à peine dissoute, les princes luthériens se réunirent à Smalkalde, où ils conclurent une ligue défensive par laquelle ils devaient former un même corps. Ils protestèrent contre l'élection de Ferdinand, frère de l'empereur, au titre de roi des Romains. Catholiques et réformés se préparèrent à combattre, et les contingents furent fixés.

UN ROUÉ AU XIXᵉ SIÈCLE.

CHAPITRE VIII.

Achille de Blévilliers à L. Laporte.

Tu rirais bien, mon cher ami, s'il t'était donné de voir la sainte tranquillité dans laquelle nos journées s'écoulent. Figure-toi celui que tu connais pour le plus difficile et le plus coureur de tous les hommes, enfermé constamment dans une petite chambre au rez-de-chaussée, une ancienne échoppe assez mal rhabillée, dont les murs puent le cuir malgré toutes les essences et le vernis possibles. Deux petites fenêtres y sont percées en faux-jour; j'ai vue sur une espèce de grand chemin désert, le plus morne silence y règne constamment: sorti, je ne rencontre que des cloaques infects; rentré, je m'ennuie à mourir; aucune distraction, point de société, pas même de laquais; des hôtesses qui me servent mal et qui me font faire tous les jours le plus pitoyable dîner. Ta curiosité s'irrite; tu te demandes impatiemment ce qui peut motiver une existence si opposée à mes anciennes habitudes, à mes goûts et à ma fortune. Conviens-en, nous autres *dandies*, nous ne sommes point esclaves de nos coutumes efféminées, et nous savons, quand il faut, descendre des raffinements les plus exquis aux plus insupportables gènes : ainsi Lovelace s'arrache aux plumes moelleuses de sa couche pour aller attendre toute la nuit, dans la pourriture d'une grange, un sourire de Clarisse ; aucun de nous qui n'ait poussé parfois cette sorte de dévouement jusqu'à des actes d'héroïsme dont pâlirait plus d'un soldat. Que penses-tu de celui qui sauta dans la fosse aux lions pour ramasser le bouquet de sa dame ? Mais il n'y a qu'une passion au monde qui puisse arracher nos fières âmes à leur indifférence habituelle, il n'y a que l'amour. Je n'entends point ici cet amour platonique dont vous faites usage, qui vous porte à rêver plus ou moins agréablement, et ne vous a jamais fait déranger l'heure de votre dîner ; mais la passion des sens, mais l'ardeur effrénée, vraie fille de la nature. Ah ! pour nous quel sujet d'orgueil ! cet amour brutal nous inspire toutes sortes de sacrifices ; et vous, sublimes rêveurs, vous n'illustrez jamais par aucun dévouement votre félicité céleste, vos purs épanchements, votre communion des âmes !... C'est donc une femme qui m'enchaîne dans ce misérable Ecouen !

Je ne veux point abuser de la complaisance que tu mettrais à deviner mon énigme. Je t'en dirai le mot d'abord : cette femme n'est ni grande, ni petite, ni grosse, ni fluette, ni musicienne, ni artiste, ni princesse, ni châtelaine, ni grande dame, ni bourgeoise ; elle a moins de prétentions que de charmes, ce n'est donc pas une Parisienne ; fort peu de coquetterie, c'est donc à peine une femme ; mais belle, mais naïve, aspirant au bonheur d'aimer, enfin ; garde-moi le secret, c'est une paysanne !

Comme mes bons amis du faubourg Saint-Germain, ou mes *gants-jaunes* de Tortoni feraient leurs gorges chaudes d'un tel événement ! En pareille circonstance, on envoie des boulettes au déserteur de la capitale ; mais le jour où, triomphant, je leur montrerai ma tendre fleur, ils ne railleront plus mon voyage à travers les ronces, car cette fleur demi-sauvage sera la plus enviée de ma couronne.

Je ressemble à ces malheureux chercheurs qui troublent avec un bâton les ruisseaux de la grande ville, et que le flâneur persécute de son sourire moqueur, l'homme affairé de son mépris, le gamin de ses sarcasmes ; mais on ne rit plus, mon ami, s'ils viennent à trouver un diamant.

Ce qui t'étonnera sans doute, c'est que l'idée d'une excursion soit passée par ma tête. Il semble que nous autres nous ne puissions nous arracher aux délices de la capitale ni aux séductions du beau monde. Vous voyez nos maîtresses se farder, vous en concluez que la nature nous est insupportable. Puissamment raisonné ! Bientôt l'on

pensera que notre amour s'adresse à leur achalandage de parfumerie ! Parbleu, nous aimons la nature ; mais nous l'aimons si belle que la plupart des femmes sont réduites, pour nous plaire, à se dénaturer. Est-ce notre faute si le sort a trop peu fait pour elles ? Comment je me suis élancé du goût de ces mensonges attrayants à celui de la réalité, c'est une révolution dont je te montrerai les phases pour calmer l'ennui qui me ronge. O journées mortellement longues ! journées d'attente ! Les amoureux près de leur belle comptent rarement les heures : je ne suis séparé de la mienne que par une étroite cloison, son rire jeune et frais m'arrive quelquefois ; il me serait facile de la voir constamment, tentation bien puissante que ma prudence subjugue à peine ; et cependant j'ai résolu de lui parler au plus une fois par semaine, de la regarder au plus une fois par jour. Le cœur d'une vierge aimante ne se gagne pas comme les faveurs d'une rusée coquette ; l'une a fixé déjà le temps de sa résistance, elle cède par fatigue ou par libertinage ; l'autre aime, et ne demande qu'à aimer en silence ; l'aliment de son amour est le bonheur d'aimer : vous n'avez qu'à jeter la première semence, elle se développe toute seule plutôt par une sorte d'abandon que par de petits soins. On l'habitue d'abord à se nourrir de peu ; un regard plus aimable suffit pour l'enflammer, et un oubli pour l'irriter ; il faut un habile mélange d'attentions et de dédains ; une variation savante de toutes les températures, pour que le fruit mûrisse à temps. On voit des gens qui se démènent, qui se prodiguent, qui se multiplient ; jamais le cœur d'une femme ne s'acharnera sur eux, jamais ils ne savoureront ce plaisir barbare, mais sublime, de lire dans des yeux adorés la douleur ou la joie, suivant qu'il convient de les commander l'une ou l'autre. Eh bien ! cet exercice despotique de sa puissance, voilà peut-être la félicité la plus sincère, la plus profonde qu'on puisse ressentir ici-bas. Je ne saurais décrire combien me ravissent et me peinent les gémissements furtifs de ma douce colombe ; je souffre en les voyant, et je ne puis résister au besoin de les voir ; ses larmes sont de belles larmes ; en dépit de leur amertume, j'en éprouve une soif inextinguible. Aussi, quel regard je recueille quand il m'arrive tout à coup de les sécher par un sourire ! alors, suivant l'image de Byron, le visage de ma bien-aimée ressemble à celui de la nature lorsqu'il pleut par un beau soleil.

Odieuse intelligence ! tu nous condamnes à flatter lâchement une courtisane, et à torturer de sang-froid une adorable vierge qui nous aime !

L'ÎLE D'ELBE.

Te l'avouerai-je, cher Laporte? cette philosophie libertine, dont la logique t'effraie souvent, a failli s'écrouler sous moi; j'entrevoyais l'abîme! N'étant pas de ces hommes légers qui jettent un beau masque pour montrer une sotte figure, je dissimulai savamment le nuage répandu sur mon imperturbable sérénité. Quel souffle l'y avait poussé? quelle force avait brisé ainsi les chaînes de la marquise? La satiété, c'est-à-dire le plus subtil des poisons, la force la plus fatale, la plus irrésistible, celle qui nous contraint d'obéir, au prix de nos remords et de notre honte parfois, celle qui nous maîtrise le plus souverainement.

J'en étais donc là, mon cher, ennuyé de la marquise, mais ne sachant où rencontrer mieux, lorsqu'un soir je trouvai sur ma table des Mémoires nouveaux concernant la régence et le règne de Louis XV. Les ouvrant au hasard, je tombai sur une aventure de notre illustre duc de Richelieu. Il s'agissait de cette Micheline, femme d'un tapissier de la rue Saint-Antoine, blonde sentimentale, espèce de La Vallière, qui ne put résister à l'abandon, et mourut de chagrin. Elle laissait de si doux souvenirs à son volage séducteur, que celui-ci pleura, dit-on, lorsque l'épais mari vint, en grand deuil, lui raconter sa perte. Cette lecture me saisit. Voilà le remède! pensai-je. Ah! mon ami Fronsac, vous n'aviez point assez des beautés de la cour; ces dames musquées, voluptueuses, vous fatiguaient aussi; pour en modérer le dégoût, vous vous rabattiez sur la ville! je veux essayer de la recette. Oui, ces bourgeoises plus timides, plus imbues de préjugés, doivent aimer autrement; la haute éducation n'a point gâté leurs âmes, il y a place en elles pour les passions. L'habitude du vice élégant me fit rechercher la sagesse, car l'amour d'une femme vertueuse devait ranimer mes goûts blasés : les contraires se font mutuellement valoir.

Je te demande bien pardon d'interrompre mon propre discours; mais je ne puis m'abstenir de deviner qu'en ce moment tu t'écries : O déplorable légèreté! former froidement le dessein de perdre une femme honnête! Sais-tu bien où conduit une première faute? sais-tu bien, malheureux! que tu vas détruire à jamais le repos d'un ménage?... Merci! le sermon vient trop tard; ce que je projetais, je l'ai exécuté. Quelques vieilles connaissances me lancèrent dans la grosse société bourgeoise, où je distinguai madame Petit. Je l'adorai six semaines, car elle avait un cœur; malheureusement son esprit, faussé par l'imitation du grand monde, me déplut d'autant mieux, qu'il me rappelait gauchement les manières dont j'avais

voulu fuir l'assommante uniformité. Je lui demandais de la tendresse, de la simplicité, de la vertu même dans sa faute, c'est-à-dire des remords; elle avait tout cela, et le dissimulait. Me sachant descendu d'un monde insouciant où l'on accepte sans terreur les conséquences du libertinage, elle dévorait ses larmes dans la solitude, et gardait pour mon arrivée d'impassibles sourires. A force de cacher ce que j'aimais en elle, et d'étaler ce que je fuyais en d'autres, Lucile devint indifférente; ma froideur accrut son amour et ses regrets étouffés; voulant me regagner à tout prix, la malheureuse femme s'épuisait en séductions maladroites; je la vis folâtrer, m'étourdir de son babil forcé, tandis que ses yeux encore rouges révélaient des larmes récentes et séchées à la hâte. Son rire me faisait mal; je souffrais d'être aimé de la sorte; j'avais honte de changer en pitoyable comédienne une âme si précieuse.

Il faut descendre encore, me dis-je résolument, le contact du grand monde a gâté celui-ci; les petites bourgeoises d'autrefois vivaient plus retirées, ne copiant ni le ton ni les toilettes de Pompadour; on se reposait avec elles des bonnes fortunes en paniers. Mais que le diable emporte la société moderne! l'argent nivelle tout; voilà des milliers d'âmes qui cherchent à s'emprisonner sous la même enveloppe, et quelle enveloppe grossière!

Je descendis : ce fut alors une simple grisette que j'aimai. Je l'avais choisie belle, je la trouvai, de plus, incroyablement bête; conviens-en, quoique ses larmes aient surpris le chemin de ton cœur, comme on disait jadis. Ma bourgeoise avait voulu jouer le rôle de femme corrompue, ma grisette essaya celui de femme honnête. Créature éhontée, sans âme ni sentiments, elle m'accabla de ses remords, et pleura niaisement son péché; ce devint un dragon de vertu. Défiance absurde qui nous porte à vouloir paraître ce que nous ne sommes pas! L'une ne sacrifie ses devoirs qu'à la violence de l'amour; novice dans le déshonneur, elle essaie de dissimuler l'effroi qui la rendrait intéressante; l'autre, libertine glacée, se drape effrontément du manteau de la vertu, également incapable de la passion pudique et du vice audacieux.

Ces déconvenues me persuadèrent que la gente Micheline n'était plus de nos jours; qu'à force de se rapprocher, toutes les classes sociales avaient fait un échange de leurs misérables défauts. Plus de caractère original, plus d'individualité, plus de diversion à l'ennui; quelques jours de plaisir, un siècle de dégoût! Et les femmes se plaignent de voir nos jeunes gens blasés, comme si ce n'était pas leur ouvrage !

Je n'avais délaissé pourtant aucune de mes trois conquêtes. On quitte rarement les femmes avant de les avoir remplacées ; leur art consiste à jeter mille liens invisibles auxquels on obéit machinalement, jusqu'à ce que les rompe la secousse d'un nouvel amour. Faut-il demander à la fleur plus de parfum qu'elle n'en peut rendre ? Léonie était spirituelle ; Lucile, tendre et dévouée ; quant à la grisette, tu l'as vue, ce serait une beauté parfaite s'il y avait de la beauté et de la perfection sans grâce. Je demandais donc à l'une des saillies, à la seconde de l'amour, à la dernière des voluptés.

Tu n'ignores pas que je passai les premières semaines de l'automne chez l'aimable marquise, dans les environs de Sarcelles. Son château m'ennuya : triste et vieux débris, rajusté par les architectes du XVIII° siècle, auxquels on n'a pas coutume d'accorder beaucoup d'intelligence ; mais les environs me consolèrent. La petite campagne qui s'étend depuis Pierrefitte jusqu'au château d'Ecouen n'offre plus l'uniformité de la banlieue parisienne, on s'y croirait vraiment à vingt lieues de la capitale : ce sont de petits vergers, des fermes et des chaumes, de véritables paysans, une vie animale et rustique, exempte d'affectation. Presque tous les matins, je courais la campagne en attendant le déjeuner. Dès le lever du soleil je traversais la cour, faisant caracoler mon cheval jusqu'à ce que la marquise réveillée saluât mon départ d'un sourire. Je voyais une main blanche et fine écarter le rideau de sa fenêtre, et une jolie figure approcher du carreau ses yeux demi-fermés ; nous échangions un regard ami, puis je m'enfuyais au galop. Il n'y a rien de tel que la campagne, l'aspect de la verdure, des arbres et des fleurs, pour reposer l'âme. Elle se rajeunit, ses sensations retrouvent leur acutesse primitive. Sans aimer la marquise, je me plaisais à penser qu'une femme jeune et belle s'endormait le soir dans mes bras, se réveillait dès l'aube à mon signal, m'accompagnait en rêve dans mes petits voyages..... Diantre ! six mois de vie champêtre, et je deviens une huitre.

Léonie paraissait heureuse, elle l'était réellement ; j'employais le temps du déjeuner à lui faire un récit de mon excursion matinale ; si je lui vantais un village, une côte, ou les bords d'un ruisseau, de suite il fallait l'y conduire. Nous partions dans sa calèche, par des chemins affreux, cahotés et rompus, mais riant de bon cœur. Ces promenades improvisées me charmaient, d'autant plus que,

par un travers inconciliable avec mes autres penchants, ma légèreté, mon inconstance, tout ce que tu voudras, j'aime passionnément à revoir les objets qui m'ont déjà plu ; les paysages par exemple, les tableaux, les pièces de théâtre ; je préfère le plaisir d'une impression retrouvée à celui d'une impression neuve ; et je suis étonné qu'aucun de mes compagnons de plaisir ne partage avec moi ce trait saillant de caractère.

Ce fut un beau matin qu'en faisant courir mon cheval je rencontrai Villiers-le-Bel. Léonie, le jour même, m'y ramena malgré moi. Terrible influence du hasard sur les plus importants accidents de notre destinée ! Le soleil était ce jour-là brûlant, les chevaux épuisés nous traînaient avec peine dans une petite rue déserte, quoique bordée çà et là de quelques habitations rustiques. Léonie nous fit arrêter, se plaignant d'une soif extrême : je descendis de la voiture ; j'aperçus à droite sur la route deux maisons également distantes, et je fus indécis entre elles. Que d'importance avait cependant ce choix si hasardeux ! A quel imperceptible fil sommes-nous tous attachés ! Qu'eussé-je rencontré dans l'autre maisonnette ? Etait-il écrit qu'à cette heure mon existence prendrait une direction nouvelle, et sous chacun de ces deux toits la même impression m'attendait-elle ? Ou bien me suis-je cru libre, ai-je cru marcher au hasard, lorsque ma volonté soumise à d'invisibles influences m'entraînait fatalement vers un but immanquable ? ces illusions-là sont possibles.

Je considérais froidement le vieux chaume, ombragé d'arbres, pour lequel je m'étais décidé ; je n'éprouvais alors aucune émotion, tant nous marchons aveugles dans les voies de l'avenir ! La porte était ouverte, et mon entrée n'éveilla point l'attention de deux jeunes paysannes assises face à face dans l'embrasure de la fenêtre ; leurs bonnets blancs, leurs robes à fleurs, des boucles d'oreilles, des croix d'or, présentaient une apparence de fête, je me souviens que nous étions au dimanche ; deux livres assez propres, oubliés sur une chaise, me parurent des Paroissiens. Les folâtres enfants riaient et chuchotaient ; elles venaient d'accomplir la corvée religieuse, et maintenant sans doute le bal dù soir les occupait. L'une ne pouvait plaire que par sa rustique fraicheur ; l'autre me tournait le dos, mais une taille ravissante, une pose de tête gracieuse et je ne sais quel parfum de beauté me prévenaient en sa faveur.

Cependant les jeunes filles s'aperçurent de mon arrivée, la belle se retourna : qu'elle était belle ! Il n'existe point dans nos villes de semblables figures; toujours dans leur monde vaniteux quelque fumée d'orgueil, dans leur monde jaloux quelque nuage de coquetterie, dans leur monde dépravé quelque souffle de corruption, flétrissent les plus nobles images. L'habileté d'ailleurs y est si merveilleuse qu'on n'a plus confiance en rien; les peintres de panoramas font marcher le soleil et ruisseler les eaux, les femmes galantes entretiennent un sourire angélique sur des lèvres fanées : ce que les peintres n'atteignent pas toutefois, c'est l'harmonie des vents, l'air céleste, l'éclat des astres; ce que les femmes ne peuvent remplacer, c'est l'œil pur, le sang virginal!

Je reprends mon récit :

La beauté de cette fille me frappa tellement que j'adressai la parole à l'autre, je lui demandai de l'eau pour une dame.

— Volontiers, Monsieur.

— Faut-il mettre du sucre ? ajouta d'un air empressé la ravissante paysanne.

J'acceptai son offre.

Léonie ayant bu, je rapportai le verre aux deux fillettes qui, du seuil de leur porte, regardaient la calèche bien attentivement. J'éprouvai de l'embarras à prendre congé d'elles: un merci me paraissait bien sec; payer, ce n'était pas possible. Mon hésitation fut devinée, car je les vis rougir. Tout à coup j'aperçus, adossé contre la charmille voisine, un vénérable pauvre de campagne, silencieux et découvert, suivant l'usage de ses pareils. Je jetai dans son chapeau quelques pièces d'argent, et je saluai les paysannes; la belle me comprit.

— Merci, Monsieur! s'écria-t-elle.

Cette réponse était à coup sûr plus délicate que mon paiement. J'en fus charmé du moins, libre à toi de la trouver sotte; un sage aveugle a dit qu'on ne doit pas disputer des goûts ni des couleurs.

Si je revins à Villiers-le-Bel! peux-tu le demander? J'y revins tous les jours, mais inutilement; Baptiste rôda sans succès, et bientôt je reconduisis la marquise à Paris, rempli d'inquiétude et d'amour.

Qu'importe? les occupations renaissaient pour mon cœur, voilà l'essentiel. La terre se peuplait devant moi; je riais de mon découragement passé. La stupide chose que l'habitude! me disais-je souvent. On s'accoutume si fort à ce misérable Paris, qu'on voit tout en lui, et comme lui. Las des femmes corrompues, on s'obstine à fouiller dans cette fournaise du vice; las des raffinements et de la fausseté, c'est sur le plus honteux théâtre qu'on cherche l'innocence. O attrayante diver-

sité, rêve chéri, tu ne resteras pas un rêve, puisqu'à peine échappé au repaire infernal, puisque sur le cratère du volcan je viens d'entrevoir une fleur si délicate! Et lorsque j'en serai devenu maître, quand j'aurai ce trésor, insatiable enfouisseur, qui m'arrêtera dans ma course? La France est grande, n'est-ce pas? et l'Europe! et le monde! Quoi! cette idée si simple ne m'était pas venue, que derrière Paris et ses vingt mille galantes il y avait l'univers, des myriades de femmes brunes ou blondes, ardentes ou pudiques, de langues différentes, de climats opposés, dont les beautés nationales se marient aux beautés du type universel!

Que dit Leporello?... En Allemagne, cent quarante, et dans l'Espagne, mille et trois. O maître! que tu savais vivre! ô Don Juan! que tu représentes bien notre existence aventurière! Tu as une vie entière, Lovelace n'a qu'un épisode; il est l'anneau, tu es la chaîne.

Et maintenant, Louis, j'ai fini par trouver mon ange disparu. Maintenant, comme le vautour qui endort sa proie en silence, je bats des ailes, je plane, je couve ma colombe craintive, tandis que la pauvrette tombe, tombe sans le savoir, étourdie, et ses yeux fixés sur les miens. C'est que je l'adore ainsi, belle et sans tache! L'instant où le désir se contente vaut-il les heures où l'on savoure la certitude de l'assouvir!

Je suis heureux, rien ne me manque; ma vie est assurée! Bientôt tu me verras traîner ma belle esclave dans votre cirque obscène, car je prétends, ainsi que le triomphateur, donner mes vaincus en spectacle!

En attendant, cher philosophe, apôtre et bon chrétien, prie le ciel pour ton pauvre ami prêt à dormir sur des noyaux de pêche.

ACHILLE DE BLÉVILLIERS.

La suite au Numéro prochain.

JULES A. DAVID.

NAPOLÉON A L'ILE D'ELBE.

Les armées coalisées débordaient sur la France. A Fontainebleau, Napoléon avait salué d'un triste et touchant adieu ses braves guerriers, officiers et soldats; groupés autour du grand capitaine, tous le contemplaient pour la dernière fois peut-être; la plupart du moins le croyaient.

Suivi de quatre cents hommes de la garde, des généraux Drouot et Bertrand, l'un aide-de-camp de l'empereur, l'autre grand-maréchal du palais; du général Cambronne, major du premier régiment de chasseurs de la garde; du baron Jermanowski, major des lanciers polonais; du chevalier Malet; des capitaines d'artillerie Cornuel et Raoul; des capitaines d'infanterie Loubers, Lamourette, Hureau et Combi; des capitaines de lanciers polonais Balinski et Schoultz, Napoléon, le 20 avril 1814, se dirigea vers Fréjus. Non loin des murs de la vieille cité, au milieu du golfe qui, depuis, est devenu si célèbre, deux frégates manœuvraient, l'une anglaise, l'autre française. L'empereur choisit de le transporter à l'île d'Elbe, lieu de son exil, le navire anglais, qui se nommait *The Undaunted*. « Il ne sera pas dit, s'écria Napoléon, qu'un vaisseau français aura servi à me déporter ! »

Le 3 mai, à six heures du soir, la frégate entrait dans la rade de Porto-Ferrajo, capitale du ridicule royaume que l'on avait cédé au chef de tant de peuples, à celui qui naguère gouvernait tant de nations.

Les cartes de Danville désignent l'île d'Elbe sous le nom d'*Ilva*: possédée d'abord par une colonie grecque, elle tomba, ainsi que l'Étrurie, au pouvoir des Romains. Ses mines de fer avaient dès lors une grande célébrité, et Virgile, dans l'*Énéide*, livre X, leur a consacré une mention. Au onzième siècle, l'île d'Elbe figure dans les dépendances de la puissante république de Pise; plus tard, les Génois en dépossédèrent les Pisans, et la donnèrent aux Lucquois, moyennant une redevance annuelle. Peu après, les Pisans en firent de nouveau la conquête, et ils accordèrent aux habitants de nombreux privilèges, pour s'assurer de leur fidélité. Après avoir été réunie à la France en même temps que le Piémont, l'île d'Elbe est devenue, depuis 1815, la possession du grand-duc de Toscane.

Cependant l'empereur déchu avait fait arborer sur les remparts de sa nouvelle résidence le drapeau des Elbois, au fond blanc, avec une bande rouge semée de trois abeilles d'or. Napoléon, vêtu de l'uniforme de colonel des chasseurs à cheval de la garde, avait substitué à la cocarde tricolore la cocarde rouge et blanche de l'île; à peine descendu à terre, cent et un coups de canon saluèrent son arrivée, tandis que le clergé et les notables de Porto-Ferrajo lui présentaient les clefs de la ville sur un plat d'argent, suivant l'antique usage.

Le général Dalesme commandait à l'île d'Elbe au nom de la France. Il dut rendre ses pouvoirs à celui qui les lui avait donnés, et, le jour du débarquement de Napoléon, des crieurs publics parcoururent l'île entière, faisant connaître, au son des trompes, la proclamation suivante, signée par le général Dalesme, et rédigée, dit-on, par Napoléon lui-même :

« Habitants de l'île d'Elbe,

« Les vicissitudes humaines ont conduit au milieu de vous l'empereur Napoléon; son propre choix vous le donne pour souverain. Avant d'entrer dans vos murs, votre nouveau monarque m'a adressé les paroles suivantes, que je m'empresse de vous faire connaître, parce qu'elles sont le gage de votre bonheur futur.

« Général, m'a dit l'empereur, j'ai sacrifié mes droits à l'intérêt de la patrie, et je me suis réservé la souveraineté et la propriété de l'île d'Elbe. Toutes les puissances ont consenti à cet arrangement. En annonçant aux habitants cet état de choses, dites-leur que j'ai choisi cette île pour mon séjour, en considération de la douceur de leurs mœurs et de leur climat; assurez-les qu'ils seront l'objet constant de mon intérêt le plus vif. »

« Elbois, ces paroles n'ont pas besoin de commentaires; elles formeront votre destinée. L'empereur vous a bien jugés; je vous dois cette justice, et je vous la rends. Habitants de l'île d'Elbe, je m'éloignerai bientôt de vous, et cet éloignement me sera pénible; mais l'idée de votre bonheur adoucit l'amertume de mon départ, et en quelque lieu que je puisse être, je conserverai toujours le souvenir des vertus des habitants de l'île d'Elbe.

« DALESME. »

Il était donc roi de l'île d'Elbe, Napoléon, comme, à une autre époque, Charles VII, chassé de Paris, était simplement le roi de Bourges.

On ne peut aujourd'hui causer avec un Elbois sans que la conversation tombe aussitôt sur l'empereur; les habitants montrent le château du gouverneur, qu'il habita, bâtiment fort simple, avec deux ailes et à deux étages, dans une position qui domine la ville, entre les forts Falcone et Stella. Au midi, le regard plane sur la cité et les montagnes de l'intérieur; au nord, sur Piombino et la côte d'Italie. C'est à qui racontera mille petits détails sur la vie de Napoléon, sur ses habitudes, ses occupations et ses plans pour l'administration de son empire en miniature, et toutes ces causeries offrent un vif intérêt.

L'activité merveilleuse de Napoléon ne l'avait

point abandonné; il se levait à deux heures du matin, et travaillait jusqu'au jour. Il s'occupait surtout de l'histoire de France et de recherches sur l'Égypte. Le jour venu, il sortait pour aller visiter les routes et les constructions auxquelles il faisait travailler. A neuf heures, il venait déjeuner, puis il se recouchait pour une couple d'heures. Il restait ensuite jusqu'au soir dans son cabinet, recevant les étrangers, expédiant des affaires, donnant des audiences, préparant des travaux, et peut-être méditant déjà les proclamations par lesquelles il annonça son retour en France. Dans la soirée, il allait, accompagné du général Bertrand ou du comte Drouot, se distraire à Longone ou à San-Martino, sa maison de campagne. Avant l'arrivée de Napoléon, San-Martino n'était qu'une chaumière, qu'il avait fait reconstruire et meubler avec goût; l'empereur n'y séjournait jamais, c'était pour lui seulement un but de promenade.

A huit heures, on servait le dîner; l'empereur plaçait à côté de lui les personnes de distinction, mais la place de face restait toujours inoccupée. Napoléon goûtait de plusieurs plats avec une rapidité extrême, se les faisant passer sans la moindre interruption. Une demi-heure au plus suffisait pour le repas. S'il y avait des dames, le glorieux exilé leur faisait les honneurs; dans ses moments de belle humeur, il étendait cette faveur à tout le monde; d'autres fois il demeurait pensif, sans ouvrir la bouche, et personne alors ne lui parlait. Après dîner, on passait dans un petit jardin, derrière le château, et là on causait jusqu'à onze heures.

Six semaines à peine s'étaient écoulées depuis l'arrivée de l'empereur dans l'île d'Elbe, lorsqu'un navire, ayant à bord madame Lœtizia, aborda sur la plage de Porto-Ferrajo. Une des sœurs de Napoléon, la princesse Borghèse, y débarqua peu de jours après. On sait tout l'attachement que Pauline ne cessa de témoigner à son frère: à l'époque de son premier voyage, elle ne resta que deux jours auprès de lui; mais, le 1er novembre, elle quitta Naples, pour venir fixer sa résidence à l'île d'Elbe.

Tous les dimanches, vers l'heure de midi, Napoléon assistait régulièrement à une messe, qui se disait au château; les autorités de l'île ne manquaient pas de s'y trouver: elle était suivie d'un lever, où l'empereur adressait la parole à chacun, car il n'avait point perdu les habitudes monarchiques contractées aux Tuileries. Lorsque Napoléon s'établit dans son nouveau royaume, il était très-impopulaire parmi les indigènes, qui jusqu'alors avaient eu peu à se louer de la France.

Bientôt l'empereur triompha des répugnances locales. Son premier soin fut de réformer et d'améliorer, d'ordonner des routes, de faire bâtir. En quelques semaines un théâtre fut construit; une vieille mesure fut transformée en une vaste caserne; une magnifique chaussée traversa Porto-Ferrajo, et conduisit à l'extrémité de l'île; d'autres routes furent tracées pour se rendre à des points importants. Napoléon appliqua les revenus publics aux besoins les plus indispensables. Ces revenus se composaient: 1° des mines de fer, dont on pouvait tirer un million par année; 2° de la pêche du thon, qui était affermée de quatre à cinq cent mille francs; 3° des salines, dont l'exploitation, accordée à une société, pouvait rapporter à peu près la même somme; 4° de l'imposition foncière et de quelques droits de douane. Ces produits divers, réunis aux deux millions qu'il s'était réservés sur le grand-livre, constituaient à l'empereur quatre millions et demi de revenus. « Jamais je ne me suis trouvé si riche, » répétait-il souvent aux généraux Bertrand et Drouot.

Les deux anciens quartiers du génie et de l'artillerie, joints par une galerie élégante, devinrent le palais impérial de Napoléon; une allée d'acacias a été plantée par lui sur l'ancien rempart changé en jardin; une citerne à pompe est aussi son ouvrage. On reconnaît dans la nouvelle et passagère habitation l'esprit et les habitudes d'ordre du maître, et tout le soin matériel de la vie qui distinguait les résidences impériales, si habilement réparées, dégagées et embellies sous son règne. Une porte de derrière, ménagée dans le cas d'une invasion, montre les vicissitudes de cette fortune si longtemps menaçante, et réduite à craindre sous son propre toit. Dans les appartements on remarque quelques gravures de la grande description de l'Égypte, souvenirs des temps de jeunesse, d'espérance et de gloire de l'empereur. Le bureau d'acajou est encore à la même place dans le cabinet; il sert au gouverneur actuel de l'île, ancien officier des armées françaises, qui ne se doutait guère, lorsqu'il servait dans nos rangs, qu'un jour il dût signer des ordres sur le bureau de Napoléon.

En peu de temps affluèrent à l'île d'Elbe tous les curieux, tous les désœuvrés de l'Europe; il fallut même prendre de certaines mesures pour éviter les désordres inséparables d'une réunion si nombreuse de gens inconnus, parmi lesquels se trouvaient bon nombre d'aventuriers venant chercher fortune. Les voyageurs anglais surtout débarquaient par masses: « A Porto-Ferrajo, dit M. le chevalier Artaud, qui en 1814 était se-

crétaire d'ambassade à Rome, à Porto-Ferrajo
Napoléon se laissait trop approcher par les An-
glais. Il avait bien le bon sens de dire : — Ne
viendraient-ils pas me voir comme une curiosité?
—Cela était vrai, et il ne fallait pas si facilement
permettre les approches de son cabinet. Tout ce
qu'on rapportait à Rome des discours de Napo-
léon était étincelant d'esprit, de vivacité, de traits,
de vérités piquantes; mais le projet du retour,
les menées, les correspondances avec Joachim,
révélaient la pensée qui dominait une apparence
de parti pris, un faux désir de ne plus se laisser
ennuyer par les affaires du monde. »

Nous avons parlé de San-Martino, la villa de
Napoléon; de ce lieu, Porto-Ferrajo, la mer, les
vaisseaux, les montagnes, forment une vue déli-
cieuse. La maison, petite, mais bien distribuée, n'a
qu'un étage d'un côté, et deux de l'autre; la salle
à manger est décorée à l'égyptienne; sur la che-
minée du salon on voit encore les bustes en marbre
de la princesse Elisa et de son mari, M. Bacciochi.
San-Martino est aujourd'hui propriété de l'archi-
duchesse Marie-Louise, et son régisseur, *Fattore*,
y réside. Cette chétive villa est l'unique héritage
laissé par le possesseur de tant de vastes et beaux
domaines.

Napoléon, qui, au temps de ses prospérités,
étouffait en Europe, devait se sentir à l'étroit
dans l'île d'Elbe; aussi l'a-t-il parcourue en tous
sens. Marciana, le territoire le plus montueux,
le plus sauvage de l'île, était le but préféré de
ses excursions; il y était attiré, dit-on, par la
fraîcheur, la pureté de l'air, la limpidité des
eaux, mais plutôt sans doute par l'aspect de la
forte nature, par le caractère âpre, indépendant,
indomptable des montagnards, caractère qui était
plus en rapport avec ses goûts, que la douceur
et la mollesse toscane des autres habitants de l'île
d'Elbe.

Tandis que l'empereur gouvernait ses petits
états, tandis qu'il les embellissait avec toute l'ac-
tivité dont il était capable, on apprend qu'il est
question de le transporter au loin. Dans une des
séances du congrès de Vienne, la France avait
réclamé l'éloignement de Napoléon comme une
mesure indispensable à sa sûreté; n'était-il pas
dangereux pour le repos de l'Europe que Napo-
léon résidât si près des côtes d'Italie et de Pro-
vence? L'illustre proscrit, fatigué de son exil, ne
pouvait-il pas se rendre à Naples en quatre jours;
puis, aidé par Murat, ne descendrait-il pas dans
les provinces de la haute Italie, déjà mécontentes,
ne les soulèverait-il pas et ne verrait-on pas re-
commencer une guerre mortelle? Alors la police

européenne venait d'intercepter la correspondance
du général Excelmans avec le roi de Naples, cor-
respondance qui faisait soupçonner une conspira-
tion en faveur d'un retour au système impérial
et par conséquent aux hommes de l'empire; l'île
d'Elbe, affirmait-on, était le foyer des intrigues
et un point de réunion pour les conspirateurs.

Soudain, au congrès de Vienne, les représen-
tants de l'Europe s'occupèrent de choisir une au-
tre résidence à l'empereur; ce fut l'Angleterre
qui proposa Sainte-Hélène.

Tout ceci était parfaitement connu de Napo-
léon, et, sans hésiter, il forma le projet qu'il
accomplit avec tant d'audace et de bonheur.

Huit jours suffirent pour les préparatifs.

On réunit des navires de transport, le brick
l'*Inconstant*, le chebek l'*Etoile*, des bâtiments
de commerce, des barques de pêcheurs. Enfin,
le 26 février 1815, Napoléon quitta l'île d'Elbe
à huit heures du soir, quatre heures après l'em-
barquement de sa troupe, qui était composée
d'à peu près mille hommes, parmi lesquels se
trouvaient plusieurs Polonais, cinq cents volon-
taires venus de la Corse et quelques étrangers.
La défense de l'île d'Elbe fut confiée au colonel
Lapi; Napoléon recommanda aux habitants sa
mère et sa sœur Pauline, qui restaient avec eux.
« L'expédition que je vais tenter, leur dit-il, réus-
sira, j'en ai l'espoir. Soyez sans crainte. En cas
de guerre, j'enverrai des secours pour vous aider
à défendre ce sol qui m'est cher; ne le remettez
à aucune puissance que sur un ordre émané de
moi. »

Un coup de canon retentit dans l'espace; et la
flottille appareilla, pendant que soufflait le vent
du sud-est, heureux présage qui annonçait un
voyage rapide et qui semblait prédire de nouveaux
succès.

Le 1er mars, la petite flotte jeta l'ancre dans
le golfe Juan. A cinq heures, Napoléon toucha le
sol de France, et s'assit au pied d'un olivier, sur
lequel les paysans de la contrée ne manquent pas
d'attirer l'attention du voyageur.

Alors commença une série d'événements qu'il
ne fut donné à aucune puissance humaine de
prévoir; alors s'accomplit ce fabuleux voyage,
mêlé de prospérités inouïes et de revers im-
menses, voyage glorieux et mémorable, qui des
rivages de Cannes conduisit Napoléon aux Tuile-
ries, des Tuileries à Waterloo, et de là au mi-
lieu des mers irritées, sur cette roche inhospita-
lière dont l'ouragan et la tempête se disputent
tour à tour la possession.

A Sainte-Hélène, l'empereur voulut expliquer

les causes du retour de l'île d'Elbe. « Napoléon prit la résolution de rentrer en France, dit-il dans ses Mémoires, dès qu'il lui fut prouvé que le gouvernement royal refusait d'exécuter le traité de Fontainebleau, qu'il se proposait de continuer la troisième dynastie, et qu'il considérait comme illégitimes et usurpateurs les gouvernements de la république et de l'empire. La conséquence rigoureuse de ce système était que toutes les trahisons mériteraient des récompenses. Le retour de l'île d'Elbe, écrit-il encore, fut l'effet d'avoir déclaré illégitime usurpation ce que la nation avait fait depuis vingt-cinq ans et ce que l'Europe avait reconnu. Je suis venu sans intelligence, sans concert, sans préparation aucune. Lorsque j'ai vu ce que l'on écrivait sur l'armée et sur les biens nationaux, et sur la ligne droite et sur la ligne courbe, je me suis dit : La France est à moi. Du reste, mon existence à l'île d'Elbe était encore assez enviable, assez douce ; j'allais m'y créer en peu de temps une souveraineté d'un genre nouveau ; ce qu'il y avait de plus distingué en Europe commençait à venir passer en revue devant moi. J'aurais offert un spectacle inconnu à l'histoire, celui d'un monarque descendu du trône, qui voyait défiler avec empressement devant lui le monde civilisé. On m'objectera, il est vrai, que les alliés m'auraient enlevé de mon île, et je conviens que cette circonstance a même hâté mon retour. Mais si on eût bien gouverné en France, si les Français eussent été contents, mon influence eût été finie ; je n'aurais appartenu qu'à l'histoire, et l'on n'eût point songé, à Vienne, à me déplacer. »

L'empereur, parlant de son retour de l'île d'Elbe, disait qu'il n'avait d'autre mérite que d'avoir bien jugé de l'état des choses en France, et d'avoir su lire dans le cœur des Français ; que cela avait été toutes ses intelligences, « car, s'écriait-il, si l'on excepte Labédoyère qui accourut à moi d'enthousiasme et de cœur, et un autre encore qui me rendit franchement de grands et vrais services, presque tous les généraux, sur la route, se montrèrent incertains et de mauvaise grâce ; ils ne firent que céder à l'impulsion de leurs soldats, si même ils ne se déclarèrent hostiles.

« Tout le monde sait bien aujourd'hui que Ney quitta Paris tout au roi, et que s'il tourna contre lui quelques jours plus tard, c'est qu'il crut ne pouvoir faire autrement.

« J'étais si loin de compter en aucune manière sur Masséna, que je me crus obligé, en débarquant, de le sauter à pieds joints ; et, le question-

nant plus tard à Paris sur ce qu'il aurait fait si je ne me fusse éloigné aussi rapidement de la Provence, il eut la franchise de répondre qu'il serait bien embarrassé de me le dire ; mais que le plus sûr, dans tous les cas, avait été d'agir ainsi que j'avais fait.

« Saint-Cyr s'était vu en danger pour avoir voulu contenir les soldats confiés à ses ordres.

« Soult me confessa que le roi lui avait inspiré un véritable goût, tant il se trouvait bien de son régime ; et il ne voulut reprendre du service qu'après le Champ-de-Mai.

« Macdonald ne reparut point.

« Le duc de Bellune suivit le roi à Gand.

« Ainsi, concluait l'empereur, si les Bourbons ont eu à se plaindre de la désertion du soldat et du peuple, ils n'ont pas le droit de reprocher le manque de dévouement et de fidélité aux principaux de l'armée, à ces élèves ou chefs de la révolution, qui, malgré une habitude de vingt-cinq ans, ne se sont montrés que de vrais enfants en politique. On ne les a trouvés ni émigrés, ni nationaux. »

Enfin, Napoléon discutait les avantages qu'il y aurait eu pour l'Europe à s'en tenir au retour de l'île d'Elbe : «. Quelle fatalité, disait-il, que chacun n'eût pas vu que j'étais l'homme le plus nécessaire au repos et à l'équilibre européen ! Les rois et les peuples m'ont craint ; ils ont eu tort, et peuvent le payer chèrement. En quittant l'île d'Elbe, je revenais un homme nouveau : ils n'ont pu le croire ; ils n'ont pu imaginer qu'un homme eût l'âme assez forte pour changer son caractère, ou se plier à des circonstances obligées. J'avais pourtant fait mes preuves et donné quelques gages de ce genre. J'aurais été franchement le monarque de la constitution et de la paix, comme j'avais été celui de la dictature et des grandes entreprises.

« Et raisonnons un peu sur ces craintes des rois et des peuples à mon égard.

« Quelles pouvaient être les craintes des rois ? Redoutaient-ils toujours mon ambition, mes conquêtes, ma monarchie universelle ? Mais ma puissance et mes forces n'étaient plus les mêmes ; et puis, je n'avais vaincu et conquis que dans ma propre défense. C'est une vérité que le temps développera chaque jour davantage ; l'Europe ne cessa jamais de faire la guerre à la France, à ses principes, à moi. Il nous fallait abattre, sous peine d'être abattus. La coalition exista toujours, publique ou secrète, avouée ou démentie ; elle fut toujours en permanence. C'était aux alliés seuls à nous donner la paix ; pour nous, nous étions fatigués; les Français s'effrayaient de conquérir de nouveau. Moi-même, me croit-on insensible aux charmes du repos et de la sécurité, quand la gloire et l'honneur ne le veulent pas autrement? Avec nos deux chambres, on m'eût refusé désormais de passer le Rhin. Et pourquoi l'eussé-je voulu? pour ma monarchie universelle? mais je n'ai jamais fait preuve entière de démence. Au retour de l'île d'Elbe, une pareille idée, une pensée aussi folle, un résultat aussi impossible pouvaient-ils entrer dans la tête du moins sage des hommes? Les souverains n'avaient donc rien à craindre de mes armes.

« Redoutaient-ils que je les inondasse de principes anarchiques? continuait l'empereur; mais ils connaissaient par expérience mes doctrines sur ce point. Ils m'ont vu tous occuper leurs territoires; combien n'ai-je pas été poussé à révolutionner leurs pays, à municipaliser leurs villes, à soulever leurs sujets! Bien qu'on m'ait salué, en leur nom, de *moderne Attila*, de *Robespierre à cheval*, tous savent mieux dans le fond de leur cœur..... Qu'ils y descendent! Si je l'avais été, je régnerais encore peut-être; mais eux, bien sûrement, et depuis longtemps, ils ne régneraient plus. Dans la grande cause dont je me voyais le chef et l'arbitre, deux systèmes se présentaient à suivre : de faire entendre raison aux rois par les peuples, ou de conduire à bon port les peuples par les rois. On sait s'il est facile d'arrêter les peuples quand une fois ils sont lancés. Il était plus naturel de compter sur la sagesse et l'intelligence des rois; j'ai dû leur supposer assez d'esprit pour de si clairs intérêts. Je me suis trompé. Ils n'ont tenu compte de rien; et, dans leur aveugle passion, ils ont déchaîné contre moi ce que j'avais retenu contre eux. Ils verront!!!! »

Telles étaient les réflexions amères que suggérait à Napoléon la conduite des souverains coalisés après son retour de l'île d'Elbe; puis, tournant son regard vers les peuples, l'empereur s'écriait : « De quoi pouvaient-ils s'effrayer? que je vinsse les ravager, leur imposer des chaînes? Mais je revenais le messie de la paix et de leurs droits; cette doctrine nouvelle faisait ma force; la violer, c'était me perdre. Cependant les Français eux-mêmes m'ont redouté; ils ont discuté quand il n'y avait qu'à combattre, ils se sont divisés quand il fallait à tout prix se réunir. Et ne valait-il pas mieux encore courir les dangers de m'avoir pour maître, que de s'exposer à subir le joug de l'étranger? N'était-il pas plus aisé de se défaire d'un despote, d'un tyran, que de secouer les chaînes de toutes les nations réunies? Le péril fut toujours

le même, la lutte terrible, la crise imminente; la dictature était nécessaire, indispensable. Le salut de la patrie me commandait de la déclarer ouvertement au retour de Leipsick. J'eusse dû le faire encore au retour de l'île d'Elbe. Je manquai de caractère, ou plutôt de confiance dans les Français.

« L'histoire me rendra justice; elle me signalera comme l'homme des abnégations et du désintéressement. De quelles séductions ne fus-je pas l'objet à l'armée d'Italie! L'Angleterre m'offrit d'être roi de France lors du traité d'Amiens. Je repoussai la paix de Châtillon, je dédaignai toute stipulation personnelle à Waterloo. Pourquoi? c'est que rien de tout cela n'était la patrie, et je n'avais d'autre ambition que la sienne, celle de sa gloire, de son ascendant, de sa majesté. Et aussi voilà pourquoi, en dépit de tant de malheurs, je demeure si populaire parmi les Français. C'est une espèce d'instinct, d'arrière-justice de leur part. Après tout, les chambres et la constitution nouvelle n'étaient-elles pas des garanties suffisantes? Je n'avais pas à moi seul des millions de bras. Je n'étais qu'un homme. L'opinion m'élevait de nouveau, l'opinion pouvait m'abattre de même. A côté de ce péril, qu'avais-je à gagner? »

Ensuite, comme s'il lisait dans l'avenir, l'empereur s'écriait avec un accent prophétique : « Je le répète, lorsque j'abandonnai l'île d'Elbe pour traverser la France, les peuples et les rois ont eu tort. J'avais retrempé les trônes, j'avais retrempé la noblesse inoffensive; et les trônes et la noblesse peuvent se trouver de nouveau en péril. Mon retour et mon maintien sur le trône, mon adoption franche cette fois de la part des souverains, jugeaient définitivement la cause des rois et des peuples; — tous deux l'avaient gagnée. — Aujourd'hui on la remet en question, — tous deux peuvent la perdre. — On pouvait avoir tout fini; on peut avoir tout à reprendre. On a pu se garantir un calme long et assuré; au lieu de cela, il peut suffire d'une étincelle pour ramener une conflagration générale. Pauvre et triste humanité!!! »

Ainsi s'exprimait, dans son exil lointain, le grand capitaine sur les conséquences que, selon lui, aurait dû avoir ce magique retour de l'île d'Elbe, qui fut un sujet de terreur pour les uns, et pour les autres un présage de conquêtes, un rêve de gloire, une espérance de bonheur.

Typographie de LACHAMPE et Cⁱᵉ, rue Danielte, 2.

RUINES DE BOISIRAMÉ.

RUINES DU CHATEAU DE BOISIRAMÉ.

Comme son nom l'indique, le château de Boi-siramé s'élève au fond des bois. En allant de Bourges à Saint-Amand, si votre itinéraire vous permet de faire une petite halte au village de Levet, laissez à l'auberge de la *Croix-Blanche* votre cabriolet ou votre monture, et puis em-barquez-vous de confiance dans un sentier large, boueux, rempli d'ornières, qui s'élance, perpen-diculairement à la grande route, vers ces bocages disséminés sur votre gauche.

Le pays n'est ni pittoresque ni accidenté; quel-ques ondulations légères entre-croisent à peine les sillons lointains de la charrue. Le chemin qui circule à travers ces tristes campagnes est ra-rement bordé d'arbres; j'y rencontre çà et là des bergers, des bestiaux également chétifs; cet en-tourage me serre le cœur et vient péniblement détruire d'anciennes illusions. Je m'étais fait une autre image du peuple qui garda si longtemps intact le dépôt de la nationalité française; j'ai-mais à me représenter sous des traits héroïques cette population qui fut le rempart de Charles VII, à revêtir de couleurs brillantes la terre où ce roi prédestiné planta sa bannière entourée d'une poi-guée de braves. Et comment les souvenirs du *roi de Bourges* ne viendraient-ils pas m'assaillir? Au temps de sa jeunesse insouciante et amoureuse, il a sans doute parcouru mille fois le sentier fan-geux où je m'embourbe; sans doute il a maudit chaque instant de retard qui devait lui coûter un instant de bonheur: moi, je vais chercher des rui-nes, il allait trouver une amante.

Déjà depuis longtemps j'ai distingué le but de mon pèlerinage : ce sont trois masses de pierres blanches qui, dominant la cime des arbres, ressemblent à des tourelles dégarnies de toi-ture; mais à mesure que j'approche, elles s'a-baissent rapidement derrière le rideau de feuil-lage. Cet effet de perspective m'apprend que j'aurai dans les bois une longue course à four-nir. Au moment où je franchis leur lisière, mes yeux plongent en vain dans la profondeur de l'a-venue grandiose qui s'offre la première; ses sinuo-sités m'en dérobent l'issue, mais où conduirait-elle, si ce n'est au château? Je la parcours à grands pas, puis insensiblement le charme de cette profonde solitude pénètre mes sens et mon cœur. Ce charme, il est inexplicable: l'admiration n'y a nulle part; tout ce qui m'environne est simple, et pourtant je suis ému. Est-ce qu'en effet ces feuilles verdoyantes, qui tamisent les rayons

du soleil, ont un éclat particulier? est-ce que ces arbres exhalent un parfum agreste que n'ont point tous les autres? ou bien ton souvenir pare-t-il encore la solitude que ta présence embellissait jadis, Dame de Beauté, maîtresse royale que personne n'a maudite, et que l'histoire n'a point flétrie, charmante Agnès Sorel?

L'avenue monotone où je rêvais de la sorte, après s'être longtemps déroulée sous mes pas, aboutit à l'un des carrefours de la petite forêt. Ici, plusieurs routes également larges, également tortueuses, s'offrent à mon incertitude; parmi tous ces che-mins divergents, un seul doit conduire au château, les autres m'en écarteront. Vainement je m'ef-force de découvrir dans les interstices du feuillage quelques traces blanchâtres, quelque chose qui ressemble à ces pierres crayeuses dont le ma-noir est bâti. Pendant ma longue hésitation, un bruit se fait entendre, qui n'est ni la chute d'une feuille, ni le craquement d'une branche cassée; je détourne la tête, et j'aperçois au loin la robe à larges raies d'une paysanne accroupie comme pour ramasser des bois morts. Elle entend courir auprès d'elle, se dresse; nous sommes face à face, et j'admire une image vivante de la belle châ-telaine Agnès. Tout le monde a vu le portrait de cette favorite, et je l'ai retrouvé plus d'une fois dans les femmes du Berri. C'est une physio-nomie complétement dépourvue de grandeur li-néaire, mais pleine de grâce humble et modeste; on ne l'admire pas, on l'aime. La paysanne, qui s'est levée à mon approche, rougit, et, dans sa surprise, laisse couler une à une de son tablier les branches sèches qu'elle a recueillies. Voilà bien ce teint chaud, ce regard pénétrant par la douceur, cette pose d'une mansuétude ravissante, qui ont soumis le cœur de Charles VII.

Je prie l'aimable paysanne de m'indiquer l'a-venue qui conduit au manoir. Elle me répond en français pur, et sans aucune trace d'accent. Le Berruyer parle très-bien la langue pour laquelle il a combattu longtemps.

Enfin, voilà ces ruines imposantes : fossés larges, profonds, hérissés d'arbustes sauvages, garnis de pierres éboulées; murailles épaisses, murailles de guerre, sans ornements, nues jadis, aujourd'hui tapissées de mousses et de pariétaires; demeure immense, propre à renfermer dans ses flancs une petite armée; maintenant déserte et dévastée, sans toiture, sans portes, ouverte à tous les vents. Tel est le premier aspect, et ce carac-tère sombre a confondu toutes mes prévisions. J'avone qu'autour d'Agnès Sorel mon imagi-nation construisait un autre manoir. Sans doute l'école de la Renaissance, qui a si bien incrusté l'amour dans la pierre, et surtout l'amour fastueux, magnifique, royal, cette école était encore loin d'allumer son flamboan divin; mais déjà l'on voyait percer dans l'architecture civile une tendance aux contours gracieux; et ce contemporain d'Agnès Sorel, qui fut son ennemi, son rival même dans la faveur de Charles VII, le fameux argentier Jacques Cœur se faisait élever à Bourges un palais, chef-d'œuvre d'élégance et de coquetterie. On peut expliquer ce contraste en disant que la favorite habita le château de Boisiramé pendant une époque de guerres, d'invasions, de surprises, et qu'alors on ne dormait avec sécurité qu'après avoir entendu gémir la herse de son pont-levis. Plus tard, quand une paix glorieuse eut versé ses faveurs sur les amis de Charles VII, l'argentier, fidèle au théâtre de ses premiers travaux, construisit son palais à Bourges; la tendre Agnès alla chercher sur les rives de la Seine un site plus gracieux. Près du village de Mesnil, les antiquaires vont admirer quelques débris d'un château ravissant qui fut édifié par elle. Là, des pierres éparses laissent encore deviner, sous l'herbe qui les ronge, de délicates arabesques avec les chiffres d'Agnès et de Charles entrelacés amoureusement.

Tout est gigantesque, belliqueux dans les ruines de Boisiramé, tout, excepté son nom; ce nom, doux comme un rêve d'amour, frais comme la verdure environnante, put-il être inventé par un autre qu'Agnès? mais il s'applique mal à ce grand amas de pierres, dont les teintes crayeuses se détachent crûment sur le feuillage et sur le ciel. Quelques fauvettes nichées dans les crevasses des murailles semblent redire encore une vieille chanson d'amour; le paysage entier respire un singulier mélange de tendresse et de force.

Il faut se tracer une route au milieu des décombres pour contempler les salles immenses du corps de logis principal. Il n'existe plus aucune trace des plafonds qui coupaient en différents étages ces murs hauts de soixante pieds; on voit encore aux flancs de ceux-ci des marches suspendues et des cheminées où se manifeste une certaine intention d'élégance; de légères nervures en caractérisent le dessin, parfois une arabesque en décore le manteau. La hauteur des fenêtres précise la position des différents étages, et montre qu'en certaines parties de l'édifice ils ont chevauché l'un sur l'autre. Les architectes du moyen-âge semblent toujours avoir fui les combinaisons simples, et, sans justifier cette ma-

nie, ne doit-on pas reconnaître qu'elle donne à leurs constructions un air mystérieux, retiré, que n'ont jamais les nôtres? Celle-ci, malgré la ceinture de bois qui l'emprisonne, semble encore se cacher derrière ses énormes tours, comme pour dérober aux regards indiscrets du monde la maîtresse d'un roi.

En effet, la dernière partie du monument que j'aperçoive, c'est une fenêtre en ogive accompagnée de colonnettes, et dont le tympan porte un bas-relief qui représente deux anges aux longues chevelures, soutenant un écusson. Cette découverte me rend heureux; je savais bien qu'on devait trouver dans le château d'Agnès quelques traces de parure et de coquetterie. Sans doute elle habitait cette aile large, carrée, qui porte à son sommet des créneaux redoutables, qui en est percée dans toute sa hauteur, et semble menacer le voisinage de ses meurtrières béantes. Faut-il voir dans ce contraste une intention malicieuse? La douce Agnès se cache derrière une muraille qui semble faite pour abriter des archers invisibles, et pour vomir au loin leurs flèches inévitables; mais sur la façade en retour, que nul œil indiscret ne peut découvrir du dehors, elle a voulu qu'on lui bâtît une ogive élégante, et, se parant de ses chaînes, elle y a fait sculpter les armes du *Sire aimé*. Cette jolie fenêtre domine d'environ douze pieds le terrain naturel : il y a des décombres entassés jusqu'à sa hauteur, et j'entre par une escalade dans le réduit d'Agnès Sorel.

Cette chambre, cet oratoire, cette salle de réunion peut-être, mérite un examen minutieux; mais, après comme avant, il est malaisé d'établir quelle était sa destination. Des voûtes en arc de cloître lui donnent un caractère religieux : au point où leurs arêtes vives s'entre-croisent, on distingue sur un écusson les armes de la ville de Bourges, trois moutons et trois fleurs de lis, données par Charles VII. En face de moi s'ouvre une large meurtrière, qui pourrait battre le revers du fossé, et qui semble plutôt espionner amoureusement ce petit chemin solitaire, dirigé vers la route de Mehun. Mehun, château royal où Charles VII a résidé longtemps, n'est éloigné que de cinq lieues. Un seul objet d'ameublement subsiste encore dans cette chambre nue : j'admets sans discuter que ce soit une cuve d'eau bénite, et me contente d'admirer l'exécution précieuse du dais à jour qui la surmonte. J'aime cette couronne mêlée de fleurs de lis et d'écussons; j'aime ce toit féodal qui supporte des pavillons flottants. Mais passons aux peintures. Les voûtes, les mu-

railles, en ont été garnies; la plupart sont entiè-
rement détruites, d'autres fort dégradées, quel-
ques-unes parfaitement distinctes. Celles-ci carac-
térisent d'une manière curieuse l'état de la
peinture et du dessin au XV° siècle. Je ne parle
pas de la sainte et du saint en prière, avec leurs
auréoles d'or et leurs chapes brodées; mais, à
gauche en entrant, il existe une fresque d'autant
plus précieuse qu'elle représente dans ses moin-
dres détails une scène de la vie contemporaine;
là revivent les coutumes, les physionomies, les
habitudes domestiques, avec cette naïveté hardie,
cette exagération candide qui appartiennent à
l'enfance de l'art. C'est un départ de chasse au
château de Boisiramé : voilà l'ancien manoir dans
toute sa splendeur, voilà le préau si vaste en-
combré de seigneurs qui partent au galop, d'é-
cuyers, de varlets fort empressés à se rendre
utiles; voilà des attirails de chasse; dans le fond
du tableau, voilà des bois immenses.

Cependant le jour baisse un peu, la meurtrière
ne laisse plus pénétrer les rayons du soleil deve-
nus trop obliques; à la faveur de cette clarté
douteuse, je trouve dans ma vieille peinture une
vérité plus saisissante ; bientôt ces personna-
ges raides et guindés s'animent et s'agitent, je
prends part aux passions empreintes sur leurs
visages de bronze; je murmure tout bas le nom
d'Agnès Sorel; suis-je donc fasciné par le pou-
voir magique de cette enchanteresse? un voile
s'est étendu sur mes yeux et le passé m'appa-
raît.

J'occupe encore la même chambre, en voici le
bénitier, la fenêtre ogivale, les voûtes surbaissées;
mais quel éclat, quelle fraîcheur ! Toute la pierre
a disparu sous des peintures étincelantes, les
dalles sont couvertes d'une riche tapisserie. Je vois
Agnès Sorel auprès de la meurtrière, dans un
grand fauteuil armorié. Au plus léger murmure
du feuillage, ses yeux bleus se dirigent vers le
sentier de Mehun, son attention devient extrême,
et chaque fois que le silence renaît, un nuage
altère quelques moments l'angélique pureté de
son visage. Mais enfin elle a tressailli cette fois;
quel sourire enchanteur ! Le drap d'or qu'elle
brodait vient de rouler à ses pieds, car elle ne
songe plus à son joli travail. Entendez-vous ce
bruit qui s'élève du fond des bois? c'est le galop
régulier d'un cheval. Au détour du chemin pa-
raissent deux cavaliers, Agnès a détourné la tête;
hélas! aucun des deux n'est le seigneur aimé.
Toutefois leur venue présage celle du maître, on
sait qu'il est en chasse, qu'il a choisi Boisiramé
pour lieu de rendez-vous. La châtelaine se lais-

serait consoler par ces réflexions, si dans les deux
seigneurs elle n'avait reconnu deux héros, qui la
sentirent péniblement auprès du souverain, et
dont les regards farouches semblent lui reprocher
toujours la perte du royaume. Ce sont eux, ils
ont traversé le pont-levis, ils mettent pied à terre,
des écuyers emmènent les chevaux ; un page se
présente devant sa maîtresse, il annonce les sei-
gneurs Poton de Xaintrailles et Lahire.

Après quelques moments donnés à l'embarras
d'une part, à la surprise de l'autre, Xaintrailles
ose aborder l'objet de cette entrevue. L'aspect du
luxe qui l'environne fait saigner toutes les plaies
de son âme généreuse. Il peint avec une éloquence
inattendue les misères publiques, la détresse des
serviteurs du roi; il montre une nation fidèle
égorgée par le fer, détruite par la famine, et les
bandes anglaises envahissant enfin l'Orléanais, le
Berri, derniers remparts de Charles VII. Agnès
écoute et pleure.

Cependant la poignée de braves qui survit vont
tenter un suprême effort. Dunois, avec une pe-
tite troupe, marche au secours d'Orléans. Lahire,
Xaintrailles, vont supplier Charles de les accom-
pagner à Loches, où sa bannière doit en rallier
d'autres. Enfin on parle d'une jeune fille du pays
de Vaucouleurs, qui est inspirée du ciel pour
relever la sainte cause, et qui se fait conduire
auprès du roi.

Cette nouvelle émeut Agnès; elle s'informe, en
pâlissant, des plus minutieux détails relatifs à
l'héroïne qui doit conduire les Français; elle
s'approche de Lahire, et cherche d'une main dé-
licate à soulever l'épée qui pend à sa ceinture.
Le guerrier sourit.

— Et vous aussi, madame, vous sauverez ce
royaume, lui dit-il, mais sans toucher ce fer
trop pesant pour vos mains. Obtenez que le roi
nous accompagne ce soir, et votre nom sera béni
dans l'avenir.

Les héros sont partis, et bientôt remplacés
par le tendre monarque. Insouciant comme à
l'ordinaire, il devise avec sa maîtresse, ou plutôt
il devise tout seul; car Agnès, affligée, pensive,
laisse tomber à chaque instant sa belle tête sur
son sein. Nul propos ne peut rendre le sourire à
ses lèvres, ni chasser les larmes de ses yeux. —
Que signifie cette douleur?

— Charles, répond la belle dame, cette dou-
leur signifie que bientôt je vais vous perdre. Puis,
étendant la main vers des cartes éparses sur une
table voisine :—Ce jeu, dit-elle, dont on se servait
pour égayer votre malheureux père, n'est pas
une invention frivole; il contient des secrets puis-

sauts et fait connaître l'avenir. Je viens de l'interroger, il m'a répondu, Charles, que je deviendrais la maîtresse du plus puissant roi de l'Europe!

Agnès a prononcé ces mots avec une dignité mélancolique; elle n'a pas attaqué vainement la fierté chevaleresque du prince, il répond :

— Cet oracle pourrait avoir un autre sens auquel vous ne songez point, Agnès; pour être aimée du plus puissant roi de l'Europe, ne vous suffit-il pas que je devienne ce roi?

— Charles! Charles! s'écrie-t-elle, puissiez-vous le vérifier ainsi!

Cependant le cor sonne, la meute aboie, les chevaux piaffent. Deux hommes, au milieu de ce tumulte universel, paraissent absorbés dans une méditation profonde; leurs yeux ne quittent pas un instant la jolie fenêtre où brille l'écusson royal. Mais voilà qu'elle s'entr'ouvre imperceptiblement, Agnès montre son beau visage empreint d'une résignation douloureuse, elle fait un signe, et les deux chevaliers ont compris que Charles partirait.

Ainsi je m'endormais dans les souvenirs du passé, ainsi revivaient pour moi nos vieilles figures nationales, lorsqu'un bruit importun me replongea dans la réalité. Les ténèbres m'environnaient; il fallut quitter ces ruines qui m'avaient entretenu si longtemps d'Agnès Sorel et de Charles VII.

Que l'imagination s'empare du château de Boisiramé, car on trouvera peu de chose sur son compte dans les archives où s'élabore sèchement l'histoire positive; on ne saura même pas si le manoir fut bâti par Agnès Sorel ou par les antiques seigneurs du domaine de Bois-Trousseau, dont les terres l'environnent, et dont le roi Charles VII fit un présent à sa maîtresse. A peine sait-on si c'est réellement sur la tour du couchant qu'Agnès faisait allumer de grands feux pour correspondre avec le château de Mehun, et si réellement elle habita cette partie du manoir.

Il était dans la destinée de cette seigneurie d'avoir d'illustres propriétaires, car elle passa successivement entre les mains du grand Colbert, du marquis de L'Hôpital et du maréchal Macdonald.

PAUL MORISSE.

Le conte suivant, une des plus gracieuses productions du moyen-âge, nous a paru mériter d'être reproduit, à cause d'une certaine bonhomie charmante et d'une naïveté de style qui n'est pas sans agrément. Aux XVe et XVIe siècles, jongleurs et ménestrels récitaient dans les châteaux ce fabliau du *Court mantel*, ou du *Manteau mal taillé*, et l'épisode de la *Coupe enchantée*, dans le ROLAND FURIEUX d'Arioste, en est une poétique imitation. La Fontaine, on le sait, écrivit plus tard un conte et une comédie sur le même sujet.

Le Manteau mal taillé.

Mademoiselle ma cousine, ma mie, comme je sais que vous prenez plaisir à ouïr conter les aventures qui advenaient en la maison du noble roi Artus, au temps de la Table-Ronde, j'ai voulu vous en mettre une par écrit, laquelle j'ai trouvée en un très-ancien livre qu'à peine pouvais-je lire. Toutefois, pour vous donner plaisir, je me suis efforcé de l'extraire, et donc, s'il vous plaît, vous la lirez et l'appellerez le conte du *Manteau mal taillé*.

Vous devez savoir que le bon roi dont je vous parle fut, de son temps, le plus renommé prince du monde, tant en hardiesse, · bonté de chevalerie, comme en libéralité, courtoisie et douceur; car l'humilité de ce noble roi fut si grande qu'il ne sortit jamais de sa bouche parole outrageuse à quelque personne que ce fût; bien connaissait-il les bons chevaliers parmi les mauvais. Mais je laisserai tout ceci pour vous conter l'aventure dont je vous ai parlé, qui advint en la cour de ce gentil roi Artus.

Ce fut un jour de Pentecôte que ledit roi voulut tenir sa plus haute et riche cour qu'il eût tenue en sa vie, car il manda tous les rois, ducs, comtes, barons, chevaliers et écuyers, qu'ils ne faillissent à venir à cette belle fête, où il devait y avoir grandes joutes et grands tournois; pour cette cause voulut-il que chacun y amenât sa femme ou sa mie, ce qui fut fait. Il y vint tant de noblesse et de chevalerie, avec des dames et des demoiselles, que jamais il n'avait été vu une si belle réunion au royaume d'Angleterre.

Il ne faut pas demander si la reine Genièvre sut recueillir et festoyer la compagnie, et spécialement les dames. Elle-même les loge, chacune selon son rang, dedans les chambres de son palais, toutes garnies de très-riches tapisseries. La reine visite les dames l'une après l'autre et leur fait de riches dons, soit en habillements de fins draps d'or, soit en hagnes et joyaux. Telle était alors la coutume. Et si bien la bonne reine Genièvre distribua ses présents, que les dames et demoiselles s'en tinrent heureuses et contentes.

D'autre part, le roi Artus donne aux princes et chevaliers des coursiers, des harnais, des habillements; depuis Alexandre on n'avait point encore vu de prince si accompli. Il termina tant de choses en son temps, que la renommée et l'effet de ses vertus l'ont fait nommer preux jusqu'à la fin du monde. Pour abréger, il fit des présents aux grands et aux petits, tant, que chacun se disposa à mener joyeuse vie, ce que l'on eût fait si Morgane, la fée, n'avait délibéré par son enchantement de troubler la reine et toute sa belle compagnie; car Morgane était envieuse de la grande beauté de Genièvre, et jalouse de messire Lancelot du Lac, qu'elle aimait, et qui ne la voulait aimer.

Cette noblesse, comme je vous l'ai déjà conté, fut assemblée et logée dedans Kamalot, dès le samedi, veille de Pentecôte, et elle se délibéra à faire le lendemain grande et bonne chère. Chacun se lève matin et se pare de ses meilleurs habillements; les seigneurs et les gentilshommes, les dames et les demoiselles se rendent jusqu'au palais, où ils trouvent les tables mises, toutes apprêtées pour dîner. Mais le roi avait une coutume, que, à pareil jour, il ne s'asseyait jamais pour manger, que premièrement il ne fût advenu en son palais quelque aventure. Artus, en attendant, s'était donc appuyé sur une fenêtre, et il devisait avec messire Gauvain.

Cependant, Keux, le sénéchal, vint auprès du roi, et lui dit : — Sire, vous jeûnez trop, votre dîner est servi. Il y a en cette salle cent personnes, voire deux cents, qui meurent de faim.—Keux, répondit le roi, ne savez-vous pas ma coutume? En disant ces paroles, Artus voit venir un jeune gentilhomme monté sur un cheval inondé de sueur, signe évident qu'il avait longuement couru; et aussi il était chargé, car il portait sur son cou une grosse malle de fin velours cramoisi, entourée de soie verte; au bout d'un lacet se trouvait une petite serrure dont la clef était d'or.

Le jeune gentilhomme, arrivé au pied des degrés du palais, descend de son coursier, prend la malle sous son bras et se dirige vers l'appartement. Le roi, qui l'avait vu par la fenêtre, se tourne alors vers la compagnie, et dit à haute voix : — Or crois-je que nous dînerons bientôt, car j'ai vu arriver un messager qui nous apporte nouvelles bien hâtives, ou je suis grandement déçu. Soudain le jeune homme entre dans la salle, met un genou en terre, et, saluant Artus, il lui dit: — Sire, je suis transmis à vous de par une très-haute dame qui moult vous aime, laquelle vous supplie qu'il vous plaise m'octroyer un don; vous n'en recevrez ni reproches, ni dommage.

—Ami! s'écrie le roi, je vous octroie le don que vous me demandez. Et le gentilhomme le remercie humblement; puis il prend sa malle et en délie les lacets.

Le roi et tous les chevaliers avaient grand désir de savoir ce que renfermait cette malle; alors le messager en retire le plus beau, le plus riche manteau qui encore eût été vu en ce temps au royaume d'Angleterre. Il était de couleur pourpre, enrichi d'or, entouré de feuillages et couvert de grosses perles; la bordure était semée de grappes de raisin dont les grains étaient de purs diamants, et les autres de rubis percés à jour, de manière que vous eussiez dit que c'étaient de vrais raisins venant de vigne; l'ouvrage semblait si bien enchâssé que c'était chose merveilleuse à voir.

Artus s'ébahit de tant de richesse; ainsi font les chevaliers. Si ce manteau était magnifique, il ne faut point s'en émerveiller, puisqu'il avait été fait par enchantement. Morgane, la fée maudite, l'avait tissu de sa main, afin que la reine et les dames, qui ignoraient sa vertu, désirassent le posséder; mais si elles avaient su de quelle soie il était formé, jamais elles ne l'eussent vêtu. Il découvrait les finesses des dames et aussi des demoiselles; nulle d'elles ne l'eût revêtu, que le manteau ne lui eût été trop court ou trop long, pourvu qu'elle eût oublié son mari ou son ami.

Le gentilhomme présenta le manteau à Artus, lui raconta sa vertu, et lui dit : — Sire, le don qu'il vous a plu m'octroyer est tel, qu'il n'y aura ici ni dame ni demoiselle à qui vous ne fassiez essayer ce manteau; et celle à qui il sera de bonne mesure, ni trop court ni trop long, ma dame lui en fait présent.

A ces mots, le roi connut évidemment que c'était là un ouvrage de sa sœur Morgane, qui toujours s'étudiait à faire déplaisir à la reine; il prévoit que la compagnie va être troublée, mais il n'y peut mettre remède.

—Allez dire à la reine que je l'attends ici, dit aussitôt Artus à messire Gauvain; priez-la d'amener les demoiselles de sa suite, car je dois tenir promesse à ce messager.

Gauvain s'en va quérir la reine : — Madame, lui dit-il, le roi vous mande que vous veniez dîner dans la salle, vous et vos suivantes; il veut voir laquelle est la plus belle, pour lui faire un présent. C'est un manteau, le plus riche que l'on ait jamais vu.

Il se garda très-bien de déclarer la vertu qu'il avait.

La reine, impatiente d'essayer le beau manteau, vient dans la salle avec ses dames et demoiselles; chacun lui fait place. A peine en présence d'Artus, qui tenait le manteau entre ses mains, le roi lui dit : — Madame, je donne ce manteau à celle de toute la compagnie à qui il ira le mieux.

Genièvre, éblouie de la beauté du mantel, le désire et convoite de tout son cœur; elle le prend la première et le fait mettre sur ses épaules. Sans nul doute, il lui fut trop court par-devant bien du travers d'un doigt, mais il était de bonne longueur par-derrière.

A la risée des gens, la reine s'aperçut qu'il y avait quelque chose. Messire Yvain lui dit : — Madame, il m'est avis que ce manteau vous est assez bien fait par-derrière, mais le devant est un peu court; faites-le essayer à cette demoiselle qui est auprès de vous, elle est de votre taille.

C'était la mie d'Hector le fils. La demoiselle le prend volontiers et le revêt incontinent, mais il lui fut court d'un demi-pied de tous côtés. — Regardez comme il s'est retiré, s'écrie messire Gauvain; il n'a pourtant pas été porté loin d'ici ! La reine regarde autour d'elle, et dit aux gentilshommes : — Messires, ne m'était-il pas plus long qu'à cette demoiselle? Keux, le sénéchal, qui était le plus grand gaudisseur de la maison du roi, dit à la reine Genièvre : — Madame, vraiment vous êtes plus fine qu'elle. — Comment l'entendez-vous? fait la reine; dites-le-moi, je veux le savoir.

Alors messire Keux lui conte de point en point comment Morgane avait envoyé ce manteau au roi par un messager, lequel avait surpris la foi du prince, qui lui avait promis de le faire essayer à toutes les dames et demoiselles de sa maison. Keux expliqua comment Artus avait fait cette promesse avant de connaître la vertu du manteau, ce dont il était très-déplaisant; mais il n'y avait plus de remède, car pour rien il ne trahirait sa foi.

La reine le prit en jeu et moquerie, comme tout ce qui venait de Morgane, quoique Genièvre eût bien voulu n'être point venue dans la salle.

— Or çà, mesdames, dit la reine en souriant, qu'attendez-vous? puisque j'ai commencé la pre-

mière, que ne vous dépêchez-vous à vêtir ce manteau et à l'essayer comme moi?

Keux le sénéchal, joyeux à l'excès de voir les jeunes femmes si entreprises, dit à haute voix : — Mesdemoiselles, avancez-vous; on verra quelle mémoire vous gardez de ces pauvres chevaliers, qui tant souffrent pour vous.

Quand les dames entendirent parler messire Kenx, qui ainsi se moquait d'elles, il n'y en eut aucune qui n'eût désiré être dans son pays. Le roi les regarde et il en prend pitié. — Ami, dit-il au messager, il me semble que désormais vous pouvez remporter votre manteau, car il est très-mal taillé, à ce que je puis voir, et il ne saurait bien aller à nulle dame de céans. — Jamais ne l'oserai-je reprendre qu'il n'ait été essayé en votre présence, Sire, par toutes les dames et demoiselles du palais, répond le messager. Ce que roi promet doit être tenu. — Or donc, réplique Artus, puisque je l'ai promis, qu'il se tienne ! mais il m'en déplait.

Les dames et demoiselles furent saisies d'angoisse. Chacune veut faire bonheur à sa compagne, en la priant de l'essayer la première sans lui porter envie. La reine, voyant messire Kenx, qui ne peut se taire et ne fait que railler, l'appelle et lui dit : — Keux, essayez-lu donc à votre femme sans tant caqueter; nous verrons comment il lui ira.

Keux le sénéchal était marié à une des plus belles dames de la suite de Genièvre; il avait en elle une telle confiance, qu'il la croyait la plus loyale dame du monde entier.

— Avancez-vous, ma mie, dit-il à son épouse; aujourd'hui sera connue votre grande valeur, et vous serez nommée la fleur des dames. Prenez-moi ce manteau hardiment, et revêtez-le, car je pense qu'il a été fait pour vous seule. — Messire Kenx, répond la dame, il vaudrait mieux, je m'imagine, que vous le fissiez essayer à ces autres dames que voilà; il leur semblera peut-être que je veux l'essayer la première par arrogance et par orgueil, et elles m'en sauront mauvais gré. — Ne vous inquiétez pas, ma mie, continue messire Keux. Et, sans plus tarder, il lui met le manteau sur les épaules. Mais ce vilain manteau se raccourcit tellement par-derrière, qu'il ne couvrait pas le jarret, et par-devant il ne venait qu'environ deux doigts au-dessous du genou. — Sainte Marie! fait Bréhus, que vois-je, messire Keux? Qu'en dites-vous? eussiez-vous jamais cru ceci ?

Kenx le sénéchal ne sait quelle contenance tenir; chacun en est joyeux, parce qu'il avait malmené les dames. Dès lors il baisse la tête et commence à perdre son caquet. Messire Ydier l'appelle et lui dit': — Keux, mon ami, ce manteau, à mon avis, serait bon à ta femme s'il n'était un peu court; qu'en fera-t-elle? le retiendra-t-elle, ou non? Keux ne répond rien, tandis que sa femme se dépouille avec dépit du malencontreux vêtement, le jette au milieu de la salle et s'enfuit en détestant le manteau et celle qui l'avait envoyé au roi.

Cependant les dames de la cour ne savaient à quel saint se vouer. Messire Lucan, qui était fort aimé d'Artus, lui dit : — Sire, il faut que vous fassiez essayer le manteau à la mie de messire Gauvain, qui est si dévouée et si belle ; véritablement, elle ne doit pas demeurer la dernière.

La mie de messire Gauvain, nommée Génélas, était tendrement chérie du vaillant guerrier. Génélas n'ose refuser. Le manteau lui est offert; il s'étendit si longuement par-derrière qu'il traînait bien d'un pied et demi ; le pan du côté droit ne lui venait pas au genou, mais le genou gauche était couvert.

Alors je vous assure que messire Keux, qui avait perdu l'usage de la parole, la recouvra en voyant le manteau se défigurer si bizarrement sur la mie de Gauvain. Keux la prend par la main et la mène asseoir à côté de sa femme : — Demoiselle Génélas, lui dit-il, tenez-vous bien près de ma femme ; vous pouvez marcher avec elle.

Le roi Artus, voyant sa cour pleine de ris, ne peut s'empêcher de sourire comme les autres, et s'approchant de la mie de messire Yvain, l'un des meilleurs chevaliers de la Table-Ronde : — Mademoiselle, lui dit le roi, ce manteau doit être à vous, car je n'ai jamais ouï dire aucune malice sur votre compte. » Le petit Girflet, un des mignons du roi, prit la parole et dit : — Sire, vous affirmez pour cette demoiselle; attendez, s'il vous plaît, que Dieu en ait disposé. Faites-lui mettre vitement le manteau sur les épaules, et nous verrons.

Le manteau fut affublé sur la mie d'Yvain, mais ce fut pitié de le voir, tant il était de mauvaise forme, car il traînait par-devant, et ne venait que jusqu'aux reins par-derrière. — Hélas! mon Dieu, s'écria Girflet, le petit mignon, voici une terrible tromperie! La jeune femme, avec colère, arrache ce manteau, et le lance au visage d'un chevalier. — Ne vous courroucez point, ma mie, lui dit Keux, le sénéchal, ce sont là des fortunes de ce monde. Allez vous asseoir auprès de Génélas et de ma femme; vous serez guérie. Et sans retard elle s'y dirige piteusement.

— Je doute, s'écrie Artus, que ce manteau fasse jamais honneur à aucune dame ni demoiselle de céans. Ami, continua-t-il en s'adressant au messager, n'est-ce pas assez essayé? Il serait temps que je dînasse. — Sire, vous ne fîtes jamais tort à personne; ne commencez point par moi, je vous supplie; tenez votre promesse.

Messire Ydier avait sa mie près de lui, et, persuadé que le monde n'en renfermait pas de moins volage, il lui prend la main et lui dit : — Ma mie, vous savez le grand amour que je vous ai toujours porté, vous savez la confiance que j'ai en vous; c'est pourquoi je me tiens sûr, comme de la mort, que jamais vous ne m'oubliâtes, ce dont mon cœur se réjouit, car je prévois clairement que le manteau vous sera de bonne mesure. Je m'ébahis de l'envie qu'auront sur vous les autres demoiselles et du déplaisir que vous ferez aux médisants; je les verrai cette fois bien marris et confus, ne fût-ce que messire Keux. Allez, ma mie, empoignez-moi ce manteau, et revêtez-le hardiment devant tout le monde, pour être proclamée la fleur des dames.

La demoiselle, à moitié entreprise, répondit : — Ydier, mon bon et loyal ami, il me semble que vous ne devriez pas vous hâter si fort; il faudrait peut-être attendre que le roi le commandât.

— Non, non, dit messire Ydier, faites ce que je vous dis.

Alors la demoiselle prend tout doucement le manteau et le revêt. Jamais habillement ne lui fut si bien fait par-devant, au point que la compagnie, qui était de ce côté, s'imagina qu'elle avait gagné le prix ; puis on se tourna pour regarder par-derrière, et c'était toute pitié, car, sur ma foi, il ne venait pas jusqu'aux épaules. La risée commença merveilleusement grande.

— Ah! mademoiselle, s'écria le petit Girflet, je ne vois nul moyen pour que ce manteau vous soit jamais bon, car on ne le saurait tant tirer par-derrière qu'il fût à l'égal du devant.

Keux, le sénéchal, prend la demoiselle par la main et la conduit auprès de celles qui avaient déjà essayé le manteau : —Mesdames, mesdames, leur dit-il, réjouissez-vous; je vous amène compagnie.

Le messager, s'apercevant que son manteau ne convenait à aucune des dames et demoiselles présentes, s'approche d'Artus, et lui dit : —Sire, je vous prie, afin que je puisse m'acquitter de mon message, d'envoyer chercher par toutes les chambres de votre palais, s'il n'y a pas encore quelque demoiselle; j'ai ouï dire que les plus étranges aventures réussissaient dans votre maison, et ce serait un grand malheur si j'étais obligé à m'en retourner sans résultat.

— Par mon chef, s'écria messire Gauvain, il dit vrai, ce messager.

Girflet se hâte de parcourir toutes les chambres du château; il ne laisse ni coin ni cabinet sans y faire sa quête. Après avoir longtemps cherché, il trouva une demoiselle étendue sur un lit :

— Mademoiselle, levez-vous, lui dit-il, et venez dans la salle où le roi vous demande. — Messire Girflet, répond la demoiselle, j'obéirais volontiers au roi, mais vous voyez comme je suis; c'est pourquoi vous devriez me tenir pour excusée. Je ne suis ni habillée ni accoutrée pour me présenter devant la compagnie. — J'attendrai que vous soyez vêtue, répliqua Girflet; je ne puis m'en aller sans vous conduire.

La demoiselle s'habille le plus honnêtement qu'elle peut, et vient dans la salle avec le petit Girflet. Le messager lui donne le manteau et lui raconte sa vertu.

Soudain, voici venir le chevalier ami de la demoiselle, et si vous voulez savoir son nom, apprenez que c'était messire Karados Brise-Bras, chevalier brave et hardi, lequel s'approcha de sa dame : — Hélas! ma mie, lui dit-il, ne revêtez point ce manteau; j'aime beaucoup mieux être dans le doute que de vous voir assise à côté de mademoiselle Génélas et de la femme de messire Keux.

— Ami, de quoi vous inquiétez-vous? répondit la jeune femme; au pis-aller, vous vous trouverez en compagnie.

Sans hésiter elle s'affuble très-hardiment du manteau devant toute l'assemblée, qui regardait avec curiosité quelle en serait la fin. Mais le manteau fut de si bonne mesure et devant et derrière, que tous les couturiers du monde ne l'eussent pu mieux tailler pour elle.

Le messager, qui voit l'aventure achevée, s'écrie : — Demoiselle, demoiselle, vous devez être bien joyeuse; car, sachez que j'ai fait essayer ce manteau à près de mille dames, et que pour vous seule il a été bon. Je vous le donne, car il vous appartient de droit.

Impatient d'aller rendre compte à Morgane de son message, l'envoyé prend congé du roi, qui s'assit à table pour dîner. Messire Karados et sa mie s'en allèrent joyeux au possible; ils emportèrent le manteau et le gardèrent chèrement pendant toute leur vie.

Après leur trépas, il fut mis dans un lieu secret, et personne, excepté moi, dit le trouvère,

ne sait où il se trouve. C'est pourquoi je vous avertis, vous, ma cousine, que lorsqu'il vous plaira de l'essayer, il est en ma puissance de vous le faire apporter, soit pour vous, soit pour quelqu'une de vos bonnes amies. Toutefois, si vous croyez qu'on le doive encore laisser là où il est, qu'il y demeure. Vous y réfléchirez. Quant à moi, je ne veux que ce que vous voulez, car je suis, et je serai tant que je vivrai, votre meilleur ami; et quand même le manteau vous serait un peu court, je ne laisserais pas de vous aimer.

⸻ ⸻

SAINT ANDRÉ, APÔTRE.

Le Christ expirait sur la croix, après avoir enseigné sa morale si pure et si austère, soit dans les synagogues au temple de Jérusalem, soit en public, soit en particulier à douze disciples intimes, et à soixante-dix autres moins constamment rapprochés de sa personne. Les douze disciples, les soixante-dix autres, chargés d'annoncer dans les diverses régions de la Palestine la présence du Messie, et plusieurs centaines d'habitants de Jérusalem et des campagnes, telle était la communauté entière des chrétiens à la mort de son fondateur. Saint Paul, écrivant aux Corinthiens, évalue à cinq cents le nombre des partisans que laissa Jésus-Christ. Cette communauté était donc peu nombreuse. Aussi, quel admirable spectacle lorsque, par l'effet des dons extraordinairement communiqués aux Douze, à l'époque de l'antique fête de la Pentecôte, le christianisme éclaira soudainement l'univers!

Saint Paul et saint Barnabé s'étaient rendus sur le continent de l'Asie; ils prêchaient dans plusieurs villes de la Pamphylie, de la Pisidie et de la Lycaonie : «Nous devons signaler un épisode de cette mission, dit M. Matter (1), et nous le ferons pour détruire une opinion que l'on a souvent avancée sur les apôtres. Ces *hommes du peuple* ayant à peu près tous exercé des métiers, on a supposé que leurs manières, leur langage, leur extérieur, et peut-être même leur costume, n'out pu être de nature à plaire à la nation grecque, si raffinée dans le luxe. Cependant il arriva à Paul et à Barnabé d'être pris pour MERCURE et pour JUPITER par un peuple et des prêtres char-

(1) *Histoire universelle de l'Église Chrétienne*, tome I, page 71. 1829.

més de l'éloquence de l'un et de l'extérieur im-
posant de l'autre (*Actor.* 14). Ce fait est très-cu-
rieux; mais il s'explique. En effet, il faut d'abord,
quand il s'agit de costumes et de manières, se
dépouiller de nos idées habituelles, formées d'a-
près ce que nous voyons dans notre Occident et au
XIX° siècle, et ne pas prêter à l'Orient, dont les
mœurs, le costume et les traits de physionomie
ont naturellement tant de noblesse, nos petites
formes, nos petites distinctions et notre prodi-
gieuse inconstance. Ensuite, il est à croire que
des hommes habitués, comme les apôtres, à méditer
sur les intérêts célestes des mortels, vivant dans
une sorte de familiarité avec celui dont ils étaient
les missionnaires et les organes, ont eu dans
toute leur manière d'être, dans les pensées, dans
les sentiments, je dirais volontiers dans la tenue
de tous les instants, quelque chose de supérieur à
l'homme. Ceci a pu contribuer à leurs merveil-
leux succès. »

Plus tard, saint Paul et saint Barnabé se sépa-
rèrent. Le premier parcourut les villes de Macé-
doine, Athènes, Corinthe, Milet; l'autre visita
l'île de Chypre.

Saint Pierre, dont les missions acquirent moins
de célébrité que celles de saint Paul, paraît s'être
attaché principalement aux grandes villes de Jé-
rusalem, d'Antioche, de Babylone et de Rome.

Saint Jean, le disciple bien-aimé, séjourna
longtemps à Jérusalem, où il retenait la glorieuse
délégation du Christ, qui, en mourant, lui avait
légué sa piété pour sa mère; saint Jean sortit la
première fois de Jérusalem pour la mission de
Samarie; puis il choisit l'Asie-Mineure pour le
théâtre de ses travaux. L'église de Smyrne, l'une
des capitales de l'Asie-Mineure; celle de Pergame,
la riche cité des Attales; celle de Sardes, grande
encore dans sa décadence; celles de Philadelphie
et de Laodicée, villes d'un ordre plus secondaire,
paraissent l'avoir vénéré comme leur fondateur et
l'avoir suivi comme leur chef.

Saint Jacques semble avoir passé toute sa vie à
Jérusalem, dirigeant les chrétiens de cette mé-
tropole.

Saint Philippe, qui avait converti la Samarie,
et habité Césarée pendant quelque temps, passa
ses dernières années dans la Phrygie. Saint Tho-
mas doit avoir visité les Parthes, saint Barthé-
lemy les Indes, et saint André les Scythes.

Saint André était le frère de saint Pierre; l'un
et l'autre exerçaient le métier de pêcheur. André
s'attacha d'abord à saint Jean-Baptiste; il fut le
premier disciple que Jésus-Christ se choisit, et il
se trouva aux noces de Cana. Les deux frères

étaient occupés à pêcher, lorsque le Sauveur leur
promit de les faire *pêcheurs d'hommes*, s'ils vou-
laient le suivre. A l'instant ils quittèrent leurs
filets, et s'attachèrent irrévocablement à sa per-
sonne. Jésus-Christ ayant, l'année suivante,
formé le collège des apôtres, ils furent mis à sa
tête, et ils eurent, peu de temps après, le bon-
heur de recevoir le Christ chez eux à Capharnaüm.
Saint André ne paraît plus dans l'Évangile que
pour indiquer les cinq pains et les deux poissons,
dont cinq mille personnes furent miraculeuse-
ment nourries, et pour faire à Jésus-Christ la
question sur l'époque de la ruine du temple.

Les événements relatifs à saint André devien-
nent incertains après la mort du maître. Les uns le
renvoient porter la lumière de l'Évangile dans la
Scythie et la Sogdiane; les autres, dans différen-
tes contrées de la Grèce, et lui font subir le mar-
tyre à Patras, sans pouvoir en fixer l'époque.
Les Moscovites sont persuadés qu'il annonça la
foi dans leur pays. L'opinion commune est que cet
apôtre fut crucifié. On donne à sa croix un as-
pect différent de celle de Jésus-Christ, en la re-
présentant en forme de X, quoique celle que
l'on prétendait conserver à Saint-Victor de Mar-
seille ne différât point de la croix du Sauveur.
Philippe, duc de Bourgogne, avait obtenu et
transporté à Bruxelles un fragment de cette croix,
et durant les guerres entre les Bourguignons et
les Armagnacs, la croix de saint André devint le
signe de ralliement d'un parti.

Les traditions sur les voyages lointains des
apôtres sont loin de mériter une foi entière; ce-
pendant il est à remarquer que s'ils fussent de-
meurés en Palestine au lieu de se rendre dans
des régions lointaines, on eût connu leur sé-
jour. Cette observation s'applique également aux
apôtres saint Jude et saint Mathias, qui, suivant
les Grecs, seraient morts en Colchide; et à saint
Mathieu, qui se serait rendu en Éthiopie et
serait mort en Perse. Il faut dire toutefois que les
auteurs anciens qui ont accueilli ces traditions
vivaient, la plupart, à une époque assez rappro-
chée des temps apostoliques pour pouvoir dis-
tinguer l'histoire d'avec les légendes. Sans doute
il eût été désirable que le plus jeune des apôtres,
celui qui survécut à tous ses collègues, eût laissé
des commentaires sur leur vie et leurs travaux;
c'eût été léguer à tous les chrétiens d'éternels
sujets d'émulation et d'éloges; mais c'est là une
chose à laquelle aucun apôtre n'a jamais songé.
Quelques renseignements sur le maître, et les
premières prédications de saint Pierre et de saint
Paul, voilà tous les commentaires qu'ils ont voulu

22

rédiger. Ce qui leur tenait à cœur, ce n'était pas
de se rendre illustres, de vivre dans la postérité;
c'était d'y faire vivre la doctrine de Jésus-Christ
leur maître, c'était de conduire à terme l'affaire
sacrée qu'il leur avajt confiée. Cette grande mis-
sion enflamma toujours leur âme et occupa leur
vie entière.

* * *

UN ROUÉ AU XIX.e SIÈCLE.

CHAPITRE IX.

Une aurore assez fraîche, les traces d'un brouil-
lard s'élevant peu à peu, l'éclat et l'énergie des
premiers rayons du soleil annonçaient l'approche
d'un beau jour. La grande rue d'Écouen, habi-
tuellement solitaire, s'animait par l'apparition
de quelques groupes endimanchés; la cloche de
l'église, ébranlée depuis un quart d'heure, ap-
pelait les fidèles à la célébration de la grand'
messe. En ce moment, le personnage que les
commères de l'endroit connaissaient sous le nom
de M. Baptiste, courait avec un vif empressement
de l'hôtel du Lion-d'Argent à la maison de Ca-
therine. Son arrivée subite n'y causa pas moins
de surprise que toutes les autres déviations au ri-
goureux programme d'existence suivi par le voi-
sin. Madeleine avait presque envie d'avertir le
nouveau venu que la pendule ne marquait pas une
heure; mais l'air affairé de Baptiste, sa précipita-
tion, n'indiquaient point du tout qu'il fût d'hu-
meur à plaisanter, et la vieille soupçonna *quelque
anguille sous roche*. En ouvrant à la hâte la porte
du jeune homme, Baptiste s'écria tout haut :
— Monsieur, grande nouvelle!
Les malheureuses paysannes ne purent en sa-
voir davantage, quoique Madeleine collât sa tête
contre le trou de la serrure. Il lui sembla, dit-
elle, qu'on parlait de loterie et de numéros ga-
gnants, mais elle ne pouvait l'affirmer. C'était
une sage réserve.
Le valet continua : — Je m'esquive de l'hôtel,
où mademoiselle Marianne est arrivée ce matin
même, le plus discrètement possible; et je viens
prendre vos ordres.
— Quoi! cette fille est ici? Je vais me lever
tout de suite. A-t-elle dû vous voir?
— Je ne sais trop, en vérité; c'est une fine
mouche que mademoiselle Marianne.

— Vraiment?
— Elle n'a pas l'air d'y toucher, Monsieur,
mais elle y touche furieusement.
— Bien! bien! fit le jeune homme, une vraie
soubrette de marquise. Eh, mais, quel carillon!
serait-ce la messe, par hasard?
— Oui, Monsieur, tout le monde y court.
— Les voisines sont-elles encore là?
— Je viens de les voir à mon passage. Tenez,
n'entendez-vous pas la petite qui demande son
Paroissien?
— Vite, mon habit!.... Retournez à l'hôtel,
causez avec Marianne, dites-lui que le diman-
che on me voit conduire à la messe cette petite
paysanne dont je suis amoureux; faites l'indis-
cret. Surtout, pas un mot de la marquise.
Tout en donnant ces ordres, M. de Blévilliers
finissait sa toilette; il boutonnait son habit vert,
reformait le nœud précipité de sa cravate, et
comme la petite ouvrait la porte au moment où
les trois paysannes s'apprêtaient à franchir le seuil
de la maison :
— Mesdames, cria-t-il en ramassant ses gants,
son chapeau, son lorgnon, épars sur divers meu-
bles, vous partez donc sans moi?
— Venez-vous à la messe? répondit Made-
leine.
— Certainement, Madame; j'ai manqué la
dernière par une inadvertance de Parisien. Je
m'étais figuré qu'on devait la dire à onze heures.
— Est-ce l'heure de Paris? demanda Marie.
— Oui, Mademoiselle.
— C'est une heure très-commode.
— Très-commode pour moi, pensa-t-il.
Durant ce petit colloque, Madeleine laissa
choir son livre; elle quitta, pour le ramasser, le
bras de sa petite-nièce, mais ne le reprit point,
et vint s'accrocher au contraire à celui de Cathe-
rine. Cette connivence trop évidente lui valut un
regard de mère hautain et courroucé, un regard
de jeune fille doux et reconnaissant. Quant au
Parisien, il se demanda d'abord comment cette
femme le servait si bien; puis, sans perdre plus de
temps en vaines conjectures :
— Mademoiselle, permettez-moi de vous con-
duire. La tendre demoiselle ne se fit pas prier.
Son cœur battait de joie comme si M. de Blévil-
liers devait prendre avec elle la route de Paris au
lieu de la mener à la pauvre église d'Écouen.
Mais ne calomnions pas cette petite basilique.
Cela tout au plus est permis à d'ignorants villa-
geois qui s'y viennent agenouiller sans remarquer
jamais, dans leurs distractions fréquentes, la coupe
élancée des fenêtres, et l'éclat des vitraux du

chœur. Cette partie du monument est belle dans ses proportions restreintes, soit au-dehors, soit au-dedans; et l'ancienne église fut sans doute un petit chef-d'œuvre d'élégance et de simplicité. Mais l'abside en est restée seule, la grande nef (elle n'est pas aussi grande qu'un foyer de théâtre) fut sans doute construite au XVI° siècle, par de grossiers artistes qui se trainaient dans la routine du style intermédiaire. Qu'importe? trois fenêtres hardies, des frises délicates, de curieux vitraux, n'est-ce point une richesse pour l'artiste et pour l'antiquaire? Le paysan, gêné dans cette étroite enceinte, n'arrive pas plutôt à Paris qu'il se prélasse complaisamment sous les voûtes de Saint-Roch, tandis que l'amateur va visiter avec amour le joli chœur d'Écouen, en se félicitant d'avoir déterré ce trésor.

Cependant M. de Blévilliers semblait négliger à dessein les avantages de sa position. Au lieu de ralentir le pas, comme un galant bien élevé ne manque jamais de faire, il se tenait toujours à côté de Catherine, il prenait soin d'entretenir une conversation générale. Cet artifice ne tendait qu'à rassurer la bonne femme et à éviter une rupture, jusqu'à ce que l'ascendant de l'amour pût contre-balancer dans l'âme de Marie l'autorité sainte d'une mère. Néanmoins la réserve capable d'endormir Catherine n'était pas de nature à imposer silence aux commères d'Écouen. Il fallut peu de temps pour que tous les yeux et toutes les langues du village se missent en émoi, pour que les cancans s'établissent et circulassent de manière à revenir tôt ou tard aux oreilles des intéressés. C'était une semence de guerre domestique. Ces calomnies devaient un jour enlever à la villageoise la confiance maternelle et lui couper toute retraite, car, recueillant le déshonneur sans avoir commis de faute, elle se sentirait prête à secouer le préjugé de la *réputation*; le séjour de son village ne lui serait plus seulement odieux, il lui deviendrait impossible. Devant la porte de l'église, au milieu des regards étonnés, des figures béantes qui se dirigeaient de son côté, M. de Blévilliers vit la figure et les regards plus ébahis encore de mademoiselle Marianne. Il feignit de se troubler, de perdre contenance; il détourna les yeux avec une inquiétude si bien jouée, que la soubrette n'en voulut pas voir davantage.

La messe fut suivie d'une promenade longue et sans but, qui livra de nouveau la jeune fille aux tentatives de son amant. Les deux matrones ne s'éloignaient pas; mais, plusieurs fois distraites par des rencontres d'amis, elles faisaient naître

quelques *à-parte* dont le fougueux dandy sut profiter en maître. Il retourna son premier texte, Paris et le plaisir, de mille manières différentes; il sonda d'une façon délicate le cœur de sa compagne, et il le trouva faible, faible sur tous points : sur l'amour filial, parce que ce sentiment ne lui suffisait plus, et qu'il en gênait d'autres ardents à se développer; sur la Vertu, qu'on lui montrait hérissée de douleurs, de chagrins et de maux; sur la modestie de son sexe, elle avait résolu de la vaincre.

En achevant cette promenade, M. de Blévilliers se disait :

— Vienne une occasion maintenant!

CHAPITRE X.

Vers sept heures du soir, la petite société, réunie dans le salon du presbytère, abandonnait avec chagrin l'intéressant jeu de loto. Les cartons et les boules gisaient encore pêle-mêle sur une table ronde, entourée de chaises vides. La maisonnette retentissait de bruyants adieux; après quelques moments de confusion, chacun avait fini par retrouver son châle ou son chapeau, et descendait comme à tâtons les escaliers étroits, quoique la gouvernante du curé s'efforçât d'éclairer la marche avec une lanterne sourde. La porte de la rue ne fut pas plutôt entr'ouverte, qu'on entendit crier : — Jésus! voilà qu'il neige! le chemin et les toits sont tout blancs!

Cette nouvelle répandit d'abord un peu de consternation; puis on compta ses forces. Madeleine avait un parapluie, et le curé offrit le sien à M. de Blévilliers, qui crut, en l'acceptant, s'assurer le bras de la jolie paysanne. Effectivement sa vieille alliée appelait Catherine, et le triste Guillou, prévoyant de nouvelles rebuffades, prenait le parti désespéré de s'éloigner tout seul. Mais Catherine, très-mécontente de quelques familiarités surprises entre sa fille et le Parisien, avait résolu de déjouer cette combinaison. Elle avait évité sa tante et rapportait de la cuisine un vaste manteau campagnard, chargé de trois collets et surmonté d'un capuchon. La gouvernante du curé s'en servait quelquefois pour ses petits voyages; il la couvrait elle et son âne; à plus forte raison suffit-il en cette occurrence. Catherine l'étendit sur les épaules de sa fille, et de là sur les siennes; l'énorme capuchon fut rabattu sur leurs deux têtes; et, serrées l'une contre l'autre, elles s'échappèrent d'un pas rapide. Inutilement Achille vint proposer son parapluie, on refusa de le prendre avec quelque apparence de raison, car un vent assez vif en rendait l'usage inutile. Les flocons de neige étaient chassés en épais tourbillons; bientôt, sous un voile blanc, disparut l'élégante toilette du dandy, de même que le grossier accoutrement de son rival, qui marchait par derrière, les deux mains dans ses poches.

Jusqu'alors nos cinq voyageurs n'avaient parcouru qu'une route entièrement déserte; ils ne voyaient pas même devant eux, sur le tapis de neige, l'empreinte de quelques pieds, soit que le mauvais temps eût effrayé tout le monde, soit que les traces du passage eussent déjà disparu. Mais ils furent croisés tout à coup par une jeune fille hors d'haleine, la tète découverte et les cheveux parsemés de neige. Marie la reconnut.

— Que fais-tu là, Françoise? lui dit-elle.

— Ah! c'est vous! c'est donc vous! fut-il répondu vivement. Mon Dieu! je vous trouve enfin. Venez avec moi, mère Roux; venez avec moi, Madeleine. Mon pauvre grand-père est bien malade; il demandait à vous parler, je suis allée chez vous.

— Et quelle maladie a-t-il? demanda Catherine.

— Le chagrin!... Il vient de recevoir des nouvelles de sa fille...

— Ta tante lui a écrit pour le tourmenter de nouveau?

— Ne dites pas cela! Ma pauvre tante, hélas! ne lui causera plus d'antre peine.

— Elle est morte?

— Elle s'est tuée elle-même, parce que son mari la rendait malheureuse.

— Ah! mon Dieu!

— Mon grand-père l'avait mariée de force, comme vous savez. Aussi cette nouvelle vient de lui causer tout à l'heure une révolution... Mais vous le calmerez peut-être; il vous écoute volontiers.

— Allons, dit Catherine.

— J'espère bien, remarqua Madeleine, que tu n'amèneras point la fille; ce pauvre homme n'aurait qu'à *passer*.

Marie connaissait peu le moribond; il était donc convenable d'épargner sa sensibilité; par égard même pour le malade, on ne devait pas donner son lit de douleur en spectacle à des étrangers. Ces réflexions jetèrent Catherine dans un excessif embarras; car, malgré la terreur dont son âme était agitée, malgré les sanglots de Françoise et la grandeur des maux qui frappaient ses amis, elle ne put oublier de petites inquiétudes personnelles : ses yeux se portèrent tour à tour

sur Marie, Achille et Guillou. Quel moyen de les retenir ensemble? Il fallait se décider : d'un côté, comment refuser des consolations à son ami mourant? de l'autre, comment oublier les dangers que courrait sa fille, pour peu qu'elle demeurât au pouvoir d'un jeune homme amoureux et aimable, audacieux sans doute? Le seul expédient qui lui vint à l'esprit fut de dire à Guillou, d'une voix assez haute pour que sa fille pût l'entendre :

— Faites-moi le plaisir d'accompagner Marie; je ne vous dis pas encore adieu, j'arriverai à la maison presque aussitôt que vous.

En achevant ces mots elle disparut dans les ténèbres avec Françoise et Madeleine. Guillou se retournait joyeux du côté de sa future; mais sa surprise et son désappointement furent extrêmes quand il la vit au bras de M. de Blévilliers.

— Vous n'avez donc pas entendu madame votre mère?

— M'a-t-elle dit quelque chose?

— Non, c'est à moi qu'elle a parlé; mais vous l'avez bien entendue.

— Je ne suis pas si curieuse.

— Elle m'a recommandé de vous accompagner.

— A la bonne heure! accompagnez!

— Tiens! tiens! Mademoiselle! je ne suis pas votre valet; je ne vous suivrai point. Donnez-moi votre bras.

— Monsieur m'a fait l'honneur de le demander avant vous.

— Eh bien! mais vous en avez deux.

— Vraiment oui, j'en ai deux; mais je n'en donne qu'un.

— Monsieur, dit Achille en riant, je n'aurais pas voulu priver Mademoiselle de votre aimable compagnie, si ce n'eût été pour l'abriter contre le mauvais temps.

— Laissez donc! laissez donc! elle allait bien sans parapluie quand sa mère était là... Mais patience, Mademoiselle, votre maman saura tout. Je vous quitte!... Adieu!

— Adieu, monsieur Guillou!

— C'est bien! c'est bien! Mademoiselle, je me retire! adieu!

Et cependant le pauvre garçon restait toujours à la même place, suivant d'un œil désespéré le couple qui s'éloignait sans faire attention à lui. Cet aspect lui glaçait le cœur : Les voilà tout seuls! pensait-il, et Marie ne m'appelle pas! Il se repentait amèrement d'avoir annoncé son départ, une invincible fierté l'empêchait seule de retourner sur ses pas; vainement essaya-t-il d'en faire naître le prétexte en proférant de loin quelques paroles menaçantes, de plus en plus injurieuses à mesure que les amants s'éloignaient davantage, et que leur obstination à ne pas y répondre sèmblait plus concertée.—J'informerai M. de Kerlande de cette conduite-là! vous verrez avant peu si je ne le dis point!... C'est comme cela que vous courez avec votre galant; et puis vous allez vous enfermer ensemble! à huit heures du soir!... vous vous ferez dans le pays une belle réputation!

A force de recevoir la neige, Guillou perdit patience et continua de donner cours à sa mauvaise humeur en retournant chez lui.

Ainsi, l'amour et le hasard avaient tant fait pour notre Parisien, que le champ de bataille lui restait. Marie éprouvait une sorte de terreur délicieuse à se sentir entre ses mains contre l'aveu d'une mère et malgré les cris d'un futur. A cette anxiété vague s'en joignait une plus sérieuse. N'était-il pas temps que le jeune homme expliquât ses intentions? l'amour un peu voilé qu'il laissait entrevoir n'avait-il pas reçu trop d'encouragement? n'était-il pas d'ailleurs appuyé par un nom et une fortune trop illustres pour se cacher encore, s'il voulait aboutir à des propositions de mariage? Rien malheureusement ne faisait présager ce magnifique résultat. Marie, quoique aveuglée par deux sentiments impérieux, l'amour et l'ambition, ne pouvait échapper à cette redoutable lumière; déjà des rêves de bonheur lui semblaient moins conciliables avec ses idées de vertu : restait deux à choisir. Mais une conclusion si franche la faisait reculer d'épouvante, elle espérait toujours que le ciel, ayant pitié de sa faiblesse, ne voudrait point la réduire à cette extrémité. La longue journée du dimanche, qui avait failli se terminer sans aucun dénouement, prenait donc tout à coup pour elle un intérêt extrême, puisque du tête-à-tête mystérieux tout prêt à s'établir dépendaient peut-être à la fois et sa fortune et son honneur. Par une destinée bizarre, le plus timide des deux amants était le plus pressé d'en finir.

Achille serrait le bras de sa compagne avec une familiarité plus grande qu'à l'ordinaire, comme s'il eût voulu la remercier par ce muet langage du soin qu'elle avait mis à chasser son rival, ou bien encore à préparer à des confidences plus douces, plus dangereuses que les autres.

— Comment se fait-il, Mademoiselle, que votre conduite soit soumise à la critique d'un tel rustre? demanda-t-il tout bas lorsque Guillou fut loin.

—Hélas! Monsieur, ce méchant homme a bien quelque raison pour agir de la sorte.

— Est-il votre parent?

— Il est mon futur, Monsieur, répondit la jeune fille avec un gros soupir.

— Vous vous moquez de moi!

— Comment cela, Monsieur?

— Allons! vous voulez rire, continua le Parisien, qui riait effectivement. Guillou, votre futur! ah! ah! ah! vous raillez!

— Hélas! ne riez pas, reprit la pauvre enfant presque suffoquée par ses larmes, je vous ai dit la vérité!

A ces paroles prononcées si douloureusement, Achille fut comme anéanti. La pitié, la surprise, se dessinèrent dans ses traits; il s'arrêta quelques moments, le visage et les yeux tournés vers la triste fiancée.

— Oh! cela se peut-il? et que m'avez-vous dit? ce rustaud vous épouserait?

— Tel est mon sort!

— Gardez-vous, gardez-vous bien de l'accepter! Je n'ai pas le droit, Mademoiselle, de vous adresser des conseils, mais comment vous connaître et souffrir en même temps que vous deveniez si malheureuse?.... Ne venez-vous pas de recevoir une terrible leçon? Quelle est cette jeune femme dont on vous parlait tout à l'heure, et que la brutalité de son époux a réduite au suicide?..... Je ne la connais pas, mais je vous ferai son histoire : Elle reçut de la nature ce présent funeste au village : une âme douce et tendre, une ardente imagination; on la jeta en possession à un être aussi brutal, aussi stupide que Guillou....

— N'augmentez pas, Monsieur, le dégoût qu'il m'inspire.

— Non-seulement le misérable lui flétrit sa jeunesse, sans amour ni pitié, puis la laissa tomber de l'abandon dans le dédain; mais il en fit un domestique, un meuble de son ménage; il la rendit obéissante aux caprices les plus insensés. A l'esclavage de l'âme succéda l'esclavage du corps; il l'avait méprisée, il la battit peut-être!

— Que devenir?

— Regardez devant vous, et dites-moi ce que sont devenues les filles de ce village que vous avez vues belles, fraîches, joyeuses à seize ans? La plus heureuse de toutes mène une vie dont vous êtes dégoûtée d'avance. Ah! ne devinez-vous point de quelles délicatesses, de quels plaisirs, de quels parfums s'enveloppe l'amour dans une société polie, où les femmes sont reines, où l'industrie et les beaux-arts ne travaillent qu'à les satisfaire? Vous ne connaissez pas ces trésors de bonheur, mais vous les soupçonnez sans doute, car vous êtes faite pour eux comme ils sont faits pour vous. Oh! vous y pensez quelquefois! démentez-moi si je me trompe.

— Comment vous démentir quand vous lisez si bien dans ma pensée? Mais croyez-vous que les pauvres filles dont vous me parliez tout à l'heure n'aient pas ressenti dans leur jeunesse de semblables désirs? elles se sont pourtant résignées... je me résignerai de même!

— Il est sage de ne se résigner qu'aux maux inévitables; ce qu'elles n'ont pu, vous le pouvez.

— Suis-je donc plus riche qu'elles?

— Vraiment, vous m'étonnez par cette ignorance du monde. Il semble qu'on ait pris à tâche de vous donner sur toute chose les idées les plus fausses.

— Pourquoi serais-je cependant plus heureuse que les autres?

— *Les autres!* Mais dites-moi, vous êtes-vous comparée *aux autres?* Rougir, c'est me répondre! Eh bien, continua-t-il aussi rapidement que s'il eût répété quelque leçon apprise, sachez que cette beauté, dont ici l'on vous fait un frivole avantage, parce qu'ici votre sort est de travailler aux champs; apprenez donc qu'elle est le plus brillant joyau dont le hasard de la naissance enrichisse ses élus. Noblesse, or et crédit, puissance et réputation, ne sont que poussière devant elle. Il n'y a point d'expression qui puisse vous faire concevoir cette puissance absolue si éloignée de vos idées, ce royaume du beau dont nulle voix ne peut rendre l'harmonie, et nul pinceau l'éclat. C'est une baguette magique qu'il me faudrait pour vous transporter tout à coup de ce triste chemin où vos pieds font craquer la neige, dans une rue de la capitale étincelante de lumières et d'étalages fastueux. Imaginez, au lieu de ces vêtements humides qui vous font grelotter, une robe de bal si légère que vous la sentiez à peine, et des fleurs artificielles négligemment nouées; au lieu d'un capuchon de bure, sur votre tête, l'aigrette de diamants! Je ne guiderais pas ainsi votre marche tremblante au milieu des cailloux, des ornières; vous raseriez le sol sans même l'apercevoir, un coursier plein d'ardeur nous emporterait l'un et l'autre vers les plus beaux salons. C'est là votre empire véritable!

C'est là que vous marchez de triomphe en triomphe! Vous entrez, et tous les regards s'enchaînent à vos pas. Vous prenez un siège, il devient un trône, mille flatteurs l'environnent, soumis et tremblants à vos pieds. Vous donnez un avis, et l'on n'en a pas d'autre. Dansera-t-on? il faut déjà que vous teniez registre de vos adorateurs. Vous vous levez, et l'on se lève, et cette cour dont vous étiez l'âme s'est déjà dissipée! Je vous conduis à l'Opéra : des ministres, des princes viennent d'entrer dans leur loge, on les regarde à peine : vous paraissez, on se retourne, on se penche, on murmure, et quelques-uns gémissent de vous trouver si belle! Partout mêmes honneurs, mêmes flatteries qui enivrent, et souvent des hommages plus délicats qui touchent! Cependant la baguette magique avec laquelle j'évoquerais tant de merveilles et de pompes n'est point une fiction, croyez-moi, vous la tenez dans votre main. Un geste! et ces délicieux caprices, ces songes d'or, ces palais féeriques deviennent une réalité.

Les deux amants venaient d'atteindre leur demeure. Achille suspendit son discours, auquel le contraste piquant d'une campagne morne et déserte prêtait l'originalité qui lui manquait. Ayant ouvert la porte, il courut placer le grand fauteuil au coin de la cheminée, fit asseoir sa compagne, voulut absolument la débarrasser de son manteau, mettre son châle en place et préparer le feu. Tandis qu'il se livrait à ces petits soins officieux, Marie le regardait aller, venir; elle se sentait émue en voyant ce beau jeune homme si soigneux de lui plaire, si attentif et si zélé, qu'il semblait plutôt attendre d'elle tous les plaisirs de l'opulence que les mettre à ses pieds. Dès qu'une belle flamme éclaira les parois de la cheminée, Achille prit une chaise, et s'asseyant près de sa maîtresse :

— Voilà, Mademoiselle, murmura-t-il en souriant, comme on sert les dames à Paris.

— Que j'ai de peine à vous croire!

— Que je suis pourtant demeuré loin de la vérité! Ah! ne vous mettez point en garde contre l'exagération, mais contre l'impuissance de mon langage. Je vous ai parlé de nos fêtes, heures perdues pendant lesquelles on ne s'appartient pas à soi-même, joies bruyantes mais vides, méprisables quand on les compare à la perpétuelle félicité, au calme inaltérable de la vie journalière paisiblement coulée dans le fond d'un boudoir, à l'ombre des rideaux et des fleurs, entre l'or et la soie, entre les parfums, la musique, la toilette et l'adulation; car alors vous ne courez plus au-devant des hommages, ils viennent vous chercher, déesse, dans votre sanctuaire impénétrable aux regards indiscrets. Mais c'est un encens épuré; parmi tant de cœurs qui vous l'offrent, vous n'avez accueilli que les plus dévoués, les plus tendres. Et ne craignez pas que leur absence vous livre à l'abandon : comme toutes vos sensations doivent appartenir à l'amour, dès que ces courtisans ont disparu, vous en trouvez encore d'autres, toujours prêts à répondre, qui vous parlent un langage plus pur, plus harmonieux, plus délirant. Tout leur est permis, à ceux-là ; leurs plus grandes hardiesses ont un charme pudique, car ils descendent dans votre cœur sans que vos yeux les connaissent ; ils vous font palpiter, rougir, et ils ne savent pas leur triomphe.... Ces amants-là sont les poëtes.....

— Quoi ! l'on fait des vers sur l'amour ?

— C'est-à-dire, Mademoiselle, qu'on n'en fait presque pas sur autre chose.

— Ah ! vraiment !

— Voulez-vous en voir ?

— Si je le veux, sans doute !.... Il n'y a point de mal ?

— Aucun, je vous assure.

— Vous me trouvez bien curieuse ?

Achille ne répondit pas, pour contempler plus à son aise l'expression ravissante de candeur et d'ignorance répandue sur les traits de Marie. Puis il rapporta de sa chambre un beau livre dans lequel il lut cette admirable ballade de Victor Hugo, où le comte Roger offre toutes les splendeurs du luxe, toutes les douceurs du pouvoir à une gente pastourelle du nom de Madeleine.

La jeune fille écoutait encore ; ses yeux fixes trahissaient une attention profonde, et le demi-sourire oublié sur ses lèvres entr'ouvertes exprimait un sentiment nouveau pour elle. Mais, surprise de l'interruption, elle se retourna vers le lecteur avec une naïveté charmante :

— Continuez, dit-elle.

— La pièce est finie.

— Comment ! et la réponse de Madeleine ?

— Le poëte ne l'a pas écrite, afin que chaque amant pût la demander à sa belle... Me la diriez-vous ?

— Je ne la connais pas.

— Je vous demande celle que vous eussiez faite à sa place.....

— Mon Dieu ! cela m'aurait embarrassée.... mais sans connaître le seigneur, je ne puis rien résoudre.

— Et si le seigneur vous plaisait ?

— Ah ! l'on m'envierait trop !

— Qu'on l'envierait lui-même mille fois davantage s'il pouvait obtenir un regard, ô Marie, et des sourires tels que les vôtres ! et lui feriez-vous un mérite de vous sacrifier ses trésors, comme s'il était possible de les mieux employer ? Où en-

tasserait-on l'or et les pierreries pour qu'ils brillassent davantage ? Ah ! s'il m'était permis, à moi, de déposer sur votre front ce diadème et dans vos mains ce sceptre d'opulence, qui vous rendraient si admirable, si supérieure aux autres, si méconnaissable à vous-même, croyez-vous que cette pompe nécessaire à vos charmes n'en recevrait pas à son tour un éclat extraordinaire, et n'aurais-je pas acheté le bonheur de vous rendre heureuse par le bonheur de vous voir belle ?...

— Monsieur ! je vous en prie ! murmurait la jeune fille en cherchant à se dégager des bras qui l'effleuraient à peine.

— Sans doute je suis loin d'espérer qu'il y ait dans votre âme la moindre prévention pour moi. Suis-je digne de vous inspirer un pareil sentiment ? Mais la persécution de cet odieux Guillou doit nous rapprocher l'un de l'autre. Vos regards se détournent ; hélas ! belle Marie, si vous vous refusez à voir en moi un amant passionné, je ne suis qu'un libérateur, confiez-vous à mon zèle...

Effrayée maintenant de cette explication qu'elle avait tant de fois appelée, tremblante et sans défense contre ces premières attaques de l'amour, la pauvre enfant fit un effort pour changer de conversation :

— Je ne suis pas réduite encore à cette alternative ; il est vrai que mon parrain, de qui nous dépendons entièrement, a résolu ce mariage ; mais il est bon, il m'aime ; et d'ailleurs, sa fille intercède pour moi... Ces détails, Monsieur, ne vous intéressent guère.

— Pardon, Mademoiselle, interrompit Achille, qui parut blessé jusqu'au cœur, et se leva d'un air abattu, je vois que vous échapperez aux deux persécuteurs.

— Vous ai-je donné ce titre ?... Ah ! Monsieur ! Monsieur ! que vous interprétez cruellement mon trouble !

— Ne pleurez pas, chère Marie, s'écria soudain le jeune homme en se rapprochant d'elle. Ah ! que jamais une larme ne coule de vos yeux par ma faute !

Et la villageoise attendrie lui laissa prendre une de ses mains.

— Nous voilà donc réconciliés.

— Vous avez été bien cruelle !

— Et vous bien exigeant, car je ne suis qu'une paysanne. On ne m'a point appris le beau langage de vos dames ; mon cœur est plein de sentiments que je n'ose exprimer.

— Conservez cette crainte plus charmante que le beau langage de nos dames, et ne me parlez pas, je lirai dans vos yeux. Marie, de grâce, levez-les,

qu'ils m'apprennent si parmi tous ces senti-
ments secrets qu'eux seuls peuvent transmettre,
il s'en trouve quelques-uns de ceux que je dési-
rerais.

Marie accorda plus et moins qu'on ne lui de-
mandait ; elle demeura les yeux baissés, mais sou-
rit et secoua la tête à diverses reprises, comme
pour dire : Hélas! il y en a beaucoup!

Le bruit d'une clef tournant dans la serrure de
la porte d'entrée frappa subitement l'oreille du
jeune homme. Sa compagne ne l'entendait pas;
aussi fut-elle bien surprise de sentir tout à coup
sa main brusquement rejetée. Mais en levant la
tête elle aperçut Catherine et Madeleine qui ren-
traient. Son étonnement ne lui permit pas de ré-
pondre à quelques paroles insignifiantes par les-
quelles Achille voulait avoir l'air de finir une
conversation commencée.

— Qu'est devenu Guillou? demanda sèchement
la mère?

— Il nous a quittés dans la route.

— Pourquoi cela?

— Je ne sais trop, maman, il tombait tant de
neige!

— Oh! ce n'est pas la neige... tu l'as trop
brusqué, sans doute.

— Je ne crois pas.

— Mesdames, Mademoiselle, je vous souhaite
une bonne nuit.

— Bonsoir, Monsieur, bonsoir!... Maintenant
qu'il est parti, me diras-tu la vérité?

— La vérité, maman, c'est que M. de Blévil-
liers m'avait offert son bras...

— N'avais-je pas chargé Guillou de prendre
cette peine?

— Je l'ignorais.

— Oh! vous montez! j'avais parlé tout haut.
Et pourquoi ne pas monter dans votre chambre
en rentrant?

— J'avais si froid!

— C'est pour cela que je vous trouve le visage
pourpre, le front brûlant, les mains tièdes... Ap-
prenez qu'on ne reste pas une heure de la nuit
tête à tête avec un jeune homme... Je suis très-
mécontente!

— Madeleine, dit tout bas Marie, apprends-
moi comment va le pauvre homme.

— Il est mort! répondit Catherine, qui avait en-
tendu la question, et c'est sa fille qui l'a tué!

Cette allusion cruelle fendit le cœur de Marie;
elle était sur le point de tomber tout en pleurs
aux genoux de sa mère, lorsque la vieille Made-
leine envenima tout, en disant :

— N'a-t-il pas tué sa fille le premier?

CAMILLE DE KERLANDE A MARIE ROUX.

CHAPITRE XI.

Il faut pourtant, ma sœur chérie, que j'aie le
courage de t'écrire, puisque mon père s'en re-
tourne, et que son départ le dérobe à de nou-
velles instances. Peut-être aurais-je dû te faire sui-
vre mes différents efforts, afin qu'épouvantée des
premiers obstacles, tu devinsses plus sensible aux
faibles concessions que j'ai fini par arracher après
des supplications et des refus sans nombre. Mais
où trouver la force de te causer tant de chagrin?
Puis, j'espérais toujours, et véritablement, ma
chère, j'ai encore confondue de n'avoir pas
réussi. Ces débats m'ont laissé dans l'âme une
impression pénible; ils m'ont appris, hélas! à
connaître mon père : je m'imaginais follement
que sa sévérité naturelle ne pourrait pas tenir
contre mes larmes, et le voilà parti laissant ses
dernières volontés, *ses volontés inébranlables*,
comme il les appelle lui-même.... Tu connaîtras
donc en même temps les détails et le résultat
de cette malheureuse tentative.

Le jour même de notre visite, soit en voiture,
soit au dîner, le lendemain à diverses repri-
ses, pendant trois jours consécutifs, j'essayai
de préparer mon père à ton voyage à Paris. Il
me semblait possible, au premier abord, de lui
suggérer à lui-même l'idée de ce voyage, et ton
nom revenait sans cesse sur mes lèvres. Allions-
nous à la promenade, il était bien dommage que
Marie ne fût pas des nôtres. Les Tuileries sont
pleines de monde : — cette pauvre Marie ne les a
jamais vues, et ainsi toute la journée ; j'en deve-
nais ridicule.

Un beau matin, nous nous mettions à table;
mon père me dit : — Madame la marquise donne
un bal demain soir. — Si la chère Marie pouvait
en être! répondis-je. — Encore la chère Marie!...
Mais, dis-moi, mon enfant, si tu t'expliquais
d'une manière un peu moins diplomatique, nous
pourrions nous entendre. Conte-moi tes pro-
jets...... Est-ce un cadeau que tu veux faire?—
Oui, sans doute...; mais. — Mais; je vois qu'il y a
du mystère, une surprise peut-être; allons, je
ne suis pas indiscret, fais le présent d'abord, et tu
m'enverras ton mémoire *quand il sera temps que
je le sache.* — Papa, vous n'y êtes point : j'avais
projeté seulement une partie de plaisir. — La-
quelle donc? — Ma sœur de lait n'a jamais vu
Paris...... — Et ne le verra jamais! interrompit
mon père d'une voix brève et dure; je tremblais

PLACE DU MARCHÉ A NEUCHATEL (SUISSE).

de frayeur à voir la manière dont il me regardait. — Ce n'est pas vous, Camille, qui avez eu cette idée-là ! — Mais, mon père...... — Dites-moi la vérité, Mademoiselle, ce projet vient-il de Marie ?.. Pouvais-je mentir, ma bonne sœur ? Ainsi se termina ma première tentative.

Vingt autres aboutirent à de semblables résultats. Je demandai les raisons qui te faisaient proscrire de Paris. — Toi, ma chère Camille, tu n'as pas besoin de les connaître. Quant à mademoiselle Roux, s'il lui faut des raisons, qu'elle en demande à sa mère. Je ne pus obtenir une réponse plus satisfaisante. Sur les autres points, même rigueur. Ton aversion pour le mariage n'excita qu'un sourire; mais lorsque j'attaquai ce M. Guillou, d'abord en mon nom, puis au tien, ce fut un vif emportement : — N'ai-je pas fait assez pour elle? s'écria plusieurs fois mon père. Depuis dix ans je la nourris, je l'élève, je la dote, je lui propose un honnête homme !.... Sacr !...... c'est une fille ingrate ! Je t'écris cette parole afin de te faire comprendre quelle était sa colère, car tu sais bien, ma bonne amie, ce qu'il pense de toi.

Hier matin, jour de son départ, les choses en étaient encore là. Je fis tant d'efforts sur moi-même que je résolus de lui livrer un dernier assaut, quoique je l'eusse toujours devant mes yeux debout, les bras croisés, jurant et frappant du pied. Hélas ! chère Marie, mon père est bien **terrible !**

J'entrai tout doucement dans sa chambre, où il achevait alors quelques préparatifs ; je l'aidai; nous gardions un profond silence. Ayant terminé son travail, il vit, en détournant la tête, que je versais des larmes, et s'écria : — Voyons, ne vas-tu pas aussi me donner du chagrin? Je m'élançai dans ses bras, je lui dis : — O mon père! nous nous faisons de la peine tous les trois quand il nous serait si facile d'être tous trois heureux ! — Facile !—Assurément. Si vous vouliez m'entendre... Après avoir secoué la tête comme pour me faire sentir qu'on ne le convaincrait pas, il parut s'adoucir et me dit : — Qu'est-ce qu'elle t'a confié? — Que votre protégé lui cause une aversion insurmontable... Oh, vous ne la forcerez point !— Tu l'aimes donc beaucoup? — Je l'aime, cher papa, comme si elle était ma propre sœur ! Ces paroles toutes simples produisirent un effet dont j'ai peine à me rendre compte; mon père me serra dans ses bras, me fit asseoir sur ses genoux, et dit en souriant : — Voulez-vous causer, petite fille? faites-vous raisonnable pour m'écouter quelques minutes, et vous me jugerez ensuite.

Alors il me développa quantité de bonnes raisons à l'appui de ton mariage. La force et l'abondance de ses discours, l'inexpérience de mon âge, l'autorité du sien, la conviction profonde dont il me pénétrait, tout, tout, ma pauvre sœur, se réunissait contre toi. Je le laissai parler : il me fit voir qu'un séjour à Paris te dégoûterait certainement de la vie calme et retirée, parce que tu n'as ni le loisir ni la fortune nécessaires pour te rassasier de ce bonheur superficiel dont on reste ébloui d'abord, et qu'ainsi le contentement d'un caprice passager tournerait au malheur de ton existence entière. Il voulut examiner le cas où ta jeunesse, ta beauté, j'ajoutai ton bon cœur et tes vertus aimables, te feraient rencontrer ce qu'on nomme un parti brillant : mais il s'éleva de toutes ses forces contre ces unions mal assorties dont le bonheur ne repose que sur un aveuglement peu durable, et qui enchaînent pour toujours deux êtres bientôt détrompés, dont l'un se trouve dupe et l'autre esclave. Il s'attacha enfin à cette idée : — qu'en s'autorisant même de notre amitié fraternelle pour te sacrifier une partie considérable du bien qu'il me réserve, qu'en te donnant dix fois la dot dont Guillou se contente, tu ne trouverais à Paris ni satisfaction ni aisance. Et que sont, en effet, huit ou dix mille livres de rente dans cette terrible ville? qu'est-ce même que la fortune de mon père? Tandis que je n'ai jamais vu dans ton village une toilette plus recherchée que la tienne, ici tu te verrais écrasée dans toutes les réunions par vingt, trente personnes; et crois qu'il n'y a point de promenade publique où l'on ne rencontre à chaque instant des équipages plus nouveaux, des chevaux plus fringants, des livrées plus riches que les nôtres. Toi qui peux devenir la première d'Écouen, voudrais-tu végéter dans la boue de Paris? Je rougis de te combattre par tes propres faiblesses; car, bien que l'ambition, l'intérêt et l'envie soient d'accord avec tes devoirs, est-ce à de si bas sentiments que tu devrais obéir?

Mon père m'entretenait avec tant de cordialité, que je voulus mettre à profit ses dispositions favorables et gagner quelque chose sur les articles secondaires moins invariablement arrêtés dans sa tête. Je lui rappelai donc l'éloignement que tu ressentais pour ton malencontreux futur. — Comment! répondit-il, c'est un beau garçon, bien bâti! Et voyant que je me rejetais sur le bizarre phénomène des antipathies naturelles : — Pas si naturelles, ma fille, que tu veux bien le dire. Ce sont là, vois-tu bien, des revers de médaille,

23

Retourne le cœur qui les montre, tu trouveras l'amour. J'eus beau lui répéter mille fois tes dénégations formelles, il demeura tellement ferme dans sa première idée, que j'en vins à la partager malgré moi, ce qui amena une nouvelle discussion dont je sortis victorieuse. Mon père consent donc à ce que tu disposes de ta main, pourvu que l'affaire se termine dans un délai très-court, à peu près vers l'époque où devait s'accomplir le premier projet, c'est-à-dire ce mois-ci.

Voilà, très-chère sœur, et j'en suis bien honteuse, voilà la seule concession qu'il m'ait été possible d'obtenir après tant de prières, tant de discussions, tant de larmes. Je suis accablée de fatigues, inquiète sur ton compte. Que ne donnerais-je pas pour te voir dans ce moment-ci, te consoler et me faire pardonner ces mauvaises nouvelles ! Te l'avouerai-je cependant, j'espère, sans savoir pourquoi, que la divine Providence éclairera ton cœur ; puisse-t-elle rendre, à mes prières, mon ancienne amie calme comme autrefois, résignée comme une chrétienne !

Fais-nous donc avant peu la proposition d'un futur, on prendra sur son compte tous les renseignements nécessaires. S'ils justifient ton choix, le mariage est conclu, la dot portée à vingt mille francs ; et moi, ma chère, je t'embrasse les larmes aux yeux, heureuse de te voir heureuse et de savoir que tu l'es par moi, ta bonne sœur,

CAMILLE K.

P. S. Je demeure à Paris, chez madame la marquise de Gournay, rue Saint-Dominique-Saint-Germain. C'est là qu'il faut m'écrire, et non plus au château.

C. K.

MARIE ROUX A CAMILLE DE KERLANDE.

Je vois bien maintenant, ma bonne et obligeante sœur, que je suis destinée à vivre malheureuse, à moins que le hasard ne vienne me secourir.

Je ne me souviens pas d'avoir amèrement pleuré dans ma vie avant la lecture de ta lettre. Jamais, jusqu'à ce jour, m'étais-je vue délaissée de toute ma famille, et dénuée de consolations en face d'un malheur qui semble inévitable ? Mais n'en parlons plus maintenant : mes journées, si longues autrefois, deviennent si courtes, si remplies de réflexions pénibles, de projets épineux, d'événements nouveaux pour moi, que je te demande, non plus de la compassion pour le présent, mais des conseils pour l'avenir ; et j'en

éprouve un grand besoin. Je n'ai plus d'autre amie que toi ; maman même est devenue sévère et déliante, de bonne qu'elle était.

Voici ma position...... Mais avant d'entamer cette histoire, il faut que tu t'engages au secret le plus inviolable ; sinon, cesse de lire, et jette au feu ma pauvre lettre.

Quelques jours s'étaient écoulés depuis votre malheureux voyage (je puis bien l'appeler ainsi, puisqu'il m'a fait acheter une courte joie par de longues souffrances), lorsqu'un gentilhomme parisien, jeune et riche, voulant habiter la campagne, offrit à ma mère de lui louer notre ancienne boutique ; le marché fut conclu, la boutique changée en un salon superbe, et nous trois, Madelcine surtout, charmées de ce bon voisinage. Mais bientôt ce monsieur m'accabla d'attentions, et je devinai sans peine qu'il ne me voyait pas avec indifférence. De mon côté, moi, je l'aimais... Tu vois, chère Camille, si je te parle à cœur ouvert. Mais est-il vrai que la modestie nous oblige de céler une passion honnête, et nous permette d'épenser un homme que nous détestons ?

Je reviens à mon récit. Dimanche dernier, le jeune homme en question se trouvant seul avec moi, confirma toutes mes prévisions ; j'allais écrire *mes espérances*, car il me tardait de savoir ce que je devais penser de sa conduite. Et pourquoi voudrais-tu qu'une fille de la campagne ne fût point accessible aux mêmes passions que les demoiselles riches, ou se trouvât peu flattée des sentiments que celles-ci font gloire d'inspirer ? Je reçus son aveu, mais je me gardai bien de lui donner un encouragement positif. Bien plus, comme il savait déjà le projet de mariage, et connaissait aussi ma ferme résolution de ne jamais appartenir à mon odieux futur, il m'offrit ses secours, que je refusai ; mais je lui fis part des espérances auxquelles tu m'avais livrée.

Mon Dieu ! ma chère amie, que nous faisons de route en un jour ! Voilà où j'en étais hier ; aujourd'hui compromise, et engagée peut-être dans une démarche imprudente, dont mon ignorance du monde m'empêche d'entrevoir les suites, je t'écris en secret cette lettre que ma mère ne doit jamais connaître ; je me cache comme une criminelle chez la petite Françoise : elle vient de perdre son grand-père, et, sous prétexte d'apporter quelque distraction à sa douleur, j'échappe à la surveillance maternelle, j'abuse effrontément de l'hospitalité.

Si tu me juges digne d'une réponse, et tu m'en jugeras digne, car je ne me sens coupable que d'un malheur opiniâtre, car je n'ai rien fait qui soit irréparable, et en t'abandonnant ma conduite, je suis prête à jurer l'innocence de mon cœur...; si tu me réponds, disais-je, adresse ta lettre à Françoise, qui me la remettra; habituées jadis à vivre sans secret, nous étions dans l'usage, ma mère et moi, de nous confier mutuellement tout ce qui venait de vous; or, je serais perdue si ta lettre tombait entre ses mains, puisqu'elle devinerait par là ce que renferme celle-ci.

J'ai appris ce matin même l'inflexible résolution que ton père a prise à mon égard, comme s'il avait le droit de me rendre malheureuse, comme si j'étais sa fille. Pardonne-moi ces reproches; je suis peut-être injuste, mais c'est lui qui me le fait devenir. Ne vaudrait-il pas mieux n'avoir jamais reçu ses bienfaits, ses cadeaux, que de les payer si cher? Je te dirai donc que ta lettre me fit perdre la tète; vous me repoussiez tous, j'eus recours à l'étranger..... La veille au soir, notre voisin m'avait lu quelques vers, son livre était resté sur une chaise, je priai Madeleine de le lui reporter après avoir eu soin d'y glisser à la dérobée un billet renfermant ces mots : *Ce soir, à quatre heures, sous les arbres, entre l'église et le pont-levis.* J'y vins, il m'attendait.

O toi que le malheur des circonstances, la tyrannie de tes proches, tes propres passions n'ont point encore poussée d'un pas hors des routes prescrites, pourras-tu bien comprendre le trouble dont je fus saisie en présence d'un homme auquel je venais d'accorder tant d'avantages sur moi? Quoiqu'il composât son visage par un respect dont je lui sais gré, j'y lus facilement sa joie, ses espérances et le présage qu'il tirait de ma témérité actuelle pour des témérités plus grandes. Aussi l'étonnai-je d'abord par la froideur étudiée de mon langage. J'avais résolu de mettre bas cette demi-pudeur dangereuse qui n'ose pas envisager les dernières conséquences d'une action, et comme jusqu'alors il m'avait entretenue de son amour, mais de son amour seul, je lui demandai nettement ce qu'il comptait faire de moi.

N'attends point que je te raconte les détails de cette longue entrevue, ni les détours sans nombre qu'employa mon amant....... Je le croyais moins habile. Plusieurs fois (ô ma chère! qu'un rendez-vous est dangereux!) je fus sur le point d'oublier la puissance des motifs qui m'avaient amenée jusque-là. C'est qu'il me parlait une langue si douce, si nouvelle! Je l'aime infiniment! Que serais-je devenue s'il avait senti ma faiblesse comme je la sentais moi-même!..... cette idée seule me fait frémir, quoique le péril soit passé.

Nous nous promenions sous les arbres, tantôt animés de plaisir et charmés par le sentiment de notre passion mutuelle, tantôt pensifs, quelquefois plongés dans un morne silence : moi, posant des questions qui me faisaient rougir; lui, cherchant à les éluder; nous épiant l'un et l'autre comme deux ennemis!..... Je suis surtout épouvantée de me sentir déjà familière avec certaines idées que le monde rejette... Mais pour acquérir quelques droits à ta compassion et à tes bons conseils, ne faut-il pas pousser la confidence jusqu'au bout?

Cette pénible entrevue me laisse un résultat : elle me fait voir où mène l'unique voie qu'on m'ait laissée pour fuir d'exécrables liens. Réduit par ma persévérance à dévoiler ses vues de la manière la plus précise, il l'a fait d'une voix si tremblante, d'un air si véridique et si ému, que je plains son infortune à l'égal de la mienne. Il m'a juré que tous ses vœux tendaient au mariage. Mais son père vit encore, c'est un vieillard rigide, entêté de sa noblesse; il faudra bien du temps pour lui faire renoncer, en faveur d'une paysanne, à ses hautes prétentions. Je dois consentir à le voir et essayer de lui plaire. Faute d'y réussir, j'attendrais dix-huit mois encore la majorité de son fils. L'union que je désire est donc nécessairement remise; celle que je redoute...... Ah! je serai sacrifiée dans quinze jours, ou jamais!

Jamais!.... plutôt mourir.

Le seul remède que je connaisse avant la mort dans une position aussi désespérée, c'est la fuite. Vertueuse sœur, aie pitié de moi! Mon véritable futur me l'a donc proposée. Il me l'a proposée à genoux dans les termes les plus respectueux; il m'a garanti, sur l'honneur, la compagnie de deux personnes de mon sexe. Enfin, si j'acceptais, je serais conduite aussitôt chez une dame de ses parentes, qui demeure tout près de Sarcelles; il ne me tiendrait donc qu'une heure au plus en son pouvoir.

Camille! quels tourments j'endure! cependant le bonheur d'aimer et d'être aimée me donnera du courage pour attendre patiemment ta réponse et les bons conseils qu'elle renfermera sans doute.

Depuis une semaine, depuis deux jours surtout, je ne me connais plus. J'ai la fièvre, je frissonne, ma tête s'alourdit; jamais elle n'a renfermé tant de paroles et d'idées. Que je viens de relire ma lettre, je demeure étourdie des étranges pensées que le malheur m'enseigne, comme aussi de la facilité qu'il me donne à les rendre..... La nuit je parle haut, je rêve de ma mère, de mon parrain, de toi; quelquefois il me semble qu'un génie malfaisant s'interpose entre nous et nous sépare à tout jamais. Dans la matinée seulement je retrouve un peu de calme.

Rien ne me semblera perdu tant qu'au fond de ton cœur tu garderas une petite place à celle qui te respecte et qui t'aime.

MARIE ROUX.

CAMILLE DE KERLANDE A MARIE ROUX.

Malheureuse sœur, que m'apprends-tu? Pour la troisième fois je parcours avec une terreur de plus en plus profonde ces lignes que tu n'as pas relues toi-même sans épouvante. Ah! malgré ta défense, si mon père eût été présent, je n'aurais pu me retenir d'embrasser ses genoux, de lui faire regarder ta foudroyante lettre : — Vous avez détruit sa raison! me serais-je écriée; rendez-lui l'innocence, et à moi rendez-moi ma sœur!

Tu me demandes des conseils, tu me dis qu'il est encore temps, et que rien n'est perdu. Il est temps pour ton corps, mais pour ton âme, grand Dieu!..... Quoi! rien perdu vraiment! rien en timidité, rien en résignation, rien en sainte ignorance, en respect de la vertu, lorsque tu deviens *familière avec certaines idées que le monde rejette*, quand tu dis : *Mon amant, je l'aime infiniment: que serais-je devenue s'il avait senti ma faiblesse?* Mais telle est l'aveugle innocence avec laquelle tu cours au-devant du déshonneur, que tu conviens à peine d'avoir fait un faux pas, tandis que je me demande si tu pourras entendre ma voix du fond de cet abîme où tu es descendue. Je ne sais plus, ma pauvre amie, comment m'exprimer avec toi. Les reproches sévères, les avis menaçants irriteront peut-être ton âme aigrie au lieu de lui inspirer un salutaire effroi; mais, d'un autre côté, les remontrances, les supplications amicales offrent un danger bien plus grand, celui de te déguiser une vérité redoutable. Oui, tu serais perdue si tu ne croyais pas que ta perte est imminente!

Mets d'abord de côté les préventions fatales qui assiègent ton âme; ta lettre n'est qu'un plaidoyer perpétuel, les passions l'ont écrite; ah! ne leur permets point de te gouverner plus longtemps, défends-toi de leurs séductions, car je vais te parler une langue moins *nouvelle* et moins *douce* que celle du tentateur. La vérité n'est guère aimable; mais lorsqu'après avoir foulé aux pieds l'opinion des gens de bien, trahi la confiance de

ta mère, méprisé son autorité, *mis bas* la pudeur de ton sexe, et violé, par-dessus toutes les lois humaines, la souveraine loi divine, tu me demandes naïvement s'il faut persévérer, je vois dans cet aveuglement inouï un grand témoignage de candeur, ou, plus précieux encore, un conseil de la Providence qui veut briser tes chaînes par mes mains.

Écoute-moi donc, et sois prévenue d'abord que bien souvent la modestie arrêtera ma plume, que tu devras toi-même imaginer beaucoup de choses.

Dans toutes les grandes villes, mais surtout à Paris, il existe des hommes qui ne vivent ni pour l'état, ni pour les pauvres, ni pour leurs proches, ni pour Dieu; dont personne n'a jamais reçu service ni sourire désintéressés, quoiqu'ils ne s'intéressent ni à l'élévation de leur fortune, ni à l'étendue de leur crédit, ni à la gloire de leur nom, ni à quoi que ce soit de ce que le vulgaire adore. Ces hommes ne ressentent qu'une seule ambition, mais la plus effrénée de toutes, celle de régner despotiquement sur le cœur d'une femme qui soit jeune, qui soit belle et ne soupçonne pas leur infâme égoïsme. Car ils mettent leur félicité à être aimés, leur gloire à n'aimer pas. On t'aura conté quelquefois, dans les veillées de ton village, la vieille fable du Vampire; évoque sérieusement l'image que tu t'es faite de cette terrible création, c'est l'image sous laquelle le génie de nos aïeux a personnifié ton séducteur et ses pareils. Ceux-ci raniment en effet la lumière mourante de leur âme comme le monstre relevait les forces délabrées de son corps; leurs gestes, leurs regards, exercent pareillement une infernale attraction; pareillement encore, dès qu'une victime tombe épuisée, il leur en faut une autre; et ces cadavres de femme, vrais cadavres, puisque l'âme n'y est plus, ils les comptent eux-mêmes avec autant d'orgueil qu'un vainqueur ses ennemis couchés sur le champ de bataille. On les nomme même aussi des *vainqueurs*, et quelquefois des *conquérants*; mais leur véritable nom est *roués*, c'est-à-dire dignes de la roue, parce qu'ils ne s'attaquent qu'à des ennemis sans défense, et qu'ils emploient pour toutes armes le mensonge et la perfidie.

C'est maintenant, pauvre sœur, que je te voudrais à Paris avec cette maturité de raison qui fait descendre au fond des choses, qui fait gémir à la même place où d'autres viennent rire, qui cherche les rides sous le fard, et l'infortune sous le luxe. Que je t'en montrerais de femmes délaissées après cette sanglante insulte qu'on nomme la conquête! Il y en a qui ne se relèvent plus, elles restent écrasées sous le poids du mépris public et de leurs propres regrets ; c'est un spectacle déchirant ! Il y en a, presque dignes de leur sort, qui s'habituent à être conquises, et retrouvent le rire, jusqu'à ce que la mort ou la faim s'empare de leur bouche.... Aimes-tu mieux rire avec celles-ci que de pleurer avec les autres?..... Cependant il faudra choisir, car, de troisième issue, personne n'en connaît.

Et ces indignes mœurs, je te les apprends malgré moi, sont tellement publiques, tellement avérées, qu'on en fait des sortes de codes. Il y a des écoles d'où les jeunes gens sortent roués, et les femmes, galantes. Chaque année l'on imprime quantité de volumes où l'art de séduire est montré dans sa hideuse perfection ; et si tu ne pouvais m'en croire, je t'enverrais, ô malheureuse! ton histoire imprimée dans vingt livres divers; tu n'aurais qu'à changer les noms pour voir que ton triste héros ne t'a pas même fait l'honneur d'une combinaison nouvelle. Quitter Paris pour un village au moment de l'hiver; meubler un intérieur quand on vient pour l'amour des champs ; faire un salon d'un galetas tandis qu'il serait plus facile d'en trouver un tout prêt; loger à côté d'une cuisine avec des paysans lorsqu'on pourrait trouver une maison de petit-maître; séduire une paysanne par quelques flatteries ; faire sonner son amour quand on refuse d'épouser ; respecter bien profondément quand on propose d'enlever : tout cela ne vaut guère mieux sous le rapport de la nouveauté que sous celui de la vraisemblance. Voilà pourtant ce qu'il a fait, cet homme qui te parle une langue nouvelle et que tu dis aimer infiniment! Lui, n'a que ton déshonneur en vue, n'a de dieu que son corps, de passion que sa vanité, de vœux que pour ta chute, et il se moque infiniment qu'au sortir de ses bras tu tombes dans le désespoir, l'opprobre et la misère. Il n'a pas dévié jusqu'ici de la route classique ; mais de ce qu'il rampe terre à terre, n'en conclus pas si tôt que les ailes lui manquent. Tu ne connais pas ces gens-là : leur orgueil se complaît à faire de grandes choses avec peu de moyens, et de petits moyens; comme les conquérants, leurs modèles, ils estiment plus une victoire lorsqu'ils l'ont remportée par de mauvaises troupes; souvent ils mettent leur gloire à vaincre sans combattre, à dire comme leur maître : Je vins, je vis, je vainquis. La conduite de ton séducteur prouve tout simplement qu'il t'avait rangée dans la classe des conquêtes faciles. Mais si, Dieu aidant, mes conseils te rappellent au respect de toi-même, alors, je t'en préviens,

tu verras déployer des ressources puissantes. Ne te laisse pas intimider : ces hommes ont en parole toute espèce de courage, mais lenrs cœurs et leurs mains sont lâches.

Crois-moi, va te jeter à genoux devant Dieu, devant ta mère, confesse ton péché; leur réponse te fortifiera bien autrement que la mienne. Aussi je m'abstiendrai de réflexions.

Tu demandais à connaître les suites d'une action criminelle : après t'avoir montré ce qui se passe sur la terre, j'éprouve le besoin de t'abandonner aussitôt à de plus grands maîtres que moi : ceux-ci pourront t'apprendre ce qui se passe dans le cœur et ce qui se passera pendant l'éternité. Si tu les écoutes, ma sœur, comme je t'en supplie les mains jointes, tu te relèveras sanctifiée; et je serai plus satisfaite de t'avoir vue renaître ainsi, que persévérer comme les autres.

CAMILLE K.

P. S. Si tu vois Françoise tous les jours, elle te remettra cette lettre mardi dans la soirée. J'espère donc apprendre jeudi, vendredi au plus tard, que tes liens criminels sont rompus à jamais.

C. K.

JULES-A. DAVID.

⸻

SUISSE. — NEUCHATEL.

De Pontarlier, la ville de France placée sur l'extrême frontière, à Neuchâtel, la cité suisse, la route, coupée par mille accidents variés de terrain, offre une foule de points de vue admirables; dans ces gorges, les plus curieuses peut-être de la chaîne du Jura, s'étend et s'agrandit à chaque pas la scène d'une nature sauvage : ce sont d'étroites vallées enchaînées l'une dans l'autre ; ce sont des montagnes dont les cimes, couvertes de noirs sapins, s'élèvent par-delà les nues. Des nuages blanchâtres, affectant mille figures bizarres, planent au-dessus des abîmes en vagues transparentes; et lorsque les rayons du soleil, absorbant ces humides vapeurs, éclaircissent par degrés notre horizon, le voile qui couvre la montagne se déchire tout à coup, et montre, par plusieurs ouvertures, de longues files de sapins qui dominent les nuages et la vallée.

A l'extrémité du Val-de-Travers aboutit une route qui est, en ce genre, un des plus beaux ouvrages de la Suisse. Cette route, d'environ une demi-lieue, s'élève avec hardiesse sur la croupe d'un énorme rocher qui semble avoir été à demi renversé sur sa base par une de ces convulsions de la nature dont ce pays offre tant d'exemples. Le chemin, qu'il a fallu tailler avec des peines infinies, n'a jamais moins de deux toises de largeur. En plusieurs endroits, le roc surplombe au-dessus de la tête du voyageur, et forme une voûte plus solide en réalité que rassurante à l'œil. De l'autre côté s'ouvre perpendiculairement un précipice dans le fond duquel court, de cascade en cascade, le torrent de la Reuse avec un gémissement sourd qui imite celui du vent engouffré dans les vallées. La route, parvenue au plus haut point de son élévation, entre les monts de la Tourne et de Boudry, laisse tout à coup apercevoir le lac de Neuchâtel encadré en quelque sorte par la bordure des sapins des deux montagnes opposées. Le fond de cet admirable tableau offre sur le premier plan une partie des Alpes des cantons de Berne, de Fribourg et de Vaud, à la distance de plus de vingt-cinq lieues; derrière cette partie des Alpes on voit s'élever encore les sommets blanchis des montagnes des cantons d'Uri et d'Underwalden. Ici tout est illusion, tout est prestige.

Le canton de Neuchâtel, qui fait partie d'une confédération républicaine, quoique un monarque en soit le chef, a presque toujours été soumis à des princes étrangers; il a passé comme une propriété de main en main; on l'a vendu, donné, mis en gage, et l'histoire du pays consiste dans la liste de ceux qui l'ont possédé tour à tour. C'étaient d'abord des comtes d'une famille indigène, vassaux des empereurs d'Allemagne, qui, pour attirer des habitants, leur accordèrent la pleine jouissance des droits civils, jouissance que les Neuchâtelois ont eu le bon esprit de conserver toujours sous leurs maîtres divers. La garantie contre l'arbitraire est au nombre de leurs plus anciens privilèges; de grandes nations n'en peuvent pas dire autant.

Par l'union de Jeanne de Hochberg avec Louis d'Orléans, duc de Longueville, la principauté passa dans une maison française; la duchesse de Longueville dissipait ses revenus dans le faste qu'elle étalait à Paris. Neuchâtel s'habitua dès lors à obéir à des suzerains qu'elle ne voyait presque jamais, ce qui avait du moins l'avantage de préserver la contrée du luxe des cours. A l'extinction de la maison de Longueville, en 1707, on vit une chose singulière : treize compétiteurs liront plaider devant les États de Neuchâtel leurs titres à la possession du pays. C'était une occa-

sion favorable pour les habitants de se joindre à la république helvétique; mais les États examinèrent gravement les titres des prétendants, depuis ceux du roi de Prusse jusqu'à ceux du baron de Montjoie et ceux du canton d'Uri, qui, tout républicain qu'il était, élevait aussi des prétentions à la possession de la principauté. Le roi de Prusse avait pour défenseur de sa demande le grand Leibnitz. Un avocat aussi célèbre devait donner gain de cause à un client aussi puissant. La principauté fut donc adjugée au roi de Prusse. Après la conquête d'une grande partie de la Prusse par les armées de France, en 1806, les Neuchâtelois eurent une occasion nouvelle de réclamer leur union à la confédération suisse. Neuchâtel fut cédée à Berthier. En 1814, les conquêtes de la Prusse sur la France rendirent aux Neuchâtelois leur ancien prince; on leur donna une constitution, et cette fois du moins on les incorpora, sauf les prérogatives du monarque, à la confédération helvétique.

Le gouvernement de Neuchâtel est un des plus doux, des plus paternels qui existent en Suisse, où l'on n'en connaît point de rigoureux; on n'entend sortir de la bouche des gens du peuple que l'éloge de leurs magistrats. La constitution ancienne de Neuchâtel, sous des formes extrêmement compliquées, et par conséquent favorables au despotisme, renfermait néanmoins plus de liberté réelle que beaucoup de républiques, même absolument démocratiques, n'en ont jamais possédé. C'est l'éloge que faisait de ce gouvernement un voyageur anglais du dernier siècle; et il ajoutait, comme complément à cet éloge, que la liberté individuelle était aussi efficacement protégée dans la principauté de Neuchâtel que dans la Grande-Bretagne. Ce qu'il y avait encore de remarquable dans cette constitution, c'est que la plupart des franchises les plus importantes qu'elle assurait au peuple n'étaient consignées dans aucun code ni exprimées par aucun acte. La tradition seule en faisait foi. On raconte que le duc Henri de Longueville refusa de prêter serment avant d'avoir vu le coutumier écrit de la contrée : un bourgeois lui répondit : «Monseigneur, quand le lac serait un pot d'encre, et qu'on prît tout le papier que la papeterie de Serrière fournirait dans un siècle, on ne pourrait écrire toutes nos coutumes. »

La déclaration du mois de juin 1814, par laquelle Frédéric-Guillaume a repris possession de la principauté de Neuchâtel, a consacré, par un article spécial, les lois, franchises et libertés, bonnes et anciennes coutumes, écrites ou non écrites, dont cet état jouissait précédemment. Au nombre de ces franchises, une des plus précieuses est sans doute celle de ne conférer les empleis publics qu'aux citoyens natifs de la principauté; l'emploi de gouverneur est seul excepté. De ce nombre est encore celle qui déclare irrévocables de leurs fonctions, de quelque nature qu'elles puissent être, les citoyens qui en ont été pourvus par le suffrage du peuple ou par la volonté du prince, à moins que, pour cause d'incapacité ou de malversation, ils n'en aient été reconnus et déclarés indignes par une sentence juridique de leurs pairs. Mais le droit important qu'avaient les habitants de Neuchâtel, d'après leurs anciennes coutumes, de rester étrangers aux guerres soutenues par la Prusse, ou du moins de n'y prendre part que suivant leur propre volonté, ce droit, qui constituait principalement leur liberté politique, ne leur a point été conservé par la constitution nouvelle.

Le changement le plus considérable qui ait été apporté à la constitution de Neuchâtel, c'est dans la composition des *audiences générales*, ou dans la représentation nationale de cet état, telle qu'elle a été fixée par une autre déclaration de la même année 1814. En voici les principaux articles :

Les *audiences générales* sont composées des dix plus anciens conseillers d'état, de quatorze notables non conseillers d'état, dont quatre ministres de l'évangile, tous membres nommés par le roi, prince de Neuchâtel; de vingt-quatre chefs de juridiction au plus, et enfin de trente membres élus par les divers districts de la principauté, et formant l'élément démocratique de la représentation nationale. Le peuple n'a cependant point une part directe à la nomination de ses députés. Il y a trois degrés d'élection, le dernier desquels est seul réservé à l'assemblée populaire ; c'est celui où sont nommés les électeurs. Ainsi, quand tous les membres d'un district, convoqués en assemblée générale, ont désigné un nombre déterminé de citoyens propres à siéger aux *audiences*, ceux-ci, réunis dans le chef-lieu de district, sous la présidence du châtelain ou du maire, procèdent par une seconde opération à réduire leur nombre à un nombre double de celui des députés à élire. Le résultat de ce deuxième scrutin est transmis à la cour de justice du district, et c'est par les membres de cette cour que sont définitivement élus, parmi les candidats désignés, les membres du conseil souverain. Un exemple fera juger de la proportion suivant laquelle on procède aux deux premières opérations. Le district de Valengin, l'un des plus considérables, nomme *trois* députés. Les candidats désignés par l'assemblée du peuple sont au nombre de *dix-neuf*, lesquels effectuent entre eux-mêmes leur réduction à *six*. Il n'y a d'exception que pour le district de Nenchâtel, dans lequel le petit et le grand conseil, comme représentant le corps de la bourgeoisie, procèdent directement à l'élection des députés de la ville.

Les fonctions aux *audiences générales* sont à vie pour les notables nommés par le roi et pour les députés des districts, sauf les cas où ils auraient encouru la déchéance d'après les motifs que nous avons indiqués. Les *audiences générales* s'assemblent au moins une fois tous les deux ans. Mais la tenue, la convocation, la durée de ces assemblées dépendent du gouverneur prussien de la principauté, qui en est d'ailleurs le président. Les lois, les objets d'administration générale, les impositions, ne peuvent être discutés qu'au sein de ce conseil; cependant, aucun des actes qui en émanent n'est effectif qu'après avoir reçu la sanction du roi de Prusse. Du reste, l'État, et principalement la ville de Neuchâtel, jouissent de la plus grande liberté dans les formes de leur administration intérieure. Les citoyens seuls sont admis aux charges, et l'interposition du souverain se fait à peine sentir dans la présence de son lieutenant. Les revenus que le roi de Prusse tire de Neuchâtel ne s'élèvent guère, dit-on, au-dessus de cent mille écus, et consistent, comme par le passé, en la dîme du blé et du vin, laquelle se paie en argent, toujours d'après une évaluation modérée.

La ville de Neuchâtel est bâtie sur les bords du lac auquel elle a donné son nom, et presque à la pointe la plus occidentale de ce lac, dont l'étendue en longueur est de neuf lieues. Derrière la ville règne le majestueux Jura. Les édifices privés de Neuchâtel n'ont rien de très-saillant, si ce n'est dans la partie qu'on nomme le faubourg, qui s'élève, par des jardins disposés en terrasses, jusqu'à une certaine hauteur du Jura. Neuchâtel renferme peu de monuments publics qui excitent la curiosité du voyageur. Le château des anciens comtes du pays, et la cathédrale qui y touche, sont d'une architecture gothique peu remarquable, et l'intérieur de cette église, transformée maintenant en temple calviniste, ne se recommande que par une simplicité extrême d'ornements, telle que l'exige le culte réformé.

De tous les établissements de Neuchâtel, il n'en est aucun qui ne rappelle un digne citoyen, David de Pury : le bruit de son nom a retenti dans l'Europe entière. David de Pury, fils de Jean-

Pierre de Pury, fondateur de la colonie de Purysbourg, dans la Caroline méridionale, naquit à Neuchâtel, en 1709. La modicité de son patrimoine exigeait qu'il se créât lui-même sa fortune : jeune homme encore, il se rendit en Angleterre, et après y avoir acquis de vastes connaissances commerciales, il se dirigea vers Lisbonne, où il établit le siège de son commerce. Neuchâtel éprouva bientôt les effets généreux de ses succès, et d'un patriotisme que n'avaient affaibli ni l'éloignement ni les distractions de la prospérité. Ses bienfaits s'adressèrent d'abord à l'indigence et au malheur; il fonda des écoles publiques et des établissements de charité; il fit élever à ses frais l'hôtel-de-ville, ouvrir et pratiquer des routes nouvelles. Ensuite, par son testament, daté de Lisbonne, 1777, il institua pour ses héritières universelles la ville et bourgeoisie de Neuchâtel; il légua ainsi à son pays une immense fortune, fruit de son commerce dans les grandes Indes, et il enrichit au-delà de sa vie l'État qu'il avait constamment honoré et embelli. Les revenus de la cité de Neuchâtel proviennent en grande partie de ce legs de David de Pury, dont le souvenir vivra à jamais dans la mémoire des Neuchâtelois. Au nom de David de Pury, l'humanité associe celui d'un autre bienfaiteur, M. Pourtalès aîné, qui a consacré des sommes considérables à la fondation d'un hôpital dans lequel, par une élévation d'âme qu'on ne saurait trop applaudir, il a fait bâtir, lui calviniste, une chapelle destinée au culte catholique. Jusqu'à cette époque, les catholiques, peu nombreux d'ailleurs à Neuchâtel, célébraient le service divin dans une chapelle du temple protestant.

« Je ne puis m'empêcher de faire une remarque qui forme sans doute un des principaux traits du caractère helvétique, dit M. Raoul-Rochette dans une de ses *Lettres sur la Suisse*. Cet amour de la liberté qu'ils respirent avec l'air de leurs montagnes, et cette dépendance mutuelle où les a placés un intérêt si cher, ont naturellement conduit les Suisses à une tolérance religieuse fort étendue. Cette tolérance, qui fait qu'ici les membres des diverses communions chrétiennes, non-seulement se supportent sans peine, mais encore s'entr'aident avec zèle, n'y résulte d'aucune loi positive, ni de raisonnements élevés et philosophiques. C'est tout simplement le bon sens du peuple qui en a trouvé la nécessité; c'est ce bon sens qui le conserve partout sans restriction aussi bien que sans effort. Obligés de s'aimer par la nature même du sol qu'ils habitent, et qui, partout inégal et varié,

refuse aux uns ce qu'il prodigue aux autres, ils ont senti que la charité chrétienne était le plus fort lien politique, et le catholique ne voit dans le calviniste que le membre de la grande famille helvétique. Cette observation n'est sujette qu'à un bien petit nombre d'exceptions, de sorte que, si l'on ne savait d'avance que tel canton appartient à telle communion chrétienne, il serait le plus souvent impossible de discerner la différence de religion dans les individus, par la nature de leurs procédés réciproques, ou par toutes les habitudes de leur vie sociale; et, comme dans les cantons mêmes où cette religion est dominante, il y a toujours des personnes qui appartiennent à l'autre, il est tout aussi difficile d'assigner, dans les relations communes, la religion de chacun, si ce n'est à l'heure du service divin, où les uns se rendent au prêche et les autres à la messe, et quelquefois encore à la même heure et dans le même temple. Ils sont tellement mêlés les uns aux autres, sans toutefois jamais se confondre entre eux, que souvent la moitié d'un hameau est catholique et l'autre protestante; que là un ruisseau, ici une haie, séparent le domaine des deux communions, et que l'on peut, en traversant quelques lieues, se retrouver successivement au milieu des principales sectes nées du christianisme. Le même mélange a lieu perpétuellement sous d'autres rapports et toujours par suite du même esprit; les associations politiques sont enclavées, comme les croyances religieuses, de manière que la moitié d'un village fait partie d'un canton et l'autre moitié d'un autre canton; de manière que, dans la même ville, une éminence ou une rivière marque la limite de la langue française ou de l'allemande, et que les habitants renfermés dans l'enceinte des mêmes murailles ne pourraient pas quelquefois se communiquer leurs idées s'ils n'avaient adopté un patois commun. Ce n'est point seulement chez les hommes d'un esprit éclairé que l'on trouve cette tolérance; elle existe au même degré dans toutes les classes de la société et sur presque tous les points de la Suisse; et les derniers parmi les paysans ont à cet égard autant de philosophie que les chefs du gouvernement, si toutefois on doit appeler philosophie ce qui n'est, chez ce peuple simple et bon, que le fruit d'une raison naturellement saine. Encore moins pourrait-on croire que cette tolérance, égale chez tous les individus, provienne d'une égale indifférence pour toutes les religions; ce serait une grande erreur. Il n'y a peut-être pas de peuple qui soit plus sincèrement attaché à la religion de ses pères, et chez lequel

UNE VUE DU PORT DE GÊNES.

les citoyens observent plus fidèlement toutes les formes extérieures du culte où chacun d'eux est né. Le canton de Neuchâtel, malgré un assez long séjour qu'y ont fait les Français, et les principes philosophiques qu'ils ont cherché à y répandre, est plein encore de cet antique esprit de religion, qui résulte partout en Suisse de la double influence des lois et des mœurs. A l'heure du service divin la ville me semblait déserte; toute la population était à l'église ou au temple. Un voiturier qui devait me conduire au lac de Bienne, n'étant arrivé qu'après l'heure convenue, s'excusait sur ce motif, lorsqu'un des gardes de la ville vint lui dire qu'il avait encouru l'amende pour avoir attelé ses chevaux avant la fin de la prière, et je vis cet homme, qui perdait ainsi tout le profit de sa journée, moins affligé encore de cette amende que de son infraction involontaire à la loi. Je n'ajouterai plus qu'un mot : On reproche à la religion catholique d'être intolérante; l'exemple de la Suisse me semble prouver le contraire, puisque là où les communions chrétiennes vivent rapprochées et paisibles, il faut bien que le mérite de cette tolérance se partage entre tous les cultes. »

Un canton qui n'a que cinquante mille habitants, dont la surface est presque entièrement occupée par un lac et par des rochers, ne promet pas une brillante industrie. Cependant le canton de Neuchâtel a des parties qui ne sont pour ainsi dire qu'un seul atelier, surtout pour la fabrication de l'horlogerie, des dentelles et des toiles peintes. C'est à l'horlogerie que le Locle et la Chaux-de-Foud doivent leur prospérité. M. Depping, dans sa *Description de la Suisse*, a résumé l'histoire de cette branche d'industrie si répandue dans ces petits pays. On n'avait peut-être pas vu encore une montre dans la contrée, lorsque, en 1679, un marchand de chevaux, ayant besoin de faire raccommoder une montre de fabrique anglaise, la confia à un habitant adroit de la Sague, nommé Richard. C'était un jeune homme doué de dispositions précoces pour les arts mécaniques. Non-seulement il répara la montre anglaise, mais il eut envie de l'imiter. N'ayant pas d'outils, Richard commença par en faire, et ce fut à l'aide d'instruments de sa fabrique qu'il composa une montre depuis la première pièce jusqu'à la dernière. On admira son ouvrage, on lui en commanda de semblables. Ces commandes furent autant d'encouragements pour lui et pour sa famille, qui le secondait. Richard aurait voulu connaître le mécanisme par lequel on taillait à Genève les roues des montres; mais, ne pouvant

obtenir l'autorisation des fabricants genevois, il inventa lui-même une machine. Dès lors le travail fut plus prompt. Il établit au Locle une fabrique d'horlogerie qui, après sa mort, arrivée en 1741, fut multipliée par ses fils et par ses élèves.

Ce fut surtout après 1750 que l'horlogerie du Locle et de la Chaux-de-Fond prit un essor rapide; elle fut enrichie de diverses inventions précieuses; les ateliers se distinguèrent par leurs pièces mécaniques. Quelques-uns des horlogers qui, depuis, se sont mis au premier rang parmi les artistes de ce genre, tels que les Berthoud et les Breguet, sont sortis des vallons du canton de Neuchâtel. Les habitants apprirent à fabriquer en perfection tout ce qui tient à l'horlogerie, en ne s'occupant chacun que d'une seule partie, comme dans les grandes manufactures. L'exportation des montres et des horloges reçut un échec notable par les guerres continentales; mais l'industrie des Neuchâtelois n'en fut point découragée. Ne pouvant plus vivre de l'horlogerie avec la même aisance qu'auparavant, ils essayèrent de fabriquer des instruments de mathématiques, ce qui leur promettait une ressource d'autant plus sûre, que les marchandises anglaises étant alors exclues du continent, il y avait moins à redouter la concurrence. Avec leur goût pour les arts mécaniques et leur activité ingénieuse, ils ne purent manquer de réussir; et quoique le rétablissement de la paix ait fait revivre l'horlogerie, ils continuent avec succès de se livrer à la confection des instruments. Chaque semaine on tient à la Chaux-de-Fond un marché où les familles qui habitent la vallée et les montagnes apportent le résultat de leur travail. On exporte annuellement du canton de Neuchâtel environ mille pendules et cent trente mille montres. Les femmes et les enfants s'occupent de la fabrication si délicate des chaînes de montres; on en fabrique quatre-vingt mille douzaines par an. Aussi, grâce à l'industrie des Neuchâtelois, leurs villages ont un air d'aisance qui ferait honneur à des villes; le Locle et la Chaux-de-Fond offrent de jolies maisons construites avec goût; et dans l'espace de deux lieues qui les sépare, la route est bordée de délicieuses habitations.

M.

24

FOYER DU THÉATRE FRANÇAIS.

MOLIÈRE.

(Suite.)

Quel monde que celui du *Misanthrope!* Quelle belle nature que celle d'*Alceste!* Qui donc, ayant le sentiment de la vertu et de l'honneur, n'est pas tout prêt à s'écrier, comme le duc de Montausier, qu'il voudrait ressembler à cet homme? Il est certain qu'on se retrempe à cette source de franchise et de loyauté, et qu'on en revient la tête plus haute et le cœur plus ferme. Une âme bien située ne commettrait pas une basse action en sortant d'une représentation du *Misanthrope.* Rousseau était donc bien malvenu à l'attaquer; il a eu grand tort d'employer son éloquence à soutenir des paradoxes sur l'immoralité du théâtre. Rendons plutôt justice aux ménagements qu'il fallait que Molière gardât, de peur de déplaire à un monarque jaloux de son autorité, et son protecteur déclaré. Croit-on, encore une fois, que Louis XIV se serait laissé dire sans restriction : « Sire, votre cour est corrompue, vénale, et tout infatuée d'elle-même; on n'y a pas la liberté de vivre en homme d'honneur? » Si l'auteur eût tenu ce langage, il aurait été envoyé immédiatement à la forteresse de Pignerol. Chaque chose a son temps; il était indispensable alors d'attacher une indignation comique aux paroles d'un rigide censeur. Alceste sans transports et philosophe réformateur aurait été interrompu dès les premiers vers. Louis XIV, qui ne pardonna pas à Fénelon les conseils voilés de Télémaque, ni à Racine un vœu en faveur des protestants, aurait-il souffert qu'un comédien lui donnât des leçons? La chaire de Bossuet possédait à peine ce privilège. Molière, qui savait tout, n'ignorait pas que les bouffons du moyen-âge avaient seuls le droit de dire la vérité aux monarques absolus, et, s'il faut plaindre ce grand homme de s'être vu forcé de poser, pour ainsi dire, sur le noble front d'Alceste le bonnet à grelots des anciens fous de cour, il n'en est que plus admirable par la manière dont il l'a fait.

Ainsi donc, tout en admettant la magnifique nature d'Alceste, en le tenant pour un parfait honnête homme, on peut remarquer qu'il est guidé par des sentiments personnels, et que, poussant à l'excès la qualité de misanthrope, il devient un être insociable. On ne se dissimule pas que s'il a une haine rigoureuse contre les méchants, il ne fait rien en faveur des bons. Sa vertu n'agit point pour l'avantage de l'humanité; sa colère ne s'exerce que sur les hypocrisies de salon, sur des condescendances de cour, sur des coquetteries et des vanités de femmes. Pensez-vous, s'il se retire dans ses terres, qu'il abolira d'abord les corvées dont ses paysans sont accablés, lui si riche, et qui ne regrette pas les vingt mille francs par lesquels il achète un peu cher le droit de pester à son aise contre l'iniquité de l'arrêt qui le condamne? Pensez-vous qu'il établira à l'instant une école primaire; ou même que, d'accord avec le bailli, il fondera une institution de rosières? Mon Dieu, non!..... il commencera par chasser le cerf, par lire Montaigne ou Sénèque, et persévérera bien longtemps dans ses malédictions contre le genre humain. Il est grand seigneur avant tout, le plus probe, le plus excellent des grands seigneurs; mais il n'est frappé que des abus qui le touchent, et non point de ceux qui pèsent sur la foule; il jouit même de privilèges injustes, dont son âme, si droite, n'est aucunement choquée, accoutumée qu'elle est à ces abus; et la pensée ne lui vient pas que son souffle pourrait abîmer un matin cette société de courtisans, de flatteurs, de juges corrompus, ce monde brillant, mais faux, qui le gêne et l'indigne à chaque pas.

Voilà justement ce que Rousseau voulait avant le temps. Rousseau attaquait l'ancien ordre social par sa base; il s'efforçait de le renverser, pour asseoir à sa place un gouvernement meilleur, sous lequel on pût forcer les gens à devenir vertueux et empêcher qu'on ne se poussât dans le monde par de *sales emplois,* comme Alceste le reproche à l'homme de son procès. Les iniquités générales répandues sur la masse de la nation soulevèrent, du temps de Rousseau, une foule d'écrivains généreux; l'Encyclopédie se fonda sous cette puissante direction, et la révolution française fermenta en secret dans les entrailles du pays, comme une lave intérieure dont l'éruption se faisait pressentir. Aussi vit-on bientôt un des disciples de Rousseau, Fabre-d'Églantine, esprit ardent, concevoir le dessein de représenter à ses contemporains les personnages de Molière avec les idées nouvelles apportées par les cent vingt années qui venaient de s'écouler. Figurez-vous, en effet, qu'Alceste et Philinte ont vécu âge de patriarches, et voyez s'ils ont conservé quelques traits de leur visage et de leur caractère. N'est-il pas raisonnable d'admettre qu'un homme ayant le cœur légèrement atteint par l'égoïsme, à trente ans, dans l'âge de la chaleur et du dévouement, puisse se trouver, à soixante ans, entièrement gangrené? La plaie imperceptible aura produit , à la longue, un vaste et profond ulcère! Voilà en quelque sorte la différence qui existe entre les deux Philinte. Un homme qui commence comme celui de Molière doit finir comme celui de Fabre : le premier porte en germe dans son sein tous les vices du second. Cela arriva à la société, dont Philinte est la personnification. Il en est de même des nobles qualités d'Alceste , elles se feront jour au travers de sa mauvaise humeur. Après avoir mené la vie de grand seigneur, que nous avons peinte, il sentira s'adoucir cette *effroyable haine* vouée au genre humain, et à laquelle nous ne lui avons jamais fait l'honneur de croire; au lieu de s'enfuir dans un endroit écarté, il tâchera d'être utile à ses semblables, en détournant les obstacles qui s'opposent au bien-être du plus grand nombre, et en démasquant, dans l'intérêt de la société, les traîtres, les lâches, les fripons qu'il rencontrera sur sa route. Ou je ne comprends rien à Alceste, ou son honnêteté, qui n'est que de la *philanthropie rentrée*, si nous pouvons nous exprimer ainsi, l'aurait mené là, seulement à cinquante ans de distance. Molière ne nous aurait pas inspiré tant de respect pour lui, si cet homme devait , en se retirant du monde, devenir aussi égoïste que Philinte; mais il fallait, pour que ces personnages nous apparussent sous un jour nouveau, que les temps fussent changés.

Nous croyons en avoir dit assez pour défendre Molière contre ceux qui ne font aucune différence, pour ainsi dire, entre le gouvernement absolu de Louis XIV et le gouvernement démocratique d'Athènes, et qui demandent à notre poète les qualités d'Aristophane. Nous approuvons d'ailleurs Molière de s'en être tenu aux mœurs, quand même il n'y aurait pas été forcé. C'est la peinture qui convient le mieux à la comédie. Les railleries politiques doivent rester habituellement dans le domaine de la satire; elles n'out qu'une valeur passagère, comme les hommes et les choses qui les inspirent. Elles nuisent aux œuvres durables de l'art. Elles sont très-bonnes comme équilibres de gouvernement; c'est un tempérament excellent; mais la comédie ne peut s'ocenper des affaires publiques que lorsque les affaires publiques se mêlent intimement aux mœurs. Nous marchons un peu vers cette fusion; cependant jamais la comédie d'Aristophane ne pourra être ressuscitée, en France surtout, où la démocratie a le sentiment des convenances de l'art. N'oublions pas qu'Aristophane versa la ciguë dans la coupe où Socrate but la mort.

Cependant, Dieu nous garde de sacrifier en tout Aristophane à Molière! Le premier possédait une richesse d'invention peut-être supérieure à celle du second. Il avait toute l'imagination désirable pour attacher les esprits mobiles des Grecs; mais cette haute raison, cette science du cœur, cet ordre heureux, qui consacrent les productions de Molière, il ne les avait pas au même degré , et ces qualités s'accordent merveilleusement avec le génie de notre nation. C'est ce mélange de grâce et de dignité qui a porté si haut la gloire de notre scène. La comédie antique et moderne ne pourrait-elle pas se diviser en trois classes : la comédie d'imagination, celle qui ne se propose pas d'autre but que d'égayer les hommes et de les transporter dans les régions de la fantaisie; la comédie satirique, celle qui fronde les abus des gouvernements et des sociétés, et ne s'adresse qu'à des intérêts éphémères; enfin la comédie de l'humanité, si nous pouvons nous exprimer ainsi, celle qui reproduit les caractères et s'occupe du perfectionnement des mœurs, d'après le sentiment moral déposé au fond de nos consciences par une invisible et suprême autorité? On trouve dans tous les pays des exemples de ces trois genres de comédie. Caldéron, Lope de Véga, Shakspeare, ont particulièrement brillé dans le premier genre; Aristophane , Beaumarchais, ont exploité le second; Menandre, Plaute, Térence, se sont distingués dans le troisième; et notre Molière, résumant admirablement cette manière, la plus noble de toutes, s'est élevé à une hauteur qu'il est difficile d'atteindre après lui.

De tous les écrivains qui ont parlé du *Misanthrope*, Marmontel est peut-être celui qui l'a compris le mieux. La Harpe s'est montré , en cette matière, d'une extraordinaire naïveté. Geoffroy s'est laissé emporter par sa rage contre les philosophes. Un des bons esprits de ce temps, M. Auger, a traité ce sujet avec beaucoup de sagacité dans ses excellentes notices sur les pièces de Molière. N'oublions pas M. Gustave Planche, critique judicieux et profond, et meilleur écrivain que ses devanciers.

On remarque dans la savante scène des portraits, une vingtaine de vers qui semblent un hors-d'œuvre, et qu'on pourrait retrancher sans faire le moindre tort à la pièce, vers charmants du reste. Ce sont les vers que prononce Céliante sur les illusions des amants :

L'amour pour l'ordinaire....

Ces vers sont empruntés à Lucrèce; c'est une traduction exquise, qui date des premières études de Molière, et qu'il a voulu placer là. Molière ne perdait rien. On sent un peu que le morceau est rapporté. Voilà, du reste, le seul emprunt que l'auteur se soit permis dans ce chef-d'œuvre, qui lui appartient ainsi qu'aux mœurs françaises.

Le théâtre italien, qui s'était voué aux balourdises d'Arlequin, a fait jouer aussi un Misanthrope; Arlequin s'affublait quelquefois des titres les plus graves. On trouve dans cette pièce un tableau de Paris assez plaisant. Arlequin s'est retiré dans une forêt où sa réputation attire la foule : on accourt consulter sa philosophie. Scaramouche, entre autres, qui vient de l'entendre conseiller à un homme de mérite de ne pas aller à Paris, parce qu'il n'y réussira pas, se met à pleurer sur son sort, à lui qui est un ignorant.

SCARAMOUCHE. Qu'est-ce que je ferai, s'écrie-t-il, moi qui ne suis bon à rien, qui ne fais que de la bagatelle, et qui ne suis moi-même qu'une bagatelle?

ARLEQUIN. Tu fais la bagatelle?

SCARAMOUCHE. Oui.

ARLEQUIN. Tu sais la bagatelle?

SCARAMOUCHE. Hélas, oui.

ARLEQUIN. Et tu es bagatelle... Ah! mon cher, viens que je t'embrasse; tu es né pour Paris; tu es né pour une grande fortune; avec une si belle disposition tu peux aspirer à tout. La bagatelle ! à Paris!....

Arlequin a-t-il tort?

(La suite au Numéro prochain.)

HIPPOLYTE LUCAS.

LE PONT DES FIANCÉS,

HISTOIRE GÉNOISE.

(Imitation de Felice Romani.)

I.

C'était par une de ces radieuses matinées du mois de juin, où la terre italique semble comme illuminée des splendeurs du ciel. A peine l'astre du jour quittait, à l'orient, sa couche étincelante pour verser sur les riants horizons de la Ligurie ses flots de pourpre et d'or, que, déjà reposé par toute une nuit de rêves aussi doux que les brises de ce pays, aussi parfumés que ses rivages, aussi caressants que ses belles et harmonieuses filles, je descendais à la hâte de ma chambre, pour jouir, sur la terrasse de l'auberge

champêtre, de la fraîcheur du matin et du délicieux panorama étendu sous mes yeux.

—*Riverisco... Ha riposato bene?* me dit, aussitôt qu'il me vit paraître, le maître de l'auberge, encore coiffé du bonnet de coton, et occupé sur la terrasse à soutenir par des liens des plantes grimpantes qui tapissaient le mur, et que le *maestro* (mistral) de la nuit avait violemment tourmentées.

— *Sto benone,* lui répondis-je; *ed ora vado a passeggiare per la campagna, al di là di quel ponte che vede poco distante...*

— Ah! il ponte de' Fidanzati... — *Vuole Ella prender caffè?... S'accomodi, ch'io vo' darle contezza di una storia che si riferisce appunto a quel ponte.*

J'acceptai la proposition de prendre le café noir; je m'assis près de l'aubergiste, et le pressai de commencer son récit.

II.

« Lorenzo était sans contredit le plus beau jeune homme de tous nos alentours, le plus spirituel et le plus aimable qu'eût jamais produit *Fontanabuona* (1). Nul plus adroit que lui au tir de l'arquebuse, nul plus svelte dans les danses du dimanche, à la soirée, sur la grande place, au son de la cornemuse. Et puis, il n'était pas trop mal partagé du côté des biens de la fortune : cette habitation que vous voyez là dans le fond, sur le penchant de la montagne, lui appartenait; ce jardin était le sien; il possédait ce bois de châtaiguiers qui ombrage la rive gauche du torrent; en somme, il réunissait toutes les conditions possibles de félicité, et cependant il devint le plus malheureux des hommes. — Il se prit de bel amour pour une jeune fille que je vais vous faire connaître, et, depuis lors, il n'y eut plus de paix pour lui. Agatina était une pauvre pastourelle, fille d'un berger aux gages d'un riche propriétaire de *Lavagna*, mais belle par-dessus toute créature, blanche comme le lait des Alpes, fraîche comme l'églantine éclose sur la haie des coteaux. — Hélas! les grâces extérieures, sans les qualités de l'âme, sont un funeste avantage pour qui les possède, funeste à qui se passionne pour elles. Rien de moins en harmonie avec la délicieuse figure d'Agatina que son cœur : capricieuse comme la plus frivole et la plus vaine citadine, elle ne rêvait que chimères et ne soupirait qu'après une

(1) Fertile vallée du pays génois, au nord, dans les montagnes, composée d'environ 36 villages; c'est là que se trouvent les plus robustes et les plus vifs montagnards de toute la Ligurie.

fortune meilleure. Son unique étude consistait à se vêtir et à s'arranger mieux que ne le comportait son état; elle passait les jours à semer des fleurs dans ses cheveux noirs comme l'ébène, à se mirer dans la fontaine; elle s'asseyait sur les gazons, au bord du chemin, pour entendre les éloges des passants; elle chantait les refrains que sa mémoire lui inspirait, parce qu'elle savait combien douce était sa voix, et voyait tous les fermiers s'arrêter pour en recueillir les accents. Plus que tout autre, Lorenzo fut enivré de ces charmes, enchaîné par ces séductions; nuit et jour il rôdait autour de la chaumière de la jeune fille, la suivait sur la montagne, à travers les touffus châtaigniers, sur le bord du limpide ruisseau; il lui tressait des guirlandes de fleurs partout où elle venait s'asseoir, à l'ombre des ormeaux, au plus fort de la chaleur du jour. Quelquefois il accompagnait sur le chalumeau ses rustiques chansons; d'autres fois il se plaisait à rassembler ses brebis débandées; chaque jour il déposait vers la fontaine où elle aimait à se désaltérer, un panier des fruits les mieux choisis de la saison.

« Agatina, se voyant l'objet de tant d'égards et de sollicitude de la part de Lorenzo, commença à faire attention au beau jeune homme. Sachant que toutes les paysannes du voisinage lui enviaient l'amour et les hommages de Renzo, elle comprit vite qu'une telle chance de bonheur ne devait pas être dédaignée, et elle se mit à caresser le jeune amant. Dès lors, Renzo fut sous l'empire d'un enchantement... « Oh! le beau couple! disions-nous, nous tous, ses compatriotes et ses amis, en les voyant se promener ensemble au milieu des champs, ensemble assister à la messe paroissiale, ensemble se rendre aux marchés des villages voisins; oh! le beau couple que celui-là! oh! trois fois douce et fortunée la vie que Dieu leur garde!» Mais ainsi ne parlait pas la vieille Prassede.

« — Quelle était cette vieille Prassede? dis-je brusquement au débonnaire aubergiste?

« — La propre mère de Renzo. Elle venait chaque jour dans la petite chapelle que vous apercevez d'ici, au milieu du pont jeté sur le torrent, et puis, ses prières faites, elle s'accroupissait sur le seuil et y demeurait jusqu'à la nuit, priant, filant, pleurant, demandant l'aumône à chaque passant pour l'âme du pauvre Lorenzo, son fils unique. Souvent l'étranger, touché de ses larmes, l'interrogeait sur les chagrins qui les faisaient couler, et elle en faisait le triste récit. A cette heure, depuis quelques semaines, ses gémissements ne s'unissent plus aux voix du torrent, parce que, tombée malade, elle fut recueillie par le bon pas-

teur de la paroisse, qui l'a confiée aux soins de personnes charitables et pieuses. — Mais je reviens à l'histoire du pauvre Renzo, sur laquelle votre question m'a forcé à anticiper.

« Ainsi donc ne parlait point la vieille Prassede, qui, même alors, voyait Plus loin que les autres. — Pauvre enfant! s'écriait-elle chaque fois qu'on la félicitait du bonheur de Lorenzo, je donnerais ma vie pour qu'il fût épris d'un autre cœur. Et quand moi-même, qui vous parle, je lui disais : — Et ces noces, se feront-elles bientôt? — Compère Giulio, elles se feront quand il plaira à Dieu, me répondait-elle en soupirant. — Oh! l'âme d'une mère a des pressentiments qui n'appartiennent qu'à elle seule; elle a des accents mystérieux qui lui prédisent le malheur, de même que l'atmosphère offre aux animaux des signes de tempête inconnus aux hommes. »

III.

Maître Giulio interrompit un instant son récit pour essuyer les pleurs qui ruisselaient sur ses joues, et je me taisais, touché de sa manière franche et vive de conter. — C'était le cœur qui parlait en lui, et la véritable éloquence vient de ce sanctuaire de tout sentiment généreux. Enfin il reprit le cours de ses idées, en me disant : « Pardonnez; mon émotion ne se justifiera que trop par ce que vous allez entendre.

« Le jour du mariage des deux amants était fixé, et déjà le pasteur l'avait annoncé à l'autel, quand arriva dans le village un neveu du riche propriétaire de Lavagna, qui, après la mort de son oncle survenue tout à coup, venait prendre possession des biens qui lui tombaient en héritage. Parmi les fermiers de ces domaines(et il y en avait dans toute la vallée) accourus pour rendre honneur au nouveau maître, se trouva aussi le pauvre pâtre, père d'Agatina, qui amena sa fille avec lui. Agatina, comme je vous l'ai déjà dit, avait reçu de la nature une éclatante beauté; mais plus merveilleusement belle encore elle paraissait ce jour, vêtue de ses plus jolis habits de fête, avec la chaîne d'or, présent de Renzo, qui pendait à son cou, avec ces aiguilles et aigrettes d'argent (1) qui retenaient sa brune chevelure. — Tant de grâces, cette fraîcheur, ce sourire, ces yeux, ce visage, cette taille svelte et fine, cette *disinvoltura*,

(1) Sortes de longues aiguilles d'argent, d'un usage populaire à Gênes et dans toute la Ligurie. Ces aiguilles sont d'un travail merveilleux; au haut de la tête, elles ont un pavot, une rose, une fleur épanouie, tressée et ciselée au filigrane, en argent fin. Cette parure est délicieuse

captivèrent le jeune propriétaire. Il ne put se détacher de la séduisante pastourelle ; il inventait moyens sur moyens, prétextes sur prétextes, pour l'avoir toujours à ses côtés ; il se faisait apporter par la délicieuse villageoise le lait pour le déjenner, le beurre pour le dîner, la crème pour le goûter, et cela chaque jour. Accoutumé à vivre dans les villes, il n'ignorait aucun des artifices propres à flatter les jeunes filles ; mais la ruse, l'adresse d'Agatina surpassaient encore le savoir-faire du citadin en ce genre. Elle se montrait vis-à-vis de lui respectueuse, mais pudique ; elle affectait une modestie qui désespérait l'ardent propriétaire ; à chaque protestation d'amour, elle répondait timide, en rougissant : — La pauvre Agatina n'est pas digne de votre tendresse. Le jeune homme se consumait de désirs ; il aurait donné un trésor pour vaincre une fois la résistance de la bergère, et quand il apprit que son mariage avec Lorenzo était conclu, il faillit mourir de douleur.

« — Mais aimes-tu donc ce Renzo ? lui dit-il un jour ; l'aimes-tu au point de ne tenir nul compte du chagrin de ton maître ? — Il est mon fiancé, répondait Agatina en baissant les yeux ; je ne dois aimer que mon fiancé. — Et si je t'épousais, Agatina, oublierais-tu ton Renzo ? — Vous, m'épouser, Monsieur !..... Cela est impossible ; vous êtes trop riche pour moi ; je suis, moi, trop pauvre pour vous.... — Et cela disant, elle s'éloignait de lui en soupirant.

« Ces réponses ne firent qu'enflammer de plus en plus l'amour du citadin, et, repoussant toute considération de condition et de fortune, il résolut positivement de l'épouser. »

— Et Lorenzo ? dis-je en interrompant mon historien.

IV.

« — Renzo ignorait ces manœuvres. Il était parti pour Gênes, où un meunier son voisin lui avait intenté un procès pour l'eau d'un ruisseau qu'il prétendait lui appartenir. — Les procès entre voisins, dans nos contrées particulièrement, sont obstinés et furieux plus que ne le comporte leur objet, en sorte qu'un bon mois s'écoula avant que les parties ne vinssent à accommodement. A peine la réconciliation signée, Lorenzo revint au village. Il avait écrit à Agatina et à Prassede le jour et l'heure de son arrivée. — Elle viendra à ma rencontre, se disait-il avec jubilation ; et il dévorait la route ; et chaque objet qu'il apercevait de loin lui semblait être son Agatina, lui paraissait être elle-même qui, impatiente et fidèle, lui tendait les bras. Parvenu au sommet de la montagne d'où l'on découvre le village, il vit le lieu désert, et s'arrêta agité d'un triste pressentiment. Alors le soleil se couchait, et la soirée qui lui succédait était obscure et nuageuse : on eût cru que le ciel voulait lui donner l'avis de quelque malheur. Une femme seule se dirigeait vers la cime où Renzo était assis, le front appuyé sur les mains, crucifié de pensées qu'il ne savait pas définir. — Cette femme, c'était la Prassede.

« — Comment ! toute seule, ma mère ! et Agatina ? Agatina ?... — Elle est retenue ailleurs, répondit la bonne mère d'une voix tremblante... — Ailleurs ! comment ? par qui ? — Et il se levait avec agitation et surprise. La pauvre Prassede lui jetait les bras autour du cou et sanglotait. — Calme-toi, cher enfant, c'était la volonté du ciel que ces noces n'eussent jamais lieu. — Dieu ! cria Lorenzo ; mon Dieu ! elle est peut-être morte ! — Morte.... oui, morte pour toi. — En ce moment une décharge d'arquebuses partit du village, de brillantes fusées sillonnèrent les nuages, la lumière d'un feu de joie éclaira la grande place de l'église, occupée par la foule ; on entendit l'éclat des pétards, et les échos de la vallée ne répétèrent que des cris et des acclamations de joie. — C'est un mariage que l'on fête ? demanda Renzo d'une voix suffoquée... Et Agatina ?... — Elle s'unit demain à l'héritier de son maître, balbutia la Prassede en pressant son fils sur son sein. Celui-ci tomba comme frappé d'un coup de foudre. — Mort ? dis-je aussitôt. — Non, reprit l'aubergiste, la douleur ne tue pas.

« Maintenant, Monsieur, poursuivit l'historien, après une autre pause plus longue que la première, il faudrait que je susse raconter la fin de cette lamentable histoire comme le pourraient ces faiseurs de livres dont les paroles coulent spontanées et vives, toujours appropriées aux convenances des passions et des faits. — Des écrivains de cette sorte, maître Giulio, il y en a bien peu unissant les qualités que vous indiquez ; et, pour le présent, je ne vous troquerais pas contre un de ceux-là. Continuez sous la dictée de votre cœur. — Et maître Giulio, agréant le compliment, reprit haleine en buvant un verre de vin d'Asti, que sa femme lui apporta, et donna suite à son récit.

« Le lendemain de cette douloureuse soirée, à la première aube du jour, alors que, la tête couverte de mes habits, je descendais de ma vigne située sur la montagne, fuyant la pluie qui m'avait assailli en chemin, je vis Renzo qui s'avançait de mon côté, à pas lents, sur le même sentier, la tête nue, les cheveux en désordre, pâle comme une ombre, et absorbé dans de profondes réflexions. Il pleuvait à torrents, il grêlait, il tonnait; c'était un vrai bouleversement de la nature. Pour lui, il ne prenait garde ni à la grêle, ni aux mugissements de la foudre et du vent; il passait outre sans m'apercevoir, sans répondre à mon salut, et allait se poser sur la cime d'une éminence qui fait saillie sur la vallée, immobile, les yeux tournés vers cette vallée, égouttant l'eau par les cheveux et par les vêtements, comme une de ces statues qui se placent sur les fontaines de nos jardins. De là, Renzo voyait la chaumière du père d'Agatina, et le châtelet de son opulent rival. Malgré le déluge et l'orage, je m'arrêtai pour le plaindre et le regarder, et toute mon attention était concentrée sur Lorenzo, quand un bruit de pas et un soupir plaintif vinrent la détourner. C'était la Prassède, qui, de loin, avait suivi les traces de son malheureux fils. Elle me reconnut, et me montra d'un signe, mais sans mot dire, Lorenzo, avec un regard et un geste que l'on ne saurait exprimer. Nous nous retirâmes à l'abri d'un rocher ombragé par un pin sauvage, observant tout ce que ferait l'infortuné. — Mon Dieu! ayez pitié de mon fils, s'écria la mère désolée; ne me ravissez pas l'unique appui de ma vieillesse, à cause de cette maudite fille. — Et ensuite, se retournant vers moi, pâle, tout en larmes, et mettant sa tête sur mes épaules, elle disait :

« — Mes pressentiments, ô compère! se sont vérifiés. Oh! les pressentiments maternels ne trompent jamais.

« — Prenez courage, commère; le malheureux ne peut maîtriser le mouvement impérieux d'une première douleur.

« — Il en mourra, ajouta Prassède. La blessure qu'il a reçue est trop profonde. — Quelle nuit! quelle terrible nuit que celle d'hier! A peine fut-il revenu de l'évanouissement dans lequel il tomba à la première nouvelle de la trahison de l'Agatina, qu'il courut au village comme un forcené, et moi, je le suivis. L'orage qui menaçait d'éclater avait éteint les feux de joie, les danses et les chants. — On eût dit que Dieu condamnait ces divertissements qui faisaient le désespoir d'une pauvre créature. Chacun de ceux qui prenaient part à la fête s'éloignait en sens divers, et Agatina, pendue au bras de son heureux maître, et suivie de son père qui était ivre de joie, se dirigeait, en courant, vers la maison du curé, pour s'y mettre à couvert contre la tempête qui grondait. En ce moment, Renzo se présenta à elle, méconnaissable, haletant. — Sauvez-moi de Renzo! cria Agatina à son nouvel amant, en se pressant

contre son sein. — Te sauver de moi! hurla en pleurant Lorenzo; tu sens donc le remords de ta faute, traîtresse? — Oh! sauvez-moi, sauvez-moi! poursuivait-elle. A ces cris, l'on s'attroupa autour de la fiancée; le pasteur accourut, les fermiers du riche propriétaire se mirent à la traverse; Renzo fut séparé d'Agatina, et les portes de l'église paroissiale se fermèrent derrière la parjure. Quelques amis reconduisirent chez lui mon Lorenzo, s'efforçant de le consoler : le curé lui-même vint le rejoindre et lui apporter les paroles de soulagement et de paix que lui dictait son saint ministère. Mais il n'entendait, ne voyait personne; il délirait, il était brûlant de fièvre. Toute la nuit il demeura dans cet état, ne s'occupant ni de mes conseils ni de mes larmes; les bras croisés sur la poitrine, courant à grands pas dans la chambre, et ne me répondant pas un mot, comme si ce n'eût pas été sa mère qui pleurait et priait ainsi. Cependant, à l'approche de l'aube matinale, il revint à lui.

« — Il faut que je la voie encore une fois, murmura-t-il, une fois encore; et puis, que Dieu fasse de moi ce qu'il a décidé! — Et il sortit en toute hâte.

V.

« Pendant que la bonne mère me parlait ainsi, la pluie avait cessé. Le soleil commençait à poindre à travers les nuages épais et à les éclaircir. Les vignerons retournaient à leurs travaux accoutumés et se répandaient parmi les sentiers; les bergers reparaissaient sur les pâturages, chassant devant eux les brebis bêlantes; toute la vallée renaissait à une vie nouvelle. Lorenzo se levait du lieu où il s'était couché et tendait les oreilles et les yeux vers le creux du vallon. La cloche du village lit entendre des accents de fête, et de joyeuses voix répondirent, de loin, à ces accents.

« — La voilà! s'écria Renzo d'une voix si forte que nous l'entendîmes de la distance où nous étions. Et, par un sentier escarpé, il s'achemina, en courant, vers la vallée.

« — Mon fils! mon fils! cria la mère, s'efforçant de le rejoindre autant que ses forces pouvaient le permettre; et puis, je les perdis tous les deux de vue dans les sinuosités de la montagne.

« La jeune fiancée, aux sons de la cloche nuptiale, était sortie de sa chaumière, accompagnée de son père et de plusieurs voisines, vêtue avec luxe, belle à ravir, mais inquiète et pensive. On voyait qu'une voix intérieure la troublait et lui prédisait quelque infortune. Pour arriver à l'église, il fallait qu'elle traversât le torrent; mais le torrent était gonflé et se roulait sale et mugissant, irrité encore par la tempête qui venait de se faire, de manière que force était à la bergère d'allonger le chemin et de passer sur le petit pont de bois jeté sur le torrent. Renzo tira au plus court, et, de la rive droite, arriva à ce pont quand la fiancée y arrivait de la rive gauche. En voyant le malheureux amant, elle poussa un cri et recula épouvantée. — Lorenzo se prosterna devant elle, lui présentant encore les deux mains. Le père et les amies d'Agatina s'arrêtèrent par derrière, pleins de stupeur, sans proférer une seule parole.

« — Écoute-moi, Agatina, dit Lorenzo, écoute-moi pour la dernière fois. Je t'aime encore malgré ta trahison, et je t'aime en désespéré. Es-tu résolue à pousser ton infidélité à ses dernières limites? Réponds-moi, y es-tu résolue?

« —-Renzo, reprit l'Agatina, faisant effort sur elle-même, désormais les choses ont été si loin, qu'il m'est impossible de reculer d'un pas. Nous n'étions pas faits l'un pour l'autre.

« — Et tes promesses, cruelle! et tes jurements!... Et ces noces déjà proclamées à l'autel! et l'anneau... mon anneau que tu portes au doigt!...

«Agatina rougit à ces interpellations, et, regardant sa main, elle y remarqua l'anneau de Renzo que — je ne sais par quel hasard — elle avait jusque-là conservé, et se hâta de l'extraire de son doigt.

« —-Je te le rends, ajouta l'ingrate d'une voix tremblante; et elle le lui présentait.

« Cependant que des chants d'allégresse retentissaient aux oreilles de Lorenzo, et qu'entouré d'une joyeuse compagnie, l'heureux rival s'approchait du pont, à la rencontre de sa bien-aimée :

« — Tu as encore le temps de te repentir, reprit Lorenzo en refusant l'anneau... Un mot, Agatina! prononce un seul mot, et sauve-moi du désespoir !

« — Agatina! dit le jeune seigneur en mettant le pied sur le pont, frappé de surprise en voyant Renzo encore à genoux devant elle. — Alors Agatina reprit courage.

« —-Laisse-moi, Renzo, il n'est plus temps; reprends la bague...; et elle la jeta ses pieds avec un geste de dédain. L'anneau fit un bond sur le pont et roula dans le torrent.

« —-Reprends-le, continua la malheureuse...; et elle fit un pas pour se débarrasser de Lorenzo.

« —-Viens le reprendre avec moi, répliqua Renzo, se redressant convulsivement, avec des yeux terribles et enflammés...; et il se précipita sur elle.

« — Aide! cria Agatina à son père, à ses amies qui s'avançaient pour la secourir; aide!... — Mais en vain; l'acte de Renzo fut un éclair, tous les deux roulèrent dans le torrent.

«Tout secours fut inutile. Les flots gonflés et furieux enveloppèrent les deux victimes, les entraînèrent un instant et se refermèrent sur elles.

«L'on ne saurait exprimer la consternation du village à la vue ou au récit de ce drame; il n'y a pas de langue qui puisse traduire la douleur de la mère de Lorenzo. — L'on recueillit les deux cadavres se tenant encore étroitement embrassés, et ils furent ensevelis dans la même fosse, hors de l'enceinte du cimetière, dans un lieu solitaire; et le pont de bois, théâtre d'une scène si tragique, fut reconstruit en pierres, tel qu'il existe aujourd'hui, et on y éleva la petite chapelle que vous apercevez, en mémoire des deux fiancés et pour le repos de leur âme. — Là, la malheureuse Prassede, tombée en démence par suite de tant de chagrins, depuis vingt ans traînait ses jours, racontant à tous les passants sa triste vie et la déplorable fin de son fils, lorsqu'elle fut recueillie, comme je vous ai dit plus haut. »

VI.

Ici finit l'histoire de l'aubergiste. Le soir, en traversant le pont, je visitai la chapelle et je vis la pierre où s'asseyait la vieille Prassede, et, au pied du petit autel, la grossière quenouille encore entourée du chanvre que filait l'infortunée. — J'y laissai l'aumône et la larme du voyageur, et je quittai ce lieu, vivement ému. En réfléchissant au récit que j'avais entendu : — Voilà, me dis-je, suffisante matière pour tresser une lamentable nouvelle; mais pourrai-je la raconter avec l'ingénuité de maître Giulio?...

Et je résolus de la répéter telle que je la recueillis de sa bouche, et par respect pour mon amour-propre littéraire, et par respect pour mes lecteurs, suffisamment torturés par les modernes romans.

Telle est la nouvelle historique telle qu'on l'écrit, qu'on la comprend, qu'on l'aime en Italie; mais tous les romanciers de la péninsule n'ont pas l'imagination splendide et la plume élégante de Felice Romani.

Chorey, 1840.

Le Ch. Joseph BARD, de la Côte-d'Or,
De l'Institut pontifical archéologique de Rome.

Typographie de Lacrampe et Cie, rue Damiette, 2.

HURDWAR.

HINDOUSTAN.

HURDWAR.

Hurdwar, Hardwar ou Herdouar, ville de l'Hindoustan, à sept lieues de Delhi, est située sur la rive droite du Gange, au point où ce vaste fleuve quitte les montagnes de Gorval. La ville d'Hurdwar, peu considérable, ne consiste qu'en une seule rue étroite et longue; mais elle est très-célèbre parmi les Hindous, qui, à l'équinoxe du printemps, y affluent en pèlerinage pour faire leurs ablutions dans le Gange, près d'un temple surmonté de deux coupoles, temple consacré au Dieu Vichnou. A cette époque se tient à Hurdwar la plus belle foire de l'Hindoustan.

Ce n'est pas une entreprise facile que de décrire la scène extraordinaire de la foire de Hurdwar, où les Hindous se rassemblent en multitude sans nombre pour accomplir tout à la fois leurs devoirs spirituels et leurs plans mercantiles. Ce sont des peuples de toute condition, de tout sexe, de tout âge et de toutes contrées; nul coin de la terre ne saurait offrir une si grande variété d'individus, et il serait impossible d'énumérer les marchandises de toute espèce étalées en vente à cette foire; il serait également impossible de nommer les pays qui les produisent. Les marchands louent emphatiquement, dans leur propre langue, les objets dont ils veulent se défaire; il en résulte une confusion d'idiomes plus grande peut-être qu'à la tour de Babel. Là, vous voyez des chevaux de toutes les parties du globe, des éléphants, des chameaux, des buffles, des chiens, des chats, des singes, des léopards, des ours et des tigres de la plus petite à la plus haute stature. Votre œil découvre sur la même échoppe des châles de Cachemire et des habits de laine d'Angleterre, du corail de la mer Rouge, des agathes de Guzérat, des pierres précieuses de Ceylan, des gommes et des épices d'Arabie, de l'assa-fœtida et de l'eau de rose de Perse, des montres de France, des conserves de la Chine, des parfums de Londres et de Paris, ainsi que du henné africain pour teindre les jolis doigts des femmes d'Orient.

En parcourant les rues, vos regards sont égayés par les tours d'adresse des jockeys orientaux, l'un allant à l'amble sur un cheval richement caparaçonné, l'autre galopant sur un coursier agile, tandis qu'un troisième laisse s'éloigner sa monture abandonnée à elle-même, et la rappelle d'un coup de sifflet pour en faire voir toute la

docilité. Les éléphants et les chameaux déploient en même temps leurs grâces et leurs qualités diverses, pendant qu'un jeune Persan, avec une couvée ou famille de beaux chats de son pays, sollicite l'attention des passants sur ses petits quadrupèdes. Chaque vendeur demande invariablement dix et vingt fois autant qu'il a l'intention d'obtenir; il varie ses prix selon votre empressement ou votre indifférence. Il n'est pas rare à un maquignon de descendre, en peu de minutes, de dix mille roupies à cinq cents. Quand le marché est au moment de se conclure, l'acheteur et le vendeur jettent un drap sur leurs mains, et, disant un prix, ils témoignent, par la pression de certaines jointures, jusqu'à quel point ils sont d'accord. Par ce moyen, ils traitent en secret au milieu de la foule, et c'est un curieux spectacle de voir, à travers leur insouciance affectée, combien ils sont intéressés.

L'appât du gain ne les empêche pas de songer à l'accomplissement des rites de leur culte; les baigneurs des deux sexes, dévotement rassemblés par milliers sur les bords du fleuve, et pêle-mêle, y font leurs ablutions avec une sincérité, une indifférence si complète, du moins en apparence, qu'ils paraissent ignorer s'ils sont vêtus ou non. Le ghaut, ou lieu de rassemblement, présente un coup d'œil aussi singulier et aussi bigarré que la foire même. Ici, des Européens allongeant en avant leur cou sur le dos des éléphants, pour considérer les baigneurs; là, des brahmines occupés à recueillir le tribut, des religieux mendiants faisant toutes sortes de contorsions et d'indécences, des ministres chrétiens distribuant aux pèlerins des exemplaires de l'Évangile traduit dans leurs langues, mais réussissant peu dans les essais de conversion sur les Hindous, à cause des affronts que ceux-ci devront endurer de leurs frères en abjurant le culte de Brahma. Ainsi, le tableau de la foire et celui des bains sont de nature à frapper vivement les regards d'un étranger qui, pour la première fois, jouit de ce double spectacle. La haute stature et la belle physionomie du Sickh, les formes déliées et le teint noirci du Bengali, la taille ramassée du robuste Ghorkas, la figure jaunâtre du Tartare, l'homme du Gaboul ou celui du Thibet : tout semble réuni pour varier la scène.

Non loin d'Hurdwar, dans la vallée du Dhoun, la végétation européenne est mêlée à la végétation asiatique; on y trouve des arbres fruitiers de mille espèces, des fleurs odorantes, surtout des violettes et des jasmins, tandis qu'à l'ombre des larges branches de palmiers gazouille le kokila, ce rossignol des poètes hindous; on l'entend au

25

milieu des collines verdoyantes, à quelque distance des pics sublimes couverts d'une neige éternelle, collines où les quatre saisons paraissent s'être assigné un commun rendez-vous. A Luckwarie, les femmes forment la partie la plus active des habitants, et puiser de l'eau semble être leur occupation régulière. Leur manière d'arranger leurs cheveux est très-curieuse : elles les laissent croître dans toute leur longueur, et y ajoutent des tresses de laine rouge; quand cette queue descend jusqu'à terre, elles attachent un gland à l'extrémité. En ce lieu, on aperçoit les hommes une quenouille à la main, avec un panier rempli de laine; tous filent devant leurs portes, et même en se déplaçant ou en portant des fardeaux, de sorte qu'ils ne sont jamais inoccupés. Voilà donc, au sein de l'Himalaya, c'est-à-dire à des milliers de lieues de l'ancienne Grèce, et à des milliers de siècles de celui d'Hercule, des gens qui, sans avoir la moindre idée de ses exploits, tournent comme lui le fuseau près de nouvelles Omphales.

« Sur la première ligne des monts Himalaya il existe un établissement pour les convalescents européens, écrit le voyageur Skinner; pendant le trajet j'avais vu des indigènes sautant, cabriolant, se frappant le corps, se démenant comme des possédés; je crus un moment qu'ils exécutaient des danses du pays en mon honneur; mais c'était tout simplement l'effet des piqûres d'un petit insecte venimeux, espèce de guêpe, qui mettait ainsi en agitation tout un peuple, lequel ne recouvrait un peu de calme que lorsque l'animal s'en éloignait. Je franchis une haute chaîne de montagnes pour arriver à Gangautri, et de là je découvris une des plus magnifiques scènes que l'imagination la plus féconde puisse concevoir. Derrière moi étaient les neiges de Doutie; à l'est, dominaient les pics géants qui marquent la source du fleuve sacré, le Gange; le mont Roudrou, comme un nuage blanc à l'horizon; le Kedar-Nath et le Badri-Nath, ces massès colossales, objets de la superstition hindoue et se confondant avec l'azur des cieux. Ils s'élevaient tellement au-dessus des autres, que je les considérais presque comme des illusions de mes sens, et, en les contemplant, je commençais à douter qu'il y eût un intervalle entre le ciel et la terre. Les Alpes, les Pyrénées, le Rhin et le Pô, avec ce charme de civilisation qui les environne, doivent le céder en grandeur et en sublimité au neigeux Imaüs et aux fleuves mystérieux qui en descendent, fleuves sur lesquels la superstition a jeté un voile sacré, même pour ceux qui se trouvent le plus à l'abri de son influence. Vers le sud, la perspective était moins impo-

sante, mais plus variée. Au pied de la montagne où j'étais, s'étendaient en terrasses, jusqu'aux bords d'une rivière sinueuse, des plaines couvertes d'épis jaunissants, des monts boisés et des pics couronnés de pins, tandis que sur leurs flancs éclatait le lilas en fleur. Autour de moi, aussi loin que la vue pouvait s'étendre, elle embrassait, dans cet horizon immense, des montagnes sans nombre, de toutes les formes et de toutes les teintes; des rochers rudes et raboteux opposaient leur nue stérilité à des coteaux en pente douce, plantés avec autant de soin et de goût que s'ils l'avaient été par la main de l'art; des forêts sombres, impénétrables, étaient sillonnées par des torrents blanchis d'écume qui montaient dans les airs, et de petits bouquets d'arbres fruitiers cachaient sous leur ombrage une foule d'oiseaux dont le gazouillement ravissait l'oreille qui pouvait le saisir. »

La vue du Gange frappe d'admiration les Hindous. Au-dessus de Hurdwar, deux branches du fleuve sacré s'élancent l'une vers l'autre avec une vitesse et un fracas épouvantable. C'est dans le village de Gangautri que les pèlerins vont emplir leurs fioles de l'eau sainte et s'y baigner avec ferveur; c'est là que les dévots pétrissent des pelotes de sable avec de l'herbe, et les jettent dans le Gange comme des offrandes propitiatoires; c'est là que des fanatiques, plongés dans le fleuve jusqu'à la ceinture, le conjurent de leur accorder le don de prophétie; là, des pénitents nus, le corps blanchi de cendre, les reins serrés d'une corde, les cheveux entortillés comme des serpents, les mains sur les côtés, marchent à pas égaux en répétant d'une voix sourde : *Ram! Ram!* mot hindou qui signifie la divinité. Gangautri a plusieurs hangars destinés à abriter les pèlerins, dont quelques-uns béniraient le ciel s'ils pouvaient y mourir, bien que les brahmines déclarent que personne ne saurait rendre le dernier soupir dans un lieu aussi saint. Voilà pourquoi sans doute les habitants ont soin d'emporter violemment ceux des fanatiques dont les forces commencent à s'épuiser, afin qu'ils aillent mourir dans le voisinage. Un petit temple indique l'emplacement de la source où les dévots remplissent les fioles, qui sont ensuite cachetées par un brahmine avec l'anneau qu'il porte à son doigt. Si la fiole n'avait point le cachet, elle ne serait pas regardée par les fidèles de la plaine comme venant de ce lieu sacré, et ce ne serait qu'une eau profane.

« Loin d'Hurdwar et de Gangautri, dit l'évêque Héber, nous allâmes franchir le torrent de Ramgur, près d'un pont rompu. Nous le guéâmes sans peine, ce que nous n'avions pu faire durant les pluies, car il est alors très-profond et si impétueux qu'il a renversé le pont que les Anglais y ont jeté. Depuis cette époque, quand les eaux sont grandes, la personne qui fait le service de la poste aux lettres et les différents voyageurs passent d'une rive à l'autre par un moyen singulier. Entre les deux piliers de l'arche, aujourd'hui détruite, est suspendue horizontalement une grosse corde, du milieu de laquelle il en tombe une autre qui supporte une corbeille; deux autres cordes attachées à cette corbeille sont en outre solidement fixées sur le rivage à droite et à gauche. Avec la première corde, le passant tire à lui la corbeille; avec la seconde, il se rapproche du bord opposé à celui dont il part, de manière à pouvoir y débarquer. Cette espèce de bac aérien, d'une invention si simple, était autrefois en usage dans toute l'étendue de l'Inde; et même, comme on le voit, il a fallu y revenir sur certains points où les ponts de pierre ne pouvaient rester debout. »

Nulle part, s'écrie Skinner, je n'ai eu à me louer de l'instruction, pas même de l'intelligence des habitants de ces contrées, accoutumés à honorer les rivières et les sources, à regarder comme sacré tout phénomène naturel, à adorer une montagne parce qu'ils lui auront reconnu quelque ressemblance ou quelque analogie avec une vache, animal si vénéré des Hindous, et à révérer la cavité d'un rocher parce qu'ils croient y apercevoir la bouche de ce mammifère; des hommes qui pratiquent la polyandrie ou communauté des femmes, qui vendent leurs filles et qui exécutent aveuglément les ordres des brahmines, types de la paresse et de l'ignorance : tout cela est peu propre à retenir un voyageur parmi eux.

DE COURTENAY.

KOSATO, LE PIED-NOIR.

FRAGMENT D'UNE HISTOIRE A FAIRE.

I.

Il n'est personne qui n'ait cherché, sur la carte de l'Amérique septentrionale, le pays de ces Osages qui sont venus, il y a peu d'années, mettre à composition la curiosité parisienne. Que le lecteur déploie de nouveau la carte, qu'il suive des

yeux l'itinéraire que je vais tracer, et son doigt se trouvera bientôt placé sur les lieux où se sont passées, en 1834, les scènes étranges que je vais décrire.

En partant du *Fort-Osage*, poste frontière sur le Missouri et sur la limite occidentale des Etats-Unis, on se dirige vers l'ouest, et l'on entre dans le *pays indien*, c'est-à-dire dans les froides et désertes contrées où la civilisation a refoulé les derniers restes de la population indigène. Cette population ne consiste plus aujourd'hui qu'en quelques tribus errantes, ne vivant que de chasse, et quelquefois de pillage quand l'occasion s'en présente. Il en résulte que les voyageurs, pour traverser ces vastes solitudes, sont obligés de se réunir en caravanes armées. On traverse le Kansas, beau fleuve dont les bords sont exploités par la tribu sauvage qui porte le même nom, et qui, pour le langage, les mœurs et le costume, ne diffèrent en rien des Osages que nous avons vus en France(1). Plume-Blanche est aujourd'hui leur chef, et il est presque continuellement en guerre avec les Pawnias du Nebraska ou de la rivière Plate. Son costume seul pourrait faire deviner qu'il habite la frontière entre la vie civilisée et la vie sauvage; sa tête est couverte d'un chapeau à trois cornes avec ganse en argent, surmonté d'une vieille plume blanche, d'où son nom. Au bas de son dos se balancent gauchement les deux pans d'un habit d'uniforme américain; de grosses épaulettes dorées brillent sur ses épaules; voilà pour l'homme civilisé. De larges culottes de cuir lui descendent aux genoux; des guêtres de peau de daim lui serrent les jambes, des moccasins couverts de fausses perles en verre forment sa chaussure, et voilà pour la vie sauvage.

On avance au milieu de savanes immenses et désertes, sans arbres ni buissons, mais entrecoupées de rivières fangeuses et de profonds ravins. Là le gibier est rare, et le chasseur est réduit à se nourrir de pommes de terre indiennes, d'oignons sauvages, de tomates des prairies, et de quelques racines.

On arrive à la branche principale du Nebraska, fleuve convert d'îles d'une riante verdure, et la nature change d'aspect. Là, le cotonnier des bois (sorte de peuplier) aux feuilles argentées, et le saule aux rameaux flexibles, aiment à mirer leur léger feuillage dans le cristal des eaux. On suit le cours du fleuve pendant quelques jours, jusqu'à ce qu'on le voie se diviser en deux bran-

(1) L'agence établie chez les Kansas a aujourd'hui pour directeur M. Clarke, frère du célèbre voyageur de ce nom.

ches : l'une prend sa source à l'ouest-sud-ouest, dans le voisinage des eaux supérieures de l'Arkansas, et conduit chez les Indiens Camanches et Koways, ainsi qu'aux établissements septentrionaux du Mexique; la branche septentrionale a ses sources dans des pays encore inconnus. On la remonte, et l'on rencontre alors des collines boisées, des vallées délicieuses, et de vastes plaines couvertes de troupeaux de bisons, sorte de bœufs sauvages auxquels presque tous les voyageurs donnent improprement le nom de buffle.

A mesure qu'on avance vers l'ouest, le pays s'élève graduellement et offre des crêtes de collines. On entre dans les montagnes, et l'on voit s'élancer dans les bois le daim à queue noire, plus grand que l'espèce ordinaire. On remarque, en passant, une roche singulière élevée verticalement comme un phare, et connue des voyageurs sous le nom de *Cheminée*. Plus loin on aperçoit les mamelons de Scott, et l'on commence à chasser l'ahsahta ou longue-corne, l'argali des naturalistes.

On avance. A gauche est le pays des Corbeaux, nation belliqueuse et redoutée, s'étendant aux pieds escarpés des montagnes de Pierre-Jaune. Bien loin, à droite, est celui des Pieds-Noirs. On est maintenant à 41 degrés 47 minutes de latitude nord, et à 102 degrés 57 minutes ouest de l'observatoire de Greenwich. On commence à apercevoir à l'horizon le sommet des montagnes Noires. On traverse l'Aramie, belle et limpide rivière qui prend sa source à l'ouest-sud-ouest, et au confluent de laquelle a été bâti le fort William, en 1836. On traverse ensuite de grands steppes aussi arides que ceux de la Tartarie, couverts, au printemps, d'un rare gazon, qui se dessèche en été et laisse la terre à nu.

On quitte les bords du Nebraska, puis l'on s'enfonce dans les collines Noires. Après une marche de deux jours au sud-ouest, on arrive à la rivière d'Eau-Douce, dont on remonte le bord. Au sud-ouest, aussi loin que la vue peut s'étendre, est la chaîne des monts Gutaw, une des branches du grand Chippewyan ou montagnes Rocheuses. Au nord-ouest on distingue la sierra de la rivière du Vent.

Après quelques jours de marche on arrive dans les affreux défilés des montagnes de Sids-ki-di-Agio, ou de la rivière Verte, puis enfin à la vallée de Pierre, rendez-vous ordinaire des marchauds de pelleterie et des chasseurs au castor pour échanger leurs marchandises. C'est là que commence l'histoire que j'ai à raconter. Tout en est vrai, les noms, les faits, les mœurs, les des-

criptions, les costumes, jusqu'aux plus petits détails; j'ai poussé ma minutieuse exactitude jusqu'à ne pas changer un mot aux discours des Sauvages qui sont en scène, et ce que je leur fais dire est ce qu'ils ont dit, tel qu'ils l'ont dit, ni plus ni moins. Il ne faut donc pas que le lecteur cherche dans cette nouvelle le dramatique et l'intérêt d'une composition romanesque; et cependant je ne désespère pas de l'amuser en l'instruisant.

II.

Le printemps commençait à faire sentir sa douce haleine dans les vastes savanes qui s'étendent aux pieds des montagnes Rocheuses : le pin secouait sa froide robe de frimas, le saule se parait de son feuillage soyeux, et le cotonnier des bois, aux bourgeons gommeux et embaumés, montrait déjà les jolis chatons jaunes qui devaient bientôt se métamorphoser en un coton d'une blancheur éclatante, mais trop court pour être tissé. Sur les bords pittoresques d'une petite rivière peuplée de castors et de rats musqués, on trouvait, cachée dans un épais taillis de saules, une habitation singulière. Six ou sept pieux de cinq pieds de hauteur, enfoncés dans la terre, supportaient une légère charpente composée de quelques perches de peuplier ; des nattes de jonc soutenues par des chevilles de bois remplaçaient les murs; le tout était solidement cousu avec des lanières de cuir. Des peaux de bisons écrues couvraient le sommet de cette sorte de ruche, dont le diamètre était d'environ dix pieds. Une simple natte qui pendait du toit, et que l'on soulevait et baissait à volonté, fermait la porte, seule ouverture par où l'air et la lumière pouvaient pénétrer dans le modeste édifice.

Cette habitation, la plus commode et la plus élégante peut-être de toute la contrée, était le wigwam d'un Indien, ou, si l'on aime mieux, d'une Peau-Rouge. Devant la porte était placé une espèce de trophée qui, pour l'œil d'un Européen, est toujours un spectacle assez peu agréable : au bout d'un poteau de neuf pieds de hauteur pendaient six chevelures, que l'on reconnaissait à leurs cheveux noirs, raides et grossiers, pour avoir appartenu à des Indiens.

Déjà le soleil commençait à s'élever sur l'horizon, lorsque l'on vit tout à coup deux cavaliers déboucher d'un défilé, et s'élancer dans la plaine de toute la vitesse de leurs chevaux. Ils se dirigeaient vers le wigwam, et avec leurs longs éperons de fer ils déchiraient les flancs de leurs coursiers paraissant harassés de fatigue. L'inquiétude se peignait avec toutes ses anxiétés sur la figure des voyageurs, et de temps à autre ils regardaient derrière eux comme pour s'assurer qu'ils n'étaient pas poursuivis.

Pendant qu'ils avancent vers le wigwam avec la rapidité d'une flèche, tâchons de deviner ce qu'ils pouvaient être. Leurs chevaux, d'assez petite taille, mais robustes, pleins de feu et d'agilité, ressemblaient assez à ceux que l'on nomme *poneys* dans quelques parties de l'Amérique, quoiqu'ils fussent nés dans les vallées solitaires et froides des montagnes Rocheuses. Ils étaient harnachés avec un goût ambitieux et bizarre, annonçant à la fois la vanité de la civilisation et la pauvreté du désert. Leurs rênes et leurs croupières étaient surchargées de perles fausses, de verroterie, de nœuds de rubans et de cocardes de toutes les couleurs ; leur tête, leur crinière et leur queue étaient abondamment décorées de plumes d'aigle qui flottaient au gré du vent, et leurs corps étaient artistement peints de larges bandes alternativement d'un rouge vif et d'un blanc éclatant obtenus par le vermillon et la craie.

Le cavalier le plus remarquable des deux paraissait avoir de trente à trente-cinq ans. Sa tête était couverte d'un bonnet de fourrure, au-dessus duquel flottait un panache de plumes d'aigle ; sa longue chevelure, arrangée avec soin, retombait élégamment sur ses épaules en tresses entrelacées de lanières de peau de loutre et de rubans de diverses couleurs. Sa taille svelte, mais robuste, se dessinait sous une sorte de blouse bleue lui descendant jusqu'aux genoux, et couverte de brillantes broderies de soie que le temps et le soleil avaient un peu ternies. Ses jambes étaient serrées par des guêtres de cuir d'une coupe singulière, ornées de rubans, de cordons, de franges, et d'une profusion de grelots de cuivre dont le bruit était aussi assourdissant que monotone. Enfin, sa chaussure se composait d'une magnifique paire de moccasins brodés de perles fausses, ce qu'il y a de plus beau en fabrication indienne. Sur ses épaules pendait une sorte de manteau, ou plutôt une couverture écarlate, nouée autour de ses reins par une large ceinture rouge. De celle-ci on voyait sortir le manche d'un couteau à gaîne, les talons de deux pistolets, et le tuyau d'un calumet indien. A l'arçon de sa selle était accrochée une carabine dont le canon était peint en vermillon, et la crosse ornée d'une multitude de petits clous de cuivre, formant, par leur arrangement, des dessins de fleurs et d'animaux fantastiques. Cette arme précieuse était renfermée dans un fourreau de peau de daim, orné çà et là de quelques plumes.

A ce costume on aurait pu prendre ce cavalier pour un guerrier indien, et c'eût été le plus grand plaisir qu'on aurait pu lui faire. Mais en considérant sa peau blanche quoique brûlée par l'air et le soleil, ses longs cheveux blonds et son œil vif et bleu, on reconnaissait un trappeur libre de pur sang européen ; car tous ressemblent absolument au portrait que je viens de faire.

Les trappeurs libres, c'est-à-dire chassant le castor pour leur propre compte et ne se mettant aux gages d'aucune société de commerce, constituent une classe d'hommes aussi indépendants qu'il est possible de l'être, même dans la vie sauvage. Ils vont et viennent quand et où il leur plaît, et vendent leurs pelleteries aux plus offrants. Ils se réunissent au nombre de quinze à vingt, plus ou moins, sous la conduite d'un chef qu'ils se choisissent eux-mêmes. Si parfois ils se trouvent dans des contrées infestées par des hordes de Sauvages ennemis, ils s'attachent à une caravane de marchands et de trappeurs gagés, pour y trouver protection et voyager avec plus de sûreté. Dans ce cas ils se soumettent avec résignation au règlement du camp, et ne manquent jamais aux devoirs imposés à chacun d'eux pour la sûreté de tous. En retour de la protection qu'on leur accorde, ils sont tenus de vendre au commandant de la caravane tous les castors qu'ils prennent ; ou, s'ils préfèrent s'en défaire ailleurs, ils doivent payer au commandant trente à quarante dollars pour la saison entière de la chasse. En quittant pour la première fois son pays civilisé, le trappeur n'a eu en vue qu'un court voyage pour augmenter son aisance. Mais, arrivé dans les montagnes Rocheuses, il devient amoureux de la vie sauvage et aventureuse du désert ; il oublie son pays, et le plus souvent n'y retourne plus.

Les trappeurs gagés, toujours attachés à des caravanes de marchands, viennent avec eux chaque année trapper dans les montagnes pendant la saison de la chasse, et habitent, le reste du temps, dans les villes des états où ils ont leur famille.

Enfin, le trappeur solitaire, parfaitement peint par Cooper, lui a fourni le type de son Bas-de-Cuir ou Longue-Carabine. Souvent il s'attache à une tribu de Sauvages et en adopte les mœurs. L'un d'eux, nommé Rose, d'origine française, devint le chef de la nation des Corbeaux, l'une des plus dangereuses du désert. Il fut tué dans un combat, et ce fut Araspouisch, le chef actuel, qui le remplaça.

Mais revenons à nos cavaliers. Le second était de petite taille; à la délicatesse de ses mains, à la finesse de sa jambe, et surtout à la douceur de ses traits, on le reconnaissait pour une jeune femme dont l'âge ne dépassait pas dix-neuf à vingt ans. Autant le costume de son compagnon de voyage était brillant, autant le sien était modeste. Ses cheveux, noirs comme le jayet, se partageaient en quatre tresses, dont deux lui pendaient sur le dos et deux sur la poitrine. Chaque tresse se terminait par un nœud de ruban et une houppe de peau de daim. Deux énormes glands semblables à ceux de nos cordes de rideaux, mais composés de fines lanières de cuir et de verroterie, lui pendaient aux oreilles. Une robe de peau de daim, ornée de quelques franges, d'aiguillettes de cuir et de quelques perles fausses, composait toute sa toilette. Un grossier manteau de peau de bison enveloppait la jeune femme pour la défendre de l'air glacé des montagnes. Quoique sa peau fût d'un rouge de cuivre poli, elle était belle; son visage était peint, avec une certaine coquetterie, de blanc sur le menton, de bleu sur les joues, et de larges bandes de vermillon autour des yeux et sur le front. A ce portrait vous reconnaîtrez toujours une femme indienne.

III.

Arrivés à la porte du wigwam, les cavaliers mirent pied à terre; l'Indienne passa à son bras la bride des deux chevaux, et garda les coursiers, rendus de fatigue, pendant que le trappeur entrait dans la pittoresque habitation.

Accroupis sur une natte, deux personnages silencieux fumaient le calumet avec toute la gravité indienne, et, à de longs intervalles, prononçaient une ou deux paroles. L'un était Kosato, peau-rouge, propriétaire du wigwam. Son costume était celui d'un Sauvage dans l'aisance, ou d'un chef du Chippewyan. Son crâne était nu et rasé, à l'exception d'une bande de cheveux qui commençait au sommet de la tête et descendait par derrière : ces cheveux, rudes, peints en beau vert, étaient hérissés et relevés verticalement, de manière à ressembler beaucoup à la crinière en brosse qui orne le casque d'un soldat. Au milieu de cette coiffure était piquée une longue plume blanche dont le bout portait une touffe de plumes noires. A ses oreilles pendait un gland composé de grains de verre bleus, blancs, jaunes et rouges, assez artistement entremêlés. La moitié de la figure du guerrier était peinte uniformément en bleu; l'autre moitié était parsemée de bandes blanches et de vermillon ; autour de son cou était un collier composé de griffes d'ours enfilées par leur base et formant comme une large collerette. Sa blouse à manches était en peau de daim, mais une fourrure de loup en garnissait le haut, et la peau de la tête de l'animal, garnie de ses oreilles, de ses dents, et d'yeux artificiels en pierres colorées, lui couvrait la poitrine. Sur ses épaules étaient cousues, en forme d'épaulettes, deux chevelures d'Indiens Monnitarres, ou gros-ventres, peignées chaque jour avec beaucoup de soin. Tout le reste de son accoutrement était absolument semblable à celui du trappeur, si ce n'est que sur les manches de sa blouse on voyait une plus grande profusion de plumes blanches, d'aiguillettes de cuir et de houppes de crin rouge.

L'autre habitant du wigwam était un métis, ou sang-mêlé, nommé Antoine Godin, ayant hérité de sa mère de toutes les vertus guerrières des Indiens, et de son père, de toute la vanité des Visages-Pâles. Son costume, entièrement flétri et frippé, avait dû ressembler à celui du trappeur, à cela près qu'un vieux chapeau à trois cornes constatait, selon lui, son origine européenne.

Les fumeurs restèrent saisis d'étonnement en voyant Ross le trappeur, leur ancien et bon camarade, soulever la natte de la porte et entrer d'un air effaré. Néanmoins, aucun des trois n'était homme à manquer au cérémonial du désert : Ross s'arrêta, et resta debout et immobile au milieu du wigwam; les autres, sans témoigner la moindre surprise, sans ôter la pipe de leur bouche, sans même lever les yeux, continuèrent pendant cinq minutes à lancer par la bouche et par les narines de longs jets de fumée de tabac. Enfin Kosato présenta son calumet à Ross, et lui dit :

— Frère, sois le bienvenu dans le wigwam de ton ami; est-ce le grand-esprit, ou l'esprit-noir, qui t'amène?

Ross baissa les yeux comme s'il réfléchissait profondément à ce qu'il devait répondre. Il lâcha dix à douze bouffées de tabac, rendit le calumet à Kosato, prit celui que Godin lui tendait, et répondit :

— Frère, c'est l'esprit-noir.

— Assieds-toi sur ma natte, et parle; mon oreille s'ouvre pour t'entendre.

Frère, voilà : Tu te souviens du temps où nous trappions sur les bords de la rivière du Saumon, par-delà les montagnes Bleues, chez les Pieds-Noirs?

— Je m'en souviens; les Pieds-Noirs sont des chiens !

—— J'aimais Palaouana, la fille du sachem, parce qu'elle était belle et douce.
— Oui.
—Et je m'ennuyais de vivre seul dans ma hutte. Je fus trouver son père, et je lui dis : « J'ai besoin d'une femme; non d'une jeune éventée qui ne pense qu'à courir et à se parer, mais d'une femme sobre, prudente, laborieuse, qui partage mon sort, quelque dur qu'il soit, sans murmurer; qui prenne soin de ma hutte et soit ma compagne dans le désert. Donne-moi ta fille. » Le lendemain je vis venir à ma hutte Palaouana marchant devant son père, sa mère, ses six frères, ses vingt-deux cousins et leurs amis. Je les reçus avec tout le cérémonial convenable. Je fis placer ma fiancée à côté de moi, puis, garnissant ma pipe d'excellent tabac, j'aspirai deux ou trois bouffées. Alors je passai au sachem le calumet, symbole de la paix; il le transmit à l'aîné de ses fils, celui-ci à ses frères, ceux-ci aux cousins, et les cousins aux amis. Tous fumèrent dans le plus grand recueillement, et ma pipe fut rechargée douze fois. Le sachem prit la parole, non en qualité de père, mais de chef, et détailla tous les devoirs de la femme envers le mari. « Palaouana, lui dit-il, tu respecteras ton mari, tu l'aimeras et tu lui obéiras. A toi le soin de la hutte, des chevaux, des pelleteries, du ménage; tu seras sa servante, son cheval et son chien. »
Alors je distribuai aux parents pour cent quatre-vingts dollars de présents, puis ils se retirèrent. Tu t'en souviens, Kosato, car le sachem était ton père et Palaouana ta sœur.
— Oui, dit le Sauvage, en laissant échapper un soupir et une bouffée de tabac.
— Ma générosité m'avait épuisé; l'hiver fut rude, les castors rares, et la chasse mauvaise. Quand vint la fin de la saison, je dis à ma femme : « Je suis pauvre, je ne peux acheter ni perles pour tes cheveux, ni bagues pour tes doigts, ni grelots pour tes moccasins; retourne dans le wigwam de ton père, et attends-moi, car je reviendrai. » Palaouana s'en fut en pleurant, et je partis après avoir levé mes trappes. Il y a trois ans de cela.
Depuis, ma chasse a été heureuse, et il y a une lune que je me souvins de la promesse que j'avais faite à ta sœur. Je me suis dirigé vers la rivière Verte. Ma femme pleura en me voyant, mais j'arrivais trop tard.
Ton père, le sachem, dans un combat contre les Corbeaux, avait été tué depuis deux saisons et six lunes; ce qu'il y a de singulier dans sa mort, m'a-t-on dit, c'est qu'il fut frappé dans le dos lorsqu'il marchait devant Shi-wi-shi-Ouai-

ter (1), que celui-ci déclara ne s'être pas aperçu du coup, et que le cadavre fut trouvé avec sa chevelure entière.
— Shi-wi-shi-Ouaiter est un infâme, dit Kosato.
— Devenu sachem de la tribu, parce qu'il fit déclarer dans le grand conseil que tu étais trop jeune pour commander à des guerriers, Shi-wi-shi-Ouaiter épousa Palaouana. Le guerrier l'aimait; cependant ta sœur était malheureuse, parce qu'elle ne pouvait m'oublier, et aussi parce que la première femme du chef, étant la plus ancienne, gouvernait le wigwam, et la maltraitait par jalousie. Palaouana soupirait après le moment qui l'affranchirait de son capricieux contrôle. Un soir nous nous donnâmes un rendez-vous dans une saulaie. Notre entrevue fut découverte, et la jalousie du Pied-Noir s'éveilla. On entendit dans son wigwam le son de voix irritées, le bruit des coups, et les sanglots d'une femme.
J'étais dans ma hutte, étendu sur ma peau d'ours; mais je ne pouvais fermer l'œil, car mon cœur était serré par la douleur, et je pensais à Palaouana. C'était à peu près vers le milieu de la nuit : une douce voix se fit entendre à ma porte, contre laquelle on grattait doucement. Je me levai et j'ouvris. Palaouana était là, tremblante devant moi, prête à me suivre partout où il me plairait de la conduire.
Je ne perdis pas de temps. J'ai deux chevaux agiles et ayant l'haleine longue; je les sellai sans bruit, et, bientôt après, ma femme et moi nous galopions sur la neige des montagnes; le vent couvrait nos traces. Pendant six jours nous traversâmes les défilés, les torrents, les prairies encore couvertes du manteau glacé de l'hiver, et nous pressions les flancs de nos chevaux, parce que nous croyions, à chaque gémissement de la brise, entendre les hurlements lointains des Pieds-Noirs à notre poursuite.
— Les Pieds-Noirs sont des femmes lâches, dit Kosato en conservant toute sa gravité.
— Enfin, hier, j'ai rencontré un rôdeur indien; il m'a dit que le camp du capitaine Sublette et celui de mes anciens amis les Nez-Percés étaient dans la vallée de Pierre; que tu avais élevé ton wigwam dans cette saulaie, et nous voici. Ta sœur est là, ajouta Boss en montrant la porte de la cabane.

(1) Le lecteur me pardonnera la longueur de ce nom, puisqu'il ne dépendait pas de moi de le faire plus court. Mais il se trouvera tout heureux si je ne mets pas en scène Yo-mus-ro-y-e-Cut, chef des Nez-Percés inférieurs, ou O-push-y-e-Cut, ou bien Hay-shi-in-cow-Cow, tous personnages actuellement vivants, et guerriers fort estimés au pied des montagnes Rocheuses.

— Palaouana ! s'écria l'Indien en oubliant son flegme d'étiquette.

— Oui, Palaouana.

Kosato laissa brusquement tomber son calumet, se leva, et en une seconde le frère et la sœur furent dans les bras l'un de l'autre. Bientôt après ils rentrèrent dans la cabane, se tenant par la main et se donnant mille témoignages d'amitié. Chez les Indiens, les vives et affectueuses démonstrations, toujours refusées en public à une épouse, s'accordent, sans déroger, à une mère ou une sœur. Ross et sa femme avaient faim et froid; on alluma un grand feu au milieu du wigwam; Kosato sortit, mit une feuille de saule à sa bouche, et imita, à s'y méprendre, le chant triste et bruyant d'un oiseau de nuit. Bientôt après, une jeune femme entra, portant sur ses épaules un daim sous le poids duquel elle pliait. Elle jeta l'animal par terre et se précipita dans les bras de Palaouana, car elle avait aussitôt reconnu la compagne de son enfance. Les deux femmes dépouillèrent le daim avec beaucoup d'adresse, le dépecèrent et le mirent griller sur des charbons ardents, tandis qu'un saumon de quinze à vingt livres bouillait dans un chaudron de cuivre.

IV.

Pendant que les deux jeunes femmes, vives et alertes, préparaient le repas, les trois hommes, accroupis sur la même natte, fumaient avec une silencieuse nonchalance. Après une demi-heure du plus profond silence, Godin le métis ôta sa pipe de sa bouche.

— Les deux femmes se connaissent, dit-il : comment cela? Puis il reprit sa pipe, et le silence continua pendant cinq minutes. Alors Kosato reprit la parole :

— Comme moi et ma sœur, dit-il, ma femme est Pied-Noir. Vous la voyez : Kitchy est bonne, elle est belle; je l'aime à cause de cela, et aussi parce que nous avons joué ensemble dans notre enfance. Pourtant, elle est la cause de tous mes malheurs. Elle était aussi la femme de mon chef longtemps avant Palaouana ; je l'aimais plus qu'il ne l'aimait, et il le savait. Nous causions, nous folâtrions ensemble; nous ne perdions jamais une occasion de nous rencontrer, mais nous étions aussi innocents que l'enfant qui vient de naître. Shi-wi-shi-Ouaiter soupçonna le mal qui n'existait pas; il devint jaloux et lui ordonna de m'éviter. Sa jalousie prit bientôt le caractère de la fureur; il la frappait sans motif et sans pitié, et la

menaçait de la tuer si seulement elle jetait les yeux sur moi.

Regardez cette cicatrice, ajouta Kosato en découvrant l'épaule de sa femme : c'est un coup de couteau; c'est une trace de sa férocité. Sa rage contre moi n'était pas moins violente, mais il n'osait encore me la montrer, parce que j'étais le fils du sachem dont il avait usurpé la place, et qu'il avait assassiné. Depuis quelques jours un détachement de guerriers corbeaux rôdait dans nos environs, et nos jeunes hommes avaient découvert leur piste. Nos cœurs étaient prêts à combattre, et mes chevaux hennissaient d'impatience, attachés devant mon wigwam.

Shi-wi-shi-Ouaiter vint, les détacha, prétendit qu'ils étaient à lui, et les emmena. Moi, guerrier, me voilà démonté, dégradé, forcé de me retirer à l'écart avec les vieilles femmes et les enfants. Mes dents se serraient, mon cœur se gonflait et saignait! Mais qu'aurais-je fait? Il était mon chef, et je mangeai ma honte en cachette.

Ici Kosato s'interrompit, chargea sa pipe, et se mit à fumer quelques minutes.

— Et puis? dit le métis.

— Et puis, un jour je me promenais dans la prairie, et je vis le chef au milieu de ses chevaux et des miens. Un vautour ne regarde pas sa proie autrement que je la regardai. Mon sang bouillait, ma respiration était haletante. Il entra au milieu d'un fourré de saules. Je ne sais comment cela se fit, mais en un clin d'œil je me trouvai à côté de lui, mon couteau à la main, et l'infâme roulait à mes pieds, la poitrine percée de deux coups. Je le crus mort, et, revenu à moi, je compris tout le danger de ma situation. Je fis rouler son corps dans un ravin, je le couvris de broussailles, puis j'allai trouver Kitchy.

Je lui rappelai mes injures, les affreux traitements qu'elle avait éprouvés, les sanglantes injustices du chef, et l'assassinat de mon père. Je lui dis comment je l'avais puni, et je l'engageai à fuir avec moi. Elle ne me répondit que par des larmes, et refusa de me suivre. Mon cœur était gros, mais mes yeux étaient secs.

«C'est bien, lui dis-je; Kosato ira seul au désert; il n'aura avec lui que les bêtes sauvages de la prairie. Les chasseurs d'hommes, les chercheurs de sang suivront sa piste : peut-être ils le surprendront dans son sommeil et assouviront leur vengeance; mais vous, Kitchy, vous n'aurez rien à craindre; Kosato partira seul. »

Je fis un pas pour m'éloigner; elle s'élança vers moi, se jeta dans mes bras. « Non, s'écria-

SHI–WI–SHI–OUAITER, chef PIED–NOIR.

,t-elle, Kosato ne partira pas seul! partout où il ira, j'irai; je ne le quitterai jamais. »

Nous quittâmes sans bruit le village; nous montâmes les premiers chevaux que nous rencontrâmes, et, voyageant nuit et jour, nous gagnâmes bientôt la tribu des Nez-Percés. Les Nez-Percés sont bons, hospitaliers; ils nous reçurent bien; mais ils ont des cœurs de daims. Quand j'appris que Shi-wi-shi-Ouaiter n'était pas mort de ses blessures, que mes parents, mes amis m'avaient poursuivi pour le venger, je dis: Les Pieds-Noirs sont des infâmes, et Kosato leur fera une guerre à mort. Alors, je suis venu dans le camp des Grands-Cœurs de l'Est (les Blancs), et tu sais tout (1).

— Les Pieds-Noirs sont des loups, s'écria Antoine Godin; ils ont assassiné mon père, qui avait le visage blanc; ils ont fait mourir ma mère de chagrin! Mais moi, j'ai encore du sang dans le cœur, et nous verrons. J'ai dit (2).

Après un robuste repas, tel que le font les trappeurs du désert quand la chasse est bonne, des nattes divisèrent le wigwam en trois parties, et les chasseurs s'étendirent sur leurs lits de peau d'ours, pour se livrer au sommeil. Avant de se coucher, les femmes furent chercher leurs chevaux dans la prairie où on les avait lâchés, elles les firent entrer dans un petit enclos ménagé près du wigwam, et fermé avec des troncs de peupliers et quelques pieux; elles leur attachèrent le pied droit de devant au pied droit de derrière avec une corde de dix-huit pouces de longueur, nouèrent leur longe à de courts piquets enfoncés dans la terre, puis, après avoir mis le ménage en ordre, elles rejoignirent leurs maris.

Tous dormirent avec la plus grande tranquillité, car ils comptaient sur leurs chevaux pour les réveiller en cas d'alerte. En effet, il n'est pas de sentinelles plus surveillantes et plus sûres dans le désert.

Dès que le soleil parut sur l'horizon, les chasseurs se levèrent. Kosato et Godin montèrent à cheval pour aller poursuivre un troupeau de bisons qui, la veille, avait fait une percée dans la plaine; Ross et sa femme se rendirent dans le camp du capitaine Sublette, pour lui demander protection contre le chef pied-noir.

Shi-wi-shi-Ouaiter, lorsqu'il s'aperçut de la fuite de sa femme avec le trappeur Ross, monta aussitôt son cheval le plus agile et se mit à leur poursuite. Il trouva la piste des fugitifs et fut sur le point de les atteindre; mais le vent qui vint à souffler dans les montagnes couvrit de neige l'empreinte des pieds de leurs chevaux, et le lendemain il perdit leur trace. Néanmoins, connaissant la direction de leur route, il devina aisément qu'ils allaient au camp des Visages-Blancs, et, cessant de les suivre, il prit une route difficile, mais directe, dans l'espoir d'y arriver avant eux.

Le capitaine William Sublette, actionnaire de la compagnie des fourrures des montagnes Rocheuses, commandait, cette année-là (1834), la caravane de trappeurs qui, tous les ans, est envoyée de Saint-Louis au rendez-vous général de la Vallée-de-Pierre, non-seulement pour chasser, mais aussi pour acheter les pelleteries des trappeurs libres et des Indiens. Ce commandant, aussi actif qu'intrépide, était accompagné de son frère, Milton Sublette, de son associé d'affaires, M. Robert Campbell, de quelques autres personnes, et de soixante hommes bien armés et bien montés, conduisant après eux une longue file de chevaux de somme. Chemin faisant, ils avaient rencontré, sur les bords du Missouri, une autre caravane de marchands et chasseurs de la Nouvelle-Angleterre, sous le commandement de Nathaniel J. Wyeth, de Boston. Ces *Mangeurs de lard* (comme disent les trappeurs libres des montagnes de tout habitant des villes qui ne sait ni manier une carabine ni se frayer dans les bois un chemin à travers les hordes sauvages) avaient osé, pour la première fois, s'enfoncer dans les déserts de l'Ouest, qui jusqu'alors leur étaient restés inconnus. Les deux caravanes s'étaient réunies et étaient arrivées avec beaucoup de peine, mais sans accident grave, au rendez-vous général, où M. Fitz Patrick, montagnard robuste et expérimenté, était venu les joindre. Ils trouvèrent dans la vallée un petit camp de quinze trappeurs libres qui s'étaient choisi un chef vaillant de l'Arkansas, nommé Sinclair. A un mille de là étaient

(1) L'histoire de Kosato a beaucoup trop de ressemblance avec celle de Ross pour jeter de la variété dans ce récit, mais je n'y peux rien. J'ai promis de ne rien changer, pas même le fait le moins important, et, dussé-je ennuyer, je ne changerai rien. Si je ne puis amuser le lecteur, il me reste la consolation de l'instruire.

(2) La rivière sur le bord de laquelle le pionnier Godin fut assassiné par les Pieds-Noirs, porte son nom depuis ce temps-là. Elle coule le long de la colline nommée les Trois-Buttes, et va se jeter dans la grande rivière du Serpent. Du reste, beaucoup d'endroits, dans ce pays, doivent leur nom à de pareils événements. C'est ainsi que l'assassinat de M. Scott, Américain, a laissé le nom de *Mamelons de Scott* aux rochers dans lesquels il fut commis; que la *Vallée-de-Pierre* a été ainsi nommée depuis le meurtre du trappeur, etc., etc.

26

déjà posés deux camps d'Indiens venus pour com-
mercer, l'un de Nez-Percés ou Indiens Choppun-
nish, l'autre de Têtes-Plates. Enfin, de distance
en distance on voyait, dans des taillis, s'élever
quelques huttes d'Indiens et de trappeurs isolés;
tel était, par exemple, le wigwam de Kosato. En
ce moment, la Vallée-de-Pierre, ordinairement
déserte, renfermait une population de plusieurs
centaines d'hommes, civilisés ou sauvages.

La première personne que Ross et sa femme
rencontrèrent en entrant dans le camp du capi-
taine Sublette, ce fut le chef Shi-wi-shi-Ouaiter.
Les apercevoir, tirer son couteau et se précipiter
sur sa femme pour la poignarder, fut le premier
mouvement du Sauvage. Ross, prompt comme
l'éclair, se jeta entre eux deux, et para le coup
mortel. Alors commença un combat terrible en-
tre le féroce Indien et le robuste trappeur. Les
lames de leurs couteaux se rencontrèrent, et des
étincelles jaillirent de ce choc; ils se saisirent
mutuellement le bras droit de la main gauche,
et, dans les efforts inouïs que chacun d'eux fai-
sait pour dégager son arme, ils restèrent un mo-
ment immobiles pied contre pied, poitrine con-
tre poitrine; puis ils roulèrent sur la poussière
en cherchant, par de nouveaux efforts, à se dé-
gager la main droite pour se percer le sein. Une
telle lutte ne dure jamais longtemps et finit quel-
quefois par la mort des deux adversaires. L'In-
dien haletant faiblissait, il allait probablement
recevoir le coup fatal, quand les trappeurs du
camp, attirés sur le lieu de la scène par les cris
de Palaouana, se jetèrent sur les combattants,
les désarmèrent, et parvinrent à les séparer.

Selon la loi du désert, ils s'érigèrent aussitôt,
de leur pleine puissance, en tribunal suprême,
et après avoir entendu les parties, leur aréopage
en plein air décida solennellement que Ross
ayant sur la femme des droits plus anciens que
le Sauvage, la garderait; mais que, pour indem-
niser celui-ci, le trappeur lui abandonnerait les
deux chevaux dont ils s'étaient servis dans leur
fuite.

Shi-wi-shi-Ouaiter se voyant seul, sans appui,
fut obligé de se soumettre à cette décision, ou du
moins d'en faire tant bien que mal le semblant.
Il remonta sur son cheval, saisit par la bride les
deux coursiers de Ross, et il partit en jetant un
regard de haine farouche sur le trappeur et sa
tremblante compagne. Bientôt il disparut dans le
défilé des montagnes.

Le trappeur, désormais tranquille dans ses
amours, regretta peu le sacrifice qui lui avait été
imposé, et retourna gaiement avec sa femme,
mais à pied, dans le wigwam de son frère Ko_
sato.

VI.

Le chef pied-noir, revenu dans sa tribu, ne
pensa plus qu'à sa vengeance, et il résolut de
l'assouvir, non pas seulement sur les deux hom-
mes qui l'avaient outragé, mais sur toutes les
Peaux-Blanches compatriotes de Ross, et sur les
Nez-Percés qui avaient accordé leur protection à
Kosato. Il était aussi rusé que vindicatif, comme
sont tous les Indiens; pour accomplir ses sinis-
tres projets, il sut habilement manœuvrer l'esprit
des anciens et des chefs de sa nation; il connais-
sait mieux que personne le goût inné chez les
Sauvages pour les combats et le pillage; il éveilla
leur cupidité, et leur fit bientôt partager sa
haine. Aussi convoqua-t-il les chefs et les guer-
riers dans le wigwam du grand conseil.

Plus de quarante personnages des plus impor-
tants s'y réunirent; ils s'accroupirent en cercle,
et fumèrent le calumet dans le plus grand silence
pendant deux heures, en attendant que le grand-
esprit vînt inspirer un de leurs orateurs. Tout à
coup un vénérable vieillard se leva, ôta sa pipe
de sa bouche, et dit :

« La guerre fait couler le sang, elle est une
source de maux. La paix ne jette point d'alar-
mes; le sommeil ferme les yeux des chefs, les
jeunes hommes chassent et nourrissent leur fa-
mille; les chevaux errent dans les montagnes; les
femmes et les petits enfants se promènent libre-
ment dans les prairies, et nos frères, blancs ou
rouges, viennent fumer le calumet avec nous. La
paix balaie les sentiers qui conduisent l'étranger
à nos wigwams; la paix est bonne. »

Le vieillard reprit sa pipe et sa place sur sa
natte, et le silence de la méditation dura à peu
près un quart d'heure. Alors Shi-wi-shi-Ouaiter
se leva :

« La guerre, dit-il, tient éveillés les yeux des
chefs et rend forts et souples les membres des
jeunes hommes. A la guerre, chacun est sur le
qui-vive. Si nous voyons une piste, elle nous an-
nonce l'ennemi; nous savons qu'il vient à nous
pour la guerre, et nous sommes prêts à le rece-
voir. Le cœur d'un visage blanc est une imposture,
et sa langue est une trappe; s'il vient à nous en
frère, il fume le calumet avec nous; mais dès
qu'il nous voit faibles et sans défiance, il tue et
vole. Voici ce que nos pères nous ont dit : Les
Blancs sont venus de l'Est pour prendre vos terres,
pour tuer votre gibier, pour vous chasser du pays

où reposent les os de vos ancêtres, depuis les côtes du grand lac Salé jusqu'aux sources glacées de nos grandes rivières. Que vous ont-ils donné en échange, les Blancs? La peste noire qui tue (1), l'eau-de-feu qui tue (2), le fusil qui tue, et qui rend le lâche redoutable au guerrier plein de cœur; enfin toutes les mauvaises choses que leur avait données l'esprit du mal. Qui parmi nous dira non et voudra nier ce que je dis? Si quelqu'un se présente, je m'arrête pour l'entendre; mais qu'il s'élève, qu'il s'élève aussi haut qu'une montagne, afin que ses paroles puissent courir comme le vent, et quand il aura parlé, qu'il ne descende pas pour se cacher. »

Shi-wi-shi-Ouaiter garda le silence un moment, quoiqu'il sût fort bien que personne ne prendrait la parole. Il est sans exemple que, dans une discussion, un Indien interrompe un orateur avant qu'il ait fini son discours, dût-il durer toute la journée. Quand le chef pensa qu'il avait produit l'effet qu'il désirait, il reprit :

« Personne ne parle, je continue. Celui qui désire voir les Blancs dans nos prairies est un traître, de quelque nation qu'il puisse être; si c'est un Pied-Noir, il est traître aux Pieds-Noirs; si c'est un Corbeau, il est traître aux Corbeaux. Dans son cœur il hait tous les hommes libres qui demenrent sous notre soleil. Que sont devenues les nations qui chassaient avec nos pères dans les forêts du *Point-du-Jour* (3)? Où sont les Mohicans, les Hurons, les Algonkins, les Nepissings, les Assianipys, les Outawas, les Cherokés, les Anaquagas, et cent autres dont ils ont effacé jusqu'au nom! Ils n'existent plus! ils sont partis pour l'Ouest, vers le pays des esprits. Où sont leurs enfants? morts! Tout est mort, jusqu'aux castors et aux daims, jusqu'aux arbres des forêts, jusqu'anx mousses qui tapissaient les rochers. Les Visages-Pâles ont ouvert la terre, ils l'ont montrée au soleil, et ils sont devenus esclaves, parce que celui qui fouille la terre trouve toujours, au bout de son champ, la corde qui l'attache; le mensonge est son maître; la fraude et la chicane germent avec le tien et le mien.

« Nous sommes chasseurs, nous sommes guerriers, nous sommes libres. C'est dans nos forêts que nos yeux peuvent voir, nos oreilles entendre; c'est là que nous savons atteindre tout ce qui nous fuit. Si les Blancs font luire le soleil sur nos terres, nous ne pourrons rien faire, car nous n'au-

rons rien à faire. Si nous ne nous opposons pas à l'invasion des Peaux-Blanches, ce qui est arrivé à nos cousins de l'Ouest nous arrivera, car la lune dernière est la mère de la lune à venir. Celui qui propose de recevoir les Blancs, de faire le commerce avec eux, a soif d'eau-de-feu; demain, dans la lâcheté de l'ivresse, il proposera de leur céder nos forêts; c'est un traître qui mérite la mort. Si ces montagnes étaient faites pour eux, pourquoi leur dieu ne les y a-t-il pas fait naître? Si Manitou les a faites pour nous, pourquoi ne les garderions-nous pas? Sommes-nous des femmes ou des ours?

« Non, nous ne pouvons pas vouloir d'une telle paix; déterrons le tomawok et ayons la guerre. J'ai parlé (4). »

La guerre fut résolue après cinq jours de longues délibérations dans le conseil. Le lendemain, dès l'aurore, tous les guerriers de la tribu se réunirent en cercle sur la place, au milieu du village. Le sachem, paré de ses plus beaux habits, s'avança au milieu du rond, et déterra un tomawock que probablement on y avait enterré la veille. Il l'attacha au bout d'une perche de dix pieds de long, de laquelle flottait une longue banderole rouge, garnie de plumes noires et blanches; c'était l'insigne de la nation. Il l'éleva et la montra à tous les assistants. Alors les guerriers commencèrent un chant monotone sur un ton très-bas, qu'ils élevèrent progressivement, et qu'ils terminèrent, au bout de quelques minutes, par un cri aigu. Tous jetèrent à la fois le cri de guerre warhoup! warhoup! warhoup! et se mirent à hurler d'une manière effroyable et de toute la force de leurs poumons. Les guerriers se prirent par la main et tournèrent lentement autour du chef, en balançant le corps tantôt de gauche à droite, tantôt de devant en arrière. Quand le tour fut achevé ils s'arrêtèrent, et l'un d'eux entra au milieu du cercle, où il raconta emphatiquement ses exploits guerriers, puis il rentra dans le rang. Un second l'imita, puis un troisième, un quatrième, et ainsi de suite. Puis ils recommencèrent leur chant monotone, et le terminèrent par une explosion terrible de cris de guerre et de hurlements.

Pendant cette cérémonie, les femmes et les enfants se hâtaient d'emballer les provisions de bouche, les ustensiles de ménage, les habits, les parures, et en général tout ce qu'elles possédaient.

---

(1) La petite vérole.
(2) L'eau-de-vie.
(3) Les États-Unis.

(1) Nous avons traduit littéralement, sans y changer un mot, les discours des chefs pieds-noirs, afin de donner à nos lecteurs un *échantillon vrai* de l'éloquence des sauvages de cette partie du monde.

On détacha les nattes des wigwams et on les roula avec les peaux de bisons qui servaient de toitures. Le tout mis très-habilement en ballots, et chargé sur des chevaux de somme, les enfants furent placés sur ces ballots. Les jeunes gens qui n'étaient pas encore en état de faire la guerre s'occupèrent à seller et à brider les chevaux de chasse et de bataille, pendant que les guerriers se peignaient la figure de blanc, de jaune, de bleu et de rouge, d'une manière aussi bizarre qu'effroyable.

A midi, l'avant-garde des Pieds-Noirs, composée des guerriers les plus jeunes et les plus vaillants, ayant le sachem à leur tête, avait déjà pris les défilés des montagnes. Le corps des femmes, des vieillards, des enfants, les uns à cheval, les autres à pied, les suivit bientôt en conduisant les bagages; puis un escadron de guerriers marchait à la suite et formait l'arrière-garde. Des éclaireurs parfaitement montés avaient ordre de devancer la caravane et de fouiller sur ses flancs jusqu'au moindre buisson pour éviter les surprises et les embuscades. Du reste, les hordes errantes d'Indiens ne voyagent jamais dans un autre ordre et sans ces précautions.

Le soir, on campait dans les vallées où les chevaux pouvaient trouver leur nourriture, consistant quelquefois, quand la neige couvrait la terre, en quelques rameaux de peupliers, de saules et d'osier, ou en quelques brins d'herbes desséchées par le froid. Les femmes dressaient les tentes, soignaient les chevaux, préparaient le souper, tandis que les hommes fumaient nonchalamment. Le soir, les chiens sauvages, les loups et les renards faisaient entendre autour du camp leurs hurlements d'impatience; puis, le matin, ils venaient se disputer quelques débris dans la vallée déserte et silencieuse qui, la nuit précédente, avait été un village populeux, bruyant et plein de vie, avant que le camp fût levé. Les Sauvages du désert sont, dans les montagnes Rocheuses, la contre-partie des Bédouins du Sahara, moins le fanatisme religieux.

Pendant douze jours ils voyagèrent dans les défilés les plus solitaires du Chippewyan, campant la nuit au milieu des épaisses forêts de pins ou des marais, impraticables à tous autres voyageurs qu'eux. Toute leur attention se portait, comme toujours, à dérober leurs traces à un ennemi qui aurait voulu les suivre et les surprendre.

Ils arrivèrent enfin dans les sombres gorges qui bornent à l'Ouest la Vallée-de-Pierre; alors ils s'arrêtèrent.

Au milieu d'une sorte de précipice inabordable, hérissé de rochers nus et gigantesques, bordé de torrents et de rivières infranchissables, se trouvait une petite prairie ombragée de saules et de bouleaux. C'est là qu'ils résolurent d'établir leurs wigwams, parce qu'ils y trouvaient, outre leur sûreté, de l'eau et de l'herbe pour leurs chevaux. Les ballots furent défaits, les nattes et les cuirs déroulés, les poteaux des huttes enfoncés, et le soir même le village avait surgi comme par magie. Des espions se disséminèrent dans le pays, et bientôt il ne se fit pas un mouvement dans la Vallée-de-Pierre sans que Shi-wi-shi-Ouaiter en fût instruit. Il sut que les voyageurs y étaient en trop grand nombre pour qu'il pût les attaquer en ce moment avec quelque espérance de succès, car il ne pouvait compter que sur trois cents guerriers. Il résolut donc d'attendre l'instant favorable, et, jusque là, de rester clos dans son camp.

BOITARD.
(*La suite au prochain numéro.*)

UN ROUÉ AU DIX-NEUVIÈME SIÈCLE.

(*Suite.*)

XII.

Depuis la fatale journée du dimanche, des inquiétudes vagues et mobiles, de singuliers pressentiments s'étaient appesantis sur les trois paysannes. Aucune ne laissait entrevoir d'aussi profondes émotions que la jeune Marie. Bientôt son état empira d'une manière effrayante; on la vit incapable de travail, distraite et préoccupée sans raison, balbutier quelquefois des paroles inarticulées; souvent, affaissée dans sa chaise, défaillante, brisée, se redresser soudain en tressaillant; ou immobile, les yeux fixes, absorbée par une contemplation intérieure, s'élancer brusquement d'un bout de la chambre à l'autre, comme pour échapper à la pensée qui l'obsédait. Rarement parlait-elle, et quand elle parlait, sa voix altérée inspirait de plus grandes alarmes par son silence. Catherine essaya vainement de regagner sa confiance; plus d'une fois la malheureuse mère monta tristement dans sa chambre après d'inutiles tentatives, et se mit à pleurer. Madeleine ne comprenait rien à ce désespoir taciturne; elle se rappelait seulement que sa petite-nièce y était tombée le mardi soir, au retour d'une visite qu'elle avait rendue à Françoise. Cependant le voisin, l'auteur de tout ce mal, ne déréglait pas d'une minute son train ordinaire de vie; invisible, du fond de sa chambre il exerçait ce funeste empire, et deux fois chaque jour, en traversant la salle, il saluait négligemment les pauvres villageoises, si inquiètes de lui. Ni l'amour qu'il lisait naguère dans les yeux de Marie, ni la terreur mêlée de passion qu'il y remarquait depuis peu, n'altérèrent le sourire glacial et poli dont il accompagnait cette formalité. Chose surprenante! le jour même de son rendez-vous avec la jeune fille, il était revenu aussi calme qu'à l'ordinaire, et celle-ci n'avait pas pu lui arracher un seul regard d'intelligence. Il faudrait donc attendre encore la fin de la semaine, pensait-elle avec amertume. Puis elle s'étonnait d'un amour qui marchait par bonds avec cette allure ridicule, et d'un amoureux méthodique, à telle heure prodigue de soupirs, à telle, jouant l'indifférence. Pourtant, comme son jeu déroutait la surveillance maternelle, Marie en vint bientôt à admirer, non sans une secrète épouvante, sa dissimulation à toute épreuve.

Ainsi vivaient nos gens, lorsqu'un jour, dans l'après-midi, au moment où Madeleine venait de desservir la table du voisin, un jeune gars de l'endroit s'arrêta devant la porte d'entrée. Il conduisait quelqu'un, car il se retourna en disant: « C'est ici, Madame, c'est ici! » et poussa le guichet. Nos trois femmes se levèrent, et virent entrer une belle dame suivie d'un laquais galonné depuis le sommet de son chapeau jusqu'au pied de son carrick. La belle dame portait vingt-cinq ans tout au plus, pour des yeux de paysans; plusieurs boucles de cheveux châtains encadraient sa figure, d'une fraîcheur surnaturelle, rose aux joues, pourpre aux lèvres, blanche partout ailleurs. Sa toilette surpassait en éclat et en recherche les plus jolies toilettes de mademoiselle de Kerlande; un goût moins modeste, moins pur, moins délicat surtout, y avait présidé; mais le beau velours noir de sa douillette, l'épaisse fourrure de zibeline qui en garnissait les revers, les fleurs brodées sur son manchon, les diamants qui parurent lorsqu'elle déganta une de ses mains, plus pâle que le lait, la fraîcheur de son chapeau rose, et le panache de plumes qui s'y balançait mollement, tout cela produisait un ensemble bien éblouissant; et Madeleine en fut si frappée, qu'à l'aspect de ses gros yeux et de sa bouche béante, l'inconnue ne put réprimer un demi-sourire où perçait par-dessus tout autre sentiment celui de la vanité satisfaite.

— M. de Blévilliers demeure ici? dit-elle.

— Oui, Madame, ici même; désirez-vous que je l'avertisse?

— Vous m'obligerez si vous voulez m'annoncer.... La marquise de Gournay.

Madeleine entr'ouvrit la porte du voisin, et prononça le nom qu'elle venait d'entendre. Un cri de surprise lui répondit; M. de Blévilliers parut subitement, le visage épanoui, les yeux très-animés; il s'inclina profondément et pressa contre ses lèvres la main qu'on lui tendait, en murmurant d'une voix émue: — Je devrais, belle marquise, vous remercier à genoux.

Il la conduisit dans sa chambre, dont la porte se referma sur eux. Le domestique alla se promener dehors en attendant sa dame. Madeleine regarda longtemps ses deux nièces, dont la jeune était agitée d'une manière inconcevable, et, fixant ensuite sur Catherine un regard significatif pendant qu'elle se frottait les mains, — Hé! hé! grommela-t-elle, il paraît que notre hôte n'est pas si fort abandonné qu'on l'avait cru d'abord! Une longue conversation menaçait de s'établir sur cet incident imprévu, quand Marie vint la rompre, en disant d'une voix brusque et presque impérieuse: — Nous gênons ce monsieur; ne serait-il pas plus convenable de faire une visite à quelqu'un de nos amis?

— A la sœur du vicaire, répondit Madeleine, dont l'attention fut éveillée par l'air résolu de sa nièce, et qui n'eut pas de peine à comprendre sa jalousie. Allons chez la sœur du vicaire; qu'en penses-tu, Catherine?

— J'y consens, mais pourvu que Marie nous accompagne.

— Sans doute, maman, c'est mon désir.

Les trois femmes donc se mirent en route. Après quelques minutes de marche, Marie s'écria: — Je voudrais avoir des nouvelles de Françoise; me permets-tu, maman, de passer la soirée chez elle?

— Si tu me donnes ta parole de n'en pas sortir.

— Oh! oui. Je te la donne, tu m'y prendras en revenant.

— N'oublie point, Marie... sans cela...

— Puisqu'elle a donné sa parole! interrompit la vieille.

Au moment de la séparation, Marie prit d'abord le chemin qui conduisait chez son amie; mais dès qu'elle jugea qu'on ne la voyait plus, elle revint sur ses pas en courant à perte d'haleine. Sa précipitation fut telle qu'au moment d'arriver les forces lui manquèrent; elle serait tombée de fatigue et d'étourdissement sur les marches mêmes de la porte sans la saillie du mur que ses mains rencontrèrent. Elle s'y cramponna presque machinalement, et réfléchit à l'imprudence de sa démarche. Ses alarmes s'accrurent; un moment la pensée lui vint de surmonter la tentation et de retourner chez Françoise; mais une attraction invincible semblait clouer ses yeux sur la porte opposée; elle s'y traîna péniblement, chancelante, dévorée de jalousie, sans songer au retour de sa mère ni au désagrément d'être surprise; ou plutôt, dans son désespoir insensé, entraînée par ces périls mêmes.

Un coup d'œil lui fit entrevoir le désordre de son ajustement, mais elle n'eut pas le courage de le réparer. Sa petite pèlerine tombait sur ses épaules, les rubans en étaient dénoués, ses beaux cheveux pendaient derrière sa tête, son bonnet gisait sur une pierre à l'entrée de la chambre. Elle ne proféra qu'un soupir, puis colla tour à tour son œil et son oreille contre la jointure de la porte qui lui dérobait sa rivale. Mais plus d'une fois la vieille avait perdu sa peine dans une semblable tentative; on ne pouvait saisir que des intonations légères et décousues, soit que M. de Blévilliers eût l'habitude de causer d'une voix assez basse, soit que la cloison fût trop épaisse. Marie eut donc beau la presser contre ses joues brûlantes et son front avec une rage concentrée, elle n'entendit rien; aussi que n'imagina-t-elle pas! Tantôt les voix se répondaient avec une tendresse infinie, tantôt elles s'unissaient dans un chant d'amour passionné, tantôt.....; elle se fit des images d'une volupté désespérante, son imagination fut assaillie, elle se figura qu'ils devaient être assis l'un près de l'autre, dans cette position dont elle connaissait l'ivresse; puis ils se coudoyaient; personne qui les vît! leurs bras s'entrelaçaient..... Il vint à son oreille comme un bruit de baisers expirants; une convulsion nerveuse l'étreignit, elle tomba lourdement à genoux, la tête renversée sur ses épaules inondées de cheveux, et son sein porta contre la porte en même temps que les ongles, qui s'y promenèrent en grinçant comme pour la déchirer.

Ce bruit fut entendu, car tout à coup la porte céda sous le poids de son corps; elle n'eut que le temps de se redresser et de se serrer contre le mur, le regard à terre, les mains jointes. Devant elle se tenait la marquise, parfaitement tranquille; sa toilette n'avait pas souffert le plus léger dérangement; à peine dans le demi-sourire oublié sur ses lèvres et dans ses sourcils contractés d'une manière presque imperceptible, pouvait-on remarquer une trace de surprise.

— Qu'est-ce donc, petite fille? vous écoutiez à cette porte!... Achille, est-ce votre bonne?

— Madame.... je ne suis....

— Comment, ma bonne! pas du tout. Je vous présente mademoiselle Roux, la fille de mon hôtesse.

— Elle n'est guère présentable. Qu'avez-vous donc, petite? Est-ce que cet ivrogne de Jacques vous aurait embrassée de force?

— Votre laquais! Madame....

— Eh! ma mie, calmez-vous; s'il ne l'a pas fait, je vous jure, c'est qu'il vous a trouvée trop mal coiffée.

— Madame!... Mon Dieu! mais je ne vous dis rien.

— Non! mais vous m'écoutiez.

— Je....

— Vous? vous n'écoutiez pas? Répondez donc. Vous parlez bien pour une paysanne...... Moi, j'aime à vous entendre. Allons! vous n'écoutiez pas, vous vous promeniez dans la chambre, vous passiez devant la porte; voilà ce que l'on dit.

— Vous êtes bien savante, Madame!

— Effrontée, voulez-vous répondre! Vous écoutiez à cette porte?

Deux ruisseaux de larmes et des soupirs furent toute la réponse de Marie. Achille s'en approcha, lui prit affectueusement la main, et murmura d'une voix tendre: — Confiez-moi, Mademoiselle, la cause de vos larmes.

— Las! qu'il est doucereux! interrompit la belle dame, incapable de dissimuler son dépit; la charmante éplorée vient de courir les champs avec son amoureux!...

— Madame, vous l'intimidez.

— O ciel! je l'intimide! elle est bien timide en effet. Comment, Achille! ne voyez-vous pas que c'est une petite tragédienne? Vous la lancerez aux *Français*.

— Madame, je vous prie...

— Il faudra m'avertir le jour de ses débuts. Vraiment, je m'intéresse à votre protégée.

— Eh bien, Mademoiselle, vous ne répondez pas! est-ce que vous êtes malade?

— Oui, oui, précisément... je suis malade.

— Dieu! que c'est naturel! Je ne pensais pas à celui-là.

— Madame votre mère est sortie?

— Oui, Monsieur, avec ma tante.

— Veuillez entrer chez moi, vous trouverez du feu.

Achille passa son bras sous celui de la villageoise, la conduisit à petits pas, et après l'avoir installée dans une bergère près du feu, s'assit lui-même à côté d'elle. En entrant dans la chambre, Marie avait remarqué deux fauteuils placés vis-à-vis l'un de l'autre à une distance assez grande : c'étaient ceux-là sans doute que venaient de quitter la marquise et M. de Blévilliers.

On se taisait de part et d'autre. La jeune fille, passant tout à coup des doutes les plus affreux à une certitude consolante, cherchait à se faire oublier ; elle se sentait inquiète de sa position, heureuse et embarrassée à la fois des soins que son amant lui prodiguait devant sa cruelle ennemie, par-dessus tout, honteuse d'une indiscrétion qu'on ne pouvait attribuer qu'à la plus excessive jalousie, qu'à l'amour le plus effréné. La belle dame ressentait, des attentions trop exclusives d'Achille, un dépit d'autant plus amer qu'il fallait le dissimuler sous une apparence badine, tandis que quelques larmes l'auraient tant soulagée ! Cependant comme le seul des trois qui parût à son aise s'obstinait au silence, ce fut elle qui rompit la glace. Elle essaya de jouer l'insouciante médisance de son sexe, mais ce qui trahissait sa profonde blessure, c'était une voix tremblante d'émotion et de colère.

— Maintenant qu'on s'est occupé de votre petite personne, n'êtes-vous pas consolée, ma mie ?... Voyons, contez-nous votre histoire.

— Je n'ai rien à conter, Madame.

— Voilà bien l'innocence des champs !

— Madame, si je vous gêne, je vais me retirer.

— Si vous me gêniez ici, j'aime à croire que vous n'y seriez pas ; car ce n'est point votre place.

— Madame, répondit Achille, ce reproche tombe un peu sur moi ; mais il n'est pas facile de se faire à la campagne une société de grands seigneurs ; et je vous assure que quand mes bonnes hôtesses, et Mademoiselle en particulier, veulent me faire le plaisir de dîner avec moi....

— Vous n'y êtes pas insensible, je le sais. Il est vrai qu'une complaisance en vaut une autre ; vous menez Mademoiselle au prône. Ha ! ha ! ha ! mon pauvre Achille, vous voilà devenu dévot ! le Diable, vieux, se fait ermite. Eh bien, ne dirait-on pas que vous intimide aussi ?

— J'ignore, en vérité, comment de pareils détails sont venus jusqu'à vous.

— Vraiment ! il n'est question, parmi vos connaissances, que de cette petite.

— Madame ! mon Dieu ! s'écria celle-ci.

— Eh bien, monsieur le dévot, la voilà qui se dépite. En ferez-vous votre gouvernante ?...... Il vous donnera, belle enfant, des châles, des bijoux !..... Vous prenez là, ma chère, un état lucratif. On pourrait le souhaiter plus honnête !... Voyons, regardez-moi donc, il faudra bien apprendre à lever les yeux, quelque nom qu'on vous donne.

A ces mots, la marquise s'était approchée de Marie avec une violence contrainte, et lui avait passé la main sous le menton pour lui relever la tête.

La paysanne, suffoquée de honte et de douleur, se leva brusquement pour sortir ; M. de Blévilliers la retint ; il prit, en s'adressant à la marquise, un accent de voix moqueur. — En vérité, Madame, je vous ai toujours vue si douce, si polie, que je ne comprends rien à ce qui se passe.

— Que se passe-t-il, Monsieur ? Vous m'appelez ici par une lettre brûlante, vous me suppliez ardemment de vous rendre visite, et c'est pour me montrer une scène de grisette ! voilà ce qui se passe !... Vous me faites dire des impertinences par votre..... comment l'appellerai-je ? Cette nouvelle insulte fit bondir la jeune fille et la jeta plus loin qu'elle n'aurait peut-être voulu ; car, prompte à la repousser, elle saisit le bras de son amant, et, le regardant au front d'un œil clair, sembla lui dire : Répondez ! Après une courte pause, Achille répondit en effet : — Bientôt, madame la marquise, vous l'appellerez ma femme.

— Votre femme !

— Cela vous étonne.

— Vous avez eu le front de persuader à cette enfant.... Voilà une conduite indigne !

— Ce que j'ai promis je le tiendrai.

— Mais à quelle femme, misérable, n'as-tu pas fait ces serments-là ?..... Pauvre fille ! écontez.

— Vous me faites mal !

— Quoi donc ! je t'ai fait mal, je t'ai serré le bras trop fort ; dis donc, pauvre obstinée, que tu ne veux pas m'entendre ; et pourtant tu le devrais faire ; je n'ai plus envie de t'humilier, je te crois vertueuse puisqu'il a fallu t'éblouir par de telles promesses..... Ah ! comme tu pâlis ; si je te faisais lire une seule des lettres que ton séducteur...

— Eh ! Madame, mon excuse est simple ; je pouvais vous aimer avant de la connaître.

— L'excuse est simple, Monsieur ? je la trouve, de plus, honnête et vraisemblable.

— Vraisemblable ! non pas, Madame, elle est vraie, voilà tout. Trouvez-moi ridicule, j'en tomberai d'accord. Vous êtes mille fois plus belle que ma chère Marie ; mais c'est elle que j'aime. Vos yeux sont sereins, votre front calme, votre coif-

Ture délicieuse : j'aime ses regards craintifs, la douleur de ses traits et de sa chevelure en désordre. Vous êtes riche, je l'aime pauvre; vous connaissez l'amour et le monde mieux que moi, je l'aime précisément parce qu'elle les ignore. Il est donc vrai que je suis un fou, mais ma folie me rend heureux.

— Triomphe, mon enfant! je ne te garde pas rancune; si tu veux me rendre visite quand tu seras abandonnée, je te ferai donner une place de soubrette.

— Ces plaisanteries, Madame, n'étaient tout à l'heure que méchantes : elles sont maintenant déplacées. La comtesse de Blévilliers s'habituera plutôt à devenir votre égale que votre domestique.

— Je vais donc vous laisser le champ libre, afin que vous la rendiez plus tôt encore comtesse de Blévilliers, si elle ne l'est déjà.

— A votre aise, Madame, je ne vous retiens point.

— Ah! vous êtes grossier!... Jacques!

Le chasseur entra.

— Ma voiture est-elle prête?

— Non, Madame, on a dételé.

— C'est égal! vous m'allez conduire. J'aime mieux attendre à l'écurie que dans le salon de monsieur.

Pendant la fin de cette scène, c'est-à-dire depuis l'éclatante justice que lui avait rendue M. de Blévilliers, Marie s'était assise, et, dédaignant d'humilier celle qu'on jetait à ses pieds, demeurait la tête basse dans un profond silence. A mesure qu'Achille prit plus chaudement sa défense, son visage s'adoucit et se mouilla de larmes de plus en plus attendrissantes; après le départ de la marquise, dont elle ne s'aperçut pas, son amant passa derrière elle et se pencha, les bras tendus, sur son angélique conquête. Ce geste triomphant, le muet sourire de ses lèvres, l'orgueil de son regard et de ses narines dilatées, tout respirait, dans sa contenance, cette enivrante pensée : elle est à moi!

Après un court recueillement il s'agenouilla devant elle, et l'attira si près de lui que leurs yeux se touchaient presque.

— Ne regrettez-vous pas, disait-elle, de m'avoir sacrifié cette dame? elle est si belle..... Peut-être se vengera-t-elle de vos dédains, et ce sera moi qui serai la cause de ce malheur!

— O Marie! ô Marie! je t'aime! répétait tout bas le jeune homme.

Marie se laissait abîmer dans un sentiment de bonheur indéfinissable pour elle; le cœur et le corps lui manquaient; son front s'appuya lentement sur celui de son amant, et elle murmura, sans le vouloir : Moi aussi! moi aussi! je t'aime! Mais ces paroles lui étaient à peine échappées, qu'elle fit un effort sur elle-même, et s'enfuit au bout de la chambre. M. de Blévilliers se précipita sur ses pas; il lui prenait la main, lorsque tous deux au même instant demeurèrent immobiles.

On avait appelé Marie. Nul doute! on piétinait dans la salle voisine. On entendait la voix de Madeleine et celle de Catherine; on entendait celle-ci courir de tous côtés. Marie! Marie! Marie! criait la mère au désespoir.

Et Marie, pâle, terrifiée, accablait son amant de paroles incohérentes.

— Cachez-moi, disait-elle tout bas; si vous ne me cachez, c'est fait de moi! Comment me dérober? Pourrais-je m'enfuir par cette fenêtre? Sauvez-moi, sauvez-moi!

— Mon Dieu! Mademoiselle, remettez-vous. Qu'y a-t-il donc? Vraiment, vous vous effrayez de rien..... Madame Roux, entrez! votre fille est ici.

— Non, non!..... Y songez-vous? Ah! vous m'avez perdue!

Catherine et Madeleine entrèrent effarées; Catherine l'était surtout. Au premier aspect du désordre répandu dans l'ajustement de sa fille, elle recula ; son front rougit, une froide sueur coula sur son visage. Puis elle interrogea toutes les parties de la chambre, et ce long examen la plongea dans une incertitude extrême.

— Eh bien! madame Roux, dit Achille le plus tranquillement du monde, vous ne voyez pas Mademoiselle, vous ne voyez pas qu'elle est malade?

— Malade?

— Si j'avais connu la demeure du médecin, j'y serais allé depuis longtemps. Mais, enfin, il est bien visible que Mademoiselle souffre.

— Qu'est-il donc arrivé?

— Que Mademoiselle s'est trouvée mal. Vous savez qu'une dame est venue me rendre visite. Au moment du son départ nous traversons votre grande salle, et nous apercevons mademoiselle Marie gisante sur le carreau. Jugez quelle terreur! Nous appelons d'abord, mais, ne la voyant pas blessée, cette dame....

— Elle était sans doute tombée dans l'embrasure de la porte? dit alors Madeleine; nous venons d'y trouver son bonnet.

— Oui, Madame, c'est là. L'évanouissement n'a pas duré. Je l'ai transportée près d'un bon feu. Elle sommeillait dans ce fauteuil lorsque vous l'avez appelée.

Catherine avait écouté ces explications sous l'empire d'une défiance manifeste. S'étant approchée de sa fille, la voyant toute déconcertée, incapable de répondre, ou même de soutenir un regard sévère et perçant, elle n'essaya plus de dissimuler son incrédulité.

— Vous vous êtes donné bien de la peine ; je vous remercie, Monsieur, mais il n'y a pas besoin d'un autre médecin que moi.

— Bonsoir, madame Roux.

— Bonsoir ! reprit dame Roux, dont les lèvres tremblaient de rage. Une partie de la mauvaise humeur que lui causait le sang-froid de son hôte retomba sur sa fille ; car elle l'arracha de son siège, par le bras, avec un tel emportement, que celle-ci poussa d'abord une exclamation de souffrance, et se laissa traîner dehors sans proférer une parole. Pendant qu'elles s'éloignaient toutes les deux, Catherine répétait avec colère : — A dix heures du soir ! et dans sa chambre, cette fois ! après avoir juré !!... J'en mourrai... Maudite fille ! ah ! tu seras cause, vois-tu, que nous finirons tristement !

La jeune fille ne répondait pas.

M. de Blévilliers s'imaginait que la vieille Madeleine avait dû suivre ses deux nièces ; aussi, quand il eut mis en place le fauteuil de Marie, son étonnement fut-il extrême de voir encore la vieille matrone immobile et debout au milieu de la chambre.

Ils se regardèrent mutuellement pendant quelques secondes ; chacun semblait demander à l'autre : Qu'avez-vous à me dire ? Achille se lassa le premier.

— Eh bien, Madame ?

— Eh bien, Monsieur ?

— Vous désirez me parler, sans doute ?

— Vous-même, n'avez-vous pas quelque chose à me dire ?

— Sur quoi ?

— Sur ma nièce.

— Comment ! sur votre nièce ?

Il se fit un moment de silence. Le visage du jeune homme prit un caractère plus sombre. Jamais la paysanne ne l'avait vu tel ; il devint dur, presque terrible : car, tandis que ses grands yeux brillaient sous ses sourcils froncés, un sourire sarcastique était dessiné sur ses traits sans en altérer néanmoins la gravité profonde. Sa voix même devint sèche, d'harmonieuse qu'elle était habituellement :

— Expliquez-vous. Je crois que je commence à vous comprendre ; mais expliquez-vous toutefois, et faites-le clairement : je ne suis pas un enfant

peureux, vous n'êtes pas non plus une femme timorée, si ce qu'on m'a raconté est vrai.

Alors M. de Blévilliers, ayant croisé les bras, vint se poser devant Madeleine, et celle-ci parla. On aurait vainement cherché dans sa physionomie des traces de regret, de honte, ou seulement de pitié.

La lampe de travail du jeune homme, placée au loin sur le bureau, projetait dans la chambre entière l'ombre épaisse de son réflecteur. La flamme du foyer répandait seule sur les deux personnages une lueur rougeâtre et sinistre.

— Vous aimez ma nièce, n'est-il pas vrai, Monsieur ? jusqu'ici j'ai favorisé votre liaison avec elle par de petits soins détournés ; si la mémoire vous manque, je vous rappellerai...

— Passons.

— Oui, Monsieur. Je vous ai donc aidé : je peux continuer, et faire plus. Je peux aussi vous nuire ; car Marie ne va point tarder à me demander conseil ; il est temps qu'elle prenne un parti. Sa mère la brutalise et ne mérite point sa confiance ; moi, je l'ai toujours aimée, c'est à moi qu'elle s'adressera. Je la dirigerai donc vers ses vrais intérêts, et, pour le faire, il faut que j'apprenne....

— Où je veux en venir ?

— Précisément, Monsieur.

— Pour ce qui la regarde, je l'aime, c'est tout dire. Je peux la rendre heureuse : le détail m'appartient. Elle aura besoin d'une compagne, d'une personne qui la dirige...; enfin, vous comprenez, qui lui tienne lieu de mère....; cette femme, ce sera vous.

— J'accepte, Monsieur ; mais...

— Mais quoi ? Vous ne manquerez de rien, vous aurez part à son aisance.

— Monsieur, c'est qu'à Paris j'ai quelques vieilles dettes.

— Ah ! ah ! je vous entends. Vous avez vendu votre fille mille francs.

— Quinze cents ! mon bon Monsieur.

— Je vous les donnerai ; quoique Marie pourtant ne vous appartienne pas.

— Ah bien, oui ! mais ma pauvre fille ne lui ressemblait guère. Il y a sur Marie une histoire...

— Vous me la conterez une autre fois.

— D'ailleurs, elle ne m'appartient pas, mais je suis parfaitement sûre d'elle...; et à ce prix...

— Assez ! assez ! Je compte trouver en vous du zèle, de la discrétion, une obéissance ponctuelle et aveugle. A la première occasion, et qu'elle ne tarde pas, vous engagerez madame

27

Roux à me donner congé. Ne vous confiez point à Marie avant qu'elle se confie à vous. Ménagez-vous la mère en l'irritant contre sa fille. Voilà tout pour ce soir.

— Je vous salue, Monsieur, je vous salue très-humblement. Je vous suis dévouée.

— Bonsoir, et bonne mémoire!

XIII.

CAMILLE DE KERLANDE A MARIE ROUX.

Sœur tendrement aimée, qu'il est cruel à toi de me laisser sans nouvelles, après m'avoir jetée dans des inquiétudes si vives! Lorsque je veux me rendre compte des motifs qui t'engagent à m'oublier ainsi, mon esprit torturé n'en peut découvrir qu'un véritablement sérieux; mais celui-là est bien terrible, bien indigne de toi; je le repousse!... Prends pitié, ô Marie! de mes tendres alarmes; tâche de me rassurer, apprends-moi seulement que la honte n'entre pour rien dans ton silence. Si une surveillance plus active t'empêche de m'écrire, fais-moi tranquilliser par la Françoise, par Madeleine s'il le faut, par ta mère elle-même; prie-la de m'informer que tu te portes bien, et je comprendrai à ces mots que ton âme n'est plus en danger. Mais peut-être, ma bonne amie, t'ai-je irritée par ma dernière lettre. Je me rappelle l'avoir écrite avec une indignation si profonde contre ton misérable aventurier, avec une rage si amère de voir cet éclatant triomphe du vice sur la vertu, avec une imagination tellement frappée de ton déplorable destin; je me rappelle surtout l'avoir écrite si précipitamment, que mille expressions choquantes s'y sont glissées peut-être contre ma volonté. Voudrais-je t'humilier, moi qui t'aime! Ah! loin la pruderie, loin l'orgueil de la vertu! Et d'où me viendrait cet orgueil; on ne m'a jamais attaquée. Que l'emportement de mon zèle ne te jette donc pas dans une défiance funeste; si je t'ai offensée, considère que je l'ai fait en voulant préserver des offenses du monde entier. Mais prends garde, d'un autre côté, que ta susceptibilité ne vienne des passions plutôt que du caractère, et que mon plus grand crime ne soit d'avoir abattu ton idole.

Je veux bien, toutefois, raisonner dans ton point de vue; j'admettrai, pour te plaire, la sincérité du jeune homme, ses dispositions au mariage, l'existence du père, l'entêtement de la noblesse, la majorité très-prochaine, les deux compagnes pour ta fuite, la parente de Sarcelles: tout ce que tu voudras; j'admettrai même encore

que ces derniers personnages ne seront pas les affidés, les créatures de ton amant; ce seront, j'y souscris, les plus honnêtes gens du monde. Le crois-tu cependant, et te paraît-il vraisemblable qu'une dame vertueuse favorise un enlèvement? ta mère le ferait-elle? mon père le ferait-il? Passons outre, ce sont là des craintes chimériques selon toi.

L'honneur d'une fille enlevée ne se répare que d'une manière. Malgré la tyrannie de ses parents et les preuves les plus éclatantes de sa vertu antérieure, le monde ne veut pas croire qu'elle ait refusé quelque chose au libérateur de son choix. Il faut donc qu'elle l'épouse; sinon, déshonorée, elle ne trouvera pour soutien qu'un homme généreux dont elle puisse devenir l'esclave en rougissant, ou qu'un misérable contraint par quelque infamie personnelle de s'allier à l'infamie.—Mais il m'épousera! réponds-tu.—Où sont tes garants? Te fais-tu l'illusion de croire qu'un vieillard entêté de sa noblesse soit facile à séduire? Attends donc dix-huit mois entre les mains de cet amant auquel tu cédais presque dès le premier rendez-vous. Tiens-lui tête chaque jour, écoute ses doux propos, sois dépouillée des craintes qui te dominent encore par le mystère et l'abandon; sois si indépendante du monde et si esclave des occasions sans abjurer réellement cette pudeur après laquelle tu n'aurais plus rien à lui porter en dot.

Et quand ta propre faiblesse ne le délierait pas de ses serments, la même passion qui les lui a dictés ne les révoquera-t-elle pas? En dix-huit mois, ma chère, combien de fois s'engagera-t-il, ce cœur qu'il t'a fallu huit jours pour embraser de telle sorte que la nécessité d'un rapt, le désespoir de deux familles, peut-être l'exhérédation paternelle, lui paraissent de faibles obstacles!.... Ce n'est pas tout néanmoins. Si, par mille sortes de hasards dont aucune ne me paraît possible, tu n'avais pas affaire à un détestable imposteur; si ses serments, son cœur et ta vertu tenaient bon, si son père lui laissait de la fortune pour vous deux, alors même tu ne deviendrais pas heureuse. L'expérience apprend ce que l'on doit attendre des unions disproportionnées.

Eh bien! t'ai-je fait voir assez d'abîmes devant tes pieds pour que tu consentes enfin, ô la plus aveugle des filles! à te réfugier dans nos bras? t'ai-je, depuis mon enfance, témoigné si peu de tendresse qu'à l'honneur et à moi tu préfères l'opprobre avec un étranger? Parle donc! s'il le faut, j'irai chercher mon père, et ne le quitterai qu'après en avoir obtenu l'ajournement de ton mariage. Mais ne me réduis pas à ce désespoir éternel d'avoir parfaitement connu l'imminence de ta chute et d'en être demeurée spectatrice, quand je pouvais peut-être te sauver malgré toi. N'importe, malheureuse! je te garderai le secret au risque d'en gémir un jour.

Agenouillée devant la croix, les yeux gonflés de larmes et la poitrine de soupirs, je prie ardemment le Seigneur de répandre sur toi son courage. M'a-t-il exaucée? te rends-tu? dois-je continuer, hélas! dois-je invoquer la sainte Vierge par ses mille noms de gloire, afin qu'elle te préserve de souillure? Toi-même, invoques-tu les lumières célestes? Oh! je redoute que la grâce ne te trouve indocile; depuis longtemps tu négligeais tes devoirs religieux. C'est par la porte de l'indifférence que l'ennemi pénètre dans le fond de nos âmes : tu le chasseras de la tienne en la remplissant de Jésus-Christ. Viens donc aussi t'humilier, viens adorer la croix! Prosternées toutes deux devant ces deux images qui se correspondent au ciel, nous unissons nos vœux, Seigneur! nous sommes deux filles qui prions afin que la vertu d'une fille soit sauvée!

O ma sœur! je t'embrasse dans le sein du Très-Haut; puisse cette communion de nos âmes rendre à celle qui souffre l'innocence et la paix!

CAMILLE DE K.

CAMILLE DE KERLANDE A MARIE ROUX.

Ah! Marie, Marie, se peut-il!... tu ne réponds pas. à mes lettres!... Au nom du ciel, écris un mot à celle qui n'ose plus s'appeler qu'en tremblant ta sœur,

CAMILLE DE K.

— Dire que l'arrivée de cet homme nous avait rendues si joyeuses! L'avons-nous bien accueilli! Et j'espérais, moi, le conserver longtemps; je me flattais d'établir honnêtement ma fille et de ne pas gêner ses inclinations; le misérable l'a séduite!... Oh! que nous étions moins malheureuses avant de le connaître! Si je l'obligeais à partir! Quoi! le renvoyer déjà! Six semaines peut-être se sont écoulées depuis l'époque où je remerciais Dieu de me l'avoir envoyé! six semaines! elles lui ont suffi pour devenir notre fléau.

Ainsi se plaignait Catherine, accoudée tristement sur sa table à ouvrage, et chiffonnant entre ses doigts une lettre que le facteur venait de lui remettre. L'explosion de chagrin qu'avait fait éclater en elle la lecture du petit papier, le prix du port, qui s'accordait avec celui de Bougival, et l'écriture assez semblable à celle de M. de Ker-

lande, éveillèrent l'attention de Marie et de Madelcine. La curiosité saisit l'une; l'autre, assiégée sans cesse par de fâcheux pressentiments, se douta qu'un nouveau malheur venait foudre sur elle. Comme la dernière lettre de Camille lui était parvenue la veille, elle redouta sérieusement que cette imprudente amie n'eût hasardé quelque démarche, et, dans l'espoir de la sauver, n'eût livré ses secrets à son redoutable parrain. Le plus effrayant avenir se dressa devant elle; elle se vit séparée de celui qui l'aimait, séparée sans espoir, confinée dans un lieu désert, abandonnée, mourante de chagrin et d'amour. Ces inquiétudes lui firent violence : quoique, par une vengeance enfantine et cruelle, elle s'efforçât de ne jamais adresser la première parole à sa mère, ne pouvant résister cette fois au besoin de connaître l'étendue réelle de ses malheurs, elle lui demanda:

— Cette lettre vient-elle du château?

— Oui, ma fille; je vais vous la lire; vous apprendrez ce que votre conduite m'attire de reproches, et même de menaces. Vous avez insulté Guillou?

— Maman...

— Tâchez de vous taire; vos dénégations ne sont rien, puisque voilà des preuves. C'est M. de Kerlande qui m'écrit :

« Qu'est-ce que j'apprends, Madame? le fermier Guillou vient de m'adresser une lettre renfermant de singulières nouvelles. Ma filleule aurait pris sur elle de le congédier? Cela se pourrait-il? Je conviens qu'obsédé par les instances de Camille j'ai promis d'éconduire le futur que vous aviez choisi vous-même, pourvu que l'on m'en présentât un autre, honnête, aisé, bon travailleur. N'était-ce pas me réserver toute l'initiative? et depuis quand les filles ont-elles le privilège de renvoyer leurs prétendus!

« Mais cette inconvenance disparaît devant la gravité des autres fautes. Dois-je croire (on me l'assure) que vous louez une partie de votre appartement, que vous avez un pensionnaire, un jeune homme de Paris; que vous dînez chez lui parfois, que vous y passez les soirées, que vous y conduisez votre fille? Guillou m'affirme si hardiment les avoir vus se promener ensemble, que je ne saurais en douter; il va jusqu'à prétendre qu'ils sont rentrés seuls, passé huit heures du soir, pendant que vous étiez absente et madame Madeleine aussi. Heureusement je ne crois pas cela! Mais il ajoute encore qu'il aurait beaucoup de peine désormais à recevoir la main de cette malheureuse enfant, parce qu'elle s'est, dit-il,

perdue de réputation. Voilà un langage bien
fort !

« Autrefois vous me fîtes une promesse sacrée,
lorsqu'à la mort de votre mari je pris l'engage-
ment de subvenir à vos besoins et à ceux de la
petite. Vous me promîtes de l'élever dans des
principes de vertu. N'ai-je pas tenu mes engage-
ments , et vous ai-je mis dans la nécessité d'ou-
vrir une auberge chez vous , .comme il paraît que
vous le faites pour être affranchie de mes secours ?
Oh ! n'imaginez pas que je me laisse jouer de la
sorte, et que j'abandonne l'enfant à votre discré-
tion dès qu'il vous plaira de renoncer à la pension
que je vous fais. J'ai mille moyens de vous attein-
dre, et, s'il le fallait, voyez-vous , je ne recu-
lerais même pas devant ceux qui sont défendus
par les lois.

« Hâtez-vous donc de m'annoncer le départ de
votre locataire et le retour de Guillou. Car, sa-
chez bien que je révoque ma première conces-
sion. Toutes ces faiblesses-là ne font qu'alimenter
la coquetterie et pousser au libertinage des jeu-
nes filles peu sensées. Marie épousera l'honnête
homme qu'on lui destinait; je viens de répondre
à sa lettre, et je lui fais savoir qu'il peut se pré-
senter chez vous. Tâchez qu'il y soit bien reçu.

« Je donnerai vingt mille francs, et quelque
chose encore pour les mettre en ménage. Je veux
que Marie soit heureuse : rendez-la raisonnable,
et rien ne lui manquera de mon vivant ni de
celui de Camille. Elle ne connaît pas le trésor
qu'elle a dans nos deux cœurs. »

En achevant cette lecture, Catherine regardait
sa fille et attendait une réponse, jusqu'à ce que,
impatientée de n'en pas recevoir, elle jeta la lettre
sur la table en haussant les épaules : — Il est
bien temps de pleurer et soupirer maintenant !
allons, décidez-vous. Promettez-moi de faire bon
visage à votre prétendu, sinon je vais écrire à
votre parrain que vous lui résistez vous seule. Il
emploiera d'autres moyens pour vous faire obéir.

— Allons , ma fille, soumets-toi, dit alors
Madeleine; ce méchant jeune homme de Paris t'a
trompée comme il me trompait moi-même avec
ses douces façons et son air réservé. Je ne voulais
pas te croire, Catherine , et pourtant tu voyais
mieux que nous.

Jules-A. David.

(La suite au Numéro prochain.)

LE LION ET LE LAPIN.

Le Roi des animaux, malade à son chevet,
Invite un beau Lapin au souper qui s'apprête;
Il refuse, et le Roi : « Pourquoi donc? sotte bête !... »
« Pardon, Sire ! je crains d'être mis en civet. »

C.-L. Mollevaut, de l'Institut.

MÉLUSINE.

Histoire tirée des chroniques du Poitou et des archives
de la maison de Lusignan.

En Albanie régnait autrefois un prince peu
connu des historiens, bien que ses malheurs eus-
sent mérité au moins un souvenir. Elinas était
son nom. Puissant et respecté, il comptait vas-
saux nombreux , châteaux brillants , villes popu-
lenses. Voulant tout connaître par lui-même, sou-
vent il visitait ses états. Un jour que, suivant sa
coutume, il était occupé d'une royale tournée, un
message que lui apportait en toute hâte le prince
Nathas, son fils du premier lit , le rappela dans sa
capitale. La reine était accouchée de trois prin-
cesses, les plus belles qui fussent au monde ; on
les avait nommées Mélusine, Mélior et Palatine.
Tandis que le monarque courait embrasser sa
nouvelle progéniture , il oublia la promesse so-
lennelle qu'il avait faite à son épouse au mo-
ment de son hymen , serment fatal qui nous force
à reprendre les choses de plus haut.

Elinas , ayant perdu sa première compagne,
cherchait, au milieu des plaisirs, à faire diversion
à sa douleur. Un matin, pendant qu'il se livrait
à l'exercice de la chasse, son divertissement fa-
vori, il s'égara dans les bruyères. Dévoré d'une
soif ardente, sa bonne étoile l'amena près d'une
fontaine à l'onde calme et limpide. A peine mit-il
le pied sur ses bords, qu'une voix douce et mélo-
dieuse frappa son oreille; elle semblait sortir du
fond de la source. Elinas se pencha vers l'onde,
s'efforçant de découvrir la cause du bruit. Sou-
dain une femme, belle comme le jour, s'approcha
de lui d'un air gracieux. Surpris de cette appa-
rition, le roi d'Albanie demeura un instant im-
mobile; puis, revenant de son étonnement, il
adressa à la dame mystérieuse quelques mots
pleins de courtoisie. Aussitôt un page, tenant à la
main un cheval richement harnaché, s'avança

vers Pressine (c'était le nom de la belle inconnue), et lui dit : « Noble dame, il est temps de partir, si vous le voulez bien. » Et, sans plus tarder, celle-ci prit congé du monarque, et s'éloigna avec la rapidité de l'éclair.

Les charmes de Pressine avaient produit une impression trop vive sur l'esprit d'Elinas pour qu'il la laissât ainsi sans plus s'en enquérir. Aussi, congédiant ses gens qui étaient parvenus à le rejoindre, se mit-il à la poursuite de la nouvelle dame de.ses pensées. Ce ne fut pas toutefois sans peine qu'il la retrouva au milieu de la forêt. « Belle dame, lui dit-il dès qu'il l'eut atteinte, vous ne pouvez sans danger continuer votre route à travers ces bois; la nuit s'approche, et vous êtes encore éloignée de toute habitation. Mais si vous consentez à retourner sur vos pas, vous trouverez près d'ici, dans mon palais, un gîte commode et assuré. » Après des sollicitations nombreuses, Pressine accepta l'invitation du prince. La réception fut des plus brillantes, et le séjour de la belle hôtesse se prolongea plus d'une soirée. Elinas, épris des charmes de Pressine, lui révéla son ardeur amoureuse, et la jeune fille consentit à lui engager sa foi ; mais elle insista pour que son époux ne tentât jamais de la visiter durant ses couches. Pressine ne divulgua point les causes d'une pareille demande; cependant tout fut promis; et c'était ce serment qu'un empressement funeste faisait violer à Elinas.

En voyant entrer le prince, Pressine ne put contenir sa colère et sa douleur : « Parjure! s'écria-t-elle en lui montrant ses trois filles, est-ce ainsi que tu es fidèle à tes promesses? Tu en porteras le châtiment ! » Elle dit, et bientôt elle disparut avec sa nouvelle lignée.

Rien ne saurait dépeindre le désespoir du monarque; une maladie de langueur s'empara de lui, et força ses sujets de décerner la couronne à son fils. Cependant Pressine, avec ses trois filles, s'était retirée dans l'île Perdue, ainsi nommée parce que nul ne peut la découvrir, même après l'avoir visitée déjà.

On a sans doute compris que Pressine était une fée dont la puissance mystérieuse avait fasciné les regards d'Elinas. Si elle craignait d'être aperçue durant ses couches, c'est qu'à la naissance des fées s'observaient certaines pratiques merveilleuses qu'il importait de dérober à des yeux profanes.

Les jeunes princesses, filles d'Elinas et de Pressine, demeurèrent dans l'île Perdue jusqu'à l'âge de quinze ans. Tous les matins leur mère les conduisait sur une haute montagne d'où l'on découvrait l'Albanie; puis elle disait, en versant des larmes : « Mes enfants, voyez ce beau pays; votre père en tient le sceptre, et vous y eussiez vécu heureuses si ce malheureux monarque ne s'était jamais parjuré. »

Pressine avait si souvent répété ces paroles à ses filles, que le désir de connaître les détails de l'événement s'éveilla dans leur esprit. Mélusine, l'aînée, obtint que tout lui fût raconté, et ses sœurs en furent promptement instruites. Depuis ce moment les jeunes princesses songèrent à venger l'affront qu'avait reçu leur mère. Elles s'informèrent des chemins qui conduisaient en Albanie; s'y étant transportées, elles enlevèrent Elinas et l'enfermèrent, par un charme magique, au sein d'une montagne nommée Brandelois. Ensuite elles revinrent dire à Pressine la vengeance qu'elles avaient tirée du roi.

—Malheureuses! de quel crime vous êtes-vous rendues coupables! s'écria la mère en pleurs; je ne laissais pas d'aimer votre père quoiqu'il eût trahi sa foi. Était-ce à vous de le punir? Toi, Mélusine, ajouta-t-elle, toi la moins digne de pardon, puisque tu es l'aînée et que tu as entraîné tes sœurs, je te déclare que, pour châtiment, tu deviendras tous les samedis serpent depuis la ceinture jusqu'aux talons. Mais s'il se rencontre quelqu'un qui veuille t'épouser et te promettre de ne point te voir ce jour-là, tu vivras et tu mourras comme une autre femme. Il sortira de toi une race puissante qui régnera sur plusieurs nations. Toutefois, si par malheur ton mari viole son serment, tu retomberas dans tes premières angoisses jusqu'au dernier jour du monde. De plus, à chaque changement de seigneur d'une forteresse que tu feras miraculeusement bâtir, tu apparaîtras pendant trois jours en poussant des cris plaintifs; tu observeras pareille chose quand trépassera un homme de la famille.

Pressine adressa d'aussi tristes prédictions à Mélior et à Palatine. Les trois sœurs quittèrent leur mère, prenant chacune une direction différente. Mélusine s'en alla vers les grandes forêts trouver les fées. On dit même qu'elle acquit une telle supériorité dans les sciences surnaturelles, que ses connaissances prodigieuses étonnèrent les rois et leurs vassaux.

Un jour, après avoir erré dans la forêt Noire et dans la forêt des Ardennes, Mélusine s'était avancée jusqu'à celle de Colombière en Poitou. Fatiguée de sa course, elle s'assit près d'une fontaine avec plusieurs fées ses compagnes. Il se trouvait dans cette même forêt un jeune seigneur nommé Raimondin, troisième fils du comte de

Forest, et neveu d'Aymeri, comte de Poitiers. Le jouvencel versait d'abondantes larmes et courait comme un insensé à travers le bois, sans savoir de quel côté se diriger, car il venait de tuer par mégarde, en poursuivant un sanglier farouche, son oncle Aymeri au moment même où celui-ci, grand astrologue, lisait dans les cieux que si un sujet tuait son souverain, ledit sujet deviendrait le chef d'une race puissante dont il serait parlé jusqu'à la venue de l'Antechrist.

Raimondin se trouva en face de la fontaine près de laquelle Mélusine était assise. Cette fontaine était appelée par les gens du pays la fontaine des Fées, nom qui s'est changé, par corruption, en celui de la Font-de-Sée, ou de la Soif, qu'elle porte de nos jours. On tenait encore en ce lieu au XVII⁰ siècle, vers l'époque de la mi-mai, une foire où l'on vendait des figures de femmes, sortes de poupées grotesques que l'on nommait des Merlusines.

La fille de Pressine prit par le bras l'infortuné damoiseau et tâcha de l'arracher à son abattement. Raimondin voulut dissimuler son nom et sa lamentable aventure ; mais grande fut sa surprise de s'entendre nommer par la dame inconnue, qui lui récite tous les détails de son récent malheur. Raimondin voulait s'arracher à la main blanche et douce qui le retenait, quand Mélusine lui dit : « Ne craignez rien, et ne vous imaginez pas que je sois un fantôme ou l'œuvre de quelque conjuration diabolique. Tout ceci arrive par la volonté de l'Éternel. Souvenez-vous que votre souverain a lu, peu d'instants avant sa mort, toute votre histoire dans les cieux. »

Raimondin, croyant que Dieu voulait accomplir en lui la prophétie de son oncle, dit à la dame que, puisqu'elle était si bien informée, sans doute elle seule pouvait le tirer de la position fâcheuse dans laquelle il se trouvait.

« Si vous parlez sans déguisement, reprit Mélusine, vous êtes sûr de votre élévation. Mais promettez-moi de m'épouser quand je vous aurai fait sortir de l'anxiété qui vous afflige. » Le serment coûta peu au fils du comte de Forest ; la princesse d'Albanie exerçait déjà sur lui un irrésistible ascendant, grâce à la puissance de son art. Cependant Mélusine n'avait pas oublié de mentionner la condition du samedi : Raimondin ne chercha pas à pénétrer ce mystère. A son retour au château du comte de Poitiers, il raconta que son oncle Aymeri avait été frappé par un sanglier furieux ; nul soupçon ne s'éleva, car, dit le chroniqueur, les ressources de la science féerique vinrent en aide au mensonge, et les funérailles du défunt furent célébrées avec toute la pompe imaginable.

Pendant qu'on songeait, dans Poitiers, à saluer pour suzerain le jeune Bertrand, fils du comte Aymeri, Raimondin était retourné dans la forêt de Colombière rejoindre sa belle maîtresse. Jugez de sa surprise quand il vit, près de la fontaine de la Soif, une chapelle nouvellement bâtie là où n'avait jamais existé aucun édifice. Il y trouva aussi nombreuse compagnie de dames et de gentilshommes ; un jeune varlet le mena dans le pavillon où l'attendait sa fiancée.

Au sortir d'un festin somptueux, Raimondin prit congé de la dame. « Souvenez-vous, lui dit celle-ci, lorsque les barons se seront assemblés pour rendre hommage à votre cousin Bertrand, de lui demander la possession du rocher où ce pavillon est construit, ainsi que celle d'un espace de terrain à l'entour aussi grand que pourra en contenir un cuir de cerf coupé en lanières. »

Le rocher fut accordé sans peine, aussi bien que l'espace désigné ; les lanières d'un cuir de cerf embrassèrent dans leur contour une étendue de deux lieues, au grand étonnement des spectateurs et à la grande joie de Raimondin. Le mariage du jeune feudataire et de la belle Mélusine fut célébré dans la chapelle miraculeuse, par le grand aumônier du comte de Poitiers. On consacra cette chapelle à la Vierge, et le pieux ecclésiastique épuisa tout le répertoire des exorcismes afin d'en chasser les malins esprits, tant il redoutait que l'église ne dût son élévation à quelque œuvre diabolique. Chacun admira la grâce, la beauté, l'esprit de l'épousée, que l'on savait fille du roi d'Albanie ; circonstance accueillie avec joie par l'antique maison de Poitiers, qui avait redouté pour Raimondin une mésalliance.

Les nouveaux époux virent s'écouler dans le bonheur les premières années de leur union. Le chevalier de Forest tint scrupuleusement sa promesse, et Mélusine put, tous les samedis, se dérober aux regards des mortels. Raimondin fit bâtir sur la fameuse roche une forteresse inexpugnable. Des ouvriers arrivèrent par milliers dans le but de travailler à sa construction, et l'œuvre fut poussée avec tant de diligence, que chacun soupçonna l'effet de quelque prodige.

Une fête fut célébrée pour l'achèvement de l'édifice ; les comtes de Forest et de Poitiers s'y rendirent, ainsi qu'une foule d'étrangers. On y parla beaucoup de Mélusine et de sa science extraordinaire. En vain le comte de Poitiers chercha-t-il, en causant avec sa belle cousine, à lui arracher quelques-uns de ses secrets; celle-ci évitait toujours avec adresse les pièges qui lui étaient tendus. Le nom de Lusincem fut donné à la forteresse ;ce nom formait l'anagramme de celui de sa châtelaine; il signifiait de plus, en albanien, *chose merveilleuse*. Plus tard, le nom de Lusineem se changea en ceux de Lusignem et de Lusignan. Peu à peu quelques maisons s'élevèrent autour du château; Lusignan devint un gros bourg, et Raimondin ne s'appela plus que le comte de Lusignan.

Sur ces entrefaites, Mélusine accoucha d'un fils qui fut nommé Guy. Il avait le corps bien fait, mais son visage était large et ses oreilles prodigieusement longues.

La prédiction de Pressine s'accomplissait, et la puissance du comte de Lusignan croissait chaque jour. Dans un voyage qu'il fit en Bretagne par le conseil de sa femme, il s'acquit une grande renommée, et releva l'honneur de sa famille qui avait à venger un vieil affront. Il augmentait ses états par des conquêtes dans lesquelles brillait sa valeur. A son retour, il travailla avec Mélusine à la construction de plusieurs villes et forteresses jusque sur les frontières du Poitou et de la Guyenne : Melle, Ponant, Pons, Saint-Maxent et La Rochelle lui durent leur élévation.

Chaque année, la naissance d'un fils venait agrandir la lignée des deux époux. La comtesse avait mis au monde Odon, bel enfant qui avait malheureusement une oreille démesurément plus grande que l'autre. Elle accoucha ensuite d'Urian, dont les yeux n'étaient pas à la même hauteur; d'Antoine, qui avait des formes ravissantes, mais qui portait sur la joue l'empreinte d'une griffe de lion; de Regnault, qui était borgne, mais qui apercevait à des distances prodigieuses; de Geoffroy, qui fut surnommé à la Grande-Dent, parce qu'il avait une sorte de boutoir; de Froimond, dont le nez était couvert d'une tache velue; de Raymond, de Thierry, qui portaient aussi chacun des signes particuliers; enfin, d'un dixième fils pourvu de trois yeux, mais dont l'histoire cache le nom.

Tous ces enfants grandirent et prospérèrent, malgré les infirmités dont ils étaient atteints. Guy et Urian partirent pour la Terre-Sainte, où ils s'acquirent parmi les preux une grande renommée de vaillance; le premier succéda à la couronne de Chypre, le second monta sur le trône d'Arménie. Odon devint comte de la Marche, Antoine fut élu duc de Luxembourg, et Regnault, roi de Bohème. Quant à Geoffroy, c'était le plus intraitable batailleur qui se pût rencontrer. A la

mamelle, il avait causé la mort de plusieurs nourrices pour les avoir tétées trop violemment; à sept ans, il avait tué un de ses écuyers. Froimond fut un homme vertueux, qui prit l'habit de moine en l'abbaye de Maillères, en Poitou. Geoffroy, qui n'estimait que la carrière des armes, conçut un violent dépit de la pieuse détermination de son frère, et, pour s'en venger, il mit le feu à l'abbaye. Froimond parvint à échapper aux flammes, mais la plupart des religieux périrent.

Lorsque Raimondin apprit cette triste nouvelle, il se trouvait à Marmande, tandis qu'il avait laissé Mélusine à Niort, occupée de la construction de deux belles tours qu'on y admire encore. Le malheureux père refusa d'ajouter foi à l'acte barbare de son fils, et il se transporta à Maillères pour connaître la réalité de ce crime. En face des ruines du couvent, le comte de Lusignan se représenta tous les événements étranges qui avaient précédé son union, les marques singulières que tous ses fils avaient apportées à leur naissance, et il se prit à douter que la comtesse fût une femme ordinaire. La promesse qu'elle avait exigée de n'être jamais vue le samedi vint encore augmenter ses soupçons. Un jour le comte de Forest, son frère, lui parla ainsi : « Je dois te dire qu'il court sur le compte de ta femme les bruits les plus injurieux pour ton honneur; les uns prétendent qu'elle va passer tous les samedis auprès d'un gracieux châtelain, tandis que d'autres assurent que c'est un esprit infernal qui, ce jour-là, fait sa pénitence. » L'époux de Mélusine, furieux, saisit son épée, et, oubliant ses promesses, il se dirigea vers l'endroit où il savait que sa femme avait coutume de se retirer les jours mystérieux. C'était justement un samedi. Au fond d'un réduit obscur dans lequel il n'avait jamais pénétré, le comte aperçut une énorme porte de fer qu'il s'efforça vainement d'ouvrir. Après mille tentatives inutiles, Raimondin pratiqua une ouverture; or, voici ce qu'il distingua :

Il y avait une large cuve de marbre dans laquelle se baignait une femme nue et plongeant dans l'eau jusqu'à la ceinture; ses cheveux étaient épars; elle tenait un peigne à la main. La partie inférieure de sa personne se terminait en une longue queue de serpent, dont l'extrémité s'agitait avec tant de force qu'elle faisait jaillir l'eau jusqu'à la voûte. Combien le comte se repentit de sa curiosité quand il eut vu le triste état de son épouse! Il s'enfuit aussitôt, et, injuste dans son désespoir, il chassa, l'épée à la main, son frère dont le conseil avait causé son malheur. A minuit, heure de la délivrance de Mélusine, la jeune femme vint rejoindre Raimondin, mais au lever du jour elle disparut. Hors de lui-même, le seigneur de Lusignan s'élança sur ses traces et la retrouva dans un petit cabinet voisin, étendue par terre; ses traits contractés indiquaient qu'elle était en proie aux angoisses les plus poignantes. Raimondin fondit en larmes; il voulut relever son épouse chérie: « Il ne t'est plus permis de me toucher, s'écriat-elle, jè ne puis désormais vivre avec toi. Tu as violé ta promesse, et ce parjure m'engage dans des souffrances qui ne finiront qu'au jour du jugement dernier. » En achevant ces mots elle s'agita en poussant des cris horribles, puis elle prononça de nouveau ces paroles : « Raimondin, le ciel veut qu'avant mon départ je t'annonce ta destinée : sache qu'après toi personne ne jouira en paix de tes domaines; tes héritiers soutiendrout de terribles guerres, et Geoffroy seul, devenu le plus vaillant des hommes, me vengera de l'affront que tu m'as fait subir. » Ensuite, se tournant vers l'assemblée des seigneurs : « Vous savez, leur dit-elle, que mon dernier fils a trois yeux; sa fatalité est de détruire tout ce que j'ai édifié; c'est pourquoi faites-le mourir aussitôt que j'aurai quitté ces lieux. » Comme elle achevait cette recommandation, on remarqua que son visage s'allongeait, que sa peau devenait dure et que ses bras prenaient la forme d'ailes. Mélusine s'éleva au-dessus du parquet où elle était étendue, et s'élança par une fenêtre. On vit alors sortir un serpent ailé qui fit trois fois le tour du château, et qui disparut dans les airs.

Depuis ses malheurs, Mélusine a choisi pour sa retraite les fameuses caves de Sassenage, une des sept merveilles du Dauphiné. De là elle fait entendre ses cris plaintifs à la mort d'un Lusignan et chaque fois que la forteresse change de gouverneur; cris célèbres qui sont devenus proverbiaux, et qui font dire souvent, pour caractériser des cris aigus, que ce sont des cris de Merlusine. Les armes de Lusignan portaient, en mémoire de cet événement étrange, burelé d'argent et d'azur, avec deux Mélusines pour supports.

ALFRED MAURY.

Parmi les journaux français qui, jusqu'à ce jour, se sont occupés du ROLAND FURIEUX, nouvelle traduction avec des annotations importantes, par M. A. Mazuy, nous avons surtout remarqué le *Moniteur Universel*, le *Journal des Débats*, la *Gazette de France* et le *Constitutionnel*, tous défenseurs influents des saines doctrines littéraires dans notre pays; d'honorables écrivains, de savants et consciencieux critiques, MM. de Vidaillan, Delécluze, Luigi Cicconi, Reybaud, ont prêté à cette publication l'appui impartial de leur talent. Nous sommes trop fiers de tant de suffrages pour refuser d'en perpétuer le souvenir, du moins en partie, et nous choisissons d'abord l'article qu'un critique bien connu, le docte M. Delécluze, écrivain de science et de goût, a publié dans le *Journal des Débats*.

ROLAND FURIEUX,

Nouvelle traduction, avec la Vie de l'Arioste et des Notes sur les romans chevaleresques, les traditions orientales, les chroniques, les chants des trouvères et des troubadours comparés au poème de l'Arioste, par M. A. Mazuy.

L'Arioste dut être pris d'une furieuse envie de rire dans le purgatoire (n'ayant pas été assez vertueux pour habiter le paradis, et étant trop bon et trop aimable pour mériter l'enfer) lorsqu'il prit connaissance des graves discussions littéraires dans lesquelles, il y a un siècle, on cherchait à s'assurer si son *Roland Furieux* est ou n'est pas une épopée; et je pense que le poète railleur de Ferrare sourit encore en ce moment en voyant les recherches consciencieuses de son jeune traducteur, M. Mazuy, pour expliquer dans des notes savantes l'origine des mille et un contes en l'air dont son poème est tissu.

Pour prendre une idée, sinon de l'érudition de l'Arioste, au moins de l'usage qu'il croyait devoir en faire, il faut savoir que l'autorité sur laquelle il s'appuie sans cesse est la Chronique de l'archevêque Turpin, et que, toutes les fois qu'il est en peine de faire passer dans ses vers quelque bourde bien extravagante et tout à fait dénuée de vraisemblance, il ne manque pas de dire à son lecteur : « Voyez plutôt la Chronique de Turpin ; Turpin l'a dit, je le répète : *Mettendo lo Turpino, anch'io lo messo.* » D'ailleurs, l'Arioste, qui vivait dans un temps où les romans et les poèmes chevaleresques étaient fort à la mode, avait la mémoire remplie des personnages qui y figurent, des événements qui les animent, et peut-être que toutes ses études sur la chevalerie se réduisaient à lire *I Reali di Francia*, livre que la tradition en Italie donne pour celui que consultait l'auteur du *Roland Furieux*. En tous cas, les recherches érudites furent, sans aucun doute, ce dont Arioste se préoccupa le moins, et il était bien plus curieux

28

UNE FEMME D'ARTISTE.

de découvrir des nouvelles antiques, italiennes ou grecques, pleines de mouvement et de passion, que de se mettre martel en tête pour observer la vérité du costume et la *couleur locale*.

Lorsqu'en se raisonnant bien longtemps pour résister au charme des contes et de la poésie de l'Arioste, on parvient à se demander sérieusement quelle est la pensée-mère et le but positif du *Roland Furieux*, on reconnaît que le poëte, à son insu sans doute, et entraîné par l'opinion régnante de son temps, a achevé de détruire ce qui restait des vestiges de la féodalité en se moquant de la chevalerie errante. En effet, tout ce que l'on disait ou qui se faisait alors à propos de cette institution délabrée prouve qu'elle n'avait plus de prise que sur l'imagination des lecteurs, sans exercer d'influence sur les nations; et lorsque François Iᵉʳ et Henri II, soit en armant des chevaliers, soit en ouvrant des tournois somptueux, s'efforçaient de donner des représentations théâtrales imitées des habitudes chevaleresques des XIIᵉ, XIIIᵉ et XIVᵉ siècles, ces princes n'étaient pas plus dupes des rôles qu'ils jouaient que Louis XIV ne le fut lui-même lorsque plus tard il remplissait le personnage de Neptune dans les *Amants Magnifiques* de Molière, pas plus que ne le fut encore ces jours-ci lord Eglington quand il assista au tournoi qu'il avait préparé dans son château d'Écosse. On ne prouve jamais mieux la décrépitude d'une institution ou d'un usage que lorsqu'on le parodie sérieusement; et c'est ce que faisaient François Iᵉʳ, Henri II, Louis XIV, et ce que vient de faire le noble lord écossais.

Arioste et Cervantes ont bien mieux mérité de la chevalerie que ces princes et ce lord. Car si les deux écrivains se sont moqués parfois, comme on sait, des pourfendeurs de géants et des redresseurs de torts, au résultat ils nous les font aimer, ainsi que leurs belles. Comme ces deux poëtes égaient le récit de leurs aventures! comme ils ont trouvé moyen, avec le secours de leur génie, de donner de la grâce et du naturel à tous ces porteurs de ferraille, qui en avaient ordinairement si peu! Si la partie historique et sérieuse de l'institution de la chevalerie peut encore fournir de grands sujets de travaux aux érudits, tout ce qu'elle a eu de poétique, d'amusant, d'original et de fantastique, c'est-à-dire ce qui nous convient le mieux aujourd'hui, se trouve compris et merveilleusement employé dans le poème de l'Arioste. Les anciens romans de chevalerie ont éprouvé, en passant par l'imagination du poète de Ferrare, un perfectionnement analogue à celui que reçurent nos chevaliers français lorsqu'ils allèrent

porter la guerre en Italie. On sait que les habitudes de Du Guesclin, qui « *rien ne savoit de lettres, ne oncque n'avoit trouvé maistre de qui il se laissast doctriner, mais les vouloit toujours férir et frapper,* » ont été respectueusement suivies assez longtemps par la noblesse française qui faisait profession de chevalerie; mais que depuis le temps où Charles VII, Louis XII et François Iᵉʳ, voulant reprendre leurs droits sur le duché de Milan et le royaume de Naples, firent voir à leurs jeunes barons cette Italie où les sciences et les arts donnaient déjà tant d'éclat à la civilisation, toute la noblesse française sentit le besoin d'apprendre à lire et de cultiver son esprit, et que de brutaux, de grossiers qu'étaient ces chevaliers dans leurs actions et leurs discours, ils devinrent des hommes posés en temps de paix, sans cesser d'être indomptables à la guerre. Il en fut des livres comme des hommes, et Arioste a policé la poésie chevaleresque, comme les guerres d'Italie des XVᵉ et XVIᵉ siècles ont débarrassé la noblesse française de sa rudesse et de son ignorance. Or, cette métamorphose est l'œuvre d'un poëte, et non d'un savant.

J'ai observé qu'en France, dans ce pays réputé, je ne sais pourquoi, la nation de l'Europe où l'on est le plus gai, les ouvrages graves, sérieux, tristes même, ont, quand ils sont bons, le succès le plus général et le plus durable. Les écrits de Pascal, de Bossuet, de Fénelon, de Corneille, de Racine, de Buffon, de J.-J. Rousseau, de Bernardin de Saint-Pierre, je pourrais même ajouter ceux de Molière et de La Fontaine, tels sont les écrits devenus classiques en notre langue par le concours simultané du goût des gens lettrés et de celui de la nation prise ensemble. Deux écrivains français semblent d'abord plus gais que les autres : Rabelais et Voltaire. Mais on ne se laisse pas tromper longtemps à cette apparence; car la véritable gaieté ne se trouve jamais là où règnent habituellement l'ironie, le sarcasme, le cynisme et la mauvaise humeur. Comme on aime beaucoup les distractions en France, tout ce qui peut en faire naître de vives et de passagères est bien reçu; et c'est ainsi que je m'explique comment ce même peuple qui, en ces moments de calme, met au premier rang de ses grands auteurs et de ses grands artistes Pascal, Bossuet, Racine, Molière, N. Poussin, Lesueur, Rameau, Gluck et Méhul, a recherché, dans ses récréations toujours un peu bruyantes, les chansons et les vaudevilles de Panard, de Collé et de Désaugiers, ou les poésies légères de Voltaire.

Quant à la gaieté, telle que je la comprends au

28

moins, celle qui résulte de la sérénité du cœur et de l'esprit combinée avec les tableaux que fournit une imagination fertile et brillante, ce n'est pas le lot des Français, et c'est à peine si j'en trouve quelques traces dans celui de nos écrivains qui paraît en avoir eu le plus, dans La Fontaine.

Arioste est un poëte véritablement gai. En le lisant notre esprit se sent à l'aise ; il plane dans un air libre et parcourt des régions si nouvelles, si étrangères à celles que nous habitons ordinairement, qu'on s'y sent léger et dispos comme un écolier qui entre en vacances. Au rebours de tous les écrivains, et même d'une partie des poëtes qui s'évertuent à faire ressortir ce que la vie a de plus pénible et de plus accablant, Ariosto nous introduit dans un monde où tous les accidents sont fabuleux, mais dont les habitants ont autant de charmes que de naturel. Par la puissance de sa délicieuse imagination, ce poëte a créé un monde où les hommes et les femmes ont tout à la fois la franchise et l'inexpérience des enfants, jointes aux passions et à la délicatesse de sentiment d'êtres très-civilisés. Cette combinaison, qui ne se trouve que dans le *Roland Furieux*, et parfois dans les *Mille et Une Nuits*, est sans contredit un des mensonges les plus séducteurs, quand il est conduit et présenté avec talent. Ces gens qui vont et viennent à travers les forêts, qui se rencontrent, se perdent et se retrouvent pour se reperdre encore ; cette Angélique, qui de l'Espagne se décide à retourner au Cathai (en Chine), comme si elle devait aller de Paris à Versailles par le chemin de fer ; ces gens qui ne font usage ni d'auberge, ni de demeure ; qui n'ont affaire à aucun ouvrier, à aucun notaire, à aucun magistrat ; ces guerriers qui se rouent de coups et qui n'en meurent que rarement et souvent même n'en deviennent que plus agiles ; enfin ces femmes qui ne vivent que pour exciter ou faire la guerre et l'amour ; ce monde fantastique et si contraire à la réalité, Arioste a trouvé le moyen de le faire passer pour vrai, grâce au naturel exquis, à la passion vraie et si vive avec lesquels chaque personnage avoue, défend et poursuit son idée folle.

Je suis bien aise que M. Mazuy, à qui nous devons déjà une bonne traduction de la *Jérusalem délivrée* du Tasse, nous donne celle du poëme de l'Arioste. Ce second ouvrage plaira-t-il autant que le premier aux Français ? C'est ce qu'il sera curieux d'observer. Jusqu'ici les traducteurs du Tasse ont été plus heureux que ceux de l'Arioste. Outre que le talent les a mieux servis, la gravité du sujet de *la Jérusalem* et la teinte mélancolique

de l'imagination de son auteur ont puissamment contribué à faire obtenir un immense succès à ce livre dans cette France où l'on est si gai, dit-on, mais où l'on n'aime que les livres tristes. Depuis cinquante ans *la Jérusalem* est devenue un ouvrage que tout le monde lit comme *Paul et Virginie*. Traduit en prose française, il tient plutôt lieu chez nous d'un excellent roman qu'on ne l'accepte comme un poème, et la régularité de son plan, ainsi que le caractère bien soutenu de la plupart des personnages, plaisent singulièrement aux Français qui, dans les livres au moins, aiment ce qui est raisonnable, régulier et logique.

Arieste a mis fort peu d'ordre dans l'enchaînement des faits, à tel point même que l'analyse de son poëme ne peut être faite de manière à aider le lecteur. Quant à ses caractères, il les a pris tels qu'ils sont dans les romans de chevalerie ; mais ce qui lui appartient en propre, et ce qui est admirable dans son poëme, c'est la manière dont il peint le cœur humain, soit qu'il fasse parler ses personnages, soit que le poëte s'exprime en son propre nom ; et l'on doit admirer surtout la prodigieuse flexibilité de style avec laquelle ce délicieux poëte a su rendre ses idées. Cette grande qualité, celle du style, explique tout aussitôt le genre de difficulté que présente une traduction du *Roland Furieux*.

Lorsque je rendis compte, il y a quelques mois, de la traduction en prose que M. Mazuy a faite de la *Jérusalem*, je signalai des défauts de style répandus dans le travail de ce jeune littérateur ; je lui fis observer qu'à force de vouloir suivre exactement son auteur, il lui était arrivé, surtout dans les premiers chants, de faire des phrases trop symétriquement courtes qui suspendent le cours des pensées et deviennent monotones à l'oreille. Dans la traduction qu'il offre aujourd'hui du *Roland Furieux*, non-seulement ce défaut a entièrement disparu, mais sa prose est infiniment plus pure et plus nombreuse, sans cependant que le sens de son auteur y perde rien. Cette fois M. Mazuy a cherché à être fidèle sans s'astreindre à calquer le dessin de la phrase originale, et parfois, quoique rarement, mais toujours avec raison, il a tant soit peu paraphrasé son auteur, quand l'esprit, la syntaxe et les expressions des deux langues s'opposaient absolument à la traduction littérale du texte.

Avant que je prisse connaissance de ce dernier travail de M. Mazuy, je n'avais jamais eu l'occasion de lire de traduction française de l'Arioste, de sorte que je ne suis pas en mesure pour comparer la nouvelle avec les précédentes. Je sais seulement par ouï-dire que la traduction du comte de Tressan est aussi spirituelle que peu exacte, et que celle de Panckoucke et Framery n'est que servile. Quoi qu'il en soit, m'étant imposé la tâche que doit remplir tout critique consciencieux, celle de lire l'ouvrage qui m'a été soumis, j'avouerai que j'ai relu les contes de l'aimable Arioste dans la traduction de M. Mazuy avec tant de plaisir et d'entraînement, qu'il m'a fallu recourir plusieurs fois à la raison pour en venir à faire l'office de pédant, et conférer le texte avec la traduction. Ces épreuves ont tourné à l'avantage du travail de M. Mazuy; et si d'ailleurs je juge de la curiosité des lecteurs qui n'entendent pas la langue italienne par l'espèce de fureur avec laquelle j'ai dévoré comme un roman les quarante-six chants du *Roland Furieux* en français, j'ai quelque espoir que la nouvelle traduction de M. Mazuy sera bien accueillie.

Du reste, *duplex libelli dos est*, comme dit Phèdre de ses fables, et ce livre de M. Mazuy satisfera à la fois ceux qui veulent tout bonnement s'amuser, ainsi que les gens sérieux qui cherchent à s'instruire. Notre jeune traducteur est aussi un savant de la nouvelle école qui s'est formée depuis une quinzaine d'années, et où l'on se propose particulièrement d'explorer et de connaître les temps du moyen-âge. En rendant compte de la traduction que le même auteur a faite de la *Jérusalem délivrée*, j'ai eu soin de faire sentir le mérite très-réel qu'il y a dans les notes que M. Mazuy a ajoutées à chaque chant de ce poëme. La *Jérusalem* est un ouvrage grave, et T. Tasso était fort savant; aussi ne s'étonne-t-on pas que son traducteur ait cherché à soutenir par des documents historiques ce qu'avance le poëte relativement au moins à ce qui se rattache à la première croisade.

Il n'en est pas tout à fait ainsi à l'occasion de l'Arioste et de son *Roland Furieux*. M. Mazuy s'est trompé en disant dans sa note du quatrième chant, page 95 : « L'Arioste était *profondément* versé dans les auteurs grecs et latins, etc. » Ce poëte savait sans doute le latin, puisqu'il a fait de fort mauvais vers dans cette langue; mais outre qu'il avoue lui-même, dans sa sixième satire, qu'à l'âge de vingt ans il avait de la peine à comprendre le traducteur d'Ésope, *che a fatica inteso avrei quel che tradusse Esopo*, il n'a jamais lu que les poëtes latins que son maître Grégoire de Spoletto lui fit expliquer. Quant à la langue grecque, il en a toujours ignoré même les éléments ; et, dans cette sixième satire, il l'avoue encore avec

la même bonne foi. Bien qu'en le plaçant auprès du fameux helléniste Grégoire de Spoletto la fortune l'eût mis en position d'étudier le grec et le latin, *tout en avançant dans l'étude de cette dernière langue, dit-il, et différant sans cesse de m'occuper de l'autre, l'occasion me quitta avec dédain, parce que, m'ayant offert sa chevelure, je ne l'ai pas saisie.*

Che 'l saper nella lingua degli Achei
Non mi riputo onor, s'io non intendo
Prima il parlare de' Latini miei.
Mentre l'uno (latino) acquistando, e differendo
Vo l'altro (greco), l'Occasion fuggé sdegnata,
Poiche mi porge il crine, ed io no 'l prendo.

C'est parce que j'aime la véritable science, celle qui a pour but la recherche du vrai en quoi que ce soit, que je rétablis le fait de l'instruction de l'Arioste dans son intégrité. Ainsi, je suppose que M. Mazuy ait dit, conformément à la vérité, que Torquato Tasso, l'un des hommes les plus savants de son siècle, fut un admirable poëte, tandis que Ludovico Arioste, admirable poëte aussi, n'était point savant, il aurait fait ressortir une vérité curieuse à connaître, et qui justifie ces mots d'Horace : « *Nascitur poeta.* »

La nature des travaux auxquels je me livre habituellement ne laissera aucun doute sur le cas que je fais de la science et de l'érudition ; mais l'importance même que j'y attache me donnera peut-être le droit de dire qu'il ne faut pas mettre les connaissances acquises à trop haut prix. Est-ce que l'on croirait, par hasard, diminuer la gloire de l'auteur de *Roland*, en avouant qu'il n'était pas érudit ? et T. Tasso passera-t-il pour un plus grand poëte qu'il n'est quand on aura lu à la bibliothèque Barberine les notes marginales qu'il a écrites sur son édition grecque des œuvres de Platon ? Non, la faculté poétique est un don divin qui se développe chez l'homme, isolément, au milieu de tous les accidents de sa vie et de l'emploi des autres fonctions de son intelligence. Tasse ignorant et Arioste savant n'en eussent pas moins été d'admirables poëtes.

Je ferai encore la critique d'un passage de l'*Introduction et Vie de l'Arioste*, par lequel M. Mazuy semble donner aux croyances religieuses de l'auteur du *Roland* un degré d'importance qu'elles n'avaient réellement pas. « Dans l'*Orlando Furioso*, dit-il, l'Arioste est *resté catholique*. » Hélas, mon Dieu ! Alexandre VI, Léon X, Bembo, Bibienna, Raphaël d'Urbin, Pierre Arétin lui-même, et tant d'autres de ce siècle, sont *restés catholiques*, à ce compte. Mais pourquoi parler si fastueusement d'une qualité douteuse, quand tout le monde s'accorde pour passer ces affaires-là sous silence? Si l'on disait qu'Arioste aimait le repos, sa maîtresse et les vers; qu'au milieu de sa petite famille clandestine il se tenait toujours prêt à recevoir le chapeau d'évêque ou de cardinal, et que du reste il allait religieusement aux offices comme tout le monde à cette époque; si l'on disait cela, qui est la vérité, et qu'ensuite on ajoutât qu'Arioste est *resté catholique*, on saurait au moins ce que l'on doit entendre par un mot dont on abuse si étrangement depuis quelques années.

J'ai fait, au sujet de l'*Introduction et Vie de l'Arioste* qui précède la traduction du *Roland*, et à l'occasion des Notes qui suivent chacun des chants, les observations les plus graves que ces parties du travail de M. Mazuy m'ont suggérées. Il ne me reste plus maintenant que des louanges à donner au savant traducteur sur les recherches profondes et curieuses au moyen desquelles il a répandu un véritable intérêt dans l'ensemble de ses Notes. Aujourd'hui surtout que le goût des antiquités du moyen-âge s'est infusé dans le cerveau des gens les plus étrangers aux sciences, on trouvera dans les Notes de M. Mazuy tout ce qui peut jeter du jour sur la chronique de ce pauvre archevêque Turpin, le souffre-douleur, le Lazarille de l'Arioste. En apprenant à connaître le Roland des Chroniques, le Roland des Chansons de geste, on s'assurera de l'indifférence complète qu'eurent Boyardo et l'Arioste pour tous ces anciens types chevaleresques, et de la liberté poétique dont ces écrivains usèrent pour faire extravaguer le fameux paladin à leur fantaisie. D'ailleurs il n'y a pas d'aventures, d'anecdotes ou de nouvelles introduites par l'Arioste dans son poëme, dont M. Mazuy ne fasse connaître la source, soit en allant la chercher dans les romans de chevalerie, dans les contes des trouvères et des troubadours, soit en la poursuivant même jusqu'aux pays de l'Orient. L'origine, l'usage et le cérémonial des tournois, le costume et les armures, sont pour l'auteur l'objet de discussions aussi curieuses qu'intéressantes, et les amateurs d'antiquités du moyen-âge qui n'ont pas le temps d'aller compulser les vieux manuscrits, trouveront dans les Notes de M. Mazuy des citations des vieux romans et des vieilles poésies françaises qui les leur feront très-bien connaître. L'histoire des quatre fils Aymon, le Charlemagne des romans, l'enchanteur Merlin, les ogres, les chevaliers de la première et de la deuxième Table-Ronde, Lancelot du Lac, les nains se rattachant jusqu'à la mythologie scandinave, rien, en un mot, de ce qui peut aider les études sur l'époque

du moyen-âge, n'a été négligé ou omis par M. Mazuy. Je dois même ajouter que cette partie de son travail se ressent de l'amour que l'auteur porte à tous les souvenirs historiques; aussi ces Notes se font-elles lire avec le plus grand intérêt.

Ce livre, formant trois volumes, est imprimé avec soin, on peut même ajouter avec luxe, car il contient quatre-vingt-cinq vignettes sur bois et le portrait du poëte.

Ces *illustrations*, pour parler selon la mode, sont fort jolies, et, quant à moi, je les rencontrais avec plaisir en lisant l'ouvrage. Exécutées sur bois, elles ont été fort spirituellement composées, pour la plupart, par MM. Tellier, Français et Karll Girardet.

Je ne sais à qui je dois m'en prendre pour une erreur renouvelée dans le livre de M. Mazuy, au sujet du portrait de l'Arioste; mais celui que l'on a mis à tête de l'ouvrage n'est certainement pas celui du poëte, bien que l'original ait été peint par le Titien. Je suis loin d'affirmer qu'il n'existe pas de portrait de l'Arioste peint par le Titien; toutefois je n'en ai jamais vu. Mais il en existe un dont l'authenticité est incontestable; c'est celui que Raphaël a fait d'après le poëte son ami, et qu'il a placé entre ceux de Dante et de Pétrarque, dans le tableau peint au Vatican, représentant *le Parnasse*. Dans cette peinture, Arioste a le nez aquilin et le haut de la tête dégarni; en outre, la ligne du front penche vers le sommet du crâne. Or, le personnage qui figure en tête de la traduction de M. Mazuy a le front droit, le nez légèrement retroussé, et sa tête est environnée d'une chevelure et d'une barbe touffues. Evidemment il y a erreur, et je me rappelle qu'elle dure depuis longtemps, puisque M. Mauzaisse s'est servi de ce même portrait lorsqu'il fit, vers 1812, un tableau de l'Arioste arrêté par le brigand Pachierone. On pourra s'assurer de l'exactitude de mes observations à ce sujet, d'abord en consultant les gravures faites d'après *le Parnasse* de Raphaël, puis encore en recherchant les portraits de l'Arioste gravés sur bois et placés en tête des petites éditions que l'on a publiées de ses poésies lyriques et de ses satires peu de temps après sa mort. Je possède deux de ces petits livres avec des portraits identiques par la ressemblance, bien qu'ils n'aient pas été tracés par le même graveur. Aujourd'hui que l'on se pique de mettre une exactitude poussée jusqu'à la minutie dans l'observation du costume, des mœurs et de *la couleur locale*, c'est bien le moins, si l'on prétend reproduire les traits d'un homme célèbre, que l'on donne son véritable portrait. C'est, au surplus, la correction la plus importante à faire au livre de M. Mazuy.

DELÉCLUZE.

(Feuilleton du *Journal des Débats*, du vendredi 21 février 1840.)

UNE FEMME D'ARTISTE.

Chère petite femme, tout occupée que vous paraissiez être à ce travail machinal, vous ne laissez pas sans doute que de rêver, d'espérer, de former mille projets délicieux, de bâtir, avec l'aide de votre charmante imagination, les châteaux en Espagne les plus éblouissants. Les devoirs de ménagère, qui tiennent vos jolis yeux attentifs aux méandres de votre aiguille, n'empêchent certainement pas votre esprit de s'égarer dans les luxuriantes campagnes du monde idéal, de songer à toutes les ravissantes impossibilités de la vie, à tous ces hasards heureux qui doivent tôt ou tard combler nos désirs. Oh! quel que soit l'avenir, vous avez bien raison d'espérer : l'espoir est la seule partie du bonheur qui ne trompe jamais! Et d'ailleurs, quand on est belle et bonne comme vous, quand on fut toujours dévouée et aimante, quand on a votre grâce et vos talents, après les mauvais jours, le ciel nous en doit de bons. Si vous avez traversé des temps bien douloureux, si vous avez supporté tant de peines avec tant de courage, les joies auront leur tour, croyez-le; car je sais votre histoire, et, malgré votre modestie, je veux la conter à mes lectrices. Ne m'en veuillez pas trop de dévoiler vos qualités et vos vertus.

Vous êtes la fille d'un de ces braves gens qui ont donné à leur pays tous les instants de leur vie, toutes les forces de leur corps, tous les battements de leur cœur. Parti soldat, à cette époque terrible et glorieuse à la fois où, pour quelques droits et quelques libertés de plus, nous faisions la guerre à toute l'Europe; jeune, actif, insouciant, votre père a sacrifié sa belle jeunesse, sa rare activité, sa douce insouciance aux exigences de la patrie; et, après trente ans de services glorieux, après avoir affronté tour à tour le Simoun de l'Égypte et les neiges de la Russie, après mille hauts faits dont un seul eût fait la gloire d'un général dans un autre siècle, le vaillant capitaine s'est cru dignement récompensé en

obtenant pour lui une pension de cinq francs par jour, pour vous une éducation libérale.

Hélas! à quoi m'a-t-elle servi cette éducation? à former des désirs que je ne pouvais pas satisfaire, allez-vous dire. Ah! vous n'êtes pas juste envers vous-même; car, tandis que la plupart de vos compagnes ne sortaient de l'enceinte de leurs études que pour monter dans des carrosses armoriés qui les conduisaient dans un monde élégant et riche, vous, vous alliez, l'âme aussi joyeuse que pas une d'elles, embrasser votre père dans l'humble solitude où il vivait, l'entretenir des actes héroïques de sa vie militaire, écouter ses conseils, ou charmer sa vieillesse en lui apportant des preuves de vos succès croissants.

Et puis, quand la mort si cruelle vous eut privée de votre père, que vous aimiez avec toute l'ardente tendresse de vos quinze ans, quand notre gouvernement si paternel eut daigné accorder à votre mère le misérable tiers de la pension déjà si modique du vieux soldat, alors vous fîtes plus : pour consoler, autant qu'il vous était possible, le chagrin profond de la pauvre veuve, pour ne la point laisser seule un instant avec sa douleur, vous avez abandonné sans hésitation la position que votre mérite vous avait faite dans la Maison Royale où vous aviez été élevée; vous avez sacrifié votre place de sous-maîtresse, et avec elle les justes jouissances de votre vanité satisfaite, et de plus un avenir assuré, sinon brillant.

Ce brusque changement d'existence, qui à toute autre eût causé de vifs regrets, cette rupture avec des habitudes prises, cet abandon des études qui vous étaient si chères, cet éloignement des amies de votre enfance, tous ces petits malheurs, d'ordinaire si vivement sentis à votre âge, n'avaient aucunement ébranlé votre généreuse résolution, et n'affectèrent point votre humeur. Jamais votre mère ne put saisir en vous un souvenir pénible d'autrefois; jamais une seule de vos paroles ne lui rappela votre sacrifice; jamais un pli sur votre beau front, jamais une larme au bord de vos paupières, ne trahirent une émotion étrangère à la vie et au sort de votre bonne mère. Bien au contraire, chaque jour vous vous efforciez de lui créer de nouvelles distractions, de lui ménager des douces surprises, tantôt en lui jouant sur votre piano un vieil air qui lui rappelait un temps plus heureux, tantôt en lui esquissant au crayon un des traits de bravoure de votre père, ou une des circonstances solennelles de son existence à elle. C'était ainsi que se passaient vos soirées, c'étaient là vos récréations; car, tout le long de la journée, vous ne perdiez pas un instant; sans cesse on vous voyait occupée, et *vos doigts fées* (comme on disait jadis) brodaient avec une délicatesse infinie de ravissants dessins dont le prix vous servait à procurer à la pauvre veuve un pain meilleur ou un vêtement plus chaud. Puis l'âge arriva où votre mère se vit forcée d'abandonner elle-même tout travail productif; la pension seule du gouvernement, c'était la misère, et pour ne point voir cette misère frapper dans sa vieillesse celle que vous chérissiez le plus au monde, votre piété filiale vous inspira un nouveau dévouement.

Vous aviez, dès votre enfance, étudié avec ardeur les éléments si rebutants de la musique; d'année en année vous fîtes des progrès si rapides, que bientôt cet art si difficile n'eut plus rien de caché pour vous : mais ce talent, acquis avec tant de peines, n'avait servi jusqu'alors qu'à procurer à vos parents quelques distractions agréables, et à vous quelques plaisirs bien doux, quelques consolations efficaces. Comprenant l'insuffisance du revenu de votre travail d'aiguille, si habile pourtant, prévoyant dans l'avenir des privations pour votre mère (car des vôtres, vous n'en teniez compte), vous résolûtes de faire un nouveau sacrifice à celle à qui vous en aviez déjà tant fait. Vous voilà donc surmontant les répugnances bien naturelles de votre amour-propre, et offrant des leçons à celles qui étaient autrefois vos compagnes, vos égales. Votre douceur de caractère, votre patience à toute épreuve, votre mérite si modeste, vous méritèrent bientôt l'amitié de vos élèves et la bienveillance de leurs parents. Mais quelle occupation fatigante! Partir dès le matin pour ne rentrer que le soir; aller chaque jour aux deux bouts de la ville, par le froid ou le chaud, par la bise ou la pluie; ressasser perpétuellement des principes fastidieux, faire répéter jusqu'à la satiété ces airs de commençants, si dépourvus de grâce et de poésie pour la plupart! et quand on est triste, quand le cœur voudrait s'isoler, quand l'âme ne demanderait qu'à s'abandonner sans distraction à la mélancolie qui la frappe, être obligée de jouer de ces quadrilles vulgaires qui rappellent, malgré soi, ces fêtes dont on est à jamais privée, ces bals où l'on ne doit plus figurer! Oh! pauvre petite, quel courage ne vous a-t-il pas fallu pour vaincre tous ces ennuis, pour supporter sans vous plaindre une destinée si pénible!

Le ciel, du moins, récompensa vos efforts : il vous envoya l'aisance que vous lui demandiez pour votre mère, et pour vous un cœur noble et généreux qui comprit l'élévation de votre âme, et

vous aima encore plus pour vos vertus, qui dureront toujours, que pour votre beauté, qui, comme toutes les autres, doit être éphémère. Eh bien, n'êtes-vous pas heureuse maintenant que vous voilà mariée à votre Alfred? Il est artiste comme vous; comme vous, son esprit trouve sa félicité en lui-même; les tableaux qu'il a exposés lui ont valu les approbations de ses confrères et les commandes du gouvernement; désormais il peut vivre indépendant : l'honorable salaire que lui vaut son talent suffit largement à votre bien-être et à celui de votre mère, que vous avez si religieusement gardée avec vous. Seulement, ne s'est-il pas un peu hâté de s'entourer des douceurs du luxe? Je vois là, derrière vous, une portière en velours rouge, à glands d'or; devant vous, une table à ouvrage dans le goût Pompadour, qui ont dû lui coûter peut-être le prix d'un tableau! Prenez garde qu'il ne justifie ainsi le proverbe : Habit d'or, ventre de son! Je sais que vous allez me répondre que votre mari a de l'avenir; que plus il ira, plus ses œuvres seront appréciées, recherchées, couvertes d'or : je sais que vous comptez beaucoup sur le dernier ouvrage qu'il vient de terminer; je sais enfin que j'ai tort, car justement vous rêvez à cette heure la gloire pour lui et l'opulence pour vous trois. Oh! vous avez raison d'espérer, charmante enfant; Dieu vous réserve tous les bonheurs, il vous les doit, vous les avez mérités! Accumulez donc tous les désirs si purs de votre cœur, détaillez-vous tous les plaisirs que vous vous proposez, enrichissez encore votre intérieur, cherchez un nouveau cadeau à offrir à votre bonne mère; faites le plan de votre voyage en Italie tête à tête avec votre Alfred, vous arrêtant dans chaque beau site et dans toutes les villes où il y a un musée, demeurant six mois à Rome pour bien goûter Raphaël, et six mois aussi à Milan pour aller à San-Carlo écouter Cimarosa et Rossini; puis revenez à Paris, vous, avec quelques mélodies admirables de plus, lui, avec des inspirations pour dix ans de travail, et, au bout de dix ans, voyez votre mari à l'Institut, et vous, apprenant tout ce que vous savez du sublime art de la musique à votre fille, qui sera votre dernière et meilleure élève...... Mais, Madame, votre tâche est finie, votre *reprise* est faite; on sonne, c'est votre mari, allez lui ouvrir : à demain les nouveaux rêves et les nouvelles espérances.

DE CERNY.

ÉDUCATION DES JEUNES PERSONNES.

MÉTHODES MODERNES.

Lettre de madame D*** à madame R***.

CHÈRE DAME,

Quel sera le mode d'enseignement que vous adopterez pour votre Berthe? Suivra-t-elle nos cours fameux, si vantés aujourd'hui? la confierez-vous à des maîtresses particulières? la mettrez-vous en pension? C'est là le problème que vous m'engagez à résoudre, en faisant un appel à mon amitié. Vous me croyez apte à trancher cette grande difficulté de toute mère de famille. Mais savez-vous, chère Madame, que vous me donnez là une tâche immense! De telle ou telle éducation, vous ne l'ignorez pas, dépend le bonheur ou le malheur de la vie entière; d'une bonne ou d'une mauvaise direction imprimée aux jeunes années toujours il survit quelque chose. Ne soyez donc pas étonnée si j'ai différé de répondre à votre amicale et confiante missive; j'ai voulu tout peser, tout voir, tout connaître, car j'ai conscience d'un avis donné. Il m'a fallu relire les bons ouvrages qui traitent de l'éducation des filles, visiter nos pensionnats, suivre quelques cours, interroger nos institutrices et de jeunes dames élevées chez leurs parents. De ce grave examen est résulté l'affermissement immuable de mes primitives pensées : une bonne institution, bien choisie, voilà ce qui convient à votre Berthe, si vous préférez sa santé, la douceur et la gaieté de son caractère, au vain plaisir d'avoir une institutrice à vos gages, ou au sot orgueil d'entendre votre fille pérorer trois fois par semaine à nos cours publics.

Je vais d'abord vous entretenir de ces cours.

Concevez-vous quelque chose de plus contraire à la modestie de la femme que ces cirques d'esprit, où chaque jeune fille se pique de faire publiquement assaut de science et de beau parler? Cet usage du monde, qu'une femme ne possède, hélas! qu'en accumulant bien des années sur sa tête, ne dépare-t-il pas une fraîche et naïve enfant, si élégante par sa gaucherie même, si séduisante lorsque son front rougit à une demande qu'on lui fuit?

J'ai la plus intime conviction que l'on altère une jeune vie en la jetant dans ces assemblées, où l'on acquiert bientôt l'aisance d'une femme qui a passé trente ans : « Si j'avais une fille à élever, dit avec raison la comtesse de Rémusat, je ne commencerais point par la déposséder de son individualité; et, certaine qu'elle pourrait toujours assez tôt faire ce que tout le monde fait, je n'userais ni sa patience ni mon autorité à le lui enseigner; je la laisserais vivre d'abord comme une enfant, ne fût-ce que pour faire connaissance avec elle. »

J'ai suivi des cours, chère Dame; j'ai assisté à plusieurs séances, et mon âme a été tristement froissée d'entendre de jeunes filles de 14 et 15 ans disserter avec assurance devant un auditoire nombreux, qui faisait sur l'intelligence et le physique des élèves les observations habituelles de la malignité. D'ailleurs, dans ces cours on effleure à peine les questions les plus sérieuses; et tandis que l'on doit garantir avec soin les femmes de ce demi-savoir auquel les dispose la nature de leur esprit, plus prompt qu'exact, plus pénétrant que conséquent, la pensée du professeur est, au contraire, d'encourager les études superficielles qui ne servent qu'à un vain étalage; tout s'adresse à l'imagination, et peu de chose au jugement. L'instruction n'offre pourtant des ressources véritables que lorsqu'on excite les jeunes personnes à se pénétrer du besoin d'étudier, plus encore que de l'ambition de savoir.

Mais suivez avec moi ces jeunes filles au sortir des cours. Elles ne possèdent pas toutes une mère instruite; pour la plupart, ce sont des filles du haut commerce, dont les mères, occupées de leur négoce, n'ont pas le temps de présider à l'éducation de leurs enfants; ou bien encore ce sont des filles de fonctionnaires, de notaires, d'avoués, dont les mères ne veulent ni ne peuvent redevenir enfants pour instruire les leurs. Il faut alors une institutrice, soit au cachet, soit permanente. Voilà le danger le plus réel pour une mère de famille. Confier sa fille à une petite personne étrangère que l'on connaît à peine, recommandée par un professeur qui ne la connaît lui-même que comme assistante à ses cours et toute dévouée à sa méthode; une jeune femme qui colporte sa science et sa sollicitude à trois francs le cachet, dont la vie est souvent un problème, soit qu'elle entre, soit qu'elle sorte de chez vous; qui vient chercher votre enfant pour la conduire aux cours, et lui faire ensuite expédier ses devoirs, afin d'aller prodiguer les mêmes soins à une autre enfant qui suit un autre cours. Et ici, je ne parle point du découragement qui saisit une jeune fille timide de caractère ou paresseuse d'esprit, à l'aspect de la merveilleuse élocution de ses rivales; je ne m'occupe pas de la vanité que leur inspire la toilette prétentieuse qu'elles se croient tenues de faire; je ne signale pas l'inconvénient, même pour une santé robuste, de sortir à jours et heures fixes, quel que soit l'état de la température, quelles que soient les rigueurs de la saison.

Il peut arriver cependant que l'institutrice à demeure soit choisie parmi le petit nombre de personnes portées de cœur vers des fonctions tellement importantes qu'elles doivent décider de l'avenir d'une femme et de toute une famille. Mais quoi de plus funeste que l'*éducation au logis*, pour me servir de l'expression de madame Campan? Ou la jeune personne sera admise aux soirées, aux fêtes et aux réunions de la famille; alors arriveront la lassitude, le dégoût du travail; les études seront fréquemment troublées par les souvenirs du bal de la veille et les projets pour la réception du lendemain. Ou, reléguée dans un coin de l'appartement, elle rèvera aux plaisirs qu'on lui défend et aux distractions qu'on lui refuse.

Et les devoirs de la religion, qui les enseignera à cette jeune fille? trouvera-t-elle toujours la leçon de l'exemple dans la maison paternelle? Je sais qu'on pourra la conduire aux instructions religieuses de sa paroisse; mais alors se reproduira une partie des inconvénients que j'ai signalés pour se rendre à des cours.

Les pensionnats réunissent seuls cette unité de direction, cet ensemble de garanties morales destinées à rassurer la sollicitude des familles. Voilà, chère Dame, ce qui doit fixer vos incertitudes. Là, sous la direction de femmes honorables, dignement placées à la tête de maisons où tous les exercices religieux s'accomplissent dans l'intérieur; où règnent l'ordre, la décence, une surveillance sans contrainte, une propreté extrème sans recherche, les jeunes personnes sont instruites dans toutes les parties de l'enseignement. « C'est un bonheur véritable pour la jeunesse que l'existence des pensionnats, dit un écrivain spécial, M. Barrière. Placé, ajoute-t-il, au sein d'un jury qui délivre les diplômes d'institutrices, j'ai suivi depuis deux ans les examens qu'on exige : si j'en puis juger d'après mes lumières et d'après les réponses des maîtresses, l'instruction des jeunes filles a fait de notables progrès. Je ne veux point dire qu'on leur apprend plus de choses, je veux dire qu'elles sont mieux enseignées. Montaigne les féliciterait, non pas d'être *plus savantes*, mais d'être *mieux savantes*. »

Je suis convaincue, chère Dame, que dans les pensionnats seulement la jeunesse peut acquérir l'émulation, force essentielle de l'éducation publique; non point l'émulation qu'enfante la vanité puérile ou l'orgueil insultant, mais cette ardeur travailleuse qui dirige les élèves vers le bien et ne porte aucune atteinte aux sentiments généreux de l'âme et du cœur. Alors la rivalité ne fait point naître la jalousie; l'envie est vaincue par l'amitié. Qui pourra remplacer, je vous prie, pour votre Berthe, les petites causeries du pensionnat, les récréations si salutaires pour la santé, et si différentes des promenades dans nos jardins publics, promenades toujours compassées, toujours monotones? Qui lui tiendra lieu de cet essaim de compagnes de son âge, avec lesquelles il lui est permis de rire et de pleurer, car elles comprennent et sa gaieté et sa tristesse? qui assouplira mieux son caractère que la règle uniforme et obligatoire pour chacune d'elles et pour toutes à la fois?

J'ai visité, chère Dame, des institutions justement vantées par mes amies, en bornant toutefois mon inspection volontaire au voisinage de l'avenue des Champs-Élysées, le point de Paris où l'on respire l'air le plus pur, où il est si agréable de diriger ses pas. Plusieurs de ces institutions méritent une mention distincte; je pourrais vous en signaler quelques-unes, et plus spécialement celle des dames Loiseau et Dumont (rue Neuve-de-Berry, 6), où les mêmes éléments d'une bonne éducation et d'une instruction solide, les mêmes avantages matériels qui se rattachent au physique des enfants, ne sont pas affaiblis par le mélange incohérent de dames pensionnaires et d'élèves en chambre, mélange si contraire à une surveillance efficace; et dont les distributions locales, quoique vastes et bien combinées, sont pourtant limitées de manière à rassurer contre une agglomération trop nombreuse d'élèves. Dans toutes les pensions que j'ai vues, pas de figures étiolées; mais quelle fraîcheur, quel embonpoint! pas de *petites grandes personnes*; mais quelle candeur, quelle franchise, quelle naïveté sur tous ces visages d'enfants! que d'espièglerie et que d'abandon dans les jeux! que d'adresse dans les exercices gymnastiques si favorables à la santé!

L'enseignement privé, les cours publics m'ont donc toujours paru de dangereuses erreurs des parents. Laissons à la jeunesse cette existence de pension, tour à tour bruyante et réservée; laissons-lui la gaucherie du pensionnat, les folles joies des récréations; laissons-lui enfin ces ineffables amitiés de compagne à compagne qui se retrouvent si souvent, et quelquefois si utilement dans la vie.

Toute à vous, chère Dame.

D***

Typographie LACRAMPE et Cⁱᵉ, rue Damiette, 2.

LA FORNARINA.

LA FORNARINA.

I.

Florence est une des villes les plus suaves de cette suave contrée dont chaque cité offre son type à part, sa physionomie nettement accusée, et son ordre individuel de beautés : — c'est Naples reposée et calme. — Assoupie sur les rives verdoyantes de l'Arno, dans ses rêves incessants de poésie et de volupté, elle ne se réveille que pour chanter et pour sourire au sein de toutes ces ineffables harmonies de soleil, de nature, de mœurs, de langue, d'histoire, de souvenirs, de monuments et de climat, qui caractérisent la terre italique. Partout une jeune et délicieuse femme qui sème des fleurs sous vos pieds, et verse des parfums sur votre front; qui, pour plaire, emploie toutes les séductions et les caresses; qui aime, prie et gémit avec le même amour; qui ramène ses longs cheveux noirs sur sa poitrine, ou se baigne dans les flots qui murmurent, ou se mirc, ou se berce sur les ramures du bosquet, parmi les petits oiseaux du ciel; partout de gracieux et frais paysages, une atmosphère tiède et molle qui vous embaume et vous fait échapper à la vie positive, des palais et des églises de marbre; partout la bienveillance et l'urbanité chez les grands, la franche gaieté, l'abandon et les sympathiques accents chez les petits. — N'étaient ces hauts manoirs bronzés par le temps, fils des mœurs austères de la république florentine, bâtis avec des rochers; n'était cette architecture militaire si grave, si robuste, mais en même temps si fière et si rude, symbole des idées guerrières évanouies, et contrastant si fort aujourd'hui avec le calme poétique et les pacifiques habitudes de la Florence grand-ducale, vous vous croiriez dans une chose tout idéale comme Venise et la *Strada nuovissima* de Gênes.

En général, il faut bien l'avouer, tout est à dire sur l'Italie. Nos feuilletonistes, nos dramaturges et nos voyageurs n'ont jusqu'ici vu de ce pays que l'écorce; ils ont supposé les stylets, oubliés depuis les guerres civiles, la perfidie, la *vendetta* qui poursuit sans cesse et ne pardonne jamais. Pourtant, quand on a pénétré dans l'existence intime de ce pays, comme on le voit différent des peintures ridicules qui en sont faites! Nulles mœurs plus hospitalières, plus démonstratives et plus douces; nulles amitiés plus communicatives; nulle contrée en Europe qui réunisse tant de beautés, une géologie magnifique, les marbres et la végétation, les effets pittoresques de la Suisse dans les Apennins

et les Abbruzes, le sceptre des arts en musique, en sculpture, en peinture, en architecture et en dessin; et puis, ces formes admirables, exquises, dans le type humain, d'accord avec le ciel et toutes les harmonies matérielles du sol.

II.

Il n'est pas de ville en Italie où l'art soit plus populaire, mieux compris par les masses, plus hautement encouragé par le gouvernement, que dans la riante capitale de la Toscane. — L'art, il s'est si bien identifié avec la vie de tous, dans l'existence publique et privée; il est un tel besoin pour tous, qu'il n'est pas un palais particulier de Florence où tout passant ne puisse entrer à toute heure du jour, où les portiques ouverts, les galeries ouvertes, ne convient les étrangers et n'appellent les visiteurs. — On ne s'est pas contenté des statues et des groupes qui ornent les places et les rues, des fresques qui décorent tous les péristyles, tous les portiques, toutes les façades de musées, d'églises, de cloîtres, de maisons de charité; il a fallu encore qu'un immense palais servît d'asile aux chefs-d'œuvre de la sculpture antique et de la peinture moderne. — Il a fallu plus encore, il a fallu que le palais Pitti, résidence du grand-duc, fût un musée, et le prince a consacré à cette destination la plus belle moitié de ses propres appartements. — L'art, à Florence, c'est le pouvoir, c'est la société, c'est l'unité et le lien de toute existence publique et privée.

Je ne vous parlerai pas de la galerie Pitti, que nul potentat d'Europe ne pourrait acheter; je me borne à celle *degli Uffizi* (des Offices), vaste palais uniquement consacré aux arts, et dans ce palais, je ne choisirai qu'un coin, et dans ce coin, je ne choisirai qu'une seule toile; — mais ce coin, c'est la Tribune, c'est-à-dire une pièce octogone, terminée en coupole, où se trouvent la Vénus de Médicis, etc., six Raphaël, un Pérugin, un Albert Durer, des Titien, des Guerchin, des Guido Reni, etc., — et cette toile, c'est la *Fornarina* du plus grand peintre qui ait jamais vécu.

La Tribune est un salon frotté, élégant, meublé de fauteuils, où se donne rendez-vous l'élite des visiteurs, ces dames, ces hommes qui viennent, comme moi, vivre quelque temps à Florence de cette vie de musées et de sensations artistes qui exaltent l'âme, que l'on ne peut comprendre si on ne l'a goûtée; qui passent des rives de l'Arno et des *cascine* aux galeries, et des galeries à la Pergola, aux douze ou quinze théâtres lyriques qui peuplent Florence, et dont l'entrée est pres-

29

que gratuite. — Car la musique, c'est une chôse qui fait partie intégrante des mœurs florentines, et il faut que le peuple en ait sa part. — Le *Forestiere* ou voyageur qui visite les galeries est vite reconnu; toujours il a son guide sous le bras et son livret entre les mains; les caricatures de la société de la Tribune sont les Anglais, comme cela doit être. Les Offices sont ouverts à neuf heures du matin, et se ferment à trois heures de l'après-midi; là, chaque tableau est mobile, et vous pouvez l'approcher selon le jour, selon votre vue; là, toujours des fauteuils qui vous tendent les bras, et que vous pouvez placer en regard des chefs-d'œuvre. — La Tribune est, je le répète, un salon dans toute la valeur du mot, où chacun s'efforce d'avoir le ton de la meilleure compagnie, de ne pas tousser, éternuer et cracher en prolétaire, de ne pas admirer en faquin (il facchino); où tout le monde se rend compte de ce qu'il a sous les yeux d'une manière plus ou moins intelligente. — Vous entendriez voler une mouche ou battre le cœur d'une fiancée dans ce noble sanctuaire.

III.

A gauche en entrant, sur le premier plan, apparaît la *Fornarina*, richement encadrée. — La Fornarina, vous le savez, c'était une boulangère, c'était la maîtresse de Raphaël; et le grand homme qui l'éleva jusqu'à son amitié dut avoir reconnu en elle un immense dévouement, des formes merveilleuses, un immense génie, une âme chaude et forte. Raphaël, mort si jeune, si énergique, si puissant, quand ses amours et ses pinceaux avaient la même harmonie, Raphaël aima prodigieusement cette fille. — Ah! tout ce que fut la Fornarina, la toile du peintre nous le révèle : vivacité d'esprit, suavité de la bouche, ardeur de la pensée, regards flamboyants, mais d'une ineffable douceur, peau brune et basanée, véritable bronze florentin, riche poitrine, tête aplatie au sommet comme les têtes antiques des Pulchérie, des Flavie, des Faustine; lèvres grosses et souples, carnation ferme, cheveux rouges à la manière orientale, c'est-à-dire cheveux de feu, tout cela est dans le portrait qui nous reste.

A qui a vu la *Trasfigurazione* de Rome, de l'illustre Sanzio d'Urbain, la *santa Cecilia* de la *pinacoteca* de Bologne, et la *Madonna della seggiola* du palais Pitti, le culte pour Raphaël sera une véritable religion où le fanatisme n'est jamais possible. A qui a suivi l'inimitable maître dans sa première méthode tenant de l'école du Pérugin,

de ce Pérugin qui donnait à ses anges, à ses vierges une pose si idéale et si céleste, à leurs lèvres un pincement si harmonieux, à leur figure une expression si calme, si chaste, si intime et si pure, qui sanctifiait jusqu'à ses animaux ; à qui a suivi Raphaël dans sa seconde et sa troisième manière, la Fornarina est encore le dernier mot du génie, le type le plus complet d'un talent arrivé à toute sa maturité et son énergie. — Ce n'est qu'un portrait. — Oui; — mais quel portrait, grand Dieu! — Ah! combien d'amour et de conviction le Sanzio a versés sur cette toile! combien il a caressé cette image, faite, non pour la postérité, mais pour son amie!— C'est son cœur, c'est son âme, ce sont ses sens qui tenaient le pinceau tout à la fois.

Rien au monde ne m'a frappé comme la Fornarina. Pour la comprendre, je le sens, il faut avoir quelque chaleur dans la poitrine, et aimer prodigieusement le Midi. Car cette femme, c'est la Napolitaine, c'est la femme où l'expression d'amour sans borne se trouve mêlée à l'accentuation la plus forte. Ces cheveux brûlants comme ceux du Christ, sur une tête brune où deux yeux d'un noir foncé resplendissent; cette poitrine si moelleuse et si ferme, cette main si arrondie, ce sourire si frais, cette taille si correcte, tout annonce la femme méridionale telle que Raphaël et tant d'autres sublimes génies l'adorèrent.—Non, je ne puis traduire cette toile, ce faire si fini, cette animation si vive, ce naturel si parfait, cette incroyable harmonie de dessin et de coloris, tant de pureté et tant de verve, tant de grâce et tant de force, tant de goût dans le choix du costume, de la pose et du moment! Avoir ainsi aimé la Fornarina, avoir ceint son front d'une couronne de fleurs, avoir jeté une mantille sur ses épaules, et mis un anneau à son doigt, avoir pensé et réalisé cette peinture, et mourir au printemps des amours et de la gloire!.... O Raphaël! dors en paix dans cette gloire que tu ambitionnais peu : dors, dors dans ton linceul! tout est culte pour toi dans ton sanctuaire.

On ne peut voir cette Fornarina sans pleurer d'amour, sans s'asseoir devant elle pendant plusieurs heures, immobile et anéanti, sans lui parler, lui demander les secrets du cœur de son ami, comme si cette image avait vie.

Pendant mon séjour à Florence, j'allais régulièrement passer quatre heures vers ma Fornarina : aimer ce portrait, voyez-vous, c'est s'approcher du céleste Raphaël; elle a reçu mon premier salut et mon dernier adieu. — Les gardiens de la Tribune me connaissaient si bien pour amant de la maîtresse du Sanzio, que je me suis souvent entendu dire ces paroles :

« Questo signore il chiameremo il Fornaro; perciocchè egli sta sempre dinnanzi alla Fornarina, bevendola dagli occhi; ei pare essere invaghito della imaggine quanto lo fu il Zanzio della realità. »

« Ce monsieur-là, nous le nommerons le *boulanger*, parce qu'il est toujours en présence de la *petite boulangère*, la buvant des yeux; il paraît être épris du portrait autant que Raphaël le fut de la réalité. »

J'ai vu beaucoup de copies de ce tableau; pas une ne m'a pleinement satisfait; pas une n'a su rendre cette vie, cette couleur, ce style; et ce qui est le moins indigne de l'original, c'est une copie peinte sur porcelaine, qui existe dans la royale galerie de Turin, créée par la sollicitude paternelle et éclairée du roi Charles-Albert.

Adieu, ma Fornarina; adieu, Florence, ville des troubadours, des fleurs, des sérénades nocturnes; adieu! avant peu de temps je te reverrai si Dieu m'aime.

Le chevalier Joseph BARD.

KOSATO, LE PIED-NOIR.

FRAGMENT D'UNE HISTOIRE A FAIRE.

VII.

Kosato, Ross et Godin vivaient en frères, c'est-à-dire qu'ils chassaient ensemble, et partageaient loyalement les produits de leur chasse. Chaque matin, le trappeur, chargé de ses pièges, se rendait dans les bois, et suivait le cours des ruisseaux ou des petites rivières peuplées de castors. Je ne rapporterai pas ici les contes aussi faux que merveilleux débités sur l'intelligence et les mœurs de ces animaux; je me bornerai à raconter comment on leur fait la chasse. Le piège ou la *trappe* dont on se sert pour cela ne diffère en rien de nos pièges à loups et à putois, si ce n'est qu'une planchette à bascule est disposée de manière à faire lâcher la détente du ressort, et à faire fermer les deux branches du piège aussitôt que le castor touche à l'appât attaché dessus.

Un œil exercé par l'habitude fait découvrir au trappeur, par les signes les plus légers, la piste du castor, et, la hutte de l'animal fût-elle placée dans le taillis de saules le plus fourré, ce même coup d'œil lui fait deviner exactement le nombre

des habitants qu'elle renferme. Alors il pose sa trappe à deux ou trois pouces au-dessous de la surface de l'eau, et, par une chaîne, l'attache à un tronc d'arbre ou à un piquet fortement enfoncé sur la rive. L'appât consiste en une jeune tige de saule, dépouillée de son écorce, fixée dans un trou de la bascule, et la sommité dépassant la surface de l'eau de cinq à six pouces. Ce sommet a préalablement trempé dans la *médecine* (pour me servir du mot technique) qui doit attirer l'animal par son odeur alléchante.

Or, la composition de la médecine est le secret du trappeur, secret que nous allons révéler. Au printemps, il ramasse une grande quantité de bourgeons de peupliers, au moment où ils sont le plus couverts de cette sorte de glu visqueuse et odorante, destinée sans doute par la nature à protéger le développement des jeunes feuilles. Il jette ces bourgeons dans une chaudière avec de l'eau, quelques feuilles de menthe de ruisseau, un peu de camphre, et une suffisante quantité de sucre d'érable. Quand tout a bouilli assez longtemps pour réduire l'eau à l'état de sirop sans emporter l'odeur du bourgeon de peuplier, il passe au filtre, et la *médecine* est faite; il la conserve dans des fioles bien bouchées, et y trempe son appât lorsqu'il tend son piège.

Le castor, doué d'un odorat très-fin, ne tarde pas à être attiré par l'odeur; mais, dès qu'il a touché à l'appât qui tient la détente, le piège part et le prend par les pattes. L'animal se débat, entraîne la trappe de toute la longueur de la chaîne; mais bientôt, épuisé de fatigue, il coule à fond avec le piège, et se noie. Quelquefois, quand le piquet vient à manquer, le castor gagne la rive, et entraîne le piège dans les bois, où le trappeur a beaucoup de peine à le retrouver. Il arrive aussi que, lorsque ces animaux ont été trop inquiétés, ils deviennent méfiants, et déjouent toutes les ruses du trappeur. Dans ce cas, le chasseur abandonne la partie, met ses pièges sur son dos, et s'éloigne en s'avouant vaincu.

Un trappeur possède ordinairement huit à dix pièges; mais quelques-uns, comme Ross, par exemple, en ont jusqu'à vingt-cinq ou trente, et alors ils sont considérés comme des personnages très-importants.

Godin n'avait que cinq ou six trappes, aussi n'était-il pas riche. Mais, faute de pouvoir faire étalage de ses chevaux et de ses parures, sa vanité se consolait en faisant étalage de son courage et de son adresse à la chasse aux ours, chasse à laquelle il se livrait spécialement. On trouve dans cette partie de l'Amérique trois espèces d'ours : l'ours blanc, fort rare dans les monta-gnes Rocheuses, où il ne s'enfonce que l'hiver, lorsque la mer est gelée; l'ours à collier blanc, qui vient du Canada, et ne se montre qu'au prin-temps; enfin l'ours gris, la terreur des plus hardis chasseurs, qui est sédentaire, très-commun, et d'une férocité qui le dispute à celle de l'ours blanc.

Godin avait un talent merveilleux pour décou-vrir, pendant l'hiver, le tronc d'arbre dans le creux duquel un ours avait établi sa tanière; il savait, dans les autres saisons, l'attendre à l'af-fût, le surprendre dans son fourré, le suivre à la piste, et le percer de ses balles. Quelquefois, par une bravade intrépide, il osait l'attaquer corps à corps et lutter avec le terrible animal. Lorsqu'il avait trouvé sa piste, il le suivait, armé d'un arc, d'une carabine et d'un couteau indien, à lame longue et affilée. Il s'approchait du farouche ani-mal en se cachant et rampant dans les bruyères, puis il se montrait tout à coup et lui lançait une flèche. Alors il se laissait tomber sur la terre de toute sa longueur, saisissait sa carabine, ajustait le monstre, et attendait. L'ours, blessé et furieux, hésitait un instant entre la fuite et l'attaque; mais, voyant son ennemi par terre, il s'élançait sur lui pour le déchirer. Godin avait le courage d'attendre qu'il fût à cinq pas de lui, puis il lui envoyait dans la poitrine une balle qui le renversait raide mort. Si la carabine venait à manquer, Go-din se relevait lestement, et, le couteau à la main, attendait une lutte corps à corps. Ce changement de posture suffisait pour arrêter l'animal, qui, après une nouvelle hésitation, se retirait à pas lents, et en tournant souvent la tête vers le chas-seur intrépide.

Quant à Kosato, il regardait la chasse aux trappes comme indigne de lui; il disait à Godin qu'il y avait de la puérilité dans cette vanité qui le faisait s'exposer par bravade à un danger sans utilité, et il l'entraînait avec lui à la chasse des moutons de montagnes, des daims, des argalis et des bisons.

Tantôt, à pied et en silence, ils se glissaient à travers les taillis de saules et de peupliers, sur-prenaient les animaux et les abattaient d'un coup de fusil; tantôt, montés sur leurs agiles cour-siers, ils osaient se lancer dans les savanes, au mi-lieu d'un troupeau serré de plusieurs centaines de bisons, les mettaient en désordre, les poursui-vaient, évitaient avec adresse l'atteinte mortelle des cornes des taureaux furieux, les harcelaient, les fatiguaient, et finissaient par en abattre plu-sieurs à coups de carabine, de lance ou de toma-hawck.

Godin, toujours aussi vaniteux qu'intrépide et leste, se penchait quelquefois sur son cheval au galop, atteignait un bison au moment de sa plus grande furie, et, sans autres armes que son cou-teau, le renversait avec une profonde blessure dans les flancs.

Lorsque les deux chasseurs avaient abattu as-sez de gibier pour apporter l'abondance dans le wigwam, ils descendaient de cheval, écorchaient ces animaux, jetaient leurs cuirs sur leurs chevaux, puis ils coupaient les corps en quartiers assez gros pour faire la charge d'un homme; ils les couvraient de feuillages et de broussailles, pour les dérober à la voracité des oiseaux de proie; ils marquaient la place où ils les laissaient en plan-tant dans la terre une perche au bout de laquelle était attaché un lambeau de cuir ou la queue de l'animal; puis ils gagnaient le camp des mar-chands de l'Est, sûrs qu'aucun Sauvage ne tou-cherait à leur chasse, fût-il poussé par la faim la plus dévorante. Ils échangeaient leurs cuirs pour de la poudre, du plomb, des hameçons propres à la pêche du saumon, des armes, des rubans, des étoffes, de la verroterie pour les femmes, et ils revenaient gaiement sous le toit du wigwam.

Les femmes partaient alors : elles retrouvaient le gibier aux endroits qu'on leur avait indiqués, et elles revenaient chargées comme des bêtes de somme, mais sans se plaindre, car telle est inva-riablement la vie des Sauvages.

Kitchy se trouvait heureuse, parce qu'elle ne comprenait pas, faute d'avoir vu des exemples contraires, que la femme d'un guerrier pût être mieux traitée par lui que son cheval ou son chien; mais il n'en était pas de même de Palaouana. Lors de son premier mariage avec Ross, elle avait vécu pendant un an avec une société de trappeurs, pour la plupart mariés à terme, c'est-à-dire pour la saison de la chasse, comme c'est l'usage. Elle s'était accoutumée à une sorte de galanterie sau-vage inconnue aux Indiens, et la coquetterie innée dans le cœur des femmes blanches, rouges ou noires, s'était développée chez elle en raison de l'amour et de la faiblesse de son mari.

Ce n'était plus cette pauvre Indienne couverte de cuir et de quelques franges de peau de daim; c'était la femme d'un trappeur devenue la co-quette élégance, surtout quand elle allait dans le camp des Visages-Blancs, et elle y allait toujours dans l'intention d'éclabousser les autres femmes de trappeurs par son luxe et sa toilette.

Dans cette circonstance, elle montait, non pas un vieux cheval malingre et éreinté, comme un mari indien en donne un pour servir au transport de sa femme et de ses petits enfants, mais le plus beau cheval qu'on avait pu trouver, à force de dollars, dans toutes les montagnes Rocheuses. Les harnais, la selle et la croupière étaient ornés avec une profusion de pierres fausses, de grelots et de rubans. De chaque côté de la selle, pendait un *esquimont*, sorte de poche où elle fourrait les colifichets et le bijou de rechange dont elle voulait éblouir ses compagnes. Le tout était recouvert d'une draperie de calicot écarlate.

Quant à sa personne, c'était le chef-d'œuvre, non pas du bon goût, mais de la prodigalité. Sa belle chevelure flottante était recouverte d'un chapeau de feutre à l'amazone, sur lequel flottait avec grâce un panache en longues plumes de diverses couleurs. Sa robe, de la plus belle étoffe verte, quelquefois rouge ou grise, était taillée à l'européenne; ses brodequins et ses moccasins, du travail le plus exquis et le plus coûteux, lui dessinaient parfaitement la jambe et le pied, que les Indiennes ont généralement jolis. Des boucles d'oreilles en or, ornées d'énormes pendants en perles fausses ou en pierres colorées, deux ou trois colliers l'un sur l'autre, des bracelets, des bagues à tous les doigts, tels étaient ses bijoux. Parmi les couvertures dont elle possédait un grand nombre, elle en choisissait une de la couleur la plus éclatante, et, la jetant sur ses épaules avec une grâce tout indigène, elle s'élançait sur son coursier, et partait au galop pour le camp. Son mari la suivait fier et émerveillé du mérite de sa femme, et ne pensant plus aux dollars qu'il dépensait à mesure qu'il les gagnait, quelquefois même à l'avance, pour satisfaire les caprices ordinaires à toute femme de trappeur.

Palaouana était vaniteuse; mais sa coquetterie, toute dans la tète, n'allait pas jusqu'à son cœur. Aussi, lorsqu'il lui arrivait de trouver dans le camp une femme plus brillante, plus couverte de colifichets qu'elle, et cela lui arrivait souvent, loin de la jalouser et de la prendre en haine, elle revenait au wigwam riant comme une folle de son propre désappointement.

VIII.

A quelque distance du wigwam de Kosato était le camp des Nez-Percés, nation pacifique, amie des Visages-Pâles, et dont, chose fort singulière, le nom est français et se prononce chez eux comme chez nous. Cette tribu avait été fort maltraitée par les Pieds-Noirs dans divers combats, et ses guerriers, ayant pour chef Jean-le-Bleu, se trouvaient réduits à un très-petit nombre. Les

injures qu'ils avaient souffertes de leurs implacables ennemis leur avaient aigri le cœur, mais ils n'osaient continuer une lutte sanglante dans laquelle ils avaient toujours succombé. En conséquence, pour éviter toute surprise des Pieds-Noirs, ils avaient pris le parti de se mettre sous la protection d'une caravane de Visages-Blancs, et de camper à l'entrée de la Vallée-de-Pierre. De temps à autre, ils détachaient quelques guerriers pour chasser dans les montagnes, et entretenir l'abondance dans leur camp. Un de ces détachements, commandé par le brave chef Kowsoter, avait, par un hasard fatal, élevé ses huttes à peu de distance du lieu où le chef des Pieds-Noirs avait établi ses wigwams, sans que ni les uns ni les autres se doutassent de ce terrible voisinage.

Kosato s'était joint aux Nez-Percés, non pas qu'il les estimât beaucoup, mais parce qu'il espérait les déterminer à recommencer, ou plutôt à continuer une guerre qui satisfaisait sa haine et sa vengeance contre sa tribu natale. Un jour, accompagné de sa femme, il se rendait auprès de Kowsoter, commandant le détachement des chasseurs, et il marchait avec la plus grande sécurité.

Shi-wi-shi-Ouaiter était embusqué seul dans un épais fourré de jeunes sapins, à cent pas de l'endroit où Kosato vint passer sans défiance. L'apercevoir, le reconnaître et le coucher en joue fut un seul mouvement. Mais, en cet instant, Kosato passait derrière une roche, ce qui donna au vindicatif Pied-Noir le temps de la réflexion. Le jour baissait : il pensa qu'il ferait mieux de suivre son ennemi jusqu'à la nuit, de le surprendre dans les ténèbres, et de le massacrer ou de le faire prisonnier. L'idée de le voir mourir attaché au fatal poteau souriait singulièrement à sa haine ; mais la prudence entrait aussi pour quelque chose dans sa détermination. En effet, si de son premier coup de carabine il venait à manquer son ennemi, celui-ci pouvait lui échapper par la fuite ; ou bien, sa vengeance était obligée de courir la chance d'un combat, chance à laquelle ne se détermine jamais un Indien que lorsqu'il a épuisé celles de la ruse, de la surprise et de l'embuscade.

Le Pied-Noir suivit les deux voyageurs sans en être aperçu. Déjà la nuit était devenue sombre ; déjà Shi-wi-shi-Ouaiter se préparait à faire un long contour pour devancer son ennemi et préparer une embuscade, lorsqu'il le vit se détourner vers une petite vallée, traverser un taillis de frênes, et entrer dans un petit camp de chasseurs dont le Pied-Noir ne soupçonnait pas l'existence. Il fut obligé de s'arrêter dans sa poursuite, et il vit avec désespoir son ennemi lui échapper.

Kosato fut parfaitement reçu dans le wigwam de Kowsoter, dont il était l'ami. Ce chef, pour lui prouver tout le plaisir qu'il avait à le recevoir, invita les guerriers nez-percés à un repas que l'on fit autour d'un grand feu, au milieu du camp. Des peaux soigneusement préparées pour ces occasions furent étendues sur la terre, et couvertes d'un amas de viandes d'élans, de moutons de montagne, et d'os à moelle de bisons, le tout assaisonné avec une racine amère dont les Indiens font usage en guise d'épices. Tout le monde, excepté les femmes, s'assit les jambes croisées, à la manière turque, et on se livra à la plus bruyante joie. Les chiens mêmes, ces sentinelles si vigilantes, abandonnèrent la garde du camp, et vinrent partager les os du festin.

Dans ces circonstances, les Indiens, ordinairement si graves, deviennent babillards et rodomonts; c'est à celui qui se vantera davantage, et qui racontera les exploits les plus merveilleux, vrais ou faux. Pendant qu'un guerrier fixait au plus haut point l'attention de ses auditeurs par une histoire merveilleuse, les yeux de Kosato tombèrent par hasard sur un élan dont les cornes rameuses, éclairées par la flamme rougeâtre du foyer, trahissaient la marche furtive. Cet objet le surprit; car jamais il n'avait vu un animal de cette espèce, ordinairement si timide, oser se hasarder à entrer dans un camp. Il le montra à un de ses voisins; mais celui-ci, absorbé par l'attention qu'il portait au narrateur, ayant à peine jeté sur l'animal un œil inattentif, lui dit : « C'est un élan; » et il ne s'en occupa plus. Kosato, pour ne pas paraître avoir un cœur de femme, n'ajouta rien; mais ses yeux ne se détournèrent pas un instant de cette singulière apparition. L'élan rôda quelque temps de hutte en hutte, flairant et broutant çà et là; puis il regagna nonchalamment la porte et sortit.

Kosato se leva doucement, saisit son tomahawck et suivit un instant l'animal. Tout à coup, il le vit, à cent pas du camp, se dresser sur ses pieds de derrière, jeter à ses cornes et sa peau, s'élancer sur le cheval d'un chef nez-percé, et partir au triple galop après avoir lâché à Kosato un coup de carabine dont la balle siffla près de ses oreilles.

L'alarme fut donnée. Tout le monde se leva et courut à ses armes, et ce fut alors seulement qu'on s'aperçut que Shi-wi-shi-Ouaiter, le prétendu élan, avait déjà enlevé et conduit dans les bois plusieurs chevaux attachés à la porte du camp, avant d'avoir eu la téméraire hardiesse d'y pénétrer pour en compter les guerriers. On devina de suite que le voleur ne pouvait être qu'un

rôdeur pied-noir, et qu'une troupe de ces farouches Indiens n'était pas bien loin. En conséquence, on se prépara à repousser une attaque. Après avoir fait rentrer tous les chevaux dans le camp, on le barricada avec des troncs d'arbres et des pieux; chaque guerrier creusa un trou au milieu de sa hutte pour se mettre à l'abri des balles.

A la pointe du jour, moment que les Indiens choisissent ordinairement pour surprendre leurs ennemis, on entendit des hurlements épouvantables partir de la forêt voisine, et une volée de coups de fusil fut tirée sur le camp par plus de cent cinquante Pieds-Noirs, commandés par leur sachem. Les assiégés ne comptaient que vingt hommes, dont neuf seulement étaient armés de carabines et les autres d'arcs et de flèches. Néanmoins, ils se montrèrent braves comme de véritables guerriers, et se battirent en désespérés. Retranchés dans leurs trous, ils jonchaient la terre d'ennemis morts, car, pour les attaquer, les Pieds-Noirs étaient obligés de se mettre à découvert.

Déjà le combat se soutenait depuis plusieurs heures, lorsque Kosato crut reconnaître Shi-wi-shi-Ouaiter, réfugié derrière le tronc d'un arbre renversé, d'où il faisait un feu continuel, à l'abri des balles du camp. A cette vue, la rage qui transportait Kosato n'eut plus de bornes; il sortit de sa fosse, se glissa en rampant derrière un autre tronc d'arbre abattu, et, couché sur la terre, il le poussa au narrateur et le roula devant lui jusqu'auprès de l'arbre derrière lequel était accroupi son ennemi. Aucun des deux n'osait se découvrir à mesure qu'ils se rapprochaient, et il y eut dans les deux guerriers un moment d'anxiété profonde, car le premier qui se serait montré à découvert devait essuyer, à bout portant, le feu de son ennemi et mourir. Tout à coup, au moment où les deux troncs d'arbre se touchèrent, Kosato bondit comme une panthère, et, rapide comme la pensée, déchargea sa carabine dans la poitrine de son ennemi, qu'il étendit raide mort. Alors, il tira le corps derrière les troncs d'arbre, et, au milieu d'une grêle de balles, il tira froidement de sa ceinture son couteau à scalper, cerna la peau autour de la tête du cadavre, qu'il reconnut alors n'être pas celui du chef des Pieds-Noirs; il saisit la touffe de ses cheveux, tira violemment à lui, et détacha la peau du crâne. Muni de cette chevelure sanglante, il rentra au camp et regagna sa fosse. Mais, dans ce moment, une balle le frappa au front, et il tomba au fond du trou.

Pendant que toute l'attention était fixée sur le terrain où Kosato combattait, une troupe de

Pieds-Noirs était parvenue à tourner le camp, à en forcer les palissades, et à enlever les chevaux. Ils s'en servirent comme de boucliers, en les faisant marcher devant eux, et s'approchèrent ainsi de la fosse où gisait Kosato, dans l'espérance de reprendre la chevelure de leur guerrier, et de lui enlever la sienne.

Kitchy, assise au fond du trou, avait posé la tête de son mari sur ses genoux; elle baignait sa blessure de ses larmes, et en essuyait le sang avec ses longs cheveux. Elle entendit le bruit des pas, leva la tête, et vit un Indien de sa tribu natale qui lui dit : « Kitchy, l'âme du renégat est à présent dans le pays des esprits; laisse là son corps inanimé, et suis-nous dans ta famille. »

L'indienne, pour toute réponse, saisit son arc, et, d'une flèche acérée, perça le sein du Sauvage imprudent; une seconde flèche en atteignit un autre; une troisième était sur son arc lorsque la petite troupe, arrêtée par le courage héroïque d'une jeune femme, abandonna le camp, en emmenant néanmoins les soixante chevaux qui s'y trouvaient. La courageuse Kitchy, pour venger celui qu'elle aimait, ne cessa pas de combattre, et plusieurs fois ses flèches meurtrières portèrent l'effroi dans les rangs ennemis.

Quoique tous les Nez-Percés fussent plus ou moins grièvement blessés, tous combattaient vaillamment à l'abri de leurs redoutes improvisées, et les Pieds-Noirs éprouvaient une grande perte de guerriers. Ils s'éloignèrent peu à peu en enlevant leurs morts, et, vers les dix heures du matin, commençant à manquer de poudre, ils se retirèrent tout à fait, et disparurent dans les montagnes.

Kitchy s'était de nouveau assise à terre, et, après avoir replacé la tête de son mari sur ses genoux, elle commença le chant de mort (1) :

« Tu vas dans l'Ouest, dans le pays des esprits; pourquoi es-tu parti sans moi? Qui t'aidait à t'équiper quand tu partais pour la guerre ou la chasse, si ce n'est moi? Lorsque tu revenais, j'allais à ta rencontre, je portais ton fusil, et tu entrais sans souci. Pendant que tu t'asseyais en fumant, je déchargeais tes chevaux, je les attachais à des pieux, je mettais tes ballots en sûreté, puis je revenais à tes pieds.

« Tu vas dans l'Ouest, dans le pays des esprits; pourquoi es-tu parti sans moi? Si tes moccasins étaient mouillés, je te les ôtais et t'en

(1) Je donne littéralement la chanson de Kitchy, parce qu'elle peint mieux que je ne pourrais le faire, et dans ce de curieux détails, les devoirs d'une femme sauVage enVers son mari.

mettais d'autres chauds et secs; je préparais toutes les peaux que tu rapportais de la chasse. Tu n'as jamais eu à me dire : Pourquoi cela n'est-il pas fait? Tu chassais le daim, le bison, l'argali, tu épiais l'ennemi; moi seule je faisais tout le reste.

« Tu vas dans l'Ouest, dans le pays des esprits; pourquoi es-tu parti sans moi? Je t'aimais. Quand la tribu changeait de campement, tu montais sur ton cheval, tu partais libre, comme si tu fusses tombé du ciel. Tu ne te mêlais jamais des travaux du camp; c'était moi qui chargeais les chevaux et les conduisais. Quand nous faisions halte vers le soir, et que tu t'asseyais avec les autres braves, c'était moi qui plantais ta tente; et, quand venait l'heure de manger et de dormir, ton souper et ton lit étaient prêts. »

Pendant que Kitchy chantait, son mari, qui n'avait été qu'étourdi par une balle morte, revint à lui, et ouvrit les yeux. Il sentit renaître avec sa vie un redoublement d'amour pour sa compagne et une haine implacable contre sa tribu natale. Kitchy, dès ce moment, devint l'admiration de ses frères adoptifs, les Nez-Percés. Par une exception aussi rare que flatteuse, ils lui reconnurent solennellement un *cœur d'homme*, d'où il résultait, entre autres distinctions honorables, qu'elle avait le droit de se mêler aux danses militaires des guerriers.

IX.

Déjà on était au mois de juillet, et Kosato, malgré son éloquence véhémente, n'avait pu déterminer les Nez-Percés à s'armer contre les Pieds-Noirs, qui, presque toutes les nuits, venaient voler des chevaux jusqu'à l'entrée de leur camp. Dans son désespoir, l'Indien résolut d'abandonner cette tribu, et d'aller rejoindre les Corbeaux, dont il espérait davantage en faveur de sa vengeance. Ses deux amis, Ross et Godin, ainsi qu'un jeune guerrier tête-plate, nommé Oniah, ayant vendu toutes leurs fourrures au rendez-vous général, se déterminèrent à le suivre.

Le 17 juillet 1834, jour à jamais mémorable dans les fastes des montagnes Rocheuses, le partisan Sinclair, accompagné de quinze trappeurs libres; M. Milton Sublette, frère du capitaine, avec quatorze de ses hommes; le capitaine Wyeth, avec onze chasseurs de castors et pêcheurs de saumons, quittèrent le camp dans l'intention de s'avancer au sud-ouest. Ross, Kosato, Godin, Oniah et quelques autres Indiens se joignirent à eux, et tous partirent joyeusement. Ils firent environ huit milles dans la journée, et campèrent aux confins de la vallée.

Le lendemain matin, au moment où on allait lever le camp, on aperçut une longue file d'Indiens qui débouchaient par l'un des défilés de la montagne, et l'on reconnut bientôt que c'était une bande de Pieds-Noirs. Ils marchaient en deux troupes, dont l'une à pied et l'autre à cheval, tous peints et équipés d'une manière étrange, avec des couvertures rouges flottant au gré des vents. Ils avaient aperçu les trappeurs avant d'être eux-mêmes découverts, et ils descendaient dans la plaine en hurlant d'une manière effroyable. Shi-wi-shi-Ouaiter était à leur tête.

Aussitôt M. Sublette et le capitaine Wyeth firent placer les ballots les uns sur les autres, en forme de redoute, autour du camp, et chacun se disposa à une valeureuse résistance. Quand les Indiens furent à deux portées de fusil, ils s'arrêtèrent, parce que, alors seulement, le chef s'aperçut que ses espions l'avaient trompé. Il croyait n'avoir affaire qu'à la petite division de M. Sublette, et, à sa grande surprise, il se trouvait en présence d'une cinquantaine de trappeurs libres et d'une vingtaine de Sauvages têtes-plates ou Nez-Percés. Le rusé chef prit sur-le-champ sa détermination.

A droite du camp était un marais impraticable, adossé à un bois très-épais. Ses bords étaient couverts de saules et de peupliers, dont les branches entremêlées étaient, en outre, entrelacées de vignes sauvages et autres lianes. Les femmes pieds-noirs, les enfants et quelques guerriers s'y glissèrent, parvinrent à le traverser, et, arrivés dans la plus grande épaisseur du bois, commencèrent à construire un fort indien. Les femmes creusèrent une tranchée pendant que les hommes roulaient des troncs d'arbres, et les enfants apportaient des branches rameuses pour élever une sorte de parapet de six pieds de hauteur. Cette sauvage forteresse affectait à peu près la forme d'un carré, et pouvait avoir environ vingt pas de diamètre à l'intérieur. Sur le parapet, pour le mettre à l'épreuve de la balle, on jeta des couvertures, des vêtements, des peaux de bison, et le tout fut recouvert par ces épais morceaux de cuir qui forment la toiture des wigwams. Telles sont toutes les forteresses indiennes, élevées en quelques heures, et abandonnées quelques heures après.

Pendant ces préparatifs, Shi-wi-shi-Ouaiter restait en observation, agitant en l'air, de temps à autre, un long calumet ou un wappum (branche de feuillage), comme pour annoncer que ses intentions étaient pacifiques. Son projet était de se faire recevoir dans le camp des trappeurs sous un prétexte amical, ou du moins d'inquiéter les Blancs de manière à empêcher leur départ. Il savait quel avantage offre la supériorité du nombre quand les ténèbres forcent de se battre, pour ainsi dire, corps à corps, et il attendait la nuit.

M. Sublette, qui commandait le camp, fut parfaitement dupe du chef sauvage, et se montra disposé à traiter amicalement avec lui. Mais il n'en fut pas de même de Ross, de Kosato et de Godin; ils connaissaient trop bien la perfidie de Shi-wi-shi-Ouaiter et l'humeur sanguinaire des Pieds-Noirs, pour se laisser prendre à de fausses démonstrations. Après avoir délibéré tous trois, et sans consulter le commandant Sublette, Ross monta sur son meilleur cheval, et partit au triple galop pour aller demander du secours à la Vallée-de-Pierre. Il prit un long détour pour éviter la rencontre des Pieds-Noirs, et, en approchant du camp, il agitait son bonnet en jetant le cri d'alarme : « Les Pieds-Noirs! les Pieds-Noirs! On se bat dans le haut de la vallée! aux armes! aux armes! »

M. Campbell se trouvait alors auprès du capitaine Sublette, et le quitta pour aller faire prendre les armes à ses chasseurs campés près de là. Tout le monde prit la carabine, monta à cheval, et partit au galop. Les Nez-Percés et les Têtes-Plates se réunirent aux Visages-Pâles, et la vallée fut bientôt couverte de guerriers blancs et rouges qui la parcouraient avec rapidité. Voyons, pendant ce temps-là, ce qu'on faisait au camp de Milton Sublette.

Kosato, Godin et Oniah ne désiraient rien tant que d'en venir aux mains, car ils regardaient cet événement comme la plus belle occasion de satisfaire leur haine. Ils ne perdaient pas de vue Shi-wi-shi-Ouaiter, et ils furent presque découragés lorsqu'ils le virent tout à coup quitter ses armes, et s'avancer seul, le wappum à la main, vers le camp.

— Antoine, dit Kosato, les Blancs sont quelquefois des loups intrépides, et d'autres fois de vieilles femmes. Leur cœur est changeant comme la lune, tantôt plein de l'injure, tantôt vide de vengeance. On ne se battra pas, et les Pieds-Noirs se moqueront de nous.

— Kosato, reprit le métis, les Pieds-Noirs sont des chiens, et je sais comment on fait battre les Visages-Pâles. On se battra, c'est moi qui te le dis, et tu vas le voir. Il monta à cheval, et, se tournant vers la Tête-Plate qui était à côté de lui :

KITCHI, femme PIED-NOIR.

— Oniah, ta carabine est-elle chargée?

— Elle l'est.

— En ce cas, arme-la, et suis-moi.

Ils rencontrèrent à moitié chemin le chef pied-noir, qui affecta de leur sourire en leur tendant la main. Godin le saisit par son manteau, le tira violemment à lui, puis :

— Feu! s'écria-t-il.

Oniah poussa un cri sauvage, et l'assassin du père de Kosato tomba mort. Godin lui arracha sa couverture d'écarlate qui était richement ornée, et tourna lestement bride pour gagner le camp. Une volée de coups de fusil partit en même temps de toute la lisière du bois, et les Pieds-Noirs se précipitèrent en avant.

Déjà Godin avait parcouru la moitié de la distance qu'il avait à franchir pour se mettre à l'abri de la grêle de balles qui sifflaient à ses oreilles, lorsqu'un coup de carabine jeta son cheval à terre. Le métis, renversé, ne put parvenir à se retirer de dessous le corps de l'animal, et fut à l'instant entouré par ses ennemis. Kosato s'élança pour le défendre, et Kitchy, exaltée par le danger que courait son mari, le suivit pour combattre et mourir avec lui. Il y eut pendant cinq minutes une lutte effroyable, mais vingt ennemis se jetèrent à la fois sur Oniah, Kosato, Kitchy et Godin, qui était parvenu à se dégager. Ils les reversèrent et les firent prisonniers. On leur laissa la vie, mais pour la leur faire perdre plus tard au fatal poteau.

Les Trappeurs, pendant cet événement, n'avaient pas fait feu sur les Indiens dans la crainte de tuer leurs amis; mais ils sortirent du camp et prirent position dans un ravin en face, d'où ils commencèrent une vive fusillade à laquelle les Indiens ripostaient. Ils avaient laissé derrière leur retranchement de ballots les *Mangeurs de lard* de l'Ouest, qui, n'entendant rien aux combats d'embuscades ni au maniement de la carabine, ne pouvaient revenir de cet échantillon de la vie du désert : quoique braves, ils ne pouvaient être utiles qu'à la garde du camp. Leur capitaine, M. Wyeth, après leur avoir donné ses ordres, alla se réunir aux autres chefs, dans le ravin, pour prendre part au combat.

Palaouana, inquiète de son mari, désolée du sort affreux de Kitchy et de ses amis, car elle ne pouvait s'abuser sur leur horrible destinée, sortait à chaque instant du camp, montait sur une petite colline couverte de broussailles, et jetait les yeux avec impatience du côté de la Vallée-de-Pierre; puis, n'apercevant rien, elle rentrait au camp les yeux pleins de larmes.

— Mistress Palavane, lui dit un Mangeur de lard canadien, ne retournez pas dans ces broussailles, car je viens d'y voir entrer un ours gris que le bruit de la fusillade a sans doute chassé des bois.

— Était-ce bien un ours?

— Un ours énorme.

— Vous êtes trappeur, vous vous y connaissez?

— Morbleu! je le crois bien que je m'y connais.

— En ce cas, dit Palaouana après un moment d'hésitation, puisque vous êtes sûr que c'est un ours, je n'ai donc rien à craindre. Et elle retourna dans les broussailles.

Elle regarda dans la vallée et aperçut dans le lointain une troupe de cavaliers qui arrivaient ventre à terre. Dans sa joie, elle détacha le panache qui flottait sur son chapeau, l'éleva en l'air en l'agitant, pour faire signe aux cavaliers de hâter encore la course de leurs chevaux.

L'ours, pendant ce temps-là, se glissait doucement derrière elle; il se leva sur ses pattes, la saisit dans ses robustes bras, et, en l'emportant avec lui, il courait avec la rapidité d'un daim.

— Tiens! tiens! tiens! c'est singulier! disait le Mangeur de lard; j'avais bien ouï dire que les ours aiment les femmes, témoin Geneviève de Brabant; mais je ne savais pas que c'était au point de les enlever! La surprise du Canadien redoubla quand il vit l'animal féroce se débarrasser de sa tête et la jeter dans un buisson pour courir plus à son aise.

X.

Tout à coup la partie de la vallée où se passait cette scène se remplit de cavaliers blancs qui accouraient vers le champ de bataille de toute la vitesse de leurs coursiers. Les Pieds-Noirs, étonnés, se jetèrent aussitôt sur les bords du marais, et, après avoir soutenu longtemps la fusillade, ils se virent contraints de se retirer dans leur petite forteresse complètement cachée dans l'épaisseur du bois. Leurs femmes et leurs enfants regagnèrent les montagnes en toute hâte.

Le capitaine Sublette, Milton son frère, Sinclair, Campbell, et d'autres personnes qui se trouvaient là en voyageurs amateurs (1), firent leur testament militaire; puis ils quittèrent leurs habits, relevèrent leurs manches, armèrent leurs carabines, prirent leurs pistolets au poing, et s'élancèrent aux premiers rangs de trappeurs qui

(1) Parmi lesquels se trouvaient MM. Joseph More, de Boston, Foy, du Mississipi, Alfred Stephens, de Saint-Louis, tous trois tués dans une embuscade cinq jours après, et les deux petits-fils du célèbre Daniel Boon.

sortirent de leurs ravins en hurlant à la manière des Sauvages, et poussant le même cri de guerre.

Les Indiens avaient alors un avantage momentané sur les Blancs; retirés dans l'intérieur du taillis, ils voyaient beaucoup mieux leurs adversaires en rase campagne, et la plupart de leurs coups portaient, tandis que les trappeurs étaient obligés de tirer au hasard dans les bois.

Le capitaine Sublette, qui, en arrivant, avait repris le commandement en chef, voulait qu'on pénétrât dans le marais et qu'on donnât un assaut général au fort. Mais tous, trappeurs et Peaux-Rouges, reculèrent d'effroi à cette proposition. Le brave chef n'était pas homme à céder à la crainte; il encouragea sa troupe, fit passer sa témérité dans le cœur de Sinclair et de Campbell, et, saisissant sa carabine, il s'enfonça le premier dans le bois. Pendant cela, une partie des trappeurs de Sinclair attirait l'attention de l'ennemi d'un autre côté, en tiraillant sur la lisière.

Le marais n'était rien autre chose qu'une inondation accidentelle, occasionnée par une digue dont les castors avaient barré un courant d'eau. On rompit la digue, et les eaux s'écoulèrent. Mais le sol était tellement couvert de bois et de broussailles étroitement entrelacés, qu'il était impossible de rien découvrir à dix pas devant soi. Le capitaine, Campbell et Sinclair, étaient obligés, pour avancer, de ramper l'un après l'autre en écartant les branches et les lianes, et surtout de faire le moins de bruit possible, afin de dérober leur marche aux Indiens. Bientôt, en frayant ainsi le passage à leurs gens, ils arrivèrent dans une partie moins fourrée, d'où ils purent apercevoir, entre les arbres, la forteresse ennemie.

Sinclair était alors en avant. Il fut découvert, et une balle lui perça la poitrine. Ce brave partisan de l'Arkansas tomba sans pousser un soupir, et le capitaine Sublette prit aussitôt sa place. Pendant qu'il observait de quel côté le fort serait plus aisément attaquable, il aperçut un Indien qui le regardait par une ouverture; au même instant le capitaine fit feu, et sa balle brisa le crâne au Sauvage en lui entrant dans l'œil. Mais un coup de carabine vint frapper Sublette à l'épaule, et M. Campbell fut obligé de l'emporter hors du champ de bataille.

Les trappeurs, furieux d'avoir perdu deux de leurs chefs, pénétrèrent dans le bois de tous les côtés, et firent un feu continu et terrible contre la forteresse. Quelques guerriers têtes-plates et nez-percés, enragés de la résistance obstinée des Pieds-Noirs, sortaient tout à coup de derrière le tronc d'arbre qui les cachait, s'élançaient à dé-

couvert jusque contre le fort, faisaient feu sur le parapet, en arrachaient une peau de bison ou une couverture d'écarlate, et se retiraient en poussant un cri de triomphe. Il est vrai que lorsqu'ils commencèrent à faire de telles bravades, vers la fin de la journée, c'est à peine si quelques coups de fusil s'échappaient de loin en loin de la forteresse, et l'on pouvait croire que les Indiens manquaient de munitions.

Néanmoins, les rangs des assaillants s'éclaircissaient, et déjà, outre les deux chefs, cinq trappeurs libres, un Sang-Mêlé, sept Nez-Percés et quelques Têtes-Plates avaient mordu la poussière, non compris un assez bon nombre de blessés.

Ross, qui avait toujours combattu au premier rang, voyant qu'il était impossible à ses camarades de donner un assaut, et ne soupçonnant pas encore que sa femme pût être prisonnière dans le fort, proposa d'y mettre le feu. Aussitôt les femmes furent appelées et chargées de ramasser du bois mort et autres combustibles. Le sort des Pieds-Noirs fut dès lors fixé : ils allaient infailliblement périr. Mais l'avarice, chez les hordes sauvages, balance toutes les autres passions. Les deux tribus alliées s'opposèrent formellement à une extrémité qui leur aurait fait perdre les vêtements, couvertures, et autres dépouilles de l'ennemi, dont ils avaient déjà calculé la valeur.

Il n'y eut donc qu'une simple démonstration de faite, et c'en fut assez pour inquiéter les Pieds-Noirs. Un de leurs chefs, tenant à la main un rameau de feuillage, parut sur le parapet, et dit en élevant la voix autant que possible :

« Aussi longtemps que nous avons eu de la poudre et des balles, nous avons vaillamment combattu dans la plaine; à présent vous pouvez nous brûler. Mais restez auprès de nos cendres, et puisque vous êtes avides de combats, vous en aurez. Près d'ici sont quatre cents wigwams de nos frères, et ils seront bientôt ici. Leurs bras sont forts, leurs cœurs sont vaillants; ils nous vengeront. S'ils ne sont pas encore arrivés, c'est qu'ils achèvent de brûler et de piller le grand camp de la vallée. »

Les trappeurs et les Indiens alliés ne savaient s'ils devaient en croire le chef pied-noir, mais ils tressaillirent. Il se tint aussitôt un conseil dans lequel on décida que la moitié des hommes partirait de suite pour aller défendre le grand camp s'il en était besoin, et un seul détachement fut laissé devant le fort pour le surveiller.

La nuit étant venue, les trappeurs sortirent du bois et prirent position sur la lisière. Ils posèrent une ou deux sentinelles pour éviter une surprise, et ils attendirent tranquillement le jour. Au lever du soleil leurs camarades revinrent du rendez-vous général de la Vallée-de-Pierre, et annoncèrent que tout y était tranquille. Alors on se détermina à pénétrer dans le marais pour recommencer l'attaque.

On avançait silencieusement, et avec beaucoup de précautions inutiles, car on trouva le fort abandonné et absolument désert. Les Pieds-Noirs avaient profité de la nuit pour effectuer leur retraite, emportant leurs blessés, mais laissant sur le gazon les corps de vingt-six de leurs guerriers et de trente chevaux.

Les trappeurs retournèrent triomphants dans leur camp; ils retrouvèrent le capitaine Sublette sur pied et prêt à donner ses ordres, quoique grièvement blessé. Un grand repas fut préparé pour célébrer dignement la victoire éclatante que l'on venait de remporter, et ce ne fut qu'au moment de se réunir pour se livrer à la joie du triomphe, qu'on s'aperçut de l'absence de Ross, et des guerriers nez-percés et têtes-plates. On supposa qu'ils s'étaient mis à la piste des fuyards, et l'on n'y pensa plus.

L'événement que je viens de raconter est un des plus mémorables qui se soient passés dans la chaîne du grand Chippewyan; il est connu sur les frontières du Canada et des États-Unis sous le nom de *bataille de la Vallée-de-Pierre.* Là nous quitterous le capitaine Sublette, ses amis et ses trappeurs, et nous les laisserons arriver aux frontières après un long voyage semé d'événements plus ou moins heureux ou malheureux. Pour nous, nous retournerons aux wigwams des Pieds-Noirs, pour savoir ce que sont devenus leurs prisonniers.

XII.

Le lendemain de la bataille, au point du jour, on vit un singulier spectacle sur la petite place au milieu du village des Pieds-Noirs : la terre avait été fraîchement remuée; on l'avait élevée en forme de petit tertre couvert de gazon rapporté; on y avait jeté des branches de feuillage et des fleurs; c'était la tombe où l'on venait d'inhumer Shi-wi-shi-Ouaiter.

Cinq gros poteaux étaient plantés autour de cette tombe : l'un du côté de la tête du mort, c'est-à-dire vers l'orient; un de chaque côté, en face de ses bras; deux à l'autre bout, vis-à-vis de ses pieds. A celui de la tête était attaché Oniah; à celui de droite, Kosato; à celui de gauche, Godin; et à ceux des pieds, Kitchy et Palaouana. Quelques guerriers faisaient sentinelle autour

d'eux, le casse-tête d'une main et la carabine de l'autre.

Bientôt on vit sortir du wigwam du grand conseil une foule de guerriers marchant deux à deux, les yeux baissés et la tristesse peinte sur le visage. Quinze chevaux superbes, richement harnachés, furent détachés de leurs piquets et conduits dans le plus grand silence sur la tombe, autour de laquelle on fit un grand cercle. Un chef entra dans le rond, étendit le bras, et dit

« Un grand cœur et un bras fort est enterré ici. Prions l'Esprit pour ce grand chef. »

Alors les Indiens commencèrent la danse des morts, ne différant presqu'en rien de celle que nous avons décrite, à cela près, qu'au lieu de terminer leur chant monotone par le cri de guerre, les guerriers l'interrompaient de temps à autre par des hurlements plaintifs que les femmes et les enfants répétaient derrière eux.

Le chef fit ensuite l'éloge funèbre du guerrier mort, c'est-à-dire qu'il raconta longuement ses combats et ses exploits, en exagérant sa valeur par les hyperboles les plus outrées. Quand il eut fini l'histoire de Shi-wi-shi-Ouaiter, il ajouta :

« Pendant trois jours, nous exécuterons des danses solennelles en l'honneur de ce grand chef, et nous prierons le Grand-Esprit de permettre qu'il soit heureux dans le pays des guerriers vaillants et des chasseurs. Voici quinze de nos meilleurs et de nos plus beaux chevaux, nous en tuerons cinq chaque jour sur sa tombe, afin qu'ils lui servent quand il arrivera dans le bienheureux territoire de chasse. Son cœur est triste, parce qu'il n'est pas encore vengé; mais nous allons allumer le feu du supplice, et il rira. Allez ! »

Alors cinq chevaux furent abattus par cinq coups de fusil; les dix autres furent attachés à quelques pas de là pour éprouver le même sort les deux jours suivants. Les Sauvages rompirent leurs rangs, et une nouvelle scène, mais épouvantable, se prépara.

Un feu fut allumé, et des broches de fer, de vieux canons de fusil y furent mis pour être chauffés à rouge. A cette vue, les trois prisonniers pâlirent; mais ils redressèrent bientôt la tête, regardèrent d'un œil sec les ennemis qui les entouraient, et tous trois entonnèrent d'une voix ferme leur chanson de mort, tandis que les deux femmes baissaient la tête en pleurant (1).

Le supplice devait commencer par Oniah,

(1) Je regrette d'avoir à peindre une scène hideuse, mais je prie le lecteur de se souvenir qu'ici je ne suis qu'historien, et qu'il faut bien que je dise ce qu'un lecteur civilisé ne pourrait pas même soupçonner.

parce que c'était lui qui avait porté le coup mortel. On commença par lui brûler, avec un fer rouge, les jambes, les cuisses, le cou, les joues et le ventre; il ne poussa pas un soupir et continua son chant; alors on lui coupa la chair autour des ongles, qu'on lui arracha; puis on lui enleva les doigts des mains phalange par phalange. Il se mit à rire, et dit à ses abominables bourreaux, à mesure qu'ils inventaient un nouveau tourment : « Vous ne me faites pas mal, vous ne pouvez pas me faire mal, parce que mon cœur est plus fort que le vôtre... Vous êtes des imbéciles qui ne savez pas torturer... Recommencez autrement, car je n'éprouve aucune douleur... J'ai torturé vos parents beaucoup mieux que vous ne faites; je les faisais crier comme des petits enfants.., Vous êtes des femmes lâches, qui ne savez ni combattre, ni mourir, parce que votre cœur tremble comme la feuille du cotonnier! »

Le malheureux aperçut un Indien borgne qu'il crut reconnaître : « C'est moi, lui dit-il, qui vous ai crevé l'œil avec une de mes flèches. » A ces mots, l'Indien lui arracha un œil avec son couteau, et lui coupa la moitié du nez. Fixant l'œil qui lui restait sur un autre Indien, il lui dit : « C'est moi qui ai tué ton frère, et j'ai scalpé ton vieil imbécile de père. » Le guerrier s'élança sur lui et lui arracha le cuir chevelu de la tête.

Les os du crâne à nu, l'orbite sanglante, le nez mutilé, le corps couvert d'affreuses blessures, lui donnaient un aspect horrible; Oniah ne faiblissait pas. Ce fut alors que le chef s'approcha de lui; la malheureuse victime le reconnut et lui dit d'un ton insultant : « C'est moi qui fis ta femme prisonnière l'automne dernier; je lui arrachai les yeux et la langue, je la traitai comme un chien, et quarante de mes jeunes guerriers... » Le chef, enragé de colère, ne put se contenir; il saisit sa carabine, et avant que le brave Oniah pût terminer sa phrase, une balle lui perça le cœur.

Ce coup de carabine produisit un singulier écho dans les rochers qui entouraient l'étroite vallée; on aurait dit qu'il se répétait cent fois, si des balles qui sifflèrent et des guerriers qui tombèrent morts autour du corps sanglant d'Oniah, n'eussent fait deviner de suite de quoi il s'agissait. Un burlement épouvantable retentit de tous les côtés; puis cinquante cavaliers, à l'aigrette blanche et au manteau flottant, se précipitèrent au milieu du village, frappant et massacrant tout ce qui se présentait devant eux. Les guerriers pieds-noirs, surpris sans armes, se sauvaient dans le plus grand désordre du côté de leurs wigwams, tandis qu'on

les poursuivait le tomahawck sur la tête et le couteau dans les reins.

Kosato et Godin n'en continuaient pas moins leur chant de mort avec la plus admirable impassibilité, sans détourner la tête, sans lever les yeux, comme s'ils n'entendaient rien de ce qui se passait autour d'eux. Un cavalier en bonnet de peau de loutre, en manteau écarlate et en moccasins à grelots, s'élance à bas de son cheval, le couteau à la main; il se précipite vers le poteau de Kosato, et lui dit, en coupant ses liens : « Frère, tu es libre; prends ce couteau!

— C'est bien, Ross, répondit le prisonnier; tu as agi en bon frère et en vaillant guerrier. »

Le trappeur remonta de suite à cheval pour défendre l'approche des poteaux, pendant que Kosato, ayant dépouillé son héroïque impassibilité pour reprendre toute l'activité indienne, se hâtait de délier Godin, Kitchy et Palaouana. Ils détachèrent promptement les chevaux du chef mort, s'élancèrent dessus, et, ayant Ross à leur tête, ils prirent le chemin du défilé. Godin restait un peu en arrière, parce que le véritable enfant du désert, oubliant de suite le danger qu'il venait de courir et qu'il courait encore, avait jugé à propos de passer à son bras la bride des six chevaux du sacrifice, et comme il les faisait galoper à ses côtés, trois d'un côté et trois de l'autre, cela retardait un peu sa marche.

Lorsque les prisonniers furent en sûreté, Ross fit le signal convenu, et les cinquante cavaliers nez-percés quittèrent le village des Pieds-Noirs avec autant de rapidité qu'ils l'avaient envahi. Le reste de leur tribu, et celle des Têtes-Plates, embusqués dans les rochers, soutinrent la retraite par une vive fusillade; puis, quand ils furent tous réunis, ils poussèrent le cri de triomphe et s'éloignèrent au petit pas. Les Pieds-Noirs, effrayés, n'osèrent les poursuivre, et rentrèrent tout à fait dans leurs montagnes quelques jours après.

BOITARD.

UN ROUÉ AU DIX-NEUVIÈME SIÈCLE.

(Suite.)

Cette réflexion de Madeleine surprit étrangement ses deux nièces; elles la considérèrent quelque temps avec attention, comme pour s'assurer qu'en effet c'était bien elle qui l'avait émise. Marie accompagna d'un douloureux soupir l'a-

bandon de sa dernière amie, et Catherine s'écria :
— Tu le vois donc enfin, qu'il voulait séduire
ma pauvre fille !
— Je vois, d'après la lettre, que cette malheu-
reuse enfant nous fera perdre les secours de M. de
Kerlande, et qu'elle nous mettra sur la paille.
— Oui, ma fille, c'est la vérité ; nous t'avons
élevée, chérie ; tu nous récompenseras par la
honte et par la misère !
— La honte! moi! la honte! Dieu sait que jus-
qu'ici....
— Pour ta réputation, qu'importe ce que Dieu
sait?... Les mauvaises langues jasent ; et si je te
disais que tous les matins, au marché, j'entends
chuchoter sur ton compte... ; on se tait à peine
devant moi. L'autre jour, Guillou vint me de-
mander, l'insolent! à quel jour je fixais ta noce
avec le monsieur de Paris... J'étais tout interdite ;
j'entendais rire à mes côtés sans avoir le cou-
rage de regarder les rieurs en face ; car, enfin, je
ne sais pas, moi, non, je ne sais pas s'ils ont tort !
— Ah, ma mère !
— Ce matin je me suis brouillée avec une vieille
amie, parce qu'elle soutenait t'avoir vue toute
seule avec notre voisin près des fossés..... Com-
ment! tu rougis, malheureuse!
— Oh! ce n'est pas possible! s'écria Made-
leine.
— Maman! maman! pouvez-vous croire....
— Écoute, je veux que cela finisse. Tu as
abusé de ma confiance et de la liberté que je
t'accordais ; tu ne sortiras plus qu'avec moi.......
ou avec Madeleine, puisqu'elle est devenue rai-
sonnable. Quant à ce Monsieur...
— Nous ne serons pas tranquilles tant que
nous l'aurons sur les épaules, interrompit Made-
leine.
— Tu serais donc d'avis?...
— Moi! de lui donner congé.
— Y songes-tu, Madeleine? dit la jeune fille
d'une voix timide, mais en adressant à sa tante
un regard courroucé. Que deviendront toutes ses
dépenses?
— Ses dépenses! cria Catherine en frappant
sur la table ; oh! qu'il vienne m'en parler, et je
lui montrerai si j'en veux faire mon profit. Bon!
bon! avant qu'il parte je veux briser à coups de
marteau, oui, je briserai devant ses yeux tout
ce qu'il ne pourra pas emporter... Il déménagera,
je le jure, je le détruirai les traces de son mau-
dit passage, toutes ces dorures, toutes ces boise-
ries, toutes ces tentations d'enfer. J'entends re-
devenir la maîtresse chez moi !
— Ces cris-là, ma nièce, n'avancent point les

choses ; arrange proprement ton châle, et va le
prévenir que tu ne peux plus le garder dans ta
maison, murmura Madeleine.
— Une autre fois.
— Pourquoi pas tout de suite?
— Je t'avoue franchement que cela m'embar-
rasse.
— Et quel embarras y vois-tu?
— Je ne saurais pas trop lui dire...
— Laisse-moi faire, alors.
— Comment?
— Moi, je m'en charge, dit la vieille en se le-
vant.
— Ah, Madeleine! lui reprocha sa petite-
nièce à voix basse ; Madeleine! qu'est-ce que je
vous ai fait?
Et des larmes remplirent ses yeux, qu'avait
animés tout à l'heure un éclair d'espérance ; puis
elle retomba dans un abattement si profond que
sa mère, n'y pouvant résister, s'approcha d'elle,
et fit un geste pour lui prendre la main. Marie
la retira.
Toutes les deux pleuraient ; Catherine s'était
réfugiée dans l'embrasure de la fenêtre, afin que
sa fille ne la vît pas, lorsqu'après cinq minutes
passées chez le voisin, Madeleine reparut.
— L'affaire est terminée. Demain, m'a-t-il
promis, demain sur les quatre heures on empor-
tera tous ses meubles, et la chambre sera libre.
— A-t-il fait des observations?
— Aucune.
— As-tu donné quelques raisons?
— J'ai.... j'ai dit que les bavardes glosaient
sur le compte de la petite.
— C'est bien..... Voyons, Marie, sois un peu
raisonnable. Cet homme t'a ensorcelée!
— Viens, ma petite Marie, reprit Madeleine,
viens nous distraire ensemble ; nous allons faire
un tour de promenade. Tu as besoin de prendre l'air.
— Oui ; oui, mon enfant, sors, dit Catherine.
— Je n'en ai pas envie.
— Tu aimais tant à courir !
— Plus maintenant, continua la pauvre fille
en sanglotant.
Madeleine s'approcha d'elle, et lui glissa ce mot
à l'oreille : — Accepte !
Marie la regarda... Les traits de la vieille
avaient pris une expression mystérieuse qui com-
mandait l'obéissance, et annonçait vaguement
quelque bonne nouvelle.
La promenade eut lieu. Dame Roux demeura
seule, s'occupant avec joie du dernier dîner de
son hôte.

. . . .

— Ainsi, bonne Madeleine, tu ne me trahissais pas?

— Non, ma chère petite; c'est ta maman qui m'a forcée de jouer ce vilain rôle. Elle m'eût abandonnée si je n'avais pas paru prendre son parti contre toi; tu sais que la pauvre Madeleine n'a pas un sou vaillant.

— Écoute, Madeleine, si j'acceptais les offres de M. de Blévilliers, j'exigerais de plus qu'il te fît venir avec moi.

— Bon petit cœur! Accepteras-tu?

— Que sais-je, mon Dieu?

— Il faut se décider. A demain son départ.

— Je suis bien malheureuse! Quelque part que je me dirige, j'aperçois des obstacles et des dangers sans nombre. Si tu savais combien de choses ma sœur de lait m'écrit pour me détourner de ce dessein!

— Elle le sait?

— Pourquoi non?

— Son père l'apprendra.

— Je lui ai fait promettre un secret inviolable.

— Oui!.. le gardera-t-elle?.. Je sais bien d'où lui viennent les conseils dont tu parles.

— De mon parrain? crois-tu?

— Non, non! M. de Kerlande ne prendrait pas tant de détours.

— D'où viennent donc ces conseils?

— De la jalousie, mon enfant.

— Fi donc! tu lui fais tort.

— Va, je la connais bien. Elle te chérissait paysanne, elle aimait à te protéger, à te trouver jolie, à te donner un châle, une croix d'or, mille bagatelles; tout cela ne prouve point qu'elle soit satisfaite de te voir son égale, non pour la beauté seulement, mais pour le nom et la fortune.

— Comment! tu pourrais croire?

— Et toi-même, peux-tu penser qu'elle puisse te rencontrer sans dépit dans ces sociétés dont elle t'entretenait si orgueilleusement? T'éclipsera-t-elle maintenant par sa magnificence? fera-t-elle un mariage comparable au tien?

— Certainement; riche et belle....

— Il faut encore, ma chère, que les occasions se présentent.

— Tu me conseilles donc?...

— D'accepter! mille fois.

— Et ma pauvre mère?

— Eh bien! tu lui laisseras une lettre au moment de ton départ; tu lui diras de t'écrire poste restante, à Paris, et quand tu la verras calmée....

— Oh! je l'appellerai bien vite! et nous vivrons heureuses toutes les trois.

— Tous les quatre!

— Sans doute; si tu savais combien je l'aime!

— Qui?

— Mais, lui!

— Embrasse-moi, chère petite; ne t'inquiète de rien, je verrai ton mari....

— Mon mari!

— Je le verrai, nous réglerons tout. Allons, sèche tes yeux; il faut acheter le bonheur par un peu de chagrin, d'inquiétude et de tourment, mais ce n'est point l'acheter trop cher!

XV.

ACHILLE DE BLÉVILLIERS A LOUIS LAPORTE.

Elle sera heureuse! je l'aime. Je ne veux point la mettre en droit de déplorer jamais ni mon expérience ni son ingénuité. Je veux, au contraire, qu'une fois au moins nos ruses, si fécondes en larmes, soient bénies. D'ailleurs, elle sort vaincue mais glorieuse de cette lutte inégale; sa candeur ne l'abandonne pas; que le respect l'entoure donc! Elle sera heureuse, te dis-je. L'imagination de cette enfant dévore toutes ses autres facultés. Je lui jetterai en pâture le luxe de la capitale, ses plaisirs somptueux, ses vanités étourdissantes; je saurai répondre à la fois aux questions naïves et aux tendres sourires que sa bouche m'adresse; je la couvrirai d'or, je l'enivrerai de plaisirs, je lui donnerai Paris à dévorer. Qu'il sera délicieux de peupler cette âme déserte, où s'agitent à peine quelques fantômes sans couleur! Comme je règnerai sur elle! Je l'aurai créée, ce sera mon œuvre; en l'adorant, c'est moi que vous adorerez, et je me contemplerai moi-même dans son âme comme dans ces miroirs qui embellissent les objets. Devenir la providence d'un être délicat et frêle, la conduire de merveille en merveille; sur un si beau visage répandre, selon son gré, toutes les impressions heureuses : plaisir, gaieté, surprise; être vénéré comme un père et adoré comme un amant, quel rêve, ô philosophe! quel rêve, ô mon ami! Ce sont encore là de ces choses que vous comprenez, vous, mais que nous exécutons nous seuls. Tu verras comme la fleur agreste va s'épanouir entre mes mains!

Tout sera bientôt prêt pour la faire passer subitement d'une misérable chaumière en un lieu de délices, où viennent lui sourire tour à tour ses vœux réalisés. Je me figure déjà de quelle manière ses traits chéris pourront être altérés par le ravissement; à chaque surprise, à chaque preuve de mon amour attentif, ses yeux se lèveront bai-

gnés de larmes..... Elle m'a déjà regardé ainsi !
J'ai bien promis de l'épouser, mais je ferai par-
ler l'amour plus haut que la sagesse; d'ailleurs,
un peu de résistance ne gâte rien. L'amour qui se
dérobe et s'enfuit, les réticences succédant aux
aveux passionnés, les combats de l'honneur, la
honte, le désespoir, autant d'amorces !

Ne me reproche donc point la promesse de ma-
riage que j'ai faite à mon innocente. Doit-elle y
croire, cher ami ? Là, bien sérieusement, crois-
tu qu'au fond de l'âme elle y ait confiance ? Son
amour ne la rend-il pas complice de ma ruse ? Ne
cherche-t-elle point à se duper elle-même pour
entrer en composition avec ce redoutable hon-
neur, le grand épouvantail des jeunes filles ? On
est moins trompeur qu'on ne pense. On a beau
s'épuiser en protestations téméraires, presque
toutes les femmes reçoivent cette fausse monnaie
sans en méconnaître la valeur; mais séduites au
fond, elles ne demandent plus qu'un prétexte de
chute, elles s'empressent de jouer devant leur
conscience le rôle que nous jouons devant elles ;
on leur promet, elles se promettent. Au reste,
ces artifices grossiers n'entrent guère dans mes
habitudes; je n'y ai recouru, cette fois, qu'afin
de calmer les remords de ma chère Marie; lorsque
viendra l'époque des remords, elle ne tombera ja-
mais jusqu'à se mépriser elle-même : Je fus
trompée ! se dira-t-elle. J'ai trouvé généreux de
lui pallier sa faute à mes propres dépens. Garde-
toi de chercher une autre explication, d'attribuer
cette conduite à la résistance de ma belle, de
croire que ses scrupules m'en faisaient une néces-
sité. Résister ! ah bien oui ! Tu ne saurais com-
prendre la faiblesse d'un emur innocent ! Je t'as-
sure que jamais conquête ne m'a coûté moins de
peine.

Les événements n'out point cessé de me servir
à souhait. Le parrain de Marie, homme assez ri-
dieule, d'après les apparences, veut absolument
la marier à un jeune rustaud de son village. Ce
qui devait me l'arracher, l'a jetée dans mes bras.
Je reçus l'autre jour un billet et un rendez-vous.
Mon Dieu, qu'elle tremblait ! Je récompenserai
tant d'inquiétudes, tant d'amour et tant de vertu,
oui, tant de vertu ! Je voudrais que la plus hon-
nête des demoiselles du grand monde se trouvât
un quart d'heure dans la position de cette chaste
fille, entourée de misère, accablée de dégoûts,
menacée d'un époux affreux, pressée par un amant
qui promet le mariage et montre le bonheur ; je
voudrais l'y voir, mon ami, nous jugerions alors.
Quant à moi, j'ai suivi dans le cœur de ma
paysanne toutes les petites passions féminines, à

mesure qu'elles prenaient naissance, et leur déli-
catesse m'a tellement ému, que, pour les ména-
ger, j'ai fait intervenir entre nous deux un per-
sonnage imaginaire, une prétendue parente de-
meurant à Sarcelles, et qui s'empresse d'offrir un
refuge honorable à ma future épouse. Je me féli-
cite encore du plaisir que cette invention lui a
causé; invention, d'ailleurs, incapable de rien
déranger à mes plans. Notre voiture s'arrêtera
devant le château de la marquise (j'aime à voir
mes ennemis me servir d'alliés); on nous dira que
Madame n'habite plus sa campagne. Je jouerai
l'embarras, et nous descendrons le soir même dans
le petit appartement que j'ai fait préparer. Tu
juges si les convenances me permettaient de rece-
voir cette enfant-là chez moi. J'attache même quel-
que importance à lui faire ignorer le plus long-
temps possible ma demeure véritable. Puis-je sa-
voir, hélas ! ce que renferme l'avenir, quoique
mon cœur paraisse bien ancré ? D'ailleurs, elle me
compromettrait par son ignorance du monde et
par son amour même : on affiche une conquête,
non pas une séduction.

Je lui réserve donc un Éden mystérieux que nul
ne peut connaître, du moins jusqu'à ce que mon
amour ait dépouillé la jalousie. Toi seul, en qua-
lité de philosophe, tu seras admis à contempler
l'esclave de ton très-humble serviteur.

A. DE B*.

P. S. Je te prie de passer le plus tôt possible
à mon hôtel, d'en faire ouvrir les volets, de mettre
sur pied chevaux et domestiques; en un mot, d'y
créer cette activité qui annonce le retour du maî-
tre. Tu passeras deux heures dans ma chambre ;
Baptiste, que j'envoie, aura persuadé tout le
monde de mon arrivée, d'autant plus aisément
que je lui donne ma voiture, et qu'il viendra de
nuit; personne ne pourra dire si j'y étais ou non.
Si tu pouvais toi-même accompagner Baptiste,
dès qu'il passera chez toi, te mettre dans la voi-
ture, et coucher, cette nuit, en ma place, cela
vaudrait encore mieux. Tu t'éclipseras facilement
sur les midi, une heure; moi, je viendrai dîner
à six, et tout le monde y serait trompé. Mais,
pourquoi tromper ? vas-tu dire. Pour dérouter les
poursuites, si par hasard on en tentait. Le parrain
de Marie est un homme puissant; il pourrait don-
ner suite à cette affaire un peu scabreuse. Mais mon
prétendu retour précédera quelque peu l'enlève-
ment de la fille; Baptiste aura paru, aucun de mes
agents avoués n'aura donc fait le coup. J'avais
songé d'abord à charger Baptiste de ce rapt, et
j'essayais de lui ôter, aux yeux des villageois, son

caractère de servilité ; cette expérience m'a prouvé que les esprits les moins clairvoyants reconnaissaient l'esclave, même dépouillé de livrée. Je ne regrette point, toutefois, ce moyen dangereux ; l'alibi est bien préférable. Au premier désappointement j'en fais succéder un second. Comme je serai descendu chez moi, c'est ma demeure qu'on cernera ; les espions y perdront leur peine, sans que l'idée leur vienne de chercher Marie autre part. Voilà plus de précautions qu'il n'en faut pour dépister la mère, le futur, et toute la commune d'Éconen.

MARIE ROUX A SA MÈRE.

Pardonne-moi, maman, je n'y pouvais tenir !... Ce n'est pas toi, c'est mon parrain qui me chasse impitoyablement !... Je préférais la mort et tous les maux possibles !.. Mais que nous sommes malheureuses ! Je ne fais que pleurer, non de regret, mais de chagrin ! Oh ! ne te désole point, ne te désole point, puisque ma résolution nous rendra le bonheur à tous !

Je vais devenir la femme de celui que j'aimais ; il est riche, il se fait une joie de notre union prochaine, car je la lui fais espérer. Hâte-toi de me répondre à *Paris*, au *bureau restant*, et que ta lettre contienne mon pardon, avec la certitude de nous revoir bientôt. Je ne te donne pas ma véritable adresse, parce que M. de Blévilliers doit, en attendant le mariage, me confier aux soins d'une de ses parentes, dont il ne convient pas, dit-il, que le nom paraisse en tout ceci. Je serai donc chez une dame : voilà une attention qui doit te rassurer tout à fait ; d'ailleurs, j'ai Madeleine ; c'est elle qui m'a conseillé cette résolution violente, comme propre à t'affranchir de mon inflexible parrain, car tu le crains beaucoup. Je n'ai jamais compris pourquoi tu sacrifiais mes vœux à son cruel caprice ; maintenant je suis libre, riche, et bien protégée ; bonne maman, ne te refuse plus à suivre le parti de ta fille.

Je t'embrasse mille fois, je t'embrasse à genoux et tout en larmes ! Que je suis être heureuse si tu t'empresses de me rejoindre ! Et toi, ne seras-tu pas contente de voir devenir une grande dame ta fille bien dévouée, bien reconnaissante, et bien affligée de te fuir !... Adieu ! je pars, mais je sens que mon cœur est toujours avec toi !

Oh ! ma mère, n'abandonne point ta pauvre fille,

Marie R.

ACHILLE DE BLÉVILLIERS A LOUIS LAPORTE.

Tout va pour le mieux, mon ami, dans ce meilleur des mondes possibles ! Marie prend possession de ma charmante retraite ; je l'ai abandonnée quelques instants aux mains de sa détestable tante pour faire une apparition chez moi ; j'ai trouvé la maison renversée, et tout le monde convaincu de mon arrivée antérieure. Je te remercie de ton zèle, mais toutes ces précautions deviennent à peu près inutiles, car, sans ma permission, Marie a laissé chez sa mère une maudite lettre où elle lui dévoile tout le projet d'enlèvement, et l'engage à venir nous joindre ; il y est parlé, m'a-t-elle dit, de notre prochain mariage. Attendez, attendez, ma belle !

Nous avons eu des larmes, d'abord pour le départ, ensuite à Sarcelles.

Vers six heures, nuit tombante, une voiture avec des chevaux de poste stationnait sur la route de Paris, au débouché du petit sentier qui mène à travers bois vers le château ; les arbres qui bordent ce chemin entrelacent leurs cimes et le couronnent comme un long bosquet ; tout y semble fait pour l'amour, ténèbres, brise fraîche, et mystère surtout. C'est là que je saisis ma tremblante colombe ; tremblante, car la moindre chose l'agitait, le murmure du vent dans les arbres, une voix éloignée, ou le cri d'un oiseau. A la voir si belle, si craintive, si sage, et cependant si livrée à ma discrétion, j'éprouvais des transports inouïs. Madeleine, ma hideuse alliée, l'escortait. Marie se laissa conduire assez docilement jusqu'auprès de la voiture ; mais alors l'image de sa mère traversa son esprit d'une manière terrible, elle s'enfuit malgré mes prières, malgré mes douces violences. La grille du château était ouverte, elle y entre... Je n'ai pas le loisir de te conter par quels pathétiques discours je ressaisis son âme, ni tout ce que m'inspira d'éloquence bizarre l'aspect des lieux environnants : une salle du quinzième siècle, lambrissée et sculptée, pavée de mosaïques, avec le chiffre des Montmorency semé à pleines mains, comme les étoiles dans le ciel.

Instruit par cette expérience, je ne la laissai pas descendre à Sarcelles ; Baptiste était aux portes un instant avant nous, et la fatale nouvelle ne fut pas plutôt prononcée que la poste reprit son train. Alors ma bien-aimée me regarda d'un air interdit ; ses joues pâlirent, elle tomba défaillante dans les bras de Madeleine. N'importe, nous marchions toujours. Avant d'atteindre Saint-Denis, nous l'avions consolée. Sur son refus ex-

MAHOMET PROCLAMANT SA MISSION.

pressif de demeurer chez moi, je lui proposai le logis d'un mien oncle qui était retenu l'hiver à sa maison de campagne par une longue maladie : c'était l'appartement de la rue Taitbout. Si je n'hérite jamais que de cet oncle-là!...

Marie est installée ; les modistes sont déjà sur pied ; dans quatre heures elle sera vêtue d'une manière plus avantageuse à ses charmes. Il faut pourtant que je lui présente quelques personnes; je t'ai choisi pour mon plus sûr et principal *compère*. Viens dîner avec nous, sois mon cousin germain, félicite-moi beaucoup, parle souvent à ma belle du futur mariage et de l'approbation de notre famille en général ; fais-lui seulement peur de mon père (sans tomber dans le mélodrame). Ah! cette comédie sera délicieuse ; ton air naïf et innocent me divertit d'avance. Puis j'ai fait retenir une loge à l'Opéra. Vive le plaisir ! et l'amitié, pourtant !... Si tu trouves la mienne un peu trop exigeante, je t'autorise à me gronder.

Ach. de B.

P. S. Baptiste, que j'avais chargé de mon billet, ne t'ayant point rencontré chez toi, l'a mis entre les mains du portier ; tu seras, sans doute, rentré trop tard, puisque je n'ai pas eu le plaisir de te voir.

Ah! mon cher, je suis humilié, je crève de dépit..... Croirais-tu que cette petite fille a déconcerté toutes mes ruses? Je pensais la campagne finie, et je n'ai fait encore qu'imposer mon champ de bataille ; mais il est bien trouvé : point de secours, point de retraite pour mon adorable ennemie, un traître à ses côtés, mille surprises possibles. Parbleu! j'ai tort de m'attrister ; voilà devant mes yeux quinze jours de plaisir. La veille d'une victoire certaine ne vaut-elle pas son lendemain ?

Je viens de passer avec elle une matinée charmante ; nous faisions semblant d'oublier les scènes fâcheuses de la nuit ; mais la sévérité contrainte qu'elle imposait à ses regards s'adoucissait souvent jusqu'à leur laisser peindre toutes les tendresses de l'amour. Oui, oui, j'ai dans ce cœur candide un allié secret qui compatit à mes chagrins, qui blâme ses rigueurs, qui finira son rôle par une trahison. Je n'ose plus la conduire dans aucun lieu public, car maintenant son parrain peut être instruit du rapt et commencer ses recherches.

XVI.

M. DE KERLANDE A CATHERINE ROUX.

Ah! malheureuses! bénissez Dieu de ce qu'un

accès de goutte m'interdise le moindre voyage. Ma véritable fille, ma vertueuse Camille, vient de mettre sous mes yeux une lettre de votre Marie. Savez-vous, mère aveugle, ce qu'elle méditait froidement? L'indigne créature avait formé le projet de s'enfuir avec ce jeune misérable que vous avez reçu chez vous. Mais il y a longtemps que cette lettre est écrite ; vous ne me donnez pas de nouvelles. Répondez, le mal est-il fait? ou plutôt, si cela est, gardez-vous de me l'avouer, car je partirais sur-le-champ, et malheur à vous !... Votre incurie m'irrite si fort, que ma plume s'arrête et se brise dans mes mains.

Je veux que Marie soit enfermée; vous la retiendrez dans sa chambre jusqu'à mon arrivée; vous mettrez des verroux aux portes et des barreaux à la fenêtre ; et, quant au jeune homme !... Jour de Dieu! si je savais qu'il y fût encore! Mais, au fait, la chose est probable ; vous ne m'avez point encore annoncé son départ. Ah! madame Roux, soyez prête à me rendre compte de Marie!

Et, quant à elle, je la maudis!

Vous me verrez bientôt.

DE K.

LE CURÉ D'ÉCOUEN A M. DE KERLANDE.

Monsieur,

Je prends la liberté de vous faire savoir que madame Roux est allée rendre ses comptes à un juge plus miséricordieux que vous, car elle est morte entre nos bras, accablée de désespoir, quoique innocente du mal que vous aviez prévu. D'après ses dernières intentions, j'ai dû décacheter votre lettre, et je suis contraint de vous apprendre que mademoiselle votre filleule a disparu avec celui que vous présumiez être son séducteur. La mourante, qui, seule au village, en connaissait le nom de famille, n'a pas voulu le livrer, craignant que votre intervention n'accélérât encore le malheur de son enfant. Elle l'a bénie avant de mourir. Puisse cet exemple édifiant vous engager à révoquer votre anathème! Dieu, tant qu'il la laissera vivante, ne l'aura point condamnée irrévocablement ; et quel est celui, sur la terre, qui puisse dire : Je suis absous!

Je présente mes civilités à mademoiselle votre fille, et suis, avec la plus parfaite considération, votre très-humble serviteur.

..

L'argent que madame Roux avait encore et quelques ventes de vaisselle ont suffi à son enterrement. Il reste, outre son mobilier, celui du jeune Parisien. Si vous avez droit, Monsieur, à ce petit héritage, je vous prie de ne pas oublier les pauvres d'Écouen.

***

LE CURÉ D'ÉCOUEN A MARIE ROUX.

Dieu vous fasse la grâce, ma très-chère fille, de supporter mes tristes nouvelles, et d'en tirer, pour votre conduite à venir, une salutaire leçon. Comme sa bonté toute-puissante et toute miséricordieuse fait quelquefois jaillir le bien du mal par la violence des repentirs que celui-ci soulève en nous, par la défiance salutaire et par l'humilité qu'il nous apprend à concevoir, je ne dois point épargner votre cœur. Il y aurait une délicatesse imprudente à vous dissimuler les premiers coups de la colère céleste, puisque ces punitions si promptes sont elles-mêmes des faveurs, comparées à la punition sans fin.

Dieu n'a point voulu qu'une mère éprouvât la honte de répondre à vos criminels adieux; moi-même, mon enfant, je vous épargnerai toute morale; mais recueillez celle des événements, qui est celle de la Providence, puisque vous voilà seule, abandonnée des honnêtes gens, environnée de ruses, et peut-être perdue déjà!... O ma fille! qu'avez-vous fait?

Écoutez un récit fidèle de ce qui s'est passé sous nos yeux, à la grande édification de tous, et n'y demeurez pas insensible, vous seule à qui l'avertissement s'adresse.

Mercredi dernier, le lendemain de votre départ, vers les dix heures du matin, en revenant de l'église au presbytère, je fis ma promenade sur la place; madame Jeamin, la boulangère, était assise devant sa porte; Jean Biot, s'approchant, lui demanda si madame Roux était venue prendre son pain. La boulangère répondit : Catherine m'étonne; elle fait toujours ses provisions avant huit heures sonnées, il en sera bientôt dix. Ces propos me revinrent lorsque, sur le coup de trois heures, la petite Françoise passa chez moi. Personne, m'apprit-elle, n'avait vu, dans la matinée, ni madame Roux, ni sa fille, ni Madeleine, ni l'étranger. Madeleine sortait souvent, souvent elle accompagnait sa nièce aux provisions, frappant le bonjour à toutes les portes. L'étranger, jusqu'alors, n'avait pas une seule fois manqué sa promenade à cheval; aujourd'hui cependant on n'avait vu personne. Elle, Françoise, avait cogné tout doucement contre la porte extérieure de Ca-

therine, puis contre les volets du locataire, sans obtenir aucune réponse. Cet avis m'agita beaucoup; je descendis avec Françoise. Nous rencontrâmes en route plusieurs amis de votre mère, aucun n'en avait de nouvelles; ils partagèrent nos inquiétudes, et se réunirent à nous. Devant votre maison s'étaient rassemblés des voisins; ils tenaient un conciliabule. Tous me parurent livrés à des pressentiments sinistres; je leur demandai d'abord si l'on avait frappé de nouveau ou levé le loquet, et pourquoi l'on n'essayait pas de le faire. Quelques-uns voulaient qu'on allât quérir le maire ou son adjoint, mais je leur fis observer qu'il serait toujours temps, et qu'au cas d'un malheur, ce serait occasionner un scandale inutile. Je m'approchai donc de la porte en frappant de plus en plus fort, en appelant Catherine, Madeleine et vous-même. D'abord point de réponse: on s'entre-regardait en échangeant des signes de terreur. Enfin je distinguai la voix de votre mère, affaiblie et entrecoupée : *Qui est-ce qui est là? Entrez.*

La porte n'était fermée qu'au loquet; nous entrâmes dans un religieux silence. Votre mère, étendue sur le dos de son fauteuil, appuyée contre la muraille, pâle, les yeux abattus et la tête entourée de mouchoirs, fut le second objet qui frappa nos regards. Nous avions aperçu d'abord au milieu de la chambre deux taches de sang larges et à peine desséchées, plusieurs gouttes à l'entour, et une traînée qui aboutissait au fauteuil de la malade. Aux premiers mouvements d'horreur succédèrent ceux de compassion. Tout le monde entoura Catherine; je pris sa main, elle était froide, mais encore vivante, je le sentis mon cœur se dégonfler un peu. A l'aspect de tout ce monde, la pauvre femme voulut se lever, mais inutilement.

— Vous êtes blessée, lui dis-je.—Ce n'est rien... Hier soir je suis tombée sur les carreaux, la tête la première, et j'ai beaucoup saigné. — Mais pourquoi demeurer sans secours? Où est Marie?... Votre mère, à cette question, se leva brusquement pour regagner sa chambre; nous l'obligeâmes à rester; elle fondit en larmes. Tout le monde avait compris. Malgré ses pertes de sang, sa figure était devenue rouge, ô Marie! comme la vôtre le serait devenue jadis, si l'on vous eût sollicitée de commettre une action contraire à la vertu. Quelle est donc la fragilité humaine !

Elle paraissait beaucoup souffrir, je priai l'un des assistants d'aller chercher le médecin.—N'envoyez pas, murmura-t-elle, mon mal dépasse ses ressources.—Mais au moins, la blessure... il panserait votre blessure ! — Ce n'est point ma blessure qui me tuera ! Elle accompagnait ces paroles d'un hochement de tête et d'un sourire désespéré ; celui-ci ne la quitta plus jusqu'au dernier moment. Une résignation si prononcée accrut notre embarras. Je défis les mouchoirs négligemment noués sur sa tête, ils étaient pleins de sang ; nous vîmes une plaie large mais assez peu profonde ; il aurait fallu la laver et raser les cheveux coagulés avec le sang, mais elle ne voulut rien souffrir. — Laissez, laissez cela ; bientôt on aura le temps de laver ma pauvre tête... Et, comme j'essayais de lui faire recevoir quelques consolations, je me vis interrompu par un mouvement extraordinaire qui se manifesta en elle, ses regards prirent de l'activité. — J'ai quelque chose à confesser, s'écria-t-elle ; mais non, ne sortez pas, non, non, j'aurai la force de le dire tout haut. Un péché peut rester secret entre le ciel et nous, mais un crime!.... O mon Dieu, mon Dieu ! reçois cette pénitence!... Alors elle se signa plusieurs fois de suite et récita quelques prières. — Maintenant, fermez cette porte, ajouta-t-elle, baissez le rideau de la fenêtre ; ne me regardez pas, je souffre bien assez, ne me regardez pas, ou je mourrai de hônte... Vous voyez que j'ai perdu ma fille et qu'elle a pris la fuite avec un étranger ; vous avez pitié de moi, car vous ne savez point que je suis indigne de pitié ; j'en suis indigne, cependant ; Dieu me punit par où j'ai péché, mon père. Écrivez à ma fille, elle attend de mes nouvelles au bureau restant, à Paris. Vous lui direz, hélas ! qu'elle m'a fait bien du mal, mais que je l'aime encore, et que je lui pardonne... Ah ! quand je serai morte, quand elle connaîtra le monde, elle saura combien je l'aimais !... J'ai voulu confesser le crime honteux de ma jeunesse, et vous ferez part à ma fille de ce pénible aveu, afin qu'elle connaisse comment on est puni dans ses enfants. Moi aussi, j'ai trompé mon père ! Oui, mes pauvres amis, voilà dix-huit ans que je traîne cette douleur après moi pour l'expier enfin ! J'ai déshonoré des cheveux blancs, et Dieu n'a pas voulu que les miens blanchissent jamais ; il m'appelle à son jugement par un coup imprévu : peut-il accorder la vieillesse à ceux qui ne l'ont pas respectée ! Promettez-moi, mon père, de l'apprendre à Marie, elle est l'instrument du Seigneur contre sa pauvre mère ! Ah ! qu'elle se repente, qu'elle revienne à vous ! quelqu'un dans le village aura peut-être pitié d'elle ! — Oui..., oui ; murmurait-on de toutes parts. En ce moment les sanglots lui ont coupé la voix. — Oh ! qu'avant d'être mère elle ait expié son crime ! reprit-elle ; qu'elle puisse élever son enfant, et le voir grandir sans crainte ! Moi j'étais réduite à

trembler quand j'admirais ces charmes qui font ordinairement la joie d'une âme maternelle ; moi je tremblais toujours, me ressouvenant de moi-même !... Et néanmoins ce coup terrible ne m'a pas trouvée prête ; en parcourant sa lettre, je suis tombée à la renverse ; vous voyez !... Tous les yeux se portèrent sur les taches de sang éparses dans la chambre.

Quant à elle, oppressée par un trop long effort, elle posa de nouveau son front contre le mur. Je lui pris le poignet, c'était un pouls mourant ; quelques mots balbutiés expiraient sur ses lèvres. Je vis qu'il ne restait pas même l'espoir de lui administrer les derniers sacrements, je me contentai donc de la bénédiction, qu'elle reçut pieusement, quoique agitée encore d'une émotion terrestre, murmurant votre nom et baignant de ses larmes votre billet fatal.... Je tendis la main pour le prendre. — Qu'en voulez-vous faire ? me dit-elle. — Ne faudrait-il pas le donner à monsieur son parrain. — Non ! non ! Qu'il me pardonne cette dernière défiance, je ne l'ai que trop écouté ; ses mesures violentes achèveraient de perdre Marie. D'ailleurs ma pauvre enfant ne l'aime point assez ! mieux vaut les désunir !.... Donnez-moi du feu, s'il vous plaît... Françoise lui tendit un charbon, elle en approcha votre lettre. A la flamme soudaine qui remplit tout l'appartement, nous vîmes les prompts ravages marqués par la douleur sur le visage de votre mère ; les plus proches reculèrent d'effroi. Ses yeux roulaient péniblement, sa bouche entr'ouverte avec peine n'était plus animée que d'une expression convulsive ; ses dents claquaient par intervalles, et elle se serrait dans son châle comme pour éviter les atteintes du froid.

Tout à coup un cri déchirant nous fit tressaillir de surprise. Votre mère s'était dressée, elle me tenait d'une main, appuyant l'autre sur mon épaule. — Mon père ! mon père ! j'oubliais!... Promettez-moi... Elle demeure à l'infâme Madeleine ! Vous lui direz, mon père, ce qu'a fait Madeleine. — Tranquillisez-vous, je m'y engage. — Oui ! oui ! vous le lui direz, n'est-ce pas ?

Après ces dernières paroles, qu'elle avait proférées de toute la force de ses poumons, les genoux lui manquèrent, nous la posâmes dans son fauteuil.

Elle vient d'être enterrée au cimetière avec un grand concours des habitants. J'ai dit une messe pour son repos, j'en dirai deux encore à son intention, dimanche et mercredi prochain. Ma fille, est-ce que vous n'assisterez pas à l'une d'elles ? Est-ce qu'il n'y aura sur cette tombe que la prière des étrangers ?

J'essaierais, chère enfant, de me transporter près de vous, si mes infirmités et mon grand âge ne s'opposaient pas tant à l'exercice actif de mes fonctions. Mais faites mieux, recueillez un langage plus imbu des grâces spéciales, de l'Esprit saint; dès que vous aurez lu ma lettre, allez vous présenter au confessionnal de Saint-Sulpice; vous demanderez pour directeur mon neveu l'abbé Laurédan, ce jeune homme, cet enfant avec qui vous jouiez jadis, qui vous asseyait sur ses genoux, et qui est devenu maintenant, par la grâce du Seigneur, un puits de science et de vertus; et, si vous l'écoutez, tant sa parole est attrayante, évangélique et charitable, vous sortirez du crime, plus précieuse devant Dieu que vous ne l'avez jamais été. Ainsi s'accomplira en votre faveur la bénédiction maternelle.

Dieu me préserve de médire ou de calomnier; mais une mère expirante a reçu ma promesse, et, ne l'eût-elle pas exigé, je regarderais comme un devoir d'éclairer votre inexpérience. Chère et malheureuse fille, à qui vous êtes-vous confiée! Jugez du séducteur par sa complice! Madeleine eut une fille qui atteignait à peine dix-huit ans (on s'accordait généralement à vanter sa bonne grâce et les agréments de sa figure), lorsqu'il vint de Paris (oh! toujours de Paris!) une femme opulente, étalant beaucoup d'or, de diamants et de luxe; sa vieillesse nous parut une vieillesse hideuse, fardée et corrompue. Cette femme, dont le vice même ne voulait plus, consacrait ses derniers moments à recruter pour lui; c'était l'image des démons. Madeleine la vit, lui donna son enfant, qui ne revint jamais, et quitta le pays pour y rentrer bientôt; mais à la pauvreté d'autrefois avait succédé la richesse, et aux privations, des dépenses qui furent trop remarquées; aussi, sans votre mère, la coupable Madeleine n'eût pas trouvé de toit où reposer sa tête nue; car la richesse mal acquise s'en va plus mal encore, et fond rapidement. C'est à vous de juger si celle qui a vendu sa fille n'a point trafiqué de votre honneur! Toujours a-t-elle donné la mort à son imprudente bienfaitrice; Dieu s'est servi d'une bonne action pour châtier une faute; et cela me comble de joie, me faisant espérer que sa justice est satisfaite.

Que ces exemples opposés de vice et de vertu soulèvent dans votre âme un mouvement de repentir. Oh! revenez, ma fille, sous le toit maternel! nous vous accueillerons avec tendresse et charité; tout le monde vous plaint; vous ne rencontrerez ici ni la honte ni la dureté, dont votre suborneur finira quelque jour par payer vos faiblesses, car

sachez que le méchant est méchant par toutes les facultés de son âme.

Je vous recommande encore une fois à la miséricorde infinie de Dieu, et vous envoie, avec la bénédiction maternelle, celle d'un ami dévoué, de votre père en Jésus-Christ.

***

Huit jours à peine après le départ de sa lettre, un mercredi, au point du jour, le bon pasteur sortit seul de son modeste presbytère, pour aller, selon sa promesse, implorer du Très-Haut le pardon de la mère et le salut de la fille. Le ciel était couvert, un brouillard épais avait pénétré jusque dans l'église, et quelques rares fidèles, agenouillés dans la basilique, adressaient silencieusement leurs prières au seul consolateur du pauvre. Le prêtre monta vers l'autel, se prosterna, pria, et, à l'instant où il se retournait vers l'assistance, en disant ces simples et sublimes paroles : *Dominus vobiscum* (que le Seigneur soit avec vous), une voix qui fit tressaillir de joie le cœur du pauvre curé, répondit en sanglotant :

— Et avec vous, mon père!...

Dieu avait exaucé son prêtre : Marie était de retour, repentante et encore pure.

Jules A. DAVID.

FIN.

ÉTUDES SUR L'ISLAMISME.

TRADITIONS ET LÉGENDES. — MAHOMET ET LE CORAN.

(Premier article.)

Nous nous proposons de faire connaître le système religieux d'un grand peuple, le génie et l'astuce d'un grand homme, et les prescriptions d'un livre célèbre qui doit être classé au premier rang parmi les chefs-d'œuvre littéraires de l'esprit humain.

L'Orient était encore agité par la chute de l'empire romain et du polythéisme, lorsque Mahomet vint y fonder un nouvel empire et une religion nouvelle. Si, pour fixer le droit des hommes à la renommée, on devait tenir compte du point d'où ils sont partis, des difficultés d'exécution et des succès les plus prodigieux, il n'est peut-être aucun mortel qui soit comparable à Mahomet. Placé en dehors des circonstances favorables qui souvent préparent ou amènent les événements ; isolé, à une époque où tout était calme dans son pays, où les esprits n'offraient aucun symptôme d'innovation, Mahomet, ou, comme le nomment les Arabes, Mohammed, ose tout à coup former et accomplir un projet dont la seule pensée aurait saisi d'épouvante le plus hardi novateur, projet qui consistait à bouleverser les institutions existantes, à réformer les mœurs nationales, à détruire tout, à entraîner tout après lui, et à paraître enfin, aux yeux de ses compatriotes, prophète, législateur et roi.

Les Arabes vivaient dans la plus ridicule superstition et dans une corruption de mœurs absolue ; cependant, attaquer leur culte, censurer leurs lois, leurs usages, même dans la partie la plus insignifiante, était un crime capital ; des peines sévères atteignaient tous les infracteurs, et les apôtres du christianisme eux-mêmes n'osaient point faire de néophytes à la Mecque ; ce qui prouve qu'à cette époque il n'était pas aisé de changer les idées religieuses. Mais lorsqu'une intelligence supérieure réussit dans un vaste dessein, on se hâte toujours d'en supposer l'exécution facile ; le vulgaire calcule rarement les périls d'une entreprise, il se borne à juger des choses d'après le succès. Rien n'était plus difficile que d'introduire alors des changements dans l'Arabie. Il paraissait réservé à Mahomet de surmonter tous les obstacles, de parvenir à renverser les idoles, à déraciner les superstitions, à promulguer de nouvelles lois, à imposer de nouvelles mœurs, et à créer, pour ainsi dire, une nation nouvelle ; il lui était réservé de démentir le proverbe : *Nemo propheta in patriâ suâ*, puisque, de son vivant, il fut honoré et reconnu dans sa patrie comme un envoyé de l'Éternel.

Avant d'esquisser la vie de Mahomet, avant d'analyser le Coran, il est utile de résumer les fables que les Orientaux récitent sur les personnages qui ont précédé le prophète ; une grande partie de ces fables se retrouvent dans le Talmud et les livres des rabbins. On dirait qu'à l'exception de ce que les musulmans ont emprunté à la Bible, ils se sont efforcés de reproduire les circonstances les plus bizarres et les plus éloignées de la raison.

Les musulmans reconnaissent, comme nous, de bons et de mauvais anges (1). Parmi les bons, ils distinguent les quatre archanges, Gabriel, Michel, Azraël et Azrafel, qu'ils appellent les *rapprochés*, parce que ces anges sont sans cesse auprès du trône de Dieu, disposés à exécuter ses ordres : Gabriel est chargé de porter les messages célestes ; Michel préside aux éléments, particulièrement à la pluie ; Azraël reçoit les âmes des hommes, ce qui l'a fait nommer l'ange de la mort ; enfin Azrafel est le gardien de la trompette céleste, et c'est lui qui doit en sonner à la fin du monde. Les musulmans chérissent surtout Gabriel, parce que, disent-ils, cet archange était l'ami intime de leur nation, et qu'il fut choisi par l'Éternel pour annoncer à Mahomet sa mission prophétique. Aussi le nom de Gabriel est sans cesse répété sur les monuments ; tantôt il est désigné sous le nom de *Paon du jardin du Paradis*, attendu que Gabriel brille par son éclat entre les êtres angéliques autant que le paon parmi les oiseaux ; tantôt on le nomme *Fidèle Dépositaire*, *Esprit Saint*, parce qu'il est le confident des volontés de Dieu, et qu'il a eu l'avantage de communiquer à Mahomet tous les préceptes qui régissent aujourd'hui l'islamisme. Mahomet dit dans le Coran : « Quiconque est ennemi de Gabriel, qu'il soit confondu ! » Quant à l'archange Michel, les musulmans le considèrent avec quelque défiance ; selon eux, l'archange Michel aimait les juifs, et si Dieu l'avait écouté, jamais l'islamisme n'aurait fleuri sur la terre. A l'égard des mauvais anges, le plus fameux est Iblis, qui se mit à la tête des anges rebelles, et qui, suivant le Coran, fut précipité avec eux du ciel à coups de cailloux embrasés : c'est le Diable des chrétiens et le Satan des juifs. En mémoire de sa tragique aventure, les Arabes ne l'appellent que *le Lapidé*.

Après les anges, les mahométans ont admis une race intermédiaire, celle des génies. Les génies, suivant le Coran, se rapprochaient des anges en ce qu'ils avaient été tirés comme eux de la substance du feu, et ils se rapprochaient de la nature de l'homme en ce qu'ils buvaient et mangeaient comme lui ; les uns étaient mâles et les autres femelles. On a distingué plusieurs espèces de génies ; ce sont les fées et les démons de l'Orient. Comme, dans l'opinion des Arabes, la terre, ou quelque chose de semblable, existait avant Adam, on a supposé qu'elle fut habitée pendant plusieurs

(1) Consultez l'excellent et curieux travail de M. Reinaud :

Monuments arabes, persans et turcs du cabinet de M. le duc de Blacas et d'autres cabinets. Paris, Dondey-Dupré, 1828. Cet important ouvrage nous a fourni la plus grande partie de nos renseignements, avec la *Bibliothèque orientale* de d'Herbelot, et le *Tableau de l'empire ottoman*, par M. d'Ohsson, in-folio.

milliers d'années par les génies, et que ce fut seulement après avoir reconnu l'impossibilité de les maintenir dans la vertu, que Dieu prit la résolution de créer l'homme. Presque toute la race des génies fut alors éteinte; le petit nombre de ceux qui échappèrent au désastre fut relégué dans certains lieux écartés de la terre. Il fut de nouveau question d'eux à l'époque où Salomon les contraignit à travailler aux édifices qui l'ont rendu célèbre. Plus tard, quelques génies embrassèrent la religion de Mahomet.

Les musulmans se rapprochent plus de nos croyances dans ce qu'ils disent de la création d'Adam et d'Ève. Ils ajoutent qu'Adam, après sa faute, fut jeté par l'ange du Seigneur dans l'île de Ceylan, au lieu où est la montagne appelée encore *Pic d'Adam*, et qu'Ève fut reléguée sur les côtes de la mer Rouge, vers l'endroit où, plus tard, on bâtit la Mecque. Les deux époux restèrent ainsi séparés pendant plus de deux siècles; enfin l'Éternel, touché de leurs larmes, les réunit aux environs de la Mecque. On y montre encore les traces de leur séjour. Après avoir donné naissance au genre humain, l'ange de la mort vint les trouver de la part de Dieu, et leur présenta une coupe qui les fit mourir. Cette coupe, disent les historiens arabes, servit successivement à tous les prophètes; de là, sans doute, est venue l'expression si commune chez les Orientaux, *boire à la coupe de la mort*, ou, plus simplement, *goûter la mort*, c'est-à-dire *mourir*. Adam est regardé comme un prophète, et l'on est persuadé qu'il avait sur le front un rayon lumineux à peu près semblable à celui que les peintres représentent sur le front de Moïse; on ajoute que Dieu lui avait envoyé dix livres de révélation, à l'aide desquels ses descendants devaient suivre la droite voie; mais ces livres ne nous sont point parvenus.

Le rayon prophétique passa d'Adam à Seth, de Seth à Énoch, d'Énoch à Noé, et de Noé à son fils Sem. Les musulmans citent après lui deux prophètes dont il n'est point parlé dans la Bible; ce sont Houd et Saleh. Houd reçut l'ordre du Seigneur d'aller prêcher la foi à quelques tribus d'Arabes nomades, peuples remarquables par leur taille prodigieuse; les plus petits hommes, parmi eux, avaient soixante coudées; à peine y avait-il des arbres assez hauts pour soutenir leurs tentes. Comme ils souffraient depuis quelque temps d'une sécheresse horrible, Houd se présenta à eux, et leur dit : « O mes frères! adorez le Dieu véritable, le Dieu unique, et il fera descendre la pluie du ciel sur vos champs desséchés! » Les impies

ne voulurent pas écouter ses paroles; ils l'accusèrent même de folie et menacèrent de le tuer. Le Seigneur, irrité, suscita contre eux un vent épouvantable qui les extermina; le vent n'épargna que le petit nombre de ceux qui avaient cru à Houd. Cet événement est raconté dans le Coran.

Saleh fut chargé de ramener certains peuples de l'Arabie, appelés Témoudites. Ces peuples, selon l'opinion commune, habitaient une riche vallée de l'Arabie-Pétrée, vers le midi de la mer Morte. Entourés de tous côtés de hautes montagnes, les Témoudites avaient creusé leurs demeures dans les rochers et prétendaient ainsi braver la vengeance divine. Saleh vint les trouver de la part de Dieu : « O mes frères! faites pénitence, leur dit-il, adorez le Dieu véritable! » Les Témoudites répondirent que pour rien au monde ils n'abandonneraient le culte de leurs pères. En vain Saleh, pour les convaincre de leur égarement, fit sortir des flancs d'un rocher une chamelle miraculeuse prête à mettre bas; ces impies n'en furent que plus endurcis. Ils accusèrent Saleh de magie et tuèrent la chamelle avec son petit. Alors Dieu envoya contre eux un ange qui les surprit un matin dans leurs cavernes, et les fit tous périr. Les musulmans ont gardé un profond souvenir de l'impiété des Témoudites et de la vengeance que Dieu en tira. Ils montrent encore les demeures qui furent souillées par la présence de ces hommes criminels; ils croient même entendre dans le voisinage les cris déchirants que pousse la chamelle, et quand ils passent par ce lieu, ils s'éloignent du rocher fatal. Le petit de la chamelle est également devenu parmi eux le symbole des plus grandes calamités; quand ils sont menacés de quelque désastre, ils disent : « C'est le cri du chamelon de Saleh. »

Ainsi s'écoulèrent les temps qui précédèrent Abraham. Avec ce patriarche, que les musulmans appellent Ibrahim, commence, pour ainsi dire, une ère nouvelle. On l'a regardé comme l'ami chéri de Dieu et le père des croyants; quelques tribus arabes se sont honorées de l'avoir pour aïeul, et il n'y a pas en Orient de nom plus vénéré. Si l'on en excepte ce qui est tiré de la Bible, la vie d'Abraham, d'après le Coran, n'est qu'un tissu de fables. Voici ce qu'on y voit de plus singulier :

Abraham était fils d'Azar, officier de Nembrod, roi de Babylone. Nembrod ayant vu pendant la nuit un astre qui s'élevait sur l'horizon, et qui, par son éclat, effaçait les autres étoiles, fut effrayé et consulta les devins; tous répondirent que ce prodige annonçait la naissance d'un enfant extraordinaire, qui dompterait les princes les plus puissants. Nembrod, épouvanté, ordonna de séparer les hommes des femmes; mais il ignorait que la compagne d'Azar était enceinte; elle se retira de la cour, et bientôt elle mit au monde Abraham. Tout fut inouï dans cet enfant : Dieu lui-même pourvut à sa nourriture; un de ses doigts lui fournissait un lait exquis, et un autre du miel. Au bout de quinze mois, il fut aussi avancé qu'un jeune homme de quinze ans. Il se dirigea dès lors vers Babylone, décidé à accomplir les grandes choses auxquelles il était appelé. Cependant il ne se trouvait pas encore bien éclairé sur la vraie religion. Comme, à cette époque, le genre humain était livré à l'idolâtrie et au culte des astres, et que Nembrod lui-même se faisait passer pour Dieu, Abraham ne put voir sans étonnement les globes majestueux qui roulent sur nos têtes. Si l'on en croit le Coran, lorsqu'Ibrahim aperçut l'étoile de Vénus briller à l'horizon, il voulut l'adorer, mais il reconnut son erreur quand cette étoile disparut; alors il tourna ses regards vers la lune, il fit ensuite de même pour le soleil. Voyant que tous ces astres n'avaient qu'un moment pour paraltre sur la scène du monde, il marcha d'un pas assuré dans la voie de Dieu. Une seule chose l'embarrassait, c'était ce qu'il avait entendu raconter de Nembrod et de sa puissance; il fut d'abord ébloui de tant de grandeurs; mais comme Nembrod était horriblement laid, il comprit que Dieu n'avait pu se montrer sous des traits aussi difformes, et il ne balança plus à rendre hommage à la vérité.

Abraham prêcha dans la ville de Babylone; peu de personnes crurent en lui; Nembrod, surtout, fut rebelle à ses exhortations, et comme Abraham refusa de l'adorer, il le fit précipiter dans une fournaise ardente. Heureusement, ajoute Mahomet dans le Coran, Dieu vint au secours de son serviteur, le feu devint froid; quelques auteurs ajoutent même qu'il se convertit en un jardin de roses. Quant à Nembrod, les musulmans croient qu'il fut puni, dès cette vie, de son excessive impiété : Dieu, pour confondre son orgueil, permit qu'un petit moucheron lui entrât dans le cerveau; en vain Nembrod se frappait la tête contre les murs de son palais; il mourut au milieu d'épouvantables souffrances, et son nom sert encore, en Orient, à désigner les tyrans et les fléaux de l'espèce humaine.

Cependant Abraham quitta Babylone pour visiter la Syrie et la Palestine. Les musulmans citent plusieurs circonstances dont nos livres saints n'ont point parlé. Ainsi, lorsque Sara et Agar eurent chacune donné un fils à Abraham, et

qu'elles ne purent plus vivre en bonne intelligence, ce patriarche prit avec lui Agar et son fils Ismaël, et les conduisit à l'endroit où se trouve maintenant la Mecque, pays alors inhabité, qui n'offrait partout qu'un sol aride. Abraham, n'y trouvant pas une source pour se désaltérer, allait continuer sa route, lorsqu'un ange fit jaillir avec son pied une source d'eau vive; c'est le puits qui se trouve, de nos jours, auprès de la Caaba, et qu'on appelle le puits de Zemzem. Abraham bâtit la Caaba; il construisait l'édifice, tandis qu'Ismaël lui fournissait les matériaux. On montre la pierre sur laquelle le peuple suppose qu'il plaçait les pieds. Il régla les cérémonies du pèlerinage, et, depuis ce moment, la Caaba devint le rendez-vous de tous les peuples de l'Arabie. Voici en quels termes s'exprime Mahomet sur le patriarche : « Abraham n'était ni juif, ni chrétien; il était orthodoxe et musulman. » Tel est l'artifice qu'employa le prophète pour faire croire que sa religion n'était pas nouvelle, et que si elle différait de celle que l'on suivait de son temps, c'est que des impies l'avaient corrompue.

Isaac et Ismaël héritèrent du rayon prophétique; mais Ismaël étant considéré comme le père de la tribu à laquelle appartenait Mahomet, les musulmans lui donnent le premier rang et le regardent comme le seul fils légitime. Ils racontent d'Ismaël ce que la Bible a dit d'Isaac. On trouve peu de détails sur Jacob; mais Joseph, ou, comme prononcent les musulmans, Joussouf, joue un grand rôle en Orient. Mahomet lui a consacré un chapitre entier du Coran, et ce qu'il public est si étrange, que quelques-uns de ses disciples eux-mêmes ont traité d'imposture une grande partie de son récit.

On sait que Joseph fut vendu à un Égyptien nommé Putiphar. Les Orientaux croient que Putiphar était le premier ministre de Pharaon; ils affirment que Joseph était d'une beauté ravissante, et que nulle femme ne pouvait le voir sans l'aimer. A peine la femme de Putiphar l'eut-elle aperçu, qu'elle s'éprit d'amour pour lui. Joseph était sur le point de céder, lorsque l'ombre de son père le ramena à ses devoirs. Le bruit de cette aventure, ajoute le Coran, se répandit dans la capitale de l'Égypte : toutes les dames s'élevèrent contre la faiblesse de la compagne de Putiphar, et se montrèrent indignées de ce qu'elle avait pensé à donner son cœur à un esclave. La femme du riche Égyptien, voulant se venger, en invita quelques-unes à venir manger des grenades chez elle. Pendant que la société était à table, on fit tout à coup apparaltre Joseph, et les dames furent si éblouies de sa beauté, que, sans songer à ce qu'elles faisaient, elles se coupèrent les doigts au lieu de couper les grenades. « L'aventure dont il est ici question, écrit M. Reinaud, se trouve représentée dans un très-beau manuscrit persan de la Bibliothèque Royale, manuscrit qui traite de l'histoire des patriarches et des prophètes.»

Plusieurs années s'écoulèrent, après la mort de Joseph, sans qu'on vît apparaître aucun personnage célèbre. Moïse, ou Moussa , selon l'orthographe orientale, est celui qui fut choisi de Dieu pour rappeler les grands noms de Noé et d'Abraham. Mahomet cite très-souvent Moïse dans le Coran; comme il se trouva dans une positiou à peu près pareille à celle de ce patriarche, comme il fut obligé de quitter ainsi que lui son pays, et que cette émigration donna un nouvel essor à sa puissance, il aimait à mettre en scène le législateur des Hébreux et à s'autoriser de ses exemples. Dans l'opinion des Orientaux , Moïse avait la connaissance de l'alchimie et de tous les secrets de la nature; il opéra la plupart de ses prodiges avec sa main, qu'ils représentent aussi blanche que la neige, aussi éclatante que les étoiles du firmament. Aussi, lorsqu'ils veulent parler d'un homme puissant par la parole, d'un médecin qui opère des cures merveilleuses, ils disent qu'il a la main blanche de Moïse.

David, ou Daoud, comme le nomment les peuples de l'Orient, n'est pas moins illustre chez les musulmans que chez nous : l'avantage qu'il a eu de composer les Psaumes l'a fait mettre au même rang que Moïse, Jésus et Mahomet. Ce sont, en effet, les seuls dont les musulmans reconnaissent les livres inspirés. Les Arabes se font une idée si parfaite de la mélodie de ce prince, qu'ils prétendent que sa voix réjouissait les oiseaux, amollissait le fer et aplanissait les montagnes; quand il célébrait les louanges de Dieu, la nature entière se joignait à ses concerts. Afin de prouver la componction avec laquelle David pleura sa faute, les musulmans écrivent que, durant les quarante jours de sa pénitence, les plantes et les herbes croissaient par l'abondance de ses larmes. De plus, voulant relever la pureté de sa vie et la délicatesse de ses sentiments, ils ont prétendu que David se faisait scrupule de jouir des richesses de la royauté. Non-seulement il affectait, dans les grandes occasions, de se vêtir d'une simple robe en laine blanche, qui était celle des prophètes, mais, à l'exemple de ces mêmes prophètes, il avait choisi une profession pour subvenir à tous ses besoins. Le roi David était armurier et fabricant de cottes de mailles. Il faut savoir que les

Orientaux, témoins chaque jour des abus du despotisme, sont peu disposés à respecter les grandeurs de ce monde; le fameux Aureng-Zeb, qui régnait dans l'Inde il y a plus d'un siècle, s'habillait et se nourrissait du produit des Corans qu'il avait copiés de sa main.

Le successeur de David au trône et à la lumière prophétique fut son fils Salomon, que les Orientaux nomment Soliman; il n'y a pas de merveilles qu'on ne lui ait attribuées, et son nom est devenu l'emblème de tout ce qu'il y a de grand sur la terre. Salomon, disent les Arabes, avait soumis à son autorité non-seulement les hommes et les animaux, mais les génies et les éléments. Comme il était naturellement pieux, il observait exactement la prière. Un jour qu'il exerçait ses chevaux, l'heure de la prière étant venue, il abandonna tout pour s'acquitter de ce devoir. Pendant ce temps, les chevaux prirent la fuite. Dieu, pour le dédommager, lui envoya les vents pour se rendre où il désirait. Quand il avait un voyage à faire, il se plaçait sur son tapis, et un doux zéphyr le transportait dans les régions les plus éloignées. De cette manière, toujours d'après les Arabes, Salomon franchit les déserts de l'Arabie, brava les torrents les plus impétueux, parcourut toutes les îles de l'Océan indien, et força l'univers à reconnaître la loi de l'Éternel. Les Orientaux ajoutent que, lorsque Salomon rendait la justice, douze mille patriarches et prophètes assistaient à ses jugements, sur autant de trônes d'or placés à sa droite; à sa gauche étaient douze mille sages et docteurs de la loi, assis sur des trônes d'argent. Son propre trône, d'une richesse sans exemple, était ombragé par les oiseaux du ciel. Salomon possédait le langage des oiseaux, des insectes et de tout ce qui respire. Mahomet, dans le Coran, n'a pas dédaigné de rapporter les entretiens de Salomon avec une fourmi. Il avait dressé une huppe à porter ses ordres dans toutes les parties du globe; à l'aide de cette huppe merveilleuse, il apprit l'existence de la reine de Saba. Salomon possédait un bouclier avec lequel il était à l'abri des charmes et des enchantements; ce bouclier, revêtu d'un caractère mystique, composé de sept peaux différentes, et entouré de sept cercles, avait été fabriqué sous une influence céleste. Salomon possédait encore une épée flamboyante et une cuirasse impénétrable.

Le trésor le plus précieux de Salomon était l'anneau qu'il portait au doigt; c'est avec cet anneau qu'il lisait dans le présent et dans l'avenir, et qu'il avait soumis la plupart des génies à ses

32

CHÂSSE DES ROIS MAGES A COLOGNE.

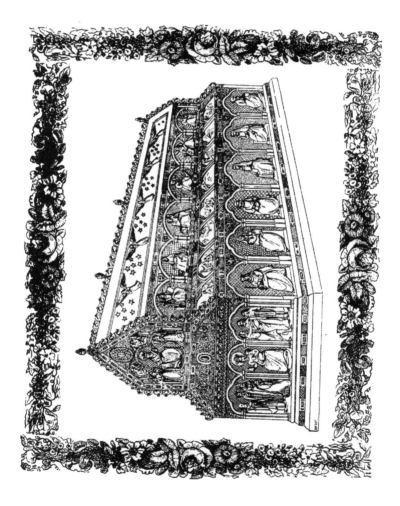

ordres. Les génies étaient devenus si dociles aux volontés de Salomon, qu'il n'avait qu'à commander, et, en moins d'un instant, ses désirs étaient accomplis. Tel est, d'après les Orientaux, le moyen facile qui permit au fils de David d'élever le temple de Jérusalem, le palais de la reine de Saba et les autres monuments qui ont rendu son nom illustre. Malheureusement, un jour qu'il était au bain, l'anneau tomba au pouvoir d'un génie perfide, qui le jeta dans la mer. Ce génie poussa l'audace jusqu'à se faire lui-même passer pour Salomon, et le véritable Salomon fut contraint d'errer pendant quarante jours dans ses états, en butte aux insultes les plus grossières. Enfin, un poisson rapporta le miraculeux anneau à Salomon, qui poursuivit le cours de ses triomphes. Les Orientaux ont attribué à Salomon une grande science dans la magie; cette opinion remonte aux temps les plus anciens. On lit dans l'historien Josèphe que, dès le temps du roi Ézéchias, c'est-à-dire trois siècles après Salomon, il circulait déjà sous son nom plusieurs livres de magie et de sortilège; Ézéchias les fit brûler; mais il en resta des copies, et la superstition prit de jour en jour un plus grand accroissement. Mahomet, dans le chapitre deuxième du Coran, assure que ce n'était pas Salomon qui avait écrit ces livres, mais des démons lettrés. Lorsque Salomon eut rendu le dernier soupir, les génies firent mille tentatives pour s'emparer de son anneau; leurs ruses restèrent sans effet. Les musulmans sont persuadés que Salomon est enterré dans une île de la mer du Sud, et que, sans un long serpent ailé qui garde son tombeau, les génies se seraient déjà rendus maîtres du talisman. Telles sont les différentes causes qui ont concouru à répandre le nom de Salomon en Orient. On a vanté sa sagesse, ses rares connaissances; on l'a appelé le ministre de Dieu, et son nom a servi à désigner les grands monarques. De là cette multitude de Salomons qui figurent dans l'histoire, ou plutôt dans la mythologie orientale. Quelques auteurs en ont compté soixante; ils ont fait remonter la suite des Salomons même avant Adam, à l'époque où la terre était habitée par les génies. La plupart de ces auteurs ont représenté tous les Salomons comme des princes également sages, également puissants; ils leur ont attribué le bouclier mystique, le glaive flamboyant et l'anneau merveilleux.

Un personnage singulier dans les traditions de l'Orient, c'est Khéder; quelques écrivains le confondent avec le prophète Élie, et emploient indifféremment ces deux noms l'un pour l'autre.

Les Orientaux font dériver le nom de Khéder d'un mot arabe qui signifie *être vert*. En effet, on suppose que ce personnage n'est pas mort, et qu'il s'est désaltéré à une certaine fontaine dont l'eau procure une vie perpétuelle; cette fontaine se trouverait à l'extrémité de l'Orient, dans les contrées appelées les *Pays ténébreux*. Du reste, ceux qui distinguent Khéder et Élie se sont accordés à leur donner la même durée et le même rang. L'un et l'autre, disent-ils, sont maintenant occupés à parcourir la terre et à veiller à la sûreté des voyageurs; on suppose que Khéder sert de guide aux Israélites à travers les sables du désert. Ainsi Khéder et Élie seraient toujours en course, et nous pourrions comparer ces deux personnages au Juif-Errant. Quelques Orientaux leur ont particulièrement attribué la surveillance des lettres missives et des courriers: leurs noms se trouvent quelquefois sur les enveloppes des lettres, et l'on espère, par ce moyen, les faire parvenir plus sûrement.

Les musulmans ont une grande dévotion pour le prophète Zacharie et pour son fils Yahya, que nous appelons saint Jean-Baptiste. Dans le Coran, Dieu lui-même adresse la parole au précurseur du Messie : « O Yahya! prends le livre avec assurance, lui dit l'Éternel. Nous lui avons accordé la sagesse dès son jeune âge, poursuit le Très-Haut; nous lui avons fait part de notre charité et de notre miséricorde, et il a fait preuve de piété. Il a été rempli d'égards pour son père et sa mère, et il n'a été ni orgueilleux ni méchant. Que le salut soit sur lui pour le jour où il est né, pour le jour où il est mort, et pour le jour où il ressuscitera plein de vie! » Les Orientaux s'accordent avec l'Évangile sur la vie austère de saint Jean-Baptiste et sur la mort cruelle que lui fit subir une femme dont il voulait réprimer les excès. Ils ajoutent qu'en mémoire d'un crime si énorme, le sang de saint Jean-Baptiste ne cessa pas de couler. Cette mort, disent-ils, fut la cause première de la ruine du temple de Jérusalem et de la dispersion des juifs sur la surface de la terre. De nos jours, les musulmans vont encore en pèlerinage à Damas, où l'on présume que se trouvent les dépouilles mortelles de saint Jean-Baptiste, car sa fin tragique est devenue, en Orient, le symbole de toutes les calamités qui désolent l'espèce humaine.

Mais le nom de Jésus, ou Yssa, comme l'appellent les musulmans, occupe chez eux un rang plus élevé. On lit dans le Coran que Jésus était né sans père, et qu'il fut produit par la seule parole de Dieu; de là, les Orientaux l'ont appelé le

32

Verbe divin, ou simplement le Verbe. Ils le mettent sur la même ligne qu'Adam, parce que l'un et l'autre furent le produit d'une création particulière. Les musulmans reconnaissent tous les miracles que rapporte l'Évangile; ils admettent la faculté que le Sauveur avait de ressusciter les morts, de rendre l'ouïe aux sourds, de donner la vie aux malades, de faire marcher les boiteux. Ils citent même des prodiges dont la Bible n'a point parlé : c'est ainsi qu'ils disent que Jésus ne resta que trois heures dans le berceau, qu'il parla au maillot, et qu'il animait de son souffle des oiseaux d'argile. Le Coran s'exprime ainsi : « Nous avons donné à Jésus, fils de Marie, le pouvoir des miracles, et nous l'avons assisté et fortifié du saint Esprit. » Quelques-uns des prodiges dont les livres saints ne font pas mention furent empruntés par Mahomet aux faux Évangiles qui, de son temps, circulaient en Arabie. Les Orientaux sont convaincus que le Sauveur opérait la plupart de ses miracles avec son souffle; en effet, nous lisons dans l'Évangile qu'il rendit l'ouïe à un sourd en lui soufflant dans l'oreille. Tous les écrivains de l'Orient font de fréquentes allusions au souffle du Messie. En général, rien de plus louable que le respect des musulmans pour Jésus. Mahomet, dans le Coran, fait ainsi parler l'Éternel : « O Jésus ! j'élèverai ceux qui s'attacheront à toi, et j'abaisserai ceux qui te méconnaîtront ! » Malheureusement, les Arabes ont nié la divinité de Jésus-Christ; on lit ces paroles dans le Coran : « Ceux-là sont infidèles qui disent que le Messie est Dieu. » Mahomet, selon eux, occupe un rang plus distingué; un de leurs auteurs a été jusqu'à dire qu'Abraham n'était qu'un officier de l'armée du prophète, et le Messie le maître des cérémonies de sa cour. Ils nient également la passion et la mort de Jésus-Christ. Voici ce qu'on trouve dans le Coran, chapitre quatrième : « Les juifs croient avoir mis à mort le Messie, envoyé de Dieu; ce n'est pas lui qu'ils ont fait mourir, c'est quelqu'un qui lui ressemblait. » L'opinion des Orientaux est que Jésus reviendra vers la fin des siècles; les deux religions chrétienne et musulmane n'en feront qu'une, après quoi aura lieu la fin du monde.

Par suite du respect des musulmans pour Notre-Seigneur, ils professent une admiration profonde pour la Vierge, qu'ils appellent Mariam; ils ont la conviction que la vierge Marie et l'enfant Jésus avaient été exempts des traces du péché originel. Mahomet a dit : « Il n'y a pas d'homme qui, en naissant, ne porte sur lui les traces des atteintes de Satan; c'est pour cela qu'en venant au monde

nous poussons tous des cris; Marie et son fils seuls ont été affranchis de cette épreuve. » Enfin les Orientaux respectent les douze apôtres et tous ceux qui ont contribué à la propagation du christianisme. Toutefois, ils éprouvent de l'éloignement pour saint Paul; ils affirment que si les chrétiens, au lieu de regarder le Messie comme un simple prophète, lui ont attribué la divinité, saint Paul seul en est la cause. Après Jésus-Christ, les Orientaux ne reconnaissent plus de prophètes jusqu'à Mahomet.

Tels sont, selon les musulmans, les principaux personnages qui ont préparé les voies à leur prophète. Un grand nombre, parmi eux, ont réellement existé; mais les Orientaux ne les ont considérés que sous un point de vue romanesque; ils se sont jetés dans les détails les plus ridicules et les plus absurdes. Nous consacrerons les articles suivants à raconter la vie de Mahomet et à faire connaître le Coran.

De Courtenay.

--- ∘ ---

FOYER DU THÉATRE - FRANÇAIS.

MOLIÈRE.

(Suite.)

Molière joua lui-même le rôle du Misanthrope, et mademoiselle Molière celui de la coquette Célimène. Les deux époux ne se voyaient plus guère qu'au théâtre. La passion de mademoiselle Molière pour le comte de Guiche, puis pour Lauzun, puis pour beaucoup d'autres, avait amené une séparation. Combien le mari jaloux sut rendre avec vérité les emportements amoureux d'Alceste, et qu'il dut souffrir ! Les spectateurs, au courant de la mésintelligence conjugale des deux personnages, eurent un intérêt de plus dans la représentation de cette pièce. Mademoiselle Molière représentait à ravir cette Célimène, qui reste jusqu'à la fin ce qu'elle est au commencement, légère et coquette, et qui refuse de quitter les adorations du monde pour suivre Alceste dans la solitude, ou, si vous le voulez, Molière dans la retraite d'Auteuil. Cette femme de vingt ans, si spirituelle dans ses médisances qu'on les lui pardonne, si jolie qu'on oublie ses torts les plus graves, est le type le plus achevé que l'auteur ait créé. Ce rôle a été tissu avec les fibres de son cœur.

Le *Médecin malgré lui*, qui succéda au *Misanthrope*, et obtint même quelques représentations de plus que ce chef-d'œuvre, dans sa nouveauté, fut joué pour la première fois le 26 juin 1666. Molière n'avait fait jusque là que préluder à sa guerre contre les médecins. L'ignorance des docteurs de son temps était, ainsi que nous l'avons dit, telle, que le sentiment public le secondait, non moins que le bon plaisir du roi. Toutes les fois que le peuple voyait passer Quesnault, il le remerciait d'avoir délivré la France du cardinal Mazarin, dont il était le médecin, et lui pardonnait spirituellement, à cause de ce malade un peu brusquement envoyé dans l'autre monde, tous les honnêtes gens dont on aurait pu lui reprocher la mort. Molière conçut l'idée de changer le mot médecin même en une injure véritable, et lorsque Sganarelle est accosté par deux personnes qui veulent le forcer à faire partie de la Faculté, cette réponse : *Médecin vous-même*, est un des traits comiques les plus incisifs qui soient au théâtre. Un docteur fait à coups de bâton, n'est-ce pas une chose éminemment plaisante? Cette pièce aboude en détails heureux, en scènes excellentes, et d'une portée plus haute que ne paraît le comporter la bouffonnerie du sujet. La phrase : *Nous avons changé tout cela*, à propos du cœur que Sganarelle place à droite dans un de ses amphigouris, est devenue en proverbe comme celle : *Vous êtes orfèvre*, de l'*Amour Médecin*. Rien n'est plus amusant que la scène où la belle Lucinde use trop librement de la liberté de s'exprimer qu'elle fait semblant d'avoir recouvrée, et donne à son père le regret de ne plus voir sa fille muette, lui qui s'est tant inquiété parce qu'il la croyait privée de la parole.

Molière s'est servi du *Médecin volant*, de Boursault, et de son propre *Médecin volant*, à lui-même, pour composer son *Médecin malgré lui*. Le président Roze, humaniste distingué, joua un tour ingénieux à Molière, à propos de la chanson que Sganarelle adresse à sa bouteille : *Qu'ils sont doux!...* Le président Roze mit ses vers en latin, et soutint que Molière les avait pillés à l'antiquité. Nous citerons à la suite du texte ces vers d'une très-bonne latinité, et qui ressemblent à une strophe d'Horace :

Qu'ils sont doux,
Bouteille jolie,
Qu'ils sont doux,
Tes petits glous-glous!
Mais mon sort ferait bien des jaloux,
Si vous étiez toujours remplie.

Ah! bouteille, ma mie,
Pourquoi vous videz-vous?

Quam dulces,
Amphora. amœna,
Quam dulces,
Sunt tuæ voces,
Dum fundis murum in calices!
Utinam semper esses plena!
Ah! ah! cara mea lagena
Cur vacua jaces?

Qu'est devenu le temps où les présidents étaient capables d'écrire de pareils vers? La poésie latine, qui faisait les délices de nos ancêtres, se retire de plus en plus de notre éducation.

La troupe que dirigeait Molière, et qui prit bientôt le nom de la troupe du Roi, servait aux plaisirs de la cour, comme nous l'avons vu. Louis XIV commanda des divertissements nouveaux vers la fin de 1666; la mort de sa mère, arrivée au commencement de cette année, avait suspendu jusque là toutes les fêtes. Molière, pour plaire au roi, composa les deux premiers actes de *Mélicerte* et la *Pastorale comique*. Il faut avouer que cette fois Molière fut abandonné par son génie. Il voulut puiser encore à la source de *Cyrus* et de l'*Astrée*, et s'aventurer sur les traces de d'Urfé; mais le peintre fidèle des mœurs n'était pas à son aise dans ce monde romanesque; il trouva pourtant des vers charmants qu'il mit dans la bouche de Myrtil. Le jeune Baron fit le succès de cette pastorale, et causa même de la jalousie à mademoiselle Molière, qui eut pour lui de mauvais procédés. Plus tard, les sentiments changèrent. Ce fut au tour de Molière à être jaloux. Baron, l'homme à bonnes fortunes par excellence, si l'on en croit la chronique, n'épargna pas son bienfaiteur. Molière se hâta de mettre dans l'ombre *Mélicerte* et la *Pastorale comique* aussitôt que les fêtes de la cour furent terminées. Il n'était pas homme à se tromper sur leur valeur. Il n'acheva jamais *Mélicerte*. Guérin fils, dont le père épousa en secondes noces la femme de Molière, finit cette pastorale héroïque; mais la muse de la comédie, plus rebelle que l'épouse du poète, ne se laissa pas surprendre : elle resta fidèle à la mémoire de ce grand homme; elle l'a même été si obstinément depuis, que les amis du théâtre déplorent cet excès de constance.

Le *Sicilien ou l'Amour peintre* est une des jolies petites comédies de Molière. Cette pièce fut intercalée dans le *Ballet des Muses*, de Benserade, et le roi Louis XIV ne dédaigna pas d'y jouer le rôle d'un *More de qualité*. Madame Henriette d'Angleterre, mademoiselle de La Vallière, madame de Rochefort, madame de Brancas, étaient transformées en *Moresques de qualité*. Molière représentait don Pèdre, le principal rôle.

Don Pèdre, gentilhomme sicilien, l'aïeul de Bartholo, est épris de la beauté d'une jeune Grecque qu'il a achetée, et qu'il tient renfermée sous les verroux. Un jeune seigneur français est amoureux aussi de la charmante esclave, fille raisonneuse et difficile à garder. Adraste, notre seigneur, invente mille moyens pour voir l'adorable Isidore, et pour lui parler. Il est aidé par un valet hardi, entreprenant, astucieux, Hali, qui se plaint déjà de la *sotte condition d'être toujours tout entier aux passions d'un maître, de n'être réglé que par ses humeurs, et de se voir réduit à faire ses propres affaires de tous les soucis qu'il peut prendre*. Ne voilà-t-il pas le caractère ambitieux de Figaro qui commence à percer? Adraste, après avoir perdu son temps à donner des sérénades sous les fenêtres de sa belle, sans avoir pu entrer dans le logis, apprend que don Pèdre veut faire peindre Isidore; le peintre est de ses amis; il se fait envoyer à sa place chez don Pèdre, car il sait peindre; il manie le pinceau *contre la coutume de France, qui ne veut pas qu'un gentilhomme sache rien faire*. Molière n'omet aucun trait de mœurs; Adraste déclare sa tendresse à Isidore, qui ne balance pas entre un vieux et un jeune amant. Il ne s'agit plus que de l'enlever. Comment s'y prendre? Adraste fait semblant de poursuivre une de ses esclaves, Zaïde, qui a osé se dévoiler en public; Zaïde se réfugie dans la maison de don Pèdre, lequel s'entremet dans cette affaire, et cherche à l'arranger honnêtement. Adraste, cédant à ses raisons, a rengaîné son épée et son courroux: on va chercher Zaïde, mais au lieu d'elle, Isidore, couverte d'un grand voile, s'échappe avec son amant. Don Pèdre, furieux, court chez la justice, afin de la mettre à la poursuite des fugitifs; mais la justice donne un bal. La justice le remet au lendemain. Cette dernière scène, que le Théâtre-Français croit devoir supprimer, et qui complète la pièce, est de toute nécessité.

Il y a des mots charmants dans la comédie du *Sicilien*, et des meilleurs de Molière. C'est dans cette pièce que se rencontrent deux soufflets si comiquement échangés dans l'ombre. *Qui va là?* dit don Pèdre en donnant un soufflet à Hali. — *Ami*, répond Hali, en rendant le soufflet à don Pèdre; puis, lorsqu'Hali, déguisé en musicien, prétend divertir don Pèdre par un concert, et lui dit : *Seigneur, je suis virtuose.* — *Je n'ai rien à donner*, répond don Pèdre. Indépendamment de ces coquetteries de style, le *Sicilien* possède toute

la grâce des imbroglios italiens et espagnols, dans lesquels la musique joue un aussi grand rôle que l'amour, et qui montrent de vieux jaloux dupés par de jolies filles et de beaux cavaliers.

Cailhava, à qui l'on doit un excellent travail sur Molière, a fait des remarques très-justes à propos du style de cette comédie. Molière avait en grande estime le vers, il en comprenait si bien la supériorité sur la prose! Les premières lignes du *Sicilien* ont été arrangées par Cailhava dans un rhythme très-naturel.

Voici les lignes de Molière : « Il fait noir comme dans un four. Le ciel s'est habillé ce soir en Scaramouche, et je ne vois pas une étoile qui montre le bout de son nez. Sotte condition que celle d'un esclave, de ne vivre jamais pour soi, et d'être toujours tout entier aux passions d'un maître. de n'être réglé que par ses humeurs, et de se voir réduit à faire ses propres affaires de tous les soucis qu'il peut prendre! Le mari me fait éprouver ses inquiétudes; parce qu'il est amoureux, il faut que nuit et jour je n'aie aucun repos. »

Voici les vers irréguliers retrouvés, moins la rime, par Cailhava :

> Il fait noir comme dans un four,
> Le ciel s'est habillé ce soir en Scaramouche (1).
> Et je ne vois pas une étoile
> Qui montre le bout de son nez!.
> Sotte condition que celle d'un esclave,
> De ne vivre jamais pour soi,
> Et d'être toujours tout entier
> Aux passions d'un maître;
> D'être réglé par ses humeurs,
> Et de se voir réduit à faire
> Ses propres affaires,
> De tous les soucis qu'il peut prendre!
> Le mien me fait ici
> Epouser ses inquiétudes,
> Et parce qu'il est amoureux
> Il faut que nuit et jour je n'aie aucun repos.

C'est la même cadence que dans l'*Amphytrion*, et il ne manque en effet que la rime à cette prose ainsi alignée. Il est probable que Molière n'a pas eu le temps d'achever en vers cette pièce ordonnée pour les fêtes de la cour, et que pourtant il avait commencé à l'écrire de cette façon.

C'est cette pièce qui a fourni peut-être à Beaumarchais l'idée du *Barbier de Séville*. La source n'est pas de ces sources inconnues que recher-

(1) Scaramouche, personnage bouffon de l'ancien théâtre italien, était habillé de bout de la tête aux pieds; il portait même un masque noir. Scaramouche a existé. Brouillé avec la justice de son pays, il se réfugia à Paris, où son talent de mime le fit bien accueillir. Lorsqu'il parla de retourner dans son pays, Louis XIV, blessé de son ingratitude, lui fit défendre de revenir en France; il revint pourtant, et le roi, qui aimait à rire, lui pardonna.

chent les auteurs, afin d'usurper une réputation d'originalité. Beaumarchais n'y est pas allé à la dérobée. Comme ces habiles fripons qui font leur coup en plein jour, et ne se sauvent qu'à force d'adresse et de subtilité, l'ingénieux Beaumarchais a tout simplement pillé Molière. Au *Sicilien* qui lui fournissait tous les caractères de sa pièce, il a joint une scène du second acte du *Malade imaginaire*, scène dans laquelle Cléante donne une leçon de chant à Angélique devant son père, et soupire des paroles extrêmement tendres, en tenant à la main un papier sur lequel *il n'y a que de la musique écrite*. Avec ces deux éléments, l'intrigue du *Barbier de Séville* a été composée. Combien n'a-t-il pas fallu d'esprit à Beaumarchais pour faire oublier des emprunts faits à Molière!

Ce qui a été cause, au reste, de la fortune de Beaumarchais, c'est que la création de Figaro était toute politique, si nous pouvons nous exprimer ainsi. Figaro est un impitoyable frondeur. Figaro commence à transporter sur la scène la satire du gouvernement. Ce n'est plus la peinture générale des vices et des défauts de l'espèce humaine, c'est le tableau des abus et des torts de la société, et de la société française flagellée dans la personne du noble comte Almaviva. Il y a là de l'Aristophane, ainsi que nous l'avons expliqué plus haut; Beaumarchais s'est approprié les situations comiques inventées par le génie de Molière. Mais comme il était mêlé aux hommes et aux choses du dix-huitième siècle, il a su revêtir ses personnages du caractère de son époque hostile aux puissants, et par ce côté il a été profondément original. Voilà ce qui manque à nos comédies; ce n'est pas le plagiat à coup sûr, c'est l'esprit du plagiat. Nos auteurs, faiseurs de pastiches insignifiants, ou bien nous imposant leurs fantaisies, ne savent ou ne veulent pas condenser les opinions populaires; ils n'animent point un personnage du souffle de plusieurs milliers d'âmes. Celui qui ne se contentera pas d'effleurer la surface de nos mœurs, et dont la main fouillera cette mine d'or, pour ainsi dire inexplorée, obtiendra un immense succès.

Nous voici arrivés au second chef-d'œuvre de Molière, au *Tartufe*, qui partage avec le *Misanthrope* l'honneur du premier rang, dans cette magnifique galerie des caractères laissés par l'auteur à l'admiration des siècles.

Il y a au théâtre des noms qui semblent convenir tellement aux personnages, qu'on n'aurait pu s'habituer à tout autre. Cela nous paraîtrait impossible qu'ils n'eussent pas été rencontrés. Il

en est de même dans la vie; nous croyons les hommes de génie, et même quelquefois les simples particuliers qui nous entourent, baptisés par une volonté supérieure; nous sommes sur le point d'attribuer à l'antique destin cet accord qui existe à nos yeux entre le caractère et le nom, et de dire : *c'était écrit!* En amour surtout, ce phénomène est fréquent.

Je vous demande en vérité si vous auriez pu vous faire au nom de *Panulphe,* que Molière avait d'abord eu dessein de donner à son imposteur? Panulphe! Qu'est cela, je vous prie? Ne voilà-t-il pas des syllabes bien insolentes! De quel droit Panulphe, s'il vous plaît? Panulphe est bon, vraiment! Molière ne tarda pas à châtier l'andaee de ce nom qui prétendait se glisser dans sa comédie; il le traita du haut en bas. Ce fut alors qu'il choisit *Tartufe*. A la bonne heure! c'est là un nom heureux, un nom béat, tout confit en hypocrisie. Ne pensez pas que nous voyions actuellement ce nom de Tartufe à travers le personnage, et que notre esprit et notre oreille soient séduits par l'habitude! A part une valeur devenue proverbiale, ce nom porte en lui, comme tous les noms bien inspirés qui doivent dater dans le monde, une sorte d'étymologie impressionnant en sa faveur; Dieu nous garde de tomber dans le ridicule des *Femmes savantes*, et d'appliquer à ce mot le vers de Bélise :

Il est vrai qu'il dit plus de choses qu'il n'est gros.

Mais nous citerons l'autorité de Molière; une anecdote prouve qu'il a cherché longtemps une expression aussi caractéristique que celle-là; on assure que, se trouvant un jour chez le nonce du pape avec plusieurs ecclésiastiques au visage papelard, on apporta des truffes, et que l'un d'eux s'écria avec un air admirable de goinfrerie dévote : *Tartufoli, signor Nunzio, tartufoli!* Il n'en fallut pas davantage au poëte comique. Cette figure morose et subitement déridée, cette gourmandise cafarde dévoilée à l'improviste, lui donnèrent la mesure d'un masque d'hypocrite. Tartufe était trouvé; peut-être est-ce pour cela que Molière a fait son héros si tendre, non-seulement à la tentation du côté des femmes, mais encore à la sensualité de la bonne chère. Rappelez-vous le portrait que Dorine trace de ce *pauvre homme*, lorsqu'elle raconte à Orgon ce qui s'est passé dans la maison pendant son absence :

..... Il soupa, lui tout seul, devant elle (Elmire),
Et, fort dévotement, il mangea deux perdrix,
Avec une moitié de gigot en hachis.

Si Molière n'a pas mis les truffes dans le repas, c'était sans doute pour éviter les personnalités; les truffes sont dans le mot.

On sait toutes les peines que l'auteur du *Misanthrope* eut à faire jouer son nouveau chef-d'œuvre; chacun voulait s'y reconnaître. On prétend qu'une aventure pareille à celle qu'il a mise dans sa comédie se passa chez la duchesse de Longueville, entre cette galante princesse et l'abbé de La Roquette. Au reste, tout le clergé cria au scandale, bien que Tartufe ne soit pas un abbé, puisque Orgon veut lui donner sa fille en mariage; mais on n'ignorait pas l'intention première de Molière; lui-même a pris soin, comme il le dit assez naïvement au roi dans un placet, de *déguiser* le personnage sous l'ajustement d'un homme du monde. Les abbés clairvoyants ne s'y trompaient pas; ils avaient alors les honneurs, la puissance; ils étaient attaqués d'une façon détournée dans leurs intérêts.... Pouvaient-ils pardonner? Il fallait que Molière comptât bien sur le roi, pour lui faire l'aveu contenu dans son placet, confidence qui a l'air d'être faite de pair à compagnon. « J'ai eu beau donner à mon imposteur, dit-il, un petit chapeau, de grands cheveux, un grand collet, une épée et des dentelles sur tout l'habit; mettre en plusieurs endroits des adoucissements, et retrancher avec soin tout ce que j'ai jugé capable de fournir l'ombre d'un prétexte aux célèbres originaux du portrait que je voulais faire, tout cela n'a de rien servi. » On pouvait alors parler ainsi à Louis XIV; il était jeune, amoureux et puissant; sa vie était ouverte et brillante. Mais lorsque l'hypocrisie en personne s'approcha de lui, sous les traits de madame de Maintenon, et gouverna ses facultés vieillies, il n'eût pas fallu que Molière demandât autorisation pour faire jouer son *Tartufe*.

Malgré cette haute et forte satire, ce que Molière avait pressenti arriva. Les faux semblants de dévotion eurent le dessus; le roi se laissa embéguiner, et la révocation de l'édit de Nantes fut la suite de cet engouement fanatique. Une vieille femme dont les charmes usés étaient obligés d'avoir recours à un extérieur de religion pour maintenir son autorité sur son amant, prévalut contre le génie et l'autorité de Molière.

On ne se lassera jamais d'admirer le *Tartufe*, cet honneur impérissable de la scène française. L'intrigue, savamment combinée, est pleine d'intérêt depuis l'exposition, si vive et si théâtrale, jusqu'au dénouement, l'un des plus adroits et des plus heureux du monde. Le seul reproche qu'on puisse faire à ce dénouement, c'est d'être compliqué d'une certaine cassette dont il n'a été que fort peu question, et qui donne matière à Tartufe d'accuser Orgon près du roi. Cette cassette ne joue pas un rôle assez actif dans les premiers actes; mais aucun autre dénouement n'était possible; celui-là avait, de plus, le mérite d'être un passe-port à la comédie de Molière. Avec quelle adresse Louis XIV s'y trouve flatté! Quel prince, ainsi loué, n'aurait pas pris la responsabilité d'un ouvrage plus dangereux encore! Comme on se sent noblement ému lorsque l'exempt, ce personnage si peu attendu, répond à Tartufe, qui lui demande le motif pour lequel on veut l'emprisonner :

Ce n'est pas vous à qui j'en veux rendre raison!

Quelle dignité dans cette réponse! Voilà un homme qui, tout d'un coup, devient un personnage. Cet honnête homme est bien sûr d'être écouté quand il fera son récit. On n'a jamais poussé le naturel des caractères plus loin que dans cette pièce achevée; tous les portraits sont frappants de vérité, depuis madame Pernelle, cette vieille grand'mère, discoureuse intempestive comme toutes les grand'mères, jusqu'à M. Loyal, ce type des huissiers. Tartufe, ainsi qu'on l'a remarqué, véritable hypocrite, à moins qu'il ne soit emporté par sa convoitise d'Elmire, ne se livre jamais, pas même au public; il ne se permet pas un à-parté; il y a plus, c'est qu'il en est venu à croire en son hypocrisie, comme les menteurs dans leurs mensonges : ainsi, lorsqu'au quatrième acte sa concupiscence est découverte par Orgon, il reprend son manteau d'hypocrisie, il ose encore parler de la vengeance du ciel.

Deux des plus délicieux caractères de femmes que Molière ait dépeints se trouvent dans cette comédie.

Elmire est la femme sage sans pruderie, qui sait se défendre et se faire respecter sans simagrées de vertu, sans fermer l'oreille aux propos du monde parce qu'il peut s'y glisser des choses d'amour. Elmire est la plus honnête femme qui ait été imaginée par un poëte. Mariée à un imbécile, elle est néanmoins fidèle à son mari; elle se défend contre les entreprises galantes comme une mère de famille doit le faire, sans scandale et sans bruit. Prise dans la réalité, elle s'idéalise par la pureté de son âme et par le sentiment du devoir porté jusqu'à l'abnégation d'elle-même, ce qui constitue la plus vraie et la plus belle des poésies. Il y a bien des soupirs refoulés dans le sein d'Elmire. Comme elle a dû souffrir de la petitesse d'esprit de son époux, et de la mauvaise humeur de sa vieille et bavarde belle-mère, elle qui est si haute d'intelligence et de cœur! Elle a concentré ses affections sur les enfants de son mari, jeunes gens bien élevés qu'elle aime comme si elle était leur mère. Elle dissimule devant eux les tortures qu'elle éprouve chaque jour : quelquefois seulement elle s'en plaint à son beau-frère, le plus raisonnable et le meilleur conseiller des hommes; mais autant qu'elle peut, comme un propice arc-en-ciel, elle apaise les orages de la famille. Dorine, qui n'a pas la même modération que sa maîtresse, se voit forcée de se taire en sa présence, et, pour causer à son aise, se rejette sur Orgon, qui la tolère par habitude, et parce qu'il n'est pas fâché d'avoir quelqu'un là au besoin pour se mettre en colère et faire du fracas dans la maison, comme tous les sots : il prouve ainsi qu'il est le maître.

Molière a creusé le rôle d'Elmire dans ses moindres détails. C'est un rôle plutôt passif qu'actif, et par conséquent d'une grande difficulté pour l'actrice qui en est chargée. Il faut, pour le rendre exactement, une profonde étude de physionomie. Elmire, en effet, est souvent muette, et ses traits parlent seuls. Dans la longue et première scène de la pièce, elle dit à peine quelques mots, mais elle n'en impose pas moins à son beau-fils, à sa belle-fille, à sa servante, le respect qui lui est dû ; un regard, un mouvement de lèvres, arrêtent l'expression d'une parole trop vive de leur part. Dans la scène de la déclaration de Tartufe, elle est contrainte de garder le silence sur les émotions de son cœur; mais elle ne peut manquer de faire voir aux spectateurs le mépris que lui inspire un pareil amour.

Quand Elmire est poussée à bout par Tartufe, qui veut des réalités pour convaincre son âme, alors qu'Orgon stupéfait ne se presse pas de sortir de la cache où il est, elle tousse à plusieurs reprises pour avertir son mari de ne pas laisser aller plus loin l'affaire, et répond à Tartufe, qui lui demande si elle souffre :

.... Oui, je suis au supplice.

Il faut que l'actrice exprime merveilleusement le sentiment de répulsion qu'Elmire éprouve. Tant de grâce et d'élégance ont peur d'être froissées par des mains si rudes. Et puis, comme elle a honte de son subterfuge, cette digne créature, lorsque Tartufe est pris au piège de sa propre convoitise!

Marianne est une jeune fille bien élevée, dont la pudeur ne s'offense pas des libertés de sa suivante, parce qu'elles ne peuvent rien sur sa candeur, et que ces libertés d'ailleurs partent d'une honnête personne. La tendresse de Marianne pour Valère s'exhale avec un charme exquis comme le pur parfum d'une fleur fraîchement épanouie. Il n'existe sur aucun théâtre une scène plus ravissante que celle qui a lieu entre les deux jeunes gens si décemment épris l'un de l'autre. Jamais les brouilles et les raccommodements de l'amour délicat n'ont été retracés avec une plus adorable expression.

Nous avons fait remarquer, à plusieurs reprises, comment Alceste ne sappe qu'avec précaution l'organisation vicieuse du gouvernement de Louis XIV. Dans Tartufe, la pensée est plus précise: elle se formule par une tirade directe contre les hypocrites et les dévots stupides qui devaient flétrir la fin d'un règne si brillant à son aurore, amener la révocation de l'édit de Nantes, et transformer le sceptre de Louis XIV en quenouille de madame de Maintenon.

La pièce qui succéda au Tartufe fut l'Amphytrion, étrange variété de Molière! Cette pièce fut jouée le 13 janvier 1668.

Nous allons toucher encore une matière délicate; il s'agit de la source éternelle et classique du ridicule, c'est-à-dire des maris qui sont ou qui se croient trompés dans leur foi conjugale.

Est-il rien de plus comique que la position de cet Amphytrion, auquel sa femme raconte avec bonne foi les mystères d'une nuit dont elle le croit instruit mieux que personne, et dont le seigneur Jupiter a fait les honneurs?

Nous devons remarquer que les convenances les plus strictes, non pas dans les détails, mais dans le sujet, se trouvent observées dans cette pièce. Amphytrion est le jouet d'une erreur; sa femme n'a pas manqué à la vertu. Il est bien vrai qu'Alcmène n'a été fidèle que de pensée, mais elle obtient aisément pardon du plus rigide spectateur, puisque Jupiter avait pris le visage de son époux. C'est un bel éloge donné aux dames de l'antiquité, qu'un Dieu, pour les séduire, ait été obligé de prendre ce moyen tombé en désuétude depuis lors. Dans nos sociétés modernes, moins un homme ressemble à un mari, plus il a de chances de réussir auprès de sa femme ; sans cela, à quoi bon changer?

La sainteté du mariage était mieux observée dans l'antiquité que chez les nations actuelles. Les tribunaux de Rome demeurèrent cinq cents ans sans connaître du crime d'adultère ; je ne sache pas qu'il se passe un mois en France sans que de pareilles plaintes retentissent, et l'on sait que bien peu de personnes en viennent à la fâcheuse extrémité d'une séparation illusoire, le divorce étant rejeté par notre législation. Si tout le monde d'ailleurs prenait ce parti désespéré, le cours ordinaire de la justice serait probablement arrêté.

L'Amphytrion de Plante, auquel Molière a emprunté presque toute sa comédie, renferme, sur les femmes, des lignes que les anciens inscrivaient sans doute en lettres d'or sur le seuil de leur gynecée. On doit se rappeler que Plante fait agir des personnages grecs; mais il y avait entre les mœurs grecques et les mœurs latines une grande ressemblance. La meilleure preuve en est que les comédies de Plante et de Térence, souvent traduites littéralement d'Aristophane, de Ménandre, de Dyphile et de beaucoup d'autres auteurs dont les ouvrages ne nous sont point parvenus, n'en plaisaient pas moins aux spectateurs romains, qui s'y reconnaissaient. Il n'y avait que les noms de changés.

Hippolyte Lucas.

(*La suite au prochain numéro.*)

— — —

TOMBEAU DES ROIS MAGES,

A COLOGNE.

C'est à Cologne, la ville des traditions pieuses, des naïves légendes, la cité du moyen-âge dans laquelle les troubadours et les trouvères ont placé tant d'aventures merveilleuses à l'époque où Charlemagne luttait contre les fils d'Aymon, et où Renaud, le vaillant paladin, devenu maçon par repentir, bâtissait les cathédrales, c'est à Cologne que, de nos jours, l'on montre encore un tombeau resplendissant, comme l'étaient autrefois les châsses des martyrs; là, suivant les croyances populaires, reposent les rois mages, Gaspard, Melchior et Balthazard, qui vinrent, guidés par une étoile lumineuse, adorer à Bethléem Jésus enfant. Heureux les peuples que bercent de si douces illusions! Tout les charme, tout les cuivre; ils s'aperçoivent moins que d'autres des tristes déceptions du monde; pèlerins modestes de la vie, ils cheminent paisiblement à travers la foule, prenant en pitié ses sarcasmes, dédaignant ses insultes, ses calomnies et ses outrages!

Cologne n'est plus ce qu'elle était jadis : les ruines s'y accumulent chaque année, ruines de l'intelligence, ruines de la matière. Aussi l'antique cité perd sans retour ce qu'elle avait de poétique; dépouillée de souvenirs mystiques, une pierre n'est désormais plus qu'une pierre : le prestige s'est évanoui. C'est ce qui explique le peu d'importance de Cologne au temps actuel : les populations ne s'y rendent plus en pèlerinage, ne déposent plus leurs trésors dans les niches des saints ou sur le tombeau des trois rois; et lorsque ce monument précieux eut été dévasté pendant les guerres de la révolution, les religieux du chapitre de Cologne firent en vain un appel à la piété des fidèles; l'or pur qui avait été dérobé fut remplacé par du cuivre, l'argent par du plomb, les diamants par quelques cristaux colorés (1). Révélation fatale qui sert à comparer les grandes époques de l'histoire. Durant les siècles où régnait la foi, tout brillait d'une splendeur réelle; aux jours du doute, tout se revêt d'un faux éclat; mais, chose triste à dire, les reflets sont ménagés si habilement que le bien peut être confondu avec le mal, la vérité avec le mensonge, comme sur la châsse des rois mages on distingue à peine les verroteries des rares émeraudes et des rubis plus rares encore que le fanatisme a respectés.

A. M.

— — —

PENSÉES.

Garde au passé ton souvenir,
C'est le docteur de l'avenir.

Du sage apprends un doux secret :
Il ne risque pas un regret.

Oublier celui qui t'instruit,
C'est oublier la fleur qui te donne le fruit.

L'outrage est bien vengé, s'il est enseveli...
Dans l'oubli.

L'esprit des sots, c'est la méchanceté;
Le pouvoir du génie enfante la bonté.

— — —

(1) On trouve dans le 2e Volume du *Magasin Universel*, pages 385 et 397, de nombreux détails sur la ville de Cologne, sur la cathédrale et le tombeau des trois rois

Imprimerie LACRAMPE et COMP., rue Damiette, 2.

LA CATHEDRALE A ROUEN.

ROUEN.

LA CATHÉDRALE.

Il existe peu de villes en France où les laborieuses générations du moyen-âge aient laissé plus de traces qu'à Rouen; il n'en est point peut-être qui présente une physionomie plus individuelle, plus caractérisée, plus différente de celle de nos cités modernes, plus riche en magnifiques monuments qui attestent la courageuse patience des artistes. Dix siècles ont contribué à ces pieux travaux, et si quelques-uns des précieux anneaux de cette chaîne de chefs-d'œuvre ont cédé aux atteintes des Barbares ou aux ravages du temps, du moins la ville de Rouen la voit avec orgueil se prolonger jusqu'à nos jours, et promettre de signaler encore le dix-neuvième siècle par d'importantes reconstructions. La destinée des sociétés modernes semble être de réparer sans cesse et de n'opérer que sur des ruines. Le voyageur, étonné de la multitude d'édifices anciens qui s'offrent partout à ses yeux, ne l'est pas moins du contraste singulier qu'oppose à toutes ces merveilles de l'art la pauvreté extérieure des rues sombres et tortueuses qui y conduisent, et le défaut d'élégance qui se fait remarquer dans presque toutes les maisons. L'aspect de Rouen fait naître l'idée d'une cité gothique qui, récemment dégagée des immenses débris sous lesquels elle avait caché pendant des siècles la flèche de ses basiliques et le faîte de ses palais, réunirait tout à coup un peuple de curieux empressés de la contempler, et ne verrait s'élever dans l'espace qui sépare ses monuments que l'architecture fragile des hôtelleries et des bazars.

La cathédrale de Rouen, le premier des monuments de la cité par son importance, avait été complétement détruite par l'incendie de l'an 1200. Malgré la gravité des événements qui, après trois siècles de séparation, replaçaient la Normandie sous la puissance immédiate des rois de France, il paraît que la nouvelle construction fut suivie avec une merveilleuse activité, puisque, dès l'année 1217, on ne s'occupait plus que des parties secondaires de cette entreprise gigantesque dont l'immensité effraie aujourd'hui la pensée. L'église actuelle est donc, dans sa masse principale, l'ouvrage des premières années du treizième siècle, mais avec quelques parties plus anciennes, et beaucoup d'autres qui ont été ajoutées postérieurement, ou qui ont subi des modifications considérables. La chapelle de la Vierge appartient au commencement du quatorzième siècle, les deux portails latéraux au siècle suivant; le grand portail et la tour de Beurre s'élevèrent durant le cours des cent années qui succédèrent à cette dernière époque. Il faut suivre le pourtour du chœur pour trouver des traces non encore effacées du style primitif du monument. Là, des fenêtres à lancettes, la plupart bariolées des plus brillantes couleurs du prisme, attirent les regards de l'observateur par l'élégance bizarre de leur forme ou la vivacité éblouissante de leurs peintures. Tous les portails de la cathédrale de Rouen sont dignes d'être remarqués; mais c'est surtout sa principale façade à l'occident, due à la munificence éclairée de la famille d'Amboise, qui frappe les yeux par son étendue, sa riche décoration, l'incroyable variété des détails dont elle se compose, et l'aspect des deux belles tours qui la couronnent. La tour de Saint-Romain, placée à la droite de la façade, est, sans contredit, le plus ancien morceau d'architecture de l'église; c'est pourquoi elle contraste avec le svelte grand portail et l'autre tour, d'une construction plus moderne. Cette seconde tour porte encore le nom de tour d'Amboise ou de tour de Beurre, parce qu'elle fut, en grande partie, bâtie avec le produit des indulgences que les fidèles obtenaient, au commencement du XVI⁰ siècle, pour faire usage du beurre et du laitage pendant le carême, usage alors sévèrement prohibé par l'Église.

On communique de la tour de Saint-Romain à la tour d'Amboise par plusieurs galeries pratiquées derrière l'orgue. L'énorme cloche appelée Georges d'Amboise avait été fondue, en 1501, par un fondeur de Chartres, nommé Jean-le-Maçon ou le Machon, qui mourut, dit-on, de joie d'avoir réussi, ou, plus vraisemblablement, de fatigue. Voici le quatrain, en caractères gothiques, qui fut mis autour de la cloche :

Je suis nommée Georges d'Amboise
Qui bien trente-six mille poise ;
Et cil qui bien me poisera
Quarante mille y trouvera.

A l'arrivée de Louis XVI à Rouen, le 28 juin 1786, la fameuse cloche fut fêlée ; des dispositions étaient prises pour la faire refondre lorsque éclata la révolution de 1789; quelques années plus tard, cette cloche fut mise en pièces dans la charpente même, au moyen d'un bélier, et le métal fut transporté à Romilly, pour être employé à la fonte des canons. Avec quelques fragments on frappa dix à douze médailles; une d'elles

33

est déposée au Musée d'Antiquités de Rouen. On lit sur le revers :

> Monument de vanité
> Détruit pour l'utilité,
> L'an deux de l'égalité.

L'extérieur du monument tout entier n'a rien à comparer, ni pour la grandeur, ni pour l'élégance, à la brillante et légère pyramide qui vient d'être rétablie, et qui prête tant de charme aux points de vue de l'édifice, de la ville et du délicieux paysage qui l'encadre.

Ce fut le 15 septembre 1822 que s'écroula l'admirable flèche de la cathédrale de Rouen : construite sur les ruines de flèches encore plus élevées, elle comptait environ trois siècles d'existence, lorsque la foudre se rouvrit des chemins qu'elle avait déjà parcourus. Dans la soirée du 14, de fréquents éclairs sillonnaient l'horizon; malgré la fraîcheur de l'air, le ciel, fort nébuleux, menaçait d'un prochain orage; pendant la nuit, le tonnerre se fit entendre dans l'éloignement, et le lendemain, à cinq heures du matin, au milieu d'une détonation épouvantable et d'une lueur extraordinaire, la foudre vint frapper la pointe de la pyramide; elle parut ensuite s'abîmer dans la partie inférieure des colonnades. Ceux même qui remarquèrent la chute et la disparition du météore ne conçurent aucun soupçon de danger; mais vingt minutes s'étaient à peine écoulées, qu'un homme, entrant à grands pas dans la cathédrale, s'écria que le feu était au clocher. L'incendie se manifestait alors vers la base de l'aiguille, et son foyer apparent produisait à peine à l'extérieur l'effet d'une petite lanterne; mais le mal était déjà sans remède. La charpente se consumait dans l'intérieur avec une effrayante rapidité. Peu d'instants après le coup de foudre, une nuée d'oiseaux de nuit, de corbeaux et de corneilles, réfugiés dans la pyramide, s'échappèrent en longues colonnes et en poussant de grands cris, par toutes les ouvertures des plombages. Cependant le tocsin avertissait de toutes parts les habitants de Rouen du danger de leur métropole; mais les progrès de l'embrasement, l'élévation immense du foyer, l'impossibilité d'y faire promptement et sûrement parvenir des secours, tout forçait les assistants à rester, malgré leur impatience, témoins oisifs de ce lugubre événement. Sept heures sonnent; la flèche entière se renverse vers le sud-ouest, point de son inclinaison naturelle, et, s'arrachant de sa base, vient s'abattre sur une maison voisine, qu'elle perce de fond en comble avec un fracas épouvantable. L'incendie présente alors un spectacle menaçant.

A peine la partie culminante de la pyramide est-elle tombée, que, dégagées d'un obstacle qui réprimait l'action de l'air, les flammes se déploient avec fureur; les arcades se détachent, les galeries se déchirent. Entre huit et neuf heures, il ne restait plus rien au-dessus de la tour de pierre qu'un vaste bûcher au milieu duquel bouillonnaient des torrents de métal, que l'oxyde des plombs en fusion colorait d'un vert livide. Ainsi fut détruite la pyramide de Robert Becquet, chef-d'œuvre qui dominait majestueusement les édifices de la cité.

La consternation fut le sentiment général de la population, qui venait de perdre un de ses plus beaux ornements; mais le corps principal de l'église étant resté intact, les arts pouvaient reproduire cette magnifique création de la renaissance, en la rendant même plus homogène avec l'édifice. Un architecte habile, M. Alavoine, fut désigné pour réparer les désastres. M. Alavoine, connu par des travaux d'une importance réelle, avait déjà restauré avec succès, en partie par les procédés du fer fondu, l'église cathédrale de Séez, en Normandie, dont l'une des flèches a été reconstruite. Ses moyens d'exécution ayant été éprouvés et reconnus comme ceux qui présentaient les résultats les plus satisfaisants et des conditions de durée, M. Alavoine s'inspira des plus beaux modèles que nous ont laissés les architectes du moyen-âge; il prit pour type principal la flèche pyramidale de la cathédrale de Salisbury, en Angleterre, et, après des études consciencieuses, cet artiste présenta deux projets, l'un conçu dans le style du moyen-âge, l'autre dans celui de la renaissance. La préférence fut accordée au premier, comme se trouvant plus en harmonie avec le caractère général du monument. En 1827, on commença à exécuter, dans les usines de Couches, des modèles à mouler et à couler les pièces de fonte qui devaient entrer dans la construction de la pyramide. La charpente en fer coulé fut terminée en 1831. Cette charpente, qui prend naissance dans l'intérieur de la tour, se compose de quatre étages; les étages supérieurs faisant partie du corps pyramidal sont au nombre de quatorze, évidés à jour, et réunis par des arêtes qui aboutissent à une élégante lanterne, à laquelle on parvient par un escalier en spirale situé au centre de la flèche. La lanterne est accompagnée d'une galerie en saillie bordée d'une balustrade, et surmontée par un couronnement au-dessus duquel s'élève une croix.

Quelques mois après l'incendie de la flèche toute la nef fut couverte en plomb; mais pour les combles du chœur on a préféré la couverture en cuivre, comme plus solide et moins sujette à des réparations fréquentes. Cette couverture est dans le système de celle de la Bourse de Paris; elle n'exige point l'emploi des soudures sur place; c'est-à-dire que si une ou plusieurs tables ont besoin d'être réparées, on peut les détacher sans obstacle, puisqu'elles sont indépendantes les unes des autres, les travailler à l'atelier, puis les remettre en place, sans qu'il soit nécessaire d'allumer du feu sur la toiture, usage qui a été si souvent funeste aux monuments.

Dom Pommeraye, l'ancien historien de la cathédrale (1), ne peut se lasser d'en décrire la beauté, les richesses; rien ne lui échappe, il ne néglige aucun détail, il n'oublie pas de raconter le moindre miracle : « On remarque expressément, dit-il, que ladite église fut dédiée à l'honneur de la sainte Vierge, et que cette cérémonie se fit avec une très-grande joie, *cum ingenti tripudio*. Ou tient, par une vieille tradition, que lorsque l'on en fit la dédicace, on vit au ciel deux croix brillantes comme le soleil, l'une à l'orient et l'autre à l'occident; et, pour conserver la mémoire de cette rare merveille, le premier jour d'octobre, jour où l'on célèbre tous les ans la dédicace, on attache dans l'église deux grandes croix de bois chargées de cierges, allumés durant les deux processions que l'on fait pour rendre cette cérémonie plus fameuse. » Le docte bénédictin s'enthousiasme ensuite pour l'orgue de la belle métropole : « Afin de parler tout de suite de ce qui concerne la nef, je dirai que le magnifique jeu d'orgue qui s'y trouve fut placé par les libéralités de l'archevêque Robert de Croismare, lequel, ainsi que porte l'obituaire du chapitre, étant mu de dévotion envers la Vierge, mère de Dieu, fit faire en son honneur, et pour la décoration de l'auguste temple qui lui est dédié, ce grand et superbe orgue. Les tuyaux en ont été fondus avec un merveilleux artifice, l'art et la bonne volonté de celui qui entreprenait cet ouvrage ayant concouru agréablement pour en rendre la structure agréable et majestueuse. Et comme, pour l'ordinaire, ces grands ouvrages sont sujets à se gâter si on n'est soigneux de les entretenir, et que d'ailleurs notre siècle a produit plusieurs excellents ouvriers de musique, lesquels ont fait des échos qui donnent un précieux agré-

(1) D'estimables travaux modernes ont été faits sur la cathédrale de Rouen; on doit surtout distinguer l'ouvrage sur les stalles, par E.-H. Langlois; celui sur les tombeaux, par M. A. Deville; et la description historique par M. Gilbert. Rouen, 1837-1838, in-8°.

ment à l'orgue et d'autres gentillesses, messieurs du chapitre s'étant aperçus que leur orgue avait besoin d'être réparé, et jugeant à propos d'y ajouter ce que l'industrie des artisans modernes a inventé de plus beau, choisirent, pour cet effet, un fort habile facteur, et, en l'an 1660, ils lui firent remanier tous les tuyaux, ce qui rend leur orgue un des meilleurs de France, et d'autant plus excellent et plus accompli, que le lieu où il est placé est des plus favorables à l'harmonie; car, quoique l'église ait beaucoup d'étendue, l'orgue ne laisse pas d'y résonner très-agréablement. C'est ce que j'avais à dire de cette pièce. »

La cathédrale de Rouen, ainsi que toutes les basiliques anciennes, et surtout celles qui appartenaient à des villes métropoles, renfermait un grand nombre de tombeaux. Trois rois, plusieurs princes de la famille ducale normande, des cardinaux, des archevêques y avaient reçu la sépulture. La vanité, la piété ou la reconnaissance s'était plu à leur élever des mausolées pompeux. Dans une seule chapelle on en comptait jusqu'à huit, tous chargés de sculptures et de statues, et dont quelques-uns passaient pour des chefs-d'œuvre. De ces nombreux tombeaux, six seulement sont parvenus jusqu'à nous. Ce sont ceux du premier duc Bollou; de Guillaume Longue Épée, son fils; de Maurice, archevêque de Rouen sous saint Louis; de Pierre de Brézé, grand-sénéchal de Normandie; de Georges d'Amboise; et de Louis de Brézé, mari de Diane de Poitiers. Malgré les pertes qu'elle a éprouvées, la cathédrale de Rouen est peut-être encore une des églises de France les plus riches en monuments de ce genre; elle put sauver, en 1793, ceux de ces tombeaux que d'autres mains fanatiques avaient laissés debout. Un zèle aveugle acheva en partie ce que les démolisseurs avaient commencé. A plusieurs reprises, l'ancien clergé de la cathédrale, dans le but de dégager, ou, disait-il, d'embellir son église, renversa les plus célèbres et les plus précieux mausolées. C'est ainsi que disparurent les tombes de Richard Cœur de Lion, de Henri le Jeune, son frère, ceux de Charles V et du duc de Bedford, pertes à jamais irréparables.

Cependant les chanoines, il faut leur rendre cette justice, voulurent perpétuer le souvenir des nobles et antiques sépultures sur lesquelles ils venaient de porter la main : des inscriptions furent gravées sur le pavé du sanctuaire. Derrière le maître-autel on lit l'inscription relative au duc de Bedford, Jean de Lancastre, troisième fils de Henri IV, roi d'Angleterre, lui-même vice-roi de Normandie, régent et gouverneur du royaume de

France pendant la minorité de Henri V, alors que la monarchie de Charlemagne et de saint Louis était ravagée par les Anglais. Voici le texte de l'épitaphe : « Cy gist feu de noble mémoire très haut et puissant prince Jehan, duc de Bedford, pour lequel est fondée une messe pour estre chacun jour perpétuellement célébrée à cet autel par le collège des Clémentins, incontinent après prime; et il trépassa le 14e jour de septembre de l'an 1435; auquel 14e jour semblablement est fondé pour lui un obit solennel en cette église. Dieu fasse pardon à son âme. » Il est à croire que ce n'est pas le clergé rouennais qui formula cette inscription, car il n'aurait probablement pas manqué d'ajouter aux qualités du duc celle de chanuoine de la cathédrale, titre qui lui avait été conféré, ainsi que le constatent les registres capitulaires.

Quelques poignées de plâtre restent seules aujourd'hui pour marquer la place où fut déposé le cœur du sage Charles V. En léguant ce dépôt à sa chère église de Rouen, le roi ne s'attendait pas à un si cruel outrage. Charles V, qui avait été duc de Normandie, et qui portait une affection particulière à cette province et à la ville de Rouen, avait formellement exprimé le désir qu'elle possédât son cœur après sa mort. Pour être certain que sa volonté ne serait pas éludée, il avait fait faire de son vivant le tombeau qui devait recevoir cette plus noble partie de lui-même. Ce fut en 1367 que l'on en posa la première pierre. En même temps il fonda une rente pour des messes à célébrer dans la cathédrale à des époques déterminées, et il voulut qu'on les appelât les messes du roi Charles. M. Deville a retrouvé dans les anciennes archives de la métropole de Rouen une copie de cet acte, qui n'a pas moins de vingt-cinq pages d'écriture. Le prince y entre dans les détails les plus minutieux, tant sur la fondation en elle-même que sur les dispositions accessoires et sur le cérémonial à observer lors de la célébration des messes : le nombre des chapelains, des enfants de chœur et autres qui doivent y assister, leur costume, les ornements sacerdotaux et les vases sacrés à employer; la quantité et jusqu'au poids des cierges et des torches à allumer sur l'autel et autour du tombeau; le nom de la cloche qui doit être mise en branle, etc., etc., rien n'y est omis. On voit clairement que le roi Charles faisait de tout ceci une affaire importante, et qu'il s'entendait au cérémonial. En 1368, le roi écrivit la pièce suivante : « Charles, par la grâce de Dieu, roi de France, à notre bien-aimé Jehan Dorlienz, receveur-général, en notre pays de Nor-

mandie, des aides ordonnées sur le fait de la rédemption de notre très-cher seigneur et père, que Dieu absolve, salut. Nous vous mandons et enjoignons étroitement que tantôt et sans délai, ces lettres vues, vous bailliez et délivriez, des deniers de votre recette, la somme de quatre cents francs d'or; c'est assavoir à Hennequin de Liège, imagier, la somme de trois cents francs, en rabat de mille francs d'or, auxquels nous sommes tenu à lui, à cause d'une tombe d'albastre et de marbre que nous lui faisons faire, laquelle nous avons ordonné être mise au chœur de l'église de Rouen, où nous voulons que notre cœur soit enterré, quand il plaira à Dieu que nous allions de vie à trépassement. Item, à Jehan Périer, maçon, la somme de cent francs que nous sommes aussi tenu à lui pour cause de certaine œuvre et maçonnerie de pierre qu'il a faite pour nous en ladite église. » Le tombeau de Charles V était en telle vénération à Rouen, que des meurtriers, qui avaient cherché asile au sein de la cathédrale, ne crurent pas trouver dans toute l'église un endroit plus sacré. A l'approche du bailli qui les poursuivait, ils montèrent sur le tombeau de Charles V.

Le cœur du cardinal d'Estouteville, mort au XVe siècle, dans la capitale du monde chrétien, fut déposé au milieu de la nef de la cathédrale de Rouen avec une pompe égale à celle qui présida à l'inhumation de son corps à Rome, mais avec plus de dignité. Le corps du prélat était revêtu de riches ornements en drap d'or; à ses doigts brillaient des bagues du plus grand prix. « L'éclat de ces pierreries, dit le savant bénédictin dom Pommeraye, donna dans la vue des chanoines de Sainte-Marie-Majeure de Rome, où se passait la cérémonie, et leur fit naître un si violent désir de s'en rendre possesseurs, qu'ils se jetèrent dessus et commencèrent à les lui arracher des doigts; ce que voyant les ermites du Saint-Augustin, ils conçurent de l'indignation de l'attentat des chanoines, et, pour en empêcher l'effet, ils tâchèrent, de leur côté, de se saisir des bagues; tellement que, dans cette contestation, les uns tirant d'un côté, les autres de l'autre, peu s'en fallut que le corps du cardinal ne demeurât tout nu, au grand scandale des gens de bien. »

Les stalles de la cathédrale de Rouen, exécutées vers l'année 1467, offrent une variété d'images qui se rencontre rarement ailleurs. L'esprit avec lequel ces nombreux sujets sont croqués, pour ainsi dire, au bout du ciseau, les rend précieux aux artistes; et quand même ils n'attesteraient pas les progrès remarquables des arts vers le milieu du XV⁰ siècle, la nature et la singularité de leurs motifs les rendraient assez piquants encore pour stimuler la curiosité. Ces stalles occupent les deux côtés de la partie inférieure du chœur, sur deux rangs; elles sont au nombre de quatre-vingt-six, savoir : quarante-deux du côté de l'épître, c'est-à-dire au midi; quarante-quatre du côté de l'évangile, c'est-à-dire au nord. Elles s'élevaient dans l'origine à quatre-vingt-huit, mais on en supprima deux du temps du cardinal Cambacérès pour placer la lourde chaire archiépiscopale qui se voit aujourd'hui. Chaque accoudoir des stalles de la cathédrale de Rouen était orné d'une petite figure de ronde-bosse représentant des moines et d'autres personnages; comme les têtes de ces statuettes, si variées, si originales, projetaient des saillies qu'on s'avisa au bout de quelques siècles de trouver incommodes, on les fit toutes horriblement mutiler à coups de hache. Plusieurs bas-reliefs éprouvèrent postérieurement le même sort. Une boiserie ornée de sculptures gothiques surmontait autrefois les dossiers existants de ces mêmes stalles ; on ignore l'époque de sa suppression.

Les sculptures des quatre-vingt-six stalles se composent d'une foule de grotesques, parmi lesquels on distingue beaucoup de sujets techniques, dont le plus grand nombre représentent des personnages s'occupant de leurs professions diverses. On voit parmi ces figures, qui retracent le costume et certains usages de nos pères, des musiciens jouant de plusieurs instruments, tels que cymbales, tambours, bedondaine à grelots; des cardeurs, des épinceurs et des tondeurs de draps, qui rappellent qu'à cette époque, vers 1470, Rouen était célèbre par ses fabriques de tissus de laine, soit d'*œuvre pleine*, soit d'*œuvre rayée*, comme on disait alors. Ces sculptures offrent encore des cordonniers s'employant aux différentes opérations de leur métier, des fabricants et marchands de galoches à doubles et hauts talons de bois, dont l'usage fut autrefois commun aux grands et au peuple; un barbier en fonction et des chirurgiens occupés à panser des plaies. Là se trouve un magister entouré d'enfants; plus loin, un pédagogue irrité contre ses élèves. Les sculpteurs ne se sont pas oubliés parmi ces différents sujets; rien n'était plus naturel. On en voit un ciselant une stalle même; un autre façonne une porte gothique, un troisième ébauche une statue. Viennent ensuite un maçon, un manœuvre, un forgeron; des émouleurs, un charpentier et un fendeur de bois; un berger, un porcher, une jeune

poissonnière, figure charmante; une marchande de charbon, une moissonneuse, des vendangeurs; puis des servantes occupées aux travaux de leur ressort. Il n'y a pas jusqu'aux alchimistes, ces espèces de fous aux extravagances desquels la chimie doit néanmoins tant de découvertes, qui ne s'y trouvent figurés par un personnage travaillant à la confection du grand-œuvre. Tout décèle, dans le geste et la physionomie de celui-ci, la pensée railleuse du sculpteur. En effet, le souffleur, loin de partager l'ivresse que Rabelais prête à ses émules quand ils voient se transmuer leurs métaux, paraît, au contraire, cruellement désappointé à l'inspection de la cuve où ses espérances s'évaporent en fumée.

Excepté ce dernier personnage et quelques autres, les figures de la plupart des stalles sembleraient autoriser à croire que les différents corps de professions qu'elles représentent contribuèrent par de pieuses aumônes aux frais des sculptures. En effet, de semblables dons se faisaient fréquemment autrefois dans des circonstances pareilles, et l'on y attachait presque toujours la condition d'introduire dans les décorations des églises, en commémoration des donateurs, ou les armoiries de leurs familles ou les emblèmes de leurs professions. Les servantes même, dont les stalles de Rouen rappellent les emplois obscurs, formèrent autrefois des associations pieuses, ou confréries, sous le patronage et l'invocation de sainte Marthe, et quelquefois de sainte Pétronille, auxquelles elles avaient voué un office solennel. Cependant M. Deville ne partage point cette opinion : « Les corporations qui ont passé ici par le ciseau des sculpteurs, dit-il, paraissent être restées étrangères à la confection de ce grand ouvrage de *hucherie*, pour nous servir de l'expression du temps. Il faut mettre sur le compte du simple caprice ou de l'imagination des artistes les attributs et les scènes qui en reproduisent le souvenir. »

Beaucoup de personnages, remarquables seulement par la variété des costumes et la bizarrerie des poses, composent les motifs des autres stalles de la cathédrale de Rouen, avec un grand nombre de figures grotesques, telles que harpies, lions à face humaine, mélusines au corps gracieux terminé en longue queue de serpent. Enfin on y trouve, pour employer une des locutions de leurs vieux fabricateurs, la plupart des *drôleries* si fréquemment usitées parmi les sculpteurs et les calligraphes. C'est ainsi qu'on désigna quelquefois ces figures à formes hétérogènes, nées de l'amalgame des traditions antiques avec les idées extravagantes des innombrables romans de la Table-

Ronde et des *farces* pieuses ou profanes de nos aïeux. Ces dernières ne se composaient que de ridicules mascarades, souvent accompagnées de travestissements burlesques; témoin, à Rouen même, la Fête des Fous et celle de l'Abbé des Cornards, qui, dans l'intérieur de l'antique basilique, surtout avant les remontrances de Gerson et les statuts de 1460, dégradaient la majesté du culte précisément dans la célébration des fêtes les plus solennelles de l'année.

M. Langlois, pour compléter la dernière planche de son travail sur les stalles, a cru devoir ajouter le dessin d'une des stalles de l'église de Saint-Taurin d'Évreux, comme un type curieux de l'imagination et du caprice des artistes du moyen-âge en Normandie. On voit un renard au museau allongé, à la mine piteuse, revêtu d'une espèce de robe qui lui couvre à peine la moitié du corps; monté dans une chaire, il est occupé à prêcher une poule et un canard. Dans un capuchon en forme de besace, placé sur son dos, un coq, dont on aperçoit la tête, prouve qu'un premier sermon du renard n'a pas été infructueux, ce qui est d'un bon augure pour la conversion des deux autres volatiles. Rien n'est spirituel et risible comme l'expression que l'artiste a su donner à chacun de ces animaux : le renard, absorbé dans son sujet, l'oreille basse, semble déployer une éloquence persuasive, que rehaussent sa mine doucereuse et sa tenue modeste: le coq, que ses beaux discours ont entraîné dans son sac, a un air contrit et de conviction profonde peu en harmonie avec le sort qui lui est réservé. Quant au canard et à la poule, ils écoutent avec une résignation merveilleuse l'allocution du renard, et leur humble posture fait présumer qu'ils sont près de se rendre à ses avis; déjà même le canard, la tête penchée vers le parquet, se dispose à rejoindre le coq, dont il paraît admirer les bons sentiments et envier les honneurs futurs. Ce sujet, qui a un caractère épigrammatique, se retrouve très-souvent dans les miniatures des anciennes heures manuscrites et dans les sculptures des édifices religieux.

***

ÉTUDES SUR L'ISLAMISME.

TRADITIONS ET LÉGENDES. — MAHOMET ET LE CORAN.

(Deuxième article.)

La vie de Mahomet est un sujet grave; il ne s'agit plus de s'attacher à des récits fabuleux ou à des détails ridicules; rien n'est plus digne d'attention.

Mahomet appartenait par sa naissance à la tribu des Coraïchites, la plus illustre de l'Arabie, et ses ancêtres remontaient jusqu'à Ismaël, fils d'Abraham (1). A cette époque, l'Arabie subissait le joug de l'étranger; les empereurs de Constantinople, les rois de la Perse et de l'Abyssinie, occupaient militairement la plus grande partie des provinces de la presqu'île. La Mecque et les pays de l'intérieur avaient seuls conservé leur indépendance, et la tranquillité n'y était troublée que par la turbulence inhérente aux mœurs des peuples nomades. On citait d'ailleurs la Mecque comme étant la première cité de l'Arabie; le souvenir d'Abraham et d'Ismaël, l'avantage de renfermer dans ses murs la Caaba, ou maison carrée, en faisaient pour les Arabes une sorte de sanctuaire. Mais la domination de tant de peuples divers avait agi puissamment sur les esprits. Les provinces au pouvoir des Romains et des Abyssins étaient presque en entier peuplées de chrétiens et de juifs; la religion des Sabéens et celle des Mages dominaient dans les provinces persanes; les autres provinces suivaient le culte des idoles.

Les habitants de la Mecque surtout s'étaient adonnés à toutes les pratiques du paganisme. On remarquait dans l'intérieur de la Caaba les statues d'Abraham et d'Ismaël tenant dans leurs mains sept flèches, à l'aide desquelles ils prétendaient deviner l'avenir. A l'extérieur étaient rangées trois cent soixante statues; chacune présidait à un des jours de l'année. Les unes représentaient des anges, les autres des planètes et des étoiles ; toutes avaient leur culte particulier, leurs adorateurs et leurs offrandes. On les invoquait pour faire descendre la pluie du ciel et pour faire mûrir les récoltes; quelques-unes, disait-on, procuraient des richesses et favorisaient la naissance des enfants, comme le Plutus et la Lucine des anciens. Chaque tribu, chaque famille pouvait choisir la divinité qui lui convenait; on immolait même des victimes humaines à ces dieux de bois, de pierre, de cristal et de bronze.

Mahomet naquit dans l'idolâtrie; ses ancêtres, depuis un grand nombre de générations, n'avaient pas suivi d'autre culte. Il perdit de bonne heure

(1) Il était né à la Mecque dans la seconde moitié du sixième siècle (vers l'an 569 de J.-C.). Consultez toujours le beau travail de M. Reinaud, précédemment cité; ainsi que la *Vie de Mahomet*, par Gagnier; celle qui a été placée par Savary en tête de sa traduction du Coran; et l'ouvrage de M. Grassi, publié sous le titre de *Charte turque*, etc.

son père Abdala et sa mère Amina, qui lui laissèrent pour tout héritage cinq chameaux et une esclave éthiopienne. Mais son aïeul, magistrat révéré à la Mecque, prit soin de son éducation; et après la mort de ce parent, son oncle Abou-Thaled l'accueillit dans sa demeure. A peine âgé de treize ans, Mahomet entreprit avec son oncle un premier voyage en Syrie. L'usage était alors chez les Mecquois, même les plus illustres, de se livrer au commerce; ils transportaient à Damas les aromates et les parfums de l'Inde et de l'Arabie; en échange, ils recevaient du blé, des étoffes et les produits de l'Occident. Cependant la pauvreté de Mahomet s'opposait à sa grandeur; Cadigia, riche veuve de la Mecque, se chargea de lever cet obstacle; elle confia la direction de son commerce au jeune Mahomet, ensuite elle l'épousa. Thabari, dans sa chronique arabe, a célébré la magnificence des noces et l'éclat des nouveaux époux. Cadigia atteignait alors sa quarantième année, tandis que Mahomet n'avait pas encore vingt-cinq ans.

Possesseur d'une fortune immense, Mahomet, tout porte à le croire, songea dès ce moment à la révolution qu'il ne devait pas tarder à opérer. Son esprit s'était éclairé dans ses voyages. Le spectacle de ce qui se passait chez les juifs et chez les chrétiens avait dû le frapper vivement. Eux seuls, en effet, repoussaient l'idolâtrie; eux seuls reconnaissaient le Dieu unique, et c'est à lui qu'ils adressaient leurs hommages. Mahomet, qui s'était fait lire les livres de l'ancien et du nouveau Testament, témoigna de nombreux égards aux chrétiens et aux juifs; non content d'admettre les livres saints comme base de sa religion, il emprunta dans le principe plusieurs de leurs cérémonies. L'histoire se tait sur cette première partie de sa carrière; on sait pourtant qu'il se retirait toutes les années dans une caverne voisine de la Mecque afin de méditer sur les choses célestes. On a dit que Mahomet ne savait ni lire ni écrire. Le fait est peu probable; peut-être s'attribuait-il une ignorance absolue pour démontrer que ses prédications futures ne seraient pas le produit de son raisonnement à lui, privé de toute instruction, et que ses paroles ne devraient être considérées que comme des inspirations du Très-Haut.

Enfin, sa prétendue mission éclata. Un jour qu'il était enfermé dans la caverne, l'ange Gabriel, à ce qu'il raconta lui-même, lui apparut, et, lui montrant les instructions qu'il apportait des cieux, le salua du titre d'apôtre de l'Éternel. Mahomet retourna aussitôt chez lui, et fit part de

son aventure à Cadigia; celle-ci crut en lui sans hésiter. Cet exemple fut suivi par Ali, fils d'Abou-Thaleb; il le fut encore par Abou-Bekr, qui succéda à Mahomet. Bientôt la nouvelle religion compta au nombre de ses disciples Osman et d'autres personnages célèbres. Tous furent appelés du titre de *masulmans*, d'un mot arabe qui signifie « Se remettre entre les mains de Dieu. » Mahomet fixait leur croyance et soutenait leur zèle par les révélations qu'il disait recevoir de temps en temps du ciel. Après trois ans de démarches cachées, Mahomet résolut de se montrer au grand jour; il invita à un festin ses oncles et ses autres parents, qui avaient jusqu'alors persisté dans le culte des idoles, et là il exposa aux convives les vices de l'idolâtrie; il leur prouva qu'on attendrait en vain son bonheur d'images informes qui ne voyaient ni n'entendaient : « Y a-t-il quelqu'un d'entre vous qui veuille être mon vizir et mon lieutenant, s'écria-t-il, comme Aaron le fut autrefois auprès de Moïse? » A ces mots, le jeune Ali, à peine âgé de douze ans, répondit : « Oui, apôtre de Dieu, je serai ton vizir et ton lieutenant! »

La religion nouvelle faisait des progrès. Parmi les prosélytes on remarqua Hamza, oncle de Mahomet, et Omar, qui devint calife dans la suite. Le premier, esprit fougueux et irritable, fut attiré par les persécutions que l'on commençait à susciter contre son neveu; le second se laissa toucher par la lecture d'un passage du Coran. A mesure que s'étendait le pouvoir du novateur, ses ennemis s'irritaient davantage; les deux partis ne se rencontraient plus sans en venir aux mains. Mahomet résolut de dissimuler. Il resta pendant quelque temps caché, ne conversant qu'avec ses amis. A l'époque des cérémonies du pèlerinage, lorsque la Mecque offrait la réunion de toutes les tribus de l'Arabie, il profitait de cet immense concours de peuple pour insinuer sa doctrine aux étrangers; il les prenait à part, et leur récitant quelques chapitres du Coran, il leur disait : « Je suis l'apôtre de Dieu; le livre que je vous annonce est la preuve de la vérité de ma mission. Le Seigneur vous commande de rejeter ce qui est indigne de lui et de le servir uniquement; il veut aussi que vous croyiez en moi et que vous m'obéissiez. »

Sur ces entrefaites, on vit arriver à la Mecque quelques idolâtres de Médine. Cette ville était occupée tout à la fois par des idolâtres et des juifs de la tribu de Lévi. Une guerre s'étant élevée entre les deux nations, les juifs avaient été vaincus et réduits en servitude; or, dans l'excès de leurs maux, ils s'écriaient quelquefois : « Si le Messie venait, nous irions à lui et nous nous délivrerions de la tyrannie. » Les idolâtres de Médine, à leur arrivée à la Mecque, ayant entendu parler d'un nouveau prophète, se dirent entre eux : « Qui sait s'il ne serait pas le prophète dont parlent les juifs? Allons le trouver, et mettons-le dans nos intérêts. » Ces idolâtres se présentèrent donc à Mahomet, qui leur prêcha l'unité de Dieu; soudain ils se donnèrent à lui. Telle était l'ardeur de leur zèle naissant, qu'à leur retour à Médine ils propagèrent le nouveau culte. Un grand nombre d'habitants se rendirent à leurs prédications, et bientôt Médine ne renferma presque plus de maisons où l'on ne comptât quelques musulmans.

Un pareil succès inspira une confiance démesurée à Mahomet. Jusqu'alors il s'était reconnu privé du pouvoir de faire des miracles; en vain ses adversaires lui dirent-ils un jour : « Tu nous cites sans cesse les exemples d'Abraham, de Moïse et de Jésus; que ne fais-tu comme eux des miracles, et nous croirons en toi. » Puis, lui montrant une colline de terre rouge qui est aux environs de la Mecque, ils ajoutèrent : « Voilà une colline de terre ; change-la en or, et nous nous avouerons vaincus. » Mahomet se contentait de répondre que bien qu'Abraham, Moïse et Jésus eussent fait des miracles, les hommes n'en avaient pas été meilleurs; que d'ailleurs, lorsque l'Éternel se décidait à déroger aux lois par lui établies, il ne manquait pas de punir rigoureusement ceux qui refusaient de croire aux signes de sa puissance, et qu'il ne voulait pas attirer ce malheur sur son infortunée patrie.

Mais lorsque Mahomet se vit un parti formidable à Médine, il ne craignit plus de se dire l'égal des patriarches anciens et des anciens prophètes; il voulut même faire un miracle plus extraordinaire que tous ceux qu'on attribuait aux personnages qu'il nommait ses devanciers, et dans ce but il raconta son voyage nocturne au septième ciel. Si Abraham avait reçu de fréquentes visites des anges, si Moïse avait passé quarante jours sur la montagne de Sinaï en entretien avec le Seigneur, si Jésus avait obtenu de Dieu des faveurs encore plus signalées, lui, Mahomet, avait paru en présence de l'Éternel. Voici comment il fit le récit de sa prodigieuse ascension:

« J'étais couché, dit-il, entre les collines de Safa et Merva, lorsque Gabriel, s'approchant de moi, se hâta de m'éveiller. Il conduisait Alborak, jument d'un gris argenté, qui a une tête de femme, une queue de paon, et dont la démarche est si vive qu'à chaque pas qu'elle fait elle s'allonge autant que la meilleure vue peut s'étendre. Ses yeux brillaient comme des étoiles. Elle déploya ses deux grandes ailes d'aigle. Je m'approchai. Elle se mit à ruer : « Tiens toi tranquille, lui dit Gabriel, et obéis à Mahomet. » La jument répondit : « Le prophète Mahomet ne me montera point que tu n'aies obtenu de lui qu'il me fasse entrer dans le paradis au jour de la résurrection. » Je le lui promis (1). Alors elle se laissa monter, et soudain nous fûmes aux portes de Jérusalem. En entrant dans le temple je rencontrai Abraham, Moïse et Jésus; je lis la prière avec eux. Quand elle fut finie, une échelle de lumière descendit tout à coup du ciel, et nous parcourûmes avec la promptitude de l'éclair l'immense étendue des airs.

« Arrivés au premier paradis, l'ange frappa à la porte : « Qui est là? demanda-t-on. — Gabriel. — Quel est ton compagnon? — Mahomet. — A-t-il reçu sa mission? — Il l'a reçue. — Qu'il soit le bienvenu! » A ces mots, la porte, plus grande que la terre, tourna sur ses gonds, et nous entrâmes. Ce premier ciel est d'argent pur; à sa belle voûte sont suspendues les étoiles avec de fortes chaînes d'or. Dans chacune de ces étoiles est un ange en sentinelle pour empêcher que les démons n'escaladent le ciel. Un vieillard vint m'embrasser en me nommant le plus grand de ses fils. C'était Adam. Je n'eus pas le temps de lui parler : mon attention se porta sur une multitude d'anges de toutes formes et de toutes couleurs. Au milieu de ces anges s'élève un coq d'une blancheur plus éclatante que celle de la neige, et d'une si surprenante grandeur que sa tête touche au second ciel, éloigné du premier de cinq cents années de chemin. Tout cela m'aurait beaucoup étonné si Gabriel ne m'eût appris que ces anges sont là sous la forme d'animaux afin d'intercéder auprès de Dieu pour toutes les créatures de la même forme qui vivent sur la terre; que ce grand coq est l'ange des coqs, et que sa fonction principale est d'égayer l'Éternel tous les matins par ses chants et par ses hymnes.

« Nous quittâmes le coq et les anges-animaux pour nous rendre au deuxième ciel. Il est composé d'une espèce de fer dur et poli. Je trouvai là Noé qui me reçut dans ses bras. Jésus et Jean

(1) D'après quelques auteurs musulmans, la jument Alborak habiterait le paradis, en compagnie du chien des Sept-Dormants, légende orientale, du bélier qu'Abraham immola, de l'âne de Balaam, du chameau sur lequel Mahomet s'enfuit de la Mecque à Médine, de l'âne sur lequel notre Seigneur entra dans Jérusalem, du cheval de Saint-Georges, et de l'âne du prophète Esdras. Cette petite ménagerie aurait ainsi une place distincte dans le ciel.

ASCENSION DE MAHOMET.

s'approchèrent ensuite, et m'appelèrent le plus grand des hommes. Nous montâmes alors au troisième ciel, plus éloigné du second que celui-ci ne l'est du premier. Il faut être au moins prophète pour supporter l'éclat éblouissant de ce ciel, entièrement formé de pierres précieuses. Parmi les êtres immortels qui l'habitent, je distinguai un ange d'une hauteur au-dessus de toute comparaison ; il avait sous ses ordres cent mille anges, chacun plus fort, lui seul, que cent mille bataillons de guerriers prêts à combattre. Ce grand ange s'appelle le confident de Dieu ; sa taille est si prodigieuse qu'il y a, de son œil droit à son œil gauche, soixante-dix mille journées de chemin. Devant cet ange était un bureau énorme sur lequel il ne cessait d'écrire. Gabriel me dit que le confident de Dieu était en même temps l'ange de la mort, occupé à écrire les noms de ceux qui doivent naître, à calculer les jours des vivants, et à les effacer du livre à mesure qu'ils ont atteint le terme fixé par ses calculs.

« Le temps pressait ; nous gagnâmes le quatrième ciel. Énoch, qui s'y trouvait, parut ravi de me voir. Ce ciel est d'argent fin, transparent comme le verre ; il est peuplé d'anges de haute taille : l'un d'eux, bien moins grand que l'ange de la mort, a pourtant cinq cents journées de hauteur. L'emploi de cet ange est fort triste, puisqu'il est uniquement occupé à pleurer sur les péchés des hommes et à prédire les maux qu'ils se préparent. Ces lamentations ne me plaisaient pas assez pour me décider à les écouter longtemps. Nous rendîmes promptement au cinquième ciel. Aaron vint nous recevoir et me présenter à Moïse, qui se recommanda à mes prières. Le cinquième ciel est d'or pur ; les anges qui l'habitent ne rient pas beaucoup, et ils ont raison, car ils sont les gardiens des vengeances divines et des feux dévorants de la colère céleste. Ils sont aussi chargés de veiller au supplice des pécheurs endurcis, et de préparer des tourments affreux pour les Arabes qui refuseront d'adorer un seul Dieu. Ce spectacle affligeant me fit hâter ma course, et je montai au sixième ciel avec mon guide. J'y trouvai encore Moïse, qui se mit à pleurer en m'apercevant, parce que, disait-il, je devais conduire dans le paradis plus d'Arabes qu'il n'y avait conduit de juifs.

« Pendant que je consolais Moïse, je me sentis enlever je ne sais comment, et j'arrivai d'un vol plus prompt que la pensée au septième et dernier ciel. Je ne puis donner une idée de la richesse de ce beau paradis; que l'on se contente de savoir qu'il est formé de lumière divine. Le premier de

ses habitants qui ait frappé mes regards surpasse la terre en étendue ; il a soixante-dix mille têtes ; chaque tête a soixante-dix mille bouches; chaque bouche soixante-dix mille langues, qui parlent continuellement, et toutes à la fois, soixante-dix mille idiomes différents pour célébrer les louanges de Dieu. Après avoir considéré cet être céleste, je fus emporté subitement par un souffle divin, et je me trouvai assis au pied du cédrat immortel, bel arbre planté à la droite du trône invisible de Dieu, de ce trône devant lequel brûlent sans cesse quatorze cierges qui ont en hauteur soixante-dix années de chemin ; les branches du cédrat, plus étendues que le soleil n'est éloigné de la terre, servent d'ombrage à une multitude d'anges beaucoup plus nombreux que les grains de sable de tous les déserts, de toutes les mers, de tous les fleuves et de toutes les rivières. Sur les rameaux du cédrat sont perchés des oiseaux immortels, occupés à considérer les passages sublimes du Coran. Les feuilles de cet arbre ressemblent à des oreilles d'éléphant; ses fruits sont plus doux que le lait ; un seul suffirait pour nourrir pendant un jour toutes les créatures de tous les mondes. Chaque pepin renferme une houris, vierges divines réservées aux plaisirs éternels des musulmans. Il y en a de quatre sortes. Les unes sont blanches, les autres roses, les troisièmes jaunes, et les quatrièmes vertes. Leur corps ravissant a la transparence du cristal ; leurs yeux sont si beaux, que si une houris laissait tomber un regard sur la terre pendant la nuit la plus sombre, elle y jetterait autant de lumière que le soleil dans toute sa splendeur ; elles se livreront aux embrassements des fidèles, et ne cesseront pas d'être vierges. Quatre fleuves sortent du pied du cédrat, deux pour le paradis et deux pour la terre; ces deux derniers sont le *Nil* et l'*Euphrate*, dont personne avant moi n'avait connu la source.

« Ici Gabriel me quitta, parce qu'il ne lui était pas permis de pénétrer plus avant. Raphaël prit sa place, et me conduisit à la maison divine de l'adoration, où se rassemblent chaque jour, en pèlerinage, soixante-dix mille anges de première classe; les mêmes n'y vont jamais deux fois. Cette maison, formée d'hyacinthes et entourée de lampes qui brûlent éternellement, ressemble au temple de la Mecque; et si elle tombait perpendiculairement du septième ciel sur la terre, comme cela pourrait arriver un jour, elle se poserait sur la Caaba. C'est une chose étrange, mais certaine.

« A peine eus-je mis le pied dans la maison
34

de l'adoration, qu'un ange me présenta trois coupes; la première était pleine de vin, la seconde de lait, la troisième de miel. Je choisis celle où était le lait. Aussitôt, une voix forte comme dix tonnerres fit retentir ces paroles : « O Mahomet! tu as bien fait de prendre la coupe où se trouve le lait; si tu avais bu le vin, ta nation était pervertie et malheureuse. » Mais un nouveau spectacle vint éblouir mes yeux. L'ange me fit traverser, aussi vite que l'imagination peut le concevoir, deux mers de lumière, et une troisième, noire comme la nuit; alors je me trouvai en présence de Dieu. La terreur s'emparait de tous mes sens, quand une voix, plus bruyante que celle des flots agités, me cria : « Avance, ô Mahomet! approche-toi du trône glorieux! » J'obéis, et je lus ces mots sur un des côtés du trône : « Il n'y a point d'autre Dieu que Dieu, et Mahomet est son prophète. » En même temps, Dieu mit sa main droite sur ma poitrine et sa main gauche sur mon épaule; un froid aigu se fit sentir dans tout mon corps et me glaça jusqu'à la moelle des os. Cet état de souffrance fut bientôt suivi de douceurs inexprimables et inconnues aux enfants des hommes, douceurs qui enivrèrent mon âme. A la suite de ces transports, j'eus avec Dieu une conversation familière qui dura fort longtemps. Dieu me dicta les préceptes que vous trouverez dans le Coran, puis il m'ordonna de vous exhorter à soutenir par les armes et le sang la sainte religion.

« L'Éternel ayant cessé de parler, je rejoignis Gabriel. Il déploya ses cent quarante paires d'ailes brillantes comme le soleil, et nous descendîmes les sept cieux, où souvent nous fûmes arrêtés par les concerts des esprits célestes qui chantaient nos louanges. Mais Dieu m'avait commandé de faire faire la prière cinquante fois par jour. Parvenu au ciel de Moïse, je l'instruisis de l'ordre que j'avais reçu. « Retourne vers le Seigneur, me dit le conducteur des Hébreux; prie-le d'adoucir le précepte : jamais ton peuple ne pourra l'accomplir. » Je remontai vers le Très-Haut et le priai de diminuer le nombre des prières. Il fut réduit à quarante. Le savant Moïse m'engagea à de nouvelles instances, et, après des voyages réitérés, le nombre des prières fut fixé à cinq. Parvenu enfin à Jérusalem, l'échelle de lumière se reploya dans la voûte des cieux. Alborak m'attendait. Il était nuit encore. Elle me ramena où elle m'avait pris, en agitant deux fois seulement ses grandes ailes. Alors je dis à Gabriel : « Je crains bien que mon peuple ne refuse de croire au récit de ce voyage.—Rassure-toi, me répondit l'ange,

le fidèle Abou-Bekr et le fier et saint Ali soutiendront la vérité de ces prodiges (1). »

En effet, malgré les assertions verbales de Mahomet, malgré les protestations d'Ali et d'Abou-Bekr, les disciples mêmes de la religion nouvelle se récrièrent à la relation du voyage aérien de l'apôtre de Dieu, comme ils nommaient alors le Prophète. Il est bon de remarquer que Mahomet, dans le Coran, n'a pas osé s'expliquer ouvertement sur une aventure aussi étrange. Voici ce qu'il dit : « Louanges à celui qui a transporté son serviteur du temple de la Mecque au temple de Jérusalem! » On lit dans un autre endroit : « Il s'est élevé au haut des airs, et il a approché à la distance de deux arcs, ou même plus près, du trône de Dieu; et Dieu a révélé à son serviteur ce qu'il lui a révélé, et son cœur n'a pas imaginé ce qu'il a vu. Iriez-vous donc disputer avec lui sur ce qu'il a vu? » Quoique les auteurs les plus graves regardent le voyage nocturne comme une vision, et qu'ils soutiennent que Mahomet ne fut transporté au ciel qu'en esprit, la tradition a transmis ce fait comme une vérité que les musulmans doivent croire sans examen. Ils ne manquent jamais d'en célébrer l'anniversaire.

Cependant l'islamisme se répandait dans l'intérieur de l'Arabie. Une nouvelle caravane de Médinois, étant venue à la Mecque, abjura l'idolâtrie en présence de Mahomet. Alors le Prophète cessa de se contraindre. Jusqu'à ce moment, il avait recommandé la patience à ses adeptes : « Pardonnez à vos ennemis, leur répétait-il, en attendant la vengeance de Dieu. » Mais le succès le fit changer de langage. « Les musulmans peuvent combattre contre ceux qui leur font injure, dit-il à ses partisans; certes, Dieu est en état de leur envoyer des secours. » Ensuite il se fit prêter serment de fidélité. Les mahométans jurèrent de le défendre comme ils défendraient leurs femmes, leurs enfants et leur famille entière, et, afin d'enflammer leur courage, il assura que tous ceux qui se feraient tuer pour lui entreraient au septième ciel. En apprenant cette nouvelle, les magistrats de la Mecque, saisis d'effroi, résolurent la mort du novateur. Mahomet prévit le danger, et se déroba à leurs coups. Il fit partir secrètement ses fidèles pour Médine, et lui-même se mit en marche quelques jours après leur départ. Cet événement est appelé *hégire*, d'un mot arabe qui signifie *fuite*,

(1) La gravure qui accompagne cet article représente Mahomet monté sur la jument Alborak au-dessus de la Caaba; on ne voit du prophète que les pieds; le visage et le reste du corps sont couverts de rayons célestes. Ce dessin est une copie fidèle de ceux qui se trouvent dans les livres persans. Consultez le *Tableau général de l'Empire Ottoman*, tome 1, page 67.

et depuis il a servi d'époque à toutes les nations musulmanes. On était alors dans l'année 622 de notre ère. Mahomet était âgé d'environ cinquante-trois ans, et prêchait depuis treize ans sa doctrine.

Mahomet, reçu en triomphe à Médine, s'y arrogea toute l'autorité spirituelle et temporelle; ses disciples le considérèrent comme roi et comme pontife. Il s'occupa aussitôt à fonder sa puissance et à donner au culte musulman des formes qui n'ont presque plus changé. Son premier soin fut de bâtir une mosquée, afin d'y aller faire la prière avec le peuple; voulant montrer l'exemple à suivre, il y travailla lui-même de ses propres mains : « Quiconque travaillera à cette mosquée, dit-il, bâtira pour la vie éternelle. » Il construisit aussi pour lui une maison, et les compagnons de sa fuite firent de même. Mahomet, violemment persécuté, ne songea plus qu'à étendre ses lois par la force des armes. Souvent vainqueur, quelquefois vaincu, il attribuait ses triomphes à l'Éternel, et ses défaites aux péchés de ses soldats. Pendant le combat de Berd, contre les Mecquois, Mahomet se frappait la poitrine en prononçant cette prière : « O mon Dieu! si tu laisses périr tes serviteurs, tu n'auras plus d'adorateurs sur la terre! » Il était si ému, qu'il perdit un moment connaissance. Soudain, reprenant courage, il feignit d'avoir eu une apparition de l'ange Gabriel : « Réjouissez-vous, s'écria-t-il, Dieu nous envoie du secours! » En même temps il monte à cheval, et, prenant une poignée de sable, il la jette au visage de ses ennemis : « Que leurs faces soient confondues! » dit-il à haute voix. Ses guerriers tentèrent un dernier effort; les Mecquois prirent la fuite, et la bataille fut gagnée. Quelques jours après, Mahomet, dans une escarmouche, fut renversé de son coursier; il eut le visage meurtri et son corps fut criblé de blessures. Calme au milieu du péril, il répétait sans cesse : « Oh! comment pourront prospérer les hommes qui ensanglantent ainsi le visage de leur prophète? »

Après bien du sang répandu, bien des villes conquises et dévastées, les Mecquois conclurent une trève à laquelle, durant laquelle il serait libre au prophète de venir en pèlerinage à la Caaba. Un triste événement vint alors frapper Mahomet : dans la guerre qu'il soutint contre les juifs de Khaibar, une jeune fille, ayant perdu son frère et voulant venger sa mort, imagina de mettre du poison sur une épaule de mouton qu'elle savait devoir servir au repas du prophète. Au premier morceau que Mahomet avala, il s'aperçut des traces du poison, et, le rejetant, il s'écria : « Ce mouton m'avertit qu'il est empoisonné! » Les musulmans

crièrent au miracle, et l'épaule de mouton fut longtemps vénérée comme une relique. Mais le venin avait déjà pénétré dans les entrailles du prophète, et les effets qu'il en ressentit ne se terminèrent qu'avec sa vie.

Enfin il s'occupa du projet de soumettre la Mecque, sa patrie; déjà il avait accompli avec pompe un premier pèlerinage, pendant lequel une foule d'idolâtres avaient embrassé sa cause. Malgré le tumulte des armes, l'entrée de Mahomet dans la Mecque eut un caractère religieux; il s'était revêtu de l'habit de pèlerin, et il s'avança en récitant d'un ton solennel ces paroles du Coran : « Assurément, nous t'avons accordé une victoire illustre; Dieu t'a pardonné tes péchés passés et futurs, afin d'accomplir sa grâce sur toi, de te diriger dans la voie droite et de t'aider d'un puissant secours. C'est lui qui a fait descendre le repos et la tranquillité dans le cœur des fidèles pour augmenter leur foi d'une foi nouvelle. Dieu est grand et miséricordieux. » Le premier soin de Mahomet fut de visiter de nouveau la Caaba, et de prier Dieu dans les lieux saints; ensuite, impatient de faire disparaître jusqu'à la dernière trace du culte profane, il abattit les idoles qui entouraient la Maison-Carrée. Mahomet s'approcha successivement de chacune de ces divinités, et, les touchant d'une baguette qu'il tenait à la main, il disait : « La vérité est venue, que le mensonge soit anéanti! » En même temps, on les mettait en pièces. On n'épargna pas plus les statues d'Abraham et d'Ismaël que les autres. Après cette exécution, Mahomet assembla le peuple et prononça ce discours : « Il n'y a pas d'autre Dieu que le Dieu qui a rempli envers son serviteur lentes ses promesses, et qui a mis ses ennemis en fuite. Vous n'adorerez plus désormais vos pères Abraham et Ismaël, qui n'étaient que des hommes comme vous (1). »

La neuvième année de l'hégire devint fameuse par l'affluence des ambassadeurs qui vinrent de toutes les parties de l'Arabie pour féliciter Mahomet sur ses victoires; aussi cette année fut-elle appelée l'*année des ambassades*. Les auteurs arabes

(1) Ce fut alors que Mahomet voulut traiter d'égal à égal avec les plus grands rois; il écrivit à tous les princes chrétiens, juifs ou idolâtres de l'Arabie et des contrées voisines, pour les inviter à embrasser sa religion La formule de ses lettres était : « Mahomet, apôtre de Dieu, à. .. salut, etc. » Cosroès, roi de l'erse, fut si choqué de voir le nom d'un homme qu'il regardait comme son esclave placé avant le sien, que, sans aller plus loin, il déchira la lettre. Mahomet, à cette nouvelle, s'écria : « Qu'ainsi son royaume soit déchiré! » Les musulmans ne doutent pas que ne se soit par une suite de l'arrêt du prophète que bientôt après Cosroès et ses possessions furent en butte à tous les genres de désastres.

comparent leur nombre aux dattes qui tombent dans l'automne. Mahomet reçut les députés avec beaucoup de dignité, et l'Arabie presque entière se décida à le regarder comme son maître et son souverain. Dans une guerre contre quelques peuplades lointaines, l'armée du prophète dut traverser le pays des anciens Témoudites (1) : Mahomet profita de cette occasion pour dépeindre à ses soldats le sort d'un peuple incrédule; il leur montra des grottes abandonnées, des demeures désertes, et les menaça de la même destinée s'ils tombaient dans la même impiété. Arrivé au milieu de la vallée où les Témoudites avaient coutume de venir chercher de l'eau, voyant que les musulmans, dévorés par la soif, s'y précipitaient pour se désaltérer, il les arrêta en disant : « Gardez-vous de boire de cette eau qui a servi à des peuples injustes; fuyez ce séjour de malédiction, pleurez sur vos péchés, et craignez d'éprouver un traitement aussi terrible! » Soudain il se couvrit le visage de son manteau, et, piquant sa mule, il ne cessa de courir que lorsqu'il fut hors de la vallée.

Les Arabes de Taief, les seuls qui avaient maintenu le culte des idoles, se voyant continuellement en butte aux attaques des musulmans, offrirent d'embrasser l'islamisme, pourvu qu'on leur laissât pendant un an l'exercice de leur ancien culte et qu'on les dispensât de la prière. Mahomet répondit que la vérité ne souffrait pas de délai, et qu'il n'y avait pas de religion sans prière. Les idolâtres se soumirent, et il ne resta plus en Arabie de peuples attachés aux pratiques du paganisme. On aurait de la peine à suivre Mahomet dans toutes les démarches qu'il faisait pour le triomphe de son nom et de ses principes religieux; d'une activité infatigable, d'une ambition sans limites, on le voyait répandre ses émissaires dans l'Arabie-Heureuse, dans l'Arabie-Pétrée, sur les côtes du golfe Persique, et jusque parmi les tribus nomades établies en Mésopotamie. L'époque du pèlerinage étant de nouveau arrivée, Mahomet voulut visiter une fois encore sa ville natale ; ce pèlerinage se ressentit des progrès immenses qu'avait faits l'islamisme. Cent quatorze mille hommes accompagnèrent le prophète. Parvenu à la Mecque, Mahomet baisa avec respect la pierre noire dans laquelle on suppose qu'est renfermé le pacte d'alliance entre Dieu et les hommes; puis il fit les sept tours d'usage autour de la Caaba en courant légèrement; car, ses ennemis ayant paru croire que l'âge et les fatigues l'avaient affaibli, il affecta de montrer une vi-

(1) Voir notre premier article, page 246.

gueur extraordinaire. Sortant ensuite de la ville, il monta sur la colline de Safa, d'où, se tournant vers la Caaba, il prononça ces paroles : « Dieu est grand; il n'y a pas d'autre Dieu que Dieu ; il n'a point de compagnons. La puissance lui appartient. Louanges soient à lui. Il est puissant en toutes choses; il n'y a pas d'autre Dieu que Dieu. » Mahomet se dirigea vers la colline de Merva, où il fit encore une prière ; il visita tous les lieux sacrés, et, quand il eut fini, il fit descendre du ciel ces paroles : « C'est maintenant que les mécréants n'oseront plus attaquer votre religion ; ne les craignez plus. Dieu est puissant et sage !» Le prophète s'acquitta pieusement du sacrifice; il immola de sa main soixante-trois chameaux, nombre des années de son âge; il en fit sacrifier trente-sept autres par Ali. Toutes les cérémonies étant terminées, Mahomet se disposa à revoir Médine.

Le réformateur se trouvait alors au plus haut degré de puissance; aucun homme, aucun peuple en Arabie n'était capable de lutter contre lui. Maître absolu de la presqu'île, tout porte à croire qu'il n'aurait pas tardé à porter la guerre au loin, lorsqu'une douloureuse maladie le conduisit au tombeau. Depuis l'événement de Khaibar, le prophète n'avait pas cessé de ressentir les atteintes du poison. A son retour à Médine, les douleurs devinrent plus graves, et, le 26 mai 632, il s'alita dans la maison d'Aïescha, celle de ses femmes qu'il chérissait le plus tendrement et qui était la confidente de ses pensées. Mahomet, pour rassurer ses partisans, montrait la sérénité la plus parfaite; il parlait sans cesse de Dieu, de la vie à venir. Un jour, ceux qui l'entouraient paraissant étonnés de ses souffrances, il leur dit : « Aucun prophète avant moi n'a éprouvé ce que j'éprouve; mais plus la douleur est vive, plus la récompense sera grande. » Puis il ajouta : « Le Seigneur a coutume de donner à ses serviteurs le choix de ce monde ou celui de l'autre; moi, j'ai préféré ce qui est auprès de Dieu. » Le second jour de sa maladie, il voulut assister à la prière avec le peuple; on le porta dans la mosquée. Après avoir célébré les louanges de Dieu, il parla ainsi : « O hommes! si j'ai fait frapper injustement quelqu'un d'entre vous, voici mon dos, qu'il me traite comme je l'ai traité; si j'ai déchiré la réputation de quelqu'un, qu'il déchire la mienne; si j'ai injustement exigé de l'argent, voici ma bourse. » Ensuite il donna la liberté à tous ses esclaves, et fit part de ses dernières volontés à ses compagnons. Ses instructions étaient au nombre de trois : par la première, il ordonnait de chasser de l'Arabie les idolâtres et tous ceux qui ne professaient pas l'islamisme; par la seconde, il voulait qu'on accueillît tous les prosélytes, sans mettre aucune différence entre les nouveaux musulmans et les anciens; par la troisième, il recommandait la prière. Il finit en maudissant les juifs, dont les perfidies et la haine causaient sa mort. La maladie prenant un caractère plus grave, son esprit s'affaiblit. On rapporte que, deux jours avant de rendre le dernier soupir, il demanda de l'encre et du papier pour rédiger un nouveau Coran; ce qui prouve que, dans ses dernières années du moins, Mahomet savait lire et écrire. « Je veux laisser un livre, dit-il, avec lequel on ne puisse plus errer après ma mort. » A ces mots, un violent tumulte s'éleva dans la salle; on se demanda si l'on n'avait pas déjà le Coran, et si ce livre ne devait pas suffire dans cette vie et dans l'autre; on en vint même aux disputes. Le bruit fut tel, que Mahomet, revenu à lui, se hâta de congédier la compagnie : « Il n'est pas séant, s'écria-t-il, de se quereller ainsi en présence de l'apôtre de Dieu. »

Mahomet expira le 8 juin 632, âgé de soixante-trois ans; il avait commencé ses prédications à l'âge de quarante ans, et depuis dix ans il habitait Médine. Le prophète fut enseveli sous le lit même où il était mort; plus tard, on éleva en ce lieu une mosquée, et les musulmans y vinrent en pèlerinage. « C'est à tort que quelques écrivains, dit M. Reinaud, ont affirmé que les restes de Mahomet avaient été placés dans un cercueil de fer, et que ce cercueil était soutenu en l'air par un fort aimant suspendu à la voûte. »

Ce qu'il y a de véritablement unique en Mahomet, c'est, d'un côté, la prodigieuse habileté avec laquelle il prépara son rôle; de l'autre, l'imperturbable assurance avec laquelle il l'exécuta. Mahomet était simple, modeste, et si sobre, que, lorsqu'il mourut, on entendit Aïescha s'écrier : « O toi qui ne mangeais pas de l'orge tout ton soûl ! » En effet, on ne se nourrissait le plus souvent, chez lui, que de dattes et d'eau; quelquefois deux mois s'écoulaient sans qu'on y allumât du feu. Le prophète ne se distinguait des autres ni dans les vêtements ni dans la manière de vivre : il s'était d'abord permis de porter des habits de coton; mais, trouvant le coton trop riche, il s'en interdit l'usage et s'habilla de laine. Aboulféda raconte qu'il cousait sa chaussure, raccommodait ses habits, balayait sa chambre et se servait lui-même. La plus grande partie de l'orge et des dattes que Mahomet récoltait, il l'abandonnait aux pauvres; il entretenait constamment

quarante personnes à ses frais. Plus d'une fois il lui arriva de manquer du nécessaire. Mahomet était très-zélé pour ses amis et ses confidents, il aimait à les servir avec la même ardeur qu'il en était servi; c'était, à ses yeux, le plus sûr moyen de les attacher à sa cause; il était surtout attentif à environner de considération les personnes qu'il avait investies de son autorité. Un jour, un de ses officiers partant de Médine pour aller gouverner une province, il lui mit de sa main le turban sur la tête, et, après l'avoir aidé à monter à cheval, il l'accompagna pendant quelque temps à pied, disant : « Il faut bien que l'on rende hommage à celui qui est revêtu du commandement; je ne fais rien que de conforme aux ordres de Dieu. » Mais autant il était disposé à servir ses amis, autant il était implacable envers ses ennemis : si quelqu'un mettait obstacle à ses desseins, il ne consultait que l'excès de son ressentiment. A cet égard, il partageait l'humeur vindicative de ses compatriotes, et il ne montra de la grandeur d'âme que lorsque sa puissance fut solidement établie.

Plusieurs passages du Coran prouvent que Mahomet possédait une grande éloquence. Dans sa conduite, il traitait la religion comme un moyen politique d'arriver à ses fins. A chaque circonstance, il faisait descendre du ciel des maximes qu'il attribuait à Dieu. Aussi, à l'aide du Coran seul on peut se faire une idée des époques les plus importantes de la vie du prophète. Les docteurs musulmans eux-mêmes ont consacré cette vérité, en indiquant au bas de chaque verset l'événement qui y donna lieu. Une chose à laquelle Mahomet ne manquait jamais, c'était de revêtir toutes ses démarches d'un caractère religieux; il aimait surtout à mettre en scène les prophètes, dont il se disait le successeur. Pendant une marche pénible, ses compagnons paraissant harassés, il leur fit réciter une prière; ensuite, il ajouta : « Les enfants d'Israël eurent les mêmes fatigues à supporter dans le désert, et ils n'eurent pas la ressource d'une telle prière. » Lorsque son frère de lait vint lui demander pardon de s'être proclamé aussi éloquent que lui, Mahomet répondit par les mêmes paroles que Joseph dit à ses frères : « Qu'il n'y ait pas aujourd'hui de reproche entre vous et moi; Dieu vous pardonne, car Dieu est le plus miséricordieux des miséricordieux. » Enfin, il parvint à fasciner la foule au point qu'on finit par le croire exempt de péchés, même des plus petits, quoiqu'il ait pris soin, en divers endroits du Coran, de demander à Dieu rémission pour ses fautes; et, de nos jours, l'opinion de son impeccabilité est presque devenue un dogme religieux. Mahomet, à l'exemple des juifs, s'était d'abord servi, pour appeler ses disciples à la prière, d'une trompette ou d'une espèce de cor; plus tard, il fit usage d'une crécelle, comme les chrétiens. Trouvant qu'aucun de ces moyens ne répondait à la majesté du Très-Haut, il décida que la voix seule de l'homme était digne de remplir ce saint ministère.

M. Reinaud a publié la traduction française d'une inscription arabe qui se trouve sur une espèce de médaillon en métal, où sont retracées les formes de la personne de Mahomet :

« Au nom du Dieu clément et miséricordieux ;

« Il était bien proportionné; son teint était éclatant; il exhalait une odeur agréable; il avait les sourcils bien fendus; ses cheveux tiraient sur le blanc.

« Il avait le fond des yeux bleu, le front large, les oreilles petites, le nez aquilin, et les dents bien coupées.

« Sa figure et sa barbe étaient rondes, ses mains longues, ses doigts effilés, sa taille épaisse; il n'avait pas de duvet sur le corps, si ce n'est depuis la fossette du gosier jusqu'au nombril. Entre ses deux épaules était le sceau de la prophétie; on y lisait ces paroles : « Va où tu voudras, tu seras victorieux (1). »

Les musulmans sont persuadés que ceux qui portent sur eux quelque description du corps du prophète jouiront de notables privilèges ; ils citent de Mahomet les paroles suivantes : « Celui qui, après moi, lira la description de mon corps, c'est comme s'il me voyait moi-même; et quiconque l'aura regardée par amour pour moi, Dieu le délivrera du feu de l'enfer; il sera même affranchi de la peine du sépulcre, et, au jour de la résurrection, il ne se montrera pas tout nu. »

Le nom du fondateur de l'islamisme est tellement vénéré des Orientaux, qu'à Constantinople, lorsque l'état est en danger, le sultan fait choix de quatre-vingt-douze musulmans du nom de Mohammed, et the charge de réciter certains chapitres du Coran, dans l'espoir que les supplications d'hommes qui portent un nom si saint préserveront l'empire de sa ruine.

Il reste à considérer le prophète dans sa conduite envers les chrétiens. A l'origine de sa puissance, Mahomet, soit par des dispositions vraies de tolérance et de modération, soit par une

(1) Voyez l'explication détaillée de cette inscription dans le travail de M. Reinaud sur les *Monuments arabes, persans*, etc. Tome 2, pages 77 et suiv.

hypocrisie adroite et calculée, se montra favorable aux disciples du christianisme, et, pour garantir l'exercice de leur culte en Arabie, il conclut avec eux un traité. Ce traité, traduit en latin, a été imprimé, texte et traduction, en 1630; il porte ce titre : *Testamentum et Pactiones initæ inter Mahomeddum et christianæ fidei cultores.* On y remarque surtout le passage suivant : « Je promets de protéger les chrétiens, de les défendre contre leurs ennemis, de conserver leurs églises, leurs temples, leurs oratoires, leurs couvents, et les lieux où ils font des pèlerinages, qu'ils soient situés sur des montagnes ou dans des vallées, dans les cavernes ou dans les maisons, dans les campagnes ou dans les déserts, sur la terre ou sur la mer, à l'orient ou à l'occident, de la même manière que je me conserve, moi, et que je conserve les croyants fidèles (1). » Hélas! plus tard, Mahomet changea bien de langage! Il fit des lois terribles contre les chrétiens; et dans le Coran, au chapitre du *Combat*, n'écrivit-il pas ces mots que les Arabes lisent toujours avant de se présenter au champ de bataille? « Quand vous vous rencontrerez avec des infidèles, tranchez-leur la tête, tuez-les, exterminez-les, et ne cessez pas de les poursuivre jusqu'à ce qu'ils soient dispersés et vaincus. »

Un troisième et dernier article sera destiné à l'analyse succincte et à l'examen du Coran.

DE COURTENAY.

LE ROI EGBERT (*).

PRÉLUDE.

— Qui vient de passer? — C'est le messager de guerre. — L'as-tu vu, Geneviève? —Je l'ai vu

(1) Quelques écrivains ont prétendu que ce traité était apocryphe, d'autres historiens ont réfuté cette opinion; Riccaut est de ce nombre. Il a publié le traité accompagné de réflexions nombreuses dans son *Histoire de l'Empire ottoman*, tome I, page 189.

(*) « Le roi Egbert avait tenu son armée prête à marcher à la première nouvelle qu'il aurait des Danois. Dès qu'il eut appris qu'ils avaient mis pied à terre du côté de l'ouest, il y accourut avec toutes ses forces pour les combattre. Il les rencontra proche d'Henge-Down, appelé depuis Hengston, dans le pays de Cornwall, où il remporta sur eux une victoire signalée, l'an 835. » (Note historique, extraite de l'*Histoire d'Angleterre*, par RAPIN THOYRAS).

sur son cheval noir; dans ses mains il porte une flèche et une épée nue. C'est un soldat vieilli, dit-on, en faisant toutes les guerres de notre grand roi Egbert. La preuve, elle en est dans les cicatrices de son visage qu'il montre en tenant la visière levée, plus fier de ces cicatrices qu'une jeune fille de sa beauté. — Le roi va donc se battre encore? — Sans doute, puisque le messager publie dans les bourgs la proclamation nationale. Allons l'entendre sur la grande place.

C'était Sardick, le Saxon, à qui Genevière, sa fiancée, parlait ainsi.

II.

Et ils arrivèrent sur la place. La foule s'y pressait. Deux hérauts, en avant du messager, firent par trois fois retentir leurs trompettes. Ces trompettes, d'un cuivre luisant, avaient une origine glorieuse. A la bataille d'Andred's-Walt, leurs accents se mêlèrent aux cris des Saxons vainqueurs sous Ella. Pendant la paix on les suspend aux piliers de la salle des Festins, dans le palais d'Egbert. Leur voix est d'un bon augure; elle appelle sous les drapeaux le peuple, et, à cet appel, la victoire comme le peuple ne manque jamais d'accourir. Voilà que les trompettes se taisent, voilà que les habitants de Tavestock font silence, et voilà que le messager, gonflant sa voix pour la rendre plus forte, prononce les paroles consacrées : « Que quiconque n'est pas un homme de rien, soit dans les bourgs, soit hors des bourgs, sorte de sa maison et se présente avec ses armes. Le roi d'Angleterre, Egbert le courageux, a déployé la bannière saxonne. »

III.

Il a dit. La foule émue se brise pour se reformer en une multitude de groupes. Le messager les traverse, retenant par la bride son cheval pour qu'il ne blesse personne. Le messager se rend au bourg voisin. Il doit ainsi parcourir tout le royaume de Wessex, où Egbert a placé le siège de son empire. Dans les autres royaumes soumis à sa brave épée, ce sont les chieftans qui, frappant du bout de leur lance sur un bouclier attaché aux branches d'un arbre, rassemblent le peuple pour le faire soldat.

IV.

— Mais contre qui marchera-t-il avec ses escadrons, notre roi? disait-on dans les groupes sur la place; il n'a plus d'ennemis. — A moins que les mers ne lui en amènent des extrémités du monde, vous dites vrai, il n'en a plus. C'était un vieillard qui parlait ainsi; il fut bientôt entouré, et tous les groupes se fondirent dans un seul pour l'écouter. — Oui, mes amis, Egbert a tout vaincu, tout soumis, tout pacifié. J'ai été, moi vieillard, témoin de ces grands événements. Dans ma jeunesse, la patrie était divisée en sept royaumes qui, sous le nom d'Heptarchie, se dévoraient entre eux. Tantôt vainqueur, tantôt vaincu, chacun de ces états n'imposait le joug aux autres que pour le subir à son tour. Cela durait depuis quatre siècles, depuis l'époque où nos ancêtres, sous la conduite de deux frères, Hengist et Horsa, fils de Witisile, partis de la Zélande avec neuf mille soldats, abordèrent à l'orient de Kent. Les Bretons de la plaine, qui les avaient appelés pour avoir secours de leurs lances contre les habitants des montagnes, leur cédèrent l'île de Thanet. Puis, après la victoire, ils reçurent en récompense le territoire de Lincoln; mais comme chaque jour la guerre se rallumait, comme il leur fallait dès lors un plus grand nombre de champs de bataille, des champs larges comme des royaumes, ils prirent ce qu'ils n'avaient plus besoin qu'on leur donnât. N'était-il pas juste que la terre où ils venaient de vaincre, où fumait encore le sang de leurs frères, leur appartînt? Les Bretons avaient renoncé à leur patrie du jour où ils ne surent plus la défendre.

V.

Horsa périt à Eglesfort. Hengist, demeuré seul, s'endormit soldat le soir de cette bataille; le lendemain il se réveilla roi. L'épée est le véritable marteau qui forge les couronnes. Ainsi se fonda le royaume de Kent. Bientôt d'autres Saxons arrivèrent sur quarante vaisseaux commandés par Cerdick; de ce grand capitaine, si l'on en croit une vieille prophétie, descendront les rois destinés dans la chaîne des siècles à régner sur notre île. Plusieurs royaumes se formèrent encore. Chaque flotte semblait en apporter un nouveau. Les mers peuplaient la terre. Quand il y en eut sept, rivaux en puissance, quand les Bretons, exterminés ou soumis, se furent effacés devant un peuple et plus jeune et plus viril, il fallut que la parole du glaive, ce grand discoureur des rois, décidât enfin lequel des sept lèverait au-dessus des autres sa tête sans égale.

VI.

La gloire en était réservée au royaume de Wessex. Ses peuples appelèrent au trône Egbert qui était à Rome avec Charlemagne, où ce prince se faisait sacrer empereur d'Occident. Charlemagne estimait Egbert : les grandes âmes se comprennent. Egbert parut parmi nous l'épée à la main. Pour célébrer son avènement, il battit le peuple de Cornwall ; ensuite il tourna son cheval vers le pays de Galles, qu'il conquit. Egbert savait que les diadèmes tiennent bien au front quand on les y attache avec des victoires. C'est alors que, promenant sa pensée autour de lui, il la poussa aussi loin que son génie pouvait s'étendre.

VII.

Chacun des états de l'Heptarchie, excepté celui de Wessex, où régnait Egbert, était déchiré par les factions toujours prêtes à sortir du tombeau des rois massacrés. A force de meurtres, toutes les races royales, ce vrai ciment des nations, avaient été précipitées du trône. Partout le trône était vide, partout l'autorité était tombée ; Egbert la ramassa. Couvert de la poudre de vingt batailles, nous le vîmes rentrer un jour dans sa capitale avec sept noms de royaumes inscrits sur sept boules d'or qui formaient son diadème. De ce jour notre patrie, rangée sous une seule loi, s'est appelée l'Angleterre. C'était d'abord l'île de Miel, plus tard, Albion, puis la Bretagne. Maintenant la conquête l'a nommée. Egbert, politique non moins habile que guerrier valeureux, a voulu, par ce titre, gagner, en flattant leur orgueil, les Angles, qui, venus comme nous sur le dos des mers, habitaient trois royaumes de l'Heptarchie, Northumberland, Mercie, Estangle ; les quatre autres, Essex, Sussex, Kent et Wessex, appartenaient à la race Saxonne. Egbert a cédé aux Angles l'honneur de donner leur nom à l'île, mais il s'est réservé pour lui la gloire plus solide de la gouverner. Partout les lions n'ont qu'une seule manière de partager. Vous le voyez, le roi n'a plus aucun peuple pour ennemi, que pour l'un des royaumes n'ait cherché à rompre la chaîne dont il est l'un des anneaux, ce qui n'est pas croyable ; car si Egbert a conquis par le glaive, il règne par la justice ; à moins encore, comme dès le premier moment je l'ai pensé, que tout ceci ne soit une affaire à traiter avec l'Occident.

VIII.

On entendit en ce moment le galop d'un cheval. Un guerrier, couvert d'une armure éclatante et suivi de plusieurs archers, ne tarda pas à paraître. On l'arrêta pour l'interroger : — Je vais au camp dans votre pays de Cornwall, où le roi Egbert a dressé sa tente, dit-il. La patrie est menacée : furieux comme la tempête qui, les conduisant où ils voudraient aller, les a jetés dans notre île, les Danois, enfants des terres lointaines, les Danois, sous les ordres de Vosbrick, le grand chef des forêts du Nord, sont descendus de soixante vaisseaux après avoir traversé en caravane l'Océan, cet immense désert. Déjà, il vous en souvient, ils ont une première fois, portant pour glaive une torche, ravagé par l'incendie vos moissons et vos bourgs. Maintenant ce n'est plus en pirates, qui pillent et s'en vont, qu'ils fondent sur nous ; ils ont avec eux leurs femmes, leurs enfants. Émigrés volontaires des côtes montagneuses de la Norwége, ils prétendent ne plus quitter les blancs rochers de nos rivages. On les a vus, lorsqu'ils se sont élancés de leurs navires, enfoncer une flèche dans le sable en disant : « Ceci est à nous. » Par l'épée d'Egbert, ils en ont menti ! Aux armes ! aux armes ! Saxons, levez-vous ! moi, je pars l'un des premiers ; place à mon cheval ! dût-il expirer en arrivant, il n'ira jamais assez vite.

IX.

Dès le soir même, sous un ciel que la lune remplissait d'une vapeur mélancolique, Sardick le Saxon, revêtu de ses armes, et Genevière sa fiancée, dépouillée, en signe de douleur, de toute parure, se tenaient entrelacés. Leurs cœurs l'un contre l'autre battaient ensemble, leurs yeux ne quittaient pas leurs yeux. Enfin, Sardick put prononcer ces mots à demi étouffés : — Je reviendrai ; la patrie seule l'emporte sur toi ; la patrie, vois-tu, est encore plus sacrée que notre amour. La guerre conduite par Egbert sera courte. Il est aimé de la victoire comme je le suis de Genevière ; fais d'avance préparer l'autel. Nous allons moins combattre que rendre aux flots qui les ont vomis ces Danois, ces barbares dont l'approche, si nos bras ne les arrêtaient pas, ferait pâlir et trembler toi et tes compagnes, vous toutes si belles et si pures. Séparons-nous, mais pour peu de jours. Et la jeune fille tomba à genoux, et la jeune fille suivit des yeux son amant dans la plaine, puis sur la haute colline d'où il se retourna, d'où il lui dit encore un dernier adieu, qu'un nuage tout trempé d'une lumière argentée recueillit en passant sur sa tête pour l'apporter à Genevière, vers laquelle, poussé par les vents, il semblait se presser d'accourir.

COSTUMES SAXONS EN 835.

I.

En vue du cap de Cornwall, dans le pays qu'on appelait autrefois Dammonie, lorsque le roi Gorloüs, père du grand Arthur, le gouvernait, Egbert, non moins grand qu'Arthur, a planté près d'Henges-Down, sur des rochers disposés en amphithéâtre, la noble bannière saxonne, où sur un fond cramoisi se dessine un cheval à la crinière blanche. Ces rochers, dépouillés de verdure, offrent à peine quelques claires broussailles, quelques sapins épars dont les racines se nourrissent sous la pierre stérile, tandis qu'à l'autre extrémité, la plaine, arrosée par les eaux vives d'une large rivière, étale toutes les richesses de la plus belle végétation. C'est un tapis de gazon que la nature a préparé pour une fête de jeunes filles, non pour un champ de carnage livré à d'impétueux escadrons. Par une inspiration de son génie militaire, Egbert a choisi ces rochers à cause même de leur aridité. Il veut irriter par la soif le courage de ses soldats ; aussi lui crient-ils : — La soif est un ennemi de plus. Il répond : — La rivière coule là-bas au pied du camp des Danois. Nous irons payer l'eau avec leur sang. — Donne donc le signal. — Attendez-le. A moi le commandement, à vous l'obéissance.

II.

On se tait.

III.

Mais on médite la rébellion. Les plus indisciplinés, qui, au besoin, braveraient pour eux et la soif et la faim, veulent en épargner le supplice à leurs chevaux. Ils les rassemblent en troupes, ils les tiennent par la bride, et, à la suite de ce premier détachement, voilà les chevaux de toute l'armée qui se mettent à suivre du côté de la rivière derrière laquelle les Danois ont déployé leurs tentes, ces maisons de guerre qui par leur nombre présentent l'aspect d'une ville immense. Les guides de cette masse de chevaux hennissauts se sont munis de vases d'argile ; quelques-uns ont pris leur courte épée, toujours si redoutable. L'eau sera leur butin. Les Danois, dont les uns se baignent pour échapper à la chaleur du jour, dont les autres, couchés sous l'orme et le chêne, respirent la fraîcheur qui tombe du feuil-

lage, ne sauraient intimider leur cœur de Saxon. Mais voilà qu'à la vue de leurs coursiers aventurés ainsi dans la plaine à la face de l'ennemi, les cavaliers restés sur les rochers auprès des étendards tremblent pour les compagnons de leur vie guerrière.

IV.

Cependant les Danois croient qu'on vient les surprendre ; ils se lèvent ; leurs bataillons noircissent la plaine. On dirait une forêt, mais une forêt mouvante. Leur chef, Wosbrick, surnommé *Brandon de feu*, a saisi son large bouclier d'airain, sa lance dont la pointe d'acier poli est fixée par des clous de diamants ; à son cou un baudrier, formé de la peau d'un loup, suspend le cor d'ivoire qui lui sert à sonner la charge ou la retraite ; à son bras est attaché le bracelet d'or consacré à ses dieux, signe distinctif que portent aussi tous ses lieutenants. Les Danois ne courent point en désordre au combat cette fois ; ils ne poussent point d'épouvantables clameurs, ainsi que dans leurs premières excursions. En bon ordre, ils s'avancent à pas réglés, faisant tous ensemble bruire leurs armes. Chose étrange! pour s'exciter ils s'invoquent eux-mêmes, comme si ce peuple, se prenant pour une divinité, se rendait un culte et se priait ; ou peut-être, avant de porter le fer dans les rangs ennemis, envoyait-il devant lui l'épouvante de son nom.

V.

A ces cris une partie du camp d'Egbert quitte ses rochers. Ce sont les Northumbres, ensuite les Estangles, les Merciens ; les Saxons viennent après, non en grand nombre, mais quelques bataillons plus formidables à eux seuls qu'une armée entière. Ils sont les dignes fils de ces compagnons d'Hengist qui, les premiers, parurent à Ebleet, qui lavèrent leurs blessures dans la Severn, qui triomphèrent à Crécanford. Ils s'avancent en appelant Woden, source divine de tous leurs princes, et Thor avec son char de feu d'où part le tonnerre. Ils semblent les avertir qu'on va combattre, qu'ils se hâtent. La guerre étant pour ce peuple une religion, il y mêle ses dieux (1). A mesure que les Saxons arrivent dans la plaine, ils s'y dé-

(1) A leur arrivée en Angleterre les Saxons étaient idolâtres ; le christianisme ne pénétra chez eux que cent cinquante ans après. Il ne put s'y établir ; il disparut même tout à fait. Plus tard, quand il revint, ses progrès furent timides. Pendant un siècle et plus il y eut un grand mélange d'idolâtres et de chrétiens.

ploient en ailes étincelantes. Les Danois, au contraire, ayant à traverser la rivière dans leurs bateaux d'osier recouverts de cuir, sont obligés de rompre l'ordre de leur marche; et après leur passage, avant qu'ils puissent se ranger en bataille, les Estangles s'élancent et accablent les Danois de leur poids, de leurs armes, de leur discipline.

VI.

Ceux-ci fuient; ils regagnent les bateaux, ils en coupent les cordes; ils glissent au large pour gagner l'autre rive. Quelques-uns, n'ayant pu trouver place dans ces bateaux étroits et fragiles, les suivent à la nage. Bientôt entraînés par le courant, ils roulent, comme dans un orage les pins déracinés sont emportés par les flots. La plaine une fois balayée, les vainqueurs arrivent en foule aux bords de la rivière. Les plus téméraires s'y précipitent; acharnés sur les malheureux qui se noient, ils descendent avec eux dans la nuit éternelle comme pour les y poursuivre. Egbert, témoin de ce désordre, suspend le carnage. Une seule parole arrête une armée.

VII.

Elle allait, cette armée, revenir vers ses rochers, non sans frémir, au fond de son courage, de lâcher sa proie, lorsque d'une forêt voisine tout à coup s'élance, à quelques cents pas du lieu où l'on a combattu, et en remontant un peu vers la droite, une biche à la forme élégante, aux pieds agiles, aux jarrets nerveux. Plus légère que la feuille du bouleau roulée par le vent, elle effleure la pointe de l'herbe nouvellement poussée. Il y a du coursier dans sa beauté, de la gazelle dans sa grâce; il y a dans sa blancheur tout l'éclat de l'hermine des rois. Ce n'est point la frayeur qui la chasse, mais un impatient désir de joyeuse indépendance. Aussi, loin de se précipiter dans la rivière, elle sautille sur son bord, s'y plonge, puis après bondit, et, sans perdre pied, la traverse. On devine qu'elle touche le sable du fond, puisqu'au lieu de nager elle court. Dieu! qu'elle est superbe! la voyez-vous sur l'autre rive où elle s'ébat, où elle secoue son poil humide, relève sa tête charmante, dresse ses oreilles attentives, écoutant si quelque cerf désespéré d'amour ne rôde pas dans les détours mystérieux de la forêt pour la surprendre, elle, agaçante, mais jalouse de sa virginité coquette. La

voilà maintenant qui se cabre, prend son élan, revient, s'éloigne, s'approche encore, trace en se jouant mille cercles divers, fuit tout à coup comme une flèche lancée, et disparaît dans l'horizon. Si c'est un message, il est accompli.

VIII.

On sait maintenant où la rivière offre un gué facile à passer. La biche est, aux yeux d'Egbert et de son armée, l'instrument de quelque divinité, si ce n'est la divinité elle-même. Pleins d'une ardeur nouvelle, Estangles, Northumbres, Merciens et Saxons entrent dans l'eau à la hauteur de la poitrine pour rejoindre sur la rive opposée les Danois, qu'ils poursuivent jusqu'auprès de leurs chariots, de leurs tentes, là où les femmes avec des pieux et des haches viennent au-devant d'eux, la rage au cœur, la honte au front, les cheveux dénoués et livrés aux vents. Dans leur brûlante fureur elles veulent s'opposer à la marche des victorieux; c'est un corps de réserve chargé de ranimer le combat et de le faire changer de face; leurs faibles mains saisissent par le milieu de la lame la courte épée des Saxons, et, sans pouvoir la retenir, elles la sentent glisser dans leurs doigts, qui tombent coupés sur le sable; puis, agitant dans l'air leurs mains sanglantes et mutilées, elles en font un horrible étendard pour rallier cette troupe éparse de fils, de frères et d'époux assez lâches pour vivre.

IX.

Honteux de n'avoir que des femmes à immoler, voyant d'ailleurs les Danois reformer plus loin leurs lignes, les grossir de tous ceux qui, n'ayant point traversé la rivière, étaient demeurés étrangers au carnage, les Saxons, trop épuisés de fatigue pour engager une action générale, se décident à revenir sur leurs pas; dans un ordre parfait ils regagnent leurs rochers; mais, quoique la nuit commence à les envelopper, ils n'en gardent pas moins leurs armes. Dérogeant à l'ancienne coutume, ils ne chantent pas le bardit à la louange de leurs héros; ils ne dressent aucune table pour le festin; sombres, silencieux, on les croirait défaits. Quelques-uns, pour en finir d'un seul coup avec les Danois, proposent de livrer une bataille décisive dès que la nuit sera plus noire. Egbert s'y oppose; il s'indigne à l'idée d'aller dans les ténèbres voler une victoire.

« Elle est venue
noire, comme le ve
les mille portes de
plée à tean lieu de
a poussé ces harce
passent les villes t
cailloux roulant d
leur passage; tout
si par de nos cont.

pagnons! le dieu
pas d'autre mélod
« Qui sont-ils ?
la Scandinavie. .
loups affamés. Vo
encore ces vagues
contre le roc de v
faire jaillir sous
fants; souiller la
pour nous seuls d
ils reposent, étend
reposent pour jam
ront couchés. A
tiroul avec délice
sang.

« Frappez trois
gnons! le dieu
pas d'autre mélod
« Viens délen
l'haleine brûle a
des brèves, toi do
qui brille en-dess
de la guerre, pu
Sous la forme giga
sur nos rochers,
déchirant la nue,
dans les rangs de

X.

A l'heure où le soleil baignait ses rayons naissants dans des flots de rosée, l'armée était déjà debout. Dans son impatience du combat, cette armée intrépide avait devancé tout à la fois le signal et le jour. Elle écoutait avec avidité un jeune soldat à l'air martial, aux yeux terribles autant qu'ils étaient doux près de Genevière sa fiancée, car ce soldat c'était Sardick, qui, mouté sur un chariot de fer, chantait l'hymne consacré parmi les Saxons pour annoncer une bataille.

SARDICK.

« Elle est venue des autres du nord la horde noire, comme le vent lorsque dans sa furie il brise les mille portes de ses mille cavernes. La tempète a tenu lieu de rameurs à leurs barques. Elle a poussé ces farouches sur nos côtés. Là où ils passent les villes tombent, les torrents avec leurs cailloux roulent autant de têtes. Tout frémit à leur passage; tout se tait, jusqu'au souffle de l'air si pur de nos contrées.

« Frappez trois fois sur vos boucliers, compagnons! le dieu Thor, roi du tonnerre, ne veut pas d'autre mélodie.

« Qui sont-ils? le rebut des forêts de sapins de la Scandinavie. A quoi ressemblent-ils? à des loups affamés. Vous les avez vues, vous les verrez encore ces vagues vivantes qui viendront se briser contre le roc de vos bataillons! Que veulent-ils? faire jaillir sous la pierre la cervelle de vos enfants; souiller la couche où leurs mères gardent pour vous seuls de pudiques baisers. Maintenant, ils reposent étendus au loin sur la rive. Qu'ils s'y reposent pour jamais lorsque vos glaives les y auront couchés. A votre retour, vos femmes sentiront avec délices sur vos habits l'odeur de leur sang.

« Frappez trois fois sur vos boucliers, compagnons! le dieu Thor, roi du tonnerre, ne veut pas d'autre mélodie.

« Viens défendre ton peuple, divinité dont l'haleine brûle au cœur des enfants de la terre des braves, toi dont le trône est cette belle étoile qui brille au-dessus de la tente d'Egbert. Génie de la guerre, prends ta lance et ton bouclier. Sous la forme gigantesque d'un fantôme, descends sur nos rochers. La foudre marquera ta route en déchirant la nue. Que tes cris jettent le trouble dans les rangs de nos ennemis; qu'à ces cris se joigne le bruit des fleuves précipitant leur cours pour fuir plus vite; que les arbres des forêts, prenant une âme, murmurent en signe de douleur; que dans leurs sépulcres les morts gémissent comme s'ils mouraient une seconde fois! Ces hommes des navires, ces Danois, s'imagineront alors voir l'univers crouler sur leurs têtes. Ils voulaient faire de notre patrie un désert : leurs cadavres la rendront plus fertile.

« Frappez trois fois sur vos boucliers, compagnons! le dieu Thor, roi du tonnerre, ne veut pas d'autre mélodie. »

XI.

L'hymne achevé, Egbert appelle Therdick aux longs cheveux. La mère de Therdick l'enfanta au bruit de la foudre sur un bouclier de fer. Il reçoit l'ordre d'aller se tenir caché avec trois mille Saxons dans la forêt, vaste muraille de feuilles à l'extrémité de la vallée. De ce poste il fondra tout à coup sur les Danois lorsque la bataille, ainsi qu'une mer débordée, jettera de toutes parts le ravage et la destruction. Après avoir salué le soleil qui se montrait beau comme un présage de gloire, Egbert fait descendre son armée, mais seulement à moitié des rochers; il ne lance dans la plaine que ses escadrons pour attirer les Barbaros et les contraindre à passer la rivière. Ceux-ci tombent dans le piège, ils s'avancent armés du glaive et de la colère. Les Saxons sur leurs chevaux se replient à droite et à gauche pour les laisser passer. Les Danois, se croyant déjà vainquenrs par l'effroi de leur seule présence, marchent droit aux rochers, qu'ils gravissent en se tenant aux broussailles. On les laisse avancer; Egbert commande à ses soldats la patience : « Lorsqu'ils ne seront plus séparés de vous, leur dit-il, que de la longueur d'une lance, vous vous précipiterez. Ces bataillons ne sont que des flots de neige, vous êtes l'ouragan; ils rouleront comme l'avalanche. »

XII.

Tel est le plan d'Egbert. Nul ne l'égalait en prudence; et quand il le fallait, nul n'avait plus de hardiesse. « Les voilà! les voilà! » c'est le cri de toute l'armée; si le Beins-Nevis se brisait, s'il croulait de toute sa hauteur, il ébranlerait moins la terre et les échos que ce cri terrible des Saxons : « Les voilà! » Egbert, voyant les Barbares parvenus à l'endroit qu'il leur a marqué dans son plan, donne le signal. Il n'a qu'à remuer les lèvres pour que soixante mille combattants frémissent, pour que tous, d'un pas réglé, marchent à la rencontre de l'ennemi. Alors celui-ci reculant, s'embarrasse dans sa retraite; alors il tombe plutôt qu'il ne descend dans la plaine, où ses chefs pourtant le rallient. Les Danois dirigent leur plus grande force contre les Estangles placés à la pointe de l'aile droite. Aussitôt s'engage une mêlée horrible. Chaque soldat estangle porte d'avance la victoire dans ses yeux ; dans leurs milliers de glaives sont les destins d'un grand empire. Un succès tardif semblerait une défaite à ces braves. Tous élèvent leurs boucliers au-dessus de leur tête pour combattre sous un toit de fer. Les trompettes, ces voix bruyantes du carnage, sonnent de toutes parts. Que de drapeaux éclatants traînent dans la poussière! que de débris de casques, de lances et d'épées! que de bataillons disparaissent tout entiers! Renfermés dans un étroit espace, deux peuples se disputent la gloire, la vie et la domination.

XIII.

A l'aile gauche, les Saxons de pure race marchent sous le feu des regards d'Egbert. Armés d'un léger javelot, ils se jettent avec force dans les rangs danois comme pour préluder au combat; ensuite la mêlée s'engage; l'épée se croise avec l'épée; le bouclier se joint au bouclier, le soldat au soldat, et sur les cimiers couverts d'épaisses crinières se confondent les ondulations des aigrettes brillantes, tant les rangs sont pressés. En même temps, Egbert court aux Estangles, sur qui pèse toute la bataille. Leurs membres étaient brisés de meurtrissures, leur poitrine haletante, leur front couvert de sueur; mais la présence du roi répare tout, fait tout oublier; un feu nouveau circule dans leurs veines. Egbert est vraiment l'âme de son armée.

XIV.

La fortune indécise contemple cette grande lutte, ignorant encore de quel côté elle fera pencher la balance; un caprice peut-être en décidera. Quel que soit ce caprice, son résultat sera terrible. La terre britannique sera-t-elle danoise ou saxonne? C'est alors qu'on entend Therdick et les siens. Il a bien pris son temps pour placer les Danois entre deux glaives. Les malheureux, attaqués sur leur dernier rang, sont obligés de faire face à ces nouveaux ennemis, et, combattant à la fois sur deux points opposés, ils s'affaiblissent en se divisant. A cette brusque attaque de Therdick, la fortune, à qui l'audace plaît, le regarde et sourit.

XV.

Fatigué d'agir comme chef, las de montrer la victoire aux autres, Egbert veut en prendre sa part de soldat. Il demande son coursier d'un noir égal à la nuit, son coursier bien-aimé, qu'il a plus d'une fois nourri de ses mains. Le voici. Comme il était triste et honteux ce fils des vents, attaché par des rênes qui, pour être d'or et de soie, ne le tenaient pas moins captif à l'une des branches d'un pin sauvage ! Maintenant, affranchi du joug, il bondit dans sa liberté. Ses ongles d'airain frappent la terre, dont les cavités rendent un bruit sourd; son haleine est brûlante, son œil étincelle, ses flancs écument. L'air, se jouant dans les crins de sa longue queue, la soulève et lui donne, à mesure qu'elle se déploie, la forme d'un panache flottant. Il se complaît dans sa beauté : il regarde, baissant un peu la tête vers son poitrail, la trace d'une blessure qu'il reçut au combat; jamais guerrier ne tira plus d'orgueil d'une cicatrice. Incapable de repos, tantôt il marche d'une majesté calme, comme s'il comptait ses pas; tantôt il semble galoper, mais sur la même place, dressant la tête, paraissant savoir qu'il entrait dans sa destinée de porter la puissance et la gloire. S'il avait la parole, il vous dirait : Je suis un trône vivant. Dès qu'il aperçoit son maître, il remplit les échos de ses hennissements joyeux. On croirait qu'il va fuir irrité : c'est pour revenir docile. Regardez-le, s'il partait avec la foudre, il la devancerait.

XVI.

Egbert promène son regard de tous côtés : la guerre est dans les traits de son visage; dans les mouvements de sa lance est la mort d'une armée; il précipite son coursier, dont les pieds font voler les cailloux et les étincelles. Les narines gonflées, bouillant, impétueux, majestueusement animé, fier et beau de la frayeur qu'il inspire, il va sans qu'on ait besoin de le diriger. Egbert ne songe qu'à s'ouvrir une vaste arène pavée de cadavres, et dans laquelle il puisse combattre à l'aise. Qu'on le fuie ou qu'on lui résiste, tout est également exterminé. Ceux-ci attendent la mort; elle va chercher les autres : c'est toute la différence. Les javelots ennemis se brisent sur son bouclier, fort comme les murs d'une citadelle. Cependant, tandis que du bouclier il couvre sa tête, un seul de ces javelots le frappe au-dessus du genou. Le trait pénètre, effleure les chairs : le sang coule. Egbert n'y prend pas garde; mais un cri de douleur, un cri qui épouvante les deux armées, s'échappe de sa large poitrine lorsqu'une flèche vient atteindre le flanc de son cheval bien-aimé. Le cheval se cabre. Furieux, il bondit; mais aussitôt, comme s'il sentait sa blessure mortelle, il raidit ses jarrets pour ne pas tomber, pour que son maître, pour que son roi ne soit pas entraîné dans sa chute. Egbert s'est élancé à terre : il arrache le fer de la plaie. Le fidèle coursier, debout tant que le sang jaillit, chancelle, s'affaiblit, tourne vers son maître un œil de douleur dès que le sang ne coule plus. Il pousse enfin un dernier gémissement, se penche vers Egbert, semble lui dire adieu, et tombe. Egbert a pâli.

XVII.

« Mon compagnon, te voilà donc, comme un brave guerrier, renversé sur le sable par le vent des batailles! Tu méritais cette mort, toi qui n'étais jamais plus beau qu'enveloppé d'ennemis, toi, hardi et vaillant! Mais devait-elle être si prompte, mon ami? Je puis te donner ce nom, car tu n'aimais que moi; seul je pouvais t'approcher : malheur à l'imprudent qui aurait essayé de saisir ta crinière! Tu l'aurais foulé sous tes pieds. Mais à ma vue tu devenais docile. Je ne t'avais point dompté : tu t'étais soumis. Mes travaux guerriers, tu voyais venir le trait lancé contre moi; d'un bond tu l'évitais, ou bien tu le recevais pour m'en préserver. Tu étais pour moi une sorte de bouclier plein d'intelligence et de vie. Combien je serai triste lorsque, dans la joie de la victoire, il me faudra rentrer dans ma capitale sur un autre coursier! Aux acclamations du peuple enivré de ma présence, il ne lèvera pas sa tête superbe, il ne sentira pas qu'il porte un victorieux. Toi, dans ces solennités, tu semblais dire : «Nous avons combattu ensemble.» Et tu disais vrai. Et le peuple, plus d'un côté, s'écriait : « Voilà Egbert sur son beau cheval de bataille! » Pour ta gloire, la postérité, du moins, recueillera mes larmes. Le misérable qui t'a tué, quel est-il? Oh! s'il avait un nom, mon glaive irait le chercher dans la mêlée! En te vengeant je me vengerais. Que tout tremble! pour un qui l'a frappé, mille périront! Que la guerre recommence plus terrible! En avant! qu'on me suive!

pressez vos chevaux! Moi, je n'ai plus le mien : je vais combattre à pied. Douleur, douleur! Egbert a perdu son cheval! »

XVIII.

L'épée du roi Egbert voltige dans ses mains comme pour frapper à la fois de tous côtés. Elle lance des étincelles : on dirait une gerbe de feu. Il désigne à peine qu'elle est déjà frappée : elle est à terre. Jamais héros ne reçut d'un frère d'armes, pour venger sa défaite et sa mort, un sacrifice aussi sanglant que celui offert en ce jour aux mânes d'un coursier par un puissant monarque. C'est que jamais aussi le cœur d'un roi saxon n'eut à effacer un affront mieux senti.

XIX.

Cependant la nuit descendait vers la terre pour mêler aux horreurs du carnage la terreur de ses ombres; elle vient avec des nuages qui la rendent plus épaisse et plus noire. C'était l'instant où il fallait, en se retirant, abandonner la victoire ou bien continuer de la poursuivre; mais, dans le désordre de deux armées confondues qui allaient ne plus se reconnaître, ne plus se voir, comment pourrait-on saisir la fortune? Le roi saxon frémit indigné. Pourquoi sa volonté, qui met en fuite les armées, ne peut-elle faire reculer la nuit elle-même? Non, faute d'un peu de jour, Egbert ne rendra pas son épée au repos. Il ordonne d'aller sur les rochers attacher la flamme aux sapins et aux broussailles. Il a dit, et déjà la fumée monte dans les airs en colonne ondoyante. Les arbres pétillent, s'embrasent : Egbert peut maintenant se passer du soleil; l'incendie, comme un flambeau, va lui prêter ses immenses clartés; flambeau bien digne d'un tel carnage. Mais comme l'incendie va vite, Egbert, pour que la bataille ne soit pas plus lente, sent le besoin de la hâter, de la finir par quelque coup de génie. De soldat qu'il était, redevenu général et roi, il se recueillait dans sa pensée, lorsque Wosbrick, qui craint encore plus la pensée que le glaive d'Egbert, Wosbrick vient droit à lui pour le troubler par une soudaine attaque.

XX.

A cette vue, Egbert, prenant à l'un de ses officiers une lourde massue, pousse un cri affreux. Northumbres, Merciens, Saxons et Danois, tous reculent à l'aspect de ces deux chefs d'armée. Ainsi, au milieu des mers, par un orage effroyable, les flots, cessant de battre tout à coup les flancs d'un rocher qui, frappé de la foudre, fume encore, se retirent et forment alentour un vaste abîme. Wosbrick, accourant, lance d'un bras nerveux son énorme javelot, comme s'il eût voulu se faire précéder par la mort. Le fer du javelot s'attache au bouclier d'Egbert, qui, loin de perdre temps à l'arracher, se débarrasse du bouclier, et, prenant à deux mains la massue hérissée de pointes d'acier, la soulève, menace, insulte à son ennemi; mais soudain Wosbrick, par un mouvement adroit, ayant reculé d'un pas, la massue d'Egbert, après avoir fendu l'air, frappe la terre, et le roi saxon tombe entraîné par sa propre force. Il se redresse avec une agilité inconcevable. Déjà Wosbrick se précipitait sur lui : Egbert, plus prompt, le saisit dans ses bras nerveux, le terrasse, et, ramassant presque sans effort un roc noir et raboteux, si lourd qu'il ferait succomber deux hommes vigoureux, il en écrase le front du chef des Danois; puis, posant sur le cadavre un pied superbe, il fait entendre par trois fois le cri de victoire. Les différents corps de l'armée le répètent; les bois, les rochers, la vallée, semblent avoir des accents pour ajouter au bruit de cette grande voix des multitudes.

XXI.

Une bataille n'étant, aux yeux du roi saxon, qu'un sacrifice offert à la divinité terrible qui allume le feu de ses autels au feu des villes embrasées, il pense que plus la victime est grande, plus la divinité devient propice. Cette grande victime est immolée : c'est Wosbrick. Plus de doute dans l'esprit du vainqueur sur le sort de la journée. En effet, le courage des Danois s'éteint avec la vie de leur chef. Ils sentent qu'ils n'ont plus même l'espoir de la fuite, qu'ils n'auront pas la consolation, en regagnant la patrie, de pleurer sur les flots, qu'ils n'iront pas raconter au foyer domestique leurs exploits malheureux. On se bat encore, mais non pour le succès de l'entreprise, non pour le triomphe de l'armée : chacun se bat pour son propre salut. L'œil chercherait en vain des bataillons : c'est un amas de guerriers sur qui les chefs n'ont plus d'autorité. Loin de songer à vaincre, c'est à qui se fera jour pour abandonner plus vite la bataille. On les chasse jusqu'à la rivière, où la foule s'encombre. Les uns parviennent à la franchir, les autres tombent et sont écrasés par ceux qui les suivent; le plus grand nombre, à genoux, demandent grâce. Trente mille demeurent captifs. De leurs cha-

riots, de leurs tentes, de leurs armes, de leurs boucliers brisés, fracassés, on fait un trophée énorme au milieu même de la plaine fumante de carnage. Au-dessus de cet étrange monument on plante la bannière royale, sur laquelle se dessine le coursier blanc des Saxons, non en repos, mais dans toute l'ardeur d'une course précipitée; et comme la lune éclaire la bannière, comme les vents l'agitent, le coursier blanc semble galoper vers le ciel.

XXII.

Peu de jours après, la plaine était rentrée dans son silence : à peine était-il troublé par quelques loups qui, pour achever l'ouvrage des hommes, venaient dévorer les cadavres de tant de soldats oubliés, et cependant tous morts en songeant qu'ils laissaient un nom immortel. Un seul, en expirant, l'infortuné Sardick, n'avait rêvé qu'à sa fiancée.

AUDIBERT.

FOYER DU THÉATRE-FRANÇAIS.

MOLIÈRE.

(V° Article, Suite.)

Voici la manière dont Alcmène se défend dans Plaute :

ALCMÈNE.

« Ce que l'on appelle dot, les biens de la fortune, ne sont rien à mes yeux. Le plus riche apanage d'une femme, c'est la chasteté, la pudeur, l'empire qu'elle a sur ses passions, la crainte des dieux, l'amour envers l'auteur de ses jours : c'est enfin l'union qu'elle conserve dans sa famille. Pour moi, je n'ai cessé de vous être soumise, et je ressens toujours un nouveau plaisir à rendre service aux gens de bien, à leur être utile.

SOSIE.

« Ma foi, si cette femme parle avec sincérité, c'est le modèle des femmes. »

Sosie a raison; et l'on ne peut, en moins de lignes, tracer un sommaire plus exact des devoirs d'une honnête femme. Les maximes d'*Arnolphe* ne sont que des bagatelles auprès de celles-là.

L'*Amphitryon* français est de beaucoup supérieur au latin par l'exécution, mais le personnage de Cleanthis excepté, tout Plaute a passé chez Molière. C'est la plus complète des imitations de notre grand comique, qui ne se gênait pas plus avec les morts qu'avec les vivants. Il existe au dénouement une différence notable. L'Amphitryon de Plante est enchanté de l'honneur que lui a fait Jupiter en daignant rendre sa femme mère d'Hercule; les dieux païens avaient un reste de crédit du temps de Plaute; on ne se moquait pas d'eux ouvertement comme du temps de Pétrone, par exemple, et l'Amphitryon que l'on jouait aux fêtes de Jupiter témoignait du respect absolu que l'on devait aux volontés des dieux, quoi qu'ils pussent ordonner. L'Amphitryon de Molière n'avait pas les mêmes respects à conserver : aussi n'est-il pas plus content qu'il ne faut. Le seigneur Jupiter lui *dore la pilule* avec grâce, mais il a de la peine à la digérer. On sent sous le masque de ce Jupiter le roi Louis XIV dans tout son éclat; et l'Amphitryon est devenu un des époux de sa cour galante, obligé de tolérer ce qu'il ne peut empêcher.

Tous les poëtes comiques, depuis Aristophane jusqu'à Molière, tous les satiriques, depuis Lucien jusqu'à Boileau, ont médit des femmes; et les poëtes tragiques eux-mêmes, qui leur sont favorables, ne les ont guère ménagées néanmoins. Euripide commence une de ses tragédies par une longue tirade contre elles, et le grand Shakspeare s'écrie : *Frailty, thy name is woman.* Fragilité! ton nom est la femme! Pétrone, dans son histoire de la *Matrone d'Éphèse*, a fait la plus vive et la plus charmante critique de leur inconstance et de leur facilité à se consoler de la perte d'un époux. Il est certain que presque toutes les veuves se remarient; seulement, au lieu de cinq jours comme dans Pétrone, la loi, sage et prévoyante, a exigé une année. Ne trouvant pas ce conte ingénieux suffisant, l'auteur du *Satiricon* redouble ailleurs ses attaques contre les femmes. C'est lui qui a écrit ces lignes offensantes : « Qu'est-ce que les femmes? elles sont de la nature du milan. Leur faire du bien, c'est comme si on jetait son argent dans un puits. Une ancienne passion devient pour elles une prison insupportable. »

Voilà ce que pense des dames de son temps l'homme que Tacite appelle l'arbitre du goût. Pour l'honneur des dames romaines, il faut ajouter qu'il est beaucoup plus question de courtisanes que de femmes mariées dans les œuvres des écrivains grecs et latins. A la cour de Néron, du reste, où Pétrone fut, à ce que l'on croit, surintendant des plaisirs du prince, les souvenirs de Messaline (je n'ose rappeler les expressions dont Tacite l'a flétrie) influaient sur les mœurs, que

devait régénérer bientôt le spiritualisme chrétien. C'est l'époque la plus corrompue de la décadence romaine, et malgré la grâce du style, on ne peut lire sans dégoût les peintures qui nous en ont été laissées. Je n'aurais pas conseillé à l'Alcmène de Plaute de se présenter à côté de la Quartilla de Pétrone, qui ne se souvenait pas de sa virginité; et Amphitryon, dont le nom a passé en proverbe, aurait fait triste figure auprès du seigneur Trimalchion.

L'ère triomphale des femmes a été le moyenâge. La chevalerie les a vues parfaites, et il ne faisait pas bon alors s'exprimer méchamment sur leur compte. On était redressé de main de maître. Les trouvères et les troubadours chantaient leurs charmes et leurs vertus. Quand un amour fatal les atteignait, *elles mouraient, mais ne se rendaient pas.* C'était un concert d'éloges sur leur chasteté. Cependant cela ne put durer. Toute cette louangeuse poésie s'écroula à la renaissance. Boccace en Italie, Chancer en Angleterre, Jean de Meung en France, commencèrent à battre en brèche leur réputation, et depuis, Dieu sait ce que la malice des auteurs a inventé contre leur coquetterie!

L'Avare fut également emprunté à Plante; Molière mit non-seulement le poëte latin à contribution, mais encore plusieurs autres auteurs. C'est peut-être celle de ses pièces dans laquelle il a fait entrer le plus d'éléments connus, et pourtant elle possède une véritable originalité. Toutes les couleurs étrangères se sont admirablement fondues sous sa main. L'*Aululaire*, de Plante, est, à n'en point douter, la base sur laquelle Molière a construit son édifice. La marmite pleine d'or du vieil Euclion a donné l'idée de la cassette d'Harpagon. Le nom d'Harpagon lui-même est emprunté à Plante. La fameuse scène de la cassette enlevée et le quiproquo de l'avare et de l'amant appartiennent encore au poëte latin. Molière s'est servi aussi de beaucoup de choses de détail; l'avare qui demande à voir la troisième main de son valet est un trait d'Euclion. Ce caractère a été merveilleusement développé par l'auteur latin. A part quelques images un peu forcées, Plante emploie le style le plus incisif et le plus vrai. Euclion est tellement ébloui par son trésor, qu'en sortant de chez lui il recommande à une de ses esclaves, Straphila, de ne laisser entrer personne chez lui, pas même la fortune si elle se présente :

Si bona fortuna veniat, ne intromiseris.

Peut-on pousser l'aveuglement de l'avarice plus loin? L'avare de Plante a le tort de se corriger à la fin, et de faillir à l'unité de caractère; on dirait que le poëte, pour faire un compliment à son public, a dénaturé sa comédie en la traitant comme une fable sans conséquence. Molière s'est bien gardé de tomber dans ce défaut.

La belle scène où le fils prodigue se trouve en face du père usurier est imitée de la *Belle Plaideuse*, de l'abbé Bois-Robert, mais il n'est guère besoin de dire de combien l'imitation est préférable à la scène originale. Molière, dans cette pièce, a creusé jusqu'au fond les faiblesses du cœur humain. Il a dévoilé, dans cet intérieur de famille, les désordres auxquels les vices des pères entraînent les enfants, et c'est avec peine que l'on voit encore Rousseau, toujours retranché dans la misanthropie, se refuser à comprendre cette morale. Rousseau s'offense parce que Valère répond à son père qui lui donne sa malédiction : «Je n'ai que laire de vos dons; » mais cette insolence du fils est motivée par la conduite du père. Valère ne nous est pas présenté comme un modèle à suivre, mais comme un exemple de la mauvaise éducation que les fils de pères comme Harpagon doivent naturellement recevoir. Une chose curieuse et parfaitement observée dans les comédies de Molière, c'est que les pères et les fils, les valets et les maîtres se querellent avec violence, et que, quelques minutes après, tout le monde reparaît avec la même familiarité qu'auparavant. N'est-ce pas là ce qui se passe dans la vie ordinaire? quelle est la famille où les grands orages ne viennent à gronder et ne se dissipent avec une semblable rapidité?

La prose nous paraît mieux convenir à la comédie de l'*Avare* que n'eussent fait les vers; elle s'adapte plus étroitement à tous les détails de la vie ordinaire ; et Molière, qui possédait un tact si sûr, ne craignit pas de lutter avec le goût d'un public ami des vers. On prétend que l'*Avare* en souffrit, et qu'il n'eut que très-peu de succès dans sa nouveauté. Plusieurs jeux de scène consacrés par la tradition ne manquent jamais d'égayer les représentations de l'*Avare*. Nous en avons vu une marquée par un petit incident qui prouve que les spectateurs devraient souvent mettre un peu de réserve dans leur jugement, et ne se permettre de signes d'improbation qu'à bon escient. Un débarqué de province assurément, ignorant que maître Jacques a l'habitude d'allumer dans la poche même d'Harpagon la bougie que l'avare vient de dérober afin d'en économiser les restes, s'avisa de siffler cette charge, excellente d'ailleurs. L'acteur qui jouait le rôle de maître Jacques aurait pu, ainsi que Dazincourt dans

une occasion pareille, s'avancer vers la rampe, et dire : « Messieurs, lorsque Préville jouait ce rôle, il faisait ce que je viens de faire, et il était applaudi par tout ce qu'il y avait de mieux en France! »

L'*Avare* fut suivi de *Georges Dandin*, pièce jouée pour la première fois en 1668 à Versailles, dans une fête donnée par Louis XIV.

La pièce de *Georges Dandin* est une des meilleures leçons qu'on ait jamais données à la sottise orgueilleuse des gens qui recherchent une alliance déplacée, et surtout à l'imprudence de ceux qui épousent une fille sans consulter son cœur. Nous avons eu occasion de remarquer que, le mariage étant une des choses les plus importantes de la vie, il serait bon d'y regarder de près, et que, par une bizarrerie incroyable, la plupart des hommes donnent plus de soin à des bagatelles fugitives qu'à cette indissoluble convention dans laquelle pourtant ils mettent leur honneur. Certaines personnes timorées ont pensé que les railleries jetées sans cesse par la comédie à la tête des maris trompés dégradaient l'institution du mariage. Nous avons déjà répondu à cette accusation. Il n'y a pas d'autre contre-poids à la cupidité qui préside si souvent au choix d'une femme. Ces sarcasmes, mis dans un plateau de la balance, l'emportent quelquefois sur le caprice et l'amour-propre, et empêchent un homme de compromettre dans une union mal assortie le bonheur d'une existence entière. La comédie est donc dans son droit, ainsi que le monde, en se moquant des disgrâces des époux, et les plaisanteries dont ces quelques esprits délicats s'offensent n'en possèdent pas moins une très-haute valeur morale; elles ne cesseront même pas d'amuser tant qu'il y aura des maris trompés....., c'est-à-dire toujours....., en France surtout, le pays classique dans ce genre, parce que c'est le pays où les intérêts du cœur sont le plus fréquemment sacrifiés aux intérêts de fortune ou de vanité.

Cette comédie de *Georges Dandin*, la plus attaquable en apparence et la plus attaquée des comédies de Molière du côté de la morale, trouve donc sa défense, je dirai même son apologie, dans la leçon parfaite qu'elle donne aux niais pour qui le mariage est une spéculation. Je ne vois pas pourquoi l'on respecterait des gens qui ont manqué à la sainteté de cette institution; ils méritent d'être punis, et la comédie qui en fait justice accomplit une œuvre honnête et juste. Laissez-nous donc rire du malheur des Georges Dandin du théâtre et du monde. Cela sert la

GALILÉE.

morale au lieu de la blesser, et nous donne un peu de bon temps; le rire est si rare de nos jours!

Molière a tiré sa comédie de deux nouvelles de Boccace, qu'il a réunies assez nonchalamment. Son intrigue est toujours comique, mais elle ne s'enchaîne pas avec une rigueur absolue. Il arrive souvent qu'à la fin du second acte les dames prennent leurs chapeaux, les hommes se lèvent, les portes des loges s'ouvrent, et grand est l'étonnement du public peu familiarisé avec Molière, de voir commencer un troisième acte qui, plein de gaieté et de comique, n'est jamais regretté par personne.

Molière, non content d'avoir représenté un homme qu'on fait médecin malgré lui, résolut de prendre le contre-pied de cette donnée comique, et de montrer un homme bien portant livré à des médecins qui veulent le traiter en malade. M. de Pourceaugnac fut cet homme, espèce de polichinelle rattaché par Molière au fil de la comédie. Cette farce est amusante; l'on y rit de bon cœur, bien que d'un rire quelquefois déshonnête, en voyant ce bon Limousin venir pour se marier à Paris, et puis s'en retourner dans sa ville, bafoué, mystifié, avec une crainte horrible d'être toujours poursuivi par une troupe de garçons apothicaires armés des instruments de leur profession. Cependant cette pièce, ainsi que celle des *Fourberies de Scapin*, dont il sera question tout à l'heure, n'offre pas une morale aussi bien arrêtée que les autres; on dirait deux arabesques inspirées par la fantaisie et dont l'auteur a orné le fronton et les portiques du temple immortel de la raison. *M. de Pourceaugnac* fut représenté pour la première fois le 6 octobre 1669, au château de Chambord, devant toute la cour; cette société choisie trouva les aventures du Limousin fort de son goût, malgré la procession des seringues. La susceptibilité de nos belles dames s'offense actuellement de ces plaisanteries, mais nos belles dames ne trouvent rien à redire au viol d'Antony.

Il faut placer ici le poëme du *Val-de-Grâce*, ou plutôt la savante épître adressée au célèbre peintre Mignard, qui avait fait le portrait du poëte; ils se donnèrent mutuellement l'immortalité : tels cadeaux qui entretenaient leur amitié. Molière, bien qu'il ait embarrassé son sujet de descriptions techniques relatives à la peinture, a su trouver des termes heureux pour caractériser les talents de son illustre ami :

> Dis-nous, fameux Mignard, par qui te sont versées
> Les charmantes beautés de tes nobles pensées?
> ....

Mais son génie a éclaté surtout lorsqu'il s'est

agi de recommander honorablement aux bienfaits de Colbert le grand peintre trop occupé de son art et trop fier pour mendier des faveurs. Ces vers, empreints de tant de dignité, devraient à jamais être inscrits sur le fronton du ministère des beaux-arts :

> Les grands hommes, Colbert, sont mauvais courtisans;
> Peu faits à s'acquitter des devoirs complaisants,
> A leurs réflexions tout entiers ils se donnent,
> Et ce n'est que par là qu'ils se perfectionnent.
> L'étude et la visite ont leurs talents à part.
> Qui se donne à la cour se dérobe à son art.

Voilà comme on parle aux Colbert!

Les *Amants Magnifiques* furent aussi composés pour la cour. Mais nous avons vu que Molière ne réussissait qu'à demi dans ce genre de pastorale héroïque que le roi réclamait quelquefois. Il indiqua lui-même à Molière le sujet de cette pièce. Louis XIV, qui ne dédaignait pas de faire asseoir le poëte à sa table afin d'apprendre à vivre à ses officiers, ne crut pas déroger non plus en devenant son collaborateur. Cette conduite sensée de Louis XIV rachète beaucoup de fautes que l'orgueil lui fit commettre. Les *Amants magnifiques* n'en furent pas meilleurs, il faut bien l'avouer; c'est une pâle production, un peu forcément égayée par un rôle de fou, comme l'est la *Princesse d'Élide*, qui vaut mieux. Il s'agit d'un jeune guerrier de condition obscure qui gagne le cœur d'une grande princesse, et l'on prétend que Molière fit allusion aux amours de Mademoiselle pour Lauzun. C'était de la part de Molière un assez mauvais jeu à son puissant collaborateur, puisqu'après des hésitations Louis XIV s'opposa formellement au mariage de Lauzun, et fit emprisonner le fier et fougueux prétendant. Molière, dans cette pièce, attaque vivement l'astrologie judiciaire, qui était encore en vogue de son temps. On trouve dans cette comédie une imitation agréable de l'ode d'Horace *Donec gratus eram*. Les *Amants magnifiques* furent représentés devant le roi, à Saint-Germain-en-Laye, en 1670.

> Quel abus de quitter le vrai nom de ses pères!

s'écrie le sage Chrysalde de l'*École des Femmes*. Molière, dès alors, frappé des prétentions à la noblesse manifestées par un grand nombre de bourgeois, commençait à attaquer ce ridicule si commun de son temps, et même du nôtre, où les titres ont beaucoup perdu de leur valeur. Dans la comédie de *Georges Dandin* il se moqua, ainsi que nous l'avons vu, des imbéciles qui, au lieu de prendre une femme de leur condition, épousaient des demoiselles de qualité, dont leur soumission n'obtenait que du mépris : il a voulu, en composant le *Bourgeois gentilhomme*, donner une leçon aux roturiers qui servaient de jouet et de dupe aux grands seigneurs, lesquels consentaient quelquefois, comme Muneade, à *s'encanailler* pour rétablir leur fortune endommagée, ou, comme Dorante, se faisaient un revenu des prodigalités insensées de leurs niais imitateurs. Molière eut raison de stigmatiser ceux qui prétendaient sortir de leur rang, non pas par un juste orgueil, mais par une sotte vanité ; espèce d'hermaphrodites n'appartenant à aucune classe. En ce temps il y avait la ville et la cour, deux pays voisins, mais de mœurs différentes, et ordinairement à l'état d'hostilité. De chaque côté on se faisait une guerre de maraudeurs ; les bourgeois s'enrichissaient, par le petit commerce, aux dépens de leurs illustres et insouciantes pratiques ; les gentilshommes compensaient le déficit ouvert dans leur fortune par les extorsions des marchands, en plumant sans scrupule les oisons de l'espèce de M. Jourdain, qui leur tombaient entre les mains.

Le *Bourgeois gentilhomme*, qu'on a considéré comme une farce à cause de la réception grotesque du *Mamamouchi*, n'en est pas moins une excellente comédie, égale aux autres chefs-d'œuvre de Molière. On ne trouve nulle part un comique plus abondant. M. Jourdain, entouré de ses divers maîtres intéressés à faire valoir leur art, et mettant sa robe de chambre pour mieux entendre un air, est le personnage le plus amusant du monde. De quelle empreinte profonde le génie de Molière a su caractériser cette Nicolle, dont le rire est si franc, servante qui ne le cède en rien à Martine, non plus qu'à Dorine ; et quelle admirable figure que celle de madame Jourdain, dont le bon sens emprunte une sagesse éternelle à la femme de Sancho Pança! Cette comédie, jouée à Chambord devant le roi, le 14 octobre 1670, n'eut de succès qu'à la seconde représentation, parce que le roi ne s'était pas prononcé dès la première. Tous les courtisans, qui s'étaient raillés de Molière dans l'intervalle, le félicitèrent à qui mieux mieux dans la suite : voilà les courtisans!

Ce serait une grande absurdité, surtout dans le temps où nous vivons, de prendre à la lettre les plaisanteries de Molière, et de prétendre que chacun doit rester invariablement au degré de l'échelle sociale où il est né : de même que le plus inconnu de nos soldats porte, suivant une expression vulgaire consacrée par la victoire, un bâton de maréchal dans sa giberne, de même il n'est pas si mince avocat, si petit financier, si obscur journaliste, qui ne puisse avoir la noble ambition de devenir influent dans les affaires de son pays et de monter au sommet des honneurs. Cela s'est vu aussi, cela peut se voir encore, et nul n'a le droit de s'en plaindre; c'est la loi de l'intelligence, qui est faite pour dominer ce monde, et dont Molière, plus que personne, a hâté le progrès. N'était-il pas lui-même un exemple frappant du pouvoir moral de la capacité, lui qui, fils d'un tapissier, vivait dans l'intimité du monarque le plus orgueilleux et le plus absolu de la terre?

Dans *Don Juan*, Molière avait commencé à poursuivre sérieusement la noblesse oisive, vaniteuse, libertine, attaquée déjà dans l'*Impromptu de Versailles*; dans le *Bourgeois gentilhomme*, et plus tard encore dans la *Comtesse d'Escarbagnas*, il devait frapper cette noblesse plus fortement encore. Tout en se moquant des travers de la bourgeoisie, il montrait une grande prédilection pour cette classe à laquelle il appartenait, il contribuait puissamment à son émancipation. Molière s'est servi souvent du mot de *caution bourgeoise*, pour caution solvable, et l'on comprend que c'était vanter dans la bourgeoisie la probité du temps. La bourgeoisie s'est perdue, comme la noblesse, par la vanité, le luxe et les plaisirs, et l'avénement du peuple a commencé. Ainsi marchent les sociétés.

Si Molière est le dieu de la nouvelle société française, cela peut s'expliquer en deux mots. Molière est l'anneau qui rattache le seizième siècle au dix-huitième, Montaigne à Voltaire. Tandis que Corneille terminait sa carrière par la traduction en vers de l'*Imitation de Jésus-Christ*, et que Racine quittait par dévotion le théâtre, où le rappelaient seulement deux chefs-d'œuvre religieux, Molière conservait la tradition réformatrice; il appuyait la morale sur la base des sentiments naturels, et non sur l'incertitude des révélations : là se trouve toute la philosophie.

Nous glisserons légèrement sur la tragédie-ballet de *Psyché*, destinée à embellir le carnaval de 1671, et que Molière composa en collaboration avec Quinault et le grand Corneille. On sait que la déclaration que l'Amour fait à Psyché est de la main de l'auteur de *Rodogune* et de *Cinna*; on a déjà cité plusieurs fois ces vers charmants :

Je suis jaloux , Psyché, de toute la nature ;
Les rayons du soleil Vous baisent trop souvent ,
Vos cheveux souffrent trop les caresses du Vent ;
Dès qu'il les flatte j'en murmure.
L'air même que Vous respirez
Avec trop de plaisir passe par Votre bouche ;
Votre habit de trop près Vous touche ;
Et sitôt que Vous soupirez,
Je ne sais quoi qui m'effarouche
Craint , parmi vos soupirs, ces soupirs égarés.

Corneille avait soixante-cinq ans lorsqu'il écrivit ces tendres vers. Apulée est ˙le˙ premier qui ait raconté, dans son roman de l'*Ane d'or*, la délicieuse fable de *Psyché* et de *Cupidon*, dans laquelle les philosophes ont voulu voir un mystère religieux, et qui n'est qu'une ravissante allégorie des tourments que peut causer la curiosité soupçonneuse, défaut ordinaire des amants. Psyché, qui fait s'envoler son céleste époux, irrité qu'on ait douté de lui, Psyché qui se réhabilite à force de cruelles épreuves, est la plus adorable image que l'antiquité nous ait tracée d'un sentiment indiscret et jaloux.

Les *Fourberies de Scapin* furent jouées sur le théâtre du Palais-Royal, le 24 mai 1671.

Boileau, qui avait tant de rectitude d'esprit, est pourtant tombé dans une grande erreur à l'égard de Molière en écrivant ces vers si connus :

Dans le sac ridicule où Scapin s'enveloppe,
Je ne reconnais pas l'auteur du *Misanthrope*.

Il a eu deux fois tort, et pour le fond et pour la forme. Les *Fourberies de Scapin* ne sont pas une farce grossière; elles contiennent d'excellents traits de comédie ; et la preuve que Molière destinait cette pièce aux gens de goût, c'est qu'il a imité beaucoup de passages du *Phormion* de Térence. Il ne se serait pas donné la peine de faire une étude pareille, et d'offrir en quelque sorte un tableau de la comédie antique, pour complaire uniquement à la foule. S'il ne se rapproche guère, dans ce travail, du genre du *Misanthrope*, c'est qu'on ne représente pas un satyre comme un Hercule, et qu'il a suivi les lois de son art.

Boileau n'a pas même exprimé sa pensée avec sa netteté habituelle; on dirait que le génie des vers a voulu le punir de son injustice, en lui refusant la clarté et la précision. Ce n'est pas d'abord Scapin qui *s'enveloppe* dans un sac, c'est Scapin qui enveloppe Géronte afin de le battre à son aise. Et que veut dire ensuite cette phrase : *Je ne reconnais pas l'auteur du Misanthrope dans le sac où Scapin.....* Pour que l'image de Boileau eût quelque justesse, il fallait qu'elle s'appliquât à Molière seul, et que ce fût l'auteur du *Misanthrope* qui s'enfermât dans le sac.

L'admirable bon sens de Molière se mêle à toutes les folies de cette pièce et les domine hautement. Lorsque Scapin cherche à excuser auprès d'Argante le mariage de son fils, et dit qu'il a été poussé par sa destinée, Argante répond : « *Ah! voici une raison la plus belle du monde! On n'a plus qu'à commettre tous les crimes imaginables, tromper, voler, assassiner, et dire pour excuse qu'on y a été poussé par sa destinée!...* » Que répliquerait

de mieux Alceste?. Cependant Argante est tant soit peu Cassandre, on lui en fait accroire aisément.˙

La *Comtesse d'Escarbagnas*, qui suivit les *Fourberies de Scapin*, n'est point un chef-d'œuvre; mais dans cette comédie telle qu'elle est, incomplète et précipitée, les traits du grand maître se font reconnaître. Si le dessin n'en est pas très-correct, le coloris s'y retrouve. Représentée autrefois à Saint-Germain-en-Laye, dans un divertissement royal intitulé, le *Ballet des ballets*, on sent que, livrée à elle-même, cette pièce n'a plus les dimensions convenables. Quoiqu'elle ait été jouée sans intermède sur le théâtre du Palais-Royal, du temps de Molière, sa fortune n'a jamais été bien grande. La licence des réflexions occasionnées par une citation latine que les comédiens de nos jours ont sacrifiée, avec raison, aux bienséances publiques, influait beaucoup sur son succès; quoique les oreilles d'alors fussent plus tolérantes que les nôtres, sauf celles de ces dames si précieuses que Molière a ridiculisées encore dans les *Femmes savantes*, ce passage dut paraître aussi scandaleux que le fameux LE de l'*Ecole des Femmes*. Je voudrais bien savoir comment notre auteur se serait tiré de son latin s'il avait fait la critique de la *Comtesse d'Escarbagnas*.

A part ces défauts, que le génie de Molière n'a pas besoin qu'on cherche à dissimuler, les personnages de la comtesse, du conseiller Thibaudier, et de M. Harpin, le receveur des tailles, sont parfaitement tracés. La *Comtesse d'Escarbagnas*, moins la verve d'exécution, est le pendant des *Précieuses ridicules*. Ce sont les prétentions du bel air après les prétentions du bel esprit. La comtesse qui prend Martial, l'auteur des épigrammes, pour un faiseur de gants en renom, ne se trompe pas sur le privilège des rangs; elle sait faire apporter au conseiller un pliant, tandis qu'on donne une chaise au vicomte. Mais un caractère qui ne se rencontre pas dans les autres comédies de Molière, c'est celui de M. Harpin. Molière, quoique ami du roi, n'en était pas moins l'*ami du peuple*, et il se souvenait parfois d'où il était sorti. Il avait besoin d'exercer sa verve sur ces airs de cour qu'il lui fallait supporter : la fatuité des hommes, nous l'avons déjà fait remarquer, et la coquetterie des femmes, lui étaient à charge, et il secouait le fardeau dès qu'il le pouvait. Tantôt il se faisait grand seigneur, et, sous le nom d'Alceste, il traitait les marquis du haut en bas; tantôt, sous la forme de M. Harpin, il apprenait à vivre aux comtesses infatuées de leur rang. Le lils du tapissier reparaît plus que jamais dans M. Harpin, et cette vigoureuse sortie contre une coquette titrée devait plaire singulièrement au bon peuple de ce temps-là. On a beaucoup débattu, dans ces derniers temps, la question de savoir si le sentiment populaire était resté, parmi le grand monde, vivace au fond du cœur de Molière, et cela ne paraît pas douteux pour qui lit ses œuvres avec soin. N'avez-vous pas vu les ridicules du *Bourgeois gentilhomme* et de *Georges Dandin* largement compensés par le bon sens de madame Jourdain et par les remords du *Mari confondu*? Ne sont-ce pas deux leçons vertement données à une classe que Molière est fâché de voir s'entêter des absurdes préjugés de la noblesse, dont il fait en même temps la critique la plus amère?

Voici maintenant le troisième des grands chefs-d'œuvre en vers de Molière, les *Femmes savantes*.

Parfaite de conduite et de dénouement, cette pièce l'est aussi de versification; mais quoique le ridicule qu'elle condamne existe de notre temps comme du temps de l'auteur, et que nous ne manquions ni de Trissotins, ni de Vadius, ni surtout de femmes atteintes de la manie d'écrire (à aucune époque il n'en est éclos davantage), elle ne touche pas autant que le *Misanthrope*, le *Tartufe*, l'*Ecole des Femmes*, parce qu'elle n'est point prise dans des idées générales, et qu'elle est marquée en quelque sorte d'un cachet d'individualité. C'est une vengeance de Molière, une satire personnelle du grand homme, et, sans le charme du style, on s'apercevrait d'une certaine langueur dans l'action.

Molière n'a pas stigmatisé seulement un défaut de son temps, il a donné une leçon éternelle; il est revenu encore sur les devoirs de la femme; il a enfin établi sa véritable condition sur la terre. Il trouve avec raison bien raison de défendre à l'Eve du paradis terrestre de toucher à l'arbre de la science; mais comme les filles d'Eve possèdent depuis lors la connaissance du bien et du mal, il veut que la complète innocence de la mère du genre humain soit remplacée par une instinctive pudeur. Selon lui, une lille doit non-seulement s'abstenir de philosopher, mais il faut encore qu'elle sache parfaitement se connaître aux choses du ménage. Molière est intraitable là-dessus. N'allez pas croire qu'il veuille que les filles, jusqu'au mariage, s'informent si les enfants se font par l'oreille, comme Agnès le demande à Arnolphe. Henriette, la charmante amoureuse des *Femmes savantes*, est bien éloignée de cette ignorance. Entre la niai-

serie et une intelligence trop émancipée, il y a un milieu à prendre en se servant de la raison pour compas.

Henriette est la création de Molière la plus nettement posée peut-être. Parfaitement sage au milieu d'un entourage à demi fou, honnête sans pruderie, spirituelle sans licence, ferme sans ostentation, elle résume toutes les séductions de son sexe. Elle a accepté les vœux de Clitandre, quoique Clitandre se soit d'abord adressé à sa sœur Armande, car elle connaît le monde; elle sait que les cœurs faits l'un pour l'autre ne se rencontrent pas du premier coup, mais qu'une fois accrochés comme les atomes d'E-picure, ils ne se quittent plus. Les amours de Clitandre et d'Henriette respirent une douce poésie de l'âme : ces natures si franches, si fidèles, si sûres d'elles-mêmes, relèvent l'espèce humaine à nos yeux. Elles mettent en quelque sorte la réalité d'accord avec ces idées de couvenance, de grâce et d'heureuses proportions qui sont le point de départ de tout esprit bien fait. On peut regarder Henriette comme le modèle d'une fille accomplie. Toutes les qualités qu'un honnête homme souhaite de rencontrer dans la femme qu'il épouse se trouvent réunies en effet chez cette belle, sage et spirituelle personne. Un fonds admirable de bon sens l'a empêchée de se gâter au contact de sa sotte et précieuse famille; la raison, poussée jusqu'à l'idéal par le mélange d'une tendresse convenable et réfléchie, l'élève à la poésie, et en fait un type de perfection. Forcée de se marier avec un niais du genre d'Orgon, elle serait aussi noble, aussi chaste qu'Elmire; elle se résignerait à son sort; mais épousant celui qu'elle a choisi entre tous, et qui est si bien fait pour l'apprécier, elle semble destinée à mettre en relief ce qu'il peut y avoir de bonheur sur la terre dans une union assortie par l'amour et par la sympathie. Henriette a de vingt et un à vingt-quatre ans. Sa répartie est trop vive, et elle sait trop de choses pour qu'on la considère ainsi qu'un enfant. La liberté et l'aplomb avec lesquels elle parle du mariage, *et de tout ce qui s'ensuit*, comme dit sa sœur Bélise, prouvent qu'elle n'est ni ignorante ni prude; en outre, la fermeté qu'elle montre atteste une certaine maturité d'esprit qu'une fille qui ne doit surtout qu'à elle.seule son éducation ne peut guère posséder qu'après vingt ans.

Hippolyte LUCAS.

(La suite au prochain numéro.)

GALILÉE.

Un précédent article, resté jusqu'à ce jour inachevé, avait suivi Galilée, à travers les phases diverses de sa carrière, jusqu'à l'époque où, cédant aux instances du grand-duc de Toscane, qui le comblait de faveurs, il quitta Padoue pour Florence (1).

Nous raconterons ici les événements qui s'écoulèrent durant la dernière période de cette vie si noblement remplie par l'étude et par tant de découvertes immenses.

Honoré par le sénat de Venise, et lié par l'amitié avec plusieurs des sénateurs les plus considérables, Galilée pouvait, dans cette république, émettre ses opinions sans aucun danger pour lui-même. L'expérience lui prouva qu'il ne pouvait pas y avoir autant de sécurité auprès d'un prince obligé de garder avec la cour de Rome plus de ménagements. Outre le nombre d'envieux que devait lui attirer son mérite, ses découvertes lui avaient donné pour ennemis tous ceux qui jusqu'alors avaient enseigné sans contestation les doctrines anciennes. Les uns répandaient que ses découvertes dans les astres étaient de pures visions, comparables aux voyages d'Astolphe; d'autres affirmaient qu'ils avaient eu le télescope en leur possession pendant des nuits entières, et qu'ils n'avaient rien vu de tout ce que Galilée annonçait; il se trouva même un prédicateur qui, voulant lui faire une dangereuse allusion, prit pour texte ce passage de l'Évangile : *Viri Galilœi, quid statis aspicientes in cœlum* ?

Le plus sûr moyen d'atteindre Galilée, c'était de faire prohiber la doctrine de Copernic, qu'il propageait avec tant d'éclat; présentée comme contraire aux Écritures, elle fut dénoncée au Saint-Siège. Galilée essaya de calmer la tempête en publiant une lettre adressée à la grande-duchesse de Toscane, dans laquelle il entreprenait de prouver théologiquement, et par des raisons tirées des Pères, que les termes de l'Écriture pouvaient se concilier avec ses découvertes sur la constitution de l'univers. Aussitôt les adversaires de Galilée le dénoncèrent lui-même comme soutenant une opinion erronée et maudite. Ni les raisons qu'il apportait, ni la justice que l'on fut forcé de rendre à sa catholicité, ne purent empêcher qu'une assemblée de théologiens, nommés par le pape, ne portât la déclaration suivante : *Solem esse in centro mundi, et immobilem motu lo-*

(1) *Magasin Universel*, 1ʳᵉ série, tome II (1834-1835), page 203.

cali, est propositio absurda, et falsa in philosophia, et formaliter hæretica ; quia est expressè contraria sacræ Scripturæ. Terram non esse centrum mundi, nec immobilem, est item propositio absurda, et falsa in philosophia, et, theologicè considerata, ad minus erronea in fide. — « Soutenir que le soleil, immobile et sans mouvement local, occupe le centre du monde, est une proposition absurde, fausse en philosophie et formellement hérétique, puisqu'elle est clairement contraire aux saintes Écritures. Il est également absurde et faux en philosophie de dire que la terre n'est point immobile au centre du monde; et cette proposition, considérée théologiquement, est au moins erronée dans la foi (1). »

Galilée, confondu d'étonnement, employa tous les arguments que la vérité lui suggérait pour défendre sa doctrine. Tout fut inutile; et comme il se montrait récalcitrant à la décision du Saint-Office, on lui fit défense de professer l'opinion qui venait d'être condamnée. Il revint donc à Florence, et reprit avec douleur le cours de ses travaux astronomiques. Cependant il entreprit d'accabler, s'il ne pouvait persuader, ses formidables adversaires, en rassemblant dans un seul corps toutes les preuves physiques du mouvement de la terre et de la constitution des cieux ; il médita cette œuvre mémorable pendant seize années entières. « Tout ce que l'esprit le plus fin peut imaginer de délicatesses, tout ce que le goût le plus pur peut admettre d'agrément, dit avec raison M. Biot, Galilée l'employa pour rendre la vérité plus attrayante. Ce n'est point un savant traité qu'il présente, ce sont de simples dialogues entre deux personnages distingués de Florence et de Venise, et un troisième interlocuteur qui, sous le nom de Simplicius, se charge de reproduire les arguments invincibles des péripatéticiens. Chacun remplit parfaitement son rôle. Les deux hommes du monde ont de l'instruction, sans système et sans préjugés; ils discutent, ils examinent, ils proposent des doutes, et ne se rendent qu'à des raisons évidentes. Simplicius, au contraire, est tout scolastique ; il n'entend qu'Aristote; il ne juge les choses vraies ou fausses que selon qu'elles sont conformes ou opposées aux assertions de son maître; la moindre plaisanterie sur ce sujet lui est insupportable. Le style de chacun des interlocuteurs est parfaitement assorti à son caractère, sans cesser toutefois de conserver une élégance exquise et le choix le plus heureux d'expressions. » Mais s'il fallait beaucoup d'esprit pour compo-

(1) *Sententia in Galilæum*, dans l'*Almagesti novi* de Ricciolus, tome II, page 497, in-folio.

ser un pareil ouvrage, il n'en fallait guère moins pour obtenir la permission de le publier. En 1630, Galilée se rend à Rome; il va trouver le maître du sacré palais, lui présente hardiment son ouvrage comme le recueil de quelques nouvelles fantaisies scientifiques, le prie de vouloir bien l'examiner avec scrupule, d'en retrancher tout ce qui lui paraîtra suspect, enfin de le censurer avec la plus grande sévérité. Le prélat lit et relit l'ouvrage, le donne à juger à un de ses collègues, et, n'y voyant rien à reprendre, y met de sa main une ample approbation. Cette pièce ne suffisait point; car, pour s'en servir, il aurait fallu imprimer l'ouvrage à Rome, et les ennemis de Galilée, très-nombreux dans cette ville, l'auraient bientôt dénoncé. Il écrivit de nouveau au maître du sacré palais pour solliciter l'autorisation de faire imprimer son ouvrage à Florence, sous la condition de le faire examiner encore. Le cardinal fit des difficultés; il indiqua bien à Galilée un nouveau censeur, mais, en même temps, il lui redemanda l'approbation qu'il lui avait précédemment accordée, voulant, disait-il, revoir les termes dans lesquels elle était conçue. Une fois qu'il la tint, il refusa de donner une réponse; de sorte que Galilée, après avoir fait mille et mille démarches, ne trouva d'autre ressource que de s'en passer; et, se contentant de la nouvelle approbation du censeur de Florence, il publia son ouvrage en 1632.

On ne saurait se figurer la véritable fureur que cette apparition excita parmi les théologiens de Rome, presque tous péripatéticiens. Vainement Galilée essaya d'y échapper, en alléguant qu'il avait soumis son livre au jugement du Saint-Siége; vainement il protesta qu'il avait voulu seulement exposer les systèmes de Ptolémée et de Copernic, sans prétendre adopter l'un plutôt que l'autre; ses ennemis n'écoutèrent rien. Il lui restait quelque espérance dans l'estime personnelle du pape Urbain VIII, mais on persuada au Saint-Père que c'était lui que Galilée avait voulu jouer sous le personnage de Simplicius. Malgré l'intercession du grand-duc de Toscane, malgré les vives instances de son ambassadeur, l'ouvrage de Galilée fut déféré à l'inquisition, et lui-même fut assigné à comparaître devant ce tribunal. Ni la faiblesse de sa santé, ni les douleurs rhumatismales qui le tourmentaient, ne purent l'exempter d'un si triste voyage. Galilée avait alors soixante-neuf ans : « J'arrivai à Rome le 10 février 1633, dit-il dans une de ses lettres citée par Tiraboschi, et je fus remis à la clémence de l'inquisition et du souverain pontife Urbain VIII, qui avait pour moi quelque estime. On me mit en arresta-

tion dans le palais de la Trinité-du-Mont, séjour de l'ambassadeur de Toscane. Le lendemain, je reçus la visite du père Lancio, commissaire du Saint-Office, qui me prit avec lui dans son carrosse. En chemin, il me fit diverses questions, et témoigna un grand désir de me voir réparer le scandale que j'avais donné à toute l'Italie en soutenant l'opinion du mouvement de la terre; à toutes les raisons mathématiques que je pouvais lui opposer, il ne répondait pas autre chose, sinon : *Terra autem in æternum stabit, quia terra in æternum stat*, comme dit l'Écriture. En discourant ainsi, nous arrivâmes au palais du Saint-Office. Je fus présenté à l'assesseur, avec lequel je trouvai deux religieux dominicains. Ils me prévinrent que je serais admis à expliquer mes raisons devant la congrégation, et qu'ensuite on entendrait mes motifs d'excuse, si j'étais jugé coupable. Le jeudi suivant, j'exposai mes preuves, mais je ne pus jamais venir à bout de me faire comprendre. On coupait tous mes raisonnements par des élans de zèle; on ne me parlait que du scandale que j'avais donné, et l'on m'opposait toujours le passage de l'Écriture sur le miracle de Josué, comme la pièce victorieuse de mon procès. Cela me fit souvenir d'un autre endroit où le langage des Livres saints est évidemment conforme aux idées populaires, puisqu'il est dit que *les cieux sont solides et polis comme un miroir de bronze*. Cet exemple me parut venir à point pour prouver que le mot de Josué pouvait être interprété ainsi, et la conséquence me semblait parfaitement juste; mais je n'eus pour réponse que des haussements d'épaules. »

Après vingt jours d'attente, Galilée fut ramené au tribunal pour prononcer son abjuration, qu'on lui dicta en ces termes : « Moi, Galilée, dans la soixante-dixième année de mon âge, étant constitué prisonnier, et à genoux devant vos éminences, ayant devant mes yeux les saints Évangiles, que je touche de mes propres mains, j'abjure, je maudis et je déteste l'erreur et l'hérésie du mouvement de la terre..... » L'expiation achevée, on prohiba ses Dialogues, on le condamna à la prison pour un temps indéfini, et on lui ordonna, comme punition salutaire, de réciter une fois par semaine les sept psaumes de la pénitence pendant trois ans. On dit qu'après avoir prononcé son abjuration, rempli du sentiment de l'injustice que lui faisait son siècle, il ne put s'empêcher de dire, en frappant du pied la terre : *E pur si muove!* — « Et pourtant elle se meut! »

Dans son poëme *de l'Astronomie*, M. Daro a ainsi décrit cette scène :

Sous une Voûte antique, où des flambeaux funèbres
Dispersent leurs rayons dans l'horreur des ténèbres,
Parmi les fouets, la roue et les pointes d'acier,
La tenaille mordante et les feux du brasier,
Sur l'autel, qu'entourait l'appareil des tortures,
Un livre était ouvert, formidable aux parjures.

Galilée est en face des inquisiteurs, au nombre de sept, qui,

En présence de Dieu dont ce monde est l'ouvrage,
De leurs propres erreurs viennent punir un sage.
Ils attestent ce Dieu prêt à les démentir;
Leur Voix au philosophe ordonne de mentir.
Le front dans la poussière, il reçoit sa sentence.
Le cilice, les fers, l'austère pénitence,
Les larmes et le sang laveront-ils jamais
De sa témérité les coupables succès?
Plus d'espoir! A genoux, sur la pierre sanglante
Qu'il expire à l'instant si sa main défaillante,
Déchirant ses écrits sur cet autel sacré,
Ne désarme le ciel dont il fut inspiré.
La torture, à ce prix, lui laisse quelque trève.
Le vieillard se soumet, il signe, se relève,
Frappe du pied la terre, et, les glaçant d'effroi :
« Non, dit-il, elle tourne, et Vous tous avec moi! »

Toutefois, en maudissant l'injustice faite à un si grand homme, il faut reconnaître que le tribunal redoutable auquel il fut soumis n'exerça pas envers lui ses dernières rigueurs. On a prétendu, sans aucune vraisemblance, que Caillée avait été mis à la question. Il est vrai que, dans le style inquisitorial, cela semblerait indiqué par ces mots, *rigorosum examen*, qui se trouvent dans le texte du jugement; mais ces inductions paraissent complétement détruites par la conduite que l'on tint dans la suite à son égard. Il résulte, par les lettres de l'ambassadeur, qu'il ne fut pas jeté dans les cachots du Saint-Office, quoique le jugement le dise aussi; on lui donna pour prison le logement même d'un des officiers du tribunal, avec la permission de se promener dans le palais. On lui laissa son domestique; il ne fut pas même mis au secret, et il put, tant qu'il le voulut, recevoir des visites ou écrire à ses amis. C'est ce que confirment de nombreuses lettres de lui datées de cette époque, et que l'on a conservées. S'il ne recouvra pas d'abord une entière liberté, du moins sa captivité fut aussi douce qu'elle pouvait l'être, dans le palais même de l'archevêque de Sienne, Piccolomini, son ami et son élève., palais magnifique et entouré de superbes jardins. Laissons comment s'exprime, dans sa *Vita del Galileo*, le célèbre Viviani, son disciple :

— « *Fu il signor Galileo, dopo la pubblicazione de' suoi Dialoghi, chiamato a Roma dalla congregazione del santo Offizio, dalla somma clemenza di quel tribunale, e del sovrano pontefice Urbano VIII, che per altro lo conosceva troppo benemerito alla republica de' letterati, fu arrestato nel delizioso palazzo della Trinità de' Monti, appresso all' ambasciador di Toscana; e in breve (essendogli dimostrato il suo errore) retrattò, come vero cattolico, questa sua opinione, ma in pena gli fu proïbito il suo Dialogo, e dopo cinque mesi licenziato di Roma (in tempo, che la città di Firenze era infesta di peste) gli fu destinata per carcere con generosa pietà, l'abitazione per più caro signore, e stimato amico, che avesse nella città di Siena, che fu monsignor arcivescovo Piccolomini, della qual' gentilissima conversazione egli godè con tanta quiete e soddisfazione dell' animo, che quivi ripigliando i suoi studi, trovò, e dimostrò gran parte delle conclusioni meccaniche sopra la materia delle resistenze de' solidi, con altre speculazioni.* »

Enfin, au commencement de décembre 1633, le pape l'autorisa à venir librement résider à la campagne, près de Florence; et, plus tard, l'entrée de cette ville lui fut accordée quand ses infirmités l'exigèrent. Ces restrictions prouvent néanmoins qu'il resta sous la surveillance de l'inquisition; des écrivains de l'Italie disent même qu'il reçut plusieurs fois de ce tribunal des lettres menaçantes, à cause des études auxquelles il s'appliquait encore, et sous le prétexte des liaisons trop intimes qu'on l'accusait de conserver avec les savants d'Allemagne.

Galilée, courbé sous le poids des ans et des infirmités (1), ayant perdu, à soixante-quatorze ans, l'usage de ses yeux, n'avait pas cependant abandonné l'étude; ni son goût ni ses merveilleux succès ne lui permettaient de la délaisser. Il lui fallait auprès de lui de jeunes hommes qui lui tinssent lieu de ses yeux, et qu'il eût le plaisir de former. Viviani fut digne que Galilée le prît chez lui, et, en quelque manière, l'adoptât. Aussi Viviani prit pour Galilée une tendresse vive, une espèce de passion; partout il se nomme le disciple, le dernier disciple de Galilée; jamais il ne met son nom à un titre d'ouvrage sans l'accompagner de cette qualité : *Magni Galilei discipulus*; jamais il ne manque l'occasion de parler de Galilée, et quelquefois même, ce qui fait encore mieux l'éloge de son cœur, il en parle sans beaucoup de nécessité; jamais il n'écrit le nom de Galilée sans lui rendre un hommage. On sent bien que ce n'est point pour s'associer, en quelque sorte, au mérite de ce grand homme, et en faire

(1) Fu il signor Galileo di gioviale e giocondo aspetto, massime in sua Vecchiezza, di corporatura quadrato, di giusta statura, di complessione per natura sanguina, flemmatica, e assai forte, ma per le fatiche, e traVagli, sì dell' animo come del corpo, accidentalmente debilitata, onde spesso riducevasi in istato di languidezza. Fu esposto a molti mali accidenti, e affetti ipocondriaci, e più Volte assalito da graVi e pericolose malattie, cagionate in gran parte da' continui disagi, 'e Vigilie nelle osservazioni celesti, per le quali bene spesso impiegaVa le notti intere. VIVIANI, *Vita del Galileo*.

rejaillir une partie sur lui : le style de la tendresse ne peut se confondre avec celui de la vanité.

Entouré d'élèves attentifs et respectueux , visité par tout ce que Florence renfermait de plus distingué, Galilée mourut le 9 janvier 1642, âgé de soixante-dix-hnit ans, l'année même de la naissance de Newton. Son corps fut transporté à Florence, où on lui éleva un mausolée. La gravure que nous publions aujourd'hui est la reproduction de la statue de Galilée, qui a été érigée à Pise, en vertu d'une résolution du dernier congrès scientifique tenu dans cette ville, dont le nom rappelle tant de vieux souvenirs.

Ce fut au mois d'octobre 1839 que plusieurs savants nationaux et étrangers se réunirent à Pise, où réside l'université toscane. On peut dire que ce congrès a été un événement pour le pays; plus de quatre cents savants et près de deux mille personnes s'étaient rendus à Pise en cette occasion. Aussi la ville a joui, pendant cette réunion, d'un mouvement extraordinaire; non-seulement ceux qui cultivent les sciences, mais les hommes appartenant aux différentes classes de la société, toute la population, enfin, y a pris part comme à une fête nationale. Le congrès a été inauguré par deux solennités, l'une religieuse et l'autre civique. Le clergé pisan a fait célébrer, le 1ᵉʳ octobre, une messe solennelle dans le Dôme, où existe encore, suspendue à la voûte, cette lampe dont les oscillations firent trouver à Galilée la théorie du pendule. Le 2 octobre sera à jamais mémorable dans les fastes de Pise, ville natale de Galilée ; car, ce jour-là, a été inaugurée avec pompe la statue de ce grand homme, placée au milieu de la cour de l'université. Cette statue en marbre, d'un tiers plus grande que nature, est un bel ouvrage du sculpteur Demi, de Livourne; elle représente Galilée assis, enveloppé d'un manteau qui rappelle le costume du dix-septième siècle, et méditant profondément sur un globe qu'il soutient de la main gauche. L'expression du visage, la bouche entr'ouverte, les yeux animés, la pose de la main droite et le globe qu'il tient de l'autre, prouvent que l'artiste a représenté Galilée au moment où il découvre le mouvement de la terre. Les autorités supérieures et municipales, les dames et les personnes les plus distinguées de la ville, remplissaient les galeries et les arcades, tandis que le peuple se pressait au milieu de la cour. La statue fut découverte au son de la musique militaire du régiment Ferdinando; puis un hymne italien, dont la musique avait été écrite exprès par le maestro Zanetti, de Pise, fut exécuté par un chœur de chanteurs et accompagné par les mu-

siciens de la ville. Le littérateur Rosini, professeur d'éloquence, auteur de la *Monaca di Monza* et de *Luigia Strozzi*, prononça ensuite l'éloge de Galilée.

Terminons en résumant les découvertes que Galilée a faites, et, ce qui est plus encore, les vérités qu'il a démontrées et expliquées dans une période de vingt-cinq ans :

Les lois de la chute accélérée des corps graves; travail, dit Bailly, qui influera sur tous les travaux futurs.

Le phénomène du pendule. Quant à son application aux horloges, faite seize années plus tard par Huygens, on sait que Galilée en avait conçu le projet en 1641, et que sa cécité, et ensuite sa mort, l'empêchèrent de l'exécuter. C'est ce que nous apprend Viviani dans sa lettre du 20 août 1659, à Léopold de Médicis.

Les inégalités de la surface de la lune.

Les phases de Vénus, les étoiles de sixième et septième grandeur, notamment celles de la voie lactée et l'anneau de Saturne.

Les taches dans le soleil, et enfin les satellites de Jupiter.

On a disputé à Galilée la priorité de ces deux dernières découvertes; mais quand il aurait été devancé par d'autres astronomes, on n'en serait pas moins redevable au télescope, et du télescope à Galilée. Le père Scheiner prétendait avoir vu le premier des taches dans le soleil; il fut gagné de vitesse, disait-il, parce qu'il n'avait pu alors publier sa découverte sans la permission de ses supérieurs. Or, il se trouva que le père provincial était un zélé péripatéticien, qui lui répondit : « Mon cher fils, j'ai lu plusieurs fois Aristote, et je puis vous assurer qu'il ne contient rien de semblable. Allez, demeurez en paix, et tenez pour certain que les taches que vous croyez avoir vues sont dans vos verres ou dans vos yeux. »

Descartes a blâmé dans Galilée ce qui précisément était en lui le plus louable, à savoir : qu'il se contentait des faits et des démonstrations, et qu'il ne remontait pas aux causes premières. Nous devons admirer dans Galilée un philosophe, un géomètre, un mécanicien, un astronome, aussi fort en pratique qu'en théorie; celui qui a dissipé les erreurs de l'ancienne école ; un des écrivains les plus solides et les plus élégants qu'ait produit le sol italique; le maître de Castelli, d'Aggiunti, de Viviani et de Torricelli.

DE LA VILLEDIEU.

Imprimerie LACRAMPE et Comp., rue Damiette, 2.

L'ÎLE DE SAINTE-HÉLÈNE, avec explication.

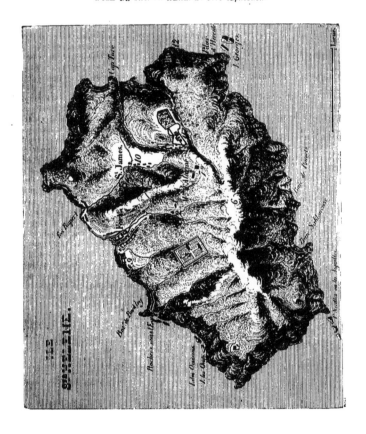

NAPOLÉON BONAPARTE.

SON ORIGINE ET SES DESTINÉES *.

Lorsqu'un vent favorable pousse loin de terre les navires au pavillon flottant, vingt heures de navigation suffisent pour toucher la Corse. Les enfants qui jouent sur la vigie du cap Cipied, ou sur les hauteurs embaumées des îles d'Hyères, peuvent également apercevoir les montagnes de l'île couvertes de châtaigniers sauvages, noires et primitives forêts qui se mêlent à l'histoire de toutes les *vendette*. Là, au pied des monts, dans un golfe admirable, où l'eau est si claire qu'on croirait un bassin de marbre, s'élève la ville d'Ajaccio, riche cité qu'embellissent des jardins de citronniers, d'orangers, de figuiers, de jujubiers, et ce palmier d'Orient qu'on voit apparaître en Sicile, en Sardaigne, à Valence et dans l'Andalousie, comme un héritage d'Afrique. Si vous parcourez cette terre, tout y reluit au soleil, le huis, les myrtes, les lauriers, et ces grenades rouges, et ces arbousiers sauvages qui répandent une atmosphère de parfums. Sur la montagne la chèvre broute de rocher en rocher; des pâtres à l'aspect inculte, la tête couverte d'un large bonnet de poils de chevreau, conduisent des troupeaux de moutons à la laine noire tout à côté des ruches où le miel abonde. Au sein de ces solitudes on entend le roucoulement du ramier, le sifflement des grives et des merles, durant les belles nuits d'été, éclairées par la *luciola*, mouche brillante qui est comme la bougie du ciel sons le firmament resplendissant d'étoiles.

* Nous accompagnons ce fragment du nouvel ouvrage de M. Capefigue sur l'*Europe pendant le consulat et l'empire de Napoléon*, du plan topographique de l'île Sainte-Hélène. En regard d'un article destiné à raconter l'origine et les prestiges de la destinée du grand homme, nous avons voulu placer le sol qui rappelle son exil et les douleurs de son trépas : rapprochement de gloire et d'infortune, de triomphes et d'humiliations, de joies et de tristesses, qui peut servir de thème aux plus graves méditations. Consultez sur l'île Sainte-Hélène, le *Magasin Universel*, 2ᵉ série, tome VI, page 156, où se trouve la Vue du Tombeau de Napoléon.

EXPLICATION DES CHIFFRES DE LA VIGNETTE.

Nᵒ 1. Briars, séjour de Napoléon à son débarquement.
2. Le pavillon qu'il occupait.
3. Maison du Gouvernement.
4. Citadelle.
5. Maison de Hudson-Lowe.
6. Pic de Diane, hauteur de 800 mètres.
7. Tombeau de Napoléon.
8. Champ où Napoléon a labouré un sillon.
9. Ladder-Hill, fort.
10. Baraques des Chinois.
11. Longwood.
12. 340 lieues jusqu'aux côtes d'Afrique.

JUILLET 1840.

Dans cette ville d'Ajaccio, aux maisons blanches, au golfe si heureux; s'élevait une petite habitation destinée au logement d'une belle et nombreuse famille. En Corse l'esprit de race vit profondément; comme dans les sociétés primitives, la famille est un foyer que nul n'ose outrager. Là vivait donc un homme de bonne origine dans le pays; son nom était Carlo Buonaparte. Sa généalogie était antique, car on le disait originaire de Toscane; les tempêtes publiques, si fréquentes en Italie, avaient jeté ses ancêtres exilés en Corse. La preuve de sa noblesse résultait de plusieurs titres inscrits dans les archives; Carlo Buonaparte avait représenté à Paris l'ordre des gentilshommes dans l'assemblée générale de l'île de Corse; ses frères étaient chanoines de cathédrales. La souche noble des Buonaparte était incontestable. J'aime à remonter dans les races : quand un fleuve majestueux a débordé sur le monde, on veut en voir la source; on remonte le Nil pour en sonder les flots mystérieux. Carlo Buonaparte avait épousé Lætitia Ramolini, aux traits largement dessinés, comme ces femmes que l'on voit dans les Apennins. Lætitia Ramolini, depuis mère de l'empereur Napoléon, ressemblait aux figures de Popéa et d'Agrippine, telles qu'on les trouve sur les camées antiques.

Ce noble ménage comptait huit enfants, cinq garçons et trois filles, tons vivants et à l'image de leur mère. L'aîné des garçons avait nom Giuseppe, le second Napolione; puis venaient Luciano, Luiggi, Gierolamo; les filles se nommaient Marianna, Anonciada, Carletta. Une si belle lignée avait gagné l'affection du comte de Marbeuf, gouverneur-général de l'île de Corse, récemment domptée. Les ordres de la cour de Versailles étaient positifs : le gouverneur devait attirer à des sentiments tout français les principaux gentilshommes influents du pays, et le comte de Marbeuf se lia d'une vive affection avec la casa des Buonaparte. Charles, le père, vint en France pour y faire foi et hommage à Louis XVI; l'année de son avénement au trône; il fut, au retour, nommé assesseur près la cour de justice d'Ajaccio.

C'était reprendre des habitudes pacifiques, car Carlo Buonaparte avait servi avec honneur et comme un digne patriote sous Paoli, lors de la guerre de l'indépendance. Paoli, l'image vénérée de la Corse, aimait les Buonaparte; son palais fastueux était entouré de ces familles patriciennes qui vivent là, dans les montagnes, avec les pâtres, âmes trempées de fer qui ne pardonnent jamais. Paoli fut le saint de ces bergers qui

37

avaient pris pour drapeau la Vierge immaculée. Depuis, exilé en Angleterre, il avait juré de ne jamais toucher la Corse que pour la rendre indépendante. Tout à côté de la casa des Buonaparte, en était alors une autre, surnommée Pozzo-di-Borgo. Ces deux familles étaient alliées, jusqu'alors il n'y avait eu aucune division entre elles; reconnus nobles et gentilshommes par arrêt du conseil, les Pozzo-di-Borgo vivaient en bonne harmonie avec les Buonaparte; ils avaient également servi sous Paoli, et ce nom, qui inspirait tous les respects, suspendait aussi tous les ressentiments. Il en était de même de la casa di Salicetti, famille renommée à Ajaccio et à Corte, la cité de la montagne. Tous ces noms de Pozzo-di-Borgo, de Paoli, de Salicetti, ont exercé une trop grande influence sur la vie de Napoléon, pour qu'il soit possible d'oublier leur origine commune et nationale.

Tel fut le berceau de notre héros; quand l'enfant grandit, sa physionomie prit de plus en plus le caractère corse, le front large, les yeux beaux et perçants, le nez bien fait, les membres forts, la chair basanée, la taille petite pour son âge, mais parfaitement proportionnée. Il avait huit ans quand il vit la France pour la première fois; selon les ordres de la cour, M. de Marbeuf attirait la jeune noblesse corse en France. On a dit qu'un sentiment plus intime l'unissait au glorieux enfant; je ne fouille point dans ces mystères : quand un homme est grand, il subit le malheur des investigations de tous, et la famille n'est plus un sanctuaire impénétrable. Le petit Napolione vint à Autun, et y resta six mois auprès de M. de Marbeuf, pieux évêque, qui en prit tous les soins qu'appelait cet enfant jeté loin de son foyer. Il existait alors une école militaire à Brienne, sous la direction des pères Minimes; dans l'admirable organisation que le catholicisme avait imprimée parmi les ordres religieux, les Capucins avaient pris tout ce qui touchait au peuple et à l'armée; les Minimes étaient très-avancés en mathématiques, comme les Carmes dans la médecine et la chirurgie; sortis du peuple, ces religieux se consacraient à lui. Les Minimes dirigeaient l'école de Brienne; d'habiles professeurs prirent un grand soin de Napoléon, qui n'oublia jamais dans sa vie ce qu'il devait aux ordres religieux.

Ici commencent les légendes sur la jeunesse de César; on a fouillé pour rencontrer quelques traits merveilleux dans les premiers bégaiements de cette vie si extraordinaire : les uns font de Bonaparte un écolier morose et rêveur qui se sé-

pare de ses camarades pour méditer ses plans d'avenir; les autres révèlent en lui sa destinée militaire; enfant, il élevait des forts de neige, les défendait, les attaquait et les brisait. On a fait même des légendes d'amour sur Napoléon; il s'éprit d'une jeune fille, et la séduisit avec la bouillante passion des Corses; tout cela s'explique par cette grande fortune. Les légendes peuvent se colorer au milieu de tant de merveilles; on a remué cette existence jusque dans ses derniers replis pour l'éloge ou pour la calomnie. Sept ans se passèrent à Brienne, où de fortes études furent faites sous les Minimes; Bonaparte ne quitta ces exercices que pour entrer à l'École Militaire, belle création de Louis XV; le roi voulait conserver l'esprit chevaleresque dans la noblesse de France. Quand vous passez devant l'École Militaire, vous pouvez voir les débris de la cour d'honneur où Bonaparte jouait, enfant, sous l'écusson fleurdelisé, alors ombragé du drapeau blanc. De l'École Militaire, Napoléon passa dans l'armée avec le titre de sous-lieutenant, au régiment de La Fère artillerie. Cette arme avait fait des progrès immenses depuis l'avénement de Louis XVI : un travail intellectuel remarquable se développait dans l'artillerie, le génie, la marine; ces diverses branches de l'art de la guerre étonnaient déjà l'Europe.

Deux années de garnison à Grenoble influèrent profondément sur toute la vie de Bonaparte; tandis qu'une noblesse folle et bruyante dissipait son temps dans les plaisirs, le jeune sous-lieutenant aimait à étudier; il se passionnait pour l'antiquité. Rome fut l'objet de ses contemplations méditatives, et Rome devint la passion de sa vie; les vastes conquêtes troublaient son sommeil; plus tard il aimait à voir ses armées imiter les vieilles légions; il semblait leur dire : « Vous n'avez rien fait comparativement à Rome, ni ses grands travaux, ni ses marches de ses légions. » Les Césars lui paraissaient seuls gigantesques; il présentait pour exemple à ses soldats ces cohortes qui, des rives de la Bretagne brumeuse, allaient conquérir Jérusalem et les pays brûlants de la Syrie; Napoléon aima Corneille pour Rome, Talma pour Rome, David pour Rome; esprit marqué à l'antique, il fut comme une de ces figures de consuls que l'on retrouve sur les arcs de triomphe au Campo-Vaccino. Ces études de Plutarque et des Romains, Bonaparte les poussa fort loin à Grenoble; il lisait avec passion; il s'essayait même à jeter ses idées sur des compositions ardentes, car sa pensée débordait.

Pendant ce temps, la famille Bonaparte faisait

une grande perte ; Carlo, le père commun, passait sur le continent, et portait dans son sein le germe d'une cruelle maladie ; il vint à Montpellier pour se faire guérir, il y mourut lentement de cette plaie à l'estomac qui se développa terrible chez son glorieux fils sous le climat de Sainte-Hélène. Ainsi les Minimes élevèrent l'enfant à Brienne, les Cordeliers de Montpellier inhumèrent le père dans les· caveaux de leur couvent : l'homme de génie qui devait restaurer la France avait eu les premières émotions de la vie dans la pensée religieuse. Carlo Buonaparte n'avait alors que trente-neuf ans ; la pauvre et noble famille, privée de son chef, sollicita de la cour la faveur d'une nouvelle place à Brienne pour Luiggi Buonaparte ; on espérait que sa place à Brienne serait donnée à Louis.

. Les événements marchaient ; la Révolution se manifestait toute-puissante ; les idées de liberté et d'égalité ne se concentraient pas seulement dans le peuple et les soldats, elles s'élevaient jusqu'aux gentilshommes et aux officiers ; la noblesse se suicidait à plaisir. Le jeune Bonaparte ne fut plus maître de sa destinée ; Paoli revenait en France rappelé par un décret de l'Assemblée constituante ; n'était-il pas l'ami de Carlo Buonaparte son père? n'était-il pas Corse et le protecteur de sa famille? Le jeune sous-lieutenant n'hésita donc pas à le suivre ; il avait la patrie commune à défendre et son ambition à satisfaire. Napoléon, attaché à Paoli, le servit d'abord avec le dévouement d'une âme ardente ; bientôt les événements si rapides, si inflexibles de la Révolution, séparèrent les fiers amis. La Corse se divisa, comme la France, en deux partis, les aristocrates et les démocrates : Paoli s'était d'abord placé à la tête du parti démocrate ; mais, homme habile et pratique, il comprit bientôt que l'anarchie menaçante allait compromettre la sûreté de l'île, et quand Louis XVI fut traduit en jugement, Paoli se prononça pour le parti modéré en Corse ; il protesta contre les Jacobins. Des assemblées se formèrent partout dans un vaste plan de résistance ; si Paoli trouva pour lui le jeune et actif Pozzo-di-Borgo, Salicetti le démocrate vit se ranger sous ses drapeaux la casa di Buonaparte. Désormais voilà des hommes qu'un sentiment de *vendetta* corse va séparer ; Salicetti et Bonaparte sont d'un côté, Paoli et Pozzo-di-Borgo de l'autre ; les partis sont en présence, et l'orage gronde. Des assemblées départementales s'étaient formées en Corse ; Paoli en fut élu président, et M. Pozzo-di-Borgo secrétaire. La Corse déclarée nation leva une armée régulière

pour défendre son indépendance, et, chose curieuse! dans une assemblée réunie tumultueusement, le peuple corse bannit avec solennité la famille des Bonaparte, et déclara frappé d'infamie ce nom qui fait aujourd'hui son éclat et son orgueil. Cette délibération qui paraît si bizarre, expression des temps· de troubles et de désorganisation, existe encore imprimée, avec les autres actes de la consulte présidée par Paoli.

' La pauvre et noble famille exilée comme les antiques patriciens de Rome, quitta donc Ajaccio , et vint, avec tant d'autres réfugiés corses, habiter Marseille, la ville de commerce aux mœurs presque italiennes, et alors elle-même livrée aux partis. Que d'intérêt devait s'attacher à elle? Madame Lætitia, belle encore, veuve et malheureuse, était entourée de ses enfants, parmi lesquels trois jeunes filles si gracieuses! Marianna avait dix-huit ans, Anonciada quinze, Carletta treize ; Gierolamo, le jeune fils, était auprès d'elles ; Joseph avait quitté la famille ; Lucien obtint un tout petit emploi; l'abbé Fesch, le frère de Lætitia Ramolini, d'abord élevé au séminaire d'Aix, avait quitté la robe au moment de la Révolution. Ces pauvres réfugiés étaient ainsi bien intéressants. La calomnie allait s'attacher à eux, parler des mœurs un peu dissipées des jeunes filles, de Marianna et d'Anonciada, nées sous le soleil de la Corse. Quel intérêt ne suivait pas la misère de ce petit ménage de proscrits, jetés par la tempête à Marseille, comme leurs ancêtres de Florence avaient été exilés en Corse! Les flots furent continuellement agités dans la terre d'Italie. Je n'oublie aucune circonstance : la tradition veut qu'à Marseille, Carletta, la plus jeune, avec ses noirs cheveux d'Ajaccio et de Corse, se soit consacrée à tous les soins de la domesticité envers sa mère ; elle allait chercher les petits fagots, les provisions du ménage : beau dévouement dans une enfant de noblesse pour laquelle M. de Marbeuf avait sollicité naguère une place dans une maison royale!

Ainsi vécut pauvre à Marseille la famille Bonaparte, tandis que son puîné Napoléon saisissait l'épée et servait dans l'armée à Toulon. Napoléon alors était franc jacobin ; son origine corse avait imprimé dans son âme une teinte romaine. Bonaparte avait déjà les idées d'un pouvoir fort ; les Jacobins allaient à son esprit, parce qu'il rencontrait dans cette vaste organisation un principe d'unité et d'énergie, l'objet de ses rêves. Dans le pamphlet du *Souper de Beaucaire*, écrit par Bonaparte, ses sentiments se révèlent ; il n'aime point les Fédéralistes et les Girondins, parce qu'il trouve chez eux l'anarchie, le décousu, l'absence de pouvoir. Au siège de Toulon, Bonaparte joue le tout pour le tout comme un cadet de race; il a besoin de se montrer; sa fortune est à faire; il conçoit promptement et veut exécuter de même. Tout cet épisode de la vie militaire de Napoléon se résume par l'impérative nécessité de réussir et de grandir; il se jette dans le parti des vainqueurs avec exaltation. On ne peut lui reprocher les actes et les lettres de cette époque, alors même qu'il les eût signés du nom de Brutus Bonaparte. Chaque temps a ses mots qui lui sont propres, sa phraséologie qui passe avec les émotions du moment : les reprocher aux hommes, c'est nier que le soleil brûle et que le cerveau s'enflamme.

Après la chute de Robespierre, Bonaparte s'efface; il était trop lié aux Jacobins pour ne pas éprouver le contre-coup de leur disgrâce. Il tombe avec la dictature du Comité de salut public, pour se relever avec le 14 vendémiaire qui est le retour vers l'énergie du pouvoir. L'idée de force gouvernementale plaît toujours à Napoléon. Qu'est-ce que le 14 vendémiaire? Des sections tumultueuses attaquent le gouvernement établi, la Convention menacée a l'autorité en main et doit se défendre contre l'insubordination des assemblées électorales; qu'importe qu'il s'agisse de frapper les citoyens de Paris et de verser le sang par la mitraille? c'est l'unité de pouvoir que le général Bonaparte défend. On le retrouve toujours lui-même; naguère il combattait les fédéralistes au siège de Toulon, il marchait avec les Jacobins; maintenant il défend la Convention nationale, l'autorité constituée, par les moyens militaires les plus violents : il est ici dans sa nature. Napoléon tout-puissant ne fut au reste que la personnification du parti jacobin et de la force des Comités; empereur, il fut l'unité dans la multitude.

Les liaisons de Bonaparte avec Barras partent du siège de Toulon; le président du Directoire fut son protecteur. On a voulu faire croire que le représentant du peuple Gasparin fut un des auteurs de la fortune du jeune général. Gasparin avait quitté le siège, et cet épisode fut ajouté pour décharger Bonaparte d'une reconnaissance importune envers Barras. Après le 14 vendémiaire, Napoléon reçoit le commandement de l'armée de l'intérieur, la garde réelle du Directoire; on le voit incessamment dans les salons de Barras, il est le bras droit de son pouvoir, il le défend; et c'est moins son mariage avec Joséphine que sa position de confiance envers le Directoire

qui le fit nommer commandant en chef de l'armée d'Italie. En temps de révolution les affaires militaires ne se traitent pas par les maîtresses; on pouvait ainsi obtenir une fourniture, mais le commandement d'une armée s'organisait dans une région plus sérieuse et plus élevée. Tallien et Barras sont les témoins qui signèrent l'acte de son mariage; tous deux furent proscrits; le Directoire et la Convention se personnifient dans cet acte. Le commandement de l'armée d'Italie est la récompense du 14 vendémiaire; après avoir affermi le pouvoir à l'intérieur, Bonaparte a besoin de faire respecter la République par la conquête et la victoire sur les frontières; il part avec cette conviction profonde qu'il lui faut des succès.

Quand la victoire vient et qu'elle lui donne une grande force, une immense popularité, le général parle en maître, qui sait sa puissance et en use. D'abord il établit sa propre autorité dans le camp; il est entouré de généraux de division qui sont habitués comme lui à vaincre. Jaloux peut-être de voir ce jeune officier les conduire comme chef à la bataille, Masséna, Augereau, Cervoni, Joubert, Rampon, ne subissent pas tout d'un coup le frein, il faut les dompter à force de merveilles; ils veulent rester camarades, et lui se pose en maître; il les éblouit de ses feux de gloire, il leur impose sa supériorité par des combinaisons stratégiques d'une telle force, d'une telle puissance de talent, que nul ne peut y atteindre; il refoule les armées autrichiennes les unes sur les autres; qui pourrait résister à un tel ascendant? Son autorité, reconnue par ses lieutenants, est saluée par ses soldats, vieilles troupes habituées aux privations; lui seul les conduit à l'abondance et à ce pillage bien ordonné qui donne à chacun sa part dans un riche butin. Le voilà bien fort par sa toute-puissance militaire! comme César, il dispose d'une armée de vieux prétoriens : il leur a prodigué l'abondance et la victoire; plus tard, en échange, ils lui donneront la couronne et la pourpre.

Cependant la crise augmente pour le Directoire, il a besoin d'une armée afin de soutenir sa puissance chancelante; comme il est débordé partout dans les Conseils, Barras s'ouvre au général Bonaparte, il lui écrit en Italie. Le Directoire consulte l'impitoyable commandant qui sauva la Convention au 14 vendémiaire; l'armée d'Italie n'est-elle pas fortement républicaine? on le sait et l'on vient à elle pour demander appui. Bonaparte saisit ces propositions avec joie; en définitive, le résultat lui assure le gouvernement. C'est au 18 fructidor que le Directoire se met dans les mains de l'armée d'Italie et de son général; des clubs se forment dans les corps et on délibère des adresses; le pouvoir militaire exprime un vœu, et ce vœu est un ordre, parce qu'il est soutenu par la force et les baïonnettes; désormais le gouvernement appartient au soldat. C'est le général Augereau qui vient à Paris par les ordres de Bonaparte, et il met la main sur les députés comme pour essayer le 18 brumaire, où on les jeta par la croisée. Ce jour-là, c'en est fait du pouvoir civil, l'autorité est passée au premier général heureux et ferme. Quand un homme s'est placé ainsi dans une région supérieure, que peuvent les petites oppositions et les répugnances? il marche à son résultat par la propre impulsion des choses; la dictature existe par le fait.

Ce grand éclat qui environne le général Bonaparte rejaillit sur sa pauvre et noble famille; la mère, les frères, les sœurs ont quitté Marseille, où leur misère ne leur a pas été pardonnée; ils fixent leur séjour à Paris, et comme l'union la plus intime règne là, tous s'efforcent de grandir encore la fortune et la popularité de Napoléon, qui est leur orgueil. Le général a des frères admirables pour conduire et dominer les esprits; Joseph, Lucien, ne parlent que de la gloire de celui qui s'élève si haut; Lucien sera du conseil des Cinq-Cents; Joseph est intime avec les fournisseurs et les financiers; madame Beauharnais-Bonaparte réunit dans son gracieux salon tout ce que la mode d'alors a d'élégant, les gens d'esprit et les hommes du jour; on influence partout les journaux et les écrivains : « Parlez de moi, toujours de moi, a dit Bonaparte à ses amis. » On agit sur la presse, on ne cause que du général Bonaparte, de sa gloire, de ses merveilles; partout, en France comme à l'étranger, on jette à pleines mains l'éloge; à l'extérieur surtout, parce que le général est le vainqueur d'Italie, et qu'il a conservé dans ses succès inouïs des formes jusqu'alors inconnues parmi les généraux de la République. On sent qu'il est bien né; en Italie il a traité le pape et les prêtres avec un respect qui se ressent de son éducation première; il n'a pas ces préjugés grossiers des avocats du Directoire; il a tendu la main à l'Autriche, et M. Louis de Cobentzel a trouvé dans ses rapports des formes de politesse qu'on n'était point habitué à rencontrer dans les généraux improvisés de la Convention et du Directoire.

A cette époque Bonaparte est à peu près maître de la position qu'il choisira; on lui donne l'option d'une armée, et il prend un moment le titre de général en chef de l'armée d'Angleterre, puérile dénomination qui n'est qu'un jeu d'enfant pour cacher un plus grand dessein. Bonaparte éprouve la nécessité d'accomplir une campagne historique à la suite d'une de ces expéditions grandioses qui frappent vivement les générations; il lui faut quelque chose de magnifique qu'on ne puisse regarder qu'avec un sentiment d'admiration sublime. C'est alors qu'il prépare la campagne d'Égypte; les idées de Pompée et de César se marient dans sa vaste intelligence. L'Orient a quelque chose de riche et de mystérieux qui frappe vivement son imagination : les sphinx, les pyramides, les villes aux cent portes avec leurs myriades d'habitants, leurs soldats et leurs esclaves noirs aux colliers d'or, toutes ces pompes se déroulent majestueusement devant lui. Il sait que c'est de l'Orient que sont venus tous les hommes qui ont parlé aux croyances et aux grandes idées du peuple; c'est de l'Orient aussi que partaient ces légions qui remuaient le monde et faisaient les empereurs; Bonaparte rêve les grandes effigies des Césars. Par la Syrie il veut agir comme un colosse, un pied sur l'Asie, un pied sur l'Europe. Avec quel soin il prépare cette expédition! comme il la fait venir de loin, comme il en caresse la partie scientifique et le côté militaire! Quand il touche l'Égypte, il veut être tout à la fois le général habile, l'administrateur exercé, l'homme de gouvernement et d'histoire, le savant enfin qui demande à l'Institut la solution de quelques problèmes que les Ptolémées ont laissés au monde dans les écoles d'Alexandrie avec les oracles et la statue de Memnon.

En Égypte, le général Bonaparte ne cesse d'avoir les yeux sur la France; il caresse l'opinion publique avec un soin tout particulier, il veut la frapper vivement par des bulletins gigantesques. Dans les revers comme dans les victoires il est grand, il emprunte à l'orientalisme ses formes et ses figures, il se déclare l'ami du Prophète, il prend dans son langage quelque chose de pompeux; tout se ressent de ce soleil ardent et de ces sables immenses qui se déploient au désert, et de ces quarante siècles qui le contemplent. Il n'est pas un seul discours du général qui n'ait pour objet de jeter sur sa personne quelque chose de plus grandiose, s'il est possible, que ses actions; il veut que l'humanité disparaisse pour ne plus laisser que le héros, le sage, le législateur; il veut que le peuple français l'invoque, dans les malheurs de la patrie, comme le seul bras assez puissant pour le sauver de la crise : l'exagération, l'hyperbole, tout lui est bon; il marche si bien à ses desseins, que plus les nouvelles sont rares, plus on parle de lui. Bonaparte essaie tous les prestiges : l'éloquence et la victoire; il lance à propos ses prophéties, ses inquiétudes, et ses paroles d'amour, d'espérance et de dépit pour la France. Il veut qu'on le considère comme la seule pensée rationnelle et haute qui doit finir la tourmente publique, et le dernier mot de la Révolution. Quand cette opinion est bien faite, quand elle est devenue populaire en France, tout à coup, sans préparatifs, comme un éclat de tonnerre, on apprend par le télégraphe que le général Bonaparte est débarqué à Fréjus, et que, sans préparation, sans quarantaine, il marche triomphalement sur Paris.

CAPEFIGUE.

———

FOYER DU THÉATRE-FRANÇAIS.

MOLIÈRE.

(VI° et dernier Article.)

Telle est Henriette à nos yeux. Ce rôle a beaucoup d'écueils pour les jeunes actrices. Il y faut de la franchise et non de la coquetterie, de la puissance et non de la subtilité. Ce n'est point un rôle secondaire que celui-là. Il domine les autres, même dans la scène où la jeune fille assiste silencieusement à la risible conversation de Trissotin et des pédantes qui se pâment d'aise à ses vers. Ce n'est pas, en un mot, une espiègle qui s'amuse à faire enrager sa sœur après lui avoir enlevé son amant avec malice ; c'est une fille sensée qui se défend, par la raillerie, de la mauvaise humeur d'une rivale abandonnée, et qui respecte sa mère malgré des travers d'esprit, et son père malgré certaine faiblesse de caractère qu'elle condamne. Henriette, forcée d'être présente à la lecture des œuvres de Trissotin, ne doit pas témoigner son dépit avec trop d'humeur, de peur d'être impertinente à l'égard de sa mère; mais d'un autre côté, il faut que le spectateur voie l'ennui qu'elle éprouve, et la profonde pitié qu'elle a pour ces dissertations précieuses. De temps en temps, les choses que l'on dit sont si complétement ridicules, que le sourire effleure les lèvres d'Henriette ; mais elle n'ose hausser les épaules, et sa physionomie seule exprime son impatience ou sa moquerie. Songez qu'Henriette est amoureuse et

que Clitandre n'est pas là. Le public ordinaire ne prend pas garde peut-être à cette pantomime, parce qu'il est toujours absorbé par le plaisant entretien de Trissotin et des femmes savantes, et qu'il ne s'aperçoit guère de la présence d'Henriette que lorsque sa mère lui dit :

Quoi! sans émotion pendant cette lecture!

Mais les habitués du théâtre savent beaucoup de gré aux actrices qui font ressortir toutes ces nuances.

Quelques vers, à la fin du troisième acte, prononcés par le vieux Chrysalde, dont le bon sens est entaché d'une terreur conjugale si comique, ne manquent jamais de produire sur nous une douce impression. Voici ces vers que nous aimons, et que d'autres personnes auront remarqués sans doute aussi. Chrysalde se détermine à faire un coup d'autorité et à marier de lui-même sa fille à Clitandre; il dit à ce dernier :

Allons, prenez sa main et passez devant nous;
Menez-la dans sa chambre. Ah! les douces caresses! ...
(A ARISTE.)
Venez; mon cœur s'émeut à toutes ces tendresses ;
Cela ragaillardit tout à fait mes Vieux jours.
Et je me ressouviens de mes jeunes amours....

Ce retour du vieillard sur les passions de la jeunesse est un de ces mouvements du cœur que le génie seul ne trouverait pas.

« C'est un grand impertinent que votre Molière avec ses comédies, et je le trouve bien plaisant d'aller jouer d'honnêtes gens comme les médecins. » Voilà ce que Molière fait dire au malade imaginaire, et le vieil Argan n'a peut-être pas tout à fait tort. Il était difficile de pousser l'impertinence plus loin. Après le *Fagotier* et *M. de Pourceaugnac*, ces deux pièces où dans l'une on force un homme à être médecin, et dans l'autre on veut qu'un bon vivant soit malade, il ne restait plus qu'à peindre les travers d'un malade imaginaire. L'auteur n'y a pas manqué. Il l'a fait avec des traits profonds; il a buriné ce portrait comme celui de l'avare, mais sans avoir derrière lui, cette fois, le modèle fourni par l'antiquité. Lorsque Argan s'écrie : *M. Purgon m'a dit de me promener le matin dans ma chambre douze allées et douze venues; mais j'ai oublié à lui demander si c'est en long ou en large* ; et lorsqu'il lui demande : *Combien est-ce qu'il faut mettre de grains de sel dans un œuf?* il n'est personne qui ne fasse un retour sur soi-même, et qui ne s'avoue, en rougissant, avoir été capable de quelque extravagance de la sorte lorsque la maladie est venue l'éprouver. Molière a attaqué vivement la faiblesse la plus inhérente à l'humanité, l'amour exagéré de la vie, et sa dernière pièce fut l'œuvre la plus philosophique de son génie.

Ce n'est pas que nous blâmions, certes, l'attachement à l'existence, mais tout ce qui tend à établir la prééminence du corps sur l'âme, des besoins naturels sur les facultés de l'esprit, mérite d'être énergiquement combattu. Cependant Molière nous semble avoir cette fois dépassé le but. Dans la grande scène de Béralde et d'Argan, la médecine est attaquée, non plus par des plaisanteries, mais par des raisonnements. Béralde ne demeure pas complétement victorieux; la médecine, au fond, est une science beaucoup moins problématique que ne le dit Molière; s'il est louable de ridiculiser l'ignorance de certains médecins, on doit du respect aux connaissances que l'expérience et l'étude ont acquises, et qui permettent d'alléger les souffrances humaines. La médecine, en s'appuyant sur l'anatomie, a fait du reste des progrès immenses, elle est arrivée à un degré de certitude qu'elle n'avait pas du temps de Molière; c'est là ce qu'on peut dire en sa faveur, sans donner trop d'autorité à cet axiome de Descartes : *Si la lumière arrive un jour aux hommes, c'est de la médecine qu'elle viendra.*

Je ne sais pourquoi le Théâtre-Français semble avoir consacré le *Malade imaginaire* à l'anniversaire de Molière, lorsque cette pièce rappelle au contraire sa mort, qui en suivit la quatrième représentation. C'est une des plus vraies, mais en même temps une des plus désespérantes du théâtre de ce grand peintre de mœurs. Le spectacle d'une monomanie dans le rôle d'Argan, et le tableau des plus mauvais sentiments du cœur humain dans celui de Beline, arrêtent souvent le rire sur les lèvres. On n'est consolé que par la bienséance parfaite d'Angélique, cette dernière sœur de la Marianne du *Tartufe*; le rôle de la petite Louison elle-même, quelque espiègle qu'elle soit, déplaît par une dissimulation précoce qui *fait qu'elle joue à la morte*, si nous pouvons nous exprimer ainsi, avec beaucoup trop de facilité.

La supercherie inspirée par Toinette au malade imaginaire, ce conseil de faire le mort à l'imitation de la petite Louison, pour éprouver sa femme, nous rappelle un trait de la vieillesse de Lauzun, trait fort comique rapporté par le duc de Saint-Simon :

« Un jour qu'on tenait M. de Lauzun fort mal, M. de Biron et sa femme, fille de Nogent, se hasardèrent d'entrer sur la pointe du pied, et se tinrent derrière ses rideaux hors de sa vue; mais il les aperçut par la glace de sa che-

minée lorsqu'ils se persuadaient n'en être ni vus ni entendus. Le malade aimait assez M. de Biron, mais point du tout sa femme, qui était pourtant sa nièce et sa principale héritière. Il la croyait fort intéressée, et toutes ses manies lui étaient insupportables; il fut choqué de cette entrée subreptice. dans sa chambre, et comprit que, impatiente de l'héritage, elle venait pour tâcher de s'assurer par elle-même s'il mourait bientôt. Il voulut l'en faire repentir et s'en divertir d'autant. Le voilà donc qui se prend tout d'un coup à faire tout haut, comme se croyant tout seul, une oraison jaculatoire, à demander pardon à Dieu de sa vie passée, à s'exprimer comme un homme bien persuadé de sa mort prochaine, et qui, dans la douleur où son impatience le met, vent au moins se servir de tous les moyens que Dieu lui a donnés pour racheter ses péchés et léguer tous ses biens aux hôpitaux sans aucune réserve; que c'est l'unique voie que Dieu lui laisse pour faire son salut, après une si longue vie passée sans y avoir jamais songé comme il le faut, et remercier Dieu de cette unique ressource qu'il embrasse de tout son cœur. Il accompagne cette prière et cette résolution d'un ton si touché, si persuadé, si déterminé, que M. de Biron et sa femme ne doutèrent pas un moment qu'il n'allât exécuter ce dessein et qu'ils ne fussent privés de toute la succession. »

Quelle excellente scène de comédie! C'étaient les auditeurs de Molière! Le même duc de Lauzun disait, d'un autre côté, à son confesseur, toutes les fois qu'il touchait cette question des logs et des dons pieux : *Parlez-moi latin, mon père, parlez-moi latin.*

Tel fut Molière, ce grand censeur des vices de son temps, lui qui sut trouver le ridicule de chaque chose et s'attacha si exactement à la nature, qu'aucun peintre n'en a saisi le caractère avec plus de vérité. Molière mort, les éloges ne tarirent pas, ni les épigrammes non plus. Il avait succombé en représentant le *Malade imaginaire*, et les petits auteurs, ses rivaux, firent une foule de jeux de mots sur ce qu'ayant voulu jouer la mort, c'était la mort qui l'avait joué. Ses amis le pleurèrent comme homme et comme auteur. Le comédien Brécourt, dans une pièce intitulée l'*Ombre de Molière*, où il met le poëte comique aux prises avec tous les personnages dont il s'est moqué, a laissé de notre auteur cet honnête portrait: « Il était dans son particulier ce qu'il paraissait dans la morale de ses pièces : honnête, judicieux, humain, franc, généreux. » Le père Rapin a fait sur le théâtre moderne une réflexion pleine de justesse, qui prouve la supériorité de Molière sur ses devanciers : « Les anciens poètes comiques n'ont que les valets pour plaisants de leur théâtre, dit-il ; et les plaisants du théâtre de Molière sont les marquis et les gens de qualité. Les autres n'ont joué dans la comédie que la vie bourgeoise et commune, et Molière a joué Paris et la cour. »

De toutes les épitaphes composées en l'honneur de Molière, celle que fit La Fontaine a le plus de grâce et de mérite :

Sous ce tombeau gisent Plaute et Térence ;
Et cependant le seul Molière y gît :
Leurs trois talents ne formaient qu'un esprit,
Dont le bel art réjouissait la France.
Ils sont partis, et j'ai peu d'espérance
De les revoir malgré tous nos efforts :
Pour un long temps, selon toute apparence,
Térence et Plaute et Molière sont morts.

Ne sent-on pas là toute l'âme poétique du *bon homme*?

L'archevêque Harlay de Champvallon refusa la sépulture à Molière ; sans cette inique exclusion, l'archevêque Harlay de Champvallon aurait été à tout jamais ignoré. Pour avoir porté une main injurieuse sur les restes de Molière, il s'est trouvé immortel lui-même. Voilà un bonheur que ne lui aurait pas valu sa sainteté. Molière ne manqua pas, du reste, des secours de la religion ; il mourut, comme on le sait, entre les bras de deux sœurs de la Charité, anges qui vinrent s'agenouiller auprès de son fauteuil. Il expira le 17 février 1673.

Les contemporains de Molière l'ont dépeint comme un homme porté à la mélancolie, et les esprits ordinaires s'étonnent de cette disposition chez un poëte comique. Lorsqu'on recueille en soi l'humanité, ainsi que le faisait Molière, et qu'on est allé au fond de toute chose, on ne peut pas avoir la face épanouie de Dancourt, par exemple, dont les ouvrages n'ont été qu'un reflet des modes du jour. Dans le buste de marbre que possède la galerie du Théâtre-Français, le sculpteur Houdou a merveilleusement rendu la physionomie de Molière. Ce regard triste et doux, ces lignes si pures du visage, cette tête un peu penchée, nous font bien reconnaître l'observateur et l'ami des hommes. C'est bien là ce comédien qui mourut sur son théâtre parce qu'il voulut être utile à sa troupe jusqu'à ses derniers instants. Le buste de Molière est, sans contredit, par son expression et par le fini de son exécution, un des plus beaux monuments de la sculpture française.

REGNARD.

Regnard, après avoir donné au Théâtre-Italien plusieurs pièces en collaboration avec Dufresny, résolut d'aborder seul le Théâtre-Français, où il a pris le second rang parmi nos auteurs comiques. Guéri de la manie des voyages qui avait agité sa jeunesse, il conserva toutes ses autres passions. Regnard recevait chez lui la société la plus joyeuse et la plus relevée de Paris. Le prince de Conti et le prince de Condé étaient de ses fidèles. Le vin, le jeu, les femmes, tous les défauts qu'il a prodigués si largement à ses héros, continuaient d'être les siens. Il est permis de penser que Regnard ne fut point fâché de demeurer garçon, car il s'égaie en toute circonstance sur le sort des époux et sur les accidents du mariage, avec toute la liberté de notre vieille comédie. « A Dieu ne plaise qu'on voie jamais aucun vrai mariage de ma façon ! je ne fais point de marché à vie, c'est trop périlleux. » Ainsi s'écrie un personnage de la *Sérénade*, petite comédie en prose. Regnard fait la guerre au mariage avec plus de licence encore que Molière ; mais on doit ajouter comme correctif à ces atteintes, que la vieille comédie n'a jamais poursuivi de ses sarcasmes que les mariages ridicules.

La *Sérénade* est tout simplement une scène d'Harpagon et de son fils, amoureux de la même personne. Regnard s'est avisé assez maladroitement de refaire cette scène en un acte. Il ne fut pas très-heureux dans ce début. Le style seulement lui appartient, et l'on y reconnaît une touche vraiment comique. Parmi les vers qu'on chante dans cette pièce, nous avons remarqué les suivants, fort agréablement tournés :

Un jour un vieux hibou
Se mit dans la cervelle
D'épouser une hirondelle
Jeune et belle
Dont l'amour l'avait rendu fou.
Il pria les oiseaux de chanter à la fête.
Tout s'enfuit en voyant une si laide tête ;
Il n'y resta que le coucou.

L'allégorie est facile à deviner.

— Le *Bal* est une comédie en un acte et en vers, qui n'a pas grand mérite ; l'intrigue en est nulle à peu près, et le style n'a rien de très-piquant. Cependant on y trouve quelques-uns de ces traits familiers à Regnard, qui font rire par la vivacité naturelle de la repartie. Un certain provincial, du nom de Sottencour, veut épouser Léonor, la maîtresse de Valère, qui se fait apporter chez elle dans un étui à musique. Quicon-

38

REGNARD, d'après le buste du Théâtre-Français.

avec une maîtresse à qui j'ai donné rendez-vous pour souper. » On n'est pas plus franc que ce Ménechme; sa femme sait tout de suite à quoi s'en tenir. Mais ce qu'il ne dit pas, c'est qu'il a enlevé une robe à l'épouse pour la porter à la maîtresse, ce qui donnerait lieu à la première de réclamer son bien au nom de la loi. Les maris actuels mettent un peu plus de dissimulation dans leurs amours illégitimes. Les anciens toléraient parfaitement cet instinct de volupté qui faisait rechercher les courtisanes. Le père de la femme de Ménechme donne tort à sa fille quand elle ne fait que se plaindre de l'infidélité de son mari; il ne lui reproche que d'avoir dérobé la robe. Arrive bientôt Ménechme Sosiclès, le frère, que la courtisane trouve sur le seuil de sa porte, et qu'elle accueille en homme qui vient, ainsi qu'elle le croit, souper chez elle. Ce Ménechme, après le premier étonnement, profite sans façon de toutes les douceurs de cette rencontre; il sort même en emportant la fameuse robe, qu'on lui remet pour la porter au brodeur, parce qu'elle a besoin d'une nouvelle agrafe. Ménechme Sosiclès considère la robe comme une suite de sa bonne fortune. Son frère, attardé au Forum par ses clients, reparaît, et se trouve dans une position fâcheuse. Sa femme et sa maîtresse lui redemandent la robe en question; un parasite, furieux d'avoir manqué le souper d'où Ménechme Sosiclès l'a banni, a dirigé contre son propre ami de perfides dépositions. Ménechme Sosiclès a son tour aussi; il se voit accablé de reproches par la femme de Ménechme d'Épidamne, et pour échapper à son courroux, il se met à contrefaire le fou. Un médecin commande qu'on le garrotte et qu'on le transporte dans sa maison, afin qu'il y soit soigné. Mais il a disparu, et c'est justement Ménechme d'Épidamne que des esclaves s'en vont saisir et lier. Le valet de l'autre accourt et le délivre, croyant sauver son maître; il réclame la liberté pour prix de son service. Enfin les deux Ménechmes se rencontrent et se reconnaissent après toutes ces traverses dont le fond est essentiellement comique.

Regnard n'a guère emprunté à Plaute que la ressemblance des deux frères; mais, en homme habile qui sait son métier, il a ajouté sur-le-champ une grande dissemblance de caractère. L'un de ses Ménechmes est poli, galant, doucereux; l'autre est brutal, loup-garou, mauvais coucheur. Les méprises n'en sont que plus plaisantes. Le premier est dissipé, criblé de dettes; le second est rangé, et même quelque peu avaricieux. Un oncle leur est mort. Cet oncle laisse soixante mille écus d'héritage. Le Ménechme

homme d'ordre est attiré de sa province par la succession, qu'il se croit seul appelé à recueillir. Il est persuadé que son frère est défunt depuis vingt ans. Sa valise, par hasard, est remise à ce frère, qui est arrivé à Paris par le même coche. Celui-ci, en l'ouvrant, trouve les papiers dont on peut se servir pour accaparer le susdit héritage. Les héros de Regnard ne sont pas scrupuleux. Il a bientôt obtenu du notaire les soixante mille écus. Cela ne lui suffit pas. Il veut encore enlever à son frère la jeune Isabelle, que, d'après la volonté du testateur, l'autre venait épouser. Isabelle est depuis quelque temps l'objet de sa tendresse; il réussit sans peine auprès du père de sa maîtresse, quoique son frère, qu'on prend pour lui, vienne gâter un peu ses affaires par sa brusquerie. D'un autre côté, son frère lui rend le service de le brouiller avec une vieille comtesse qui s'est éprise de lui, et qui ne veut le céder à personne, sous prétexte qu'elle l'a acheté fort cher. Le Ménechme de province est complètement sacrifié; il lui pleut des mystifications. M. de Pourceaugnac, auquel il ressemble beaucoup, n'est pas plus malheureux; tout le monde s'attache à ses pas pour le désespérer : créanciers, femmes de cinquante ans amoureuses, soubrettes impertinentes, marquis ferrailleurs. Ces quiproquos ont un terme enfin; les deux Ménechmes se rencontrent comme dans la pièce latine, et les soixante mille écus sont partagés fraternellement. Isabelle reste à l'amant, et la comtesse s'empare de l'autre. Il lui en faut un.

Cette comédie est pleine de gaieté, et elle fourmille de jolis vers.

On sait que Jean-Jacques Rousseau a foudroyé de toute son éloquence le *Légataire universel*. « C'est une chose incroyable, dit-il, qu'avec l'agrément de la police on joue publiquement une comédie où, dans l'appartement d'un oncle qu'on vient de voir expirer, son neveu, l'honnête homme de la pièce, s'occupe, avec son digne cortège, de soins que les lois paient de la corde...; faux acte, supposition, vol, fourberie, mensonge, inhumanité, tout y est, et tout y est applaudi! »

En effet, l'Éraste du *Légataire* attend fort impatiemment le trépas de son excellent oncle; et non-seulement, lorsqu'il le croit décédé intestat, il fabrique un testament à l'aide de son valet, mais il dérobe encore quarante mille écus enfermés dans le portefeuille de son oncle! Tout cela n'est qu'une bagatelle aux yeux d'Éraste, et il s'en excuse avec une naïveté inouïe :

Hélas! pour mériter la charmante Isabelle,
J'ai peut-être un peu trop fait éclater mon zèle!

Que dites-vous du *zèle?* le mot est ingénieux ! Je doute que la justice se fût contentée de cette explication aussi facilement que la mère d'Isabelle.

Cette escroquerie est traitée par Regnard avec une vivacité amusante, et comme elle est le fond du sujet, on finit par passer condamnation sur ces mœurs singulières; on cherche à ne pas prendre au sérieux un jeu d'esprit. Les lignes de Rousseau sont grosses d'erreurs. On n'a pas vu expirer l'oncle, et le neveu n'est point présenté comme un honnête homme, mais comme un amoureux. Une chose qui choque dans le *Légataire universel*, comme dans le *Malade imaginaire*, c'est l'aspect d'un vieillard moribond entouré d'héritiers avides qui spéculent sur ses derniers instants. Ce tableau de la misère humaine soulève le cœur de dégoût : il y a de honteuses vérités qu'on n'aime pas à voir. Les plaisanteries, d'ailleurs, qui s'exercent sur les infirmités de l'âge, ont je ne sais quoi de malsain qui empêche le rire de s'épanouir à l'aise. Cependant, qu'il y a de verve dans cette pièce, la dernière que Regnard ait donnée au théâtre ! car on ne peut compter pour une comédie les quelques scènes qu'il fit représenter sous le titre de *Critique du Légataire universel*. Regnard ne défend en aucune façon l'inconvenance de son sujet; il cherche à prouver seulement que sa pièce est faite dans les règles voulues; dans les règles d'Aristote, soit; mais dans celles de la bienséance, non. Regnard aurait dû y songer un peu plus. Convenons-en, le sens moral lui a presque toujours manqué, mais l'esprit ne lui fit jamais défaut.

HIPPOLYTE LUCAS.

L'ATELIER DE MICHEL-ANGE.

CHRONIQUE ITALIENNE DU XVIᵉ SIÈCLE.

O génie, ô vainqueur des âges,
Toi qui sors brillant du tombeau,
Sous de mystérieux nuages
Souvent tu caches ton berceau.
LEBRUN.

Vers le commencement du XVIᵉ siècle, il se fit en Italie une admirable transformation dans l'art. On exécutait des fouilles, au milieu d'une place de Rome, pour l'érection d'une fontaine monumentale, lorsqu'il arriva que les ouvriers retirèrent d'un lit de marne et firent saillir à la blonde lumière du ciel une magnifique statue de *Héros*, l'Amour des Anciens. De là étonnement, admiration, cris d'enthousiasme. Le nom de Phidias vole de bouche en bouche; car une création si pure ne peut être sortie que d'un ciseau grec. L'Amour était privé de son bras droit, il était mutilé, ce qui le rendait bien certainement antique. Les critiques impuissants et railleurs, qui ne manquent jamais d'exalter les morts aux dépens de ceux qui vivent, se tournaient vers les artistes d'un air de triomphe qui semblait leur dire : « Quand nous ferez-vous quelque chose de pareil à cela? » Et le peuple qui s'exalte, lui, facilement et sans arrière-pensée devant ce qui est beau, levait les mains en s'écriant : « Place au Dieu nouveau! place au Cupidon de Phidias! »

Un jeune homme d'une vingtaine d'années, vêtu assez proprement, mais plein de feu, d'audace et de résolution, fend la foule, qui le rudoie, et arrive près de la statue que l'on allait emporter. Il arrête les ouvriers, et, posant sur l'épaule du Dieu une main de maître :

— Ceci est à moi! s'écrie-t-il.

Des rires et des sarcasmes lui répondent. De pitié quelques-uns haussent les épaules. « Si jeune encore, pensent-ils, et n'avoir déjà plus de raison! » Mais le jeune homme tire tranquillement de dessous son pourpoint un bras de marbre, le noircit avec une substance préparée pour lui donne une apparence antique, et l'adapte à la statue. C'était bien le bras manquant; le chef-d'œuvre est parfait.

Ce jeune homme s'appelait Michel-Agnolo Bonarotti.

L'attention se porta bien vite sur cet artiste dont le coup d'essai était si merveilleux. Le pape Jules II, qui préludait aux merveilles du pontificat de Léon X, lui commanda un tombeau. Jaloux d'une réputation qui menace d'éclipser la sienne, Bramante, l'architecte de la cour pontificale, afin de perdre Michel-Ange, le pousse à quitter l'ébauchoir pour le pinceau, et lui offre de décorer la chapelle Sixtine. L'artiste, sans s'étonner, fait des cartons, envoie chercher à Florence des peintres pour les exécuter, n'en trouve pas un capable de comprendre sa pensée, et se met à peindre lui-même cette merveille du Jugement dernier que chacun peut admirer aujourd'hui à Paris, depuis qu'elle a été copiée par Sigalon. Michel-Ange était si bien créé pour sa mission, l'idée de la forme était tellement innée chez lui, que, vieux et infirme, il savait encore la reconnaître et l'apprécier. Avec ses doigts il palpait les statues, et il en proclamait très-exactement les défauts ou les beautés.

A l'époque où se place notre récit, le maître, célèbre et vénéré, occupait un superbe palais à Florence. Son atelier était magnifique. Il recevait là ses élèves, qui étaient pour la plupart les enfants des plus nobles familles de l'Italie. Or, parmi ces jeunes gens il s'en trouvait un, pauvre, inconnu, que ses camarades d'étude, à cause de son humeur mélancolique, avaient surnommé *le Triste*. Il faisait d'abord dans l'atelier des fonctions analogues à celles de serviteur ou d'apprenti; mais le maître ayant aperçu un croquis qui révélait en lui quelque talent, l'admit au nombre des élèves et le défraya de ses premiers besoins. Néanmoins Andrea semblait sentir qu'il n'était pas à sa place. Timide, gauche, embarrassé, il attirait sur lui des plaisanteries qu'il désarmait par une douceur d'agneau. Lorsqu'il regardait quelqu'un, ses yeux se remplissaient aisément de larmes, et si on lui parlait, même de choses indifférentes, il ne tardait pas à pleurer. Au lieu de se mêler aux bruyantes parties de plaisir de ses compagnons, il passait des journées entières seul, sous les ombrages des caccines, effeuillant nonchalamment une fleur, regardant le feuillage en quenouille des peupliers, écoutant l'Arno murmurer contre ses bords, ou suivant du regard les dégradations du soleil couchant sur le Campanile de Giotto. La nuit, sa lampe veillait toujours, et sur les vitres de sa petite chambre sa silhouette se dessinait dans l'attitude d'un homme qui peint. A sa porte il avait écrit ces paroles échappées à Michel-Ange dans une de ses leçons :

« Avec du cœur et de la persévérance l'on arrive à tout, fût-on berger, comme Giotto, ou apothicaire, comme Dante. »

Les jeunes gens du peuple, toujours prompts à tourner à mal ce qu'ils ne comprennent pas, pensaient qu'Andrea avait le cerveau quelque peu dérangé, d'autant plus qu'il se parlait assez souvent à lui-même, et que son regard était effaré. Du reste, on faisait peu attention à lui. Seulement, s'il arrivait que les jeunes peintres vinssent à passer, le soir, chantant en chœur ou en parties une de ces belles mélodies qu'on n'a jamais su chanter que dans la contrée où résonne le *si*, et qu'ils vissent de loin cette figure pâle qui ressortait encore davantage sous une profusion de cheveux noirs, ils s'arrêtaient pour se demander la cause d'une conduite aussi singulière. Aucun d'eux n'en pouvait deviner le motif, et ils en étaient encore aux conjectures quand une cir-constance imprévue vint leur révéler le secret du Triste.

Michel-Ange avait recueilli auprès de lui une de ses parentes, orpheline, âgée de seize à dix-sept ans, qu'on nommait Vespérie; elle était du village de Cerbara, dans les montagnes de la Sabine. Les lignes de son corps et de sa physionomie étaient d'une pureté exquise. Elle cultivait la musique avec succès et possédait une fort belle voix. Un jour que Bonarotti avait réuni à table plusieurs amis parmi lesquels se trouvaient Benvenuto Cellini, Carlo Dolce, Francesco Torancia, un capitaine de *condottieri* et quelques-uns de ses élèves, la conversation tomba sur la musique. Michel-Ange vanta le talent de sa parente et proposa de la faire venir. On lui répondit par une acclamation générale, et il envoya chercher la jeune fille. Dès qu'elle parut, il se fit un profond silence d'admiration. Vespérie, pressée d'obéir aux désirs de son protecteur, n'avait pas eu le temps d'arranger ses cheveux blonds qui retombaient à gros bouillons sur ses épaules et autour de son cou, en jetant un grand reflet d'or. Ses joues se couvrirent d'une vive rougeur. Son costume était celui des Cerbaroles, ou, comme celles-ci prétendent, le costume que porta la Vierge durant sa vie mortelle. Cet habillement consistait en un jupon de couleur rouge, en un corset bleu découvert, dont les manches étroites, rattachées à l'épaule par des nœuds de rubans, laissaient voir les plis bouffants de la chemise, qui, sortant du corsage, montait jusqu'au cou. Une pièce d'étoffe chargée de broderies, semblable au pectoral symbolique du grand-prêtre des juifs, couvrait sa poitrine. Sur sa tête était, un peu en désordre, le long *panne* blanc à franges qui encadre la figure à la manière des divinités égyptiennes. Vespérie avait à la main une lyre à trois cordes qui rappelait la *testudo* des anciens. Sa voix fut d'abord timide et voilée; mais, s'étant rassurée peu à peu, elle chanta avec tant d'expression, que les convives restèrent les yeux fixés sur elle, oubliant les vins de Chypre et de Syracuse qui parfumaient la table.

Dès que Vespérie eut cessé, les applaudissements éclatèrent avec cette frénésie électrique, cette *furia* particulière aux Italiens. Michel-Ange, qui se mêlait aussi quelque peu de poésie, fit remarquer la beauté des vers, et Francesco en demanda l'auteur. Les jeunes gens avancèrent la tête avec anxiété, et Vespérie, rougissant encore davantage, fit tomber de ses lèvres le nom d'Andrea. Tout était de lui, paroles et musique. Ce fut parmi les élèves comme un coup de théâtre;

ils se regardèrent l'un l'autre, et un jeune praticien, nommé Marino, qui tenait à la main pour se verser à boire un de ces beaux vases à col d'amphore comme on en fabriquait alors à Sciacca, le laissa échapper de surprise. Le vase se brisa en mille pièces et faillit casser une coupe de Benvenuto, au point que celui-ci ne put retenir un jurement expressif et une épithète offensante. Marino allait riposter; mais il rencontra le regard du maître qui le contint, et Vespérie s'étant retirée, le repas s'acheva joyeusement.

Cette circonstance attira l'attention des élèves sur Andrea. Il devint évident pour eux que ce jeune homme aimait Vespérie, et qu'il n'était pas absolument indifférent à la jeune fille, puisqu'elle chantait des barcaroles composées par lui. De plus, Marino, parlant un jour à Vespérie du caractère bizarre et sauvage d'Andrea, celle-ci lui répondit qu'il y avait des âmes si harmonieusement tristes, des voix si mélodieusement plaintives, qu'il était doux de se plaindre et de s'attrister avec elles. Peut-être la parente de Michel-Ange ne s'avouait-elle pas à elle-même qu'elle aimait le Triste, peut-être croyait-elle n'éprouver pour lui que de la compassion; mais chez les femmes la compassion touche de si près à l'amour, qu'elles passent facilement, et sans s'en apercevoir, de l'une à l'autre. Les sentiments de Vespérie étaient du reste entièrement cachés dans son âme, et le pauvre Andrea était loin de se douter de son bonheur. Quoi qu'il en soit, la jalousie ne tarda pas à se mettre parmi ceux qui recherchaient la main de Vespérie. Plus d'une querelle éclata à la suite des orgies nocturnes, et, dans une rencontre qui eut lieu au bord de l'Arno, un élève fut dangereusement blessé. Le bruit en vint aux oreilles de Michel-Ange, qui, voulant terminer ces dissensions, déclara qu'il n'accorderait la main de sa parente qu'à celui des élèves qui surpasserait les autres en talent. En même temps, il leur donna pour sujet de concours Sainte-Cécile composant une hymne, et fixa, pour couronner l'œuvre victorieuse, le jour de la Saint-Michel.

Le sujet assigné par le maître convenait admirablement au genre de talent d'Andrea. Sa manière le rapprochait plutôt de Raphaël que de Michel-Ange. Il n'accusait pas assez fortement les contours, il ne dénudait pas les muscles; il n'arrachait pas l'épiderme; il ne faisait pas ramper les nerfs et les artères sur toute la surface du corps. Il n'était pas esclave du biceps; mais, en revanche, il donnait aux formes ce poli, cette suavité, qui séduisent et font rêver doucement. Aussi excellait-il dans les figures de femmes, surtout de vierges, et si son talent avait peu brillé jusqu'alors, c'est qu'on ne l'avait employé qu'à des conceptions rudes et sévères, comme les sibylles de la chapelle Sixtine. Il se mit donc à l'œuvre avec consolation et bonheur; son regard reprit de l'assurance et de la sérénité. Il y avait au dedans de lui une image de femme toute faite, merveilleusement belle et douce. En vain eût-il voulu en esquisser une autre, celle-là revenait toujours; de sorte que chaque fois qu'il voulait peindre, il lui semblait qu'il trempait ses pinceaux dans son cœur.

Pour Marino, il triomphait d'avance. Nul ne mettait en doute sa supériorité. Il maniait la chair presque aussi facilement que le maître. Ses hommes étaient tous des athlètes; leurs visages avaient toujours une expression d'orgueil sauvage et de férocité. Aussi Michel-Ange lui avait fait travailler de préférence presque toutes les figures de damnés dans le tableau du Jugement, et ses camarades le considéraient tacitement comme le premier d'entre eux. Mais lorsqu'il voulut commencer la composition demandée, il éprouva un cruel désappointement. Son dessin dur, sec, cartonné, sa couleur grise, terne, *sfumata*, ne pouvaient convenir aux formes harmonieuses de la patronne de la musique. Vingt fois il brisa ses toiles commencées. Son caractère, déjà fier et irascible, devint si violent, qu'il s'aliéna l'affection de la plupart de ses amis. Cristofore da Pescarenico, un des plus forts élèves, était malade et hors d'état de concourir. Quant aux autres, ils étaient si loin de ceux-là que, s'ils travaillaient encore, c'est parce qu'il y a dans l'âme du plus faible artiste une vanité secrète et persistante qui lui dit qu'il est méconnu et qu'il finira par l'emporter.

Surpris de voir la joie reparaître sur le pâle visage d'Andrea, et sachant qu'il passait les nuits à travailler, Marino fut en proie à la plus vive jalousie. Un soir que le Triste était absent, il força la porte de sa petite chambre et courut au chevalet. Quel ne fut pas son étonnement de reconnaître dans la figure de sainte Cécile les traits et le sourire de Vespérie! Ne pouvant contenir sa fureur, il saisit la toile et la foula longtemps aux pieds, au point de la rendre inachevable.

Cependant le jour fixé par le maître approchait. Le tableau de Marino était terminé et appendu à l'atelier dans un cadre resplendissant. Andrea n'avait rien dit de son malheur, car il n'avait pas d'amis; seulement sa joie éphémère s'effaça, et il était plus sombre que jamais. La veille de la que s'appelle Valère, dans notre vieille comédie, est bien assuré de l'emporter sur ses rivaux. Outre Merlin, valet fripon, selon l'usage, Valère a encore à son service un Gascon nommé Figeac. Celui-ci se déguise en baron d'Aubignac, et cherche à ruiner le crédit du gendre futur aux yeux du beau-père, en venant réclamer de prétendues dettes de jeu à M. de Sottencour.

LE BARON.

Comment, chétif mortel, vous déniez vos dettes!
Vous né connaissez plus lé baron d'Aubignac,
Vicomte dé Dougnac, Croupigni, Foulignac,
Gentilhomme gascon, plus noblé qué personne,
D'une race ancienne autant qué la Garonne?

SOTTENCOUR.

Quand elle le serait encor plus que le Nil,
Votre propos, Monsieur, n'est ni beau, ni civil;
Je ne vous connais point, ni ne veux vous connaître.

Cette idée du Nil est inattendue et tout à fait dans la manière de Regnard. M. de Sottencour ne réussit pas toujours aussi bien dans ses plaisanteries; il est de moins bon goût, par exemple, lorsqu'il parle du *cuir fin et poli de sa maîtresse.* Regnard a quelquefois péché par ce défaut de convenance dans l'expression.

Du *Bal* au *Joueur* il y a une distance si prodigieuse, qu'on ne croirait jamais que ces deux comédies sont parties de la même main. Le *Joueur* est un chef-d'œuvre de bonne gaieté. Rien n'est plus amusant que de voir l'amour de Valère, s'accommodant aux chances du jeu, décroître avec la fortune, augmenter avec les revers. Le jeu est le thermomètre de cet amour, qui monte au degré le plus élevé et retombe au-dessous de zéro, en raison de la perte ou du gain. Valère est un beau joueur, un joueur déterminé, qui met en gage jusqu'au portrait de sa maîtresse, et regarde l'argent provenant du jeu comme tellement sacré, qu'il se croirait déshonoré de l'employer à payer ses dettes. Regnard a retracé toutes ces intermittences de jeu et d'amour en homme qui avait connu cette double fièvre. Le pouls lui battait encore lorsqu'il a composé sa pièce; elle est pleine de vérité; c'est la nature prise sur le fait. La gaieté n'abandonne pas un seul moment Regnard dans un sujet qui est devenu, depuis, si lugubre sous la plume des dramaturges; il fait rire continuellement. Le philosophe Sénèque, avec ses sentences, y joue un rôle très-amusant.

On ne s'indigne pas contre Valère; on sent que Valère, au fond, est un homme d'honneur, qu'il est incapable d'une action basse, d'un trait méchant, et que l'âge viendra corriger sans doute chez lui ce défaut que l'amour n'a pu vaincre. De quel œil différent on regarde Valère et le prétendu marquis, cet intrigant qui cherche à se faufiler dans le cœur d'une vieille folle de comtesse! Lorsque celui-ci, après des fanfaronnades promptement réprimées, épées qui ne sortent pas du fourreau, ose dire à Valère, auquel il vient de prouver sa poltronnerie : *Je suis de vos amis,* Valère lui répond avec une noble franchise : *Je ne suis pas des vôtres,* et ce seul mot réconcilie Valère avec le spectateur.

La plaisanterie de Regnard est irrespectueuse bien souvent vis-à-vis de l'autorité paternelle; mais elle est toujours si vive et si spirituelle, qu'on lui pardonne ses licences. Hector et Nérine en donnent un exemple curieux :

NÉRINE.

N'est-ce pas une honte à Valère,
Étant fils de famille, ayant encor son père,
Qu'il vive comme il fait, et que, comme un banni,
Depuis un an il loge en cet hôtel garni?

HECTOR.

Valère a déserté la maison paternelle,
Mais ce n'est point à lui qu'il faut faire querelle:
Et si monsieur son père avait voulu sortir,
Nous y serions encore. A ne vous point mentir,
Ces pères, bien souvent, sont obstinés en diable.

N'est-ce pas là savoir donner un tour agréable aux choses? Pas de vices aux yeux de Regnard; il embellit tout ce qu'il touche; sous ses heureuses mains, comme sous celles de son *Joueur, le cuivre devient or.*

On peut critiquer dans la comédie du *Joueur* le rôle de la comtesse, qui rappelle celui de Bélise des *Femmes savantes,* à la différence que la comtesse est veuve, et qu'elle n'entoure pas ses prétentions d'une métaphysique nuageuse; elle va droit à son but :

C'est un époux vivant qui console d'un mort,

dit-elle, et, dans chaque homme qu'elle voit, elle s'imagine rencontrer le consolateur qu'elle cherche. Le faux marquis, qui se trouve être le cousin d'une marchande à la toilette et le fils d'un huissier, est un type très-réjouissant de ces chevaliers d'industrie qui se glissaient dans la belle société d'alors. Molière avait stigmatisé la vanité des marquis, Regnard alla plus loin, il les démarquisa. Il poussa l'insulte jusqu'à leur contester leur titre. Il suffit d'ouvrir les Mémoires du temps pour voir à quel point de discrédit étaient tombés les marquis. Saint-Simon, que le spirituel auteur des Mémoires de Mme de Créqui appelle un vieux corbeau toujours monté sur sa couronne de duc, et qui en effet était plein de morgue aristocratique, traite ainsi lui-même les victimes ordinaires de Molière, de Dancourt, de Regnard : « Il est vrai, dit-il, que les titres de comte et de

58

marquis sont tombés dans la poussière par la quantité de gens de rien, et même sans terre, qui les usurpent, et par là tombés dans le néant. »

Telle était l'oraison funèbre de cette classe infortunée des marquis !

Lorsque Regnard écrivit sa comédie, la passion du jeu dominait; le lansquenet était dans toute sa fureur. Il n'est pas étonnant qu'Angélique pardonne d'abord à Valère, tant qu'elle se croit capable de le corriger. Les exemples de joueurs, et même de joueuses, car un grand nombre de femmes ne sortaient pas des académies, étaient si fréquents, qu'un homme ne passait pas pour être dérangé quand il donnait dans ce travers. Les pères avaient joué eux-mêmes; ils ne trouvaient pas trop mauvais que leurs fils les imitassent. Les abbés et les évêques s'en mêlaient; ces messieurs avaient des jeux de cartes dans leurs bréviaires, et ils se retiraient dans la solitude moins pour prier Dieu que pour combiner quelques coups importants. Presque tout le monde trichait, même au jeu du roi. Je ne sais plus quel seigneur avait imaginé de mettre à la mode des boutons d'habits extrêmement brillants, espèces de miroirs susceptibles de refléter les couleurs des cartes de ses adversaires; de cette façon, il espérait voir leur jeu, et faire sa fortune avant que son secret fût connu. Quand la cour de France ne suffisait plus, on passait en Angleterre, où les chevaliers de Grammont abondaient.

Le *Joueur* est une des meilleures comédies que nous ayons depuis Molière. On prétend que Regnard l'a volée à Dufresny, esprit fin, mais froid. Il est possible que Regnard, se ressouvenant de sa captivité, ait traité Dufresny de Turc à More, et lui ait dérobé le sujet du *Joueur*; mais les détails pleins de gaieté, les vers faciles de cette pièce, ne peuvent appartenir qu'à lui. Ils révèlent sa manière, c'est-à-dire celle d'un homme heureux de caractère et parfaitement organisé, à qui le ciel a presque toujours souri, même dans ses destins adverses, et qui a passé sa vie dans une sorte de mouvement perpétuel, à s'enivrer de vins de champagne, à voir s'amonceler l'or sous ses doigts auprès d'un tapis vert, à courir de belle en belle, et à voyager comme un prince en tous pays : belle vie pour un poëte de la nature de Regnard !

Les plaisanteries de Regnard ne sont pas toujours de bon goût, ainsi que nous l'avons déjà dit, mais elles font rire; elles vous saisissent au collet comme une farce dont on est témoin dans la rue, et qui vous remue comiquement, quoi que vous en ayez; il y a toujours de l'imprévu en

elles. Ce sont des caricatures en plâtre, creuses en dedans, qui n'ont pas de solidité ni une grande valeur d'art, mais qui réjouissent les passants. Regnard joue souvent beaucoup plus sur les mots que sur les choses; il ressemble aux marquis étourdis de ses pièces, aimables fous auxquels on pardonne leurs extravagances et leurs airs libertins, à cause de leur verve et de leur gaieté.

Cependant il faut convenir que Regnard a poussé quelquefois trop loin la liberté de plaisauter.

Est-il tolérable, par exemple, que, dans la pièce du *Distrait*, où Léandre est représenté comme un galant homme qui n'a que le défaut de manquer de présence d'esprit, son valet ose dire, en parlant d'un oncle dont son maître devait hériter, et qui n'a pas voulu mourir :

> Par trois fois de ma main il a pris l'émétique,
> Et je n'en donnais pas une dose modique; ·
> J'y mettais double charge, afin que par mes soins
> Le pauvre agonisant en languît un peu moins ?

Si de pareils vers se trouvaient dans une pièce nouvelle, ils soulèveraient la réprobation du parterre, et le parterre aurait raison. Ce n'est plus de la gaieté, c'est de l'empoisonnement, ce qui n'est pas risible.

Les mœurs débauchées des jeunes gens sur la fin du règne de Louis XIV, mœurs que Regnard connaissait en homme qui les avait pratiquées, sont bien dépeintes dans la comédie du *Distrait*. Les chevaliers à demi ivres, et toujours chantant, sont saisis de main de maître dans la personne d'un jeune fou qui force sa future belle-mère à danser une courante avec lui, au risque de compromettre les intérêts de son amour par cette impertinence. On a parlé quelquefois dans les comédies de la manière dont les jeunes seigneurs se comportaient sur le théâtre, aux côtés duquel s'étendaient alors des banquettes qui leur étaient réservées. Personne n'a mieux signalé que Regnard cet abus. L'oncle du chevalier dit à son neveu, qu'il réprimande :

> Vous vous faites honneur d'être un franc libertin,
> Vous mettez votre gloire à tenir bien du vin;
> Et lorsque, tout humant d'une vineuse haleine.
> Sur vos pieds chancelants vous vous tenez à peine,
> Sur un théâtre alors vous venez vous montrer.
> Là, parmi vos pareils on vous voit folâtrer.
> Vous allez vous baiser comme des demoiselles;
> Et pour vous faire voir jusque sous des chandelles,
> Poussant l'un, heurtant l'autre, et comptant vos exploits,
> Plus haut que les acteurs vous élevez la voix,
> Et tout Paris, témoin de ces traits de folie,
> Rit plus cent fois de vous que de la comédie.

Regnard trace un tableau complet et excessivement gai du train de vie des jeunes gens à la mode. Son chevalier répond aux reproches d'un oncle qui veut le rendre plus raisonnable :

Mais que fais-je donc tant, Monsieur, ne Vous déplaise,
Pour trouVer ma conduite à tel excès mauVaise?
J'aime, je bois, je joue, et ne Vois en cela
Rien qui puisse attiPer ces réprimandes-là.
Je me lèVe fort tard, et je donne audience
A tous mes créanciers.

LISETTE.
Oui, mais en récompense,
Vous donnez peu d'argent.

J'aime, je bois, je joue, tout est là ! ce sont des défauts que ces messieurs avouent avec une naïveté singulière, et que leur gaieté communicative change presque en brillantes qualités. S'ils valent quelque chose, c'est par leur belle humeur, comme ils le disent. Le chevalier du *Distrait* propose tout simplement à sa sœur de se mettre au couvent pour lui laisser son bien. Il ne se gêne pas plus que cela ; mais on sent que si l'étourderie est sur ses lèvres, il n'en a pas moins un fonds de tendresse dans l'âme pour sa sœur.

Le caractère de Léandre est bien tracé; il n'a pas d'autre défaut que celui d'être distrait. C'est un homme d'esprit, du reste ; il sait remettre fort bien à leur place les gens qui se raillent de lui. Il est sincère de cœur ; sa langue qui se trompe de nom, ou sa main infidèle à sa pensée, commettent seules des inconséquences et le brouillent avec sa maîtresse. Quelque amusant que soit le rôle de Léandre avec ses éternelles méprises, tant de distractions semblent, à la longue, un peu fortes. Léandre a l'air d'un monomane. Ce sont presque les bévues d'un homme attaqué d'une maladie de cerveau, plutôt que les bizarreries d'un défaut piquant. On est sur le point d'engager Léandre à aller se faire administrer des douches dans une maison de santé; il est du ressort de la médecine plus que de la comédie.

Cependant Léandre plaît, et l'on ne s'étonne pas qu'Isabelle se soit attachée à lui.

Le *Distrait* de Regnard compte beaucoup de ces reparties inattendues qui provoquent le rire du spectateur. Ainsi de ce dialogue de Lisette et de Carlin :

LISETTE.
Dans son petit cerVeau
Pense-t-il que l'on soit bien tenté de sa peau?
Et de la tienne aussi?

CARLIN.
Je ne l'ai pas trop rude.

Je ne l'ai pas trop rude est un trait charmant à opposer à la colère de Lisette.

Attendez moi sous l'orme est une petite comédie en un acte et en prose qu'on a attribuée à Dufresny, et dont le style fin et piquant rentre tout à fait dans la manière de cet auteur. Il s'agit d'un jeune officier réformé qui fait la cour à la fille d'un riche fermier et recherche surtout en mariage les écus de la belle Agathe ; une certaine Lisette, intéressée à lui nuire, se travestit eu veuve, et, grâce à ses manœuvres coquettes et à des souvenirs de bal masqué, elle engage l'imprudent officier dans une aventure qui lui fait un grand tort auprès d'Agathe. Il est bientôt obligé de battre en retraite. Les rendez-vous trompeurs se donnent sous un orme, où une troupe de paysans finit par se moquer de l'officier en lui chantant ce refrain :

Attendez-moi sous l'orme,
Vous m'attendrez longtemps!

Il y a dans cette pièce une jolie phrase sur la manière dont se font les rencontres qui servent quelquefois de préludes aux mariages. Pasquin, Valet de Dorante, fait ainsi la leçon à son maître : « Il faut que vous vous promeniez sans faire semblant de rien, elle va venir sans faire semblant de rien. Pour lors vous l'aborderez, vous, en faisant semblant de rien; elle vous écouterа faisant semblant de rien. Voilà comme se font les mariages des Tuileries. »

Il n'est pas étonnant que le nom de *Démocrite*, ce philosophe qui riait toujours, se soit rencontré sous la plume de l'aimable et joyeux Regnard; mais on est surpris que sa verve comique n'en ait pas tiré un meilleur parti. Son Démocrite est un personnage plus satirique que plaisant, dont l'humeur morose n'égaie nullement la pièce; heureusement Regnard a placé à côté de Démocrite un valet assez original qui se moque de son maître à mesure que son maître se raille des autres. Strabon, et sa femme Cléanthis, qu'il retrouve après vingt ans d'absence volontaire, et à laquelle il fait la cour jusqu'à ce qu'il l'ait reconnue, jettent sur cette comédie un peu de cette folie naturelle à Regnard, et qu'on s'attendait à trouver dans le rôle principal. Il semble que Regnard ait voulu payer son tribut au romanesque. On trouve là un certain roi d'Athènes ressemblant un peu au duc Thésée qui figure dans le *Songe d'une nuit d'été*, de Shakspeare ; et une fille de roi, élevée en paysanne à la campagne, et dont un bracelet révèle la naissance ; en un mot une sorte de *perdita*, comme dans le *Conte d'hiver*. Les critiques méticuleux ont prouvé sans peine à Regnard qu'Athènes se gouvernait en république depuis sept cents ans à l'époque où vivait Démocrite, et que son roi, par conséquent, n'est pas des plus historiques; mais qu'importe à Regnard? il prend bien garde à cela! Il traite l'antiquité à la façon de Shakspeare, sans avoir probablement jamais lu l'auteur anglais. Reguard, sorti de son monde habituel, parcourt à son gré le champ de l'imagination. La charmante Chriséis, fleur des champs qui, transplantée à la cour, s'habitue si vite à la température de ce climat, est dépeinte avec beaucoup de grâce et de finesse. Un mélange de naïveté et de coquetterie se trouve ingénieusement marqué dans ce portrait.

La pièce de *Démocrite* est estimée à cause de quelques-uns des caractères. Ce n'est pas l'intrigue qui lui donne de la valeur; cette intrigue n'a de piquant, en effet, que la reconnaissance de Strabon et de Cléanthis, encóre cette reconnaissance est-elle fort exagérée. Agelas, le roi d'Athènes, pourrait servir de type à tous les princes d'Italie et d'Allemagne, qui, au lieu de bergères, épousent actuellement, dans nos comédies, des cantatrices. La plus grande familiarité règne à la cour d'Agelas. Les paysans, comme Thaler, y gardent leur franc-parler. Le style de *Démocrite* est vif et sans gêne, comme dans les autres pièces de Regnard. La rime n'est pas toujours respectée; l'hiatus est fréquent; mais ce style a le mouvement, la chaleur, la vie. Regnard a parfois de poétiques échappées. C'est ainsi que Strabon dit à l'aimable Chriséis, qui ne craint pas de s'aventurer dans la profondeur des bois :

N'avez-vous pas, la belle, en votre promenade,
Donné, sans y penser, près de quelque embuscade?
On trouve quelquefois, au milieu des forêts,
Des sylvains pétulants, des faunes indiscrets,
Qui, du soir au matin, vont à la picorée,
Et n'ont nulle pitié d'une fille égarée.

Ces *sylvains qui vont à la picorée* offrent un exemple du comique de Regnard, comique de mots très-souvent, et qui consiste dans le rapprochement inattendu d'expressions incohérentes.

Le *Retour imprévu* est une petite comédie charmante. Un père est parti pour faire prospérer des affaires de commerce; pendant ce temps, son fils mène joyeuse vie, touche l'argent des fermiers, et fait sauter les écus. Il festoie une Lucile qu'il veut épouser. Un certain marquis, ou soi-disant tel, s'est chargé de le *débourgeoiser*. Entre ses mains, l'éducation de ce fils de famille est allée grand train. Voilà que le bon homme arrive sur ces entrefaites, pendant même que son fils donne un repas à sa belle dans la maison paternelle. Il faut, pour tirer l'imprudent garçon de ce mauvais pas, toute l'habileté d'un valet rompu aux

intrigues, d'un de ces larrons de la vieille comédie, providence des mauvais sujets d'enfants.

Voici la manière dont le marquis parle de son élève Clitandre : « Il n'est pas reconnaissable depuis qu'il me hante, ce petit homme; il est vrai que je n'ai pas mon pareil pour débourgeoiser un enfaut de famille, le mettre dans le monde, le pousser dans le jeu, lui donner le bon goût pour les habits, les meubles, les équipages. Je le mène un peu raide; mais ces petits messieurs-là ne sont-ils pas trop heureux qu'on leur inspire les manières de la cour, et qu'on leur apprenne à se ruiner en deux ou trois ans? » Le tableau est tracé de main de maître.

Rien n'est plus bouffon ni plus amusant que les *Folies amoureuses*; là, on peut rire de tout son cœur. Cette pièce est bien loin d'avoir une haute portée comique; mais elle produit une bruyante hilarité. Si ce n'est que Crispin avoue ses méfaits passés avec trop d'audace, et qu'Éraste accepte un peu légèrement la bourse que la belle Agathe ravit à son tuteur, on ne trouve rien à redire à la moralité de la pièce. C'est une pupille qui s'échappe des griffes d'un vieux jaloux; c'est la lutte naturelle de la jeunesse et de l'amour contre la vieillesse et l'argent. La Rosine de *Figaro* est la fille de l'Agathe de Regnard.

Il est assez curieux de comparer les *Ménechmes* de Plante aux *Ménechmes* de Regnard, et de voir la différence des mœurs. Il faut avouer d'abord que le sujet de deux frères parfaitement ressemblants, et dont la ressemblance donne lieu à une foule de méprises, convenait mieux au théâtre ancien qu'au nôtre. Les acteurs, en effet, s'y couvraient le visage d'un masque qui prêtait à l'illusion. Plaute a donc pu entrer sans embarras dans le cœur de son intrigue; on n'y trouve rien que de naturel. Il n'en est pas de même pour nous, qui, dès que nous avons vu les deux frères sous des traits différents, ne pouvons plus nous habituer à la convention de l'anteur. Si Regnard avait évité l'entrevue des deux frères, et fait jouer les deux rôles par le même personnage, peut-être il eût ajouté à l'intérêt de la situation. Nous disons peut-être, car le spectateur aurait cru d'abord à ces travestissements.

Dans la pièce latine, Ménechme d'Épidamne est marié; mais il néglige sa femme pour sa maîtresse Érotie, belle courtisane qui demeure vis-à-vis de sa maison. Ménechme avoue avec difficulté cette liaison à sa femme, dont la jalousie le tourmente : « Cessez d'épier mes démarches, dit-il; et pour vous apprendre à ne plus perdre de temps à ce métier-là, je vais passer la journée,

L'ABBAYE DE CLUNY.

Saint-Michel les jeunes gens passèrent la nuit à boire, et ils portèrent tant de fois et si vaillamment la santé du Maître et de Vespérie, qu'ils étaient encore plus d'à moitié ivres le lendemain matin lorsqu'ils se rendirent à l'atelier pour y attendre Michel-Ange. Il y avait là deux toiles que le grand artiste venait d'achever, et dont les couleurs étaient encore fraîches. C'étaient deux vertus théologales : l'*Espérance* et la *Charité*.

Pour passer le temps et peut-être pour faire le bel esprit, Marino s'avisa de railler Andrea, qui se tenait pensif dans un coin. Celui-ci supporta patiemment quelques sarcasmes ; mais l'autre, échauffé par le vin de Testaccio, ayant fait allusion à son amour et à la Sainte Cécile ressemblant à Vespérie, Andrea sentit à son visage des picotements comme si tout son sang y eût monté. Il bondit comme un chat-tigre, et, saisissant son poignard, il se précipite sur son rival. On se jette entre eux pour les désarmer, et dans la lutte, les deux toiles, ayant été violemment heurtées, tombèrent avec fracas. Sur-le-champ ce bruit mit fin au combat et les rendit tous immobiles de stupeur ; ils ne firent même pas attention qu'Andrea était blessé. Après un long silence :

— Il faut pourtant relever les toiles ! dit Marino en affectant plus de sang-froid qu'il n'en avait réellement.

On les releva, et l'on vit avec effroi que les couleurs étaient effacées.

— Qu'avons-nous fait, mes frères ! s'écrie Bartolomeo. Voyez, maintenant la Charité est aveugle, et la bouche de l'Espérance rit d'un rire de damné. O mes amis, vous venez d'anéantir en un instant de colère deux années de travail et vingt siècles de gloire !

Il était pourtant indispensable de prendre un parti, car on attendait le Maître d'heure en heure.

— Il faudrait que quelqu'un de nous retouchât ces tableaux, hasarda timidement Albertazzi.

— Qui osera passer son pinceau sur l'œuvre de Michel-Ange? répondit Bartolomeo. Ce ne sera certes pas moi !

— Ni moi ! ni moi! cria-t-on de toutes parts.

— Que faire?... pensaient-ils tous.

— Corpo di Baccho! s'écria Apostolo, n'est-ce pas aux auteurs du mal à porter remède? Qu'ils prennent chacun une toile et qu'ils travaillent!

— Ou plutôt, ajouta Albertazzi, qu'ils tirent au sort chacun un tableau !

— Bravo! répondirent-ils tous à la fois. Tirons! tirons!

Les fumées du vin étaient entièrement dissi-

pées. Les deux noms furent mêlés dans une coupe ; il était convenu que le premier sorti aurait l'*Espérance*, et l'autre la *Charité*. Andrea vit son nom proclamé d'abord, et en ressentit un mouvement de joie. Ils prirent leurs chevalets.

Forte! Animo! leur cria-t-on de toutes parts.

Tandis qu'ils travaillaient avec ardeur chacun de son côté, Marino, sans songer à autre chose qu'à faire de la peinture, et Andrea avec infiniment de peine, parce qu'étant blessé au bras, son sang se mêlait parfois aux couleurs de sa palette, les autres jeunes gens se tinrent à l'écart. Bartolomeo, qui, dans le fond, était un bon jeune homme, n'ayant pas de haine contre Andrea, mais l'évitant par faiblesse de caractère et pour ne pas faire autrement que les autres, dit à l'oreille d'Albertazzi.

— Andrea..., le plus faible de nous tous!... En vérité, j'ai peur !

— Laisse donc, répliqua Albertazzi, je suis sûr qu'Andrea peindra d'inspiration; il est plein de son sujet. Mais donner la Charité à Marino..., quel contre-sens! Le hasard est parfois bien stupide !

Il ne parlait ainsi que parce qu'il avait eu, la veille, une querelle avec Marino.

Au bout d'un assez long espace de temps, Marino s'écria :

— Fini!

— Et moi ! fit Andrea.

— Voyons! jugeons! s'écrièrent-ils tous ensemble.

— Le Maître, Messeigneurs! prononça Apostolo qui venait du dehors.

Et Michel-Ange entra dans la salle.

Ce jour-là le grand artiste était très-agité. Ployée sous un coup terrible, sa tête auguste retombait sur sa poitrine ; il venait d'apprendre la mort de Raphaël. Il repensait à ce divin enfant, à ce beau peintre au nom d'ange qu'il avait précédé dans la vie, et qui le précédait dans la mort. Il rêvait à toutes ces brunes madones aux longues paupières, et à ce miracle sublime de l'école d'Athènes. Il se reprochait d'avoir été jaloux et injuste à l'égard du pauvre enfant. Il réfléchit que la vie des artistes était bien courte et bien amère. Il promena un regard lent sur ses élèves, comme pour voir si la mort n'avait pas encore fait des siennes et s'il ne manquait pas quelque brebis à son troupeau. Des paroles brûlantes et saccadées qui s'échappaient de ses lèvres trahissaient l'orage de son cœur :

— « Savez-vous, enfants, ce que c'est qu'un artiste, un homme de génie? Ils sont bien rares, ces hommes-là! A peine dans un siècle en vient-il un ou deux qui font faire quelques pas à la terre, et le monde va...; puis il s'arrête, jusqu'à ce qu'un nouveau prophète vienne le prendre sur ses épaules et le porter un peu plus loin.

« L'artiste, enfants, c'est un homme qui vit dans le monde et qui n'est pas de ce monde. Il passe, solitaire, à travers les hommes, et les hommes passent à côté de lui, sans deviner que celui qu'ils coudoient renferme une étoile dans son âme. Il est venu parmi les siens, et les siens ne l'ont pas reçu; il leur a parlé, et ils n'out point entendu sa voix. Pour un peu de mauvaise fumée, il s'est vendu corps et âme. Il ne s'appartient plus; il est le bien, la chose, le martyr, le jouet du peuple. On met l'œil et la main dans sa vie privée. Son nom, on le prend, on le multiplie, on l'éparpille sur les nations; on le fait résonner dans le monde comme un lingot d'or dans un vase d'airain. L'artiste, c'est un homme qui sème dans les larmes, et qui ne sait pas s'il chantera dans la moisson. C'est un magicien qui se débat contre un fantôme, qui lutte corps à corps avec un monstre hideux, et qui se réveille, un jour, glorieux.... ou étouffé! — La joie s'aigrit et tourne en fiel dans son cœur. Il vit du pain de larmes et de l'eau d'angoisse. Un vautour, non moins cruel que celui de Prométhée, avec son cou chauve comme un bras nu, lui fouille sans cesse les entrailles.

« Mais quelles joies l'attendent donc? quelle immense récompense sera donnée à cet homme des douleurs, à ce forçat de la pensée? La gloire, enfants?... Malheureux, j'ai cru à ce mensonge!

« Enfants, ajouta le vieillard, — et ses paroles tombèrent une à une, impitoyables comme le glaive du bourreau; — enfants, l'auteur de la Transfiguration, Raphaël Sanzio, est mort! »

Les élèves étaient consternés. Michel-Ange reprit avec énergie :

— « Voyez l'Italie, cette Niobé de marbre, cette Rachel inconsolable, cette reine qui pleure son veuvage et sa désolation, cette femme qui a sept glaives dans le sein et toutes les douleurs de l'âme sur le front!... Italie, Italie, veuve de l'univers, qu'as-tu fait de ton époux? Reine des nations, où est ta pourpre? où est ton diadème? Ville éternelle, qu'est devenue ton éternité?

« Florence, murmura-t-il à demi-voix, si tu avais voulu me comprendre!

« Ici, à chaque pas, vous heurtez des tombeaux, vous marchez sur des cendres. Ces cendres furent-elles généreuses ou coupables? Étrange

raillerie! Les monuments les plus durables sont ceux de la mort. Les arcs des Césars ont disparu; il nous est resté le mausolée d'Adrien. »

Peu à peu se calmèrent les bouillons de sang qui s'étaient élevés dans le cœur tempétueux de l'artiste, Michel-Ange développa devant ses élèves de lumineuses considérations sur l'art. Voulant ensuite passer à l'application, il se tourna vers les deux tableaux auprès desquels il se trouvait, et en détailla les beautés. Tout à coup il s'arrête devant la Charité, et, les yeux étincelants d'une flamme subite :

— Démence! s'écria-t-il, quelle est cette femme?... Me serais-je trompé à ce point! malédiction! Le souffle de Dieu m'a abandonné!

Regardant l'Espérance :

— Eh! non, pourtant..., voici bien une œuvre inspirée. Mais cette Charité qui a dans le visage une expression de bourreau!... Désespoir!...

Et, tirant sa dague, il mit la toile en pièces.

La terreur avait glacé toute l'assemblée; quelques élèves seulement chuchotaient à voix basse. Le maître les remarqua, et, se ravisant, il s'avança plus près de la toile.

— Qu'est-ce à dire, Messeigneurs? reprit-il. Ce n'est pas là ma manière! ce ne sont pas là mes teintes!... Sur votre âme, que s'est-il donc passé ici?

Le silence continuait.

— Entend-on lorsque je parle? reprit-il d'une voix plus haute, répondra-t-on quand j'interroge?

— Maître, hasarda timidement Bartolomeo, dans l'agitation inséparable de ce jour de fête.

— Il ne s'agit pas de fête, mais de gloire. Après?

— Un accident est arrivé, et...

Michel-Ange réfléchit quelques instants.

— Qui a retouché le tableau de l'Espérance?... demanda-t-il avec calme.

— Andrea, dit Bartolomeo.

— Andrea, approchez-vous! reprit Michel-Ange.

Il s'avança timidement, le Maître le serra dans ses bras.

— Tu es le digne élève de Michel-Ange, lui dit-il, toi seul as compris l'Espérance. Va, Raphaël n'est pas mort tout entier.

Puis, remarquant qu'il était près de pleurer, et songeant à tout ce qu'il avait souffert :

— Enfant, reprit-il avec un attendrissement qui ne lui était pas naturel, tu fus un rayon de soleil égaré entre deux nuages; mais Dieu a soufflé sur ta vie, les nuages se sont enfuis et le soleil éclate. Quelle grâce as-tu à demander à Dieu qu'il ne l'exauce? Quel vœu peux-tu former devant les hommes qu'ils ne le remplissent?...

Le pauvre *Triste* était hors d'état de répondre; deux grosses larmes coulaient silencieusement le long de ses joues. Une jeune fille vint à passer dans le jardin, il la montra du doigt.

— Vespérie! s'écrie Michel-Ange. Par saint Luc! tu me fais souvenir...

Il fit appeler sa jeune parente et mit sa main à celle d'Andrea; puis, se tournant vers ses élèves interdits :

— Messeigneurs, dit-il froidement, c'est justice!

Le lendemain on trouva le corps de Marino gisant sur le gazon au bord de l'Arno, au milieu d'une touffe de pistia et de nénufars. Son poignard était enfoncé jusqu'à la garde en plein cœur, de sorte que le manche en forme de croix sortait seul de la poitrine. Il avait roulé autour un papier qui était entré à moitié dans la plaie, et sur lequel on pouvait encore distinguer ces mots :

« Il y avait pourtant quelque chose ici! »

Quand on apporta le cadavre à Michel-Ange, il haussa les épaules et se contenta de dire :

— Sa haine a dû sortir avec son sang!

Car la blessure était large.

Andrea, dit le *Triste*, paraît n'avoir pas survécu longtemps à cet événement, car il y a peu de tableaux de lui. Je n'ai entendu parler que d'une Sainte Famille, qui se trouve dans la galerie de M. Aguado; c'est un chef-d'œuvre.

Jules LADIMIR.

L'ABBAYE DE CLUNY.

La vie des sociétés, comme celle des individus, est soumise à deux périodes, l'une ascendante et l'autre descendante. Ainsi la suite des âges amène des transformations si complètes, que les mêmes établissements qui ont traversé plusieurs siècles avec une grande puissance d'action, dérivant de leur mission providentielle, arrivent à s'effacer au point que leur raison d'existence a besoin d'être étudiée pour se révéler à quelques esprits sérieux. Ceci est spécialement applicable à l'institut monastique qui centralisa l'ordre religieux au Moyen-Age. Tandis que, de son côté, la féodalité fractionnait l'ordre politique, celui-là, par son ca-

ractère religieux même, n'étant pas borné dans sa sphère à telle ou telle étendue du sol, put, au contraire, réaliser sa force d'expansion partout où l'humanité en reconnaissait le but moral et intellectuel. C'était d'ailleurs un temps de croyance singulièrement propre à concourir à la fondation des monastères, puisqu'on voyait de pieux ermites se bâtir des cellules dans les bois, imitation, en Occident, des solitaires orientaux.

Parmi tous les monastères anciens, un des plus illustres fut celui de Cluny. Saint Odon le fonda au commencement du XI⁰ siècle; il réunit sous son autorité abbatiale, et à titre de dépendances, plusieurs autres communautés qu'il créa dans divers pays, ainsi que d'autres dont il ne fut que le réformateur. La hiérarchie vint donc déjà favoriser leur développement. Ce lien d'unité assura la prépondérance au sein de tant de sociétés qui avaient entre elles si peu de cohésion, de rapports d'intérêts et de besoins. Puis, un autre principe dont l'importance souveraine se fait toujours plus énergiquement sentir, et qui est du petit nombre de ceux qui survivent à toutes les phases sociales, le principe électif fut consacré dans les statuts organiques de l'ordre de Saint-Benoît, dont le monastère de Cluny était le chef. Les premiers actes de la royauté et de la papauté relatifs à son existence furent les chartes expresses confirmatives du roi Louis IV et du pape Jean XI.

La force naissante des monastères dut nécessairement rencontrer dans son application progressive celle de l'épiscopat, qui se servait de l'autorité religieuse comme d'un levier commun. Cette rivalité établit une lutte de plus en plus active et violente, jusqu'à ce qu'enfin la papauté résumât en elle toutes ces tendances vigoureuses de domination, et aspirât à la monarchie ecclésiastique universelle. L'abbaye de Cluny se tourna vers les pontifes pour solliciter leur appui contre les évêques, et les bulles de plus de quarante papes, confirmatives ou amplificatives de ses privilèges, ne lui firent pas défaut. La résistance ne put toutefois être que temporaire. L'évêque de Mâcon, aidé par un concile, soumit l'abbaye de Cluny à son autorité, sous le troisième abbé, saint Odilon, qui avait, au milieu des guerres civiles, fondé la Trève de Dieu et institué la Fête religieuse des Morts, plus tard adoptée dans toute l'Église.

Cependant un fait immense dominait le XI⁰ siècle. C'était le majestueux débat entre le pouvoir pontifical et l'empire d'Allemagne, entre la plus grande forme matérielle et civile accomplie, et les croyances civilisatrices du christianisme.

Le triomphe demeura à celles-ci, tant était fort l'ascendant qu'elles empruntaient de l'opinion publique, éternelle sauvegarde du progrès. Certes, l'homme qui se rencontrait doué d'un génie capable de chercher et d'obtenir ce résultat était grand et devait faire rejaillir quelques rayons de sa gloire sur l'abbaye de Cluny, où il avait vécu sous le nom du moine Hildebrand avant d'être le pape Grégoire VII. Saint Hugues, abbé de la communauté à cette époque, joua un rôle important, soit dans de nombreux conciles, soit dans ses rapports avec les rois, l'empereur et le pape. Deux moines de Cluny furent successivement papes. De cette double élévation résulte la preuve irréfragable de la prépondérance morale du monastère dans le XIᵉ et le XIIᵉ siècle. Ainsi donc, la première croisade, résolue au concile de Clermont, fut encore l'œuvre d'un pape et d'un abbé clunisois. Désormais l'abbaye s'affranchit en droit, comme elle l'était en fait, de l'évêché de Mâcon. Elle jetait dans la chrétienté les fondements de ses monastères. Guillaume le Conquérant proposait de lui soumettre tous ceux de la Grande-Bretagne, ce qu'elle refusa. Son église seule n'était pas en harmonie avec l'éclat de son nom; saint Hugues fonda, en 1089, celle qui devint merveilleuse, moins par l'élégance de ses formes et la richesse de ses ornements, que par ses proportions colossales et la sévérité de son architecture empruntée au style roman, qui avait servi de transition entre l'art antique et le gothique.

Rien ne manquait à l'illustration de l'abbaye; son seul besoin était celui d'une jouissance calme de ses possessions considérables, souvent ravagées par les seigneurs voisins, jaloux et envahisseurs. Sous Pierre le Vénérable, elle atteint le dernier degré d'influence dans les destinées de l'époque. La seconde croisade ayant ouvert l'Asie à ses monastères nouveaux, l'église de Cluny fut à l'apogée de sa gloire et de sa puissance. Alors surgissait un nouvel ordre de choses : l'autorité royale se fortifiait par l'émancipation des communes, qui lui fournissaient des armes contre la féodalité vaincue; les Universités répandaient leur part de lumières et cultivaient les sciences, dont les cloîtres n'étaient plus les uniques dépositaires; les communications lointaines entre les monastères du même ordre n'étaient plus les agents les plus efficaces d'une pensée unitaire et civilisatrice qui se produisait sous un aspect aussi imposant et aussi large que celui d'une guerre religieuse, la seconde croisade. Les ordres militaires, celui des Templiers, le plus célèbre, devaient, en s'établis-

sant, conquérir la suprématie sur les autres. En vain l'abbaye, qui subit le contact de la révolution sociale du XIIᵉ siècle, essaya de ranimer ses splendeurs par des élections d'abbés d'une origine féodale, princière, impériale ou royale; en vain la famille régnante d'Angleterre tenta d'établir un protectorat exclusif et permanent sur le monastère. Quand la royauté nationale eut triomphé de toutes les résistances intérieures et étrangères, et que saint Louis eut acquis le comté de Mâcon, l'abbaye de Cluny vécut quinze années brillantes, s'effaça, et se releva au XIIIᵉ siècle, sous la protection royale. Les sciences occupaient la plus grande place dans le mouvement des esprits; l'abbé Yves de Vergy s'y associa, en 1269, par la fondation, à Paris, de l'illustre collège de Cluny, qui brilla dans les querelles scolastiques du temps. Toutefois, cette manifestation de la vie monastique n'avait pas un long avenir. Philippe le Bel, après avoir été à tour promené le niveau de son autorité absolue sur la féodalité, et sur la tiare, qu'il décernait à une de ses créatures, avait créé le Parlement et les États-Généraux, et porté une rude atteinte aux prérogatives du monastère en laissant le choix de l'abbé à la discrétion du pape. Les droits de justice indépendants furent attribués au Parlement par appel direct, et l'abbé devint de droit conseiller d'honneur. Ainsi s'effaçait l'expression de la souveraineté territoriale du monastère, souveraineté jusqu'alors constatée par le droit de frapper monnaie, avec l'empreinte Cœnobio cluniaco.

L'autorité religieuse n'existait plus en réalité, dès que le roi de France imposait les abbés et disposait des immenses revenus de l'abbaye comme prix des faveurs de cour. Après les croisades arriva la ruine des monastères orientaux; la perte de ceux de Suisse, d'Allemagne et d'Angleterre fut le résultat de la réforme de Luther, qui brisa, au XVIᵉ siècle, l'unité religieuse du catholicisme. L'abbaye ne fut plus qu'une proie offerte à la cupidité ambitieuse des hauts et des puissants. Jean de Bourbon et les princes de la maison de Guise s'en emparèrent tour à tour. Les cardinaux de Richelieu et Mazarin ne dédaignèrent pas d'adjoindre des titres d'abbés à ceux de ministres omnipotents. Le dernier abbé, le cardinal de La Rochefoucauld, présida l'ordre du clergé à l'Assemblée constituante, qui détruisit les ordres monastiques par un décret du 13 février 1790. Toutes leurs possessions accrurent le domaine des biens nationaux. La ville de Cluny, déclarée propriétaire des bâtiments de l'abbaye, fut tellement frappée par les événements de 1793, qu'elle laissa piller, vendre et démolir l'immense église, qui eût été pour elle un magnifique ornement, et pour les arts un précieux héritage.

GUSTAVE POISAT.

ÉTUDES SUR L'ISLAMISME.

TRADITIONS ET LÉGENDES. — MAHOMET ET LE CORAN.

(Troisième article.)

Quel est le code religieux et moral des Orientaux? Le Coran. Quel est leur code civil et criminel? Le Coran. C'est dans ce livre que se trouvent les préceptes de morale et les prescriptions civiles; si l'on enfreint les uns ou les autres, on pèche également contre la religion et la société; et le Coran, qui désigne le crime, en indique le châtiment. Mahomet, en faisant descendre du ciel le Coran, donna une garantie de solidité à l'empire qu'il fondait; en effet, le code religieux et civil des Arabes paraissant venir de Dieu seul, et n'être aucunement l'ouvrage des hommes, tout ce qu'il renferme est pour eux sacré comme son auteur. L'intervention de la Divinité dans les choses terrestres avait déjà été proclamée par les anciens législateurs, qui, tous, avaient voulu obliger les mortels à la scrupuleuse observation des lois autant par un motif de conscience que par la crainte des punitions.

Le mot *Coran* signifie *Écriture*; avec la particule *al*, *l'Écriture*. Les Orientaux n'out de lois écrites que le Coran, et la Sunna qui en est un complément: le premier de ces livres est l'assemblage des chapitres que Mahomet donna successivement au peuple arabe; le second est le récit des principales actions du prophète recueillies par ceux qui en avaient été témoins, c'est-à-dire par ses disciples.

Le Coran se divise en cent quatorze chapitres, que les Arabes nomment *sowars*; et afin que ces chapitres ne puissent être, en aucun temps, ni falsifiés ni altérés, on en a compté non-seulement les lignes, que l'on nomme versets, mais aussi les

lettres; de telle sorte que l'on ne peut y ajouter ni en retrancher un seul mot; chaque bon Musulman doit en savoir exactement le nombre. Tous ces chapitres ont des titres qui n'annoncent point les matières qu'on y traite:

---

* Dans la chapelle du sérail, à Constantinople, gravure qui accompagne ce troisième article sur le Coran, on garde précieusement quelques reliques de Mahomet, sa bannière verte, une de ses robes de camelot noir, deux de ses dents, une partie de sa barbe, l'empreinte de son pied, ainsi que des vases et des armes qui lui ont appartenu. On y conserve aussi un tapis d'adoration d'Abou-Beckr et le turban du calife Omar.

On a dû remarquer que quelques chapitres portent seulement pour titre de simples initiales ; une très-grande partie des chapitres mêmes du Coran commencent par des lettres majuscules séparées, lettres mystérieuses dont personne, en Orient, n'a pu donner encore une explication satisfaisante, et auxquelles cependant les musulmans attribuent les plus surprenantes merveilles. Parmi les commentateurs du Coran, les uns ont dit que ces lettres étaient les initiales de quelques-uns des attributs de Dieu ; les autres ont cru y trouver un témoignage des mérites de Mahomet ou de certains anges ; d'autres enfin ont prétendu y lire la prédiction des principaux événements de ce monde, se fondant sur une tradition d'Ali, qui porte que le Coran contient l'histoire du passé, du présent et de l'avenir. Quant au vulgaire, il ne cherche point à pénétrer ces mystères ; il se contente de répéter qu'apparemment Dieu et Mahomet ont voulu éprouver notre foi. On peut appliquer à ces mots ce que Mahomet avait coutume de dire de certaines prières. Le prophète distinguait deux sortes d'oraisons : les unes qui sont à notre portée ; les autres qui, si elles étaient divulguées, rompraient les artères du gosier.

Tous les chapitres du Coran, excepté le neuvième, ont pour épigraphe ces mots, qui sont la devise des musulmans : « Au nom de Dieu clément et miséricordieux. » Les Orientaux, pour expliquer leur dévotion à cette formule, citent le témoignage de Mahomet : le prophète affirmait que ces paroles pouvaient, seules, faire le salut du genre humain tout entier ; il enviait le bonheur de ceux qui, par leur position, étaient en mesure de les faire répéter aux autres, et il ajoutait qu'en les prononçant on assurait son bonheur et celui de tous les siens. Les musulmans font remonter l'origine de ces mots à Dieu même : « A peine se firent-elles entendre, s'écrie un de leurs docteurs, que les nuages coururent vers l'Orient, et les anges rebelles quittèrent le ciel. » D'autres docteurs ont fait remarquer que les mots « Au nom de Dieu clément et miséricordieux » sont composés, en arabe, de dix-neuf lettres, et que de même qu'il y a dix-neuf démons chargés de présider aux tourments des damnés en enfer, de même les dix-neuf lettres ont été destinées par Dieu à former autant d'armures impénétrables pour les personnes qui les prononcent avec la piété convenable. Les musulmans emploient cette formule en se levant, en se couchant, en s'asseyant, en se mettant à table ; on la retrouve en tête de leurs écrits et des objets qui leur servent habituellement ; en un mot, ils y ont recours dans toutes les actions de leur vie. Ils attribuent la même coutume à Adam, à Noé, à Abraham, à Moïse, à Salomon, à tous les patriarches et à tous les saints, disant que c'est à l'aide de telles paroles que ces grands serviteurs de Dieu parvinrent au degré de vertu qui a fait l'admiration des siècles.

Le Coran fut publié dans l'espace de vingt-trois ans, partie à la Mecque, partie à Médine, et suivant que le législateur avait besoin de faire parler le ciel ; les versets furent écrits sur des feuilles de palmier et sur du parchemin. On les déposait confusément dans un coffre. Abou-Bekr, après la mort de Mahomet, les recueillit en un volume, mais sans ordre, tellement que le dernier chapitre que le Prophète avait fait descendre des cieux est le neuvième du recueil arrangé par Abou-Bekr, et que les premiers versets qui ont été révélés à Mahomet se trouvent en tête du chapitre quatre-vingt-seizième. Ce bouleversement a jeté dans le Coran une confusion qui souvent en obscurcit le mérite ; c'est pourquoi nous allons nous horner à choisir les passages des *sowars* les plus remarquables par la forme et par le fond.

Chap. 2. « Il n'y a point de doute sur ce livre ; il est la règle de ceux qui craignent le Seigneur ; de ceux qui croient aux vérités sublimes, qui font la prière, et versent dans le sein des pauvres une portion des biens que nous leur avons donnés ; de ceux qui croient à la doctrine que nous t'avons envoyée du ciel, et qui sont fermement attachés à la croyance de la vie future. Le Seigneur sera leur guide, et la félicité leur partage. Pour les infidèles, soit que tu leur prêebes ou non l'islamisme, ils persisteront dans leur aveuglement. Dieu a imprimé son sceau sur leurs cœurs ; leurs oreilles et leurs yeux sont couverts d'un voile, et ils sont destinés à la rigueur des supplices. Lorsqu'on leur dit : Ne vous corrompez pas sur la terre, ils répondent : Notre vie est exemplaire. Ils sont des corrupteurs, et ils ne le sentent pas. Lorsqu'on leur dit : Croyez ce que les hommes croient, ils répondent : Suivrons-nous la croyance des insensés ? N'est-ce pas eux qui sont les insensés ? Et ils l'ignorent. O mortels ! adorez le Seigneur, qui vous a créés vous et vos pères ; qui vous a donné la terre pour lit et le ciel pour toit ; qui a fait descendre la pluie des cieux pour produire tous les fruits dont vous vous nourrissez. Si vous doutez du livre que nous avons envoyé à notre serviteur, apportez un chapitre semblable à ceux qu'il renferme ; et si vous êtes sincères, osez appeler d'autres témoins que Dieu. Si vous ne l'avez pu faire, vous ne le ferez jamais.

Craignez donc le feu qui aura pour aliment les infidèles. Annonce à ceux qui croient et qui font le bien qu'ils habiteront les jardins où coulent les fleuves. Là ils trouveront des femmes purifiées, des vierges aux yeux noirs. Ce séjour sera leur demeure éternelle. Les croyants savent que la parole de Dieu est la vérité; cependant les infidèles disent : Pourquoi le Seigneur propose-t-il des paraboles? C'est ainsi qu'il égare les uns et dirige les autres. Mais il n'égare que les impies. Après que Dieu leur a envoyé le Coran, après qu'ils ont reçu ce livre qui leur avait été prédit, ils ont refusé d'y ajouter foi; mais le Seigneur a frappé de malédiction les infidèles. Ils ont malheureusement vendu leur âme pour ne pas croire à celui que le ciel leur envoie; un supplice ignominieux leur est préparé. Dis-leur : Qui se déclara l'ennemi de Gabriel? c'est lui qui, par la permission de Dieu, a déposé le Coran sur ton cœur pour confirmer les livres sacrés venus avant lui, pour être la règle de la foi et remplir de joie les fidèles. Nous t'avons envoyé des signes éclatants; les pervers seuls se refuseront à leur évidence. Quand ils forment un pacte avec Dieu, une partie le rejette. La plupart n'ont point la foi. — Les juifs et les chrétiens se flattent qu'eux seuls auront l'entrée du paradis. Tels sont leurs désirs. Dis-leur : Apportez-en des preuves si vous êtes véridiques. Bien plus, quiconque tournera sa face vers le Seigneur, fera la prière, donnera l'aumône, aura sa récompense auprès de lui et sera exempté des tourments. Ceux à qui nous avons donné le Coran, et qui lisent sa doctrine véritable, ont la foi; ceux qui n'y croiront pas seront au nombre des réprouvés. Nous vous avons envoyé un apôtre de votre nation pour vous prêcher nos merveilles, vous purifier, vous enseigner le livre et la sagesse, et pour vous apprendre ce que vous ignoriez. Rendez-moi des actions de grâces; ne soyez pas ingrats. O croyants! implorez le secours du ciel par la prière et la persévérance. Dieu est avec les patients. Ne dites pas que ceux qui sont tués sous les étendards de la loi sont morts. Au contraire, ils vivent; mais vous ne les comprenez pas. Votre Dieu est le Dieu unique. La miséricorde est son partage. La création des cieux et de la terre, la succession de la nuit et du jour, le vaisseau qui fend les flots pour l'utilité des humains, la pluie qui descend des nuages, les animaux qui couvrent la surface du monde, la vicissitude des vents et des nuages balancés entre le ciel et la terre, sont des marques de la puissance du Très-Haut. — Lorsqu'on presse les infidèles d'embrasser la doctrine que Dieu a révélée, ils répondent : Nous suivons le culte de nos pères. Doivent-ils le suivre si leurs pères ont marché dans la nuit de l'ignorance et de l'erreur ? Les incrédules sont semblables à celui qui entend les sons de la voix sans rien comprendre. Sourds, muets et aveugles, ils n'ont point d'intelligence. Il ne suffit pas, pour être justifié, de tourner son visage vers l'Orient et l'Occident, il faut encore croire en Dieu, au jour dernier, aux anges, au Coran, aux prophètes; il faut, pour l'amour de Dieu, secourir ses proches, les orphelins, les pauvres, les voyageurs, les captifs, et ceux qui demandent; il faut faire la prière, garder sa promesse, supporter patiemment l'adversité et les maux de la guerre. »

Mahomet condamne ensuite un usage ridicule. Quand les Arabes revenaient du pèlerinage de la Mecque, ils se croyaient sanctifiés; et, regardant comme profane la porte par où ils avaient coutume d'entrer dans leurs maisons, ils en faisaient ouvrir une au côté opposé. Aussi le prophète écrit-il : « La justice ne consiste pas à entrer dans vos maisons par derrière, mais à craindre Dieu. Entrez dans vos maisons par la porte, et craignez le Seigneur, afin que vous soyez heureux. — N'épousez point les idolâtres, jusqu'à ce qu'elles aient la foi. Une esclave fidèle vaut mieux qu'une femme libre infidèle, quand même celle-ci vous plairait davantage. Les infidèles vous appellent au feu, et Dieu vous ouvre le paradis. Il est puissant et sage. Dieu est le patron des croyants; il les conduira des ténèbres à la lumière. Le diable est le patron des incrédules; il les conduit de la lumière dans les ténèbres, et ils seront précipités dans un feu éternel. »

Chap. 3. « Il n'y a de Dieu que le Dieu vivant et éternel. C'est lui qui t'a envoyé le livre. Parmi les versets qui le composent, les uns renferment des principes évidents, les autres sont allégoriques. Ceux qui ont du penchant pour l'erreur, s'attachant à ces derniers, formeront un schisme en voulant les interpréter. Dieu seul en a l'explication. Mais les hommes consommés dans la science diront : Nous croyons au Coran; tout ce qu'il renferme vient de Dieu. Ce langage est celui des sages. Que puis-je annoncer de plus agréable à ceux qui ont de la piété que des jardins arrosés par les fleuves, une vie éternelle, des épouses purifiées, et la bienfaisance de l'Éternel qui a l'œil ouvert sur ses serviteurs? Tel sera le partage de ceux qui ont imploré la miséricorde divine dès le matin. La religion de Dieu est l'islamisme. Celui qui professera un autre culte que l'islamisme n'en retirera aucun fruit et sera au nombre des réprouvés. Dieu ne conduit point les pervers; leur récompense sera sa malédiction, celle des anges et celle des hommes. Il en est qui disent : Nous avons fait serment à Dieu de ne croire à aucun prophète, à moins qu'il ne présente une offrande que le feu du ciel consume. Réponds-leur : Vous aviez des prophètes avant moi; ils ont opéré des miracles, celui-là même dont vous parlez. Pourquoi avez-vous teint vos mains dans leur sang? S'ils nient ta mission, ils ont traité de même les prophètes qui t'ont précédé, quoiqu'ils fussent doués du don des miracles. »

Chap. 4. « Dieu a promis aux fidèles qui auront pratiqué la vertu l'entrée des jardins où coulent des fleuves. Ils y demeureront éternellement. Les promesses du Seigneur sont véritables. Ceux qui auront exercé la bienfaisance et professé l'islamisme entreront dans le paradis et ne seront point trompés. Quelle religion plus sainte que l'islamisme? quoi de plus agréable au Seigneur que de tourner son front vers lui, et de faire le bien? Dieu est le souverain des cieux et de la terre. Il a prédit dans le Coran que lorsqu'on expliquera sa doctrine, la plupart ne croiront point et s'en moqueront. Ne vous asseyez point avec ceux qui tiendront cette conduite. En les fréquentant, vous deviendriez semblables à eux ; et Dieu rassemblera dans l'enfer l'impie et l'infidèle. »

Chap. 5. Dans ce chapitre du Coran, Mahomet recommande à ses sectateurs de fuir la société des juifs et des chrétiens : « Ils font de votre culte l'objet de leurs railleries, s'écrie-t-il. Ne vous liez point avec ceux qui se moquent de la prière à laquelle on les invite. Ils sont dans l'ignorance. — Les juifs incrédules ont été maudits par la bouche de David et de Jésus, fils de Marie ; rebelles et impies, ils ne cherchaient point à se détourner du crime. Malheur aux forfaits dont ils sont coupables! La plupart d'entre eux sont pervertis. — O croyants! le vin, les jeux de hasard, les statues et le sort des flèches sont une abomination inventée par Satan : abstenez-vous-en si vous ne voulez devenir pervers. » Ce dernier verset a été souvent interprété. Des commentateurs du Coran pensent que le prophète défend seulement l'excès du vin, et qu'il est permis d'en boire, pourvu que l'on ne s'enivre pas. D'autres croient que la défense est absolue. L'historien Jahia affirme que Dieu détournera pendant quarante jours ses regards du mahométan qui aura bu du vin, et que s'il s'est enivré le Seigneur ne recevra son repentir qu'après quarante autres jours.

Si le coupable meurt pendant cet espace de temps, il sera traité comme les idolâtres, et abreuvé de poison.

Chap. 6. L'Éternel continue de s'adresser à Mahomet : « Quand même nous t'aurions envoyé un livre écrit, les infidèles, en le touchant de leurs mains, se seraient écriés : C'est une imposture. Si un ange, disent-ils, ne vient pas accompagner le prophète, nous ne croirons point. Quand Dieu en ferait descendre un du ciel, ils resteraient incrédules. Leur perte est certaine. Nous savons que leurs discours t'affligent. Ils ne t'accusent pas d'imposture, mais les impies nient la doctrine divine. Les prophètes qui t'ont précédé furent aussi accusés de mensonge; ils souffrirent patiemment l'injustice des hommes jusqu'à ce que nous vînmes à leur secours; car la parole de Dieu est infaillible. Tu sais leur histoire. Les idolâtres porteront le fardeau de leurs crimes ; malheureux fardeau! » — Les musulmans sont persuadés que lorsque l'infidèle sortira du tombeau, le mal qu'il aura fait pendant la vie s'offrira à ses yeux sous une forme hideuse. A une figure hideuse, à un souffle empesté, ce monstre joindra l'outrage des discours. Épouvanté de son aspect, l'infidèle lui dira : Quel est ton nom? — Je suis le mal que tu as commis, répondra aussitôt le monstre. Dans le monde je te portais; tu vas me porter à ton tour. Soudain il montera sur ses épaules.

Mahomet parle ensuite aux Arabes : « Quoi de plus impie que de faire Dieu complice des mensonges? s'écrie-t-il ; quoi de plus impie que de s'attribuer des révélations qu'on n'a point eues? que de dire : Je ferai descendre un livre semblable au Coran, le livre que Dieu a envoyé? Voyez les pervers dans les angoisses de la mort, lorsque l'ange, étendant son bras sur eux, prononcera ces mots : Rendez-moi vos âmes; aujourd'hui vous allez subir un supplice ignominieux , digne prix de vos blasphèmes! — Dieu sépare le grain de l'épi, le noyau de la datte, et l'aurore des ténèbres; il fait sortir la vie de la mort et la mort de la vie; il a établi la nuit pour le repos. C'est lui qui a placé les astres au firmament pour vous conduire à travers l'obscurité sur la terre et sur les mers. Le sage voit dans tout l'univers l'empreinte de sa puissance. C'est lui qui fait descendre la pluie pour féconder les plantes, qui couvre le sol de verdure, qui fait croître les palmiers et leur fruit suspendu en grappes; vous lui devez ces raisins, ces olives, ces grenades qui enrichissent vos jardins. Considérez la naissance, la maturité des fruits, et, si vous avez la foi, vous y reconnaîtrez la puissance du Très-Haut. Les im-

CHAPELLE DU SÉRAIL, A CONSTANTINOPLE.

pies lui donneront-ils pour égaux des dieux qui ne sauraient rien créer, qui ont été créés, qui sont incapables de les aider et de s'aider eux-mêmes? Appelez-les au chemin du salut, ils ne vous suivront point. Priez-les, et qu'ils vous exaucent, si votre culte est véritable! Ont-ils des pieds avec lesquels ils puissent marcher, des mains pour saisir, des yeux pour voir, des oreilles pour entendre? Ne croyez pas que je les craigne. J'aurai pour protecteur celui qui a fait descendre le Coran. Il protège les justes. Les idoles à qui vous offrez votre encens ne peuvent vous secourir : elles ne sauraient se secourir elles-mêmes. Vous voyez leurs yeux tournés vers vous, mais elles ne vous aperçoivent pas. »

Ou ne saurait trop le répéter, la religion de Mahomet est beaucoup moins absurde qu'on ne l'a cru jusqu'ici ; un grand nombre d'opinions étranges furent supposées au moyen-âge par les chrétiens de l'Occident. Le mahométisme se réduit à faire croire qu'il n'y a qu'un Dieu créateur de l'univers, et que Mahomet est son prophète. Malgré les graves erreurs qu'elle renferme, cette religion n'en est pas moins sublime en la comparant au culte que Mahomet abolit en son pays, et à celui des deux grands peuples de l'antiquité, les Grecs et les Romains, qui, ayant adopté le polythéisme, avaient des divinités aussi ridicules qu'obscènes.

Les *chap.* 8 et 9 du Coran proclament la nécessité de la vengeance : « L'incrédule qui refuse de croire à l'islamisme est plus abject que la brute aux yeux de l'Éternel. Ceux qui violent le pacte qu'ils ont contracté avec toi n'out point la crainte du Seigneur. Si le sort des armes les fait tomber entre tes mains, épouvante par leur supplice ceux qui les suivent, afin qu'ils y songent. Traite-les comme ils agissent, parce que Dieu hait les trompeurs. Unissez vos efforts, rassemblez vos chevaux, pour jeter la terreur dans l'âme des ennemis de Dieu, qui sont les vôtres. O Prophète! la protection de Dieu est un asile suffisant pour toi et les fidèles; encourage les croyants au combat; vingt d'entre eux terrasseront deux cents infidèles; cent en mettront mille en fuite, parce que les idolâtres n'out point la foi. Dieu est savant et sage.

« Annoncez aux infidèles des supplices douloureux ; les mois sacrés écoulés, mettez-les à mort partout où vous les rencontrerez; assiégez leurs villes, tendez-leur des embûches de toutes parts. S'ils se convertissent, s'ils accomplissent la prière, laissez-les en paix. Le Seigneur est indulgent, clément et miséricordieux. S'ils ont l'a-

vantage sur vous, ni les liens du sang, ni la sainteté de leur alliance ne pourront les empêcher d'être parjures. Ils ont vendu la doctrine du Coran pour un vil intérêt; toutes leurs actions sont marquées au coin de l'iniquité. Refuseriez-vous de combattre un peuple parjure qui s'est efforcé de chasser votre apôtre? le craindriez-vous? Mais la crainte de Dieu ne doit-elle pas être plus forte, si vous êtes fidèles? Attaquez-les ; Dieu les punira par vos mains ; il les couvrira d'opprobre, et fera grâce à qui il voudra, puisqu'il est puissant et sage.—L'entrée du temple saint doit être interdite aux idolâtres; l'irréligion qu'ils professent les en rend indignes. Leurs œuvres sont vaines, et le feu sera leur demeure éternelle. Mais ceux qui croient en Dieu et au jour dernier visiteront son temple. Pensez-vous que ceux qui se promènent autour des saints lieux ont un mérite égal au croyant qui défend la foi les armes à la main? Le Seigneur attache à leurs œuvres un prix différent. Les croyants qui s'arracheront du sein de leurs familles pour se ranger sous les étendards de Dieu, sacrifiant leurs biens et leurs vies, auront les places les plus honorables dans le ciel. Dieu leur promet sa miséricorde; ils seront l'objet de ses complaisances, et ils habiteront les jardins de délices où ils goûteront d'éternels plaisirs, parce que les récompenses du Seigneur sont magnifiques. O croyants! cessez d'aimer vos pères, vos frères, s'ils préfèrent l'incrédulité à la foi. Si vos pères, vos enfants, vos frères, vos épouses, vos parents, les richesses que vous avez acquises, le commerce dont vous craignez la ruine, vos habitations chéries, ont plus d'empire sur vos cœurs que Dieu, son Envoyé et la guerre sainte, attendez le jugement du Très-Haut. Il n'est point le guide des prévaricateurs.—Les idolâtres sont immondes. Qu'ils n'approchent plus du temple de la Mecque après cette année. Combattez ceux qui ne croient point en Dieu, qui ne défendent point ce que l'Éternel et le Prophète ont interdit; combattez-les jusqu'à ce qu'ils soient soumis. Dieu n'éclaire point les impies. Prédis à ceux qui entassent l'or dans leurs coffres, et qui refusent de l'employer pour le soutien de la foi, qu'ils subiront des tourments douloureux; un jour, cet or, rougi dans le feu de l'enfer, sera appliqué sur leurs fronts, sur leurs côtes et sur leurs reins; puis, on leur dira : Voilà les trésors que vous aviez amassés, jouissez-en maintenant! — O croyants! si vous ne marchez au combat, Dieu vous punira sévèrement; il mettra à votre place un autre peuple, et vous ne pourrez suspendre sa vengeance, parce que sa puissance est

40

infinie. Jeunes et vieux, sacrifiez vos richesses et vos vies pour la défense de la foi. Il n'est point pour vous de plus glorieux avantage. Si vous saviez! — Les impies s'unissent pour commander le crime et abolir la justice; leurs mains sont fermées pour l'aumône; ils oublient Dieu, dont ils sont oubliés parce qu'ils sont prévaricateurs. Dieu a promis aux scélérats et aux infidèles le feu de l'enfer. Ils y expieront leurs forfaits, chargés de sa malédiction et dévorés par des tourments éternels. — Les fidèles, au contraire, forment une société d'amis. Ils font fleurir la justice, proscrivent l'iniquité, sont assidus à la prière, paient le tribut, et obéissent à Dieu et à son Envoyé. Ils obtiendront la miséricorde du Seigneur, parce qu'il est puissant et sage; il leur destine des jardins arrosés par des fleuves. Introduits dans les délicieuses demeures d'Eden, ils jouiront éternellement des grâces du Seigneur, et goûteront la volupté suprème. — O Prophète! combats les incrédules et les impies; traite-les avec rigueur. L'enfer sera leur demeure. Ceux qui blâment les aumônes des fidèles généreux, de ceux qui n'ont pour vivre que le fruit de leurs travaux, et qui se moquent de leur crédulité, seront l'objet de la risée de Dieu et la victime de ses tourments. En vain tu implorerais soixantedix fois pour eux la miséricorde divine. Dieu ne leur pardonnera point. Les aumônes doivent être employées pour le soulagement des pauvres, des indigents, de ceux qui les recueillent, de ceux qui sont résignés à la volonté de Dieu, pour la rédemption des captifs, pour secourir ceux qui ont des dettes, pour les voyageurs et pour le soutien de la guerre sainte. Telle est la distribution prescrite par le Seigneur. Il est savant et sage. — Le Prophète et les croyants ne doivent point intercéder pour les idolâtres, fussent-ils leurs parents, lorsqu'ils savent qu'ils sont ensevelis dans l'enfer. Combattez vos voisins infidèles. Qu'ils trouvent des ennemis implacables, et souvenez-vous que le Très-Haut est avec ceux qui le craignent. »

On voit tout ce que ces passages renferment de nobles pensées et d'impitoyables prescriptions. Mahomet veut effrayer ses ennemis pour les rattacher à sa croyance; il ne cesse de leur promettre des récompenses infinies dans les jardins qu'arrosent des fleuves, récompenses qui devaient avoir tant d'attraits pour ces peuplades du désert qui campent au milieu des sables brûlants, privées de l'onde limpide des sources et des rivières. C'est ce qui explique pourquoi, en temps de guerre, quand il est fanatisé par ses chefs pour un motif vrai ou supposé de religion, quand il se

croit menacé dans son existence territoriale, l'Arabe est cruel, féroce; il devient d'autant plus capable de se porter aux plus grands excès, qu'il les commet par obéissance à la loi du Coran. L'Arabe reçoit les principes du Coran pour ainsi dire avec sa première nourriture; aussi deviennent-ils la règle de toutes ses idées, le mobile de toutes ses actions. Par le Coran, il affronte la mort avec une résignation surprenante; sa croyance lui montre une éternité plus heureuse que la vie terrestre; il s'élance vers cet avenir sans regret du présent. Mais si cette croyance fait taire en lui l'instinct, naturel à l'homme, de sa conservation, à quels excès peut-elle le conduire quand elle prononce l'extermination de ce qui lui est étranger! c'est ce qui arrive pour ce peuple dans les guerres de religion. Le Coran, qui renferme à beaucoup d'égards des principes de morale dignes d'éloges, prescrit, dans ces sortes de guerre, le massacre des ennemis de la foi musulmane. De là dérivent tous les excès que commettent les Orientaux. Chaque musulman est obligé de se battre à outrance contre les infidèles si la guerre vient à se déclarer; autrement il serait non-seulement privé des jouissances promises par le Prophète à ceux qui meurent pour la foi, mais il encourrait sa propre damnation. Cette persuasion développe un courage fanatique qui va jusqu'à la fureur.

Chap. 10. « Lorsque nous leur dévoilons l'islamisme, les incrédules disent : Apporte-nous un autre Coran ou change celui-ci. Réponds-leur : Je ne puis rien changer; je n'écris que ce qui m'est révélé. Si je désobéissais à Dieu, j'aurais à craindre le supplice du grand jour. Dis-leur : Si Dieu eût voulu, je ne vous aurais point lu ses commandements, je ne vous les enseignerais pas. N'ai-je pas vécu au milieu de vous un grand nombre d'années? Les impies ne prospéreront point. Ils rendent des honneurs divins à des idoles qui ne peuvent leur nuire ni les secourir, et ils disent : Voilà nos protecteurs auprès de Dieu. Anathème contre leurs dieux chimériques! — Le Coran est l'ouvrage de Dieu; il confirme la vérité des écritures qui le précèdent, il en est l'interprétation; on n'en saurait douter. Le souverain des mondes l'a fait descendre des cieux. Direz-vous que Mahomet en est l'auteur? Réponds-leur : Apportez un chapitre semblable à ceux qu'il contient, et appelez à votre aide tout autre que Dieu, si vous êtes véridiques. (Mahomet avait déjà proposé ce défi, et il le renouvelle plusieurs fois encore dans la suite du *Coran*). Ils accusent de fausseté un livre dont ils ne comprennent pas la doctrine et dont ils n'ont pu voir l'accomplissement. Le Seigneur connaît les hommes corrompus. S'ils t'accusent de mensonge, dis-leur : J'ai pour moi mes œuvres. Que les vô-tres parlent en votre faveur. Vous ne serez point responsables de ce que je fais, je suis innocent de ce que vous faites. Il en est qui écouteront ta doc-trine; mais peux-tu faire entendre les sourds? ils sont privés d'intelligence. D'autres attacheront sur toi leurs regards; mais peux-tu éclairer les aveugles? leurs yeux sont fermés à la lumière! »

Chap. 16. « Je connais leurs discours : Un homme, disent-ils, dicte le Coran à Mahomet. Celui qu'ils soupçonnent parle *une langue étran-gère*, et l'arabe du Coran est pur et élégant. »

Il faut savoir que Mahomet fut accusé à plu-sieurs reprises de se faire instruire par des hom-mes et non par des anges. Quelques écrivains prétendent qu'un chrétien, nommé Caïn, visitait de temps en temps le Prophète; quelques autres croient que c'était un esclave chrétien qui était libraire; ceux-ci affirment que c'était un musul-man, du nom d'Aïch; ceux-là disent que deux armuriers de la Mecque, Habert et Infert, s'é-taient chargés de ce soin. En effet, lorsque Ma-homet passait devant leur maison, il entrait chez eux, et ils lui lisaient le Pentateuque et l'Évan-gile. La majorité des commentateurs du Coran s'accordent à penser que ces paroles, *une langue étrangère*, désignent le persan Salman, dans le-quel Mahomet avait une confiance extrême. Quoi qu'il en soit, il est vrai que le style du Coran est très-pur, très-élégant, car il est écrit dans le dialecte de la tribu des Loreishs, le plus poli, le plus noble des dialectes arabes. Le Coran est re-connu pour le modèle du langage en Arabie, et les musulmans les plus orthodoxes croient, fondés sur le Coran même, que ce style ne saurait être imité par aucun écrivain humain. Ils regardent cette perfection du style, au-dessus des forces de l'homme, comme un miracle permanent, plus grand que celui de la résurrection d'un mort, miracle qui, seul, est suffisant pour convaincre le monde de l'origine céleste du livre; et c'est à ce miracle que Mahomet en appela pour confir-mer sa mission. Il défia publiquement l'homme le plus éloquent de l'Arabie (qui, de son temps, fourmillait de gens dont la seule étude et toute l'ambition étaient d'exceller dans l'élégance de la composition et du style) de faire un seul chapi-tre qui pût être comparé au Coran. On cite à ce sujet un fait assez curieux : Un poème d'Abid, un des plus grands poètes de l'Arabie et le con-temporain de Mahomet, ayant été affiché sur la porte du temple de la Mecque, honneur qu'on ne faisait qu'aux ouvrages les plus estimés, il ne se trouva aucun autre poète qui osât produire une composition pour être mise en concurrence avec l'ouvrage d'Abid. Mais le second chapitre du Co-ran ayant été placé à côté de ce poëme, Abid lui-même, quoiqu'il fût alors idolâtre, fut trans-porté d'admiration à la lecture des premiers ver-sets; il professa sans retard la religion qui y était enseignée, déclarant que de telles paroles ne pouvaient venir que d'une personne inspirée par un être surhumain.

L'étendue des citations nous oblige de ren-voyer à un quatrième article la fin de l'analyse et de l'examen du *Coran.*

De COURTENAY.

HENRY SUNDERLAND.

Le 23 janvier 18.., plusieurs personnes se trouvaient réunies chez le libraire Burnet, l'un des éditeurs en vogue de la ville de Londres. La conversation était des plus épigrammatiques, et la politique en faisait tous les frais. A la manière dont les ministres whigs et leurs prédécesseurs tories étaient traités, aux sarcasmes sanglants qui pleuvaient sur eux, il était facile de s'aperce-voir que les amis de Burnet appartenaient tous au radicalisme et au radicalisme pur. La célèbre librairie était habituée à cette liberté et à cette hardiesse de langage, et dès que l'entretien sé portait sur les affaires du jour, on pouvait être sûr que la grande voix de la démocratie y domi-nerait toutes les autres. L'éditeur Burnet, connu par le rigorisme et l'inflexibilité de ses princi-pes, ne recevait guère chez lui que les représen-tants de l'opinion radicale, et il n'y avait rien de surprenant que, le soir dont nous parlons, la conversation eût pris une physionomie presque séditieuse.

Cependant, après quelques mots du repré-sentant de W... à propos d'un vote impor-tant qu'on demandait à la chambre des com-munes, et des prochaines hostilités qui allaient éclater entre celle-ci et la chambre des lords, le petit club se sépara, et Burnet resta seul avec un homme jeune encore qui n'avait pris qu'une faible part à la conversation de ses amis les ra-dicaux.

— Braves gens! s'écria le libraire quand ils

furent sortis ; braves gens, sur mon honneur!
on ne peut désespérer d'une nation tant qu'il
lui reste des hommes de cette trempe. Mais
comme vous êtes grave et sérieux, mon cher
Henry! Vous avez à peine dit un mot ce soir,
et Dieu sait pourtant si le sujet vous allait!
Qu'avez-vous? en vérité, vous êtes plus sombre
que Peel, le jour où la majorité lui fait dé-
faut.

— Cela n'a rien qui doive beaucoup vous in-
quiéter. Vous savez bien que je suis souvent
ainsi; je n'ai même aujourd'hui aucune raison
d'être sombre. Il y a des moments où l'on est
triste sans motif.

— Allons, c'est le démon poétique qui vous
tourmente.

— Oh! voici quelque temps qu'il me laisse
tranquille. Mais vous vous plaignez que j'aie à
peine parlé avec nos amis des communes ; le
grand mal! ils parlent infiniment mieux que
moi, et j'ai pris plaisir à les écouter.

— Soit. Vous écrirez ce que vous n'avez pas
dit. Si ces messieurs parlent mieux que vous,
vous écrivez mieux qu'eux. Personne n'y perdra.
A propos, je vous ai prié de passer chez moi
pour vous remettre quelques livres sterling qui
vous reviennent de votre dernier pamphlet. Sa-
vez-vous qu'il a fait merveille, et que l'édition
s'écoule à vue d'œil! C'est à peine s'il m'en reste
encore une centaine d'exemplaires. A vous la plus
grande part d'honneur, Henry, à vous qui avez
trouvé dans votre cœur des hymnes magnifiques
pour dire les misères du présent et les mysté-
rieuses grandeurs de l'avenir! à vous qui avez
eu tant de pleurs pour les nations esclaves, tant
de haine, de mépris et de malédictions pour
leurs tyrans! Votre nom est sacré maintenant
par la sympathie du peuple. Vous êtes le poète
de sa prédilection; et, grâce à vous, je suis devenu
son libraire. Courage donc, nous sommes en bon
chemin!

Quand Burnet eut remis au poëte le rouleau
qu'il lui avait annoncé, celui-ci ne tarda pas à
sortir. Il laissa le libraire à ses rêves d'avenir,
et il se mit à marcher rapidement dans les rues de
Londres. Il était onze heures du soir. La foule
était grande encore dans les quartiers qu'il tra-
versa. Il fendait avec impatience ces flots de pas-
sants qui retardaient sa marche. Il semblait qu'il
se rendît à un rendez-vous d'où sa fortune et sa
vie dépendaient, et qu'un seul instant de retard
pût lui devenir fatal. Il marchait comme emporté
par une puissance irrésistible, heurtant vingt
personnes, sans donner la moindre attention à
l'éclat de leur mauvaise humeur. Enfin, arrivé
dans une petite rue dont toutes les boutiques
étaient fermées, rue étroite et sombre, il s'ar-
rêta devant la seule maison qui jetât de ses fenê-
tres quelque lumière, regarda à droite et à
gauche, comme pour voir si nul ne le suivait,
puis il entra.

Il fut introduit, par un valet à livrée, dans de
vastes appartements où se trouvait réunie une
société plus nombreuse que celle du libraire Bur-
net; il ne salua personne, ne parla à personne,
et, après avoir parcouru d'un regard rapide la
salle où il était, comme pour s'assurer encore
de son incognito, il s'assit. C'était pour s'asseoir
à une table de jeu que le poëte avait couru si
vite.

Les parties étaient animées cette nuit-là. Des
sommes considérables couvraient le tapis vert, un
grand silence régnait dans l'assemblée, et la voix
basse du chef de partie qui annonçait les cartes
s'entendait seule. Nulle exclamation de joie ou
de dépit ne partait des rangs de l'assistance, et
il était aisé de voir que la banque n'avait affaire
qu'à des habitués expérimentés, chez lesquels nul
sentiment ne se trahissait. La fortune venait sans
qu'on sourît à sa venue, elle s'en allait sans qu'on
maudît son infidélité. Les joueurs étaient habi-
les, bardis, et presque tous avaient ce sang-froid
impassible qui est le signe caractéristique du vrai
joueur.

L'ami de Burnet, qui avait marché haletant,
éperdu, vers ec repaire à moitié fashionable, ne
tarda pas à se mettre à la hauteur de ses collè-
gues pour la froide impassibilité et le maintien
dédaigneux. Une fois assis, sa respiration reprit
son calme habituel, et il suivit le jeu quelques
instants sans s'y mêler. La lumière d'une lampe
donnait sur son large front pâle, et si l'or n'eût
été là qui attirait tous les regards concurrem-
ment avec la carte, assurément on se fût inté-
ressé à l'examen de cette figure belle et passion-
née sur laquelle un observateur eût pu lire tant
de choses. Elle n'avait presque rien du type an-
glais. L'ensemble était une âpre sévérité. Des
sourcils épais, et cependant d'une merveilleuse
régularité, des cils longs et noirs voilaient l'ex-
pression énergique de ses yeux, qui éraient d'un
bleu sombre, et contrastaient avec les boucles
soyeuses et délicates d'une chevelure blonde. Ses
joues amaigries étaient pâles comme le front. La
satire et le sarcasme passaient sur ces lèvres
minces au sourire contenu et railleur. Mais bien-
tôt les traits caractéristiques se fondirent sous une
impression unique, le jeu; le poëte ne lit pas

plus attention à tous ces hommes assis à la même table, que ceux-ci n'avaient fait attention à lui. C'est au jeu qu'il appartenait maintenant. Sa pensée était là et ne se partageait point. Il jeta une pièce sur le tapis, et gagna; une autre, il gagna encore. Plusieurs coups de suite la fortune lui fut favorable, mais les gains étaient minimes; à chaque fois il n'avait hasardé qu'une seule pièce. Un moment il s'arrêta, puis il en jeta plusieurs. Adieu la chance! En cinq parties le râteau du banquier avait dévoré la somme entière de l'honnête Burnet. Le poëte fouilla vainement dans toutes ses poches, emporté par cet instinct stupide du joueur qui cherche toujours de l'or, quelque certain qu'il soit que sa dernière pièce vient de s'envoler. Plus rien!

Il se leva et s'enfuit.

Quand le poète rentra chez lui, le watchman criait une heure du matin.

— Eh quoi! dit-il en ouvrant la porte de sa chambre et en apercevant la blonde tête d'une jeune fille penchée sur un livre depuis longtemps ouvert à la même page, eh quoi! vous veillez encore, Lucy?

— Je vous attendais. Quand vous êtes loin de moi, et à de pareilles heures, puis-je songer au repos? Je crains toujours qu'il ne vous arrive malheur dans ces rues de Londres, où se commettent tant de vols et d'assassinats. Pourquoi donc rentrez-vous si tard? Eh! mon Dieu, Henry, comme vous êtes pâle!

— Oh! ce n'est rien. Je suis un peu fatigué. Une longue conversation, des discussions animées... un projet de poëme pour Burnet... J'ai été retenu longtemps; ma tête est lourde. Ah... notre cher libraire, continua-t-il d'un air dégagé, tu ne sais pas, cet argent qu'il devait me donner aujourd'hui... eh bien! il est forcé de me le faire attendre encore quelques jours. Quel ennui! mais il pense que la semaine ne se passera pas sans que les fonds lui viennent. Sa volonté est excellente à ce cher Burnet; il est fâcheux que la volonté ne suffise pas; à l'impossible nul n'est tenu.

— C'est un malheur! Vous savez, Henry, que cet argent avait une destination sacrée...

— Ne t'inquiète pas, reprit le poète, devenu tout à coup sérieux, ne t'inquiète pas, j'arrangerai cela. Nous avons encore du temps devant nous...

— Que Dieu veuille comme vous voulez!

Or, cet homme qui venait de perdre au jeu une somme dont la destination était sacrée, cet homme qui venait de mentir comme un lâche, c'était le poëte Henry Sunderland, l'une des gloires incontestées de la vieille Angleterre. Cet homme qui n'avait rien dit dans la petite réunion radicale du patriote Burnet, qui s'était sauvé, dans l'emportement de sa furieuse passion, jusqu'à cette tanière où l'on entre en se cachant comme un voleur; cet homme qui aurait donné plusieurs années de sa vie et la moitié de sa haute réputation pour être, ce soir-là, l'intime d'un de ces joueurs douteux qui eût voulu lui prêter vingt livres sterling; cet homme qui se déshonore par le mensonge en accusant presque son ami; cet homme chez qui le jeu avait éteint déjà les nobles instincts, les généreuses inspirations et le respect de soi-même; cet homme, Henry Sunderland, c'était l'amour et l'espoir des âmes ardentes qui rêvaient, par l'intelligence et le dévouement, l'émancipation de l'Angleterre. C'était le prince des poëtes bretons voués à la cause de l'égalité! Sa parole avait soufflé dans le peuple la foi et l'enthousiasme de l'avenir.

Henry Sunderland consolait le peuple de ses misères en lui montrant quelles vengeances la Muse commençait à tirer de ceux qui l'opprimaient; et quand il descendait des hauteurs de la satire sociale pour s'attaquer aux individus, quelle verve, quelle acrimonie, quelle bonne et sévère justice! B... sortait de la chambre des communes, écrasé de sa lourde éloquence et du poids de sa récente trahison, pour monter au Calvaire où le poëte le clouait en croix. Rien n'échappait au fouet du hardi pamphlétaire. Mais sa lyre avait une corde qui ne rendait que des sons déchirants et terribles comme le râle des mourants. Il avait pris en main la cause de l'Irlande, et quand il parlait d'elle, c'était avec les larmes douloureuses, avec des cris de colère, avec de sublimes imprécations. Il la secouait dans son sépulcre, et lui disait de se lever, de cesser ses prières d'agonisante pour réclamer par les armes ce que les prières ne pouvaient obtenir. C'était le poétique O'Connell de l'Irlande, la grande affligée entre les nations.

Plusieurs mois s'étaient passés depuis la soirée qui avait commencé chez Burnet pour finir par le jeu et le mensonge, et aucun pamphlet de Sunderland n'avait vu le jour. Le public n'était pas habitué à un aussi long silence de la part de son auteur favori, dont la fécondité était devenue proverbiale. Les uns le disaient malade, d'autres en voyage sur le continent. On n'entendait plus parler de lui. Depuis longtemps aucune feuille n'avait prononcé son nom, et la croyance la plus générale était qu'il faisait son *tour* de France et d'Italie. On pensait qu'il en rapporterait de nouvelles inspirations, et l'Angleterre attendait impatiemment que l'étranger lui renvoyât son poëte.

Telles étaient les suppositions des oisifs de Londres, lorsqu'un jour parut, en tête des colonnes d'un petit journal, un article portant en lettres ultrà-capitales : A M. HENRY SUNDERLAND, POETE.

L'article était ainsi conçu :

« Votre silence, Monsieur, était regardé par les amis des lettres et de la liberté comme une calamité publique. Nous nous en affligions avec eux et nous demandions au ciel qu'il rendît au peuple son poëte d'adoption, lorsque se sont répandus des bruits qui tendent à faire considérer votre silence non plus comme un malheur national, mais comme une honte pour vous. On se dit en rougissant que votre Muse, cette noble fille que nous avons entourée de tant d'amour et de respect, vous l'avez conduite pieds et poings liés chez le lord de la Trésorerie, et que là vous avez conclu un marché infâme au prix duquel vous l'avez livrée. C'est depuis lors que vous vous êtes tu. Je me trompe, le poëte a fini et le prosateur a commencé : on vous signale comme l'auteur d'une brochure anonyme essayant la justification des derniers massacres qui ont eu lieu dans un pauvre district d'Irlande, et des mesures militaires qui ont resserré ce malheureux pays dans un étau de fer. Ces bruits injurieux à votre honneur se répandent publiquement. C'est sous une forme dubitative que ces choses se disent : eh bien, moi, Monsieur, je vous déclare que ces choses sont vraies. Démentez-moi, si vous l'osez. »

Rien ne peut se comparer à la sensation que produisit cet article. A Londres et dans toute l'Angleterre, ce fut un cri unanime d'étonnement et de colère. Beaucoup cependant refusèrent de croire à cette honteuse révélation d'un scandale jugé impossible. Mais bientôt le doute ne fut plus permis. Le poëte lui-même se justifia par la presse, et sa justification n'était autre que l'aveu hautain de cette brochure qu'on lui reprochait. Les derniers événements arrivés en Irlande l'avaient effrayé, écrivait-il; il n'avait jamais entendu prêcher dans ses vers de pareils désordres. Il se ralliait donc ouvertement aux mesures énergiques que le gouvernement avait cru devoir prendre. Ce qu'il appelait sa justification se terminait même par des menaces contre ses anciens amis.

C'en était donc fait, et pour jamais, du poëte populaire! Il était devenu l'écrivain officiel de la Trésorerie.

Comment cette défection avait-elle été amenée, c'est ce qu'il fut difficile de savoir exactement. Le bruit le plus accrédité, c'était que la situation critique de ses affaires l'avait fait accéder aux propositions signalées par le petit journal. Dans les maisons de jeu qu'il fréquentait, et où il avait quelquefois le désagrément de ne connaître personne, il aurait été reconnu par les espions de la police qui auraient fait leur rapport en haut lieu, et on se serait ainsi hasardé à lui soumettre des offres qu'il aurait acceptées.

Mais qu'était devenu Henry Sunderland après une affaire dont le retentissement avait été si grand? Il avait changé de logement, et il eût fallu s'informer auprès de la haute police pour connaître son adresse. On raconte qu'il vivait dans une solitude profonde, et qu'il s'occupait à traduire Pope, qui a traduit Homère. Lucy, qui avait été la compagne de sa vie de privations, a refusé de partager l'aisance dont elle aussi a soupçonné la source impure. Le traître partout est seul.

Un jour cependant il arriva que le poëte déchu reçut une visite à laquelle il était loin de s'attendre. —Un homme dont la verte vieillesse n'accusait que cinquante années, mais qui était plus vieux de dix ans, et dont les habits confortables annonçaient un riche campagnard, avait, durant une semaine entière, vainement cherché la demeure de l'ancien apôtre de l'Irlande. A l'obstination qu'il mettait à parcourir tous les quartiers de Londres, s'informant partout, dans les hôtels et dans les tavernes, du célèbre Henry Sunderland, il fallait qu'il eût un grand intérêt à le trouver. Mais il n'y parvenait pas. Le poëte avait quitté le logement qu'il habitait pendant ses jours de gloire et de misère, comme un débiteur qui fuit les gardes du commerce, sans donner sa nouvelle adresse, et l'infortuné campagnard avait beau frapper à toutes les portes des grands établissements de Londres, on lui riait au nez. Il avait eu le dévouement d'aller interroger les concierges de chaque théâtre pour savoir si Henry ne serait pas l'un de leurs habitués; les concierges répondaient *inconnu* aux questions désespérées qu'il leur adressait. Il se persuada que celui qu'il cherchait avait quitté Londres, et il se décidait à regagner son cher comté de Derbyshire, après avoir fait inutilement tant de courses, lorsqu'il vint à penser que la police, qui sait tant de choses, pourrait bien savoir la demeure de Sunderland.

Quand il eut déclaré ses nom, prénom et qualité, George Churchill, oncle de sir Henry, le bureau des renseignements lui donna aussitôt l'adresse après laquelle il avait couru avec tant d'ardeur.

Le respectable George Churchill était connu dans le Derbyshire par l'âpreté de ses opinions ultrà-tories. C'était l'électeur influent d'un bourg-pourri qui nommait invariablement les conservateurs les plus décidés, et ces élections faisaient son bonheur et sa gloire. Avec de pareilles idées, on concevra facilement que la plus grande douleur de George Churchill ait été, après la mort de sa femme, le radicalisme avancé où s'était engagé son neveu Henry Sunderland. Chaque triomphe du poëte, dont le bruit arrivait jusqu'à lui par les journaux de Londres, lui brisait le cœur, et il pleurait amèrement sur cet esprit impétueux et insensé qui déshonorait la réputation de bon sens et de torysme, héréditaire dans la race des Sunderland et des Churchill. Mais ce profond chagrin ne l'empêchait pas de mener habituellement bonne et joyeuse vie.

George Churchill avait plusieurs points de ressemblance avec l'original Western de *Tom-Jones;* vif comme lui, chasseur comme lui, il lui manquait une fille qu'il eût aimée de tout son cœur et qu'il eût fait cependant damner à l'égal de miss Sophia. Mais, hélas! Henry était toute sa famille, et il était poëte et radical! Lui qui exécrait Byron, non qu'il l'eût jamais lu, mais parce qu'il avait ouï dire que sa poésie n'était pas dans les bons sentiments, il fallait que son unique neveu suivît les traces de Byron, pour le laisser bientôt loin derrière lui par l'exagération et l'enthousiasme de ses principes démocratiques! C'était là la grande douleur de l'exalté tory; il en parlait souvent avec enthousiasme, et assurément aucun de ses voisins et amis n'eût soupçonné de quel côté il dirigeait ses pas. Tel était l'acharnement du vieux politique, que ses dernières volontés devaient protester contre les fatales tendances de son seul héritier. Les pauvres et les hôpitaux auraient béni sa mémoire, grâce à la poésie et au radicalisme.

Le voilà donc enfin sur les traces de son malheureux poëte. Il se rendit de bon matin au logement qu'on lui avait indiqué; c'était bien là que Sunderland demeurait. Il entre brusquement. Son neveu se jette à son cou et l'embrasse en criant: Eh quoi! vous mon oncle!

— Oui, ton oncle; ton oncle George Churchill qui a fait plus de trois cents lieues pour te trouver.

— Trois cents lieues!

— Eh! sans doute, trois cents lieues, puisque j'ai arpenté huit jours entiers toutes les rues de Londres, sans compter le voyage. Mais sais-tu qu'il est difficile de te trouver? Laisse-moi parler, je ne suis pas ici pour longtemps. Je n'ai qu'une chose à te demander, et plusieurs à te dire.

— Toujours original, pensa Sunderland.

— Or, je suis donc venu pour te voir, et je te vois; je suis content. Tu te portes bien, tu as bonne mine; tu habites un appartement des plus confortables, tu m'as l'air d'un gaillard infiniment fortuné. L'aisance a reparu sur tes terres; c'est un gibier à la chasse duquel tu n'étais pas si heureux autrefois... Moi, je suis chasseur, mais la bête est rare cette année. Le pays est devenu triste à mourir; Dieu me pardonne, je viendrais habiter Londres s'il n'était pas si grand. J'ai assez de fortune pour y vivre en gentleman des plus honorables. Je ne l'ai pas mal augmentée, ma fortune. J'ai fait des affaires d'or. Mais il ne s'agit pas des miennes... Ah çà, mon cher neveu, nous nous sommes donc un peu converti, nous avons fait un pas vers la saine doctrine; nous allons défendre l'ordre et la conservation? C'est à merveille, et je t'en fais mes sincères compliments; l'âge ne pouvait que le modifier. C'était pure folie de jeunesse! Mais, parbleu! la transition a été brusque! Ces damnés pamphlets que tu m'envoyais pour m'assassiner, Dieu sait les belles équipées qu'ils auraient été capables de produire si je les avais mis entre les mains de mes fermiers! Aussi je les lisais, et je les brûlais. Vous m'avez bien affligé, Henry. Grâce au ciel, vous avez éteint ces torches anarchiques qui soufflaient sur la Grande-Bretagne l'insurrection et l'incendie. Vous commencez à devenir raisonnable. Il était temps. Si vous eussiez persévéré, vous auriez fait trembler Satan lui-même. Continuez à marcher dans la voie où vous êtes entré, et soyez sûr que le véritable progrès n'est jamais hors de la raison et de la modération. — Mais dis-moi un peu, combien t'es-tu vendu?

— Mon oncle!

— Ah! mon Dieu! ne nous fâchons pas. Est-ce qu'il faut s'attacher aux expressions, entre parents? Tu es encore trop jeune, vois-tu, pour avoir fait ainsi volte-face sans ces considérations-là. Tu t'étais trop avancé pour reculer si brusquement. Allons, quels ont été les arrangements?

— Mon oncle!

— Encore! eh bien, n'en parlons plus. Au fait,

de quoi vais-je me mêler? Je ne suis pas venu ici par curiosité. Je pourrais te dire bien des choses que j'ai apprises, mais je ne me suis pas mis en route pour entreprendre un cours de morale à ton usage. Je suis venu à Londres, Henry Sunderland, mon neveu, je suis entré dans ta maison, pour te faire part d'une résolution sérieuse et irrévocablement arrêtée dans mon esprit, depuis ce qui s'est passé. Autrefois, au temps de tes glorieuses folies, j'avais promis de ne te laisser que la moitié de ma succession, regrettant le mauvais usage que tu pourrais en faire. Ce que j'avais dit, je l'aurais tenu. Aujourd'hui je suis venu te déclarer que tout est rompu entre nous, et que tu n'auras pas un penny de moi après ma mort. Adieu.

Et le vieux tory sortit brusquement, sans attendre la réponse de son neveu terrifié.

Le coup était rude pour Sunderland. Il savait avec quelle fermeté George Churchill maintenait les résolutions qu'il avait prises d'une manière beaucoup moins solennelle, et combien celle-ci, au ton dont elle avait été déclarée, serait irrévocable. Le coup était rude, car la fortune de l'heureux campagnard s'élevait à près de 3,000 livres sterling de revenu (75,000 francs).

Depuis cette fatale entrevue, sir Henry pleure souvent sa conversion malencontreuse qui le prive d'un riche héritage, après l'avoir dépouillé de sa gloire et de son honneur.

DE LA VILLEDIEU.

RECHBERGER.

Rechberger était un jeune gentilhomme hardi, l'effroi des voyageurs et des marchands; il avait sommeillé la nuit dans une église abandonnée.

Et lorsque ce fut minuit, il sortit pour commencer ses pilleries. Il avait appris qu'un convoi devait bientôt passer par là.

Quand il eut un peu chevauché, il dit: « Écuyer, retourne sur tes pas; j'ai oublié mes gants sur le cercueil où j'étais assis. »

L'écuyer revint bientôt tout pâle : « Que le diable aille chercher vos gants. Un esprit est assis sur la bière; les cheveux m'en dressent sur la tête.

Il a pris les gants, et il les regarde avec des yeux de feu; il les étend et les déploie; les membres m'en tremblent encore. »

Alors le chevalier retourne en toute hâte, il se bat vaillamment avec l'esprit, le défait, et lui reprend ses gants.

Mais l'esprit lui dit avec une sauvage avidité : « Si tu ne veux pas me laisser cette paire de gants jolie et souple, du moins prête-la-moi pour un an.

— Pour un an, je te la prête volontiers; ainsi j'éprouverai la fidélité du diable. D'ailleurs, tes pattes sèches ne crèveront pas les gants. »

Rechberger s'élance fièrement hors de l'église; il chevauche avec son écuyer dans le bois; le coq chante dans le lointain, on entend des pas de chevaux.

Le cœur bat fort au chevalier; un noir cortège de cavaliers masqués s'avance : Rechberger se met de côté pour les laisser passer.

Derrière tous trottait seul un cavalier; il conduisait un cheval noir, pourvu d'une selle et d'une bride, et couvert d'un drap noir.

Rechberger s'approche et demande : « Dis-moi, qui sont les maîtres de ce cortège? dis, bon écuyer, à qui ce cheval?

— Au plus fidèle serviteur de mon seigneur; on le nomme Rechberger de près et de loin. Dans un an il sera tué, et ce cheval l'emportera. »

L'homme noir rejoint ses compagnons; le chevalier parle ainsi à son écuyer : « Malheur à moi! Je descends de cheval, les choses ne vont pas bien pour moi. Si mon destrier n'est pas trop farouche pour toi, si mon épée et mon bouclier ne sont pas trop lourds, prends-les pour ton profit, et sers-t'en à la gloire de Dieu. »

Rechberger alla dans un cloître : « Seigneur abbé, je suis trop peu pour être moine; mais je voudrais, dans un profond repentir, servir le couvent comme laïque.

— Tu as été chevalier, je le vois à tes éperons, ainsi tu peux soigner les chevaux qui se trouvent dans l'écurie du monastère. »

Au jour où finissait cette même année, l'abbé achète un farouche cheval noir; Rechberger fut chargé de le dompter; mais le cheval s'arrêtait court et se cabrait.

Il frappa le chevalier au cœur, si bien que Rechberger tomba dans une douloureuse agonie et qu'il mourut; le coursier disparut dans les bois, et on ne l'a jamais revu depuis.

(Traduit des Poésies allemandes de Louis Uhland.)

Imprimerie LACRAMPE et COMP., rue Damiette, 2.

LE ROI DES FORÊTS.

LE ROI DES FORÊTS.

(Légende rouerguate.)

LE ROUERGUE EN 1300.

Le Rouergue était, à la lettre, un pays barbare au temps où remonte cette histoire. Le peu de villes que renfermait cette province, hérissées de tours, entourées de fossés et de remparts où nobles et bourgeois veillaient nuit et jour, avaient plutôt l'air de prisons où la moitié des citoyens tenait l'autre renfermée, que de centres de réunions d'hommes que les besoins et les jouissances de la société poussent à vivre en commun. Quelques champs cultivés aux portes des cités, de vastes forêts couvrant la presque totalité du sol, à la cime de chaque montagne un peu escarpée des châteaux formidables d'où les châtelains se répandaient dans les campagnes comme une volée d'oiseaux de proie; çà et là, dans le creux d'une gorge sauvage, dans un repli de l'immense linceul des bois, une abbaye de moines, un peuple dévoré de misère, pillé et opprimé, et couvant en silence la haine qu'au fond du cœur il gardait pour ses maîtres tyranniques : telle était à peu près la situation de ce pays, qui souffrit plus que tout autre des malheureuses guerres de religion. Mais enfin, les Albigeois étaient vaincus de toutes parts; toutefois, quelques chefs plus adroits, plus braves, ou simplement plus heureux que les autres, étaient parvenus à se rendre insaisissables; ce qui n'était pas chose difficile dans un pays de montagnes, qu'un écureuil pouvait traverser en sautant d'un arbre à l'autre, comme on le disait proverbialement. Le plus renommé de ces chefs n'était connu que sous le nom de *Roi des forêts*; le voile du mystère le plus impénétrable environnait toutes ses actions. Des bruits étranges circulaient sur son compte, et, loin d'éprouver de la part du peuple la sympathie qui s'attache à l'idée d'un vengeur quelconque, il était pour la plèbe grossière l'objet d'une superstitieuse terreur. Les seigneurs et le clergé exécraient le nom du mystérieux partisan, et c'était le moins qu'ils lui dussent . à cause des nombreuses victimes d'une vengeance qui, pour frapper dans l'ombre, n'en

Tome I. —Août 1840.

frappait pas moins sûrement. Le génie du mal, disaient les moines, paraissait exercer son influence la plus immédiate dans les montagnes du nord de la province. De temps en temps, les immenses troupeaux de la dommerie d'Aubrac étaient enlevés malgré toutes les précautions, et déjà plusieurs des religieux de cette abbaye avaient disparu on ne savait comment; d'ailleurs, une fois l'abbé avait trouvé sur la table de chêne de sa cellule un poignard et une torche de résine; or, on savait que ces menaces symboliques étaient répétées trois fois, et que la dernière était suivie de près par l'exécution.

II.

L'ATTAQUE NOCTURNE ET LA TORTURE.

Il y avait un an, jour pour jour, qu'avait eu lieu la dernière menace du Roi des forêts. Les chevaliers et les religieux de l'abbaye(1), réunis dans le réfectoire, prenaient le repas du soir; la nuit était déjà avancée, et les grondements du tonnerre présageaient un orage prochain. Une heure environ s'écoula ainsi. Tout à coup un vieux domestique vint annoncer que les granges, situées en dehors des murs d'enceinte, étaient en feu. A cette nouvelle, tous se regardèrent stupéfaits : au même instant on vit une lueur rougeâtre se refléter dans la vaste salle, et, à travers les vitraux, de longs tourbillons de flamme s'élancer vers le ciel; un violent coup de tonnerre ébranla la voûte. « C'est la foudre qui a allumé l'incendie ! » s'écrièrent les chevaliers, et tous coururent pour tâcher d'arrêter les progrès du terrible élément. La herse de la grande porte de l'abbaye fut levée, et le premier qui passa le seuil tomba mort; un homme placé en dehors venait de lui fendre le crâne d'un coup de hache, et s'était élancé vers les chevaliers en poussant un sifflement aigu. En un instant parut un nombre cousidérable d'hommes, dont les figures sinistres étaient éclairées par la lueur de l'incendie. A cette vue, les chevaliers redoublèrent d'efforts; un ou deux bandits, qui avaient réussi à pénétrer en de-

(1) L'abbaye d'Aubrac avait été fondée, quelques siècles auparavant, par un certain comte de Flandre, qui, revenant d'un long pèlerinage, fut attaqué par des brigands — in loco horroris et solitudinis, — comme dit la charte de fondation, et qui fit vœu d'y construire un monastère s'il venait à se tirer de ce danger. Fidèle à son serment. Il fit élever la magnifique abbaye dont il s'agit, la dota richement, et y attacha des religieuses hospitalières pour le service des pèlerins, des chevaliers du même ordre pour la sûreté des routes, et attira un assez grand nombre de moines qui défrichèrent une partie de ces vastes solitudes, mais que par la suite leurs richesses corrompirent.

dans des remparts, y furent assommés, et les autres repoussés; alors la herse de fer retomba entre eux et les chevaliers.

Cependant l'incendie gagnait toujours; les bâtiments s'écroulaient l'un après l'autre avec un fracas épouvantable. Le ciel était noir; l'air n'était plus qu'une masse de ténèbres que des éclairs livides ouvraient incessamment; le tonnerre grondait, et l'écho lui répondait sourdement dans la profondeur des vieilles voûtes du monastère. Toutefois il ne tombait pas encore une seule goutte de pluie.

Les bandits revinrent bientôt à la charge; des échelles furent dressées contre les murs, et malgré leur courage, malgré la voix tonnante de Guy de Sévérac, qui tantôt exhortait les siens, tantôt accompagnait d'une plaisanterie grossière la chute d'un ennemi, les chevaliers soutenaient difficilement les efforts désespérés des assiégeants. Déjà même un des brigands était parvenu au haut des remparts, quand le commandeur le saisit par la chevelure, le tira à lui violemment et lui perça le flanc de sa dague.

En ce moment l'orage éclata; le ciel versa des torrents de pluie qui eurent bientôt éteint les flammes, et l'attaque cessa aussitôt.

Au point du jour, les bandits étaient bien loin. Les chevaliers coururent vers la poterne conduisant à l'extérieur; dans les fossés surnageaient des cadavres qu'à leur costume ils reconnurent pour des *Bons-Hommes* (1), mais ils cherchèrent en vain quelque blessé; ils avaient tous été enlevés, ou peut-être achevés par leurs frères, de peur qu'ils ne trahissent leurs secrets. On n'en trouva qu'un seul qui eût encore un souffle de vie; c'était celui qui, parvenu au haut du rempart, avait été terrassé par Guy de Sévérac. Comme il paraissait n'avoir que peu de temps à vivre, on se hâta de l'appliquer à la torture pour en tirer les renseignements dont on avait besoin. Les atroces douleurs, que l'ingénieuse barbarie savait pourtant proportionner à ses forces débiles, semblèrent le ranimer : ses yeux se rouvrirent, errèrent autour de lui, mais calmes et assurés, et rien, qu'un léger froncement de sourcils, n'eût laissé deviner que ses nerfs fussent accessibles à la souffrance. Son impassibilité irrita la cruauté de ses bourreaux; tout ce que la haine peut inventer fut essayé sur ce corps que l'agonie commençait à refroidir : ce fut en pure perte. La torture ne put arracher au patient qu'un rire sauvage. Quand il sentit sa vie s'en aller, il fit un

(1) Nom qu'on donnait à certaines sectes d'Albigeois.

signe, et un des moines se courba sur la bouche du mourant qui lui dit quelques mots dans le creux de l'oreille. Tout à coup ses yeux roulèrent dans leur orbite d'un manière effrayante, ses membres frémirent, et il expira. D'un autre côté, le moine tomba évanoui sur le pavé. Quelle était donc l'effrayante révélation qu'il avait recueillie sur ces lèvres que la mort venait de fermer à jamais?

III.

LA FORÊT D'AUBRAC.

L'impression de terreur que cette nuit laissa dans le souvenir des moines ne s'effaça que lentement, et plus d'une fois, au milieu des ténèbres, ils craignirent de voir se lever de nouveau l'aurore lugubre de l'incendie. Cependant, contre toutes les prévisions, plus d'une année se passa dans le calme, et l'histoire finirait ici, si la vengeance qui planait sur l'antique monastère s'était bornée à cette attaque inutile.

Un soir, le Dom, son ami le chevalier et une nombreuse suite de domestiques revenaient assez tard du prieuré de P....., où ils faisaient de fréquentes excursions. La nuit s'avançait; la terre était couverte d'une épaisse couche de neige; une bise piquante soufflait sur les landes arides, et l'abbaye était loin encore; le crépuscule tombait quand on atteignit la lisière de la forêt. Alors, comme aujourd'hui, les chemins qui traversent ces bois immenses étaient presque partout creusés dans le sol à une grande profondeur; la forêt ne s'arrêtait qu'au bord de ces espèces de fossés, au-dessus desquels les arbres joignaient leurs larges cimes; un sombre voile de brouillards ne laissait entrevoir que quelques troncs bariolés de lichens blancs, qui ressemblaient à des fantômes rangés au bord de la route pour voir passer des vivants. Le vent s'engouffrait dans les ravins, et la rumeur que causait son passage ajoutait à l'horreur de ces solitudes.

Tout à coup les chevaux des deux voyageurs manifestèrent une inquiétude insolite : les deux cavaliers réussirent quelque temps à les retenir; mais enfin la terreur étrange dont ces animaux subissaient l'influence parvint à son comble; malgré les efforts du chevalier et du moine, ils s'élancèrent avec une rapidité effrayante, et les eurent bientôt séparés de leurs gens. Cette course, soutenue seulement pendant une demi-heure, eût dû les conduire aux portes de l'abbaye; et cependant au bout d'une demi-heure ils se trouvaient encore dans les bois.

Il était évident qu'ils suivaient une fausse route, et Guy de Sévérac cherchait à se reconnaître au milieu de ce dédale de sentiers qui se croisent mille fois, quand soudain son cheval poussa un hennissement de terreur, se cabra et le jeta sur le sol, tandis qu'à quelques pas de là son compagnon de voyage éprouvait le même sort. Le fracas d'une chute d'eau leur prouva qu'ils étaient au bord d'un précipice, où ils n'avaient pas été lancés par le plus heureux des hasards. Ils n'osaient remuer, de peur de s'abîmer dans le ravin; leurs chevaux s'étaient enfuis en redoublant de vitesse, et ils devaient attendre ainsi le jour, sans abri contre un froid horrible. « Je crois, fit le Dom, que le mieux est d'étendre nos manteaux sur la neige et de nous y rouler l'un à côté de l'autre en attendant que la nuit prenne fin. » Mais l'attention du chevalier était ailleurs. « Que veut dire ceci? s'écria-t-il après avoir écouté un instant. N'entends-tu pas quelqu'un chanter au fond de l'abîme? » En effet, c'était bien un chant, qui, par moments, devenait plus distinct, et puis se perdait dans les clameurs que le vent faisait jaillir du sein des forêts. Quelques instants ils retinrent jusqu'à leur souffle, pour mieux entendre la voix mystérieuse qui chantait sur un ton lugubre. Bientôt, au-dessous d'eux, les deux voyageurs virent poindre, à travers les vapeurs, une lueur terne comme la flamme qui parfois brille, dit-on, dans les yeux vides d'un crâne de mort; cette lueur semblait monter perpendiculairement; elle devenait plus vive à mesure qu'elle se rapprochait, et bientôt, à sa clarté, ils purent distinguer une vieille en haillons, qui parut tout étonnée de se trouver vis-à-vis de deux inconnus. Elle approcha sa torche de leurs figures, et un sourire sinistre contracta ses lèvres ridées. « Je croyais que c'étaient nos gens, dit-elle en tâchant de radoucir sa voix; si ces étrangers voulaient accepter notre retraite pour asile, ils y trouveraient un repas grossier, sans doute, mais qu'on leur offrira de bon cœur, et un lit qui vaudra mieux que la froide neige. »

Le chevalier pria la vieille femme de lui montrer le chemin, et elle les fit descendre, par une échelle, dans les profondeurs de l'abîme.

IV.

LE MANOIR DU ROI DES FORÊTS.

Ils étaient à peine arrivés au bas, qu'un coup de sifflet se fit entendre. « Cette fois, ce sont nos gens qui arrivent d'une course bien longue, » dit leur guide étrange; et elle remonta, tandis que nos voyageurs l'attendaient au pied de l'échelle. Peu d'instants après, quelques hommes, qu'un costume bizarre et les effets d'une lumière vaporeuse faisaient ressembler à des ombres fantastiques, descendirent l'un après l'autre. La vieille les précédait. « Par ici, » cria-t-elle au chevalier et à son compagnon, en les devançant dans un sentier creusé de main d'homme dans le le roc, qui les conduisit à l'entrée d'une immense caverne dont le fond était illuminé par la flamme d'un grand feu. Un des hommes descendus après eux, que distinguait de ses compagnons un certain air de noblesse, bien plus que son costume un peu moins délabré, s'avança vers eux pour leur faire les honneurs de cette singulière habitation. — Nous ne sommes, disait-il, que de pauvres mineurs indignes d'offrir l'hospitalité à vos seigneuries; et quoique le hasard veuille qu'un de ces jours nous ayons tué un daim, ce que l'abbé d'Aubrac voudra bien nous pardonner, comme maître de ces forêts, puisqu'il doit en prendre sa part, et qu'il nous reste encore quelques bouteilles de piquette au fond d'un baril, nous n'aurons en somme qu'un bien mauvais repas à vous offrir. —Au contraire, brave homme, fit le chevalier; du diable, si je m'attendais à pareille chère dans ces bois de malédiction ! »

Les deux voyageurs s'installèrent autour du foyer, tandis que leurs hôtes s'empressèrent de dépouiller le plus beau daim du monde.

La caverne était située à peu près à la moitié de la hauteur du précipice, sur lequel elle avait vue par une large ouverture; à son entrée on avait dressé, de distance en distance, de grands prismes de basalte, qui formaient une sorte de portique digne d'un tel palais. Un torrent venu des montagnes avait formé une entaille au roc, et s'élançait dans le gouffre avec un bruit de tonnerre; puis ses ondes, retenues dans un étroit bassin, formaient un petit lac aux eaux noires, bariolées de quelques lignes d'écume blanche; en certains endroits, l'eau qui filtrait à travers les rochers avait formé, grâce au froid, de longs cônes de glace, rangés comme les tuyaux d'un orgue gigantesque; et en d'autres, des sapins géants laissaient pendre au bord du ravin leurs longs rameaux chargés de givre; du reste, l'épais brouillard couvrait tous les objets, et les ténèbres planaient sur le gouffre, à peine blanchies par les gerbes de lumière qui jaillissaient à travers les colonnades de basalte.

Les quartiers de venaison furent bientôt cuits à point; l'on servit; tout le monde était affamé, et chacun se mit à l'œuvre dans le plus grand silence. Le repas terminé, tous se levèrent, et, sur l'ordre du chef des mineurs, le chevalier fut conduit dans un des nombreux compartiments de la caverne, où on lui avait préparé une couche, et le moine d'un autre côté.

Quand ils se furent retirés, le maître mineur rassembla ses gens autour de lui. « Enfin, leur dit-il, nous les tenons ces chiens de *Philistins*, ces fameux brûleurs de *Bons-Hommes*, et, eussent-ils mille vies, que le tonnerre m'écrase s'ils échappent de nos mains! — Grâce à notre rôle hypocrite et à ta piquette, ils sont loin de soupçonner qu'ils sont dans le repaire du Roi des forêts! — Cela est vrai, Simon le Louche; mais comment nous en déferons-nous, mes braves? — Belle question! fit Jean l'Etrangleur avec un geste significatif; la corde, parbleu! c'est assez bon pour ces drôles! — Oui, sans doute, répondit le chef; mais j'ai un compte à régler avec le chevalier, et il me répugne de le tuer sans l'avoir loyalement vaincu. — Des scrupules, seigneur Roi des forêts! dit Pierre, le plus farouche de la troupe; l'occasion n'est pas une fête de tous les jours : tu le tiens, fais-le mourir à coups d'épingles, si cela t'amuse. » Le Roi des forêts ne répondit que par un sourire de mépris et de dégoût; puis, se tournant vers ses hommes : « Ainsi, vous autres, allez préparer une potence et une corde neuve; mais une seule, entendez-vous? »

Tous s'éloignèrent, et avec eux la vieille, qui portait un flambeau pour les éclairer dans leur besogne.

Nous avons oublié de dire que des deux côtés de la caverne était rangée une longue file de gibets, au haut desquels pendaient des cadavres ou des squelettes dont le vent faisait entre-choquer les ossements. Les hommes du Roi des forêts cherchèrent une place vide entre ces potences, creusèrent un trou dans le roc, et y plantèrent l'instrument du supplice. En ce moment, le vent avait presque dissipé les brouillards; mais il en restait encore une couche qui planait au-dessus du bassin. Le croissant amaigri de la lune, suspendu au bord de l'horizon, jetait de pâles clartés sur cette mer de vapeurs. Au bruit des pics qui frappaient le roc, une foule d'oiseaux de nuit s'envolèrent en poussant de longs cris semblables à des gémissements, et la louve privée, compagne inséparable de la vieille, répondit à ces clameurs confuses par un hurlement lamentable.

Leur œuvre finie, les bandits se retirèrent, tandis que la vieille s'assit sur un fragment de rocher pour continuer le chant lugubre interrompu par l'arrivée du chevalier et du moine; ses cheveux étaient en désordre, ses yeux fauves étincelaient; elle secouait sa torche par intervalle. On eût dit une sorcière attendant l'heure du sabbat. Son chant finissait ainsi :

— Esprit du mal, que notre secte honore,
Toi qui luttes sans cesse contre l'esprit du bien !
Que ce chant de malheur te réjouisse encore;
Encore une victime à ton autel païen!
Vous qu'au haut du gibet le vent d'hiver balance,
Squelettes blanchis, qu'un outrage sans fin
Poursuit, un frère encor que vous joint ma vengeance;
La sorcière jamais ne put maudire en vain!

V.

LA VENGEANCE.

A peu près vers la deuxième heure après minuit, deux des bandits se glissèrent avec précaution vers le grabat où gisait le pieux moine; l'un, se jetant brusquement sur lui, parvint à lui serrer le cou de manière à l'empêcher de proférer le moindre cri, tandis que l'autre le garrottait : on le bâillonna ensuite, et on l'entraîna sans bruit hors de la grotte. Arrivé au lieu fatal, le moine promena ses yeux égarés sur ses bourreaux, qui avaient revêtu le costume des Bons-Hommes pour cette terrible cérémonie. Un d'eux, qui autrefois avait étudié pour être clerc, avait rédigé la sentence par laquelle le Dom d'Aubrac était condamné au supplice de la corde pour avoir fait mourir plus de soixante *croyants*, et notamment son frère, blessé à l'attaque de l'abbaye. Après lui en avoir donné lecture, il ajouta : — Tu n'as plus qu'à te recommander à Dieu; l'on te donne pour cela le temps que mettra à s'écouler le peu de sable qui reste dans cette clepsydre.

Ici, les légendes diffèrent entre elles. Les unes racontent que, par l'effet d'un miracle, le moine disparut aux regards des brigands; les autres disent que la foudre pulvérisa les deux bandits; d'autres chroniques affirment que le moine fut positivement pendu. De ces trois versions, quelle est la véridique? C'est ce que tait la tradition.

VI.

LA LIBÉRATRICE.

Cependant Guy de Sévérac se réveilla : il crut avoir une vision. Une jeune femme était debout à son chevet, et sa beauté, rehaussée par le prestige d'une clarté éblouissante, la fit paraître comme un ange de lumière : « Qui êtes-vous? demanda-t-il à la mystérieuse apparition. — Peu vous importe, sire chevalier ; mais ce qui vous intéresse, c'est le conseil que j'ai à vous donner : levez-vous et me suivez. « Le chevalier aurait suivi le diable, si le diable lui avait dit : Suis-moi. La jeune femme le conduisit près d'une ouverture de la grotte opposée à celle par laquelle ils étaient venus ; quand ils furent arrivés au dehors, elle lui montra la roche qui, en cet endroit, présentait un plan incliné assez doux, et sur lequel les eaux qui suintaient avaient laissé une couche de glace. Si vous ne voulez pas que cette nuit soit la dernière de votre vie, lui dit-elle, laissez-vous glisser sur ces glaçons ; si le froid des eaux du torrent ne vous tue pas, nagez en suivant le courant, et si la violence ne vous brise pas contre les rochers, essayez de sortir de la forêt au plus tôt. » Guy de Sévérac attendait un autre dénouement à cette aventure : il se prit à rire.

« Êtes-vous folle, ou ai-je l'air d'un plongeon, pour me proposer un tel saut et un tel bain ?

— Dans ce cas, regagnez votre lit, reprit la jeune fille avec un accent d'ironie qui déguisait mal l'intérêt qu'elle portait au chevalier, et dans quelques instants vous serez mort ! Mais plutôt montez sur ce quartier de roc qui vous dérobe aux yeux de vos ennemis, et regardez dans cette direction. »

Le chevalier grimpa jusqu'à l'endroit désigné ; mais il redescendit aussitôt. « Qu'avez-vous vu ?

— Un gibet où sont suspendus des ossements !

— Et reconnaissez-vous cet écusson ?

— Enfer et malédiction ! c'est celui des Sévérac !

— Et ce squelette est celui de votre père !

— Je le vengerai ! s'écria le chevalier en frappant violemment le sol du bout de son épée.

— Si vous hésitez, vous êtes un homme mort ; regardez autour de vous, cette terre est une terre de sang ; appelez au secours, et vous verrez si une voix amie vous répondra ! Vous êtes ici au pouvoir du Roi des forêts !... Par le nom de votre mère, partez ! toute résistance serait impuissante ! »

Guy de Sévérac n'hésita plus, et il était temps ; déjà des voix d'hommes paraissaient se rapprocher. La fille du Roi des forêts, car c'était elle-même, jeta son flambeau dans le précipice, et regagna en toute hâte sa couche, où bientôt les bandits la trouvèrent endormie. « Il n'y a pas de complicité là-dedans, dirent-ils. —

Et moi, murmura le chef, je tuerai ce chevalier avant qu'il ait le temps de ramasser assez de monde pour nous forcer comme des renards dans leur terrier !

VII.

UN COMBAT.

De retour à l'abbaye, le chevalier raconta cette histoire. Tout le jour fut employé à envoyer demander des renforts aux castels voisins ; car quoique Guy de Sévérac assurât que le fameux chef n'avait pas vingt hommes avec lui, on lui supposait des forces bien plus considérables, ce qui eût été vrai quelques années auparavant : mais des combats meurtriers et les maladies avaient diminué peu à peu sa troupe, que la tiédeur des croyants ne venait plus recruter. Et c'est ce qui explique comment une seconde attaque n'avait pas été tentée contre l'abbaye d'Aubrac.

Guy attendait impatiemment le moment d'agir. Il avait à venger l'outrage fait à son écusson et la mort de son père. Puis à ces considérations s'en joignait une autre, à laquelle il obéissait sans oser se l'avouer. Car il se promettait bien de sauver sa libératrice de la destruction qui menaçait les hommes vils au milieu desquels elle vivait.

Le lendemain, veille du jour fixé pour le départ, Guy de Sévérac, épuisé de fatigues, s'était jeté tout habillé sur son lit, lorsqu'un vieux sommelier entra, se courba en guise de salut, et lui demanda s'il fallait introduire un pèlerin qui demandait à lui parler. « Sans doute, » répondit Sévérac. Un moment après le sommelier lui amenait le pèlerin. « Que me veux-tu ?

— J'ai à vous parler de choses importantes, sire chevalier.

— Voyons, réponds clairement et surtout brièvement à mes questions : D'où viens-tu ?

— J'ai passé tout le jour dans la caverne du Roi des forêts.

— Vraiment ? fit le chevalier, dont ces mots venaient d'exciter l'attention.

— Ce qu'ils font, sire chevalier ? ils mangent, boivent et se moquent du reste.

— Mais comment as-tu fait pour éviter la corde ?

— Je vous assure que je n'ai couru aucun danger.

— Ils ne t'ont donc pas reconnu ?

— Au contraire, sire chevalier, ils me connaissent parfaitement. »

Une idée soudaine traversa le cerveau de Guy de Sévérac; il santa à bas de son lit et se rapprocha de son interlocuteur. « Inconnu, lui dit-il, pas de détours! ils ne te serviraient de rien ici; parle, qui es-tu? »

Le pèlerin éclata de rire, et, rejetant sur son épaule les plis du manteau dont il cachait son visage, il répondit : « Qui je suis? demandez-vous : il y a si peu de temps que nous nous sommes quittés, sire chevalier, et déjà vous avez oublié votre ami le maître des mineurs? — Oui, c'est lui! s'écria Guy de Sévérac; mais, de par l'enfer, tu ne te joueras pas de ma vengeance comme j'ai fait de la tienne!

— Vous! fit le téméraire partisan, vous n'oserez pas mettre la main sur moi lorsque vous m'aurez écouté. J'ai eu votre vie en mon pouvoir, et je n'ai pas voulu profiter de cet avantage; vous vous êtes échappé je ne sais comment, et vous m'avez tiré d'un grand embarras, car je ne sais si toute mon autorité sur mes hommes eût pu vous sauver de leur haine. Maintenant que je suis ici à votre merci, — le chef des Bons-Hommes sourit d'une manière équivoque — je viens vous proposer un combat à outrance.

— Et tu crois qu'un chevalier s'abaissera à se mesurer avec toi, chef de brigands?

— J'étais chevalier avant que vous fussiez né, sire commandeur; quant au nom de brigand, jugez vous-même si je l'ai mérité en rendant seulement mal pour mal, haine pour haine? — S'il en est ainsi, répondit Sévérac, pourquoi me choisir, moi, plutôt que tout autre?

Les yeux du Roi des forêts étincelèrent comme deux lames de poignards : « Pourquoi? s'écria-t-il avec fureur. Ah! c'est toi qui me fais cette question, sang et tonnerre! toi, Guy de Sévérac, tu me demandes à moi, à Henrik de B....., pourquoi il y a de la haine entre nous? Ah! tu crois que j'ai oublié le nom de ceux qui ont égorgé mes enfants sans défense sur les ruines de mon manoir, ceux qui ont outragé ma femme et mes sœurs, ceux qui ont livré mon écusson sans tache aux flétrissures du bourreau!... Fils d'Hugues de Sévérac, tu me demandes pourquoi mes entrailles s'émeuvent d'horreur à ton aspect! Voici la vingtième année que je suis proscrit, traqué comme une bête fauve et n'ayant pas un abri pour reposer ma tête! Haine pour haine, sang pour sang! comprends-tu?

— Oui, dit lentement le chevalier, je comprends comment il se fait que les ossements

d'Hugues de Sévérac n'aient pas encore de sépulture et soient suspendus à un gibet! »

Une joie de cannibale anima la figure du Roi des forêts. « Oui, ton père a été vaincu comme un lâche et pendu comme un traître; telle était la loi du combat, la même que je te propose.

— Et je l'accepte, Henrik de B.....; le lieu et l'heure?

— L'heure, maintenant; le lieu, celui que tu voudras, pourvu que ce soit un lieu retiré.

— Suis-moi donc! » Le chevalier et le pèlerin sortirent ensemble.

Arrivés à l'endroit le plus solitaire d'une vaste lande, ce dernier rejeta loin de lui le manteau dont il était enveloppé. « A vous, sire commandeur! dit-il en tirant son épée. — Non, à vous le premier coup, Henrik. » Et un coup terrible fit voler en éclats le gorgeret de Guy de Sévérac. Il répliqua, mais son colossal adversaire demeura inébranlable. Seulement il jaillit quelques étincelles des deux glaives entre-choqués. Les coups tombaient pressés comme la grêle, bientôt les armures s'ouvrirent. Guy de Sévérac avait pour lui la souplesse et l'agilité : deux fois de suite son poignard plongea dans le corps de son adversaire, qui répondit par des coups plus précipités encore. Le commandeur était blessé, Henrik ne lui donnait plus ni trêve ni relâche : une fois, deux fois, trois fois il se sentit atteint; épuisé de douleur et de lassitude, il tomba. « Sang pour sang! » cria Henrik d'une voix tonnante en posant son genou sur la poitrine du vaincu; mais celui-ci se souleva brusquement, et frappa à la gorge son adversaire. Alors la main du Roi des forêts cessa d'étreindre le bras du chevalier, et tous deux retombèrent sur le sol.

VIII.

LA CHARITÉ.

Vers le point du jour, deux nouveaux personnages arrivèrent au lieu du combat : c'était la fille du Roi des forêts et Simon le Louche. Ce dernier marchait un peu en avant; il voulut épargner à la jeune fille l'horrible vue du cadavre de Henrik. Mais celle-ci s'élança, son pied glissa sur une mare de sang gelé, et elle tomba sans connaissance. Grâce aux soins du bandit, elle reprit bientôt ses sens, porta ses lèvres aux lèvres froides de son père, posa sa main sur sa poitrine où nul battement ne se fit sentir, et, versant un torrent de larmes, elle dit à Simon : « Tout est lini maintenant! charge le corps de mon père sur tes épaules, et qu'il ait au moins une tombe, lui qui n'eut longtemps pour abri que la voûte du ciel; je veillerai sur l'autre cadavre jusqu'à ton retour. » Le vieux serviteur était vigoureux; aidé de la jeune fille, il parvint à soulever le corps gigantesque de son maître, et gagna la forêt avec son fardeau.

« Celui-ci vit encore, lui dit la malheureuse orpheline lorsqu'il fut de retour, en lui désignant le chevalier. — Eh bien! fit Simon, cherchez la place de son cœur, et je vais l'achever d'un coup de poignard! — Non, Simon! grâce pour lui, grâce! — Et à quoi cela lui servira-t-il? qu'il reste encore une heure ainsi à demi enterré dans la neige, et il en sera comme si je lui enfonçais trois pouces d'acier dans le cœur! — Aussi tu le porteras dans la cabane du berger de l'abbaye, qui m'est dévoué. — Soit, murmura Simon; mais que Dieu le maudisse comme je le maudis! »

Et tous deux s'éloignèrent, l'un portant un corps presque sans vie, et l'autre un poids horrible de douleur dans son cœur brisé; la jeune fille cheminait en pleurant, et en répétant à voix basse : « C'est moi seule qui suis maudite! »

|X.|

DÉNOUEMENT.

Le lendemain de cette nuit fatale, les bandits se dispersèrent; demeurée seule avec son fidèle Simon, l'orpheline creusa une tombe dans l'endroit le plus sauvage d'une vaste bruyère; puis le vieil hérétique et sa jeune compagne prièrent et pleurèrent ensemble au bord de la fosse où ils venaient de descendre le Roi des forêts.

Ce devoir accompli, la jeune fille se rendit à la cabane du berger de l'abbaye, auquel elle avait confié le chevalier; elle-même visita ses blessures et appliqua sur les plaies des simples recueillis dans les montagnes.

Cette jeune fille, que nous avons connue jusqu'ici sous le nom de fille du Roi des forêts, c'était la sœur du commandeur, de l'intrépide Guy, c'était Ermengarde de Sévérac, qu'Henrik avait enlevée, enfant encore, du manoir de ses ancêtres. Ermengarde avait vécu chaste et pure auprès de ce noble seigneur devenu par vengeance chef de brigands.

Un soir, une vieille femme pénètra dans le château de Sévérac. C'était la sorcière maudite, qui naguère entonnait l'hymne de mort au milieu des bandits.

« Que me veux-tu? lui demanda Guy avec effroi.

— Te dévoiler un mystère.

— Lequel? »

Et l'infâme vieille, blasphémant contre Dieu, calomnia l'innocence d'Ermengarde.

« Tu mens, démon! s'écria Guy en rugissant; je veux purger la terre d'un pareil monstre! » et, la saisissant d'une main, il ouvrit de l'autre les deux battants d'une croisée, puis il précipita la sorcière du haut du donjon.

Après ces événements lugubres, Guy de Sévérac vécut triste et dévoré de chagrin, jusqu'au jour où il partit pour la Terre-Sainte. La chronique dit qu'il n'en revint jamais.

A. VAYSSIÈRE.

L'article suivant, de Luigi Cicconi, poëte italien d'un haut mérite, et dont le talent comme improvisateur et comme écrivain s'est révélé à Paris avec éclat, est traduit du *Museo scientifico, letterario ed artistico*, élégante revue qui se publie à Turin sous la direction et la rédaction en chef de M. Cicconi. Le poëte s'est proposé d'unir dans sa patrie les études philosophiques aux études littéraires, pensée toute d'avenir qui devra produire en Italie des résultats importants.

L'HOMME DE GÉNIE.

(L'UOMO DI MENTE.)

Ceux qui effleurent seulement les choses sans en sonder les profondeurs, se persuadent que le monde entier est régi par des lois extérieures à peine capables de frapper les sens. De sorte que, selon eux, celui qui donne l'impulsion au mouvement social, c'est le pilote habitué à traverser les mers, à braver les tempêtes, montrant ainsi que l'onde, quelle que soit son étendue, ne saurait être un obstacle pour les mortels; c'est le laboureur qui féconde le sol, le couvre de plantes aux mille nuances et le prépare à pourvoir aux besoins de l'habitant des chaumières, des hameaux ou des cités; c'est l'ouvrier qui manie, transforme et adapte les différents objets destinés à l'espèce humaine. Toutefois, il est facile de découvrir une puissance cachée dans les entrailles des choses, puissance qui les crée, les fait mouvoir et les dirige : je veux désigner l'homme de génie.

L'homme de génie ne diffère pas des autres hommes, mais son intelligence, à lui, est moins imparfaite, plus élevée, douée de la faculté d'envisager l'avenir sous un aspect nouveau; les esprits vulgaires s'agitent autour de lui, comme les planètes autour du soleil. Et afin que vous ne le croyiez pas un être surnaturel, apprenez que lorsqu'il est enfant on le voit dans les écoles confondu avec d'autres enfants, partageant leurs jeux et leurs distractions. Cependant, dès son entrée dans la vie il accomplit des choses extraordinaires, habituellement inconnues à un âge si tendre, et souvent l'on prédit sa carrière future, puisqu'au milieu de ses jeux il peut être capable d'esquisser de la mécanique et de la géométrie, comme Pascal et Watt. Il crée alors lui-même, pour ainsi dire, les études qu'il entreprend; car il n'en a trouvé l'idée nulle part; cette idée lui appartient. Pascal dessinait sur les murs des cercles qu'il nommait des ronds; Watt élevait des châteaux de cartes, et découvrait les vases où bouillonnait quelque liquide, pour observer comment la vapeur venait se résoudre en petites gouttes d'eau. Voilà l'homme de génie. Son intelligence ne se développe point lentement comme le germe d'une plante; elle brille tout à coup d'une vive splendeur, comme un flambeau que l'on allumerait dans les ténèbres. Pourtant ces phénomènes ne se produisent pas toujours; on dirait que l'homme de génie, se rappelant qu'il est homme, prend plaisir à rester dans les conditions de la faible humanité; on dirait qu'il se résigne à suivre le cours naturel des événements, et à se mêler à la foule comme s'il avait avec elle une destinée identique. Ceci explique pourquoi il parcourt pendant quelque temps le sentier où nous cheminons tous; mais lorsque l'heure sonne, lorsque la voix intérieure se révèle, il se sépare de ceux qui accourent vers la route frayée où se précipitent tous les humains; resté seul, il commence à manifester sa nature exceptionnelle. D'autres fois il arrive que l'homme de génie se montre, à sa naissance, comme un filet d'eau qui coule d'abord paisible, et forme enfin un fleuve impétueux; c'est là peut-être la plus grande merveille, car personne ne pourrait dire où Alfieri

et Rousseau puisèrent le savoir dont on n'aperçoit pas en eux l'aurore jusqu'à l'âge adulte. On serait tenté de croire que leur intelligence contrefaisait l'idiotisme et la folie, comme celle de Brutus et de Fiesche, pour apparaître tout à coup dans son active supériorité.

Les qualités précieuses de l'homme de génie à peine développées, il devient pour nous un sujet de méditations; placé sur cette terre où se confondent partout le bien et le mal, la joie et la douleur, condition essentielle de notre nature, il se réjouit et souffre comme chaque individualité. Il se réjouit, sans doute, mais pour des causes indifférentes au vulgaire. Qui pourrait s'imaginer la joie d'Archimède lorsque, surgissant de l'onde où il se baignait, il s'écria qu'il venait d'obtenir la solution de son problème; qui pourrait comprendre la satisfaction du Tasse, lorsqu'après s'être torturé longtemps l'esprit, il improvisa ce vers célèbre :

Non scese, no, precipitò di sella,

en voyant descendre de sa monture une jeune villageoise; qui pourrait apprécier le contentement de Newton lorsqu'une pomme tombée sur sa tête lui fit pressentir la loi de l'attraction universelle, éprouverait la même désappointement que nous, habitants du monde terrestre, parlant de ceux qui vivent dans les planètes de Vénus et de Mercure, si toutefois ces planètes sont habitées. L'homme de génie envisage la nature sous des aspects différents, et en cela consiste son plaisir le plus vif. Tandis que les autres effleurent en quelque sorte les sensations, lui les étudie, les concentre, les réunit, pour obtenir de cet accord, d'où jaillissent les principes fondamentaux, des idées neuves, variées et fécondes. Quel est l'attrait d'une campagne fertile pour un homme dépourvu d'intelligence? Soit qu'il la contemple quand le soleil scintille à l'orient ou quand ses rayons disparaissent sous les flots, soit qu'il la parcoure au lever du jour ou à l'arrivée des ténèbres, le souffle tiède du zéphyr, la vue des cieux et des collines récréent seuls son esprit. Mais le moindre coup d'œil d'un homme de génie agrandira ses pensées et les élèvera vers l'immensité. Il admirera dans chaque chaumière une famille qui aide le sol à produire ses richesses; il se représentera les semailles enfouies dans les sillons, il lui semblera les voir germer, puis timidement sortir du sein de la terre, et combler d'allégresse les infatigables laboureurs. Il approfondira comment la pureté de

LA COURTISANE DE VENISE.

l'air, l'éclat et la chaleur du soleil, contribuent à couvrir le sol de somptueux tissus de végétaux ; comment ces dons, le fruit des laborieux travaux de la nature, se changent, les uns en aliments délicats ou grossiers, les autres en vêtements simples ou splendides ; comment d'autres encore se dissipent au milieu des airs ou retournent dans les entrailles de la terre ; et comment tous enfin, parsemés çà et là, transportés tantôt d'un côté, tantôt de l'autre après avoir longtemps servi, se modifient, se décomposent pour prendre une forme nouvelle. Un sapin lui reproduira les périls du nautonier, une rose lui rappellera la comparaison favorite des poètes, une grappe de raisin l'histoire profane et sacrée de Noé et de Bacchus. La manière dont s'amoncellent les nuées le fera réfléchir aux collines célestes de Milton ; un rocher suspendu dans un lieu sauvage lui apparaîtra comme un tableau de Salvator Rosa ; un jeune berger sera pour lui comme une réminiscence de Théocrite, un habitant des cités comme l'expression de l'ordre social, les étoiles comme un souvenir de Newton ; à la vue d'une rivière il se préoccupera des lois de l'hydraulique ou dirigera ses pensées vers l'enlèvement de Déjanire, et le système de la nature lui rappellera Diderot ou Dieu.

Ces rapprochements forment autant de plaisirs intellectuels pour l'homme de génie ; il trouve le moyen de les multiplier à l'infini, comme celui qui, habile à mélanger diverses espèces de fleurs, augmente l'éclat de son jardin par la variété de leurs nuances.

Si ces plaisirs rendent heureux l'homme de génie, mille angoisses l'affligent, précisément parce que son intelligence est trop étendue et que ses jouissances intimes sont trop vives. Ce qui convient à tout le monde ne le satisfait pas ; toujours il invente de nouveaux systèmes, nés de la contemplation des phénomènes de la nature et de ses propres pensées, qui sont le résultat de méditations nombreuses. Il voudrait reconstruire l'humanité, car il se désespère de voir les mortels, livrés aux emportements de leurs passions, troubler la surface du monde. Comme à toutes les époques les hommes lui apparaissent ainsi qu'ils apparurent un jour en songe à Adam, selon le grand poète anglais, l'homme de génie s'élance au milieu d'eux, parmi les êtres qu'enfante son imagination, et il s'efforce de calmer les haines : « Écoutez-moi, s'écrie-t-il, je rédigerai pour vous d'autres lois, afin que vous n'ayez plus à lutter contre la tendance mauvaise qui vous entraîne au mal ; je chercherai le moyen de vous en dépouiller et d'améliorer votre nature, pour entrer dans une vie nouvelle, comme le papillon au sortir de la coque où naguère il s'agitait. » Mais ces paroles restent sans échos ; et tandis que l'homme de génie se croit entouré par la multitude, tandis qu'il lui semble voir devant lui l'humanité comme dans la vallée de Josaphat, il gémit, s'arrache les cheveux, et, repassant dans son esprit les phases de sa vision, il se retrouve seul, étendu sur son siège. Cependant l'espérance le console ; il se flatte que tôt ou tard ses accents retentiront au delà des murailles de sa retraite, et qu'ils enseigneront les peuples en leur indiquant une voie de salut.

Pour l'homme de génie une chambre est un temple ; non point un temple protestant, dépouillé de tout ornement, de tout symbole, mais un temple catholique, où les peintures et les sculptures réunies consolent l'imagination. Pour lui, un livre est un simulacre parlant, qu'il interroge et qui élargit ses pensées ; à chaque page il découvre de nouveaux trésors dans une haute intelligence, comme Gall, avec des instruments anatomiques, découvrait des ressorts multiples dans le dédale du cerveau. L'homme de génie visite autant de mondes différents qu'il y a eu d'idées lancées parmi nous au moyen des écrits, et il voyage en s'entretenant avec ces idées, en tâchant de sonder leurs sens secrets, comme a fait Dante avec les esprits qui le précédent dans les trois royaumes. Ce voyage du poète n'est donc ni étrange ni fabuleux, puisque Dante a seulement décrit les merveilles qui s'agitaient dans sa pensée immense. Ainsi Hoffmann si bizarre, si extravagant, n'a eu que des idées extravagantes et bizarres. Cependant l'homme de génie, soit qu'il réfléchisse, soit qu'il écrive, doit se recueillir dans sa retraite, feuilleter tantôt un ouvrage, tantôt un autre, d'où il résulte qu'une bibliothèque lui est aussi indispensable qu'une prairie de fleurs est indispensable aux papillons. De cette manière il apprécie les opinions et les recherches antérieures ; il apprend comment l'esprit humain projette quelquefois sur l'univers une splendeur éblouissante, et comment d'autres fois il l'enveloppe d'obscures ténèbres. Se croyant apte à délier tant de nœuds inextricables, il se place au centre des événements, comme l'Éternel que Raphaël a reproduit sous les traits d'un homme vigoureux, occupé, dans le chaos, à mettre les sphères en harmonie. Ce grand artiste n'a pas cru pouvoir mieux représenter la Divinité qu'en lui donnant des formes humaines, afin de démontrer, sans doute, les rapports intimes qui existent entre l'énergie de l'esprit et l'énergie du corps. C'est pourquoi l'homme de génie, dont les occupations ne fatiguent jamais ni les jambes ni les bras, éprouve cependant des lassitudes et des souffrances, comme si la trop grande ardeur au travail avait épuisé ses forces.

Je ne sais quel phénomène se produit au sein des sources cachées de la vie, mais il semble que dans les contentions de l'esprit les organes se détirent douloureusement, qu'ils se déchirent en partie, se brisent même, comme les cordes d'une harpe qui refusent de seconder un jeu trop passionné.

Faut-il donc s'étonner si un mortel doué d'une intelligence sublime a souvent le corps amaigri, le visage pâle et défait? assailli tour à tour au cerveau, à l'estomac et aux entrailles par des douleurs poignantes, il ne sait comment s'y soustraire. Voilà sa destinée. Et plus il étudie, plus il en recueille des fruits amers. A chaque nouvelle découverte dans la ronte de la science, comme s'il devait l'expier au milieu des angoisses, son corps tend à s'affaiblir, à se dissondre. Ainsi on raconte de Bellini qu'un jour, après avoir formé des accords divins, il courut, inondé de sueur et presque hors de lui, s'étendre sur un lit de repos, tandis que les cordes frémissantes de l'instrument qu'il animait conservaient encore le souffle de l'inspiration suave. C'est que toujours il y a lutte entre l'intelligence et la matière, qui, sans cesse oppressive, n'est jamais ébranlée impunément lorsque l'esprit veut atteindre des régions élevées. Dans ces luttes, la matière, domptée, reprend son empire dès que l'esprit est revenu de son extase, et bientôt elle le domine pour l'accabler cruellement. L'homme de génie, plus que tous les autres mortels, résume donc en lui deux principes distincts. En effet, celui qui manie la bêche, en fortifiant ses muscles et en acquérant la vigueur de corps que donnent les travaux grossiers, ne s'inquiète guère d'éveiller son esprit qui sommeille, retiré peut-être dans la glande pinéale, comme le hibou au sommet d'une tour en ruine.

Si par hasard un caprice de l'homme de génie le porte à sortir quelques instants de sa cellule, comment est-il accueilli dans le monde? oh! d'une manière bien flatteuse. Descartes écrit que, lorsqu'il fut conduit à la cour de France, tous les regards étaient tournés vers lui, et que chacun le considérait avec la même curiosité qu'exciterait la vue d'un animal rare ou inconnu. Dans ce siècle pourtant il y avait plus de savants que de nos jours, de sorte que l'admiration procédait, ou du peu de contact qu'on avait avec ces savants, ou d'un respect exalté. Maintenant survit un enthousiasme à peu près semblable : Chateaubriand, à peine reconnu dans les rues de Paris, est entouré par la multitude, qui fait retentir les airs du bruit de son nom. Ainsi on peut dire que dans tous les âges, en remontant même à l'époque où Alexandre visita Diogène dans son tonneau, l'homme de génie a toujours été comblé d'honneurs. Quelle que soit l'obscurité de sa naissance, dès qu'il commence à briller par son esprit, les différentes classes de la société, sans distinction de rangs, veulent recevoir de lui la lumière. Comme il possède l'illustration de l'intelligence, il n'a pas besoin de l'illustration des aïeux. Les distances qui le tenaient éloigné des puissants et des riches sont soudain franchies; il siège à leur côté, il se désaltère dans la coupe dorée, il est heureux du sourire des jeunes femmes qui naguère lui apparaissaient comme des déités sacrées, et qui maintenant lui permettent de baiser leurs blanches mains.

Ces hommages sont flatteurs, la forme dont ils sont revêtus est des plus séduisantes; mais l'aisance matérielle de la vie, qui la procure? On serait disposé à croire que les mortels, saluant dans l'homme de génie le mobile de toutes choses, le traitant avec distinction, se disputent aussi l'avantage de lui offrir de l'or, afin que, dans l'abondance, il puisse donner un plus libre essor à ses facultés; or en trouverait même la preuve dans les bénéfices qu'ont rapportés certains ouvrages à leurs auteurs. Apprenez cependant que la roue de la fortune ne tourne pas toujours pour les écrivains : le Tasse était si malheureux, qu'il priait un personnage de la cour de Ferrare de lui faire raccommoder ses chemises; Camoëns, après avoir subi d'effrayantes misères, obtint une pension d'un franc par jour. Anguillara et Gilbert expirèrent à l'hôpital. Mais l'homme de génie, qui cultive avec passion sa noble intelligence, y puise la force et le courage nécessaires pour triompher des rudes assauts de l'infortune, comme l'aigle qui, pendant les journées pluvieuses, secoue ses ailes, s'élance au-dessus des nuages, et vient sécher aux feux du soleil son plumage humide. L'homme de génie ambitionne même de se montrer supérieur aux angoisses. Toutefois, il est certaines douleurs moins funestes que les désastres de la fortune, et

qui cependant sont plus intolérables, plus acca-
blantes pour les écrivains ; je parle des querelles
envieuses et des persécutions que suscite contre
eux la jalousie.

A force de se détacher des choses terrestres et
de se concentrer dans les abstractions, l'homme
de génie s'empreint d'une teinte plus prononcée
de spiritualisme ; je dirai presque qu'il devient
alors un être surnaturel ; mais, par une loi par-
ticulière, sa nature est entièrement opposée à
celle des esprits. Ceux-ci restent toujours impas-
sibles, tandis que l'homme de génie a en par-
tage de certaines émotions qui, au contraire, le
disposent plus que les autres mortels à ressentir
les outrages des passions humaines. Son âme ne
repousse pas toujours la vanité. Aussi les inimi-
tiés jalouses le torturent, le tourmentent, comme
le vautour qui rongeait les viscères de Promé-
thée, coupable d'avoir dérobé une étincelle au
soleil. Et sout-ils en effet autre chose que des
étincelles tous les aperçus de l'homme de génie,
aperçus qui résultent de la contemplation du
vrai ? Au lieu de le récompenser, les humains lui
escomptent la gloire de ses découvertes contre
d'atroces douleurs ; ils s'efforcent d'obscurcir l'é-
clat de son nom, de mêler du poison à l'amer-
tume de sa vie, et de l'ensevelir à jamais dans
l'oubli. Plus heureux est celui qui, restreint
dans ses jouissances intellectuelles, satisfait de
lui-même, et peu avide des applaudissements
d'autrui, dédaigne le bruit flatteur que l'on ap-
pelle renommée ! Cette sorte d'héroïsme qui,
pour briller, n'a pas besoin d'un vaste théâtre,
puisque le plus modeste recoin de la retraite la
plus exiguë lui suffit, est d'une grande rareté,
mais se rencontre pourtant ; alors les produc-
tions que cet écrivain laisse à la postérité,
comme l'abeille laisse le miel à l'agriculteur sans
prévoir l'usage qu'il en fait, sont lues et relues
pour en retirer des distractions utiles. Shaks-
peare, Vico, et d'autres encore, ne s'inquiètè-
rent certes pas du jugement des générations fu-
tures ; et si Shakspeare s'occupa de ses contem-
porains, ce fut pour les égayer plutôt que pour
leur demander des éloges et des honneurs. Qui
pourrait en dire autant des modernes ?

La nature de l'homme de génie est toujours
en rapport avec les mœurs du pays où il est né.
En France, on dirait qu'il se joue de ses études,
car jamais il n'oublie de s'occuper de sa parure ;
il habite des appartements somptueux, en com-
pagnie de femmes jeunes et mystérieuses qui,
montées sur des coursiers harnachés avec luxe,
caracolent à travers les rues de la cité ; il donne

des fêtes ; des dîners, puis, en se divertissant et
en faisant bonne chère, il se dérobe aux exigen-
ces de la société pendant une heure, il recueille
ses idées, s'inspire, écrit, et vend ses ouvrages à
un prix élevé. En Allemagne, au contraire, il
s'abandonne à ses rêveries loin de la foule des
autres hommes, il ne se préoccupe que des
sciences, il abhorre les causeries, les réunions
où sa conversation lourde deviendrait un sujet
de risée, où chacun le désignerait du doigt s'il
demeurait silencieux ; il s'entoure de livres, fait
maigre vie, retire peu de gain, et pousse si loin
la bizarrerie, qu'il oublie de plaire au monde. En
Angleterre, il invente des machines au lieu de
composer des ouvrages ; il navigue d'un pôle à
l'autre, bravant les ardeurs de l'été ou les ri-
gueurs de l'hiver, pour découvrir de nouveaux
poissons, de nouveaux oiseaux, de nouvelles
plantes, ou pour produire de nouveaux tissus ; il
parcourt ainsi les deux hémisphères, il contem-
ple les étoiles sur le cap de Bonne-Espérance,
retourne à Londres, siège au parlement, et
bouleverse l'équilibre politique du monde. En
Italie, les Muses l'allaitent encore ; il grandit
sous leurs auspices, il chante les ruisseaux pai-
sibles, le doux zéphyr, mais non point comme
on le chantait aux jours fortunés où florissait
l'Arcadie : ces jours ne sont plus ; aujourd'hui se
mêlent à ses poésies quelques idées étincelantes
de progrès, et les soupirs de l'amour se changent
quelquefois en soupirs sur l'humanité ! Du reste,
il est semblable au rossignol, qui ne pense guère
à prendre ses repas, comme si la fraîcheur déli-
cieuse des bosquets, l'écho des montagnes, le
murmure des fontaines, la sérénité du ciel, pou-
vaient suffire à ses besoins.

Quelle que soit sa nature, l'homme de génie
ressemble toujours à la flamme électrique, avec
laquelle Napoléon aurait voulu expliquer tous
les phénomènes de l'univers. S'agitant pour ma-
nifester une volonté tenace, ayant lutté contre
les éléments rebelles depuis l'instant où l'espèce
humaine a bourdonné sur la terre, il tourne ses
regards vers Dieu qui l'appelle, et se montre de
jour en jour plus éblouissant à travers l'obscurité
des siècles. Vous le croiriez sans défense, et ce-
pendant il est terriblement armé, puisqu'il dis-
pose à son gré de la parole, levier formidable
qui peut soulever le monde et qui a produit la
création. Déjà l'homme de génie domine l'avenir
par la pensée et prépare de nouvelles destinées
à l'humanité. Que d'autres se rient de lui, mais
ses idées pénètrent partout, dans les contrées
les plus sauvages, dans les intelligences les plus

arriérées, dans les esprits les plus disposés à les rebuter. Tel, dans les tuyaux d'un orgue, le vent fait brusquement irruption ou s'insinue doucement, selon la volonté de l'artiste qui veut en retirer différents sons pour composer un hymne d'harmonie digne de s'élever vers le ciel. Un jour, la pensée humaine, dégagée des obstacles que lui impose aujourd'hui la matière, s'envolera aussi vers le firmament; débarrassée de tous liens, elle s'échappera en exhalant un parfum non moins suave que celui qui s'exhale du calice des fleurs. D'où jaillira cette pensée? des campagnes où le soc du laboureur creuse la source de productions nouvelles; des rivières, où se pressent de magiques navires; des routes, qui conduisent les hommes d'un monde à l'autre sur les ailes du feu; des mers, que le génie du commerce foule à pieds secs; des manufactures, d'où sortent des inventions qui étonnent l'œil des humains; des cités populeuses et florissantes, où la fatigue même deviendra un plaisir; cette pensée jaillira du milieu des places, du sein des temples, et enfin de toute notre planète, qui, polie comme un globe de métal par la main des mortels, se mêle aux autres sphères, comme une jeune vierge élégamment parée se mêle à ses compagnes dans une fête ou dans un bal.

Voilà l'idée que voudrait réaliser l'homme de génie. Qui peut dire si la réalité répondra jamais à de si hautes conceptions? Quant à nous, hélas! nous ne verrons pas ce triomphe; mais le sage est toujours pensif, silencieusement assis dans sa demeure, et si vous l'examinez bien, vous voyez resplendir sur son front je ne sais quelle lueur sublime, dont l'éclat excitera en vous l'admiration et vous saisira de respect. Si les meurtriers de Lavoisier avaient fixé sur lui leurs regards de cannibales, ils seraient tout à coup restés immobiles, comme l'esclave qui, envoyé pour frapper de mort Marius, fut soudainement désarmé par la voix redoutée du consul. La supériorité du génie s'infiltre, se répand et déborde partout!

Traduit par M. A. M.

« Il semble que la nature, qui a si sagement disposé les organes de notre corps pour nous rendre heureux, nous ait aussi donné l'orgueil pour nous épargner la douleur de connaître nos imperfections. »

La Rochefoucauld, *Maximes.*

TYPES ET CARACTÈRES ANCIENS.

I.

LA COURTISANE DE VENISE.

(XVIIe siècle.)

Qu'elle était ravissante, la courtisane vénitienne, lorsque, nonchalamment étendue dans une gondole, elle allait respirer la brise à l'embouchure des lagunes! qu'elle était agaçante lorsque, à l'époque des prodigieuses folies de Venise, elle se mêlait aux groupes masqués qui encombraient la *Piazza* et la *Piazzetta!* Le profil grec de son visage était souvent irréprochable; sa taille élégante paraissait élancée comme le mélèze, souple comme une branche de saule, arrondie comme le tronc du palmier; sa main petite et potelée, les délicieux contours de ses bras, la délicatesse de son teint, la pureté des lignes de ses jambes, leur proportion harmonieuse avec des pieds mignons, tout en elle rappelait aux jeunes hommes de l'Italie les plus voluptueuses conceptions du Corrége ou de l'Albane.

Les courtisanes formaient à Venise une partie notable de la population, et leurs demeures, les *case rampane*, étaient devenues un centre de réunion pour la société noble. Des sénateurs, des patriciens y passaient les soirées dans la licence, au milieu des danses et des jeux. Presque toujours le conseil des Dix spéculait, au profit de sa police, sur la mystérieuse influence des courtisanes; il leur promettait une impunité constante pour leurs déréglements si elles parvenaient à scruter les pensées d'un fils de famille, à découvrir un secret ou à dénoncer un complot. La galanterie, du moins une galanterie de convention, faisait tous les frais de ces réunions brillantes, dans de vastes salles étincelantes de dorures, de peintures religieuses et de petites madones; car ces jeunes femmes de mœurs si faciles, agenouillées chaque jour devant un Christ d'ivoire, trouvaient le moyen d'allier aux dissipations de leur vie les pratiques extérieures d'une religion qui condamnait leurs erreurs. On entourait les courtisanes, on les fêtait avec transport. De leur côté, elles se montraient douces et prévenantes : ainsi l'exigeait leur position. Quelquefois, plus réservée, la courtisane de Venise feignait, comme une enfant naïve et sans expérience en amour, de ne pas voir dans les discours d'un jeune gentilhomme le reflet des agitations de son âme; ou bien, confuse et les yeux baissés, ses joues se coloraient d'une chaste rongeur :

Finge, quasi in amor rozza e inesperta,
Non veder l'alma ne' suoi detti aperta.
O pur le luci vergognose e chine
Tenendo, d'onestà s'orna e colora;

en un mot, elle ajoutait les irrésistibles séductions de la coquetterie à tout l'éclat des grâces natives dont la nature a si richement doté les femmes du Midi.

Au dix-septième siècle, quand la trop grande liberté des mœurs produisit le scandale, un décret du sénat chassa de Venise les courtisanes les plus dissolues; mais l'on s'aperçut bientôt que le désordre, se glissant dans les familles, parvenait à corrompre l'innocence et à triompher de la vertu. Un autre décret permit au vice de venir siéger de nouveau dans les *case rampane*, et on ne lit pas sans surprise les expressions *nostre benemerite meretrici*, qu'emploient, en parlant des courtisanes, les magistrats de la cité. Aussi le rigide auteur des *Letters from Italy* écrit-il que, de son temps, la peinture des mœurs vénitiennes se trouvait dans les descriptions des fêtes antiques en l'honneur de Vénus, parmi les habitants de Paphos, d'Amathonte et de Cythère. Ce voyageur, il est vrai, loin de l'Angleterre, sa patrie, ne voyait partout que dépravation et perversité.

LE MIGNON.

(XVI⁰ siècle.)

Par ses mœurs frivoles et désordonnées, par ses habitudes tour à tour obséquieuses et fières, par son costume efféminé, le mignon n'est pas d'origine française; ou en trouve le type dans ces jeunes seigneurs qui, au seizième siècle, abandonnèrent le tiède climat de l'Italie pour accompagner à la cour du Louvre l'épousée de Henri II, l'habile et belle Catherine de Médicis. On vit alors affluer à Paris ces Italiens aux traits réguliers, à la barbe et aux cheveux touffus, frisés avec soin, inondés des parfums les plus suaves. La partie rieuse et dissipée de la cour et de la ville les accueillit avec enthousiasme, tandis que la masse de la population, ne pouvant les considérer sans défiance et sans mépris, chantait à pleine voix ce refrain :

Italien, qui que tu sois,
Qui viens t'enrichir aux dépens des François,
Toi qui te sers de muguet parfumé,
Prochainement tu seras enfumé.

Bientôt les gentilshommes de France, modifiant la sévérité de leurs usages, éclipsèrent par la blancheur de leur teint et l'éclat de leurs chevelures dorées tous ces enfants basanés qui avaient été bercés à l'ombre des orangers en fleurs des jardins de Florence, de Venise ou de Naples, que le soleil brûle de ses feux. Les dames, les demoiselles raffolèrent des mignons, ainsi nommés à cause de leurs traits délicats, de leur gentil parler et de leur tournure gracieuse. Ils étaient blancs, ils étaient blonds, étincelants de pierreries; les rubis, les saphirs, les émeraudes brillaient à leurs oreilles, à leur cou, à leurs mains, rien n'égalait le luxe de leur parure, de leurs vêtements d'étoffe soyeuse, la coupe coquette de leurs manteaux chamarrés d'or, l'élégance de leurs pourpoints, la richesse de leurs toques à plumes flottantes. Henri III eut ses mignons; le duc d'Anjou, son frère, eut les siens, aussi bien que le duc de Guise.

On a beaucoup écrit sur les faiblesses de Henri III pour ces fils de grandes maisons qui s'étaient voués à son service, qui sommeillaient auprès de lui, qui le protégeaient de leurs épées. Les mignons du roi ne craignaient pas d'affronter les périls, de donner ou de recevoir la mort; la dague en main, ils se battaient à outrance pour leur seigneur et maître, comme d'Épernon et Joyeuse; pour le maintien de leurs privilèges, comme Quélus, Schomberg et Maugiron; pour leurs dames, comme Saint-Mégrin, si violemment épris de la duchesse de Guise. En apprenant la mort de Saint-Mégrin, Henri de Navarre, qui, époux infortuné de la très-volage Marguerite de Valois, avait contre les mignons des griefs non moins réels que ceux de Henri de Guise, s'écria vivement : « Il faudroit ainsi accoutrer tous ces petits galants fraisés dont le seul passe-temps est de mugueter les princesses de la cour. »

Un vieux parlementaire, qui, d'ailleurs, partageait toutes les antipathies de la multitude contre les amis de Henri III, Pierre de l'Estoile, a laissé, dans le récit des derniers instants de Quélus, un témoignage précieux du dévouement des mignons pour la personne royale : « Le dimanche 27 avril 1578, dit l'Estoile, trois des mignons du roy, et trois gentilshommes de la maison de Guise se rencontrèrent dès cinq heures du matin, près la Bastille Saint-Antoine, pour démêler une querelle née en la cour du Louvre le jour précédent; et là, ils combattirent si furieusement, que le beau Maugiron et Schomberg demeurèrent morts sur la place. Quélus, auteur de la noise, languit trente-trois jours de dix-neuf coups qu'il reçut; et ne lui profita aucunement la faveur du roy, qui ne bougeoit du chevet de son lit, et lui avoit promis cent mille écus, et aux chirurgiens cent mille francs, s'il venoit en convalescence. Il mourut ayant toujours en la bouche ces mots, même entre ses derniers soupirs qu'il jetoit avec grande force et grand regret : « Ah! mon roy! mon roy! » '

Nobles et vaillants jeunes hommes, je sais que les partis vous ont cruellement calomniés, car ils sont toujours implacables; je sais que l'histoire elle-même, habituellement si chaste, oublie souvent toute réserve quand elle s'occupe de vous; je sais que des écrivains graves ont attribué à de tristes passions ce qui était chez vous le résultat d'un dévouement admirable. Mais la postérité, plus équitable, vous vengera de ces outrages; elle saluera en vous de courageux défenseurs d'une dynastie et d'un prince tellement attaqués, qu'il y avait, dès cette époque, quelque courage à les défendre. Parmi les documents historiques si nombreux de cette période agitée, il serait difficile d'en citer un seul écrit en faveur des mignons, tant les préventions et les haines étaient puissantes contre eux! Cependant la vérité n'est jamais complètement effacée; Dieu permet qu'on en retrouve l'empreinte dans les pamphlets ennemis, à travers les jugements les plus iniques et les injures les plus grossières. '

L'ÉCOLIER.

(XIVᵉ siècle.)

Au moyen-âge, les écoliers de l'Université formaient un corps nombreux, tapageur, remuant; on en comptait à Paris plus de trente mille sous le règne de Charles VI. A l'abri de leurs privilèges, ils troublaient la paix de la cité et la quiétude des bons bourgeois. Buveurs, méchants, jaloux, querelleurs, les écoliers se livraient à mille désordres; le pré Saint-Germain, nommé le Pré-aux-Cleres, était le lieu de leurs réunions. Là, ils s'égayaient aux dépens de la bourgeoisie, éternel objet de leurs sarcasmes; là, ils commettaient tous les excès où les entraînaient leur humeur tracassière et leur caractère brouillon : « Ils sont adonnés à la gloutonnerie et à la luxure, s'écrie avec amertume un

chroniqueur du XIVᵉ siècle. Que dirai-je de plus sans verser des larmes? Apprenez donc qu'ils aiment mieux contempler la beauté des jeunes filles que les beautés d'Aristote et de Cicéron.'»

Vêtus d'un costume particulier, espèce de longue soutane noire que l'on appelait robe de classe (1), ils la relevaient par derrière afin de cheminer lestement, et aux jours de leurs fredaines ils s'habillaient toujours en cavaliers, pour échapper plus aisément à la vengeance des infortunés habitants qu'ils réveillaient avant le chant du coq. Leur turbulence était inouïe; ils soutenaient des combats contre les archers et les sergents du guet; ils incendiaient les maisons, démolissaient les barrières, ravageaient les vergers, mangeaient les fruits que les bourgeois cultivaient avec tant de peine, et lorsqu'ils envahissaient une abbaye, leur premier soin était de visiter le cellier, et de vider à longs traits, malgré les lamentations et les menaces d'excommunication de l'abbé, toutes les tonnes remplies de vin clairet ou d'hypocras qui servait aux repas des moines. Glose à peine croyable! un matin, dans le monastère Saint-Germain-des-Prés, ils se revêtirent des ornements sacerdotaux, s'affublèrent de belles chapes, et l'aumusse de petit-gris sur le bras, les uns, par dérision, chantèrent à pleine voix matines ou psalmodièrent des litanies lamentables, tandis que d'autres, jouant aux dés en face de l'autel, prononcèrent d'horribles blasphèmes !

Les écoliers, clercs de la Basoche, représentaient publiquement des mystères, jouaient des farces et des comédies où ils n'épargnaient pas les nobles hommes, les princes même; les dames de la cour y étaient ridiculisées avec malice, avec esprit; et le peuple applaudissait aux dires des écoliers, tellement qu'au mois de janvier 1516, le parlement leur défendit de jouer des comédies et autres joyeusetés où il serait fait mention des princes et des chevaliers, des princesses et de leurs suivantes.

A Salamanque, les écoliers jouissaient d'une foule de privilèges qui pouvaient rivaliser avec ceux de l'Université de Paris. Tous étaient exemptés de la prise d'armes pendant la guerre; on n'avait pas le droit de les saisir ni de les retenir captifs; et quand ils voyageaient, soit en Espagne, soit en France, la multitude les saluait du titre de *seigneurs écoliers*, titre qui se portait alors dans le monde.

(1) Le disciple aussitôt droit au coq s'en alla .
Jetant bas sa robe de classe,
dit La Fontaine.

LE BRAVO.

(XVIIe siècle.)

C'est triste à dire, mais les sinistres fonctions du Bravo étaient parfaitement en rapport avec les mœurs des contrées méridionales, de ces pays où les haines, toujours vigoureuses, ne s'exhalent point en soupirs plaintifs, en innocentes plaisanteries, en malicieuses épigrammes, de ces pays où la vengeance est implacable, où le bras est plus actif encore que la langue, où le geste est plus prompt que la.parole, où l'amour-propre blessé pardonne rarement, où l'impétueuse colère ne pardonne jamais. Les Bravi, en Italie et dans la plupart des villes d'Espagne, étaient comme l'expression lugubre d'une passion qui, bouleversant le cœur des mortels, donne de l'énergie aux caractères les plus faibles, transforme quelquefois en agresseur l'homme le plus inoffensif, et entraîne les humains aux plus furibonds excès.

A Venise, les Bravi exerçaient impunément leur horrible métier. Il ne faudrait cependant pas en conclure, comme l'a fait Cooper, que les inquisiteurs du mystérieux tribunal des Trois étaient en rapports secrets avec les Bravi de la cité, qu'ils leur désignaient les victimes, et qu'ils soldaient sans pudeur la félonie; seulement ce triumvirat redoutable, ayant intérêt à perpétuer les haines entre les familles nobles, encourageait par la vente des amnisties la profession de Bravo, et tolérait ainsi la présence des meurtriers que les gentilshommes et les femmes vindicatives entretenaient à leurs gages (1). Les Bravi, enveloppés d'un large manteau, avaient habituellement le visage recouvert d'un masque, usage si généralement adopté en Italie au XVe siècle, que les prélats et les cardinaux eux-mêmes portaient des masques, et que les sénateurs restaient masqués pendant les séances du grand conseil. La plupart des Bravi étaient des hommes illettrés, abrutis par une débauche effrénée, des misérables qui sacrifiaient tout à l'appât du gain; la dague ou l'espingole à la main, ils se précipitaient sur leurs victimes. Un poète italien, doué de facultés puissantes, Luigi Cicconi, a tracé en peu de mots, dans sa tragédie improvisée de *Cesare Borgia*, le caractère du Bravo.

(1) M. Daru, *Histoire de Venise*, cite pourtant un décret rendu par le Conseil des Dix, le 23 juin 1656, pour que désormais nulle famille ne pût conserver des spadassins à son service.

Pietro, bravo d'Arnaldo, s'exprime ainsi : « Parle, que veux-tu? l'épée ou le poignard? La vie ne m'inspire aucun amour; obscure, je la dédaigne; je l'expose au péril, et le péril pourra me la rendre chère, si j'en sors vainqueur. — Je ne demande point ta vie, répond Arnaldo; je demande ton agile main, armée d'un poignard. — La voilà! s'écrie Pietro; tu seras obéi! »

> . . . . Parla que Vuoi
> La spada od il pugnal? non m' innamora
> La vita ; oscura la disprezzo, al rischio
> L'espongo, e il rischio potrà farla cara
> Se n' esco vincitor.
>
> ARNALDO.
>   Io la tua Vita
> Non chiedo, la tua man pronta ti chiedo
> Armata d' un pugnal.
>
> PIETRO.
>   Eccola.......
>
> Obbedito sarai.

Pour les Bravi vénitiens, le meurtre faisait en quelque sorte partie des divertissements du carnaval; ils se mêlaient à la foule avide de plaisirs, sur la place San-Nicolo; et quand le Bucentaure mouillait près du quai de Saint-Marc, alors que l'on célébrait l'imposante cérémonie de l'alliance du Doge avec la mer Adriatique, le Bravo méditait souvent l'accomplissement d'une vengeance, tandis que la victime désignée rêvait pour le lendemain des fêtes nouvelles et de nouveaux enivrements. Vers le milieu de l'année 1774, le sénat ayant fait dresser la liste des assassinats commis pendant un petit nombre d'années, à l'époque des fêtes publiques, les calculs officiels établirent que plus de cinq mille personnes avaient été frappées de mort. On racontait que le Bravo, par un mélange bizarre de la dévotion et du crime, jetait les cadavres dans le canal Orfano, en invoquant san Gennaro et san Antonio di Padova, le patron vénéré des pêcheurs de Venise, car une pieuse légende rapporte que les poissons des lagunes s'arrêtèrent un jour à la surface des ondes pour écouter ses prédications.

O Florence! dis-nous aussi combien de nobles hommes furent transpercés par les Bravi, derrière les chênes et les platanes des *Cascine* sur les bords de l'Arno; dis-nous pourquoi tes habitants payaient largement de tels crimes, pourquoi ils faisaient trêve alors à l'*abbominevole avarizzia* que leur reproche Machiavel! Et à Rome, que de malheureux patriciens disparurent dans le Tibre, le fleuve sacré des anciens Romains, le fleuve à la couleur blonde, *flavus Tiberinus!* plus d'une fois, lorsque l'on croyait y trouver des statues antiques, on n'en retirait que les victimes du Bravo.

LA CAMARERA-MAYOR.

(XVIIe siècle.)

L'étiquette froide et compassée en usage à la cour d'Espagne fit toujours un contraste étrange avec l'ardente activité des habitants de Séville, de Cadix ou de Madrid. La cour et la ville subissaient l'influence de mœurs différentes : ici, de la gaieté, du désordre, des scandales; là, je ne sais quoi de triste et de sombre qui, recouvrant comme d'un voile funèbre la vie des jeunes femmes, transformait pour elles en sépulcres les plus somptueux palais. La Camarera-Mayor, expression la plus rigide du cérémonial espagnol, avait tout pouvoir sur la reine; elle exerçait une sorte de tyrannie sur les infantes; la moindre démarche publique ou privée de la compagne du prince, la moindre visite qu'elle voulait faire, le moindre hommage qu'elle voulait recevoir, la moindre politesse qu'elle voulait rendre, tout devait être soumis à la Camarera-Mayor, qui seule possédait le droit d'accorder l'autorisation ou de la refuser. La reine ne pouvait chanter une *seguidilla* au son du luth, de la guitare ou du téorbe; elle ne pouvait danser ni menuets, ni *pavanes*, ni boleros, ni fandangos, sans la permission de la Camarera-Mayor. Aussi, la plupart des princesses de France que la politique plaçait sur le trône des Espagnes, se consumaient d'ennui (1); habituées aux fêtes qui rendaient si délectables les résidences du Louvre, de Fontainebleau et de Saint-Germain, elles dépérissaient dans les obscures galeries de l'Escurial ou du Buen-Retiro. Louise d'Orléans, la gracieuse nièce de Louis XIV, la femme de Charles II, put-elle jamais se soumettre complètement aux ridicules prescriptions de la Camarera-Mayor? Louise d'Orléans, qui avait vécu sans contrainte à Versailles, qui avait parcouru en liberté le parc du magnifique château, ses bois, ses charmilles et ses bosquets! Pauvres petites reines, leurs jours s'écoulaient dans les larmes, et la nuit, tout éplorées, elles allaient se prosterner devant Notre-Dame-des-Angoisses, *Nuestra Senora de las Angustias*, si vénérée du peuple espagnol: elles languissaient, puis mouraient bientôt,

(1) Élisabeth, fille de Henri II, roi de France, et une autre princesse du même nom, fille de Henri IV, le vaillant Béarnais, furent mariées, la première au roi d'Espagne Philippe II; la seconde, à Philippe IV, son petit-fils.

comme les fleurs d'une prairie bouleversée par le soc du laboureur :

Velut prati
Ultimi flos, prætereunte postquam
Tactus aratro est.

Dans ses Lettres si spirituelles, madame de Villars raconte qu'un jour, au moment où la jeune femme de Charles II s'approchait pour adresser la parole à la marquise de los Balbasès sans avoir demandé le consentement de la Camarera-Mayor, celle-ci prit la reine par le bras et la fit rentrer dans son appartement. La Camarera-Mayor servait d'introductrice aux dames de la grandesse qui obtenaient une audience de sa majesté; elle les initiait au cérémonial; elle leur apprenait de quelle manière on était tenu de faire les révérences, quel devait en être le nombre; elle leur indiquait comment il fallait s'y prendre pour baiser la main de la reine sans blesser les lois de l'étiquette. Les filles d'honneur, *senoras de honor*, et les *criadas* leurs servantes, obéissaient à la Camarera-Mayor; elle avait le privilège exclusif de rester auprès de la reine lorsque son royal époux venait la visiter, et, durant les cérémonies publiques, elle tenait la queue démesurée du *vestido* de sa souveraine. La Camarera-Mayor, suivante inséparable de leurs majestés, les escortait partout, à la Huerta del Rey (au Jardin du Roi) ou à la Primavera, délicieuse promenade d'Aranjuez, sous les lauriers-roses et les fraisiers-arbres, qui semblent fiers de leur feuillage plus éclatant que l'émeraude, et de leurs fruits vermeils plus brillants que les rubis. Lorsque la reine se décidait à voyager, la Camarera-Mayor présidait aux préparatifs du départ; elle accompagnait sa noble maîtresse à Valence comme à Tolède, à Cordoue comme à Grenade, les cités mores : Cordoue, avec sa cathédrale immense; Grenade, avec son Alhambra, ses bazars, ses mosquées, ses minarets, ses canaux et ses fleuves merveilleux, le Darro et le Xénil, dont les flots roulent, comme le Pactole de la Fable, des paillettes d'or et d'argent.

Pour donner une idée saisissante du pouvoir de la Camarera-Mayor et de sa prépondérance à la cour, pour apprécier la respectueuse déférence qui semblait inhérente à ses attributions, il suffit de rapporter ces mots d'une reine d'Espagne s'adressant à son amie la plus intime : « Mon dieu, mon Dieu, lui disait-elle à voix basse, si la Camarera-Mayor n'était pas derrière nous, je t'embrasserais volontiers! » Telle a été en Espa-

. gne, jusqu'à la fin du XVIIIe siècle, l'inévitable Camarera-Mayor (1).

A. MAZUY.

---∘⊙∘---

ÉTUDES SUR L'ISLAMISME.

TRADITIONS ET LÉGENDES. — MAHOMET ET LE CORAN.

(Quatrième et dernier article.)

La religion mahométane compte plusieurs sectes; mais le schisme ne porte que sur des points peu importants de la foi religieuse, car le Coran, code civil et sacré, est également vénéré par tous les musulmans. Voici les principaux points des dissidences qui se sont élevées entre les disciples du Prophète, et qui ont amené le schisme des Persans, le plus prononcé de tous :

1° Ceux-ci reconnaissent Ali, gendre de Mahomet, comme de droit successeur immédiat du Prophète; ils ne veulent pas admettre comme tel Abou-Bekr, Omar et Ottoman, qui ont succédé à Mahomet avant Ali.

2° Les Persans repoussent le *Sunna*, livre de traditions des actions et des paroles du Prophète, parce que ce livre désigne Abou-Bekr, Omar et Ottoman comme les trois premiers successeurs de Mahomet. Les Turcs, au contraire, révèrent le *Sunna* comme l'ouvrage le plus sacré après le Coran.

3° Enfin, le troisième point de schisme concerne ce livre même de la loi; non qu'une seule ligne en soit mise en doute par aucune secte, mais parce qu'il donna lieu à la question théologique de savoir s'il était créé ou incréé.

Sous le calife Almanou et ses successeurs, des

(1) Ces divers fragments, dont quelques-uns sont encore inédits, feront partie de l'ouvrage que vient de mettre en vente, par livraisons, l'éditeur Delloye, sous le titre de *Types et Caractères anciens*, d'après des documents peints ou écrits, ouvrage destiné à faire connaître tous les types qui n'existent plus dans la société moderne. De magnifiques lithographies imprimées en couleur, *à plusieurs teintes*, d'après les dessins de deux artistes de beaucoup de science et de talent, Th. Fragonard et Daféy, reproduisent les costumes avec une fidélité poussée jusqu'au scrupule. On comprend dès lors l'importance de cette publication, la curiosité qu'elle excite et l'intérêt qui s'y rattache.

théologiens mahométans avaient agité déjà cette question et exercé leur subtilité d'esprit dans des discussions sans fin. Le plus grand nombre d'entre eux, ainsi que les califes, adoptèrent la création du Coran. Bientôt ils persécutèrent la croyance opposée; il se forma deux sectes qui répondirent par le fer et le feu aux arguments qui embarrassaient la raison. Un théologien *sunnite*, amené devant le calife Almanon, lui rappela que Mahomet avait confirmé plusieurs fois avec serment qu'il n'avait pas composé le Coran; mais que les chapitres étaient descendus du ciel, un à un, comme il les avait annoncés au peuple. Or, continuait le docteur, puisque ces écrits sortent de la main de Dieu, ils doivent être éternels comme lui-même. Le calife ne savait que répondre; il n'osait pas nier l'autorité de Mahomet; toutefois, comme il se servait mieux de son sabre que de son esprit, il trancha la question d'un seul coup en abattant la tête de son adversaire. La persécution, comme il arrive toujours, augmenta le nombre des prosélytes; l'opinion du Coran incréé fut adoptée dans la suite par tous les Persans qui forment la secte des *Shütes*. Ils prétendirent qu'Ali, gendre et disciple de Mahomet, avait été de l'opinion du Coran incréé. Aussi les Turcs les regardent comme des schismatiques hérétiques, et ils ont plus d'éloignement pour eux que pour les peuples chrétiens.

Continuons de citer les passages les plus décisifs du Coran.

Chap. 18. « Lis le Coran que Dieu t'a révélé. Sa doctrine est immuable. Il n'y a point d'abri contre le Très-Haut. Sois constant avec ceux qui l'invoquent le matin et le soir, et qui recherchent ses grâces; ne détourne point d'eux tes regards pour te livrer aux charmes de la vie mondaine; ne suis pas celui dont le cœur nous a oublié, et qui n'a pour guide que ses désirs et ses passions. Dis : La vérité vient de Dieu. L'homme est libre de croire ou de persister dans l'incrédulité. Nous avons allumé des brasiers pour les méchants, un tourbillon de flammes et de fumée les enveloppera. S'ils demandent des adoucissements, on leur offrira de l'eau qui, semblable à de l'airain fondu, brûlera leur bouche. Ils avaleront cet affreux breuvage et seront étendus sur un lit de douleur. Le croyant vertueux ne verra point périr le bien qu'il aura fait. Possesseur des jardins d'Éden, où coulent des fleuves, paré de bracelets d'or, vêtu d'habits verts tissus en soie, rayonnant de gloire, il reposera sur le lit nuptial, prix fortuné du séjour des délices. »

43

Chap. 21. Celui qui lira ce chapitre, a dit Mahomet, sera jugé avec douceur le jour de la résurrection ; les prophètes dont il est fait mention dans le Coran lui tendront la main et lui donneront le salut. « Le temps approche où les hommes rendront compte; et, dans leur insouciance, ils s'éloignent de cette pensée. Ils n'out entendu la lecture du Coran que pour s'en moquer. Le cœur livré aux plaisirs, les impies se sont dit en secret : Mahomet n'est-il pas un homme comme nous? Ecouterons-nous un imposteur? Dis : Dieu connaît ce qui se passe au ciel et sur la terre; il sait et entend tout. Ce livre, ont-ils ajouté, n'est qu'un amas confus de fables, il en est l'auteur, il les a mises en vers; qu'il nous fasse donc des miracles comme les autres prophètes! Aucune des villes que nous avons détruites n'a embrassé la foi. Ils ne croiront point. Avant toi, nous n'avons envoyé que des hommes inspirés; nous ne leur donnâmes point un corps fantastique; ils ne demeurèrent pas éternellement sur la terre; ils virent l'accomplissement de nos promesses. Nous les sauvâmes avec nos élus, et les incrédules périrent. Nous vous avons envoyé un livre pour vous instruire. N'ouvrirez-vous point les yeux? »

Chap. 22. « Le Coran est le dépôt de la vraie religion, mais le Seigneur éclaire ceux qu'il veut. Au jour de la résurrection il jugera les croyants, les juifs, les sabéens, les chrétiens, les mages et les idolâtres, parce qu'il est témoin de toutes choses. Ne vois-tu pas que le soleil, la lune, les étoiles, les arbres, les animaux et les hommes adorent le Seigneur? mais beaucoup de mortels sont destinés aux supplices. Celui que Dieu méprisera sera couvert de honte. Il fait ce qui lui plaît. Les croyants et les incrédules disputent de Dieu; mais les incrédules auront des habits de feu, et l'on versera sur leur tête de l'eau bouillante qui dévorera leur peau et leurs entrailles. Ils seront frappés avec des bâtons armés de fer. Toutes les fois que la douleur les fera s'élancer des flammes, ils y seront replongés, et on leur dira : Goûtez la peine du feu. S'ils t'accusent d'imposture, souviens-toi que les peuples de Noé, d'Abraham, de Loth et de Madian ont ainsi traité leurs prophètes. Moïse ne fut-il pas accusé de mensonge? J'ai laissé vivre les pervers pendant un certain temps; ensuite je les ai punis, et mes fléaux ont été terribles. Lorsqu'on récite les versets du Coran, on voit l'indignation peinte sur le front des infidèles; ils sont prêts à se jeter sur le lecteur. Dis : Vous annoncerai-je quelque chose de plus menaçant? c'est le feu de l'enfer que Dieu a promis aux incrédules. Malheur à ceux qui seront précipités! O idolâtres, écoutez cette parabole. Les Dieux que vous servez ne sauraient créer une mouche; en vain réuniraient-ils leurs efforts, et si ce faible insecte ravit une parcelle de ce que vous leur offrez, il leur est impossible de la reprendre. L'adorateur et l'idole sont également impuissants. »

Chap. 23. « Loin d'ouvrir les yeux, les impies répètent ce qu'ont dit leurs pères. Demandez-leur : Qui est le souverain des sept cieux et du trône sublime? C'est Dieu, répondent-ils. Ne le craindront-ils point? Demandez-leur : Qui tient les rênes de l'univers? quel est celui qui protège et qui n'est pas protégé? le savez-vous? Dieu, répondent-ils. Vos yeux seront-ils donc toujours fermés à la lumière? Nous leur avons apporté la vérité, et ils persistent dans le mensonge. Dieu n'a point de fils; il ne partage point l'empire avec un autre Dieu. S'il en était ainsi, chacun d'eux voudrait s'approprier sa création et s'élever au-dessus de son rival. Louange au Très-Haut! loin de lui ces blasphèmes! son œil perce dans l'ombre du mystère; il voit tout. Anathème aux idoles! Dis : Seigneur, fais-moi voir les tourments que tu leur prépares; ne me confonds pas avec les pervers. »

Chap. 24. « Les œuvres de l'infidèle ressemblent à la vapeur qui s'élève dans le désert; le voyageur altéré y court chercher de l'eau, et lorsqu'il s'en est approché, l'illusion a disparu. Dieu rendra aux pervers suivant leurs mérites. Il est exact dans ses comptes. Les œuvres de l'infidèle sont encore semblables aux ténèbres qui reposent dans les abîmes de la mer, couvertes de flots entassés et de l'obscurité des nuages, ténèbres si épaisses, que l'homme qui y serait plongé aurait peine à voir son bras. Celui à qui Dieu refuse la vraie lumière est très-certainement aveugle. »

Chap. 25. « Quel est cet apôtre? disent-ils; il boit et mange comme nous; il se promène au milieu des places publiques. Un ange est-il descendu du ciel pour l'inspirer? nous a-t-il montré un trésor? a-t-il produit un jardin orné de fruits? suivrons-nous un imposteur trompé par des prestiges? Vois à quoi ils te comparent! ils sont dans l'aveuglement. Béni soit celui qui peut te donner des biens plus précieux, des jardins arrosés par des fleuves, ornés de palais magnifiques, et des retraites délicieuses pour dormir à midi! »

On sait que les Orientaux sont dans l'usage de dormir à midi. Ils expédient leurs affaires le matin, font un léger repas vers onze heures, puis ils sommeillent pendant les plus fortes chaleurs de la journée. C'est un besoin produit par le climat brûlant. Les Turcs qui peuvent reposer alors près d'un ruisseau, à l'ombre des orangers, se croient déjà en possession du jardin de délices que leur promet Mahomet.

Chap. 27. « Les infidèles disent : Lorsque le tombeau aura réuni nos cendres à celles de nos pères, est-il possible que nous soyons ranimés de nouveau? Cette promesse dont on nous flatte, dont on berça nos pères, n'est qu'une fable de l'antiquité. Oh, les impies! Quand l'arrêt de leur perte sera prononcé, nous ferons sortir de la terre un monstre horrible pour les tourmenter sans cesse. »

Ce monstre, que les commentateurs du Coran ont peint chacun à sa manière, aura cinquante coudées de longueur, des erins, des plumes et deux ailes. Sa vitesse à la course sera prodigieuse. Un écrivain arabe le décrit avec la tête d'un taureau, les yeux d'un porc, les oreilles d'un éléphant, les cornes d'un cerf, le cou d'une autruche, la poitrine d'un lion, le milieu du corps d'un chat et le pied d'un chameau. Il sortira de la grande mosquée de la Mecque.

Chap. 29. « Avant le Coran tu n'avais lu aucun livre. Il n'est point écrit de ta main; des signes frappants le caractérisent; ils sont gravés dans le cœur de ceux qui ont la sagesse. Les méchants seuls en nient l'évidence. Ils ne veulent, disent-ils, y ajouter foi que lorsqu'ils y seront autorisé‹ par des miracles. Réponds-leur : Les miracles sont dans les mains de Dieu, je ne suis chargé que de la prédication. Le témoignage de Dieu me suffit contre vous. Ceux qui croient en de vains simulacres et qui nient l'islamisme périront. Ils te défient de hâter l'effet de tes menaces. Si l'instant de la vengeance n'était marqué, ils auraient déjà été punis; mais elle les surprendra au moment où ils ne s'y attendront pas. L'enfer environne les infidèles. »

Chap. 33. Quelques paragraphes de ce chapitre sont fort curieux : « O prophète! dit le Seigneur à Mahomet, il t'est permis d'épouser les femmes que tu auras dotées, les captives que j'ai fait tomber entre tes mains, les filles de tes oncles et de tes tantes qui ont pris la fuite avec toi, et toute femme fidèle te livrera son cœur. C'est un privilège que nous t'accordons. Nous connaissons les lois du mariage que nous avons établies pour les croyants; ne crains point d'être coupable en usant de tes droits. Dieu est indulgent et miséricordieux. Tu peux accueillir la femme que tu avais repoussée, afin de ramener la joie dans un cœur où régnait la tristesse. Ta volonté sera leur

loi. Tu n'ajouteras point au nombre actuel de tes épouses (Mahomet avait alors neuf femmes); tu ne pourras les changer contre d'autres dont la beauté t'aurait frappé; mais la fréquentation de tes femmes esclaves t'est toujours permise. Dieu observe tout; il est savant et vigilant. O croyants! n'entrez point sans permission dans la maison du Prophète, excepté lorsqu'il vous invite à sa table. Sortez séparément après le repas, et ne prolongez pas vos entretiens : vous l'offenseriez. Il rougirait de vous le dire, mais Dieu ne rougit pas de la vérité. Si vous avez quelque demande à faire à ses femmes, faites-la au travers d'un voile; c'est ainsi que vos cœurs et les leurs se conserveront dans la pureté. Évitez de blesser le ministre du Seigneur. O Prophète! prescris à tes épouses, à tes filles et aux femmes des croyants d'abaisser un voile sur leur visage; il sera l'indice de leur vertu et un frein contre les discours du public. Dieu est indulgent et miséricordieux. »

Chap. 35. « Demandez aux idolâtres : Que pensez-vous de vos dieux? montrez-moi ce qu'ils ont créé sur la terre. Partagent-ils avec le Tout-Puissant l'empire des cieux? leur avons-nous donné un livre sur lequel ils puissent fonder leur culte? Ils ont promis à Dieu, ces impies, par les serments les plus solennels, que s'il leur envoyait un apôtre, ils s'empresseraient de suivre sa doctrine. L'apôtre a paru, et leur aversion pour la foi s'est augmentée. Qu'attendent-ils, si ce n'est le sort de leurs prédécesseurs? car les décrets de Dieu sont immuables. N'out-ils pas vu quelle a été la fin déplorable des peuples qui, avant eux, marchèrent dans les voies de l'iniquité? ils étaient plus forts et plus puissants qu'ils ne sont. Mais rien ne peut s'opposer aux volontés du Très-Haut. »

Le chapitre 36 est celui que les Arabes récitent aux enterrements; de grandes récompenses sont attachées à sa lecture. Lorsqu'on le lit auprès d'un mourant, dix anges descendent du ciel à chaque lettre que l'on prononce; ils se rangent autour du lit et prient avec ferveur. Si le malade succombe, ils assistent aux ablutions de son corps et suivent silencieusement les funérailles. L'ange de la mort respecte le fidèle qui a lu ce chapitre avant d'expirer; il ne peut se saisir de son âme sans que le gardien du paradis l'ait vivifiée par un breuvage céleste, et le musulman purifié par ce breuvage n'aura plus besoin de se baigner dans la piscine des prophètes pour entrer dans le séjour des délices.

Chap. 37. « Les vrais serviteurs de Dieu auront une nourriture choisie, des fruits exquis, et ils seront servis avec honneur; ils mangeront ces fruits pour leur plaisir et non pour conserver leur santé; doués de corps immortels, ils n'auront besoin d'aucun préservatif contre la maladie. Les jardins de la volupté seront leur asile; pleins d'une bienveillance mutuelle, ils reposeront sur le lit nuptial. On leur offrira des coupes remplies d'une eau limpide et d'un goût délicieux. Près d'eux seront des vierges intactes; leurs beaux yeux seront modestement baissés. »

Ces promesses séduisantes accroissent la ferveur des musulmans; quand ils croient n'avoir pas religieusement observé les préceptes du Coran, ou quand ils ont commis quelque crime, ils s'imposent une punition appelée le *riadhiat*. C'est une retraite absolue qui consiste à s'enfermer durant plusieurs semaines dans un lieu complétement obscur, sans prendre d'autre nourriture que du pain et de l'eau, une fois seulement toutes les vingt-quatre heures; ils prononcent pendant ce temps, presque sans intervalle, le nom de tous les attributs de Dieu, en forme de litanies. Ce pénible exercice fait tomber celui qui s'y condamne dans un sommeil agité, et la diète qu'il a soutenue lui occasionnant des songes ascétiques, il ne manque pas de publier le résultat de ses extases.

Chap. 41. « N'écoutez point la lecture du Coran, disent les infidèles; efforcez-vous de l'ensevelir dans l'oubli. Les tourments puniront leur incrédulité. Nous leur rendrons le mal qu'ils ont fait; des flammes éternelles seront le prix des ennemis de Dieu qui ont nié la vérité de sa religion. La calomnie ne t'épargnera pas plus que les prophètes qui t'ont précédé. Si nous avions écrit le Coran dans un idiome étranger, les impies se seraient écriés : Pourquoi n'est-il pas écrit dans notre langue? Demande-leur : Son style est-il barbare? son auteur est-il Arabe? Les incrédules ont un poids dans les oreilles; ils n'entendront point. Un nuage couvre leurs yeux; ils ne verront point. »

Chap. 43. « J'en jure par le livre de l'instruction. Nous l'avons envoyé en arabe afin que vous le compreniez; nous en conservons l'original dans le ciel. Vous priverons-nous de l'instruction divine parce que vous êtes prévaricateurs? Combien de prophètes ont annoncé nos lois aux peuples! aucun d'eux n'évita leurs railleries. Les infidèles prétendent que les anges, ces serviteurs de Dieu, sont des filles. Ont-ils assisté à leur création? Ils ajoutent : Si Dieu eût voulu, nous ne les eussions pas adorées. Le Ciel leur a-t-il commandé ce culte? ils blasphèment. Leur avons-nous envoyé un livre avant le Coran? en possèdent-ils un? Nous avons, continuent-ils, trouvé nos pères attachés à une

religion, et nous la suivons. Toutes les fois que nos ministres prêchèrent la foi dans une ville, les principaux du peuple leur tinrent le même langage : Nous suivons le culte de nos pères. Si nous vous apportons une meilleure doctrine, disaient les apôtres. Nous rejetons, répondaient les incrédules, tout ce que vous venez nous annoncer. Voyez quelle fut la punition des idolâtres. »

Chap. 49. « O croyants! ne prévenez point l'ordre du ciel et de son ministre; n'élevez point la voix au-dessus de celle du Prophète, ne lui parlez point avec la familiarité qui règne entre vous, de peur que vos œuvres ne soient vaines. Dieu a éprouvé la piété de ceux qui parlent respectueusement à son apôtre. Les Arabes disent : Nous croyons. Réponds-leur : Vous ne croyez point; la foi n'a pas encore pénétré vos cœurs. Les vrais fidèles sont ceux qui, libres du doute, croient en Dieu, à son apôtre, et sacrifient pour défendre la cause sainte leur vie et leurs richesses. Ils se rendent grâce d'avoir embrassé l'islamisme. Réponds-leur : Cette religion ne vient point de moi, elle est un don du ciel. »

Chap. 52. « O Mahomet! prêche les infidèles; tu n'es, grâce au ciel, ni magicien, ni inspiré par Satan. Diront-ils que tu es un poëte, et qu'il faut attendre que le sort ait disposé de toi? Réponds-leur : Attendez, j'attendrai avec vous. Sont-ce les égarements du sommeil ou l'impiété qui les inspirent? ils n'ont point la foi. Le Coran, disent-ils, est une fiction ingénieuse dont il est l'auteur. S'il en est ainsi, qu'ils mettent au jour un livre semblable. Ont-ils été tirés du néant, ou se sont-ils créés eux-mêmes? ont-ils formé le ciel et la terre? les trésors des cieux sont-ils en leur puissance? possèdent-ils l'empire suprême? peuvent-ils s'élever dans les airs pour écouter les cantiques des esprits célestes? Qu'ils rapportent ce qu'ils ont entendu, et qu'ils en donnent des preuves. Leur demanderas-tu le prix de ton zèle? ils sont accablés de dettes. Ont-ils la connaissance de l'avenir? te préparent-ils des embûches? les infidèles y seront pris les premiers. Anathème à leurs idoles! »

Chap. 58 *et* 59. « O croyants! faites une aumône avant de parler au Prophète; cette œuvre sera méritoire et vous purifiera. Si l'indigence s'oppose à vos désirs, Dieu est indulgent et miséricordieux.—Ceux qui lèvent l'étendard de la rébellion contre le Seigneur et son Prophète seront couverts d'opprobre. L'Éternel a écrit : Je donnerai la victoire à mes ministres. — Si nous avions fait descendre le Coran sur une montagne, frappée d'une crainte religieuse, elle se serait fendue, et aurait abaissé respectueusement son sommet. Nous proposons ces exemples aux hommes afin qu'ils y réfléchissent.—Le Coran est le livre par excellence; aucun des livres sacrés ne l'a accusé de fausseté. »

Une grande partie des musulmans, pénétrés de cette idée, savent par cœur le Coran et les principales traditions de Mahomet. L'usage d'apprendre le Coran remonte aux premiers temps de l'islamisme; les révélations du Prophète ne se conservèrent d'abord que dans la mémoire de ses disciples. Les Arabes se sont de tout temps vantés d'une facilité merveilleuse à retenir par cœur. Ils n'en usaient pas autrement, avant le Prophète, pour les pièces de vers de leurs poëtes et pour tout ce qui intéressait la gloire nationale. Leur opinion était que tout ce qui était marqué sur le papier est sujet à être altéré, au lieu que ce qui est renfermé dans la mémoire reste hors de toute atteinte. Ils se comparaient aux sables de leurs déserts, qui absorbent toutes les eaux des pluies. Mais lorsque l'islamisme se fut répandu hors de l'Arabie, et que les disciples de Mahomet eurent été jetés au milieu des nations étrangères, il fallut confier à l'écriture ce qui tenait à la religion et aux institutions civiles; c'était tout à la fois une manière de le communiquer aux peuples conquis et d'établir une espèce de tradition qui subsistât dans la suite des siècles. Ce fut alors qu'on mit en avant cette maxime vraie ou supposée de Mahomet : « Toute science qui n'est pas sur le papier est comme perdue. » On y ajouta celle-ci : «La science est un gibier, et l'écriture est le lien qui sert à l'arrêter. » On commença à tout mettre par écrit, particulièrement le Coran, que l'on était impatient de propager sur la terre. Cependant beaucoup de musulmans ont continué à retenir le livre sacré par cœur. Nous lisons dans les histoires orientales que Zobéide, femme du calife Aroun-al-Raschid, entretenait à son service cent jeunes esclaves qui récitaient chaque jour une partie du Coran, et qui, par la ferveur de leur zèle, donnaient au palais de Zobéide l'apparence d'un chœur céleste. On a vu des sultans et des califes se faire honneur de cette pieuse pratique. Par suite de la haute idée que les musulmans se sont faite du Coran, ils le lisent à l'intention des morts; dans chaque mosquée, et auprès du tombeau de chaque grand, on aperçoit des hommes qui n'ont pas d'autre occupation. Ils le récitent encore à l'intention des malades ou lorsqu'ils sont menacés de quelque danger. Un historien persan raconte que le fils de Tamerlan, étant sur le point de livrer une bataille décisive, fit lire douze mille

fois le chapitre intitulé la Victoire, le même que prononça Mahomet le jour où il entra triomphant dans la Mecque.

Chap. 68. « J'en jure par la plume et par ce que les anges écrivent, ce n'est point Satan, c'est le ciel qui t'inspire. Une récompense éternelle t'attend. Tu professes la religion sublime. Bientôt tu verras, et ils verront, qui de vous est dans l'erreur. Dieu connaît ceux qui sont égarés et ceux qui marchent au flambeau de la foi. Ne suis pas les désirs de ceux qui ont abjuré la vérité. S'ils se comportent avec douceur, c'est pour exciter ta condescendance. N'imite pas le blasphémateur qui s'avilit. Fuis le médisant qui suit la calomnie; fuis celui qui empêche le bien, fuis le prévaricateur et l'injuste. Éloigne-toi de l'homme violent et de l'impudique. Que l'éclat de ses richesses et le nombre de ses enfants ne t'éblouissent pas! Nous lui imprimerons une marque de feu sur le nez. »

Chap. 69. « Je ne jurerai point par ce que vous voyez, je ne jurerai point par ce que vous ne voyez pas, que le Coran est la parole du Prophète honorable. Ce n'est point le langage d'un poète; combien peu croient cette vérité! Ce n'est point l'ouvrage d'un mage; combien peu ouvrent les yeux! Le souverain des mondes l'envoya du ciel. Si Mahomet eût fait le moindre changement à sa doctrine, nous l'eussions saisi sur-le-champ et nous lui eussions coupé la veine du cœur. Personne n'eût pu suspendre l'exécution de notre vengeance. Le Coran instruit ceux qui craignent le Seigneur; nous savons que plusieurs d'entre vous l'accusent de fausseté, mais il fera pousser de douloureux soupirs aux infidèles. »

Tous les autres chapitres du Coran ne sont que la reproduction, sous d'autres formes de style, des idées déjà émises par Mahomet. On remarque seulement dans le passage suivant dans le chapitre 98 : « Les chrétiens, les juifs et les idolâtres ne se sont éloignés de toi que lorsqu'ils ont connu l'évidence de ta doctrine : ceux qui ont reçu les écritures ne se sont divisés que lorsque la vérité a brillé à leurs yeux. Cependant on ne leur commandait que de servir le Seigneur, de lui montrer une foi sincère, d'adorer son unité, d'observer la prière et de payer le tribut sacré. C'est la vraie religion. Certainement les chrétiens, les juifs incrédules et les idolâtres seront jetés dans les brasiers de l'enfer. Ils y demeureront éternellement, car ils sont les plus pervers des hommes. Mais les croyants qui pratiquent la vertu sont ce que le ciel a créé de plus parfait. Leur récompense est dans les mains de Dieu; il mit en eux ses complaisances. »

Les mahométans ont la plus grande foi à l'efficacité des paroles contenues dans les chapitres 113 et 114, les deux derniers du Coran. Ils les regardent comme un spécifique souverain contre les effets de la magie, les influences de la lune et les tentations de l'esprit malin; ils ne manquent guère de les répéter matin et soir. Les commentateurs du Coran rapportent le trait suivant pour prouver la vertu des mots renfermés dans ces deux chapitres. Un juif, nommé Lobéid, ayant par son art magique lié Mahomet avec une corde invisible, où étaient formés onze nœuds, Dieu apprit au Prophète la manière de rompre le charme. Il lui fit voir la corde enchantée, lui ordonna d'implorer l'assistance du ciel et de réciter les deux derniers chapitres du Coran. Dès qu'il eut prononcé un verset, un des nœuds se délia, et il se sentit soulagé. Il continua sa lecture, et lorsqu'il l'eut achevée, tous les nœuds se trouvèrent rompus. Il se leva joyeux et entièrement libre. Les filles de Lobéid, qui avaient ensorcelé le Prophète, soufflaient sur les nœuds qu'elles faisaient aux cordes magiques. Voici le texte des deux chapitres vénérés :

Chap. 113. « Dis : Je mets ma confiance dans le Dieu du matin, afin qu'il me délivre des maux qui assiégent l'humanité, des influences de la lune couverte de ténèbres, des maléfices de celles qui soufflent sur les nœuds, et des noirs projets que médite l'envie. »

Chap. 114. « Dis : Je mets ma confiance dans le Seigneur des hommes, roi des hommes, Dieu des hommes, afin qu'il me délivre des séductions de Satan qui infiltre le mal dans les cœurs, et qu'il me défende contre les entreprises des génies et des méchants. »

En résumé, il est à croire que l'islamisme ne renferme rien en lui-même d'incompatible avec la société; autrement, comment expliquer sa longue existence sur la terre? Le dogme en est de la plus grande simplicité : un Dieu unique et son apôtre. La morale même est quelquefois pleine de justice et de noblesse : nous citerons comme exemple le serment que Mahomet faisait prêter aux femmes qui se déclaraient musulmanes : « Nous n'adorerons qu'un seul Dieu; nous ne déroberons pas; nous ne ferons point mourir nos enfants; nous ne calomnierons point et nous ne désobéirons pas au Prophète en des choses justes. » On se tromperait beaucoup si l'on croyait que tous ceux qui se firent musulmans le firent par amour du pillage ou pour tout autre

motif d'intérêt ; dans le nombre il dut s'en trouver qui avaient réellement des idées de vertu. Écoutons à ce sujet l'intendant des idoles de la Caaba, au moment où il embrassa l'islamisme : « Jusqu'ici, dit-il, nous rendions hommage à la pierre qui ne voit ni n'entend; à quoi donc l'homme est-il destiné sur la terre, si ce n'est à pratiquer les bonnes œuvres, pour en recevoir la récompense dans le ciel? » Et les premiers Médinois qui se firent musulmans s'exprimèrent ainsi en présence de Mahomet : « Nos compatriotes, dirent-ils, se sont jusqu'à présent livrés à l'ivrognerie et aux plus honteuses débauches; nous espérons que, par votre intercession puissante, Dieu les ramènera à la vertu (1). »

Une cause qui contribua fatalement au triomphe de l'islamisme, ce fut l'état déplorable de l'Orient. L'empire romain était alors réduit à la dernière faiblesse. Les chrétiens, uniquement occupés de leurs querelles religieuses, ne songeaient pas à repousser l'ennemi. La situation de la Perse n'était pas moins triste; des disputes d'un autre genre soulevaient les esprits, tandis que des guerres malheureuses épuisaient l'État. Les Arabes paraissant tout à coup, le Coran d'une main et le sabre de l'autre, ne devaient rencontrer aucun obstacle. Les musulmans ont présenté la rapidité de leurs conquêtes comme un miracle; au contraire, le miracle eût existé si, avec les moyens qu'ils avaient à leur disposition, ils n'eussent pas réussi.

Mais ce qu'il faut dire, c'est que l'islamisme n'a dû la plupart de ses succès qu'à la force des armes; et cette raison seule suffirait pour le distinguer du christianisme, qui n'a commencé à se répandre que par la persuasion.

DE COURTENAY.

CALED ET DJEIDA,

CONTE ARABE.

La joie règne dans la tribu de Saad; l'Arabe orne son coursier de ses plus riches harnais, lui-

(1) *Monuments arabes, persans et turcs du cabinet de M. le duc de Blacas,* par M. Reinaud, tome Iᵉʳ, pages 295 et suivantes, ouvrage rempli de recherches curieuses et de précieux documents, nous ne saurions trop le répéter.

même il se revêt d'un turban plus élégant que la simple toile qui couvre chaque jour sa tête; il suspend devant sa tente les trophées de ses victoires, et l'air retentit de ses chants. Pourquoi ces préparatifs de fête? pourquoi ce sourire qui se promène sur les visages si souvent impassibles de l'habitant du désert? c'est que Galed vient visiter la tribu, Caled, le neveu du vénérable Zaher à qui ses vertus, son talent, son courage, ont valu le titre de cheik. Il apporte avec lui de riches présents et des paroles de paix et de réconciliation, car Caled eut pour père Mouhareh, qui avait juré à son frère Zaher une haine éternelle. Celui-ci avait outragé son honneur et fui sa colère; mais le ressentiment ne s'était jamais éteint dans le cœur du farouche Mouhareb. Aujourd'hui il n'est plus, et Galed peut sans obstacle voler dans les bras de son oncle, qui, ayant quitté sa tribu, vit au sein de celle de Saad. Galed brûle du désir de connaître Djodar son cousin. Mille récits célébrant sa valeur ont frappé ses oreilles; sa renommée excite son émulation; il veut le connaître et l'aimer. Car lui aussi il s'est distingué dans les combats; grâce aux leçons de son père, il est devenu un des plus habiles guerriers de son temps; mais si ce qu'on lui a raconté de Djodar est exact, celui-ci le dépasse encore en vaillance. Djodar dirige un coursier avec une adresse merveilleuse, manie la lance et le cimeterre comme le plus consommé des braves; Djodar ne rêve que la gloire et méprise la mort, et Djodar n'est point un homme!

Djodar s'appelle Djeïda; son père, craignant que Mouhareb ne trouvât dans son malheur de n'avoir point d'héritier à qui léguer sa mémoire et ses exemples, un nouveau sujet d'outrage, a déguisé le sexe de sa fille et donné une forme masculine à son nom. Djeïda est devenu Djodar, et la jeune vierge s'est changée en un jeune homme excellant dans les exercices guerriers, sachant se mesurer aux plus redoutables adversaires et braver tous les périls.

Caled est fêté sous les tentes de son oncle : loin de soupçonner le sexe de son cousin, il l'accable des plus tendres caresses, cherche à captiver son amitié et à lui faire connaître toute l'estime que lui inspire l'éclat de sa réputation. Il distribue à ses parents les présents qu'il avait apportés, et passe dix jours parmi eux, se signalant chaque jour par une victoire sur les plus valeureux de la tribu.

Pauvre Djodar! ton père a pu façonner ton corps, assouplir tes membres au métier des armes, les habituer aux rudes exercices des hommes, mais il n'a su changer ton cœur! il n'a pu t'apprendre à dompter une passion naissante, comme il t'avait appris à dompter un coursier rebelle; Galed a fait sur ton âme une impression qui ne s'effacera pas; tu l'aimes, et, naïve encore dans ton amour, tu cours révéler à ta mère le feu qui te dévore. « Chère Djeïda, s'écrie celle-ci, non, tu n'as pas mal placé tes affections, Caled est digne de toi, comme tu es digne de lui; demain, quand viendra sa mère, nous lui ferons connaître qui tu es, nous t'unirons alors à ton cousin et nous retournerons tous à notre tribu.

Le lendemain la mère de Djeïda manda près d'elle celle de Galed; elle avait choisi ce moment pour la toilette de sa fille. A peine la veuve de Mouhareb est-elle entrée, que sa belle-sœur lui découvre tous les charmes de sa fille.

— Djodar! s'écrie la mère de Caled, Djodar! Quoi! ces tresses d'ébène flottant sur cette poitrine plus blanche que le lait de nos cavales, ces formes si gracieuses et si séduisantes sont-elles celles d'un homme, et un si mâle courage peut-il s'allier à un corps si féminin?

— Cesse de t'étonner, reprit la femme de Zaher; Djodar n'est point un homme, c'est ma fille; son vrai nom est Djeïda; une innocente ruse a caché son sexe à toute la tribu. Ses dispositions guerrières n'ont rendu la feinte que plus facile. Tu vois combien elle est belle, elle brûle d'amour pour ton fils, va lui dire qu'elle est son épouse.

Moins rapide est le vent du désert que ne le furent les pas de la mère de Galed allant annoncer à son fils son heureuse découverte. Ses paroles furent éloquentes quand elle dépeignit les attraits de Djeïda, car son orgueil maternel souhaitait vivement de voir une pareille épouse à son enfant.

Mais Caled est resté froid, Caled n'a pas répondu aux discours entraînants de sa mère; il n'a point compris le langage de l'amour. — J'aimais Djodar, répond-il, parce qu'il était mon frère et mon émule dans les tournois; mais si Djodar est une femme, je ne veux avoir rien de commun avec elle, et sa société ne m'importe pas. J'irai chercher d'autres compagnons de mes exercices. Adieu, je quitte la tribu de Saad.

Galed monte aussitôt sur son cheval et va prendre congé de Zaher, alléguant de vains prétextes pour justifier son départ.

Quelle ne fut pas la douleur de Djeïda quand elle apprit que celui qu'elle aimait avait quitté ses tentes! Trois jours elle refusa tout aliment, trois jours elle ne trouva sur sa couche ni le sommeil ni le repos. Son père, forcé d'aller loin de sa famille terminer un différend, la laissa avec douleur presque aux portes du tombeau. Et peut-être y serait-elle descendue, si, triomphant de l'abattement sous le poids duquel elle succombait, elle n'eût rappelé en son âme son ancienne fermeté : « Je serais bien insensée, s'écriat-elle un jour, de me laisser mourir pour un ingrat; cherchons plutôt à nous venger de ses mépris. » Reprenant ses anciens exercices, la jeune vierge sentit bientôt renaître ses forces premières; elle saisit ses armes, s'élance sur son coursier, et, sous prétexte d'aller chasser, se rend à la tribu de son cousin.

La visière basse, semblable à un guerrier du Hedjaz, Djeïda descend sous les tentes de Caled; elle est reçue avec tous les égards qu'on témoigne d'ordinaire aux illustres étrangers. Le lendemain elle se présente au tournois, fait des prodiges de valeur et d'adresse. Caled, qui ne la reconnaît pas, veut se mesurer avec ce redoutable inconnu. Il s'avance dans l'arène, attaque Djeïda, mais il éprouve une résistance à laquelle il n'était pas accoutumé. Il s'éloigne, et revient avec plus d'ardeur. La vierge le reçoit avec intrépidité; leur choc est terrible, la terre tremble sous les pieds de leurs coursiers, leurs lances brisées volent en éclats; ils s'attaquent de nouveau avec le cimeterre, et, après un combat opiniâtre, ils se séparent épuisés de fatigue, sans que la victoire restât à l'un d'eux. Chacun admire la bravoure de l'inconnu. Caled recommande à ses serviteurs qu'on redouble de soins et d'égards pour lui.

Djeïda resta trois jours sans vouloir se faire connaître. Chaque jour elle combattait et remportait un avantage signalé sur son cousin. Le quatrième jour, Caled, suivi de ses guerriers, se dirigeait vers le lieu du combat; il rencontre Djeïda qui s'y rendait aussi; il l'aborde et lui dit : « Je vous prie, seigneur, de me dire de quelle tribu vous êtes l'ornement et la gloire; je n'ai point encore trouvé de héros qui pût vous être comparé. »

A ces mots, Djeïda, pour toute réponse, a levé sa visière. Galed a reconnu celle qu'il avait naguère méprisée; alors seulement la beauté de son visage, animé d'une mâle expression, produit sur son âme une impression soudaine.

« J'ai voulu, dit la jeune fille, vous faire voir que je ne sais pas seulement porter de vaines parures. » Elle dit, et disparut comme l'éclair.

Caled, c'est à ton tour de gémir et de soupirer; c'est à ton tour, inexorable guerrier, de verser des larmes de regret. Interdit, désespéré aux paroles que tu viens d'entendre, tu appelles en vain celle qui te fait rougir d'une défaite, qui te fait rougir encore davantage d'amour. Djeïda s'est noblement vengée de tes dédains, elle ne veut pas pour époux celui qu'elle a presque vaincu.

Jusqu'au retour de Zaher, Caled traîna dans le désert le chagrin qui le minait; jusqu'au retour de Zaher il répéta le nom de Djeïda, et Djeïda ne revint pas. Mais Zaher a reparu sous ses tentes, Caled est à ses pieds qui lui demande la main de Djodar.

« De Djodar? s'écrie le vieux Zaher; comment saurait-il être ton épouse?

—Ah! cesse de m'abuser, répond Caled, je sais tout; je brûle pour ta fille, daigne me l'accorder. » Zaher accepta son neveu pour son gendre, et se chargea lui-même d'aller fléchir l'insensible Djeïda; car Caled lui avait conté toutes ses aventures.

Djeïda n'ose pas précisément se refuser aux instances de son père, toutefois elle impose à son amant de dures conditions. Elle veut que pour dot cent taureaux vigoureux pris dans les troupeaux de Gachesn, fils de Malik, chef de la tribu des Clabs, lui soient offerts.

Caled se soumet sans peine à ces conditions; l'amour soutiendra son courage. Il part, et déjà le sang de Gachesn a rougi la poussière, et ses troupeaux ont payé le tribut exigé.

Mais Djeïda n'est point encore satisfaite, elle se plaît à retarder l'hymen qui doit couronner les impatients désirs de son cousin. Maintenant elle veut qu'une dame de haute qualité tienne le licou de la chamelle qui doit la conduire à la demeure conjugale, et que vingt lions et dix lionnes soient servis au festin nuptial.

Galed est parti, il s'est soumis une seconde fois aux ordres cruels de sa fiancée. A la tribu de Mohavie il a ravi la belle Anamé, qui doit tenir la monture de Djeïda. Puis il se dirige vers les montagnes, pour chasser les féroces animaux dont les dépouilles doivent orner le repas des noces. O Allah! il invoque ton appui par ses prières et ses bonnes œuvres; l'entreprise est dangereuse. Il distribue aux veuves et aux orphelins une partie de ses biens, puis il disparaît, le dard à la ceinture, et gagne les tanières des rois des forêts. Déjà plusieurs d'entre eux et leurs compagnes étaient tombés sous ses coups, quand soudain un guerrier inconnu se présente à lui et lui barre le passage. Son air est fier, ses ma-

JUBÉ DE L'ÉGLISE DE SAINTE-MARIE-MADELEINE, A TROYES.

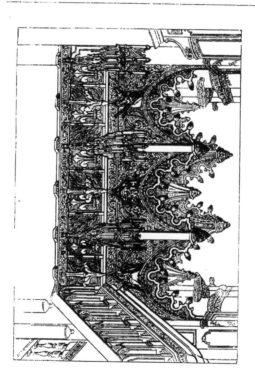

nières dénoncent une noble race, le coursier qu'il monte est digne de son maître : c'était un des plus beaux qu'ait produits l'Arabie; il bondit sur le roc, inondant son mors d'écume. « Mets bas les armes, s'écrie d'une voix forte le mystérieux guerrier, ou tu vas périr !

— C'est bien peu me connaître que de prétendre ainsi m'effrayer, répond Caled; je suis Galed, le fils de Mouhareb, de la tribu de Zaïb, et bientôt époux de Djeïda ou plutôt de Djodar, dont la renommée vaut mieux que cent combattants comme toi. »

Alors il se livra entre les deux cavaliers un rude combat : les chevaux se heurtent avec impétuosité, les armes volent en éclats, l'acier plie sous les coups de l'acier! En vain Caled rassemble toutes ses forces pour écraser son ennemi, celui-ci lui oppose une résistance invincible. Épuisé, hors d'haleine, Caled se retire de la lutte.

« Qui es-tu? s'écrie-t-il tout frémissant de rage; qui es-tu, maudit étranger qui viens ainsi me disputer le passage ? »

L'inconnu souleva alors la visière de son casque, et Caled reconnut Djeïda. C'est Djeïda qui a voulu une seconde fois éprouver son époux. « Je veux, dit-elle, partager avec toi les fatigues de la chasse; mais avant, j'ai dû connaître la force de ton bras. »

A ces mots, Caled, qui était prêt à vomir l'outrage et le reproche contre l'étranger, quel qu'il fût, sentit le calme et la joie rentrer dans son âme, car Djeïda était le seul ennemi qu'il se plaisait à voir vainqueur.

Bientôt Caled et Djeïda sont de retour à la tribu avec le gibier désigné. Dès lors rien ne vint plus ralentir leur hymen. Mille fêtes militaires célébrèrent leur union. Les Arabes chantèrent leurs louanges en racontant leur histoire, et le bonheur habita sous les tentes des nouveaux époux, car Allah bénit la valeur.

Alfred MAURY.

━━━━

JUBÉ DE L'ÉGLISE SAINTE-MARIE MADELEINE, A TROYES.

Le jubé de la Madeleine de Troyes est, avec celui de Bron (Bourg-en-Bresse), le plus magnifique que je connaisse en France, comme œuvre de la somptueuse architecture du XVe siècle. Il y a deux années environ, passant dans la vieille capitale du comté de Champagne, je priai M. Arnaud, savant monumentaliste, de m'accompagner dans mes visites aux édifices curieux de la cité, et tout d'abord il me conduisit à la Madeleine, qui passe pour le plus ancien monument religieux de la ville de Troyes. Le jubé de cette église paroissiale me parut si beau, que je le fis immédiatement dessiner par un artiste habile, M. Fichot, élève de l'école municipale des Beaux-Arts de Troyes, dirigée par M. Arnaud, et c'est cette estampe qui va servir ici à expliquer mon texte.

Cet édicule, qui ne peut, je le répète, être comparé qu'à celui de notre merveilleuse église de Bron, fut construit vers MDVI, c'est-à-dire à l'époque où le faire du Moyen-Age inclinait vers la Renaissance. Sa largeur, comprises les deux chapelles qui en font partie, est de douze mètres, et sa hauteur, de sept mètres trois centimètres. Ce n'est pas sans avoir éprouvé quelques mutilations et sans avoir été menacé plus d'une fois d'une ruine entière, que ce petit monument a traversé trois siècles et est parvenu jusqu'à nous.

Outre la richesse des détails, sa construction est remarquable; il est absolument plat, et terminé en sous-œuvre par trois culs-de-lampe à jour, sans aucune apparence de voûte. Chacune des deux faces se compose de trois arcs ou archivoltes ornées de moulures et de festons italiques, dont les courbes sont réunies par des pommes de pin.

Sur la rampe, on voyait autrefois quatre statues qui accompagnaient le Christ ; il n'en reste plus que deux, celle de la Vierge et celle de saint Jean. L'escalier est habilement disposé à droite sous la première arcade du chœur, de manière à ne point être aperçu de la nef, et à ne point gêner le service. Il s'élève sur une base octogone engagée dans le gros pilier, et autour de laquelle sa rampe, formée de petites arcades en ogives, se contourne et forme une saillie considérable; le dessous de cette saillie est orné de moulures et de gorges profondes remplies par des feuilles d'ornement et des figures d'animaux fantastiques. Sous ce jubé a été inhumé Jehan Gualdo, Italien, son auteur; on y voyait autrefois son épitaphe gravée sur un carreau de marbre. Il s'y désignait lui-même par la qualité de *maistre maçon*, et semblait nous donner une garantie de la solidité de son ouvrage, en ajoutant qu'il attendait la *résurrection bienheureuse sans crainte d'être écrasé.*

44

M. Arnaud, à qui j'emprunte ces détails et que j'ai déjà nommé plus haut, est le seul qui ait jamais publié un dessin exact et soigné du jubé de la Madeleine de Troyes, dans son excellent ouvrage intitulé : *Antiquités de la ville de Troyes.*

Je ne saurais trop recommander au conseil de fabrique de cette paroisse la religieuse conservation d'un monument qui concourt si puissamment à l'importance artistique de la ville de Troyes, et qui peut être, à juste titre, considéré comme une somptueuse relique de l'architecture du Moyen-Age. Enlevez à la Madeleine de Troyes son admirable jubé, et nul artiste ne la visitera, nul voyageur intelligent ne viendra se reposer à son ombre; tout ce qu'il y a de vraiment noble et de significatif dans le temple aura disparu.

JOSEPH BARD (DE LA COTE-D'OR).

LE COCHER-FEMME.

CONTE HISTORIQUE INDIEN.

I.

O toi qui adores Brahma! fortuné mortel à qui sont révélées les vérités des Védas (1), écoute encore un miracle de la toute-puissance du Dieu de l'univers, et que ton esprit se confonde devant l'intelligence infinie!

II.

Tradjopati a cinq frères, tous braves, tous illustres défenseurs de leur roi. Déjà dans plus de cent batailles leur valeur a terrassé des myriades d'ennemis; mais de honteux engagements les retiennent près d'un monarque étranger. Cachés sous des noms supposés, réduits aux conditions les plus viles, ils ont désappris à tendre l'arc, à lancer la flèche avec adresse et précision; et si l'on n'en croyait leur antique renommée, on dirait que la bassesse a souillé leur âme, et que la crainte a éteint l'éclat de leur grandeur. Seul, Tradjopati rêve encore les combats; seul il jette encore

(1) Livres sacrés de l'Inde

un œil d'envie sur les armes brillantes qu'il voit suspendues au vieux tronc qui s'élève dans le champ que lui léguèrent ses aïeux. Cependant c'est en vain qu'il se nourrit toujours de projets guerriers. Revêtu des habillements d'une femme, ce n'est plus un soldat farouche dont la colère ne redoute ni le bouclier d'airain, ni le fer du javelot; c'est une femme, je le répète, aux yeux de tous, aux formes délicates; gracieuse et belle, ses cheveux se relèvent sur le sommet de sa tête, et des pierreries, dont l'œil de feu illumine tous ses traits, se mêlent à l'ébène de ses tresses. Plus rapide que l'éclair on voit la délicieuse bayadère traverser la troupe des jeunes filles qui l'accompagnent en tous lieux, tantôt les précéder, tantôt les suivre, et toujours dépasser chacune d'elles par ses attraits et sa légèreté.

III.

Tradjopati! pourquoi as-tu quitté ton sexe? pourquoi briguer l'honneur de plaire à un amant? pourquoi disputer cette gloire efféminée aux épouses de tes frères, quand il était en ton pouvoir de conquérir de plus nobles palmes, quand tu pouvais inscrire ton nom parmi ceux des héros immortels? Vous allez le savoir, vous qui accusez sa valeur. Tradjopati n'est point un lâche, quoique son costume n'appartienne pas à la classe humaine dans laquelle Brahma l'a placé; ce n'est pas qu'il veuille se soustraire aux obligations que le nom d'homme lui impose : un sentiment d'humanité l'a déterminé à ce singulier projet.

IV.

Un saint homme dit au roi de Matsya, à Virata : « Prenez garde que six frères ne portent le trouble dans vos états et ne vous viennent arracher la vie, car c'est ce que m'a révélé Indra, le dieu du ciel, qui veille sur ses fidèles serviteurs. Vous avez des hommes et des armes, faites battre le pays, et qu'on recherche la famille dans laquelle six enfants mâles sont nés jadis et qui grandissent maintenant forts et courageux. » Et Virata ordonna à Troupatala, son ministre, de s'informer s'il n'existait pas dans son royaume six braves fils du même père qui pussent exciter ses craintes. Tradjopati connut bientôt quel danger le menaçait ainsi que ses frères. Il est beau, il a la voix douce et la démarche légère, sans pourtant que ces apparences féminines diminuent en rien sa résolution et son énergie. Il conçoit le projet de tromper le soupçonneux monarque; il revêt l'habillement d'une femme, quitte le pays qui lui a donné le jour, et répand le bruit de sa mort, puis il vient à la cour du souverain de Matsya lui-même, alors que celui-ci recherchait en tous lieux ceux qu'avaient désignés les paroles prophétiques du sage.

V.

Tradjopati vivait donc au milieu des plaisirs qui environnent le trône, et c'était là qu'il rêvait souvent encore aux exercices guerriers. Hélas! il ne lui était pas permis de révéler à ses compagnes les désirs qui bouleversaient son âme : il se fût trahi, il eût livré ceux à qui il voulait sauver la vie. Parfois cependant il se laissait aller à des pensées de guerre et de victoire; quand en s'accompagnant d'un instrument de musique il disait les exploits des braves Pandous, alors sa voix s'animait, son œil devenait étincelant. Un jour, voici quels furent ses chants de triomphe :

VI.

« Ils sont tombés les lâches qui voulaient immoler le monarque dont la force surpasse celle de mille éléphants, les richesses celles de tous ses rivaux, qui n'a au-dessus de lui que Brahma, et dont l'âme réfléchit toutes les vertus des Bichis (grands saints indiens). Ils sont tombés les six frères homicides qui avaient levé le poignard sur la plus auguste des poitrines. Oui, ils étaient indignes d'appartenir à la race des Tschatryas (1); ni les parias ni les schoutras ne leur étaient inférieurs (2). Ils ne sont plus, louange à Brahma! ils ne sont plus, car la terre n'a pas voulu les nourrir! »

VII.

Et les jeunes filles répétèrent : «Ils ne sont plus, gloire à Brahma! » Telles étaient les paroles qui s'échappèrent de la bouche de Tradjopati, comme la flamme s'échappe du brasier, comme l'onde s'échappe du rocher pour s'écouler claire et limpide dans les verdoyantes prairies. Virata les entendit, et il se dit en lui-même. « Qu'ai-je à craindre? mes ennemis ont disparu de ce monde, la prédiction du sage ne recevra plus son effet. » Et dans sa folle confiance, il rêvait de nouvelles conquêtes, car la frayeur jusqu'alors avait suspendu

(1) Tschatryas, caste de guerriers, la seconde des castes indiennes.
(2) Parias et Schoutras, les dernières castes de l'Inde.

son bras. L'impie! c'est ainsi que, méprisant intérieurement la divinité qui le protège, il veut, il croit se rendre plus puissant qu'elle, et écraser ensuite les brahmas, dont les vertus excitent son envie; il abuse les hommes les plus saints, il se joue des Védas, des lois les plus sacrées, et c'est lui qui prétend échapper au châtiment des coupable! Ah! dites-moi, si vous le pouvez, où l'impiété a toujours levé la tête; dites-moi s'il est un lieu où elle a trôné sans cesse impunément, alors je blasphémerai volontiers le nom de la Trimourti (Trinité indienne).

VIII.

Le palais de Virata retentit des apprêts d'une bataille; chacun prend part à ces préparatifs guerriers. Voyez cette masse formidable de chevaux, de chars et d'éléphants, au milieu de laquelle flottent confusément tant d'étendards et de bannières. Voyez ces lances, ces arcs, ces carquois se presser, se heurter, se réunir, et refléter les éclairs qui s'échappent du front radieux de l'astre du jour. C'est l'armée de Matsya qui part pour aller combattre les Kourous. Voici venir le grand char, celui qui porte le chef de ces légions, le prince qui règne sur elles. Une femme conduit ce char; elle porte une robe de pourpre parsemée d'étoiles d'or; sa tête est recouverte d'un voile blanc, ses flancs sont ceints d'une ceinture bleue et rose; des bracelets de perles fines garnissent ses jambes et ses bras. Je l'ai reconnue : c'est Tradjopati.

IX.

«Quoi! tu n'es plus maintenant une femme aux yeux pleins de langueur et d'amour! tu n'es plus une belle qui ne parais que dans les fêtes et fuis le tumulte des armes! tu conduis aujourd'hui les coursiers du roi! Dis-moi pourquoi, monté sur ce timon, tu diriges la voiture de ton maître.» Ainsi parlent les soldats qui l'avaient vu jadis folâtrer et courir au milieu des femmes de la cour : « J'aime le bruit des camps, répond la séduisante cochère; j'aime à manier les rênes, à faire claquer le fouet! Jadis mon père m'emmenait avec lui dans ses voyages lointains. Cesse de me narguer, je ne suis qu'une femme, mais je ne te crains pas. »

X.

Devant le roi marchaient les frères de Tradjopati; ils avaient entendu la voix qui convoquait les braves, et, s'arrachant aux douceurs du repos, ils avaient dépouillé le vieux tronc du trophée qui le couronnait. Eux seuls savent que c'est leur frère qui guide le char du roi. Ils ont recouvré leur valeur, et le cliquetis des lances a réveillé dans leur cœur l'instinct des combats. Avez-vous vu quelque dieu belliqueux revêtu de ses armes, allant terrasser les fils des hommes? Je doute qu'il fût plus éblouissant que ces cinq enfants de Vitynatia.

XI.

Le combat s'engage. Oh! que la mêlée est terrible! Ici le sang a rougi la verdure qui nous dérobait la nudité du sol; là, les victimes amoncelées forment elles-mêmes une barrière plus insurmontable que les boucliers et les glaives. Chacun a sa blessure, chacun a porté son coup; on dit même que dans ce désordre extrême il y eut des lances qui percèrent vingt guerriers. La victoire allait rester aux troupes de Virata, quand des bataillons ennemis ce cri se fit entendre: «Fils de Vitynatia, quel funeste aveuglement vous a rangés parmi nos adversaires? quoi! le lien du sang qui nous unit n'a pas pu vous détourner de porter la mort dans nos flancs!» Ces paroles sont celles de Bakhoghita, le frère de Vitynatia lui-même, le plus habile des Kourous. Elles n'échappèrent pas au roi de Matsya, qui se dit: «Si je ne les fais périr, leurs bras se tourneront contre moi;» et deux de ses satellites ont reçu l'ordre de vider sur eux leur carquois.

XII.

Katya, toi donc l'arc en or pur est embelli de figures d'insectes, et sur lequel étincellent trois images du dieu du jour avec son armure, tu es tombé le premier sous la flèche du traître; tu exhales ta belle vie en maudissant ton destin! Ghima, tu le suivis de près, toi dont la main agitait mille flèches à la tige d'ivoire, à la pointe d'argent, ces grandes flèches aux plumes de vautour, qui volent plus rapidement encore que l'oiseau qui les porta! Koutouma, tu ne pensais pas mourir encore, quand le fer homicide te transperça les reins, toi qui plaçais sur ton arc brun orné de ciselures de larges dards bien garnis à leur base de plumes de perroquet, dont la pierre aiguisa les extrémités! Pauvre Tavida, tu vis mourir tes aînés, pour mourir ensuite avec eux! Que t'a servi d'avoir jonché la terre de dix imprudents ennemis? que t'a servi de remplir ton carquois de

flèches non moins acérées que celles de ceux qui t'ont précédé dans la tombe, toi qui devais périr encore? Enfin Hannada, non, ce n'était pas de ce côté que tu attendais le trépas, toi qui n'as jamais fui, jamais détourné le regard de dessus la poitrine de ton ennemi; tu avais un cimeterre irrésistible, à la garde d'or, à la lame fortement fourbie, et le voilà qui va devenir la conquête du lâche qui t'a abattu!

XIII.

Ainsi succombèrent les fils de Vitynatia; le barbare Virata est resté spectateur impassible de ce carnage; il a vu sans verser une larme, sans pousser un soupir, expirer ceux qui lui ont assuré la victoire. Et quand on a exécuté son ordre sanguinaire: «Avance! crie-t-il à la belle qui conduit son char, je veux que mes roues broient les cadavres des transfuges de mes étendards!» Mon œil n'a jamais pu voir un khanga plus étincelant que celui que manie la femme-cocher; jamais gaîne d'ivoire ne cacha un acier plus tranchant; il est tout recouvert de petites pointes d'or, il est barriolé des plus éblouissantes couleurs. «Roi, s'écrie Tradjopati en levant son glaive, ne prétends pas poursuivre le cours de tes forfaits, je suis le sixième fils des enfants mâles de Vitynatia; tu viens d'immoler mes frères, rien ne pourra arrêter ma vengeance...» La bayadère a frappé, et Virata, en blasphémant, roule sans vie sous les pieds de ses chevaux!!!... L'oracle était accompli.

(Traduit de l'hindoustani en allemand, et de l'allemand en français.)

LE VIEUX DE LA MONTAGNE.

Nous allons présenter ici une esquisse rapide de l'origine, des dogmes et de l'histoire des *Assassins*, ces sectaires fameux dont la religion admettait pour principe l'obéissance aveugle au *Vieux de la Montagne*, leur chef, qui ne régnait que par le meurtre et l'attentat. Plus d'une fois on a attribué à l'amour du merveilleux les récits des auteurs occidentaux, contemporains des Croisades, touchant la persévérance et l'audace des Assassins. Cependant les écrits des naïfs chroniqueurs sont même au-dessous de la vérité, et se trouvent confirmés par les écrivains arabes et persans.

Après la mort de Mahomet, les Musulmans se divisèrent en plusieurs sectes religieuses; la plus puissante fut celle des Ismaéliens, connus, dans l'histoire des Croisades, sous le nom d'Assassins.

Hassan, fils de Sabbah, chef de la secte des Ismaéliens, appartenait à une famille persane de Thous, ville célèbre pour avoir donné le jour à plusieurs grands hommes. Hassan quitta la Perse avec le projet de se créer un parti et de populariser la croyance ismaélienne. Il vint d'abord en Égypte, d'où il fut bientôt expulsé par des intrigues. Ses ennemis le jetèrent dans un vaisseau qui faisait voile pour l'Afrique. A peine était-on en mer, qu'une horrible tempête s'éleva et mit le bâtiment en danger; tous les passagers, saisis de frayeur, n'attendaient que la mort; le seul Hassan conserva sa tranquillité et son repos: « Le Seigneur m'a promis, s'écria-t-il, qu'il ne nous arriverait aucun malheur. » En effet, au bout de quelques instants la mer redevint calme. On ne manqua point de crier au miracle, et tous les compagnons de voyage d'Hassan se déclarèrent ses disciples. Le navire ayant plus tard échoué sur les côtes de Syrie, Hassan l'abandonna et reprit le chemin de la Perse, faisant sur la route un grand nombre de prosélytes. Après différentes courses, il s'empara d'Alamont, château très-fort, qui devint le point central de la puissance des Ismaéliens.

Le sultan Sindjar, à peine maître de la Perse, songea sérieusement à détruire ces sectaires. Hassan annula par artifice cet ennemi dangereux; il séduisit un des serviteurs du prince, qui, pendant son sommeil, plaça près de sa tête un poignard. Au bout de quelques jours, il reçut la lettre suivante du chef des Ismaéliens : « Si l'on n'avait point de bonnes intentions sur le sultan, on aurait enfoncé dans son sein le poignard qu'il a trouvé près de sa tête. » Sindjar, épouvanté, signa un traité de paix avec les Ismaéliens. Dès lors, Hassan vécut paisiblement dans le château d'Alamont, livré à la retraite la plus sévère, aux exercices d'une piété vive, et à la composition de traités dogmatiques conformes à sa doctrine. On dit que, durant trente-cinq années qu'il habita Alamont, il ne monta que deux fois sur la terrasse de son palais. Il exigeait de ses sectaires la plus rigide exactitude dans l'observance de la religion; la tendresse paternelle ne put même le faire dévier de sa sévérité. Il fit périr deux de ses fils pour avoir bu du vin. Quelques auteurs prétendent qu'en sacrifiant ainsi ses fils, il voulait prouver aux Ismaéliens qu'il n'avait point l'in-

tention de fixer le pouvoir souverain dans sa famille.

L'origine du mot *assassins*, appliqué aux partisans d'Hassan, avait été l'objet de recherches nombreuses, lorsqu'un savant illustre a démontré, en s'appuyant sur différents textes arabes, qu'il était la corruption du mot *hachichin*, et qu'il avait été donné aux Ismaéliens parce qu'ils faisaient usage d'une liqueur nommée *hachich*. Ce hachich est une préparation de feuilles de chanvre que l'on emploie soit en liqueur, soit sous la forme de pastilles avec des substances sucrées, soit même en fumigation. « L'ivresse produite par le hachich, dit M. Sylvestre de Sacy, jette dans une sorte d'extase pareille à celle que les Orientaux éprouvent par l'usage de l'opium; et, d'après le témoignage d'un grand nombre de voyageurs, on peut assurer que les hommes tombés dans cet état de délire s'imaginent jouir des objets ordinaires de leurs vœux ; quelques-uns même, perdant la conscience de leur faiblesse, se livrent à des actions brutales. On n'a point oublié que, lors du séjour de l'armée française en Égypte, le général en chef fut obligé de défendre sévèrement la vente de ces substances pernicieuses. Ceux qui se livrent à cet usage sont encore appelés aujourd'hui *hachichin*, *hachachin*, et ces deux expressions font voir pourquoi les Ismaéliens ont été nommés, par les historiens latins des Croisades, tantôt *Assissini* et tantôt *Assassini*. »

Hassan, le chef de la secte, habitait, comme nous l'avons dit, le château d'Alamont, placé au milieu des montagnes. Ce fut la situation de ce séjour qui lui fit donner le titre de *Chéik-Adjebal*, *Seigneur de la Montagne*; mais comme le mot *chéik* signifie également *seigneur* et *vieillard*, les chrouiqueurs le prirent dans le dernier sens, et ils appelèrent le prince des assassins, le *Vieux de la Montagne*.

Les ministres aveugles du Vieux de la Montagne se nommaient *fédais*; c'était dans leurs mains qu'il plaçait le poignard sous lequel devaient tomber tous ceux qui s'opposaient à l'établissement de sa doctrine ou qui la combattaient par des arguments dangereux. Les princes, les guerriers, les docteurs, nul n'était à l'abri de leurs coups. Le mot de *fédai*, dans sa signification propre, signifie *homme dévoué*, et l'application en était très-juste, puisque les Ismaéliens avaient pour leur chef un dévouement sans exemple; il est vrai que leur obéissance s'achetait par la ruse, car il faut rapporter aux fédais ce que Marco Polo rapporte des jeunes gens élevés par le Vieux de la Montagne.

La véracité de Marco Polo n'a pas été moins souvent mise en doute que celle d'Hérodote; mais, de nos jours, les sources de l'histoire orientale et les récits des voyageurs ont presque en tout confirmé la fidélité du père de l'histoire ancienne et du père des voyageurs modernes. Lorsque Marco Polo publia la relation de ses voyages, l'opinion unanime était qu'il avait profité du privilége de ceux qui décrivent des pays qu'eux seuls ont visitées, et qui, par conséquent, ne peuvent craindre de contradicteurs. La persuasion à cet égard était si forte, si universelle, que les amis et les parents de Marco Polo la partageaient, et qu'à son lit de mort ils le supplièrent, pour le salut de son âme, de désavouer les passages que tout le monde regardait comme de pures fictions. Ce fait curieux, qui est attesté par Jacopo d'Acqui, dans sa chronique, explique pourquoi Marco Polo n'a point parlé de la grande muraille de la Chine : il craignait de passer pour un imposteur. Marco Polo déclara que, loin d'avoir exagéré la vérité, il n'avait pas dit la moitié des choses extraordinaires dont il avait été témoin, et les lumières, les connaissances acquises depuis plusieurs siècles ont de plus en plus confirmé la véracité de l'illustre voyageur.

Un des récits les plus célèbres de Marco Polo et des plus contestés par la critique historique, est celui des pavillons ravissants et des jardins délicieux dans lesquels le Vieux de la Montagne faisait transporter, comme par enchantement, ceux de ses disciples dont il voulait s'assurer l'aveugle obéissance par l'avant-goût des joies du Paradis promises aux martyrs. Quoique par le mémoire de M. de Sacy sur le *hachich*, le récit de Marco Polo, qui parle d'un breuvage assoupissant, eut déjà acquis un haut degré d'autorité, on doutait encore si ce que le voyageur vénitien raconte de l'existence de ces jardins enchantés ne devait pas plutôt s'entendre de l'illusion enchanteresse produite par l'ivresse du hachich. M. de Hammer a dissipé tous les doutes en citant dans les *Mines d'Orient*, tome III, l'extrait d'un ouvrage arabe, les *Mémoires de Hakem*, où il est question des pavillons magiques et des jardins délicieux du Vieux de la Montagne. La corrélation parfaite de cette description avec celle de Marco Polo milite victorieusement pour la vérité de celle-ci, et pour l'existence réelle de ce Paradis terrestre confiné dans les murs du château de Massiate, capitàle des Ismaéliens de Syrie.

« Le chef des Ismaéliens, dit l'écrivain arabe, suivi de charges d'or, d'argent, de perles et d'autres effets enlevés aux habitants des côtes, se rendit au château de Massiate, qu'il orna de tout ce qui est beau et bon.

« Afin d'avoir auprès de lui des hommes dévoués de cœur et de corps, il avait fait tracer un vaste jardin coupé de canaux remplis d'une eau limpide. Au milieu de ce jardin s'élevait un kiosque à quatre étages. A l'étage supérieur il fit placer de la porcelaine, des verres, des tubes et d'autres vases à boire en or et en argent.

« Avec lui se trouvaient des Mameluks venus des régions du Nil, dix hommes et dix jeunes filles qui avaient à peine atteint l'âge de puberté; il les habilla de soie et des toiles les plus riches, puis il leur donna de magnifiques bracelets.

« Les colonnes du kiosque furent enduites de muse et d'ambre, et dans les arcs des croisées brillaient des cassolettes où se trouvait le muse le plus pur.

« Cet endroit était la retraite des esclaves.

« Il distribua le jardin en quatre parties. Dans la première il y avait des coings, des poires, des pommes, des mûres, des nabacs, des jujubes, des figues d'Adam et des carroubs. La seconde partie produisait des oranges, des limons, des grenades et d'autres fruits. La troisième partie était réservée aux légumes. Enfin, la quatrième partie était plantée de roses, de jasmins, d'arbres qui servent à la fabrication des cordes, de narcisses, de violettes, de lis et d'anémones.

« Le kiosque était environné de réservoirs. Il y avait des bosquets peuplés de gazelles, d'autruches et de vaches sauvages; les oies, les perdrix, les cailles s'ébattaient dans les étangs.

« Un appartement inférieur, entouré d'allées et de murailles, servait de lieu de rassemblement aux hommes. Là, assis devant la porte sur un sofa, le chef fait reposer ses disciples et leur offre à boire et à manger jusqu'au soir. A la nuit tombante il regarde autour du lui, et, choisissant celui dont la fermeté lui plaît, il lui dit : « Toi, un tel, viens, et assieds-toi près de moi ! »

« Le Vieux de la Montagne appelle ainsi près de lui ceux qu'il a élus.

« Il leur parle ensuite des grandes et excellentes qualités de l'Iman Ali, de sa bravoure, de sa noblesse, de sa générosité, jusqu'à ce qu'ils s'endorment par la vertu du hachich qu'il leur a donné, et qui ne manque pas de produire son effet en moins d'un quart d'heure, de sorte qu'ils tombent comme inanimés.

« Dès que l'un d'eux est tombé, le chef se lève, porte l'endormi dans sa chambre, et le transporte sur ses épaules dans le kiosque, où il le confie aux esclaves, hommes et femmes, en leur recommandant de se prêter à tous les désirs du candidat, sur lequel on jette du vinaigre jusqu'à ce qu'il soit éveillé. Revenu à lui, les jeunes filles et les jeunes garçons lui disent : « Nous n'attendons que ta mort, car cet endroit t'est destiné. C'est un des pavillons du Paradis, et nous sommes les houris, les enfants de ce séjour. Si tu étais mort, tu serais toujours avec nous, mais tu ne fais que rêver, et tu seras éveillé bientôt. »

« Pendant ce temps, le Vieux de la Montagne retourne vers les autres candidats.

« L'endormi n'aperçoit que de jeunes hommes et de jeunes filles de la plus grande beauté, ornés de la manière la plus magnifique ; il respire les odeurs de muse et d'encens ; il voit les oiseaux, les arbres, l'eau jaillissante, les vases d'or et d'argent, tandis que les garçons et les jeunes filles causent et s'égaient avec lui.

« Lorsque la deuxième heure de la nuit est passée, le Vieux de la Montagne revient au kiosque. Dès que le candidat l'aperçoit, il s'écrie : « O chef! rêvé-je ou suis-je éveillé? » Le Vieux de la Montagne répond : « Garde-toi de raconter ce rêve à qui que ce soit d'étranger à ces lieux. Apprends qu'Ali, ton seigneur, t'a montré l'endroit qui t'est destiné au Paradis. Sache que dans ce moment ton seigneur Ali et moi nous étions assis ensemble dans les régions de l'empirée. Ainsi, ne balance pas dans le service de l'Iman. »

« Alors le Vieux de la Montagne ordonne d'apporter le souper, consistant en viandes rôties déposées dans des plats d'or et d'argent. L'élu mange pendant qu'on l'arrose d'eau de senteur ; il demande à boire, et on lui présente des vases remplis de boissons délicieuses dans lesquelles on a mêlé encore de l'hachich.

« Quand il est de nouveau endormi, le Vieux de la Montagne le reporte dans sa chambre, lui jette du vinaigre au visage, et le met hors de l'appartement après avoir enjoint aux Mameluks de le secouer avec force.

« En se réveillant, l'élu se retrouve dans le même endroit, parmi les premiers convives : « Il n'est point de Dieu que Dieu, s'écrie-t-il, et Mahomet est le prophète de Dieu! »

« Aussitôt le Vieux de la Montagne s'approche de l'élu en le caressant ; celui-ci reste comme plongé dans l'ivresse, tout dévoué au service du chef, qui lui dit : « O toi, ce que tu as vu n'était point un rêve, mais un des miracles de l'iman Ali ; sache qu'il a écrit ton nom parmi ceux de ses amis intimes. Si tu caches ton secret, sois sans crainte ; mais si tu en parles, tu éprouveras les terribles effets du courroux de l'iman. Si tu meurs, tu es

martyr. Tu as part à l'amitié de l'iman, tu es devenu de sa famille ; mais si tu le trahis, tu seras chassé de sa maison. »

« C'est ainsi que l'on devenait serviteur du Vieux de la Montagne. »

On a vu que le breuvage doué d'un pouvoir si merveilleux n'était autre que le hachich, dont le chef de la secte connaissait les vertus, et dont l'usage ne se répandit parmi le peuple que dans les siècles suivants.

Guillaume de Tyr écrit que les Ismaéliens possédaient en Syrie dix forteresses, et il évalue leur nombre à soixante mille âmes. Pendant toute la durée du règne du sultan Redouan, qui embrassa leur doctrine, ils eurent une maison dans la ville d'Alep où ils exercèrent leur culte. On les redoutait tellement qu'ils enlevaient au milieu des rues les femmes, les enfants, sans qu'on eût le courage de s'opposer à leurs violences. Ils dépouillaient publiquement les personnes d'une autre secte que la leur, donnaient asile aux criminels, et puisaient dans l'impunité une nouvelle audace ; ils s'emparaient à main armée des villes, des châteaux forts ; c'est ainsi qu'ils envahirent Apamée, d'où les chassa Tancrède, le farouche et brave guerrier si poétisé par le Tasse. Quelle que pût être l'étendue des domaines possédés par les Ismaéliens, soit en Perse, soit en Syrie, elle ne saurait être comparée à la grandeur de leur puissance, établie par le fanatisme et maintenue par la crainte. Répandus dans tout le monde musulman, ils étaient partout redoutés.

Ce serait une chose véritablement incroyable que le dévouement sans limites des fédais pour leur chef, si les écrivains occidentaux, arabes ou persans, ne nous en avaient conservé des traits. Henri, comte de Champagne, ayant fait un voyage dans la Petite-Arménie, il rendit visite au roi des Assassins, qui l'accueillit avec honneur. Le prince le promena dans tous les lieux de son séjour, et, l'ayant conduit au sommet d'une tour élevée, où, sur chaque créneau étaient des hommes vêtus de blanc : « Sans doute, dit-il à son hôte, tu n'as point de sujets aussi obéissants que les miens. » Soudain il fit un signe, et deux de ces hommes se précipitèrent du haut de la tour. Le chef des Ismaéliens ajouta : « Si tu le désires, au moindre signal de ma part, ceux que tu vois se précipiteront également. » En se séparant de Henri, il lui dit : « As-tu quelques ennemis personnels? adresse-toi aux nôtres, et tu en seras délivré. »

Les Ismaéliens étaient d'autant plus dangereux et redoutés, qu'ils s'introduisaient auprès de tous les princes, en changeant de costume et de profession suivant les circonstances. Ils prennent l'habit syrien pour se défaire de l'émir Ahmed, dont nous allons bientôt parler; ils entrent, en qualité de palefreniers, au service du prince de Damas, qu'ils attaquent à l'improviste. Les meurtriers d'un prince de Mossoul, Borsaki, prennent l'habit de derviche pour éloigner d'eux tout soupçon. Les Ismaéliens veulent-ils poignarder le marquis de Montferrat? ils embrassent le christianisme, se revêtent d'habits religieux, affectent la piété la plus sincère, gagnent l'amitié, l'estime du clergé, méritent la bienveillance de leur victime, et après lui avoir donné la mort, ils périssent dans les supplices avec une héroïque résignation.

Un docteur persan très-célèbre, l'iman Razi, était accusé de pratiquer en secret la doctrine ismaélienne. Pour éloigner ce soupçon, un matin il monte en chaire et prononce des malédictions contre les Ismaéliens. Cette nouvelle étant parvenue au Vieux de la Montagne, il chargea de sa vengeance un fédai. Celui-ci se rendit auprès de l'iman, lui dit qu'il était jurisconsulte, qu'il désirait s'instruire sous un maître aussi célèbre que Razi; il fit si bien que l'iman consentit à l'accueillir dans sa demeure. Il y passa sept mois sans trouver l'occasion de remplir sa mission. Enfin, s'étant trouvé seul un jour avec l'iman, il ferma les portes du logis, tira son poignard et se précipita sur le docteur, le renversa, et nous t'obéirons aveuglément. » s'assit sur sa poitrine : « Je veux te frapper de mort, lui dit-il. — Et pourquoi? répondit l'iman. » Alors le fédai lui reprocha d'avoir maudit les Ismaéliens dans la chaire. L'iman jura d'être à l'avenir plus circonspect. « Je n'avais point l'ordre de te tuer, s'écria le fédai, autrement tu ne respirerais plus. Hassan te salue; il désire que tu viennes à son château; tu seras nommé gouverneur, et nous t'obéirons aveuglément. » Il ajouta : « Nous ne tenons point compte des discours du peuple, ses insultes ne produisent aucun effet sur nous; mais vous, princes ou docteurs, vous ne devez pas vous permettre de censurer notre conduite, parce que vos paroles s'impriment dans les cœurs, comme le trait de la gravure sur la pierre. » L'iman, prosterné, s'écria : « Il m'est impossible d'aller au château, mais je ne prononcerai désormais aucun discours qui puisse déplaire au souverain d'Alamont. »

Un dévouement miraculeux, la confiance dans une vie dernière dont la félicité ne saurait être décrite, produisaient l'audace et la persévérance dans l'exécution des ordres du prince, donnaient le courage imperturbable qui portait les Ismaéliens à endurer la mort sans que les souffrances les plus fortes pussent leur arracher un aveu. Les califes, les émirs tombaient sous leurs coups dans les mosquées, dans les rues, sous les lambris des palais, au milieu de la foule du peuple et des grands. Étaient-ils pris le poignard à la main, ils remerciaient le ciel qui les approchait du terme de leurs désirs, et la mort était pour eux le premier degré de la félicité. Deux princes de Mossoul sont assassinés au sortir de la grande mosquée de la ville, et quoique entourés des officiers de leur cour. L'émir Ahmed s'était déclaré plusieurs fois l'ennemi du Vieux de la Montagne; il reçoit la mort au milieu de la salle d'audience du sultan de Bagdad. Le grand Saladin avait refusé de protéger la secte ismaélienne, il avait même exprimé l'intention de la détruire; tandis qu'il séjournait aux environs d'Alep, un fédai se jette sur lui et lui porte un coup de poignard à la tête. Saladin le saisit par le bras, mais le meurtrier frappe jusqu'à ce qu'on lui ait arraché la vie. Un second, un troisième fédai, lui succédèrent en vain.

L'irruption d'Holagou en Perse et les expéditions de Bibars en Syrie ruinèrent la puissance ismaélienne. En détruisant les châteaux, ces deux guerriers ne purent cependant détruire complétement la secte. Tamerlan trouva un grand nombre d'Ismaéliens dans le Mazendéran; ils étaient réfugiés dans le Yémen lorsque les Turcs en firent la conquête. De nos jours ils sont répandus dans plusieurs parties de la Perse, et le gouvernement les tolère. On dit même qu'ils ont conservé jusqu'à leur iman, qui descend d'Ismaël même; cet iman est presque vénéré comme un Dieu par ses prosélytes; ils lui attribuent le don des miracles, et le décorent souvent du titre de calife. Les Ismaéliens se retrouvent jusque sur les bords du Gange et de l'Indus. Enfin, il en existe encore plusieurs familles dans les montagnes du Liban, sur lesquelles différents voyageurs modernes ont publié des renseignements précieux.

— Il est plus aisé de connaître l'homme en général que de connaître un homme en particulier.

— On fait souvent vanité des passions, même les plus criminelles; mais l'envie est une passion timide et honteuse que l'on n'ose jamais avouer.

La Rochefoucauld, *Maximes.*

Imprimerie LACRAMPE et COMP., rue Damiette, 2.

CLÉOPATRE.

Nouveau système de gravure par M. L. TISSIER

CLÉOPATRE.

Ptolémée XI (Aulète) venait de mourir, laissant l'administration de l'Égypte à son fils Ptolémée XII et à sa fille Cléopâtre; mais le jeune roi, impatient de régner seul, obligea sa sœur à se retirer en Syrie, où elle leva une armée pour marcher contre lui. Ptolémée (Aulète) ayant nommé le peuple romain tuteur de ses enfants, César se déclara le juge des différends qui s'étaient élevés entre Ptolémée et Cléopâtre. L'empereur fut tellement épris de la gracieuse princesse que, dès le lendemain, il voulut que son frère partageât le trône et se réconciliât avec elle.

Lorsque la mort de César produisit une nouvelle guerre civile dans l'empire, on accusa Cléopâtre d'avoir fait passer des secours à Brutus et à Cassius. Marc Antoine, partant pour la guerre des Parthes, lui ordonna de se rendre en Cilicie pour expliquer sa conduite. En entreprenant ce voyage, Cléopâtre s'occupa plutôt des moyens de plaire que de ceux de se justifier. Elle monta sur un vaisseau dont la poupe était dorée et dont les voiles étaient de pourpre. Cléopâtre, magnifiquement vêtue, était couchée sous le tillac; des enfants à ses pieds représentaient les Amours; ses femmes, toutes d'une beauté rare, habillées en Néréides, étaient placées, les unes auprès du gouvernail, les autres près des rameurs. L'encens était brûlé dans des cassolettes. C'est ainsi que Cléopâtre remonta le Cydnus pour aller visiter le conquérant de l'Asie. Antoine accepta un repas sur son vaisseau : la reine d'Égypte le traita avec magnificence; et lorsqu'il voulut à son tour la recevoir, il fit de vains efforts pour la surpasser en somptuosité. Bientôt séduit par tant de charmes, sa passion pour elle fut plus violente encore que ne l'avait été celle de César. Nous ne raconterons pas ici leur vie d'amour et de débauches; nous ne rappellerons ni les étranges faiblesses d'Antoine, ni les caprices de son amante, *fatal prodige*, comme le nommait Horace; ni leur fuite honteuse pendant la bataille d'Actium, ni les distractions barbares de Cléopâtre quand elle faisait essayer sur les animaux et même sur les esclaves divers poisons, afin de bien connaître celui qui causait le moins de douleurs. Tous ces détails ont été mille et mille fois reproduits sur la scène et par la peinture. On sait aussi de quelle manière expira l'orgueilleuse reine. Apprenant qu'Octave voulait la prendre vivante pour qu'elle suivît à Rome son char de triomphe, elle trouva le moyen de se faire apporter des fleurs sous les-

quelles un aspic était caché; la morsure de ce reptile la délivra de la vie et de l'outrage que lui réservait l'orgueil du César vainqueur.

Cléopâtre, selon Plutarque, n'était pas d'une beauté frappante; mais son esprit et sa grâce répandaient tant de charmes sur sa figure, qu'il était difficile de lui résister. Initiée à toutes les langues, elle réunissait les connaissances les plus étendues, et possédait surtout l'art de captiver les cœurs; elle tenait de l'Orient une habitude de magnificence inouïe, et ses rapports constants avec la Grèce, où elle était vénérée, avaient développé en elle la douceur plus pénétrante du langage et de ses séductions. La coquetterie, chez Cléopâtre, était un grand art qui se composait, dit madame de Staël, de tout ce que peuvent donner la splendeur royale et la culture poétique de l'esprit.

LE MARCHAND DE ZAMORA.

> « Je rencontrai l'évêque de Saint-David; il me consulta pour savoir s'il devait prêter serment à Guillaume, ne voulant agir que d'après mon conseil. Je lui répondis qu'il ferait bien de s'en abstenir. Il m'embrassa. Le lendemain, le serment fut prêté à la chambre des lords, et par lui l'un des premiers. »
>
> Sir John Reresby.

Quatre mules noires traînaient un carrosse sur l'une des grandes routes de l'Espagne : c'était l'équipage d'un marchand de Zamora, vieux et fort riche, qui s'en allait à Ségovie, où l'appelaient les intérêts de son commerce. Il avait donné l'ordre de s'arrêter aux approches de la nuit; aussi, dès qu'elle se montra, l'on fit halte à la porte d'une hôtellerie d'assez mince apparence, mais ayant l'avantage d'être seule à cet endroit de la route. Elle ne démentait pas la réputation des hôtelleries espagnoles : c'était une de ces masures où l'écurie est la plus belle salle, où les voyageurs d'habitude sont des muletiers.

L'hôte vint recevoir le marchand, un flambeau à la main, la serviette sur le bras, cérémonial d'usage lorsqu'on va au-devant des princes. En Espagne, comme dans tous les pays civilisés, un carrosse donne droit au respect des hommes. «Seigneur, dit l'hôte en se courbant, soyez le bienvenu; une heureuse étoile vous a conduit dans mon gîte, où l'hospitalité, pour n'être pas gratuite, n'en sera pas moins courtoise. Si, pour trouver quelque chose chez la plupart de mes confrères, il faut l'y apporter, ici vous rencontrerez l'abondance sans vous inquiéter de rien. On vous servira d'un vin pour lequel Mahomet lui-même violerait le Coran ; ma cuisine est variée comme la création ; vous reposerez ensuite dans un lit capable de faire dormir le grand inquisiteur, que Dieu bénisse !

« — Je ne crois guère aux promesses des aubergistes, répondit le marchand d'un ton sérieux, mais poli ; si je fais chez vous maigre chère, vos discours, quelque beaux qu'ils soient, n'y changeront rien. Si elle est au contraire délicate, je saurai bien m'en apercevoir ; mon appétit n'est pas sans intelligence. »

L'hôte, un peu déconcerté, s'en étant tiré par une révérence, pour montrer qu'il prenait de fort bonne grâce la réponse du marchand, s'empressa de le faire entrer dans une espèce de salon garni de quelques meubles épars. Sur les murs, une grossière peinture représentait, ici, les actions éclatantes du fameux chevalier de la Manche ; là, les hauts faits de l'amant de Chimène, ce grand exterminateur des Mores ; car l'Espagne n'a que deux héros populaires : le Cid et don Quichotte. Comme l'hiver faisait souffler l'un de ses vents les plus froids, des sarments pétillaient et brillaient dans la cheminée, tandis qu'une lampe, suspendue aux poutres d'un plafond noirci, semblait brûler à regret le peu d'huile qu'une main économe lui avait versée.

Le souper ne se fit pas attendre. Le voyageur aux mules noires, ayant pris place, mangea sans rien dire, mais fort surpris de la bonté des mets. Ils contrastaient merveilleusement avec l'aspect d'un lieu si pitoyable. Pendant que le marchand mangeait, l'hôte, debout, poussait de fréquents soupirs. Il était demeuré pour servir, ne voulant laisser cet honneur à personne, ou peut-être parce qu'il était à lui seul, dans son auberge, le maître et le valet.

« Qu'avez-vous ? lui dit enfin le marchand, dont l'appétit s'en allait avec les plats vides ; vous soupirez : auriez-vous quelque chagrin ? — Seigneur, répondit l'hôte, j'ai un fils ; il est toute ma famille, il est aussi toute mon espérance. Demain il part, il se rend à Salamanque pour étudier à l'Université. — Ah ! ah ! vous avez donc formé des desseins pour son avenir ? Et que sera votre fils ? — Tout ce qu'il voudra. A sa sortie de l'Université, je le lancerai dans le monde. Le gaillard ne peut manquer d'avoir de l'esprit, continua l'hôte avec un air de satisfaction vani-

teuse, et il ira loin. Au dire d'un chanoine de ma connaissance, l'esprit est la fortune de ceux qui en ont une à faire. »

Cette fois, pour toute réponse, le marchand se contenta de sourire.

L'aubergiste ne s'y trompa point ; il vit un blâme dans ce sourire. « Serais-je assez heureux, ajouta-t-il aussitôt, pour recevoir de vous, seigneur, un bon conseil ? — Je n'en donne presque jamais, repartit le marchand ; j'ai appris à connaître leur inutilité. Un conseil peut tout au plus éclairer la raison ; il ne saurait donner la force d'agir : pour marcher, il faut en avoir la volonté ; il ne suffit pas de voir juste et loin devant soi. Ajoutez que suivre un conseil, c'est avouer qu'un autre l'emporte sur nous en sagesse : or, l'amour-propre ne se laisse guère arracher de tels aveux.

— La supériorité de votre sagesse sur la mienne ne saurait être mise en doute, continua l'hôte : étant plus âgé, vous avez plus d'expérience. Et d'ailleurs, un père souffre tant à se séparer de son fils, que, dussiez-vous renverser mes projets les plus chers, mon cœur, je le sens, serait de votre côté. — Eh bien ! dit le marchand rendu plus causeur par la gaieté du vin, eh bien ! je vais vous conter une petite histoire, vous en saisirez la leçon si vous avez du sens. Asseyez-vous pour m'écouter avec plus d'attention. » L'hôte prit une chaise, se plaça à une distance respectueuse du marchand, qui, après s'être un moment recueilli, commença son récit à peu près en ces termes :

« J'habite la ville de Zamora, où mon père vendait de la serge. Lorsqu'il vit la mort s'approcher, il m'appela près de son lit.

« Mon fils, me dit-il, ma boutique est ton hé-« ritage : tu n'auras pas à rougir d'être plus ou « moins que moi ; voilà pour ce qui regarde ta « position dans le monde. Tu partiras du point « où je me suis arrêté, voilà pour ce qui concerne « ta fortune. J'ai fait la moitié du chemin, achève « le reste. Sois honnête homme, quoique mar-« chand ; suppose à chaque pas que je suis tou-« jours devant toi ; de cette manière tu attein-« dras, sans t'égarer, le but de toute industrie : « le repos dans l'aisance. »

« Il expira.

« Le dernier conseil de mon père étant pour moi une chose sacrée, je me livrai, malgré mon affliction profonde, aux soins de mon commerce.

« Ma vie, sans événements, marchait uniforme et douce. Si j'avais à raconter toutes mes journées, je ferais, au hasard, le récit d'une seule. On peut appliquer aux hommes ce que l'on a dit des peuples : leurs désastres sont bruyants, leurs prospérités silencieuses; aussi les plus courtes histoires sont celles des peuples les plus heureux.

« Je sortais rarement, je ne fréquentais personne; cependant, le ciel en soit loué! j'avais toujours chez moi nombreuse compagnie : c'étaient les acheteurs.

« A cette époque, un nommé Gavino vint loger en face de ma demeure. Ayant pour revenu trois cents piastres bien comptées, il vivait dans l'oisiveté; elle était même pour lui le résultat d'un système; il prétendait que les plantes offrant dans la nature l'existence la moins tourmentée précisément parce qu'elles sont privées de toute action, il fallait leur ressembler le plus possible. Un peu de promenade, c'est tout ce qu'il se permettait. Après nous être d'abord salués, nous avions échangé quelques paroles. Quand je l'eus une fois prié d'entrer dans ma boutique, la politesse l'y ramena, puis l'habitude, bientôt enfin ce fut l'amitié.

« Un jour il me parut rêveur. « Qu'est-ce? lui « dis-je. — J'ai besoin de vous parler. — Faites; « notre voisinage est presque une parenté. — « Faut-il vous l'avouer? la solitude est trop vide « pour moi. Quand je vous quitte, je suis telle- « ment seul que je ne me trouve plus moi-même. « Cela m'a donné quelque désir de me marier. » A ce mot je le regardai. — « Oui, voisin, pour- « suivit-il, on m'offre la main de dona Térésa. « Elle a quinze ans; sa dot est assez forte pour « doubler ma fortune. Veuillez me conseiller avec « franchise; l'amitié vous rendra le conseil facile, « je vous le rendrai commode, tant je suis résolu « d'avance à vous céder. — Vous l'exigez? — « Absolument.

« Peut-être je lui peignis le mariage sous des couleurs un peu sévères. Je m'attachai surtout à lui faire comprendre qu'en se mariant il fallait au moins qu'une femme ne trouvât pas l'âge d'un père dans celui d'un époux. Il jeta ses deux bras autour de mon cou en s'écriant : « Cher Gas- « pard, votre sagesse est une vraie lumière! Té- « résa est charmante, sans doute; mais, comme « vous le dites avec une justesse admirable, je « suis venu trop tôt pour elle dans ce monde. « J'aurais beau la tenir par la main, je serais tou- « jours en avant. N'y pensons plus. »

« Le lendemain je le revis. Rien entre nous ne rappela la conversation de la veille. Le jour suivant, même silence; je ne retrouvai dans son esprit aucune trace de son projet. Je m'en réjouissais, au moment même où un billet de sa main vint me prier de me rendre promptement à l'église. Une noce s'y préparait, c'était la sienne; mon ami se mariait.

« De l'église j'accompagnai chez eux les nouveaux époux. Nous y trouvâmes compagnie nombreuse, festin délicat, le tout embelli par la joie des visages. Le voisin vint à moi, sa contenance était un peu embarrassée; je le mis à l'aise en lui vantant les charmes de sa femme, en le félicitant sur son mariage; il fut ravi.

« Vous voilà tout étonné de me voir applaudir à ce que j'avais voulu empêcher. C'est qu'un voyageur français m'a appris, je ne sais à quel propos, qu'nn philosophe de sa nation pensait qu'il ne faut jamais blâmer une chose à laquelle il n'y a point de remède (1). La maxime m'a paru sage, je l'ai gardée pour en faire une des règles de ma conduite.

« Moi-même, je l'avouerai, séduit par l'ivresse générale, peut-être plus encore par les grands et beaux yeux noirs de Térésa, j'allai jusqu'à considérer une noce comme un acte passé avec le bonheur. J'admirai la mariée, son voile blanc, sa couronne de fleurs; je me plaisais à me rappeler combien le matin elle avait été ravissante, ainsi parée, au pied de l'autel; j'oubliais qu'à l'église un parent de la mariée, homme fort savant, m'avait appris que, dans l'antiquité, ce costume était celui des jeunes filles conduites au temple pour être sacrifiées. Ma pensée, loin de s'arrêter sur cette parure des victimes, se laissait distraire par le voluptueux fandango dessinant ses pas aux sons de la castagnette. Si bien qu'en rentrant chez moi, ma maison me sembla plus grande. Je rêvai sans le vouloir à ce mot de mariage, pour moi jusqu'alors sans magie; mais le sommeil traita toutes ces idées comme une ivresse, il les dissipa.

« Je voyais Gavino moins souvent; le plaisir ou le souci — on ne sait jamais bien lequel quand il s'agit de mariage — le retenait chez lui. En peu d'années il était devenu père de deux fils. L'aîné avait été nommé Pedro; le second reçut la nom de Fabrice. A la naissance de ce dernier, je dis à mon voisin : « Cher Gavino, la fécondité de vo- « tre Térésa peuple la solitude dont vous vous « plaigniez. L'ennui ne vous chasse plus du logis. « — Non, me répondit-il; mais l'ennui, en s'en « allant, a laissé la porte ouverte au chagrin. »

« Gavino avait raison. Son revenu était bien modique pour toute une famille. Il sentit combien il avait eu tort de n'avoir pas rendu le travail compagnon de sa jeunesse.

« Mes fils seront plus heureux, me disait-il; « mon expérience leur sera profitable. Ils auront

(1) Correspondance de Diderot.

« une carrière à parcourir ; je la leur choisirai
« belle. Ils y marcheront à la richesse, peut-être
« même aux honneurs, si ce n'est à la gloire. »

« Vous le voyez, Gavino n'était pas dépourvu
de sagesse, mais ces mots de gloire et d'honneurs
vous annoncent aussi qu'il n'était pas exempt de
vanité ; et cette folle de vanité gâte les meilleures
choses et trouble les têtes les plus saines.

« La situation de mon voisin devint pénible.
Son beau-père mourut. La succession était assez
considérable ; mais huit enfants ne purent en faire
le partage sans plaider, cela veut dire sans se
ruiner.

« Gavino restitua la dot : gêné dans ses res-
sources, il restreignit ses dépenses. Il fut donc
obligé de contrarier parfois Térésa dans ses be-
soins de luxe, dans ses caprices de coquetterie.
Elle se considèra dès lors comme une femme sa-
crifiée. Le chagrin, cette lièvre de l'âme, ne
tarda pas à détruire, à ronger Térésa dans sa
fraîche et si riante. Trois médecins appelés furent
tous trois d'avis différents ; aussi le pauvre Ga-
vino, désolé, vint me voir un matin tout vêtu de
noir. C'était son habit de noce ; il n'avait eu qu'à
placer un long crêpe à son chapeau.

« Malgré sa tendresse pour ses deux fils, mon
voisin ne pouvait leur rendre ces soins de tous
les instants dont le cœur d'une mère a seul le se-
cret. Il résolut de hâter leur entrée au collège ;
il les conduisit lui-même chez des moines qui, sé-
parés du monde, semblaient vouloir néanmoins,
en se consacrant à l'enfance, dédommager la so-
ciété des rigueurs de leur célibat.

« A son retour, Gavino trouva sa maison plus
triste encore qu'elle ne l'était avant son mariage ;
aussi ne sortait-il presque plus de chez moi. L'a-
venir de ses enfants l'occupait au point de changer
sa préoccupation en inquiétude. Oubliant le sort
de mon premier conseil, je crus devoir en donner
un nouveau ; l'amitié m'en imposait la loi. « Met-
« tez, lui dis-je, vos deux fils dans ma boutique.
« Ils vivront sous mes yeux jusqu'au jour où ils
« me succéderont. Je vous offre pour eux un sort
« tout fait, peu brillant, mais solide. Oter au
« présent ce qu'il peut avoir d'aventureux, c'est
« déjà faire beaucoup pour l'avenir. » Gavino ré-
fléchit un moment, puis il me dit : « Vous avez
« raison, cher Gaspard ; mais je préfère un moyen
« de fortune plus prompt, un essor plus rapide,
« quelque chose d'éclatant. Vous travaillez opi-
« niâtrement sans avoir pu jusqu'à ce jour vous
« rendre riche. Il faut donc à mes chers enfants
« une carrière moins lente, des chances moins
« restreintes. J'apprécie vos conseils, aussi n'a-

« dopterai-je qu'un parti assez raisonnable pour
« mériter votre assentiment. »

« Dans l'attente de ce que le ciel devait inspi-
rer à mon voisin, je cherchai quelque moyen de
le distraire. Son antipathie pour le travail avait
toujours éloigné les livres de ses yeux. Afin de le
familiariser avec la lecture, je lui en parlai comme
d'un amusement : je me gardai de la lui montrer
comme une étude.

« A défaut de bibliothèque, j'avais quelques
volumes épars chez moi, dans une chambre inha-
bitée. Ils faisaient partie de l'héritage d'un vieux
parent. Je ne m'en servais guère ; mes livres de
commerce sont ceux où je lis avec le plus de com-
plaisance ; les autres ne sont pour moi qu'une dis-
traction.

« Parmi ces volumes, Gavino en prit un au ha-
sard qu'il emporta : c'était l'histoire d'un maré-
chal de France, écrite par un évêque, commen-
tée par un chanoine ; la traduction en espagnol
était d'un bénédictin.

« Le lendemain, devançant l'heure accoutu-
mée, Gavino vint chez moi. La joie illuminait son
visage. « Mon ami, me dit-il, plus d'indécision :
« j'ai trouvé, j'ai choisi pour mon fils une car-
« rière. J'ai lu... La belle chose qu'un livre !
« comme il vous ouvre un monde nouveau !
« comme il chasse vos propres idées pour vous
« donner celles des autres ! Mon cher voisin, si
« vous lisiez davantage vous finiriez par ne plus
« songer à votre commerce. — Mais expliquez-
« moi, lui dis-je... » Ayant regardé de tous côtés
pour bien s'assurer que personne ne pouvait l'en-
tendre, il frappa sur le volume en s'écriant :
« Voilà la vie de Pedro ; voilà son sort. — Fort
« bien, mais que sera-t-il ? — Lieutenant-géné-
« ral des armées du roi. — Lieutenant-général
« des armées du roi ! — Vous ne vous attendiez
« guère à cette nouvelle ; le poste est brillant.
« Mais n'est-ce pas un rêve laissé par la nuit
« dans votre esprit ? — Je n'ai pas dormi trois se-
« coudes. — C'est cela, vous êtes malade. — Du
« tout ; je ne me suis jamais mieux porté. — Un
« Français dirait que vous bâtissez des châteaux
« en Espagne ; cela vous est commode, étant sur
« les lieux. — Apprenez mon dessein, vous ju-
« gerez après : L'éducation de mon fils une fois
« achevée, je le fais entrer dans un régiment. —
« Soldat ? — Soldat. — Ceci est plus facile ; mais
« le voilà loin du généralat. — Patience ! Fabert,
« dont je viens de lire l'histoire, a commencé à
« peu près ainsi. Après avoir franchi tous les
« grades de l'armée, il a fini par le commander.
« — Mais parce que Fabert a réussi... — Pour-

« quoi mon fils ne réussirait-il pas comme lui?
« Etait-il d'une trempe particulière, ce Fabert?
« — Mais sa naissance! — Il était fils d'un im-
« primeur. Pedro a pour père un bourgeois. —
« Mais ses talents! — Mon fils en possède; son
« régent, à qui j'ai envoyé quelques flacons de
« vin de Xérès, m'a bien assuré, en me remer-
« ciant, que Pedro ne serait pas un homme or-
« dinaire. Ah! ah! il ira loin, dit l'heureux Ga-
« vino parcourant à grands pas ma boutique.
« — Au moins, repris-je, faudrait-il consulter ses
« goûts. — Je vous attendais là. Mon fils a l'hu-
« meur belliqueuse; il bat tous ses camarades.
« Quel avenir pour lui, quelle gloire pour moi,
« quand les sentinelles lui porteront les armes,
« quand il défilera sur la grande place de Madrid
« à la tête de bataillons nombreux! Mon ami, ce
« même livre renferme, comme gage du succès,
« une maxime excellente; la voici : Pour réus-
« sir, que faut-il? Audace et volonté. La desti-
« née de mon fils est dans ces deux mots. »
    « Il me quitta. J'espérais le revoir plus calme
le lendemain ; le contraire arriva. L'illusion, dans
son esprit, s'était changée en réalité. Décidément
il se croyait le père d'un lieutenant-général.
Aussi toute sa petite personne montrait un cer-
tain aplomb ; il avait déjà mis de côté la modes-
tie; c'était un à-compte sur les honneurs à venir.
    « Le temps approchait où son fils allait quitter
la robe d'écolier pour la casaque militaire. Gavino,
rencontrant un jour chez moi mon médecin, se
mit à parler de son projet. « Je voudrais connaî-
« tre quelqu'un à Madrid, dit-il, mon fils va s'y
« rendre; mais à qui l'adresser? Je ne sais. —
« J'ai dans Madrid un ami; je puis vous donner
« une lettre pour lui, répondit mon médecin. —
« C'est sans doute un de vos confrères? — Oui,
« mais son sort est plus brillant : il est médecin
« du roi, décoré de ses ordres, logé au palais; il a
« même reçu des lettres de noblesse. — Daignera-
« t-il accorder sa protection à Pedro? — Il le doit
« pour peu qu'il se souvienne que, fils d'un paysan,
« il n'a pu s'élever sans le secours des autres. —
« Fils d'un paysan! répéta Gavino en homme
« frappé de cette parole. — Oui, fils d'un paysan
« du village où je suis né. Notre amitié date du
« berceau.
    « — Mon médecin est obligeant, dis-je quand il
« fut parti. — Oui, reprit Gavino, j'ai lieu de
« m'en applaudir. Il paraît à son aise. L'état qu'il
« exerce tire ses revenus des souffrances humai-
« nes; la ferme est bonne : on peut même aller
« loin; son ami est devenu un grand personnage.
« Voisin, je songe à une chose. — Je la devine.

« — Pourquoi Fabrice ne serait-il pas médecin ?
« Par une autre route il arriverait, comme son
« frère, aux honneurs; car la médecine, si elle
« ne devait pas lui servir de marchepied, ne
« remplirait pas mes vues. Qu'en dites-vous, cher
« Gaspard? Mon fils est jeune, le médecin du roi
« doit être vieux, voilà une succession à recueil-
« lir. — Prenez garde, il y aura foule; chacun se
« croira des droits à l'héritage. — Oui; mais si
« son frère le général l'appuie de son crédit, le
« roi pourra-t-il refuser? Que vous en semble?
« je place assez bien mes enfants dans ce
« monde. »
    « Je fus d'abord tenté de rire à cette nouvelle
chimère de Gavino; j'aimai mieux toutefois le
laisser doucement rêver. Je fis plus : je me mis à
rêver avec lui.
    « Gavino se hâta. Ses deux fils étant sortis du
collège, leur départ se fit avec solennité. Après
un banquet d'adieu auquel j'avais pris part, Ga-
vino dit gravement à ses enfants : « Enfants, prê-
« tez-moi toute votre attention. J'ai passé ma vie
« sans rien faire, à quoi Dieu m'a aidé. J'ai man-
« gé mon revenu, j'ai aussi mangé mon capital,
« que j'ai considéré comme une rente plus large;
« il m'a donc fallu vous donner une éducation
« pour remplacer votre patrimoine et pour vous
« ouvrir une carrière. Vous travaillerez beaucoup,
« sans doute, mais vos enfants feront comme
« moi, ils se reposeront. Partez donc, je vous
« recommande à la gloire. Pedro, vous serez un
« jour lieutenant-général des armées d'Espagne;
« vous serez, vous, Fabrice, premier médecin du
« roi. Le but marqué, il ne s'agit plus que d'al-
« ler bon train. Deux cents piastres sont dans
« cette bourse, mon cher Pedro, et dans ce livre
« est la règle de ta conduite. C'est la vie de Fa-
« bert, ton prédécesseur. Remercie le seigneur
« Gaspard, ce trésor vient de lui. Dès ce moment
« tu as ta destinée dans ta poche. Toi, Fabrice,
« voilà une égale somme dans cette autre bourse.
« Je ne te donne point de livre, l'exemple du
« fameux docteur que tu dois remplacer t'en tien-
« dra lieu; ce sera pour toi un livre vivant. Adieu,
« général; tâche de tuer tous les ennemis de ton
« pays; et toi, docteur, guéris les sujets malades
« de ton roi. Si vous agissez ainsi, Sa Majesté y
« trouvera un double avantage; quant à l'huma-
« nité, il y aura compensation. »
    « La voix de Gavino était émue ; ses larmes de-
mandaient à couler : il les retint, pour donner à
ses fils l'exemple de la fermeté. Elles tombèrent
en abondance après leur départ. Toute la gloire
promise à ses fils ne le consolait pas d'une telle

séparation. Peu à peu cependant le charme de ses rêves adoucit l'amertume de sa douleur.

« Fabrice et Pedro écrivirent de Madrid pour annoncer l'accueil bienveillant du médecin du roi. L'un était déjà dans un régiment, l'autre dans une école de médecine. Pedro maniait le fusil, Fabrice la lancette. « Les voilà en route, disait le « voisin ; ils arriveront. En toute chose le premier « pas est seul difficile ; il ne faut ensuite, pour « continuer à marcher, que mettre un pied de-« vant l'autre. »

« Mais, hélas! à quoi servent les vastes projets? La mort, d'un coup de sa faux, se plaît à les renverser. Ces tristes réflexions, mon cher hôte, vous annoncent le moment douloureux où mon voisin Gavino me fut ravi pour toujours. Il avait dîné chez moi ; il me quitta à l'heure accoutumée. Le lendemain, il m'envoya chercher ; je le trouvai dans son lit ; sa tête était brûlante. Je devinai sans peine que cette ardeur du sang provenait de la tension continuelle de son esprit. Je lui conseillai quelques remèdes dont l'emploi m'avait été salutaire. Mon ami me répondit : « Je « suivrais aveuglément votre conseil, si je ne de-« vais pas auparavant consulter le médecin de ma « Térésa. Il ne l'a pas sauvée, il est vrai, mais « ce n'est pas sa faute ; la nature est souvent « bien entêtée ; quelquefois aussi elle nargue les « médecins. Elle a contre eux de la rancune : elle « ne leur pardonne pas de la contrarier, soit « qu'ils guérissent quand elle veut qu'on meure, « soit qu'ils tuent quand elle veut qu'on gué-« risse. »

« Le médecin arrive ; le mal augmente. Voi-« sin, me dit Gavino en serrant ma main dans « les siennes, s'il me faut quitter la vie, ce sera « sans regret. J'ai rempli mon devoir, j'ai fondé « dans l'état une grande famille. Mon nom figu-« rera dans l'histoire. La tristesse de mes derniers « moments se perd dans la douceur de cette pen-« sée. J'aurais bien voulu cependant voir Pedro « après sa première bataille ; mais puisque Dieu « en ordonne autrement, il faut obéir sans me « plaindre. Mon ami, donnez à mes chers enfants « la bénédiction de leur père. Pour de bons fils, « cette couronne vaut bien une couronne de lau-« rier. Je donne l'une, la gloire donnera l'au-« tre. »

« Une heure après il n'était plus. »

Ici le voyageur aux quatre mules noires suspendit sa narration. La tête cachée dans ses deux mains, il semblait oublier que l'hôte, près de lui, écoutait toujours. Après un moment de silence il toussa pour retrouver la voix. Ses yeux étaient humides ; ceux de l'hôte avaient aussi quelques larmes.

Le seigneur Gaspard continua de la sorte :

« A ma douleur je connus toute mon amitié. Après avoir écrit aux deux frères pour leur apprendre leur malheur ; après avoir payé les dettes de Gavino, seul reste de son patrimoine, je me mis à voyager. Mon âme déchirée ne me laissait plus sentir la vie.

« J'entretins d'abord une correspondance active avec les deux frères ; mais insensiblement leurs réponses à mes lettres se firent attendre. N'étant jamais pour longtemps dans la même ville, je ne pouvais indiquer le lieu précis de ma résidence ; ce qui fournissait une excuse à la négligence et non certes à l'oubli des fils de Gavino.

« Mes voyages augmentèrent mes relations ; par elles s'accrut ma richesse. Mes opérations absorbaient les jours et les mois. Enfin, vous le dirai-je? oui, dussé-je par là révéler un tort, je perdis la trace des deux frères. J'écrivis cependant à Madrid ; je priai l'un de mes correspondants de s'informer si dans l'armée, si dans la médecine on ne connaissait point deux jeunes hommes, l'un du hom de Fabrice, l'autre nommé Pedro. Ces recherches n'eurent aucun résultat. Un jour cependant la gazette me tomba par hasard dans les mains. J'y lus qu'une action éclatante venait d'élever au grade de colonel, malgré sa grande jeunesse, le seigneur Pedro. Il n'avait que vingt-cinq ans ; c'était l'âge du fils de Gavino. Antagoniste de mon ami dans ses chimères vaniteuses, je me mis alors à dire : « Ne peut-il donc jamais « se faire que la fortune soit aussi folle que nos « projets? » Je trouvai d'ailleurs piquant de voir Pedro en chemin d'écrire un jour dans l'histoire les rêves de son père. Il est vrai que la gazette ajoutait au nom de Pedro celui de Castella, et ceci me déroutait un peu. « Mais bah ! Pedro, cé-« dant aux petitesses des parvenus, aura, du haut « de sa fortune nouvelle, embelli son nom, pour « que rien ne rappelle les jours de son obscurité, « pas même sa signature. » J'écrivis donc à tout hasard au colonel don Pedro de Castella. Point de réponse. « Allons, dis-je, attendons que mon « cher Pedro, si toutefois c'est le mien, devienne « général ; alors je monterai sur une de mes « mules pour aller le complimenter à la tête de « son armée. »

« Dix ans s'étaient écoulés depuis la mort de Gavino, lorsque j'eus besoin de me rendre à Madrid. En route pour cette ville, j'arrivai dans un village bâti au milieu d'une plaine, la plus belle de l'univers. Il me prit fantaisie de l'admirer

à loisir, d'attendre l'heure où le soleil la salue-
rait de ses derniers rayons. Pendant qu'on prépa-
rait mon dîner à l'hôtellerie où j'étais descendu,
je sortis pour visiter d'abord le village. Cette
promenade avait aussi un but d'utilité; ma barbe
un peu longue me faisait désirer un barbier. Je le
trouvai; il était seul dans sa boutique. J'entrai.
Le barbier était un grand jeune homme fort laid,
mais d'une figure assez distinguée. Elle me frappa.
Je me mis à le regarder; j'attirai par là son at-
tention. Pendant que sa main agile faisait écu-
mer le savon dans un plat d'étain, il me dit :
« Seigneur, n'êtes-vous pas déjà venu dans ce
« village? — Non, mon ami. — C'est singulier.
« Certainement je ne vois pas votre figure pour la
« première fois. — La vôtre aussi ne m'est pas
« inconnue. »

« Tout en causant, le barbier, d'une main lé-
gère, dépouille mon menton. A peine eut-il
achevé, qu'il s'écrie : « Ah, miséricorde divine!
« maintenant que je vois mieux vos traits.....
« N'êtes-vous pas un marchand de Zamora? —
« Comment le savez-vous? — Vous étiez l'ami
« d'Ambrosio Gavino. — Gavino! l'auriez-vous
« connu? — Ah! seigneur Gaspard, pouvez-vous
« méconnaître son fils? — Le fils de Gavino! et
« lequel? — Fabrice. — Le premier médecin du
« roi? — Pas même son barbier! — Est-il possi-
« ble? vous, Fabrice, vous? Mais oui, voilà bien
« les yeux, l'air et jusqu'au son de voix de mon
« ami. »

« A ces mots j'ouvris les bras, il s'y précipita.
Les plus douces larmes témoignèrent de l'émotion
de nos âmes prêtes à se confondre. J'accablai Fa-
brice de questions, mais je lui en faisais tant et
tant à la fois qu'il ne savait à laquelle répondre.

« Nous parlerons de tout cela à table, lui dis-je;
« viens, viens dîner avec moi. »

Il ferma sa boutique. Nous voilà cheminant
vers mon hôtellerie. Je courus à la cuisine pour
faire doubler mon repas, pour le changer, s'il
était possible, en festin. Pendant ce temps,
Fabrice, qui m'avait suivi, regardait un soldat
debout, mais pas trop d'aplomb sur sa jambe de
bois, et buvant dans un verre grossier un vin plus
grossier encore. « Ce soldat m'occupe, lui dis-je,
« le connais-tu? — Il me semble... je le crois,
« du moins, à mon cœur... » Le soldat, qui entend
parler de lui, se retourne. « Mille bombes! s'é-
« cria-t-il, voilà un barbier pareil de tout point
« à mon frère. — Voilà un soldat terriblement
« façonné sur le modèle de Pedro. — Pedro! c'est
« mon nom. — Ton nom? quoi! c'est toi? — Et
« toi aussi, mon frère! » Et les voilà se précipi-

tant dans les bras l'un de l'autre, et me voilà cou-
rant à eux, me mêlant à leurs embrassements,
pleurant, riant, m'écriant : « C'est donc là notre
« général? — Sergent, me répondit Pedro, et
« sans ma jambe de bois... — Et où allais-tu? dit
« le barbier. — A Madrid, te chercher, » répon-
dit l'invalide. Sans attendre de nouvelles ques-
tions, je les emmène tous deux au salon, où nous
nous mettons à table. La joie double et triple notre
appétit.

« Le repas fini, les questions recommencent.
« Un moment, dis-je, procédons par ordre. Chacun
« à son tour va raconter comment ont été détruits
« les projets de votre bon père. » Mon avis étant
adopté, je donnai la parole à Pedro. Son histoire
ne fut pas longue. Toute la protection du méde-
cin du roi avait à peine pu lui obtenir un grade
subalterne dans un régiment. Traîné de garnison
en garnison, ses années s'écoulaient, se perdaient,
lorsque, la guerre s'étant déclarée, Pedro vit enfin
la carrière ouverte à son ambition. Il allait se
distinguer, il allait marcher au généralat; mais à
la première affaire sa jambe partit, le laissant là
sans qu'il ait pu jamais en avoir des nouvelles.
Conduit dans un hospice, on le soigna, on le
guérit, puis on le mit à la porte. Le régiment fit
de même. On lui délivra son congé de réforme,
honorable certificat qui vous déclare brave et inu-
tile. Dans ses plans de grandeurs militaires, Ga-
vino croyait avoir tout prévu; il n'avait oublié
qu'une bagatelle : le canon.

« Fabrice mit la même brièveté dans son récit.
Sa vie n'était pas trop chargée d'événements. Il
avait étudié la médecine, la chirurgie et jusqu'à
la pharmacie; mais les malades semblaient s'être
donné le mot pour fuir sa triple science. Ils
avaient plus de plaisir à mourir de la main des
autres qu'à guérir de la sienne. Sa vie se consu-
mait ainsi dans une activité stérile, lorsqu'enfin la
misère, cette seconde fatalité qui jette les hom-
mes hors de leurs projets, lui offrit, pour der-
nière ressource, une savonnette, un cuir et un
rasoir. Le voilà d'abord fort abattu de sa mau-
vaise fortune, puis le supportant par l'habitude,
ce correctif du malheur. Enfin, après avoir tra-
versé beaucoup de villes, séjourné dans un grand
nombre de villages, toujours sans pain, parce qu'il
manquait de ce qui la donne, l'argent, il s'était
arrêté là, où le hasard lui avait amené son frère et
l'ancien ami de sa famille. C'était pour Fabrice
son premier bonheur.

« Je fis monter les deux frères dans mon vieux
carrosse. Leur caractère était si loyal, qu'un mo-
ment m'avait suffi pour l'apprécier. Nous prîmes

la route de Zamora. Aussitôt arrivés, je les mis à la tête de mon commerce, où je les ai traités comme s'ils étaient mes enfants. Ils n'ont pas à s'en plaindre, car, depuis que le lieutenant-général et le médecin du roi se sont faits marchands, ils lèvent la tête, et, forts de leur travail, forts de leur indépendance, n'ayant rien à demander aux hommes ni aux événements, rien à souffrir de l'insolence d'un protecteur dont la faveur s'obtient, non par le mérite, mais par la bassesse, ils voient la fortune leur arriver de tous les côtés; ils n'ont plus besoin, grâce au ciel, de courir après elle. Les voilà surtout bien convaincus que la vie est une chose trop sérieuse pour la jouer sur une carte. »

L'hôte, après avoir écouté avec une attention profonde, demeura pensif. Sans dire une seule parole, il prit un flambeau, conduisit le marchand à la chambre qui lui était destinée, puis, l'ayant salué, se retira.

Le lendemain, au moment où paraissait le jour, un grand bruit de chevaux réveilla notre marchand. Il ouvrit sa fenêtre, regarda dans la cour; c'était le fils de l'hôte qui partait pour l'Université de Salamanque.

AUDIBERT.

———————

PORT-ROYAL-DES-CHAMPS.

Tous ceux qui ont lu l'histoire de Port-Royal-des-Champs, abbaye de religieuses selon l'ordre de Saint-Benoît, savent que, fondée en 1204 par Mathilde de Garlande, femme de Matthieu Ier de Marly, cadet de Montmorency, elle subit, pendant quatre siècles, la destinée commune à presque tous les couvents, c'est-à-dire qu'on vit s'introduire peu à peu le relâchement dans la piété et l'oubli des règles de la discipline. Cet état de choses dura jusqu'en 1608, époque à laquelle Marie-Angélique Arnauld, sœur du grand Arnauld, nommée abbesse de Port-Royal à l'âge de onze ans, entreprit avec un rare courage et accomplit avec un merveilleux succès la réforme de ce couvent. Depuis lors, il devint à la fois le modèle et l'instrument de la restauration religieuse de plusieurs institutions du même genre.

Le spectacle des vertus et de la paix qui régnaient à Port-Royal ne tarda pas à y attirer quelques personnages appartenant aux classes les plus élevées de la société; le duc et la duchesse de Luynes furent les premiers qui s'y fixèrent;

ils y furent suivis peu après par le duc et la duchesse de Liancourt, et par la duchesse de Longueville, princesse du sang royal. A la même époque, le célèbre Antoine Arnauld, docteur en Sorbonne, qui comptait parmi les religieuses de Port-Royal sa mère, six de ses sœurs et six de ses nièces, Nicole, Le Maistre de Saci, si connu par sa traduction de la Bible, et cinq ou six autres de leurs amis, dégoûtés comme eux du monde, choisirent la solitude de Port-Royal pour leur retraite; ils y passèrent plusieurs années dans la pénitence, partageant tour à tour leur temps entre la culture de la terre, la réparation des bâtiments de l'abbaye, l'instruction des pensionnaires du couvent et la composition des doctes ouvrages qui les ont immortalisés.

Personne n'ignore que ce fut à Port-Royal que fut élevé le grand Racine; les sept odes où il s'est plu à chanter le paysage de Port-Royal, ses bois, son étang, ses prairies, ses troupeaux, ses jardins; son *Abrégé de l'histoire de Port-Royal;* et un Mémoire justificatif des religieuses de cette abbaye, montrent assez combien il était demeuré attaché à une institution à laquelle il était redevable, après Dieu, de ce qui l'a rendu justement célèbre comme poëte et comme chrétien. L'immortel Pascal lui-même, qui avait une sœur et une nièce à Port-Royal, entra aussi avec les solitaires de l'abbaye dans des relations qui ne finirent qu'à sa mort. Ainsi, au milieu d'un siècle de gloire toute mondaine, de pauvres filles, qui n'avaient pour elles d'autre richesse que la foi de leur cœur et d'autre éclat que la sainteté de leur vie, servirent de lieu commun pour rassembler et fixer sur un même sol ce qu'il y eut de plus illustre dans la cour de Louis XIV et de plus savant dans la société de Paris.

Cependant les doctrines professées à Port-Royal, refuge des jansénistes, excitaient les méfiances du grand roi et celles des jésuites qui dominaient son esprit. La querelle des jansénistes et des jésuites était l'éternelle dispute entre la liberté et l'autorité, la grâce et le libre arbitre. Les jésuites imprimaient à la hiérarchie de l'église des formes douces, et de là le sensualisme exagéré de l'école d'Escobar; ils faisaient passer la loi chrétienne, organisée pour une vie future, à l'état d'une vie sociale, avec ses faiblesses et ses besoins. Les jansénistes, au contraire, attiraient à eux certains esprits d'élite par l'attrait de mœurs sévères et d'observances minutieuses : Port-Royal était une réunion de capacités à part; on y méditait sur une perfection spirituelle; le cœur était froid, mais la parole était éloquente et mystique.

LA CHATELAINE.

Nouveau système de gravure par M. NARAT.

Le parti calviniste admirait beaucoup les jansénistes ; dans les pamphlets les plus violents imprimés en Hollande et en Angleterre contre Louis XIV, Port-Royal était loué. On distinguait l'école d'Arnauld, de Pascal et de Nicole du jésuitisme attaqué par les livres de la réforme. Une telle distinction dans les écrits du protestantisme devait exciter des soupçons de la part du conseil du roi, et ceci explique les poursuites actives que Louis XIV dirigea contre les jansénistes. Il n'y a pas de persécution absolument sans cause ; toutes ont leur source dans la crainte qu'inspire un parti.

Les religieuses de Port-Royal furent donc persécutées ; on parvint à réduire leur nombre et à les disperser en divers lieux. Enfin, le 29 octobre 1709, le lieutenant de police d'Argenson, porteur de vingt-deux lettres de cachet, escorté du prévôt de la maréchaussée et de trois cents archers, se transporte à Port-Royal. Il investit la maison, s'empare des portes, consigne les domestiques, pose les scellés partout ; chaque religieuse fut conduite dans une maison différente. Six mois plus tard, le monastère fut démoli, ainsi que tous les édifices qu'on y avait successivement ajoutés ; on vendit les matériaux et on tâcha d'effacer jusqu'aux vestiges des constructions.

Port-Royal-des-Champs est à trois lieues de Versailles, du côté du midi, un peu à droite de la route qui conduit à Chevreuse et à Dampierre. On s'y rend en traversant un plateau d'une surface unie et peu accidentée par les mouvements de terrain. Tout à coup le sol s'abaisse, la route s'enfonce, et l'on arrive dans la petite vallée où séjournaient autrefois les religieuses du Saint-Sacrement. Parvenu au fond de cette solitude, vous n'apercevez plus que l'azur du ciel au-dessus de votre tête, et vous n'avez pour amphithéâtre que quelques coteaux peu élevés, couverts de verdure jusqu'à la moitié de leur hauteur et couronnés de touffes de bois à leur sommet. Rien ne frappe dans ce paysage ; tout y est simple, uniforme ; le silence et le repos en font seuls le charme. Sur le versant des collines qui bordent le vallon du côté de l'est, étaient construits les hôtels de Longueville et de Liancourt, dont il n'y a plus que quelques vestiges ; sur une éminence, du côté de l'ouest, s'élevait la demeure d'Arnauld, de Pascal et de Racine. De cette dernière habitation, il reste un petit bâtiment en briques rouges, d'un style ancien ; l'escalier est en bois sculpté, et sa vermoulure, qui se laisse voir encore sous la couche de vernis brillant dont il est recouvert, lui donne tous les caractères de

l'antiquité qu'on lui attribue. Devant la maison est un jardin, et à l'un des angles on montre encore la *Table des solitaires*, autour de laquelle se groupaient les énergiques logiciens de la morale catholique, consciences sévères, sombres, tourmentées par la vie ou agitées de grands doutes.

L'étang que Racine a pris plaisir à célébrer dans ses vers, et qui était nuisible plutôt qu'avantageux à l'abbaye, puisqu'il en rendait l'habitation humide et malsaine, a été desséché récemment ; il y croît maintenant des légumes et des osiers, circonstance qui change singulièrement l'aspect du paysage. La place qu'il occupait autrefois le monastère, dont toutes les pierres ont disparu, est couverte aujourd'hui de jardins et de vergers ; les débris d'une vieille tour tapissée de lierre et percée de quelques meurtrières destinées à intimider et à tenir en respect les factieux qui parcouraient le pays pendant les troubles de la Fronde, ont seuls été conservés et sont encore debout pour indiquer les abords et tracer en quelque sorte le pourtour du monastère. Comme l'église du couvent était bâtie sur un tertre formé avec des terres rapportées exprès, on peut en saisir encore parfaitement le plan général au moyen des peupliers qui ont été plantés en cet endroit, et qui en dessinent à l'œil le chœur, la nef et les bas côtés.

DE COURTENAY.

TYPES ET CARACTÈRES ANCIENS.

II.

LA CHATELAINE.

(XIIᵉ siècle.)

C'est de la châtelaine modeste, simple dans ses mœurs et dans son costume ; c'est de la châtelaine du Moyen-Age que nous voulons parler ici.

Retirée dans son castel, sorte de nid d'aigle jeté sur la cime des rochers inaccessibles, ou bâti au fond des gorges profondes que forment les âpres montagnes d'une contrée sauvage, la châtelaine connaissait peu les usages des villes, que des déserts sans chemins frayés, des champs sans culture, des rivières sans bacs et sans ponts séparaient de son manoir. Sa vie s'écoulait non moins calme, non moins paisible que l'onde lim-

pide de la fontaine du château, non moins mo-
notone que le chant de la cigale sur les arbres
desséchés de la plaine, non moins triste que le
cri de l'effraie, du hibou et du corbeau qui se
nichaient dans les crevasses des tourelles.

Peu de distractions venaient faire trève à l'en-
nui. Aussi vigilante que la blonde compagne de
Tithon, la noble dame, dès le matin, appelait
son majordome, réglait avec lui les dépenses de
la veille, lui comptait les fonds nécessaires pour
les besoins de la journée ; active, infatigable, elle
dictait des ordres, visitait les salles, les obscurs
corridors, se rendait de la cave au grenier,
voyant tout de ses yeux, donnant tout de ses
mains.

Vers l'heure de midi, un essaim de jeunes
filles entourait la châtelaine ; c'étaient les de-
moiselles de sa suite, enfants naïves dont les es-
piègleries contrastaient heureusement avec la sé-
vérité habituelle de leur maîtresse. On proposait
d'aller herboriser sur les collines, car les châte-
laines et leurs suivantes, les princesses, les filles
des rois et des empereurs, apprenaient alors
l'art de guérir, à l'aide de quelques simples, les
blessures des chevaliers navrés dans les batailles
ou désarçonnés dans les tournois. Cet usage sem-
blerait prouver qu'au moyen-âge les femmes se
livraient à des études médicales de nos jours in-
connues, et difficiles à précisément définir ; même
sous le règne de Charles V, des femmes exerçaient
publiquement l'art de la chirurgie, comme le
constate un édit du 19 octobre 1364, où il est
question des chirurgiens et des chirurgiennes de
la vicomté de Paris. Rarement la châtelaine se
décidait à de lointaines excursions ; elle préférait
contempler en silence, du haut de son donjon,
les mâles beautés de la nature, l'horizon en feu,
les précipices et les abîmes ; elle préférait entendre
le sifflement aigu des vents qui agitaient les frênes
et les sapins. Cependant elle ne dédaignait pas le
plaisir de la chasse ; elle admirait l'adresse du fau-
con déchaperonné, son habileté à saisir les petits
oiseaux, linottes, fauvettes ou roitelets, son cou-
rage lorsqu'il était attaqué par des ennemis plus
redoutables, les milans, les éperviers ou les
vautours.

Une des principales occupations des châte-
laines était la broderie ; elles travaillaient avec
ardeur à ces tapisseries que l'on retrouve, bril-
lantes encore, dans les trésors des cathédrales,
à Dijon, à Reims, à Nanci, à Bayeux ; belles
épopées qui font connaître les costumes, les
mœurs, les exploits héroïques, les glorieuses ac-
tions de nos pères ; poëmes à l'aiguille qui retra-
cent les mystères de la religion, les miracles des
saints et les prouesses des guerriers ! Frère Jac-
ques Doublet écrit que la mère de Charlemagne,
Berthe-aux-grands-pieds, tissait souvent des su-
jets représentant les faits d'armes des paladins ;
et n'attribue-t-on pas à la reine Mathilde, femme
de Guillaume le Bâtard, ou à l'impératrice Ma-
thilde, la fille du roi d'Angleterre, Henri Ier, la
confection de l'admirable tapisserie de Bayeux,
*toille très-longue, brodée à ymages et escritaux où
se voit le conquest de l'Angleterre*, comme on le lit
dans l'inventaire dressé en 1476, et déposé au
trésor de l'église de Bayeux, l'antique cité de la
Neustrie? Enfin, Guillaume de Nangis, dans sa
chronique, atteste que la duchesse Gonnor, femme
de Richard Ier, duc de Normandie, fit « des draps
de toutes soies et broderies, empreints d'his-
toires et d'images de la vierge Marie et des
saints, pour décorer l'église de Notre-Dame de
Rouen. » Telles étaient, dans les châteaux, les
utiles distractions des nobles dames ; le soir,
elles brodaient une cotte d'armes pour leur sei-
gneur, une selle pour son destrier, une housse
pour recouvrir son écu, des tuniques pour ses
pages, pour ses écuyers et ses jeunes servants,
tandis que l'assemblée se délectait à écouter les
fabliaux des jongleurs, les sirventes des trouvères
ou le chant des ménestrels. La châtelaine ne re-
vêtait ses atours, ses robes magnifiques, son
manteau doublé de fourrures, que pour présider
aux joutes et décerner le prix aux plus valeureux
champions.

LE PÈLERIN.

(XIIe siècle.)

L'escarcelle à la ceinture, le bourdon à la
main, la panetière sur le dos, le pèlerin par-
courait le monde, adressant des prières à saint
Michel du Mont en Normandie, à saint Jac-
ques de Compostelle en Galice ; ou s'agenouil-
lant, à Rome, devant les tombeaux de saint
Pierre et de saint Paul ; à Jérusalem, en face du
sépulcre du Christ. Revenu dans ses foyers, le
pèlerin abusait souvent du privilège de ceux qui
parlent des contrées lointaines aux paisibles ha-
bitants des hameaux et des bourgs, auditeurs la
plupart sédentaires, et si crédules, qu'ils s'en rap-
portent sur parole aux plus audacieux bavards,
ne songeant jamais à contredire les récits même
les plus étranges. Les descriptions merveilleuses
de l'Orient, de ses mœurs, de ses usages, enflam-
maient d'ailleurs l'imagination des chrétiens ; les

souvenirs de l'Écriture, des patriarches, des prophètes, des apôtres, du Christ mort sur la croix, de la vierge Marie, les attendrissaient jusqu'aux larmes; et, lorsque le pèlerin, surchargé de branches d'olivier et de palmes ondoyantes cueillies à Bethléem ou à Jéricho, révélait à quels outrages était en butte le tombeau du Sauveur; lorsque, la mine allongée, piteuse, il s'écriait que les images de *Mahom*, de *Tervagant*, de *Baraton* et d'*Apolin* entouraient la tombe sacrée, lorsqu'il affirmait que la puissance de ses prières avait brisé en mille fragments deux ou trois idoles de Mahomet, la munificence publique ne connaissait plus de bornes. On accablait de dons l'éloquent narrateur qui, témoin de tant d'aventures douloureuses, avait tâché, par ses oraisons, de faire cesser les scandales des Sarrasinesques, comme on les appelait alors. Les uns suppliaient le pèlerin d'accepter quelques pièces de monnaie pour l'engager à entreprendre un nouveau voyage; les autres remplissaient sa besace d'herbages, de légumes et de volailles, afin qu'il pût recouvrer l'embonpoint que tant de fatigues lui avaient ravi, et qu'il eût la force nécessaire pour s'acheminer une seconde, une troisième fois vers la ville sainte; d'autres enfin se dépouillaient de leurs vêtements dont ils affublaient le pauvre pèlerin. En échange de tous ces dons, le zélé voyageur distribuait aux Fidèles, tantôt des reliques vénérées ou quelques cailloux ramassés sur le mont Thabor et sur la montagne de Sion, tantôt il leur offrait le secours de sa pieuse ferveur et de sa foi ardente; il récitait les sept psaumes de la pénitence et chantait les litanies en faveur des pêcheurs endurcis; il priait pour les vivants et pour les morts, et promettait les inépuisables trésors du ciel à ceux qui dédaignaient ainsi les biens passagers de la terre.

Ou le voyait, la nuit, dans les carrefours, assis sur le banc de pierre qui était placé au-dessous de la Madone grossièrement sculptée, qu'éclairaient les lueurs vacillantes d'un chétif lampion; là, en extase, il affirmait, comme Porphyre, l'évêque de Gaza, que le Christ lui avait parlé, qu'il lui avait même donné un fragment de sa croix. Le pèlerin disait les miracles qui se renouvelaient chaque matin sur le Calvaire; il rapportait le nombre exact des étoiles qui descendaient des cieux pour se poser sur la tête du Christ; il publiait comment les simulacres des dieux sarrasins, en marbre blanc, devenaient noirs pendant la semaine-sainte; et comment, dans la vallée de Josaphat, il avait entendu distinctement les premiers sons de la trompette qui

doit réunir tous les humains. La fin du monde ne pouvait donc pas tarder d'arriver. A ces mots, la multitude s'agenouillait pour demander grâce et merci à Dieu. Le pèlerin exagérait ensuite les périls qu'il avait éprouvés en Orient, et quand il racontait ses courses à travers l'Égypte, les Fidèles frémissaient de terreur en apprenant qu'un dragon avait failli le dévorer : « Saint homme! s'écriait la foule, quels dangers te menaçaient! » Si quelques méchants, frappés de l'état de maigreur effrayante du pieux voyageur, murmuraient que le dragon aurait fait un triste repas, la multitude chassait ignominieusement ces impies, que l'on considérait comme fils de Belzébuth, suppôts de l'enfer, voués à la légion diabolique de Satan.

Le pèlerin, en Palestine, finissait habituellement ses jours dans une silencieuse retraite du mont Sinaï; en Égypte, dans une des nombreuses cellules du désert de Nitrice; en France, dans un monastère. Mais son désir le plus vif était de mourir près du Sépulcre. Arrivé à Jérusalem, il s'imposait des jeûnes, des mortifications, se battait de verges, marchait nu-pieds sur le sol brûlant, au milieu des ronces desséchées, s'exposait aux insultes des Musulmans, les provoquait à la violence; et il ne s'éloignait de la cité sainte qu'après avoir perdu tout espoir de rendre le dernier soupir dans un terme rapproché.

LA BOHÉMIENNE.

(XVᵉ siècle.)

D'où arrivaient-elles ces bandes errantes de vieillards décrépits, de jeunes filles robustes et d'enfants déguenillés qui, dans la dernière période du moyen-âge, commencèrent à parcourir les différentes contrées de l'Occident? Pourquoi les désigna-t-on en France sous le nom de Bohèmes? On l'ignore, et les plus savantes recherches, les dissertations les plus érudites n'ont produit que des résultats incertains. Pendant le quinzième siècle, les uns prétendirent que ces hordes vagabondes étaient composées de juifs égyptiens, issus d'Abraham et de Sara; les autres affirmèrent que c'étaient des chrétiens de Syrie qui venaient accomplir la pénitence de sept années d'exil à laquelle le pape les avait condamnés. De nos jours, l'opinion la plus vraisemblable est celle qui rattache l'apparition de ces peuplades en Europe aux ravages de Timour dans les Indes; les Bohèmes descendraient alors des tribus indiennes qui abandonnèrent leur pays pour se soustraire aux fureurs de l'impitoyable conquérant.

Ce fut en 1427 que les Bohémiens se présentèrent pour la première fois à Paris. Ils campèrent hors des murs de la cité, près du village de La Chapelle. Bientôt l'on sut, à n'en pas douter, que chaque nuit les habitants des campagnes étaient convoqués à des réunions diaboliques, et qu'ils assistaient au milieu des champs à des cérémonies inconnues, jusqu'au lever du jour, moment où l'assemblée se séparait après avoir exécuté une ronde en présence de Lucifer. On rapportait que les Bohémiennes âgées ensorcelaient des hommes, des femmes, de petits enfants, même des poules et des lapins; on racontait avec effroi qu'elles étaient en correspondance avec le diable, et plusieurs bourgeois soutenaient qu'elles leur avaient montré des lettres parfaitement lisibles écrites de la main de Satan! L'évêque de Paris alla donc visiter les Bohémiens : « Il étoit accompagné d'un frère prêcheur, nommé le Petit Jacobin, dit un vieux chroniqueur, lequel frère, par le commandement du prélat, leur fit une belle prédication, puis il les excommunia fort dévotement. Mais iceux Bohèmes continuant de mettre force deniers en leurs bourses, un acte du parlement de Paris enjoignit aux charmeurs, devineurs, invocateurs de damnés esprits et autres très-pernicieuses personnes, habiles dans la nigromancie, de vuider le royaume sous peine des galères et de punition corporelle. » Les états-généraux de 1561 confirmèrent l'ordonnance du parlement et condamnèrent les Bohémiens ou Égyptiens à un bannissement perpétuel.

Le type de la jeune bohémienne était partout le même, en France, en Angleterre, en Allemagne, dans la Turquie, en Italie, en Espagne, en Russie, où il se trouve encore tel que le signalent les écrivains du moyen-âge, et sans avoir éprouvé, depuis tant de siècles, la moindre altération ni subi le moindre changement.

La bohémienne, nommée *Gipsy* par les Anglais, *Tchinguené* par les Arabes, *Zingana*, *Tsigane*, *Gitana*, parmi les Italiens, les Russes et les Espagnols, craignait peu les fatigues; son existence nomade l'avait rendue insensible aux rigueurs des saisons; elle habitait tour à tour Séville et Moscou, l'Andalousie et la Grimée, sommeillant à l'abri d'un toit de chaume, sur la terre humide ou brûlante, avec autant de délices que sur une couche moelleuse, dans un somptueux appartement. Si au déclin de sa vie elle devenait hideuse, repoussante, si elle s'occupait de maléfices et de sortilèges, si elle se livrait à de

honteux trafics, on l'avait vue autrefois, jeune et belle, dansant au bruit du tambour de basque, des grelots ou des castagnettes; sa danse était animée, bruyante, passionnée; son regard étincelait, ses poses étaient lascives, ses mouvements expressifs et saccadés. Souvent, les cheveux épars, l'œil en feu, la bohémienne dansait jusqu'au moment où, inondée de sueur et dans une sorte de délire, elle tombait d'épuisement sur le parquet; son teint olivâtre, sa peau cuivrée, ses yeux noirs exerçaient une fascination véritable sur l'âme des jeunes hommes; tous cherchaient à obtenir de la bohémienne le plus léger sourire, le plus faible aveu, la plus mince faveur.

Quand elle paraissait à la cour des rois , où tout se vend, où tout s'achète, *donde todo se vende y todo se compra*, écrit Cervantes, la bohémienne chantait avec douceur de mélancoliques romances; soudain le prestige de ses traits, l'harmonie de ses accents, le laisser-aller de ses gestes, enflammaient l'imagination des gentilshommes; transportés d'enthousiasme, ils offraient de l'or à la bohémienne, qui, rieuse et coquette, prodiguait tantôt des espérances et tantôt des réalités. Les dames l'entouraient; celles-ci la comblaient de caresses, celles-là de louanges; et comme dona Clara à Préciosa, dans la *Gitanilla* de Cervantes, elles s'écriaient : Enfant aux cheveux longs, émeraude resplendissante (*Esmeralda resplandeciente*), céleste enfant, dis-nous la bonne aventure, dévoile-nous l'avenir, et nous te donnerons des pierreries non moins brillantes que tes yeux!

L'EMPIRIQUE.

(XIVe siècle.)

Si nous avions à retracer l'histoire de la médecine empirique, nous remonterions jusqu'aux époques reculées où les Égyptiens et les Grecs attribuaient exclusivement à leurs prêtres la connaissance de l'art médical, alors considéré comme la science des dieux; nous exposerions les théories de Pythagore et des médecins de l'école de Crotone, conseillant quelquefois les conjurations comme un moyen de guérison infaillible; enfin, nous rappellerions les doctrines des empiriques de Cyrène, de Cos et de Rhodes, ainsi que les travaux des philosophes grecs, d'Alcméon, d'Empédocle, d'Anaxagore, d'Hippasus et d'Héraclite, son élève. Mais des restrictions nous sont imposées, et nous ne pouvons franchir les limites qui séparent les générations du moyen-âge des peuples de l'antiquité.

« Anciennement, écrit Estienne Pasquier, la profession de médecin gisoit en trois points : au conseil, selon les préceptes de l'art pour les maladies intérieures ; au razoir et aux oignements pour les extérieures ; et finalement, en la confection des potions et médicaments. Je veux dire qu'il estoit médecin, chirurgien et apothicaire tout ensemble. » Cependant, dès le règne de Philippe-Auguste, on avait établi une distinction entre les fonctions de médecin ou *physicien*, et celles de chirurgien.

Voici quelle fut la cause de cette détermination. Depuis fort longtemps des discussions graves s'étaient élevées entre les médecins et les chirurgiens ; il s'agissait de savoir si ces derniers avaient le droit d'ordonner des purgations, des saignées amiables, des clystères insinuatifs, préparatifs et dulcifiants, pour nous servir des expressions de Molière. — Quoique le mot de chirurgien, en grec, porte avec lui quelques prérogatives, s'écriaient les médecins, en français il signifie seulement manœuvre ; or, un manœuvre vit spécialement d'un travail matériel. — Les médecins pensaient donc qu'nn chirurgien ne pouvait rien opérer par son ordonnance. Les chirurgiens soutenaient le contraire. Dès lors, il fut convenu qu'un médecin et un chirurgien seraient appelés près d'un malade, et que tous deux s'entendraient pour le guérir. En ce temps, on eût mieux fait de dire pour le tuer.

L'empirique s'inquiétait peu du résultat de ses recherches : *Faciamus experimentum in animâ vili*, telle était sa maxime. Pourvu qu'il connût la logique, la grammaire, la dialectique, la rhétorique et l'astrologie, l'astrologie surtout, on avait en lui une confiance extrême. Vous étiez-vous brisé une jambe, cassé un bras, foulé un pied ? il suffisait, pour redevenir sain et sauf, d'avaler une potion composée avec du bouillon de vipère, du sang de boue et des cendres de scorpion. Éprouviez-vous des douleurs au cerveau ? incontinent l'empirique ordonnait une saignée au bout du nez, d'après la recommandation expresse de Galien. Les médecines, les drogues, les onguents étaient soumis à l'influence des planètes ; chaque signe du zodiaque dominait une partie de notre corps. Malheur aux malades lorsque la lune se trouvait dans le signe des Gémeaux ! la mort était certaine ; Hippocrate le disait positivement.

On connaît toutes les plaisanteries de Molière sur les médecins, toutes les spirituelles attaques qu'il dirige contre eux, tous les ridicules qu'il leur prête ; et leur galimatias, et leur tenue pédantesque ; et les citations latines, grecques ou arabes dont ils lardaient leurs consultations ; et leurs incroyables controverses au sujet de l'antimoine ; et les grotesques figures de Sganarelle, de M. Purgon, de Diafoirus père et fils, en présence d'Argan ! Les médecins furent alors en butte aux moqueries du grand comique, comme les empiriques l'avaient déjà été aux satires des jongleurs et des trouvères, dans les tensons et les sirventes, dans le roman de la Rose et la Bible-Guyot.

Reproduirons-nous, en terminant, les fabuleux débats qui surgirent, au commencement du dix-septième siècle, entre les médecins et les chirurgiens ; puis, entre les chirurgiens et les barbiers ? Tandis que les chirurgiens demandaient que leur Collège fît partie de la Faculté de Médecine, les barbiers voulaient que leur Confrérie fût incorporée au Collège des chirurgiens. Après des disputes interminables, les barbiers, le jour de la fête Saint-Côme, entrelacèrent sur leurs enseignes, au grand scandale des médecins et des chirurgiens, des boîtes à médicaments, de petits outils et des plats à barbe ; ils adoptèrent aussi la robe longue et le bonnet carré. Les chirurgiens, exaspérés par des prétentions si exorbitantes et une résolution si audacieuse, déférèrent la cause au parlement, qui, en séance solennelle, prononça un arrêt (23 janvier 1614) pour contraindre Messieurs les barbiers à ne manier désormais que le rasoir, et à reprendre l'habit court et le chapeau pointu.

A. MAZUY.

UNE AVENTURE EN 1725.

La mort de Louis XIV laissa respirer les protestants. Sous la Régence on avait autre chose à faire que de songer à eux : une refonte de monnaies, le voyage du czar Pierre Ier, la quadruple alliance, l'affaire des princes légitimés, la conspiration de Cellamare, la révolte des gentilshommes bretons ; plus que tout cela, le système de Law, la chute et les opérations du visa, en voilà plus qu'il n'en fallait pour remplir le court espace qui sépara la mort du vieux monarque du ministère de M. le duc. Mais quand la puissance législative fut mise au pillage, on promulgua la déclaration de 1724. L'étonnement que causa cette mesure est attesté par tous les contemporains ; les intendants, les tribunaux, le clergé même, ne l'avaient ni demandée, ni prévue. Elle consommait pour la France la perte des exilés; elle ravivait des lois éparses dont un nouveau régime, des mœurs plus douces et des lumières plus générales hâtaient la vétusté; elle renouvelait toutes les anciennes proscriptions : exclusion des emplois et des professions libérales, enlèvement des enfants, mariages flétris, naissances illégitimes, successions envahies; la mort, les galères, la confiscation frappant comme des crimes la pitié, la fuite, l'hospitalité, les actions les plus louables et les droits les plus saints.

Dans le mois de novembre 1725, par une soirée froide et pluvieuse, M. de Mont-Louis, cadet dans les gardes de sa majesté Louis XV, ayant le manteau sur le nez pour se garantir de la bise, et la main sur la garde de son épée pour prévenir toute attaque soudaine, traversait la rue de la Ferronnerie et se dirigeait vers le Louvre par la rue Saint-Honoré. A cette époque, des bandes de voleurs infestaient Paris, et le guet avait souvent la précaution de se tenir le plus loin possible des lieux hantés par les tireurs de bourse et les coupe-jarrets.

M. de Mont-Louis était gentilhomme breton, grand, bien fait, d'une figure agréable, âgé à peine de vingt ans; il était le plus joli homme des gardes, et ne devait son admission dans ce corps privilégié qu'à une circonstance qui aurait dû naturellement l'en éloigner. Il était parent de ce Mont-Louis qui fut exécuté à Nantes par l'ordre du régent, en 1720, avec Guet de Pontcallet, Le Moyne et du Coëdic, instigateurs de la révolte qui, en Bretagne, suivit la conspiration de Gellamare. M. le duc, en haine du pouvoir qui avait précédé le sien, affectait de faire la fortune de tous les ennemis du régent. Un cadet dans les gardes, personnage de mince importance, pouvait cependant prétendre à un avancement rapide, pour peu que madame de Prye ou quelque autre favorite de M. le duc voulût bien s'en mêler; et le jeune Mont-Louis, malgré la gravité de son caractère, voyait madame de Prye et était bienvenu d'elle. Il cheminait donc dans la rue de la Ferronnerie et était entré dans la rue Saint-Honoré, lorsqu'un individu, couvert comme lui d'un manteau, lui dit mystérieusement :

— Très-bien, Georges, très-bien, suivez-moi.

M. de Mont-Louis avait pour prénom Pierre, on se trompait donc; mais poussé par une curiosité naturelle à son âge, il suivit son interlocuteur inconnu. Tous deux marchèrent, sans s'adresser la parole, sur le côté gauche de la rue Saint-Honoré, frôlant les maisons et heurtant les marches

des boutiques. Enfin, après un trajet de cinq minutes, l'inconnu s'arrêta devant une allée ouverte et dit :

— C'est ici.

Mont-Louis suivit cet homme qui lui fit traverser une avenue noire, lui fit descendre quelques marches et l'introduisit enfin dans un lieu aussi obscur que le chemin qu'ils avaient parcouru, et qu'à sa température chaude, au milieu de l'hiver, le jeune garde crut reconnaître pour une cave; il entendit chuchoter autour de lui; ses mains furent serrées par des mains invisibles; ceux qui l'entouraient lui firent un salut amical et lui donnèrent le baiser de paix.

Dans ce temps de dissolution, où les bonnes lois dormaient, où des magistrats insouciants avaient l'inextricable tâche d'en faire exécuter de mauvaises, tout pouvait arriver, et le hasard pouvait aussi bien vous conduire dans des cabarets d'ivrognes qui fraudaient les droits, que dans une caverne de bandits ; dans un rassemblement de conjurés, que dans la trappe de faux monnayeurs. Des périls d'un genre différent étaient à craindre pour un jeune homme ; il pouvait être entraîné dans quelques-unes de ces orgies clandestines qui recherchent l'obscurité pour sauver à leurs sectateurs mêmes l'embarras de reconnaître des complices. M. de Mont-Louis commençait à se repentir de sa facilité à suivre un inconnu, lorsqu'une bougie vint à briller au milieu des ténèbres qui l'environnaient ; à ce petit astre tremblotant en succéda un autre, puis un troisième, et dans quelques minutes le lieu où il se trouvait fut totalement éclairé.

C'était une pièce plus longue que large, une cave, sans doute, entièrement tendue en noir ; au milieu s'élevait un catafalque ; au fond un rideau noir paraissait cacher à tous les yeux des femmes dont on entendait les gémissements aigus. M. de Mont-Louis se vit entouré de trente à quarante personnes couvertes comme lui d'un manteau noir ou brun, toutes d'une physionomie grave et dans une attitude recueillie. Un homme d'une cinquantaine d'années, les cheveux tombant sur les épaules, se leva dès que les yeux des assistants furent accoutumés à l'éclat subit des bougies, et, s'approchant d'un cercueil recouvert de drap noir qui était au milieu de ce triste temple :

— Mes frères, dit-il, nous sommes tous présents, je crois ; la paix soit avec vous!

A ces mots, un des assistants fut fermer et barricader la porte par laquelle M. de Mont-Louis était entré avec son guide.

— Allons! pensa M. de Mont-Louis qui comprit sans beaucoup de peine dans quel lieu il était, me voilà au prêche; si l'abbé de Fleury vient à le savoir, je serai cadet pendant dix ans encore, à moins qu'il ne m'arrive pis.

— Mes frères, dit l'individu qui avait déjà pris la parole, nous allons prier pour messire Bertrand de Burnen, qui a quitté cette vallée de misère, et dont la fille, modèle de...

Ici le ministre se détourna un peu pour être entendu des femmes dont M. de Mont-Louis soupçonnait la présence, et il allait probablement commencer l'éloge de messire Bertrand de Burnen, lorsqu'un des assistants s'approcha de lui et lui dit quelques mots à l'oreille. L'orateur pâlit, se troubla ; sa bouche balbutia quelques paroles, et son regard effrayé ne put pas se détacher de M. de Mont-Louis.

Alors on se rejeta de côté et d'autre, et en un clin d'œil le jeune garde se trouva isolé; il comprit rapidement les soupçons dont il était l'objet. Vif, impétueux et jaloux d'un honneur que l'on paraissait mettre en doute, il jugea sa position avec célérité et s'empressa d'aller au-devant de tout reproche.

— Messieurs, dit-il, je ne suis point un espion, je vous en donne ma parole.

Mais les figures n'étaient ni moins sinistres ni moins effrayées qu'auparavant.

— Je suis M. de Mont-Louis, ajouta le jeune homme, qui, élevé dans le respect de son nom, pensa qu'il n'avait qu'à le décliner pour faire tomber toute pensée injurieuse.

Dans ce moment le voile noir qui masquait le fond de cette pièce lugubre s'ouvrit, et une jeune personne parut.

— Éteignez les bougies, dit-elle d'une voix douce qui tremblait autant d'effroi que de douleur.

M. de Mont-Louis regarda cette femme, dont la figure blanche se détachait sur les draperies, et une sorte de rage s'empara de lui quand il pensa qu'elle aussi le croyait capable d'une délation.

Madame, ne croyez pas.... le hasard.... une invitation que je ne cherchais pas...

Au même instant, la porte par laquelle était entré M. de Mont-Louis, et qui avait été si soigneusement barricadée au commencement de la cérémonie, retentit de coups violents.

— Ouvrez, criait-on en dehors, ouvrez *de par le roi!*

On frappait de manière à ce que le commandement d'ouvrir devînt inutile; la porte allait évidemment céder sous les coups redoublés qu'on lui portait.

— Nous sommes trahis, s'écrièrent les protestants ; et, sans se donner le temps d'éteindre les bougies, comme l'avait demandé la jeune dame, qui, au premier signal du danger, s'était précipitée au milieu des hommes, ils enlevèrent le cercueil de M. de Burucu, soulevèrent la draperie du fond, et disparurent par un chemin inconnu à M. de Mont-Louis. Il était temps; les portes brisées ouvrirent le passage, et les gens du roi envahirent l'appartement. L'un d'eux, l'épée haute, s'avança vers la jeune dame, et mettant la main sur elle :

— Je vous arrête, dit-il.

Puis se retournant vers ceux qui l'accompagnaient :

— Voilà mademoiselle de Bornen, c'est elle-même.... Arrêtez-la.... Ne craignez rien, mademoiselle, il ne vous sera fait aucun outrage. Nous avons un ordre du roi pour vous conduire au couvent de....

Celui qui parlait ainsi au nom du roi appuya avec intention sur ces mots : *Il ne vous sera fait aucun outrage,* comme si cette assurance devait suffire à la jeune personne, et impliquait une rare exception; mais mademoiselle de Burnen ne parut pas être rassurée, et, faisant un pas en arrière, comme si elle eût marché sur une bête venimeuse :

— Éloignez-vous, dit-elle, éloignez-vous, ne me touchez pas.... Et, levant les yeux au ciel, elle ajouta en paraissant implorer les personnes effrayées qui étaient auprès d'elle : Vous n'êtes pas un homme du roi, je vous reconnais; messieurs, ne me laissez pas dans les mains de cet homme.

Mais cet homme se mettait en devoir de l'entraîner; alors M. de Mont-Louis s'avança, ou plutôt se précipita vers le shire, et le repoussant vivement :

— Laissez cette jeune dame, dit-il, ou, qui que vous soyez, vous aurez affaire à moi.

L'individu qui se donnait pour un exempt, voyant sa proie près de lui échapper, ne se posséda plus, et dirigea son épée contre le jeune cadet; celui-ci dégaîna promptement, et un combat s'engagea, dans lequel M. de Mont-Louis n'eut pas de peine à se débarrasser de son adversaire, qui tomba blessé sur le carreau. Tout à coup les lumières s'éteignirent, quelques personnes s'emparèrent de M. de Mont-Louis et l'entraînèrent dans l'obscurité.

« Suivez-moi », lui dit une voix douce, qu'il crut reconnaître pour celle de mademoiselle de Burnen.

Le jeune homme se laissa conduire à travers des détours obscurs. Quand il fut rendu à la lumière et un peu revenu de l'étonnement où il était, il reconnut la rue Saint-Germain-l'Auxerrois. Là, un homme d'une quarantaine d'années environ, revêtu d'une livrée noire, lui dit d'un air respectueux :

« Si M. de Mont-Louis veut faire l'honneur à mademoiselle de Burnen d'assister à la triste cérémonie qui va s'achever, mademoiselle en sera fort reconnaissante. »

Le jeune homme s'élança sans hésitation dans une voiture de deuil dont la portière était ouverte devant lui. Il entendit qu'on se répétait, comme un mot d'ordre : «Partons! partons!»

Et cinq ou six voitures, attelées de chevaux vigoureux, prirent les quais, et brûlèrent le chemin jusqu'au moment où elles sortirent de Paris par la barrière de Passy. On fit cent pas environ dans la campagne, et le carrosse qui devançait les autres s'arrêta enfin devant une maison isolée et entourée d'un enclos de murs. Tout le monde mit pied à terre, M. de Mont-Louis comme les autres. Le cercueil de M. de Burnen fut transporté par quatre hommes qui entrèrent furtivement dans la maison, ainsi que tous les assistants. On pénétra dans le jardin, où une fosse était préparée. Le cadavre y fut déposé en silence. En un instant la fosse fut comblée; on se sépara sans se regarder, et en s'éparpillant dans la plaine, comme font les assassins lorsque, leur crime consommé, ils viennent d'en cacher à tous les yeux la preuve matérielle.

M. de Mont-Louis, muet et silencieux, se tenait à l'écart. Mademoiselle de Burnen s'avança vers lui et lui prit la main.

«Vous le voyez, dit-elle, mes coreligionnaires ont rendu, au péril de leur vie, les derniers devoirs à mon père. J'ignore par quel hasard malheureux vous vous êtes mêlé parmi nous, car assurément vous n'êtes pas de notre religion. »

M. de Mont-Louis avoua en s'inclinant qu'il était catholique romain.

«N'importe, continua mademoiselle de Burnen, vous êtes tellement compromis, qu'il n'y a plus de sûreté pour vous ni à Paris ni même en France. Vous vous êtes opposé à l'exécution de la loi; vous avez tiré le fer contre elle, et savez-vous qui vous avez blessé?.... Un homme qui, sous prétexte de me convertir, voulait me séduire. Orpheline et seule en France, je quitte mon pays pour aller en Hollande, où réside une partie de ma famille. Vous venez de me sauver l'honneur et la vie, j'ai dû vous avertir, et ne pas payer vos bienfaits par un silence criminel... Par le crédit de lord Stanhope, j'ai des passe-ports en règle.... Venez, Monsieur, venez en Hollande avec moi, et vous trouverez dans ma famille un asile inviolable. »

Elle ajouta avec hésitation.

« Vous n'avez pas d'autre parti à prendre.... Vous êtes perdu!... »

A neuf heures du soir, M. de Mont-Louis passait dans la rue Saint-Honoré pour se rendre au quartier des gardes ; à dix heures, il était en route pour la Hollande avec mademoiselle de Burnen. Quinze jours après, il était pendu en effigie à Montfaucon, par un arrêt du Petit-Châtelet ; et au bout de six mois, il avait épousé la jeune personne que son épée avait défendue si à propos.

DE LA VILLEDIEU.

LA FAUCHEUSE.

« Bonjour, Marie ! Quoi ! prête de si bonne heure et déjà à l'ouvrage? L'amour ne te rend point paresseuse, brave fille. Oui, si d'ici à trois jours tu as fauché mon pré, je ne pourrai plus longtemps te refuser mon fils unique. »

Le fermier, le riche fermier l'a donc promis! Comme Marie sent battre son tendre cœur! une vie nouvelle, une vie puissante parcourt ses membres. Comme elle agite sa faux! comme elle étend le foin par terre!

Le midi brûle; les faucheurs sont fatigués, ils cherchent la source pour se rafraîchir, l'ombre pour sommeiller : les abeilles bourdonnantes ne cèdent cependant pas à la chaleur. Marie ne se repose pas, elle lutte d'activité avec les abeilles.

Le soleil se couche, la cloche du soir résonne ; les voisins crient : « Marie, en voilà assez pour aujourd'hui. » Les faucheurs se retirent, le berger et le troupeau s'éloignent. Marie aiguise sa faux pour recommencer.

Déjà la rosée tombe, déjà brillent la lune et les étoiles ; la prairie exhale une douce odeur, le rossignol chante dans le lointain. Marie n'a pas envie de l'écouter, n'a pas envie de se reposer un seul instant. Elle fait toujours crier sa faux, sa faux qu'elle manie avec ardeur.

Elle continue du soir au matin, du matin au soir, se nourrissant d'amour, se rafraîchissant par une céleste espérance. Le soleil se lève pour la

LE PÈLERIN MENDIANT.

Nouveau système de gravure par M. NABAT

troisième fois, tout est terminé ; regardez Marie pleurant de joie et d'amour !

« Bonjour, Marie ! Que vois-je ? oh ! quelles laborieuses mains ! le pré est fauché : je.te récompenserai par un bon salaire. Mais quant au mariage..., tu as donc pris au sérieux une plaisanterie, fille crédule ? Ah ! que ceux qui aiment sont insensés ! »

Il dit et s'éloigne. Le cœur de la pauvre Marie se serre ; ses genoux tremblants fléchissent : on l'a trouvée dans le champ fauché, sans voix, sans sentiment et sans mémoire.

Elle vit ainsi depuis des années, muette et comme une morte ; une goutte de miel est sa seule nourriture. Oh ! tenez-lui un tombeau prêt sur la prairie en fleurs ! On ne vit jamais une faucheuse aussi tendre que Marie !

(Traduit des poésies de Louis Uhland.)

LA SAINTE-BAUME.

Parmi les lieux de la Provence consacrés par d'anciennes et religieuses traditions, il en est un surtout qui attire l'attention et excite la curiosité, parce qu'en lui la singularité du site, les mâles beautés de la nature, le luxe sévère de la végétation, se joignent à la sainteté et à la poésie des souvenirs ; c'est la Sainte-Baume.

On désigne sous le nom de Sainte-Baume, du mot provençal *Baoumo*, grotte, une montagne où se trouve la grotte célèbre que, selon la tradition, sainte Madeleine aurait choisie pour séjour de sa pénitence. Cette opinion a trouvé de zélés défenseurs et des adversaires nombreux. Des pères de l'Église et de savants écrivains des temps modernes ont voulu établir une distinction entre Marie-Madeleine, la pécheresse de l'Évangile qui pleura au pied de la croix, et Marie de Béthanie, la sœur de Marthe et de Lazare, qui répandit des parfums sur les pieds du Christ et les essuya de ses cheveux ; d'après eux, ce serait celle-ci qui aurait pu venir en Provence, car l'autre n'aurait pas quitté l'Orient et serait morte à Éphèse, où elle aurait accompagné la sainte Vierge. Quoi qu'il en soit, sans entrer dans des discussions historiques plus ou moins obscures, nous accepterons la tradition telle qu'elle est répandue en Provence, et telle que l'Église l'a approuvée par les bulles de deux papes.

Selon cette tradition, Madeleine, après la mort du Christ et sa résurrection glorieuse, abandonna la ville sainte et la terre d'Orient ; elle partit avec Marthe sa sœur et son frère Lazare, ce même Lazare qui, à la voix du Christ, était sorti de son tombeau. Une fragile barque emporte les pieux voyageurs ; la Providence les guide vers l'Occident et les fait aborder sur le rivage de la Gaule. Marseille les reçoit, Marseille, la ville grecque et romaine, le foyer des lumières à une époque où de toutes les parties de l'empire romain les jeunes hommes venaient y étudier la littérature et la philosophie. C'est là que Madeleine débarque ; mais bientôt elle apprend que, non loin de Marseille, il est un lieu sauvage, solitaire, une montagne qu'un bois touffu recouvre, et où les mélancoliques harmonies de la nature conviendront bien à l'état de souffrance de son âme et de son cœur ; elle le choisit pour retraite, elle en fait le théâtre de son repentir.

La voilà donc, cette femme jeune et séduisante qui naguère ne vivait que pour les délices et les voluptés de l'Orient, la voilà au milieu du désert, dans les abstinences et les privations de toute espèce ; la voilà, belle encore quoique amaigrie, et telle que l'ont reproduite, avec un admirable talent, le ciseau de Pujet et celui de Canova. C'est ainsi que la grande pécheresse devint la grande pénitente, rachetant ses fautes passées par une immense expiation, et donnant au monde l'exemple tout nouveau d'un sublime triomphe, celui de l'esprit sur la chair. Ce dut être un étrange spectacle, dit avec raison M. L. R., pour les hommes de ce temps, pour les philosophes des écoles de Marseille, que celui de cette femme qui leur venait avec une philosophie et une religion si nouvelle, si mystérieuse, la religion qui rabaissait la matière, étouffait la voix des sens. Et pour ces jeunes hommes de l'époque qui se pressaient dans les écoles de Marseille, quelles durent être leurs pensées à la vue d'une femme qui reniait sa beauté et qui se séparait des plaisirs de la vie pour les austères méditations de la solitude !

Mais le temps n'était point venu encore pour le sol gaulois de recevoir les lumières et les bienfaits du christianisme ; plusieurs siècles devaient s'écouler avant que le jour de la régénération se levât pour la Gaule. Madeleine n'était qu'un muet précurseur, un exemple incompréhensible pour son époque. Sa vie a un caractère profondément symbolique ; elle se divise en deux phases qui peuvent s'exprimer par deux mots : chute et réhabilitation, image frappante de l'humanité. Noble abnégation que celle de Madeleine, qui, après avoir étalé sa beauté et ses désordres en Orient, est venue dans un asile sauvage de la

47

Gaule se sanctifier par la prière! « Volontairement renfermée dans cette grotte, dit Pétrarque, Madeleine y passa trois fois dix hivers, n'ayant d'autre vêtement que sa longue chevelure... Là, loin de la vue des hommes, entourée d'une troupe d'anges, et enlevée en extase pendant sept heures du jour... »

Hic inclusa libens longis vestita capillis
Veste carens aliâ, ter denos passa decembres...
Hic hominum non visa oculis, stipata catervis
Angelicis, septemque die subrecta per horas...

Balthazar de la Burle, poëte provençal du XVIe siècle, composa un joli poème dans lequel on retrouve les mêmes circonstances : « Au retour du jour, les anges l'enlevaient bien audessus du roc; dans les plus mauvais temps, à l'époque même des froidures, jamais elle ne portait d'autre vêtement que sa chevelure, qui, telle qu'un manteau d'or, tant elle était belle et blonde, la couvrait depuis la tête jusqu'au bas des talons. »

Revengut lou jour lous angis la portavon
Ben plus hault que lou roc.
Jamay per marri temps qué fessa, ny fredura
Aultre abit non avia qué la siou cabellura
Qué commo un mantel d'or, tant eram bels et blounds,
La coubria de la testa fin al bas des tallons.

Une des sculptures de la tour centrale de Notre-Dame de Rouen représente cet enlèvement au ciel, ou ravissement de Madeleine.

La montagne de la Sainte-Baume est une des plus hautes de la Provence; une belle forêt la recouvre, où une nature variée, féconde, hardie, a réuni les arbres et les plantes de climats différents : l'if, le hêtre, le tilleul, le chêne, le mélèze croissent ensemble et forment une masse de verdure impénétrable aux rayons du soleil. Le demi-jour religieux qui y règne a quelque chose de solennel, de mélancolique, d'inspirateur. Mais la hache ne respecte rien; chaque année, cent arbres d'élite tombent sous les coups : « Il faut, dit-on, des planches pour les navires de l'état. » Un immense rocher de couleur blanche, et que l'on dirait taillé à main d'homme, ressort majestueusement au-dessus du vert sombre de la forêt qui est à ses pieds. Aux flancs de ce rocher se trouve la grotte qu'habita Madeleine. Cette grotte est vaste, bien éclairée; au milieu est un autel placé sous un dôme, dont le roi Louis XI avait lui-même donné le dessin sur les lieux. Derrière l'autel on voit la statue de Madeleine sculptée par le Pujet; la sainte pénitente est accoudée près d'un livre, ses cheveux sont dénoués; elle a une croix à la main, et une tête de mort devant elle; à côté coule la source d'eau fraîche qui s'échappe goutte à goutte des fentes du rocher, et à laquelle on attribue des vertus miraculeuses.

Le culte de la grotte est d'une haute antiquité. En 1019, Grégoire VII en confia la garde aux moines de Saint-Cassien; quelque temps après ils furent remplacés par les bénédictins. Trois siècles plus tard, le duc d'Anjou, Charles II, y établit les dominicains. La chronique apprend comment le farouche Charles II se prit d'une grande dévotion et d'un bel enthousiasme pour la mémoire de Madeleine. Vaincu et fait prisonnier par le roi d'Aragon, il attribua sa délivrance à la sainte, et ce fut en son honneur qu'il jeta les fondements de l'admirable église de Saint-Maximin, sur le lieu même où furent trouvées les reliques de la pénitente. Les dominicains restèrent à la Sainte-Baume jusqu'aux tourmentes révolutionnaires. Le couvent qu'ils habitaient, et qui était à côté de la grotte, eut une singulière destinée. Il échappa aux ravages de 93, traversa sain et sauf l'époque de la révolution, pour être détruit de fond en comble en 1815; pendant la courte réaction des cent-jours. Sur ses ruines a été élevé le *presbytère* pour servir d'asile aux voyageurs. En 1824, des trappistes sont venus remplacer les dominicains dans le service de la Sainte-Baume, qu'ils ont quittée depuis cinq ans, on ne sait pourquoi, peut-être à cause de l'ingratitude du sol qui ne pouvait suffire à les nourrir. Aujourd'hui leurs champs sont abandonnés, le monastère qu'ils habitaient est vide; un ermite seul a soin de la grotte, et y fait les honneurs de l'hospitalité.

Autrefois l'ardeur des pèlerinages donnait à la Sainte-Baume une grande célébrité; on s'y rendait de tous les points de la France, et saint Louis ne manqua pas d'y aller avant de partir pour la Terre-Sainte. Depuis, beaucoup d'autres rois suivirent son exemple; les noms de ces illustres pèlerins sont inscrits sur une table de marbre dans l'intérieur de la grotte : ce sont Jean Ier, Charles VI, Louis XI, François Ier, Henri II, Charles IX, Henri III, Henri IV, Louis XIII et Louis XIV. La Sainte-Baume, ainsi peuplée de souvenirs, offre un aspect touchant, le jour de la fête surtout, quand la foule est agenouillée au milieu de la montagne, et que le souffle des vents agite le feuillage. Au sommet du rocher et presque perpendiculairement sur la grotte, se trouve le Saint-Pilon; on nomme ainsi une petite chapelle qui vient d'être relevée de ses ruines, et où l'on voyait autrefois un pilier surmonté de la statue de Madeleine. Les abords en sont difficiles, le chemin qui y conduit est rude, escarpé; mais une fois arrivé, l'immensité de l'horizon que l'on découvre semble calmer les fatigues. A ses pieds on a l'abime, au fond duquel les vieux arbres de la forêt ressemblent à une prairie mouvante. Au nord, ce sont les Alpes, avec leurs cimes couvertes de neige; au midi, c'est la Méditerranée, qui, majestueuse et paisible, se déroule devant vous.

Deux fois par an, pour la Pentecôte et le 22 juillet, la Sainte-Baume est le rendez-vous de la contrée, le centre des pèlerinages d'une multitude d'habitants des cités méridionales de la France; on s'y porte en foule, on y arrive pendant la nuit, le flambeau à la main; des feux sont allumés dans la forêt, autour desquels campent les voyageurs : c'est un véritable tableau oriental, une scène des *Mille et Une Nuits*. Il est un religieux, mais singulier usage en Provence, auquel les gens de la campagne tiennent beaucoup : c'est que dans l'année de leur mariage les nouvelles mariées viennent à la Sainte-Baume pour n'être pas frappées de stérilité. L'origine de cet usage remonte à Anne d'Autriche; jeune reine encore, elle fit à la Sainte-Baume une neuvaine pour obtenir un fils, qui fut Louis XIV. Les mariées, après avoir fait leur prière dans la grotte, vont élever, comme monument de leurs vœux, un petit tas de pierre auprès de la chapelle du Saint-Pilon. Si ce frêle édifice subsiste quelque temps, c'est une preuve que les vœux sont exaucés; mais si, au contraire, une main ennemie ou un coup de vent la renverse, l'espoir de la maternité doit s'évanouir avec lui. Du reste, ceci se pratique par habitude et comme conservation d'une ancienne coutume, plutôt que par superstition.

HISTOIRE.

LE MARÉCHAL BERNADOTTE ÉLU PRINCE ROYAL DE SUÈDE.

1810.

Un des événements les plus remarquables du dix-neuvième siècle est, sans contredit, l'élection des états-généraux de Suède qui appela au trône des Wasa, Jean-Baptiste-Jules Bernadotte, prince de Ponte-Corvo.

Ce guerrier, né au pied des Pyrénées, dans la patrie d'Henri IV, pays riche et fertile, fut choisi de préférence à ses nobles concurrents pour régner sur des contrées exposées, pendant six mois de l'année, à toutes les rigueurs de l'hiver,

et où il devait trouver des mœurs entièrement opposées à toutes celles de ses compatriotes. La Suède lui était aussi étrangère par le langage et la religion qu'elle était éloignée de sa patrie par la position géographique. Quant à lui, son nom, ses exploits militaires n'y étaient guère connus que de ceux qui avaient suivi les événements de la révolution française, ou lu les bulletins de la grande armée. La conduite pleine d'humanité qu'il avait tenue à l'égard d'un corps de troupes suédoises, fait prisonnier à Lubeck, lui avait mérité la reconnaissance de plusieurs officiers; mais, à part cela, il était tout à fait ignoré de la masse de la nation. Aussi considère-t-on comme un fait des plus extraordinaires qu'il ait pu gagner les suffrages des représentants de ce peuple. On s'étonnera davantage encore, quand on saura qu'il a réussi contre la volonté de Napoléon, et malgré les efforts de Charles XIII, roi de Suède, qui, tout en soumettant aux états-généraux la proposition en sa faveur, manifestait sa répugnance en ces termes : « J'enlève par cet acte la couronne « de Suède à toute ma famille. »

Pour préparer le lecteur au récit de cet événement, nous présenterons le tableau abrégé de la situation politique de la Suède à cette époque, et un court exposé des faits qui Précédèrent.

Gustave-Adolphe n'était point fait pour gouverner un peuple, surtout à une époque de troubles et d'orages; il avait bien quelques vertus privées, mais il ne possédait aucune des qualités nécessaires à un roi; son courage même était douteux. Il sacrifia sa patrie, sa propre existence, celle de sa femme et de ses enfants, à des idées fixes, à une obstination qui tenait de la folie. Il tomba sans gloire et partit pour l'exil, où il ne fut suivi d'aucun ami, d'aucun partisan. Le peuple, qui avait eu tant à souffrir pendant les dernières années de son règne, le vit s'éloigner avec indifférence, ainsi que la reine et ses enfants. Cependant, la déchéance de toute sa famille fut plutôt l'œuvre de quelques nobles et d'Adlersparre, qui s'était mis à la tête de l'armée en révolte, que l'effet de la volonté bien prononcée de la nation suédoise. La reine Frédéric-Wilhelmine, si digne de porter le diadème, était généralement estimée; aussi plaignait-on ses malheurs.

La résolution des états parut unanime pour prononcer la déchéance de la famille entière de Gustave-Adolphe; mais personne n'ignore l'influence qu'exerce une force armée sur les délibérations d'une assemblée, surtout quand les troupes sont soutenues, comme cela avait lieu par l'effervescence des passions.

Charles XIII, frère de Gustave III, tuteur de Gustave-Adolphe, monta sur le trône qu'il avait tant convoité. Dans sa jeunesse, il s'était montré courageux; à Hogland il avait vaincu la flotte russe; mais à son avènement au trône, courbé par l'âge et les infirmités, il se laissa dominer par ses favoris. Ce qui répandait encore de l'inquiétude dans la nation, c'était de le voir sans héritiers directs. Aussi dut-on, pour assurer la succession au trône, recourir à un prince étranger. Ce choix, tout difficile qu'il était, devint chaque jour plus nécessaire, par suite de la santé chancelante de Charles XIII.

Jusqu'à cette époque, la Suède, bloquée sur toutes ses frontières par la puissance de Napoléon, n'avait eu de communications qu'avec l'Angleterre; aussi, les événements qui avaient agité l'Europe en 1808 et pendant les premiers mois de 1809 y étaient-ils peu connus. Sur qui devait-on porter les regards? le choix était embarrassant; car, avant même que le sort de la famille de Gustave-Adolphe fût décidé par les états-généraux, déjà il semblait irrévocablement fixé par ces mots significatifs du chef de l'insurrection (le comte d'Adlersparre): « Ils seront tous chassés! »

Il fallait donc que cette terre, jadis si fertile en héros, qui avait vu naître les Wasa, choisît un roi parmi les princes qui avaient porté les armes contre elle. Un d'entre eux, Danois d'origine, qui commandait sur les frontières de la Norvége, qui maintes fois avait repoussé les attaques des troupes suédoises, prince peu connu par sa naissance, mais qui, par ses vertus et sa vaillance, avait su gagner l'amour universel des Norvégiens, sembla d'abord réunir tous les suffrages. Il était en relation avec Adlersparre, et ses rapports avec un personnage si puissant après la révolution, lui valurent l'option des états-généraux de Suède.

Jamais choix ne sembla plus heureux, plus unanime. Charles-Auguste fut nommé fils adoptif de Charles XIII. Aucun prince, choisi parmi les étrangers, n'avait semblé promettre à la Suède un règne plus fortuné. La pauvreté de l'État ne permettait pas de lui accorder un revenu annuel de plus de 50,000 fr. Cette somme, toute médiocre qu'elle était pour un prince royal, suffisait au train de sa maison, et il trouvait encore dans ses économies le moyen de satisfaire à sa généreuse bienfaisance. Aussi, quatre mois à peine s'étaient écoulés, que toute la nation l'adorait, mettait en lui sa confiance, et n'éprouvait aucune appréhension des orages politiques qui paraissaient déjà gronder à l'horizon.

Telle était la situation des esprits, quand une attaque d'apoplexie foudroyante enleva à la Suède ce prince si aimé, qui n'avait fait qu'apparaître sur son sol, comme un météore bienfaisant. Cette mort fut si subite, si inattendue, que l'on ne put croire qu'elle fût naturelle. Des soupçons d'empoisonnement circulèrent. Déjà même, du vivant du prince, des bruits sinistres avaient causé de l'agitation parmi le peuple et troublé son allégresse.

Des soupçons planèrent sur de grands personnages, sur une des plus illustres familles, dont un des membres unissait de hautes fonctions à une immense fortune. Le comte Axel Fersen, doué de toutes les vertus d'un chevalier sans tache, avait une hauteur dans les manières, une morgue qui éloignait de lui généralement, et lui faisait des envieux et des ennemis. On lui reprochait d'être resté fidèle à ses anciens souvenirs, à ses anciens serments. Seul, il est vrai, il avait porté des consolations à la reine dans son malheur, quand la cour de cette princesse était déserte, et que les courtisans fuyaient sa grandeur déchue. Telle était l'origine des soupçons de meurtre qui pesaient sur lui et qu'il devait payer de son sang.

Charles-Auguste étant mort dans la Scanie, province la plus méridionale du royaume, son corps fut transporté à Stockholm, pour y être déposé dans le tombeau des rois. Le comte de Fersen, en sa qualité de maréchal du royaume, assistait à cette cérémonie mortuaire. Sa voiture devait précéder le char funèbre; il accomplit ce devoir, malgré les menaces ouvertes qui lui furent faites, et au mépris des conseils de ses amis, des prières de ses parents et de ses propres domestiques; sa conscience était pure, et il devait croire sa dignité suffisamment garantie de toute insulte par la force armée qui assistait au cortège. Il ne pouvait croire à la faiblesse d'un gouvernement qui venait de renverser toute une famille royale. Mais, hélas! il expia sa crédulité et sa confiance par la mort la plus cruelle, mort plus honteuse pour les gouvernants, qui ne surent pas l'empêcher, que pour ceux qui se souillèrent de ce crime.

A la mort du prince Charles-Auguste, le parti qui avait fait la révolution, et qui se parait du nom d'*hommes de* 1809, était tout-puissant. Ame de toutes les factions, ce parti avait bien plus en vue ses intérêts que l'avenir de la patrie; il voulait avant tout conserver l'influence dont il avait joui jusque là. Ce parti comptait quelques hommes distingués, mais le comte Platen seul réunissait un grand caractère à des talents d'un ordre supérieur. Adlersparre lui-même, celui que l'opinion publique désignait comme le chef, parce qu'il avait commandé l'armée révoltée, était plutôt homme de lettres qu'homme d'action. Platen, au contraire, était doué d'une volonté ferme; son esprit était élevé et d'une haute portée; plus pur que tous, il avait plus de patriotisme et de désintéressement..... Le parti connaissait les démarches qu'avait faites le roi de Danemark lors de la première élection du successeur de Charles XIII, mais il appréhendait le choix de ce monarque. Les chefs y voyaient la perte de leur influence sur les affaires de l'État. Ils avaient d'abord à lutter contre une idée généralement répandue, et qui jouissait d'assez de crédit dans l'opinion publique : c'était l'avantage qui semblait résulter de la réunion des trois couronnes du Nord sur une seule tète, de la concentration dans une seule main des sceptres de Suède, de Danemark et de Norvége. Ils s'attachèrent avant tout à combattre et à atténuer l'empire que cette union des peuples commençait à prendre sur les esprits. Ils firent un tableau effrayant des suites dangereuses de cette alliance, que d'anciennes rivalités nationales empêcheraient de cimenter. En même temps ils jetèrent de l'irritation dans l'esprit de Charles XIII, ils lui représentèrent comme astucieuses toutes les propositions du monarque danois, prepositions qui cependant, à cette époque, étaient seules convenables à la Suède, aux intérêts du Nord et de toute l'Europe; ils présentaient aussi les desseins de Napeléen, et, tout en cherchant à conserver ses bonnes grâces, ils abusaient de la faiblesse de leur souverain, en lui faisant écrire à l'Empereur de manière à obtenir de lui qu'il ne leur imposât ni le roi de Danemark ni aucun de ses généraux. « Il y a des souvenirs, » dit Charles XIII dans sa lettre à Napoléon (2 juin 1810), « qui ne peuvent pas être effacés en « Suède, des considérations politiques qui méri- « tent l'attention la plus sérieuse; ces raisons « doivent naturellement influer sur mon choix, « et je suis persuadé que V. M. I. et R. les sen- « tira comme moi. Si, comme j'aime à le croire, « une union intime entre la Suède et le Dane- « mark s'accorde avec les grandes vues politi- « ques de V. M. I. et R., ne pourrait-on pas at- « teindre ce but de la manière la plus conforme « à la position géographique et à l'esprit natio- « nal des deux peuples, si le prince d'Augustem- « bourg, beau-frère du roi de Danemark, qui « a déjà trois enfants, dont deux fils, l'un dans

« sa douzième, et l'autre dans sa dixième année, « devient le garant de cette union d'intérêts, par « son élection comme successeur à mon trône? « Frère du prince que la Suède vient de perdre, « ce titre lui vaudrait l'amour de mes sujets, qui « verraient dans ses enfants un gage de tranquil- « lité pour l'avenir. Je désire vivement recevoir « à cet égard les conseils de V. M. I. et R., et il « m'est doux de penser qu'elle n'abandonnera « point, dans un moment aussi critique que ce- « lui-ci, une nation loyale et généreuse, atta- « chée de cœur et d'affection à la France, qui « compte avec sécurité sur l'appui de V. M. I. « et R., et qui est prête à tout sacrifier plutôt que « son indépendance, ses souvenirs et ses lois. »

Après avoir ainsi écarté de l'esprit de la nation et de celui de Charles XIII la pensée d'appeler au trône de Suède le roi de Danemark, après avoir cherché à éloigner cette même pensée de l'esprit de Napoléon, et celle, non moins redoutable à leurs yeux, du choix d'un de ses généraux, ils obtinrent sans peine l'assentiment de Charles XIII à l'élection du prince Augustembourg; ils se crurent à l'abri de toute crainte et sûrs de la victoire. Le seul candidat qui se présentait encore était le duc d'Oldenbourg, parent de la reine. Les partisans les plus influents de la famille déchue, les comtes *Ruuth* et *de la Gardie*, étaient tellement effrayés de l'assassinat du comte de Fersen, qu'ils n'osaient pas manifester leur opinion, moins encore laisser entrevoir leurs espérances. Leur terreur était telle qu'ils n'assistèrent pas à la diète qui venait d'être convoquée pour régler les affaires de la succession. Cependant le parti du prince Gustave comptait quelques membres plus courageux que ces derniers; parmi eux était le général Adlercreutz, le même qui avait arrêté Gustave-Adolphe. Ce qu'il avait fait le 13 mars (1809), il ne l'avait exécuté qu'entraîné par la force des circonstances, sans pour cela appartenir au parti qui avait fait marcher la division de Vermland contre la capitale. Mais quel chef de parti peut prévoir ou calculer les suites d'une révolution, lors même qu'il se croit maître de la diriger? Aussi Adlercreutz, qui certes avait bien mérité de sa patrie en prévenant les suites d'une révolution sanglante et d'une guerre civile, succomba-t-il à son tour; il dut se plier à la volonté plus puissante d'Adlersparre, dans la question de la succession. Dès ce moment, ces deux hommes furent divisés pour toujours. Adlercreutz jura, si jamais l'occasion s'en présentait, de rendre au fils la couronne qu'il avait arrachée au père. Mais il était trop clairvoyant pour ne pas être convaincu que tous ses efforts en faveur du prince Gustave seraient sans résultat et ne serviraient qu'à compromettre dans l'avenir ses intérêts les plus chers : il se détermina donc pour le moment à voter pour le duc d'Oldenbourg, appuyé par la reine, qui partageait ses vues.

L'agitation qu'avaient causée la mort de Charles-Auguste et l'assassinat du comte de Fersen faisait craindre au gouvernement une session tumultueuse, si la diète se rassemblait dans la capitale, où les passions trouveraient plus d'aliment que dans toute autre localité. On convoqua donc les états-généraux pour le mois de juillet suivant, à Arebro, petite ville de 3,000 habitants, située à 40 lieues de Stockholm. Mais avant de nous occuper des délibérations qui précédèrent l'élection, transportons-nous un instant sur les bords de la Seine.

Deux personnages distingués étaient chargés, à la cour de France, de veiller aux intérêts de la Suède. L'un était le baron de Lagerbjelke, ministre de Charles XIII; l'autre, le général baron de Wrède, chargé d'une mission secrète. Le premier était un des plus grands esprits que la Suède ait produits dans ces derniers temps; il ne lui manquait, pour jouer un rôle plus éminent, que plus de fermeté et de caractère; le second, capitaine habile, élevé à la cour de Gustave III et à celle de Louis XVI, était un diplomate consommé. Les intérêts de l'État ne pouvaient être en meilleures mains. Quant aux instructions, elles étaient conformes en tout point à la lettre de Charles XIII, que nous avons citée. Depuis la remise de cette lettre à l'Empereur, celui-ci avait paru tellement indifférent au choix fait par le roi de Suède, que le baron de Wrède en exprimait son étonnement dans ses dépêches. Tout autre que Lagerbjelke n'eût pas hésité à faire connaître aussitôt cette conduite de l'Empereur à son gouvernement. Wrède lui-même n'en fit mention que lorsque déjà les premières ouvertures avaient été faites au prince de Ponte-Corvo.

Il était clair que le prince d'Augustembourg ne convenait pas à la politique de Napoléon; toutefois, cette politique exigeait que la Suède devînt ses desseins sans qu'il eût besoin de les dire. La guerre de Russie était déjà bien arrêtée dans le fond de sa pensée, mais l'heure n'était pas arrivée de répudier l'amitié d'Alexandre. Il ne voulait pas que l'empereur de Russie pût prendre ombrage de ses démarches, ce qui eût été inévitable s'il eût paru vouloir influencer ostensiblement l'élection du prince royal de Suède. Mais ce qu'il voulait, les journaux semi-officiels l'ex-

primaient hautement : « Sans doute, dit le *Journal de l'Empire* (du 9 juin), l'on va proposer un prince de la maison d'Oldenbourg, souverain d'un état voisin. » Cette réunion des trois couronnes devait ainsi, d'après les idées de l'Empereur, fermer la Baltique aux flottes anglaises, établir une barrière invincible contre la Russie, et lui préparer une armée formidable pour envahir les provinces occidentales de cet empire, au moment où la lutte s'ouvrirait entre lui et Alexandre.

Le ministre plénipotentiaire de Danemark, M. de Dreyer, qui jouissait d'un grand crédit à la cour impériale, travaillait avec zèle dans l'intérêt de son roi. Déjà, lors de l'élection du prince Auguste, il avait calculé tous ses efforts pour faire ressortir les avantages qui naîtraient d'une réunion des trois couronnes..... Pendant qu'il mettait tout en œuvre pour décider l'Empereur à se déclarer ouvertement, un nouveau candidat se préparait à entrer en lice, et, quoique le dernier de tous, la Providence l'avait désigné comme devant l'emporter sur ses concurrents. Il eut d'autant plus de facilité à réussir, que généralement et tout d'abord on parut envisager ses prétentions avec plus d'indifférence. Deux courriers de cabinet, expédiés par des chemins différents, portaient à Napoléon la lettre du roi de Suède. L'un d'eux était le baron de Mœrner, lieutenant d'infanterie, fiancé à la sœur du baron de Wetterstedt, chancelier de la cour. Né d'une famille pauvre et sans influence, il ne devait qu'à la faveur une mission de cette importance.

A peine arrivé à Paris il apprit que l'opinion dominante désignait le roi de Danemark comme devant être élu au trône de Suède. Ces bruits, qui avaient déjà une certaine consistance, l'inquiétèrent : son peu d'expérience ne lui permettait pas d'apprécier les conséquences d'une telle élection. Jeune, il possédait encore fraîches et neuves toutes les impressions qu'il avait reçues en étudiant l'histoire. Parmi ces souvenirs, un surtout excitait vivement sa haine et ses antipathies nationales : c'était tout ce qui se rattachait à l'union de Calmar. Comme soldat, il brûlait de reprendre la Finlande; à ses yeux, le roi de Danemark était incapable de tenter, moins encore d'accomplir, une telle conquête; son plus grand désir était de voir à la tête des armées suédoises un général capable de replacer la Suède au rang que sa gloire militaire lui avait fait jadis occuper. Selon lui, on ne pouvait trouver ce général habile que parmi les grands capitaines formés dans les guerres de la révolution et de l'empire. Son opinion était, au reste, celle de l'armée suédoise.

Mœrner communiqua sa pensée et ses espérances à ses amis, MM. Lapie et Signeul, ce dernier consul de Suède à Paris. Aucun maréchal de l'empire ne leur parut réunir plus de titres que le prince de Ponte-Corvo. Il était, à leurs yeux, guerrier habile, et en même temps partisan sincère et déclaré de la liberté. Ayant ainsi fixé leur choix, Mœrner ne tarda pas à se présenter chez le prince, dont il avait obtenu une audience par l'entremise de M. Signeul (le 25 juin). Il lui fit part de la résolution qu'il avait prise d'appuyer son élection au trône de Suède, ajoutant que cette élection était assurée, puisqu'on pouvait compter sur un parti nombreux dans tous les rangs de l'armée; qu'il était urgent que le prince se mît au nombre des candidats; que cela seul suffirait pour obtenir le succès le plus complet. Le prince parut d'abord écouter avec indifférence la proposition de Mœrner; mais lorsque celui-ci lui eut fait entrevoir la possibilité d'arriver à une si haute destinée, il lui accorda plus d'attention et se montra plus empressé. Mœrner et Signeul, qui, de leur autorité privée, se proposaient et tentaient de donner à la Suède un successeur à la couronne auquel personne ne pensait pour le moment, crurent utile d'en instruire le baron de Wrède, de tâcher de le concilier et de le rendre favorable à leurs vues. Un personnage si influent dans l'armée et à la cour devait être d'un grand poids, et pouvait puissamment contribuer à la réussite de leurs projets.

Wrède était, à cette époque, sur le point de quitter Paris; déjà il avait pris congé de l'Empereur quand Mœrner se présenta. Il s'annonça comme ayant des choses de la plus haute importance à lui communiquer; mais il exigea, avant tout, que le général lui promît sur l'honneur d'en garder le secret. Le baron de Wrède y consentit, et Mœrner lui apprit qo'un parti très-nombreux avait, en Suède, jeté les yeux sur le prince de Ponte-Corvo; que son élection était assurée si ce prince consentait à se mettre au rang des candidats. Il ajouta qu'il s'en était même ouvert secrètement au prince, et que, d'après les réponses qu'il en avait reçues, il avait lieu de croire qu'il se trouverait très-flatté de la réussite de ce projet; que même, sans s'expliquer positivement, il lui avait donné à entendre qu'il était intimement convaincu que son élection, si elle avait lieu, entrerait dans les vues de l'Empereur; mais que la politique de ce dernier ne lui permettait aucune démarche officielle, et lui défendait même tout acte extérieur qui pût faire supposer une intention de sa part à user de son influence dans de telles circonstances pour diriger le choix de la nation suédoise; qu'il savait, du reste, que l'Empereur n'avait donné ni à M. Lagerbjelke, ni au général lui-même aucune réponse déterminée à cet égard, et que la lettre de S. M. I. à Charles XIII, conçue en termes généraux, ne précisait rien sur ses vues et ses désirs dans l'acomplissement de cet événement important.

La surprise qu'éprouva le baron de Wrède d'une pareille confidence, venant de la part de son ancien aide-de-camp, ne peut se décrire. Quelques heures auparavant il avait eu une entrevue avec l'Empereur. Napoléon lui avait parlé avec bienveillance de tous les princes qui pourraient avoir quelques espérances, et lui avait demandé son opinion sur eux. Il répugnait à son honneur que l'Empereur pût croire qu'il n'avait été ni franc ni de bonne foi avec lui, car il devait penser nécessairement qu'on avait eu l'intention de lui cacher qu'il existait un parti en faveur d'un de ses généraux. Il s'était toujours imaginé que l'Empereur avait à cet égard quelque arrière-pensée, et, ce qu'il venait d'apprendre de la bouche de Mœrner le confirmait dans cette croyance. Aussi résolut-il de faire tous ses efforts pour connaître la vérité qu'on semblait vouloir lui cacher, et bientôt il profita d'une occasion que le prince parut lui-même avoir créée.

Bernadotte lui avait envoyé deux superbes pistolets pour les remettre de sa part, comme souvenir d'amitié, au général qu'il avait fait prisonnier à Lubeck. Wrède saisit cette circonstance et se rendit chez lui, sous prétexte de le remercier au nom de son ami; il choisit l'heure à laquelle le prince, de retour de Saint-Cloud, devait être seul dans son hôtel.

Cette visite ne parut pas extraordinaire au maréchal Bernadotte, qui, au contraire, semblait l'attendre. Il aborda la question tout de suite et avec la franchise qui lui était propre. Son impatience l'emporta sur sa politique, et les premiers mots qu'il prononça, après que Wrède lui eut exprimé ses remerciements, firent entrevoir assez clairement ses désirs. « Connaissez-vous, mon « général, dit-il, un jeune officier nommé Mœr« ner? connaissez-vous surtout les propositions « qu'il m'a faites? Je vous demande franche« ment votre opinion sur lui et sur le degré de « confiance que l'on peut ajouter à ses ouvertures. « — Quant à sa personne, lui répondit le baron « de Wrède, vous pouvez juger, à la manière « dont il a agi en cette circonstance, que c'est « un jeune homme étourdi et enthousiaste. Et « quant à ce qui concerne ses propositions, je ne

« doute pas que, dans ce moment, un personnage
« de votre mérite ne puisse avoir quelques par-
« tisans, avant que les esprits se soient réunis
« et aient fixé leur choix. Mais, ayant quitté la
« Suède avant la mort du prince Auguste, je ne
« sais pas si la pensée de vous élever au trône est
« plus ou moins générale. Ce que je puis dire
« seulement, c'est que je n'ai reçu aucune com-
« munication officielle à cet égard. Je vous avoue
« franchement que, pour moi, je trouve que trois
« motifs s'élèvent contre vous : vous n'êtes pas
« protestant; vous ne parlez pas notre langue,
« qui est aussi nécessaire qu'elle est difficile à
« apprendre dans un âge avancé, et surtout pour
« les méridionaux; enfin je crains que vous, mon
« prince, ne soyez pas dans les bonnes grâces de
« l'Empereur. Cette opinion est, du reste, géné-
« ralement répandue dans Paris.

« — Pour la religion, dont vous faites un mo-
« tif d'exclusion, lui répliqua le prince, je tiens
« par ma famille, et surtout par ma mère, à celle
« qu'on professe chez vous, quoique j'aie suivi
« les principes religieux de mon père. Je suis,
« d'ailleurs, né dans la patrie de Henri IV; ce
« qu'il n'a pas hésité à exécuter, je me sens ca-
« pable de le faire. L'étude de votre langue offre,
« certes, bien des difficultés; mais, entouré de
« Suédois, j'espère être bientôt en état de la
« comprendre; et cufin, quant à mes rapports
« avec l'Empereur, j'ai la conviction que tout ce
« que vous venez de me dire n'est pas fondé. »

Wrède, en se rendant chez le prince, avait
moins pour but de lui donner ces explications
que d'acquérir la certitude que le choix dont lui
avait parlé le jeune Mœrner était dans les vues et
les projets de l'Empereur. Mais, malgré ses efforts,
il quitta Bernadotte, aussi ignorant à cet égard
que lorsqu'il l'avait abordé. « Les réponses du
« prince de Ponte-Curvo étaient conçues de telle
« sorte que Wrède put croire qu'il avait· l'as-
« sentiment de son souverain, quoique cepen-
« dant rien dans sa conversation ne pût lui en
« donner la certitude. Toutes ses paroles témoi-
« gnaient de son estime pour la nation suédoise;
« il assurait qu'il ne cherchait pas une couronne,
« mais aussi qu'il ne reculerait jamais devant
« une si haute destinée. »

Wrède ne fut pas plus heureux chez le duc de
Cadore, alors ministre des affaires étrangères.
Il s'y rendit afin de justifier sa conduite aux yeux
de l'Empereur. « Il le pria d'assurer son maître
« qu'il avait agi avec toute la franchise d'un sol-
« dat, qu'il n'avait eu connaissance des démarches
« de Mœrner que le lendemain de son audience

« de congé ; qu'il connaissait les sentiments sué-
« dois pour la France, et l'admiration de ses
« compatriotes pour l'Empereur, admiration qui
« peut-être avait rejailli sur un de ses capitai-
« nes; que cependant il doutait fort que, mal-
« gré ce qu'avait dit Mœrner, on dût s'atten-
« dre à de tels résultats. — Mais, dit le baron de
« Wrède, c'était comme si j'eusse parlé à un
« mort : le ministre paraissait plus boutonné que
« de coutume; cependant, lorsque je le quittai,
« il m'accompagna deux chambres plus loin qu'il
« n'avait l'habitude de le faire. » Remarque carac-
téristique de la part d'un diplomate formaliste.

Toutes les démarches de Wrède furent ainsi
sans résultat et complètement ignorées, dans le
premier moment, de la légation suédoise. Cepen-
dant, quoiqu'il ne prît aucune part à la marche
des événements, on doit croire qu'il était devenu
tout à fait favorable aux intérêts· du prince de
Ponte-Corvo, car plus tard il s'exprime ainsi sur
son compte : « Voulez-vous savoir mon opinion
« sur le maréchal Bernadotte? Je professe pour
« lui une profonde estime, non-seulement comme
« homme de guerre et de cabinet, mais encore
« comme particulier; *vox populi, vox Dei;* bon
« père, bon époux, fidèle en amitié, il est de plus
« adoré de tous ceux qui l'entourent. Une sorte
« d'indépendance dans ses manières a probable-
« ment donné lieu au bruit qu'il n'était pas bien
« avec l'Empereur. Je les ai vus souvent ensemb'e,
« sans avoir jamais rien remarqué de semblable.
« Chacun connaît l'estime qu'a pour lui Napo-
« léon. C'est, au reste, le seul Français que j'aie
« trouvé à Paris, car les autres généraux ont
« l'air d'Allemands raides et ennuyeux. Je pars
« dans quelques jours pour assister à la diète :
« là je serai simplement baron de Wrède, et je
« donnerai ma voix au plus digne; vouloir porter
« au trône de Suède un prince sans caractère,
« sans qualités éminentes, c'est vouloir effacer
« le nom de sa patrie du rang des nations indé-
« pendantes. »

Le général Wrède retardait autant que possi-
ble son retour en Suède, en feignant d'être at-
taqué d'une ophthalmie. Le jeune Mœrner, au
contraire, s'y rendit en toute hâte; il écarta,
avec peine, toutes les entraves que la mission
suédoise et la police française mirent en œuvre
pour retarder son départ, et rien ne put le rete-
nir à Paris. Il fut convenu entre les partisans de
Bernadotte, qu'un émissaire du prince de Ponte-
Corvo le suivrait, peu de jours après son départ,
de manière à arriver en Suède après l'ouverture
de la diète.

CHRISTOPHE COLOMB AU COUVENT DE SANTA-MARIA DE RABIDA.

L'arrivée de Mœrner à Stockholm jeta une espèce d'irritation dans les esprits. Mœrner fit un rapport au bureau des affaires étrangères de tout ce qui s'était passé à Paris. Là se trouvait le comte d'Essen, maréchal de l'armée et du royaume. Il parut étonné et irrité; emporté par son mécontentement, il s'écria : « Jeune homme, vous méritez d'être enfermé dans un cachet obscur, et privé à jamais de la lumière des cieux. » On chercha à l'intimider, en lui disant que le choix du roi était fait, et que s'il se permettait un pas de plus il pourrait le payer de sa vie.

Mais Mœrner n'était pas homme à s'effrayer. Sa réponse ne fit qu'accroître leur embarras. Il avait, leur dit-il, vu la mort de plus près qu'aucun d'eux, aussi ne la redoutait-il pas; sa tête, en tombant, pourrait en entraîner bien d'autres. Un tel langage, si nouveau dans un semblable lieu, et surtout en présence des plus hauts dignitaires de l'État, de la part d'un officier subalterne, ne pouvait ni leur plaire, ni les rassurer : ils avaient encore présent à la mémoire le souvenir de l'assassinat du comte de Fersen. Il fut convenu que l'on garderait le secret de cette affaire.

Les démarches de Mœrner lors de son voyage à Paris, sa conduite depuis son retour, ne pouvaient rester longtemps ignorées à Stockholm. Lui-même jugea ne pas devoir tarder à rendre public ce qu'il avait fait. Dès lors il mit au courant de tout les officiers de son régiment, à cette époque caserné dans la capitale; tous, sans exception, ainsi que le colonel, approuvèrent ses démarches. L'armée entière nourrissait des sentiments de haine contre la Russie; de plus, elle éprouvait un vif mécontentement de voir que tous les fruits de la révolution de 1809 avaient seulement profité à quelques individus, et qu'elle était restée totalement étrangère aux avantages qui en étaient résultés. Cependant il fut enjoint à Mœrner de quitter immédiatement Stockholm et de se rendre à Upsala, résidence ordinaire de son régiment. Cette mesure était une sorte d'exil, car il lui fut en même temps sévèrement défendu de se rendre à la diète à OErebro, quoique ce fût à lui à y représenter sa famille.

Son éloignement n'affaiblit point le parti du prince de Ponte-Corvo... La persécution que l'on exerçait à l'égard de Mœrner irrita les esprits du mouvement, c'est-à-dire des partisans de la France. Ce qu'avait fait Mœrner était à leurs yeux ce qu'il y avait de plus propre à rendre à la Suède son ancienne splendeur, à opposer des barrières solides à l'ambition toujours croissante de la noblesse, à réprimer les abus nombreux

que la révolution avait fait naître, et qui déjà commençaient à attirer l'attention générale. Le parti du mouvement, quoique ne brillant pas par l'illustration des noms, n'en était pas moins redoutable par son ardeur, son courage et la persévérance de ceux qui en étaient les chefs.

Tel était l'état des choses à l'époque de l'ouverture de la diète. Dès qu'on vit que les démarches de Mœrner n'étaient suivies d'aucun avis ou conseil de la part de Napoléon, la première terreur se dissipa. Le roi avait irrévocablement, suivant les apparences, fixé son choix sur le prince Christian d'Augustembourg; ce choix, approuvé par le conseil-d'état, et présenté au comité secret de la diète, était sur le point d'être communiqué dans une proposition royale aux états-généraux pour obtenir leur sanction. Dans ce moment le parti du prince d'Augustembourg relevait la tête avec fierté, se croyant sûr du succès, tandis que les partisans du prince français semblaient avoir perdu tout espoir. Sur ces entrefaites, un nommé Fournier, qui autrefois avait habité Gothembourg, accompagné d'un Suédois (M. Bohnsack), arriva, chargé par le prince de Ponte-Corvo d'aplanir les difficultés. Il était temps, car un jour plus tard, le prince eût été, sans nul doute, aussi ignoré en Suède qu'il l'avait été jusque là. M. Fournier était porteur d'une lettre de M. Signeul (le consul de Suède à Paris) au ministre des affaires étrangères; il apportait le portrait du prince Oscar, et des communications verbales de la part du maréchal Bernadette. Il se disait autorisé à déclarer que, dans le cas où la nation choisirait ce général pour prince royal, il n'accepterait qu'autant que ce choix serait approuvé par le roi.

Fournier obtint la permission de séjourner à OErebro, sous la condition toutefois de ne point faire connaître les motifs qui l'y amenaient. Mais le soir même, chacun était instruit de sa venue, du but de sa mission et des avantages d'argent que le prince de Ponte-Corvo offrait, en cas de succès, à sa nouvelle patrie.

Ni ces brillantes promesses, ni les richesses que le prince devait apporter avec lui n'auraient pu amener le changement subit qui se fit remarquer dès ce moment dans la situation des choses, si l'on n'eût cru entrevoir une politique supérieure, la volonté inébranlable de l'Empereur, qui semblait paralyser tous les partis. Comment expliquer l'arrivée et la mission de Fournier, si l'Empereur n'eût donné son assentiment aux démarches ambitieuses d'un de ses généraux ? Cette pensée, partagée par les ministres et le roi lui-même, vint

48

en aide aux partisans du prince : ils remuèrent les esprits avec tant de succès, que le même soir les partisans du prince d'Augustembourg commencèrent à douter de leur triomphe. Dans les différents clubs, les conversations étaient fort animées. Les représentants de la noblesse figuraient en petit nombre à la diète, et les paysans disaient hautement qu'ils ne voulaient point du prince de Ponte-Corvo, mais qu'ils nommeraient volontiers le maréchal Bernadette.

Les hommes de 1809 surtout ne pouvaient croire que l'arrivée de Fournier fût la seule cause d'un changement si soudain dans l'opinion. Ils pensèrent que plusieurs grands personnages, et le baron de Wrède particulièrement, mettaient en œuvre des ressorts secrets. En effet, le comte de Platen était devenu un des plus fermes appuis du parti français, après avoir eu sur les frontières de Norvège une entrevue avec son ami le comte de Wedel-Jarlsberg, le plus puissant des nobles norvégiens, issu des anciens rois. Ce dernier lui fit sentir que le prince d'Augustembourg était incapable de gouverner un État, et que, sous un tel prince, jamais la réunion des deux nations ne serait possible. A la suite de cette conversation, Platen crut que l'intérêt de sa patrie exigeait qu'il embrassât le parti de Bernadotte. Wrède n'avait pas paru à Œrebro aussi chaud partisan de ce maréchal que ses lettres l'avaient annoncé; mais elles avaient excité trop de soupçons dans l'âme d'Adlersparre pour qu'il ne crût pas que ce général travaillait secrètement dans l'intérêt de son héros. Adlersparre avait un puissant appui dans la camarilla, qui voyait avec crainte un nom nouveau, une gloire de la révolution s'approcher des degrés du trône ; Adlersparre faisait auprès de Charles XIII tous ses efforts pour l'affermir dans sa première opinion et pour l'indisposer contre le baron de Wrède.

Le vieux roi, très-affaibli par la mort du prince Auguste, par les événements et les agitations qui en étaient la suite, fit venir le général Wrède. — « Vous oubliez, lui dit-il, que le roi Adolphe-« Frédéric, mon père, a constamment protégé « le vôtre ; que votre fortune, tout entière, vous « la devez à Gustave III, et que, moi-même, « je me suis toujours montré votre ami. Pour-« quoi agissez-vous, dans une circonstance si « grave, contre mes intérêts et contre ma vo-« lonté ? » Wrède se montra, dans sa réponse, sujet fidèle et dévoué à sa patrie. — « Je me « rappelle avec reconnaissance, Sire, les bontés « d'Adolphe-Frédéric pour mon père; celles de « Gustave III à mon égard, je ne les oublierai

« qu'avec la vie, et je resterai jusqu'à mon der-« nier soupir attaché fidèlement à Votre Majesté. « Mais je n'approuverai jamais qu'un maître ès-« arts vous succède, sire, et monte sur le trône « que vous avez occupé. »

Dans les premiers jours de cette effervescence, le parti de 1809 avait encore la majorité des voix : il en avait 109, tandis que celui de Bernadotte n'en comptait que 88. Cinquante à soixante représentants restaient à se prononcer : ils attendaient de connaître la volonté du roi pour fixer leur choix. Aussi l'élection n'eût-elle pas été douteuse si Charles XIII se fût montré plus ferme. Mais il redoutait d'un côté le mécontentement général, de l'autre il craignait de s'attirer la disgrâce de Napoléon, car on croyait fermement que le prince de Ponte-Corvo était celui dont l'Empereur avait fait choix pour dominer le Nord. Adlercreutz, qui, comme nous l'avons dit, détestait Adlersparre, voyant son candidat sans espérance, se jeta aussi dans le parti de Bernadotte, moins par attachement pour ce prince que par sentiment militaire. Adlercreutz devait tout à son épée. Aidé du comte de Platen, il réussit enfin à faire revenir Charles XIII de ses préventions ; il finit par l'amener à consentir à l'élection de Bernadotte, comme seul moyen de prévenir de plus grands dangers.

Les ministres ne tardèrent pas à instruire, par un nouvel écrit royal, le comité secret du changement qui venait de s'opérer dans l'esprit des états-généraux et dans l'opinion du gouvernement. Le comité secret était composé presque en totalité des amis d'Adlersparre ; mais, prévoyant qu'ils ne pourraient l'emporter, ils se résignèrent. Wrède ne parut à aucune de leurs réunions, prétextant une maladie. Le comité entrait dans les vues du gouvernement, parce qu'il ne lui semblait pas probable que Signeul se fût permis d'écrire « que le duc de Cadore s'était montré favorable « au prince, » s'il n'eût été certain que l'approbation de ce ministre n'était accordée que d'après le consentement de Napoléon ; et que d'un autre côté, quoique le prince d'Augustembourg offrît plus de garanties aux libertés suédoises, le général Bernadotte était plus capable qu'aucun autre de résister à l'influence de la Russie et de repousser ses prétentions.

Aussitôt que cette décision du comité secret fut connue, Charles XIII envoya sa proposition aux états, le 18 août ; et le 21 du même mois, sans trouver la moindre opposition, « le maréchal « Bernadette, prince de Ponte-Corvo, fut élu prince « royal de Suède. »

Cette élection sembla , dès le premier moment, conforme aux vœux de toute la population suédoise. On ne rencontrait que quelques visages mécontents; ils étaient du parti vaincu. Leur chef quitta OErebro aussitôt. Ce n'était pas seulement une joie générale, mais plutôt une ivresse, un délire... Sans doute, cette élection était due au parti du mouvement et aux dispositions favorables de la Suède pour la France ; mais ce qui en favorisa plus encore la réussite, ce fut la haine qu'à cette époque on nourrissait contre la Russie; ce sentiment était universel. On espérait reconquérir la Finlande, effacer dans le sang des ennemis de la Suède les outrages qu'elle avait reçus depuis un siècle, et tirer une vengeance éclatante de la dernière perfidie dont elle avait été victime.

Napoléon, lorsqu'il eut connaissance de l'élection du prince de Ponte-Corvo, y donna son assentiment; mais il est facile de comprendre sa pensée secrète, en le voyant rappeler immédiatement son chargé d'affaires, et en se souvenant des paroles qu'il prononça en accordant son approbation : « Que les destins s'accomplissent ! »

(Extrait des *Mémoires* inédits d'un Suédois.)

────◈◈◈◈─────

CHRISTOPHE COLOMB AU COUVENT DE SANTA-MARIA DI RABIDA.

Christophe Colomb , jeune encore , inconnu dans le monde, mais préoccupé de son vaste projet d'expédition , parcourait tour à tour les villes de la Péninsule, se rendait du Portugal en Espagne, de l'Espagne en Italie, exposant à chacun ses désirs et ses espérances. Pour les uns (en très-petit nombre), Colomb était un homme de génie; pour les autres, c'était un fou. Et lui se résignait à tout entendre, le bien et le mal, l'éloge et l'injure, pourvu qu'on lui procurât les moyens de cingler sur le vaste Océan. Pénétré de cette idée , il se dirigea vers le Portugal , à la cour du roi Jean II. Le monarque l'écouta avec bienveillance, et parut soudainement ébloui par l'éclat d'une pensée qui lui eût donné des royaumes sans limites; mais on lui persuada bientôt que Colomb était un rêveur. Le grand homme méconnu s'adressa aux deux reines de la mer à cette époque, Venise et Gènes; mais les deux républiques, aux prises avec les Musulmans , n'osèrent pas tenter l'entreprise.

Ce fut alors que Colomb chemina vers l'Espagne. La gravure que nous publions rappelle une des circonstances de ce voyage. Par une soirée plu-

viense, Christophe Colomb atteignit un couvent dédié à Santa-Maria-di-Rabida, où il demanda l'hospitalité. Des moines, franciscains l'accueillirent avec courtoisie; le lendemain, Colomb leur fit part de ses projets, il leur montra ses plans et sollicita leur protection. Ce ne fut pas en vain. La plupart des religieux de Santa-Maria-di-Rabida étaient des hommes instruits : l'étude de la géographie et de la navigation avait souvent occupé leurs veilles; ils adoptèrent donc avec enthousiasme les vues de Christophe Colomb, et l'un d'eux, Giovanni Pérez, personnage influent moins par sa position que par son noble caractère, s'offrit pour le protéger auprès du roi d'Espagne Ferdinand.

────◈◈◈◈─────

TISSIÉROGRAPHIE.

Nouveau système de gravures en relief sur pierre lithographique, donnant des clichés à l'infini, et pouvant remplacer avec de grands avantages la gravure sur bois et sur cuivre employée dans la typographie; inventé par Louis Tissier, ancien préparateur des cours de chimie de la ville de Lyon.

L'art de la gravure typographique sur pierre dont Senefelder s'occupa le premier, en 1796, et qui, malgré les persévérantes recherches d'un grand nombre de personnes, n'a pu recevoir encore une utile application , à cause de l'imperfection des produits obtenus, cet art vient de donner enfin des résultats complets entre les mains de M. Louis Tissier.

Il était réservé à l'époque où s'est formée l'alliance de la chimie et de la mécanique avec les beaux-arts, union qui a fait éclore des inventions et des découvertes si merveilleuses , il était réservé à cette époque de voir résoudre le problème de la gravure typographique sur pierre. Désormais la lithographie et la typographie, en se prêtant un nouveau et mutuel appui , seront liées d'une manière indissoluble. La lithographie ajoutera un fleuron à sa belle couronne ; et la typographie aura pour auxiliaire un art beaucoup plus économique dans son application et infiniment plus rapide dans sa production que ne l'a été, jusqu'à présent, l'art de la gravure sur bois.

En résumé , économie de temps , économie d'argent , reproduction *toujours autographe* de l'œuvre du dessinateur, *inaltérabilité* des planches, et vaste développement donné à la gravure typographique, tels sont les principaux résultats d'une invention qui, sans vulgariser l'art, est appelée à rendre des services immenses.

TABLE ALPHABÉTIQUE DES MATIÈRES.

TABLE DES VIGNETTES,

AVEC INDICATIONS POUR LEUR PLACEMENT.

TABLE ALPHABÉTIQUE DES NOMS D'AUTEURS.

Typographie LACRAMPE et Comp., rue Damiette, 2.

Lightning Source UK Ltd.
Milton Keynes UK
UKHW021836070119
335139UK00011B/742/P